DESAFIOS DO DIREITO AMBIENTAL NO SÉCULO XXI

estudos em homenagem a
PAULO AFFONSO LEME MACHADO

Agradecemos a Embaixada Francesa pelas traduções para a língua portuguesa feitas pela Dra. Simone Wolff dos artigos em francês de Alexandre Kiss, Bernard Dobrenko, Gerárd Monediaire, Jacqueline Morand Deviller, Jean-Jacques Gougnet, Jean-Marc Lavieille, Michel Prieur, Mohamed Ali Mekouar, Raphaël Romi e Stéphane Doumbé-Billé.

Liberté • Égalité • Fraternité
RÉPUBLIQUE FRANÇAISE

As traduções do inglês para o português dos artigos de Gerd Winter, Nilima Chandiramani e Tullio Scovazzi foram feitas por Lídia Amélia de Barros Cardoso.

Os artigos de Eckard Rehbinder e Ramón Martin Mateo foram traduzidos do espanhol para o português por Margaret Moreno Fernandes Sthulkin.

SANDRA AKEMI SHIMADA KISHI
SOLANGE TELES DA SILVA
INÊS VIRGÍNIA PRADO SOARES
(organizadoras)

DESAFIOS DO DIREITO AMBIENTAL NO SÉCULO XXI

estudos em homenagem a
PAULO AFFONSO LEME MACHADO

MALHEIROS EDITORES

IEDC

DESAFIOS DO DIREITO AMBIENTAL NO SÉCULO XXI
estudos em homenagem a Paulo Affonso Leme Machado
© SANDRA AKEMI SHIMADA KISHI, SOLANGE TELES DA SILVA
E INÊS VIRGÍNIA PRADO SOARES (orgs.)

ISBN DESTE VOLUME: 85.7420.629-6

Direitos reservados desta edição por
MALHEIROS EDITORES LTDA.
Rua Paes de Araújo, 29, conjunto 171
CEP 04531-940 — São Paulo — SP
Tel.: (0xx11) 3078-7205
Fax: (0xx11) 3168-5495
URL: www.malheiroseditores.com.br
e-mail: malheiroseditores@terra.com.br

Composição
Acqua Estúdio Gráfico Ltda.

Capa
Criação: Solange Teles da Silva
Arte: PC Editorial Ltda.

Impresso no Brasil
Printed in Brazil
04.2005

Paulo Affonso Leme Machado

Foto de Alessandro Maschio, *Jornal de Piracicaba*.

REFERÊNCIAS BIOGRÁFICAS DE PAULO AFFONSO LEME MACHADO

Nascido em 3 de junho de 1939, em São José do Rio Pardo, São Paulo (Brasil), casado, pai de duas filhas e com dois netos.

Graduado em Direito pela Pontifícia Universidade Católica de Campinas (1961).

Mestre em Direito Ambiental e Ordenamento do Território pela Universidade de Estrasburgo (França). Dissertação *Forêts de Protection* (1978).

Doutor *Honoris Causa*, por notório saber em Direito Ambiental, pela Universidade Estadual Paulista "Júlio de Mesquita Filho", São Paulo (12 de dezembro de 1996).

Advogado – OAB/DF, desde 1989.

Professor na Universidade Metodista de Piracicaba-UNIMEP – Piracicaba/SP (1976-1983 e novamente, a partir de 2001) e Professor na Universidade Estadual Paulista-UNESP – IB – Rio Claro/SP (1980-2004); Professor Convidado em diversas universidades estrangeiras: Universidade Internacional de Andaluzia (Espanha, 2004); Faculdade de Direito e Ciências Econômicas da Universidade de Limoges (França, 1986-2003); Universidade de Lyon III (França, 2003); Universidade da Córsega (França, 2001); Universidade do Quebec em Montreal (Canadá, 1994).

Proferiu palestras e cursos no Brasil e em cidades de 23 paises, como, dentre outras, Ancara, Beijing, Bremen, Buenos Aires, Casablanca, Florença, Frankfurt, Estocolmo, Heidelberg, Limoges, Lisboa, Lyon, Madri, Maputo, Milão, Montevidéu, Montreal, Nantes, Nápoles, Nice, Oslo, Paris, Pavia, Pequim, Praga, Roma, Santiago Estrasburgo, Toulouse, Valência, Varsóvia e Tóquio.

Vice-Presidente do Centro Internacional de Direito Comparado do Meio Ambiente, com sede em Limoges (França, desde 1983) e Presidente da Sociedade Brasileira de Direito do Meio Ambiente-SOBRADIMA, desde a sua fundação (12º mandato: 2001-2003).

Foi Promotor de Justiça, do Ministério Público do Estado de São Paulo (1962-1989) e chefe da Assessoria Jurídica da Secretaria Especial do Meio Ambiente (atualmente Ministério do Meio Ambiente), Brasília/DF (1986-1987).

Participou da redação de diversos anteprojetos de leis, códigos e decretos ambientais.

Membro de diversas comissões e conselhos, dentre os quais, o Conselho Nacional do Meio Ambiente-CONAMA (1984-1986); o Comitê do Fundo Nacional de Meio Ambiente (1989-1991); a Comissão Internacional de Conciliação e Arbitragem Ambiental, com sede em San Sebastián (Espanha) e Cidade do México (México) (desde 1995); o Conselho Internacional de Direito Ambiental, Bonn (Alemanha) – Governador para a América do Sul (mandato de 2000-2003 e 2004-2007); o Conselho do Patrimônio Cultural do Instituto do Patrimônio Histórico e Artístico Nacional-IPHAN (mandato de 2004-2008).

Consultor do Programa das Nações Unidas para o Meio Ambiente – seção Legislação: Conferência Interparlamentar sobre Meio Ambiente, Nairobi (Quênia, 1984); Consultor da FAO: República de Cabo Verde (1992) e Brasil (1995); Consultor do Programa das Nações Unidas para o Desenvolvimento-PNUD: Moçambique (1997) e Neuquén (Argentina, 1998-1999); Consultor da Secretaria de Recursos Hídricos-SRH, Ministério do Meio Ambiente, Brasília/DF (1997-1998); e Consultor da Comissão de Direito Ambiental do Conselho Federal da OAB (2001-2002-2003).

Prêmios e distinções: *Prêmio Internacional de Direito Ambiental "Elizabeth Haub"* (1985), concedido pelo Conselho Internacional de Direito Ambiental (Bonn, Alemanha) e Universidade de Bruxelas (Bélgica); *Prêmio Dom Bosco de Direito Ambiental*, concedido pela OAB/DF ao autor mais citado em concurso de monografias (22.3.1996). *Cidadão Honorário de Piracicaba*, título concedido pela Câmara Municipal (1991).

LISTA DE PUBLICAÇÕES

LIVROS

Direito Ambiental Brasileiro. 1ª ed., São Paulo, Ed. RT, 1982, 315 pp.; 13ª ed., São Paulo, Malheiros Editores, 2005.

Recursos Hídricos – Direito Brasileiro e Internacional. São Paulo, Malheiros Editores, 2002.

Estudos de Direito Ambiental. São Paulo, Malheiros Editores, 1994 (ed. esgotada).

Ação Civil Pública – Tombamento. 1ª ed., São Paulo, Ed. RT, 1986; 2ª ed., 1987 (ed. esgotada).

AUTORIA DE CAPÍTULOS DE LIVROS NO BRASIL

1. "Atualidade da pesquisa jurídica no Brasil e o direito ambiental". In J. Arruda Falcão, *Pesquisa Científica e Direito.* Recife, Ed. Massangana, 1983, pp. 119-125.

2. "Administração participada e interesses coletivos". In *Tutela dos Interesses Difusos.* São Paulo, Max Limonad, 1984, pp. 46-53.

3. "Regulamentação do estudo de impacto ambiental". In Flávio Lewgoy, *Política e Meio Ambiente.* Porto Alegre, Ed. Mercado Aberto, 1986, pp. 69-75.

4. "Regulamentação do estudo de impacto ambiental". In L. A. O. Santos, *As Hidrelétricas do Xingu e os Povos Indígenas.* São Paulo, Comissão Pró-Índio de São Paulo, 1988, pp. 77-81.

5. "O desafio do desenvolvimento sustentável". *Relatório do Brasil para a Conferência das Nações Unidas de Meio Ambiente e Desenvolvimento.* Brasília, Cima, 1991.

6. *MAIA – Manual de Avaliação de Impactos Ambientais.* 2ª ed., Curitiba, Instituto Ambiental do Paraná-IAP/GTZ, 1993.

7. "Princípios gerais de Direito Ambiental Internacional e a política ambiental brasileira". In A. H. V. Benjamin (ed.), *Dano Ambiental – Prevenção, Reparação e Repressão.* São Paulo, Ed. RT, 1993, pp. 395-408.

8. "Avaliação de impacto ambiental e Direito Ambiental no Brasil". In *Avaliação de Impacto Ambiental – Situação Atual e Perspectivas.* São Paulo, Escola Politécnica da USP, 1993, pp. 166 e ss.

LISTA DE PUBLICAÇÕES 9

9. "Situação da legislação ambiental no que concerne à água". Seminário *Águas – Mananciais e Usos – Saneamento e Saúde – Política e Legislação*. 1ª ed., Salvador, Goethe Institut/Secretaria do Meio Ambiente/Prefeitura de Salvador, 1994, pp. 287-299.

10. Relatório e voto no procedimento referente ao licenciamento da barragem do Castanhão. In *O Tribunal da Água – Casos e Descasos*. Florianópolis, Imprensa Universitária da UFSC, 1994, pp. 251-253.

11. "Direito Ambiental e a realidade brasileira". In S. M. Tauk-Tornisielo e outros (orgs.), *Análise Ambiental – Estratégias e Ações*. UNESP, 1995, pp. 34-40.

12. "Engenharia genética e meio ambiente – A Lei 8.974/95". In Edis Milaré (org.), *Ação Civil Pública*. São Paulo, Ed. RT, 1995, pp. 367-395.

13. "Informação e participação: instrumentos para a implementação do Direito Ambiental". In Antônio Carlos Mendes Thame (org.), *Rio Piracicaba – Vida, Degradação e Renascimento*. São Paulo, IQUAL Editora, 1998, pp. 57-65.

14. "Princípios fundamentais que regem o Direito Ambiental e o Direito Hídrico". In *Água: O Desafio do Terceiro Milênio*. Brasília, Câmara dos Deputados, Coordenação de Publicações, 2000, pp. 30-34 e 51-52.

15. "A implementação da Ação Civil Pública Ambiental no Brasil". In Airton Buzzo Alves, Almir Gasquez Rufino e José Antônio Franco da Silva (orgs.), *Funções Institucionais do Ministério Público*. São Paulo, Saraiva, 2001, pp. 371-388.

16. "Áreas protegidas: a Lei 9.985/2000". In *Direito Ambiental das Áreas Protegidas*. Rio de Janeiro, Forense Universitária, 2001, pp. 248-275.

17. "Os tipos de Unidades de Conservação e a presença humana". In Arlindo Philippi Jr., Alaor Caffé Alves, Marcelo de Andrade Roméro, Gilda Collet Bruna (eds.), *Meio Ambiente, Direito e Cidadania*. São Paulo, Universidade de São Paulo: Faculdade de Saúde Pública, Faculdade de Direito, Faculdade de Arquitetura e Urbanismo, Núcleo de Informações em Saúde Ambiental/Signus Editora, 2002, pp. 225-227.

18. "Estudo de Impacto, auditoria e licenciamento ambiental – Adaptação para o Direito Brasileiro". *Anais do I Encontro do Ministério Público da União*. Brasília, ESPMU, 2001, pp. 153-157.

19. "As 20 leis ambientais mais importantes do País". In Teresa Urban (org.), *Em Outras Palavras: Meio Ambiente para Jornalistas*. Curitiba, SENAR-PR/SEMA, 2002, pp. 78-87.

20. "Direito do planejamento familiar" (em co-autoria com Maria Regina Marrocos Machado). In Vladimir Passos de Freitas (org.), *Direito Ambiental em Evolução – 3*. Curitiba, Juruá, 2002, pp. 313-328.

21. "Direito Ambiental das florestas e tutela do meio ambiente na Constituição Federal de 1988". In Maria Artemísia Arraes Hermans (coord.), *Direito*

Ambiental: *O Desafio Brasileiro e a Nova Dimensão Global*. Brasília, Brasília Jurídica/OAB-Conselho Federal, 2002, pp. 83-108 e 350-362.

22. "Rejeitos radioativos". Seminário Internacional: *O Direito Ambiental e os Rejeitos Radioativos, Anais* (5 a 6.10.2000). Brasília, ESMPU, pp. 51-68.

23. "Princípio da precaução no Direito Brasileiro e no Direito Internacional e Comparado". In Marcelo Dias Varella e Ana Flávia de Barros Platiau (orgs.), *Princípio da Precaução*. Belo Horizonte, Del Rey, 2004, pp. 551-372.

24. "Rejeitos radioativos: Lei 10.308/2001". In José Rubens Morato Leite e Ney de Barros Bello Filho (orgs.), *Direito Ambiental Contemporâneo*. Barueri, Manole, 2004, pp. 531-555.

25. "Meio ambiente e Constituição Federal". In Guilherme José Purvin de Figueiredo (coord.), *Direito Ambiental em Debate*. v. 1. Rio de Janeiro, Esplanada, 2004, pp. 223-244.

AUTORIA DE CAPÍTULOS DE LIVROS NO EXTERIOR

1. "El principio contaminador-pagador en el derecho brasileño". In *El Principio Contaminador-Pagador*. Buenos Aires, Ed. Fraterna, 1983, pp. 121-127.

2. "Les forêts et l'environnement au Brésil". In Michel Prieur (org.), *Forêts et l'Environnement en Droit Comparé et en Droit International*. Paris, PUF, 1984, pp. 205-217.

3. "Transport de matières dangereuses: aspects juridiques – Droit brésilien". In M. Prieur (org.), *Les Déchets Industriels et l'Environnement en Droit Compare et en Droit International*. Paris, PUF, 1985, pp. 175-181.

4. "Brasilien". In O. Kimminich, *Handworterbuch des Umweltrechts*. v. l. Berlim, Erich Schmidt, 1986, pp. 279-283.

5. "Evolution et perspectives du Droit de l'environnement en droit compare". Limoges, Université de Limoges, 1986, pp. 11, 61, 93-94, 130-132, 161, 198 e 214.

6. "Siete principios generales del derecho ambiental: ambiente y futuro – Principios de legislación – Residuos peligrosos". Buenos Aires, Fundación Manliba, 1987, pp. 51-56.

7. "Les pesticides au Brésil. Pesticides en Droit Comparé". *Revue Juridique de l'Environnement Limoges* 2, pp. 155-162 1987.

8. "L'Azione Civile Pubblica a favore dell'ambiente". In A. Postiglione, *Ambiente – Economia – Diritto*. Rimini, Maggioli Ed., 1988, pp. 127-129.

9. "La experiencia brasileña en legislación ambiental". In *Seminario Parlamentario – Leyes para el Ambiente*. Buenos Aires, Fundación Manliba, 1988, pp. 73-88.

10. "Le flux transfrontière des déchets toxiques: le cas du Brésil". In M. Sancy, *Les Problèmes Juridiques Posés par le Flux Transfrontière de Déchets Toxiques*. Bruxelas, Ed.Story-Scientia-FUL, 1988, pp. 137-146.

11. "A garantia do Direito ao Ambiente no Brasil". In *Conferência Internacional: A Garantia do Direito ao Ambiente*. Lisboa, Associação Portuguesa para o Direito do Ambiente 1988, pp. 553-564.
12. "Droit de propriété et environnement au Brésil". In *Droit de propriete et environnement*. Limoges, Université de Limoges, 1989, pp. 23-35.
13. "La pollution transfrontiere au Brésil". In *Les pollutions transfrontières en Droit Comparé*. Limoges, Revue Juridique de l'Environnement, 1989, p. 15-21.
14. "Direito Ambiental Brasileiro". In M. Bothe, *Umweltrecht in Deutsland und Brasilien*. Frankfurt am Main, Peter Lang, 1990 pp. 9-20.
15. "Le Droit Brésilien de l'environnement". In A. Postiglione, *Per un Tribunale Internazionale dell'ambiente*. Milano, Giuffrè Editore, 1990, p. 121-129.
16. "L'Information sur l'environnement en Amérique". In *La mise en oeuvre de la Directive CEE du 7 juin 1990 concernant la liberté d'accès a l informa- tion en matière d'environnement*. Limoges, CRIDEAU e Centre International de Droit Comparé de L'Environnement, 1992, pp. 247-247
17. "Les sanctions pénales en matière d'environnement". In *Déclaration de Limoges – Réunion Mondiale des Associations de Droit de l'Environnement*. Saint Yrieix, Paris, Presses Universitaires de France, 1992.
18. "Principios generales de Derecho Ambiental Internacional: Política ambiental brasileña". In *Memorias del Encuentro Interamericano de Ecología*, Gobierno del Estado de Morellos – Procuraduría Ecológica, 1992, pp. 134-144.
19. "Comparative law and environmental law relating to the Brazilian". In *Amazonia and Siberia: Legal aspects of the preservation of the environment and development in the last open spaces*. Londres, Graham & Trotman Ltd, 1993.
20. "Les principes généraux de droit international de l'environnement et la politique brésilienne de l'environnement". In M. Prieur e Stéphane Doumbé-Billé (orgs.), *Droit de l'Environnement et developpement durable*. Limoges, Presses Universitaires de Limoges, 1994.
21. "Brasilien". In O. Kimminich, *Handworterbuch des Umweltrechts*. 2ª ed., Erich Schmidt Verlag GmbH & co, Berlin, 1994, pp. 330-335.
22. "Le régime juridique des sites contaminés en droit brésilien". In M. Prieur, *Sites contamines en droit comparé de l'environnement*. Limoges, Presses Universitaires de Limoges, 1995.
23. "La législation forestière: aspects du droit brésilien". In M. Prieur e S. Doumbé-Billé (Orgs.), *Droit, forets et développement durable*. Bruxelles, Bruylant, 1996, pp. 11-114.
24. "Le Droit Comparé et le Droit de l'Environnement de l'Amazonie brésilienne". In S. Nespor, *Rapporto Mondiale sul Diritto dell'Ambiente. A World survey of Environmental Law*. Giuffrè Editore, 1996, pp. 699-715.

25. "Fundamentos del Derecho Ambiental". *Seminario Internacional de Política y Legislación: Las Políticas Ambientales y la Legislación Ambiental Básica*. Programa Desarrollo Institucional Ambiental. Buenos Aires, 6-8.10.1998, pp. 60-75.

26. "Les aires protégées en Droit Brésilien". In Soukeina Bouraoui e Michel Prieur (orgs.), *Les Aires Protégées en Droit Comparé*. Faculté des Sciences Juridiques, Politiques et Sociales de Tunis, 2001, pp. 109-115.

27. "Déclaration de Limoges II: vers un nouveau Droit de l'Environnement pour Rio + 10". *Charte Rio + 10*. Versão portuguesa. Limoges, Centre International de Droit Comparé de L'Environnement, 2002, pp. 120-157.

28. "Prevention and information in the use of international watercourses; UNO Convention/1997". In Ludwig Krämer (ed.), *Recht und Um-Velt. Essays in Honor of Prof. Dr. Gerd Winter*. Gröningen, Europa Law Publishing, 2003, pp. 253-280.

29. "Commerce international, environnement et biodiversité". In Michel Prieur (org.), *Vers un Nouveau Droit de l'Environnement?*. Limoges, Centre International de Droit Comparé de l'Environnement, 2003, pp. 63-68.

30. "Principes de droit de l'environnement: qualité de vie saine, accès aux ressources environnementales et participation". In *Mondialisation et Droit de l'Environnement. Actes du 1er Séminaire Internationale de Droit de l'Environnement: Rio + 10*. Université de Limoges, Centre International de Droit Compare de l'Environnement e Escola Superior do Ministério Público da União (Brasil), 2003.

ARTIGOS EM REVISTAS NO BRASIL

1. "Ingresso em escola oficial: impedimento com base em categoria de renda". *Justitia*. São Paulo (80):387-389, 1973.

2. "Matrícula tardia e condicional em escola superior oficial". *Justitia*, São Paulo (80):401-403, 1973.

3. "A intervenção da acusação e da defesa no interrogatório". *Revista dos Tribunais*. São Paulo (439):306-309, 1972.

4. "A intervenção da acusação e da defesa no interrogatório". *Anais do Congresso do Ministério Público do Estado de São Paulo*. São Paulo, 1973.

5. "Apontamentos sobre a repressão legal da poluição". *Revista dos Tribunais*. São Paulo (458):179-287, 1973.

6. "Apontamentos sobre a repressão legal da poluição". *Revista DAE*. São Paulo (97):103, 1973.

7. "Repressão legal da poluição". *Saneamento*. 27(47):14-21, 1973.

8. "Urbanismo e poluição – Aspectos jurídicos". *Justitia*. São Paulo 36(87):221-226, 1974.

9. "Urbanismo e poluição – Aspectos jurídicos". *Revista dos Tribunais*. São Paulo 63 (469):34-37, 1974.

LISTA DE PUBLICAÇÕES 13

10. "A identidade física do juiz no processo penal: inovação necessária". *Revista dos Tribunais*. São Paulo 64(476):451-453, 1975.
11. "Poluição por resíduos sólidos". *Revista dos Tribunais*. São Paulo 65(485):30-37, 1976.
12. "Poluição por resíduos sólidos". *Justitia*. São Paulo 38(92):199-208, 1976.
13. "Poluição por resíduos sólidos". *Revista DAE* São Paulo 38(115):55-59, 1978.
14. "Poluição por pesticidas: implicações jurídicas". *Revista dos Tribunais*. São Paulo 66(499):27-36, 1977.
15. "Poluição por pesticidas: implicações jurídicas". *Justitia*. São Paulo 39(98):213-255, 1977.
16. "Responsabilidade médica perante a Justiça". *Revista dos Tribunais*. São Paulo 65(494):245-247, 1976.
17. "Gestão empresarial no campo da limpeza pública: aspectos jurídicos". *Anais do 9º Congresso Brasileiro de Engenharia Sanitária*. Belo Horizonte, v. 9, p. 119, 1977.
18. "O controle da poluição e o Decreto-lei 1.413, de 14 de agosto de 1975". *Justitia*. São Paulo 41(104):101-111, 1979.
19. "O controle da poluição e o Decreto-lei 1.413, de 14 de agosto de 1975". *Revista dos Tribunais*. São Paulo 68(525):32-39, 1979.
20. "Florestas de preservação permanente e o Código Florestal Brasileiro". *Justitia*. São Paulo 42(109):139-158, 1980.
21. "Florestas de preservação permanente e o Código Florestal Brasileiro". *Revista dos Tribunais*. São Paulo 69(535):19-32, 1980.
22. "Flora". *Justitia*. São Paulo 43(113):105-130, 1981.
23. "Parcelamento do solo urbano meio ambiente e qualidade de vida". *Revista de Direito Administrativo*. Rio de Janeiro (139):269-285.
24. "Tombamento: instrumento jurídico de proteção do patrimônio natural e cultural". *Revista dos Tribunais*. São Paulo 71(563):15-41, 1982.
25. "Responsabilidade civil: dano ecológico e processo civil dos poluidores". *Anais do III Simpósio Nacional de Direito do Meio Ambiente*. São Paulo, 1983.
26. "Sistema orgânico para a gestão ambiental". *Revista do Serviço Público*. Brasília 111(4):69-82, 1983.
27. "Transporte de cargas perigosas – Aspectos jurídicos". *Revista DAE*. São Paulo 44:83-87, 1984.
28. "Transporte de cargas perigosas – Aspectos jurídicos". *Revista de Direito Público*. São Paulo (77):144-151, 1986.
29. "Direito à informação ambiental". *Revista de Informação Legislativa*. Brasília, Senado Federal, 21(84):221-232, 1984.

30. "Direito à informação ambiental". *Revista de Direito Público*. São Paulo (75):95-110, 1985.
31. "Agricultura e legislação ambiental". *Geografia*. Rio Claro 10(19):173-182, 1985.
32. "Agrotóxicos e federalismo". *Anais do IV Simpósio Nacional de Direito do Meio Ambiente*. São Paulo, 1985, pp. 20-22.
33. "Ministério Público, ambiente e patrimônio cultural". *Revista de Informação Legislativa*. Brasília 23(89):293-302, 1986.
34. "O parlamentar e a legislação ambiental". *Revista de Informação Legislativa*. Brasília 23(90):315-328, 1986.
35. "Regulamentação do estudo de impacto ambiental". *Revista de Informação Legislativa*. Brasília 24(93):329-338, 1987.
36. "Regulamentação do estudo de impacto ambiental". *Revista de Direito Agrário e Meio Ambiente*. Curitiba 2(2):18-24, 1987.
37. "Instituições públicas e meio ambiente". *Revista de Direito Agrário e Meio Ambiente*. Curitiba 2(2):249-251, 1987.
38. "A Ação Civil Pública e a tutela dos interesses difusos". *Revista de Direito Agrário e Meio Ambiente*. Curitiba 2(2):371-375, 1987.
39. "Constituinte e meio ambiente". *Revista de Informação Legislativa*. Brasília 24(24):159-168, 1987.
40. "Prevenção do dano nuclear – Aspectos jurídicos". *Revista dos Tribunais*. São Paulo 76(619):16-27, 1987.
41. "Prevenção do dano nuclear – Aspectos jurídicos". *Revista de Informação Legislativa*. Brasília 24(95):335-354, 1987.
42. "Meio ambiente e relações humanas e sociais". *Anais do I Simpósio Estadual sobre Meio Ambiente e Educação Universitária – Área de Ciências Humanas*, Secretaria do Estado de Meio Ambiente, São Paulo 81-90, 1989.
43. "Legislação das matas ciliares". *Anais do Simpósio sobre Mata Ciliar*. Campinas, Fundação Cargill, 1989, pp. 1-8.
44. "Crimes ambientais". *Revista do Ministério Público do Rio Grande do Sul*. Porto Alegre 1(23):61-66, 1990.
45. "Criminalidade ecológica. Crimes contra o meio ambiente no anteprojeto de Código Penal". *Anais da Conferência Internacional de Direito Penal*. Rio de Janeiro, 1991, pp. 284-287.
46. "Legislação estadual concorrente em matéria ambiental". *Anais do Seminário de Legislação Ambiental e Reposição Florestal*. Governo do Estado do Paraná, 1991, pp. 20-23.
47. "Manguezais e dunas – Proteção legal". *Alternativas de Uso e Proteção dos Manguezais do Nordeste*. Recife, Companhia Pernambucana de Controle da Poluição Ambiental e de Administração de Recursos Hídricos (CPRH), 1991, pp. 46-48.

48. "O Município e o Direito Ambiental". *Revista Forense*. Rio de Janeiro (317):189-194, 1992.

49. "Mercosul e Direito Ambiental Internacional". *Revista do Ministério Público do Rio Grande do Sul* (edição especial comemorativa da ECO-92). Porto Alegre 1(27):31, 1992.

50. "Direito à informação ambiental e sociedade civil". *Anais da Conferência Internacional de Direito Ambienta*. Rio de Janeiro, 1992, pp. 281-285.

51. "Direito à informação ambiental e sociedade civil". *Boletim de Direito Administrativo*. São Paulo 9(1):51-54, Ed. NDJ, 1993.

52. "Princípios gerais de Direito Ambiental Internacional e a política ambiental brasileira". *Boletim de Direito Administrativo*. São Paulo 9(4):241-248, Ed. NDJ, 1993.

53. "Princípios gerais de Direito Ambiental Internacional e a política ambiental brasileira". *Revista de Informação Legislativa*. Brasília 30(118):207-219, abr.-jun. 1993.

54. "A promoção da responsabilidade por doenças causadas por problemas ambientais". *III Seminário Internacional de Direito Sanitário* OPAS/OMS, 1993, pp. 433-52.

55. "O poder de polícia ambiental na América Latina e inovações na jurisprudência". *Revista de Informação Legislativa*. Brasília 121: 145-158, jan.-mar. 1994.

56. "O Direito Ambiental e a realidade brasileira". *Alter Agora – Revista do Curso de Direito da Universidade Federal de Santa Catarina* 1(2):35-39, nov. 1994

57. "Responsabilidade jurídico-ambiental das hidrelétricas". *Seminário sobre a Fauna Aquática e o Setor Elétrico Brasileiro*. Caderno 2 – Legislação. Comitê Coordenador das Atividades de Meio Ambiente do Setor Elétrico-COMASE, Rio de Janeiro, ELETROBRAS, 1994.

58. "Auditoria ambiental – Instrumento para o desenvolvimento sustentável". *Revista de Direito Ambiental* n. 0/73-82, Ed. RT, 1995.

59. "Direito Ambiental e autonomia municipal para os serviços públicos". *Curso de Direito Ambiental e Urbanístico*. Escola de Administração Pública da Cidade de Curitiba-IMAP, 1995, pp. 9-41.

60. "Financiamento – Meio ambiente e desenvolvimento sustentável". *Revista Econômica do Nordeste* 27/233-242, abr.-jun. 1996.

61. "Competência comum, concorrente e supletiva em matéria de meio ambiente". *Revista de Informação Legislativa*. Brasília 33(131):167-174, jul.-set. 1996.

62. "Carta de Bauru". Paulo Affonso Leme Machado, Presidente da Comissão composta por Gerd Winter, Tullio Scovazzi, Michel Prieur, Raul Cervini, Antonio Vercher Noguera, Gilberto Passos de Freitas, João Marcello de Araújo Júnior, Luiz Flávio Gomes e Damásio E. de Jesus. *APMP Revista* 1(1):10-11, nov. 1996.

63. "Informação e participação: instrumentos necessários para a implementação do Direito Ambiental". *Revista de Informação Legislativa*. Brasília 34(134):213-218, abr.jun. 1997.

64. "Direito do planejamento familiar", em co-autoria com Maria Regina M. Perrotti e Marcos A. Perrotti, *Revista dos Tribunais* 87(749):46-59, São Paulo, Ed. RT, mar. 1998.

65. "Paisagem e Direito. Paisagem – Paisagens" (textos apresentados nas mesas redondas). *3º Encontro Interdisciplinar sobre o Estudo da Paisagem*, org. Lívia de Oliveira e Lucy Marion Calderini Philadelpho Machado. Rio Claro, UNESP, 1998, pp. 71-76.

66. "Da poluição e outros crimes ambientais na Lei 9.605/98". *Ciência & Ambiente*. Santa Maria, Ed. Universidade Federal de Santa Maria (17):75-88, jul.-dez. 1998.

67. "O Direito Ambiental e a proteção das florestas no Século XXI". In Antonio H. V. Benjamin (org.), *A Proteção Jurídica das Florestas Tropicais. 3º Congresso Internacional de Direito Ambiental*. São Paulo, IMESP, 1999, pp. 7-14.

68. "Direito do planejamento familiar", em co-autoria com Maria Regina M. Perrotti e Marcos A. Perrotti, *APMP Revista* 3(25):36-44, fev.-mar. 1999.

69. "Da poluição e outros crimes ambientais na Lei 9.605/98". *Revista de Direito Ambiental* 4(14):9-19, São Paulo, Ed. RT, abr.-jun. 1999.

70. "Direito Ambiental Internacional e biodiversidade". *Seminário Internacional sobre Direito da Biodiversidade*. Brasília, *Revista CEJ* – Centro de Estudos Judiciários do Conselho da Justiça Federal, ano III, pp. 156-158, ago. 1999.

71. "Biodiversidade – Aspectos jurídicos". *Revista de Direitos Difusos* 1(1):11-17. São Paulo, Instituto Brasileiro de Advocacia Pública-IBAP/Ed. Esplanada-ADCOAS, 2000.

72. "A dimensão ecológica da biodiversidade e da biotecnologia". *Anais da XVII Conferência Nacional da Ordem dos Advogados do Brasil: Justiça: Realidade e Utopia*. v. I. Brasília, OAB, Conselho Federal, 2000, pp. 229-234.

73. "Aprovada a Agência Nacional de Águas". *L & C – Revista de Direito e Administração Pública* 30/12-13, dez. 2000.

74. "Direito ambiental e proteção das florestas". *Direito e Sociedade* 1(1):24-51, Ministério Público do Estado do Paraná, set.-dez. 2000.

75. "Rio + 10, Estocolmo + 30: novos rumos". *Revista de Direito Ambiental* 6(23):385-391, Ed. RT, jul.-set. 2001.

76. "O princípio da precaução e o Direito Ambiental". *Revista de Direitos Difusos* – Organismos geneticamente modificados – II 2(8):1.080-1.094. ACOAS/IBAP, ago. 2001.

77. "Amianto, saúde e federalismo". *Revista Jurídica Consulex*. Ano V, n. 118, p. 66, 15.12.2001.

78. "Rejeitos, doenças e Órgãos Públicos". *Interesse Público – Revista Bimestral de Direito Público* 4(13):37-38, Porto Alegre, Notadez, jan.-mar. 2002.

79. "Meio ambiente e Constituição Federal". *Interesse Público – Revista Bimestral de Direito Público* 5(21):13-34, Porto Alegre, Notadez, set.-out. 2003.

80. "Federalismo, amianto e meio ambiente". *Boletim Científico – Escola Superior do Ministério Público da União*. Brasília, 2(9):169-177, out.-dez. 2003.

81. "Auditoria ambiental". *Revista do Tribunal de Contas da União*. Brasília 35(100):96-105, 2004.

82. "Auditoria ambiental". *Revista do Tribunal de Contas da União*. Brasília 35(100):96-105, 2004 (ed. espanhol).

83. "Environmental audit". *Revista do Tribunal de Contas da União*. Brasília, 35(100):94-103, 2004 (ed. inglês).

84. "A substituição das Agências de Água". *Interesse Público – Revista Bimestral de Direito Público* 5(26):19-28. Porto Alegre, Notadez, jul.-ago. 2004.

85. "Recursos hídricos e o Direito Internacional Ambiental". *Interesse Público – Revista Bimestral de Direito Público* 6(29):93-99. Porto Alegre, Notadez, jan.-fev. 2005.

ARTIGOS EM REVISTAS NO EXTERIOR

1. "Urbanismo e poluição: aspectos jurídicos". *Anais do Congresso Ibero-Americano del Medio Ambiente*. Madrid, 1975.

2. "Urbanism and pollution in São Paulo, Brazil: juridical aspects". *Earth Law Journal*, Sijthoff Leyden (2):127-131, 1976.

3. "Pesticides in Brazil: juridical aspects". *Earth Law Journal*, Sijthoff Leyden (3):39-46, 1977.

4. "Droit Brésilien de l'environnement". *Revue Juridique de L'Environnement* (3):240-247, 1978.

5. "Le parcellement du sol urbain, l'environnement et la qualité de vie". *Rivista Trimestrale di Diritto Pubblico*, Milano 31(1):255-272, 1981.

6. "Le zonage industriel dans les aires critiques de pollution". *Rivista Trimestrale di Diritto Pubblico*, Milano 32(2):642-658, 1982.

7. "Les innovations juridiques de la loi brésilienne de politique nationale de l'environnement". *Rivista Trimestrale di Diritto Pubblico*, Milano 33(2):677-695, 1983.

8. "Legislation and incentives for environmental protection". *Conference Interparlamentary on Environment by United Nations Environment Program – Reports*. Nairobi, Kenya, 1984.

9. "Legislação ambiental brasileira". *Revista de Legislação do Meio Ambiente* (em chinês). Instituto de Ciência Ambiental da China, 1985.

10. "Agriculture and Brazilian Environmental Legislation". *Florida International Law Journal*, spring, 2(1):137-147, 1986.
11. "L'Action Civile Publique dans la loi du Brésil n. 7.347 du 24 juillet 1985 en défense de l'environnement, du consommateur et du patrimoine culturel". *Rivista Trimestrale di Diritto Pubblico*, Milano 4:1.035-1.067, 1986.
12. "Le droit comparé et le droit de l'environnement de l'Amazonie Brésilienne". *Rivista Trimestrale di Diritto Pubblico*, Milano 2:315-328, 1991.
13. "Information and participation: required instruments for the improvement of Environmental Rights". *Environmental Policy and Law* 27(4):285-288, august 1997.
14 "La mise en oeuvre de l'action civile publique environnementale au Brésil". *Revue Juridique de l'Environnement*. Limoges, Fabreguet, v. 1, pp. 63-73, 2000.
15. "Commercio, biotecnologia e principio precauzionale". *Rivista Giuridica dell'Ambiente*. Milano, Giuffrè Editore, XVI(5):743-748, 2001.
16. "En exemple hors Europe – L'arbre et le droit au Brésil". *Naturopa 96 (L'arbre, entre Nature et Culture)*, p. 13, 2001.
17. "Nuove strada dopo Rio e Stoccolma". *Rivista Giuridica dell'Ambiente*. Milano, Giuffrè Editore, XVII(1):169-177, 2002.
18. "Rifiuti, malattie et organi pubblici: il caso dello Stato di San Paolo". *Rivista Giuridica dell'Ambiente*. Milano, Giuffrè Editore, XVII(2):411-402, 2002.
19. "Le paysage et le Droit Brésilien de l'Environnement". *Revue Européenne de Droit de l'Environnement*. Limoges, Institut de Droit et d'Information sur l'Environnement e Centre International de Droit Comparé de l'Environnement, pp. 328-331, octobre 2003.
20. "L'environnement et la Constitution Brésilienne". *Les Cahiers du Conseil Constitutionnel*. Paris, Dalloz, n. 15, pp. 162-168, 2003.

PREFÁCIO

A proteção do meio ambiente é um dos grandes e mais importantes desafios do nosso tempo. Muitas são as reflexões acerca das nossas riquezas naturais, do acesso a tais riquezas e da percepção de que a concretização do direito ambiental ainda está longe de ser alcançada. Não obstante, podemos constatar que, graças à obstinação do trabalho de pessoas como PAULO AFFONSO LEME MACHADO, muito já foi feito, e que essas conquistas devem ser, agora, consolidadas.

Este livro constitui tributo a um dos mais importantes Mestres em direito ambiental no Brasil, professor PAULO AFFONSO LEME MACHADO, detentor de uma mente visionária e inquieta, voltada integralmente à preservação do meio ambiente. Bela e legítima é a homenagem que lhe presta o Instituto de Estudos "Direito e Cidadania", com a publicação desta coletânea, editada pela Malheiros Editores.

A reunião de alguns dos muitos amigos de PAULO AFFONSO nessa publicação é resultado do esforço empreendido pelas organizadoras do livro, Inês Virgínia Prado Soares, Sandra Akemi Shimada Kishi e Solange Teles da Silva. Certamente, a presente obra surgirá no cenário jurídico brasileiro como uma referência obrigatória para os ambientalistas.

Esta coletânea, ao reunir grandes ecojuristas nacionais e estrangeiros, apresenta aos leitores uma visão realista e entusiasmada das possibilidades jurídicas da defesa do meio ambiente e das perspectivas e desafios do direito ambiental no século XXI.

A preocupação do professor PAULO AFFONSO sobre os efeitos da poluição na saúde humana despontou em 1968, no interior de São Paulo, em Piracicaba. Desde então vem enriquecendo o acervo jurídico brasileiro com seu trabalho cotidiano, disciplinado e atento. Destaco, nessa trajetória, sua marcante presença como Consultor Jurídico na Comissão Mundial sobre Meio Ambiente e Desenvolvimento formada pela ONU, em 1983, presidida pela Primeira Ministra da Noruega, Gro Brundtland. A incansável história de vida e de luta desse arauto em defesa da Natureza consagrou definitivamente o direito ambiental entre nós.

Não por outra razão, vem, ao longo das últimas décadas, sendo agraciado com inúmeros prêmios e títulos, tendo disseminado seus conhecimentos em mais de 500 conferências proferidas pelo mundo todo, em uma verdadeira missão espiritual assumida com alegria.

A força do homenageado está presente nas importantes contribuições jurídicas dos autores deste livro, unidos pela afeição à pessoa de PAULO AFFONSO e pelo apreço a seus trabalhos.

Brasília, agosto de 2004

MARINA SILVA
Ministra do Meio Ambiente

SUMÁRIO

Prefácio 19
— Ministra do Meio Ambiente MARINA SILVA

Apresentação 25

Colaboradores 39

Justiça Ambiental e Religiões Cristãs 47
— ALEXANDRE KISS

A Caminho de um Fundamento para o Direito Ambiental 59
— BERNARD DOBRENKO

*Direito Florestal e Desenvolvimento Sustentável: uma
Proposta Alemã* 85
— ECKARD REHBINDER

*O Projeto da Ponte sobre o Oiapoque à Imagem dos
Objetivos de Desenvolvimento Sustentável* 96
— GÉRARD MONEDIAIRE

*A Natureza Jurídica dos Princípios Ambientais em Direito
Internacional, Direito da Comunidade Européia e
Direito Nacional* 120
— GERD WINTER

Estética e Direito Ambiental 151
— JACQUELINE MORAND-DEVILLER

A Erradicação da Pobreza no Mundo: do Mito à Realidade ... 165
— JEAN-JACQUES GOUGUET

*O Direito Internacional do Meio Ambiente: Quais
Possibilidades para Resistir e Construir?* 180
— JEAN-MARC LAVIEILLE

*Os Estudos de Impacto Transfronteiriço na Europa —
Ensaio de Estudo Comparado* 206
— MICHEL PRIEUR

*O Direito ao Meio Ambiente na África: da Proclamação à
Proteção* 233
— MOHAMED ALI MEKOUAR

A Anatomia da Legislação Ambiental na Índia 263
— NILIMA CHANDIRAMANI

Desenvolvimentos Urbanos Bioclimáticos 278
— RAMÓN MARTÍN MATEO

*A Ponte do Rio Kwai: Metáfora Jurídica sobre a OMC e o
Meio Ambiente* 292
— RAPHAËL ROMI

*Qual Governança após Joanesburgo? Ambigüidades e
Dificuldades de uma Gestão Institucional e Política do
Desenvolvimento Sustentável* 305
— STÉPHANE DOUMBÉ-BILLÉ

*As Perspectivas de um Instrumento Legal para os Danos
ao Ambiente Marinho do Mediterrâneo* 314
— TULLIO SCOVAZZI

*Responsabilidade Civil Ambiental e Cessação da Atividade
Lesiva ao Meio Ambiente* 328
— ÁLVARO LUIZ VALERY MIRRA

Proteção do Meio Ambiente e Direito Adquirido 345
— ANALÚCIA DE ANDRADE HARTMANN

O Meio Ambiente na Constituição Federal de 1988 363
— ANTÔNIO HERMAN BENJAMIN

*A Natureza Jurídica do Parecer Conclusivo da Comissão
Técnica Nacional de Biossegurança (CTNBio)* 399
— AURÉLIO VIRGÍLIO VEIGA RIOS

*A Efetividade da Proteção do Meio Ambiente e a Participação
do Judiciário* 426
— CONSUELO YATSUDA MOROMIZATO YOSHIDA

SUMÁRIO 23

O Confronto da Conservação do Meio Ambiente com o Uso Privatizado dos Recursos Naturais — A Questão do Tratamento Constitucional: Potenciais de Energia Hidráulica 455
— CRISTIANE DERANI

A Questão Ambiental no Direito Brasileiro 472
— GUILHERME JOSÉ PURVIN DE FIGUEIREDO

Princípios Constitucionais da Proteção das Águas 518
— HELITA BARREIRA CUSTÓDIO

Meio Ambiente e Orçamento Público 553
— INÊS VIRGÍNIA PRADO SOARES

Formação e Transformação do Conhecimento Jurídico Ambiental 579
— JOÃO CARLOS DE CARVALHO ROCHA

Aspectos Históricos e Prospecção em Direito Ambiental 598
— JOSÉ ANTÔNIO TIETZMANN E SILVA

Estado de Direito Ambiental no Brasil 611
— JOSÉ RUBENS MORATO LEITE, LUCIANA CARDOSO PILATI e WOLDEMAR JAMUNDÁ

O Acúmulo de Lógicas Distintas no Direito Internacional: Conflitos entre Comércio Internacional e Meio Ambiente 635
— MARCELO DIAS VARELLA

Reflexões sobre a Proteção Jurídica da Floresta Amazônica 658
— NICOLAO DINO C. COSTA NETO

O Ordenamento Ambiental Brasileiro 698
— ODETE MEDAUAR

Proteção da Biodiversidade: um Direito Humano Fundamental 709
— SANDRA AKEMI SHIMADA KISHI

Patrimônio, uma Noção Complexa, Identitária e Cultural 728
— SANDRA CUREAU

Reflexões sobre o "ICMS Ecológico" 753
— SOLANGE TELES DA SILVA

Notas sobre a Política Nacional do Meio Ambiente 777
— UBIRACY ARAÚJO

O Dano Ambiental Coletivo e a Lesão Individual 797
— VLADIMIR PASSOS DE FREITAS

A Constituição Ecológica 813
— WALTER CLAUDIUS ROTHENBURG

APRESENTAÇÃO

Pensar o direito ambiental e participar do processo de sua construção são tarefas às quais nosso querido mestre professor PAULO AFFONSO LEME MACHADO vem-se dedicando desde 1972.

Esta obra, em sua homenagem e inspirada em seus ensinamentos, é uma contribuição do Instituto de Estudos "Direito e Cidadania" – IEDC – à edificação do conhecimento das normas jurídico-ambientais e de sua prática.

Como PAULO AFFONSO ensina, o conhecimento das normas ambientais traduz "a necessidade para a prática da participação social no processo decisório público" (*O Ensino do Direito Ambiental – Meio de Participação Social/Reflexões no Doutorado "Honoris Causa"*, São Paulo, 12.12.1996 – Sala do Conselho Universitário da UNESP).

Cidadania, democracia e meio ambiente são, portanto, complementares. Neste sentido, os trabalhos apresentados aqui por autores estrangeiros e nacionais – discípulos e companheiros do nosso querido homenageado – representam a incessante busca da afirmação e efetividade do direito ambiental e têm como objetivo realizar um balanço da gênese, dos avanços, dos desafios e das perspectivas do direito ambiental na ordem jurídica internacional, comunitária e interna em um mundo globalizado.

Os fundamentos do direito ambiental constituem objeto de reflexões de dois textos. ALEXANDRE KISS analisa a relação entre Justiça Ambiental e religiões cristãs, destacando que a Justiça Ambiental, compreendida como a satisfação das necessidades essenciais de todos os seres humanos, demanda uma partilha eqüitativa dos recursos do Planeta. Neste sentido, as religiões cristãs podem trazer uma importante contribuição na ampliação do próprio conceito de Justiça Ambiental, considerando não apenas a responsabilidade de cada indivíduo por seus atos perante Deus, perante as presentes e futuras gerações, mas igualmente as obrigações dos seres humanos para com as outras espécies vivas – quer dizer, a biodiversidade. O direito ambiental necessita, assim, de um fundamento. As ponderações de BERNARD DOBRENKO vão nesta direção, da busca de um caminho para os fundamentos do direito ambiental através de uma ética de sobrevivência que possa assegurar não apenas a sobrevivência humana, mas igualmente "a sobrevivência de todos os ecossistemas que formam a biosfera".

O estudo do direito ambiental e dos seus fundamentos não pode ser realizado sem uma necessária reflexão das relações entre pobreza e Direito, fontes de energia e meio ambiente, economia e meio ambiente. JEAN-JACQUES GOUGUET assevera que o desenvolvimento sustentável constitui uma referência incontornável para alcançar objetivos econômicos, sociais e ecológicos. Indaga o autor se isto é possível, já que a pobreza subsiste no âmbito mundial. *Pobreza* e *desenvolvimento* estão intrinsecamente ligados, e há a necessidade de um questionamento do produtivismo exacerbado e de um verdadeiro debate sobre a necessidade de reorientação de nossos modelos de produção e consumo. Aliás, como destaca RAMÓN MARTÍN MATEO, as energias renováveis não poderão substituir integralmente as de origem fóssil – devido à impossibilidade de atender às necessidades de toda a crescente população mundial –, mas seriam fontes alternativas capazes de oferecer um alívio significativo para o equilíbrio energético da Humanidade. Para o autor, aspectos como o aprovisionamento de energia e a economia energética sem efeitos negativos para o ambiente devem ser considerados prioridade para os urbanistas e nortear o desenvolvimento de projetos bioclimáticos de edificação de moradias e instalações. Há experiências espanholas relevantes neste sentido, e mesmo áreas urbanas já consolidadas podem ser requalificadas, a partir de propostas de reurbanização, com uso de energia limpa, reestruturação dos meios de transporte, gestão de resíduos e instituição de uma "Ágora" participativa.

Discorrendo sobre economia e meio ambiente, MARCELO DIAS VARELLA analisa o acúmulo de lógicas distintas no Direito Internacional, demonstrando a criação de conjuntos normativos autônomos, marcados pelas normas de proteção da Natureza e de fomento ao comércio multilateral. Estes conjuntos normativos têm lógicas próprias, muitas vezes antagônicas e não-conciliáveis. Neste sentido, a busca de formas de cogência diferenciada, como demonstrado pela OMC, apresenta-se como o único instrumento possível de efetividade de cada ramo do Direito. RAPHAEL ROMI questiona a real necessidade da construção de uma ponte entre economia e meio ambiente, já que essa ponte foi construída em busca apenas da circulação de bens, pois "a economização do tratamento do meio ambiente" ocorreu sem que a ecologização da economia tenha sido realizada. Talvez não seja o caso de "construir uma ponte, nem mesmo de atravessá-la, mas, quem sabe, de destruí-la". E propõe o autor, como a solução ideal – ainda que longe de ser alcançada –, a subordinação dos acordos de Marrakesh aos atos fundadores de uma futura Organização Mundial do Desenvolvimento Sustentável. Falar em *desenvolvimento sustentável* é pensar nas novas tecnologias e em seu controle, como o faz AURÉLIO VIRGÍLIO VEIGA RIOS. O autor discorre sobre o efeito jurídico do parecer conclusivo da CTNBio (Comissão Técnica Nacional de Biossegurança) acerca dos OGMs (Organismos Geneticamente Modificados). O Decreto 1.752/1995 dispensou a apresentação do EIA (Estudo de Impacto Ambiental) para aprovação de projetos de trabalho com OGMs pela CTNBio; no entanto, a própria Comissão editou a Resolução 305/2002, que obriga a apresentação do EIA como condição de validade para o processo de avaliação, em compasso com o princípio da precaução.

Quais os caminhos a trilhar para a construção de um direito internacional do meio ambiente que possa conduzir ao desenvolvimento sustentável? A partir desta indagação, JEAN-MARC LAVIEILLE realiza um inventário do estado atual do meio ambiente global, demonstrando que entre as causas da degradação alarmante do meio ambiente encontram-se o sistema produtivista, o consumo excessivo, a pobreza, o rápido crescimento populacional, a industrialização freqüentemente poluente, bem como as guerras. Identifica também as fraquezas e os trunfos do direito internacional do meio ambiente para, então, propor medidas concretas para reforçar e desenvolver este direito. Dentre estas medidas encontram-se medidas de aplicação do direito internacional do meio ambiente, operacionalização dos princípios do direito internacional do meio ambiente, negociação de novas convenções e protocolos, bem como utilização de meios financeiros, tecnológicos, educativos e institucionais. Evocar a questão do desenvolvimento sustentável conduz também à necessária busca de mecanismos para sua implementação. Desta forma, STÉPHANE DOUMBÉ-BILLÉ afirma que, apesar de a noção de *governança* ser ainda incerta, é possível afirmar que essa noção pode ser considerada um princípio político buscando a condução de uma determinada ação ou, ainda, de determinado grupo no sentido de uma boa administração. Mas é, sobretudo, uma abordagem mais técnica, jurídica, que nos interessa, evocando a questão do desenvolvimento sustentável, revelando, institucionalmente, a necessidade premente de mecanismos de gestão participativa e de gestão de proximidade.

Contudo, uma gestão de proximidade não significa que os problemas ambientais possam ser simplesmente solucionados com estratégias locais. Isto porque a poluição ambiental e os impactos ambientais não respeitam fronteiras. Assim, um ensaio sobre os Estudos de Impacto transfronteiriços na Europa é realizado por MICHEL PRIEUR a partir da análise do Direito Comunitário, do Direito Convencional da Comissão Econômica para a Europa das Nações Unidas e da implementação deste instrumento pelos Estados europeus. Instrumento de prevenção e de integração, os Estudos de Impacto transfronteiriços revelam-se fundamentais para se alcançar o desenvolvimento sustentável, e demandam uma verdadeira cooperação transfronteiriça, bem como a adoção de medidas de Direito nacional precisas, que assegurem a transmissão das informações antes da tomada de decisão e, igualmente, a participação das comunidades envolvidas. Essa cooperação não serve apenas para solucionar problemas de poluição ou impactos, mas também é um mecanismo para a adoção de políticas públicas em um contexto transfronteiriço. Aliás, na região do Mediterrâneo vários Estados devem cooperar para implementarem uma gestão ambiental integrada. Neste sentido, TULLIO SCOVAZZI aborda a questão do regime de responsabilidade ambiental por danos causados por poluição aos mares do Mediterrâneo. Discute o autor o sistema atual de responsabilidade e compensação adotado pelos países envolvidos e apresenta os debates, os entraves e os avanços efetuados nos últimos 30 anos. Merecem destaque as discussões trazidas acerca da possibilidade de contratação pelos empreendedores/poluidores em potencial de companhias de seguros para arcarem com os possíveis danos ao meio ambiente marinho. Tratando igualmente de uma questão transfronteiriça, GERARD MONEDIAIRE avalia o Acordo de Brasília, entre o Brasil e a França, e as perspectivas do projeto de ponte sobre o Oiapoque, tentando demonstrar que uma problemática séria de desenvolvimento sustentável transfronteiriço na Amazônia pressupõe algumas condições que precisam ser séria e profundamente estudadas. Dentre essas condições encontram-se a análise das políticas públicas nacionais e locais, o Direito e sua efetiva implementação. O autor adverte que a ausência dessas condições pode levar a desastres sociais e ambientais consideráveis.

Aliás, os exemplos de desastres e catástrofes ambientais no século passado são inúmeros. Como salienta NILIMA CHANDIRAMANI, foi na Índia que ocorreu, em Bhopal, o pior acidente industrial do mundo, impulsionando a adoção de uma legislação obrigando a que as indústrias químicas de alto risco fizessem um seguro para fornecer assistência imediata aos indivíduos quando afetados por acidentes ao estarem manuseando substâncias químicas de alto risco que excedam a quantidade especificada na lei. Argumenta a autora que há a necessidade de repensar o processo de desenvolvimento, "desenvolvimento econômico consiste em adotar projetos que venham a ajudar as pessoas a ter vidas decentes e sustentáveis". Na verdade, a sustentabilidade e a adoção de medidas de precaução e prevenção na busca de uma vida sadia são temas de um discurso relativamente recente, como demonstra JOSÉ ANTÔNIO TIETZMAN E SILVA. Em suas origens, na Roma Antiga, o direito ambiental era um direito utilitarista, e até os anos 60 e 70 do século passado era concebido como um "direito de catástrofes". Porém, hodiernamente, seu caráter é eminentemente de um direito de prevenção dos danos ambientais, que demanda a adoção de medidas de prevenção e precaução para superar as possíveis irreversibilidades dos danos causados ou o custo excessivo de recuperação.

A adoção de tais medidas exige, antes de tudo, conhecimento dos princípios ambientais que fundamentam sua exigência. Nesse sentido, GERD WINTER analisa a natureza legal dos princípios ambientais, os princípios e a hierarquia das normas e, ainda, a revisão judicial dos princípios. A partir dessa fundamentação, o autor estuda especificamente os princípios da precaução e da sustentabilidade. Entende que o princípio da precaução traz sempre uma questão de ordem cognitiva, tendo, ainda, uma dimensão substantiva (alertando às autoridades competentes os efeitos de longo prazo e de larga escala) e uma dimensão instrumental (demandada pelas melhores tecnologias disponíveis). No que tange à sustentabilidade, afirma o autor que "por enquanto a interpretação de *desenvolvimento sustentável* vem sendo desenvolvida com base em três pilares: desenvolvimento sustentável abrange não somente a proteção sustentável dos recursos ambientais, mas também a manutenção e o desenvolvimento, a longo prazo, dos bens econômicos e sociais comuns". Aliás, é sob o enfoque da *transversalidade* que JOÃO CARLOS DE CARVALHO ROCHA analisa o conhecimento das normas jurídico-ambientais. O autor propõe que o modo de pensar e fazer o direito ambiental passe por mudanças e tenha uma perspectiva integradora das diversas atividades sócio-econômicas e do conhecimento jurídico. Em suas palavras, "reformar o ensino jurídico em plena afirmação de um novo paradigma é reformular as formas de pensar a ordem e a vida social".

Assim, há a necessidade de repensar a formulação e as funções do Estado Constitucional do Ambiente, em face do sistema normativo brasileiro. Isso é objeto de discussão de JOSÉ RUBENS MORATO LEITE, LUCIANA PILATI e WOLDEMAR JAMUNDÁ. Para os autores, esse Estado de Direito do Ambiente "constitui-se em parâmetro de Estado que visa a atentar para a crise ecológica existente, apontando mecanismos para um controle ambiental favorável à garantia de dignidade humana e equilíbrio dos ecossistemas, bem como a gestão de riscos". Por isso, dentre as conclusões do texto, os autores afirmam que os delineamentos econômicos, propugnados na Constituição Federal de 1988, são conformados com o antropocentrismo alargado adotado pelo texto constitucional, o que afasta o Brasil de uma perspectiva economicocêntrica de ambiente. Nesta perspectiva, a proteção da biodiversidade é um direito pluridimensional, como alude SANDRA AKEMI SHIMADA KISHI. A característica da pluridimensionalidade desse novo direito detém, a um só tempo, uma dimensão individual, coletiva e difusa, já que diz respeito tanto à pessoa humana como a coletividades humanas indeterminadas. A autora acentua a importância da efetividade da implementação dessas normas de direito fundamental, consagradas constitucionalmente, para evidenciar sua prevalência, justificada pela razoabilidade, frente a outros direitos fundamentais.

Abordar direitos fundamentais nos conduz a uma análise da consagração de um direito ao meio ambiente ecologicamente equilibrado realizada pela Constituição Federal de 1988. O direito ao meio ambiente ecologicamente equilibrado é tratado pelo texto constitucional de 1988 como um direito e um dever fundamental, permitindo afirmar – como ressalta WALTER CLAUDIUS ROTHENBURG – que a Constituição da República Federativa do Brasil é uma "Constituição Ambiental". Esta nossa "Constituição Ecológica" assenta ainda em um cooperativismo global, com novas formas de participação política.

ANTÔNIO HERMAN BENJAMIN, a partir de um estudo comparado dos regimes de proteção constitucional do meio ambiente, identifica bases comuns que informam os textos, para, então, realizar uma análise do texto constitucional de 1988 e a proteção ambiental. O autor evidencia que, se a Constituição Federal de 1988 representou a festa da cidadania, momento de celebração nacional, há a necessidade inexorável de fazer com que ela seja cumprida. Discorrendo ainda sobre o direito ao meio ambiente, MOHAMED ALI MEKOUAR analisa a consagração desse direito na Carta Africana dos Direitos do Homem e dos Povos de 1981 – direito qualificado de "satisfatório" e "global", um direito que busca o desenvolvimento dos "povos" africanos. Ressalta o autor que, apesar das críticas que podem ser realizadas – direito de conteúdo impreciso e justiciabilidade incerta –, esta consagração do direito ao meio ambiente na Carta Africana inspirou diversos textos constitucionais e leis africanas em matéria ambiental. Resta a necessidade de trabalhar, a partir de então, para a efetividade desse direito em busca da democracia ambiental.

Buscar a efetividade do direito ambiental requer, aliás, uma análise histórica do processo de desenvolvimento de cada país, englobando aspectos políticos, sociais, econômicos e culturais, entre outros. GUILHERME JOSÉ PURVIN DE FIGUEIREDO analisa, assim, o processo histórico brasileiro, destacando três problemas culturais que estão intrinsecamente relacionados à questão ambiental: o descontrole fundiário, a degradação ecológica desses espaços e a desigualdade social. A análise da evolução do ordenamento jurídico brasileiro é realizada por ODETE MEDAUAR, que indica algumas pistas para alcançar a efetividade das leis ambientais: mais empenho governamental na preservação e defesa do meio ambiente; mais empenho governamental na efetivação da Educação Ambiental; maior empenho na difusão da informação ambiental, tanto por parte dos órgãos públicos como do setor privado; inserção do direito ambiental na grade curricular dos cursos de Direito. Há a necessidade de reflexões interdisciplinares e transdisciplinares.

Neste sentido, nosso mestre PAULO AFFONSO afirma que "o direito ambiental é um direito sistematizador, que faz a articulação da legislação, da doutrina e da jurisprudência concernentes aos elementos que integram o ambiente. Procura evitar o isolamento dos temas ambientais e sua abordagem antagônica. (...). O direito ambiental não ignora o que cada matéria tem de específico, mas busca interligar estes temas com a argamassa da identidade dos instrumentos jurídicos de prevenção e de reparação, de informação, de monitoramento e de participação" (*Direito Ambiental Brasileiro*, 12ª ed., São Paulo, Malheiros Editores, 2004, pp. 139-140). Nesta ótica, a interligação do tema ambiental a outros exige a compreensão da sistematização da legislação ambiental, tratada por UBIRACY ARAÚJO, apresentando um estudo sistemático sobre a evolução normativa ambiental em nosso país. O texto trata do atual sistema de proteção do meio ambiente, possibilitando o conhecimento dos avanços nessa seara. Na busca de uma articulação entre elementos que possibilitam a proteção do meio ambiente, como proposto pelo professor PAULO AFFONSO, INÊS VIRGÍNIA PRADO SOARES e SOLANGE TELES DA SILVA abordam, sob enfoques diferentes, a integração do direito ambiental com a matéria financeira e tributária. INÊS VIRGÍNIA escreve sobre o meio ambiente e o orçamento público. A autora defende que, "pela própria natureza do bem resguardado, cabe ao Estado estabelecer as diretrizes e as metas para o meio ambiente, materializando-as na lei orçamentária, com a sistematização dos recursos que serão alocados na sua defesa e preservação". Demonstra no seu texto a ligação das duas matérias, e propõe que o orçamento público seja mais um instrumento de efetivação do direito ambiental, dando especial destaque à importância da participação da sociedade no controle da execução orçamentária. SOLANGE TELES DA SILVA analisa a contribuição do *ICMS Ecológico* "como instrumento para a preservação dos recursos naturais e da biodiversidade, como um mecanismo de gestão no enfrentamento dos desafios da proteção ambiental no século XXI, permitindo a distribuição de receita fiscal com o intuito de fomentar comportamentos adequados à realização de uma gestão local sustentável e contribuindo com a realização de um modelo de desenvolvimento pautado no respeito à diversidade natural e cultural brasileira". Defende a autora a manutenção deste mecanismo diante da atual Reforma Tributária, que infelizmente não incorporou a variável ambiental.

Alguns temas específicos do direito ambiental também são abordados, como águas, recursos naturais e a proteção de florestas. Em matéria de águas, os *princípios constitucionais da proteção das águas* são o tema de HELITA BARREIRA CUSTÓDIO. A autora destaca que, "pela relevância do assunto inerente ao *desenvolvimento sustentável*, torna-se patente que a *atividade econômica*, em seus abrangentes aspectos, é um direito fundamental, (...). Todavia, o exercício de tal direito sujeita seu titular às limitações ou proibições constitucionais e legais, por força da imperiosidade dos princípios fundamentais da *conciliação do desenvolvimento sócio-econômico* com a *preservação do meio ambiente saudável e de seus elementos componentes* introduzidos e consolidados pela vigente Constituição". Afirma a autora que a água é um bem ambiental de interesse vital, mas de consistência frágil e suscetível de contínua poluição, de repercussões crescentes e prejudiciais à vida. Daí a necessidade urgente de adoção de medidas informativas, orientadoras, educacionais, essenciais para a formação da sólida conscientização pública. Ainda discorrendo sobre águas, mas sob outro enfoque, CRISTIANE DERANI aborda o confronto da conservação do meio ambiente com o uso privatizado dos recursos naturais e analisa o tratamento constitucional dos potenciais de energia hidráulica. A autora afirma que "a água não tem preço, porque não é fruto da produção, não é um bem instituído no interior das relações de troca numa sociedade. Não obstante, na ação humana de gerenciamento deste uso, para evitar sua concentração em parcelas da população ou seu esgotamento puro e simples, o preço da água é instituído – isto é, criado socialmente. A água passa a ser um ativo econômico, (...)". Por ser recurso dotado de valor econômico, a apropriação privada da água "para geração de valor dependerá sempre de outorga de direito de uso (onerosa ou gratuita)".

Os recursos naturais e a necessidade de proteção das florestas são o tema de ECKARD REHBINDER e NICOLAO DINO C. COSTA NETO. ECKARD REHBINDER analisa o direito florestal na Alemanha, país em que os bosques cobrem aproximadamente uma superfície de 30% do seu território. Na abordagem da matéria, destaca que os conflitos entre as funções econômicas (exploração da madeira) e ecológicas dos bosques, por um lado, e a função social (recreativa), de outro, não estão bem resolvidos no Direito Alemão. Segundo concebe, a idéia democrática de que as florestas devem ser acessíveis a todos já não é uma idéia aceitável, numa realidade marcada pelo mero desfrute da Natureza. O professor PAULO AFFONSO afirma que, em nosso país, "não só lei ordinária protege a reserva florestal legal, como a própria Constituição Federal" (*Direito Ambiental Brasileiro*, 7ª ed., São Paulo, Malheiros Editores, 1998, pp. 638-639). Este também é o entendimento expressado por NICOLAO DINO nas reflexões sobre a proteção jurídica da Floresta Amazônica. O autor defende que existem na "Constituição Federal normas e princípios que, condicionando a atividade legislativa, impedem normatização prejudicial ao patrimônio florestal brasileiro emblematicamente representado pela Floresta Amazônica". Assim, o crescimento econômico na Região Amazônica deve estar em sintonia com a conservação ambiental, apoiado nas balizas fincadas na Constituição.

Aliás, a Constituição Federal de 1988 também consagra como instrumento para a efetividade do direito de todos ao meio ambiente ecologicamente equilibrado a responsabilização por condutas e atividades consideradas lesivas ao meio ambiente. Assim, ÁLVARO LUIZ VALERY MIRRA examina a cessação da atividade lesiva ao meio ambiente como um dos efeitos possíveis da responsabilidade civil na esfera ambiental, suscetível de ser obtida pela via da supressão do fato danoso ao meio ambiente. Destaca o autor que desde a 1ª edição do *Direito Ambiental Brasileiro*, em 1982, o professor PAULO AFFONSO "já advertia para a necessidade de se distinguir, entre as providências reparatórias, aquelas destinadas a tornar indene e aquelas destinadas a fazer cessar a causa da degradação ambiental". A argumentação de ÁLVARO MIRRA requer que a autoridade administrativa competente para a determinação da atividade lesiva ou mesmo o Judiciário tenham conhecimento e sensibilidade no trato da questão ambiental. A cessação de atividade proposta por ÁLVARO MIRRA encontra amparo no artigo de CONSUELO YATSUDA MOROMIZATO YOSHIDA, cujo tema é a participação do Judiciário na proteção do meio ambiente: "cada vez mais as sanções deixam de ter um cunho eminentemente repressivo, punitivo, ganhando outras conotações. Punem-se severamente determinadas condutas socialmente indesejáveis não apenas com a finalidade de se impor um castigo em relação à infração já cometida, mas também para que essa punição tenha efeito pedagógico, servindo para inibir ou desestimular eventuais reincidências e novas práticas futuras". Para a autora, "o desenvolvimento da consciência ambiental do magistrado é relevante para que possa aquilatar adequadamente, diante de cada caso concreto, os interesses e os valores em conflito, buscando a decisão mais justa e equânime do ponto de vista do meio ambiente holisticamente considerado e da sadia qualidade de vida da coletividade atingida ou ameaçada direta ou indiretamente pela degradação ambiental".

Ainda na esfera da responsabilidade civil ambiental, VLADIMIR PASSOS DE FREITAS parte do dano ambiental coletivo para a lesão individual, realizando um breve resumo quanto à implantação da legislação ambiental no Brasil em paralelo à de Portugal, diferenciando, posteriormente, o dano ambiental coletivo da lesão individual. O autor destaca que, a par do direito coletivo à reparação e indenização do dano ambiental, remanesce o direito individual lesado. Demais disso, afirma que, para a efetiva proteção legal existente, é recomendável que as vítimas diretas do dano ambiental reivindiquem suas respectivas indenizações em juízo. ANALÚCIA DE ANDRADE HARTMANN analisa sob outro ângulo a contraposição do direito coletivo e do direito individual nas questões ambientais. Aborda a alegação de direito adquirido e do direito de propriedade em contraposição à proteção ambiental. ANALÚCIA destaca que "o direito subjetivo de propriedade (...) deve cumprir sua função social/ecológica e se subordinar, em seu exercício, às exigências de interesse coletivo da ordem jurídica ambiental, sendo da natureza desta última estabelecer limites aos direitos econômicos". Embora atente para os desafios a serem transpostos, a autora acredita que a conciliação entre os diversos interesses não só é possível, mas também "é uma garantia para os direitos adquiridos legítimos, que são assim reconhecidos e reafirmados".

Finalmente, da proteção do patrimônio natural à proteção do patrimônio cultural percorre-se o caminho da diversidade, da harmonia e da solidariedade. Esta é uma das muitas conclusões que nos deixa a leitura dos textos de JACQUELINE MORAND-DEVILLER e SANDRA CUREAU. As reflexões sobre a Estética e direito ambiental feitas por JACQUELINE MORAND-DEVILLER demonstram os fortes laços que unem estes dois temas. Por um lado, o meio ambiente pode estar a serviço da Estética, através do sentido comum estético e da necessidade de democratização da diversidade, da harmonia, reinventando a vida em comum dos cidadãos em busca do desenvolvimento sustentável. Por outro lado, a Estética também pode servir ao meio ambiente, orientando os operadores do Direito na busca da proteção do patrimônio cultural e natural. Os cidadãos são, assim, conclamados ao exercício da cidadania para que a Estética não seja um fator esquecido, uma vez que essa "universal aspiração à beleza pode ser fator de solidariedade, de conciliação, de harmonia e de serenidade". SANDRA CUREAU, ao tratar da noção de *patrimônio cultural*, afirma que ele "tem uma carga identitária como testemunho de formação de um povo ou de um país, ou seja, de sua existência coletiva, (...)". Analisa, assim, a proteção cultural através do patrimônio mundial cultural e natural e dos instrumentos e organismos internacionais e nacionais. Ressalte-se que é dever do Estado garantir a todos o pleno exercício dos direitos culturais e acesso às fontes de cultura nacional.

Aliás, o exercício da cidadania na busca da efetividade das normas ambientais, prática cotidiana do nosso homenageado, o professor PAULO AFFONSO, também é uma das finalidades do Instituto de Estudos "Direito e Cidadania" – IEDC. Assim, registramos nosso agradecimento à Diretoria do IEDC, especialmente à Diretora de Publicação, PAULA BAJER FERNANDES MARTINS DA COSTA, e à Diretora Institucional, SAMANTHA CHANTAL DOBROWOLSKI, que acreditaram no projeto desta obra e forneceram todos os recursos necessários para sua realização.

Nosso agradecimento especial ao apoio do Serviço de Cooperação e de Ação Cultural da Embaixada da França, e em particular a GUILLAUME ERNST, sem o qual as traduções de Francês não poderiam ter sido realizadas. Neste sentido, cabe nosso agradecimento a SIMONE WOLFF, Pós-Doutora em Direito Internacional do Meio Ambiente pela Universidade de Paris-I (Panthéon-Sorbonne) e Consultora em Direito e Política Ambiental – Ministério do Meio Ambiente/Secretaria de Biodiversidade e Florestas/Diretoria de Conservação da Biodiversidade, que aceitou a árdua tarefa de traduzir os textos de Francês, e o fez brilhantemente. As tarefas de tradução dos textos em Inglês e Espanhol não foram menos árduas. Nossos sinceros agradecimentos às tradutoras LÍDIA AMÉLIA DE BARROS CARDOSO, Especialista em Metodologia do Ensino de Língua Estrangeira pela Universidade Federal do Ceará, responsável pelas traduções em Inglês, e MARGA-

RET MORENO FERNANDES STHULKIN, Advogada, tradutora dos textos em Espanhol, ambas igualmente brilhantes.

É certo que muitos outros amigos, companheiros e eternos alunos do professor PAULO AFFONSO poderiam ter participado desta obra, e certamente contribuiriam com as reflexões aqui realizadas. Mas questões de tempo e espaço nos impediram de estender os convites. Que este seja, portanto, um, dentre os tantos outros futuros espaços de reflexão necessários ao aprimoramento do direito ambiental.

Esperamos, portanto, que esta obra, além de ser uma justa e sincera homenagem ao professor PAULO AFFONSO LEME MACHADO, possa contribuir para debates e reflexões sobre o direito ambiental e seu papel em nossa sociedade.

As coordenadoras
SANDRA AKEMI SHIMADA KISHI
SOLANGE TELES DA SILVA
INÊS VIRGÍNIA PRADO SOARES

COLABORADORES

ESTRANGEIROS

Alexandre Kiss

Diretor Emérito de Pesquisa no Centro Nacional de Pesquisa Científica (Centre National de Recherches Cientifique/CNRS), França – Presidente do Conselho Europeu de Direito do Meio Ambiente.

Bernard Dobrenko

"Maître de Conférences" da Faculdade de Direito da Universidade de Limoges e Vice-Diretor do Centro de Pesquisas Interdisciplinares em Direito Ambiental, do Ordenamento Territorial e do Urbanismo/CRIDEAU (Centro Nacional de Pesquisa Científica/CNRS).

Eckard Rehbinder

Professor Catedrático de Direito Ambiental na Universidade de Frankfurt/Meine e Diretor Honorário da Faculdade de Direito de Frankfurt.

Gérard Monediaire

"Maître de Conférences" da Faculdade de Direito da Universidade de Limoges e Diretor do Centro de Pesquisas Interdisciplinares em Direito Ambiental, do Ordenamento Territorial e do Urbanismo/CRIDEAU (Centro Nacional de Pesquisa Científica/CNRS; Instituto Nacional de Pesquisa Agronômica/INRA).

Gerd Winter

Professor de Direito Público na Faculdade de Direito da Universidade de Bremen (Alemanha) e Co-Diretor do Centro para uma Política Jurídica

Européia da Universidade de Bremen (1987-1994). Em sua homenagem foi publicado o livro *Recht und Um-Weltm* (Org. Ludwig Krämer, editor), Gröningen, Europa Law Publishing, 2003.

Jacqueline Morand-Deviller

Professora na Universidade de Paris I, Panthéon-Sorbonne (França) – Diretora Honorária e Presidente da Associação Francesa de Direito Urbanístico.

Jean-Jacques Gouguet

"Maître de Conférences" da Faculdade de Direito da Universidade de Limoges – Integrante do Centro de Pesquisas Interdisciplinares em Direito Ambiental, do Ordenamento Territorial e do Urbanismo/CRIDEAU, Limoges/França – Membro do Centro Nacional de Pesquisa Científica/CNRS.

Jean-Marc Lavieille

"Maître de Conférences" da Faculdade de Direito da Universidade de Limoges/França – Membro do Centro de Pesquisas Interdisciplinares em Direito Ambiental, do Ordenamento Territorial e do Urbanismo/ CRIDEAU.

Michel Prieur

Diretor Honorário da Faculdade de Direito da Universidade de Limoges/França – Diretor Científico do Centro de Pesquisas Interdisciplinares em Direito Ambiental, do Ordenamento Territorial e do Urbanismo/CRIDEAU (Centro Nacional de Pesquisa Científica/CNRS; Instituto Nacional de Pesquisa Agronômica/INRA) – Presidente do Centro Internacional de Direito Comparado do Meio Ambiente/CIDCE, Limoges/França.

Mohamed Ali Mekouar

Professor de Direito na Universidade de Casablanca/Marrocos.

Nilima Chandiramani

Diretora da Faculdade de Direito Universidade de Mumbai (Bombaim).

COLABORADORES 41

Ramón Martín Mateo

Professor na Universidade de Alicante e Reitor Honorário da Universidade de Alicante/Espanha.

Raphaël Romi

Professor Titular de Direito Público – Diretor da Faculdade de Direito e Ciências Políticas de Nantes/França.

Stéphane Doumbé-Billé

Professor na Universidade Jean Moulin – Lyon 3/França.

Tullio Scovazzi

Professor de Direito Internacional da Universidade de Milão-Bicocca (Itália) e Diretor do Departamento Jurídico das Instituições.

NACIONAIS

Álvaro Luiz Valery Mirra

Juiz de Direito em São Paulo/SP – Diplomado em Estudos Superiores Especializados em Direito Ambiental pela Faculdade de Direito da Universidade de Estrasburgo/França – Membro do Instituto "O Direito por um Planeta Verde".

Analúcia de Andrade Hartmann

Procuradora da República – Bacharel em Direito pela Universidade Federal de Santa Catarina/UFSC – Especialista em Direito Público/Curso de Pós-Graduação da UFSC – Mestre em Direito Ambiental e Urbanístico pela Universidade de Limoges/França.

Antônio Herman Benjamin

Procurador de Justiça em São Paulo – Assessor Especial da Presidência do Senado Federal – Fundador e ex-Presidente do Instituto "O Direito por um Planeta Verde" e do Instituto Brasileiro de Política e Direito do Consumidor/BRASILCON – Professor Convidado de "Direito Ambiental Comparado" e "Direito da Biodiversidade" na Universidade do Texas

– Relator-Geral da Comissão de Juristas da Lei dos Crimes contra o Meio Ambiente – Membro da Comissão de Direito Ambiental da União Mundial pela Natureza/UICN – Conselheiro do Conselho Nacional do Meio Ambiente/CONAMA.

Aurélio Virgílio Veiga Rios

Sub-Procurador-Geral da República – Mestre em Direito Público pela Universidade de Bristol/Reino Unido.

Consuelo Yatsuda Moromizato Yoshida

Desembargadora Federal do Tribunal Regional Federal da 3ª Região – Professora de "Direito Ambiental" na Pontifícia Universidade Católica de São Paulo/PUCSP.

Cristiane Derani

Professora Associada da Faculdade de Direito da Universidade de São Paulo/USP – Professora do Mestrado em Direito da Universidade Católica de Santos – Coordenadora de Grupo de Pesquisa do GEDIM-MOST da UNESCO – Pós-Doutorado na École des Hautes Études en Sciences Sociales, de Paris – Professora Convidada da Maison de Sciences de l'Homme, de Paris.

Guilherme José Purvin de Figueiredo

Procurador do Estado de São Paulo – Especialista, Mestre e Doutor em Direito pela Faculdade de Direito da Universidade de São Paulo/USP – Professor de "Direito Ambiental" nos Cursos de Graduação em Direito da Universidade São Francisco/USF, *Campus* de São Paulo – Coordenador-Geral da Associação dos Professores de Direito Ambiental do Brasil/APRODAB – Diretor-Geral da Escola Superior do Instituto Brasileiro de Advocacia Pública/IBAP – Autor dos livros *O Estado no Direito do Trabalho* (São Paulo, LTr, 1996) e *Direito Ambiental e a Saúde dos Trabalhadores* (São Paulo, LTr, 2000) – Coordenador e co-Autor dos livros *Temas de Direito Ambiental* (São Paulo, Max Limonad, 1998) e *Direitos da Pessoa Portadora de Deficiência* (São Paulo, Max Limonad, 1997) – Diretor da *Revista de Direitos Difusos* (IBAP & ADCOAS) e da *Revista de Direito e Política* (IBAP & ADCOAS) – Membro da Comissão de Direito Ambiental da União Mundial pela Natureza/UICN.

Helita Barreira Custódio

Jurista – Doutora em Direito e Professora Livre-Docente pela Universidade de São Paulo/USP (tese: "Responsabilidade Civil por Danos ao Meio Ambiente") – Aperfeiçoamento em Administração Pública, com especialização em Direito Urbanístico (tese: "Natura Giuridica del Piano Regolatore Generale"), pela Universidade de Roma La Sapienza – Procuradora do Município de São Paulo/SP – Ex-Advogada da CETESB/SP (junto à Secretaria do Meio Ambiente do Estado de São Paulo) – Ex-Assessora Judiciária do Supremo Tribunal Federal, Brasília/DF – Membro Emérito da Comissão do Meio Ambiente da OAB/SP – Membro do Centro de Estudos e Pesquisas de Direito Sanitário (órgão científico-jurídico de apoio da Faculdade de Saúde Pública/USP) – Vice-Coordenadora e Conselheira do Núcleo de Pesquisa em Direito Sanitário da USP – Vice-Presidente da Sociedade Brasileira de Direito do Meio Ambiente/SOBRADIMA.

Inês Virgínia Prado Soares

Procuradora da República e Presidente do Instituto de Estudos "Direito e Cidadania" – IEDC – Doutoranda na Pontifícia Universidade Católica de São Paulo/PUCSP – Mestre em Direito pela PUCSP.

João Carlos de Carvalho Rocha

Procurador Regional da República – Membro do Conselho Nacional do Meio Ambiente/CONAMA – Mestrando em Direito do Estado pela Pontifícia Universidade Católica do Rio Grande do Sul/PUCRS.

José Antônio Tietzmann e Silva

Advogado – Professor de "Direito Ambiental" no Curso de Especialização da Universidade Católica de Goiás – Mestre em Direito Ambiental e Urbanístico pela Universidade de Limoges – Doutorando do Centro de Pesquisas Interdisciplinares em Direito Ambiental, do Ordenamento Territorial e do Urbanismo/CRIDEAU, da Universidade de Limoges/França. .

José Rubens Morato Leite

Professor de Direito Ambiental da Universidade Federal de Santa Catarina/UFSC – Doutor em Direito pela UFSC – Mestre pela *University*

College London – Vice-Presidente do Instituto "O Direito por um Planeta Verde" (Região Sul) – Autor de vários livros e artigos sobre Direito Ambiental.

Luciana Cardoso Pilati

Pesquisadora do PET da Universidade Federal de Santa Catarina – SESU/MEC.

Marcelo Dias Varella

Doutor em Direito pela Universidade de Paris I, Panthéon-Sorbonne – Professor e Coordenador do Curso de Mestrado do Centro Universitário de Brasília.

Nicolao Dino C. Costa Neto

Procurador Regional da República/3ª Região – Presidente da Associação Nacional dos Procuradores da República.

Odete Medauar

Professora Titular da Faculdade de Direito da Universidade de São Paulo/USP – Professora Visitante da Universidade de Paris I, Panthéon-Sorbonne.

Sandra Akemi Shimada Kishi

Procuradora Regional da República – Mestre em Direito Ambiental pela Universidade Metodista de Piracicaba-SP/UNIMEP (sob orientação do Professor Paulo Affonso Leme Machado) e Professora convidada do Curso de Especialização em Direito Ambiental da UNIMEP.

Sandra Cureau

Subprocuradora-Geral da República – Coordenadora da 4ª Câmara de Coordenação e Revisão do Ministério Público Federal (Meio Ambiente e Patrimônio Cultural).

Solange Teles da Silva

Doutora em Direito Ambiental pela Universidade de Paris I, Panthéon-

Sorbonne e Pós-Doutoranda na mesma Universidade – Professora do Mestrado em Direito Ambiental da Universidade do Estado do Amazonas/UEA – Professora do Mestrado em Direito Ambiental e Internacional da Universidade Católica de Santos (UNISANTOS).

Ubiracy Araújo

Procurador Federal – Assessor Jurídico da 4ª Câmara de Coordenação e Revisão do Ministério Público Federal (Meio Ambiente e Patrimônio Cultural) – Membro Fundador do Instituto de Pesquisas Avançadas em Economia e Meio Ambiente/ IPANEMA – Sócio-Fundador do Instituto "O Direito por um Planeta Verde" – Coordenador para a Região Centro-Oeste do Instituto Brasileiro de Advocacia Pública/IBAP – Membro da Comissão de Direito Ambiental da União Mundial pela Natureza/UICN – Sócio-Fundador da Associação dos Professores de Direito Ambiental do Brasil/APRODAB – Ex-Procurador-Geral do IBAMA de 1994 a 1999 – Professor dos Cursos de Pós-Graduação em Direito Ambiental promovidos pela Universidade de Brasília, Ordem dos Advogados do Brasil e Universidade CEUB.

Vladimir Passos de Freitas

Presidente do Tribunal Regional Federal da 4ª Região – Mestre e Doutor em Direito pela Universidade Federal do Paraná/UFPR – Professor de Direito Ambiental na Pontifícia Universidade Católica do Paraná/PUCPR – Representante do Programa de Meio Ambiente das Nações Unidas para Cursos de Capacitação de Juízes e Promotores da América Latina e Caribe.

Walter Claudius Rothenburg

Procurador Regional da República – Mestre e Doutor em Direito pela Universidade Federal do Paraná/UFPR – Pós-Graduado em Direito Constitucional pela Universidade de Paris II – Professor de Direito Constitucional e do Mestrado da Instituição Toledo de Ensino e da Universidade Bandeirante.

Woldemar Jamundá

Pesquisador do PET da Universidade Federal de Santa Catarina – SESU/ MEC.

JUSTIÇA AMBIENTAL E RELIGIÕES CRISTÃS*

ALEXANDRE KISS

A Justiça Ambiental, assim como a idéia de Justiça em seu conjunto, é um conceito, a expressão de uma exigência moral que emergiu há pouco tempo. Parece-nos que, em regra geral, uma distinção deva ser feita em Direito entre tal conceito e os princípios para os quais ele serve de fundamento. Esses princípios devem indicar com exatidão o conteúdo de conceitos e traduzi-los em normas que devam orientar comportamentos no interior de uma determinada sociedade. Tais normas podem ser aplicadas diretamente – como, por exemplo, os princípios inscritos em uma Constituição ou os princípios gerais de Direito, esses classificados pelo art. 38 do Estatuto da Corte Internacional de Justiça entre as categorias de fonte do Direito Internacional – ou servir, por sua vez, de fundamento para regras mais precisas inscritas em leis ou tratados internacionais.

Voltando-se para uma outra vertente da presente reflexão – o Cristianismo –, impõe-se uma constatação fundamental. Diferentemente das religiões politeístas ou daquelas que não reconhecem divindades personificadas e bem-definidas, o Cristianismo, como o monoteísmo em regra geral, é baseado na fé em um só Deus, que é o Mestre do Universo e que tem em Sua mão o destino de todas as criaturas. Cada indivíduo encontra-se em permanente relação direta com seu Criador, mesmo se ele quiser ignorá-lo ou libertar-se Dele. Essa relação pode ser interpretada de maneira diversa segundo as grandes correntes do monoteísmo, quer se acredite em vinculações especiais com pessoas consideradas individualmente ou com um povo, quer se aceite, ou não, a existência de um ou mais mediadores nessas relações.

* Tradução do francês pela Dra. Simone Wolff.

Pode-se, em geral, afirmar que cada indivíduo é responsável por seus atos perante Deus, sendo que essa responsabilidade pode ser interpretada diferentemente de uma religião a outra. Quando se trata de postura em face do meio ambiente e da necessidade de conservá-lo, a responsabilidade direta de cada um tem lugar particularmente importante.[1] Como assim o expressou um antigo senador americano: "That is where the religious community – our moral leadership – must come in. The world is desperately in need of a new set of shared global values – common purposes grounded in ethical principles of justice and stewardship. Scientists, policy makers and religious communities alike sorely need what theologians must now provide – a positive vocabulary of human limit and justice in a sanctified and sustainable creation".[2]

É assim que podem ser consideradas as relações entre Justiça Ambiental e Cristianismo. O conceito mesmo de "Justiça Ambiental", fundado essencialmente sobre a eqüidade e a igualdade dos cidadãos, emergiu nos Estados Unidos em face dos problemas ambientais. Ele foi formulado pela doutrina[3] e utilizado pela administração Clinton[4] como conseqüência de um movimento de opinião cobrando mais eqüidade na sociedade. Expressando uma mesma exigência moral, esse conceito tem um triplo significado: justiça para com as pessoas que vivem no presente, justiça para com a Humanidade futura e justiça para com os seres vivos não-humanos.

1. Cf. R. Coste e Jean-Pierre Ribaut, *Sauvegarde et Gérance de la Création*, Paris, Desclée, 1991.
2. Timothy E. Wirth, "Our common responsibility", in *Revelation and the Environment*, ed. S. Hobson e J. Lubchenko, World Scientific, 1997, p. 29.
3. V., em particular, J. Rawls, *A Theory of Justice*, Oxford, 1971, e R. Dworkin, *Taking Rights Seriously*, Londres, 1997, e *Law's Empire*, Londres, 1986. O movimento americano por uma Justiça Ambiental é particularmente bem apresentado por Klaus Bosselmann, "Justice and the environmental building blocks for a theory on Ecological Justice", in *Environmental Justice and Market Mechanisms*, ed. K. Bosselmann e B. J. Richardson, Kluwer, 1999, pp. 31 e ss.
4. *Federal Actions to Address Environmental Justice in Minority Populations and Low-Income Population, Executive Order 12.898*, 11.2.1994, seguido, em 1996, de um *Draft Environmental Justice Strategy* da Environmental Protection Agency, afirmando que: "All Americans deserve clean air, pure water, land that is safe to live in, and food that is safe to eat".

I

A Justiça Ambiental nas relações no interior da Humanidade presente significa, em primeiro lugar, que as necessidades essenciais de todos os seres humanos devam poder ser satisfeitas: ela encerra uma partilha eqüitativa dos recursos do Planeta; recursos naturais ou outros. Ela corresponde, pois, à idéia de Justiça Social que havia emergido no século passado. Em conseqüência da tomada de consciência da pobreza que se propaga em uma grande parte do mundo, a idéia tomou dimensões globais, instigando ao atendimento da necessidade de desenvolvimento. É assim que a idéia de "desenvolvimento" se impôs, com tudo o que ela envolve – e, em particular, com os deveres decorrentes para os países ricos: assistência financeira e transferência de tecnologia aos países pobres e formação de seu quadro de pessoal, no respeito das comunidades locais e da identidade das populações envolvidas.

Esse aspecto da Justiça Ambiental constitui o conteúdo do *desenvolvimento sustentável*, palavra-de-ordem anunciada pela primeira vez no *Relatório Brundtland*, no decorrer dos trabalhos preparatórios da Conferência do Rio de Janeiro, ocorrida em 1992. O enunciado da Declaração adotada nessa Conferência é significativo: proclama-se que "o direito ao desenvolvimento deve ser realizado de maneira a satisfazer de forma eqüitativa as necessidades relativas ao desenvolvimento e ao meio ambiente das gerações presentes (...)". Convém destacar, na frase, a expressão "de forma eqüitativa", que exprime uma vontade de Justiça Social, cujas origens e ecos permite-se buscar, entre outros, em diferentes instrumentos e textos provenientes de autoridades religiosas.

A necessidade de responder a essa exigência (de Justiça Ambiental) tomou proporções importantes nos últimos anos. O desenvolvimento sustentável constituiu o fundamento e a razão dos trabalhos da Cúpula Mundial sobre Desenvolvimento Sustentável, ocorrida em agosto-setembro/2002 em Joanesburgo. Contudo, como destacou a Declaração adotada nessa Conferência, a proteção e a gestão viável do estoque de recursos naturais necessários ao desenvolvimento econômico e social são também objetivos primordiais do desenvolvimento sustentável, ao mesmo tempo que são suas condições prévias,[5]

5. Documento A/CONF.199/L.6/Rev.2, n. 11.

ainda que – como destaca o mesmo texto – o ambiente global continue frágil.[6] Considerar essa situação é um dos significados do vocábulo "sustentável", que abrange o objetivo maior almejado.

O termo "sustentável" convida-nos a recordar que o desenvolvimento é processo voltado para uma determinada finalidade: a melhoria da condição humana no mundo. O conceito de "desenvolvimento" encerra em si mesmo uma certa continuidade, sendo, pois, necessariamente situado no tempo, sem contudo, ter definidas suas dimensões temporais: ele pode ocorrer no curto ou no longo prazo – a saber: ele pode não ter fim. O adjetivo "sustentável" define a perspectiva na qual ele deve situar-se, incluindo no processo, no mínimo, o longo termo – quando não uma constante evolução, pelo menos até o momento em que todos os seres humanos terão alcançado o mesmo grau de bem-estar em todos os sentidos.

Essa exigência de perenidade impõe a proteção do meio ambiente integrando-a ao desenvolvimento. Exemplificando-se, no caso do projeto *Gabcikovo-Nagymaros* a Corte Internacional de Justiça destacou "toda a importância que o respeito do meio ambiente possuía no seu entender, não somente para os Estados, mas também para o conjunto do gênero humano".[7]

Parece-nos possível afirmar que esse processo (de perpetuidade) convirja para certas perspectivas abertas pelo Cristianismo. Este último possui, de fato, uma dimensão que se projeta até o final dos tempos, anunciado nos *Evangelhos* e manifestada com uma força sobrenatural, o livro do *Apocalipse*.[8] Aguardando o triunfo do Reino de Deus, os homens devem adotar comportamentos adequados e respeitar os deveres que derivam das Escrituras – por exemplo, amar-se mutuamente e ser artesãos da paz. É evidente que a Justiça Social, essa que deve ditar os parâmetros de observância da eqüidade no interior da Humanidade presente, entra nessa perspectiva.

---

6. Idem, n. 13.
7. *Recueil* (Coleção), 1997, p. 41, § 53.
8. V. a obra expondo os trabalhos de um Simpósio organizado em Pathmos pela Igreja Ortodoxa Grega: *Revelation and the Environment, AD 95-1995*, ed. S. Hobson e J. Luchenko, World Scientific, 1997.

II

Como lembrado acima, o termo "sustentável" inclui também uma ótica própria ao meio ambiente. Ele reforça o elemento "tempo" no desenvolvimento, e o conduz para além da Humanidade de hoje. É o segundo aspecto da eqüidade ou Justiça Ambiental, a Justiça entre as gerações. Disto deriva que os humanos hoje presentes na Terra têm a obrigação de pensar naqueles que virão depois deles – dever do qual se deduz um direito que deve ser reconhecido a esses últimos, o qual é normalmente chamado de "direito das gerações futuras". Essa forma de Justiça Ambiental significa, de forma concreta, que os humanos que vivem atualmente devem deixar às próximas gerações recursos naturais e outros, em quantidade e qualidade suficientes para assegurar que esses recursos possam satisfazer suas necessidades essenciais.

Essa idéia aparece desde a Declaração da Conferência de Estocolmo de junho/1972, a qual proclama que "o homem (...) tem o dever solene de proteger e melhorar o meio ambiente para as gerações presentes e futuras". O Princípio 3 da Declaração da Conferência do Rio de Janeiro (de 1992), já citado, afirma que "o direito ao desenvolvimento deve ser realizado de maneira a satisfazer de forma eqüitativa as necessidades relativas ao desenvolvimento e ao meio ambiente das gerações presentes e futuras".

Inúmeros tratados internacionais relativos à proteção do meio ambiente expressam a idéia de que temos obrigações para com nossos descendentes utilizando, freqüentemente, a expressão "gerações futuras".[9] Desde 1968, uma das primeiras grandes convenções internacionais relativas à proteção do meio ambiente – a Convenção Africana para a Conservação da Natureza e dos Recursos Naturais[10] – convidava seus Estados-Partes para uma ação individual e coletiva com vistas à conservação e utilização racional, bem como ao desenvolvimento dos recursos naturais, "para o bem-estar presente e futuro da Humanidade". A nova Convenção Africana, adotada em 11.7.2003, que deve

---

9. V., para um estudo aprofundado do problema do direito das gerações futuras: Edith Brown Weiss, *Fairness to Future Generations: International Law, Common Patrimony and Intergenerational Equity*, Nova York, 1989, Transnational Publishers.
10. Alger, 15.9.1968, *International Environmental Law, Multilateral Agreements* (daqui em diante citado como *EMUT*) 968/68.

substituir a antiga, insta igualmente as Partes Contratantes a adotar e a aplicar todas as medidas necessárias para o alcance dos objetivos "no interesse das gerações presentes e futuras" (art. 4). Entre esses dois marcos, uma série de tratados afirma as obrigações da Humanidade presente em relação à Humanidade futura. Assim, a Convenção sobre Mudanças Climáticas, de 9.5.1992, declara, em seu art. 3, alínea 1, que "incumbe às Partes preservar o sistema climático no interesse das gerações presentes e futuras".[11] Esse dispositivo dá, assim, seqüência a uma série de referências ao direito das gerações futuras, as quais ilustram o preâmbulo de tratados cujo objeto é a proteção do meio ambiente no seu conjunto[12] ou sob um aspecto específico.[13] A Corte Internacional de Justiça refere-se igualmente a "gerações vindouras", tanto em seu parecer consultivo de 8.7.1996, relativo à "Licitude da Ameaça de Emprego ou do Empre-

11. *EMUT* 992/35.
12. Convenção sobre a Proteção da Natureza no Pacífico Sul, Ápia, 12.6.1976, *EMUT* 976/45; Acordo da ASEAN sobre a Conservação da Natureza e dos Recursos Naturais, Kuala Lumpur, 9.7.1985, *EMUT* 985/51; Convenção sobre o Acesso à Informação, a Participação do Público no Processo de Decisão e o Acesso à Justiça em Matéria Ambiental, Aarhus, 25.6.1998, *EMUT* 998/48.
13. Convenção sobre o Comércio Internacional de Espécies da Fauna e da Flora Selvagens Ameaçadas de Extinção, Washington, 3.3.1973, *EMUT* 973/18; Convenção para a Proteção do Mar Mediterrâneo contra a Poluição, Barcelona, 16.2.1976, *EMUT* 976/13; Convenção sobre a Interdição da Utilização de Técnicas de Modificação do Meio Ambiente para Fins Militares ou Quaisquer Outros Fins Hostis, Genebra, 10.12.1976, *EMUT* 977/37; Convenção Regional do Kuwait Relativa à Cooperação para a Proteção do Ambiente Marinho Contra a Poluição, 24.4.1978, *EMUT* 978/31; Convenção sobre a Conservação das Espécies Migratórias Pertencentes à Fauna Selvagem, Bonn, 23.6.1979, *EMUT* 979/55; Convenção Relativa à Conservação da Vida Selvagem e do Meio Natural da Europa, Bern, 19.9.1979, *EMUT* 979/70; Convenção para a Proteção e a Valorização do Meio Marinho na Região do Caribe, Cartagena das Índias, 24.3.1983, *EMUT* 983/23; Convenção sobre os Efeitos Transfronteiriços dos Acidentes Industriais, Helsinque, 17.3.1992, *EMUT* 992/2; Convenção sobre a Luta contra a Desertificação nos Países Seriamente Atingidos pela Seca e/ou Desertificação, em Particular na África, Paris, 17.6.1994, *EMUT* 994/6; Convenção sobre o Direito Relativo às Utilizações dos Cursos de Água Internacionais a Fins Diversos da Navegação, Nova York, 21.5.1997, *EMUT* 997/39; Convenção sobre a Interdição de Importação em Países do Fórum do Pacífico Sul de Rejeitos Perigosos e de Rejeitos Radioativos, Waigami, 16.9.1995, *EMUT* 995/69; Tratado Internacional sobre os Recursos Fitogenéticos para a Alimentação e a Agricultura, Roma, 3.11.2001, *EMUT* 2001/28; Convenção de Estocolmo sobre os Poluentes Orgânicos Persistentes, 22.5.2001, *EMUT* 2001/39.

go de Armas Nucleares",[14] quanto em sua decisão de 25.9.1997 proferida no caso do projeto *Gabcikovo-Nagymaros*.[15]

Como compreender essa linguagem? O termo "gerações" é de uso corrente na *Bíblia*, bem como em inúmeros textos históricos e literários. Desse modo, a Virgem Maria louva a Deus, cuja "bondade se estende de geração em geração sobre aqueles que Nele confiam".[16] Esses termos significam, evidentemente, a Humanidade que virá. Desde então, pode-se afirmar que "gerações futuras" significa a Humanidade futura. Tal interpretação é importante do momento em que falamos de direito das gerações futuras, pois se trata de direito do qual podem ser tiradas conseqüências precisas.

A esse respeito basta lembrar a decisão da Corte Suprema das Filipinas, de 30.7.1993, aplicando o conceito de "responsabilidade intergeracional". Os requerentes – crianças e jovens menores representados por seus pais – demandaram à Corte que ordenasse ao Governo a anulação das permissões de exploração florestal e o fim da concessão dessas permissões, em razão dos danos que essas atividades causavam ao meio ambiente. A Corte Suprema, proferindo a decisão, em fase de recurso, julgou que os requerentes podiam de forma legítima representar sua posteridade, mesmo que ainda não-nascida. É interessante citar um trecho do julgado: "Their personality to sue on behalf of the succeeding generations can only be based on the concept of intergenerational responsibility insofar as the right to a balanced and healthful ecology is concerned. Such a right (...) considers the 'rhythm and harmony of Nature'. Nature means the created world in its entirety. Such rythm and harmony indispensably include, *inter alia*, the judicious disposition, utilization, management, renewal and conservation of the country's forest, mineral, land, waters, fisheries, wildlife, off-shore areas and other natural resources to the end that their exploration, development and utilization be equitably accessible to the present as well as future generations. Needless to say, every generation has a responsibility to the next to

---

14. *Recueil* (Coleção), 1996, pp. 241-242, § 29: "O meio ambiente não é uma abstração, mas o espaço onde vivem os seres humanos, aí compreendidas as gerações futuras, cuja qualidade de vida e saúde dele dependem".
15. *Recueil* (Coleção), 1997, p. 78, § 140.
16. "Evangelho segundo Lucas", Capítulo 1, Versículo 50.

preserve that rhythm and harmony for the full enjoyment of a balanced and healthful ecology".[17]

Esse texto confirma a interpretação da expressão "gerações futuras" mais em harmonia com os conceitos jurídicos atuais. Hoje, com o prolongamento da duração de vida, o número de pessoas de idades diferentes entre 1 dia e 100 anos – que vivem juntas no Planeta e que cada vez mais dividem, em grande parte, as mesmas condições de vida e têm as mesmas preocupações, independentemente de sua idade – é muito maior que há somente algumas décadas.

O antigo conceito segundo o qual uma geração consistia em uns 30 anos e que a vida da Humanidade podia ser dividida em faixas etárias é cada vez mais difícil de compreender e, sobretudo, de aplicar. Convém, pois, falar da Humanidade presente e futura, que se situa em um *continuum*, como de um rio cujas águas correm sem interrupção: qualquer distinção entre as gotas de água que o compõem é impossível. É essa continuidade que deve ser assegurada em condições pelo menos iguais àquelas que nós conhecemos no presente – e, claro, entre essas condições, a salvaguarda e a transmissão do meio ambiente aparecem em primeiro lugar.

Na realidade, em grande parte, a proteção do meio ambiente, cuja finalidade se situa necessariamente no futuro, inspira-se na preocupação da salvaguarda do meio ambiente mais visando ao futuro que ao presente, e principalmente com vistas ao futuro da Humanidade. É o objetivo, em particular, do direito do meio ambiente, conjunto de regras com a finalidade de assegurar a proteção da biosfera por meios jurídicos.

Nesse espírito, pode-se afirmar que o direito das gerações que hão de vir – a saber, da Humanidade futura – deve ser assegurado, reconhecendo-se que a Humanidade presente e a vindoura, que constituem uma só Humanidade, têm personalidade jurídica – como o próprio Estado na ordem jurídica interna.[18] Os interesses gerais de toda a

17. "Minors Oppose *vs.* Secretary of the Department of Environmental Natural Resources", *International Legal Materials*, 1994, p. 185.
18. V. Alexandre Kiss, "The rights and interests of future generations and the precautionary principle", in D. Freestone e E. Hey (eds.), *The Precautionary Principle and International Law – The Challenge of Implementation*, La Haye, Kluwer, 1996, p. 19.

Humanidade, presente e futura, *the common concern of Humanity*, devem ser respeitados e salvaguardados por todos.

III

O terceiro aspecto da Justiça Ambiental é a Justiça entre espécies vivas: humanos, animais, plantas. Seria difícil pensar sobre esse princípio como se ele fosse desde já acolhido. Convém, então, voltar ao conceito de "Justiça Ambiental".

Para delimitar o campo de reflexão, convém distinguir que esse aspecto da Justiça Ambiental não significa, em hipótese alguma, o reconhecimento do "direito dos animais", preconizado por certos movimentos de opinião e algumas associações, como paralelo aos direitos humanos. É certo que civilizações antigas ou não-ocidentais atribuem um caráter sagrado a certos animais, a certas plantas, e também a elementos inanimados da biosfera. Nossas reflexões não dizem respeito, todavia, ao direito de outras espécies vivas – que seria difícil definir, e ainda mais aplicar, em nossos sistemas jurídicos atuais –, mas à equidade voltada para elas. Cite-se, aqui, a *Carta Mundial da Natureza*, adotada e solenemente proclamada pela Assembléia-Geral das Nações Unidas em 28.10.1982: "Toda forma de vida é única e merece ser respeitada, seja qual for sua utilidade para o homem, e, a fim de reconhecer aos outros organismos vivos esse valor intrínseco, o homem deve guiar-se por um código moral de ação".

Não se trata de proteger a qualquer preço todo ser vivo, todo indivíduo, toda espécime, mas toda forma de vida: pode-se matar um mosquito, mas a espécie, em si mesma, tem seu lugar no sistema ecológico global. É assim que falamos da necessidade de salvaguardar a diversidade das espécies, quer dizer, da biodiversidade, doravante protegida pela Convenção sobre a Diversidade Biológica, de 5.7.1992. O conceito de Justiça para com as outras espécies pode servir de fundamento ético para a aplicação dessas normas.

Por sua vez, o Cristianismo, como a maioria das religiões, proclama que a Justiça deve ser o fundamento de toda ordem, divina ou terrena. Ainda que os dois primeiros aspectos da Justiça Ambiental – Justiça no âmago da Humanidade presente e Justiça voltada para a Humanidade futura – correspondam facilmente a essa exigência, seu terceiro aspecto, que deve assegurar uma certa Justiça para com os seres vivos não-humanos, pode causar problemas.

Uma resposta a essa questão deve estar fundada sobre duas considerações. Em primeiro lugar, a *Bíblia* ressalta a unidade do Universo[19] desde a história bíblica da Criação descrita pelo Livro de Gênesis[20] até o último livro do Novo Testamento, o Apocalipse. Esse último proclama, em seqüência a vários textos do Antigo Testamento,[21] que toda criatura no céu, na terra, sob a terra e sobre o mar, todos os seres que aí se encontram, louvam a Deus.[22] Apesar disso, todos os elementos da Criação – hoje, falaríamos de recursos naturais e de sistemas fundamentais que tornam possível a vida – sofrem: a terra e todo tipo de vegetação,[23] o mar,[24] os rios,[25] e mesmo o sol e as estrelas.[26]

Essa unidade da Criação ressalta o segundo aspecto que deve ser considerado, e que diz respeito às relações entre Deus e os humanos.[27] O salmista lembra que os céus, a terra, o mundo e suas riquezas pertencem a Deus.[28] Assim, o homem é apenas um usufrutuário. Por certo, no Livro de Gênesis, o homem, feito à imagem de Deus, recebe a autoridade de dominar todas as outras criaturas e a missão de povoar a Terra.[29] Todavia, não poderíamos esquecer que a decadência moral e suas conseqüências, os pecados humanos, resultaram em um cataclismo mundial: o dilúvio. Diante da ameaça de destruição de toda forma de vida sobre a Terra, o homem recebeu a ordem de salvar casais de todas as espécies, aí incluídas as espécies impuras: "Toma de todos os

---

19. V. o estudo aprofundado dos textos bíblicos sobre esse tema feito por D. Shelton, "Nature in the Bible", in *Les Hommes et l'Environnement, en Hommage à Alexandre Kiss*, Paris, Frison Roche, 1998, p. 63.
20. Capítulo 1.
21. D. Shelton, "Nature in the Bible", in *Les Hommes et l'Environnement*, ..., pp. 27 e ss. (nota 18).
22. Capítulo 5:11-13.
23. Capítulos 6:12-14, 7:1-3, 8:5-7, 11:6 e 16:18-20.
24. Capítulos 8:7-9 e 16:3.
25. Capítulos 8:10-11 e 16:4 e 12.
26. Capítulos 6:12-13, 8:12 e 16:8.
27. Cf. G. Siegwald, "La doctrine biblique de la Création", in *La Nature A-t-Elle un Sens? Civilisation Téchnologique et Conscience Chrétienne Devant l'Inquiétude Écologique*, Estrasburgo, CERIT, 1980, p. 27; e G. Siegwald, *Nature et Religion*, cit., p. 113.
28. Salmos 89:12.
29. Capítulo 1:26-28.

animais puros sete pares, macho e fêmea; e dos animais impuros um par, macho e fêmea. Toma também das aves do céu sete pares, macho e fêmea; para se conservar a raça sobre a face de toda a Terra".[30] Trata-se, de fato, do reconhecimento do valor da diversidade biológica – como diríamos em nossa linguagem atual. E, ao fim do dilúvio, Deus, renovando a missão dada ao homem, estabeleceu sua aliança com todos os seres vivos: "Eis que vou fazer a minha aliança convosco e com vossa posteridade depois de vós, e com todos os animais viventes, que estão convosco, tanto aves, como animais domésticos e animais selváticos, que saíram da arca e com todas as bestas da Terra. Farei a minha aliança convosco, e não tornará mais a perecer toda a carne pelas águas do dilúvio (...)".[31]

Assim, o lugar privilegiado dos humanos no seio da Criação conjuga-se com sua unidade. Mas segue-se que os humanos têm uma função particular. Eles são responsáveis pela continuidade da vida nesta Terra; são, portanto, administradores, e não os proprietários que podem de tudo dispor à sua maneira. Nos termos atuais da Ciência falar-se-á da salvaguarda da diversidade biológica e da sensata utilização dos recursos naturais, permitindo-se sua manutenção em benefício da Humanidade futura, bem como de toda outra forma de vida.

Em seguida a essas passagens do preâmbulo da *Bíblia*, não podemos ficar insensíveis a alguns versículos de seu último livro, o Apocalipse, descrevendo 24 anciãos sentados nos seus tronos diante de Deus e que adoram Deus, dizendo: "(...). Graças Te damos, Senhor Deus onipotente, (...), porque assumiste o Teu grande poder, e reinaste. (...) e o tempo [chegou] de julgar os mortos e de dar a recompensa aos profetas, Teus servos, e aos santos e aos que temem o Teu nome, pequenos e grandes, e de exterminar os que corromperam a Terra".[32]

Essas passagens bíblicas anunciam, por um lado, a unidade da Criação e, por outro, a dominação de Deus sobre todos os seres vivos, aí compreendidos os seres humanos, estabelecendo a responsabilidade destes para com o domínio do Senhor. Ser administrador da Criação pode, desde já, ser considerado como um dever dos cristãos. Eis

30. Gênesis, Capítulo 7:2-3.
31. Gênesis, Capítulo 9:9-11.
32. Apocalipse, Capítulo 11:16-18.

aqui uma resposta possível à questão da Justiça para com o conjunto da biosfera, e em particular para com as espécies vivas não-humanas.

***

A Justiça Social constituía o objetivo maior da primeira metade do século XX. No estado atual do mundo torna-se cada vez mais necessário ampliá-la às dimensões da Justiça Ambiental, sob dois de seus aspectos: Justiça no interior da Humanidade presente e Justiça para com a Humanidade futura. O terceiro aspecto dessa Justiça, aquele que deve guiar as relações dos humanos para com as outras espécies vivas, permite reforçar os aspectos éticos do conjunto desse conceito. As religiões cristãs podem trazer a esse aspecto uma importante contribuição.

Fico feliz em poder dedicar as presentes reflexões a meu estimado amigo PAULO AFFONSO LEME MACHADO, um dos pioneiros e dos mais eminentes servidores do direito ambiental, com quem freqüentemente são desenvolvidas ações comuns dentro de um espírito ainda mais fraternal, na medida em que compartilhamos tantas idéias e convicções.

A CAMINHO DE UM FUNDAMENTO PARA O DIREITO AMBIENTAL*

BERNARD DOBRENKO

1. Introdução. 2. O meio ambiente objeto de direito: 2.1 Os paradoxos do século XX: 2.1.1 A capacidade destrutiva – 2.1.2 A capacidade construtiva – 2.2 A afirmação de um direito técnico: 2.2.1 A ambigüidade dos fundamentos: 2.2.1.1 Quanto ao desenvolvimento sustentável – 2.2.1.2 Quanto aos princípios – 2.2.2 O relativismo das regras: 2.2.2.1 Meios inadaptados – 2.2.2.2 A continuidade do fato humano. 3. Perspectivas de um direito ao meio ambiente constituído: 3.1 A exigência fundadora: 3.1.1 Uma ética de sobrevivência – 3.1.2 A afirmação de uma dupla finalidade – 3.2 Uma holística jurídica: 3.2.1 A identificação de um plano jurídico – 3.2.2 Um Direito territorializado. 4. Conclusão.

1. Introdução

A resolução da questão de um fundamento para o direito ambiental poderia constituir a apoteose de uma carreira consagrada ao direito ambiental e ao reconhecimento de um direito ao meio ambiente. Quantos seminários, colóquios e publicações PAULO AFFONSO LEME MACHADO promoveu tanto no Brasil, na América do Sul, quanto na Europa, para tentar insuflar a consciência da necessidade desse direito bem como da exigência de sua efetividade? A crença humanitária de PAULO, bem como seu brilho, nos instigam a definir essa utopia, a torná-la realizável, como nos demonstra, cada dia com mais urgência, o momento presente.

Considerando o estado do Planeta e a evolução dos ecossistemas, é inevitável constatar que o início deste novo século está marcado pelo traço da espécie humana no seu ambiente. Ao mesmo tempo, ape-

* Tradução do francês pela Dra. Simone Wolff.

sar de o Estado de Direito constituir critério de referência de uma Humanidade em vias de humanização, o século XXI está marcado por profundas contradições.

Ao reconhecimento recorrente do Direito pelos Estados reunidos no âmbito de instituições internacionais, cujas competência e capacidade de intervenção variam, corresponde uma violação caracterizada desse mesmo Direito pelos Estados mais poderosos do Planeta.[1]

Do ponto de vista ambiental, após as Conferências de Estocolmo e do Rio de Janeiro a Humanidade conhece as implicações, os riscos e os grandes problemas causados pelas atividades humanas. O século XX foi marcado por diversos fenômenos importantes que caracterizaram o impacto causado pela espécie humana. A Humanidade atinge, sem precedentes, um grande número de membros, e nós entramos em uma civilização de massa, planetária, e assentada sobre uma crescente mercantilização de todos os elementos de produção humana.

O século XX é também caracterizado por inúmeros fenômenos importantes, dentre os quais o mais característico é essa capacidade da Humanidade à autodestruição cruel, tendo Hiroshima e inúmeros genocídios marcado os tempos. A Humanidade tornou-se desrespeitosa de si mesma, revelando o homem na plenitude de sua mediocridade.

Mas a Humanidade é também desrespeitosa de suas próprias condições de vida e de seus ecossistemas. As evoluções ocorridas levam a uma situação intolerável, indigna da inteligência humana – isso, ao mesmo tempo em que se produz abundante riqueza. De fato, nenhum sistema jurídico contemporâneo pode dar respostas aos problemas apresentados, enquanto a capacidade material de intervenção é desmedida, pois, "apesar de a riqueza coletiva estar avaliada em 24 bilhões de Dólares por ano, cerca de 1,2 bilhões de pessoas no mundo inteiro continuam a viver com menos de um Dólar por dia – situação definida pela expressão 'pobreza extrema' e caracterizada pela fome, analfabetismo, vulnerabilidade, doença e mortes prematuras. A metade da Humanidade vive com 2 Dólares por dia ou menos". Além

---

1. O caso do Iraque constitui o elemento mais característico dessa situação. Apesar das missões da ONU e do posicionamento das instâncias de decisão, os Estados Unidos e a Grã-Bretanha engajaram-se em um conflito cujos motivos evocados revelam-se, hoje, falaciosos (cf. *Le Monde* e *Liberation* 2002-2003. Mas também *Le Monde Diplomatique*).

disso, "aproximadamente 60% dos 4,4 bilhões de pessoas que vivem nos países em desenvolvimento não têm acesso ao saneamento básico e aproximadamente 1/3 não tem acesso ao abastecimento de água potável; 1/4 não possui moradia adequada; 20% não têm acesso a serviços de saúde modernos e 20% das crianças desses países abandonam a escola antes do 5º ano de estudo. Em todo mundo, 1,1 bilhão de pessoas são mal-nutridas, incapazes de atingir as normas mínimas de energia nutricional e de proteínas, e as deficiências em micronutrientes são disseminadas. Nos países em desenvolvimento, quase 2 bilhões de pessoas têm anemia".[2]

Ao mesmo tempo – e pela primeira vez na breve história da Humanidade –, os seres humanos são capazes de destruir de maneira irreversível certos ecosssistemas, certas espécies ou espaços, mas também as condições globais de vida sobre o Planeta.[3]

A conscientização resultante desses fenômenos, essencialmente pela intervenção de atores da sociedade civil (docentes, pesquisadores, ONGs, cidadãos), determinou progressivamente a emergência de um direito *do* meio ambiente, que culminou em um processo que levou à emergência de um direito *ao* meio ambiente.

Em um contexto de globalização e de uma civilização produtora/consumidora é forçoso constatar que os fundamentos dessas transformações são dificilmente identificáveis. Nós nos deteremos, mais particularmente, naquelas transformações que motivam o sentido que preside a organização e o desenvolvimento das sociedades, a afirmação do "direito *de* ..." e do "direito *a* ...", de onde a necessária busca da causa principal, fundadora.

Em razão dos desafios advindos da situação ambiental do Planeta tanto para os ecossistemas quanto para a Humanidade, a questão do

---

2. Relatório do FNUAP/ONU 2001 "L'État de la Population Mondiale 2001" ("O Estado da População Mundial 2001"), publicado no *site http://www.unfa.org/swp/2001/français*. O *Relatório Mundial sobre o Desenvolvimento Humano 2003 do PNUD* (*Le Rapport Mondial sur le Développement Humain 2003 du PNUD*, Econômica, 2003) confirma essas tendências; as melhorias constatadas mal escondem os fracassos, traduzidos por uma degradação dos indicadores do desenvolvimento humano (IDH). Mas também Gilbert Rist, "Défaire le développement, refaire le monde", *Actes du Colloque de Mars 2002 à l'UNESCO*, Association La Ligne d'Horizon – Les Amis de François Partant, L'Aventurine, 2003.

3. V. *L'Irréversibilité*, *RJE*, número especial, 1998.

significado da produção normativa que responda a tais desafios é essencial. Deve-se constatar que o pensar e o agir humanos, que podemos qualificar de "fato humano", perturbaram profundamente as relações de nossa espécie consigo mesma e com seu ambiente. Por causa das profundas transformações ocorridas na matéria, podemos constatar que o sentido dado à disciplina jurídica que permite identificar os desdobramentos da sociedade evoluiu progressivamente. Os desafios com os quais a espécie humana está confrontada permitem identificar, em um primeiro momento, o engajamento do Direito, onde o meio ambiente é essencialmente objeto de direito, enquanto as transformações em curso, ou aquelas desejadas, permitem lançar um olhar para a análise das perspectivas de um direito ao meio ambiente fundamentado no Direito.

2. O meio ambiente objeto de direito

Na lógica do progresso científico e tecnológico exponencial, desenvolvido há séculos, as sociedades contemporâneas trouxeram, essencialmente, respostas tecnicistas aos problemas resultantes das modalidades de produção e de consumo.

A implementação das políticas públicas traduz bem essas orientações. Do ponto de vista jurídico, os mecanismos de regulação se esforçam para traduzir as tendências da civilização planetária. É, no entanto, forçoso constatar que o impacto do fato humano não é considerado de maneira coerente para assegurar o controle desses efeitos. De fato, devemos observar que, à vista dos acontecimentos, a resposta da Humanidade é essencialmente técnica, mesmo se o meio ambiente se tenha tornado um objeto de direito. Isso pode ser resultado de certa incapacidade, no decorrer do século XX, de se ultrapassar um conjunto de paradoxos, sinais de uma Humanidade que age essencialmente pela ausência de senso, bem como a implementação de um Direito caracterizado por uma abordagem essencialmente técnica.

2.1 Os paradoxos do século XX

Na breve história da Humanidade, que representa apenas um momento na história da biosfera Planeta, a espécie humana distingue-se de todas as outras formas de vida, por sua incomensurável capacidade de produzir história, de se adaptar ao seu ambiente e de adaptá-lo a suas modalidades de vida. É imprescindível constatar que o século XX ocupará, nesse sentido, um lugar privilegiado. De fato, em um século, em razão do impacto das Ciências e das Técnicas, a Humanidade atingiu um patamar anteriormente desconhecido de expansão quantitativa sobre o Planeta, mas também de dominação sobre os ecossistemas. Além disso, ao mesmo tempo em que as Ciências garantiam, em nome do progresso, uma certa qualidade de vida e de evolução positiva, doravante, elas mesmas penetram no terreno das indagações, como assim o constata um autor: "Pela primeira vez, as Ciências, em vez de suspenderem o curso incerto das controvérsias políticas, jurídicas, morais, adicionam suas próprias incertezas".[4]

De um ponto de vista prático, o que pode ser chamado como "fato humano" (o resultado do pensar e do agir da espécie humana) inscreve-se em um paradoxo: o da capacidade de produzir a destruição mas também, ao mesmo tempo, de produzir a criação, mais precisamente da *construção*. Essa dupla capacidade do fato humano, a gerar efeitos contraditórios, produz resultados em velocidade multiplicada pela massificação da espécie humana, cujas necessidades, reais ou criadas, atingem uma evolução exponencial.

2.1.1 A capacidade destrutiva

Essa primeira tendência atinge todos os aspectos da Humanidade e do meio ambiente. Na história da Humanidade, o século XX pode ser considerado como um verdadeiro momento histórico. Nunca a Humanidade destruiu tanto, e foi capaz de destruir de maneira tão sistemática. Se considerarmos a situação relativa às populações atingidas, a explosão demográfica do século passado conduziu, ao mesmo tempo, à multiplicação da capacidade destrutiva e ao impacto das destruições. Disso deriva que, considerando-se o quantitativo humano, nunca antes a indignidade foi tão caracterizada. Podem ser referidos, desse ponto de vista, alguns exemplos característicos.

---

4. Bruno Latour, "Crise des valeurs? Non crise des faits", *Dans Éthique et Environnement. Actes de Colloque*, La Documentation Française, 1997, p. 97.

Todos os Continentes do Planeta conheceram, em diversos graus, sistemas de autodestruição da própria Humanidade; inúmeros regimes políticos geraram verdadeiros genocídios planejados.[5] Concomitantemente, o desenvolvimento da espécie humana realizou-se com desprezo das necessidades fundamentais. A cada dia vemos um número crescente de seres humanos privados das necessidades fundamentais, especialmente de água, de alimento, de moradia. A despeito de a questão demográfica ser claramente discutida, a Humanidade segue em seu desenvolvimento quantitativo. A taxa de mortalidade diária ligada a essas carências, insuficiências e incompetências não pára de crescer; na maioria das vezes a degradação ambiental acompanha esse processo de degradação.

Em todo o Planeta a situação ambiental conhece uma degradação constante dos recursos, da biodiversidade, do ar e dos ecossistemas.[6] As constatações mostram que essas transformações são o resultado das atividades humanas. Além de um fraco controle da poluição de origem industrial, o desenvolvimento de uma agricultura industrial produz sobre todos os Continentes os mesmos problemas, colocando também em causa a produção alimentar. É, *in fine*, o próprio modelo de desenvolvimento que impõe uma reflexão. Dentre os elementos mais significativos, mencionaremos o impacto sobre a água (em termos quantitativos e qualitativos); sobre os solos, com poluições caracterizadas pelo fato da utilização industrial de produtos fitossanitários; mas também o impacto sobre o ar, que tem sido cada vez mais significativo, afetando a própria biosfera.

Se a satisfação das necessidades alimentares está no cerne das preocupações da maioria das instituições internacionais, a resposta às necessidades faz surgir perspectivas sombrias. A mercantilização globalizada dos produtos alimentares, desenvolvida no âmbito da OMC,[7] tende, de fato, a generalizar um sistema industrial de produção, subordinando os países ditos "em desenvolvimento" às Ciências e às Téc-

---

5. Eric J. Hobsbawn, *L'Âge des Empires*, Éditions Complexes, Le Monde Diplomatique, 1994.
6. Todos os relatórios de instituições especializadas, internacionais, regionais e locais, o demonstram.
7. Acordo de Marrakesh instituindo a Organização Mundial do Comércio (OMC), assinado em Marrakesh em 15.4.1994 (*JO* 26.11.1995), e seus diversos Protocolos.

nicas dos países mais ricos. Assim, a situação dos organismos geneticamente modificados (OGMs), sob o domínio científico e industrial dos países ricos, aparece, sob esse ponto de vista, como um exemplo, mesmo sendo impossível estabelecer de maneira objetiva seu impacto efetivo sobre o meio ambiente e a saúde humana.

Disso resulta que essa capacidade destrutiva atingiu, hoje, um grau significativo e único na história da Humanidade, com o caráter de irreversibilidade e a incapacidade de responder aos desafios da civilização produtora/consumidora. Desse ponto de vista, na ausência de percepção para se determinar a transformação das relações do homem consigo mesmo e com os ecossistemas, essa capacidade destrutiva é irresistivelmente exponencial.

2.1.2 A capacidade construtiva

No curso do século XX a Humanidade demonstrou, ao mesmo tempo, sua capacidade construtiva. As Ciências e as Técnicas contribuíram, de fato, a melhorar a situação de inúmeros povos. O setor da saúde é, nesse aspecto, significativo; o segmento ambiental também se beneficia dessas evoluções. Se examinarmos as condições para a satisfação das necessidades humanas, observamos que as respostas são variadas, às vezes adaptadas às situações geradas, a saber:

• **Tradicionais** – Em inúmeras sociedades, o domínio das Técnicas adaptadas às transformações e às necessidades das populações permitiu atravessar séculos. Nesse sentido são característicos os métodos de irrigação ou de gestão de água potável.[8] Freqüentemente as tecnologias contemporâneas que se apóiam nas Ciências e nas Técnicas desconhecem essas contribuições; os sistemas jurídicos dominantes as ignoram.

• **Técnico-científicas** – A evolução da Humanidade Ocidental caracteriza-se nesse aspecto por certa ideologia do progresso. Em um sistema produtor/consumidor, ela permite responder, no curto ou longo termo, à maioria dos problemas existentes. Parece, no entanto, que atualmente essa lógica apresenta algumas lacunas, em razão da pró-

8. *Anthologie du Droit de l'Eau en Afrique. Etude Législative*, Roma, FAO, 1996.

pria evolução das Ciências e das Técnicas. Com efeito, seu impacto sobre as condições de vida – a saber, sobre a própria vida – impõe interrogar-se sobre as finalidades perseguidas, sobre seus efeitos sobre os homens e o meio ambiente. Assuntos como os que dizem respeito aos produtos químicos e fitossanitários, aos OGMs e ao nuclear constituem exemplos característicos dessas transformações.

Doravante, as sociedades contemporâneas são confrontadas com o espaço que ocupam as Ciências e as Técnicas na própria evolução das sociedades. O papel da tecnologia, a capacidade de decisão da sociedade civil, são colocados, assim, em evidência. Em todos os setores onde o homem e o meio ambiente estão envolvidos, a evolução das sociedades e dos ecossistemas está em jogo. A capacidade de debater e de decidir "conhecendo-se todas as variáveis" está, assim, colocada. As tergiversações em torno do princípio da precaução ilustram a amplitude dos debates; a aplicação efetiva do princípio poluidor-pagador é, desse modo, estabelecida. No centro dessas interrogações está a questão das escolhas feitas pela sociedade em relação às Ciências e às Técnicas. Assim, são as condições de escolha, mas também do exercício do poder – a governança –, que estão postas.

Em face desses paradoxos e acontecimentos ao mesmo tempo planetários e locais, a Humanidade tem procurado respostas. Observa-se que, confrontada com a complexidade dos problemas, a Humanidade buscou respostas que, em um dado contexto sócio-cultural, possuem certa lógica.

2.2 A afirmação de um direito técnico

A identificação da norma em vigor pode constituir um indício, dentre outros, da capacidade humana de responder aos desafios que ela própria criou. O Direito – que exprime os valores de uma determinada sociedade – possibilita, pela produção normativa de técnicas, procedimentos ou institutos, dar respostas aos problemas estabelecidos.

Após a barbárie da II Guerra Mundial a sociedade internacional construiu com as Nações Unidas um sistema de regulação multilateral fundado sobre objetivos humanitários. Assim, da Carta das Nações Unidas e da Declaração Universal dos Direitos do Homem até a criação do Tribunal Penal Internacional, em 1998, ela soube construir caminhos possíveis. No entanto, as preocupações ambientais estavam ausentes. Foram as grandes Conferências, especialmente a de Estocolmo e do Rio de Janeiro, que, desse ponto de vista, representam momentos privilegiados desse direito em construção. Todavia, nos diversos níveis de sua intervenção, o direito do meio ambiente assim gerado mostra-se, ainda, essencialmente técnico, apesar da afirmação do desenvolvimento sustentável como objetivo central e da afirmação de princípios. Se os fundamentos revelam uma certa ambigüidade, as regras jurídicas daí resultantes apresentam real relativismo quanto à sua efetividade.

2.2.1 A ambigüidade dos fundamentos

Desde a Conferência de Estocolmo, em 1972, a tomada de consciência da significativa degradação ambiental conduz à emergência da noção de "ecodesenvolvimento"[9] – quer dizer, um desenvolvimento integrador das preocupações ambientais. Após o *Relatório Brundtland*, a Conferência do Rio definirá um conjunto de princípios resultantes de um objetivo central: o *desenvolvimento sustentável* – objetivo, esse, não desprovido de ambigüidade, cuja interpretação parece variável.

2.2.1.1 Quanto ao desenvolvimento sustentável – O desenvolvimento sustentável constitui, de fato, uma espécie de "matriz" conceitual integrando um aspecto intergeracional em modalidades de intervenção sobre o meio ambiente e sobre as condições de satisfação das necessidades da Humanidade. Esse conceito está condicionado por um conjunto de elementos, particularmente a luta contra a pobreza e a eliminação dos modos de produção e de consumo não-viáveis (conforme a Declaração do Rio).

Lembrando que, ao mesmo tempo, os Estados negociavam os acordos GATT, os quais em 1994 irão resultar em uma nova Convenção, com a criação da Organização Mundial do Comércio (OMC). Esse Acordo, assinado dois anos após a Conferência do Rio, foi marcado

9. Resultante especialmente dos Princípios 5, 8 e 13 da Declaração de Estocolmo.

pela recusa de uma integração das preocupações ambientais e da cláusula social como condições passíveis de determinar as negociações comerciais. O desenvolvimento sustentável é, simplesmente, identificado em um "Preâmbulo" sem alcance jurídico. Os Acordos de Doha, os quais permitem estender à agricultura e aos serviços – aí compreendida a cultura – o alcance das negociações submetidas às regras da OMC, constituem um passo em direção a uma mercantilização globalizada.[10]

A despeito de o balanço da Conferência do Rio parecer pouco convincente, dá-se início à preparação da Conferência de Joanesburgo. Essa Conferência marcará uma ruptura em relação ao processo engajado no Rio, sendo vários os elementos que a caracterizam:

• a modificação dos objetivos adotados no Rio, pela adoção de um conjunto de disposições minimalistas e não-cogentes para enfrentar os problemas globais, especialmente aqueles relativos à satisfação das necessidades fundamentais;[11]

• a sujeição dos compromissos ambientais à realização das condições de implementação dos acordos da OMC, especialmente aqueles do processo de Doha; vários capítulos da Declaração de Joanesburgo, principalmente aqueles consagrados aos meios, fazem referência expressa a essa adequação;[12]

• a importância dada aos atores econômicos e financeiros privados na regulação dos problemas ambientais, em especial os grandes grupos, os quais tiveram tratamento privilegiado em Joanesburgo, ao mesmo tempo em que as ONGs eram objeto de verdadeira marginalização.

Na ausência de um defensor no comando das políticas públicas, os Estados mais ricos do Planeta vão adotar orientações em confirmação a toda a ambição regulatória. Assim, na ocasião do G8 de

---

10. Conferência da OMC em Doha em novembro/1991.
11. Os objetivos essenciais são determinados em um horizonte de 12 anos, sem se considerarem as futuras evoluções (especialmente demográfica), nem a mobilização efetiva de meios adaptados.
12. *Relatório da Cúpula Mundial para o Desenvolvimento Sustentável*, Joanesburgo, 26.8-4.9.2001, Nações Unidas, com o Capítulo 5 consagrado ao "Desenvolvimento Sustentável na Era da Globalização", e em especial o Capítulo, 10 consagrado aos "Meios de Execução".

Evian, os Estados mais poderosos vão expressar o objetivo de *desenvolvimento sustentável* como sendo a necessidade de promover o crescimento.[13] Daí em diante, o contexto do direito em construção está claramente fixado, toda ambigüidade é apagada; é, com certeza, a "ocidentalização do mundo" que constitui o parâmetro central do desenvolvimento sustentável cujo motor é o crescimento.[14] Na ausência de fundamento, de definição, eis as orientações claramente estabelecidas. O desenvolvimento sustentável é então concebido juridicamente como a transformação de um sistema de mercantilização global assentado sobre uma lógica predatória da espécie humana.

2.2.1.2 Quanto aos princípios – Se as Conferências anteriores permitiram à Humanidade a conscientização sobre o estado do Planeta e a urgência das medidas a serem adotadas, é a Declaração do Rio que marcará, desse ponto de vista, uma verdadeira mudança na possibilidade para os atores públicos dos princípios diretores, juridicamente aplicáveis, na busca dos objetivos fixados. Assim, os princípios da prevenção, da participação, da precaução e o princípio poluidor-pagador são objeto de uma identificação exata.

Inúmeras convenções internacionais ou regionais irão referir-se a esses princípios, de acordo com seu objeto – como é o caso em matéria de recursos hídricos ou de biodiversidade.[15] O Direito Comunitário vai realizar uma aplicação diferenciada. Uma primeira afirmação desde o Tratado de Haia de 1986 permite integrá-los dentre os fundamentos do Direito Comunitário; o Tratado de Maastricht irá corroborar esse reconhecimento.

A aplicação desses princípios deveria levar à adaptação dos textos elaborados e adotados e à alteração do funcionamento das instituições existentes. Ora, essa implementação vai revelar limites, espe-

---

13. Cúpula do G8 ocorrida em Evian em maio/2003.
14. Segundo a fórmula do economista S. Latouche.
15. É o caso da Convenção de Nova York de 21.5.1997 sobre o Direito Relativo às Utilizações dos Cursos de Água Internacionais a Fins Diversos da Navegação, ou da Convenção do Rio de Janeiro de 5.6.1992 sobre a Diversidade Biológica (conforme coleção francófona dos tratados e textos internacionais em direito ambiental, Bruylant/Aupelf-Uref, 1998).

cialmente quanto à sua interpretação. Assim, a legislação francesa vai reduzir o princípio de participação ao direito à informação[16] – o que resultará em uma condenação da Corte de Justiça das Comunidades Européias (CJCE) por insuficiência na transposição da Diretiva de 1990, referente à liberdade de acesso à informação em matéria ambiental.[17]

Poder-se-á, também, considerar as formulações dos princípios da prevenção e da precaução condicionados a um custo economicamente aceitável.

O interesse desses princípios é o de possibilitar a ação dos atores públicos e privados no patamar mais elevado da ordem jurídica, particularmente a fim de determinar as modalidades de aplicação do direito. Desse ponto de vista, a análise das jurisprudências revela grandes reticências. Na França, o debate engajado em torno da *Carta do Meio Ambiente*, cujos princípios serão objeto de reconhecimento constitucional, revela as conseqüências subjacentes e as fortes reticências geradas por sua implementação efetiva, o que é característico com os princípios da precaução e poluidor-pagador.[18]

Ao mesmo tempo em que expressam as características fundamentais dos direitos *ao* e *do* meio ambiente, esses princípios podem contribuir a dar um sentido à ação humana, como podem contribuir com a necessidade de preservar o meio ambiente em seus diversos aspectos.

2.2.2 O relativismo das regras

Considerando as políticas públicas adotadas tanto no âmbito internacional, regional quanto local, é imprescindível constatar que o direito por elas gerado não permite responder de maneira efetiva aos desafios existentes, apesar de a produção normativa ser abundante.

---

16. Art. L 110 do Código do Meio Ambiente resultante da lei de 2.2.1995 relativa ao fortalecimento da proteção do meio ambiente.
17. CJCE, 26.6.2003, caso C 233/00, "Comissão das Comunidades Européias vs. República Francesa".
18. M. Prieur, "L'environnement entre dans la Constitution", *Droit de l'Environnement* 106, março/2003; R. Romi, "La constitutionnalisation des principes du droit de l'environnement: de la grandeur à la mesquinerie? Les contours du Rapport Coppens", *Droit de l'Environnement* 109, junho/2003.

Mas, em face dos fundamentos, o reconhecimento do direito *ao* meio ambiente revela-se relativo, especialmente quanto ao seu real alcance. Apenas o direito técnico – o direito *do* meio ambiente – presta-se a uma produção significativa.

Não obstante os avanços localizados ou setoriais, coloca-se a questão não da natureza das próprias regras, mas dos meios de sua implementação e de sua transposição aos objetivos definidos. Desse ponto de vista, uma dupla constatação se faz necessária, a saber: os meios colocados à disposição são inadaptados, ao mesmo tempo em que o direito gerado conduz à perenização do fato humano desenvolvido até então.

2.2.2.1 Meios inadaptados – A implementação do direito impõe instituições, regras e procedimentos de regulação, e, como para toda regra de Direito, a identificação da sanção em caso de seu não-respeito – o que implica, como corolário, a capacidade de a sociedade desbloquear os meios de aplicar as regras assim estabelecidas.

Desse ponto de vista, distinguem-se vários níveis de intervenção.

• Primeiramente no plano internacional,[19] na ausência de uma convenção-quadro, de uma instituição de referência para tratar das questões ambientais e de um dispositivo coercitivo para assegurar a aplicação dos princípios e das regras em vigor, esse nível de intervenção mostra uma fragilidade inequívoca. A aplicação das regras clássicas do Direito Internacional, onde os Estados soberanos dispõem do monopólio da capacidade de agir, está pouco adaptada aos grandes problemas gerados pelas questões ambientais, que impõem, necessariamente, uma abordagem transnacional.

• No plano regional, em compensação, avanços mais significativos ocorreram de forma pontual. Se a África ou a América do Sul procuram ainda modalidades adequadas de cooperação, a Europa dotou-se de um direito e de instituições adaptadas às necessidades com base em uma verdadeira política ambiental.

• Por fim, no plano local, os Estados em sua maioria adotaram uma política ambiental com instituições (especialmente um Ministério do Meio Ambiente) e modalidades de regulação. Contudo, a imple-

19. J. M. Lavieille, *Droit International de l'Environnement*, Ellipses, 1998.

mentação das regras sofre de inúmeras deficiências. Com freqüência os interesses econômicos prevalecem sobre os interesses ambientais.

Independentemente do contexto considerado, e menos do ponto de vista quantitativo que do ponto de vista qualitativo e efetivo, foi lançada a questão do direito *do* ou *ao* meio ambiente.

2.2.2.2 A continuidade do fato humano – O direito ambiental aplicável hoje em dia permanece, contudo, um direito principalmente setorial. O discurso sobre o desenvolvimento sustentável não conduziu a uma transformação do fato humano. Constata-se, assim, que a abordagem técnica gerada serve apenas à perenização dos sistemas em vigor, levando a um modelo jurídico ultrapassado em face dos desafios.

De fato, por um lado, o direito ambiental responde tão-somente de maneira setorizada aos problemas ambientais resultantes do fato humano. Na prática, nenhum mecanismo jurídico – nem mesmo a constitucionalização do direito ao meio ambiente em certos países – permitiu a transformação das causas que dão origem às degradações ambientais. Conseqüentemente, como afirma certo autor, o verdadeiro problema que a Humanidade tem para cuidar não é o meio ambiente propriamente dito – que apenas sofre as conseqüências –, mas o próprio desenvolvimento.[20]

Enquanto o fato humano não for orientado para outras finalidades, e enquanto for perenizada a corrida desenfreada ao crescimento, que impõe a exploração cada vez maior dos recursos – crescimento, esse, assentado em uma progressão demográfica constante –, o direito do meio ambiente apenas significará um mal menor, a saber, um álibi. A preeminência de regras que favorecem esse sistema, como os acordos da OMC, ao mesmo tempo em que marginaliza os direitos humanos e do meio ambiente, revela claramente a vontade de não-intervenção sobre o essencial, resultando em um modelo sócio-político ultrapassado.

Por outro lado, revela-se também que o modelo jurídico em vigor, construído sobre a multilateralidade, é colocado em questão des-

---

20. Serge Latouche, "Défaire le développement, refaire le monde", *Actes du Colloque de Mars 2002 à l'Unesco*, 2003.

de quase uma década. As peripécias "onusianas" ocorridas no início de 2002 no caso iraquiano são um exemplo característico. Mesmo que as regulações jurídicas da ONU possibilitem, em um primeiro momento, manter certo equilíbrio entre os diversos atores e tendam a buscar as vias do possível – o que demonstrou em matéria ambiental a Conferência do Rio –, os fatos ocorridos desde então, o direito gerado ou as decisões políticas em relação ao direito em vigor impõem destacar que o modelo deve ser corrigido, repensado, a fim de que apareça em seu cerne a regulação de problemas maiores – dentre os quais o meio ambiente –, caracterizados pela urgência.

Não obstante os esforços realizados, as políticas adotadas e a qualidade do direito produzido, o fato humano constitui, nessas circunstâncias, um grande fracasso.

As pequenas evoluções positivas ocorridas resultam seja da afirmação dos direitos humanos como garantia a qualquer violação da dignidade humana, seja da emergência de um direito ao meio ambiente, cujos fundamentos são difíceis de estabelecer – e que, por essa razão, sofre marginalizado dentro de um sistema jurídico fundado sobre técnicas que privilegiam a lógica produtora/consumidora atentatória tanto às condições de vida humanas quanto à preservação do meio ambiente. A busca de um fundamento para o direito ao meio ambiente como sendo indissociável dos direito humanos constitui, então, uma das perspectivas principais para se estabelecer de forma sustentável uma integração pertinente das modalidades de desenvolvimento do fato humano.

3. Perspectivas de um direito ao meio ambiente constituído

Observa-se que, sob o impulso das sociedades ocidentais, a civilização planetária se desenvolve sob a égide de um paradigma essencialmente mercantil em um contexto dominado pelas Ciências e Técnicas; o único sentido valorizado é o financeiro.

Os direitos *ao* e *do* meio ambiente mostram-se efetivos apenas de forma marginal – e, de qualquer maneira, subordinados aos sistemas econômicos, sociais e políticos impostos por aqueles que dominam. Ao mesmo tempo, as regras relativas ao comércio, à mercantilização cada vez mais globalizada, são objeto de uma aplicação rigorosa, especialmente pela implementação de uma justiça arbitral *pro domo*, sem estatuto nem uma real independência jurisdicional.

O Direito Internacional – mas também, com freqüência, o regional – tem dificuldade em estabelecer um dispositivo jurisdicional fundado sobre considerações que engajem de maneira mais coercitiva os atores envolvidos, para se preservar efetivamente o ser humano e o meio ambiente. Essa grave lacuna prejudica tanto as condições de vida da grande maioria dos seres humanos quanto a preservação das espécies, dos recursos e dos ecossistemas. Doravante, a exigência fundadora encontra-se determinada pela emergência de uma verdadeira holística jurídica.

3.1 A exigência fundadora

Em razão da situação planetária, tanto no plano humanitário quanto no ambiental,[21] e em razão do impacto da própria espécie humana sobre esses dois elementos, daqui em diante parece urgente identificar os elementos fundamentais que podem condicionar o fato humano.

Desse ponto de vista, é possível evocar uma "ética fundamental", comum à Humanidade e a todas as culturas que a formam. Essa ética fundamental permitiria estabelecer para o conjunto de todas as formas de vida do Planeta – aí compreendida a espécie humana – um verdadeiro *corpus* que expresse o senso comum.

Esse senso comum constituiria, assim, para o pensar e agir humanos, no atual estado de conhecimento da Humanidade, uma espécie de código a compartilhar, não mais para assegurar a vida, mas a sobrevivência de todos os ecossistemas que formam a biosfera. A função do Direito é igualmente a de traduzir essa exigência fundadora, pois trata-se de manifestar uma verdadeira ética de sobrevivência, portadora de uma dupla finalidade.

3.1.1 *Uma ética de sobrevivência*

Na concepção clássica do Direito tal qual em vigor nos dias atuais, a regulação das relações entre os Estados e entre as institui-

---

21. PNUD, *Le Rapport Mondial sur le Développement Humain 2003*, que confirma a extensão da pobreza e a degradação do meio ambiente (Econômica, 2003).

ções e os homens no âmago das sociedades expressa uma abordagem vertical, traduzida teoricamente pelo sistema kelseniano. A norma superior, livremente estabelecida pelos Estados (no plano interno, bem como no plano externo), impõe-se às normas inferiores, em uma hierarquia estabelecida de forma precisa.

Os acontecimentos ocorridos no curso da segunda metade do século XX, especialmente com o impacto da Humanidade sobre suas condições de vida e sobre seu meio ambiente, impõem uma nova abordagem. Os riscos doravante reais de irreversibilidade e o reaparecimento de uma situação cada vez maior de indignidade humana para uma crescente parte da Humanidade confirmam a exigência de uma nova abordagem.

A Corte Internacional de Justiça indicou claramente as situações com as quais estão confrontadas as sociedades contemporâneas.[22] Daí resulta que esta capacidade autodestrutiva ou de produzir a irreversibilidade em relação ao meio ambiente – o que aparece como característica do fato humano – impõe a redefinição dos fundamentos e do plano de intervenção.

Essa abordagem pode assentar-se sobre a consideração de vários elementos. Pode-se tratar, por exemplo, de distinguir as normas entre elas, privilegiando-se aquelas que seriam alicerces para nossa problemática – donde o interesse de uma distinção entre *norma primária* e *norma secundária* fundada sobre a racionalidade.[23] Mas pode-se tratar também de considerar a complexidade das sociedades contemporâneas e as questões que daí resultam,[24] tendo-se como efeito uma produção normativa fragmentada, com uma regulação diferenciada,[25] a qual impõe a redefinição do lugar e da função do Direito.

22. Corte Internacional de Justiça, 25.9.1997, caso relativo ao projeto *Gabcikovo-Nagymaros* (Hungria/Eslováquia, especialmente o ponto 140 da decisão).
23. Norberto Bobbio, *Essais de Théorie du Droit*, Bruylant/LGDJ, 1998, especialmente pp. 79 e ss. e 159 e ss.
24. Colocado em evidência especialmente pelos trabalhos de E. Morin, no contexto do meio ambiente; v., em particular, *Terre-Patrie*, Seuil, 1993.
25. Sob a direção de P. Bouretz, *La Force du Droit. Panorama des Débats Contemporains*, especialmente p. 241; F. Ost, *Jupiter, Hercule, Hermès: Trois Modèles du Juge*, Éditions Esprit, 1991.

Se inúmeras sociedades devem seu êxito à sua capacidade de produzir o proibido, como regulador do agir humano, a espécie humana, na sua globalidade, é doravante colocada defronte à exigência de produzir uma ordem pública que determinará o fundamento de um "direito em comum".[26] No fundo, o fato humano, especialmente com a força das Técnicas, é, pois, capaz da negação das outras espécies, de seu ambiente – a saber de toda a "humanitude" –, ameaçando "a própria existência de Nações inteiras bem como, em última análise, de toda a Humanidade".[27]

Trata-se, então, não mais de recorrer a artifícios jurídicos para perenizar um sistema até então relativamente impotente, mas de assentar os alicerces de uma nova abordagem. Para restaurar essa capacidade da Humanidade, a resposta só pode encontrar-se no próprio ser humano.

Essa capacidade deve ser proporcional aos desafios resultantes da intervenção da Humanidade que caracterizamos como fato humano. Trata-se de trazer uma resposta munida de uma lógica que permita referir-se a um catastrofismo elucidado, pensando-se na "continuação da experiência humana como resultante da negação de uma autodestruição – autodestruição essa que estaria como que inscrita em seu futuro congelado em destino".[28] Assim, a Humanidade deve ter a capacidade de produzir essa interdição pertinente, de desenhar seu contorno, bem como de demonstrar sua aptidão à abdicação, produzindo sentido.[29]

Essa necessidade de sentido repousa sobre a exigência de um pensamento global que deve impregnar a conceituação jurídica. O destino comum da Humanidade impõe, doravante, essa evolução fundamental do Direito, pois, como destacava Ivan Illich, "somente na sua fragilidade, o verbo pode reunir a multidão de homens para que o irromper da violência se transforme em reconstrução convivial".[30]

---

26. Segundo a fórmula de M. Chemiller-Gendreau, *Humanidades e Soberanias*, La Découverte, 1995, p. 295.
27. H. Arendt, *Du Mensonge à la Violence*, Calman-Lévy, 1972, p. 120.
28. Jean-Pierre Dupuy, *Pour un Catastrophisme Éclairé. Quand l'Impossible est Certain*, Seuil, 2002, em conclusão, p. 216.
29. Raphaël Draï, *L'Interdit et le Défendu dans Éthique et Environnement*, p. 76.
30. *La Convivialité*, Seuil, 1973, p. 157.

Não se trata mais de produzir o Direito segundo lógicas verticais ou horizontais; trata-se de inscrever a norma fundamental, primária ou secundária nos limites do círculo onde será encerrado o inconcebível, pois "não somos condenados ao mal em maiores proporções do que ao bem, visto que nós podemos, na maior parte do tempo, voltar atrás, de forma individual ou coletiva, repensar nossos atos, reconsiderá-los, corrigi-los, restaurá-los".[31]

Essa capacidade do sujeito e da coletividade "autonomizada" rege-se por um esquema de pensamento circular, que pode trazer respostas ao desafios. O pensamento circular vai impor a definição da região do impossível, dos limites dentro dos quais o fato humano é inconcebível, intolerável e impossível ; traduzindo-se, trata-se da definição do *proibido*. Ao mesmo tempo, e no vácuo, será traçada a região do possível, aquela da liberdade de pensamento e de ação – quer dizer, o movimento da transformação em construção.

A capacidade da Humanidade de identificar esse movimento e defini-lo determinará suas condições de sobrevivência. Mesmo que "não haja sociedade, e, por conseguinte, ordem jurídica, sem valores proclamados como fundamentais",[32] aqueles valores que devem ser reconhecidos ou, então, limitados devem ser proporcionais à aptidão da Humanidade de produzir o irreversível. A ética à qual nos referimos é subjacente a essa capacidade, ela assenta sobre a afirmação de uma dupla finalidade.

3.1.2 *A afirmação de uma dupla finalidade*

Essa dupla finalidade repousa sobre uma concepção solidária e fraternal da Humanidade, condicionada pela consideração do meio ambiente como sendo um horizonte intransponível.

Desse ponto de vista, na história da Humanidade, a Carta da Nações Unidas e a Declaração Universal dos Direito do Homem constituem, seguramente, um momento de expressão da inteligência da Humanidade, capaz, após o sismo da II Guerra Mundial, de colocar a Humanidade no centro de seus compromissos, tanto em relação às

---

31. C. Castoriadis, *La Montée de l'Insignifiance*, Seuil, 1996, p. 220.
32. A. Kiss, "Une nouvelle lecture du droit de l'environnement", *L'Ecologie et la Loi*, ed. L'Harmattan, 1989, p. 383.

gerações presentes quanto às futuras. A paz, a dignidade humana, a justiça, o respeito do direito, o progresso social, a tolerância, constituem seus fundamentos. O estado da Humanidade e do Planeta colocam, doravante, o homem em face das mesmas responsabilidades potencializadas por novos problemas, sabendo-se que o fundamento do direito ao meio ambiente, que qualificamos de *ética da sobrevivência*, leva a um dupla exigência prévia.

Trata-se, de um lado, de estabelecer obrigações tendo-se em vista a dignidade humana, definindo-se, em face dos direitos do homem, os limites absolutos. A preservação geral dos seres humanos (mulheres, crianças, pessoas idosas) em termos de saúde, educação, de direitos e de liberdades deve ser completada pela satisfação alimentar, moradia, água potável, saneamento etc. Mas os limites colocados ao fato humano dizem respeito também ao meio ambiente, à preservação da biodiversidade, dos ecossistemas e dos recursos, notadamente pela interdição de causar-lhes danos ou a proibição de sua comercialização, que se manifestam como novos imperativos.

De outro lado, trata-se de determinar as responsabilidades. A organização das sociedades contemporâneas funda-se sobre o monopólio da representação dos Estados e de atores públicos locais. As responsabilidades nesse nível devem ser claramente identificadas. É uma responsabilidade ao mesmo tempo política e administrativa. Ela significa que os Estados respondem a uma dupla exigência. A primeira é aquela de suas responsabilidades no campo externo, as suas competências, o da sociedade internacional. Desse ponto de vista, não pode haver poder supra-estatal, a não ser no contexto de uma estratégia pactuada e multilateral, com, no entanto, exigências fundamentais claramente estabelecidas. A segunda resulta do poder soberano no contexto interno. A esse respeito, as autoridades políticas e administrativas devem responder pelo exercício de suas prerrogativas e as condições de vida dentro de sua esfera de competência, tanto de um ponto de vista humano quanto ambiental.

Esse duplo sistema deve também conduzir a englobar as condições de evolução e as responsabilidades dos atores privados influentes, especialmente todas as organizações transnacionais. Contrariamente à lógica corrente, da privatização dos benefícios e da socialização dos custos (especialmente dos custos sociais e ambientais), trata-se do estabelecimento dos fundamentos de uma verdadeira responsabilidade à altura dos riscos produzidos. Desse ponto de vista, a experiência do Tribunal Penal Internacional é rica em ensinamentos. Mesmo que as competências dessa instituição pudessem ser estendidas às questões ambientais, não se vê o Estado mais influente engajado em uma maratona de negociações bilaterais assentadas sobre uma verdadeira chantagem não-humanitária e em contradição com os fundamentos da sociedade internacional para livrar-se de suas obrigações?[33]

Elementos concretos foram, nesse sentido, estabelecidos no âmbito da UNESCO, especialmente pela adoção de dois textos. Trata-se, de um lado, da Declaração Universal sobre o Genoma Humano e os Direitos do Homem[34] – Declaração, essa, que possibilita erigir perspectivas para a Humanidade em matéria de Ciências e Técnicas. Trata-se também, por outro lado, da Declaração sobre as Responsabilidades das Gerações Presentes para com as Gerações Futuras.[35] Esse texto deveria constituir uma referência para a identificação do *campo do impossível*, conduzindo-se à fixação dos interditos supramencionados de forma prévia e ao estabelecimento da ética da sobrevivência.

Os fundamentos do Direito, o limite colocado ao fato humano, essa espécie de ética da sobrevivência, impõem que se ultrapassem os indignos esquemas da inteligência e da razão humana, buscando-se a exigência de uma verdadeira holística jurídica.

3.2 Uma holística jurídica

Partindo-se dessa ética da sobrevivência, deveria emergir uma construção jurídica renovada. Em função dos problemas infligidos ao Planeta pela espécie humana, em função da necessidade de uma agir político traduzido por regras jurídicas – quer dizer, uma referência que identifique as relações da civilização humanizada. Trata-se, para a Humanidade, de estar capacitada para criar uma verdadeira aborda-

---

33. Entre moção para a ONU e acordos bilaterais, os Estados Unidos esforçam-se para limitar o alcance da Convenção criando o Tribunal Penal Internacional. Dentre outros: *Le Monde* 1, 2, 3 e 5.7, 14.8 e 14.9.2002 e 13.2 e 3.7.2003.
34. UNESCO, Declaração adotada pela Conferência-Geral da UNESCO em 11.11.1997, por ocasião de sua 29ª Sessão.
35. UNESCO, Declaração adotada pela Conferência-Geral da UNESCO em 12.11.1997, por ocasião de sua 29ª Sessão.

gem holística na esfera jurídica, levando-se em consideração as prioridades.

Mesmo que "a Ciência e a Política tenham, por sua vez, perdido a transparência e uma parte de sua credibilidade",[36] os fundamentos de um direito ao meio ambiente devem permitir a emergência de um movimento holístico. Essa nova orientação é determinante, pois tratase – a um só tempo – de restabelecer o crédito e a transparência da Ciência, a serviço da Humanidade – Ciência, essa, objeto de controle político para seu bem-estar; sendo que a própria Política está subordinada a essas exigências. Dois elementos podem caracterizar essa nova abordagem; trata-se, para a civilização planetária, de definir os objetivos prioritários integrados a um plano jurídico e institucional e, então, construir essa holística jurídica, particularmente pela territorialização do Direito.

3.2.1 A identificação de um plano jurídico

Estabelecida a ética de sobrevivência, os sistemas jurídicos em vigor devem traduzir as prioridades. Mesmo que inúmeros Estados tenham integrado a suas Constituições o direito ao meio ambiente,[37] este traduz-se, na prática, essencialmente como um direito setorial e ainda marginalizado. De fato, o direito ao meio ambiente bem como suas prolongações técnicas – os direitos do meio ambiente – são objeto de afirmações cada vez mais precisas pela adoção de múltiplas declarações, mas também de convenções internacionais e regionais; pela implementação de legislações e regulamentações pelos Estados. Essas regulações produzem, às vezes, efeitos tangíveis (tais como a proteção de uma espécie ou de um determinado espaço), mas esses efeitos são – na maioria das vezes – manifestamente insuficientes.

Devemos observar que no plano internacional essa regulação assenta-se sobre uma grande quantidade de instituições (cada conven-

---

36. F. Ost, *La Nature Hors la Loi*, La Découverte, 1995, p. 267.
37. M. Prieur, *Droit de l'Environnement*, 4ª ed., Dalloz, 2001, p. 57. A França acaba de engajar-se em um processo de constitucionalização dos princípios com uma *Carta do Meio Ambiente* que deveria ser integrada ao bloco de constitucionalidade. O projeto de *Carta* foi adotado pelo Conselho de Ministros em 25.6.2003.

ção gera seus próprios mecanismos[38]), mas nenhuma abordagem transversal e coerente emergiu até a presente data. Para certas convenções a não-adesão de países ocupantes de posição considerada como privilegiada sobre o tabuleiro político internacional – e na maioria das vezes particularmente poluidores – priva esses textos de seu real alcance.[39] Ao mesmo tempo, manifesta-se que outras convenções com aplicação multilateral e global, dizendo, de forma crescente, respeito às atividades humanas – tais como os acordos da OMC –, desconhecem, no essencial, os aspectos sociais e ambientais e fundam-se sobre mecanismos internos de regulação.

Com relação aos fundamentos do direito ao meio ambiente, parece necessário dispor-se, doravante, a título inteiramente complementar e indissociável da ética de sobrevivência, de um enquadramento que permita fixar as prioridades do Planeta. Além do texto de alcance normativo, impõe-se desde já, na esfera da ONU, a emergência de uma instituição possuidora de reais poderes e de meios materiais e humanos na matéria.

A definição de prioridades parece, aqui, essencial. A fim de evitar os desvios produzidos pelo conceito de *desenvolvimento sustentável*, menciona-se simplesmente que a produção normativa não pode realizar-se em desconhecimento da dignidade humana e da proteção do meio ambiente. A partir de uma real vontade política, a economia e as capacidades financeiras revelam-se, daqui em diante, apenas como meios colocados a serviço das prioridades fundamentais previamente identificadas. Seu domínio pelos atores públicos e seu controle pela sociedade civil devem ser claramente realizados. Desse ponto de vista, a solução também pode assentar-se sobre a valorização de soluções alternativas. O pensamento econômico dominante e globalizante, que repousa sobre o dogma do crescimento, não permite a satisfação das necessidades básicas; ele traz consigo uma corrida desenfreada de exploração exponencial dos recursos naturais.

Trata-se, pois, de buscar e de implementar soluções adaptadas aos desafios apresentados. Reflexões tendem a definir, ao menos de

---

38. Sob a direção de Jean-Marc Lavieille, *Conventions de Protection de l'Environnement. Secrétariats, Conférences des Parties, Comités d'Experts*, PULIM, 1999.
39. A recusa de certos países, dentre os mais ricos e produtores de poluições, em assinar e aplicar o Protocolo de Kioto atenua de maneira significativa esse acordo.

um ponto de vista econômico, pistas que respondam efetivamente a um objetivo de sustentabilidade. É o caso, em particular, da teoria do decréscimo, que pode permitir evoluir-se de maneira efetiva "saindo do desenvolvimento",[40] ou da teoria que propõe uma transição para uma economia mundial em situação de impasse.[41]

A definição desse formato jurídico deve exprimir, de forma real, uma vontade política apta a resolver os problemas colocados pela Humanidade. Essa evolução do Direito deverá, necessariamente, integrar questões tão essenciais quanto a demografia, o limite da capacidade do ambiente de suportar a ação predatória e os recursos naturais, quantitativamente limitados e qualitativamente degradados. As questões relativas ao direito à água, à alimentação, à moradia, à saúde ou à educação estão no cerne desse processo. Como exemplo, as condições ambientais, de saúde e sociais deveriam estar no centro de toda produção agrícola, ainda que a auto-suficiência alimentar de um país se apresente como uma necessidade que deva ser formalizada em um enquadramento jurídico adaptado.

A um enquadramento jurídico global deve corresponder um enquadramento jurídico local – e, para isso, parece necessário voltar-se para um Direito *territorializado*.

3.2.2 Um Direito territorializado

Ultrapassada a abordagem antropocêntrica, um Direito territorializado deve emergir. Esse Direito deve permitir, em todos os níveis de intervenção, a tradução dessas prioridades. Deve tratar-se, no âmbito de uma abordagem holística e ecossistêmica, da orientação para uma verdadeira territorialização das regras em vigor. Daí decorre que o desenvolvimento deste Direito repousa sobre diversos elementos.

Ele deve permitir a afirmação de princípios comuns a todos os seres humanos em sua organização em sociedade. Os princípios adotados no Rio e que figuram na Agenda 21 não podem ser objeto de uma abordagem "redutora". Sua definição e sua implementação são

---

40. "Défaire le développement, refaire le monde", *Actes du Colloque de Mars 2002 à l'Unesco*, 2003.
41. R. Brown Lester, *Économie: une Autre Croissance est Possible, Écologique et Durable*, Seuil, 2003.

objeto de abordagens sob diversas nuanças, de acordo com o país, e, desse fato, impõem-se uma identificação precisa e uma coordenação. Deve também esse Direito territorializado assentar-se sobre mecanismos de regulação comuns. Deste ponto de vista, a Convenção de Aarhus permite identificar as vias do possível. A informação, a participação e o acesso ao contencioso, em todos os níveis de produção normativa, tanto no plano internacional quanto local, devem ser garantidos.

Esse Direito deve, igualmente, permitir a identificação de instituições de referência dotadas de meios de intervenção e de coerção. De fato, não pode haver abordagem coerente no contexto do meio ambiente sem a implementação de dispositivos globais e transversais. No âmbito do Direito Internacional, a ONU dispõe de múltiplas instituições cuja ação na esfera do meio ambiente deve ser coordenada. Devem emergir sucedâneos no plano regional. O duplo exemplo europeu (União Européia e Conselho Europeu) pode, nesse caso, servir de exemplo de possíveis integrações.

Deve esse Direito territorializado permitir a emergência de meios que respondam às aspirações. Os diversos Estados do Planeta produzem riquezas de maneira exponencial, sendo sua distribuição profundamente desigual. Os investimentos para fins destrutivos – por exemplo, aqueles destinados a fins militares –, as especulações financeiras bem como os fundos gerados pelo tráfico de todos os tipos constituem, seguramente, fundos de reserva que permitem alcançar de forma rápida os objetivos fixados. A aplicação efetiva do princípio poluidor-pagador deveria, aliás, inclinar-se rapidamente à melhoria da situação do meio ambiente e dos seres humanos, mas também a liberar meios substanciais para atingir os objetivos buscados.

A territorialização do Direito deve contribuir para aplicar essas regras no nível mais adequado, a fim de tornar efetivo o direito ao meio ambiente e atuantes os direitos do meio ambiente.

4. Conclusão

A busca de uma ética de sobrevivência, daqui em diante assentada sobre essa heurística do medo, evocada por Hans Jonas,[42] aparece

---

42. *Le Principe de Responsabilité "une Éthique pour la Civilisation Téchnologique"*, CERF, 1979.

como um dever tanto para a própria Humanidade quanto para o meio ambiente. Os atores primordiais da ação coletiva – os Estados – têm essa primeira responsabilidade; trata-se, para isso, de identificar uma ação pública de referência que não pode, portanto, ignorar o peso dos outros interventores.

Desse modo, a afirmação de uma verdadeira responsabilidade, tanto dos decisores (públicos ou privados) quanto dos atores sócio-econômicos, constitui uma prévia a toda ação pertinente. Trata-se realmente de uma missão a cargo da Humanidade, tanto para ela própria quanto para o meio ambiente que ela domina e sujeita. Trata-se de aí incluir os objetivos "de garantia de salvaguarda, de assistência e de proteção com relação ao que é visado por sua vulnerabilidade".[43]

Os poderes da sociedade civil devem ser reforçados; trata-se de se voltar para uma participação efetiva, um controle social sobre o fato humano.

A ética da sobrevivência, como fundamento de um direito ao meio ambiente, impõe o desenvolvimento de um processo educativo, de informação e de formação destinado a todas as sociedades, quaisquer que sejam suas formas de cultura. Essa ética é eminentemente cultural, dinâmica e transgeracional.

Essa ética de sobrevivência só pode inscrever-se em um sistema multilateral que permita a cada um agir, controlar e, se necessário, adotar medidas repressivas para os atores, quaisquer que sejam. Desse ponto de vista, trata-se pois, de reforçar a capacidade ativa e interativa do Direito Internacional, a fim de que nenhum Estado e nenhum ator (público ou privado) escapem a suas responsabilidades. A Humanidade acha-se confrontada com uma exigência de intervenção política.

A questão dos direitos (meio ambiente, direitos humanos) não mais aparece como questão secundária, mas como uma questão fundamental, que assegura a perpetuação de toda forma de vida sobre o Planeta.

---

43. F. Ost, *La Nature Hors la Loi*, p. 269.

DIREITO FLORESTAL E DESENVOLVIMENTO SUSTENTÁVEL: UMA PROPOSTA ALEMÃ*[1]

ECKARD REHBINDER

1. Introdução. 2. A Lei Federal dos Bosques e as leis florestais estatais: 2.1 Generalidades – 2.2 Gestão sustentável – 2.3 Planificação florestal – 2.4 Certificação e promoção financeira – 2.5 Bosques de proteção – 2.6 Participação. 3. Outra normativa de relevância para os bosques: 3.1 Proteção da Natureza – 3.2 Estudos de Impacto – 3.3 Regulamentação da caça – 3.4 Planificação espacial – 3.5 Controle da contaminação atmosférica. 4. Alguns problemas estratégicos: 4.1 Multifuncionalidade – 4.2 Relações entre as autoridades. 4.3 Conflitos entre gestão sustentável e funções sociais.

1. Introdução

Na Alemanha os bosques cobrem aproximadamente uma superfície de 30% do território nacional, com significativas variações entre as regiões, já que as porcentagens podem oscilar entre 40% de Renânia-Palatinado e 10% de Scheswig-Holstein (excluindo as cidades-Estados como Berlim, Bremen ou Hamburgo). A composição atual dos bosques caracteriza-se por quatro espécies principais: abetos, pinheiros, carvalhos e faias. As coníferas cobrem cerca de duas tercei-

---

* Tradução do espanhol por Margaret Moreno Fernandes Sthulkin.
1. O regime florestal dessa lei não se aplica somente aos bosques públicos ou municipais, mas também aos bosques privados. A diferença principal entre estas duas categorias de bosques encontra-se na forma de gestão. Os bosques públicos e, normalmente, também os municipais são cuidados, na maior parte dos Estados, pelas autoridades florestais – ainda que haja uma certa tendência à separação da função regulamentar da gestão, devido ao estabelecimento de empresas florestais públicas. Pelo contrário, os bosques privados são mantidos por seus proprietários, que se encontram submetidos apenas às prescrições materiais das leis florestais. Os proprietários podem formar associações para a gestão comum de seus bosques.

ras partes das superfícies desses bosques. A extensão da superfície arborizada assim como a composição dos bosques devem-se a uma política de gestão de bosques enfocada à produção de madeira, dentro do princípio de gestão (economicamente) sustentável.

Remontando-nos ao regime florestal introduzido em Bade na segunda parte do século XVIII como conseqüência dos grandes desmatamentos ocorridos depois da Guerra dos 30 Anos e a escassez da madeira subseqüente, a política de gestão sustentável se expandiu, desde a primeira parte do século XIX, a todos os outros Estados Alemães restantes. Nos séculos anteriores, parcialmente até o século XIX, os usos a que se submeteram os bosques foram dos mais variados: a par da produção de madeira, a exploração de pastos, a criação e engorda de porcos e a utilização da folhagem como isolantes dos estábulos eram tão essenciais que, como se deve ressaltar, influenciaram de maneira negativa sobre o estado dos bosques e de seu solo, em particular pela perda de substâncias nutritivas e da capacidade de neutralizar as substâncias ácidas.

O objetivo original da gestão sustentável era, pois, puramente econômico – ou seja, assegurar que a exploração provocada pelo desmatamento não excedesse nunca aos reflorestamentos sucessivos. Em outras palavras, não se queria comprometer a utilização futura por aquela exercida no presente. Entretanto, a noção de gestão sustentável era muito reduzida, em particular, ao método normal de produção dos bosques – a monocultura. Somente sob as pressões ecológicas modernas o princípio de gestão sustentável se enriqueceu, ainda que a orientação principal continue sendo a econômica.

A estrutura da propriedade florestal é muito variada: os bosques públicos (federais e sobretudo estatais) ocupam 34% do total dos bosques, os bosques municipais ou comunais 20%, e os bosques privados 46%. Ademais, existem muitas diferenças entre as regiões. Há Estados onde os bosques privados se estendem até 70% da superfície arborizada, enquanto que em outros predominam os bosques públicos (com 54%) ou municipais (até 48%). Ainda que os bosques privados sejam muito submissos ao regime jurídico florestal, a estrutura minifundiária de muitos deles causa problemas de aplicação.

Nas décadas recentes, em particular depois dos anos 80 do século passado, pudemos constatar em muitos bosques alemães uma deterioração na saúde das árvores (a mortalidade dos bosques – *Waldsterben*), que originariamente era atribuída à poluição das árvores pelo dióxido de enxofre e aos nitrogênios, tendo motivado a luta contra a contaminação do ar. Investigações sucessivas demonstraram que as causas da mortandade dos bosques são muito complexas. De outro lado, a quantidade de madeira produzida nos bosques alemães aumentou.

2. A Lei Federal dos Bosques e as leis florestais estatais

2.1 Generalidades

O direito florestal alemão é uma ramificação original do direito ambiental.

Devido à sua estrutura federal, o direito florestal na Alemanha compõe-se de uma lei-quadro federal e de leis florestais estatais que regulamentaram a lei federal e que agregam matérias e domínios não previstos pela lei federal.

A Lei Federal dos Bosques de 1975 (*Bundeswaldgesetz*), modificada pela última vez em 2001, apresenta – em seu art. 2, I – o conceito de "bosque" como "cada terreno coberto por florestas, os terrenos desmatados, os prados, as clareiras e os caminhos e estradas florestais". A extensão da superfície arborizada não é relevante a esses efeitos. Entretanto, os grupos de árvores isolados situados no campo não formam parte do conceito.

O art. 1 da lei federal consagrada à observação dos bosques, fazendo uma distribuição entre três funções consideradas, em princípio, como equivalentes (princípio de multifuncionalidade): a função econômica (exploração da madeira), a função ecológica e a função social (recreativa). À luz da prática adquirida da gestão dos bosques, constata-se que a função econômica tradicional permanece ainda hoje em dia como prioritária, se bem que as preocupações ambientais e recreativas ganharam importância real.

O regime florestal dessa lei não se aplica somente aos bosques públicos ou municipais, mas também aos bosques privados. A diferença principal entre estas duas categorias de bosques encontra-se na forma de gestão. Os bosques públicos e, normalmente, também os municipais são cuidados, na maior parte dos Estados, pelas autoridades florestais – ainda que haja uma certa tendência à separação da função regulamentar da gestão, devido ao estabelecimento de empresas florestais públicas. Pelo contrário, os bosques privados são mantidos por seus proprietários, que se encontram submetidos apenas às prescrições materiais das leis florestais. Os proprietários podem formar associações para a gestão comum de seus bosques.

2.2 Gestão sustentável

O art. 11 da lei federal obriga todo titular de uma propriedade imóvel florestal a cuidar do bosque de maneira apropriada, coerente e sustentável. As leis florestais dos *Länder* acrescentam disposições de aplicação, como a proibição de desmatamento (salvo autorização em contrário), a proibição do corte das árvores jovens, a obrigação da ordenação do bosque, assim como uma definição ecológica e detalhada da gestão adequada e sustentável. Em princípio, cada corte de árvores, em troca do uso do solo florestal e florestamento de terrenos não-florestais, está submetido a autorização prévia.

A gestão apropriada e sustentável é o conceito-chave do direito florestal alemão. Refere-se à produção de madeira e à função ecológica dos bosques e requer uma gestão que assegure a regeneração do bosque, com enfoque no seu desfrute pelas gerações vindouras. As duas funções são, em princípio, consideradas como equivalentes, a menos que não se haja concordado em priorizar uma das duas (por exemplo, em caso de bosques em plantação, reserva total florestal, bosque de proteção ou bosque recreativo). Ainda mais, a gestão deve orientar-se por dados específicos, como as condições atuais do bosque e sua localização e as linhas de sua exploração histórica. Entretanto, a noção de *gestão apropriada e sustentável* é um conceito dinâmico que permite à Administração e aos proprietários privados uma margem de discrição e de aplicação política ou econômica.

Segundo a concepção tradicional, o princípio da gestão sustentável nem proíbe um reflorestamento completo em uma extensão limitada, desde 0,4 a 4ha (como especificamente se prevê nas leis dos *Länder*[2]), nem prescreve uma estrutura (composição) dos bosques mais natural – por exemplo, o reflorestamento com espécies de árvores típicas da zona, o estabelecimento de um bosque de espécies arbustivas mistas ou a regeneração natural. Entretanto, o art. 5, V, da Lei Federal de Proteção à Natureza, de 2001, estabelece como prin-

2. *Corte de Apelação Administrativa de Münster*, 21.1.1988, p. 67.

cípio de utilização dos bosques a gestão das florestas nativas e sua gestão sustentável, sem desmatamentos ou arroteamentos. A lei requer, ademais, que o bosque se componha de uma proporção suficiente de espécies arbustivas indígenas. Estas disposições são princípios, e não regras; guiam a interpretação do conceito de *gestão sustentável* e o exercício da discricionariedade permitida às autoridades, incluídas as propriamente florestais. E mais: nas leis florestais dos *Länder* há uma tendência legislativa a concretizar o princípio de gestão apropriada e sustentável nesse mesmo sentido.

Ainda que possamos sustentar que o princípio da gestão sustentável, como princípio legal, não tem contornos bem delimitados, a política de gestão sustentável desenvolve-se além das obrigações estritamente jurídicas. Para os bosques públicos e a maior parte dos comunais existe uma política obrigatória de consecução gradual da estrutura, das idades e da composição dos bosques com as plantações existentes, compostas fundamentalmente de abetos e pinheiros. O objetivo dessa política é o de fazer os bosques mais naturais, por exemplo, colocando o sinal sobre as árvores típicas do lugar e convertendo os bosques monoespecíficos em bosques de espécies mistas. Nos bosques privados essa manutenção fica sob a auto-responsabilidade dos proprietários. As autoridades florestais não aplicam meios legais ou administrativos para conseguir a modificação gradual dos bosques; confia-se, sobretudo, com certo êxito, nas vias da recomendação, da consulta, da concertação e da promoção financeira. A observância dos princípios consagrados na lei-quadro sobre o co-financiamento entre a Federação e os *Länder*, de 2002 – entre os quais a melhoria da estrutura agrícola e florestal, a modificação da composição dos bosques e a regeneração natural –, é a forma de se lograr auxílio financeiro aos bosques. A devastação provocada nos bosques alemães pelas tempestades de 1990 e 1999 serviu de fundamento para esta política, que propiciou que a proporção de bosques alemães cobertos por árvores latifoliadas ou frondosas aumentasse consideravelmente.

2.3 Planificação florestal

A lei federal prevê a determinação de planos florestais para todo ou parte do território dos *Länder* ou para as grandes extensões de bosques. Estes planos constituem uma contribuição à ordenação do território desde o ponto de vista florestal. Os planos-marco integram os bosques como elementos constitutivos da paisagem e determinam seu rol no conjunto da paisagem. A planificação deve observar os objetivos determinados nos planos de ordenação do território existentes; o que é mais, já que a lei federal estabelece alguns princípios de ordenação que são específicos para os bosques.

Além dos planos-marco, as leis estatais prevêem a existência de planos de gestão florestal que estabelecem os cortes, as medidas de reflorestamento, o equilíbrio entre os trabalhos previstos, a capacidade real de trabalho e a planificação financeira. A obrigação de estabelecer e executar um plano de gestão é limitada para os bosques públicos e comunais sob a gestão da Administração. Nos bosques privados a Administração Florestal limita-se a controlar as atividades dos proprietários, sobretudo pela via da autorização prévia dos cortes e reflorestamento, e a tomar medidas de execução em caso de violação da obrigação de gestão apropriada e sustentável.

2.4 Certificação e promoção financeira

Um auxílio complementar em favor da gestão ecologicamente sustentável e mais natural dos bosques consiste nos sistemas de certificação da gestão sustentável dos bosques, do Conselho Europeu de Certificação e Administração Florestal (*Pan-European Forest Certificacion and Forest Stewardship*), que cobrem uma superfície de 6,2 milhões e 437 mil hectares, sobre uma superfície arborizada total de 10 milhões de hectares. Entretanto, ao direito florestal é indiferente a certificação. Em particular, o auxílio financeiro previsto no art. 41 da lei federal para os bosques privados não se conecta com a participação em um sistema de certificação. A proteção da Natureza e a gestão ecologicamente sustentável implicam a observância de um rol de princípios, à qual se subordina o sistema de auxílio financeiro, ainda que existam programas ambientais na lei federal de co-financiamento da melhoria da estrutura agrícola e florestal onde a certificação pode ser considerada simplesmente como um índice da aplicação dos imperativos ecológicos.

2.5 Bosques de proteção

A lei federal e as leis dos *Länder* permitem também a instituição dos "bosques de proteção", em virtude de suas funções ecológicas ou sociais. A classificação tem como finalidade a prevenção de erosões ou avalanches, a proteção da água subterrânea ou as atividades recreativas, sobretudo nas redondezas das grandes aglomerações urbanas. A classificação implica a proibição da mudança na afetação como o comprometimento com a função de conservação ou proteção, ainda que isto não impeça de maneira absoluta a utilização do bosque, sobretudo para a construção de autopistas ou aeroportos, e os perigos de desmembramento que acabam por ser tolerados.

2.6 Participação

A participação-cidadã e das associações é sobremodo reduzida no direito florestal. Na planificação florestal a questão cinge-se à consulta aos proprietários florestais e a outras autoridades interessadas. Assim mesmo, os Comitês Florestais, órgãos consultivos, são integrados unicamente por proprietários florestais. Somente disposições de outras leis (de planificação geral, de proteção da Natureza, de prevenção de impacto ambiental) garantem aos cidadãos ou às associações de proteção da Natureza o direito de participar das decisões administrativas pertinentes.

3. Outra normativa de relevância para os bosques

3.1 Proteção da Natureza

A Lei Federal de Proteção da Natureza de 2001 e as leis respectivas dos *Länder* aplicam-se também aos bosques. Os bosques ou algumas de suas partes podem ser classificados, em virtude dessa lei, em diversas categorias de zona protegida. Com efeito, uma parte considerável das reservas naturais, dos parques nacionais e de reservas da biosfera compreende bosques, às vezes em grandes proporções. O regime de proteção à Natureza, em virtude da Diretiva *Habitats*, pode igualmente ser aplicado aos bosques alemães, já que dita Diretiva lista como biótipos prioritários determinados biótipos florestais típicos da Alemanha, como os bosques de faias de solo calcário. Com efeito, a aplicação da Diretiva *Habitats* é uma fonte tanto de preocupação entre os proprietários dos bosques como de resistência a uma proteção eficaz, já que o entendimento das obrigações estabelecidas pela Diretiva não está claro. Entretanto, a política de proteção da Natureza coloca conceitualmente a diretriz da proteção dos campos contíguos dos bosques. Finalmente, neste contexto, as previsões da lei relativas aos danos à Natureza podem ser aplicadas ao florestamento primário de terrenos não-florestais e ao desmatamento de bosques.

As competências paralelas das autoridades florestais e de proteção da Natureza e a aplicação paralela de regulamentações florestais e de proteção da Natureza nos bosques são uma fonte de conflitos entre as autoridades responsáveis. Como suas missões e atitudes não são iguais, a simples técnica das consultas pode não render, por si mesma, soluções aceitáveis.

3.2 Estudos de Impacto

Algumas atividades florestais – como o florestamento primário ou o desmatamento de grandes superfícies arborizadas – estão também submetidas a Estudo de Impacto prévio, conforme a Lei Federal de Avaliação de Impacto de 1990, modificada em 2001 em virtude da Diretiva 97/11 da Comunidade Européia. Os Estados podem introduzir em suas legislações a obrigação de realização de Estudo de Impacto para os reflorestamentos primários e desmatamentos de superfícies menores – por exemplo, quando os resultados de um estudo preliminar sugerissem que o projeto, nas circunstâncias locais, poderia apresentar riscos ecológicos. Num futuro próximo, a Diretiva da Comunidade Européia sobre os Estudos estratégicos de Impacto deve ser aplicada aos instrumentos de planificação ambiental.

3.3 Regulamentação da caça

A Lei Federal de Caça de 1976 e as pertinentes leis estatais têm relevância para os bosques desde o ponto de vista da gestão ecologicamente sustentável. A abundância de caça existente atualmente nos bosques alemães pode comprometer a regeneração natural – objetivo principal dos programas modernos de gestão sustentável dos bosques. Teoricamente, a Lei Federal de Caça requer a integração da preocupação pela gestão adequada e sustentável dos bosques na regulamentação da caça. Entretanto, a aplicação da lei pelos regulamentos – sobretudo no tocante à obrigação de cuidar da caça (o que se interpreta como a obrigação de lhe dar de comer durante o inverno), às épocas de caça proibida e à regulamentação do número e gênero dos animais para abater – pode entrar em conflito com o princípio de gestão ecológica sustentável dos bosques.

3.4 Planificação espacial

A Lei Federal de Ordenação do Território de 1997 e o Código Federal Urbanístico (da Construção) de 1997 exercem influência sobre a gestão dos bosques. A primeira lei estabelece princípios gerais de ordenamento do território destinados a proteger, manter e desenvolver a Natureza e a paisagem (incluídos os bosques) e a criar uma economia florestal eficaz. O Código Urbanístico protege o bosque dedicando às preocupações florestais uma "prioridade relativa". Segundo seu art. 1, V, os terrenos abundantes em bosques não devem ficar afetados por construções, salvo na medida do indispensável. E, segundo o art. 4 da lei, as autoridades florestais devem ser consultadas, e suas observações devem ser consideradas pelo Município.

3.5 Controle da contaminação atmosférica

Finalmente, a Lei Federal Contra a Contaminação, de 1976, modificada pela última vez em 2002, resulta também relevante, na medida em que tenta reduzir a contaminação do ar por substâncias que aumentam a acidez do solo, cujo desgaste, pela da perda de substâncias nutritivas devido à sua histórica exploração, é considerado como uma das causas da mortandade dos bosques.

4. Alguns problemas estratégicos

4.1 Multifuncionalidade

A concepção fundamental do direito florestal moderno na Alemanha radica na multifuncionalidade dos bosques. Acredita-se poder, apesar da existência de certos conflitos entre os distintos usos dos bosques, conseguir ao mesmo tempo um rendimento econômico sustentável, a proteção da Natureza nos bosques e uma contribuição importante às atividades recreativas da população. As medidas previstas para modificar a composição dos bosques e fazê-los mais naturais, assim como o aumento da superfície florestal sob proteção especial (reservas totais e bosques de proteção para conservação), colocam o alerta mais fortemente sobre a ecologia (uso ecologicamente sustentável, proteção da biodiversidade), mas, em princípio, mantêm a concepção da multifuncionalidade. A idéia subjacente é que o florestal e o ecológico não são extremos contrários; sobretudo, pode-se integrar a proteção da Natureza na economia florestal. Entretanto, no que diz respeito à proteção da Natureza temos propostas mais radicais, que exigem uma separação das funções econômicas, de um lado, e das ecológicas e sociais, de outro. Neste sentido, seriam estabelecidos bosques de afetação puramente econômica (silvicultura), enquanto que uma parte majoritária dos bosques deveria ser classificada como zonas de proteção total, para a proteção da biodiversidade nos bosques. Mudança tão radical da política florestal necessitaria de uma reforma fundamental da legislação florestal, à qual se opõe o setor, e que não tem muitas chances de realização.

O que daria mais esperanças e seria razoável, desde o ponto de vista ecológico, seria uma reorientação da ajuda da Comunidade Européia para a economia florestal, no sentido de abri-la às preocupações ecológicas e sociais. A idéia subjacente seria a prestação de serviços ecológicos e sociais aos cidadãos, que não são simples produtos acessórios.

4.2 Relações entre as autoridades

Outro ponto de discussão concerne às relações entre as autoridades florestais e as autoridades de proteção da Natureza. As autoridades florestais no âmbito local exercem uma função dupla: gerenciam operativamente os bosques públicos e comunais e regulam os bosques em vista das três funções florestais. Este acúmulo de competências pode causar problemas internos e externos em relação às autoridades de proteção da Natureza. Como remédio se propôs – e em alguns *Länder* já é uma realidade – uma separação da função de gestão, pelo estabelecimento de uma empresa florestal pública, da função regulamentar (que ficaria em mãos das autoridades florestais). Esta privatização funcional dos bosques públicos e comunais é controversa. Ainda que pudesse aumentar o interesse das autoridades florestais na proteção da Natureza, é suscetível de comprometer os serviços ecológicos, em outros tempos prestados gratuitamente pelas antigas autoridades florestais – ou seja, uma gestão sustentável natural, embora com um rendimento econômico inferior. Isto poderia ter como conseqüência a necessidade de reforçar a regulamentação florestal ou de aumentar a ajuda pública.

4.3 Conflitos entre gestão sustentável e funções sociais

Finalmente, podemos concluir que os conflitos entre as funções econômicas e ecológicas dos bosques, por um lado, e a função social, de outro, não estão bem resolvidos no Direito Alemão. Aquelas concernem à caça (como já mencionamos), mas também às atividades e infra-estruturas de esportes em plena neve, sobretudo nos bosques, ao redor das aglomerações urbanas e nas regiões turísticas – atividades, essas, suscetíveis, direta ou indiretamente, de atentar contra a integridade dos bosques; por exemplo, fomentando a caça.

Segundo a tradição alemã de acesso à paisagem, as leis florestais dos Estados prevêem o livre acesso do público, para recreação, por sua conta e responsabilidade, aos bosques públicos e privados. O direito de acesso dos pedestres é o mais amplo, entendendo-se concedido para todos os bosques, enquanto os ciclistas e os ginetes estão limitados às estradas e pistas florestais. As autoridades florestais têm poder para regular o acesso aos bosques e as obrigações de comportamento dos beneficiários, que são muito gerais – e, em conseqüência, pouco eficazes. Provavelmente as atividades e a infra-estrutura de recreação e esportes devem ser regulamentadas de maneira mais estrita, e as atividades mais pesadas limitadas às zonas especificamente designadas.

A idéia democrática de que os bosques devem estar abertos a todos já não é aceitável em uma realidade caracterizada pelo desfrute da Natureza dos bosques senão por sua utilização como um meio a mais para a mobilidade, a aventura e o prazer.

O PROJETO DA PONTE SOBRE O OIAPOQUE À IMAGEM DOS OBJETIVOS DE DESENVOLVIMENTO SUSTENTÁVEL*

GÉRARD MONEDIAIRE

1. Introdução. 2. O Acordo de Brasília de 5.4.2001: 2.1 Natureza e fundamento – 2.2 Conteúdo. 3. Direitos e políticas públicas profícuas em um contexto transfronteiriço: perspectiva francesa: 3.1 As políticas públicas – 3.2 Os instrumentos jurídicos existentes que servem de inspiração normativa. 4. Conclusão.

1. Introdução

Outrora resvalamos realmente na guerra? A guerra entre franceses e portugueses – e depois brasileiros – a propósito do território dito "contestado", situado entre o atual rio Oiapoque e a foz do Amazonas. Tudo resulta de uma redação equívoca do art. 8 do Tratado de Utrecht (11.4.1713), cujas interpretações permitiram às partes portuguesas e francesas reivindicar a soberania plena sobre 350.000km² de Floresta Amazônica. A querela acontece, então, em torno da localização exata do rio "de Japoc" ou "Vincent Pinçon". A parte portuguesa, e depois a brasileira, pela via da teoria da sucessão de Estado, vê aí – auxiliada pela toponímia aleatória – o Oiapoque. A parte francesa exuma velhas cartas e velhas memórias para situar o rio Vincent Pinçon – um companheiro de Cristóvão Colombo, que transitava nos locais por volta de 1500 – bem mais ao sul. Os tratados, cujos objetos eram os mais diversos, se sucedem no curso do século XVIII e no início do século XIX, evitando resolver definitivamente o litígio.

* Tradução do francês pela Dra. Simone Wolff.

O século XIX é, da mesma forma, ocupado por negociações esporádicas, coroadas por "golpes" pontuais que se hesitou chamar de reais operações militares.[1] Houve ainda recurso à perícia geográfica, enviando-se em missão o célebre M. de Humboldt em 1817. Ele elabora um estudo cujas partes serviram para extrair aquilo que acomodaria suas teses.[2] Os protestos de boa-fé recíprocos e os incidentes diversos pareciam jamais degenerar em "guerra americana" para os franceses – aliás, suficientemente ocupados em formar seu império colonial alhures. A questão poderia ter ficado "reservada" por muito tempo, mas tudo terminou por um desinteresse total da diplomacia de Paris a partir de 1867. O motivo da pacificação considera o primeiro motivo da controvérsia: é nessa data que o rio Amazonas é legalmente aberto à navegação internacional, tornando bem dispendiosa e algo derrisória a vontade de estratégia comercial e militar visando à presença francesa na foz do grande rio.

O uso e a abstenção criarão o direito e a fronteira franco-brasileira será posteriormente fixada sobre o Oiapoque na forma habitual do direito internacional público.

Sem prejuízo, todavia, da intervenção caricata de 1884, que assistiu à proclamação de uma improvável "República da Guiana Independente", tendo fixado sua Capital em Cunani.[3] Um afro-americano, o "Capitão Trajano", administrava uma comunidade de negros marrons (*noirs marrons*) que tinham fugido do Pará para se beneficiarem da

1. Cabe lembrar que os franceses foram expulsos do Rio de Janeiro pelos brasileiros ao término de um confronto que faz pensar em uma grande rixa e não na retirada da força armada Napoleônica. Estima-se que cada campo reagrupava uns quarenta soldados, o que possibilitou a Stefen Zweig falar em "combat lilliputien" (1ª ed., *Brasilien, ein Land der Zukunft*, 1941; *Brésil, pays du futur*, Paris, Ed. de l'Aube, 1992; *Brasil, País do Futuro*, Ed. Delta, 1953).
2. Cf. A. de Saint Quantin, *Guiana Francesa, seus Limites em Direção à Amazônia*, 112 pp. e mapas, novembro/1850.
3. V. a célebre obra de Bruno Fuligni, *O Estado Sou Eu – História das Monarquias Privadas, Principados de Fantasia e Outras Repúblicas Piratas*, Ed. de Paris, 1997, particularmente o Capítulo VII, pp. 133 e ss., intitulado "As Repúblicas Amazônicas". E, sobretudo, do mesmo autor, *Os Constituintes do Eldorado, ou a República de Cunani*, Bassac Plein Chant Editor, 1997. Atente-se para a inserção, na obra, de um duvidoso "*Memorandum* do Executivo Constitucional em Exílio do Estado Livre de Cunani" (não datado, mas, sem dúvida, contemporâneo), o qual dá todo espaço ao Ponto IV sobre as questões de proteção do meio ambiente e de desenvolvimento sustentável.

possibilidade abolicionista em relação à escravatura da França Republicana. Sua autoridade foi contestada por um grupo de aventureiros (ele não consegue obter das autoridades da Guiana Francesa o envio de um "capacete de cobre", que, segundo ele, teria restaurado seu prestígio). Os habitantes de Cunani rejeitavam o Brasil escravagista, e a França rejeitava os habitantes de Cunani; restou a eles a solução de erigir um Estado independente.

Os conquistadores franceses optarão por um governo reduzido: um Presidente do Conselho, um Ministro dos Trabalhos Públicos, um Ministro da Justiça (na realidade, um antigo oficial de justiça), um Ministro da Guerra (um militar aposentado), um Ministro da Instrução Pública e dos Cultos (um padre idoso, alcoólatra e libertino, anteriormente destituído por seu bispo). Encontrar-se-á um Presidente da República na pessoa de um escrevente de notário aposentado, membro do Partido Colonial Francês, que nunca colocara os pés em Cunani mas teria sido arruinado no caso.

A República se dá uma bandeira, *patchwork* das bandeiras brasileira e francesa, cria ordens e põe em circulação medalhas. Mas os compadres se desunem, apenas continua partidário da independência o padre egresso, que não pôde resistir ao retorno triunfal do Capitão Trajano. Após um episódio que presencia a intervenção de nacionais britânicos do mesmo caráter dos franceses, um antigo militar francês torna-se o segundo Presidente da República; ele assina seus decretos sob o nome indígena que adotou ("Uayana Assu"). Daí seguem-se a proclamação de uma Constituição, a edição de selos postais, modificação de bandeira. Mas uma investida em direção ao ouro brasileiro traduz-se por atos de violência em relação a Trajano e o esquecimento de Cunani.

De forma estranha, o Governo Francês, que havia anteriormente afirmado, por um comunicado ao jornal oficial, em data de 11.9.1887, que nada tinha a ver com as empreitadas em Cunani, envia, em 1895, um navio de guerra que canhoneia a costa, ocasionando, parece, muitas dezenas de mortos. Os chanceleres tomam consciência, então, de que é tempo de voltar à razão. O litígio é confiado a uma autoridade que não poderia ser mais impessoal e neutra: o Presidente da Confederação Helvética. Em 1.12.1900 a sentença foi dada em favor das pretensões do Brasil, que, seguro de seus direitos, ocupava há cinco anos o "território contestado".[4]

Assim, rapidamente foi feita justiça à história atormentada[5] dessa região, a qual, sabe-se, chega à serenidade fronteiriça no início do século XX; convém voltar-se diretamente para o século XXI, o qual verá uma obra de arte ligar materialmente a Guiana Francesa e o Brasil (o Estado do Amapá). Ao tempo das querelas (séculos XVIII e XIX) sucedeu-se assim o tempo da indiferença (século XX) e se prepara, no século XXI, o tempo da cooperação transfronteiriça: a História e a história do Direito têm esses fôlegos curtos...

Optou-se por examinar em um primeiro momento o Acordo de Brasília, fundamento do projeto de ponte (n. 2). A esse exame jurídico deverá suceder-se, em um segundo tempo, a análise das políticas públicas e dos instrumentos jurídicos invocados implicitamente pela referência feita no Acordo de Brasília ao "desenvolvimento sustentável" em um contexto transfronteiriço (n. 3).

2. O Acordo de Brasília de 5.4.2001

O acordo de Brasília não caiu do céu; ele inscreve-se em um dispositivo jurídico de cooperação internacional entre o Brasil e a França (n. 2.1). Após a exposição dessa genealogia será a vez de perscrutar o conteúdo do instrumento de Direito Internacional (n. 2.2).

---

4. A historiografia francesa tem a tendência de apresentar esse tipo de aventura equinocial sob o ângulo da pirataria. Quanto à historiografia sul-americana, ela revela, nesse caso, tentativas tramadas pelos Serviços Secretos, apoiando-se, por exemplo, sobre certos aspectos da aventura extravagante de um escrevente de notário do Périgord, Antoine de Tounens, feito (inacreditável) Rei de Araucanie e de Patagônia (morto na França em 1878, ele antes havia imposto aos Ameríndios a forma da Monarquia Constitucional, e sua pessoa como sendo o Rei, sob o nome de "Orélie-Antoine I"). Os franceses não foram exclusivos nesse tipo de extravagância: cf. Márcio Souza, *O Imperador da Amazônia*, Edição Métailié, 1998, a propósito de um pitoresco Luiz Galvez Rodrigues de Ária, que optará pela instituição de um Império. Igualmente, com relação a esse último: Léandro Tocantins, *Formação Histórica do Acre*.

5. Igualmente, de uma certa forma foi feita justiça à história do Direito, caso se pretenda lembrar da República de Cunani, da categoria descoberta por Jean Carbonnier, aquela dos "loucos do Direito"... (in *Flexible Droit – Textes pour une Sociologie du Droit sans Rigueur*, LGDJ, 1971, pp. 242 e ss.).

2.1 Natureza e fundamento

Literalmente "acordo", e não "tratado" ou "convenção internacional". De resto, a ausência de formalismo que caracteriza o direito dos tratados internacionais foi reconhecida pela Corte Internacional de Justiça em 1994,[6] quando ela assinalou que "um acordo internacional pode assumir formas variadas e apresentar-se sob denominações diversas". No presente caso, o extrato dos compromissos recíprocos dos dois Estados, o qual havia sido assinado pelos respectivos Ministros das Relações Exteriores, foi considerado como sendo um tratado em boa e devida forma.

Esse é exatamente o caso do Acordo concluído entre os Governos da República Francesa e da República Federativa do Brasil, assinado de um lado pelo Ministro Francês das Relações Exteriores e do outro pelo Ministro das Relações Exteriores Brasileiro.

Indubitavelmente, trata-se, também, de um acordo em forma simplificada,[7] o qual não foi submetido na França ao procedimento de ratificação presidencial (art. 52 da Constituição) mesmo que tenha sido possível, em consideração à evidência de que o projeto de ponte terá incidências sobre as finanças do Estado (art. 53 da Constituição), submetê-lo à deliberação do Parlamento. Escolheu-se o caminho mais curto, sem que ninguém, aparentemente, se ofendesse, introduzindo-se o Acordo no Direito interno, sem dúvida com autoridade superior àquela da lei, por meio de um decreto assinado pelo Presidente da República, pelo Primeiro Ministro e Ministro das Relações Exteriores.[8]

O Acordo de Brasília encontra seu fundamento no Acordo-Quadro de Cooperação entre o Governo da República Francesa e o

---

6. Corte Internacional de Justiça (CIJ), decisão de 1.7.1994, caso sobre a delimitação marítima e das questões territoriais entre Quatar e Bahrein, *Coletânea CIJ*, p. 120.
7. Pierre Marie Dupuy, *Direito Internacional Público*, 4ª ed., Dalloz, 1998, n. 246.
8. Decreto 2002-1.258, de 9.10.2002, dando publicidade ao Acordo entre o Governo da República Francesa e o Governo da República Federativa do Brasil relativo ao projeto de construção de uma ponte sobre o rio Oiapoque, assinado em Brasília em 5.4.2001 (*Jornal Oficial* de 18.10.2002). O Acordo entrou em vigor em 1.9.2002.

Governo da República Federativa do Brasil, assinado em Paris em 28.5.1996.[9] O Acordo-Quadro de Cooperação de Paris visa, de maneira geral, nos termos de seu art. 1, a "dar um novo impulso" às relações bilaterais. Segue-se a ele a adoção de um dispositivo bastante completo, o qual institui uma comissão geral franco-brasileira, uma comissão científica e técnica, uma comissão cultural e lingüística e uma comissão econômica. Cada uma se reúne a cada dois anos, alternadamente no Brasil e na França. Com relação aos presentes comentários, são eles parte dos motivos para a adoção do Acordo, bem como seu art. 6, os quais apresentam, aqui, interesse direto.[10] Assim, analisando-se os motivos para a adoção do Acordo, a nova parceria deve traduzir-se pela intensificação da cooperação "no domínio econômico, cultural, cientifico e técnico, bem como em todo novo setor de interesse comum".

Permite-se colocar, a título heurístico, as questões de meio ambiente e de desenvolvimento sustentável – que não aparecem *expressis verbis* no texto – no âmbito dos "novos setores de interesse comum". Além disso, a 5ª alínea das "razões" afirma a intenção das Partes de "desenvolver suas relações de boa vizinhança na zona fronteiriça situada dos dois lados de sua fronteira comum". Esse objetivo parece suficientemente importante para que o art. 6 do Acordo seja exclusivamente dedicado a ele. Ele adota o princípio das consultas anuais (ora no Brasil, ora na França) a fim de "favorecer a cooperação transfronteiriça em todos os campos de interesse comum".

Uma menção particular visa ainda à obrigação de examinar os "projetos desenvolvidos pelas coletividades locais dos dois países, no contexto das legislações nacionais". Ficou previsto que representantes das autoridades locais possam estar associados aos trabalhos do "grupo de consultas", devendo-se assinalar o caráter mais informal que aqueles das comissões geral ou temáticas – o que não é, necessariamente, na prática, um obstáculo à sua eficácia.

---

9. Cf. o Decreto 97-764, de 15.7.1997, dando publicação ao Acordo de Paris (*Jornal Oficial* de 21.7.1997). O Acordo de Paris passou a vigorar em 1.4.1997.

10. Deve-se assinalar, contudo, a insistência que aparece no Acordo (nas razões) sobre a dependência da França à União Européia e do Brasil ao Mercosul; duas instâncias que desenvolvem um "diálogo cada vez mais estreito".

2.2 Conteúdo

As razões do Acordo de Brasília merecem atenção. Mesmo que sucintas (três alíneas), e talvez por causa dessa concisão, as razões colocam fortemente em relevo as duas preocupações maiores que dão sentido ao dispositivo. Trata-se da abordagem "transfronteiriça", por um lado, e do "desenvolvimento sustentável", por outro. A "parceria bilateral" é assentada como um instrumento para se perseguir os objetivos do Acordo, não sendo limitada ao projeto de ponte; deve ela "encorajar em todas as esferas as relações transfronteiriças bilaterais".

Não se terá muita dificuldade para descobrir em tais razões o vestígio daquilo que Edgar Morin qualificou como "pensamento ecologizado", posto que a noção de "desenvolvimento sustentável" e a atitude visando a privilegiar a realidade material dos conjuntos ecológicos além das fronteiras estatais ou administrativas são, dentre outras atitudes, fundadoras desse pensamento ecologizado.

O Acordo tem uma dimensão institucional, tornada necessária por seu objeto material ("construir uma ponte internacional sobre o Oiapoque, ligando a Guiana Francesa e o Amapá" – art. 1). Uma comissão bilateral é então criada (art. 2), "a fim de proceder ao exame das questões que têm relação com a construção e a exploração dessa obra" (art. 1). A composição da comissão bilateral dá espaço às autoridades nacionais respectivas (um representante de cada um dos Ministérios competentes nos dois Governos) e às autoridades locais ("representantes da Guiana Francesa e do Estado do Amapá"). Notar-se-á que as instâncias de base dos dois países não têm seu número de representantes fixado pelo Acordo (número que pode, portanto, para cada Estado-parte, ser superior a um) – o que pode ser interpretado como uma vontade de associar estreitamente os interessados mais diretamente atingidos pelo projeto à sua elaboração e realização. Para finalizar, desde o art. 1 estabeleceu-se que as Partes, em suas ações de exame das questões úteis, deveriam trabalhar "em associação com suas autoridades locais respectivas".

O § 2 do art. 2 indica que cada Parte designará um chefe de delegação; a designação deverá ser notificada à outra parte. Nada impede, em termos jurídicos, que o chefe da delegação surja de uma legitimidade local. Uma vez designados, incumbe aos dois chefes de delegação estabelecer o regulamento interno da comissão.

O art. 4 trata das questões financeiras, de maneira bastante clássica. Assim, sob reserva da disponibilidade de recursos financeiros, cada Parte assume as despesas correspondentes à sua representação no âmbito da comissão bilateral, e o custo dos estudos necessários (detalhados no art. 3) é dividido entre as duas Partes sobre uma base rigorosamente paritária. É expressamente previsto que o financiamento desses estudos pode ser obtido junto a agências internacionais de crédito. É, aliás, o art. 3 que define o perímetro do projeto; nesse aspecto, ele apresenta um interesse crucial.[11]

A comissão vê sua missão estabelecida: trata-se, para ela, de "preparar as decisões dos dois Governos relativas ao projeto". Nessa perspectiva, duas fases principais formam o procedimento, essas dividindo-se cada uma em duas subfases.

A escolha do local de realização da obra é objeto da primeira fase. É interessante observar que o método adotado não faz dessa necessidade uma simples operação técnica. De fato, e conforme o título do Acordo ("projeto de construção"), uma primeira subfase é, de certa maneira, dedicada ao aprofundamento da análise da oportunidade do projeto.[12] Ficará, então, sob o encargo da comissão bilateral "reunir os dados disponíveis", definir e depois financiar os "estudos suplementares necessários". Esses dados devem apoiar-se sobre três categorias de variáveis; trata-se de aspectos técnicos, econômicos e financeiros e ambientais. Deve-se, todavia, registrar que os elementos de conhecimento existentes ou a serem criados são categoricamente ligados à "obra" – a saber, a ponte.[13]

Após essa primeira fase relativa ao exame esclarecedor da oportunidade da criação da ponte (que, pela lógica, mesmo sendo essa hipótese pouco plausível, poderia concluir-se pela inoportunidade dessa), vem o momento do análise da exeqüibilidade[14] do projeto. Indicou-se que será missão da comissão bilateral "propor um local e as modalidades técnicas, administrativas e financeiras de realização e

11. O quinto e último artigo é clássico (notificações recíprocas dos instrumentos nacionais em vigor; data de entrada em vigor; possibilidade de denúncia a qualquer momento por aviso prévio escrito e notificado com seis meses de antecedência).
12. Alínea "a" do art. 3.
13. Conforme infra, a crítica desse aspecto é reducionista.
14. Alínea "b" do art. 3.

exploração da obra" sobre a base de estudos feitos ou empreendimentos desenvolvidos a contento precedentemente.

Assim, entrar-se-á em uma fase de antecipação, de caráter realmente pré-operacional. Tratar-se-á,[15] "a pedido das duas Partes" – o que implica, aqui, um enfraquecimento da comissão em benefício dos Governos –, de propor a esses "os termos de um engajamento internacional assentado especialmente sobre a definição da obra, o controle da obra, as modalidades de financiamento e de exploração da obra".

Em seguida, e por último,[16] chegar-se-á, ainda pela iniciativa das duas Partes, à proposição, pela comissão, dos termos de chamamento para licitação internacional, baseados especialmente sobre a definição dos trabalhos a realizar e sobre o procedimento de escolha das empresas encarregadas de sua realização.

3. Direitos e políticas públicas profícuas em um contexto transfronteiriço: perspectiva francesa

As políticas públicas são de geometria variável. Ora fortemente fundadas sobre bases jurídicas, ora fragilmente articuladas em um direito volátil.

O essencial é a vontade, no que respeita ao objetivo, e a disposição para financiamentos adequados, principalmente porque, em um contexto transfronteiriço e na perspectiva de satisfação dos objetivos de desenvolvimento sustentável, os atores são postos sob o desafio de imaginar, além da compatibilidade das diferentes políticas públicas úteis, a sinergia entre elas, partindo de fundamentos jurídicos e de meios institucionais próprios a cada um dos Estados considerados (Ponto 1). No entanto, a autonomia das categorias, prevalecente entre Política Pública e Direito, não deve, de modo algum, levar a se minorar a importância dos instrumentos jurídicos, que, precisamente, têm a vantagem decisiva de outorgar direitos. Nesse aspecto é possível expor, de agora em diante, uma recapitulação de instrumentos e procedimentos jurídicos que têm vocação, se não para sempre serem aplicados, ao menos para inspirar os dispositivos jurídicos que deverão ser instituídos (Ponto 2).

---

15. Alínea "c" do art. 3.
16. Alínea "d" do art. 3.

3.1 As políticas públicas

(a) É manifesto, pelo menos *a priori*, que existe um forte diferencial entre as políticas públicas conduzidas no Estado do Amapá e na Guiana Francesa com relação ao desenvolvimento sustentável. Esse diferencial beneficia o Amapá.[17]

Ele se exprime em particular por meio do "Programa de Desenvolvimento Sustentável do Estado do Amapá – Brasil", elaborado em 1994 sob o comando do governador João Alberto Capiberibe.[18] Esse Programa suscitou um verdadeiro interesse na França, notadamente pela participação da ONG "4D" (Dossiês e Debates para um Desenvolvimento Sustentável).[19]

Segundo o governador Capiberibe, trata-se de "um projeto concreto de política pública"[20] fundado sobre a Agenda 21, a Conferên-

---

17. É necessário levar em consideração o fato de que, hoje, J. A. Capiberibe, eleito senador, não detém mais responsabilidades à frente do governo do Amapá. Além disso, seu antigo partido (Partido dos Trabalhadores) foi afastado do poder no Amapá nas últimas eleições (2002). Considerando-se a prática brasileira do *spoil system* nesses casos, nada permite afirmar que a nova equipe queira dar continuidade ao Programa de Desenvolvimento Sustentável.

18. O Amapá, antes "Território Federal", alçou o *status* de Estado Federado graças ao art. 14 do ADCT anexado à Constituição da República Federativa do Brasil de 1988.

19. Conforme balanço das quartas-feiras da 4D, "O Programa de Desenvolvimento Sustentável do Estado do Amapá – Brasil", *Caderno de Documentação* 33, novembro-dezembro/1999, 14 pp. (balanço de debate organizado com a presença do governador Capiberibe). Igualmente: encontro-debate organizado em 7.4.2003 sobre o tema "Políticas de Desenvolvimento Sustentável, o exemplo do Amapá", a partir de uma conferência de Manoel Cabral de Castro, antigo Secretário de Estado para a Ciência e Tecnologia do Estado do Amapá. Também in *Le Monde* de 8.1.2000: "A Amazônia Brasileira engaja-se no desenvolvimento sustentável" (p. 2). O artigo diz respeito aos Estados do Amapá e do Acre. No Estado do Acre é que foi assassinado, a mando de latifundiários, Chico Mendes, líder sindical dos seringueiros. Enfim, diversas contribuições de Alain e Françoise Ruellan, *O Desenvolvimento Sustentável no Amapá – Brasil*, 1999, 92 pp.; *O Amapá, um Norte para o Brasil – Entrevistas com João Alberto Capiberibe*, trad. de A. e F. Ruellan, 2001, 80 pp.; A. e F. Ruellan, *Sete Anos de Desenvolvimento Sustentável na Amazônia: o Exemplo do Amapá*, 2002, 44 pp. Além disso, uma exposição itinerante foi proposta (12 painéis).

20. Balanço da 4D, "O Programa de Desenvolvimento Sustentável ...", *Caderno de Documentação* 33, 1999, supracitado. Segundo o Governador, a implementação do Programa foi em parte enriquecida dos frutos de uma cooperação informal entre autoridades do Amapá, de um lado, e ONGs e cientistas franceses, de outro.

cia do Rio e as Conferências das Nações Unidas sobre Desenvolvimento. Os célebres "pilares" do desenvolvimento sustentável estão todos presentes na estratégia, apoiados em alguns temas sobre a edição de leis – por exemplo, biodiversidade no contexto da Floresta Amazônica.

É interessante observar, no contexto do presente estudo, o interesse que o Estado do Amapá manifesta em relação à cooperação internacional direcionada para a Guiana Francesa. A constatação é pouco esplendorosa, segundo o governador "Capi": o deslocamento Paris/São Paulo não necessita de visto, mas este é exigido de Caiena a Macapá (Capital do Amapá); até 1998 um documento postado em Macapá com destino a Caiena passava por São Paulo, depois Paris, antes de chegar a Caiena; um chamado telefônico por satélite feito de Macapá para Caiena necessita, pelo menos, a mobilização de cinco satélites... As autoridades do Amapá optaram claramente por uma cooperação prioritária (mas, obviamente, não exclusivista) com a Guiana Francesa.[21]

Desde então, existem inúmeras ações de cooperação mais ou menos institucionalizadas.[22] O representante do Amapá em Brasília, Tomas Togni Tarquínio, resume a orientação principal adotada, indicando que "é surpreendente que em uma época onde todos os Estados da Amazônia tinham a atenção voltada para o Sul porque era onde se encontravam as riquezas, o Governador tenha sabido voltar seu olhar para o Norte, quer dizer para a Guiana, e conscientizar-se das redes de proximidade do Amapá tanto com a Europa quanto com os Estados Unidos".[23]

---

21. O Governador menciona que a França concede financiamentos ao Amapá por intermédio da Agência Francesa de Desenvolvimento (balanço da 4D, "O Programa de Desenvolvimento Sustentável...", *Caderno de Documentação* 33, supracitado).

22. Podem ser encontrados os ecos dessa cooperação na imprensa guianense geral (*France Guyane*) ou especializada (v. *O Desenvolvimento*, revista da CCI da Guiana, janeiro/2001, em relação ao Equinócio 2000, salão dos profissionais da madeira ocorrido em Macapá, e o *Relatório Anual 2000-2001* da União das Empresas da Guiana – MEDEF-CGPME, cujo Ponto 9 é consagrado à "cooperação transfronteiriça". O *Relatório* aponta a ausência de um Consulado Francês em Macapá – fato deplorado pelos empresários brasileiros).

23. Balanço da 4D, "O Programa de Desenvolvimento Sustentável...", *Caderno de Documentação* 33, supracitado. A proximidade com a Comunidade Européia

Com certeza, esta não é a ocasião para analisar em detalhes os procedimentos de elaboração, o conteúdo e os efeitos do Programa de Desenvolvimento Sustentável do Amapá. Este deve ser entendido na qualidade de sintoma: o fato de levarem-se a sério, na qualidade de política pública global, os objetivos do desenvolvimento sustentável. Apenas nesse aspecto, sua quase uma década de existência deve ser sinceramente enaltecida.

Infelizmente não é possível apresentar-se uma concepção tão lisonjeira no que respeita à Guiana Francesa. As razões são, sem dúvida, múltiplas, e parece, aliás, que as autoridades, tanto metropolitanas quanto da Guiana, tenham tentado remediar uma situação de "atraso" julgada de maneira consensual como insubsistente, tanto no plano endógeno (a questão do desenvolvimento sustentável da Guiana) quanto no plano exógeno (o problema de uma cooperação transfronteiriça marcada por muito grande assimetria em relação às políticas respectivas de desenvolvimento sustentável).

É forçoso assinalar – sem entrar, todavia, em detalhes de demonstrações – as principais variáveis que embaraçam atualmente a formalização de um plano de desenvolvimento sustentável na Guiana Francesa, sem, contudo, evidentemente, torná-lo impossível para um futuro próximo, caso a oportunidade apareça.

tem efeitos concretos, por exemplo considerando-se o Regulamento (CE) 2.494/2000 do Parlamento Europeu e do Conselho de 7.11.2000, relativo às medidas com vistas a promover a conservação e a gestão sustentável das florestas tropicais e de outras florestas nos países em desenvolvimento (*JOCE L* 15.11.2000). Segundo o art. 8 do Regulamento, a rubrica financeira para o período de 2000-2006 é fixada em 249 milhões de Euros. Além disso, um perito permanente financiado pela União Européia foi colocado à disposição do Brasil para analisar a recepção jurídica possível do instrumento francês do Parque Natural Regional (Código do Meio Ambiente, arts. L 333-1 e ss.), o qual antecipou amplamente a noção de *desenvolvimento sustentável* (intervenção de H. Théry – Escola Normal Superior, conforme balanço da 4D, "O Programa de Desenvolvimento Sustentável ...", *Caderno de Documentação* 33, supramencionado). Nesse aspecto, é sem dúvida lastimável que o Tratado de Cooperação Amazônica, assinado em Brasília em 3.7.1978 (Estados-Partes: Bolívia, Brasil, Colômbia, Equador, Guiana, Peru, Suriname e Venezuela), determine, em seu art. 27, que o Tratado não será aberto a adesões – o que exclui a participação da França e, pois, da Comunidade Européia, via Guiana, no instrumento de Direito Internacional. É possível que o antigo temor recorrente de uma "internacionalização da Amazônia" possa explicar a barreira imposta pelo art. 27; a Guiana Francesa é percebida como um eventual "cavalo-de-Tróia". É possível também que essa reticência tenha sido resultante de uma total indiferença da França em relação à Floresta Amazônica em 1978.

Trata-se, em um primeiro momento, das incertezas que pesam atualmente sobre as formas institucionais gerais das diferentes existências do império francês, sob a qualificação de Departamentos e Territórios Ultramar.

É certo que a lei de orientação, de 13.12.2000, para o Ultramar[24] não hesita, desde seu art. 1º, em proclamar que ela objetiva "promover o desenvolvimento sustentável".[25] Em especial, esperanças concretas de crescimento da capacidade de autonomia dos DOMs[26] surgiram como resultado de uma rápida leitura do Título V da lei, intitulado "Da Ação Internacional de Guadalupe, da Guiana, da Martinica e da Reunião no seu Ambiente Regional".[27] Ora, uma leitura jurídica, que nunca é rápida, esclarece como a vontade do legislador de modificar o antigo regime conjugou-se com uma reticência à mudança efetiva. Não é impossível imaginar que o temor de uma censura do Conselho Constitucional tenha tido um papel preponderante no caso.

Finalmente, segundo os juristas mais qualificados na matéria,[28] no estado atual do direito constitucional de um país como a França,

---

24. Lei 2000-1.207, de 13.12.2000, de orientação para os Departamentos de Ultramar, *Jornal Oficial* de 14.12.2000.
25. Aliás, o art. 49 da lei introduz um art. L 4.433-7 ao Código-Geral das Coletividades Territoriais, que confia aos Conselhos Regionais de Guadalupe, da Martinica, da Reunião e da Guiana o cuidado de adotar um esquema de ordenamento, inspirado no esquema de coerência territorial de direito comum do direito urbanístico. Esse esquema de ordenamento – aliás, muito mal-denominado – deve fixar "as orientações fundamentais a médio prazo em matéria de desenvolvimento sustentável, de valorização do território e de proteção do meio ambiente".
26. **Nota da Tradutora:** DOM = *Département d'Outre-Mer* (Departamento de Ultramar).
27. Esse Título V é composto pelos arts. 42 e 43. Ele cria e amplia vários artigos do Código-Geral das Coletividades Territoriais.
28. Cf. Olivier Gohin, "A ação internacional do Estado de Ultramar", *AJDA* 20.5.2001, pp. 438 e ss. O autor estabelece uma distinção entre a associação-projeto e a associação-serviço. Trata-se sempre da associação do Departamento ou da Região Ultramar à ação internacional do Estado. Mas a associação-lucro é essencialmente inspirada pelos interesses da coletividade territorial, a associação-serviço pelos interesses do Estado. É possível defender-se que o Acordo de Brasília de 5.4.2001 entre no contexto da associação-lucro. De maneira geral, nota-se na França um incremento do interesse pelos problemas ultramares. V. os n. 143-144 do *Ordenamento e Natureza* (2002), intitulado "Os Ultramares entre Descentralização, Integração Européia e Mundialização". A Guiana está direta ou indiretamente envolvida na maior parte

descentralizado[29] mas inserido em um contexto que permanece fundamentalmente unitário, pouco é de se esperar que se atribua confiança às coletividades de Ultramar no que respeita às competências em matéria de "política estrangeira". Assim, existe aí um obstáculo invencível para as futuras ações de cooperação entre o Amapá e a Guiana, não se podendo evitar a assimetria das competências conservadas pelos negociadores das duas entidades territoriais: Federação, de um lado do Oiapoque; coletividade descentralizada possuidora de um estatuto específico, de outro.

As outras grandes dificuldades são, cada uma, muito complexas no plano jurídico para que possamos, aqui, de maneira racional, ir além de sua enumeração – de resto, não-exaustiva.

Não se pode, todavia, esquecer da importância para um programa como esse, relativo à transposição do Oiapoque, das questões fundiárias,[30] de caça,[31] das populações indígenas, cujas diferentes etnias podem totalizar 2.500 indivíduos.[32] Enfim, uma questão pungente com-

das contribuições. Pode-se ler (pp. 111 e ss.) um balanço interessante da experiência de um antigo subprefeito de Saint Laurent du Maroni.
29. Entende-se que a descentralização é sempre analisada na qualidade de modalidade de abrandamento do princípio político fundador do Estado Unitário, que corresponde à centralização.
30. 98% do Território da Guiana são de propriedade do Estado, na forma de domínio privado. Esse é o caso da zona Regina-Saint Georges de l'Oyapock. V. *Le Monde* de 25.9.1998, "O Governo tenta liquidar a herança colonial da Guiana"; *O Monitor dos Trabalhos Públicos*, 28.12.2001, "A Guiana se empenha em sua primeira reforma fundiária" (com relação à criação, em 1996, do Estabelecimento Público de Ordenamento da Guiana – EPAG).
31. Nenhuma permissão de caça foi dada na Guiana. Há, todavia, regulamentações para a caça de certas espécies protegidas por razões ecológicas. O setor de Saint Georges não foi atingido por essas regulamentações (cf. *Le Figaro Magazine* de 25.11.2000, "Guiana: a caça aos caçadores ilegais foi aberta", J. L. Thabor; *Le Monde* de 10.1.2001, "A despeito de regulamentação, a caça na Guiana ameaça as espécies raras", Stéphane Urbajtel).
32. Não há correlação entre o tratamento jurídico dos ameríndios "brasileiros" e "franceses". A Constituição Brasileira de 1988 consagra os arts. 231 e 232 (Capítulo VIII do Título VIII) aos "Índios". A proteção dos direitos indígenas aparece, além disso, em oito outros artigos da Norma Fundamental da República Federal. Em compensação, a República unitária Francesa apenas reconhece cidadãos abstratamente idênticos: assim, nenhum regime que estabeleça diferenças é constitucionalmente possível. Contudo, mas simplesmente no âmbito legislativo, a lei de orientação de 2000 (conforme supra) introduz elementos de consideração da realidade da existência de indígenas na França. Cf. Irma Arnoux, "Os Ameríndios no Departa-

promete grandemente a transformação da floresta guianesa: trata-se da real incompatibilidade entre as indústrias extrativistas (particularmente do ouro, e talvez, em breve, do diamante) e o projeto, verdadeiro quebra-cabeça desde 1992, do Parque Nacional da Floresta Tropical. Esse é um autêntico impasse, que expressa a extrema dificuldade de se decidir, na essência, sobre elementos que vão desde as incertezas até a contrariedade ou incompatibilidade.[33]

Em um sistema de contrariedades como esse, não podemos invejar as responsabilidades do Estado Francês nem das autoridades eleitas da Guiana, que não permanecem, de forma alguma, inertes. As preocupações da Metrópole manifestam-se pela condução de diferentes pesquisas dando ensejo a publicações.[34]

mento da Guiana: problemas jurídicos e políticos", *Revista de Direito Público e de Ciência Política* 6/1.615 e ss., LGDJ, 1996. Igualmente, *Le Monde* de 16.1.1999, "Os índios da República", Simone Dreyfus Gamelou; *L'Ecologiste* 4, n. 2, junho/2003, "Guiana: devolver a floresta aos índios", Thierry Sallantin. Para uma abordagem mais global: Claudi R. Cròs, *A Civilização Amerígena*, PUF/Que Sais-Je?, n. 2.994, 1995. As populações ameríndias situadas na zona de Saint Georges de l'Oyapock são da etnia Palikur.

33. Seria muito extenso enumerar os elementos de fato e de direito probatórios. A imprensa francesa nacional e regional se ocupa do caso, bem como inúmeras contribuições da edição jurídica. É patente que as contradições remetem constantemente aos pilares do desenvolvimento sustentável (eficácia econômica, proteção do meio ambiente, eqüidade social, respeito às culturas). O interesse dos juristas do meio ambiente pela região planetária em causa é antigo. V. a *Revista Jurídica do Meio Ambiente*, "Direito do meio ambiente na América Tropical", edição extra de 1994. E, antes dessa edição, em 1991, a Sociedade Francesa para o Direito do Meio Ambiente elaborou um estudo encomendado pelo Ministério do Meio Ambiente, *O Direito do Meio Ambiente nos Departamentos de Ultramar*, sob a direção de J.C. Douence. Outros juristas contribuíram recentemente com obras particularmente férteis: cf. Didier Peyrat, *O Juiz e o Local – Ensaio sobre a Necessidade do Direito na Guiana*, "Prefácio" de Ch. Taubira Delannon, deputado, Ibis Rouge Edições, 1999. Também *O Acesso ao Direito na Guiana*, coord. por Didier Peyrat e Marie Alice Gougis-Chowchine, "Prefácio" de Antoine Garapon, Ibis Rouge Edições, 1998. Igualmente, várias referências no artigo do professor Olivier Gohin, "A ação internacional do Estado de Ultramar", *AJDA* 20.5.2001, supramencionado.

34. Publicações, na realidade, numerosas. De se citar: relatório MM. Claire Lise e Michel Tamaya ao Primeiro Ministro, *Os Departamentos de Ultramar nos Dias de Hoje: a Via da Responsabilidade*, 1998; *Ultramar: os Desafios das Singularidades*, A Documentação Francesa, 1993, sob a presidência de Gérard Belorgey; relatório M. J. F. Merle ao Secretário de Estado Ultramar, *Guiana 1997: Verificações e Proposições*, A Documentação Francesa, 1998. Pode-se fazer o paralelo de algumas fontes, *Metropolitanos* 19 (maio/2003), do CNES – Magazine, órgão do Centro

Paralelamente, devemos colocar em evidência as iniciativas, também bastante numerosas, oriundas da sociedade civil e de instituições da Guiana. Assim, representantes da Guiana estavam presentes na Rio + 10 (Joanesburgo 2002). Um conselheiro regional, Presidente do Parque Natural da Guiana, interveio na oficina "Sensibilizar e Formar a Sociedade Civil para o Desenvolvimento Sustentável, Prelúdio à Ação", dos Encontros Nacionais de Angers, dos dias 13 e 14.11.2002, consagrados ao "Após Joanesburgo".

Deve-se também saudar a edição do *Guia Permanente das Publicações Guianesas 1999-2000*, publicação extra de *Natureza Guianesa*: tem-se, aí, uma mina de fontes diversas e indispensáveis.[35] Enfim, não se poderia esquecer do *Livro Branco do Desenvolvimento Sustentável da Guiana*, da Comissão Guiana-Joanesburgo 2002 (71 pp.), cujo "Prefácio", de M. Antoine Karam, Presidente da Região, indica expressamente que, "da mesma forma, na ocasião de uma segunda etapa, o Conselho Regional tem intenção de explorar as constatações e as recomendações do *Livro Branco* com vistas ao estabelecimento de uma Agenda 21 local".[36]

Finalmente, com uma diferença cronológica em conseqüência das histórias singulares das entidades territoriais situadas de um lado e do outro do Oiapoque, as autoridades franco-guianenses bem como

Nacional de Estudos Espaciais, cuja Base de Kourou tem uma importância capital: o tema da edição é consagrado ao "Desenvolvimento sustentável, do local ao global". Existe também um fluxo contínuo de relatórios, estudos setoriais encomendados por diferentes Administrações desconcentradas (exemplo: Ministério do Trabalho, *Dispositivo Permanente de Luta contra o Analfabetismo na Guiana: Formação de Base e Cidadania*, 2000); e o resultado de diferentes missões parlamentares (exemplo: Senado, *Relatório de Informação n. 246 – Comissão das Relações Sociais, Estudo da Situação Sanitária e Social da Guiana*, senador Jean Delaneau, 2000). Enfim, a maioria dos grandes organismos de pesquisas franceses está presente na Guiana, com investimentos variados.
35. O *Guia* foi adotado sob a autoridade de Pascal Gombauld e Claude Suzanon – muito envolvidos no movimento associativo –, tendo sido prefaciado por Denis Girou, Delegado Regional para a Pesquisa e a Tecnologia da Guiana. O *Guia* compreende 465 itens, uma lista de revistas úteis, uma base de dados Internet.
36. De se anotar, igualmente, o número de janeiro/2003 dos *Ecos Larejyon*, carta de informação da Região Guiana, essencialmente consagrada à "Pesquisa Propulsora do Desenvolvimento Sustentável". O presidente Henri Claude Dede insiste sobre a necessidade de engajar o mais rapidamente possível o processo de criação de um pólo universitário na Guiana.

as do Amapá podem beneficiar-se da existência proclamada de um paradigma comum: o do *desenvolvimento sustentável,* o qual poderia encontrar um campo de aplicação em relação ao projeto de ponte sobre o Oiapoque.

(b) Mas sabe-se que o distanciamento é grande entre a consagração formal do desenvolvimento sustentável e a efetividade de sua aplicação. E é verdade que a complexidade e a intensidade extremas dos problemas vividos pela Guiana deixam, muito normalmente, entrever as reais dificuldades.

Reflita-se um pouco, caso se pretenda considerar que o projeto vai, de fato, muito além de uma simples operação de Engenharia Civil, para se apresentar na qualidade de estratégia de ordenamento (sustentável) do território em um contexto transfronteiriço. É, então, em direção ao tema da governança que se deve voltar, para conciliar – colocar em sinergia – um programa coerente com os objetivos do desenvolvimento sustentável que escapa da opressão "da grande farsa do *desenvolvimento sustentável.com*".[37]

Devem, aqui, ser considerados com cuidadoso interesse dois pilares da governança. Trata-se, de um lado, da participação do público e, de outro, da integração das políticas públicas. Com relação a esse último,[38] deve-se estar consciente de que o caráter estruturante do projeto de ponte invoca numerosas esferas setoriais.[39] Ainda que examinadas de maneira não-exaustiva, encontram-se de fato questões de infra-estrutura rodoviária; de direito fundiário; de planejamento urbano e de ordenamento do território; de turismo; de agricultura e silvicultura; de caça; de meio ambiente sob o título de poluições e proteções diversas; de segurança pública e de aduanas; de indústria – notadamente sob seu aspecto de mineração – e de transportes; de gestão dos resíduos e da água; de paisagens; de serviços públicos sanitários, sociais, escolares, culturais ... *ad libitum.* E isso – repete-se, aqui – em um contexto transfronteiriço no qual é notório que existem,

---

37. Cf. Corinne Lepage, "Ecologia: a revolução ou a morte", *Le Monde* de 15.8.2003 (Corinne Lepage foi Ministra do Meio Ambiente).
38. A questão da participação do público não será abordada nesta ocasião, por falta de espaço. Ela deve ser examinada em vista da Convenção de Aarhus de 1998 (cf. a *Revista Jurídica do Meio Ambiente,* número especial, 1999).
39. Da mesma forma com a parte brasileira, conforme relata o jornal *O Globo.*

além dos esforços dos Poderes Públicos, "zonas de não-direito",[40] o que expande o campo de reflexão àquele dos direitos do homem.

Com relação às dificuldades concernentes à instituição do Parque Nacional (ao mesmo tempo em que – e isto deve ser assinalado – o Amapá classificou sua fronteira com a Guiana como zona protegida), um deputado da Guiana insiste em que "existe igualmente um problema de coerência entre as políticas públicas quer se trate da gestão da floresta pelo Ofício Nacional das Florestas, da atribuição de títulos minerários pela Direção Regional da Indústria, Pesquisa e Meio Ambiente ou da gestão do patrimônio florestal pela Direção Regional do Meio Ambiente".[41]

Na verdade, essa ausência de coordenação está longe de ser o apanágio da Guiana; no entanto, nesse Departamento de Ultramar tal realidade é patente. Trata-se, então, de impor a necessidade de implementação das políticas públicas, notadamente por meio da recepção dos objetivos ambientais no conjunto das outras políticas públicas. O fundamento jurídico existe: ele aparece expressamente no art. 6 do Tratado instituindo a Comunidade Européia.[42]

---

40. Cf. *Le Monde* de 15.12.2000, "Um relatório destaca os desvios da atividade aurífera na Guiana: trabalho clandestino ..."; de 7.7.2001, "Para o ouro de Maripasoula – Passagens ao tabaco, manifestações, mortes, torturas ..." (pp. 10-11), e "Lei da selva na Guiana" (p. 13); *O Mundo Diplomático*, fevereiro/2001, "Ouro sangue *versus* ouro verde na Guiana Francesa", pp. 10-11.
41. Balanço da associação 4D, "A ação internacional do Estado de Ultramar", *AJDA* 20.5.2001, supramencionado. A hipótese da criação de um parque transfronteiriço deveria ser examinada, na oportunidade, de maneira progressiva. Não se trataria de uma inovação radical: v., por exemplo, os parques franceses e espanhóis contínuos nos Pirineus.
42. Há uma reforma constitucional em curso na França que visa a proclamar na esfera da Norma Fundamental o direito ao meio ambiente, em seguida remeter o enunciado da substância desse direito do homem a uma Carta do Meio Ambiente. Nessa reforma prevê-se o princípio da integração, atualmente ausente das normas de direito positivo legislativo, tal como enunciadas no art. L 110-1-I do Código do Meio Ambiente. Além disso, há instrumentos procedimentais servindo de meios de integração das políticas públicas – integração, essa, constitutiva do desenvolvimento sustentável. Alguns desses instrumentos dizem respeito ao Estado: é o exemplo já antigo das missões inter-serviços da água (MISE), que visam a regular as políticas setoriais do Estado antes de negociar com as coletividades territoriais e outros parceiros; é a fórmula dos "pólos de competências", imaginada pela Lei de Orientação Relativa ao Ordenamento e ao Desenvolvimento do Território, de 1995, modificada em 1999. Quanto à Região da Guiana (ou a Assembléia

3.2 Os instrumentos jurídicos existentes que servem de inspiração normativa

Esses instrumentos, que constituem uma espécie de grande panóplia, serão, aqui, somente assinalados, sem que se proceda à sua análise. Sem dúvida, é útil lembrar, mais uma vez, que nos situamos, na presente exposição, no âmago da problemática do desenvolvimento sustentável, e de modo algum em um contexto do pensamento antigo que consistiria em se considerar somente os problemas endógenos ligados à construção e à exploração de uma obra de arte. Uma ponte transfronteiriça situada na Amazônia pressupõe a instituição de um programa conjunto multidimensional, atribuindo-se grande importância ao caráter sensível do espaço.

Antes de mais nada, deve-se ficar atento ao Direito Internacional. Não é certo que a Convenção de Espoo (Finlândia) de 25.2.1991, instituindo o princípio do Estudo de Impacto transfronteiriço sobre o meio ambiente para uma série de operações, encontre imediatamente aplicação. De fato, se a França é parte contratante do instrumento, esse não é o caso do Brasil.[43] Pode imaginar-se que a França, por intermédio da Comissão oriunda do Acordo de Brasília de 2001, se sentiria honrada em propor à parte brasileira a conclusão de um acordo que retomaria o essencial do conteúdo da Convenção de Espoo.

De fato, dentre as operações enumeradas no Apêndice 1 da Convenção de Espoo aparecem itens que deverão ser levados em consideração no contexto da realização da ponte: talvez a construção de vias expressas, a exploração mineral em grande escala, certamente a

---

única convocada a reunir Região e Departamento), essa poderia ser destinatária da consagração constitucional recente da noção de "coletividade orientadora" (reforma constitucional de janeiro/2003, art. 5, modificando o art. 72 da Constituição). Em seguida pertence à Região, no contexto do princípio da liberdade de administração das coletividades locais, fixar as formas de integração das políticas públicas que dela derivam.

43. Essa Convenção Internacional, adotada sob a égide da Comissão Econômica para a Europa, das Nações Unidas, foi ratificada pela França por uma lei de 14.4.2000 e publicada pelo Decreto 2001-1.176, de 5.12.2001 (*JO* 12.12.2001). Para o Brasil, cf. Paulo Affonso Leme Machado, *Direito Ambiental Brasileiro*, 12ª ed., São Paulo, Malheiros Editores, 2004, p. 204: "A Convenção de Espoo é um sinal para o Brasil continuar o caminho iniciado e atuar para que os países vizinhos caminhem na mesma direção".

extração e o tratamento *in loco* de minerais metálicos e o desmatamento de grandes superfícies, sem qualquer dúvida.[44]

As mesmas reflexões dizem respeito, em razão do caráter fronteiriço do Oiapoque, à Convenção sobre o Direito Relativo às Utilizações dos Cursos de Água Internacionais a Fins Diversos da Navegação (21.5.1997, Nova York),[45] ou às Convenções de Helsinki, uma Relativa à Proteção e Utilização dos Cursos de Água Transfronteiriços e Lagos Internacionais (17.3.1992), outra Relativa aos Efeitos Transfronteiriços dos Acidentes Industriais (17.3.1992). Mesmo o Brasil não sendo parte dessas Convenções – as quais constituem, segundo a expressão de Michel Prieur, "um verdadeiro direito comum transfronteiriço" –, deve-se considerar, aí, a existência de uma manifestação da *opinio iuris* contemporânea.

Primeiramente, as duas Partes não devem negligenciar em considerar de forma séria os instrumentos procedimentais de Estudo de Impacto, pelo menos no que respeita ao que determina o Acordo de Brasília, que prevê a possibilidade de recursos a instituições financeiras internacionais: O Banco Mundial, muito cedo, e, atualmente, a maioria das instituições internacionais financiadoras exigem o procedimento de Estudo de Impacto Ambiental,[46] na qualidade de verdadeira condicionante ambiental.

Em segundo lugar, convém sempre lembrar que a Guiana Francesa é um território (latino-americano) da Comunidade Européia, fruindo do *status* de Região Ultraperiférica (RUP), nos termos do art. 299, § 2, do Tratado instituidor da Comunidade Européia – dispositivo introduzido na ocasião da Revisão de Amsterdã.[47]

44. Sobre essa questão: Michel Prieur, *Os Estudos de Impacto Transfronteiriço – Ensaio de Estudo Comparado*, Roma, 9-10.5.2003.
45. Cf. Paulo Affonso Leme Machado, *Recursos Hídricos – Direito Brasileiro e Internacional*, São Paulo, Malheiros Editores, 2002; comentário na *Revista Européia de Direito do Meio Ambiente* (CRIDEAU-Limoges), 1-2003, maio/2003, pp. 118-119, por Ana Rachel Teixeira Nascimento.
46. O CRIDEAU propôs ao CNRS, em 2003, uma reflexão (do tipo *scoping*) sobre a concepção de um Estudo de Impacto estratégico global aplicado ao projeto de ponte. Considerando-se as mudanças profundas e ineluctáveis acarretadas pela realização do projeto na zona pertinente franco-brasileira, a proposição engloba a necessidade de elaboração de um "Estudo de Impacto Social", distinto mas coordenado ao Estudo de Impacto Ambiental.
47. Segundo uma jurisprudência da Corte de Justiça das Comunidades Européias (CJCE 10.10.1978, *Hansen* 148/77, coleção, p. 1.797), o Direito Comunitá-

Assim, o projeto de ponte sobre o Oiapoque parece sujeito a uma diretiva recente, a qual objetiva a avaliação da incidência de certos planos e programas sobre o meio ambiente.[48] Urge, todavia, aqui, situar-se claramente em matéria de prospectiva jurídica: (o *dies ad quem* da transposição estava fixado para 21.7.2004) será necessário que as autoridades francesas admitam juridicamente o que é flagrante para o profano: que a ponte sobre o Oiapoque, que interessa uma parte da região comum amazônica, é muito mais que uma operação pontual, mas é vista como um programa ou plano. A leitura dos Anexos 1 e 2 da Diretiva não deixa margem a dúvidas nesse sentido. Sobretudo,caberá ao programa provar seus méritos, recorrendo à inspiração da *opinio iuris*, pois o Brasil não possui *status* de Estado-membro da União Européia...

Mas, para se convencer de que o tempo não é mais – em matéria de desenvolvimento sustentável – aquele da tranqüilidade da aplicação rígida do princípio da territorialidade da lei, nem no âmbito nacional nem mesmo na esfera comunitária, as autoridades francesas poderão reportar-se a uma outra Diretiva recente, suscetível de aplicação ao Oiapoque, mesmo fora da problemática de sua transposição: trata-se da Diretiva-Padrão Relativa à Água, de

---

rio é aplicável nos Departamentos de Ultramar (DOMs) franceses, sob reserva de adaptação oportuna. Cf., em particular, Danielle Perrot, "A dimensão ambiental das políticas comunitárias de desenvolvimento no Caribe", in *A Comunidade Européia e o Meio Ambiente*, sob a direção de J. Cl. Masclet, trabalhos da CEDECE, A Documentação Francesa, 1997, pp. 251 e ss.; Laurent Sermet, *A Noção Jurídica da Ultraperifericidade Comunitária*, Jurisclasseur – Europa, junho/2002, p. 3; relatório da Assembléia Nacional (França), da Deputada Camille Darsières, n. 3.118, *Regiões Ultraperiféricas – RUPs*, junho/2001; o relatório *Análise das Regiões Insulares e das Regiões Ultraperiféricas da União Européia* (para a Comissão Européia, por Planistat Europe e Brandly Dunbar Ass., 2003); o relatório *Como Melhor Conhecer o Lugar da Pesquisa e do Desenvolvimento Tecnológico nas RUPs da Europa e Melhor Integrá-las ao Espaço Europeu de Pesquisa* (para a Comissão Européia, por L. Lengrand e Assoc. e INESC Porto, 2002). Para informação, no plano das políticas públicas, o *Esquema de Desenvolvimento do Espaço Comunitário – Em Direção a um Desenvolvimento Espacial Equilibrado e Sustentável da União Européia*, de maio/1999, abrange desdobramentos consagrados às RUPs (p. 60, por exemplo).

48. Diretiva 2001/42/CE do Parlamento Europeu e do Conselho de 27.6.2001, relativa à avaliação das incidências de certos planos e programas sobre o meio ambiente, *JOCE L* de 21.9.2001. A Diretiva faz expressa referência à Convenção de Espoo de 1991.

23.10.2000;[49] seu art. 3, § 5, dedicado à coordenação das medidas administrativas no âmbito dos distritos hidrológicos, apresenta grande interesse.

De fato, são expressamente visados os "distritos hidrográficos internacionais". A gestão conjunta do distrito é, sem dúvida, prevista quando os Estados-membros estão envolvidos, mas a hipótese é igualmente examinada de um distrito internacional estendendo-se em parte fora do território da Comunidade. Nesse caso, "o Estado-membro ou os Estados-membros abrangidos procuram estabelecer a coordenação apropriada com terceiros países envolvidos a fim de realizar os objetivos da presente Diretiva sobre o conjunto do distrito geográfico", entendendo-se que, independentemente dos resultados da negociação internacional, "os Estados-membros asseguram a aplicação das regras da presente Diretiva sobre seus territórios".

Pode-se ainda citar, mas no contexto do Direito interno Francês e no âmbito da legislação urbanística, as contribuições da lei Solidariedade e Renovação Urbana, de 13.12.2000, em seu art. 1º, V. É necessário fazer, previamente, uma constatação evidente: a do caráter integral "natural" da Amazônia. Na realidade, de um ponto de vista sócio-demográfico, a Região considerada é muito mais urbana que rural.[50] Como, então, imaginar que uma infra-estrutura de transposição rodoviária sobre o Oiapoque não terá conseqüências consideráveis sobre as comunidades de Saint Georges e Oiapoque?

Da mesma forma, a elaboração de um Plano Local de Urbanismo (PLU) e, de forma mais plausível, de um Esquema de Coerência Territorial (SCOT) parece, com toda razão, dever ser examinada sem demora.[51] Ora, esses documentos pressupõem, respectivamente, a instituição de um "Projeto de Ordenamento e de Desenvolvimento Sustentável". Sobretudo no que diz respeito ao presente estudo, convém levar em consideração o art. L. 121-4-1 do Código Urbanísti-

---

49. Diretiva 2000/60 do Parlamento Europeu e do Conselho de 23.10.2000, estabelecendo um enquadramento para uma política comunitária no contexto da água, *JOCE L* de 22.12.2000.
50. Os participantes brasileiros ao seminário da ONG 4D, consagrada ao Programa de Desenvolvimento Sustentável do Amapá, insistem sobre esse ponto em diversas ocasiões.
51. Os PLUs são tratados nos arts. L 123-1 e ss. (e parte regulamentar) do Código do Urbanismo; os SCOTs nos arts. L 122-1 e ss. (e parte regulamentar).

co,[52] dispositivo novo introduzido pelo artigo antes mencionado da lei Solidariedade e Renovação Urbana. Esse dispõe que "os documentos de urbanismo aplicáveis aos territórios fronteiriços levam em consideração a ocupação dos solos nos territórios dos Estados limítrofes. Os Municípios ou agrupamentos competentes podem consultar as coletividades territoriais desses Estados bem como todo organismo estrangeiro competente em matéria de *habitat*, urbanismo, deslocamento, ordenamento e meio ambiente". Há nesse caso, sem dúvida, um dispositivo que se revelará particularmente fértil dos dois lados do Oiapoque...[53]

4. Conclusão

O projeto de ponte sobre o Oiapoque constitui, em si mesmo, uma boa-nova revigorada pela referência expressa ao desenvolvimento sustentável no Acordo de Brasília. Tentou-se mostrar, nessa ocasião, que uma problemática séria de desenvolvimento sustentável transfronteiriço na Amazônia pressupõe algumas condições, se não rigorosamente reunidas, pelo menos seriamente analisadas. Algumas referem-se a políticas públicas nacionais e locais, outras ao direito e sua efetiva implementação. Na ausência dessas condições é considerável o risco de se verrificarem rapidamente, quando o projeto for implementado, os mesmos desastres ambientais e sociais que caracterizaram a célebre "Transamazônica".[54]

Essa via, totalmente orientada de Leste a Oeste, seria dotada, graças à ponte sobre o Oiapoque, de uma vertente Norte. Resumindo, existe a hipótese de um cenário catastrófico...

Tratando-se do Direito, gostaríamos, ainda, de chamar a atenção sobre a complexidade dos problemas vindouros. Refletindo-se brevemente, compreender-se-á melhor o que o pluralismo jurídico no tempo do neomodernismo quer dizer. Eis aqui, de fato, um projeto que

---

52. O qual surgiu de "Disposições Gerais Comuns" das diferentes categorias de documentos urbanísticos.
53. A estrada ligando Macapá à fronteira termina em Oiapoque, Município Brasileiro situado nas proximidades imediatas de Saint Georges.
54. Cf. "A rodovia da amargura" (Michel Brandeau), *Le Monde* de 16.7.2003, série de seis artigos consagrados ao "Sonho Amazônico".

faz apelo – e o fará de forma cada vez mais sutil, à medida que for sendo implementado – ao Direito Internacional (geral e do meio ambiente, ora universal, ora regional), ao Direito Comunitário e a dois Direitos nacionais, um dos quais (o Francês) está em vias de profunda reforma. Talvez seja sensato pensar na criação de alguma comissão bilateral de juristas, encarregada, se não de encontrar sempre soluções, ao menos de apontar os inevitáveis obstáculos...

Existe aqui a expressão pesarosa do pessimismo ativo que caracteriza o ser-jurista? Quer-se acreditar que não; esse pessimismo ativo pode ter como equivalente a manifestação da vontade lúcida...

A NATUREZA JURÍDICA DOS PRINCÍPIOS AMBIENTAIS EM DIREITO INTERNACIONAL, DIREITO DA COMUNIDADE EUROPÉIA E DIREITO NACIONAL*

GERD WINTER

1. Abordagem geral das proposições ambientais chamadas de "princípios". 2. A natureza legal dos princípios ambientais: 2.1 Princípios e políticas – 2.2 Princípios e regras – 2.3 Princípios e a hierarquia das normas: 2.3.1 Observação geral – 2.3.2 Direito Alemão – 2.3.3 Direito da Comunidade Européia – 2.3.4 Direito Internacional – 2.4 Revisão judicial de princípios. 3. O conceito de "precaução" e "sustentabilidade": 3.1 Princípio da precaução – 3.2 Sustentabilidade. 4. Conclusão.

"Os princípios aqui abordados estão formando e orientando a geração e a implementação do direito ambiental" – diz PAULO AFFONSO LEME MACHADO no início de seu excepcional *Direito Ambiental Brasileiro*.[1] O que, precisamente, quer dizer "formando e orientando a geração e a implementação do direito ambiental" deve ser investigado no que se segue. Eu iniciarei com um breve apanhado dos princípios básicos nos diferentes níveis do Direito (n. 1), análise do valor legal (n. 2), e acrescentarei algumas observações no conteúdo de dois dos princípios mais importantes, que são os princípios da *precaução* e da *sustentabilidade*.

1. Abordagem geral das proposições ambientais chamadas de "princípios"

Em Direito Internacional, duas proposições ambientais são amplamente reconhecidas como direito comum: o dever processual entre

---
* Tradução do inglês por Lídia Amélia de Barros Cardoso.
1. Ob. cit., 12ª ed., São Paulo, Malheiros Editores, 2004, p. 47.

os Estados de cooperar para que riscos ambientais sejam mitigados e o dever material de prevenir, reduzir e controlar iminentes e graves danos ambientais.[2]

A *precaução* – entendida como o dever de tomar medidas mesmo em situações de incerteza, mas de plausibilidade de ocorrência de graves riscos – vem sendo discutida como a terceira via no Direito Internacional. Contudo, nem a Corte Internacional de Justiça (*International Court of Justice*)[3] nem outra instância de resolução de disputas internacionais, como o OMC – Turma de Apelação,[4] foram audaciosas o bastante para adotar esta proposição como direito. Embora muitos estudiosos chamem a precaução de *princípio*,[5] poucos estão preparados para chamar de *regra* – e uma regra tão densa, tendo em vista as três fontes de Direito Internacional reconhecidas no art. 380 do Estatuto da Corte Internacional de Justiça (ICJ) – tratado, direito comum e princípios gerais de Direito. Há um tratado citando o princípio da precaução,[6] mas tratados só se aplicam *inter partes*. O *princípio da precaução* também não é direito comum, porque, apesar de *opinio necessitatis sirve iuris* possa ser amplamente empregado, é inadmissível para a precaução o emprego da sistemática do direito consuetudinário. Nem é princípio geral de Direito (desde que "Direito" seja entendido como Direito nacional), porque poucos países adotaram, em seu sistema jurídico de proteção ambiental, uma legislação sobre o princípio da precaução.

Muitas proposições ambientais foram estabelecidas por tratados relacionados à matéria e foram nomeadas de *princípios*, valendo ressaltar o princípio poluidor-pagador, o princípio da transparência e da participação social, o princípio da responsabilidade objetiva e o princípio do desenvolvimento sustentável.[7] O Acesso eqüitativo

2. P. Birnie e A. Boyle, *International Law and the Environment*, 2ª ed., Oxford, Oxford UP, 2002.
3. ICJ, julgamento de 25.9.1997, caso relacionado à Barragem de Gabcikovo-Nagymaros, nos §§ 111-114.
4. OMC, Turma de Apelação, Relatório de janeiro/1998, WT/Ds26/AB/R e WT/Ds48/AB/R ("Measures concerning meat and meat products"), nos §§ 120-125 e fn. 93.
5. Cf. Birnie/Boyle, *International Law ...*, 2ª ed., p. 120.
6. Para uma noção geral, v. N. de Sadeleer, *Environmental Principles*, Oxford, Oxford UP, 2002, pp. 94 e ss.
7. Cf. Birnie/Boyle, *International Law ...*, 2ª ed., pp. 79 e ss.; N. de Sadeleer, *Environmental Principles*, pp. 23 e ss.; A. Epiney e M. Scheyli, *Umweltvölkerrecht*, Bern, Stampfli, 2000.

aos recursos naturais e o dever de gerenciamento eficiente pelo Estado são princípios complementares importantes, enfatizados por aqueles doutrinadores que escrevem tomando por base sociedades onde a desigualdade é tremenda e a Administração amplamente ineficiente.[8]

O art. 174 do Tratado da Comunidade Européia (*EC Treat*) codificou as proposições ambientais da União Européia. Algumas destas proposições – precaução, prevenção, recomposição do dano ambiental e poluidor-pagador – são chamadas de *princípios*; outras – preservação, proteção e melhoria da qualidade do meio ambiente – são chamadas de *objetivos*.

Em uma primeira leitura, estes objetivos e princípios parecem estar em desarmonia. No entanto, o art. 174, inciso 3, coloca-os em posição mais realista. De acordo com o art. 174, inciso 3, a lei da Comunidade, ao estabelecer sua política, deve levar em consideração a avaliação científica e os dados técnicos disponíveis, vantagens e inconveniências, fatores regionais e o desenvolvimento econômico e social da Comunidade. As exigências de proteção ambiental não só estabelecem verdadeiras políticas ambientais, mas também devem estar integradas a outras políticas públicas. Este "princípio de integração" está estabelecido no art. 6 do Tratado CE (*EC Treat*), bem assim, com algumas variações, no art. 37 da Carta dos Direitos Fundamentais (*Charter of Fundamental Rights*). Como será explicado mais adiante neste texto, *integração* não é um princípio, pela definição do termo aqui proposta, mas sim uma regra, já que uma ligação entre os diversos princípios deve ser rigorosamente seguida.

Vale mencionar que a sustentabilidade não é diretamente chamada de princípio de política ambiental, mas é vista tanto como dever da Comunidade (art. 2 CE) quanto como uma qualificação do "princípio" de integração (art. 6 CE).

O documento do Tratado submetido pela Convenção possui os princípios e objetivos acima mencionados. Algumas mudanças foram feitas. O princípio de integração está citado duas vezes: como direito básico (art. 37, II) e como princípio (art. 4, III).

---

8. Cf. Paulo Affonso Leme Machado, *Direito Ambiental Brasileiro*, 12ª ed., pp. 47 e ss. e 88 e ss.

A sustentabilidade foi incluída nos objetivos das relações da União Européia com o restante do mundo. A nova formulação, um tanto pretensiosa, é que a União deve "contribuir para o desenvolvimento sustentável do planeta Terra".[9]

Em nível nacional, podemos citar a Alemanha e o Brasil como dois casos opostos, a Alemanha sendo modesta e o Brasil sendo rico em princípios constitucionais de proteção ambiental. Na Constituição Alemã, desconsiderando as normas sobre competência, só existe um artigo que se refere ao meio ambiente. No art. 20a está previsto que o Estado deverá proteger as condições naturais de vida. Além disso, a jurisprudência do Tribunal Constitucional Federal desenvolveu um dever objetivo do Estado de proteger a saúde humana e um direito subjetivo do indivíduo de exigir tal proteção. Não há, no entanto, direito subjetivo a um meio ambiente digno de ser habitável. A lei alemã também raramente esclarece seus princípios na legislação comum. Os princípios são, em sua maioria, construções doutrinárias pautadas em normas com alto grau de densidade contidas em leis específicas. Assim, a precaução é parte de uma complexa norma do Ato de Prevenção e Emissão Federal Alemão (*German Federal Immission Prevention Act*), que cuidadosamente estabelece até onde a precaução pode ser adotada e quais outros interesses devem ser considerados. O mesmo é verdade com relação a leis que concretizam os princípios de recomposição do dano, do poluidor-pagador e do uso sustentável dos recursos naturais.

Ao contrário, o art. 225 da CF Brasileira define um número bem maior de proposições que são chamadas de *princípios* pela doutrina, incluindo o direito de todos a um meio ambiente ecologicamente equilibrado, a prevenção e a precaução, o dever das autoridades públicas de defender o meio ambiente e preservá-lo para suas gerações futuras, o dever de apresentar Estudos de Impacto Ambiental, o dever do poluidor de reparar o dano ambiental e a precaução no gerenciamento de riscos.[10]

Considerando que nos níveis de Direito Internacional, regional e nacional o termo "princípio" é usado de maneiras muito diferentes,

---

9. Parte I, Título I, art. 3, § 4.
10. Embora a *precaução* não esteja explicitamente mencionada, a jurisprudência assim o presume no art. 225 (v. Paulo Affonso Leme Machado, *Direito Ambiental Brasileiro*, 12ª ed., p. 68).

tentarei esclarecer a natureza legal dos princípios. Devo, desta maneira, consultar a Filosofia do Direito.

2. A natureza legal dos princípios ambientais

Definições de "princípio" existem em abundância na doutrina jurídica e nas discussões filosóficas. Porém, é aconselhável construir uma definição que melhor se aplique ao contexto hermenêutico no qual o termo será usado. Este contexto pode ser caracterizado pelas seguintes perguntas:

(1) O que difere *princípios* de *políticas*? O que fundamenta a exigência de cumprimento dos princípios e das políticas?

(2) Qual é a diferença entre *princípios* e *regras*?

(3) Como os princípios variam na hierarquia de normas e o que se segue ao posicionamento hierárquico?

(4) Como é a ação governamental ao aplicar os princípios revisados pelos tribunais?

Estas questões serão discutidas por partes.

2.1 Princípios e políticas

Um princípio é indubitavelmente um veículo normativo se ele estiver contido em uma lei ou regramento infralegal. O legislador deve, no entanto, intencionalmente fornecer ao princípio tal efeito. Isto distingue *princípios* de *políticas*. Políticas também podem ser mencionadas em uma lei, mas neste caso não possuem o caráter vinculante dos princípios. O caráter político de uma proposição contida no texto de lei pode ser deduzido tanto de sua palavra expressa (p.ex., se um postulado é chamado de *tarefa*, de *valor*, de *objetivo*) quanto da vaguidade de sua linguagem. Por exemplo, a sustentabilidade é chamada de tarefa da comunidade no art. 2 CE. Porém, se for entendida em seu sentido ecológico, social e econômico mais amplo, a imprecisão de seu conteúdo resta evidenciada. Por estas duas razões, não é princípio. Deve ser chamada de *política* ou de *ideal*.[11]

---

11. Para uma distinção entre *ideais* e *políticas*, v. J. Verschuuren, *Principles of Environmental Law*, Baden-Baden, Nomos, 2003, pp. 19 e ss.

Além da legislação, princípios legais podem também surgir da prática jurídica, a partir da experiência advinda, por exemplo, do senso comum da profissão legal e da amplitude do debate dos temas pela sociedade. Esta é a verdadeira fonte de princípios dos sistemas de direito consuetudinário, mas é também conhecida nos sistemas de direito positivo, de direito corolário a estatutário.[12] Vários julgamentos históricos, que criaram novos princípios, basearam seus argumentos mais na experiência e no bom senso do que nos textos das leis. É verdade que juízes, assim como políticos (que aprovam leis), podem ter noções de boa política. Para estabelecer um princípio de valor legal eles devem, entretanto, argumentar que o princípio deve ser cumprido como lei.[13]

Às vezes os princípios surgirão como uma Fênix das cinzas, em completo desenvolvimento e clareza. Este é o caso quando aparecem em constituições e códigos, ou em decisões históricas dos tribunais.[14] Com mais freqüência os princípios são construídos a partir de um grande número de pequenos passos tomados em legislações mais específicas ou casos judiciais. Por exemplo, a *precaução* foi colocada como lei no Direito Alemão por um estatuto específico em 1974. Posteriormente, outras leis foram também sendo gradualmente orientadas com relação à precaução. Somente se todas as leis forem analisadas de forma sistematizada é que se pode dizer que a legislação alemã é caracterizada pelo princípio da precaução, e que a interpretação do Direito deve levar em conta este princípio.

O filósofo inglês Ronald Dworkin sugere que o conteúdo dos princípios só pode ser de direito individual, e não de interesse público. De acordo com Dworkin, os princípios devem ser distinguidos de "políticas", que servem não apenas para objetivos individuais como, também, para objetivos coletivos. "Discussões de princípios são discussões que pretendem estabelecer o direito do indivíduo; discussões

---

12. Para uma análise mais aprofundada da relação entre *princípios* e *código de lei*, v. Josef Esser, *Grundsatz und Norm*, Tuebingen, Mohr 1964, pp. 141 e ss. V. também sua observação (p. 223) no sentido de que surgiu uma convergência do pensamento ocidental axiomático e anglo-americano.
13. Esser, *Grundsatz und Norm*, p. 137.
14. Como, por exemplo, o *princípio de responsabilidade objetiva* no famoso julgamento "Rylands vs. Fletcher" (1968) LR 3 HL 330. Cf. Stuart Bell, em Simon Ball e Stuart Bell, *Environmental Law*, 4ª ed., Londres, Blackstone Press, 1997, pp. 193 e ss.

de políticas são discussões que pretendem estabelecer um objetivo coletivo. Princípios são determinações que descrevem direitos; políticas são determinações que descrevem objetivos."[15]

Todavia, é indiscutível que a prática jurídica também estabeleceu princípios que dizem respeito ao interesse público. Por exemplo, o interesse público na proteção da saúde do consumidor e na proteção ocupacional há muito vem sendo aceito como um contraprincípio para liberdades econômicas. A proteção ambiental traz os exemplos mais recentes do interesse público.

A pergunta da fonte de princípios ambientais é particularmente difícil em relação a Direito Internacional. As categorias tradicionais – tratados, leis e princípios gerais de Direito – são conservadoras demais para responder adequadamente às demandas por mudanças ambientais em nível mundial. As fontes de regras e princípios de Direito Internacional – *consuetudo* e *opinio iuris sive necessitatis*, leis domésticas de caráter comum, consenso para tratados internacionais – carecem do dinamismo pró-ativo, em falta nos dias de hoje.[16]

Alguns juristas de Direito Internacional reagem ao uso do termo "princípio" de maneira vaga. De certo, o efeito legal não é conferido aos princípios – de sustentabilidade, de precaução etc. – pela sua discussão.[17] Mais propriamente, tais "princípios" são considerados como um tipo de norma principiológica. A terminologia é um pouco confusa. O termo "princípio" deve ser reservado para princípios insculpidos em lei. Princípios que não estejam previstos em leis devem ser chamados de *ideais*, *objetivos*, *políticas* etc.

2.2 Princípios e regras

Princípios e regras são, freqüentemente, contrapostos como diferentes composições de direito. É consenso entre os doutrinadores que

---

15. R. Dworkin, *Taking Rights Seriously*, Cambridge, Harvard UP, 1977, p. 90. No original: "Arguments of principle are arguments intended to establish an individual right; arguments of policy are arguments intended to establish a collective goal. Principles are propositions that describe rights; policies are propositions that describe goals".
16. G. Winter, "Anachronien von Gesellschaft, Natur und Recht", in H. Faber e G. Frank (eds.), *Demokratie in Staat und Wirtschaft, Festschrift für Ekkehart Stein zum 70*, Geburtstag, Tübingen, Mohr, 2002, p. 327.
17. Epiney/Scheyli, *Un Weltvölkerrecht*, pp. 75 e ss.

os princípios estão abertos para serem balanceados com outros princípios, enquanto as regras devem ser aplicadas no caso concreto. Enquanto os princípios devem considerar os valores e os objetivos envolvidos e permitir a ponderação com outros princípios conflitivos, as regras são conclusivas.[18]

As regras podem excepcionar uma situação. Porém, tais exceções abrirão caminho para interesses que representem um contraprincípio ao princípio que primariamente se encontra por trás da regra.[19] Por exemplo, de acordo com o Ato Federal de Imissão e Prevenção da Alemanha – *German Federal Immission Provention Act* (*Bundesimmissionsschutzgesetz*) –, a autoridade competente está autorizada a pedir que o empreendedor tome medidas de melhoria se após a emissão da autorização administrativa o progresso científico revelar novos riscos ambientais. O pedido não é, contudo, permitido caso o ônus financeiro envolvido seja desproporcional. Aqui, a regra que reflete o princípio da proteção ambiental é ponderada com o princípio da liberdade econômica, que representa uma exceção.

As regras podem até ser formuladas de uma maneira que permita o equilíbrio de interesses opostos dentro do seu escopo. Por exemplo, direitos fundamentais tais como o direito à liberdade econômica são construídos para, primeiro, possibilitar proteção *prima facie* de certas atividades (como empreendimento econômico) e, segundo, possibilitar a interferência na matéria objeto de proteção, se as razões de interesse público (como interesses ambientais) assim exigirem.[20]

---

18. R. Alexy, *Theorie der Grundrechte*, 2ª ed., Frankfurt, Suhrkamp, 1994, pp. 71 e ss.; Martin Borowski, *Grundrechte als Prinzipien*, Baden-Baden, Nomos, 1998, pp. 67 e ss.
19. Alexy, *Theorie der Grundrechte*, 2ª ed., p. 88.
20. Isto é muito polêmico no debate alemão sobre a construção da doutrina dos direitos básicos. Vários autores entendem *direito básico* como um conglomerado de princípios. Eles consideram *liberdades básicas* como princípios que podem ser equilibrados contra os interesses públicos e direitos básicos conflitantes. Eles falam de *normas* somente com relação àquelas proposições específicas nas quais o caso de lei se desenvolve em certas categorias de casos (cf. U. Ruehl, *Tatsachen – Interpretationen – Wertungen*, Baden-Baden, Nomos, 1998, pp. 384 e ss.). Eu acredito que este conceito negligencia os termos específicos de equilíbrio que as Constituições sempre fornecem. Não há razão para que as normas não sejam concebidas para ter abertura para o equilíbrio caso elas delimitem o tipo de interesse em conflito a ser considerado e direcionar sobre como manter o equilíbrio. Há também espaço para distinguir entre normas mais gerais e abertas, de um lado, e mais concretas e fechadas, de outro lado.

Às vezes os princípios podem ser inflexíveis. Este é o caso daqueles que têm um valor elevado e o núcleo destes princípios esteja em risco. De acordo com a Constituição Alemã, as exigências essenciais de dignidade humana são absolutas. Não podem, portanto, ser relativizadas com outros princípios. No Direito Internacional os princípios impositivos (como a proibição da segregação racial, da tortura, da agressão etc.) são deste tipo. Os princípios inflexíveis devem ser concebidos como regras, porque eles têm que ser obrigatoriamente aplicados.Os princípios fundamentam as regras e influenciam sua interpretação e aplicação. Eles ressaltam o poder normativo das regras, indicam como devem ser interpretadas, preenchem as lacunas legais, direcionam os poderes discricionários e informam sobre possíveis exceções.[21] Por exemplo, de acordo com a Lei Federal da Alemanha de Proteção do Solo (*German Federal Law on Soil Protection*), as autoridades têm discricionariedade para decidir sobre a contaminação de áreas de pastagem. E têm o direito de escolher uma ou mais das seguintes pessoas responsáveis: o poluidor original, seu sucessor legal, o proprietário do terreno ou o arrendatário do terreno. O princípio do poluidor-pagador – que é considerado como princípio, embora não esteja explicitado pela lei vem – sendo usado para impedir que esta escolha seja efetivada enquanto houver possibilidade de se chamar o poluidor original.Se um ou mais princípios conflitam, regras podem ser estabelecidas para resolver tais conflitos. Certamente, esta é a característica nuclear das regras: elas são feitas para resolver os conflitos dos princípios em uma matéria específica.

Não há, no entanto, regra alguma estabelecendo hierarquia absoluta ou até mesmo a classe ordinal entre os princípios. A lei pode conferir primordial importância a um princípio. Neste caso, o princípio tem, concretamente, uma prioridade *prima facie* sobre princípios em conflito.[22] Como conseqüência, o ônus da prova é transferido ao defensor do contraprincípio.[23] Por exemplo, a Lei de Uso e Ocupação do Solo da Alemanha (*German Land Use Planning Law*) prevê que as autoridades devem considerar e equilibrar adequadamente todos os

---

21. Para maiores funções dos princípios, *e.g.*, com relação a negociação extralegal e auto-regulamentação, v. Verschuuren, *Principles of Environmental Law*, pp. 38 e ss.
22. Alexy, *Theorie der Grundrechte*, 2ª ed., pp. 88 e ss.
23. Alexy, *Theorie der Grundrechte*, 2ª ed., p. 146.

interesses afetados pelo plano de zoneamento. Estes interesses incluem os interesses de habitação, do comércio e indústria, de transportes, de proteção do meio ambiente natural etc. A lei diz que alguns dos interesses devem ser respeitados "da melhor maneira possível". Assim, o uso da terra para agricultura, reflorestamento ou habitação é prioritário em relação a outros usos.[24] Isto significa que destinar tal área para, por exemplo, propósitos industriais ou para construção de vias de transporte seria uma violação *prima facie* do princípio. A argumentação de que o desenvolvimento econômico exige a utilização da área como industrial é um ônus a ser arcado por quem o suscita.

Se não existe priorização legal, os princípios são iguais em sentido abstrato. O peso relativo dos princípios irá mudar de acordo com determinadas circunstâncias individuais, e só pode, portanto, ser determinado no caso concreto. Uma regra reconhecida em tais circunstâncias é que, quanto mais um princípio é afrontado por uma solução, mais peso deve ser dado a este princípio.[25]

Um exemplo de norma de equilíbrio de princípios opostos bastante sofisticada está contido no art. 6, inciso 4, do *Habitat Directive* 922/43/EEC: como ponto de partida, as demandas de proteção de espécies raras e *habitats* têm prioridade sobre os outros interesses de usos. Mas interesses públicos determinantes no projeto podem se sobrepor a esta proteção. Tais interesses devem novamente ceder caso espécies ou *habitats* afetados estejam listados como de proteção prioritária. A prioridade é novamente contraposta caso o interesse público no projeto seja particularmente indispensável (como os interesses de saúde pública e segurança).

2.3 Princípios e a hierarquia das normas

2.3.1 Observação geral

Princípios e suas regras correspondentes podem ser situados no mesmo nível na hierarquia das normas. Esta é a situação normal, onde cada um dos princípios desempenha seu papel de servir como fonte para a interpretação de leis, preenchimento de lacunas legais,

---

24. Art. 1, § 5, sentence 3, Construction Code.
25. Alexy, *Theorie der Grundrechte*, 2ª ed., p. 146.

direcionamento do uso da discricionariedade etc. Como já havia sido mencionado anteriormente, o princípio da precaução se encontra por trás de sua mais precisa e complexa provisão estabelecida no Ato Federal de Imissão e Prevenção da Alemanha (*German Federal Immission Prevention Act*).

Os princípios e as regras também podem ser situados em diferentes níveis na hierarquia legal. Existem hierarquias nos níveis de Direito nacional, regional e até Internacional entre direitos comuns e direito de alto escalão que controla o direito comum, isto é, direito constitucional prevalecendo sobre legislação infraconstitucional, lei primária da Comunidade Européia comandando lei secundária da Comunidade Européia e leis de obediência internacional comandando leis "ordinárias" internacionais. Esta hierarquia "constitucional" interna dentro de cada nível deverá ser distinguida da hierarquia externa dentre os níveis que possam ser chamados de hierarquia federal: lei da Comunidade Européia tem supremacia sobre Direito nacional, e em certas condições Direito Internacional pode também ter supremacia sobre Direito nacional ou regional. O nível mais alto pode ser um do direito constitucional ou um da Comunidade Européia ou do Direito Internacional. Já mencionei anteriormente exemplos de tais princípios de alto escalão, como a proteção das condições naturais de vida contida no art. 20 da Constituição Alemã, o alcance de um alto nível de proteção ambiental no art. 174 CE e a prevenção de graves danos como princípio do direito internacional costumeiro.

Se um princípio foi estabelecido no mais alto nível "constitucional" ou "federal", a pergunta crucial é se este princípio tem o poder de interpretar regras classificadas no nível mais baixo da hierarquia, inaplicáveis caso elas contradigam o princípio. Eu sugiro que a resposta seja: não diretamente. *Os princípios constitucionais, supranacionais ou internacionais devem primeiramente ser transformados em regras. Somente às regras pode ser atribuído o efeito de invalidar princípios e regras de baixo escalão.*[26]

26. Em contraposição, R. Alexy propõe que sejam aplicados diretamente os princípios de forma mais abrangente que permita o balanceamento de princípios que colidam com outros princípios. Eu não sigo Alexy, porque sua teoria retardaria a emergência dos princípios fora do senso comum e da prática comum. O discurso sobre os novos princípios estaria carregado de "ameaça", já que tudo que fosse acei-

Direito de obediência internacional	– Princípios – Regras
Direito Internacional comum	– Princípios – Regras
Direito constitucional regional	– Princípios – Regras
Direito regional comum	– Princípios – Regras
Direito constitucional nacional	– Princípios – Regras
Direito nacional comum	– Princípios – Regras

O quadro esquematizado acima implica, a princípio, que precisamos ser ainda mais cautelosos ao denominar proposições de *regras* ou *princípios*. Quanto mais alto no nível normativo da pirâmide, mais próximos estaremos de chamar uma proposição de *princípio*, embora num olhar mais detido ela possa ser enquadrada como regra, cujo teor traz o balanceamento de diferentes princípios.

2.3.2 Direito Alemão

O art. 20a da Constituição Alemã contém uma determinação que diz que o princípio de proteção ambiental é obrigatório somente sob a estrutura da "ordem constitucional" –, sendo que "ordem constitucional" significa a integridade da Constituição. Isto geralmente tem por significado que a proteção ambiental deve estar equilibrada com outros princípios, tais como os da propriedade e da liberdade econômica.[27] O

---

to seria considerado lei aplicável. O potencial dinâmico do princípio está – eu acredito – baseado no seu *status* um tanto evasivo por trás da cena.
27. D. Hans, *Grundgezets für die Bundesrepublik Deutschland*, 5ª ed., Munique, 2000, art. 20 e nota 9.

art. 20a GG é, portanto, uma regra aberta, mas não um princípio. Direitos fundamentais podem também ser invocados para o estabelecimento de regras que balanceiam princípios opostos. Por exemplo, o direito fundamental à saúde pode ser ponderado com outros princípios de interesse público. O fato de um princípio (a proteção da saúde pública) se tornar um direito fundamental tem como efeito que este direito tem prioridade *prima facie* sobre os princípios de proteção aos interesses públicos. Assim, o ônus de provar a preponderância *secunda facie* destes últimos princípios cabe a quem os alega.

2.3.3 Direito da Comunidade Européia

Com relação aos princípios contidos no art. 174 CE, entendo que eles somente podem se tornar operacionais caso sejam transformados em regras. Isto significa dizer que as regras devem ter um conteúdo definido, e não apenas declarar os princípios. Princípios opostos devem ser integrados nas regras, tais como os princípios da proporcionalidade e os princípios que representam liberdades econômicas. O princípio só pode subsidiar a interpretação de uma lei nacional inaplicável por meio de uma regra complexa e precisa. Isto pode ser demonstrado se considerarmos jurisprudência do CEJ de direitos fundamentais com apoio no art. 6 U e na liberdade econômica prevista no art. 28 CE.

Quanto aos direitos fundamentais, as Cortes Européias raramente têm a oportunidade de se manifestar com as regras que combinam o princípio de direito fundamental com os princípios de proteção ambiental. Comparando com a freqüente oposição entre os direitos básicos e de proteção ambiental no Direito doméstico Alemão (em particular garantias de liberdade econômica e de propriedade), é assombroso como os direitos fundamentais vêm sendo tratados com preponderância em relação às medidas ambientais da Comunidade (embora isto possa, às vezes, ser explicado pelo caráter restritivo do art. 230, inciso 4, CE).

O caso "Standley" é um exemplo de contraposição entre os direitos fundamentais e os princípios ambientais na Comunidade Européia. Standley, um fazendeiro, moveu uma ação contra as leis britânicas que eram baseadas na Diretiva da Comunidade (*Community Directive*). Tal Diretiva prescreve que os Estados-membros devem demarcar os cursos de água com altos níveis de nitrato e limitar o acasalamento de animais nas zonas correspondentes. Standley afirmou (sem sucesso) que esta era uma interferência no seu direito de propriedade. Em resposta, o CEJ sentenciou que o exercício do direito básico de propriedade pode estar sujeito a limitações, desde que "tais restrições de fato correspondam aos objetivos do interesse geral perseguido pela Comunidade e não constituam uma interferência intolerável e desproporcional, que impeça o exercício dos direitos assegurados".[28]

A proteção à saúde pública é uma meta. A Diretiva respalda tais fins, como o Tribunal indicou brevemente, com a aplicação do princípio da proporcionalidade.[29] Assim, o princípio de proteção à saúde pública foi integrado ao direito básico de propriedade privada. Este direito foi construído como uma complexa regra de ponderação entre a proteção da propriedade e a saúde humana. No caso "Standley", a aplicação da proporcionalidade não implicou numa violação àquela Diretiva.

Quanto aos direitos fundamentais, desde *Danish Bottles* os princípios ambientais servem de base para justificar a interferência dos Estados-membros sobre o livre comércio de bens.[30] O mesmo ocorre com o princípio de proteção da saúde pública.

O caso "Toolex" mostra, na prática, como a saúde pública é afetada não diretamente pelos bens mas indiretamente pelas cadeias causais ambientais, tais como poluição de ar e água.[31] No caso "Bluhme" a proteção da biodiversidade foi reconhecida como bem merecedor de proteção legal.[32] No "PreussenElektra" o clima foi similarmente reconhecido.[33] No que diz respeito aos princípios do art. 174, inciso

---

28. ECJ C-293/93 Standley [1999] E.C.R. I 2603 (§ 54).
29. ECJ C-293/93 Standley [1999] E.C.R. I 2603 (§§ 54-56).
30. ECJ 302/86 Commission *vs.* Denmark [1988] E.C.R. 4607 (n. 9). Cf. H. Temmink, "De Danish Bottles a Danish beers: the dynamics of free movement of goods and environmental protection – A case law analysis 2000", *Yearbook of European Environmental Law*, vol. 1, pp. 61-102.
31. ECJ C-473/98 Chemical Inspections *vs.* Toolex [2000] E.C.R. (n. 38). O caso trata da poluição pelo tricloretileno, que também se espalha via processos ambientais.
32. ECJ C-67/97 DitlevBluhme [1998] E.C.R. I 8033 (§ 33).
33. ECJ C-379 PreussenElektra [2001] E.C.R. I 2099 (§ 73).

2, CE, há a previsão legal do princípio de recomposição do dano, que serviu no "Waloon Waste" como justificativa admissível para restrições de importação de lixo pela Bélgica.[34] Porém, em outros casos perdeu-se a oportunidade de utilização dos recursos acima mencionados. Por exemplo, no caso "Dusseldorf", que estabeleceu restrições à exportação alemã de lixo com a intenção de reciclagem,[35] o CEJ poderia ter avaliado a eficiência ou não da reciclagem em instalações domésticas ou estrangeiras como critério para permitir ou proibir restrições de exportação; este critério poderia ser embasado no princípio do uso racional de recursos fornecido pelo art. 174, inciso 3, item 3o, CE.[36]

Com relação à construção doutrinária de princípios e regras, podemos concluir que a Corte vem usando princípios para fundamentar um sistema normativo complexo sobre a admissibilidade de restrições de comércio entre fronteiras. A regra é: restrições comerciais são proibições *prima facie*, mas podem se justificar – *secunda facie* – se forem baseadas em princípios de proteção ambiental.

2.3.4 Direito Internacional

No Direito Internacional a distinção entre *princípios* e *regras* pode também ter maior esclarecimento. Juristas de Direito Internacional ainda não adotaram uma distinção clara entre *princípios* e *regras*. Freqüentemente o termo "princípio" é utilizado quando, na realidade, o que está sendo discutido é uma regra. Isto é verdade para os princípios gerais de Direito Internacional, alguns dos quais têm características de regras, e especialmente aqueles que possuem *status* de normas de caráter obrigatório.[37] Seria melhor que tais princípios fossem denominados "regras (ou normas) gerais de Direito Internacional". Até mesmo os "princípios gerais de Direito" no sentido do art. 38,

---

34. ECJ C-2/90 Commission *vs.* Belgium [1992] E.C.R. I 4431 (§ 34).
35. ECJ C-203/96 Dusseldorp [1998] E.C.R. I 4075.
36. O Governo Alemão não levantou o assunto da eficiência da reciclagem. Como conseqüência, o Tribunal não foi forçado a invocar tal critério. Cf. G. Winter, *Die Steuerung grenzuberschreitender Abfallströme*, Deutsches Verwaltungsblatt, 2000, 657 ff.
37. Cf., *e.g.*, Ian Brownlie, *Public International law*, 5ª ed., Oxford, Clarendon Press, 1998, p. 19.

inciso 1, letra "c", do Estatuto CIJ (Corte Internacional de Justiça), se consultados como fonte de Direito Internacional, não indicarão um princípio, e sim uma regra baseada em tais princípios.[38] As determinações ambientais citadas anteriormente como leis internacionais – isto é, as obrigações de prevenir graves danos e de cooperar – não são princípios, mas sim regras. Em contraposição, a precaução certamente ainda não é uma regra, podendo, contudo, ser considerada como um princípio, se por "princípio" entendermos uma determinação que esteja aberta para o balanceamento com outros princípios conflitantes. Com base no princípio, podemos até considerar a precaução como parte de uma regra de Direito Internacional que leva em consideração princípios opostos, tal como liberdade econômica. Neste caso, a precaução poderia ser definida como segue: "Os Estados não podem depender de incerteza científica como justificativa para nãoação quando houver evidência suficiente para estabelecer a possibilidade de risco de um dano grave mesmo que ainda não haja prova do mesmo. Ao determinar como e com que profundidade devem ser aplicadas as medidas de precaução, os Estados devem levar em consideração suas capacidades, suas prioridades econômicas e sociais, o custo-eficiência de suas medidas preventivas e a natureza e o nível do risco ambiental".[39]

Se especificada desta maneira, a precaução pode ser mais facilmente aceita como regra de Direito Internacional. Obviamente, não tem o caráter obrigatório em relação a tratado de lei. Mas pode influenciar a legislação doméstica, dependendo de como as Constituições nacionais decidirem sobre como se relacionam entre Direito Internacional e nacional.

Em conseqüência, a distinção entre os princípios ambientais e as regras possibilitaria que os princípios desempenhassem seu próprio papel no Direito Internacional, direcionando a interpretação das regras e preenchendo lacunas no corpo de tratados e regras costumeiras. Eles podem ser construídos a partir de discursos e experiências produzidos na ordem pública. Eles são o elo de ligação entre a experiência da sociedade (e do senso comum) e as normas de Direito

---

38. Esser, *Grundsatz und Norm*, p. 140.
39. A definição está baseada em Birnie/Boyle, *International Law* ..., 2ª ed., p. 120.

Internacional. Caso sejam amplamente aceitos pela doutrina internacional e pelo tribunal, os princípios podem instigar *opinio iuris sive necessitatis* e *consuetudo* na criação de novas leis. Eles podem até ser considerados como princípios gerais do Direito, se por "Direito" entendermos o sistema jurídico nacional ou internacional.[40] Para concluir, *princípios* podem ser uma fonte genuína de regras também em nível internacional e podem acelerar o processo de produção legislativa internacional. A respeito disto, eles podem demonstrar o mesmo potencial de autocriação de leis que é conhecido dos sistemas de direito comum.[41]

2.4 Revisão judicial de princípios

Já vimos que há uma diferença entre *políticas, princípios* e *regras*. Princípios são legalmente obrigatórios. Eles informam a interpretação e o desenvolvimento das normas. Eles podem ser transformados em regra. Tais regras podem conferir um peso legal específico em relação a possíveis princípios de equivalência contrária. Como já visto, as regras do Tratado CE acerca das liberdades básicas prevêem que questões ambientais podem prevalecer sobre questões de livre comércio de bens.

Há mais uma dimensão para o valor legal dos princípios, que é a profundidade com que os tribunais irão julgar a aplicação dos princípios ambientais por meio de ações governamentais. Se o ente governamental tiver, na verdade, feito o uso de um princípio, os tribunais terão a tendência de se aprofundar mais no caso. Em outras palavras, se o princípio é usado para fortalecer uma autoridade, o julgamento será mais detido. Contrariamente, se o ente governamental se houver recusado a agir, muito embora o princípio o obrigue, os tribunais tendem a tolerar tal passividade. Assim, se o princípio obrigar uma autoridade a agir, os tribunais não irão impor seu próprio entendimento do princípio. A razão para tal reação é seguinte: se o ente governamental já houver aplicado o princípio, ele já o terá contrabalançado com os princípios opostos, para adoção de tal decisão. Os tribunais estão,

---

40. V., sobre a história e potencial deste tipo de direito internacional, A. Casseese, *Direito Internacional*, Oxford, Oxford UP, 2001, pp. 155 e ss.
41. Esser, *Grundsatz und Norm*, p. 139.

então, construindo um entendimento que possibilita verificar se o balanceamento foi adotado corretamente. Se, por outro lado, o ente governamental teve uma conduta omissiva, não está claro quais princípios opostos deveriam ter sido levados em consideração. Sabe-se, abertamente, que esta é uma questão política reservada aos entes democraticamente legitimados, os tribunais irão, normalmente, acatar com respeito as decisões internas tomadas por cada país.

Provaremos o argumentado com a apreciação de alguns julgamentos da Corte Européia:

(a) O contexto de fornecimento de poderes
Princípios podem direcionar as regras, fortalecendo as atividades governamentais:
– quando a competência originária assim determinar; – quando um Estado-membro desejar ir além do estabelecido pela Comunidade.

(aa) Fortalecendo o exercício de competência da Comunidade
No caso da doença da "vaca-louca", a Comunidade tomou medidas legais contra a exportação de carne britânica para outros Estados-membros. O CEJ foi questionado pela Inglaterra para verificar se a competência originária – a saber, a política agrícola – havia sido corretamente aplicada. Referindo-se ao princípio da política ambiental e ao princípio da integração destes princípios com outras políticas, o Tribunal se pronunciou precisamente na concepção legal de "ação sob incerteza": "Quando houver incerteza da existência de riscos ou da extensão da gravidade a que os riscos à saúde pública possam ter chegado, as instituições podem adotar medidas preventivas sem ter que esperar até que a realidade e seriedade de tais riscos se tornem completamente aparentes".[42]

Legislação secundária poderá, porém, igualmente exceder a margem de competência das regras, e, assim, os princípios dos tratados, incluindo os princípios ambientais, podem servir para nortear

---

42. ECJ C-180/96 United Kingdom *vs.* Commission [1998] E.C.R. I 2265 (n. 99); a sentença foi novamente invocada no caso "Artegodan *vs.* Commission", Tribunal de primeira instância, casos coletivos T-74/00, T-76/00, E.C.R. 2000II-327, n. 184.

sobre quando os órgãos da Comunidade excederem a competência. Um exemplo disto é dado pelo CEJ, o anteriormente já citado "caso Standley".[43]

Standley invocou o princípio poluidor-pagador em face da Diretiva CE que limitava a criação de animais. Neste ponto, o CEJ afirmou: "No que diz respeito ao princípio do poluidor-pagador, adequado é afirmar que a Diretiva não significa que os fazendeiros devem tomar medidas para a eliminação da poluição para a qual eles não contribuíram".[44]

A partir daí pode-se argumentar que o Tribunal apreciaria a ação como uma violação ao princípio do poluidor-pagador, sendo que a Diretiva previu medidas em relação ao agente que não foi a origem da poluição.

(bb) Fortalecendo os Estados-membros a ir além da lei secundária

Na área da lei secundária os Estados-membros podem, de acordo com o art. 95, incisos 4 e 5, e/ou o art. 176, CE, em certas circunstâncias, editar lei de aplicabilidade mais protetiva, que vá além do Direito CE. As pré-condições particulares não são de interesse, aqui. O único ponto relevante que aqui devemos levar em consideração é a questão da aplicabilidade dos princípios ambientais. Eles aparecem com o papel de direcionar como as ações dos Estados-membros podem ser movidas. Assim, o art. 95, incisos 4 e 5, da CE permite ação complementar "com relação à proteção do meio ambiente". O mesmo está implícito no art. 176 CE. Portanto, qualquer ação complementar deve resultar em maior proteção ambiental. Os princípios contidos no art. 174, inciso 2, CE são traçados no art.95, incisos 4 e 5, CE pela cláusula de integração e no art.,176 CE por referência dire-

---

43. ECJ C-293/93 Standley [1999] E.C.R. I 2603. A passagem relevante está nos §§ 55 e 56, em que se lê: "É verdade que programas de ação que são fornecidos pelo art. 5 da Diretiva e devem conter medidas mandatórias referidas no Anexo III impõem certas condições no uso de fertilizantes e estrume de gado para que tais programas sejam responsáveis por restringir o exercício dos fazendeiros no que diz respeito ao direito de propriedade. Contudo, o sistema em exercício no art. 5 reflete as necessidades que se relacionam à proteção a saúde pública, e como tal possui um objetivo de interesse geral sem a substância do direito de propriedade ser impedida".

44. ECJ C-293/93 Standley [1999] E.C.R. I 2603 (§ 51).

ta ao art 174 CE. Eles abrem espaço potencial para tal, mas também marcam os limites das ações complementares. Como, por exemplo, um Estado-membro fazendo uso do art. 176 CE pode retirar o princípio de precaução quando a ação legal da Comunidade estiver limitada à defesa contra danos iminentes e sérios.

Princípios ambientais podem também direcionar o uso de cláusulas de proteção estabelecidas no campo do art. 95, inciso 10, CE, assim como foi considerada pelo Tribunal de Justiça no caso "Monsanto".[45] O Tribunal, desceu a um nível de detalhamento, ao dizer que a cláusula de proteção introduzida pela legislação sobre alimentos (*novel foods*) poderia ser usada como medida de precaução, mas tal medida precisava estar baseada na avaliação de risco: "Embora tais medidas possam ser adotadas somente caso o Estado-membro cumpra a avaliação de risco, que deve ser tão completa quanto possível, dadas as circunstâncias específicas do caso em questão, fica claro que, à luz do princípio da precaução, a implementação de tais medidas é necessária para assegurar que alimentos (*novel foods*) não apresentem sério perigo para o consumidor, de acordo com o objetivo estabelecido no art. 3 (1) da Regulamentação n. 258/1997".[46]

(b) A função de direção de atuações

(aa) O norteamento de ações realizadas pelos órgãos da Comunidade

A função diretiva pode ser atribuída aos princípios quando eles impõem especificações para uma regra, no exercício normativo de competência atribuída aos órgãos da Comunidade, sobretudo como forma de impulsionar tal exercício, mas também como elemento de limitação das suas ações. As obrigações que as funções diretivas impõem são realçadas quando, em uma situação desfavorável de passividade absoluta ou até mesmo de resistência política, vierem a constituir uma regra, obrigando os órgãos da Comunidade a agir.

O CEJ dá aos órgãos da Comunidade ampla discricionariedade entre alguns dos objetivos e princípios mencionados no art. 130r e da complexidade da implementação de seus critérios; a revisão pela Corte deve necessariamente ser limitada à questão, caso o Conselho, ao

---

45. Julgamento de 9.9.2003, ECJ C-263/01 Monsanto.
46. N. 107 do julgamento.

adotar uma regulamentação, cometa um erro visível de apreciação em relação às condições de aplicação do art. 130r do Tratado.[47]

A *judicial self restraint* contida na regra é explicada pela necessidade de produzir um equilíbrio entre princípios opostos e a complexidade de implementação destes princípios. Em termos mais gerais, pode-se concluir que, se a regra é muito aberta – por exemplo, se somente contribuir para um justo balanceamento dos princípios, sem fornecer um específico vetor de atuação –, os tribunais podem permitir uma ampla discrição legislativa, evitando substituir a apreciação do legislador pela sua própria.

Contudo, muito além de um mero teste de vedação de arbitrariedade, maiores imposições devem derivar de uma leitura atenta do significado, finalidade e condições dos princípios. O núcleo de imposições de um princípio, incluindo sua zona cinzenta, deve ser diferenciado da esfera delimitadora da margem de discricionariedade do legislador. O núcleo poderia ser definido como a *maiore ad minus*: quando medidas que combatem os riscos incertos podem ser consideradas como extensão dos princípios de proteção ambiental, medidas para defender os perigos iminentes e sérios devem ser tomadas como obrigação legal. Nesse sentido, se o núcleo dos princípios está identificado, pode-se, desde já, constituir a regra relevante. Neste contexto, quando o mandamento nuclear for ofendido, dificilmente restará campo normativo remanescente para considerar princípios opostos dentro da moldura da regra.

Casos *sui generis* nos quais a Comunidade estabelece medidas que realmente possibilitem a efetivação da proteção de um direito, e não apenas a solução de questões secundárias em relação ao mesmo, ainda não obtiveram das Cortes Européias o tratamento adequado. Vale mencionar que o CEJ, no caso "Safety High Tech", indica a possibilidade de que uma medida protetiva possa falhar na efetivação do alto nível de proteção ambiental exigido no art. 174 CE. No caso, o

---

47. ECJ C-284/95 Safety High Tech [1998] E.C.R. I 4301 (n. 37). O Tribunal Constitucional Federal da Alemanha já se expressou de maneira semelhante. V., por exemplo, o caso onde o vizinho de um aeroporto reclamou que as autoridades não haviam tomado as medidas de proteção apropriadas. O Tribunal afirmou que não havia "evidência" alguma de violação do dever constitucional do Estado de proteger o indivíduo (BVerfGE 56, 54 et seq., at 80).

Tribunal chegou a tal conclusão baseado na comparação com as medidas estabelecidas em um acordo internacional pertinente (o Protocolo de Montreal) e que estavam relegadas. Como o Tribunal tratou deste assunto apenas de maneira implícita, a questão não pode ser considerada como definitiva.

O CEJ já se expressou com funções diretivas, principalmente num dos casos mais irônicos, onde o peticionário de uma medida da Comunidade reclamou que tal medida não se aprofundou suficientemente na questão. Os querelantes, em casos onde ações de danos ambientais foram enriquecidas pelo direito da Comunidade, afirmaram que a Comunidade falhou também (ou pelo contrário) ao punir os outros "pecadores". O argumento pode ser designado como a versão do princípio NIMBY ("não no meu quintal"). O caso mais comum – onde um órgão da Comunidade, um Estado-membro ou terceiros podem se beneficiar das medidas da Comunidade, mas não trouxeram elementos suficientes para a concessão do pleito – ainda não foi decidido pelos tribunais.

"Safety High Tech" é particularmente relevante como exemplo da situação NYMBY. Uma regulamentação para a proteção da camada de ozônio proibiu o uso dos parcialmente halogênicos CFCs. O produtor, "Safety High Tech", afirmou que CFCs não poderiam ser retirados e proibidos sem também proibir os halogênios – entenda-se por *halogênios* aqueles que (sem controvérsia) têm um potencial mais alto que os CFCs na destruição da camada de ozônio e, além disto (ao contrário dos CFCs), também geram o efeito-estufa. Devido à falha em considerar o efeito-estufa potencial dos halogênios, o sistema normativo de proteção ao meio ambiente foi violado; em seguida, devido à falha em considerar o alto potencial do halogênio na destruição da camada de ozônio, a ordem específica de "alto nível de proteção" (*high level of protection*) foi igualmente violada. O CEJ respondeu, com base no anterior art. 130r (agora, art. 174), que "não se deve entender que o art. 130r (1) do Tratado estabeleça que a Comunidade legisle, desde que adote medidas de preservação, proteção e melhoria do meio ambiente, no trato de problemas ambientais específicos, adotando, ao mesmo tempo, medidas relativas ao meio ambiente como um todo".[48]

48. CEJ C-284/95 Safety High Tech [1998] E.C.R. I 2603 (§ 44).

Embora esta resposta seja basicamente razoável, o Tribunal poderia ter ido mais adiante ao fazer uso de uma construção legal alemã, denominada *Konzeptgebot* (abordagem planejada). A *Konzeptgebot*, que foi introduzida pelo Tribunal Administrativo Federal (*Federal Administrative Court*),[49] pode ser invocada em situações nas quais um complexo conjunto de problemas deve ser urgentemente resolvido, mas é difícil lidar com eles, devido à limitação de instrumentos e à capacidade de administração. Dada tal complexidade, os assuntos não conduzem a uma única resolução. Assim, as autoridades públicas devem proceder passo a passo, identificando individualmente os atores, tendo por base um plano abrangente que possibilite sistematização num plano geral de ação que possa se realizar ao longo do tempo.

No caso "Safety High Tech" a aplicação da *Konzeptgebot* significaria pedir um plano geral para a retirada de ambos, CFCs e halogênios. Parece que, na realidade, houve tal plano para o preenchimento de tais obrigações no Protocolo de Montreal. Era recomendável estar na defensiva, primeiro ao atacar os CFCs, já que existem outros substitutos imediatos, e depois se dirigir à questão espinhosa dos halogênios (que haviam, de fato, sido banidos).

No caso "Standley" a *Konzeptgebot* exigiria perguntar se a Diretiva se enquadrava na estrutura de um conceito geral para combater todas as fontes de nitrato, para classificar as cargas agrícolas. Ao contrário, o Tribunal de Justiça se satisfez com uma consideração isolada quanto à eficiência agronômica auferida com a utilização do nitrato.

(bb) Dirigindo Estados-membros

Funções diretivas dos princípios ambientais *vis-à-vis* são menos aparentes para os Estados-membros que as funções de atuação. Isto ocorre porque os Estados não estão tão próximos da área de competência que lhes concerne. Mas, na medida em que aplicam a legislação secundária da Comunidade e têm certa margem de apreciação, também ficam vinculados ao dever de atentar para os princípios de direito ambiental da Comunidade.[50] Isto seria a conseqüente aplicação da lei no *Wachauf* (que também está codificado no art. 51 da Carta de

---

49. *Bundesverwaltungsgericht* – BVerwg.
50. V. Jans/Von der Heide, ob. cit., p. 23.

Direitos Fundamentais), isto é, os Estados-membros, quando aplicam o direito da Comunidade, estão respaldados nos direitos fundamentais e nos princípios da Comunidade.[51] Esta integração do princípio do art. 6 está ancorada na Constituição ncional de qualquer Estado-membro e merece peculiar destaque. Conseqüentemente, os Estados-membros, ao aplicarem o Direito da Comunidade fora do campo do direito ambiental (por exemplo, o direito de energia), teriam que observar os princípios ambientais do art. 174 CE, incluindo, por exemplo, o princípio do uso racional de recursos naturais.[52]

3. O conceito de "precaução" e "sustentabilidade"

3.1 Princípio da precaução

O princípio da precaução partiu do Direito doméstico Alemão para o Direito da Comunidade. Como a maioria dos migrantes, ele foi adaptado e não possui exatamente o mesmo significado que tem no Direito nacional Alemão. O princípio da precaução no Direito Europeu tem tanto uma significância metodológica quanto estratégica. Isto foi claramente indicado em ambas as sentenças da Comissão relacionadas à aplicação do princípio da precaução[53] e no *leading case* "Pfizer".[54] Metodologicamente, o princípio dá indicadores para uma avaliação de risco. Estrategicamente, fornece exigências no caso de a decisão tender para intervenção. Em ambos os casos, o princípio incita cuidados: na avaliação de risco, incerteza científica não é justificativa para esclarecer totalmente a questão, devendo ser investigado o fato de haver pelo menos indicadores de risco, possibilidades de interpelação fornecidas por fatos conhecidos etc. No mesmo sentido, quanto à decisão de agir, incerteza científica não deve justificar a abstenção na adoção de

---

51. CEJ 5/88 Hubert Wachauf *vs.* Bundesrepublik Detschland [1989] E.C.R. 2609 (§ 19).
52. Sugestões semelhantes foram feitas por: R. Macrory, "Environmental interligation and the European Charter of Fundamental Rights", artigo apresentado ao grupo *Avosetta*, 12-13.1.2001, p. 8 (*www.Avosetta.org*); N. de Sadeleer, "Les fondements de l'action communautarie en matière d'environnement", in Peter Lang, *L'Europe et ses Citoyens*, 2000, p. 112, com mais exemplos.
53. Mitteilung v. 2.2.2000, Kom (2000) 1.
54. Tribunal de primeira instância, julgamento de 11.9.2002, "Pfizer *vs.* Commission" T-13/99.

medidas de precaução.Concluindo, isto foi afirmado no caso "Pfizer": "Entende-se, a partir da interpretação da Corte da Comunidade acerca do princípio da precaução, que uma medida preventiva deve ser tomada somente se o risco, apesar de a realidade e a extensão não terem sido completamente demonstradas por evidências científicas conclusivas, parecer estar adequadamente respaldado em dados científicos disponibilizados no momento da adoção da medida".[55]

O princípio da precaução no Direito nacional Alemão tem, além disso, uma dimensão material e uma dimensão instrumental. Uma dimensão material na qual conseqüências distantes tanto em tempo como em lugar, danos a bens particularmente sensíveis, meros distúrbios e pouca probabilidade de dano devem ser investigados na avaliação de risco. A dimensão instrumental refere-se ao arsenal de medidas pertinentes. *Precaução* significa, neste contexto, que as melhores técnicas disponíveis de minimização de dano devem ser aplicadas, independentemente da sua previsibilidade.[56]

Isto nos leva a questionar se esta significância adicional está representada por outros princípios europeus. Se este não for o caso, então a introdução e possível codificação de princípios adicionais devem ser levadas em conta. Em todos os casos, no entanto, deve reinar a maior economia na discussão deste assunto, porque a noosfera dos princípios gerais já é altamente nublada.

A dimensão instrumental está possivelmente representada pelo princípio da prevenção e pelo princípio da recomposição do dano. *Prevenção* é a antítese de *reparação*. Por exemplo, um sistema permissivo seria preventivo se comparado à responsabilidade por danos.[57] O ponto que os conecta é a cadeia da causalidade. O princípio da recomposição do dano força a medidas remediadoras tanto quanto possível até o início da cadeia causal. Esta estrutura permite que a adoção das melhores técnicas disponíveis seja implementada sem dificuldade: estabelece parâmetros para que seja emitida a autorização para a realização do empreendimento/atividade, que é o primeiro estágio na cadeia causal e que precede sua repercussão e os efeitos da ação perigosa ao meio ambiente.

55. Tribunal de primeira instância, "Pfizer *vs.* Commission", § 144.
56. Como exemplo, v. *Bundesimmissionsschutzgesetz* 5, I, n. 2.
57. Responsabilidade natural por danos também tem um efeito preventivo.

Entender os princípios da prevenção e da recomposição dos danos como exigência de utilização das melhores técnicas disponíveis parece ser um entrave, conforme comentário do CEJ no caso "Safety High Tech", ao qual o Tribunal Europeu se refere no caso "Pfizer": "O art. 130r (2) do Tratado exige política comum da Comunidade em questões ambientais, objetivando um maior nível de proteção. O nível de proteção, para ser compatível com esta previsão, não tem que necessariamente ser o mais elevado dentro do tecnicamente possível".[58]

Contudo, seria errôneo tomar esta afirmação como excludente de políticas direcionadas ao tecnicamente possível. Melhores tecnologias simplesmente não são exigidas com base no princípio do alto nível de proteção (*principle of high level of protection*). As melhores tecnologias podem ser exigidas por outros princípios, tais como os da prevenção e da recomposição do dano.

A dimensão substantiva é dificilmente apresentada nos princípios do art. 174 CE. O problema de danos em bens particularmente sensíveis, inconveniência e baixa probabilidade de danos a bens ambientais nos faz presumir que o desenvolvimento interpretativo correspondente vai se apoiar no princípio da precaução. No caso dos efeitos que aparecerão em uma dimensão temporal e espacial futura, princípios surgirão, dando a estes efeitos mais peso do que o princípio da prevenção daria.

Tomemos como exemplo o princípio da proteção das gerações futuras e um possível princípio de proteção ambiental mundial. Ambos os princípios demandam atenção especial. Eu sugiro que seja considerada a inserção nominal dos mesmos na lista contida no art. 174, § 2, EC.[59] Esta proposta deveria de fato ser implementada, com o objetivo de resguardar a proteção ambiental mundial, porque essa é a mecânica da biosfera mundial (o clima, o equilíbrio bio-físico-geográfico, o ciclo da água mundial etc.), que será provavelmente a mais urgente preocupação das próximas décadas. Quanto à proteção das gerações futuras, esta preocupação está representada pelo princípio da sustentabilidade, já existente.

---

58. "Pfizer", § 49.
59. Com relação à *proteção de gerações futuras*, v. também a proposta do grupo *Avosetta*, supracitado, nota de rodapé 52.

3.2 Sustentabilidade

Desenvolvimento sustentável está definido como um princípio da União Européia (EU) no "Preâmbulo" do Tratado EU, como um objetivo da União Européia no art. 2 (EU) e como tarefa da Comunidade Européia no art. 2 (CE). No projeto da Constituição o desenvolvimento sustentável do planeta Terra é imaginado como um objetivo de política externa. Pode-se possivelmente entender *desenvolvimento sustentável* como uma idéia diretiva ou ideal. Certamente, sua significação legal não é aquela de um princípio legal no sentido proposto aqui.[60] Por outro lado, o desenvolvimento sustentável é um elemento do princípio de integração, nos termos do art. 6. Embora não seja um princípio independente, mas mais propriamente um objetivo diretivo, *desenvolvimento sustentável* tem uma significância legal, e não meramente uma significância política, como está estabelecido no art. 6 (CE). Então, incumbe a tarefa de dar ao ideal um significado mais específico, que lhe possibilite tornar-se um princípio legal.

O princípio da sustentabilidade, como o princípio da precaução, migrou para o direito da Comunidade, tendo surgido originalmente no Direito Alemão. Lá, possuía uma historia longa e independente, como um princípio de direito florestal. Seguindo esta tradição, está intimamente associado ao uso de recursos naturais, e em particular àqueles que são renováveis.

Por esta origem o princípio se diferencia dos princípios de proteção ambiental em dois aspectos: um em razão da escala de aplicação e outro de conteúdo conceitual. Com relação à escala de aplicação, a sustentabilidade não se aplica para a utilização do meio ambiente como uma pia a ser usada como lixeira. Esta preocupação era encampada pelos princípios que evitam danos aos bens ambientais e, por último, pelo da precaução.[61] Com relação ao conteúdo conceitual, o princípio da sustentabilidade é mais dinâmico que o da prevenção de danos e o da precaução, pois permite a destruição de bens ambientais, se tal destruição for também compatível com a renovação a longo prazo dos recursos – isto é, se houver possibilidade de reflo-

---

60. Verschuuren, *Principles of Environmental Law*, p. 20.
61. E. Rehbinder, "Nachhaltigkeit als Prinzip des Umweltrechts: konzeptionelle Fragen", in H.-P. Dolde (Hrsg.), *Umwelt im Wandel*, Berlim, E. Schimidt Verlag, 2000, pp. 721 e ss.

restamento. Os princípios que evitam danos e os da precaução procuram, ao contrário, identificar as fronteiras estáticas exatas entre os processos técnicos e "ambientais" e determinar com argúcia os limites de tolerância.

Com o Relatório da Comissão Mundial pelo Meio Ambiente (*Brundtland Comission*), em 1987, uma ponte entre a "pia" e a "fonte" possibilitou a construção de pontos de vista. A idéia de fonte foi ampliada para o meio ambiente como um todo, incluindo sua própria utilização como pia (isto é, a exploração de sua própria capacidade de absorção e degradação). O uso de recursos deveria ser permito desde que fosse compatível com a conservação, a longo prazo, do meio ambiente como um sistema.[62] Três regras surgiram, e também obtiveram consenso:

(1) Recursos renováveis somente podem ser utilizados até o ponto em que possam ser renovados.

(2) Recursos não-renováveis somente podem ser utilizados até o ponto em que existam substitutos de equivalência funcional entre os recursos renováveis, desde que estes possam ser encontrados ou desenvolvidos.

(3) Emissões danosas não devem exceder a capacidade dos ecossistemas, para que não haja a destruição dos mesmos.[63]

Uma dimensão conceitual que a Comissão acentua é a ligação entre Economia e Ecologia. A ligação entre Economia e Ecologia, expressada no princípio da sustentabilidade, pode ser entendida pelo menos de duas maneiras. As concepções que embasam o primeiro entendimento têm o princípio da sustentabilidade como determinante quanto ao uso racional de longo prazo dos bens ambientais – por exemplo, atividades econômicas podem fazer uso dos recursos mas não devem esgotá-los. Sob esse enfoque, o ponto de partida da sustentabilidade é o meio ambiente. A legalidade da atividade econômica é então considerada nos termos em que o limite dos recursos sustentáveis a suporte. Um segundo entendimento atinge em cheio o primeiro: o princípio da sustentabilidade também pode ser entendido

---

62. Cf. Capítulo 2, n. 14, do artigo/relatório: "Os bens assim chamados livres como água e ar são também recursos".
63. "Rat von sachverständigen für Umweltfragen", *Umweltgutachten 2002*, eine neue vorreiterrolle, Stuttgart, Meltzer-Poeschel, 2002, n. 29.

no sentido de que uma atividade econômica possa ser mantida a longo prazo sem destruir seus próprios fundamentos naturais. Nesse caso, o ponto de partida é a Economia, que, por sua vez, condiciona as questões ambientais. A proposta da Comissão Brundtland conduz a uma segunda. O Relatório fala em termos de *desenvolvimento sustentável*, não de *recursos sustentáveis*. Assim, a Comissão sustenta, essencialmente, que, no que concerne aos recursos naturais, estes devem ser aproveitados sob o enfoque de uma estrutura interna e determinada para o desenvolvimento econômico e tecnológico.

Por enquanto, a interpretação de *desenvolvimento sustentável* vem sendo desenvolvida com base em três pilares: desenvolvimento sustentável abrange não somente a proteção sustentável dos recursos ambientais, mas também a manutenção e o desenvolvimento, a longo prazo, dos bens econômicos e sociais comuns.[64] Este novo entendimento é traçado também no projeto da Convenção que diz, no art. I-3, § 3: "A União deve trabalhar para uma Europa de desenvolvimento sustentável baseada no crescimento econômico equilibrado, economia comercialmente social, altamente competitiva e com o objetivo de alcançar pleno progresso empregatício e social, e com um alto nível de proteção e melhoria da qualidade do meio ambiente". Aqui, *crescimento econômico*, *progresso social* e *proteção ambiental* são considerados os três elementos de uma expressão genérica, que é o *desenvolvimento sustentável*.

Esta extensão esvazia o conceito ao ponto em que ele se torna uma exigência de equilíbrio muito abrangente sem qualquer valor diretivo. Obviamente, as preocupações ambientais não podem ser determinadas como absolutas, mas já existem princípios opostos bem estabelecidos (como a liberdade comercial, o princípio da proporcionalidade etc.), que podem se relacionar com as questões ambientais. A "sustentabilidade" não necessita reafirmar a inter-relação já existente dos princípios. Se "desenvolvimento sustentável" pode ser significativo, ele deve esclarecer que o bem-estar comum social e econômico só pode sobreviver se estiver fundamentado no

---

64. V. a enquete da Comissão "Schutz des Menschen und der Umwelt" do 13º *Bundestag* da Alemanha, *Konzeptnachhaltigkeit – Vom Leitbild zur Umsetzung*, Bonn, Deutscher Bundestag, 1998.

meio ambiente.[65] A consideração da Economia Ecológica permanece tensa, e o drama transpõe qualquer pressão com objetivo de mudar os hábitos e as práticas dos empresários e consumidores. O modelo dos três pilares, visto sob esta perspectiva, marca a Economia, pressionando a criatividade e a inovação.[66] Cada um dos pilares não tem sua própria margem de apreciação; assim, compelem a esfera sócio-econômica a uma mudança substancial. Talvez se fale de desenvolvimento sustentável num sentido imperativo. Com tal entendimento, seria recomendável que os tratados versassem sobre *desenvolvimento sustentável*, e não sobre o uso sustentável dos recursos naturais. Mas resta dúvida sobre se este entendimento encontrará amplo apoio.

4. Conclusão

Minhas considerações sobre a natureza legal dos princípios ambientais podem ser resumidas no que segue.

4.1 Deve-se compreender *princípio* como um valor legal. Princípios não-legais devem ser chamados de políticas, ideais, objetivos etc.

4.2 O valor legal é derivado da legislação ou jurisprudência do tribunal. No primeiro caso, é baseado em decisão política; e no segundo, na experiência comum e no bom senso.

4.3 *Princípios* devem ser distinguidos de *regras*. Princípios podem ser balanceados com princípios conflitivos. Regras são conclusivas, embora forneçam abertura para exceções ou para o balanceamento das questões em conflito.

4.4 Princípios ajudam a interpretar as regras, preencher lacunas e desenvolver novas regras.

4.5 A distinção entre *princípios* e *regras* pode ser aplicada em todos os níveis da hierarquia das normas, sejam elas internas ou externas.

4.6 Se aplicada ao Direito Internacional, a distinção entre *princípios* e *regras* pode acelerar o desenvolvimento do Direito. Princípios

---

65. V.: "Rat von sachverständigen für Umweltfragen", *Umweltgutachten 2002*, eine neue vorreiterrolle, Stuttgart, Meltzler-Poeschel, 2002, n. 31.
66. V. Rehbinder, "Nachhaltigkeit als Prinzip des Umweltrechts: konzeptionelle Fragen", in H.-P. Dolde (Hrsg.), *Umwelt im Wandel*, p. 743.

podem servir como um elo entre a experiência comum, o bom senso e as regras. Estes seriam mais prontamente aceitos se fossem entendidos como abertos para o balanceamento contra outros princípios. Regras podem ser mais prontamente aceitas se forem formuladas precisamente como pontes entre princípios conflitivos.

4.7 Uma analise da jurisprudência do CEJ mostra que a densidade do controle é diferente dependendo se eles forem usados num contexto de fornecer poderes às autoridades públicas ou de direcionar a tomada de medidas pelas autoridades. Há mais auto-restrições judiciais (*judicial self-restraint*) no segundo do que no primeiro contexto. Isto ocorre porque há respeito dos tribunais pela apreciação efetivada pelos órgãos democraticamente legitimados acerca dos princípios e seu balanceamento.

4.8 O *princípio da precaução* é geralmente entendido por encaminhar uma questão de ordem cognitiva (isto é, a relevância da incerteza). Tendo também, contudo, uma dimensão substantiva (alertando às autoridades competentes os efeitos de longo prazo e de larga escala) e uma dimensão instrumental (demandada pelas melhores tecnologias disponíveis).

4.9 O significado original de *sustentabilidade*, isto é, uso sustentável dos recursos naturais, vem cada vez mais sendo substituído pelo conceito dos três pilares, que são *equivalência social, questões econômicas* e *ecológicas*. O conceito dos três pilares é amplo demais pare se tornar aceitável como um princípio legal. Ele também ignora o fato de que a sociedade é fundamentalmente dependente de recursos naturais. Uma terceira definição a ser discutida é de uma vida social, econômica e ambientalmente sustentável.

ESTÉTICA E DIREITO AMBIENTAL*

JACQUELINE MORAND-DEVILLER

1. O meio ambiente a serviço da Estética: 1.1 Universalidade: o sentido comum estético – 1.2 Democratização: o meio ambiente revelador da Estética. 2. A Estética a serviço do meio ambiente: 2.1 A Estética decretada – 2.2 A Estética esquecida e ameaçada.

A Estética e o Direito não mantêm relações conflituosas, mas delicadas, cujos responsáveis são os juristas reticentes em relação a um conceito que julgam demasiadamente marcado pela subjetividade e pelo irracional. A mesma desconfiança existe com relação à Moral. Mas, como essa tornou-se banal, suplantada pela Ética – ou, melhor, "pelas éticas" –, ela não assusta mais, antes tranqüiliza, e os políticos e os juristas apoderaram-se avidamente dela para proclamar "grandes princípios" que enriquecem o universo do Direito: "Assim como os porteiros passaram a ser vigilantes, a Moral passou a ser Ética" – ironizava Georges Vedel.[1] Seria a mesma coisa para a Estética? Não é possível prever.

O direito público francês pouco progrediu nesse sentido. A jurisprudência mostra-se ainda muito reticente para admitir que a Estética

* Tradução do francês pela Dra. Simone Wolff.
1. "Tout comme les concierges sont devenues gardiennes, la Morale est devenue Éthique."
Nota da Tradutora: o termo *concierge* tem origem latina – *conservius* ("com serviço"). Este termo apareceu na Língua Francesa em meados de 1195 e designava até Luís XI (1423-1483) um oficial da Realeza encarregado de diversas funções no palácio onde habitava: segurança, administração dos serviços domésticos e também demandas da Corte. Com o declínio da Monarquia, os *concierges* passaram a se ocupar de edifícios particulares. Hoje esta profissão corresponde ao que se denomina, no Brasil, "zelador", tendo a acepção de guardião de um edifício.

possa ser um componente do interesse geral. Isso se verifica em matéria de polícia administrativa – o juiz se recusa a considerar a Estética como um dos fundamentos da ordem pública – ou em matéria dominial – uma autorização de ocupação dominial não pode ser embasada em considerações estéticas: assim, é declarada a ilegalidade de uma decisão municipal que, na maior boa-fé, tenta colocar um pouco de ordem e de gosto na organização de um cemitério.

A doutrina, ela própria, continua reservada, quase indiferente, exceto por algumas vozes isoladas, às quais deve-se prestar homenagem. Assim, em um célebre artigo – "Police et Esthétique" ("Polícia e Estética") –, publicado em 1927, Paul Duez concebe a proteção da Estética entre as missões da polícia administrativa; e, 20 anos mais tarde, R. C. Charlier insiste sobre a dimensão política da Estética: "A Estética em si mesma é uma ordem. Ela tem como canais sistemas de regras, as convenções da arte e do jogo; sua prática admite uma disciplina. De qualquer modo, ela é criadora de ordem e de harmonia"[2] ("Les fins du droit public moderne", *RDP* 1947).

Destinada pelo acaso do percurso universitário a me tornar íntima do direito do urbanismo e do meio ambiente, retomei a obra e tentei demonstrar o espaço que a Estética ocupa, de maneira "oficial", nessas jovens disciplinas. Ver, em particular, J. Morand-Deviller, "Esthétique et patrimoine", *AJDA* maio/1993; "Esthétique et droit de l'urbanisme", in *Mélanges René Chapus*, LGDJ, 1994; "Le droit de l'urbanisme et le Beau", *Archives de Philosophie du Droit* 1996; "Éthique et Esthétique", in *La Responsabilité Administrative. Nouvelles Perspectives*, Economica, 2003.

Em razão de as preocupações estéticas, próximas das preocupações éticas, não terem deixado de inspirar as pesquisas de PAULO AFFONSO LEME MACHADO e porque esse grande jurista é também um grande filósofo, decidimos oferecer a ele algumas reflexões sobre esse tema, a fim de lhe prestar homenagem. Em face de um tema tão audacioso, tratar-se-á apenas de variações livres e forçosamente superficiais. Elas se organizam em torno da idéia de reciprocidade e de intimidade dos vínculos que unem esses dois conceitos, a fim de

---

2. "L'Esthétique a elle seule est un ordre. Elle a pour moyens des réseaux de règles, les conventions de l'art et du jeu; sa pratique comporte une discipline. En tous cas elle est créatrice d'ordre et d'harmonie."

mostrar que o meio ambiente está a serviço da Estética e a Estética está a serviço do meio ambiente.

1. O meio ambiente a serviço da Estética

1.1 Universalidade: o sentido comum estético

A Estética tem por objeto uma das grandes aspirações do homem: a Beleza. Hoje em dia não se discute mais a questão de saber se ela deve ser *objetiva* ou *subjetiva*, pois parece evidente que ela é, de forma indissociável, tanto objetiva quanto subjetiva. Platão e Kant aproximam-se: a Beleza preexiste a nós, sem nós e fora de nós, no mundo supra-sensível das idéias – assim afirma o primeiro; mas a Beleza de algo, como expressa o segundo, não reside somente na sua natureza, mas no livre curso da imaginação e da interpretação daquele que a vê ou a ouve.

Admite-se até que a Estética seja uma *obra de arte*, e não uma obra da Ciência. Como bem apontou Bergson, explicar a Beleza é vivê-la, provar em si mesmo a emoção, por um modo de intimidade direta não recorrente nem à inteligência, nem à razão. Procurar aplicar métodos pseudocientíficos de apreensão do Belo é suscetível de matá-lo. A Estética é uma inspiração, não uma reflexão "além do Verdadeiro e Falso, do Bem e do Mal, do Belo e do Feio". A Ciência pode servir de algum auxílio apenas se for "artista", intuitiva, inquieta, imperfeita. Aliás, foi justamente notado que "o princípio da arte é parte da própria vida" e que "o Belo apresenta-se à plena consciência da vida". A *qualidade de vida* é uma busca da Beleza: eis que surge a questão em termos ambientais.

Duas verificações se unem para qualificar o Belo. Uma e outra são, à primeira vista, simplificadoras, mas a melhor maneira de caracterizar o inefável e o invisível não provém de uma importante revelação, expurgada de todas as interpretações dos padres da Igreja? O Belo seria a união de um máximo de unidade reunindo o máximo de diversidade, a variedade extrema almejaria o alcance da harmonia. Aliás, o Belo deve ser vencedor do julgamento a ser feito pela posteridade. Ele se dirige às gerações futuras, e desse consenso, largamente majoritário, ele traz sua primeira qualidade: a *universalidade*, aquilo que Kant captou em um célebre enunciado: "É Belo o que agrada universalmente, sem definições".[3]

Com certeza, a apreciação envolvendo gosto é subjetiva, mas ela é suscetível de ser compartilhada por um grande número de pessoas e de refletir, como em um espelho, um grande número de opiniões idênticas desprovidas de interesse. Assim como existe um Bem comum, há um sentido estético comum que será colocado a serviço do Bem comum; e é dever do político e do jurista não a busca da definição do Belo ou dar-lhe critérios de reconhecimento – incorrendo-se no risco de acabar em uma desastrosa Estética política oficial –, mas fazer emanar esse senso comum estético universalmente partilhado.

1.2 Democratização: o meio ambiente revelador da Estética

Diversidade, harmonia, qualidade de vida, veredicto das gerações futuras, papel da natureza na arte, universalidade ... – todas essas noções evocadas em relação à Estética têm evidentes ressonâncias na esfera ambiental, como admitirão prontamente os filósofos, os artistas e todo honrado cidadão, mas bem menos os juristas, pela razão evocada acima, por receio diante do irracional e da pretensa subjetividade.

Mas a Estética tem vida difícil, ela é capaz de evoluir, capaz de adaptar-se às novas aspirações do homem e das sociedades, capaz, por sua flexibilidade, de influenciar o próprio Direito. Por muito tempo reservada a uma elite, a assuntos ou a objetos raros, a Estética tende, doravante, a dissociar-se da teoria do Belo para tornar-se uma *doutrina da sensibilidade*. Sua vocação universal a torna acessível a um maior número de pessoas, ela se torna um dos fundamentos essenciais da qualidade de vida, que não é outra coisa que a qualidade do meio ambiente, conceito-*encruzilhada* onde se entrecruzam as disciplinas mais diversas – dentre elas o Direito.

Convém insistir sobre o papel *revelador* protagonizado pelas preocupações ambientais junto aos juristas e políticos para fazê-los tomar consciência do espaço que a Estética deve ocupar no cerne do Direito. De maneira geral, as finalidades ambientais terão sido de

3. "Est Beau ce qui plaît universellement et sans concept."

excepcional fecundidade para engendrar novos princípios e novas finalidades particularmente necessárias em nossos tempos. A Estética tornou-se uma dessas finalidades, como assim entendeu o legislador.

Uma breve análise das disciplinas jurídicas – em direito público bem como em direito privado – que acolhem a Estética entre suas finalidades permite constatar que o balanço não é dos melhores, incluindo-se aí o direito referente às obras de arte e o dos direitos autorais. A Estética nesse caso, é, aliás, mais objeto que finalidade. Em compensação, o direito do meio ambiente é um espaço de predileção da Estética. A obrigação de "inserção harmoniosa no meio ambiente", que encontramos muitas vezes nos textos, é prova disso, e essa noção de "harmonia" é, certamente, uma noção de Estética.

A preservação e a valorização das paisagens naturais e urbanas tornaram-se prioridade das políticas nacionais, locais bem como internacionais, desde que as paisagens ou monumentos de excepcional valor sejam merecedores de ser inscritos no patrimônio mundial da UNESCO.

Esse dever que têm os Poderes Públicos não se apóia sobre um *direito do homem à beleza do meio ambiente* no qual ele vive? Não é proibido defender esse direito, mas pode-se mensurar a dificuldade de tal consagração, que aparece, no entanto, em certos textos constitucionais – como, por exemplo, a Constituição Italiana.

A Constituição Francesa não oferece lugar à Estética. Se o "Preâmbulo" da Declaração de 1789, que possui valor constitucional, menciona a "felicidade de todos" como um objetivo da garantia dos direitos, esse direito à felicidade nasce como o direito à satisfação materialista, mais que espiritualista: felicidade para o trabalho, benefícios sociais, educação, moradia digna, liberdade, fraternidade ...

A felicidade através da Beleza é uma idéia que ainda não sensibilizou nossos constituintes, nossos legisladores e nossos juízes. E é muito significativo observar que no projeto da "Carta do Meio Ambiente" – cuja adoção era prevista para o final de 2003 – nenhuma alusão é feita à dimensão estética de sua proteção. Os "equilíbrios naturais" evocados continuam como equilíbrios biológicos, e não paisagísticos ou arquiteturais; e a qualidade do meio ambiente diz respeito ao direito do homem a um meio ambiente sadio, sem se preocupar com sua beleza.

A proclamação de um direito do homem à Beleza, inspirado por um direito a uma qualidade de vida ambiental, pareceria, assim, para a grande maioria de políticos e juristas, empreitada de uma audácia inaudita. E, portanto, não seria necessário lembrar que a busca da Estética é, na maioria das vezes, apresentada como *um fator de paz social*? Sua universalidade, a exaltação espiritual e sensível que ela acarreta, levaria à redução das tensões do homem individualmente, bem como das tensões no interior das sociedades. O senso comum estético reforçaria a coesão social mais facilmente, por não se tratar de julgamento de valor, como em matéria de Ética, mas de comunhão de sentimentos.

As preocupações ambientais – e somente elas – estão, portanto, na origem de uma promoção da Estética dentre as finalidades reconhecidas pelo Direito. A restrição do juiz teve que ceder diante das prescrições normativas. Se no Direito Francês ainda é prematuro esperar-se uma promoção mais importante por parte do constituinte, pode-se estimar que a Estética se introduz, de forma irresistível, no cerne de grandes princípios "na moda", cuja revelação, mais uma vez, tem por origem o meio ambiente, e que estenderam-se a todos os ramos do Direito. Trata-se do princípio do *desenvolvimento sustentável* e do princípio de *precaução*. De fato, quem poderia negar que os danos à Estética – como degradações, demolição de sítios ou de monumentos – constituem um desperdício, que causam prejuízos às gerações futuras e uma violação do princípio de precaução? Tais mutilações causam danos irreversíveis e violam o mais elementar dever de prudência.

De certo modo, o legislador e o juiz colocam-se muitas vezes a serviço da Estética sem confessá-lo, levados que são pelas finalidades ambientais. O Belo que está no âmago da qualidade da alma, como muitas vezes diziam os artistas, e que está no cerne da qualidade de vida, não deveria assustar os juristas. Nada há de suspeito em relação ao interesse geral; justamente o contrário, na medida em que nos recusamos a confinar o Belo em uma acepção abstrata, para dar-lhe uma consistência bem viva e quase carnal. Mas os tempos ainda não são aqueles de sua promoção generalizada no âmbito do Direito, e esse é um dos méritos – dentre outros – das preocupações ambientais, que forçaram a Estética a ocupar um lugar não somente entre as primeiras fileiras dos espectadores, mas também no centro da cena. É o que se pode inferir da análise do Direito Francês atual; a Estética é, então, colocada a serviço do direito do meio ambiente.

2. A Estética a serviço do meio ambiente

Não querendo desagradar àqueles que ousavam proclamar peremptoriamente "a Estética não se decreta", na França o termo "Estética" encontra-se em inúmeras leis e decretos referentes ao direito do meio ambiente e do urbanismo. Far-se-á um rápido balanço, que conduz à distinção entre meio ambiente cultural, natural e urbano. Todavia, a Estética é uma finalidade muitas vezes esquecida e sempre ameaçada.

2.1 A Estética decretada

As teorias de Aristóteles nada perderam de sua força e de sua clarividência: "O Belo e o Justo são interpretações tão vastas e suscetíveis de erro que parecem apenas existir graças à lei e não por efeito da Natureza".[4] A existência do Direito e sua efetividade requerem a elaboração de normas, e o respeito de grandes princípios filosóficos e éticos somente se imporá se houver ocorrido essa transcrição. Mesmo se esses princípios preexistem à norma, é ela que lhes dá "vida" – quer dizer, uma força além da idéia, uma *força jurídica*.

A Estética existe para o Direito somente graças à legitimação dos textos. Essa celebração é recente e tem como origem a proteção do *patrimônio cultural*. Para lutar contra o "vandalismo" e proteger seus prestigiosos monumentos das degradações, a França dotou-se de uma legislação protetora com as leis de 1887 e 1913; a maioria dos dispositivos dessa última encontra-se ainda em vigor – o que prova a inteligência e a eficácia de seus dispositivos. Os proprietários públicos e privados de monumentos podem ter seus bens gravados de pesadas servidões e o controle dos serviços do Estado, confiado a um grupo de arquitetos especializados. A classificação do monumento, própria

---

4. "Le Beau et le Juste sont d'interprétation si vaste et si susceptible d'erreur qu'ils ne paraissent avoir d'être que grâce à la loi et non par un effet de la Nature."

a justificar a proteção, dá-se por critério de interesse histórico e *artístico* – quer dizer, um critério estético.

O patrimônio protegido permaneceu por longo tempo *elitista* e *singular*, dizendo respeito apenas a monumentos isolados e de interesse excepcional. Mas seu campo de aplicação não parou de expandir-se a construções e obras mais modestas, em resposta a uma Estética quase-popular: patrimônio industrial, rural ... E, aliás, pareceu necessário proteger também o ambiente imediato dos monumentos, seu "escrínio", destinado – como para uma jóia – a valorizá-lo: a lei de 25.2.1934 completará aquela de 1913, com o objetivo de proteger as "circunvizinhanças" dos monumentos históricos; legislação, essa, temida pelos construtores e os eleitos locais, que reivindicam – o que não será sem riscos – uma certa descentralização das competências.

Essa democratização da Estética patrimonial exprimir-se-á mais tarde por uma vontade de *planejamento*. A política de *restauração imobiliária*, encarregada de colocar fim aos excessos desastrosos, nos anos 50 do século passado; da renovação urbana, responsável pela demolição de inúmeros centros antigos das cidades, e o regime dos *setores salvaguardados*, nascido da Lei Malraux de 4.8.1962, buscam desenvolver a contento verdadeiros projetos de valorização arquitetônica de um conjunto de bairros – procedimento denso e longo, mas que trouxe excelentes resultados, fazendo dos bairros reabilitados um lugar de encontro e entretenimento que, além disso, possa contribuir ao desenvolvimento econômico da cidade. A finalidade estética é expressamente adotada pelo legislador, visto que o plano de salvaguarda, específico para o setor, refere-se às zonas que apresentam "um caráter histórico, *estético* ou de natureza a justificar a conservação, a restauração ou a valorização de todo ou parte de um conjunto de imóveis".

Uma outra fórmula – mas, desta vez, descentralizada – é aquela das Zonas de Proteção do Patrimônio Arquitetônico, Urbano e Paisagístico (*Zones de Protection du Patrimoine Architectural, Urbain et Paysager* – ZPPAUP), disposição singular da lei de 7.1.1993, outorgando competências mais amplas aos Municípios em matéria de urbanismo. Essas zonas concernem aos "bairros e áreas a proteger ou valorizar por razões de ordem estética ou histórica".

Encontra-se essa evolução de uma Estética elitista para uma Estética democratizada quando se faz o balanço dos textos protetores do *patrimônio natural*. As primeiras leis protetoras remontam a 1906 e 1930. Inspirando-se no regime dos monumentos históricos, elas se aplicam às áreas "cuja conservação apresente, do ponto de vista artístico, histórico, científico, legendário ou pitoresco, um interesse geral". Aqui a Estética ainda está presente, mas, em um primeiro momento, a classificação diz respeito apenas às áreas de dimensão reduzida e de interesse manifesto.

Em seguida, a proteção será adotada para os territórios mais extensos, e inúmeras legislações especiais intervirão, com o objetivo de proteger certos espaços naturais ameaçados: lei dos parques nacionais; lei da montanha; lei do litoral ... Se o termo "Estética" não aparece de forma expressa, ele é subentendido, notadamente na expressão "notável", que se encontra nesses textos: "espaços, paisagens e ambientes os mais notáveis do patrimônio natural e cultural montanhês" e "as áreas e paisagens notáveis ou características do patrimônio natural e cultural do litoral". É evidente que se entende pelo termo "notável" a beleza e a harmonia dos espaços; a proteção de uma notável biodiversidade tendo sido considerada por outros textos.

A democratização do patrimônio natural é reforçada quando a própria "paisagem" torna-se objeto de direito. Essa paisagem – que Baudelaire dizia ter valor somente "pelos olhos daquele que a olhava", e Victor Hugo que ela "não é criada pela Geometria" – é uma noção bastante difícil a definir, a não ser que se insista na intimidade do sujeito e do objeto.

A emergência de um direito "à" paisagem, o qual traz benefícios ao conjunto de cidadãos – e, parece, não somente aos nacionais de um determinado país –, tem como inspiração o movimento romântico lançado pelos artistas, especialmente os pintores, que no século XIX recusaram-se nas suas pinturas a reduzir a paisagem ao papel de pano de fundo, apagando-se diante de personagens ou da Natureza morta. Ao mesmo tempo manifestava-se a tomada de consciência da identificação de certas paisagens ao patrimônio nacional e das ameaças que pesavam sobre esses frágeis ambientes. Surgiram as primeiras associações protetoras, em nome do interesse geral, da beleza e das paisagens: assim a fundação, em 1901, da "Sociedade Francesa para a Proteção das Paisagens e da Estética".

O direito "à" paisagem torna-se um direito "da" paisagem quando se decidiu dar à paisagem sua própria lei – o que foi feito pela lei de 8.1.1993, chamada "Lei da Paisagem" (*Loi Paysage*). A França estava atrasada em relação a outros países como a Grã-Bretanha, os Países Baixos ou a Suíça, e apenas tratava indiretamente a paisagem por meio de outras legislações. Se a efetividade da Lei da Paisagem é ainda limitada, na medida em foram adotadas muito poucas "diretivas paisagísticas" e em razão de o "componente paisagístico" que deve acompanhar a demanda de autorização para construir (*permis de construire*) não ser mais obrigatório, o espírito que anima a lei é importante, pois ele incita fortemente os responsáveis políticos e administrativos a levar em consideração a Estética paisagística; essa lei encontra-se na origem da criação de uma "Escola da Paisagem" e da formação de arquitetos paisagísticos, cujo papel deve desenvolver-se.

O direito do urbanismo é em grande parte um direito do *meio ambiente urbano* obrigado a considerar as preocupações ambientais, especialmente estéticas. Pode-se lamentar que a determinação que, em 1919, teria marcado os primeiros planos do urbanismo nunca mais se tenha manifestado. O legislador tinha qualificado esses planos de "projetos de ordenamento, embelezamento e extensão das cidades". Não existia o receio de mostrar a preocupação de estética urbana na ementa de uma lei: esta será a primeira e a última vez. Mas a Estética reencontra seu lugar em disposições singulares, ao mesmo tempo relativas a documentos urbanísticos e a autorizações individuais de construir, que têm grande alcance.

O regulamento nacional de urbanismo, cuja maioria das disposições remonta aos anos 50 do século passado, contém um artigo apresentado como "o mais estético" do Código de Urbanismo: o *art. R 111-21*, aplicável mesmo em presença de um documento local de urbanismo que incita à recusa de uma autorização de construir "quando as construções (...) são passíveis de afetar a característica ou interesse dos espaços vizinhos, os sítios, as paisagens naturais ou urbanas". Essas disposições dão a possibilidade às autoridades administrativas de preservar o meio ambiente rejeitando os projetos de construção que trariam a ele um dano estético, sendo que o juiz não hesitará em censurar um erro manifesto de apreciação.

As preocupações estéticas devem inspirar os redatores de *documentos urbanísticos*. O *art. L 110* que abre o Código de Urbanismo e que proclama o território francês "patrimônio comum da Nação" impõe às coletividades públicas "harmonizar" – dentro do respeito recíproco de sua autonomia – seus projetos e suas decisões de utilização do espaço, assegurando a proteção dos meios naturais e das paisagens; objetivos retomados no *art. L 121-1*. Os Esquemas de Coerência Territorial (*Schémas de Cohérence Territoriale* – SCOT) devem determinar os espaços e as áreas naturais ou urbanas a proteger, e os Planos Locais de Urbanismo (*Plans Locaux d'Urbanisme* – PLU), na esfera dos Municípios, contêm obrigatoriamente um estudo ambiental no seu relatório de apresentação e um "Plano de Ordenamento e de Desenvolvimento Sustentável" (*Plan d'Aménagement et de Développement Durable* – PADD) que leva em consideração a paisagem. Aliás, nada impede os responsáveis locais de fazer constar no regulamento do PLU regras mais precisas com relação à harmonia das fachadas e das vitrinas de lojas, a cor das persianas – como é o caso, por exemplo, das construções em uma pequena ilha do litoral atlântico: a *Île de Ré*, muito preservada no plano estético, diferentemente de uma ilha vizinha: a *Île d'Oléron*.

Encontraríamos facilmente outros exemplos da presença da Estética na regulamentação ambiental. O mesmo pode-se dizer quanto à obrigação de *Estudo de Impacto* nos dossiês de ordenamento; da polícia especial da publicidade em meio urbano; das disposições especiais relativas às construções nas zonas de *montanha* e de *litoral* – a saber, obrigação de urbanização limitada nos espaços próximos à costa e nos espaços notáveis; projeto de reagrupamento do *habitat*. Da mesma forma, observou-se que os prejuízos ao meio ambiente foram levados em consideração na ponderação feita pelo juiz sobre a *utilidade pública* de uma operação. De forma mais ou menos patente, inúmeros textos impõem aos Poderes Públicos que façam constar em suas decisões uma dimensão estética. Nesse tema os progressos foram constantes. Eles são suficientes? Não, a nosso ver; a Estética continua muitas vezes esquecida e sempre ameaçada.

2.2 A Estética esquecida e ameaçada

Por ocasião de um recente e grande colóquio organizado por PAULO AFFONSO LEME MACHADO em maio/2003, foi-nos dado o prazer de descobrir a cidade de Belém do Pará. As afrontas à sua beleza, o esquecimento, pelos responsáveis pelo ordenamento, das preocupações estéticas, a despeito dos progressos realizados recentemente, são um bom exemplo das ameaças que pesam, de forma perene, sobre a maioria das cidades.

Quando um país tem a sorte de possuir cidades históricas, ricas em patrimônio cultural e arquitetônico de qualidade, a única política inteligente é a valorização desse patrimônio, mesmo se esse se degradou ao longo dos séculos. Esse é o preço do desenvolvimento sustentável. Substituir os edifícios vetustos mas cheios de charme, e que são a memória da cidade, por edifícios muito altos, de uma banalidade e de uma feiúra aflitiva, é oferecer aos profissionais do ramo imobiliário a oportunidade de operações imobiliárias rentáveis; é transformar os bairros de habitação, muitas vezes modestos, em bairros de negócios, sem se preocupar com o *habitat* social: vantagens pouco consistentes, em vista do interesse geral.

O ordenamento de bairros de negócios pode ser realizado em outros bairros da cidade que não disponham de um patrimônio a ser protegido, e o contraste entre um centro antigo renovado e os novos espaços onde se expressam criações arquitetônicas de vanguarda, até mesmo audaciosas, pode, nele próprio, ser um êxito estético. Renovar procedendo-se à demolição dos centros arquitetônicos antigos é trair a beleza da cidade, matar seu passado, sua qualidade de vida, seu esplendor turístico; e é, também, comprometer seu desenvolvimento sustentável...

A maioria das cidades sofreu tais reveses, mas um sobressalto se manifestou nesses últimos anos, e Belém oferece um bom exemplo com a restauração, muito bem-sucedida, de seus edifícios públicos, bem como de suas docas sobre o rio, espaços de entretenimento da cidade. É evidente que uma cidade não é congelada nem no espaço, nem no tempo; ela se faz e se refaz sobre si mesma, e a destruição participa de sua evolução. A França lançou-se recentemente em uma política de destruição maciça: 60 mil habitações são visadas, conjuntos de concreto, com meio século apenas de existência, guetos urbanos, antros do mal-viver e da delinquência. Tal política – desastrosa, econômica e financeiramente – não deixa pesar algum do ponto de vista estético e social. Mas destruir os centros históricos, testemunhas da história da cidade, é operar um massacre de maneira irreversível. Os cubos de concreto se substituem; as construções marcadas pela pátina do tempo e as lembranças não podem ser substituídas.

Outras ameaças se perfilam, e são inúmeras. É significativo constatar que a Estética esteve por muito tempo ausente das políticas de *ordenamento do território*. A expressão "obra de arte" dada pelos engenheiros às grandes infra-estruturas – tais como pontes, viadutos, túneis, barragens – possui apenas como artístico suas proezas técnicas. A reação contra os atentados infligidos à paisagem por um projeto de auto-estrada ou uma linha ferroviária de grande velocidade é recente. As decisões dos engenheiros – pouco preocupados com a Estética – eram soberanas, a eficácia tinha todo o espaço: era preciso ir rápido, e a toda-poderosa tecnocracia gerencial decidia, de forma condescendente, sobre a modesta revolta dos estetas ambientalistas.

Só muito recentemente, em conseqüência de reivindicações enérgicas dos movimentos associativos e do bloqueio de seus projetos por meio de ações contenciosas, é que a alta tecnocracia do ordenamento territorial, constrangida e forçada por uma opinião pública cada vez mais sensibilizada às questões ambientais e em razão das novas regulamentações, decidiu-se por algumas medidas de ordem estética: estudos paisagísticos, enterramento de linhas elétricas ...

Mas esses progressos continuam fracos, e quando, em seqüência à criação de um Ministério agrupando o meio ambiente e o ordenamento do território, foi votada, em 25.6.1999, a lei para o ordenamento e o desenvolvimento sustentável, nenhuma preocupação estética foi mantida, o objetivo anunciado de "gestão controlada do espaço" (*gestion maitrisée de l'espace*) não pôde ser conservado. A Estética é predestinada, de forma duradoura, a continuar sendo o "parente pobre" das políticas de ordenamento? Fatalidade funesta? A questão merece ser analisada.

Ao final dessas reflexões será feita homenagem ao direito do meio ambiente no que ele representou na origem da tomada de consciência, pelos políticos e pelos juristas, da necessidade de outorgar finalidades estéticas à ação pública. O direito do meio ambiente deve, muitas vezes, interessar-se por questões sórdidas – lama, resíduos, poluições diversas –, solicitando a opinião e a avaliação de peritos científicos. Trata-se, no presente contexto, do aspecto mais sedutor do direito do meio ambiente, onde o julgamento é reservado ao conjunto de cidadãos sensíveis à Beleza e desejosos de resguardá-la como uma necessidade vital.

A evolução da finalidade estética no Direito em geral permanece incerta, e se deve lamentar tal fato. A boa ordem pode ser também concebida como uma bela ordem; e, sendo a aspiração à Beleza uma faculdade natural do homem, deve-se encorajá-la. Em nossos tempos de violência e de desregulamentação, no momento em que os grandes princípios tradicionais se fissuram e que não são respeitadas as proclamações de direitos, essa universal aspiração à Beleza pode ser fator de solidariedade, de conciliação, de harmonia e de serenidade. O gosto, o senso da Beleza, não são inatos, mas são o resultado de uma *iniciação* – termo que preferimos a *educação*. Um duplo movimento conjugará seus efeitos: iniciação-cidadã à Estética e à proteção do meio ambiente, iniciação dos políticos e dos juristas a esse senso comum estético, a fim de lhe dar uma realidade social.

Pode-se, certamente, afirmar que a Beleza se basta: *pulchrum in ordine*; que ela é soberana em seu reino e que não tem necessidade de qualquer apoio exterior – como assim ensinavam na Idade Média os filósofos da Sorbonne. Mas podemos sustentar o contrário – e esse é o nosso ponto de vista: que a Beleza precisa do Direito, porque, componente do interesse geral, ela somente será respeitada se as regras assim o impuserem. Ela tem necessidade da Moral? Essa questão ultrapassa nosso estudo, e será respondida pela famoso dito de Flaubert: "Tem moral o que é belo. E ponto final".[5]

---

5. "Est moral ce qui est beau. Un point c'est tout."

A ERRADICAÇÃO DA POBREZA NO MUNDO: DO MITO À REALIDADE*

JEAN-JACQUES GOUGUET

1. As insuficiências sob uma visão de perito: 1.1 Os peritos da definição monetária: 1.1.1 A definição estreita: o mínimo fisiológico – 1.1.2 A definição ampliada: o mínimo social – 1.2 Os teóricos do capital humano: 1.2.1 Riscos de pobreza – 1.2.2 Bolsões de pobreza. 2. A necessidade de uma abordagem participativa: 2.1 O conhecimento dos mais pobres: 2.1.1 A revolução da abordagem cultural – 2.1.2 As controvérsias em torno da cultura da pobreza: 2.1.2.1 Graus de interiorização variáveis – 2.1.2.2 Um risco de etnocentrismo – 2.2 Novas modalidades políticas: 2.2.1 Rumo a uma economia popular – 2.2.2 Outras finalidades.

Desde a publicação do Relatório Brundtland (1987) o *desenvolvimento sustentável* tornou-se a referência incontornável, o modelo universal a ser implementado para permitir o alcance simultâneo dos objetivos econômicos (o crescimento), sociais (a erradicação da pobreza) e ecológicos (o respeito do meio ambiente). A utilização do qualificativo "sustentável" tornou-se, assim, um verdadeiro fenômeno de moda, que se propagou ao conjunto dos grandes setores de atividades contemporâneas: agricultura sustentável, turismo sustentável, cidade sustentável ...

Essa banalização do conceito mas igualmente a falta de uma definição precisa satisfazem a maioria dos atores que interpretam o conceito, cada um à sua maneira. Deve-se perguntar se essa utilização intempestiva do termo não encobre, na realidade, uma verdadeira ideologia (Latouche: 2001). Já nos anos 80 do século passado havíamos encontrado esse tipo de fenômeno de moda com o qualificativo de "novo": novos historiadores, novos filósofos, novos economistas ... Mas, igualmente, *novos pobres!*

* Tradução do francês pela Dra. Simone Wolff.

Ora, ao inverso dessas afirmações sobre novidade ou sustentabilidade, quando se faz o balanço do século XX, não seria mais oportuno falar-se de "pobreza sustentável", ou de "subdesenvolvimento sustentável"? Além de todos os discursos ideológicos sobre a capacidade de nossas sociedades de realizar a felicidade de um maior número de pessoas, deve-se constatar que a pobreza subsiste no âmbito mundial – aí compreendidas as sociedades ricas, que, portanto, têm importantes meios para eliminá-la. É essa constatação que se tenta aqui, explicar.

Em uma primeira parte analisar-se-ão as principais insuficiências, sob uma visão de perito, da pobreza e dos pobres. Definições tradicionais da *pobreza* em termos de fluxo monetário ou em termos de estoque de capital humano acabam em insucesso de políticas de redistribuição ou de igualdade de oportunidades.

Em uma segunda parte mostrar-se-á a necessidade de uma abordagem cultural e participativa da *pobreza*. Parece, de fato, que não se poderá lutar de forma eficaz contra esse flagelo se não se conhecer efetivamente os pobres e sua cultura. Disso resultariam, portanto, novas modalidades políticas, certamente mais eficientes que aquelas que existem atualmente, mas também portadoras de um outro projeto de sociedade.

1. As insuficiências sob uma visão de perito

Retraçar-se-á a história das definições de *pobreza* na época moderna, para se compreender as conseqüências das análises adotadas sobre as tentativas de erradicação da pobreza no mundo.

1.1 Os peritos da definição monetária

1.1.1 A definição estreita: o mínimo fisiológico

O *mínimo fisiológico*, no seu sentido mais estrito, era compreendido como o justo necessário para sobrevier fisicamente. Era, por exemplo, a concepção dos economistas clássicos ingleses (Smith, Ricardo, Malthus ...), segundo a qual a pobreza era assimilada à simples subsistência física. O trabalhador era então considerado como uma simples mercadoria que deveria viver e reproduzir-se. Mas, em face da amplidão da miséria trabalhadora, tentou-se, aqui – indo além da teoria –, melhor defini-la e, de forma prévia, quantificá-la.

Podem-se mencionar, sob uma determinada ótica, os trabalhos de certo número de precursores que calcularam patamares fixos de pobreza absoluta:

– Em 1830, L. Villerme fez o recenseamento dos bens julgados como indispensáveis, para, em seguida, avaliar seu custo, chegando, assim, a um patamar de subsistência.

– Em 1899, Ch. Booth, em seu volumoso estudo sobre Londres (17 vols.), calculou uma "linha de pobreza". Segundo suas estimativas, isso representava 30% da população total de Londres. O modo de vida miserável dos trabalhadores pertencentes a esse meio constituía, assim, um dos primeiros padrões de pobreza denominados como tal.

– Em 1899 e 1936, S. Rowntree se servirá da ciência da Nutrição para determinar um mínimo calórico permitindo manter a saúde e a capacidade de trabalho. Bastaria em seguida traduzir esse mínimo calórico em cesta básica e, depois, em despesa monetária, para se definir um patamar de pobreza absoluta.

Esse tipo de abordagem iniciada nos países industrializados subsiste ainda para os países do Sul, onde o Banco Mundial utiliza o patamar de 1 U$ ou 2 U$ por dia para qualificar a miséria. Segundo o PNUD (2002), "em 1999, 2,8 bilhões de indivíduos dispunham de menos de 2 U$ por dia para viver e 1,2 bilhões dentre eles mal conseguiam sobreviver com menos de 1 U$ por dia". É igualmente interessante comentar, nessas bases, a repartição geográfica da miséria no mundo, mas também sua evolução no tempo – o que prova sua grande estabilidade no âmbito planetário.

Além das querelas sobre a extensão do quantitativo de pobres recenseados a partir desses critérios, pode-se dizer que essas primeiras definições, se elas permitem avaliar a amplitude da pobreza mais extrema, são, contudo, muito estreitas. Eis por que proposições foram feitas para ampliar essas definições, o que deu origem à noção de *mínimo social*.

1.1.2 A definição ampliada: o mínimo social

Trata-se de avaliar as necessidades consideradas como mínimas pela sociedade e determinar a renda mínima correspondente, indispensável para cobrir essas necessidades. Os recursos disponíveis das famílias são em seguida comparados ao patamar assim definido. Se os orçamentos previamente levantados para avaliar o mínimo fisiológico referiam-se essencialmente a alimentação, vestimenta e habitação, trata-se de passar, a partir de agora, a uma avaliação de todos os elementos considerados como indispensáveis para uma família com planos de viver decentemente em uma dada sociedade.

Esses patamares fixos de pobreza apresentam o enorme inconveniente de não reproduzirem o caráter essencial da relatividade da pobreza. Eis por que proposições foram feitas para definir a pobreza segundo uma base relativa, e não mais absoluta. Tomemos como exemplo (União Européia) uma porcentagem (40%, 50% ou 60%) da renda média disponível em um Estado como critério do montante de que todo indivíduo deveria dispor para integrar-se normalmente à sociedade. Com base no limite de 60% e considerando as contribuições sociais, 15% da população européia, em média, estão abaixo do limite, com diferenças importantes entre países.

Vê-se, aqui, esboçarem-se todos os debates que sobrevirão sobre as desigualdades de rendimentos. O problema é determinar o nível de desigualdade que uma sociedade está apta a tolerar em seu interior: qual o nível de desigualdade considerado como aceitável entre os pobres (aqueles abaixo do nível de renda) e os outros grupos sociais, ou, ao contrário, que nível de desigualdade máximo entre os mais pobres e os mais ricos é tolerável para corresponder a uma certa idéia de justiça social?

Deve-se reconhecer que atualmente a extensão da desigualdade de riqueza no interior dos países do Sul ou entre o Norte e o Sul é indecente (PNUD 1998). Esse último Relatório informa, por exemplo, que as três pessoas mais ricas do mundo têm uma fortuna superior ao PIB total dos 48 países em desenvolvimento mais pobres do Planeta! No Relatório do PNUD 2002 lê-se: "Al renda dos 1% mais ricos do mundo é equivalente àquela dos 57% mais pobres; a renda dos 10% de habitantes mais ricos dos Estados Unidos é equivalente àquela dos 43% de habitantes mais pobres do Planeta. Em outros termos, a renda acumulada dos 25 milhões de americanos mais ricos é igual àquela de quase 2 bilhões de pessoas".

Assim, indicadores mais ou menos sofisticados e heterogêneos são utilizados para proceder-se a uma avaliação da pobreza planetária (IDH, IPH ...) e para fazer-se compreender que essas desigualdades são estruturais. Contudo, para compreender a própria origem da pobreza e agir de forma eficaz, outros indicadores são necessários. De fato, estudar a pobreza unicamente em relação à referência monetária significa privar-se da explicação da origem desses fluxos, que é determinante na elaboração de uma política efetiva para seu combate. É sob essa ótica que, há uns 30 anos, impôs-se progressivamente um discurso sobre a realização da igualdade de oportunidade, de igual forma no âmbito das organizações internacionais.

1.2 Os teóricos do capital humano

1.2.1 Riscos de pobreza

Trata-se de determinar o estoque de capital humano (educação, saúde, qualificação ...) que todo indivíduo necessita para integrar-se à sociedade. Para respeitar a justiça social bastaria, em seguida, melhorar a dotação em capital humano dos mais desprovidos. É o sentido profundo do segundo princípio de justiça de J. Rawls: uma sociedade é justa se ela permite a melhoria das aspirações daqueles que estão na base da escala social.

Lutar contra a pobreza significa, assim, promover uma política de igualdade de oportunidade – o que implica o conhecimento da relação entre o capital humano e a pobreza. A pobreza de ser ou tornar-se pobre depende do fato de se possuir ou não certas características sócio-demográficas: sexo, idade, localização geográfica, educação ... A correlação estabelecida entre essas características e a pobreza dá uma medida do risco de pobreza e permite estabelecer perfis de pobreza.

Esse tipo de cálculo pode ser interessante como uma primeira abordagem, mas a primeira crítica que pode ser dirigida a esse critério diz respeito ao fato de as variáveis consideradas (saúde, educação ...) possuírem uma dimensão individual. Isso apresenta a vantagem de personificar a pobreza, de descer ao nível microeconômico; mas também, de forma inversa, possui o inconveniente de mascarar o aspecto macroeconômico da pobreza. Se o risco da pobreza evita considerar o pobre como verdadeiramente responsável de sua situação, ficamos, mesmo assim, nas causas individuais da pobreza, os fatores externos ao indivíduo são negligenciados.

É, pois, necessário voltar-se para as causas macroeconômicas da pobreza: um indivíduo pode estar desempregado, e isso vai lhe trazer um risco de pobreza; mas, o verdadeiro problema é saber por que ele está desempregado. E, da mesma maneira que existe um desemprego involuntário, há também uma pobreza involuntária. Tal análise macroeconômica far-se-á pelo estudo dos *bolsões de pobreza*.

1.2.2 Bolsões de pobreza

Esse conceito surgiu da constatação de que o risco de pobreza varia no espaço: os indivíduos que nascem e vivem em certas zonas têm um risco elevado de se tornarem pobres. De certa maneira, sua pobreza torna-se involuntária. A partir dessa constatação, foi possível definir os bolsões de pobreza: são as zonas onde o nível de vida é particularmente baixo, onde as possibilidades de emprego são limitadas, a educação precária, as habitações insalubres ... Trata-se de um verdadeiro risco de pobreza no âmbito regional ou local. Contudo, não é a localização geográfica da pobreza, em si mesma, que é importante. Trata-se, de fato, de analisar a relação entre certas características geograficamente concentradas (emprego, saúde, educação, moradia ...) e as características pessoais correspondentes.

Deve-se, sem dúvida, ultrapassar essa única constatação da concentração geográfica dos pobres, analisando-se a estrutura econômica dessas zonas assim referenciadas. Ao caracterizarem-se as principais insuficiências em serviços de base (saúde, educação, moradia, emprego ...), o conceito de *bolsão de pobreza* adquire certa operacionalidade. Contudo, uma questão importante se coloca: a eficácia do conceito dependerá da capacidade de analisar a relação que existe entre cada elemento da estrutura econômica da zona e a pobreza dos indivíduos que ali residem. É necessário conhecer as relações particulares emprego/pobreza, educação/pobreza ... – quer dizer, conhecer os diferentes riscos de pobreza e de sua acumulação.

No mais, haverá o problema da hierarquização dos objetivos. Qual fator no interior de um bolsão de pobreza será melhor privilegiar?

– Uma política de criação de emprego pode revelar-se ineficaz se os indivíduos não são formados.

– Uma política de educação e de formação pode naufragar se não existirem possibilidades profissionais após a obtenção de um diploma.

Tal análise impõe de fato a necessidade de uma abordagem global, integrada e dinâmica da pobreza, que questione as políticas sociais tradicionais pensadas setorialmente.

2. A necessidade de uma abordagem participativa

É difícil planejar uma ação eficaz junto aos mais pobres na ausência de conhecimento de seus valores, de sua cultura, de sua visão de mundo. Tal conhecimento subverteria, portanto, as modalidades das políticas de erradicação da pobreza.

2.1 O conhecimento dos mais pobres

2.1.1 A revolução da abordagem cultural

O enunciado da *cultura da pobreza* foi introduzido por O. Lewis em 1959, e após essa data foi largamente retomado. Pode-se, no entanto, constatar que Villerme, no ano de 1830, já havia proposto essa noção de *cultura da pobreza*, sem assim designá-la: "Transmitem-se assim de geração em geração, pela força ou pelo contágio do exemplo, e perpetuam-se pelo costume a grosseria, os maus hábitos, as más inclinações, a depravação e a miséria".

Como antropólogo, O. Lewis esforçou-se em compreender a pobreza na qualidade de subcultura com sua estrutura e suas justificativas próprias, baseadas em um modo de vida transmissível de geração em geração. Contrariamente às análises precedentes de riscos ou de bolsões de pobreza, a concepção de Lewis ultrapassa a visão da pobreza como privação, ausência de alguma coisa. Teríamos, ao contrário, uma verdadeira *cultura*, no sentido antropológico do termo, que, segundo S. Latouche, pode definir-se como uma resposta que os grupos humanos trazem ao problema de sua existência social.

Para O. Lewis é necessária a reunião de um certo número de condições para a emergência de uma *cultura da pobreza*: a existência de uma economia mercantil baseada sobre a competição, a existência de uma escala de valores que explique o baixo *status* social como resultante de uma inferioridade pessoal ... No mais, essa cultura se transmitiria de geração em geração em razão do efeito que ela exerce sobre as crianças, que, desde a idade de 6 ou 7 anos, assimilam valores e hábitos de seu meio e seriam, assim, incapazes de aproveitar as oportunidades que a elas poderiam ser oferecidas (educação, trabalho ...). De maneira geral, a cultura da pobreza transcenderia as fronteiras para caracterizar a natureza profunda de um sistema econômico que nada prevê para os perdedores.

2.1.2 *As controvérsias em torno da cultura da pobreza*

2.1.2.1 Graus de interiorização variáveis

A principal dificuldade ligada à cultura da pobreza provém do fato de se saber e de se medir com que intensidade certas normas de conduta persistiriam se as oportunidades econômicas viessem a mudar. A abordagem de exclusão pela cultura da pobreza vem tentar descobrir:

– a rapidez com a qual os pobres vão mudar seu comportamento se a eles forem oferecidas novas oportunidades econômicas;

– o tipo de oportunidade que eventualmente deveria ser proposto para que os pobres, levando-se em consideração sua cultura, possam dela beneficiar-se.

No primeiro caso supõe-se que o grau de interiorização da cultura da pobreza não seja muito elevado e que existam possibilidades reais de inserção social. No segundo caso supõe-se que os valores dos mais pobres não sejam modificáveis a curto prazo. Seria, pois, mais fácil adaptar as oportunidades econômicas a essa cultura – o que, na realidade, não é realizável em uma sociedade produtivista, onde cada fator de produção deve ser rentável.

A verdadeira cultura da pobreza consistiria, assim, em valores de referência que mantenham os indivíduos em um estado de pobreza mesmo que haja oportunidades econômicas. Daí surge uma nova tipologia da pobreza, retendo-se como critério a potencialidade de adaptação dos pobres a condições econômicas mutáveis:

– Em baixo, na escala, haverá os pobres que não podem adaptar-se a essas condições. Isso inclui indivíduos que interiorizaram de tal forma sua cultura de pobreza que não podem mais a ela escapar.

– Ao contrário, há certamente muitos pobres que poderiam adaptar-se a condições econômicas favoráveis.

– Entre os dois existem vários níveis, sendo esse o contexto onde deveriam ser pensadas políticas adaptadas.

Os países industrializados poderiam, então, rever complemente suas abordagens das políticas sociais. Deve-se admitir que os pobres não estão presentes entre os grupos que determinam os objetivos, os modos de financiamento, os modos de organização da luta contra a pobreza. Ora, isso é o inverso do que ocorre para a organização dos serviços destinados aos usuários "normais" (nós). Os consumidores constituem atualmente um contrapoder que consegue se fazer ouvir quando considera que suas necessidades estão mal-satisfeitas.

Para a pobreza esse elemento essencial da regulaçao social está ausente: os pobres nada influenciam (apesar de exercerem pressão) nas decisões que lhes dizem respeito, mesmo se essas decisões lhes são completamente inadaptadas. Isso ganha maior relevância no momento em que os pobres chegam a participar da vida social, quando são, na maioria das vezes, representados por associações ou por organizações dirigidas por não-pobres. Ora, esses últimos podem ter ambições diversas da luta contra a pobreza.

A conclusão é clara: o não-respeito dos valores culturais específicos de certas populações leva, geralmente, ao fracasso das políticas. É sempre arriscado querer tornar as pessoas felizes sem seu consentimento no que diz respeito a normas que lhes são externas e estrangeiras.

2.1.2.2 Um risco de etnocentrismo

Isso diz particularmente respeito aos países do Sul. O desejo de um grande número de organizações internacionais é a releitura do fenômeno da pobreza, por meio do conceito de *governança*, para mostrar a ineficácia das políticas desenvolvidas e a necessidade de repensá-las levando-se em conta os múltiplos atores envolvidos (instituições, ONGs ... e os próprios pobres!). Isso acarretaria, em particular, a invenção de novas formas de negociação coletiva, para se evitar a imposição de modelos inadaptados ao contexto local. Nessa perspectiva, o setor informal encontrou uma nova legitimidade em face das políticas ansiosas em apoiar-se nele para gerar desenvolvimento econômico.

É a uma real crítica desse tipo de projeto que nos convidam alguns estudos que buscam explicar as razões do fracasso das políticas de apoio à geração de mudança social (Mbaye: 2001). Para isso, uma releitura do setor informal é necessária, partindo-se da cultura efetiva de seus membros. A análise apresenta, assim, as conseqüências de uma tentativa de racionalização dos comportamentos impostos de fora, em nome de ditos valores universais, sob a forma de um verdadeiro desvio dessas ações, com a finalidade de se estar em conformidade com a lógica de funcionamento real do setor informal. Além da economia e de sua exclusiva racionalidade econômica, pode-se demonstrar a necessidade de serem consideradas as regras que regem as redes sociais locais, sob pena de não se compreender a lógica de comportamento dos atores, a qual apresenta, nesse novo contexto, uma profunda racionalidade, contrariamente ao que é muitas vezes defendido.

Não se deve esquecer que a principal característica desse setor é, ao contrário, sua natureza extra-econômica. Transpor uma análise econômica estreita ao setor informal conduz, pois, inevitavelmente, a ignorar a verdadeira lógica de funcionamento desse setor. Não é de se espantar, nessas condições, que as políticas de amparo ao setor informal, assentadas sobre esses modelos gerais, conheçam problemas de eficácia. Constata-se, de fato, que o setor informal conheceu uma real legitimação por meio de programas de apoio assentados sobre uma tentativa de normalização tanto do ponto de vista jurídico (estatuto) quanto organizacional (racionalização). Encontramos, pois, a questão fundamental de saber se esse setor informal pode transformar-se, ou não, em setor moderno, como também, a questão de saber se isso é legítimo.

Para finalizar, a conclusão é clara: comportamentos aparentemente iguais não têm o mesmo significado social (concorrência, racionalidade, exploração ...). Deve-se, pois, perguntar como adaptar os instrumentos de política econômica a tal cultura (e não o inverso). Para proceder assim é necessário um novo modo de leitura do setor informal nos países em vias de desenvolvimento. Ele constituir-se-á em torno de conceitos adaptados à realidade local: redes sociais; conexões; nichos sociais; dívidas simbólicas; solvência social; competência social; orfanato social ... Compreender-se-á, então, que os atores do setor informal procuram menos a eficácia máxima do que a solvência social.

2.2 Novas modalidades políticas

2.2.1 Rumo a uma economia popular

Um dos custos sociais mais inquietantes deste século reside no dualismo sistemático de nossas sociedades: os produtivos de um lado, os improdutivos de outro. Assim, há um corte cada vez mais profundo entre os que têm desempenho e os outros que não têm, no que concerne aos indivíduos, às regiões, às cidades, aos países. Como sempre, o problema é de saber se atingimos ou não um patamar além do qual se torna muito difícil uma intervenção eficaz. Ou, então, isso remete ao questionamento sobre a possibilidade de se imaginar um outro tipo de organização de nossas sociedades: se é possível pensar-se em um desenvolvimento harmonioso que não seja baseado na dualidade sistemática de nossas economias. No curto prazo, isso significa utopia; mas o desafio é considerável.

O atual aumento dos custos sociais é resultante da oposição entre duas lógicas contraditórias: a econômica contra a social. O que está em causa é a gestão exclusivamente economicista dos homens e das coisas. O mundo é dominado pela lógica produtivista (o rendimento) e seu modo de avaliação (a moeda). É a irredutível oposição, na literatura econômica, entre a eficácia e a eqüidade. Deve-se fazer uma escolha – dizem os economistas; e, após a chegada do mundo mercantil, a prioridade foi dada à eficácia.

Supondo-se que fiquemos ainda um tempo no contexto de tais sistemas produtivistas, deve-se interrogar sobre o futuro da sociedade dual que estamos em vias de institucionalizar. A pobreza urbana que se estende nas metrópoles mundiais é um bom exemplo: estamos vendo a emergência de uma contra-sociedade com valores radicalmente opostos àqueles da sociedade dominante e pronta para se deixar dominar pelo primeiro integralismo prometedor do Eldorado. Podem ser imaginados dois cenários diferentes quanto à relação entre essas duas culturas:

– um cenário de aceitação de vida simples e resignada;

– um cenário de confrontação violenta entre duas culturas que não falam mais a mesma linguagem e que se imputam mutuamente a responsabilidade da exclusão social. Não sendo mais possível o diálogo, somente a força poderá fazer com que se respeite a ordem dominante. As cidades podem, então, tomar a forma de *gated cities* – o que significa a morte da urbanidade.

Esses cenários são portadores de formas de desintegração social. Parece, pois, que um dos preâmbulos indispensáveis a qualquer reconciliação de duas culturas é encontrar novos espaços de legitimidade social a fim de evitar a humilhação e o controle social; e, para isso, deve-se estar à escuta dos excluídos.

A pobreza – nunca é demais repetir – é fundamentalmente uma relação humana. M. Sahlins assim a enunciava: "A pobreza não consiste nem em uma pequena quantidade de bens, nem simplesmente em uma relação entre fins e meios: ela é antes de mais nada uma relação entre os homens". Eis por que o economista que, em regra geral, esvazia o problema das relações humanas nada tem a dizer sobre o tema. Antes, ele reflete sobre a relação das coisas entre elas ou sobre a relação dos homens com as coisas, mas muito pouco sobre a relação dos homens entre eles. É a razão pela qual o produtivismo é um anti-humanismo.

Para se abolir a pobreza em uma dada sociedade é necessária uma condição: o direito de todo indivíduo de ser reconhecido por outro. Se essa condição não for satisfeita, a pobreza existirá, sob uma forma ou outra. O produtivismo que repousa sobre a usurpação dos homens, da Natureza, somente poderá gerar pobreza, que, em tal sistema, se torna irredutível.

Para fugir dessa situação devem ser encontrados novos espaços de legitimidade social que escapem à tirania da racionalidade econômica (Latouche: 2002).

2.2.2 *Outras finalidades*

Considerando a finalidade da atividade produtiva de nossas sociedades tradicionais, compreende-se que uma minoria decide pela maioria as exigências a satisfazer em função unicamente da lógica econômica. O motor da sociedade não é mais a necessidade, mas o poder, a vantagem, o poderio... Temos, pois, necessidade de uma alternativa à concepção do valor instituidor do econômico. Mas para isso deveriam ser reintroduzidas considerações éticas na análise.

Pode-se, de fato, dizer que a via economicista de organização da sociedade permite melhorar o nível de vida dos indivíduos. Nada há de mais duvidoso: não há muito sentido em afirmar que nossa sociedade satisfaça melhor as necessidades humanas que assim não o tenham feito outras sociedades conhecedoras de outros modos de produção. É indispensável julgar uma sociedade em relação à capacidade de satisfação das necessidades de seus membros, e não em relação a normas quantitativas muitas vezes assimiladas ao bem-estar.

Nos anos 70 do século passado já foi mencionado que o questionamento sobre certas formas de consumo (os *gadgets*) não reduziria nosso real nível de vida; bem ao contrário: "se os bens fossem mais duráveis, se a produção de bens e serviços considerados como inúteis fosse desencorajada, produzir-se-iam transferências de investimento e de mão-de-obra para os setores úteis menos centrados na demanda de bens inúteis, os homens encontrariam mais calma, se drogariam menos com tranqüilizantes e seriam menos doentes ou ausentes, encontrariam o gosto das alegrias simples e naturais, perderiam sua agressividade e tornar-se-iam mais fraternos" (Meister: 1975).

Esse debate volta-se hoje em dia para o tema muito controverso do *decrescimento* (Latouche: 2002): "Um tal projeto implica precisamente romper com o paradigma econômico e seu último desdobramento, o desenvolvimento sustentável, pois nosso modo de vida não é nem sustentável nem eqüitativo, para então orientar-se em direção a uma verdadeira desaceleração do crescimento, que nada impede possa presumir-se como sendo convivial. Da impossibilidade de um crescimento ilimitado não resulta um programa de crescimento nulo, mas aquele de um decrescimento necessário. (...). Para salvar o Planeta e assegurar um futuro aceitável a nossos filhos não é preciso tão-somente moderar as tendências atuais, é radicalmente necessário sair do desenvolvimento e do economicismo, como também se deve abandonar a agricultura produtivista, que é parte integrante deles, para acabar com as *vacas-loucas* e as aberrações transgênicas. (...). É também possível desenvolver-se o mercado dos bens relacionais eco-compatíveis, de tal sorte que ao decréscimo das quantidades físicas não corresponda necessariamente um decréscimo do valor da produção. (...). O decrescimento deveria estar organizado não somente para preservar o meio ambiente, mas também para restaurar o mínimo de justiça social; sem isso o Planeta está condenado à explosão".

Para concluir, pode-se dizer que um acordo geral parece formar-se em torno do reconhecimento do caráter não-sustentável do crescimento econômico atual e da necessidade de uma redefinição do conteúdo de um outro crescimento mais qualitativo, quer dizer, orientado para a produção de bens relacionais mas, igualmente, para a organização da produção industrial segundo a lógica da ecologia industrial. A necessidade dessa reorientação de nossos modelos de produção e de consumo é quase-unanimidade entre os pesquisadores, mas infelizmente não para os decisores, que ainda não compreenderam que as Nações do mundo dividem, agora, uma comunidade de destino. É apenas sob essa condição de descortinar um outro desenvolvimento, de sair do economicismo, que poderemos combater a erradicação da pobreza, que nos sistemas econômicos atuais é irredutível.

Referências bibliográficas

"Alliance pour un Monde Responsable et Solidaire (2000): Propositions pour une Gouvernance Mondiale Adaptée aux Défis du 21ème Siècle". Disponível na Internet: *www.echo.orgrïdx_global.htm.*

BAUDRILLARD, J. (1970). *La Société de Consommation.* Paris, Gallimard.
_____ (1972). *Pour une Critique de l'Économie Politique du Signe.* Paris, Gallimard.
BOOTH, Ch. (1891-1903). *Life and Labour of the People in London.* 17 vols. Londres.
BRUNDTLAND, G. (1988). *Notre Avenir à Tous.* Montréal, Éditions du Fleuve.

ELLUL, J. (1988). *Le Bluff Téchnologique.* Paris, Hachette.

GENEREUX. J. (2001). "Manifeste pour l'Économie Humaine". *Esprit* 276. Julho.
GOUGUET, J. J. (1994). "Pauvreté – Exclusion". *Universalia – Encyclopaedia Universalis.* Paris.
_____ (1978). *Réflexions Méthodologiques sur la Connaissance de la Pauvreté.* Thèse d'État/Université de Bordeaux I.

LATOUCHE, S. (2002): "D'autres mondes sont possible, pas une autre mondialisation". *Revue du MAUSS.* Paris, La Découverte.
_____ (2001). *La Déraison de la Raison Économique. Du Délire d'Efficacité au Principe de Précaution.* Paris, Albin Michel.
_____ (2001). "Le développement peut-il être 'durable'?". *L'Écologiste* 6. Hiver 2001. Número especial: "Défaire le Développement. Refaire le Monde".
LEWIS, O. (1969). *La Vida.* Paris, Gallimard.

MBAYE, S. (2001). *Les Politiques d'Appui au Secteur Informel: Changement Social et Contingences Contextuelles. Le Cas du Sénégal.* Tese de Doutorado, Ciências Econômicas/Université Paris Sud.

MEISTER, A. (1975). *L'Inflation Créatrice.* Paris, Presses Universitaires de France (PUF).

PASSET, R. (1979). *L'Économique et le Vivant.* Paris, Payot.

_____ (2000). *L'Illusion Néo-Libérale.* Paris, Fayard.

PNUD (1998-1999-2000-2001-2002). *Rapport Mondial sur le Développement Humain* – "Modifier les Modes de Consommation d'Aujourd'Hui pour le Développement"; "La Mondialisation à Visage Humain"; "Droits de l'Homme et Développement Humain"; "Mettre les Nouvelles Téchnologies au Service du Développement Humain"; "Approfondir la Démocratie dans un Monde Fragmenté" (1998: Paris, Economica; 1999, 2000 e 2001: Bruxelas, De Boeck Université).

PNUE (1999). "Global environmental outlook". Disponível na Internet: *www.unep.org/Geo/index.htm.*

ROWNTREE, S. (1901). *Poverty, a Study of Town Life.* Londres, MacMilan.

SAHLINS, M. (1976). *Âge de Pierre, Âge d'Abondance.* Paris, Gallimard.

VILLERME, L. (1971). *Tableau de l'État Physique et Moral des Ouvriers Employés dans les Manufactures de Coton, Laine et Soie.* Paris, UGE (1ª ed.: 1830).

WRESINSKI, J. (1987). *Grande Pauvreté et Précarité Économique et Sociale (Avis et Rapport du Conseil Économique et Social).* Paris, Journal Officiel.

O DIREITO INTERNACIONAL DO MEIO AMBIENTE: QUAIS POSSIBILIDADES PARA RESISTIR E CONSTRUIR?*

JEAN-MARC LAVIEILLE

1. Qual é o diagnóstico da situação do direito internacional do meio ambiente?: 1.1 Qual é a situação do meio ambiente global?: 1.1.1 Do ponto de vista global: a situação é alarmante – 1.1.2 Do ponto de vista da enumeração indicativa dos problemas, ameaças e tragédias ambientais: a situação é impressionante – 1.1.3 Do ponto de vista das interações: essas interações entre diferentes problemas, ameaças e tragédias ambientais representam fatores agravantes – 1.2 Quais são as causas da degradação alarmante do meio ambiente?: 1.2.1 Do ponto de vista global: o grande responsável é o sistema produtivista – 1.2.2 Do ponto de vista da enumeração das causas da degradação ambiental: cinco tipos de causas existem atualmente – 1.2.3 Do ponto de vista da aceleração do sistema internacional com relação ao estado do meio ambiente: encontramo-nos sob a influência de um fator grandemente agravante – 1.3 Quais são as fraquezas do direito internacional do meio ambiente?: 1.3.1 O advento tardio: o produtivismo tem cerca de 500 anos, o direito internacional do meio ambiente tem uns 30 anos – 1.3.2 Uma chegada relativizada: o direito internacional do meio ambiente é um conjunto de meios dentre outros – 1.3.3 Inúmeras insuficiências desse direito existem em sua elaboração, seu conteúdo, sua aplicação – 1.4 Quais são os trunfos do direito internacional do meio ambiente?: 1.4.1 Uma necessidade vital: sem direito internacional do meio ambiente não se pode, hoje, proteger o meio ambiente – 1.4.2 Uma dinâmica desdobrada: o direito internacional do meio ambiente se globaliza e se difunde pouco a pouco – 1.4.3 Avanços importantes foram efetivados pelo direito internacional do meio ambiente em três décadas. 2. Propostas para fortalecer e desenvolver o direito internacional do meio ambiente: 2.1 Como reforçar a aplicação do direito internacional do meio ambiente? – 2.2 Como tornar mais opera-

---

* Tradução do francês pela Dra. Simone Wolff.

cionais os princípios do direito internacional do meio ambiente?: 2.2.1 As etapas nas quais os atores podem intervir dividem-se em quatro – 2.2.2 Compreendem-se melhor as possibilidades e as dificuldades de organizar as políticas e fazer-se respeitar este ou aquele princípio conforme seja posicionado a montante ou a jusante da degradação e da proteção do meio ambiente – 2.3 Quais as novas convenções e protocolos a firmar?: 2.3.1 Do ponto de vista dos elementos do meio ambiente – 2.3.2 Do ponto de vista de outros fatores relativos à proteção internacional do meio ambiente – 2.4 Que meios novos buscar?: 2.4.1 Os meios financeiros – 2.4.2 Os outros meios.

Mais de 2 anos após a Cúpula Mundial do Desenvolvimento Sustentável (em Joanesburgo/África do Sul, 2-11.9.2002) e de 12 anos após a Conferência do Rio de Janeiro sobre Meio Ambiente e Desenvolvimento (junho/1992), é indispensável perguntar-se onde se encontra o direito internacional do meio ambiente.[1]

Constitui ele um direito cuja função seria a de acompanhar o mercado mundial na tentativa de torná-lo "verde", ou seria um direito cuja vocação é a de contribuir a resistir às lógicas produtivistas de destruição ambiental e de contribuir à construção de uma sociedade internacional ecologicamente viável?

Trata-se de um direito cujo campo de aplicação deve ser exercido, sobretudo, em domínios específicos, ou possui ele vocação a desdobrar-se ao conjunto da esfera internacional, por exemplo, no âmbito comercial e militar? É um direito cuja maior parte das técnicas, das instituições, dos princípios, dos meios de implementação, provém de métodos brandos, ou deve-se radicalizar vários elementos dessa disciplina, esperando torná-la mais eficaz? Qual a parcela necessária a consagrar às intervenções de urgência na escala global e qual outra parcela a consagrar às iniciativas de longo termo? Deve-se contentar em dar ênfase ao reforço de aplicação das convenções em vigor, ou deve-se, também, concluir outras convenções?

A partir de uma análise supostamente global, crítica e criadora, tentar-se-á, em um primeiro momento, estabelecer um diagnóstico

---

1. Alexandre Kiss e Jean-Pierre Beurier, *Droit International de l'Environnement*, 2ª ed., Pedone, 2000; Jean-Marc Lavieille, *Droit International de l'Environnement*, Ellipses, 1998; Pierre-Marie Dupuy, "Où en est le droit international de l'environnement à la fin du siècle?", *Revue Générale de Droit International Public* 4, 1997.

com vistas a identificar as principais qualidades e fraquezas desse direito com relação ao sistema no qual ele evolui e em relação ao estado do meio ambiente global. Em um segundo momento, tratar-se-á de questionar sobre as condições a preencher para que esse direito contribua muito mais e melhor à proteção internacional do meio ambiente no interesse comum da Humanidade, visto ser este o intento de sua finalidade. Assim, abaixo serão reunidas proposições capazes de ser portadoras de um novo alento para essa disciplina mas, sobretudo, para a proteção internacional do meio ambiente.

1. Qual é o diagnóstico da situação do direito internacional do meio ambiente?

Neste início do século XXI o diagnóstico pode ser instituído a partir de quatro questões: (1) Qual é o estado do meio ambiente mundial? (2) Quais são as causas dessa situação? (3) Quais são as debilidades desse direito? (4) Quais são suas qualidades?

1.1 Qual é a situação do meio ambiente global?

1.1.1 Do ponto de vista global: a situação é alarmante

O Diretor da Divisão de Implementação das Políticas de Meio Ambiente do Programa das Nações Unidas para o Meio Ambiente (PNUMA) observa que, "apesar dos esforços construtivos e contínuos praticados pela comunidade internacional no curso dos últimos 30 anos, o meio ambiente e a base dos recursos naturais que mantêm a vida sobre a terra continuam a deteriorar-se numa cadência alarmante".[2]

O Relatório do PNUMA *Geo-2000*, sobre "O Futuro do Meio Ambiente Mundial", afirma: "Esforços são despendidos para deter a degradação do meio ambiente, mas admite-se igualmente que eles são em pequeno número e muito tardios; as provas de melhoria são raras (...). As melhorias e os avanços serão provavelmente reduzidos a nada pelo ritmo e a amplitude do crescimento econômico no âmbi-

---

2. Abertura da reunião (23.10.2000) de altos funcionários com vistas a elaborar um programa para o direito do meio ambiente no período de 2000-2010, PNUE-UNEP/*Env. Law* 4/4, p. 12.

to mundial, pelo agravamento geral da poluição do meio e a degradação acelerada dos recursos naturais do Planeta".[3] Assim, o qualificativo é claro: o meio ambiente global deteriora-se em uma cadência "alarmante". Já é muito mais que inquietante, mas ainda não é globalmente apavorante, dramático ou apocalíptico...

1.1.2 *Do ponto de vista da enumeração indicativa dos problemas, ameaças e tragédias ambientais: a situação é impressionante*

No que diz respeito ao *clima*: as emissões de gás de efeito-estufa levam ao aquecimento climático; o nível médio dos mares aumentou; a média de calor dos oceanos ampliou-se; a cobertura de neve e a extensão das geleiras diminuíram; a freqüência e o alcance dos acontecimentos extremos ligados à temperatura, como as inundações, as secas, os déficits hídricos dos solos, os incêndios, as invasões de insetos, devem agravar-se em certas regiões. Os cientistas prevêem um aquecimento maior durante o século XXI. Em um mundo onde metade da população vive na zona costeira, as conseqüências serão consideráveis. Os países pobres e os mais populosos serão os mais afetados.

O Grupo Intergovernamental sobre a Evolução do Clima (GIEC) chegou à seguinte conclusão: "uma maior vulnerabilidade da saúde humana, dos ecossistemas e dos setores sócio-econômicos". Essa desordem maior atinge toda a Terra. Pergunta-se até onde o equilíbrio fundamental do Planeta irá resistir.

No que diz respeito ao *ar*, os danos denominam-se: empobrecimento da camada de ozônio; precipitações de chuvas ácidas; poluições químicas difusas e acidentais; poluições radioativas de origem civil e militar; poluições urbanas; poluição sonora; poluição do espaço orbital...

No que concerne às *águas doces* a lista é igualmente longa: danos à qualidade dos cursos d'água e dos lençóis freáticos por meio das poluições de origem agrícola, industrial e doméstica; ressecamento e envenenamento dos lençóis freáticos; carência no acesso à água potável; inundações; problemas na quantidade de reservas de água, produzindo-se situações de estresse hídrico e de penúria de água.

---

3. "L'Avenir de l'Environnement Mondial", 2000 PNUE, *GEO-2000*.

No que diz respeito ao *meio marinho*: poluições oriundas dos rios e da zona costeira; poluições por imersões de resíduos, de resíduos perigosos, de resíduos radioativos; poluições acidentais ou voluntárias de navios e de plataformas; degradação dos recursos marinhos e costeiros; superexplotação e desaparecimento de espécies marinhas...

No que concerne aos *solos* a epiderme da Terra está, nesse aspecto, doente: a ameaça pela desertificação; os danos causados pelos pesticidas, nitratos, metais pesados; resíduos atirados em lixões; transportes e estoques de resíduos tóxicos.

No que diz respeito às *florestas*: desmatamento; incêndios; diminuição da variedade de espécies florestais...

No que diz respeito à *flora*, à *fauna*, às *paisagens* e à *Natureza*: empobrecimento da diversidade biológica; espécies dizimadas e ameaçadas de extinção da fauna e da flora; mercantilização das espécies vivas; riscos ligados aos organismos geneticamente modificados; artificialização da Natureza; proliferação de certas espécies responsáveis por problemas ecológicos e econômicos; regressão de *habitats* naturais; urbanização descontrolada; destruição das paisagens; destruição de culturas para o sustento humano, em benefício das monoculturas...

Constata-se, também, que as catástrofes são mais freqüentes e mais graves: "No curso da década de 1986-1995 as perdas em razão das catástrofes naturais foram oito vezes superiores àquelas registradas nos anos 60" (*GEO-2000*); apenas o *El Niño*, desencadeado pelo aquecimento do oceano no leste do Pacífico, levou à morte um grande número de pessoas e trouxe prejuízos consideráveis. Enfim, a segurança alimentar é cada vez menos garantida em certas regiões. Por outro lado, alimentos são contaminados por poluições químicas e radioativas; por aditivos alimentares; por dioxina por farinhas animais; sem esquecer a exposição de trabalhadores e de populações a substâncias perigosas (tragédia do amianto).

1.1.3 *Do ponto de vista das interações:*
essas interações entre diferentes problemas, ameaças
e tragédias ambientais representam fatores agravantes

Sabe-se, há tempo, que os elementos ambientais são interdependentes, que as poluições que se acumulam podem ter conseqüências diversas, que catástrofes ou atividades poluentes em uma região determinada podem ter efeitos em uma outra... No entanto, nem sempre se conhece a natureza precisa das interações entre os fenômenos de degradação do meio ambiente. Muitos cientistas pensam, por exemplo, que "as interações entre as mudanças climáticas e outros problemas ambientais poderiam ter conseqüências pesadas". As interações entre a atmosfera, a biosfera e os oceanos "poderiam resultar em mudanças irreversíveis, como por exemplo o deslocamento das correntes oceânicas e a alteração da diversidade biológica" (*GEO-2000* – Relatório do PNUMA).

1.2 Quais são as causas da degradação alarmante do meio ambiente?

1.2.1 Do ponto de vista global: o grande responsável é o sistema produtivista

Não se trata somente da tendência a buscar sistematicamente a melhoria ou o crescimento da produtividade. Trata-se de todo um sistema que surge no final da Idade Média, estendendo-se no período da colonização (a qual contribuiu para enraizar em grande parte da consciência ocidental a convicção segundo a qual o crescimento não tem limites), que se desenvolve por meio da Revolução Industrial do século XIX e que vem a ser onipresente e onipotente no século XX.

O produtivismo tem como prioridades a busca do lucro, a eficácia econômica, o crescimento quantitativo, a dominação sobre a Natureza. Ele é amparado por um discurso-verdade segundo o qual a tecnociência nos conduz para o progresso, o mercado é natural, a desregulamentação libera, a competição é a vida. O produtivismo é hostil ao ambiente, ele representa uma forma de expulsão da Natureza pela primazia da Economia: o homem torna-se mestre e possuidor da Natureza, as riquezas naturais são consideradas como inesgotáveis, a Ecologia deve estar a serviço da eficácia econômica, e de qualquer maneira a Natureza pilhada, destruída, pode ser recriada artificialmente.

De fato, o produtivismo é um sistema condenado por uma autodestruição terricida e humanicida, condenável por suas desigualdades gritantes e pela confusão que opera entre os fins (seres humanos transformados em simples instrumentos) e os meios (tecnociência e mercado mundial), que são, muitas vezes, considerados e tendem a se tornar finalidades em si mesmos.[4]

1.2.2 Do ponto de vista da enumeração das causas da degradação ambiental: cinco tipos de causas existem atualmente

A primeira causa é o *consumo excessivo* de uma minoria de habitantes do Planeta. As economias dos países industriais da América do Norte, da Europa, do Leste Asiático, são devoradoras de energia, de matérias-primas, e produzem enorme volume de resíduos e de poluentes. Os modos de produção, de consumo e de transporte não-respeitosos do meio ambiente, de forma global, não foram questionados. "Cada habitante americano que nasce gera tantos problemas ecológicos e energéticos quanto 10 nascimentos de crianças asiáticas ou, ainda, 23 nascimentos de crianças africanas."[5]

A segunda causa é a *pobreza* na qual vive a maioria dos habitantes do Planeta.

A terceira causa é *o rápido crescimento da população*. Essas duas causas estão ligadas, elas contribuem para uma degradação generalizada dos recursos renováveis que asseguram o sustento a, aproximadamente, 1/3 da população mundial.

A quarta causa está ligada à *industrialização, freqüentemente poluente*, dos países em desenvolvimento, que se traduz por uma poluição da atmosfera e da água, sentida mais intensamente pelos pobres dos bairros das grandes cidades.

A quinta causa está ligada às *guerras*. Não somente elas são destrutivas para os territórios onde ocorrem os conflitos armados, como também os refugiados que partem para os Estados vizinhos são obrigados, para sobreviver, a agredir o meio ambiente.

---

4. Riccardo Petrella, "L'évangile de la compétitivité", Le Monde Diplomatique, setembro/1991.
  5. Documento de trabalho 4D para o Coletivo "Rio + 10", aproximadamente 50 associações e organizações sindicais lançam a campanha "La Terre, l'Affaire du Siècle", Collectif Rio +10, 7 impasse Charles Petit, 75011 Paris, tel.: 01 44 64 75 82.

Entre essas cinco séries de causas *a primeira causa é irrefutável*: assim, por exemplo, a quarta parte da população mundial emite 3/4 de gás de efeito-estufa, e 5% da população mundial (Estados Unidos) lançam 25% desses mesmos gases.

1.2.3 *Do ponto de vista da aceleração do sistema internacional com relação ao estado do meio ambiente: encontramo-nos sob a influência de um fator grandemente agravante*

Quatro séries de mecanismos contêm algo de infernal. O *sistema internacional se acelera*: rapidez da tecnociência; generalização do reino da mercadoria sempre a renovar; circulação rápida e múltipla de informações, de mercadorias, de pessoas, de capitais, de serviços; discursos enaltecendo a competição, a excelência, o crescimento, o sempre mais, o poder. *As reformas ou os questionamentos para a proteção do meio ambiente são freqüentemente lentos*: complexidade nas relações de força e nas negociações; atrasos nos compromissos; obstáculos nas implementações; inércia nos sistemas econômicos e técnicos, sem esquecer a lentidão da renovação dos ecossistemas.

O agravamento dos problemas de ameaças e sinistros faz com que *se opere, em parte, na urgência*: em um certo percentual de esferas de ação, intervenções de urgência planetária impõem-se, nossas sociedades sitiam-se na ditadura do instante, a urgência tende a ocupar um lugar importante. *Pensar e executar as políticas de longo termo demandam tempo*: ora o sistema acelera-se e o tempo consagrado à urgência pesa muito, e "menos tempo se tem para compartilhar, menos a democracia é possível",[6] ora é a ausência de política a longo termo que faz com que nos encontremos cada vez mais a jusante dos fenômenos de degradação; deparando-nos com a urgência.

Produz-se, dessa forma, uma dupla colisão: por um lado, o tempo do mercado e o tempo do lucro a curto termo se chocam ao tempo ecológico de longo termo; de outro lado, os poderes humanos, presumidamente infinitos, chocam-se com o fato de a Natureza ser finita.

---

6. "Les grands entretiens du monde, dossiers et documents du Monde" (junho de 1996), artigo púbiicado no *Monde* em 28.1.1992.

1.3 Quais são as fraquezas do direito internacional do meio ambiente?

1.3.1 O advento tardio: o produtivismo tem cerca de 500 anos, o direito internacional do meio ambiente tem uns 30 anos

Certamente, o imenso período que se estendia de 10 mil antes de nossa era até os séculos XVI e XVII foi o período do aparecimento de um poder sobre a Natureza, e, por exemplo, a agricultura despontou por volta de 6.500 antes da nossa era, mas a maior parte das sociedades recusava-se a aceitar a separação entre ser humano e Natureza. A partir dos séculos XV e XVI, com a colonização, começa o *período da certeza*, da conquista, do todo poder. O sistema produtivista separa o homem da Natureza, ele o constitui em senhor soberano, a Natureza é considerada como um meio a serviço dos seres humanos, e essa só padecerá. Apesar de existirem os Estados e o direito internacional público, não se pode falar na existência de um direito internacional do meio ambiente nessa época.

Desde o *Titanic* (1912) – construção considerada perfeita, que desaparece no fundo dos oceanos e da era nuclear inaugurada por Hiroshima (1945) –, começa um período da dúvida. Alguns se questionam sobre uma sociedade que não se coloca limites, e já falam de controle necessário da tecnociência; muitos se dão conta de que, se a tecnociência resolve problemas, ela cria outros.

Danos ecológicos ultrapassam os limites da reversibilidade. É nesse contexto que o direito internacional do meio ambiente surgirá. Assim, de 1900 a 1930 são concluídas algumas convenções com finalidade econômica de conservação comercial de certas espécies. Em 1933 um tratado consagra, pela primeira vez, a noção de *espécie ameaçada de extinção*; em 1941 uma sentença arbitral afirma que o Estado tem o dever de proteger os outros Estados de atividades que se encontrem sob sua responsabilidade; em 1972 a Declaração de Estocolmo proclama o direito do homem ao meio ambiente e marca o efetivo nascimento dessa disciplina, cuja gestação havia começado em 1900.

Desde a tragédia de Chernobyl (1986), seguindo-se o período da certeza e após o período da dúvida, começa a *época da precaução*. Esse acidente nuclear é uma espécie de última advertência que a Humanidade se dá a si própria. Deve-se aprender a pensar e agir no longo termo, evitar o irreparável para as gerações futuras.[7] O princípio da precaução é consagrado na Declaração do Rio de Janeiro (1992). Um provérbio africano assim afirma: "A mentira estaria a caminho há 10 anos, a verdade a alcançaria em uma manhã de caminhada". O problema é que o produtivismo está em marcha há 500 anos, e que ele se acelera.

1.3.2 Uma chegada relativizada: o direito internacional do meio ambiente é um conjunto de meios dentre outros

Esse relativismo é marcado de três maneiras. Primeiramente o Direito *representa apenas um instrumento dentre outros*. Meios científicos, tecnológicos, econômicos, financeiros, educativos, atendo-se unicamente a esses exemplos, participam na proteção do meio ambiente. Trata-se, aliás, também para o Direito, de considerar esses aspectos, por exemplo, pela definição jurídica de uma tecnologia apropriada ou a criação de um fundo internacional qualquer ligado à proteção do meio ambiente. Além disso, o direito internacional do meio ambiente é *tão-somente um direito dentre outros*.

A maioria dos Estados tem hoje um direito ambiental, e, no âmbito do continente ou subcontinente, organizações regionais elaboraram alguns elementos desse direito ou todo um conjunto de textos, a exemplo da União Européia. Enfim, esse relativismo é marcado pelo fato de *o Direito dever ser limitado em uma sociedade que, em grande parte, vira as costas para ele*; uma das questões essenciais é justamente saber se o Direito tem meios de contribuir a oferecer resistência ao produtivismo e de construir uma sociedade ecologicamente viável.

1.3.3 Inúmeras insuficiências desse direito existem em sua elaboração, seu conteúdo, sua aplicação

Na *elaboração* desse direito constatam-se três tipos de insuficiências. Insuficiências *no campo da aplicação*, visto que existem *lacunas* consideráveis; assim, não existe convenção internacional de pro-

---

7. Hans Jonas, *Le Principe Responsabilité*, Cerf, 1990; Martine Rémond-Gouilloud, "A la recherche du futur: la prise en compte du long terme par le droit de l'environnement", *Revue Juridique de l'Environnement* 1, 1992.

teção das florestas, como também não existe um instrumento semelhante para os solos. Insuficiências *na legitimidade das negociações*: *o Sul nem sempre tem o espaço que lhe caberia*, e certo número de atores não é, ou não é de forma suficiente, integrado às negociações, *a exemplo das ONGs*; deve-se avançar para um democracia mais deliberativa e participativa. Insuficiência *na eficácia de elaboração*: objetivos insuficientemente definidos; meios muito fracos para atingi-los; elementos de transformação do contexto não considerados.

Quanto ao conteúdo, constatam-se dois tipos de insuficiências. Primeiramente insuficiências com relação ao *questionamento das soberanias estatais*; assim, por exemplo, os Estados têm o direito soberano sobre seus recursos, os negociadores da Convenção do Rio de Janeiro recusaram-se a internacionalizar os recursos naturais, eles não foram declarados Patrimônio Comum da Humanidade.

Em seguida, e sobretudo, insuficiências em relação ao *questionamento da lógica do produtivismo*: quer seja nas convenções de combate à poluição ou naquelas sobre conservação da Natureza, constata-se que na maior parte do tempo os modos de produção e de consumo bem como os meios de transporte ecologicamente não-viáveis continuam na mesma lógica.

Na *aplicação das convenções* constata-se, primeiramente, uma deficiência nos *engajamentos dos Estados*: ausência de assinaturas, inexistência de ratificação de convenções ou de protocolos. Em seguida, insuficiências com relação aos *meios internacionais de implementação*: falta dos meios *institucionais* e jurídicos de aplicação; fragilidade da assistência técnica; ausência de sanções. Enfim, carência do ponto de vista dos *meios nacionais e locais*: ausência ou debilidade de enquadramentos institucionais e jurídicos, ausência ou insuficiência de recursos financeiros e tecnológicos para aplicar as convenções.

O Programa de Montevidéu III (outubro/2000) insiste – com razão – na aplicação do direito internacional do meio ambiente. Esse Programa para o direito ambiental da primeira década do século XXI, elaborado no âmbito do PNUMA, a nosso ver, não dá ênfase o bastante para a criação de novos instrumentos jurídicos; ora, tanto os meios jurídicos nacionais quanto internacionais são necessários.

Nesses três níveis o exemplo das relações entre uma convenção-quadro e um protocolo dela decorrente é revelador. Não deve o protocolo intervir muito lentamente (negociação); ele não deve ser impreciso e favorável ao produtivismo (conteúdo); ele deve ser ratificado pelo maior número possível de Estados (aplicação).

1.4 Quais são os trunfos do direito internacional do meio ambiente?

1.4.1 Uma necessidade vital: sem direito internacional do meio ambiente não se pode, hoje, proteger o meio ambiente

Pelo menos quatro razões saltam aos olhos, desde que queiramos enxergar. Primeiramente a *globalidade constitutiva do meio ambiente*: seus elementos (ar, solo, água, floresta, fauna, flora, paisagem...) têm suas especificidades, mas são também ligados entre si de múltiplas maneiras; a Ecologia não conhece as fronteiras estatais.

Em seguida a *internacionalização das poluições*: a globalização causou a exportação de poluições voluntárias ou acidentais, clandestinas ou não; por outro lado, as ameaças globais (dano à camada de ozônio, efeito-estufa, empobrecimento da diversidade biológica...) atingem, certamente em graus diversos, o conjunto do Planeta.

Uma outra razão é a *necessidade de cooperar* para vencer diferentes desafios: "Unir-se ou perecer" – dizia A. Einstein. É necessário cooperar, reunir meios, organizar instituições, prever estratégias, isso tudo tanto no âmbito regional quanto no internacional; os esforços nacionais não são suficientes. Do mesmo modo, o direito internacional do meio ambiente pode agir como instigante: ele pode contribuir a modificar as práticas dos Estados e de outros atores que sem ele, sem as pressões internacionais, deixariam situações se degradarem.

Enfim, esse direito deveria *contribuir a recolocar o mercado em seu lugar*: tudo o que o mercado vê ele tende a cifrar, tudo tem preço! Não, nem tudo esta à venda; não, nem tudo tem um preço: assim, o meio ambiente tem um valor intrínseco, independentemente de toda utilidade para o ser humano.

1.4.2 Uma dinâmica desdobrada: o direito internacional do meio ambiente se globaliza e se difunde pouco a pouco

A dinâmica da *globalização* desenvolveu-se em dois tempos: dos anos 50 a 80 do século passado tratava-se, sobretudo, de um direito contra as poluições transfronteiriças, em seguida de um direito que intervirá setor por setor (ambiente marinho etc.), baseado, pois, em uma concepção restritiva. A partir dos anos 80 esse direito se fará presente em relação a situações globais (Carta Mundial da Natureza, 1982; Convenção sobre o Direito do Mar, 1982); em relação a poluições transversais (resíduos perigosos, produtos químicos, radioatividade) e também em relação a problemas de ameaças e sinistros globais (danos à camada de ozônio, aquecimento do clima, depauperamento da diversidade biológica).

A dinâmica do desdobramento traduz-se por um maior número de Estados que aderem às convenções. Ela se manifesta também pelo desenvolvimento desse direito não somente em convenções específicas, mas também em convenções mais amplas, onde uma parte é reservada à proteção do meio ambiente. Enfim, esse direito penetra esferas como a comércio internacional, e ele é levado em consideração por algumas organizações regionais. A proteção do meio ambiente deve ser integrada ao processo de desenvolvimento (princípio da Declaração do Rio).

1.4.3 Avanços importantes foram efetivados pelo direito internacional do meio ambiente em três décadas

Um conjunto de conceitos e de princípios: os conceitos não podem ser aplicados diretamente, mas desempenham um papel no desenvolvimento desse direito (a saber, o desenvolvimento sustentável, o interesse comum da Humanidade, o direito das gerações futuras); quanto aos princípios fundamentais do direito internacional do meio ambiente, eles são numerosos, indo desde a precaução à prevenção, passando pela cooperação, o dever de conservação, o dever de informação, até o princípio poluidor-pagador.

Um dinamismo normativo: aproximadamente 40 convenções com vocação universal, em torno de 50 convenções de vocação regional, uns 50 protocolos, formam o essencial dos textos mais importantes. As convenções-quadro adotam alguns grandes princípios, e os Estados engajam-se, então, a cooperar; protocolos podem vir em decorrência, contendo modalidades precisas. O dinamismo normativo inscreve-se em duas grandes direções: combater a poluição e conservar a Natureza.

Uma panóplia institucional: instituições foram criadas, como o PNUMA (em 1972); a Comissão de Desenvolvimento Sustentável (1992), encarregada da implementação da Agenda 21; o Fundo para o Meio Ambiente Global – FEM/GEF (1990); as Nações Unidas também operam por meio da Assembléia-Geral, da Corte Internacional de Justiça e da maioria das instituições especializadas, e de igual forma as organizações regionais, e com as ONGs...

Um desenvolvimento dos mecanismos de controle: muitas convenções têm uma conferência das partes, um secretariado, freqüentemente um comitê de peritos. Suas natureza e função são diferentes, mas se completam para a aplicação desta ou daquela convenção.

Um aumento de atores não-estatais: os Estados não são mais os únicos atores desse direito: organizações não-governamentais (ONGs) participam de sua implementação, a saber, da criação de regras internacionais; por outro lado, indivíduos podem, de forma circunscrita, contribuir para o avanço do direito ambiental (direito à informação, à participação, ao recurso). Tudo isso se inscreve na esfera mais geral do desenvolvimento de um contrapoder, aquele de uma sociedade civil internacional que protesta, por exemplo, contra as negociações da OMC em Seattle (dezembro/1999) e em Porto Alegre (janeiro/2001), onde o primeiro Fórum Social Mundial afirma que um outro mundo é possível.

2. Propostas para fortalecer e desenvolver o direito internacional do meio ambiente

Quatro orientações parecem necessárias: *aplicar o que existe*; *dispor de princípios operacionais*; *concluir novas convenções*; *liberar novos meios*.

2.1 Como reforçar a aplicação do direito internacional do meio ambiente?

São os Estados que se engajam nas convenções, mas a aplicação depende da cooperação de todos os interessados: Estados, organizações internacionais, ONGs, autoridades locais, empresas, indivíduos... Quais são, pois, a título indicativo para cada ator, os meios a serem desenvolvidos ou criados para contribuir à efetividade dessa implementação?

Para *todos os atores*: exercer pressões externas e internas (da mídia, financeiras, econômicas...) sobre os Estados para que eles subscrevam, ratifiquem e apliquem as convenções de proteção ambiental; multiplicar os estudos sobre os entraves à aplicação das convenções, mas também sobre os pontos fortes das políticas e legislações passíveis de serem citadas como exemplo; organizar e participar de cursos, seminários sobre o conteúdo e a aplicação das convenções; pensar e organizar "diagnósticos" para esta ou aquela convenção, por exemplo, a cada cinco anos, reunindo representantes de todos os atores interessados na convenção.

Para *todos os Estados-partes de uma convenção*: implementar planos de ação nacionais mas também regionais em defesa dessa aplicação; transpor os dispositivos convencionados para as legislações nacionais, acompanhadas de verdadeiros meios institucionais e financeiros para aplicá-las.

Para os *Estados desenvolvidos*: aumentar maciçamente sua ajuda financeira, tecnológica e em formação aos países em desenvolvimento e aos países de economia de transição, não somente por meio da ajuda bilateral e do auxílio das organizações internacionais, mas também de fundos específicos.

Para as *conferências das partes* das convenções de proteção do meio ambiente: assegurar um verdadeiro controle de cada convenção por meio de decisões e recomendações; verificar a existência de legislações nacionais que respondam às obrigações da convenção; desenvolver métodos e providências para prevenir e dirimir os conflitos entre Estados em matéria ambiental; estabelecer um plano de ação para a convenção, por exemplo, por cinco anos, fixando objetivos a alcançar e uma lista de ações a empreender; criar para certo número de convenções comissões de prevenção compostas de profissionais independentes que formulariam relatórios e recomendações destinadas à conferência das partes; organizar inspeções *in loco* com o acordo do Estado visitado ou, em certos casos, de forma mais intrusiva, prever e aplicar sanções (penais, econômicas...) no que concerne às violações às convenções.

Para *os secretariados das convenções*: acrescer seus meios financeiros assegurando seu funcionamento e suas atividades operacionais;

multiplicar o número de funcionários internacionais que aí trabalham; dotar os secretariados de meios de organizar verdadeiras coordenações das atividades entre convenções de uma mesma esfera de proteção.

Para os *comitês de peritos das convenções*: aumentar o quantitativo de peritos independentes pertencentes a esses comitês ou consultados por eles; outorgar o *status* de observador às ONGs desejosas de estar presentes nesses comitês científicos.

Para as *ONGs*: desenvolver suas funções de observadoras e parceiras; ter a possibilidade de expor seu ponto de vista sobre o conteúdo dos relatórios nacionais durante as conferências das partes; ter a possibilidade de denunciar as disfunções junto ao secretariado e às partes, apresentando estudos, relatórios, proposições; ter acesso a todos os documentos adotados pelas partes e poder dar-lhes uma larga difusão; dar-se a possibilidade às ONGs do direito de recurso perante a Corte Internacional de Justiça (CIJ) e perante sua Câmara para o Meio Ambiente.

Para os *juízes internacionais e nacionais*: contribuir para a integração do direito internacional do meio ambiente; contribuir a consagrar o meio ambiente como um valor coletivo que condiciona a vida e a saúde; evoluir para uma competência universal dos tribunais com relação aos autores de crimes ecológicos – será, portanto, necessário definir e reprimir tais crimes no âmbito internacional. Teria todo sentido a criação de um tribunal penal internacional do meio ambiente, acessível aos Estados e às ONGs.

Para as *empresas*: os Estados devem desenvolver a possibilidade de engajar a responsabilidade direta das empresas implantadas em seus territórios que causem danos ecológicos transfronteiriços.

Para as *Administrações nacionais*: cada Estado-parte de uma convenção deve designar uma instituição nacional competente que represente, em especial, o papel de interlocutor para o secretariado, devendo desenvolver-se vínculos entre os dois.

Para as *coletividades locais*: seu envolvimento na aplicação das convenções deve ser melhor considerado.

Para os *particulares*: exercer o direito ao meio ambiente (direito à participação nas decisões, direito à informação, direito ao recurso) contribuirá, igualmente, a essa implementação.

2.2 Como tornar mais operacionais os princípios do direito internacional do meio ambiente?

Essas regras jurídicas gerais são instrumentos essenciais para a proteção do meio ambiente. A fim de torná-las mais promitentes, os atores devem intervir nos diferentes estágios da evolução dos princípios; faz-se necessário, igualmente, que esses princípios contribuam para a avaliação da degradação do meio ambiente, isso a montante e a jusante do processo.

2.2.1 As etapas nas quais os atores podem intervir dividem-se em quatro

A primeira etapa é o seu *advento*, é uma gestação mais ou menos longa, cada princípio é produto, ao mesmo tempo, de ameaças e de sinistros ecológicos; de pesquisas científicas; de ações de ONGs e de cidadãos; de trabalhos técnicos; de intervenções da mídia; de reuniões de diplomatas – deixando-se claro, igualmente, que diversos interesses opõem-se a esse aparecimento.

A segunda etapa corresponde à *consagração jurídica*, que, igualmente, é produto de inúmeras pressões e ações. Esses princípios aparecem em declarações jurídicas não-cogentes (Declaração de Estocolmo, 1972; Carta Mundial da Natureza, Nova York, 1982; Declaração do Rio, 1992); esses princípios são, em seguida, muitas vezes, transpostos para convenções globais e regionais cogentes para os Estados-partes e para as legislações nacionais. Seria auspicioso reunir esses princípios em uma convenção global.

A terceira etapa consiste em *definir um princípio*: pode-se ater a uma fórmula mais ou menos imprecisa ou, contrariamente, definir de forma explícita seu conteúdo, no sentido de uma radicalização da proteção do meio ambiente. Mas o produtivismo está, igualmente, aqui presente, como, por exemplo, no enunciado do princípio poluidor-pagador, da Declaração do Rio: "É o poluidor que, em princípio, deve assumir o custo da poluição, no sentido do interesse público e sem desvirtuar o jogo do comércio internacional e do investimento".

A quarta etapa trata da *efetividade do princípio*. Existem duas exigências: o ensino do direito internacional do meio ambiente e do direito ambiental deve ser instituído e reforçado no conjunto dos países; essas disciplinas devem ser orientadas para juristas e não-juristas. Por outro lado, é vital que os diferentes atores se apoderem desses princípios, os divulguem e contribuam para assegurar sua efetividade, particularmente por meio de pressões e recursos processuais.

2.2.2 *Compreendem-se melhor as possibilidades e as dificuldades de organizar as políticas e fazer-se respeitar este ou aquele princípio conforme seja posicionado a montante ou a jusante da degradação e da proteção do meio ambiente*

Espera-se que a classificação proposta seja operacional mesmo que relativa, visto que é evidente, por exemplo, que o princípio de precaução produz também efeitos a jusante e que a assistência ecológica pode contribuir para a prevenção que virá em decorrência.

Os *princípios situados a montante* estão na origem do produtivismo: quanto mais eles forem aplicados, mais eles tenderão a questionar os modos de produção, de consumo, de transporte.

A redução e a eliminação dos modos de produção e de consumo não-viáveis – que deveriam ser, sobretudo, de responsabilidade dos Estados, das empresas e dos cidadãos – é um princípio essencial que se situa na vanguarda de uma sociedade ecologicamente viável; a resistência oferecida às reduções dos gases de efeito-estufa mostra que estamos bem no coração do sistema produtivista.

Os métodos de produção limpos projetam as tecnologias não-poluentes, constituindo também uma via importante.

A gestão ecologicamente racional necessita ser definida; ela significa, entre outros, um tratamento preferencial dos resíduos nos países de produção, donde a necessidade de se criar centros de tratamento.

O dever de todo Estado de evitar danos ao meio ambiente além dos limites da jurisdição nacional visa não somente aos outros Estados, mas também aos locais fora de qualquer competência territorial (o alto-mar, o espaço aéreo que o cobre, os grandes fundos marinhos, a Antártica, o espaço cósmico, a Lua e os outros corpos celestes); o Estado é responsável não somente por suas próprias atividades, mas também por todas aquelas, públicas ou privadas, para as quais ele tem o dever de impor um regime de vigilância – donde a necessidade das autorizações impostas às instalações potencialmente causadoras de danos ambientais.

A *utilização eqüitativa e sustentável de um recurso compartilhado* é um princípio particularmente importante, por exemplo, para os corpos de água internacionais.

O *princípio de precaução* em direito internacional do meio ambiente significa que, em caso de risco de danos graves ou irreversíveis, a ausência de certeza científica não deve servir de pretexto para protelar as medidas com vistas a prevenir a degradação ambiental; se necessário, o Estado deve renunciar às atividades suscetíveis de causar significativo impacto ao meio ambiente; os pesquisadores tentarão encontrar soluções apropriadas; aqueles que tomam as decisões políticas devem impor, então, aos atores econômicos uma atitude de prudência em face dos riscos pouco conhecidos ou desconhecidos – esse também é um princípio a ser apropriado pelos cidadãos em relação ao meio ambiente e à saúde humana.

A *prevenção* e a gestão de um risco conhecido é um princípio subjacente a várias convenções. A prevenção tem, dentre outras, duas formas: primeiramente o *controle do estado do meio ambiente*. Deduz-se do Relatório *GEO-2000* que é necessário preencher as lacunas em matéria de conhecimentos, porque falta-nos uma visão de conjunto das interações e incidências dos fenômenos mundiais. Uma segunda forma de prevenção é a *avaliação prévia das atividades*. Esse dever de avaliação das incidências sobre o meio ambiente de qualquer atividade é importante, particularmente, para as relações transfronteiriças. Ele traduz-se em Estudos de Impacto, cujos procedimentos têm ainda que progredir.

O dever de informação sobre as atividades potencialmente causadoras de efeitos nefastos sobre o meio ambiente além-fronteiras deve traduzir-se, ao mesmo tempo, por um dever de informação prévia e por um dever de comunicação ao Estado que pode ser atingido.

Os *princípios integrantes do conjunto da proteção* acham-se, pois, no mesmo nível das causas (a montante) e das conseqüências (a jusante) do produtivismo.

O direito ao meio ambiente deve significar cada vez mais acesso à informação, participação do público (pessoas físicas ou jurídicas) no processo de decisão e acesso à Justiça em matéria ambiental.

Os Estados têm o direito soberano de explorar seus próprios recursos segundo suas políticas de meio ambiente e de desenvolvimento: esse princípio é um limite ao princípio do patrimônio comum da Humanidade e, ao mesmo tempo, ele vem acompanhado de um dever de conservação.

O dever de todo Estado de conservar o meio ambiente e os recursos naturais, claramente expressado como obrigação para o conjunto do ambiente marinho, é também um princípio contido nas convenções mundiais e regionais de conservação da Natureza.

O dever de cooperação é muito presente; é indispensável para prevenir, limitar, reduzir e eliminar os danos ao meio ambiente; ele significa, em particular, trocas constantes de informação e uma cooperação em caso de situação crítica.

O princípio de integração do meio ambiente ao desenvolvimento significa que a proteção do meio ambiente deve ser parte integrante do processo de desenvolvimento e não pode ser considerada de forma isolada; esse é um dos fundamentos do desenvolvimento sustentável.

A obrigatoriedade dos Estados de solucionar seus conflitos em matéria ambiental é freqüentemente lembrada nas convenções por meio dessa ou daquela forma de resolução de conflitos.

A interdependência entre paz, desenvolvimento e proteção do meio ambiente é um princípio muitas vezes esquecido; insiste-se, por exemplo, com razão, sobre o fato de a Natureza necessitar de paz, mas deve-se colocar em evidência, também, o fato de que a paz necessita de políticas respeitosas do meio ambiente, senão os "conflitos verdes" se multiplicarão.

O princípio da responsabilidade comum, mas diferenciada, é um dos mais novos: tendo em vista a diversidade dos papéis dos atores na degradação do meio ambiente global, os países desenvolvidos admitem a responsabilidade que lhes incumbe no esforço internacional; assim, por exemplo, cabe a eles estar na vanguarda da luta contra as mudanças climáticas; esse princípio implica também mecanismos de transferências financeiras em favor dos países em desenvolvimento.

Os *princípios situados a jusante da proteção* chegam em um momento em que as coisas vão mal. *O dever de notificação imediata no caso de situações críticas* diz respeito aos Estados entre si (em matéria nuclear foi necessária a tragédia de Chernobyl para que uma convenção fosse adotada logo em seguida); da mesma forma, far-se-ia necessária a obrigação do Estado de informar, com urgência, sua população.

O dever de assistência no caso de situação crítica a um Estado estrangeiro tem muito o que avançar; muito próximo a esse princípio está o da *cooperação transfronteiriça em caso de acidente industrial*.

A *não-discriminação e a igualdade de tratamento das vítimas das poluições transfronteiriças* é um princípio que deve ser levado em consideração.

O princípio poluidor-pagador deve assentar-se em multas dissuasivas e melhor definir as exceções permitidas.

Enfim, se o *princípio da responsabilidade* é freqüentemente proclamado, os Estados não o definem e não o implementam: o Estado procura escapar ao contencioso interestatal colocando o reclamante em face do poluidor ou propondo conciliação ambiental; existem também regras de indenização por meio de soluções convencionais (energia nuclear, hidrocarbonetos, outras substâncias perigosas).

Todos esses princípios podem ser conectados a *conceitos* que definem uma perspectiva geral; eles são dois. Por um lado o conceito de *Humanidade*, quer dizer, o interesse geral da Humanidade, seu patrimônio, e o direito das gerações futuras. De outro lado, o conceito de *desenvolvimento sustentável*, que objetiva satisfazer as necessidades das gerações presentes sem comprometer as das gerações futuras, e que visa a que a proteção ambiental seja integrada ao processo de desenvolvimento.

2.3 Quais as novas convenções e protocolos a firmar?

O direito internacional do meio ambiente é objeto de graves lacunas. Novos instrumentos jurídicos são indispensáveis tanto para os elementos do meio ambiente quanto para o conjunto do aparato ambiental.

2.3.1 Do ponto de vista dos elementos do meio ambiente

É necessário ultrapassar os obstáculos, transformar as relações de força para a adoção de convenções e protocolos a serem evocados a título indicativo. Com relação aos *solos*, trata-se de adotar uma convenção mundial de proteção dos solos que combata as causas antrópicas da erosão. De igual modo, com relação às *florestas*, uma convenção mundial de proteção está em gestação; ela é imprescindível.

Não seria necessária, para as diferentes regiões do mundo, no que diz respeito ao *ar*, uma convenção de combate às chuvas ácidas similar àquela adotada para o combate à poluição atmosférica transfronteiriça de longa distância? No que diz respeito à camada de ozônio, é importante a aplicação do calendário de eliminação das substâncias que destroem o ozônio estratosférico, mas também, em razão das interações, é essencial a luta contra o aquecimento climático.

No que diz respeito às *mudanças climáticas* deve-se ratificar o Protocolo de Kioto e aplicá-lo; negociar um protocolo que organize as permutas de direitos de emissões, fixando os limites dessas lógicas mercadológicas – quer dizer, atribuindo-se fundamental importância às políticas de redução maciça de gases de efeito-estufa[8] –, e, nessa perspectiva, negociar um novo protocolo, muito mais radical.

Com relação às *águas continentais*, é necessário concluir-se um tratado internacional no mesmo sentido do que se fez no âmbito da Comissão das Nações Unidas para a Europa, por meio do Protocolo de Londres sobre Água e Saúde, o qual assegura, em especial, o acesso de todos à água potável e ao saneamento. Esse acesso seria um direito de cada pessoa; a água teria um *status* de bem vital, "patrimonial, comum, mundial".[9]

Em relação ao *ambiente marinho*, no que respeita às poluições telúricas, deve-se organizar um sistema de fundo internacional e de fundos regionais em apoio aos Estados e às coletividades locais; já, no que diz respeito às zonas costeiras, é importante orientar-se para convenções que busquem uma gestão integrada, unindo em uma única entidade jurídica a questão terrestre e a questão marítima das zonas costeiras, até então separadas pelo Direito; deve-se também levar adiante a convenção para a prevenção da poluição por navios, por meio de outras emendas mais rigorosas.

8. Sobre a crítica dos "direitos de poluir", v. Monique Chemillier Gendreau, "La Planète mise à sac", *Manière de Voir* 52 (*Penser le XXI^{éme} Siècle*) e *Le Monde Diplomatique*, artigo de dezembro/1998.
9. Riccardo Petrella, *Le Manifeste de l'Eau*, Éditions Lausanne, p. 2.

Com relação à *conservação da Natureza*, cite-se aqui apenas a Convenção sobre a Diversidade Biológica, que representa, de fato, um passo a mais na mercantilização das formas de vida. Uma esperança de mudar uma parte dessa lógica reside nos protocolos; o primeiro, sobre a prevenção dos riscos biotecnológicos, é um passo positivo, um outro deveria ser, por exemplo, no sentido de um verdadeiro controle multilateral da proteção da biodiversidade.

2.3.2 Do ponto de vista de outros fatores relativos à proteção internacional do meio ambiente

Não existe convenção mundial que trate de todos os aspectos dos problemas causados pelas *substâncias tóxicas* ou perigosas. Por outro lado, no que concerne às *radiações ionizantes*, a Convenção sobre Segurança Nuclear deveria, por meio de protocolos, instaurar um verdadeiro regime internacional fixando normas detalhadas de segurança.

No mesmo sentido deveriam seguir as Convenções sobre a Segurança da Gestão do Combustível Usado e sobre a Segurança da Gestão dos Rejeitos Radioativos. Protocolos ou uma nova convenção deveriam impor a interdição, em nome do direito das gerações futuras e do princípio de precaução, de qualquer solução irreversível de enterramento dos rejeitos radioativos, bem como tornar indispensável o controle dos rejeitos radioativos militares; o princípio do direito à informação; a fixação de normas internacionais obrigatórias relativas ao nível da radioatividade tolerável, levando-se em consideração o efeito das doses de radioatividade toleráveis; a organização de uma inspeção internacional dos reatores nucleares e dos centros de estoque totalmente independente da AIEA (Agência Internacional de Energia Atômica).[10]

Por outro lado, um protocolo ou uma convenção deveria impor a diminuição do volume de rejeitos radioativos pela redução do recurso à energia nuclear. A aplicação do princípio de precaução deveria levar ao fim os programas nucleares, sinônimos de tragédias e de ameaças para as gerações presentes e futuras. Ainda no que diz res-

---

10. Michel Prieur, "Pollutions transfrontalières et transferts de déchets radioactifs", in Michel Prieur e Stéphane Doumbé-Billé (dirs.), *Droit de l'Environnement et Développement Durable*, PULIM, 1994, p. 195.

peito à *energia*, por que não concluir uma convenção de promoção maciça das energias renováveis? No que concerne ao *contexto militar* – repete-se aqui, novamente – continua indispensável programar o desarmamento nuclear, também com vistas ao meio ambiente.

Da mesma forma, por que não concluir uma convenção na qual o meio ambiente, durante um conflito armado, seja protegido de maneira mais global e específica do que nos dias de hoje? Uma outra convenção definiria e sancionaria o *crime ecológico*, em período de guerra ou de paz.

Seria igualmente útil uma convenção sobre o dever de *assistência ecológica* a um Estado em situação crítica. Enfim, o *comércio internacional* é um setor onde as lógicas dominantes devem ser questionadas. Nas convenções instituidoras das zonas de livre comércio dever-se-ia elaborar ou aplicar disposições relativas à proteção do meio ambiente, da mesma forma que nos tratados de cooperação econômica.

No caso da OMC, os poderes da Comissão sobre o Comércio e o Meio Ambiente deveriam desenvolver-se no sentido da proteção ambiental; da mesma forma, o Organismo de Resolução de Conflitos, os Grupos Especiais e o Órgão Recursal deveriam ser mais transparentes no que respeita seu funcionamento, e levar em consideração os princípios de precaução e de prevenção.

As convenções mundiais e regionais regulamentando o comércio internacional de elementos da diversidade biológica (fauna e flora selvagens) e de certas substâncias e produtos que apresentem riscos deveriam ser reforçadas e acompanhadas de meios mais importantes. Mas, além dessas reformas, o direito internacional do meio ambiente não deveria caminhar no sentido da adoção de uma convenção que colocasse em evidência o interesse geral? A proteção do meio ambiente contribuiria a colocar o mercado em seu lugar. A primazia do princípio do livre comércio deveria ser claramente questionada: o livre comércio deve estar em conformidade com as cláusulas de proteção ambiental.

2.4 *Que meios novos buscar?*

Os meios financeiros são essenciais, os outros meios são muito importantes.

2.4.1 Os meios financeiros

São, na maioria das vezes, *insuficientes* – esse vocábulo é eufêmico –, quer dizer, dramaticamente derrisórios em relação às necessidades. Trata-se de liberar-se de uma verdadeira "recessão da vontade".

Em primeiro lugar *aumentando-se os meios existentes*: financiamento da proteção por instituições de cooperação bilateral e multilateral; por fundos internacionais criados para essa proteção (por exemplo, o Fundo para o Meio Ambiente Mundial); por fundos criados pelas convenções (por exemplo, o Fundo Internacional de Indenização por Danos Advindos da Poluição por Hidrocarbonetos); igualmente por financiamentos promovidos por ONGs (por exemplo, o Fundo Mundial para a Natureza, *Greenpeace*). De maneira mais ampla, não somente para a proteção do meio ambiente, mas para um conjunto de setores, a ajuda pública aos países em desenvolvimento deveria, finalmente, ser ampliada.

Em segundo lugar, não se trata de anular uma pequena parte da *dívida* daqueles países mais pobres, como fez o G8; trata-se de acabar de maneira radical com essa espoliação tutelada, com esse estrangulamento das economias. Em outras palavras, trata-se de decidir sobre a anulação geral da dívida pública dos países dependentes e a utilização dos recursos liberados em favor, dentre outros, da proteção ambiental. Para isso, são sempre necessárias a mobilização dos cidadãos e a resistência dos países endividados.

Em terceiro lugar, a utilização das técnicas de *tributação ecológica* nos diferentes níveis geográficos: taxas ambientais sancionando produtos ou atividades desfavoráveis ao meio ambiente; isenções fiscais para favorecer os produtos ou as atividades respeitosas do meio ambiente; redução das subvenções danosas ao meio ambiente – levando-se, todavia, em consideração as conseqüências sociais.

Em quarto lugar, deve-se questionar o capital privado transnacional; *desarmar o poder financeiro* por meio de uma taxação do capital, das receitas financeiras e transações sobre o mercado de câmbio, tantas novas contribuições particularmente consideráveis para a proteção do meio ambiente, bem como redistribuir lucros por meio de instituições financeiras internacionais, novas ou renovadas.

2.4.2 Os outros meios

Insistimos sobre os meios jurídicos, mas também muito importantes são os meios *científicos*, a serem desenvolvidos por meio de uma cooperação internacional; os meios *tecnológicos*, pela transferência de tecnologias não-poluentes; os meios *educativos*, por meio da criação e do desenvolvimento de programas de educação ambiental, bem como do ensino do direito ambiental. Dentre os *meios institucionais*: a transformação do PNUMA em verdadeira organização mundial do meio ambiente, dotada de importantes meios jurídicos e financeiros, de pessoal em maior número; a transformação das secretarias das convenções por meio do aumento maciço de seu pessoal, de seus meios financeiros; enfim, promover o desenvolvimento de redes associativas transfronteiriças de proteção ambiental.

Os Estados, as organizações internacionais e regionais, as empresas, as coletividades locais, as ONGs, os indivíduos, devem multiplicar as inquirições e os meios para passar do produtivismo ao desenvolvimento sustentável e do desenvolvimento sustentável a uma sociedade ecologicamente viável. É tão difícil quanto vital.

OS ESTUDOS DE IMPACTO TRANSFRONTEIRIÇO NA EUROPA – ENSAIO DE ESTUDO COMPARADO*

MICHEL PRIEUR

1. A organização dos procedimentos de Estudos de Impacto transfronteiriço no âmbito europeu: 1.1 O Direito Comunitário – 1.2 As Convenções de Espoo e de Helsinque. 2. Uma implementação nacional complexa: 2.1 Os procedimentos de implementação – 2.2 A participação do público.

O Estudo de Impacto Ambiental é um instrumento procedimental de prevenção dos danos ao meio ambiente, tendo-se generalizado no âmbito de todos os Direitos nacionais após sua aparição em 1970 na América do Norte. Trata-se de um documento científico que analisa os efeitos potenciais de uma atividade sobre o meio ambiente e permite, assim, às autoridades públicas que decidem e ao público consultado, autorizar ou não essa atividade em conhecimento de causa.

O Estudo de Impacto implementa, de forma concreta, dois importantes princípios do direito ambiental. Primeiramente o *princípio de prevenção*, pois o Estudo de Impacto é, obrigatoriamente, prévio à decisão e tem por finalidade evitar ações que seriam seriamente prejudiciais ao meio ambiente ou, mesmo, irreversíveis. Assim, o Princípio 17 da Declaração do Rio de Janeiro sobre Meio Ambiente e Desenvolvimento consagra o Estudo de Impacto como instrumento nacional de prevenção. Em segundo lugar, o *princípio de integração*, pois trata-se de integrar o meio ambiente às estratégias de ação dos decisores públicos e privados. Nesse sentido, o Estudo de Impacto permite alcançar o desenvolvimento sustentável, conforme o Princípio 4 da Declaração do Rio, na medida em que esse procedimento vai aplicar-se a atividades, obras, planos ou programas que dizem respei-

* Tradução do francês pela Dra. Simone Wolff.

to a outros setores. Essa integração dependerá, portanto, do campo de aplicação preciso dos Estudos de Impacto nos setores industriais, agrícolas, energéticos, de transporte ou do turismo.

A internacionalização dos Estudos de Impacto deu-se de diferentes maneiras: por meio de recomendações ou princípios diretores emanados de organizações internacionais visando aos Estudos de Impacto nacionais;[1] pela inserção do procedimento de Estudo de Impacto em convenções internacionais, especialmente no que se refere ao ambiente marinho com o art. 206 da Convenção das Nações Unidas sobre o Direito do Mar de 1982 e todas as convenções sobre os mares regionais.[2]

Menção especial deve ser feita à Convenção sobre a Proteção do Meio Ambiente dos Países Nórdicos, de 1974, primeira a impor a obrigação de informação e de adoção de negociações em relação ao impacto de um projeto sobre o meio ambiente, entre a Finlândia, a Noruega, a Suécia e a Dinamarca.[3] Desde então, quase todas as convenções sobre o meio ambiente introduzem, se não um procedimento especial, ao menos uma referência ao instrumento Estudo de Impacto.[4]

Enfim, as organizações internacionais e as instituições financeiras

1. Por exemplo: *OCDE*, Recomendações de 14.11.1974 (C-74-216), de 8.5.1979 (C-79-116), de 20.6.1985 (C-85-104); *Assembléia Parlamentar do Conselho Europeu*, Recomendações 911, de 1981, e 949, de 1982; *OMS*, Recomendações 35-17, de 1982, e 39-22, de 1986; *PNUE*, Princípios Diretores de 1981; Carta Européia do Litoral de 8.10.1981: "A cooperação deveria tornar-se obrigatória para certos Estudos de Impacto referentes a implantações importantes nas regiões fronteiriças" (essa Carta foi aprovada por uma resolução do Parlamento Europeu de 18.6.1982).
2. V., por exemplo, o art. 17 do Protocolo sobre as Áreas Protegidas no Mediterrâneo, de 1995, em vigor desde 12.12.1999: "No curso dos procedimentos que precedem a tomada de decisão sobre os projetos industriais ou outros projetos e atividades potencialmente causadores de significativos impactos sobre áreas e espécies protegidas e seus *habitats*, as partes avaliam e consideram o impacto possível, direto ou indireto, imediato ou a longo termo, bem como o impacto cumulativo dos projetos e atividades considerados".
3. Convenção Nórdica sobre a Proteção do Meio Ambiente, de 19.2.1974, arts. 5 e 6.
4. Convenção de Helsinque, de 1992, sobre a Proteção do Meio Marinho do Mar Báltico (art. 7); Convenção sobre a Diversidade Biológica (art. 14); Convenção sobre as Mudanças Climáticas (art. 4-1-f); Protocolo de Madri sobre o Meio Ambiente da Antártica, de 1991; Convenção sobre o Direito Relativo às Utilizações dos Cursos de Água Internacionais a Fins Diversos da Navegação, de 1997 (art. 12).

internacionais introduziram, desde 1989, Estudos de Impacto internos para suas atividades e projetos.[5] A Comissão de Direito Internacional das Nações Unidas não deixou, no seu projeto de texto sobre a prevenção de danos transfronteiriços resultantes de atividades perigosas, de impor um Estudo de Impacto Ambiental: "Toda decisão relativa à autorização de uma atividade inserida no campo de aplicação do presente projeto de artigos repousa, em particular, sobre uma avaliação do dano transfronteiriço possível em decorrência dessa atividade, a saber, uma avaliação do impacto sobre o meio ambiente" (art. 7).[6]

O Estudo de Impacto utilizado como instrumento de Direito Internacional aparece como meio jurídico e científico de assegurar, preventivamente, o respeito a um princípio fundamental do direito internacional do meio ambiente: o respeito ao meio ambiente além dos limites da jurisdição nacional. Esse princípio foi formulado na Declaração de Estocolmo de 1972, a saber: "Os Estados têm o dever de proceder de maneira a que as atividades exercidas nos limites de sua jurisdição ou sob seu controle não causem danos ao meio ambiente de outros Estados (...)" (Princípio 21).

Trata-se da utilização não-prejudicial do território, consagrada pela Corte Internacional de Justiça (CIJ) na caso do Estreito de Corfou, de 9.4.1949 – "Nenhum Estado pode utilizar seu território com finalidades contrárias aos direitos de outros Estados" –, e considerada pela mesma Corte Internacional como parte integrante do corpo de regras de Direito Internacional (caso "Gabcikovo-Nagymaros", de 25.9.1997). Nessa última decisão a CIJ teve que examinar o alcance de um Estudo de Impacto transfronteiriço, o que a levou a considerar que "deve-se continuamente avaliar os riscos ecológicos", e que para esse fim "são as normas atuais que devem ser levadas em consideração".[7]

A multiplicidade de Estudos de Impacto previstos nas convenções internacionais é raramente acompanhada de verdadeiros proce-

---

5. Cf. M. Prieur, "Évaluation des impacts sur l'environnement pour un développement rural durable: étude juridique", FAO, *Étude Législative* 53/92, Roma, 1994.
6. Projeto de artigos, Comissão do Direito Internacional, 53ª sessão, A/CN/4/L. 601, de 3.5.2001.
7. C. Nouzha, "Réflexions sur la contribution de la Cour Internationale de Justice à la protection des ressources naturelles", *Revue Juridique de l'Environnement* 3/406 e ss., 2000.

dimentos organizados e abertos ao público. Freqüentemente a implementação desses textos requer a intervenção do Direito nacional e um mínimo de cooperação bilateral. O único procedimento internacional organizando um Estudo de Impacto internacional é aquele resultante do Protocolo de Madri sobre a Antártica de 1991, acompanhado de diretrizes particularmente desenvolvidas.[8]

Os únicos Estudos de Impacto transfronteiriço objeto de um autêntico procedimento organizado são, na verdade, os Estudos de Impacto nacionais referentes a atividades efetiva ou potencialmente capazes de causar efeitos sobre um Estado vizinho; seja porque se trata de uma instalação situada na fronteira – portanto, transfronteiriça por natureza –, seja porque, não sendo limítrofe de uma fronteira, os resultados indiretos podem conduzir à obrigação de considerar os impactos no território estrangeiro.

Levando-se em consideração a origem internacional do direito do meio ambiente, que se preocupou muito cedo com as poluições transfronteiriças, poder-se-ia esperar regras mais precisas sobre a matéria.[9] Assim não foi porque a matéria tratava diretamente dos procedimentos nacionais administrativos e, além do mais, isso questionava o princípio tradicional da territorialidade das leis de direito público.[10] Da mesma forma, o direito dos Estudos de Impacto transfronteiriço na Europa somente se organizará graças à conjunção de dois instrumentos jurídicos diferentes, mas complementares: o Direito Comunitário e o direito convencional da Comissão Econômica para a Europa das Nações Unidas. Constataremos, em um primeiro momento, uma extensão e uma organização dos procedimentos de Estudo de Impacto transfronteiriço sob a pressão dessas duas fontes de Direito Internacional-Regional, em seguida uma resistência ou

---

8. Protocolo ao Tratado sobre a Antártica Relativo à Proteção do Meio Ambiente, 4.10.1991 (art. 8), e Anexo 1: "Avaliação de Impacto sobre o Meio Ambiente".
9. A. Kiss e J. P. Beurier, *Le Droit International de l'Environnement*, 2ª ed., Pedone, 2000, p. 99.
10. Cf. J. M. Bischoff, "La territorialité des lois de droit public dans ses implications sur les principes de non-discrimination et d'égalité d'accès en matière de pollution transfrontière", in OCDE, *Aspects Juridiques de la Pollution Transfrontière*, 1977, pp. 1.285 e ss.; M. Prieur, "La reconnaissance des autorisations étrangères", in M. Bothe, Prieur e Ress, *Les Problèmes Juridiques Posés par les Pollutions Transfrontières*, Berlim, Schmid Verlag, 1984, p. 213.

apatia nacional quanto à implementação por parte do Estado, que se revela, na realidade, muito complexa.

1. A organização dos procedimentos de Estudos de Impacto transfronteiriço no âmbito europeu

Desde 1978, em seus princípios diretores em matéria ambiental para a orientação dos Estados sobre conservação e utilização harmoniosa dos recursos naturais compartilhados por dois ou mais Estados, o Conselho de Administração do PNUMA[11] convidava os Estados a "desenvolver estudos e avaliações científicas conjuntas" (Princípio 8) e a considerar "os eventuais efeitos nocivos sobre o meio ambiente pela utilização dos recursos naturais compartilhados, sem fazer-se distinção se esses efeitos são produzidos nos limites de sua jurisdição ou além desses limites" (Princípio 13).[12] Sem visar às zonas fronteiriças em especial, a Carta da Natureza adotada pela Assembléia-Geral das Nações Unidas em 28.10.1982 insistia sobre as atividades potencialmente causadoras de impacto sobre a Natureza, instando a que elas sejam precedidas de uma avaliação das conseqüências referentes aos impactos sobre a Natureza (art. 11-c).

O PNUMA tinha em vista em 1987 uma convenção mundial sobre os Estudos de Impacto, mas teve que abandonar esse projeto. Contudo, em seus princípios diretores de 1987 o PNUMA encoraja os Estados à elaboração de procedimentos internacionais de permuta de notificação e de informação quando as atividades planejadas são potencialmente danosas ao ambiente de outros Estados (Princípio 11). Da mesma forma, em aplicação ao princípio geral de Direito Internacional segundo o qual os Estados não devem causar danos ao meio ambiente de outros Estados, o grupo de peritos jurídicos da Comissão Brundtland preconiza, no art. 16-2, o seguinte: "Os Estados realizarão ou solicitarão avaliações ambientais prévias das atividades propostas que possam afetar significativamente o meio ambiente ou a utilização de um recurso natural".[13]

11. Programa das Nações Unidas para o Meio Ambiente.
12. Decisão 6/14 do Conselho de Administração do PNUE, de 19.5.1978, e Resolução da Assembléia-Geral das Nações Unidas 34/186, de 1979.
13. *Legal Principles for Environmental Protection and Sustainable Development*, Dordrecht, Martinus Nijhoff ed. Pays Bas, 1986.

Os Estados europeus não adotaram de forma espontânea dispositivos em seu Direito nacional sobre os Estudos de Impacto com vistas a considerar as conseqüências de um projeto em território estrangeiro. Foi necessária a pressão do Direito Comunitário e da Convenção de Espoo sobre Avaliação de Impacto sobre o Meio Ambiente em um Contexto Transfronteiriço.

1.1 O Direito Comunitário

Poder-se ia esperar que o Direito Comunitário desse especial importância às conseqüências além-fronteiras de uma atividade poluidora no âmbito de um sistema jurídico de integração. Um regulamento poderia ter regrado de maneira detalhada o procedimento aplicável uniformemente ao conjunto de Estados-membros. O caráter transfronteiriço das poluições já justificaria medidas de harmonização avançadas. Não foi o que ocorreu; o recurso à diretiva em vez do regulamento não explica tudo. Surpreende-nos o caráter muito superficial e muito geral dos dispositivos adotados pelo art. 7 da Diretiva 85/337/CEE, de 27.6.1985, no que respeita à avaliação das incidências de certos projetos públicos e privados sobre o meio ambiente.

Esse texto da Diretiva, aplicável desde 3.7.1988, satisfaz-se em prever a transmissão de informações ao Estado-membro afetado e o desencadeamento de um procedimento de consulta entre os Estados envolvidos. As diversas versões da Diretiva anteriores à sua adoção mostram bem as mudanças impostas pelos Estados de maneira pouco favorável ao desenvolvimento de Estudos de Impacto transfronteiriço.[14] Não se menciona mais, de fato, que o autor do projeto deve buscar sistematicamente os impactos da obra além-fronteiras.

O Anexo III da Diretiva, sobre as informações apontadas no art. 5, § 1, faz menção às conseqüências fora do território nacional apenas por meio da noção de *efeitos indiretos*. Pode-se, no entanto, pensar que o art. 7 conduz, implícita mas necessariamente, a se exigir que o Estudo de Impacto considere expressamente os efeitos além-fronteira.

14. J. F. Chambault, "Les études d'impact et la Communauté Européenne", *Revue Juridique de l'Environnement* 1985-4/429.

As consultas bilaterais devem desenvolver-se sobre uma base "de reciprocidade e de equivalência" – o que supõe o respeito do princípio de não-discriminação preconizado pela OCDE.[15] Todavia, no que diz respeito ao público do Estado afetado nada foi previsto no texto de 1985. Encontramo-nos em face de uma cooperação e consultas interestatais clássicas que apenas reproduzem o direito costumeiro internacional sobre o assunto, sem impor novas medidas adaptadas aos desafios em causa.

Os efeitos da implementação do art. 7 não são, todavia, negligenciáveis, e a inovação situa-se, talvez, no contexto dos arts. 8 e 9 da Diretiva de 1985. De fato, após terem sido realizados os procedimentos de informação e consulta do Estado vizinho, duas conseqüências devem ser extraídas: a autorização dada deve levar em consideração as informações recolhidas no Estado vizinho (art. 8) e o Estado-membro, informado com base no art. 7, deve obter comunicação da decisão final (art. 9). Dessa forma, é assim consagrada a obrigação para as autoridade nacionais de considerar os efeitos extraterritoriais de suas decisões. Uma Administração nacional pode recusar a autorização de uma atividade invocando os efeitos prejudiciais ao meio ambiente do Estado vizinho.

O Direito Comunitário vai evoluir sensivelmente do fato da adesão da Comunidade à Convenção de Espoo de 25.2.1991. De fato, a Diretiva de 1985 vai ser modificada pela Diretiva 97/11/CE, de 3.3.1997, aplicável aos Estados membros desde 14.3.1999.[16] O considerando 12 justifica claramente essa transformação: "Considerando que convém reforçar as disposições referentes à avaliação das incidências sobre o meio ambiente em um contexto transfronteiriço a fim de observar as evoluções no âmbito internacional".

A confissão da impotência do Direito Comunitário em regular as questões transfronteiriças, a supressão das barreiras aduaneiras e a livre circulação de pessoas não conseguiram derrubar a barreira jurí-

15. OCDE, Recomendação de 17.5.1977 (C-77-28), relativa à implementação de um regime de igualdade de acesso e de não-discriminação em matéria de poluição transfronteiriça.
16. J. Sambon, "Les modifications apportées à la procédure communautaire d'évaluation des incidences", *Aménagement – Environnement* 1977-3/173, Bélgica, Kluwer; W. R. Sheate, "The environmental impact assessment amendment, a small step forward?", *European Environmental Law Review* 1997/235.

dica da territorialidade do Direito aplicável. O novo art. 7 inspira-se diretamente da Convenção de Espoo.

Nota-se que o texto de 1997 confirma de forma bastante clara que um Estudo de Impacto Transfronteiriço deve avaliar os impactos além-fronteira, pois a informação inicial deve comportar toda informação disponível "quanto às incidências transfronteiriças eventuais" (art. 7-1-a) e a consulta entre os Estados deve prever "as incidências transfronteiriças potenciais" (art. 7-4). É necessário afirmar isso em alto e bom som.

As inovações mais notáveis dizem respeito à atenção dada aos prazos para que a consulta transfronteiriça seja proveitosa, bem como referem-se a uma maior participação do público. O procedimento acontece em três fases: informação inicial dada de forma espontânea pelo Estado de origem ou reclamada pelo Estado afetado, isso "o mais rapidamente possível, e no mais tardar no momento em que este informa seu próprio público"; declaração expressa do Estado afetado sobre sua intenção de participar no procedimento dentro de um prazo razoável fixado pelo Estado de origem; consulta dos Estados envolvidos, os quais fixam conjuntamente um prazo para a duração dessa consulta, que tem como objetivo analisar as incidências transfronteiriças potenciais e as medidas programadas para reduzi-las.

O público e as autoridades locais envolvidas devem poder participar desses procedimentos. Para isso eles devem poder dispor, em um prazo razoável, das informações partilhadas entre os Estados e poder comunicar sua opinião – antes que o projeto seja autorizado – à outra autoridade competente do Estado sobre o território do qual é planejada a realização do projeto.

O circuito de transmissão dos documentos e o detalhe das etapas a seguir dependem, é claro, dos procedimentos nacionais de Estudo de Impacto, pois a Diretiva, em suas disposições gerais, não prevê nem prazos nem modalidades de consulta, tendo o art. 6-3 da Diretiva deixado aos Estados-membros toda liberdade na matéria. A despeito de harmonização precisa desses elementos, sua aplicação transfronteiriça pode confrontar-se com dois regimes diferentes que conduzirão à desigualdade e à discriminação entre os cidadãos dos dois lados da fronteira.

Desse modo, o art. 7-5 da Diretiva insta (sem obrigar) os Estados a juntos determinarem as modalidades de sua aplicação. Isso supõe um acordo bilateral entre os Estados envolvidos, sob forma de tratado ou, mais simplesmente, de permuta de cartas. De nosso conhecimento, nenhum acordo desse tipo foi estabelecido para colocar em aplicação o art. 7 – o que explica, em grande parte, a ausência concreta de efetividade desse artigo.

Uma dificuldade pode resultar das diferenças existentes entre Estados vizinhos quanto ao campo de aplicação da Diretiva. Se certas atividades ou obras são obrigatoriamente submetidas ao Estudo de Impacto em todos os Estados-membros, outras são deixados à discrição de cada Estado. Sabemos que a escolha dos limites e critérios do art. 4-2 da Diretiva conduz a diferenças sensíveis entre os Estados-membros. O que se passará se um Estado afetado solicita informações sobre um projeto que não está submetido ao Estudo de Impacto no Estado de origem? A Diretiva dá apenas uma resposta parcial no art. 2-3, referente aos casos excepcionais de isenção para um projeto específico.

Essa dispensa de Estudo de Impacto é admitida sob condições de fundo e de forma determinadas no artigo "sem prejuízo do art. 7". Isso significa que, mesmo se um Estado dispensa de forma discricionária um projeto do Estudo de Impacto, isso não lhe permitiria escapar às exigências do art. 7, quando da solicitação do Estado vizinho. Não se sabe muito bem as informações que o Estado de origem deverá produzir, pois ele não poderá fornecer aquelas exigidas pelo art. 5 se não há Estudo realizado. Seria paradoxal que o Estado afetado e seu público se beneficiem de mais informações que o público do Estado de origem!

A Corte de Justiça das Comunidades Européias não parece ter tido muita ocasião de se debruçar sobre o art. 7. Até o presente momento a Comissão apenas preocupou-se com a transposição formal do art. 7 e tão-somente engajou-se, de forma excepcional, em ações de por falta de aplicação ou aplicação irregular do art. 7. Em razão das deficiências nacionais na matéria, pode-se facilmente predizer que existe aí um campo contencioso futuro cheio de promessas.

No plano da transposição, a Corte contribuiu para clarificar a territorialidade da aplicação do art. 7. Alguns acreditavam que esse artigo visava apenas às zonas fronteiriças contíguas, limitando, assim, o alcance geográfico de um Estudo de Impacto transfronteiriço. Não era esse o caso. No momento em que o art. 7 visa a um projeto suscetível de "ter incidências consideráveis sobre o meio ambiente de um outro Estado-membro", ele aplica-se à totalidade do território dos Estados envolvidos, e não se limita à zona fronteiriça. Disso decorre que os impactos considerados são ao mesmo tempo diretos e indiretos, como o define o Anexo IV da Diretiva, bem como próximos ou distantes – o que não é expressamente mencionado.

Daí resulta que as poluições de longa distância referentes à água ou ao ar são poluições transfronteiriças, nos termos do art. 7. No caso sob comento, a Bélgica considerava que a região da Capital de Bruxelas não tinha necessidade de transposição do art. 7, pois sua situação geográfica e seu caráter urbano excluíam a implantação de estabelecimentos industriais suscetíveis de produzir efeitos sobre o meio ambiente em outros Estados-membros. De acordo com a Corte, o argumento segundo o qual apenas os projetos localizados nas regiões fronteiriças podem afetar o meio ambiente de um outro Estado-membro é equivocado, "porque ele ignora a possibilidade de uma poluição por meio do ar ou da água".[17]

Para o advogado-geral M. P. Léger o argumento belga corresponde "a uma visão ultrapassada dos prejuízos causados ao meio ambiente". Se Bruxelas não pode subtrair-se de um ambiente que se tornou sem fronteiras, da mesma forma, isto se aplica no caso das ilhas. Assim, a Irlanda foi condenada não pela recusa de transposição do art. 7, mas pela transposição incompleta do texto de 1985. A Corte exige que o Estado-membro organize de forma particularizada um procedimento interno para tornar efetiva a transmissão das informações ao Estado vizinho ou atingido. O texto irlandês de transposição impunha às autoridades locais a necessidade de notificar o Ministro do Meio Ambiente sobre qualquer projeto suscetível de atingir um outro Estado-membro. Era um bom começo, mas insuficiente para a Corte. É necessário, segundo ela, que um dispositivo imponha ao Ministro a obrigação de transmitir a informação ao outro Estado-membro e que o Ministro possa exigir das autoridades locais a produção de informações desde que um Estado membro solicite ser consulta-

17. CJCE, 2.5.1996, Comissão *vs.* Reino da Bélgica (C-133/94, CJCE, 2.5.1996, Commission c/ Royaume de Belgique, C-133/94, *Revue Européenne de Droit de l'Environnement*, 1997-1/94).

do.[18] Essa minuciosa exigência referente aos circuitos internos e externos de transmissão de informações fornecidas ou solicitadas deixa pressagiar sobre os contenciosos, ainda mais densos com o texto mais detalhado do art. 7 de 1997.

Uma considerável extensão do direito comunitário do meio ambiente resulta da Diretiva 2001/42/CE, de 27.6.2001, sobre a avaliação da incidência de certos planos e programas em matéria ambiental, aplicável nos Estados-membros a partir de 21.7.2004.[19] O considerando 7 dessa Diretiva apóia-se no texto da Convenção de Espoo de 1991, que estimula as Partes da Convenção a aplicar os princípios nela contidos indistintamente aos planos e programas.

Longos desdobramentos, mais assemelhados a uma exposição de motivos do que a considerandos, explicam que um protocolo à Convenção de Espoo está em vias de adoção e que a Diretiva de 27.6.2001 apenas antecipa a adoção desse protocolo. O art. 7 da Diretiva, intitulado "Consultas Transfronteiriças", retoma os princípios da Diretiva de 1985, mas, curiosamente, não impõe procedimento tão detalhado como aquele instituído em 1997.

Certamente, avaliar que a adoção de um plano ou programa é suscetível de ter efeitos consideráveis sobre o meio ambiente de um outro Estado será um exercício difícil. De qualquer maneira, o Estado de origem deverá transmitir ao Estado atingido cópia do projeto de plano ou de programa e cópia do Estudo de Impacto. O Estado atingido decide, então, se fará parte, ou não, do procedimento de consulta, comunica sua decisão ao Estado de origem e resolvem, de comum acordo, as modalidades e os prazos da consulta, que deve incluir o público. Parece haver uma diferença considerável entre a Diretiva de 1985 modificada em 1997 e a Diretiva de 2001 no que diz respeito às modalidades de aplicação do procedimento bilateral. Para os Estudos de Impacto de obras ou de atividades os Estados eram convidados a organizar o procedimento de uma vez por todas por meio de um acordo de aplicação geral. Para os Estudos de Impacto de planos e programas eles são convidados a decidir sobre esse procedimento caso a

18. CJCE, 21.9.1999, Comissão vs. Irlanda, C-392/96, § 92.
19. F. Haumont, "La Directive du 27.6.2001 relative à l'évaluation des incidences de certains plans et programmes sur l'environnement: quelques bouleversements en perspective", *Aménagement – Environnement* 2001-64/298, Bélgica, Kluwer.

caso (art. 7-2, § 2) – o que parece ser fonte de confusão e complicação. Não há motivo para o desenrolar dos procedimentos de consulta fronteiriços não ser rigorosamente idêntico para as duas Diretivas.

1.2 As Convenções de Espoo e de Helsinque

A Comissão Econômica para a Europa das Nações Unidas recebeu um mandato da Conferência sobre a Segurança e Cooperação na Europa, em Sofia, em novembro/1989, para propiciar a prevenção e a resolução pacífica dos litígios internacionais originados de problemas ambientais. Dentro desse objetivo foram preparadas e adotadas várias convenções internacionais destinadas aos 55 Estados-membros da Comissão Econômica para a Europa das Nações Unidas. Trata-se particularmente da Convenção sobre a Proteção e a Utilização dos Cursos de Água Transfronteiriços e dos Lagos Internacionais, adotada em Helsinque em 17.3.1992; da Convenção sobre os Efeitos Transfronteiriços dos Acidentes Industriais, adotada igualmente em Helsinque em 17.3.1992;[20] e da Convenção sobre a Avaliação de Impacto sobre o Meio Ambiente em um Contexto Transfronteiriço, adotada em Espoo em 25.2.1991. Essas três Convenções transfronteiriças formam um conjunto que, gradativamente, estabelece um verdadeiro direito comum transfronteiriço.

A Convenção de Espoo é o primeiro e único tratado internacional que organiza de forma detalhada o procedimento de Estudo de Impacto.[21] Ela entrou em vigor em 10.9.1997.[22] O Estudo de Impacto é obrigatório entre as Partes para todas as atividades enumeradas no Apêndice I da Convenção. Essa lista de 17 atividades parece muito com aquela da Diretiva comunitária de 1985, mas ela é mais ampla e inclui especialmente os desmatamentos. Para que as atividades do Apêndice I sejam objeto de uma notificação ao Estado vizinho acompanhada de uma avaliação de impacto sobre o meio ambiente, tais atividades devem ainda ser capazes de ter um impacto transfronteiriço

---

20. Entrada em vigor em 19.4.2000.
21. Wiek Schrage, "The Convention on Environmental Impact Assessment in a Transboundary Context", *Environmental Law Network International* 1997-1/21.
22. Aprovada pela Lei Francesa 2000-328, de 14.4.2000, e publicada pelo Decreto 2001-1.176, de 5.12.2001.

prejudicial importante. Se as Partes em causa não estão de acordo sobre se um impacto transfronteiriço significativo é provável, elas podem submeter a questão a uma Comissão de Investigação prevista no Apêndice IV da Convenção (art. 3-7).

Para as atividades que não estão na lista do Apêndice I mas que são, contudo, capazes de causar impacto transfronteiriço significativo as Partes devem buscar o debate e comportar-se como se elas estivessem inscritas na lista (art. 2-5). Os critérios de avaliação da importância do impacto são enumerados no Apêndice III. Em caso de desacordo a Convenção prevê recurso aos instrumentos de solução de conflitos previstos no art. 15: Corte Internacional de Justiça ou Arbitragem, sem possibilidade de devolução à Comissão de Investigação, cuja competência se restringe ao art. 3-7.

O procedimento possui várias fases. O Estado de origem deve notificar a Parte atingida de qualquer projeto inserido no campo de aplicação da Convenção. Em um prazo previsto pela notificação, a Parte atingida deve comunicar se ela deseja estar associada ao procedimento. Nesse caso ela é destinatária das informações pertinentes e do Estudo de Impacto, tendo um prazo para comunicar suas observações. O conteúdo do Estudo de Impacto deve trazer as informações mínimas listadas no Apêndice II. A consulta trata do impacto transfronteiriço e as medidas apropriadas a reduzi-lo ou eliminá-lo. É interessante destacar a obrigação positiva que incumbe à Parte alcançada pelo art. 3-6: essa deve, de fato, a pedido da Parte de origem, comunicar todas as informações sobre o meio ambiente que esteja em sua jurisdição e que seja suscetível de ser atingido. Enfim, o público da Parte atingida deve poder ser informado e formular as observações, transmitidas ao Estado de origem em condições equivalentes àquelas oferecidas ao público da Parte de origem (arts. 2-6, 3-8 e 4-2). A escolha é deixada aos Estados de permitir uma transmissão direta das observações à autoridade competente da Parte de origem (que pode ser uma autoridade local descentralizada ou desconcentrada) ou de ter que passar diretamente pelo próprio Estado de origem.

O procedimento adotado é ambicioso. Ele pressupõe, para sua implementação, medidas de Direito nacional precisas. Seria ainda necessário que essas medidas fossem harmonizadas entre os Estados. Viu-se que mesmo no âmbito comunitário essa harmonização está longe de ser realizada. As diferenças de prazos e de modo de consulta entre os Estados deveriam desaparecer em virtude do princípio de não-discriminação lembrado no art. 2-6. Mas, se o Direito da Parte de origem é restritivo e menos desenvolvido que aquele da Parte atingida, o público da Parte atingida terá um direito de participação mínimo em relação ao seu próprio país.

É a razão pela qual parece imperativo que os Estados cumpram suas obrigações por meio de acordos bilaterais ou multilaterais complementares. É o que prevê o art. 8, mas de maneira facultativa. O Apêndice VI enumera os elementos de cooperação que poderiam ser retomados nesses acordos complementares sobre a base "da reciprocidade e conforme o princípio de equivalência".

A 2ª reunião das Partes na Convenção de Espoo, ocorrida em Sofia, em 26-27.2.2001, apresentou uma pesquisa sobre a cooperação bilateral nos termos do art. 8. Em 2001 somente um acordo foi firmado entre a República da Letônia e a República da Estônia sobre a avaliação de impacto ambiental em um contexto transfronteiriço. Esse acordo, de 14.3.1994, prevê a criação de uma Comissão Mista encarregada de resolver os problemas práticos levantados pela Convenção, seja caso a caso, seja elaborando-se novas diretivas. Ele envolve uma lista de atividades tais como: centrais nucleares, tratamento e transformação do amianto, instalações industriais, auto-estradas e aeroportos, instalações de eliminação de resíduos, projetos de ordenamento de certos cursos de água, drenagem de pântanos, bombeamento de água, extração de recursos minerais.

Mas esse acordo é muito restritivo em termos territoriais, pois apenas aplica-se em uma zona de 15km dos dois lados da fronteira. Outros Estados negociam tais acordos em período experimental desde 1995:[23] Estônia/Finlândia; Áustria/Hungria; Alemanha/Polônia; Países Baixos/Alemanha e Países Baixos/Bélgica (Flandres). As Partes puderam identificar 11 casos concretos de implementação da Convenção e fazer uma análise procedimental detalhada sobre diversos artigos da Convenção.[24] Nessa mesma reunião das Partes em Sofia, duas emendas foram examinadas visando a estender a partici-

---

23. V. Decisão II/I-Cooperação Bilateral e Multilateral, 2ª reunião das Partes, Sofia, 26-27.2.2001.
24. V. Anexo II, Decisão II/2-Aplicação Prática da Convenção, 2ª reunião das Partes, Sofia, 26-27.2.2001.

pação do público às ONGs conforme a legislação ou práticas nacionais e abrir a Convenção de Espoo a todos os Estados-membros das Nações Unidas.[25]

O Protocolo à Convenção de Espoo, assinado em Kiev em maio/2003, diz respeito à avaliação de impacto ambiental de decisões estratégicas. Ele, com certeza, inspira-se na Diretiva comunitária de 27.6.2001 e prevê um procedimento de consulta transfronteiriça próximo àquele da Convenção de Espoo (art. 17 do Projeto debatido em Ohrid de 23 a 27.9.2002).

Em relação às Convenções de Helsinque, sua implementação exige uma certa coordenação com a Convenção de Espoo, que, aliás, já foi objeto de recomendações na ocasião da 2ª reunião das Partes da Convenção de Espoo em Sofia.[26] A Convenção sobre os acidentes industriais transfronteiriços prevê um procedimento de avaliação muito parecido com aquele da Convenção de Espoo. Para evitar duplicidade nas ações, o art. 4-4 da Convenção de Helsinque admite que o Estudo de Impacto da Convenção de Espoo sirva de Estudo de Impacto para a Convenção sobre os Acidentes Industriais. Há, no entanto, diferenças entre as informações solicitadas no procedimento fixado para as duas Convenções, e seria conveniente completar as informações transmitidas em um só documento, para satisfazer as obrigações das duas Convenções.

A Convenção sobre os Cursos de Água Transfronteiriços e os Lagos Internacionais não contém artigo que admita a substituição de Estudo de Impacto, como no caso precedente. Ela contém, todavia, dois artigos impondo um Estudo de Impacto. Segundo o art. 3-1-h, as Partes devem poder recorrer à avaliação de impacto sobre o meio ambiente; e o art. 9-2-j prevê que as Partes participem da realização de Estudos de Impacto Ambiental referente às águas transfronteiriças, de acordo com os regulamentos internacionais pertinentes. É uma devolução implícita à Convenção de Espoo, que – nos termos dessa

25. V. Anexo XIV, Decisão II/14-Adendo à Convenção de Espoo, 2ª reunião das Partes, Sofia, 26-27.2.2001.
26. V. Anexo V, Decisão II/5-Fatos Novos em Matéria de Estudo de Impacto Ambiental e Relações com as Outras Convenções da CEE, 2ª reunião das Partes, Sofia, 26-27.2.2001; v. também David M. Dzidzornu, "Environmental impact assessment procedure through the conventions", *European Environmental Law Review* janeiro 2001/15.

Convenção – poderia servir de modelo para os Estudos de Impacto sobre os cursos de água internacionais.

Parece, então, evidente que a sinergia entre as três Convenções imponha que os acordos bilaterais ou multilaterais de implementação sejam ao menos harmonizados e melhor amalgamados, para prever um modelo único de Estudo de Impacto transfronteiriço, permitindo satisfazer, ao mesmo tempo e no mesmo documento, às exigências de fundo e de procedimento dessas três Convenções sob comento.

2. Uma implementação nacional complexa

Em razão dessa multiplicação e dessa extensão dos Estudos de Impacto transfronteiriço tendo como fonte o Direito Internacional e Comunitário, os Estados, na ausência de acordos bilaterais precisos, estão um pouco desconcertados. De um lado, eles devem transpor a Diretiva de 1985, modificada em 1997; e, de outro, eles devem integrar as obrigações das três Convenções da Comissão Econômica para a Europa das Nações Unidas.

Examinaremos os problemas encontrados em Direito Francês e em alguns outros Estados-membros da União Européia no contexto dos princípios e dos mecanismos procedimentais implementados; depois abordaremos a questão particular da participação do público.

2.1 Os procedimentos de implementação

A introdução de novas obrigações para os Estudos de Impacto transfronteiriço foi uma verdadeira inovação, pois mesmo nos Estados que, como a França, já dispunham de um procedimento de Estudo de Impacto desde 1976 nunca havia sido organizado um procedimento transfronteiriço. A introdução do art. 7 no âmbito dos Direitos nacionais exige profundas reformas do procedimento administrativo.[27] Certos Estados, como a Grã-Bretanha, a Dinamarca, a Irlanda ou

---

27. As informações a seguir foram tiradas de uma pesquisa feita pelo autor bem como de relatórios da Comissão e do estudo do Conselho da Europa "La gestion des anciennes et des nouvelles frontières de l'Europe, coopération transfrontalière dans l'aménagement du territoire, le trafic frontalier local et les évaluations d'impact", série *Coopération Transfrontalière en Europe* 7, 1998.

a Espanha, adotaram medidas nacionais, mas contentando-se em retomar o art. 7 sem defini-lo.

A França considerou, em um primeiro momento, que a prática de Estudos de Impacto Ambiental estava organizada com base em uma circular de 16.8.1982 (para os dossiês de análise dos estabelecimentos perigosos, nos termos da Diretiva Seveso) e de 2.8.1983[28] e satisfazia as obrigações da Diretiva, na medida em que a audiência pública – *enquête publique* – estava aberta sem restrições aos estrangeiros. Em termos jurídicos isso era inexato.[29] Foi necessário esperar o decreto de 25.2.1993, modificando o decreto sobre os Estudos de Impacto de 17.10.1977 (art. 5), para que o art. 7 da Diretiva fosse transposto.[30] Em seguida, um outro decreto transpôs, ao mesmo tempo, a Diretiva de 1997 e a Convenção de Espoo. Ele trata dos estabelecimentos potencial ou efetivamente poluentes – *installations classés pour la protection de l'environnement* (Decreto 2000-258, de 20.3.2000, introduzindo o art. 9-1 no decreto de 21.9.1977) – e adota um procedimento de transmissão do dossiê pelo Prefeito – *Prefét*[31] – às autoridades do Estado vizinho após informação prévia ao Ministro das Relações Exteriores; essa transmissão é automática para os estabelecimentos para os quais o perímetro instituído contém uma comunidade fronteiriça, sendo discricionária para os projetos não-

---

28. Relativa à informação do público e dos Estados limítrofes no contexto do procedimento de instalações classificadas. Nesse sentido, menos de 20 dossiês foram transmitidos aos países vizinhos de outubro/1996 a outubro/1997, segundo o relatório de M. A. Rouvière referente ao projeto de lei autorizando a aprovação da Convenção de Espoo (*Sénat* 189, 3.2.1999).

29. A não-transposição da Diretiva, na falta de efeito direto em Direito Francês, não permitiu consignar-se o desconhecimento do art. 7 da Diretiva de 1985 no que concerne à informação do Estado Espanhol no caso do Tínel de Somport, CE 23.10.1995, associação Artus e outros, *Recueil*, p. 843.

30. J. M. Huon de Kermadec, "Le décret du 25.2.1993 relatif à la réforme des Études d'Impact, intégration du Droit Européen et incertitudes persistantes", *JCP* (Semaine Juridique, ed. G) 15/175, 13.4.1994. V. "La Circulaire n. 93-73 du 27.9.1993", *Bulletin Officiel du Ministère de l'Équipement, des Transports et du Tourisme* 30, de 10.11.1993.

31. **Nota da Tradutora**: a França é um Estado Unitário e o *Prefét* é depositário da autoridade do Estado no Departamento. Nomeado pelo Governo, ele representa o Primeiro Ministro e cada um dos membros do governo e constitui autoridade administrativa desconcentrada na esfera departamental. É ele que tem competência em matéria dos serviços exteriores do Estado no Departamento e assegura o controle administrativo das coletividades territoriais do Departamento.

fronteiriços suscetíveis de ter incidências consideráveis sobre um outro Estado.

O decreto geral sobre os Estudos de Impacto ainda não foi adotado conforme a Diretiva de 1997 e a Convenção de Espoo. A simplificação introduzida com o decreto de 20.3.2000, em relação ao decreto de 25.2.1993, consiste, então, em não mais ser obrigatória a transmissão do dossiê via Ministro das Relações Exteriores e se ter permitido a desconcentração do procedimento no que diz respeito ao Prefeito.

Se a demanda provém do Estado vizinho ou de uma autoridade desse Estado, ela pode também ser diretamente endereçada ao Prefeito, que informará o Ministro das Relações Exteriores. Viu-se que o procedimento dos Estudos de Impacto transfronteiriço pressupunha que o Estudo realizado levasse em conta os efeitos do projeto no exterior.[32] Essa particularização ainda não foi integrada ao Direito Francês. Uma jurisprudência famosa, mas isolada, do Tribunal Administrativo de Estrasburgo, de 3.8.1989, admite, no entanto, rendendo-se à evidência de que um Estudo de Impacto em uma zona fronteiriça (no caso, relativo ao rejeito de efluentes líquidos no Reno) não pode limitar-se apenas aos efeitos no interior do território francês – com, todavia, uma ressalva: que o autor do Estudo não se choque com dificuldades de acesso e de informação no Estado vizinho.[33]

Nos Países Baixos a transposição foi realizada pela Lei sobre a Gestão do Meio Ambiente (art. 7-8), que prevê medidas práticas muito interessantes para os Estudos de Impacto transfronteiriço: à demanda de um país vizinho, tradução do anúncio de um Estudo de Impacto e publicação em um jornal; obrigação de transmissão do Estudo de Impacto ao encargo do Ministro do Meio Ambiente; prazo de quatro semanas para a etapa de comentários. De maneira geral, é o procedimento nacional que se aplica aos estudos transfronteiriços. A lei sobre o ordenamento do território prevê que as coletividades locais situadas do outro lado da fronteira têm o direito de ser informadas e de participar.

---

32. M. Prieur, "Le droit des pollutions transfrontières et le Droit Français, in les pollutions tranfrontières en Droit Comparé et International", *Revue Juridique de l'Environnement* 1989/59 (número fora de série).

33. Tribunal Administrativo de Estrasburgo, 3.8.1989, Província da Holanda Setentrional *vs*. Estado, Nota J. F. Flauss, *Dalloz* 5.1.1991/49.

Na Alemanha a lei federal de 5.9.2001 modifica a lei sobre os Estudos de Impacto de 1990; os arts. 8, 9a e 9b tratam dos estudos de impacto transfronteiriço. A autoridade competente informa a autoridade designada pelo Estado vizinho ou, na falta dessa, seu Ministério do Meio Ambiente. As consultas ocorrem durante um prazo fixado de comum acordo – e, em todo caso, inferior a três meses. Podem participar igualmente das consultas todas as autoridades nacionais interessadas. O público pode participar e fazer objeções. A autoridade competente pode exigir do peticionário uma tradução do resumo da documentação, sob condição do respeito pelo outro Estado dos princípios de reciprocidade e de equivalência. Tratando-se de um projeto que atinge o meio ambiente alemão, é a autoridade competente alemã que informa o público alemão e indica onde ele pode fazer observações e em que prazo.

Na região da Valônia/Bélgica, competente em matéria ambiental, em virtude da lei especial de 8.8.1980 (art. 6-II), os impactos transfronteiriços são regulamentados pelo decreto de 11.3.1999 (art. 170-16), modificado por um decreto de 4.7.2002, tendo entrado em vigor em 1.10.2002.[34] Esse texto aplica ao mesmo tempo a Diretiva de 1997 e a Convenção de Espoo. Ele distingue os projetos valons com efeitos além-fronteiras e os projetos além fronteiras com efeitos na Valônia. É a Administração que instrui o projeto submetido ao Estudo de Impacto e que é encarregada de transmiti-lo, por carta registrada, às autoridades competentes do Estado atingido, acompanhado de informações sobre as incidências transfronteiriças do projeto; da fixação do prazo dentro do qual a decisão deve ser tomada; das modalidades de organização da audiência pública.

Quando o Governo da Valônia recebe informações sobre um projeto capaz de atingir a Valônia, ele as transmite ao colega dos burgomestres e magistrados das comunidades suscetíveis de serem atingidas e as coloca à disposição do público, conforme o procedimento de audiência pública. As opiniões e observações do público, colhidas em um prazo de 30 dias, são transmitidas ao Governo. Nada é previsto para traduções de documentos, nem em matéria de participação dos

---

34. No que concerne aos Estudos de Impacto dentro dos limites territoriais da Bélgica mas afetando as regiões vizinhas, um acordo de cooperação de 4.7.1994 organiza o procedimento de informação e de consultas entre Regiões.

estrangeiros da Valônia e do público dessa região no exterior. O desenrolar do procedimento em duas fases – a saber, informação preliminar e resposta do Estado envolvido – não figura com clareza.

No Reino Unido o art. 7 da Diretiva de 1997 foi transposto pelo *statutory instrument* 1999 n. 293 (*town and country planning-environmental impact assessment*, arts. 26, 27 e 28). É o Secretário de Estado para o Meio Ambiente que é competente para encaminhar ao Estado envolvido uma descrição do projeto e de seus efeitos eventuais sobre o meio ambiente além-fronteira e a natureza da decisão que será tomada; ele procede, igualmente, à publicação da informação na *London Gazette* e fixa um prazo razoável ao Estado atingido para que ele decida participar, ou não, do procedimento. Se o Estado atingido deseja participar, o Secretário de Estado endereça a ele uma cópia do pedido e uma cópia do Estudo de Impacto. O Secretário de Estado deve assegurar-se de que a informação preliminar e o próprio Estudo de Impacto serão colocados à disposição das autoridades envolvidas e do público em um prazo razoável, e que essas autoridades e o público poderão endereçar-lhe suas observações. Paralelamente, o Secretário de Estado entra em consulta com o Estado-membro envolvido.

Quando se trata de projeto estrangeiro atingindo o Reino Unido e o País de Gales, o art. 28 prevê que o Secretário de Estado entre em consulta com o Estado de origem e fixe com este um prazo para dar ocasião ao público de submeter suas observações diretamente às autoridades competentes do Estado de origem. Do fato da centralização do procedimento, as autoridades locais são convidadas, por uma circular de 1999 (2-1999), a enviar ao Secretário de Estado cópia de todos os Estudos de Impacto, para que ele possa apreciar se eles entram no campo de aplicação da Diretiva ou da Convenção de Espoo. O texto inglês é muito próximo dos termos da Diretiva de 1997. No mais, o Ministério do Meio Ambiente da Irlanda do Norte elaborou nos anos 1970 um acordo de reciprocidade com a República da Irlanda, segundo o qual todo projeto de ordenamento podendo ter efeitos importantes sobre o meio ambiente deve ser objeto de uma notificação. Esse acordo nunca foi formalizado. A VI Parte do regulamento da Irlanda do Norte de 1999 sobre o planejamento e os Estudos de Impacto prevê um procedimento a respeitar em caso de impacto transfronteiriço.

Na Irlanda, o art. 31 do Regulamento de 1994 sobre as coletividades locais obriga-as a informar o Ministro do Meio Ambiente de qualquer projeto podendo ter efeitos sobre o meio ambiente de um outro Estado-membro. O ajuste se faz entre autoridades locais e nacionais irlandesas e o Ministro do Meio Ambiente da Irlanda do Norte. Na Irlanda, qualquer comunidade e qualquer indivíduo, onde quer que seja seu lugar de residência, pode comentar o projeto.

Em Luxemburgo, a lei de 29.7.1993 satisfez-se em aprovar a Convenção de Espoo.

Em Portugal o texto aplicável resulta dos arts. 32º a 35º do Decreto-lei 69/2000, de 3.5.2000, Capítulo IV, sobre os impactos transfronteiriços. É o Estado Português que entra em consulta, e é o Ministro das Relações Exteriores que transmite as informações preliminares. O Estado atingido tem 30 dias para reagir. Nada é organizado para o procedimento de participação – procedimento, esse, que é estabelecido pelo direito comum de cada um dos Estados no que respeita a seus nacionais. Essas disposições foram aplicadas para quatro projetos: duas barragens, uma rede de gás e uma rodovia. Para uma das barragens a participação espanhola foi importante, pois 3.255 reclamações foram formuladas e transmitidas às autoridades portuguesas.

Essa visão panorâmica demonstra que o procedimento adotado é muitas vezes impreciso e insuficiente e que não há vínculos reais entre o procedimento no Estado de origem e o procedimento no Estado atingido. Um esforço de clarificação dever ser buscado no Reino Unido e na Valônia para distinguir-se um projeto nacional com efeitos no exterior de um projeto estrangeiro tendo efeitos nacionais. Essas duas situações merecem, de fato, ser tratadas de forma distinta. Mas os circuitos precisos de transmissões de documentos e os direitos do público em cada uma das fases continuam muito imprecisos.

Uma experiência interessante objetivando harmonizar concretamente os procedimentos nacionais resulta da cooperação trilateral relativa ao mar de Wadden entre os Países Baixos, a Alemanha e a Dinamarca. Esses três Estados praticam uma cooperação estreita sobre esse espaço. Eles adotaram *guidelines and procedures* com vistas a uma permuta de informação mais eficaz. Foi assim que foi divulgado pela Internet um resumo em Inglês da nota preliminar informando sobre um projeto dirigido às outras autoridades locais e nacionais competentes sobre o mar de Wadden. Quando solicitado, o Estudo de Impacto será transmitido; a tradução incumbira à autoridade solicitante.

A declaração oficial resultante da última conferência tripartite do Mar de Wadden, em Esbjerg, em 2001 insistiu, nos pontos 50 a 53, sobre a necessidade de reforçar e melhorar ainda mais as permutas de Estudo de Impacto transfronteiriço em razão das diferenças subsistentes nas três legislações nacionais, a despeito da Convenção de Espoo e da Diretiva de 1997.

A escolha das autoridades encarregadas de transmitir os documentos ao exterior traduz um recuo saudável nas relações exteriores e reforça o estreitamento das fronteiras em matéria ambiental. Nem todos os Estados parecem ter verdadeiramente procedido a uma junção dos procedimentos de implementação da Diretiva de 1997 e das convenções ligadas à Convenção de Espoo. O texto do Reino Unido apenas refere-se ao art. 7 da Diretiva, tanto na forma quanto no conteúdo.

A maior lição que podemos tirar dessa comparação sumária é que a ausência de acordos bilaterais de implementação obsta a qualquer coordenação dos procedimentos e, sobretudo, torna teórico o princípio de equivalência ou de não-discriminação. Cada Estado elabora seu procedimento nacional sem harmonizá-lo com aquele de seus vizinhos. O Estudo de Impacto Transfronteiriço encontra-se, finalmente, a cavaleiro não somente sobre dois territórios, mas, sobretudo, ele se encontra na difícil combinação entre quatro direitos: o Direito Comunitário, o direito convencional e os dois Direitos nacionais, presumivelmente capazes de absorver tudo.

2.2 A participação do público

Sabe-se que a participação do público e, pois, sua informação prévia são inerentes ao direito dos Estudos de Impacto. Trata-se, de fato, de melhorar o processo de decisão graças às observações, sugestões e críticas do público, a fim de melhor proteger o meio ambiente. Mas a dificuldade reside nas modalidades concretas dessa participação, que não pode contentar-se com grandes princípios, mas exige garantias jurídicas procedimentais. É indispensável determinar com exatidão o público envolvido, a maneira pela qual ele é informado, os momentos de sua intervenção, os locais dessa intervenção, as formas de participação e os prazos impostos.

A partir do momento em que há uma sucessão de fases, como na Diretiva e na Convenção de Espoo, o público deve poder intervir em cada uma dessas fases. Contudo, é necessário que assim esteja expressamente previsto. O procedimento deve dar-se de tal forma que o público seja considerado como um co-autor ou um contraditor natural e necessário, ao mesmo tempo para elucidar e para ajudar o promotor do projeto e a Administração. Enfim, a decisão final deve levar em conta essa participação.

Essas considerações gerais aplicam-se aos Estudos de Impacto nacionais; elas devem também aplicar-se aos Estudos de Impacto transfronteiriço, que, na realidade, são também nacionais. Mas, como o procedimento transfronteiriço é mais complicado, a participação do público estrangeiro vai ser mais difícil, pois vai exigir uma adaptação a um outro sistema de decisão, segundo modalidades que serão diferentes daquelas às quais as pessoas estão habituadas.

Há um elemento essencial para motivar o público a fim de que ele não pense que sua intervenção será inútil. É certo que o público não pode impedir um projeto; ele pode, todavia, influenciá-lo. Esse aspecto da consulta foi consagrado juridicamente, ultrapassando-se até mesmo o que existia nos Direitos nacionais a respeito. De fato, o art. 8 da Diretiva indica que o resultado das consultas – aí compreendidas as consultas transfronteiriças – deve ser levado em consideração quando do procedimento de autorização.

Da mesma forma, o art. 6 da Convenção de Espoo dispõe que as Partes devem zelar para que, no momento de tomar-se a decisão definitiva, as observações recebidas sejam devidamente levadas em consideração. Essa obrigação não é, todavia, diretamente acompanhada de um direito de recurso, os textos considerados se reportam ao direito comum nacional. É uma lacuna da Diretiva e da Convenção de Espoo. No entanto, após a Convenção de Aarhus, de 1998, o acesso à Justiça em matéria de meio ambiente é doravante proclamado (art. 9) – o que deveria vir a reforçar o direito dos Estudos de Impacto transfronteiriço. Pode-se supor que o público informado participante do Estudo de Impacto transfronteiriço será induzido a exercer um direito de recurso, sobretudo porque as modalidades procedimentais de sua participação são ainda muito imprecisas.

É por esse motivo que o art. 9-2 da Convenção de Aarhus tem vocação para ser aplicado em relação aos Estudos de Impacto transfronteiriço. Contudo, seria ainda necessário que não houvesse obstáculos procedimentais e que o princípio de não-discriminação permitisse efetivamente a um estrangeiro de um Estado atingido ter acesso aos tribunais do Estado de origem. Nesse sentido, a Convenção de Espoo deveria ser emendada.[35]

O Protocolo Relativo à Avaliação de Impacto sobre o Meio Ambiente das Decisões Estratégicas inova, na medida em que adota o art. 15 prevendo que cada Parte zelará para que os membros do público envolvido possam, de acordo com a legislação nacional, solicitar um controle de legalidade quanto ao fundo e à forma dos planos e programas. O art. 17 é ainda mais preciso para as decisões estratégicas tendo incidências transfronteiriças. Ele dispõe: "Cada Parte zelará para que as autoridades responsáveis do meio ambiente e da saúde e os membros do público envolvido da Parte atingida tenham acesso a um procedimento de recurso diante de uma instância judiciária e/ou um outro órgão independente e imparcial, determinado pela lei, para contestar a legalidade quanto ao mérito e ao procedimento de uma decisão estratégica tendo incidências transfronteiriças, em particular com relação aos objetivos de sustentabilidade e de proteção ambiental, aí incluída a saúde, definidos pela comunidade internacional".

A sinergia entre a Convenção de Aarhus e o direito dos Estudos de Impacto transfronteiriço é um elemento essencial, sobretudo na medida em que, em grande número, são os mesmos Estados envolvidos, visto que a Convenção de Aarhus foi elaborada, como a Convenção de Espoo, pela Comissão Econômica para a Europa das Nações Unidas. A participação do público constituindo parte integrante do Estudo de Impacto revela uma ligação estreita entre Espoo e Aarhus. O art. 6 da Convenção de Aarhus aplica-se às atividades enumeradas no Anexo I da Convenção, onde figuram quase todas as atividades inscritas na lista do Apêndice I da Espoo. A definição de "público" é muito mais precisa e satisfaz mais ao art. 2, §§ 4 e 5, que o art. 1-X da Convenção de Espoo.

---

35. Foi o que propôs a 2ª reunião das Partes em Sofia, 26-27.2.2001, Decisão II/5-Fatos Novos em Matéria de Estudo de Impacto Ambiental e Relações com Outras Convenções da CEE.

Um vínculo é criado entre as duas Convenções, na medida em que a Convenção de Aarhus faz referência aos Estudos de Impacto e, mais precisamente, à avaliação do impacto transfronteiriço sobre o meio ambiente no art. 6-2-e, sobre a informação a que o público tem direito no curso do processo de decisão, quer dizer, antes da decisão, "quando é empreendido um processo decisório atingindo o meio ambiente".

Da mesma forma, as informações mínimas pertinentes exigidas no art. 6-6 da Convenção de Aarhus sobre a participação do público nas decisões relativas a atividades particulares dividem-se com a Convenção de Espoo. Se uma mesma atividade transfronteiriça é submetida às duas Convenções em dois Estados-Partes, a Convenção de Aarhus – e seu art. 6 –, será aplicada preferencialmente à Convenção de Espoo, pois as obrigações são, aí, mais detalhadas.

Nota-se, nos exemplos dos Direitos nacionais evocados acima, que as formas de participação do público continuam vagas e de importância desigual. Observações escritas não são a mesma coisa que a participação em uma audiência pública ou um debate contraditório. Essa participação não parece ser sempre organizada, nem na fase preliminar (art. 7-1 da Diretiva e art. 3-2 da Convenção de Espoo), nem na fase de consulta (art. 7-2 da Diretiva e arts. 3-5, 4 e 5 da Convenção de Espoo).

O prazo razoável é deixado à discrição de cada Estado; ora, a exigência de direitos equivalentes para o público dos dois lados da fronteira exige prazos uniformes. É por essa razão que o Protocolo sobre os Estudos de Impacto Estratégicos prevê em seu art. 12, sobre a consulta, fixar-se na própria Convenção um prazo de, pelo menos, dois meses. A Convenção de Aarhus não hesitou em impor um prazo de procedimento de um mês para a prestação das informações solicitadas pelo público (art. 4-2). De qualquer maneira – como, aliás, o indica a Convenção de Aarhus a propósito da participação do público –, o prazo razoável é aquele que deixa tempo suficiente para informar o público, para que ele se prepare e participe efetivamente (art. 6-3).

É evidente que os Estudos de Impacto transfronteiriço, a despeito da multiplicidade recente dos textos a eles relativos, são ainda emergentes. Não foi abordada a questão essencial do próprio conteúdo dos Estudos de Impacto, que não se pode conhecer, *a priori*, se serão transfronteiriços enquanto não tivermos estudado corretamente os efeitos do projeto sobre um território estrangeiro, limítrofe, vizinho ou longínquo.

Ora, nem os Direitos nacionais nem a jurisprudência, quase inexistente na matéria, impõem aos Estudos de Impacto uma análise dos efeitos transfronteiriços eventuais. Ainda não se soube da anulação de um Estudo de Impacto por não terem sido levados em consideração seus efeitos no exterior; essa deveria ser uma rubrica obrigatória para qualquer Estudo de Impacto. Contudo, pode-se considerar que essa obrigação, daqui para a frente, tornou-se realidade pela aplicação da Dirctiva de 1997 e da Convenção de Espoo. Mas esse estudo dos efeitos além-fronteira não basta para que sejam aplicados os procedimentos especiais aos Estudos de Impacto transfronteiriço.

O sistema de lista não é, aqui, suficiente, pois não basta que um projeto figure em uma lista para ser automaticamente submetido ao Estudo de Impacto transfronteiriço. Deve ele, ainda, ser capaz "de ter incidências consideráveis sobre o meio ambiente" (art. 7 da Diretiva) ou de "ter um impacto transfronteiriço prejudicial importante" (art. 2-3 da Convenção de Espoo). Quem decide? Os Estados envolvidos, o público apto a contestar na Justiça as decisões tomadas. Se a Convenção de Espoo organiza um procedimento de arbitragem com a Comissão de Investigação do art. 3-7, a Diretiva nada prevê de especial, a não ser procedimentos informais bilaterais, de mediação da Comissão ou recurso entre Estados diante da Corte de Justiça das Comunidades Européias.

Pode-se esperar que os novos mecanismos adotados pelas Convenções de Espoo e de Aarhus para facilitar a aplicação das duas Convenções possam servir para tornar mais efetivas e aplicáveis as disposições convencionais sobre os Estudos de Impacto transfronteiriço e a participação do público em sua realização. A 2ª reunião das Partes na Convenção de Espoo instituiu de fato, em 27.2.2001, uma Comissão de Implementação da Convenção, encarregada de zelar pelo controle do respeito das obrigações (Decisão II/4-Controle do Respeito das Obrigações).

No mesmo espírito, a 1ª reunião das Partes da Convenção de Aarhus em Lucca/Itália, em 21 a 23.10.2002, decidiu sobre a criação de uma comissão de controle do respeito das disposições, encarregada de verificar se as Partes se desincumbem bem de suas obrigações (Decisão I/7). Essa Decisão prevê, para reforçar as sinergias, que a reunião das Partes pode solicitar à comissão de controle do respeito das disposições que se coloque em relação com os órgãos competentes de outras convenções encarregadas igualmente do respeito às disposições. A via está aberta a uma verdadeira cooperação no acompanhamento da aplicação de convenções análogas.

A lentidão na adoção de autênticos Estudos de Impacto transfronteiriço torna ainda muito problemática uma cooperação transfronteiriça que possa ser considerada como um verdadeiro laboratório de integração européia.[36]

---

36. M. Casteigts, "Enjeux et limites de la coopération transfrontalière", *Territoires 2020 Analyses et Débats* 7/75, Paris, DATAR, janeiro/2003.

O DIREITO AO MEIO AMBIENTE NA ÁFRICA: DA PROCLAMAÇÃO À PROTEÇÃO*[1]

MOHAMED ALI MEKOUAR

1. A consagração africana do direito ao meio ambiente. 2. O direito ao meio ambiente sob o prisma da Carta Africana: 2.1 Um direito fundamental de conteúdo impreciso – 2.2 Um direito dos povos de justiciabilidade incerta. 3. O direito ao meio ambiente em direito comparado africano: 3.1 Em direção a um reconhecimento formal generalizado? – 3.2 Da proclamação à proteção: e a efetividade?. Anexo 1 – Disposições Constitucionais sobre o Direito ao Meio Ambiente. Anexo 2 – Disposições Legislativas sobre o Direito ao Meio Ambiente.

"O homem tem direito fundamental a condições de vida satisfatórias, em um ambiente saudável, que lhe permita viver com dignidade e bem-estar, em harmonia com a Natureza, sendo educado para defender e respeitar esses valores." (PAULO AFFONSO LEME MACHADO, *Direito Ambiental Brasileiro*, 7ª ed., São Paulo, Malheiros Editores, 1998, p. 7)

1. A consagração africana do direito ao meio ambiente

1. Para um novo milênio, um novo aparato jurídico? A questão não é tão insólita quanto parece. No alvorecer do Terceiro Milênio, a África não renovou o enquadramento jurídico-institucional da cooperação continental com a sucessão da OUA[2] pela União Africana (UA), por intermédio do Ato Constitutivo dessa última, assinado em Lomé em julho/2000? Sim, a África alardeava assim o esboço da consolidação da unidade política do Continente e da dinamização da inte-

---

* Tradução do francês pela Dra. Simone Wolff.
1. O presente texto é de exclusiva responsabilidade de seu autor.
2. **Nota da Tradutora**: a Organização de Unidade Africana foi criada em maio/1963 em Adis Abeba.

gração sócio-econômica. Sob essa ótica, o Conselho Executivo da UA recebeu a missão de assegurar a coordenação e de decidir sobre as políticas nos temas de interesse comum, dentre os quais encontra-se especialmente a *proteção do meio ambiente*. Ao mesmo tempo, a nova organização pan-africana foi dotada de uma comissão encarregada dos recursos naturais e do meio ambiente, e um dos oito comissários que formam seu Secretariado, o titular da economia rural e da agricultura, é também responsável pelas questões ambientais.

2. Essa atenção particular dada ao meio ambiente nos textos fundadores da UA rapidamente traduziu-se, no plano jurídico, pela revisão da Convenção Africana sobre a Conservação da Natureza e dos Recursos Naturais – adotada em Alger em 1968 –, e isso desde a 2ª sessão da Conferência da UA, ocorrida em Maputo em julho/2003. O texto assim revisado transformou consideravelmente a Convenção original, conferindo-lhe um conteúdo normativo ao mesmo tempo moderno e mais pomposo. Somado às múltiplas contribuições que enriqueceram seu conteúdo, o art. III enuncia "o direito de todos os povos a um meio ambiente satisfatório que favoreça seu desenvolvimento". Nesse sentido, a versão de Maputo inspirou-se na versão de Alger, a qual, mais de três décadas antes, com certeza não podia dar espaço ao direito ambiental, que não era reconhecido à época como um direito da pessoa humana.

3. Todavia, por mais inovador que ele seja com relação à Convenção de Alger, o Tratado de Maputo, na verdade, não inovou na temática. Ele foi precedido, nesse ponto, pela Carta Africana dos Direitos do Homem e dos Povos, adotada em 1981, cujo art. 24 proclama: "Todos os povos têm direito a um meio ambiente satisfatório e global, propício a seu desenvolvimento". Tal direito já havia sido afirmado na África 22 anos mais cedo, por um outro instrumento convencional em termos muito parecidos. A Carta Africana efetivamente realizara o que nenhuma convenção anterior de proteção dos direitos do homem havia feito antes dela: consagrar formalmente um direito então emergente, que era o direito ao meio ambiente. À época, esse direito estava bem longe de desfrutar do reconhecimento jurídico internacional de que ele beneficia hoje.[3] Ele apenas havia sido enun-

---

3. A. Kiss, "Les origines du droit à l'environnement: le Droit International", *Revue Juridique de l'Environnement*, 2003, número especial, pp. 13-14.

ciado, no âmbito mundial, por meio de textos da *soft law*,[4] em especial a Declaração de Estocolmo sobre o Meio Ambiente de 1972, cujo Princípio 1 conferia ao homem o direito fundamental de ter "condições de vida adequadas em um meio ambiente de qualidade tal que lhe permita levar uma vida digna e gozar de bem-estar".

4. Alguns anos mais tarde, a Convenção Interamericana dos Direitos do Homem tomou igualmente a via traçada pela Carta Africana. Por meio de seu Protocolo Adicional, relativo aos direitos econômicos, sociais e culturais, adotado em 1988, o "direito a um meio ambiente saudável" foi acrescido ao catálogo dos direitos humanos garantidos no sistema americano.[5] Em contrapartida, a maioria dos outros tratados relativos ao direito da pessoa humana, tanto regionais quanto universais, ficou até o presente momento em recuo em relação a essa evolução normativa, apesar da multiplicação das propostas tendentes a inserir nesses instrumentos o direito ao meio ambiente.[6]

5. Portanto, em um quarto de século o direito ao meio ambiente será timidamente inserido nos instrumentos internacionais relativos aos

---

4. **Nota da Tradutora**: a *soft law* – "lei branda" – encerra princípios, idéias, conceitos e valores em formação nas sociedades, seja no âmbito dos Direitos nacionais quanto na esfera do Direito Internacional.

5. T. Burgenthal e D. Shelton, *Protecting Human Rights in the Americas. Cases and Materials*, 4ª ed., N. P. Engel Publisher, International Institute of Human Rights, 1995, p. 43.

6. É especialmente o caso da Convenção Européia dos Direitos do Homem: a possibilidade de adotar-se nesse contexto um protocolo que reconheça o direito ao meio ambiente é regularmente invocada desde a década de 70 do século passado, mas ela nunca se concretizou (F. Sudre, "La protecion du droit à l'environnement par la Cour Européenne des Droits de l'Homme", in *Les Nations Unies et la Protection de l'Environnement: la Promotion d'un Developpement Durable*, Paris, Pedone, 1999, pp. 139-143). No contexto universal, dentre as diversas iniciativas adotadas na matéria, pode-se citar a elaboração, em 1981, de um anteprojeto de terceiro pacto relativo "aos direitos de solidariedade", garantindo o "direito a um meio ambiente sadio e equilibrado em termos ecológicos", propício ao "desenvolvimento econômico, social e cultural". Esse projeto, que não teve seqüência, foi retomado mais tarde sob a forma de uma simples "Declaração de Princípios sobre os Direitos do Homem e o Meio Ambiente", redigida em 1994 por um grupo de peritos da ONU, e ainda está em análise pela Comissão de Direitos do Homem. De sua parte, a Assembléia-Geral da ONU adotou, desde 1994, uma série de resoluções sobre o meio ambiente e os direitos do homem, dentre as quais a última, a Resolução 2003/71, adotada em 25.4.2003, diz respeito "aos direitos do homem e ao meio ambiente como elementos do desenvolvimento sustentável".

direitos humanos; primeiramente na Carta Africana, depois na Convenção Interamericana. Mas, de maneira paradoxal e quase simultânea, esse direito foi objeto de reconhecimento crescente nas Constituições nacionais[7] e leis ambientais,[8] bem como em declarações[9] e em decisões judiciais.[10] Isso significa que a emergência e o fortalecimento desse novo direito humano não são exclusivamente atribuídos aos avanços realizados em matéria de direitos humanos. Eles são também o fruto de evoluções sinérgicas produzidas em outros campos do Direito, no duplo contexto interno e internacional. A doutrina, por sua vez, muito contribui a teorizá-lo e a promovê-lo sob o título de "*novos* direitos humanos", ditos de "solidariedade" ou de "terceira geração".[11]

7. Em 1999 mais de 60 Constituições nacionais proclamavam "seja o direito de qualquer pessoa a um meio ambiente sadio (...), seja o dever do Estado de proteger o meio ambiente" – segundo A. Kiss ("Après le cinquentième anniversaire de la Déclaration Universelle des Droits de l'Homme. Et le droit à l'environnement?", *Revue Juridique de l'Environnement*, p. 5). Hoje em dia estima-se que esse número chegue a 80 Constituições nacionais.
8. Inúmeras são as leis ambientais que retomam a temática do direito ao meio ambiente, no mundo de forma geral e na África particularmente (como veremos mais adiante). Tal direito aparece igualmente em alguns tratados internacionais, como a Convenção de Aarhus sobre o acesso à informação e à participação do público no processo de decisão e acesso à Justiça em matéria de meio ambiente (1998).
9. Como, por exemplo, a Declaração do Rio de Janeiro sobre o Meio Ambiente e o Desenvolvimento, de 1992, cujos Princípios 1 e 3 afirmam o "direito a uma vida sadia e produtiva em harmonia com a Natureza", de maneira "a satisfazer de forma eqüitativa as necessidades relativas ao desenvolvimento e ao meio ambiente das gerações presentes e futuras". Mais recentemente, o Instituto de Direito Internacional adotou uma resolução sobre o meio ambiente (1997), cujo art. 2 dispõe que "todo ser humano tem o direito de viver em um meio ambiente sadio" (P.-M. Dupuy, "Où en est le droit international de l'environnement à la fin du siècle?", *Revue Générale de Droit International Public*, 1997, pp. 873-874).
10. Graças à obra pretoriana dos juízes, sobretudo na Europa, mas também em outros lugares, o direito ao meio ambiente foi progressivamente reconhecido e afirmou-se nesses últimos anos. V., sobre esse tema: J.-P. Marguenaud, "Inventaire raisonné des arrêts de la Cour Européenne des Droits de l'Homme relatifs à l'environnement", *Revue Européenne de Droit de l'Environnement*, 1998, pp. 5-20; C. Russo, "Le droit de l'environnement dans les décisions de la Commission des Droits de l'Homme et dans la jurisprudence de la Cour Européenne", in *Mélanges en Hommage à L. E. Pettiti*, Bruxelas, Bruylant, 1998, pp. 635-645; SACEP/UNEP/NORAD, *Compendium of Summaries of Judicial Decisions in Environment Related Cases*, Colombo, 1977, pp. 117-120.
11. D. Uribe Vargas, "La troisième génération des droits de l'homme", *Recueil des Cours de l'Académie de Droit International*, vol. I, 1984, pp. 359-375; M.

6. Na África, a consagração "precoce" do direito ao meio ambiente pela Carta – texto instituidor dos direitos das pessoas e dos povos sobre o Continente – revestiu-se de um significado particular. O art. 24 assumiu, assim, desde o início, um valor emblemático que rapidamente influenciou outras partes do mundo: o direito ao meio ambiente foi declarado como tal, pela primeira vez, em um instrumento interestatal de proteção dos direitos humanos. Mas, além da autoridade simbólica que lhe valeu seu caráter precursor, esse dispositivo também representou um papel desencadeador na criação normativa. Muito rapidamente, aos olhos dos constituintes bem como dos legisladores africanos, o art. 24 tornou-se uma norma de referência quase incontornável pela ocasião de reforma constitucional ou da adoção de qualquer nova lei ambiental. Assim, sua contribuição deveria ser apreciada, pelo menos de um ponto de vista normativo, em vista não somente de seu conteúdo intrínseco, mas também de seu reflexo extrínseco. Far-se-á uma tentativa, examinando-se de forma alternada, de uma parte, a natureza e os limites do direito ambiental tal como a Carta Africana o amoldou[12] e, de outra parte, seus efeitos de adequação da ordem jurídica interna dos Estados Africanos.

2. *O direito ao meio ambiente sob o prisma da Carta Africana*

7. O art. 24 é um dos mais resumidos da Carta. De forma concisa, ele descreve em poucas palavras o direito ao meio ambiente que ele enuncia, qualificando-o por um duplo epíteto – "satisfatório" e "global" –, impondo para seu exercício uma finalidade determinada: ser propício ao desenvolvimento. Única indicação complementar a essa definição sumária: os titulares de tal direito são visivelmente os povos, e não os indivíduos – o que denota sua dimensão eminentemente coletiva.

Dejeant-Pons e M. Pallemaerts, *Droits de l'Homme et Environnement*, Estrasburgo, Conseil de l'Europe, 2002.

12. Sobre a Carta Africana em geral, podem ser consultados, notadamente: K. Mbaye, *Les Droits de l'Homme en Afrique*, Paris, Pedone, 1992; F. Ouguergouz, *La Charte Africaine des Droits de l'Homme et des Peuples: une Approche Juridique des Droits de l'Homme entre Tradition et Modernité*, Paris, PUF, 1993; V. E. Yemet, *La Charte Africaine des Droits de l'Homme et des Peuples*, Paris, L'Harmattan, 1996.

2.1 Um direito fundamental de conteúdo impreciso

8. Ainda que sumariamente definido, o direito ao meio ambiente faz parte dos direitos fundamentais que a Carta consagra plenamente, no mesmo nível, por exemplo, que o direito à paz (art. 23) e o direito ao desenvolvimento (art. 22). Fato, esse, muito mais notável, porque, no momento em que a Carta foi adotada, as considerações ambientais eram ainda muito eclipsadas pelos imperativos do desenvolvimento, particularmente nos países subdesenvolvidos. O fato de a África, Continente pouco provido, ter colocado lado a lado e sobre um pé de igualdade as exigências do desenvolvimento e aquelas do meio ambiente é revelador da tomada de consciência que se deu então, quase uma década antes da Conferência do Rio, em torno da necessidade de conciliar a Economia com a Ecologia. Nesse sentido, não é surpreendente que a inclusão do art. 24 na Carta não tenha levantado qualquer objeção.[13]

9. Mas, se os autores da Carta acordaram facilmente sobre a oportunidade de nela incorporarem o direito ao meio ambiente, em compensação eles não se detiveram muito sobre a descrição de seu conteúdo.[14] É verdade que na ocasião eles constituíram, em larga medida, uma obra de pioneiros. Na ausência de autênticos precedentes nos instrumentos internacionais de proteção dos direitos humanos, eles tiveram que se contentar com uma formulação bastante vaga, em todo caso bem geral, mantendo os qualificativos – "satisfatório" e "global" – relativamente imprecisos a fim de que esses qualificativos possam aplicar-se a situações muito diversas. Portanto, outros vocábulos mais significativos – tais como "saudável", "salubre", "limpo", "equilibrado", "decente", "conveniente", "de qualidade", "dignidade", "bem-estar", "interesses das gerações futuras" etc., muito correntemente uti-

---

13. E. A. Ankumah, *The African Commission on Human and Peoples' Rights – Practices and Procedures*, La Haye, Nijhoff, 1996, p. 169: "(...) incorporating the right to environment in the Charter did not pose any controversy and the provision was agreed upon without debate".

14. Segundo K. Mbaye, os redatores da Carta de forma consciente "abstiveram-se de entrar nos detalhes"; a cada direito "eles consagraram um mínimo de detalhes", pois quanto mais "detalhes maiores eram as dificuldades de acordo". "Pareceu mais razoável colocar-se de acordo sobre um certo número de prescrições sob a forma de princípios", tendo os redatores "se contentado, em várias hipóteses, de ficar na indefinição" (*Les Droits de l'Homme en Afrique*, pp. 171-172).

lizados em Direito Comparado para descrever o direito ambiental – poderiam ter sido escolhidos pelos redatores do art. 24 para melhor explicitar seu sentido e sua substância.

10. Pelo contrário, a referência expressa ao objetivo de desenvolvimento faz desse, poderíamos dizer, o objetivo finalístico do direito ao meio ambiente. A Carta situa, manifestamente, esse último sob a perspectiva de promoção do desenvolvimento, para o qual representaria um instrumental e serviria à sua realização. Nesse sentido, K. Mbaye nota que a Carta Africana "insiste sobre as relações estreitas existentes entre meio ambiente e desenvolvimento".[15] Ela os associa dialeticamente, articulando-os intimamente um ao outro, como o fará mais tarde, de maneira ainda mais clara, a Declaração do Rio, por intermédio de seu Princípio 3: "Satisfazer de forma eqüitativa às necessidades relativas ao meio ambiente e ao desenvolvimento".[16] Dessa forma, o direito ao meio ambiente propriamente dito não é bem apreendido, em face da definição concisa dada pelo art. 24.

11. A ambigüidade conceitual que daí deriva parece atrativa aos olhos daqueles que aí percebem um elemento positivo de flexibilidade, permitindo-se aos Estados, em qualquer circunstância, desincumbir-se de suas obrigações derivadas do direito ao meio ambiente "considerando sua situação particular".[17] Todavia, salvo o resignar-se à idéia de um "direito-camaleão", sem teor objetivo, traduzindo uma idéia minimalista, não saberíamos nos satisfazer com tal visão das coisas. Antes, parece que se deva reconhecer que essa imprecisão de definição não deixa de ter reais inconvenientes, particularmente em matéria da determinação da natureza de um direito cujos contornos foram deixados no vazio. Há o risco de ele ser diferentemente entendido segundo cada contexto e ao sabor das circunstâncias, tendo como conseqüência grandes disparidades nos critérios, padrões e níveis de proteção ambiental, bem como no que diz respeito à garantia da fruição dos direitos a ele relacionados.

12. Prova disso é a diversidade de interpretações doutrinárias às quais o art. 24 foi submetido. Dessa maneira, viu-se na Carta apenas

15. *Les Droits de l'Homme en Afrique*, p. 210.
16. S. Doumbé-Billé, "Droit International et développement durable", in *Mélanges Alexandre Kiss*, Paris, Frison-Roche, 1998, pp. 245-268.
17. Ankumah, *The African Commission* ..., p. 168.

um "princípio programático",[18] talvez em razão de sua fórmula evasiva; e também, ao contrário, ele foi considerado como um "direito-síntese" acabado, alegando-se que ele seria a junção entre a liberdade, a paz e o desenvolvimento, "participantes, da mesma forma que um meio natural sadio, de um meio ambiente satisfatório e global".[19] Acreditou-se, igualmente, poder aí revelar uma "concepção globalizante do direito ao meio ambiente", inspirada tanto por sua articulação com o "desenvolvimento" quanto pelo uso do qualificativo "global".[20]

Evidentemente, leituras tão divergentes de um dispositivo aparentemente claro são reveladoras de toda a dificuldade em apreender o conteúdo do direito ao meio ambiente tal como formulado pela Carta Africana; e, além disso, tais leituras deixam entrever problemas ligados à sua aplicabilidade.

2.2 Um direito dos povos de justiciabilidade incerta

13. Nos termos do art. 24, os povos são, seguramente, os sujeitos do direito ao meio ambiente. Pelo menos sobre esse ponto a dúvida não é permitida. É ao povo – e a ele exclusivamente – que os redatores da Carta creram dever atribuir o benefício de um tal direito; como, aliás, de outros "direitos de solidariedade", que são o direito à paz ou ao desenvolvimento.[21] De fato, nem a pessoa humana nem o indivíduo, titulares declarados da maior parte dos outros direitos proclamados pela Carta, são indicados pelo art. 24. Seria, então, o direito ao meio ambiente, direito dos povos por essência, antes de mais

---

18. M. A. Bekhechi, "La Charte Africaine des Droits de l'Homme et des Peuples (étude juridique)", *Revue Algérienne des Relations Internationales*, 1987, p. 88.
19. Ouguergouz, *La Charte Africaine...*, p. 223.
20. Yemet apóia esse ponto de vista, observando que, "para que a Ecologia – do Grego *Oikos-logos*, ciência da casa – assuma toda sua dimensão, ela deverá integrar todos os dados da vida, aí compreendida a Economia (*Oikos-nomia*, gestão da casa)". Essa "concepção globalizante" aparece do art. 24 da Carta, que não apenas anuncia um direito "global", mas fixa também que ele deve "ser propício ao desenvolvimento" (*La Charte Africaine...*, p. 226).
21. Mbaye, *Les Droits de l'Homme en Afrique*, p. 29. É o que prevê igualmente o art. III do texto revisado da Convenção Africana sobre a Conservação da Natureza. De forma inversa, no Protocolo Adicional (1998) à Convenção Interamericana, "o direito de viver em um ambiente salubre" é do tipo individual, visto que é garantido "a toda pessoa".

nada, um direito "coletivo", cuja proteção deveria ser melhor concebida e garantida em benefício dos grupos, mais do que dos indivíduos? E como, então, planejar as modalidades concretas de sua implementação?

14. Essa interrogação remete à noção de "povo" – termo ambivalente, cujo sentido não está claramente fixado em Direito Internacional e que os autores interpretam diversamente no que respeita aos direitos enunciados pela Carta, ora assimilando-o à população de um Estado[22] ou ao próprio Estado como representante da comunidade nacional,[23] ora colocando-o em relação com a palavra "etnia"[24] ou, ainda, situando-o no contexto da emancipação dos povos dominados.[25] Na realidade, aí, também, os artesãos da Carta evitaram, deliberadamente, definir a noção de "povo", preferindo não correr o risco de uma improvável abstração. Como ressalta um dentre eles: "Um povo não se define, ele se identifica".[26] A questão é de saber quem pode valer-se do direito ao meio ambiente sobre as bases do art. 24. Sendo explicitamente os povos os sujeitos titulares, pode esse direito, não obstante, ser exercido pelos indivíduos que constituem esses povos, como o são habitualmente os direitos clássicos da pessoa humana? Ou, antes, não deveria exercer-se esse direito coletivamente, em grupo, como os direitos de reunião ou de associação, direitos coletivos por excelência?

15. Com razão, a doutrina divide-se nesse aspecto e hesita em se pronunciar de maneira definitiva. Alguns parecem inclinar-se para a assimilação: confundindo *direitos dos povos* e *direitos coletivos*, tendendo a qualificar de *coletivo* o direito ao meio ambiente.[27] Com mais nuanças, certo autor vê no direito do povo um "direito da coletivida-

---

22. J. Matringe, *Tradition et Modernité dans la Charte Africaine des Droits de l'Homme et des Peuples – Étude du Contenu Normatif de la Charte et de son Apport à la Théorie du Droit International des Droits de l'Homme*, Bruxelas, Bruylant, 1996, p. 80.
23. Bekhechi, "La Charte Africaine ...", *Revue Algérienne des Relations Internationales*, 1987, p. 90.
24. Ouguergouz, *La Charte Africaine ...*, p. 186.
25. Mbaye, *Les Droits de l'Homme en Afrique*, p. 27.
26. Mbaye, *Les Droits de l'Homme en Afrique*, p. 173.
27. E. R. Mbaya, "Symétrie des droits et des devoirs dans la Charte Africaine des Droits de l'Homme", in *Les Devoirs de l'Homme. De la Réciprocité dans les Droits de l'Homme*, Friburgo, Éditions Universitaires, 1989, p. 42.

de" que ele distingue como "direitos dos indivíduos exercidos coletivamente".[28] Para outros, ao contrário, deve-se evitar assimilar os dois conceitos, que não são necessariamente sobrepostos. Pois, de um lado, embora geralmente individuais, os direitos do homem podem ser coletivos (como a liberdade sindical); de outro, mesmo que habitualmente coletivos, os direitos dos povos podem receber uma aplicação individual (como o direito ao desenvolvimento). Assim, não seria necessário ultrapassar essa dicotomia cessando de colocar em oposição as duas categorias de direitos, na medida em que todos os direitos são "editados em benefício do mesmo sujeito: o homem"?[29]

16. Essa tese parece sedutora, na medida em que permite vencer o obstáculo da impossibilidade de definição de "povo", identificando-o finalmente à comunidade de homens, considerados tanto individual quanto coletivamente – e todos, pois, duplamente sujeitos do direito ao meio ambiente. Todavia, outras objeções surgem, especialmente quanto à justiciabilidade de um direito conferida aos povos pela Carta, sem dar-lhes, portanto, a possibilidade concreta de formar um recurso direto (diante da Comissão[30] inicialmente, em seguida diante da Corte e seu órgão), pois os requerimentos são apenas admissíveis se indicarem a identidade de seu autor (art. 56.1). Ora, por falta "de identificação precisa do povo (...), essa condição não pode ser satisfeita em caso de uma demanda jurisdicional desse último".[31] Mesmo desfrutando do direito ao meio ambiente, o povo não possui verdadeiramente o poder de exercê-lo, pela falta de um mecanismo jurídico que lhe permita exigir diretamente sua aplicação. A menos que, pela "ficção da representação", o Estado substitua-se ao povo...

17. Uma outra questão impõe-se em continuidade à precedente: quem são os devedores do direito ambiental? A quem incumbe a obrigação de assegurar sua promoção e sua proteção? A pergunta ficou sem resposta no art. 24, ao mesmo tempo em que, tratando-se de

---

28. Matringe, *Tradition et Modernité*..., p. 83.
29. Mabye (*Les Droits de l'Homme en Afrique*, p. 35) ilustra os propósitos de Charles Chaumont para essa reflexão: "Em cada pessoa há todo um povo, em cada povo está toda pessoa. (...). Cada direito dos povos é um direito do homem; assim, cada povo é, de certa forma, presente em cada pessoa integrante desse povo".
30. **Nota da Tradutora**: trata-se, aqui, da Comissão Africana dos Direitos Humanos e dos Povos.
31. Matringe, *Tradition et Modernité*..., p. 81.

outros direitos dos povos, parece que essa obrigação deva ser pelo menos parcialmente assumida pelos Estados (arts. 21-23). Associada à imprecisão correspondente à capacidade de exercício do direito ao meio ambiente, a indeterminação de seus devedores reduz as possibilidades de sua oponibilidade e limita a garantia de sua aplicabilidade. Sua justiciabilidade parece, assim, ainda mais aleatória, porque, além disso – e de forma bastante curiosa –, a Carta Africana não enuncia dever algum de conservação do meio ambiente, seja por parte dos Estados, das coletividades ou dos indivíduos.[32] A afirmação de um tal dever para com o meio ambiente[33] poderia ter contribuído para reforçar a garantia do direito ao meio ambiente, mesmo que designando-sc de forma explícita seus devedores. É, aliás, nessa direção que gradualmente orientam-se os progressos normativos na África, partindo-se do art. 24 da Carta.

3. O direito ao meio ambiente em direito comparado africano

18. A despeito dos limites intrínsecos do art. 24, é inegável que houve um grande reflexo extrínseco. No decorrer dos anos, por efeito de irradiação, este direito abriu caminho, sendo adotado em inúmeras Constituições e legislações africanas.[34] De forma que, atualmente,

---

32. Há do que espantar-se quando se conhece o espaço central ocupado pelos deveres na Carta. Desde seu "Preâmbulo", de fato, ela coloca em correlação direitos e deveres ("a fruição de direitos ... implica também o cumprimento de deveres"); ela consagra igualmente um capítulo específico aos deveres, além das inúmeras disposições que, em diversos artigos, emparelham direitos e deveres. Essa onipresença de deveres na Carta, em correlação aos direitos, é muitas vezes destacada pela doutrina, que fala de "simetria entre direitos e deveres" (Mbaya, "Symétrie des droits et des devoirs ...", in *Les Devoirs de l'Homme*. ..., cit.) ou de "díptico de direito e deveres" (M. G. Ahanhanzo, "La Charte Africaine des Droits de l'Homme et des Peuples (Organisation de l'Unité Africaine)", in *Droit et Libertés à la Fin du XXème Siècle. Influence des Données Économiques et Téchnologiques – Études Offertes à C.-A. Colliard*, Paris, Pedone, 1984). Por sua vez, K. Mbaye lembra que a tradição africana considera "os deveres como a outra face dos direitos", e ele considera que a própria essência do direito não é "outra coisa senão a expressão de um dever" (*Les Droits de l'Homme en Afrique*, pp. 38-39).
33. Tal como previsto, por exemplo, pelo Princípio 1 da Declaração de Estocolmo: "O homem (...) tem o dever solene de proteger e de melhorar o meio ambiente".
34. Sua influência é igualmente perceptível em alguns instrumentos convencionais declaratórios. Por exemplo, (i) nos termos do Tratado instituindo a Comunidade Econômica Africana (1991), os Estados "engajam-se a promover um meio ambiente

além da própria Carta, o reconhecimento do direito ao meio ambiente pelos constituintes ou legisladores tende a generalizar-se na África. Mas uma tal abertura normativa, quão significativa seja ela, está ainda longe de traduzir-se, na realidade, em um exercício efetivo dos direitos declarados.

3.1 Em direção a um reconhecimento formal generalizado?

19. Como mostram os dados sintéticos – não exaustivos – reunidos nos Anexos do presente texto, o direito ao meio ambiente foi proclamado em mais da metade dos Estados Africanos por disposições de natureza seja constitucional, seja legislativa ou, ainda, as duas ao mesmo tempo. Grande número de constituintes, aproveitando-se de uma importante reforma ou de uma emenda da Lei Fundamental, aí inscreveram o direito ambiental. Esse, então, inseriu-se, ano após ano, nas Constituições de Benin e Moçambique (1990); do Gabão e da Guiné (1991); de Angola, Cabo Verde, de Madagascar, do Mali e do Togo (1992); da Etiópia e do Malaví (1994); de Uganda (1995); da África do Sul, da República dos Camarões, da Gâmbia, de Ghana, do Niger, das Seychelles, do Chade e da Zâmbia (1996); de Burkina Faso e do Congo-Brazzaville (1997); do Sudão (1998); da Nigéria (1999); do Senegal (2001); do Congo-Kinshasa (2002); e; enfim; de Ruanda (2003).

20. Contudo, de forma simultânea, diversos constituintes continuaram a ignorar o direito ao meio ambiente;[35] mas essa omissão foi,

sadio", adotando, para esse fim, planos, políticas e estratégias que conduzam a programas de desenvolvimento que sejam "ecologicamente racionais, economicamente sustentáveis e socialmente aceitáveis" (art. 58); (ii) o Tratado instituindo a Comunidade da África do Leste (1999) proclama que "a clean and healthy environment is a prerequisite for sustainable development" (art. 111); (iii) a Carta Magrebina para a Proteção do Meio Ambiente e para o Desenvolvimento Sustentável (1992) declara que "qualquer indivíduo tem o direito fundamental de viver em um meio sadio e um meio ambiente equilibrado de maneira que lhe sejam asseguradas uma saúde excelente e uma existência agradável" (Capítulo I – "Orientações Gerais").

35. Apesar de terem sido emendadas ou reescritas nesses últimos anos, as Constituições dos seguintes países não adotaram o direito ao meio ambiente: Algéria (1996), Burundi (1998), África Central (1995), Comores (1996), Djibuti (1992), Guiné-Bissau (1996), Guiné Equatorial (1991), Ilha Maurício (1996), Quênia (1992), Marrocos (1996), Mauritânia (1991), Namíbia (1990), Serra Leoa (1996), Tunísia (1997), Zimbábue (1998).

por vezes, paliada por uma consagração legislativa. Assim é o caso da lei comoriana relativa ao meio ambiente de 1994, que proclamou formalmente esse direito, como o fizeram outras leis similares, antes ou depois dela, sucessivamente em inúmeros países africanos: em 1990 (Madagascar), em 1993 (Cabo Verde), em 1994 (Gâmbia, Tunísia), em 1995 (Uganda), em 1996 (República dos Camarões, Costa do Marfim, Malavi), em 1997 (Moçambique), em 1998 (África do Sul, Angola, Niger, Chade), em 1999 (Benin) e em 2000 (Djibuti, Mauritânia). São raras as leis ambientais africanas adotadas após a Carta – como as leis congolesa e maliana de 1991 ou, ainda, a do Egito (1994), do Sudão (2000) e do Marrocos (2003) – onde o direito ao meio ambiente não encontrou espaço. De modo que caminhamos para a generalização de seu reconhecimento em direito comparado africano; esse movimento normativo está sendo chamado a ampliar-se no futuro, especialmente quando o texto revisado da Convenção Africana Relativa à Conservação da Natureza entrar em vigor.

21. Assim, inspirando-se às vezes no espírito do art. 24 da Carta,[36] os constituintes e os legisladores africanos não se contentaram em reproduzir o texto. Muitas vezes eles tornaram mais preciso ou completo o conteúdo do direito ao meio ambiente, definindo-o de maneira mais explícita ou detalhada, como na África do Sul (art. 24 da Constituição de 1996 e "Preâmbulo" da lei de 1998); no Malavi (art. 13 da Constituição de 1994 e art. 5 da lei de 1996), em Uganda (art. 4 da lei de 1995) ou em Seychelles (arts. 38 e 40 da Constituição de 1996). Em certas Constituições a proclamação do direito ao meio ambiente foi acompanhada da incriminação da importação de resíduos tóxicos[37] – medida que se explica pela real preocupação provocada em relação a alguns países africanos, palco de tráficos

---

36. É o que se observa, por exemplo, no que concerne à Constituição da África do Sul, F. Glazewski, "Environmental rights and the new South African Constitution", in A. E. Boyle e M. R. Anderson (eds.), *Human Rights Approaches to Environmental Protection*, 1996, p. 196.
37. Assim, o art. 27 da Constituição Nigeriana dispõe: "O trânsito, a importação, a disposição, o enterramento, o lançamento sobre o território nacional de resíduos tóxicos ou poluentes estrangeiros bem como todo acordo relativo a esse tema constitui crime contra a Nação punido pela lei". As Constituições do Benin, Burundi e Congo-Brazzaville contêm disposições similares.

que, na ocasião, chocaram profundamente a opinião pública.[38] Além disso, certos constituintes colocaram em evidência um elemento particularmente importante do meio ambiente em seus países, como o "acesso eqüitativo à água limpa" na Gâmbia; ou adotaram o princípio da responsabilidade intertemporal "interesses das gerações futuras", na África do Sul.

22. Além disso, tanto nas Constituições quanto nas leis ambientais africanas o direito ao meio ambiente é – contrariamente ao art. 24 da Carta – freqüentemente combinado com um dever para com o meio ambiente, este fazendo par com aquele. Contudo, eles não se colocaram em correspondência em alguns países, como África do Sul, Congo-Brazzaville, Etiópia e Malavi, onde o direito é reconhecido sem um dever correspondente. Ao contrário, de forma mais rara, acontece também que o dever de preservar o meio ambiente seja imposto sem que, de forma recíproca, um direito à sua proteção seja garantido. É, por exemplo, o caso de Ghana e de Madagascar. Enfim – e sobretudo –, nos textos nacionais africanos o direito ao meio ambiente é quase sempre reconhecido aos indivíduos; somente a Constituição guineana o reconhece como sendo um direito "do povo". Preferindo essa abordagem "individual" do direito ao meio ambiente à conotação "coletiva" que lhe emprestou a Carta, a questão que se coloca é a de saber se os constituintes e os legisladores africanos tiveram a preocupação não apenas com a proclamação deste direito, mas também com sua efetividade...

3.2 Da proclamação à proteção: e a efetividade?

23. De forma clara, a proclamação de um direito não basta para garantir sua efetividade. Isso é especialmente verdadeiro tratando-se do direito ao meio ambiente, que, mais do que qualquer outro direito humano, é indissociável dos deveres que dele derivam, bem como do estado do ambiente no qual ele é aplicado. Seu respeito supõe a existência de mecanismos processuais (meios jurídicos) bem como de um contexto onde a qualidade de vida (condições materiais) possa asse-

---

38. Melhor dizendo, tais prescrições dizem mais respeito à Convenção de Bamako sobre a Interdição de Importação de Resíduos Perigosos e o Controle de seus Movimentos Transfronteiriços na África (1991) do que à Carta Africana.

gurar-lhe uma efetiva fruição. No caso, a efetividade do direito ao meio ambiente é duplamente condicionada: (i) por um lado, pela natureza do direito proclamado e pelas possibilidades de sua justiciabilidade – motivo provável da opção das Constituições Africanas em favor de um direito do tipo "individual", supostamente apto a melhor responder às exigências da "democracia ambiental",[39] ao invés do direito dos "povos" do art. 24, pelo fato da abstração dos titulares e devedores desse; (ii) por outro lado, pela "qualidade" do meio ambiente objeto desse direito, a qual é hoje tão pouco prestigiada pela maioria dos africanos, aos quais parece sempre ilusório o esforço para organizá-la, protegê-la ou melhorá-la. É, em conseqüência, esse duplo desafio que deve ser ultrapassado na África para se tentar dar forma ao direito ao meio ambiente.

24. Ora, como destaca um dos artesãos da Carta Africana – K. Mbaye –, a categoria especial dos direitos de solidariedade e dos povos, que aí está garantida, bem como o direito ao meio ambiente apresentarão certamente "dificuldades particulares", cuja "solução não pode ser encontrada nos precedentes". De que maneira, por quais meios – pergunta-se a Comissão[40] (e, agora, deve-se acrescentar a Corte) –, se poderia, na prática, assegurar a proteção dos novos direitos, que são, por exemplo, o direito à paz, o direito ao desenvolvimento ou o direito ao meio ambiente? Será necessário, estima-se, em cada circunstância, "dar provas de muita audácia e imaginação" a fim de poder resolver os problemas levantados "de maneira individualizada" – contudo, não sem adotar, de tempos em tempos, "princípios que deverão guiar os Estados" na elaboração de suas políticas de desenvolvimento ou de meio ambiente em cada caso concreto.[41] Manifestamente, os procedimentos contenciosos não têm preferência na temática, pois é necessário lembrar que o direito processual africano

---

39. Esse direito individual (subjetivo) implica informação para que os cidadãos participem plenamente das decisões ambientais – e exerçam, pois, seu direito ao meio ambiente – considerando os imperativos acumulados "da racionalidade ecológica e do desenvolvimento sustentável" (M. Prieur, "La Convention d'Aarhus, instrument universel de la démocratie environnementale", *Revue Juridique de l'Environnement*, 1999, p. 11).

40. **Nota da Tradutora**: trata-se da Comissão Africana dos Direitos Humanos e dos Povos.

41. Mbaye, *Les Droits de l'Homme en Afrique*, pp. 172-173.

é tradicionalmente de natureza "essencialmente conciliatória", ele "não dá muito espaço ao contencioso".[42]

25. De qualquer forma, parece que, na prática, a questão pouco se colocou nesses termos até agora. De fato, a Comissão aparentemente não teve que tratar de questões diretamente relacionadas ao meio ambiente, em razão da ausência de demandas alegando a violação do direito enunciado no art. 24.[43] Contudo, ela foi algumas vezes questionada sobre o fundamento do art. 16 da Carta, relativo ao direito à saúde; e, nesse sentido, teve que deliberar nos litígios relativos ao acesso à água potável.[44] A Comissão interessou-se, além disso, pelo meio ambiente quando da redação das Diretivas elaboradas em 1989 para a preparação dos Relatórios que os Estados-Partes deverão elaborar em aplicação do art. 62 da Carta. Segundo uma dessas Diretivas (III-13), os Estados deverão, em seus Relatórios, expor as medidas adotadas em favor do meio ambiente, em particular para lutar contra a poluição e prevenir o tráfico de resíduos tóxicos.[45]

42. Mbaye, *Les Droits de l'Homme en Afrique*, p. 266. Há, todavia, exceções. J. Razzaque ("Human Rights and the Environment: the National Experience in South Asia and Africa", relatório ao *Joint UNEP-OHCHR Expert Seminar on Human Rights and the Environment*, Genebra, janeiro/2002, disponível na Internet, www.unhchr.ch/environment/bp4/html) faz um levantamento de vários julgamentos pronunciados na Nigéria por atentados ao direito ao meio ambiente em conseqüência de danos ecológicos causados pela exploração petrolífera. No caso "Gani Fawehinmi vs. Abacha", por exemplo, o Tribunal de Recursos fundamentou sua decisão sobre o art. 24 da Carta Africana para declarar-se competente, em vez de fundamentar-se no art. 20 da Constituição Nigeriana, que não prevê justiciabilidade para o direito ao meio ambiente.

43. Ankumah, *The African Commission* ..., p. 169.

44. D. Shelton, "Human rights and the environment: jurisprudence of human rights bodies", relatório ao *Joint UNEP-OHCHR Expert Seminar on Human Rights and the Environment*, cit., janeiro/2002 (www.unhchr.ch/environment/bp2/html). Nas Comunicações 25/1989, 47/1990, 56/1991 e 100/1993 contra o Zaire, a Comissão Africana dos Direitos Humanos e dos Povos determinou que o não-fornecimento de água potável pelo Governo constitui uma violação do art. 16 da Carta.

45. R. R. Churchill ("Environmental rights in existing human rights treaties", in A. E. Boyle e M. R. Anderson (eds.), *Human Rights Approaches to Environmental Protection*, 1996, pp. 89-108) nota que a Diretiva em questão, esclarecendo incidentemente o objetivo do art. 24 ("to protect the environment and keep it favourable for development"), prevê que as partes deveriam "establish a system to monitor effective disposal of wastes in order to prevent pollution"; os Relatórios dos Estados deveriam insistir sobre "the principal legislation and other measures taken to prohibit pollution on land, in water, and in the air, to prevent international dumping of

26. Assim, parece pouco realista planejar-se a possibilidade de uma aplicação rápida e significativa do direito ao meio ambiente nas condições atuais de degradação e precariedade que caracterizam o meio natural e o meio artificial no Continente Africano.[46] De resto, mesmo nas regiões mais favorecidas econômica e ecologicamente, como a Europa Ocidental, a fruição do direito ao meio ambiente foi garantida de forma lenta, gradual e de maneira que permanece ainda hoje imperfeita. É a razão por que o Protocolo Adicional à Convenção Interamericana sobre os Direitos Econômicos, Sociais e Culturais de 1988 – que introduziu o direito ao meio ambiente no sistema americano dos direitos humanos –, à semelhança do Pacto Internacional relativo aos mesmos direitos de 1966, previu que o pleno exercício dos direitos reconhecidos será assegurado de forma progressiva. É verdade que esse dispositivo não foi retomado pela Carta Africana, que insta os Estados a tomar as medidas necessárias para tornar efetivos todos os direitos declarados, sem maiores detalhes (art. 1º). Apesar disso, deve-se admitir a idéia implícita de uma certa progressividade no que diz respeito aos direitos cuja implementação dependa estreitamente do nível de desenvolvimento dos países – como é, precisamente, o caso do direito ao meio ambiente.

27. Revela-se, finalmente, desviando-se da incursão ao art. 24, que esse encerra qualidades virtuais mas também fraquezas operacionais. Pois, da mesma forma que a Carta teve o mérito de ter sido a pri-

---

toxic wastes, and to curb wastes generally". Churchill deduz que trata-se, aí, de uma percepção estreita do meio ambiente, pois a Comissão não se refere nem à conservação das espécies e de seus *habitats*, nem à mudança climática, por exemplo.

46. De forma mais geral, M. Kamto ("Les conventions régionales sur la conservation de la Nature et des ressources naturelles en Afrique et leur mise en œuvre", *Revue Juridique de l'Environnement*, 1991, p. 441) discorre sobre esse tema: "Se as convenções africanas na matéria (...) de proteção do meio ambiente permanecem, como dissemos, no contexto do 'direito dormente', se elas parecem, em vários aspectos, pertencer ao 'direito-espetáculo em razão de sua não-efetividade, é pois em razão do ambiente desse direito: o subdesenvolvimento tem como característica desregular o direito', mais exatamente dessacralizá-lo, porque a luta pela sobrevivência e a corrida ao bem-estar não se ocupam das exigências normativas". Por seu lado, A. Konaté (*L'Organisation de l'Unité Africaine et la Protection Juridique de l'Environnement*, tese de Doutorado em Direito, Université de Limoges/Faculté de Droit et des Sciences Économiques, 1998, p. 578), mais particularmente em referência à Carta Africana, não hesita em afirmar que essa continua "grandemente ignorada pelos Estados-membros da Organização Pan-Africana".

meira Convenção a consagrar o direito ao meio ambiente entre os direitos de solidariedade, ela também menosprezou os entraves jurídicos e materiais que embaraçam o efetivo exercício de tais direitos na prática. Não se deve esquecer que a própria proclamação do direto ao meio ambiente, em primeiro lugar em nome de seu alcance simbólico e em seguida em nome de seu impacto normativo, contribuiu grandemente à promoção desse direito, no interior e para além do Continente Africano. Basta, para se convencer, ver a rapidez com a qual a constitucionalização do direito ao meio ambiente tomou espaço sem precedentes na África nestes últimos anos.[47] Sua legitimidade acha-se, assim, certamente reforçada.[48] Permanece o mais difícil e o mais importante: trabalhar para a proteção e a garantia do direito ao meio ambiente no interior do Continente Africano.[49]

47. Nesse sentido, M. Kamto (*Droit de l'Environnement en Afrique*, Paris, EDICEF, 1996, p. 51) observa que certos países africanos parecem, "em um plano puramente formal, é claro, estar mais avançados do que inúmeros países desenvolvidos onde a constitucionalização do direito ao meio ambiente, ou sua simples consagração jurídica por meio de categorias normativas inferiores à Constituição, permanece uma reivindicação". Na França, por exemplo, o direito ao meio ambiente foi legalmente reconhecido tardiamente em 1995. Diversas tentativas de constitucionalização permaneceram vãs até aqui, mas elas deveriam, parece, materializar-se em breve ("La Charte Constitutionnelle en débat", *Revue Juridique de l'Environnement*, 2003, número especial). Também na América Latina a maioria dos países que recentemente reformaram sua Constituição – como a Costa Rica, o México, a República Dominicana ou o Peru – aí integraram o direito ao meio ambiente (PNUMA, *El Desarrollo del Derecho Ambiental Latinoamericano y su Aplicación. Informe sobre los Cambios Jurídicos Después de la Conferencia de las Naciones Unidas sobre el Medio Ambiente y el Desarrollo (Rio 1992)*, México, 2002, pp. 41-63).

48. M. A. Cohendet, "Vers la constitutionnalisation du droit de l'homme à un environnement sain et écologiquement équilibré", in *20 Ans de Protection de la Nature – Hommage au Professeur Michel Despax*, SFDE, Limoges, PULIM, 1996, p. 301.

49. C. Bruch, W. Coker e C. van Arsdale, "Constitutional environmental law: giving force to fundamental principles in Africa", *Columbia Journal of Environmental Law* 25-2/131-211, 2001; Y. Hamuli Kabumba, "Defesa para a efetividade do direito ao meio ambiente sadio na África", *Revista de Direito Africano* 5-19/277-297, 2001. Nessa direção, três desenvolvimentos recentes (2003) merecem ser destacados: (i) o texto revisado da Convenção Africana sobre a Conservação da Natureza reconheceu expressamente diversos direitos procedimentais tendo em vista o meio ambiente, especialmente o acesso à informação, a participação na tomada de decisão; o acesso à Justiça e o acesso aos procedimentos administrativos e judiciais em caso de danos transfronteiriços; (ii) o Plano de Ação da Iniciativa Ambiente do NEPAD

ANEXO 1 – Disposições Constitucionais sobre o Direito ao Meio Ambiente

• **África do Sul** – *Constituição de 1996*

Bill of Rights

24 (Environment). Everyone has the right: (a) to an environment that is not harmful to their health or well-being; and (b) to have the environment protected, for the benefit of present and future generations, through reasonable legislative and other measures that: (i) prevent pollution and ecological degradation; (ii) promote conservation; and (iii) secure ecologically sustainable development and use of natural resources while promoting justifiable economic and social development.

• **Angola** – *Constituição de 1992*

Direitos e Deveres Fundamentais

Art. 24 (1). Todos os cidadãos têm o direito de viver num meio ambiente sadio e não poluído.

(2). O Estado adopta as medidas necessárias à protecção do meio ambiente e das espécies da flora e fauna nacionais em todo o território nacional e à manutenção do equilíbrio ecológico. **(3).** A lei pune os actos que lesem directa ou indirectamente ou ponham em perigo a preservação do meio ambiente.

---

foi aprovado pela Conferência da União Africana; e (iii) o Protocolo Adicional à Carta Africana Relativa aos Direitos da Mulher enunciou, da mesma forma, um "direito a um meio ambiente sadio e viável" (art. 18), em termos bem mais precisos e completos que o art. 24 da Carta. Aí se pode ler: "1. As mulheres têm direito de viver em um ambiente sadio e viável. 2. Os Estados adotarão as medidas necessárias para: a) assegurar uma maior participação das mulheres no planejamento, na gestão e na preservação do meio ambiente bem como na utilização ponderada dos recursos naturais em todos os níveis; b) promover a pesquisa e o investimento no contexto das fontes de energia novas e renováveis e das tecnologias apropriadas, aí compreendidas as tecnologias da informação, bem como facilitar seu acesso e controle às mulheres; c) favorecer e proteger o desenvolvimento do conhecimento das mulheres no contexto das tecnologias indígenas; d) regulamentar a gestão, a transformação, a disposição e a eliminação dos rejeitos domésticos; e) estar atento para que as normas apropriadas sejam respeitadas para a disposição, o transporte e a eliminação dos rejeitos tóxicos".

• **Benin** – *Constituição de 1990*

Droits et Devoirs de la Personne Humaine

Art. 27. Toute personne a droit à un environnement sain, satisfaisant et durable et le devoir de le défendre. L'État veille à la protection de l'environnement.

• **Burkina Faso** – *Constituição de 1997 (rev.)*

Droits et Devoirs Sociaux et Culturels

Art. 29. Le droit à un environnement sain est reconnu; la protection, la défense et la promotion de l'environnement sont un devoir pour tous.

Art. 30. Tout citoyen a le droit d'initier une action ou d'adhérer à une action collective sous forme de pétition contre des actes (...) portant atteinte à l'environnement (...).

• **Cabo Verde** – *Constituição de 1992 (rev.)*

Direitos e Deveres Económicos, Sociais e Culturais

Art. 70 (Ambiente). Todos têm direito a um ambiente de vida sadio e ecologicamente equilibrado e o dever de o defender e conservar.

Deveres

Art. 82 (Deveres para com a comunidade). Todo indivíduo tem o dever de (...) defender e conservar o meio ambiente.

• **Chade** – *Constituição de 1996*

Libertés et Droits Fondamentaux

Art. 47. Toute personne a droit à un environnement sain.

Devoirs

Art. 52. Tout citoyen a le devoir de respecter et de protéger l'environnement.

• **Congo-Brazzaville** – *Acte Fondamental, 1997*

Art. 21. Chaque citoyen a droit à un environnement sain que l'État a l'obligation de protéger.

- **Congo-Kinshasa** – *Constituição de 2002*

    Des Libertés Publiques, des Droits et des Devoirs Fondamentaux du Citoyen

    Art. 54. Tous les Congolais ont droit à un environnement sain et propice à leur épanouissement. Les Pouvoirs Publics et les citoyens ont le devoir d'assurer la protection de l'environnement dans les conditions définies par la loi.

    Art. 55. Tous les Congolais ont le droit de jouir des richesses nationales. L'État a le devoir de les redistribuer équitablement et de garantir le droit au développement.

    Art. 56. Tous les Congolais ont le droit de jouir du patrimoine commun de l'Humanité. L'État a le devoir d'en faciliter la jouissance.

- **Etiópia** – *Constituição de 1994*

    Democratic Rights

    Art. 44 (**Right to the protection of the environment**). Everyone has the right to a clean and healthy environment.

- **Gabão** – *Constituição de 1991*

    Principes et Droits Fondamentaux

    Art. 1er. L'État, selon ses possibilités, garantit à tous, notamment à l'enfant, à la mère, aux handicapés, aux vieux travailleurs et aux personnes âgées, (...) un environnement naturel préservé (...).

- **Gâmbia** – *Constituição de 1996*

    Directive Principles of State Policy

    Art. 216 (...) (4). The State shall endeavor to facilitate equal access to clean and safe water (...).

    Duties of a Citizen

    Art. 220 (1). The exercise and enjoyment of rights and freedoms are inseparable from the performance of duties and obligations, and accordingly, every citizen shall (...) protect and conserve the environment of the Gambia.

- **Ghana** – *Constituição de 1996 (rev.)*

  Duties of a Citizen

  41. The exercise and enjoyment of rights and freedoms is inseparable from the performance of duties and obligations, and accordingly, it shall be the duty of every citizen (...) to protect and safeguard the environment.

- **Guiné** – *Loi Fondamentale, 1991*

  Libertés, Devoirs et Droits Fondamentaux

  Art. 19. Le peuple de Guinée (...) a un droit à la préservation de son patrimoine, de sa culture et de son environnement.

- **Lesotho** – *Constituição de 1993*

  Protection of the Environment

  36. Lesotho shall adopt policies designed to protect and enhance the natural and cultural environment of Lesotho for the benefit of both present and future generations and shall endeavour to assure to all citizens a sound and safe environment adequate for their health and well-being.

- **Madagascar** – *Constituição de 1992*

  Droits et Devoirs Économiques, Sociaux et Culturels

  Art. 39. Toute personne a le devoir de respecter l'environnement; l'État en assure la protection.

- **Malawi** – *Constituição de 1994*

  Principles of National Policy

  13. The State shall actively promote the welfare and development of the people of Malawi by progressively adopting and implementing policies and legislation (...) to manage the environment responsibly in order to: (i) prevent the degradation of the environment; (ii) provide a healthy living and working environment for the people of Malawi; (iii) accord full recognition to the rights of future generations by means of environmental protection and the sustainable development of natural resources; and (iv) conserve and enhance the biological diversity of Malawi.

- **Mali** – *Constituição de 1992*

    Droits et Devoirs de la Personne Humaine

    Art. 15. Toute personne a droit à un environnement sain. La protection, la défense de l'environnement et la promotion de la qualité de la vie sont un devoir pour tous et pour l'État.

- **Moçambique** – *Constituição de 1990*

    Direitos, Deveres e Liberdades Fundamentais

    Art. 70. Todo cidadão tem direito de viver num ambiente equilibrado e o dever de o defender.

- **Niger** – *Constituição de 1996*

    Droits et Devoirs de la Personne Humaine

    Art. 27. Tout citoyen a droit à un environnement sain. L'État veille à la protection de l'environnement.

- **Nigéria** – *Constituição de 1999*

    Fundamental Objectives and Directive Principles of State Policy

    16 (...) **(2).** The State shall direct its policy towards ensuring: (...) (d) that suitable and adequate shelter, suitable and adequate food, reasonable national minimum living wage, old age care and pensions, and unemployment, sick benefits and welfare of the disabled are provided for all citizens.

    20. The State shall protect and improve the environment and safeguard the water, air and land, forest and wild life of Nigeria.

- **República dos Camarões** – *Constituição de 1996 (rev.)*

    Préambule

    Le Peuple Camerounais (...) proclame que (...) toute personne a droit à un environnement sain. La protection de l'environnement est un devoir pour tous. L'État veille à la défense et la promotion de l'environnement.

- **Ruanda** – *Constituição de 2003*

    Droits et Devoirs du Citoyen

    Art. 49. Tout citoyen a droit à un environnement sain et satisfaisant. Toute personne a le devoir de protéger, sauvegarder et promouvoir l'environnement. L'État veille à la protection de l'environnement. Tout acte de nature à porter atteinte à l'environnement est puni par la loi.

- **Senegal** – *Constituição de 2001*

    Libertés Publiques et de la Personne Humaine. Droits Économiques et Sociaux et Droits Collectifs

    Art. 8. La République du Sénégal garantit à tous les citoyens les libertés individuelles fondamentales, les droits économiques et sociaux ainsi que les droits collectifs. Les libertés et droits sont notamment (...) le droit à un environnement sain (...). Ces libertés et ces droits s'exercent dans les conditions prévues par la loi.

- **Seychelles** – *Constituição de 1996 (rev.)*

    Fundamental Human Rights and Freedoms

    38 (Right to a clean and healthy environment). The State recognises the right of every person to live in and enjoy a clean, healthy and ecologically balanced environment and with a view to ensuring the effective realization of this right the State undertakes: (a) to take measures to promote the protection, preservation and improvement of the environment; (b) to ensure a sustainable socio-economic development of Seychelles by a judicious use and management of the resources of Seychelles; (c) to promote public awareness of the need to protect, preserve and improve the environment.

    Fundamental Duties

    40. It shall be the duty of every citizen (...) to protect, preserve and improve the environment.

- **Sudão** – *Constituição de 1998*

    Guiding Principles of the State

    Art. 13 (Public health, sport and environment). The State shall promote public health, encourage sports and protect the natural environment, its purity and its natural balance, to ensure safe, sustainable development for the benefit of all future generations.

Responsibilities of Citizens

Art. 35 (Public duties – and their supervision). Every citizen has the duty (...) to preserve a righteous environment (...).

• **Togo** – *Constituição de 1992*

Droits, Libertés et Devoirs des Citoyens

Art. 41. Toute personne a droit à un environnement sain. L'État veille à la protection de l'environnement.

• **Uganda** – *Constituição de 1995*

Protection and Formation of Fundamental and Other Human Rights and Freedoms

39 (Right to a clean and healthy environment). Every Ugandan has a right to a clean and healthy environment.

• **Zâmbia** – *Constituição de 1996 (rev.)*

Directive Principles of State Policy

Art. 112. The State shall endeavor to provide clean and safe water (...). The State shall strive to provide a clean and healthy environment for all.

Anexo 2 – Disposições Legislativas sobre o Direito ao Meio Ambiente

• **África do Sul** – *National Environmental Management Act, 1998*

Preamble

Whereas many inhabitants of South Africa live in an environment that is harmful to their health and wellbeing;

– everyone has the right to an environment that is not harmful to his or her health or wellbeing;

– everyone has the right to have the environment protected, for the benefit of present and future generations, through reasonable legislative and other measures that:

– prevent pollution and ecological degradation;

– promote conservation; and

– secure ecologically sustainable development and use of natural resources while promoting justifiable economic and social development.

- **Angola** – *Lei de Bases do Ambiente, 1998*

Art. 3 (Princípios gerais). Todos os cidadãos têm o direito a viver num ambiente sadio e aos benefícios da utilização racional dos recursos naturais do país decorrendo daí as obrigações em participar na sua defesa e uso sustentado, respectivamente.

- **Benin** – *Loi-Cadre sur l'Environnement, 1999*

Art. 3. Chaque citoyen a droit à un environnement sain, satisfaisant et durable et a le devoir de le défendre.

- **Cabo Verde** – *Lei 86/IV/1993 (Politique de l'Environnement), 1993*

Art. 2º (Princípio geral). Todos os cidadãos têm direito a um ambiente de vida sadio e ecologicamente equilibrado e o dever de o defender, incumbindo ao Estado e aos Municípios, por meio de organismos próprios, e por apelo e apoio a iniciativas populares e comunitárias, promover a melhoria da qualidade de vida, individual e colectiva.

- **Chade** – *Loi Définissant les Principes Généraux de la Protection de l'Environnement, 1998*

Art. 4. Tout citoyen, individuellement ou dans le cadre d'institutions locales traditionnelles ou d'associations, est chargé, en collaboration avec les collectivités territoriales décentralisées et l'État, d'œuvrer, de prévenir et de lutter contre toute sorte de pollution ou de dégradation de l'environnement dans le respect des textes législatifs et réglementaires.

- **Comores** – *Loi-Cadre Relative à l'Environnement, 1994*

    Art. 4. Chaque citoyen a le droit fondamental de vivre dans un environnement sain. Mais il a aussi le devoir de contribuer, individuellement ou collectivement, à sa sauvegarde.

- **Costa do Marfim** – *Loi-Cadre 96/766 Portant sur le Code de l'Environnement, 1996*

    Art. 2. Le présent Code vise à (...) améliorer les conditions de vie des différents types de population dans le respect de l'équilibre avec le milieu ambiant (...).

    Art. 35. (...). Toute personne a le droit fondamental de vivre dans un environnement sain et équilibré. Il *[sic]* a aussi le devoir de contribuer individuellement ou collectivement à la sauvegarde du patrimoine naturel (...). Toute personne a le droit d'être informée de l'état de l'environnement et de participer aux procédures préalables à la prise de décisions susceptibles d'avoir des effets préjudiciables à l'environnement.

- **Djibuti** – *Loi Portant sur le Cadre de l'Environnement, 2000*

    Art. 5. La gestion de l'environnement est régie par les principes suivants: (...). Chaque citoyen a droit à un environnement sain et est tenu de s'abstenir de tout acte tendant à le dégrader ou à le détruire.

- **Gâmbia** – *National Environmental Management Act, 1994*

    3 (Duty to maintain decent environment). Every person shall have a duty to maintain and enhance the environment, including the duty to inform the Agency of activities that affect or are likely to affect the environment adversely.

- **Madagascar** – *Loi Relative à la Charte de l'Environnement, 1990*

    Art. 4. La protection et le respect de l'environnement sont d'intérêt général. Il est du devoir de chacun de veiller à la sauvegarde du cadre dans lequel il vit.

- **Malawi** – *Environment Management Act, 1996*

    5 (Right to a decent environment) (1). Every person shall have a right to a clean and healthy environment.

(2). For purposes of enforcing the right referred to in subsection (1), any person may bring an action in the High Court: (a) to prevent or stop any act or omission which is deleterious or injurious to any segment of the environment or likely to accelerate unsustainable depletion of natural resources; (b) to procure any public officer to take measures to prevent or stop any act or omission which is deleterious or injurious to any segment of the environment for which the public officer is responsible under any written law; (c) to require that any on-going project or other activity be subjected to an environmental audit in accordance with this Act.

(3). Any person who has reason to believe that his or her right to a clean or healthy environment has been violated by any person may, instead of proceeding under subsection (2), file a written complaint to the Minister outlining the nature of his or her complaint and particulars, and the Minister shall, within thirty days from the date of the complaint, institute an investigation into the activity or matter complained about and shall give a written response to the complainant indicating what action the Minister has taken or shall take to restore the claimant's right to a clean and healthy environment, including instructing the Attorney General to take such legal action on behalf of the Government as the Attorney General may deem appropriate.

(4). Subsection (3) shall not be construed as limiting the right of the complainant to commence an action under subsection (2); provided that an action shall not be commenced before the Minister has responded in writing to the complainant or where the Attorney General has commenced an action in court against any person on the basis of a complaint made to the Minister.

• **Mauritânia** – *Loi-Cadre 200-045 de l'Environnement, 2000*

Art. 5. Les lois et règlements organisent le droit de chacun à un environnement sain et équilibré et fixent les devoirs que la mise en œuvre de ce droit comporte pour tous. Ils précisent également les conditions de l'implication des populations dans l'élaboration et l'exécution des politiques de l'environnement.

• **Moçambique** – *Lei 20/1997 (Gestão Ambiental), 1997*

Art. 4 (**Princípios fundamentais**). A gestão ambiental baseia-se em princípios fundamentais, decorrentes do direito de todos os cidadãos a um ambiente ecologicamente equilibrado, propício à sua saúde e ao seu bem-estar físico e mental (...).

Art. 19 (Direito à informação). Todas as pessoas têm a direito de acesso à informação relacionada com a gestão do ambiente do País, sem prejuízo dos direitos de terceiros legalmente protegidos.

Art. 21 (Direito de acesso à Justiça) (1). Qualquer cidadão que considere terem sido violados os direitos que lhe são conferidos por esta Lei, ou que considere que existe ameaça de violação dos mesmos, pode recorrer às instâncias jurisdicionais para obter a reposição dos seus direitos ou a prevenção da sua violação.

(2). Qualquer pessoa que, em conseqüência da violação das disposições da legislação ambiental, sofra ofensas pessoais ou danos patrimoniais, incluindo a perda de colheitas ou de lucros, poderá processar judicialmente o autor dos danos ou da ofensa e exigir a respectiva reparação ou indemnização.

(3). As acções legais referidas nos ns. 1 e 2 deste artigo seguirão os termos processuais adequados.

(4). Compete ao Ministério Público a defesa dos valores ambientais protegidos por esta Lei, sem prejuízo da legitimidade dos lesados para propor as acções referidas na presente Lei.

Art. 24 (Obrigação de utilização responsável dos recursos). Todas as pessoas têm a obrigação de utilizar os recursos naturais de forma responsável e sustentável, onde quer que se encontrem e independentemente do fim, assim como o dever de encorajar as outras pessoas a proceder do mesmo modo.

- **Niger** – *Loi-Cadre Relative à la Gestion de l'Environnement, 1998*

    Art. 4. Toute personne a droit à un environnement sain.

    L'État veille à la protection de l'environnement qui est d'intérêt général.

    Chacun est tenu de contribuer à la sauvegarde et à l'amélioration de l'environnement dans lequel il vit.

- **República dos Camarões** – *Loi-Cadre Relative à la Gestion de l'Environnement, 1996*

    Art. 5. Les lois et règlements doivent garantir le droit de chacun à un environnement sain et assurer un équilibre harmonieux au sein des écosystèmes et entre les zones urbaines et les zones rurales.

• **Tunísia** – *Loi 94-122 Portant Promulgation du Code de l'Aménagement du Territoire et de l'Urbanisme, 1994*

Art. 1ᵉʳ. Les dispositions du présent Code fixent les règles à suivre pour l'organisation et l'exploitation optimales de l'espace, la planification, la création et le développement des agglomérations urbaines afin de (...) conditionner le cadre de vie (...) et ce dans le cadre d'une harmonisation entre développement économique, développement social et équilibres écologiques, en vue de garantir un développement durable et le droit du citoyen à un environnement sain.

• **Uganda** – *The National Environment Statute, 1995*

4 (Right to a decent environment) (1). Every person has a right to a healthy environment.

(2). Every person has a duty to maintain and enhance the environment, including the duty to inform the Authority or the local environment committees of all activities and phenomena that may affect the environment significantly.

(3). In furtherance of the right to a healthy environment and enforcement of the duty to maintain and enhance the environment, the Authority or the local environment committee so informed under subsection (2) is entitled to bring an action against any other person whose activities or omissions have or are likely to have a significant impact on the environment to: (a) prevent, stop or discontinue any act or omission deleterious to the environment; (b) compel any public officer to take measures to prevent or to discontinue any act or omission deleterious to the environment; (c) require that any on-going activity be subjected to an environmental audit in accordance with section 23 of this Statute; (d) require that any on-going activity be subjected to environmental monitoring in accordance with section 24 of this Statute; (e) request a court order for the taking of other measures that would ensure that the environment does not suffer any significant damage.

(4). The Authority or the local environment committee proceeding under subsection (3) of this section is entitled to bring an action notwithstanding that the person cannot show that the defendant's act or omission has caused or is likely to cause any personal loss or injury.

A ANATOMIA DA LEGISLAÇÃO AMBIENTAL NA ÍNDIA*

NILIMA CHANDIRAMANI

1. Introdução. 2. Leis de proteção florestal. 3. Leis em matéria de poluição da água. 4. Legislação própria de poluição do ar. 5. A Lei de Proteção Ambiental de 1986. 6. Leis ineficazes. 7. A Lei do Seguro de Responsabilidade Pública de 1991. 8. A Lei do Tribunal Nacional do Meio Ambiente de 1995. 9. Conclusão.

1. Introdução

O planeta Terra encontra-se doente. Desde a Conferência de Estocolmo de 1972, quando as questões de degradação ambiental foram inicialmente colocadas em pauta como prioridades internacionais, a saúde do planeta Terra vem-se deteriorando. O modelo de desenvolvimento insustentável e inesgotável do meio ambiente, adotado desde então, vem gerando graves perigos para o nosso Planeta – perigos que nem eram cogitados em 1972. Os riscos das mudanças climáticas, a diminuição da camada de ozônio, a perda da biodiversidade, as chuvas ácidas, o lixo, o estresse urbano, o risco químico – entre outros –, assolam o mundo. Desde a Conferência de Estocolmo foram perdidos 500 bilhões de toneladas de solos férteis – o equivalente à área agrícola da Índia e da França –, enquanto a produção de grãos *per capita* decaía e a população mundial aumentava! Fazendo um balanço, o planeta Terra perdeu 200mh de cobertura de árvores – uma área do tamanho do Leste do Mississipi dos Estados Unidos; os desertos expandiram em 120mh, demandando mais terreno do que era necessário para áreas de plantio da China e Nigéria juntas.

O futuro da Terra depende da adoção de um modelo de desenvolvimento sustentável e da conseqüente prevenção da poluição ambien-

* Tradução do inglês por Lídia Amélia de Barros Cardoso.

tal e da degradação ecológica. Isso foi enunciado na Agenda 21 da Cúpula da Terra de 1992: a proteção da Ecologia, da qual a sobrevivência da Humanidade depende, é dever comum de todos. É necessário observar o alcance dessa poluição e dessa degradação. A poluição ambiental desconhece fronteiras, e os desastres ambientais acarretam conseqüências não apenas no âmbito local. A emissão de enxofre de empresa de fundição americana provocou chuvas ácidas destruindo as florestas canadenses. Os efluentes industriais tóxicos despejados no rio Reno pelos estabelecimentos industriais do setor químico na Suíça envenenaram a água potável da Holanda. Os resíduos radioativos na Ucrânia contaminam os vegetais na Suécia. A geração de energia na Inglaterra e Alemanha poluem os lagos e árvores da Noruega. O desmatamento das árvores no Nepal causa enchentes em Bangladesh. A explosão de Chernobyl tornou o leite das vacas escocesas impróprio para o consumo. E a emissão de CFC no Norte causa câncer de pele na população do Hemisfério Sul.

Após o advento da Conferência de Estocolmo em 1972 e da Conferência do Rio em 1992, vários países adotaram legislações para preservar, proteger e melhorar a qualidade do meio ambiente. Na Índia a jurisprudência de proteção ambiental encontra seus fundamentos nos arts. 48A e 51A da Constituição. Tais artigos impõem uma obrigação fundamental do Estado e do cidadão de conservar e melhorar o meio ambiente. Há várias leis na Índia com o objetivo de proteger as florestas, manter a integridade da água e diminuir a poluição do ar. O que determinam estas leis? Qual sua efetividade? Essas determinações legais são observadas ou são apenas cumpridas desde que tenham determinadas "brechas"? O que é necessário para proteger nosso meio ambiente? Este artigo propõe-se a abordar tais questões.

2. Leis de proteção florestal

A proteção e a gestão das florestas só podem ser efetivas se a população que se encontrar próxima a elas estiver envolvida no processo de sua conservação. As vidas das sociedades tribais e das populações tradicionais estão intrinsecamente entrelaçadas com as florestas. São essas sociedades tribais e as populações tradicionais que cultuam as florestas. São elas que as protegem pela simples razão que não podem sobreviver se elas forem destruídas. Durante séculos estas pessoas desfrutaram do direito consuetudinário de usar os recursos naturais tais como florestas, pastagens e rios para suprir suas necessidades básicas de alimentação, ferragem para o gado, combustível para cozinhar, folhas para adubo, madeira para trabalho e utensílios na agricultura e matéria-prima para artesãos.

Não faz sentido cogitar-se de conservação florestal dissociada dessa população que está intrinsecamente relacionada à integridade da Natureza. Contudo, o processo de dissociação de tais populações e da Natureza teve início na época da colonização. O Governo Britânico, percebendo o valor comercial e industrial das florestas, no Memorando de agosto/1855 impôs controle severo sobre o uso das florestas pelas populações tribais bem como pela população rural. A primeira Lei Florestal Colonial de 1865 – *Forest Act of 1965* – autorizou o Governo Britânico a declarar que qualquer terreno coberto por árvores ou arbustos era do Poder Público, bem como a editar regras em matéria do gerenciamento desses bens.

A Lei Florestal de 1865 foi substituída, em 1878, por uma legislação um pouco mais sensível à questão. A Lei Florestal de 1878 – *Forest Act of 1878* – classificou as florestas em reservas florestais, áreas de proteção ambiental e vilas florestais – *village forests*. Algumas restrições foram adotadas no que concerne aos direitos dos indivíduos sobre áreas florestais e produção nas áreas de preservação e reservas florestais. Esta lei impôs também o dever do pagamento de tributos pela extração de madeira, que se tornou a maior fonte de renda do Governo Britânico.

A Política Nacional Florestal de 1884 determinou, na resolução de 19.10.1884, mais enfaticamente, o controle governamental sobre as florestas e a necessidade de exploração das mesmas com o propósito de aumentar as reservas do Estado. Tudo isto contribuiu para a legitimidade da Lei Florestal Indiana de 1927, que ainda está em vigor.

Constituindo uma facção colonial da legislação e enaltecida por nossos mestres coloniais, a Lei Florestal Indiana de 1927 supre a necessidade estratégica colonial e objetiva da exploração de nossos recursos florestais para a indústria e o comércio às custas de nossas comunidades locais. Esta lei autoriza o Governo a declarar qualquer floresta ou pântano como "reservas florestal" e algumas florestas e vegetação como "protegidas". O corte de árvores sem licença é sancionado por essa lei. O Poder Público também está autorizado a proibir o uso do solo para cultivo, pastagem de gado e retirada de vegetação.

Durante a II Guerra Mundial houve desmatamento na Índia em grande escala. E mesmo após a Independência o desmatamento continuou, para satisfazer a sempre crescente demanda por estradas de ferro e indústrias de base. Em seguida, vultosos projetos de irrigação e de energia resultaram na inundação de grandes áreas florestais. Para impedir futuros desmatamentos, em 1952, a Política Nacional Florestal estabeleceu que 1/3 da área territorial da Índia deveria abrigar florestas.

Apesar da Política Florestal de 1952, o desmatamento na Índia acelerou-se. E durante a década de 70 do século passado somente 1/10 do território era de florestas. O crescente desequilíbrio ecológico causado pelo desmatamento levantou imensa inquietação. Isto resultou na revogação do capítulo florestal da Lista Estatal pela 42ª Emenda à Constituição da Índia, de 1976. E, em 1980, a Lei de Conservação Florestal – *Forest Conservation Act* – foi aprovada. O objetivo era prevenir que os Governos Estaduais desafetassem vastas áreas florestais para áreas de propósitos não-florestais – prática adotada por vários Governos Estaduais naquele período. A lei previu a necessidade de uma aprovação prévia do Governo Central para que os Governos Estaduais pudessem desafetar uma área de conservação florestal, como, também, para o uso de áreas florestais para qualquer propósito não-florestal.

Apesar da Lei de Conservação Florestal de 1980, perdemos florestas numa velocidade alarmante. A área de cobertura de florestas estava rapidamente encolhendo, e se temia que no limiar do ano 2000 dificilmente existiriam territórios cobertos por florestas. De 1980 a 1987, 153.000ha de florestas estavam sendo utilizados para propósitos não-florestais, e só em 1988 138.000ha de florestas foram destinados a outros fins.

Em 1988, após nossa participação na IX Conferência Mundial Florestal, o Governo Indiano formulou uma nova política de reflorestamento. Esta política reconheceu a primazia dos aspectos ecológicos e sociais das florestas e colocou em segundo lugar a importância comercial e industrial das florestas indianas. Esta política também reiterou a necessidade de preencher as exigências de sobrevivência da biomassa das sociedades tribais e das populações locais e rurais, fornecendo comida, madeira para combustível e forragem. Em outras palavras, essa política concebeu a silvicultura social ou florestas sociais – *social forestry* – e a administração participativa das florestas, na qual as comunidades locais deveriam ter papel fundamental na conservação daquelas. Infelizmente, as florestas sociais não alcançaram os objetivos esperados na Índia, porque, na prática, foi uma produção orientada e não concebida pelas populações locais.

Desde 1994 esforços vêm sendo realizados para substituir a Lei Florestal Indiana de 1927 pelo Projeto de Lei de Conservação das Florestas e Ecossistemas Naturais elaborado pelo Ministério de Meio Ambiente e Florestas. O texto do projeto de lei acentua a necessidade de conservação e proteção de florestas, desqualificando a redução das funções das florestas a meras minas de suprimento madeireiro. Mas, infelizmente, esse texto não leva em consideração os aspectos sociológicos das ciências florestais e é totalmente insensível aos direitos tradicionais de milhões de pessoas que fazem parte da população local em áreas de florestas, cuja vidas estão intimamente ligadas a elas. Além disso, esse texto culmina por restringir os direitos dessas populações locais, ao lhes impor um controle sobre o direito de passagem e sobre a utilização do leito fluvial em suas reservas florestais.

Ressalte-se, ainda, que o texto desse projeto de lei limita a expansão do manejo florestal conjunto no país e demarca a área ou extensão de vilas florestais onde as comunidades locais e rurais podem exercer controle efetivo das florestas. Resta pouca área disponível, de acordo com esse projeto, para a constituição de vilas florestais. Pior, ainda: o texto proposto permite que as reservas florestais sejam criadas a partir de vilas florestais; mas não permite que as vilas florestais sejam formadas a partir de reservas florestais. É interessante demonstrar que, pelo menos na teoria, a Lei Florestal de 1927 permitia a construção de vilas florestais a partir de reservas florestais. Contudo, o projeto permite a formação de vilas florestais nas áreas de proteção. Entretanto, áreas de proteção em todo o país estão em uma condição bem mais miserável. E grandes proporções de área florestal já formaram as chamadas "reservas florestais" na maioria dos Estados na Índia. As reservas florestais (41.5mh) são quase duas vezes maiores em extensão do que as áreas de proteção (23.3mh) Em Andhara Pradesh a proporção de reservas florestais é de 4 para 1; em

Karnataka, 7 para1; em Gujarat, de 13 para 1; e em Uttar Pradesh, de 34 para 1!

3. Leis em matéria de poluição da água

Na Índia vários diplomas legais foram aprovados para lidar com o problema da poluição da água. O primeiro deles foi a Lei sobre Danos na Zona Costeira de 1853 – *Shore Nuisance (Bombay and Kolaba) Act*. Em seguida, em 1857, adotou-se a Lei da Companhia de Petróleo Oriental – *Orient Gas Company Act*; e, sucessivamente, as seguintes legislações: *Serais Act* de 1867; o Código Penal Indiano de 1872; a Lei de Canal do Norte Indiano e Drenagem de 1873 – *Northern Indian Canal and Drainage*; a Lei de Obstrução de Canais Navegáveis de 1881 – *Obstrution in Fairways Act*; a Lei dos Portos Indianos de 1908 – *Indian Ports Act*; a Lei das Embarcações a Vapor de 1917 – *Indian Seam Vessels Act*; a Lei dos Estabelecimentos Industriais de 1948 – *Factories Act*; a Lei do Comitê dos Rios de 1956 – *River Boards Act*; e a Lei dos Navios Mercantes de 1958 – *Merchant Shipping Act*. Estas leis praticamente não tiveram efetividade no controle da poluição da água, porque abordavam simplesmente um ou outro aspecto do tema.

Em 1974, após a Convenção de Estocolmo de 1972, a Lei de Prevenção e Controle da Poluição da Água – *Water (Prevention and Control of Pollution) Act* – foi aprovada, a Lei da Água. As dificuldades administrativas e práticas para implementar os dispositivos desta lei levaram à edição de emendas em 1978. A lei foi novamente alterada em 1988, para tornar seus dispositivos legais condizentes com a Lei de Proteção Ambiental – *Environmental Protection Act* – e a Lei do Ar – *Air Act* – de 1981, emendadas em 1987.

Embora a água seja um bem do Estado, a Lei da Água é uma lei central, tendo sido aprovada pelo Parlamento com fundamento no art. 252 da Constituição Indiana, que atribui aos Estados competência legislativa para adotarem em suas Assembléias Legislativas resoluções que deleguem ao Parlamento competência para aprovar leis no âmbito de quaisquer matérias que estejam na lista dos Estados.

O campo de aplicação desta lei inclui vários tipos de água (rios, correntes de água, afluentes, águas subterrâneas, mares, marés etc.), e ela adota uma definição abrangente do termo "poluição". A lei exige a prevenção e o controle da poluição da água, assim como sua gestão integrada. Para tanto, é prevista a instituição de uma organização para a gestão das águas: Conselhos Autônomos de Controle da Poluição na esfera central e dos Estados – *Central and State Pollution Control Boards*. Após a emenda dessa lei, os Conselhos passaram a ter competência não apenas em matéria da poluição das águas, mas também no que concerne à poluição do ar e do meio ambiente.

As principais funções desses Conselhos são: (i) promover a qualidade da água e do ar, estabelecendo níveis de padrão de poluição; e (ii) fixar regras comuns para o lançamento nas águas de efluentes industriais e águas residuais como também aquelas referentes ao lançamento das emissões na atmosfera.

Para instalação de qualquer indústria, empreendimento ou processo que possa vir a causar poluição, há a obrigatoriedade de demandar o consentimento do Conselho, nos termos dessa lei. Todavia, qualquer pessoa que tenha um prejuízo em função da decisão do Conselho pode apelar para a autoridade competente num prazo de 30 dias a partir da data em que fora notificada. O Governo está autorizado a revisar a decisão do Conselho.

A lei atribui aos Conselhos o direito de obter informação acerca de quaisquer questões, bem ainda de inspecionar, de investigar e de coletar amostras da água e do ar, com o escopo de cumprirem seu papel. Tais amostras devem ser enviadas a analistas do Governo, para serem testadas em laboratórios ambientais centrais e estatais. Os Conselhos também têm permissão para emitir ordens, inclusive determinar o fechamento ou a regularização da indústria poluidora, em funcionamento ou enquanto projeto, ou, ainda, a suspensão ou regularização do suprimento de água, eletricidade ou qualquer outro serviço similar. Ademais, a lei garante aos Conselhos o direito de recorrer ao Tribunal para restringir ou limitar a poluição ambiental.

Para envidar a cooperação pública, a lei emendada atribui não só a uma Junta, como também a qualquer grupo social ativo ou pessoa física, legitimidade para interpor demanda ao Tribunal em caso de violação às suas previsões legais, após decorridos 60 dias da notificação à Junta em questão. Saliente-se, ainda, que a lei protege o direito do cidadão à informação, ao estabelecer que, onde aquela notificação for feita, a Junta deve disponibilizar relatórios relevantes, sob seu domínio, a qualquer cidadão que os solicitar, a menos que, em sua opinião, tal informação seja contra o interesse público.

4. Legislação própria de poluição do ar

Os primeiros diplomas legais indianos em matéria de controle de poluição do ar pelo cigarro são: a Lei de Prejuízos pelo Cigarro de Bengal, de 1905 – *Bengal Smoke Nuisance Act* –, a Lei de Prejuízos pelo Cigarro de Bombay, de 1912 – *Bombay Smoke Nuisance Act* –, e a Lei de Prejuízos pelo cigarro de Gujarat, de 1963 – *Gujarat Smoke Nuisance Act*. Em matéria de controle da poluição do ar no ambiente de trabalho podem ser citadas a Lei Indiana das Caldeiras, de 1923 – *Indian Boiler Act* –, e a Lei das Fábricas de 1948 – *Factories Act*. Em 1981, após a promulgação da Lei da Água, foi aprovada a Lei de Prevenção e Controle de Poluição do Ar – *Air (Prevention and Control Pollution) Act*. Em 1987, a Lei do Ar – *Air Act* – foi alterada, para adequar seus dispositivos legais à Lei de Proteção Ambiental de 1986 – *Environment Protection Act*. As previsões da Lei do Ar –*Air Act* – são similares às da Lei da Água – *Water Act*.

5. A Lei de Proteção Ambiental de 1986

As Leis da Água e do Ar – *Water* e *Air Act* – constituem peças importantes da legislação ambiental indiana. Entretanto, a abordagem dada à proteção ambiental por essas legislações é setorial, pois enfocam somente um tipo específico de poluição. Há uma falha que pode ser apontada, pelo fato de não considerarem o meio ambiente como um todo. O tema da poluição ambiental não pode ser tratado apenas a partir de determinados problemas isolados e não inter-relacionados, como os problemas de poluição do ar, da água ou, ainda, das águas superficiais. Doenças ecológicas crescem de fatores múltiplos e criam efeitos em cadeia intrínsecos, que ligam diferentes ecossistemas. Atividades terrestres acabam por afetar as fontes de água. Chuvas ácidas e contaminação tóxica da água potável resultam do movimento de poluentes do ar para o solo e para a água. Da mesma maneira, o controle restrito do descarte de poluentes na água pode levar as indústrias a utilizar outras formas de poluição, tal como emiti-los no ar, enterrá-los em latas, depositá-los no solo ou – pior, ainda – queimá-los a céu aberto. Ademais, algumas das mais importantes áreas de poluição ambiental não fazem parte do campo de aplicação da legislação existente. Por exemplo, a Lei do Ar – *Air Act* – exclui a poluição de aeronaves e navios, e antes de sua alteração não incluía a poluição sonora. Destaque-se, ainda, que não há legislação tratando do problema da poluição radioativa.

A necessidade de uma regulamentação geral para a proteção ambiental levou à aprovação da Lei de Proteção do Meio Ambiente de 1986 – *Environment (Protection) Act*. Os objetivos dessa lei são, obviamente, mais amplos que os das Leis do Ar e da Água. Chegam a incluir poluição por resíduos sólidos, substâncias tóxicas e, também, poluição sonora. Contudo, nem mesmo essa lei trata da poluição por disposição de resíduos radioativos ou, ainda, por substâncias radioativas. Os demais dispositivos dessa lei são similares aos das legislações da água e do ar.

6. Leis ineficazes

A pluralidade de dispositivos e a multiplicidade de autoridades administrativas e de controles estabelecidos pelas leis ambientais acabaram tornando essas leis fracas e sem efetividade. Não é somente através da edição de leis que os problemas estão resolvidos. Ao contrário, acrescentar uma nova regulamentação a um grande número delas já existentes sobrecarrega o aparato judicial e complica o ordenamento jurídico. Isto precisa ser realizado com o devido cuidado, e estabelecendo-se exatamente quais são as competências de cada autoridade administrativa.

A lei contém uma detalhada previsão a respeito da composição do Conselho de Controle de Poluição. O Conselho é composto de 16 membros de diversas áreas, incluindo um Presidente que tenha conhecimento ou experiência prática em relação aos problemas ambientais. Mas, na realidade, há um déficit de pessoal habilitado e motivado a prevenir e controlar a poluição ambiental. Em vários casos o Tribunal mencionou sua incapacidade em lidar com complicados problemas científicos e técnicos. Freqüentemente os tribunais nomeiam vários peritos e conselhos para acompanhar os problemas de poluição e apontar métodos para solucioná-los.

Então, são nomeados os membros do Conselho, por seus respectivos Governos, sem qualquer controle parlamentar ou legislativo. Conseqüentemente, os Conselhos funcionam como meros departamentos do Governo, ao qual estão totalmente subordinados. O Conselho de Controle da Poluição de Punjab identificou mais de 10 mil unidades industriais de grande e médio portes como indústrias poluentes no Estado e enviou notificações para mais de 6 mil delas. Só aproximadamente 3 mil delas responderam e cumpriram parcialmente as determinações do Conselho. Antes que o Conselho pudesse agir contra as demais unidades poluentes, cresceu uma enorme pressão, e foram indeferidas demandas nos procedimentos contra várias indústrias.

Além disso, os Conselhos não têm poder de retratação. A lei os restringe ao modelo de agências com poder persecutório. Eles podem meramente iniciar litígio, ao interpor uma demanda ao Tribunal. Não podem punir os agressores do meio ambiente. E o litígio é difícil e demorado. Embora o Governo Central e os Conselhos de Controle de Poluição tenham o poder de fechamento e cancelamento do fornecimento de eletricidade e água sobre a indústria agressora, resta dúvida sobre se esta ação é sempre tomada contra as ricas e poderosas unidades poluentes.

As penalidades prescritas na Lei de Proteção Ambiental são rigorosas e severas se comparadas às sanções veiculadas em outras leis. Infelizmente aquelas sanções são consideradas sem efetividade e sem valor, porque a própria lei determina que qualquer ato ou omissão que constitua ofensa punível pela lei ambiental é também punível em quaisquer outras leis; daí o agressor será punido por outras leis, e não por ofensa à Lei de Proteção Ambiental. Invariavelmente, alguma outra lei prevendo penalidade bem menor é aplicada na maioria dos casos.

As alterações nas Leis da Água e do Ar prevêem um dispositivo em matéria de litígio de interesse público. Ainda assim, às vezes observa-se que o movimento de proteção ambiental encontra-se desarticulado em face da organizada resistência de poderosas indústrias, de políticos e, às vezes, até mesmo do Poder Judiciário. Dificilmente encontram-se condenações na seara ambiental. Os tribunais estabelecem o pagamento de multas, e os delinqüentes ecológicos não vão para a prisão. Ressalte-se que o valor da multa imposta dificilmente os impede de degradar o meio ambiente. Prefere-se o pagamento da multa ao investimento em mecanismos de controle da poluição – o que diminuiria os lucros dessas atividades. Sendo assim, as penalidades devem ser drásticas e severas o bastante para impedir que tais empreendimentos antiambientais esgotem a base de subsistência de milhares de pessoas. É importante salientar que antes de iniciar litígio de interesse público o indivíduo deve emitir uma notificação à autoridade em questão com o prazo de 60 dias. Este período é longo o suficiente para fazer com que os industriais acobertem os danos e os reparem. Em conseqüência, poderiam até se livrar do pagamento da multa.

7. A Lei do Seguro de Responsabilidade Pública de 1991

Como resposta à tragédia de Bhopal – o pior desastre industrial do mundo –, o Parlamento Indiano aprovou a Lei do Seguro de Responsabilidade Pública de 1991 – *Public Liability Act*. A lei obriga que todas as indústrias químicas de alto risco estejam seguradas, de maneira a que possam fornecer assistência imediata aos indivíduos quando afetados por acidentes que ocorram ao estarem manuseando substâncias químicas de alto risco que venham a exceder a quantidade nela especificada. A lei exige o estabelecimento de um fundo de assistência ambiental.

A lei foi atacada em razão de vários problemas, alguns dos quais:

• Assegura a reparação do dano causado à saúde humana, mas ignora o dano causado a saúde ambiental.

• Exclui os trabalhadores de suas previsões.

• Confere poder discricionário ao Governo Central para excluir do seu campo de aplicação os Atos do Governo Central, dos Governos Estaduais ou de qualquer autoridade local.

• Não se aplica ao dano causado por acidentes advindos de resíduos radioativos.

• A exigência no sentido de que um formulário demandando indenização seja preenchido em um período de cinco anos a partir da ocorrência do acidente não leva em consideração os casos em que as pessoas estão expostas diariamente a poluentes, nem os casos de poluição produzida lenta e gradativamente.

• Aplica-se somente nos casos em que o acidente for causado por manuseio de substâncias de alto risco se a quantidade manuseada exceder aquela prevista pelo Governo Central. Contudo, se o acidente causado por manuseio de substâncias de alto risco estiver abaixo da quantidade especificada, a vítima não tem direito a qualquer indenização.

• Uma pessoa não será sancionada por ofensa à lei se provar que tal infração foi cometida sem sua culpa ou se tomou todas as medidas necessárias para prevenir aquele dano.

8. A Lei do Tribunal Nacional do Meio Ambiente de 1995

Após a Conferência das Nações Unidas sobre Meio Ambiente e Desenvolvimento, realizada no Rio de Janeiro em junho/1992, a Índia aprovou a Lei do Tribunal Nacional do Meio Ambiente de 1995 – *National Environment Tribunal Act* –, que dispõe o seguinte:

• Responsabilidade objetiva por danos provenientes de acidentes que ocorram durante o manuseio de substâncias de alto risco que excedam a quantidade especificada na Lei do Seguro de Responsabilidade Pública de 1991.

• Estabelecimento de um Tribunal Nacional do Meio Ambiente para processamento efetivo e célere dos casos provenientes de tais acidentes.

Pode-se afirmar que o avanço desta legislação é a adoção do princípio de responsabilidade civil sem culpa – ou seja, a responsabilidade civil objetiva. O reclamante não precisa provar negligência ou imperícia ou revelia para estar apto a receber reparação em certos casos. Por outro lado, toda a crítica a lei de 1991 também se aplica-se à Lei do Tribunal Nacional do Meio Ambiente, que apresenta os seguintes problemas:

• Trata apenas dos aspectos pós-desastre. Ao invés de incorporar dispositivos legais para prevenir acidentes, essa lei meramente fornece assistência às vítimas depois que a catástrofe já ocorreu.

• O Tribunal fica inerte até que um desastre envolvendo o manuseio de substâncias de alto risco aconteça.

• A composição dos Juízes do Tribunal não é baseada em um modelo uniforme. Mesmo que um único membro técnico do Tribunal não possua competência em questões judiciais, pode ouvir e decidir o caso. Além disso, a composição do Tribunal, manejada por funcionários técnicos e administrativos, dá-lhes amplo poder para manobras.
• A sanção pela *non-compliance* é nominal.

9. Conclusão

O meio ambiente constitui uma necessidade básica para toda a sociedade. Mas atualmente, em todo o mundo, há o impulso por um maior crescimento econômico, desconsiderando as conseqüências sociais e ambientais. Esta loucura resultou na exploração dos recursos naturais; na adoção de modelos de produção e consumo insustentáveis; no uso de alta tecnologia dispendiosa; num estilo de vida consumista; em uma cultura e mentalidade descartáveis; etc. Tudo isto sobrecarrega o planeta Terra e destrói o meio ambiente. Na verdade, nós esquecemos que tal crescimento econômico não pode ser sustentado por longo tempo em um meio ambiente degradado e poluído.

Não faz sentido alguém simplesmente seguir o princípio "poluidor-pagador" quando o desenvolvimento industrial, especialmente nas cidades, é desregulado, descontrolado e aleatório. Em nome da globalização nós aprovamos importantes leis que estimulam o estabelecimento, crescimento e expansão de indústrias.

Como podemos proteger nosso ambiente quando, sob o fardo da reciclagem, nós nos permitimos ser um lugar de despejo para resíduos de alto risco do Hemisfério Norte, que envenena nosso território, água e ar? Os países integrantes da Organização para a Cooperação e o Desenvolvimento Econômico (OECD), infringindo a Convenção da Basiléia, estão mandando para a Índia resíduos de alto risco porque eles são extremamente tóxicos para neles serem reciclados, diante das dificuldades das regulamentações ambientais ali prevalecentes.

Podemos diminuir a poluição do ar quando nossa política econômica estimula mais e mais a colaboração estrangeira na indústria automobilística, ao invés de desenvolver o sistema de transporte de massa? Quando as cidades de Mumbai e Deli estão sofrendo com a poluição do ar, e ainda assim milhares de carros são lançados no mercado nessas cidades?

É possível proteger nossa sensível faixa costeira, que é conhecida por seus encantos e beleza, quando, por toda a faixa costeira, novos hotéis estão sendo construídos, e os já existentes sendo expandidos, além dos limites permitidos pela regulamentação local? Dunas de areia estão sendo niveladas para dar lugar a gramados, a vegetação sendo destruída para acomodar estradas de acesso, e praias estão sendo ilegalmente barricadas para evitar que a população local pratique a pesca artesanal, enquanto o esgoto é diretamente despejado no mar e nos rios...

Não é irônico que falemos sobre *desenvolvimento ecológico sustentável* ou *desenvolvimento humano sustentável* quando em dois anos de conclusão da ECO-92 nós ratificamos o Tratado GATT, que discorda do objetivo e da intenção da ECO-92? O Tratado GATT é um gigantesco salto para trás em termos de justiça social e ambiental, não só para a Índia, mas também para o nosso mundo inteiro em desenvolvimento.

Se realmente desejamos e buscamos alcançar desenvolvimento sustentável para uma melhor qualidade de vida para todos, temos que entender que megaprojetos de desenvolvimento econômico, urbanização, comercialização etc. não significam *desenvolvimento*. *Desenvolvimento econômico* consiste em adotar projetos que venham a ajudar as pessoas a ter vidas decentes e sustentáveis. Isto significa a dignidade de nossas vidas.

É um paradoxo que as fontes de poluição estejam em quantidade esmagadora concentradas nos países industrializados, mas o dano ambiental seja tolerado nas Nações subdesenvolvidas. Assim sendo, é o estilo de vida consumista de bilhões de pessoas nos países avançados que é responsável pelos desequilíbrios e doenças ecológicos, que devem ser levadas a reduzir, se não eliminar, modelos de produção e consumo insustentáveis. Deve haver a distinção entre "emissões de luxo" no Ocidente e "emissões de sobrevivência" nas Nações em desenvolvimento. Sendo basicamente agrícolas, os países em desenvolvimento não podem suspender as atividades geradoras de metano, tais como a criação de gado, o cultivo do plantio de arroz, a queima da biomassa etc.

É imperativo para a sobrevivência da raça humana inteira que a economia global seja direcionada para a sustentabilidade do meio ambiente. É um fato histórico que uma das principais causas da extinção de todas as civilizações antigas – Romana, Grega e Hindu – foi a poluição e degradação do meio ambiente. Tais civilizações antigas, com a limitação de seus conhecimentos técnicos, puderam destruir somente uma fatia do Globo. Contudo, hoje em dia, o *homo sapiens*, com sua sofisticada tecnologia, pode devastar o Planeta inteiro e acabar com toda a raça humana!

DESENVOLVIMENTOS URBANOS BIOCLIMÁTICOS*

RAMÓN MARTÍN MATEO

1. Problemática específica da energia urbana: 1.1 A disponibilidade – 1.2 Regime espanhol de apoio econômico – 1.3 Os progressos solares. 2. Regime jurídico da produção/comercialização das energias renováveis: 2.1 A autogestão energética – 2.2 Experiências espanholas relevantes. 3. As áreas singulares para desenvolver: 3.1 Projetos bioclimáticos singulares – 3.2 "Gaia Cidade Solar" – 3.3 Um "sol" de energia – 3.4 Transporte: pés ágeis – 3.5 Gestão de resíduos – 3.6 Zonas verdes. 4. A "Ágora".

1. Problemática específica da energia urbana

1.1 A disponibilidade

É evidente que, para utilizar satisfatoriamente algo, primeiro temos que dispor dele – o que é válido também para a energia: se esta não existe, ou não se conta com os meios para aproveitá-la, a alternativa que nos resta é adaptar nossas condutas aos recursos acessíveis, mesmo quando diminuam consideravelmente, colocando em perigo, inclusive, a própria vida.

Em 1973, depois da guerra do Kipur e do embargo do petróleo imposto pelos provedores árabes, o Ocidente constatou, com assombro, que o abastecimento energético podia interromper-se e que nenhuma lei cósmica impulsionava o petróleo para abastecer os tanques de combustível dos automóveis. Esta elementar reflexão levou a uma série de estratégias públicas tendentes a garantir os abastecimentos nos limites possíveis, dando lugar à implantação de uma ampla gama de medidas administrativas, umas de caráter imperativo – como o

---

* Tradução do espanhol por Margaret Moreno Fernandes Sthulkin.

racionamento ou a proibição da circulação em automóveis em determinados dias –, e outras de fomento – estímulo do uso da bicicleta ou difusão do uso de transportes coletivos.

A Comunidade Européia reagiu também a partir da Convenção de Copenhague, de dezembro/1973, adotando várias resoluções relacionadas com a criação de reservas de petróleo, estratégia comum de aprovisionamentos, economia energética e promoção do emprego de energias alternativas.

Ainda que um impulso importante para a constituição da Comunidade tenha vindo da experiência prévia em torno do carvão – CECA – e da energia nuclear – CEEA –, nunca se havia apresentado seriamente, fora das circunstâncias energéticas excepcionais antes mencionadas, a criação de um mercado único, quem sabe devido aos vários perfis de aprovisionamento dos distintos países e às complexidades de seus ordenamentos.

Não obstante, em diversos documentos a Comunidade anunciou seu propósito de avançar por este caminho – caso d'*O Livro Branco do Mercado Interior*, onde se contemplava, ademais, a potencialização das energias renováveis. *O Mercado Único da Energia* é abordado pela Comissão em 1990, propugnando a eliminação, neste setor, das barreiras de todo tipo.

Neste aspecto, particular importância têm o pronunciamento contido na Ata Única Européia de 1984 sobre "A Utilização Prudente e Racional dos Recursos Naturais" e o do Tratado de Mastricht, de 1993, pelo qual se encarregou ao Conselho adotar medidas dirigidas a facilitar a opção pelos Estados-membros entre diferentes fontes de energia e a estruturação do abastecimento energético.

As energias renováveis não poderão – a meu juízo – substituir integralmente as de origem fóssil, sobretudo tendo-se em conta a densidade demográfica galopante que afeta o nosso Planeta. É impensável que por estas vias possamos atender às necessidades da população mundial, muito menos se se pretende equiparar as condições de vida de todos os componentes de nossa espécie. Mas pode-se afirmar que estas vias são capazes de oferecer um alívio significativo para o equilíbrio do balanço energético da Humanidade. Sua potencialidade dista de estar acabada, e se beneficiará notavelmente dos progressos tecnológicos e sociais em curso, que mais adiante abordaremos.

A perspectiva quantitativa agora executada impulsionou a Comunidade a adotar as primeiras medidas neste campo, entre as quais mencionaremos os Regulamentos adotados em 1979 sobre a Concessão de Ajuda Financeira em Matéria de Energias Renováveis, incluindo expressamente a solar e a geotérmica. Em 1980 inicia-se uma nova linha de ação para facilitar o aprovisionamento energético às regiões, mediante o recurso às fontes de energias renováveis.

Diversos programas contribuíram para a obtenção destes objetivos, sendo em muitos deles relevante ou predominante a preocupação ambiental. Refiro-me aos denominados JOULE, THERMIE, ALTENER, VALUE, VALORE, STOA, em cujos detalhes não podemos entrar, assim como o estudo TERES (The European Renewable Energy Study), de 1993, e, particularmente, a Declaração de Madri, adotada em uma Conferência impulsionada por relevantes personalidades vinculadas a meios energéticos comunitários, na qual estiveram representadas as Direções Gerais XII, XIII e XVII e do Parlamento Europeu, que teve lugar na Capital de Espanha, gerando um Plano de Ação para as Fontes de Energia Renováveis na Europa, que se propõe conseguir uma contribuição desta origem que presume 15% da demanda de energia primária para o ano de 2010.

O Comitê Econômico e Social, em 1994, ainda que tenha estimado que "a proporção das energias renováveis à segurança no aprovisionamento energético é pouco significativa para o conjunto da União Européia", reconheceu o interesse de sua implantação em pequenas e médias empresas, seu alto valor agregado e a possibilidade de constituir localmente a única alternativa viável de diversificação ante o petróleo.

1.2 Regime espanhol de apoio econômico

A Lei Espanhola 82/1980, de 30 de dezembro, de Conservação da Energia, aborda as energias renováveis contemplando seu subsídio, especialmente no que diz respeito aos equipamentos de uso doméstico, que utilizem principalmente radiações solares e aplicativos que comportem a substituição do consumo energético apoiado no petróleo por um recurso renovável.

O Decreto Real 2.236/1994, de 9 de dezembro, pela primeira vez incorpora um regime especial completo para determinadas instalações de produção de eletricidade de potência instalada igual ou inferior a 100MW. Esta norma estabelece o procedimento para obter o reconhecimento por parte da autoridade competente, que dará lugar à inscrição no Registro-Geral de Instalações de Produção em Regime Especial a cargo da, Direção-Geral da Energia do Ministério da Indústria, condição indispensável para a obtenção das vantagens previstas mediante a conexão com a rede do serviço público, prévio contrato com a empresa distribuidora, à qual se retribui com base nos critérios de faturamento e preços recolhidos no próprio decreto, tudo isso com sujeição às diretrizes lançadas em um plano.

A Lei 54/1997, de 27 de novembro, que liberaliza o sctor clétrico, mantém a existência do regime especial antes descrito, com algumas modulações, fixando o regime geral de obrigações e direitos dos produtores.

Esta lei, que moderniza o regime de funcionamento do serviço público da provisão da eletricidade, dando entrada à livre concorrência, dá especial estrutura em sua geração, em condições tais que permitam de fato melhorar a eficiência energética, a redução do consumo e a proteção do meio ambiente – o que resulta imperativa ao nosso país a observância dos compromissos assumidos em distintos foros internacionais sobre redução de efeito invernadouro.

No desenvolvimento desta lei se adotou o Real Decreto 2.818/1998, de 23 de dezembro, sobre produção de energia elétrica por instalações abastecidas por recursos ou fontes de energia renováveis, resíduos e co-geração.

O sistema geral de apoio às produções de energias, às quais se aplica um regime singular, supõe:
• A prévia autorização administrativa para a construção das instalações de produção.
• O reconhecimento das instalações como incluídas no regime especial.
• A inscrição provisória.
• O contrato com a empresa distribuidora.
• A solicitação da inscrição definitiva.
• A solicitação do andamento.
• A inscrição definitiva no Registro.

A condição de produtor de eletricidade em regime especial dá direito, como vimos, ao acesso ao mercado desta energia e ao sistema de ofertas, a formalizar contratos bilaterais e a refugiar-se em um regime econômico singular, que permita vender suas disponibilidades aos distribuidores ao preço final horário médio do mercado.

Ainda que com menor relevância econômica, em que pese ao fato de as subvenções por projeto poderem chegar a 400 milhões de Pesetas, deve-se ter em conta o Real Decreto 615/1998, de 17 de abril, sobre apoio no quadro do Plano de Economia e Eficiência Energética, que expressamente prevê subvenções para determinadas situações.

1.3 Os progressos solares

A partir dos anos 90 do século passado a União Européia irá apoiar decisivamente tanto a investigação nesta matéria como a concessão de apoios, com o impulso que supôs a necessidade de adotar iniciativas anticontaminantes para poder cumprir os compromissos de Kioto, considerando que a utilização de energia representa 94% das emissões controláveis; o que implica em boa medida, por sua vez, a edificação e o consumo doméstico.

Estas últimas aplicações energéticas são suscetíveis de mediatização pública, ainda que em alguns meios – como na Áustria e na Alemanha, por exemplo – a sociedade venha sendo particularmente colaboradora nos progressos de economia energética e emprego de energias renováveis. Na Alemanha há cobertura de 50% de energia em fontes renováveis para o ano de 2050. Em sentido análogo, uma prestigiosa organização, o *World Watch Institute*, em sua edição sobre o estado do mundo em 2003, afirma que seu *Informe sobre o Estado do Mundo 2003* "demonstra que as energias renováveis têm o suficiente potencial para satisfazer a demanda mundial de energia e estão preparadas para serem utilizadas em escala global".

É certo que o Sol será, por muito tempo, a fonte de todas as energias da Terra. Mas existem limitações práticas de natureza termodinâmica que não são fáceis de superar e que absorvem as vantagens, ainda que as Ciências possam prosperar – com o quê se poderia tornar realidade, possivelmente, a utilização do hidrogênio como elemento condutor/armazenador, abrindo-se passo à era solar propugnada por H. Sheer.

Consideram-se como fontes de energias renováveis a eólica, a solar, a geotérmica, a das ondas do mar, a das marés, a hidráulica, a biomassa, os gases de desaguadouros, os gases de plantas de depuração e o biogás. Segundo o Anexo da Posição Comum, no ano de 2010 a União Européia disporia de 22% do consumo bruto interior de eletricidade gerada a partir de energias renováveis, correspondendo uma quota para a Espanha de 29,4% frente à de 78,1% da Áustria.

A Comissão propôs uma série de ações em escala comunitária que impulsionarão a participação de energias renováveis, passando em 2010 de 6% a 12%; 22% da eletricidade seriam verdes em 2010, com um mínimo de proporções de biocarburetos. Como objetivos imediatos destacam-se, para este ano, 10 mil MW eólico e outro tanto de biomassa, 15 milhões de m^2 solar, 1 milhão de KW fotovoltaico, com 22% de economia energética em moradias em 2010.

Prevê-se a expedição de certificados energéticos para todos os edifícios, numa economia de 22% em aquecimento (calefação), climatização e desenho bioclimático. Haverá melhorias no transporte urbano aplicando-se a eco-etiquetação energética. Finalmente, não olvidemos que o *Livro Branco Europeu* sobre fomento das energias renováveis prevê a produção de eletricidade a partir destas fontes como objetivo prioritário para a Comunidade, que, como sabemos, propôs, em 1997, conseguir 12% de contribuição de energias renováveis ao consumo interno bruto da União Européia no ano de 2010 – o que ao menos tem sido aceito e promovido por organismos responsáveis e eficientes, como é o caso na Espanha, do IDAE e em Municípios sensíveis a outras entidades, singularmente conscientizadas, como a Comunidade Autônoma de Navarra e Ecija, se bem que não me pareça imediato o cumprimento das previsões sobre fontes de energias renováveis contidas no *Livro Branco* adotado pelo Parlamento Europeu em 1998.

2. *Regime jurídico da produção/comercialização das energias renováveis*

O ideal no sistema de aprovisionamento energético seria começar por otimizar o uso da energia minimizando os consumos, sem perdas de demandas, não incorrendo em gastos desnecessários, melhorando os materiais e processos de economia energética, auto-abastecendo-se dos consumos e alienando os potenciais energéticos não-empregados.

Não se trata de algo impossível, ascético ou caritativo; mas simplesmente reajustar o sistema tradicionalmente empregado, antes e agora, fora do âmbito da economia industrial. Aqui, vamos nos ocupar somente de dois aspectos perfeitamente abordáveis pelos urbanistas de nossos dias: o aprovisionamento de energia e a economia energética, sem efeitos negativos para o ambiente.

2.1 A autogestão energética

A economia de energia pode prodigalizar-se à escala de unidades residenciais, fabris ou equivalentes, mediante a autogeração, prevista na normativa comunitária, e a produção de eletricidade a partir de fontes de energias renováveis e co-geração.

No caso de instalações abastecidas unicamente por energia solar, eólica, geotérmica, das ondas, marés e centrais hidroelétricas, poderá incorporar-se à rede a totalidade da energia produzida, contanto que não se alcance 12% do total mediante fontes de energia renováveis.

Particular interesse há na possibilidade de que dispõem os geradores de recursos ou fontes de energia renováveis, resíduos e co-geração de tornar compatível a liberalização do mercado com "a melhora da eficiência energética, a redução do consumo e a proteção do meio ambiente".

Segundo a Lei 54 do Setor Elétrico, de 27.11.1997, regulamentado pelo Real Decreto 2.818/1998, os produtores de eletricidade mediante instalações fotovoltaicas podem conectar com a rede de baixa tensão, percebendo, com isso, as compensações previstas em função dos quilowatts cedidos.

O trâmite de conexão à rede em algumas localidades não é expedito e tem requerido ampla cobertura normativa quanto ao profissionalismo do instalador.

2.2 Experiências espanholas relevantes

Abordamos até aqui a problemática relacionada com a otimização do abastecimento energético, mas é necessário analisar outros aspectos importantes, como a autorização de novos edifícios e instalações que não otimizam os recursos a que têm acesso, permitindo que se produzam situações de déficit ou excesso de temperatura ou que requeiram apoios que seriam desnecessários se a construção ou os isolamentos evitassem as perdas de energia, sem respeitar a economia sensível de até 12% das não-renováveis.

Tudo isto poderia ser evitado no trâmite de autorização de novas construções ou posteriormente introduzindo-se as melhorias oportunas.

Referimo-nos, brevemente, a algumas experiências positivas quanto à questão da economia e eficácia energética. É certo que existirão muitas outras. Tomara seja assim.

• *RITE*: o Poder Público deve mencionar a revisão do Regulamento de Instalações Térmicas em Edifícios.

• *Ordenança para a Gestão Local da Energia* de Sevilha: este Município, provavelmente o mais sensível a esta problemática, criou, em 1997, uma Agência Local da Energia e adotou Ordenança que incorpora uma ferramenta muito interessante, como é a "Qualificação e Certificação Energética de Edifícios".

• *Captação de energia solar*: segundo as Ordenanças de Barcelona, devem ser cobertos 60% da demanda energética em edifícios novos.

• *Pré-instalações de energia solar de caráter obrigatório*: em Canárias; em virtude da Lei 1/2001, há a obrigação de dotar os edifícios construídos de instalações de aquecimento de água, mediante energia solar térmica.

• A *energia solar térmica de baixa temperatura* é exigência incorporada às Ordenanças de Onil, em Alicante.

• *Bonificações da taxa de construções* em Tarragona que afetam o desenho mediterrâneo, com orientação Sul do edifício e das janelas e ventilação para proteção dos vidros.

• Cite-se a *utilização obrigatória de energia solar para produção de água quente* em Onil.

• Município de Finestrat: *autoqualificação para "Município Solar"*, com otimização da atuação municipal nesse sentido.

• Município de Ecija: *Programa Cidade do Sol*, que prevê incremento sensível do uso de energias renováveis.

Ainda que seja especialista em direito ambiental, tenho alguns conhecimentos físico-químicos relacionados com o tema-chave para a Humanidade da obtenção de novas fontes de energia não-contaminantes – o que implica, está claro, a problemática contemporânea do hidrogênio, que já é de domínio público, ao menos em meios relativamente cultos.

É sabido que a obtenção de hidrogênio da água, seja doce ou salina, é fonte de energia, pelo quê este combustível haverá de ser descartado se o custo de sua obtenção via eletrólise resultar mais caro que o emprego direto da eletricidade disponível de outras origens. Daí o recurso às energias alternativas que utilizam direta ou indiretamente radiações solares. Mas acontece que estas contribuições procedem de fontes muito dispersas, em virtude do quê ter-se-ia que previamente concentrar as emissões caloríficas em um recipiente, utilizando, para isso, áreas grandes ou médias – o que torna estes dispositivos caros e vulneráveis, por exemplo, aos fortes ventos.

Outra alternativa é o emprego de células fotovoltaicas. Mas para obter eletricidade requerem também amplas extensões de painéis, também nada baratos, já que a matéria-prima, o silício tratado, é, ou era, de origem californiana.

Na Espanha destacam-se as pesquisas do professor A. Luque, que "inventou" há muitos anos uma célula solar dupla em uma fábrica de Málaga, que durante muito tempo foi um mau negócio, mas agora tem sido profícuo, segundo o que ele mesmo me ratificou em nosso último encontro – o que, em realidade, me alegra.

3. As áreas singulares para desenvolver

Determinadas zonas que certos Municípios têm interesse em requalificar urbanisticamente podem constituir setores particularmente atraentes para uma eventual expansão e complemento de sua área consolidada, o que justifica a elaboração de uma solução, cuidadosa, de novos perfis, que possam servir de exemplo para outras atuações.

As circunstâncias envolvidas nestes casos estimulam um esforço imaginativo e realista, com base bioclimática, ou seja, que facilita o ótimo aproveitamento por parte de seus usuários dos recursos ambientais do território a ordenar, sem prejudicar seu desfrute pelas gerações sucessivas, para o quê será necessário não somente dispor de um instrumento urbanístico adequado, mas também de um código de condutas cujas principais diretrizes estão expostas no instrumento-guia a que nos reportamos, que tem como única finalidade a de sugerir possíveis pautas, para seu ulterior desenvolvimento normativo e definição de sanções, se consideradas úteis, e sobretudo compatível com os delineamentos gerais que devam animar, a respeito, a médio e longo prazo, a estratégia sustentável do desenvolvimento espacial desta comunidade.

Interessa-nos ressaltar que assumir esta ou outra proposta de semelhante aspecto não acarreta uma carga econômica adicional para o Município, já que poderia autofinanciar-se sem problemas, assumindo os custos ordinários de manutenção da expansão dos serviços municipais tradicionais e das novas fontes implantadas.

3.1 Projetos bioclimáticos singulares

Os novos complexos residenciais devem necessariamente responder aos imperativos culturalmente assumidos nestes momentos – no mundo ocidental ao menos – da sustentabilidade, que implicam o uso responsável e moderado dos recursos limitados da Natureza, o que, ademais, é economicamente positivo.

Não devemos, com efeito, prejudicar as expectativas atuais e legítimas dos habitantes deste Planeta, atuais ou futuras, com necessidades análogas, o que corresponde ao conceito já difundido, ainda que nem sempre respeitado, do *desenvolvimento ambiental*, que foi recebido pelo Direito básico da Comunidade Européia e também pelo Estado Espanhol, em seus distintos níveis – estatal, autonômico e municipal –, ainda que infelizmente falte o envolvimento do conjunto das Nações mais contaminadoras do Planeta.

Ainda que nos reste muito caminho pela frente, esta preocupação está sendo assumida com particular interesse pelos meios municipais, o que revela os progressos alcançados na Espanha não somente pelas Prefeituras de cidades menores, mas por outras maiores e mais populosas, como Barcelona.

Apresentamos, com particular esperança, estas propostas, por entender que podem servir de apoio para múltiplas iniciativas de cunho parecido e escala distinta, sobretudo se se parte do zero, já que a normativa para o desenvolvimento urbano sustentável precede à ocupação do território para estas finalidades, o que habitualmente não é o caso, já que freqüentemente se pretende realizar progressos ambientais superpostos a complexos residenciais tradicionais ou de formação mais recente, mas já consolidados.

Os resultados desta pesquisa podem, pois, ser positivos não somente para os habitantes da zona estudada, senão para outros muitos que se encontrem no futuro em análogas circunstâncias.

3.2 "Gaia Cidade Solar"

Este qualificativo poderá vir acrescentado à denominação escolhida para certos desenvolvimentos urbanísticos de qualidade ambiental planejados, sendo melhor que uma rubrica asséptica.

Em todo caso, é importante selecionar a denominação. Lembremos que os romanos, antes de instalar uma mercearia, aconselhavam escolher seu rótulo, enfatizando: *primus rubrum tabernae*.

A título meramente indicativo, sugeriríamos para estes casos um determinado nome e a rubrica "Gaia Cidade Solar". A invocação desta pouco conhecida deusa grega é devida a um ambientalista lúcido e pioneiro que em 1979 publicou um ensaio intitulado *Gaia, a New Look at Life on Earth*, que comparava a Terra à deusa helênica desse nome, que seria capaz de regenerar-se a partir de seus componentes, entre os quais citava, por certo, os microorganismos do litoral marinho.

Uma cidade "Gaia" seria o símbolo que, com inequivocidade internacional, sugeriria um entorno culturalmente aprazível, ambientalmente sustentável, caracterizado pela interiorização de vantagens geográficas e a apreciada qualidade da climatologia, que é possível desfrutar sem perturbar o entorno, o que logicamente seria acolhido pelas normas que regeriam o funcionamento do *habitat* ali implantado.

Exporemos a seguir uma síntese das características mais significativas da opção urbanística que tentamos promover.

3.3 Um "sol" de energia

Esta é, sem dúvida, nossa principal preocupação: conseguir um consumo tão reduzido quanto possível de insumos energéticos, mediante as atuações na seqüência elencadas, não-exaustivamente.

Supervisão dos projetos de edificação de moradias e instalações, com sujeição, entre outros, aos seguintes condicionamentos:

- Orientação adequada das edificações.
- Materiais isolantes.
- Dispositivos fixos de climatização.
- Equipamentos de calor e frio.
- Alto nível de auto-abastecimento energético.
- Painéis fotovoltaicos.
- Geradores eólicos.
- Água quente sanitária e para piscinas.
- Geração própria de composto para jardim.
- Cisternas para recolher a água da chuva.

3.4 Transporte: pés ágeis

O ideal seria que o âmago da urbanização funcionasse sob este lema. Não teria sentido empregar outro meio de deslocamento que não fosse a pé ou de bicicleta. Os veículos particulares, em uma fase ulterior, permaneceriam em garagens ou estacionamentos situados na periferia com os serviços habituais complementares dessa qualidade.

De acordo com a recente normativa européia a respeito, precauções haverão de ser tomadas para que os veículos do transporte público estejam adequadamente equipados, não causem transtornos pelos ruídos e utilizem combustíveis menos contaminadores: hidrogênio, biocombustíveis.

Como o meio ótimo de deslocamento no seio da zona de equipamento, além do a pé, deveria ser a bicicleta, um espaço seria reservado para uma trilha, além das potenciais demandas que facilitem o deslocamento a pé.

Os veículos automotores ficariam nos referidos estacionamentos coletivos vigiados.

3.5 Gestão de resíduos

Ainda que estas responsabilidades possam perfeitamente ser imputadas ao Município, conforme a estratégia por ele adotada a respeito, é oportuno assinalar-lhes alguma substantividade, dadas as peculiaridades da área a tratar e o caráter inovador e experimental da gestão ambiental que ali se realizará.

Neste sentido, seria aconselhável que, simultaneamente à implantação, por exemplo, de uma trilha para bicicletas por todo o complexo urbanístico, sob sua superfície fosse instalado um coletor de resíduos sólidos urbanos que transportaria pneumaticamente esse lixo às instalações de tratamento, paralelamente aos condutores para o esgoto convencional, o que permitiria que nos locais de destinação final fosse dado o tratamento adequado a estes subprodutos, obtendo-se composto e também energia a partir da matéria orgânica, possivelmente mediante sua biometanização.

3.6 Zonas verdes

Em uma área de qualidade ambiental singular se deveria fazer particular empenho, logicamente, na dotação de zonas verdes, espaços ajardinados ou equivalentes, públicos, semipúblicos ou privados, o que felizmente se encaixará folgadamente em previsões que contemplem como mínimo aproximadamente 20% do solo que teriam esse destino, com duas modalidades de uso, público e privado, este último nominalmente vinculado às moradias, mas também com uma indubitável vocação estética coletiva.

Por isso, parece razoável que a documentação geral do projeto se enriqueça com a incorporação de algum tipo de ordenanças que, ainda que deixando ampla margem à iniciativa privada, regulem aspectos gerais, como o tipo de espécies aclimatáveis a estas áreas, pautas comum de jardinagem, pessoal para os serviços, conservação, possíveis ajudas públicas etc.

Felizmente, hoje em dia se observa uma crescente preocupação paisagística em amplas camadas da população, recusando-se energicamente a reiteração de práticas até há pouco tempo produzidas neste campo que destruíram, sob o impulso da especulação do solo, grandiosos testemunhos da cultura jardinística de épocas não muito distantes.

4. A "Ágora"

As características morfológicas da zona escolhida, sua singularidade sociológica e o normal distanciamento geográfico dos centros municipais aconselhariam dotá-la de uma certa autonomia administrativa formal ou informal, dentro do quadro de possibilidades previsto pela vigente legislação espanhola de Regime Local. Mas, evidentemente, uma iniciativa desta índole demorará a encontrar as condições legalmente necessárias para sua materialização.

Talvez fosse aconselhável que, nesse ínterim, e até que para tanto se prepare a nova comunidade, se reservasse um espaço adequado para a futura instalação de uma "Ágora", centro social em que possam reunir-se os novos vizinhos ou aspirantes a sê-lo, para se pronunciarem informalmente sobre assuntos de seu interesse. Ainda que, insistamos, não haja urgência no estabelecimento de uma organização de direito público e talvez esta não venha a ter um grande papel, pode ser útil constituir uma plataforma informal participativa que ajude sobretudo a integrar a nova comunidade e sirva de enlace com os órgãos ordinários da Administração local, com *vocação participativa*.

O projeto desenvolvido neste estudo poderia previamente registrar-se como Marca Ambiental, de tal maneira que as novas urbanizações que se queiram acomodar a seus preceitos terão que solicitar autorização ao titular da idéia, registrada previamente como marca.

*A PONTE DO RIO KWAI: METÁFORA JURÍDICA SOBRE A OMC E O MEIO AMBIENTE**

RAPHAËL ROMI

1. A ponte do rio Kwai existe?: 1.1 Um mundo sem meio ambiente? – 1.2 Uma economia sem princípios?. 2. Destruir a ponte em vez de atravessá-la...: 2.1 A integração das problemáticas ambientais? – 2.2 Um modo de regulação jurídica do comércio em rompimento com a OMC.

O fato de ser professor de Direito confere o "direito" de ter sobre um tema mais intuição que certeza e optar, então, por escrever sobre ele? A participação em uma obra em homenagem a um colega notável pode ser o lugar ideal para escrever sobre um tema assim; serão, então, fixados os marcos para um debate, ao invés de lançar uma obra acadêmica.

O reconhecimento do meio ambiente e o da economia têm algo em comum: estes temas buscam ou desejam encontrar a democracia pelo caminho.

Em realidade, a preocupação que está na origem do breve estudo que segue vem da ambição em responder à urgência de um (meio ambiente) pela sujeição não confessa ao outro (economia), e que essa sujeição, ela mesma, e seu caráter não assumido, que ainda mais, estão nos antípodas dos valores democráticos.

A análise do conteúdo e o método aqui adotados são apresentados como "neutros", inodoros, sem perigo e "oficiais", levando à validação de uma "globalização" onde um Estado se arrisca a fazer prevalecer sobre seu território valores apresentados como o fundamento do Humanismo: o respeito da cultura das minorias, a soberania alimentar, a segurança sanitária das populações ... singular reversão dos valores do Direito, que quase não é notada nem criticada! Inserido em um

* Tradução do francês pela Dra. Simone Wolff.

movimento doutrinal onde a técnica valida as opções liberais, como se sozinhas elas tivessem direito de existir – *droit de cité* – no mundo das idéias, a univocidade dos escritos sobre o tema é embaraçosa.

Distinguem-se, nesse aspecto, estudos acadêmicos recentes sobre a Organização Mundial do Comércio (OMC) – como, por exemplo, a completa obra de V. Pace[1] – que não contêm avaliação alguma da legitimidade da dominação da OMC sobre a regulação do comércio, nem dão a mínima abertura a observações não-técnicas.[2] Portanto, por detrás da técnica, que matéria enriquecedora para o jurista!

Vamos discutir sobre meio ambiente no plano das negociações do ciclo de Doha,[3] e o debate se estenderá para os Estados Unidos e a Europa. Existe assunto que já causa dúvida: se, por um lado, o balanço – aliás, feito de forma insuficiente; na verdade, como se nem tivesse sido feito! – da OMC e de suas implicações ambientais pouco defende uma confiança cega no mecanismo institucional existente,[4] não é menos temeroso adotar as teses de autores que pregam o unilateralismo, o protecionismo ou a supressão pura e simples da OMC.

Há uma certa lógica em tratar dos problemas globais ecológicos no âmbito de uma instância que agrupa todos os Estados sem separar-se os imperativos de proteção dos ecossistemas e da diversidade biológica das realidades econômicas:[5] todos estão de acordo – pelo menos em termos – em proclamar como sendo prioritária a busca de um desenvolvimento sustentável.

Mas o verdadeiro problema é que não se garante que a instância escolhida seja acertada, estimulada que ela é, aparentemente, por uma

---

1. *L'Organisation Mondiale du Commerce et le Renforcement de la Réglementation Juridique des Échanges Commerciaux Internationaux*, L'Harmattan, Logiques Juridiques, 2001.
2. Não são encontradas muitas críticas, no mundo jurídico, que retomem o desejo expresso pela ATTAC (*Association pour la Taxation des Transactions Financières pour l'Aide aux Citoyens* – "Associação pela Tributação das Transações Financeiras em Apoio aos Cidadãos") de recolocar a OMC em seu lugar. (opúsculo do mesmo título *Remettre l'OMC à sa Place*, edições Mille et une Nuits, 2000).
3. **Nota da Tradutora**: ciclo de negociações comerciais multilaterais no âmbito da OMC, lançado em Doha, capital de Qatar (Golfo Pérsico), em novembro/2001.
4. Cf. R. Romi, "Qui a peur du grand méchant loup?...", *OMC, Mondialisation et Environnement*, Les Petites Affiches, 11.1.2000.
5. V., para análises resumidas: "Mondialisation et gouvernance mondiale", *Problèmes Économiques* 2611-26127-14.4.1999, Documentation Française.

lógica puramente economicista; e não se pode nem mesmo assegurar que a globalização praticada seja a boa globalização; ou, de forma mais precisa, que essa seja uma.

Pode o trato dos problemas de economia dar-se, jurídica e politicamente, sem que haja preeminência dos fatores qualitativos sobre os fatores quantitativos? A construção européia parece orientar-se, em vários aspectos, para uma integração mais racional – mesmo que ainda parcial – desses objetivos de longo termo, que fazem de uma liberalização do mercado econômico não mais um objetivo em si, mas um meio controlado de assegurar a pacificação e a humanização das relações entre povos e nações. Então, não se deve mais, evidentemente, assustar com os confrontos e com os termos desses confrontos entre sistemas europeus e sistemas mundiais. Eles são para o jurista, além das simples análises técnicas, reveladores da oposição entre duas vias instrutivas e possíveis de serem confrontadas.[6]

1. A ponte do rio Kwai existe?

A ponte entre a globalização econômica e a globalização ecológica pode ser construída? Para estender uma ponte entre dois territórios faz-se necessário que esses dois territórios tenham uma relação de proximidade qualquer. Inútil consagrar-se, em termos de energia, a construir uma ponte cuja real importância seria duvidosa. Ora, nem sobre o espaço ambiental nem sobre os princípios que estão em prática nos dois sistemas (econômico e ecológico) um inventário deixaria prognosticar sobre a existência de bases sólidas para essa construção.

1.1 Um mundo sem meio ambiente?

Podemos em um primeiro momento nos perguntar, sob vários aspectos, se o mundo visto pela OMC e interpretado através de seu prisma não seria um mundo sem meio ambiente.[7]

---

6. V. a obra coletiva da Rede Vitoria, *L'Union Européenne et les Organisations Internationales*, sob a direção de D. Dormoy, Bruylant, 1997.
7. As causas dessa interrogação são enunciadas de forma extraordinária por Lori Wallalch e M. Sforza, *WTO, Tutto Quello che Non Vi Hanno Mai Detto sul Commercio Globale*, Feltrinelli, 2000.

Seguramente, a OMC "pronuncia-se" sobre meio ambiente.

Por certo, proclama-se que os esforços dos Estados "em matéria comercial e econômica deveriam estar orientados para a elevação do nível de vida (...) o crescimento da produção e do comércio de mercadorias e de serviços, permitindo a utilização otimizada dos recursos mundiais conforme o objetivo de desenvolvimento sustentável, com vistas a proteger e preservar o meio ambiente e reforçar os meios de alcançá-lo de maneira tal que seja compatível com suas respectivas necessidades e preocupações em diferentes níveis de desenvolvimento econômico".

Mas é somente sob a forma de *soft law* que se expressa a OMC. Eu sei – não sou mais perspicaz que a média dos pesquisadores em Direito – que o essencial do Direito Internacional é constituído por *soft law*; mas mesmo em matéria de *soft law* existe uma hierarquia. Quando se cria uma instituição que possui a vocação de agrupar a totalidade dos Estados em torno de uma regulação integrada dos conflitos e que, para assim proceder, são redigidos acordos, mas que se coloca o meio ambiente à margem desses acordos – mesmo que apareça no preâmbulo –, " sabe-se" o que se faz. "Constrói-se" um sistema cuja reputação inspira-se nos valores do desenvolvimento sustentável, mas, como sabemos e confessamos, cujos verdadeiros valores estão em outro lugar.

A rejeição ao princípio de precaução o demonstra à vontade. Com certeza existe um "princípio de precaução" nos textos. Mas, falando-se honestamente, ainda há uma pequena margem entre a definição da "precaução" do art. 5.7 SPS[8] – para o qual, aliás, se a precaução existe, o princípio não foi expressamente declarado – e a definição européia (para a qual o princípio de precaução é um verdadeiro princípio).

Mais exatamente, a noção de "precaução" vista pela OMC é, antes de tudo, uma noção subordinada, cuja implementação – que se presume ser raríssima – não pode subverter a ordem estabelecida de prioridades.[9] É também uma noção de precaução muito atenuada:

---

8. *Agreement on the Application of Sanitary and Phytosanitary Measures (SPS)*
– *Accord sur l'Application des Mesures Sanitaires et Phytosanitaires (Accord SPS)*
– Acordo sobre Medidas Sanitárias e Fitossanitárias.

9. Em sua política de proteção sanitária os Estados "devem considerar o objetivo que consiste em reduzir ao máximo os efeitos negativos sobre o comércio".

devem-se produzir, em todo caso concreto, segundo a lógica interpretativa do órgão de resolução de conflitos, provas científicas da existência de um risco, mais do que indícios probatórios da existência de uma dúvida![10] A situação é, aliás, muito mais difícil, em função das interpretações restritivas que estão alicerçadas sobre relatórios periciais (o *Codex Alimentarius*,[11] cuja independência parece ser contestada[12]), ainda mais que "a incorporação do *Codex* nas fontes de Direito consideradas pela OMC" não foi claramente questionada nem adotada de forma democrática.[13]

É todo um sistema de idéias que se pratica, institucionalizado, que exclui de fato o meio ambiente, quando não mitiga sua importância.

Mas é verdade que, nesse caso, trata-se do reflexo de um pensamento que, sem ser exatamente um pensar único, atravessa todas as escolas doutrinais em economia, quase com certeza. Mesmo as análises desenvolvidas pelo Conselho de Análise Econômica (pouco suspeito de ultraliberalismo), criado por Leonel Jospin, são marcadas pela setorialização das análises,[14] que hipotecam a visão dos economistas: no relatório sobre a agricultura e as relações internacionais econômicas, sobre OGMs, são os dados econômicos clássicos que interessam aos autores, nada havendo sobre o qualitativo (os riscos, a ética)...

---

10. "O caso do boi com hormônios" é, nesse sentido, sintomático: a medida européia é considerada como não "cientificamente justificada", a avaliação do risco não foi precisa. Se é necessário que um risco seja avaliado de forma precisa para que se anuncie uma moratória ou pelo menos, que se tomem – no sentido etimológico e cotidiano do termo – precauções, não estamos mais em face de um "princípio de precaução", e não saberíamos como recomendar aos defensores dessa interpretação o abandono de toda hipocrisia e o empenho na consagração de um "princípio de certeza"!

11. O *Codex Alimentarius* fixa orientações não cogentes sob a égide da FAO e da OMS. Cf. R. Romi, "Le *Codex Alimentarius*: entre ambivalence et ambigüité", *RJE* 2-2001.

12. Cf. J. C. Lefort (Rapport d'Information J.C. Lefort, "Les rélations transatlantiques à l'épreuve de la mondialisation", *A.N.* 1.386, 11.2.1999), que critica "l'omniprésence de l'industrie et du gouvernement américain au sein des différentes commissions du *Codex*" ("a onipresença da indústria e do Governo Americano no âmbito das diferentes comissões do *Codex*").

13. Rapport d'Information J. C. Lefort, "Les rélations transatlantiques ...", *A.N.* 1.386, 11.2.1999, p. 127.

14. Rapport D. Bureau e J. C. Bureau, "Agriculture et négociations commerciales", *Documention Française*, 1999, pp. 31-32.

1.2 Uma economia sem princípios?

Será que a economia globalizada, como sujeito e objeto de estudos, funcionaria sem princípios?

Como o lembra J. C. Lefort, em seu relatório sobre "As relações transatlânticas à prova da globalização",[15] "contrariamente a uma idéia grandemente divulgada, não foram os Estados Unidos que requereram a criação da OMC", e "o reforço do sistema multilateral era buscado por outros países, a despeito dos Estados Unidos, para permitir-se o estabelecimento de regras eqüitativas de direito". Os interesses dos Estados Unidos não os compelem a casar-se – pelo menos sem contrato de casamento – com a OMC.

Tudo demonstra, ao contrário, que a jurisdição parcial – e por mais parcial que seja – da globalização econômica é e pode ser rejeitada pelos Estados Unidos. Sem falar da manutenção de suas legislações extraterritoriais, "(...) os Estados Unidos não ab-rogaram suas legislações unilaterais que permitiam impor sanções comerciais aos países que perturbavam suas exportações ou investimentos".[16] Sua atitude ambígua no caso do gado alimentado com hormônios o prova: mesmo que o art. 22 do Memorando sobre o processo de resolução dos conflitos determine que seja feito um pedido de autorização ao ORD[17] para o estabelecimento de sanções, e que as sanções digam respeito ao setor do contencioso, ou, no caso de impossibilidade ou ineficiência, aos setores conexos, os Estados Unidos escolhem a demonstração de força e, manifestamente, a via do unilateralismo.[18]

A globalização vista através do prisma da OMC tem ao menos a virtude de tentar fazer predominar uma visão multilateral, que poderíamos esperar, ou teríamos podido esperar, viesse a moderar a importância das relações de força. Ela ainda não está em exercício.

Mas não é por esse motivo que a OMC deva ser considerada de forma automática como a boa instituição de regulação, o bom espaço de formulação dos princípios que governariam a liberalização do

---

15. Relatório de Informação precitado, p. 115.
16. Rapport Lefort, p. 116.
17. **Nota da Tradutora**: ORD – em Francês, *Organe de Règlement des Différends* – é o Órgão de Resolução de Conflitos da OMC.
18. V. Relatório B. Marre, "De la mondialisation subie au développement contrôlé, les enjeux de la conférence de Seattle", *A.N.* 1.824, 30.9.1999, p. 199.

comércio, nem, *a fortiori* ou *a priori*, como um espaço neutro. J. C. Lefort,[19] apoiando-se particularmente sobre os ditos de D. Carraud, analisa os elementos que levam a pensar que está em prática ou está em germinação, no âmbito da OMC e por meio de seu estabelecimento, a dominação de uma lógica anglo-saxônia mais favorável ao livre comércio (aí encontra-se o segundo princípio fundador) que conduz à emergência de um direito *soft* que não dá segurança jurídica alguma.

E se esse direito *soft* é ideologicamente muito orientado para princípios economicistas mais que jurídicos,[20] eles não são menos musicados e executados com vivacidade pelo órgão de resolução de conflitos.

2. Destruir a ponte em vez de atravessá-la...

Quando se consideram não mais os textos e as práticas, mas as decisões jurídicas proferidas pela ORD sobre os litígios a ele submetidos, as diferenças, talvez irredutíveis, aparecem. Se a ponte foi construída, o sentido da circulação bem que poderia ser único, a economicização do tratamento do meio ambiente acontece sem que a ecologização da economia se desenhe: assim, não se trata de construir uma ponte, nem mesmo de atravessá-la, mas, quem sabe, de destruí-la.

2.1 A integração das problemáticas ambientais?

Não se trata, de maneira ingênua, de apresentar a Europa como modelo de integração das preocupações ambientais. Mas nos contenciosos em curso, ou em emergência, entre os Estados Unidos e a Europa[21] são questões de princípio[22] que estão em jogo, e a maneira pela qual, *grosso modo*, a Europa aborda o debate parece conservar um equilíbrio entre preocupações ambientais e sociais e preocupações econômicas.

19. Relatório precitado, pp. 290-292.
20. Idem, Relatório B. Marre, pp. 39 e 198-199 (especialmente sobre a composição do órgão de recurso).
21. P. Thieffry, "Le contentieux naissant des organismes génétiquement modifiés: précaution et mesures de sauvegarde", *RTDE* janeiro-março/1999, pp. 81 e ss.
22. P. Mengozzi, "Les valeurs de l'intégration européenne face à la globalisation des marchés", *RMUE* 1-1998/5 e ss.

É que, em matéria de gestão de riscos, gastar o tempo – como brilhantemente afirma F. Ost – constitui a mínima das coisas. No que diz respeito aos OGMs, por exemplo, o tempo do procedimento, que mescla intervenção dos comitês, da Comissão, do Conselho, confere à avaliação e à decisão o tempo razoável de mais de dois anos, enquanto o procedimento nos Estados Unidos e no Canadá é realizado em alguns meses.[23] Podem-se sempre fazer tolices em dois anos, mas ao menos temos motivos de acreditar que haverá um tempo de reflexão – e, portanto, as conseqüências das decisões serão mais bem aceitas...

Desconsiderando-se o tempo, a legitimidade das escolhas, que desfruta de transparência, elemento da prerrogativa dos governantes que propicia confiança aos governados, é um segundo elemento essencial. E, ainda para retomar o exemplo dos OGMs, a Europa é bastante transparente ... mesmo que ela não tenha feito essa escolha sem equívocos: a Diretiva 97/35, de 27.6.1997, modificadora da Diretiva 90/200, relativa à disseminação de OGMs,[24] obriga a essa transparência mesmo se a obrigação do solicitante de propor a rotulagem não disser respeito aos OGMs já introduzidos, mas o Regulamento 1.813/1997 o impõe para o milho e a soja modificados já autorizados.

O Regulamento 258/97, de 27.1.1997, "Novos Alimentos", estabelece para a comercialização de OGMs o princípio segundo o qual a rotulagem somente é exigida se não houver equivalência entre produto e alimento tradicional, e o regulamento do Conselho de 26.5.1998, sobre os grãos de soja geneticamente modificados ou os produtos à base de milho geneticamente modificado, não é muito mais impositivo. Mas os produtos desse tipo não são menos censurados: a integralidade dos produtos importados dos Estados Unidos, do Canadá, do Brasil, da Argentina quanto ao milho, a soja e a colza em relação ao Canadá, está diretamente em causa, pois, em razão da ausência de separação dos produtos OGM/sem OGM nesses países, o consumidor não sabe ao que se ater e, na dúvida, não compra esses produtos, se tem a possibilidade de assim o fazer.. Mesmo se esses produtos escapam à rotulagem, a existência sobre o território de uma rotulagem "OGM" formou um estigma que pode ter muita eficácia...

---

23. Relatório Lefort, p. 146.
24. Cf. J. Boudant, "Principe de précaution et risques, l'exemple des OGMs", *Revue Européenne de Droit de l'Environnement* 4-1998/415 e ss.

A resposta da "globalização"a esses problemas, a essas questões ou a esse estigma é uma ameaça de condenação pela OMC desse tipo de rotulagem.[25] A resposta da Europa, a criação da Agência de Segurança Sanitária e a revisão das normas.[26] É possível mensurar o fosso. Em um caso, tapam-se os olhos e os ouvidos e utiliza-se somente do órgão que serve a paralisar aqueles que têm coragem de ter medo ou de levar em consideração o medo de suas populações, passando, por menos que seja, a prudência adiante do dinheiro. No outro, procura-se passar confiança e racionalizar. Pode-se sempre – e às vezes é oportuno – dizer que essa dupla ação produz efeitos de natureza tecnocrática; mas pelo menos, a condenação dos oponentes não é conhecida antes do julgamento.

Se, como o enunciam A. Aschieri e O. Grzegrzulka no seu "Proposições para um reforço da segurança sanitária ambiental",[27] "uma das condições de eficácia de uma política de segurança sanitária reside na aceitabilidade social do processo de avaliação e de gestão de riscos", então, não pode haver política de segurança sanitária que passe pela OMC – ao menos, tal como ela existe hoje.

2.2 Um modo de regulação jurídica do comércio em rompimento com a OMC

Preconizar soluções para a integração mundial considerando o meio ambiente não é tão simples. Existem pistas.[28] A deputada B. Marre propôs a integração institucional dentro da ONU, uma incorporação dos acordos multilaterais para o meio ambiente dentro do arcabouço de regras de referência da OMC e a integração do imperativo do desenvolvimento sustentável em todos os acordos da OMC.

25. Cf. G. Lean, "Contre la mondialisation, la riposte s'organise", artigo publicado no *Independant on Sunday* reproduzido pelo *Courrier International* 460/42, 26 de agosto-1º de setembro.
26. Proposta por R. Prodi, *L'EU doit Contrôler la Nourriture de la Ferme à la Fourchette*, 5.10.1999, Europa 11.10.1999. *Grosso modo*, a lógica é aquela já desenvolvida por E. Bonino (v. "L'Union Européenne et la sécurité alimentaire", *RMUE* 4-1998/5 e ss.).
27. *Documentation Française*, "Collection des Rapports Officiels", julho/1999, p. 25.
28. Solagral, *Mondialisation et Développement Durable, Quelles Instances de Régulation?*, Solagral, 1999.

Admitir-se o reconhecimento explícito pela OMC dos grandes princípios ambientais (princípio do poluidor-pagador e princípio de precaução, no sentido entendido pela União Européia[29]) parece constituir um objetivo honroso, bem como a exigência de um reconhecimento *a priori* dos acordos multilaterais do meio ambiente pela OMC: como escreveu B. Marre, "a OMC deve considerar como legítima e juridicamente compatível toda medida comercial com fins ambientais adotada em um contexto multilateral; a preservação dos instrumentos de política ambiental, em particular do *ecolabel multicritério*".[30]

Trata-se de "converter" a OMC aos sadios valores europeus: percebe-se bem que as intenções são piedosas.

Mas sabe-se que nem todas as cruzadas representam êxitos militares ou culturais.

Para que serviriam esses valores se estivessem automaticamente subordinados a um Direito que obedece a uma lógica própria estimulada por valores diferentes? Os dirigentes europeus são, aliás, muito conscientes do risco de insucesso no que diz respeito ao problema da aplicabilidade direta dos acordos de Marrakesh no sistema jurídico integrado da União Européia.[31] O Conselho, em sua declaração sobre

---

29. L. Gonzalez Vaqué, L. Ehring e C. Jacquet, "Le principe de précaution dans la législation communautaire et nationale relative à la protection de la santé", *RMUE* 1-1999/79 e ss.

30. **Nota da Tradutora**: o *ecolabel* – rotulação ecológica para produtos – pode adotar critérios diversos baseados sobre as diferentes fases do ciclo do produto, indo de sua produção à sua eliminação/eventual reciclagem.
O Comitê Interdepartamental da Rio-2000 definiu os *labels* como "instrumentos utilizados na economia de mercado suscetíveis de orientar numa dada direção a política de compra dos consumidores" (CI-Rio 2000, p. 5). É um meio de promover modos de consumo ou de produção preferenciais do ponto de vista do meio ambiente (OCDE, 1997). É considerado um instrumento eficaz para informar ao consumidor, de maneira clara e compreensível, o impacto sobre o meio ambiente desse produto. Segundo a Organização Internacional de Normatização (ISO) os *ecolabels* são de 3 tipos, sendo o Tipo I os *ecolabels* propriamente ditos, também conhecidos como *ecolabels multicritérios*, colocados nos melhores produtos do ponto de vista ecológico (*Ecolabels et consomation: variables intervenant dans le processus d'achat*, Dominique Marguerat e Ghislaine Cestre, Universidade de Lausanne, Escola de Altos Estudos Comerciais2003).

31. Cf. P. Mengozzi, "Les droits des citoyens de l'Union Européenne et l'applicabilité directe des Accords de Marrakech", *RMUE* 4-1994/165 e ss.

os efeitos dos acordos de Marrakesh, não estabeleceu que "convém evitar que os dispositivos dos acordos e arranjos (...) possam ser invocados diretamente pelos particulares (...) diante das jurisdições dos Estados-membros e da Comunidade" – o que corresponde, aliás, e de maneira explicável, à jurisprudência da Corte? A doutrina salienta, em especial, que essa recusa se explica pela rejeição da Corte em caucionar uma atitude doutrinal ou política que negaria a eficácia do sistema jurisdicional comunitário.[32]

Da mesma maneira, introduzir o "meio ambiente" no âmbito economicista dominante da OMC é como cobrir uma carne com um molho à base de legumes: de qualquer forma, isso não agradaria os vegetarianos.

Não existem, assim, mil soluções; mas, na melhor das hipóteses, cinco.

A integração da OMC à ONU, como propõe B. Marre, não apresenta, em nossa opinião, interesse outro que não seja anedótico. No plano teórico, esta proposta é sedutora; no plano prático, pode ser suicida.

No plano teórico, de fato, os fatores que comandaram ou justificaram a criação da ONU (a necessidade de um mínimo de organização política mundial, que pressupõe o realismo na abordagem do sistema internacional, supondo que, ao mesmo tempo, seja assegurado o respeito dos Estados – a Assembléia e o princípio "um Estado/uma voz" –, e assumidas as relações de força existentes – o Conselho de Segurança e o direito de veto) são temas atuais, particularmente quando estão em jogo problemas ecológicos.

Mas, no plano prático, mesmas causas, mesmos efeitos: em matéria ecológica – e brevemente as conseqüências inevitáveis dos litígios potenciais que existem sobre a água[33] infelizmente o demonstrarão – a união destoante das aspirações à soberania e o egoísmo dos antigos Estados coloniais, a arrogância americana, os fanatismos e os grandes medos mais ou menos racionais acumular-se-ão até que chegue o momento da regulação urgente dos problemas biológicos, exa-

---

32. Particularmente a partir de uma jurisprudência da Corte de Justiça Européia, *Kupferberg*, caso 104/81, *Recueil* p. 3.641.
33. Cf. J. Sohn, "Le droit international des ressources en eau douce: solidarité contre souveraineté", *Documentation Française*, CERIC, 2002.

tamente como eles surgem ou impedem toda ação quando há possíveis situações de guerra.

A OMC possui uma dimensão tão política, e seu campo de ação é de tal modo estratégico, que um funcionamento "neutralizante" dessas tensões, como aquele que parece familiar às instituições mais "onusianas" especialmente tidas como técnicas (Organização das Nações Unidas para a Agricultura e Alimentação – FAO – e Organização das Nações Unidas para a Saúde – OMS), parece difícil de ser estabelecido; não é, aliás, o que B. Marre propõe.

A justaposição de uma organização mundial ambiental e da OMC não teria êxito, mesmo se ela satisfizesse ambientalistas e ONGs, e os juristas, pois em realidade, ela resultaria em uma guerra de cidadelas, partindo-se de conflitos de competências que têm todas as possibilidades de serem irredutíveis, apesar do cuidado que se teria com a redação dos textos.

O exílio assumido – afirmado pelos AMEs[34] e seus Secretariados bem como pela OMC – dos AMEs em relação à OMC alcançaria os mesmos resultados, mas com ainda menores possibilidades enquanto não se crie uma relação de forças favoráveis às considerações ecológicas.

A manutenção de um isolamento não assumido – que é a situação atual – permite, além disso, correr-se o risco de que a OMC, por intermédio da ORD, atraia para si a competência para interpretar, como foi dito, os acordos multilaterais para o meio ambiente à luz, evidentemente, dos textos que alicerçam o sistema "receptáculo" do conflito a resolver: a subordinação de fato de uns a outros seria "legitimada" para o maior proveito dos comerciantes.

A subordinação dos acordos de Marrakesh aos atos fundadores de uma "Organização Mundial do Desenvolvimento Sustentável", dotada de um órgão de solução dos conflitos, teria um outro impulso[35] filosófico e jurídico. Seria preciso extraordinária ingenuidade para crer que essa criação seria fácil; na verdade, vendo o nível de decadência a que chegou a reflexão política internacional sobre esses

---

34. **Nota da Tradutora**: Acordos Multilaterais para o Meio Ambiente.
35. Confessamos de forma clara, mas inútil, que essa solução nos agrada mais do que as outras...

temas em Joanesburgo, ela não é programável em 10 anos. Não quer dizer que não seja uma solução – não se ousa dizer a única – para que, enfim, o discurso dominante, que integrou como traço recorrente a promoção do desenvolvimento sustentável, seja coisa diferenciada da lantejoula da mídia.

Mas o que interessa é o seguinte: salvo se a solução atual for conservada, o que só pode ser de maneira transitória, independentemente da escolha que se faça, a Ponte do rio Kwai deve ser destruída.

QUAL GOVERNANÇA APÓS JOANESBURGO? AMBIGÜIDADES E DIFICULDADES DE UMA GESTÃO INSTITUCIONAL E POLÍTICA DO DESENVOLVIMENTO SUSTENTÁVEL*

STÉPHANE DOUMBÉ-BILLÉ

1. A noção de "governança": 1.1 Um princípio político – 1.2 Uma técnica jurídica. 2. As modalidades da governança institucional: 2.1 No plano internacional: os limites de uma dispersão institucional – 2.2 No âmbito nacional: os riscos de uma centralização institucional.

Nas reflexões em curso sobre as modalidades de observância do desenvolvimento sustentável, o conceito de "governança" é, seguramente, aquele que suscita as maiores esperanças, ao mesmo tempo em que gera dúvida e ceticismo sobre a real capacidade de uma organização eficaz da gestão da filosofia surgida, há mais de 12 anos, da Conferência do Rio.

Dúvida e *ceticismo*, pois, se o conceito de "desenvolvimento sustentável", a despeito das ambigüidades que envolve, ele próprio, não está em causa – pelo menos, ainda não –, as opiniões convergem, de forma inversa, sobre a apreciação negativa assentada sobre 10 anos de sua realização. Esse sentimento quase-unânime parece dizer respeito às dificuldades ligadas às condições atuais de sua implementação em um sistema mundial fragmentado entre a concorrência das agências e instituições internacionais, de um lado, e o questionamento da gestão estatal tradicional no âmbito nacional, de outro.

Todavia, há esperanças, na medida em que os problemas identificados não parecem intransponíveis, apesar da forte depreciação da

---

* Tradução do francês pela Dra. Simone Wolff.

situação ambiental e econômica do conjunto do Planeta, particularmente do ponto de vista de uma maior pobreza, propagada a inúmeros países desenvolvidos. Esse duplo sentimento (esperança e ceticismo), contraditório somente na aparência, esconde, na realidade, uma autêntica interrogação sobre o futuro do desenvolvimento sustentável a partir da Conferência de Joanesburgo, que leva seu nome.

Deve-se, portanto, reconhecer que nada é tido como certo na tentativa de retomada atualmente em curso no contexto do processo de Joanesburgo. No âmago dessa incerteza, há, seguramente, a avaliação, no mínimo, mitigada de uma década de desenvolvimento sustentável, mas, sobretudo, a grande confusão mantida em torno da "governança", considerada como o instrumento principal da implementação do desenvolvimento sustentável; a solução milagrosa para as dificuldades encontradas por esse conceito. Assim, a governança adquire um *alcance muito amplo*, que conduz a associar-se aí quase tudo e qualquer coisa, desde o processo de decisão à realização de ações concretas de desenvolvimento sustentável. Ela conhece, em conseqüência, um destino singular próspero, tanto da mídia quanto do meio científico, sem que se tenha seriamente interrogado sobre seu profundo significado no âmbito do desenvolvimento sustentável e sobre os limites suscetíveis de afetar seu caráter executório.

Não é de se espantar, nessas condições, que a questão mais importante sobre a avaliação dessa primeira década do desenvolvimento sustentável, que concentra o essencial das dificuldades do processo de Joanesburgo, seja a seguinte: qual governança "após Joanesburgo"? Ao final da última reunião preparatória da Conferência (Bali) não parecia ainda possível afirmar-se, com toda a certeza, que as constatações do fracasso da Cúpula Mundial começavam a multiplicar-se.

O objeto destas breves reflexões é tentar elucidar essa noção, antes de considerar seu papel na gestão do desenvolvimento sustentável.

1. A noção de "governança"

A maior incerteza paira sobre essa noção, que, na verdade, ninguém cuidou de definir, particularmente no seu uso francês, ao mesmo tempo em que é atualmente revestida de uma carga política muito forte. Em Língua Francesa, para a qual ela suscita desde já dificuldades de abordagem, ela aparece de forma súbita como mais um neologismo importado da expressão inglesa *governance*, difícil de traduzir. Do mesmo modo, sua compreensão torna-se ambígua, e, por extensão, pode-se vislumbrar nela uma regra geral de conduta ou de administração das situações. A governança pode ser isso – uma regra, um princípio político –, mas não somente, e não essencialmente. Ela aparece, sobretudo, como uma ferramenta, uma técnica jurídica.

1.1 Um princípio político

Como princípio, a "governança" pode ser considerada como uma "arte": a arte de administrar, de assegurar a condução de uma ação ou de um grupo determinado. Desse modo, ela interessa inicialmente à ciência administrativa e às "ciências políticas". Como regra substancial, a governança não é neutra. Há, assim, uma boa e uma má governança. Certamente, a idéia de uma "má governança" mostra-se contraditória em seu princípio, pois precisamente não-conforme à boa administração das coisas. Contudo, ela qualifica um tipo de conduta não-conforme, que permite melhor esclarecer a idéia de uma "boa governança" e assentá-la como a única válida.

É a razão, muito justa, de essa noção se ter tornado um indicador das ações e políticas bem-conduzidas e, para alguns, uma condicionante de sua validação. A iniciativa recente do NEPAD[1] assim o confirma de forma ampla. Mas, nesse sentido, a "boa governança" constitui conduta genérica, que visa à boa administração da sociedade política, da economia, das finanças públicas ou dos recursos ambientais.

Essa idéia aplicada ao desenvolvimento sustentável seria, então, no sentido amplo, a pilotagem desse; ou, em sentido estrito, sua boa gestão por meio da ação eficaz, transparente, descentralizada e econômica. Contudo, se essa concepção não estiver errada, ela convida, portanto, a uma verdadeira revolução, que consiste em finalizar – concluir – a obra da Cúpula do Rio. Não foi essa, pelo que tudo indica, a aspiração da Cúpula de Joanesburgo. Deve-se, então, voltar a uma abordagem mais técnica da governança.

1. NEPAD – *New Partnership for Africa's Development.*

1.2 Uma técnica jurídica

Como ferramenta, inversamente, o sentido da noção torna-se mais estreito. A governança – particularmente, a boa governança – não significa mais que uma técnica de direito positivo, um simples instrumento de implementação de uma ação ou de uma política. Ela visa, então, a enquadrar a realização de ambas. Nesse sentido, ela pode ser qualificada de mecanismo; e é certamente nesse sentido que o PNUMA – Programa das Nações Unidas para o Meio Ambiente – fala de "governança institucional", quando evoca a questão da governança do desenvolvimento sustentável. De resto, a leitura do Documento de Negociação da Reunião de Bali e do Projeto de Plano de Ação da Cúpula Mundial, onde a governança constituía, então, o Capítulo X, atesta claramente a visão modesta da comunidade internacional: é essencialmente de instituições e de órgãos que se tratava; todas as instituições, públicas e privadas, internacionais e nacionais.

A ambivalência da noção que emana dessa análise traduz, sem dúvida, o pluralismo de seus significados, mas não facilita muito sua compreensão prática. Essa depende, na realidade, do ponto de vista no qual se deseja situar. Para o jurista, ligado às implicações concretas de uma noção, ou, se preferirmos, a seus efeitos jurídicos, a governança encontra-se vinculada, indiscutivelmente, ao segundo sentido. Como regra de conduta, ela é um conceito essencialmente estratégico, sociológico e político, pois está, ao mesmo tempo, aquém e além do Direito.

Ela está aquém do Direito pois orienta a formulação da técnica jurídica, que consiste, no caso, em fornecer um contexto institucional à realização de fins determinados. Em outras palavras, sem uma visão estratégica clara desses fins, é bem pouco possível organizar um contexto institucional adaptado. Mas a governança está igualmente além do Direito, pois, se traduzida em termos institucionais, ela aparece como uma sorte de espelho que "inspira" o modelo institucional que é, ao mesmo tempo, reflexo e sua materialização. Tudo ocorre, em conseqüência, nesse "meio-termo", onde a governança aparece como dispositivo institucional que, pela articulação das estruturas e órgãos criados e dos poderes e competências que a eles são associados, dará sentido concreto à realização dos fins buscados.

Se oferecermos a esses elementos esclarecedores uma conceituação, resta, então, determinar quais são as modalidades apropriadas para fazer com que a governança seja entendida como uma "boa governança". Noutros termos, a questão é aquela da escolha de um sistema institucional capaz de assegurar a realização efetiva do desenvolvimento sustentável.

2. As modalidades da governança institucional

De um ponto de vista jurídico – o único a ser, aqui, considerado –, a realização de um fim determinado, como o desenvolvimento sustentável, confronta os atores envolvidos a uma escolha crucial entre uma lógica centrípeta, que privilegia uma abordagem centralizadora, e uma lógica centrífuga, que reconhece uma maior autonomia de ação institucional, característica do modelo descentralizado. Em qual esquema institucional deve associar-se o enquadramento do desenvolvimento sustentável? A resposta a essa questão é condicionada pela análise das insuficiências atuais tanto no plano internacional quanto na esfera nacional.

2.1 No plano internacional:
os limites de uma dispersão institucional

De um ponto de vista geral, a sociedade internacional sempre aparece como uma sociedade fragmentada entre entidades estatais cuja interação é profundamente marcada pelo sacrossanto princípio da igualdade soberana. A cooperação internacional em matéria de meio ambiente e de desenvolvimento sustentável corrigiu muito pouco essa situação, mesmo em um contexto onde, mais do que em outros, está em jogo – como assim recorda de forma veemente a Agenda 21 – o interesse geral de toda a Humanidade, cujas dimensões sócio-econômicas condicionam a proteção do meio ambiente mundial. Esse aspecto "descentralizado" da organização mundial, tanto no âmbito global quanto no plano regional, favorece apenas as estruturas de coordenação nas quais os Estados, mal-amparados, hoje, por seus novos "parceiros", especialmente aqueles egressos da "sociedade civil", procuram ajustar-se para a gestão dos grandes problemas comuns.

As condições dessa cooperação internacional favorecem a multiplicação dos espaços de coordenação, quer se trate de organizações internacionais clássicas ou de instituições subsidiárias não-personalizadas criadas por elas. Para se enfrentar os efeitos perversos de tal dispersão, mecanismos corretores de coordenação institucional foram examinados, com vistas a dar uma certa coerência às decisões e ações. Grande pessimismo pesa, no entanto, sobre essa construção, cuja funcionalidade é limitada pelo princípio de independência que caracteriza as ações respectivas de cada agência.

Quase sempre – e, sem dúvida, por razões relacionadas à sobrevivência institucional de cada uma –, são duplicidades, sobreposições, desperdícios, que caracterizam a ação internacional, a despeito das prescrições que vão aparecer, nesse sentido, em inúmeras convenções internacionais, em particular as do Rio e pós-Rio. A Comissão do Desenvolvimento Sustentável concentra em si as críticas atuais. Órgão subsidiário de um Conselho Econômico e Social que assegura, segundo a Carta das Nações Unidas, a "tutela" das instituições especializadas da Organização, ela não impôs suficientemente essa indispensável coordenação. Pior, ela não se tornou interlocutora imprescindível das instituições internacionais não-"onusianas", tais como a Organização Mundial do Comércio – OMC. Como, então, espantar-se, no que respeita aos aspectos ambientais do comércio internacional, que não tenhamos progredido muito (ao contrário...)?

Significa que a dispersão institucional é uma fonte de "má administração" do meio ambiente e do desenvolvimento sustentável. Não quer dizer que as instituições do desenvolvimento sustentável sejam muito numerosas. Ao contrário, outras instituições devem ainda ser criadas no contexto de sua implementação e acompanhamento. A Agenda 21 tentou lutar contra essa fragmentação institucional, determinando a cada agência principal uma responsabilidade particular, exercida não a título exclusivo, mas como "encabeçadora".

Desde o balanço de meio-termo "Rio + 5", em 1997, uma sessão especial da AGONU[2] constatou os limites de tal diligência. Desde então, o tema da "revitalização" do sistema das Nações Unidas, confrontadas com o problema geral de "governança mundial", propiciou

---

2. Assembléia-Geral da Organização das Nações Unidas.

uma melhor percepção para a questão de um estreitamento institucional com vistas a uma maior eficácia da ação. O papel da Assembléia-Geral deve ser revisto, especialmente com o objetivo de dotar o desenvolvimento sustentável de uma dimensão verdadeiramente transversal de sua ação.

Entretanto, questões não deixam de surgir em face de tal empreitada. Primeiramente, é razoável associar-se à indispensável renovação das instituições do desenvolvimento sustentável o sempiterno bicho-de-sete-cabeças que representa a reforma geral da ONU? Em seguida, mesmo atendo-se a uma reforma progressiva e mensurada, como desenvolvê-la sem ameaçar as realezas e baronatos institucionais que representam, de fato, certas agências? Veriam elas com bons olhos que se reduza sua capacidade de ação em matéria ambiental, se essa decisão trouxer conseqüências quanto a seu financiamento? Mais grave ainda: qual fisionomia institucional adotar quando se está em face de uma diversidade fascinante ao mesmo tempo em que as restrições financeiras atuais não permitem mais a realização de tudo e que, de tanto realizar pequenas tarefas superficiais, não se faz mais grande coisa?

É nesse último contexto que a questão do lugar do PNUMA no novo esquema deve ser considerada. As fórmulas planejadas aqui e acolá, nos meios políticos ou acadêmicos[3] de uma Autoridade Mundial ou de um Alto Comissariado no contexto do meio ambiente e do desenvolvimento sustentável, não questionam, necessariamente, o PNUMA, mesmo se alguns o convidam a uma transformação ainda mais profunda que aquela operada após as Declarações de Nairóbi e de Malmo. A formulação de uma nova Organização Mundial Ambiental é, sem dúvida, não muito bem aceita. Os Estados, que sempre são os únicos a decidir em definitivo, terão coragem, em face das enormes conseqüências representadas por essa gestão institucional, de fazer as escolhas ditadas exclusivamente pelo interesse de desenvolvimento sustentável?

3. V. especialmente a "Declaração de Limoges II", adotada pela Reunião Mundial das Associações Nacionais de Direito do Meio Ambiente, 9-10.11.2001, bem como a "Carta do Rio + 10", 24-26.4.2002, ambas adotadas sob os auspícios do Centro Internacional de Direito Comparado do Meio Ambiente (CIDCE) e do CRIDEAU-CNRS/INRA – França.

2.2 No âmbito nacional:
os riscos de uma centralização institucional

Paradoxalmente, o imperativo de uma integração das políticas de meio ambiente e de desenvolvimento que caracteriza o desenvolvimento sustentável acomoda uma gestão do tipo centralizada. Esse foi, até então, o modo privilegiado de gestão estatal, pois decorria diretamente do direito soberano de gestão do desenvolvimento sustentável, indicado com vigor nas Declarações de Estocolmo e do Rio de Janeiro.

De fato, tudo se conjugava, até aqui, para que o Estado central permanecesse o senhor de todas as coisas e, especialmente, tivesse a preocupação da ação racional e eficaz. Isso, todavia, sem levar-se em consideração uma dessas revoluções silenciosas ocorridas em matéria de desenvolvimento sustentável: o fato que o homem está no centro dessas preocupações (Princípio 1 da Declaração do Rio) e que, além de seu direito ao desenvolvimento em um meio ambiente sadio e protegido, ele tem igualmente deveres, cujo primeiro é precisamente o de assegurar a preservação do meio ambiente, especialmente no interesse das gerações futuras.

Esse novo dado impõe, seguramente, uma readaptação das modalidades institucionais de gestão do desenvolvimento sustentável, baseada, pelo menos, em uma dupla qualidade. De um lado, parece indispensável consolidar o processo de instituição de parceria que *associe* ao Estado parceiros sinceros e leais bem como exigentes, vindos do setor não-governamental. A governança visa, nessa hipótese, a reforçar a participação dos diversos atores envolvidos com o desenvolvimento sustentável. Ela exprime, então, a exigência de boa gestão participativa, única cuja essência pode facilitar a aceitação social de escolhas às vezes difíceis. Por outro lado, e da mesma forma, o ambiente imediato dos indivíduos será mais valorizado.

Quer se trate de comunidades camponesas ou rurais, coletividades locais ditas igualmente descentralizadas, ou, ainda, de forma mais ampla, as circunscrições administrativas de ação local do Estado, simples intermediárias não-personalizadas de ação deste último, todos os espaços territoriais infra-estatais serão avaliados com vistas a constituir-se ambientes de proximidade onde possa verificar-se, no cotidiano, a realização do desenvolvimento sustentável.

Nesse aspecto, a gestão centralizada corre o risco de não mais conservar suas vantagens comparativas tradicionais. É mais próximo aos cidadãos que se apreciará, doravante, a eficácia da ação pública, e o meio ambiente, sob a perspectiva do desenvolvimento sustentável, serve naturalmente de vetor a essa evolução. A partir daí, é o pluralismo institucional que surge como, ao contrário do contexto internacional, a melhor forma para a realização dos objetivos do Capítulo 8 da Agenda 21, referente a essa temática.

Qual governança após Joanesburgo? É sobre essa questão, com a qual se começou o presente texto, que se deve concluir. É evidente que não há respostas prontas. Algumas, contudo, podem ser excluídas rapidamente. São aquelas que vêem na governança uma espécie de *deus ex machina* que, como o rei Midas, com um golpe de condão mágico, transformaria a antiga ordem.

No sentido estrito, a governança só pode ser, então, a expressão de dispositivos institucionais encarregados de enquadrar eficazmente bem como de acompanhar a implementação do desenvolvimento sustentável. As escolhas que ela invoca aclaram de uma maneira reveladora a urgência de mecanismos de gestão participativa e de gestão de proximidade. Aí reside – pode-se afirmar – o sentido "político" das decisões a serem tomadas no futuro para uma verdadeira governança mundial.

AS PERSPECTIVAS DE UM INSTRUMENTO LEGAL PARA OS DANOS AO AMBIENTE MARINHO DO MEDITERRÂNEO*

TULLIO SCOVAZZI

1. As convenções marítimas regionais da Europa são "letra morta"?. 2. A expressão "o quanto antes" nas convenções marítimas regionais. 3. As discussões preparatórias para o Encontro de Brijuni de 1997. O Documento de julho de 1997. Propostas feitas para o Documento de 1997. 4. O Encontro de Brijuni de 1997. 5. O Encontro de Atenas de 2003. 6. Algumas notas conclusivas.

1. As convenções marítimas regionais da Europa são "letra morta"?

A elaboração de normas internacionais sobre responsabilidade e compensação dos danos causados pela poluição ambiental[1] é, geralmente, uma tarefa difícil.[2] As convenções relacionadas à proteção do meio ambiente em mares regionais não fogem à regra, e apresentam também dificuldades, como se verá a seguir.

Várias convenções marítimas regionais contêm a estipulação de um *pactum de contrahendo*, de acordo com o qual as partes se com-

---
* Tradução do inglês por Lídia Amélia de Barros Cardoso.

1. Eu estou me aventurando, aqui, em assunto a cujo respeito meu caro amigo PAULO AFFONSO, que é também uma excelente autoridade no assunto de lei ambiental comparativa e internacional, escreveu algumas de suas páginas mais instigantes. V., por exemplo, seu *Direito Ambiental Brasileiro*, 12ª ed., São Paulo, Malheiros Editores, 2004.

2. Sobre este assunto, v., entre outros, e separados dos trabalhos gerais de lei ambiental internacional, Dupuy (P.-M.), *La Responsabilité Internationale des États pour les Dommages d'Origine Téchnologique et Industrielle*, Paris, 1976; Handl,

prometem a cooperar para o desenvolvimento do regime de responsabilidade. Por exemplo, tal determinação aparece na Convenção para a Proteção contra a Poluição do Mar Mediterrâneo (Barcelona, 1976), na Convenção para Cooperação na Proteção do Meio Ambiente Marinho (Kuwait, 1978, art. XIII), na Convenção para Proteção e Desenvolvimento do Meio Ambiente Marinho e Costeiro das Regiões Central e Oeste da África (Abidjan, 1981, art. 15), na Convenção para Proteção do Meio Ambiente Marinho e Região Costeira do Sudoeste do Pacífico (Lima, 1981, art. 11), na Convenção Regional pela Conservação do Mar Vermelho e do Meio Ambiente do Golfo de Aden (Jeddah, 1982, art. XIII), na Convenção para Proteção e Desenvolvimento do Meio Ambiente Marinho da Ampla Região do Caribe (Cartagena, 1983, art. 14), na Convenção para Proteção, Gerenciamento e Desenvolvimento do Meio Ambiente Marinho e Costeiro da Região Leste Africana (Nairóbi, 1985, art. 15), na Convenção para Proteção dos Recursos Naturais e Ambientais da Região do Pacífico Sul (Noumea, 1986, art. 20), na Convenção para Proteção do Meio Ambiente Marinho da Região do Mar Báltico (Helsinque, 1992, art. 25)[3] e na Convenção para Proteção do Ambiente Marinho do Mar Negro contra a Poluição (Bucarest, 1992, art. XVI).

No entanto, em nenhuma das Convenções aludidas o regime de responsabilidade foi implementado. Devido a este preocupante registro, alguns doutrinadores referem-se às regras de responsabilidade

"State liability for accidental transnational environmental damage by private persons", *American Journal of International Law*, 1980, p. 527; Francioni & Scovazzi (eds.), *International Responsibility for Environmental Harm*, Londres, 1991; Barboza, "International liability for the injurious consequences of acts not-prohibited by International Law and protection of the environment", in Hague Academy of International Law, *Recueil des Cours*, 1994, III, p. 291; Murase, "Perspectives from international economic law on transnational environmental issues", ibidem, III, 1995, p. 283; Silva Soares, *As Responsabilidades no Direito Internacional do Meio Ambiente*, Sao Paulo, 1995; Lefeber, *Transboundary Environmental Interference and the Origin of State Liability*, The Hague, 1996; Wolfrum, "Means of ensuring compliance with and enforcement of international environmental law", *Recueil des Cours*, cit., 1998, p. 9; os artigos de Churchill, Scovazzi, Silva Soares e Vieira Vargas, Ward, *Yearbook of International Environmental Law*, 2001, respectivamente pp. 3, 43, 69 e 105.

3. Uma determinação análoga (art. 17) foi incluída na Convenção anterior (Helsinque, 1974).

nas convenções regionais marítimas como "calendas gregas",[4] "letras mortas" ou "leis inoperantes".[5]

2. A expressão "o quanto antes" nas convenções marítimas regionais

Algumas regras de responsabilidade e compensação também podem ser encontradas no sistema regional para a proteção do Mar Mediterrâneo contra a poluição. O art 12 da Convenção de Barcelona de 1976 estabelece: "As Partes contratantes se comprometem a cooperar imediatamente na formulação e na adoção de procedimentos apropriados para a determinação da responsabilidade e para a compensação dos danos causados pela poluição do meio ambiente marinho resultantes de violações das normas desta Convenção e dos protocolos aplicáveis".

Outra importante determinação está incluída no Protocolo da Convenção de Barcelona relacionada à poluição como resultado da exploração da plataforma continental e do fundo do mar e seu subsolo (Madri, 1994):

"1. As partes comprometem-se a cooperar imediatamente na formulação e adoção de normas e procedimentos apropriados para a determinação da responsabilidade e compensação dos danos causados pelas atividades citadas neste Protocolo, nos termos do art. 12 da Convenção.

"2. Para o cumprimento de tais procedimentos, cabe a cada parte:

"– adotar todas as medidas necessárias para assegurar que a responsabilidade pelos danos causados pelas atividades seja arcada pelos poluidores, devendo-se exigir dos responsáveis o imediato pagamento e a compensação ambiental adequada;

"– tomar todas as medidas necessárias para assegurar que os empreendedores tenham e mantenham cobertura de seguro e/ou algum

---

4. Scovazzi, "The recent developments in the 'Barcelona System' for the protection of the Mediterranean against pollution", *International Journal of Marine and Coast Law*, 1996, p. 97.

5. Lefeber, "The liability provisions of regional sea conventions: dead letters in the sea?", in Vidas & Oestreng (eds.), *Order for the Oceans at the Turn of the Century*, The Hague, 1999, p. 507.

tipo de seguro financeiro e sob os termos que as partes contratantes tenham especificado, de forma a assegurar a compensação dos danos causados pelas atividades cobertas pelo Protocolo (art. 27)."

A parte mais notável do art. 27 do Protocolo de Madri é o § 2º, que prevê a obrigação de adotar medidas cautelares enquanto se aguarda o desenvolvimento de um regime de consenso geral. Porém, no momento da adoção do Protocolo as comunidades européia e francesa expressaram reserva quanto ao mencionado parágrafo, considerando-a uma questão pendente.

Em 1995, a Convenção de Barcelona e alguns de seus Protocolos foram emendados, para adaptar o sistema legal do Mediterrâneo à evolução das leis ambientalistas internacionais. Nesse sentido, foram incorporados os preceitos estabelecidos pela Conferência da Nações Unidas sobre Meio Ambiente e Desenvolvimento (Rio de Janeiro, 1992).[6] A Convenção de Barcelona mudou seu nome para "Convenção para Proteção do Ambiente Marinho e Região Costeira do Mediterrâneo".[7] A Convenção sofreu alterações significativas e aditivos.

O novo texto do artigo sobre responsabilidade e compensação é: "As Partes contratantes se comprometem a cooperar na formulação e adoção de normas e procedimentos apropriados para a determinação de responsabilidade e para a compensação pelos danos causados pela poluição do ambiente marinho na região do Mar Mediterrâneo (art. 16)".

Como se pode observar, uma das mudanças em relação à redação de 1976 é que, na emenda, a expressão "o quanto antes" foi suprimida. A supressão foi sugerida por um dos delegados participantes das negociações de 1995, ao argumentar que o lapso de quase 20 anos não havia sido suficiente para tornar a expressão "o quanto antes" aplicável, como desejavam os signatários da Convenção de 1976.

---

6. Cf. Juste Ruiz, "Le plan d'action pour la Méditerranée 20 ans après: la révision des instruments de Barcelone", *Collection Espaces et Ressources Maritimes*, 1995, p. 249; Raftopoulos, *Studies on the Implementation of the Barcelona Convention: the Development of an International Trust Regime*, Atenas, 1999; Scovazzi (ed.), *Marine Specially Protected Areas – The General Aspects and the Mediterranean Regional System*, Haya, 1999, Capítulo 7.

7. As emendas de 1995 ainda não entraram em vigência.

3. As discussões preparatórias para o Encontro de Brijuni de 1997. O Documento de julho de 1997. Propostas feitas para o Documento de 1997

O pessimismo do aludido delegado talvez tenha sido excessivo, já que em 1996 os signatários da Convenção de Barcelona, durante o nono encontro, discutiram novamente a questão. Eles convidaram o secretariado da UNEP – Plano de Ação do Mediterrâneo para convocar um primeiro encontro de representantes técnicos e legais do Governo, para discutir um procedimento apropriado para determinar a responsabilidade e compensação pelos danos causados pela poluição do ambiente marinho na região do Mar Mediterrâneo. O encontro foi realizado em Brijuni/Croácia, de 23 a 25.9.1997, e foi assistido por técnicos de 16 países signatários.[8]

A base para a discussão do Encontro de Brijuni foi um texto preparado pelo Secretariado da UNEP – Plano de Ação do Mediterrâneo[9] –, com uma proposta ampla. Entre outras coisas, proveu sobre um regime de responsabilidade com três graus: 1) responsabilidade objetiva do empreendedor, que é o sujeito que exerce o controle efetivo sobre a atividade perigosa ou potencialmente perigosa,[10] combinada com um número de ações[11] definidas; 2) estabelecimento de um Fun-

---

8. Albânia, Bósnia e Herzegovina, Croácia, Egito, Comunidade Européia, França, Grécia, Israel, Itália, Líbano, Mônaco, Eslovênia, Espanha, Síria, Tunísia, Turquia. O relatório do encontro (neste aqui citado como o relatório de 1997) está reproduzido no doc. UNEP(OCA)/MED WG.117/4, de 7.10.1997. Cf. Bou Franch, "Towards a liability protocol for rnvironmental harm in the mediterranean sea área", in Kokasoy (ed.), *The Kriton Curi International Symposium on Environmental Management in the Mediterranean Region – Proceedings*, I, Istambul, 1998, p. 207; Schiano Di Pepe, "Introducing an international civil liability regime for damage to the marine environment in the mediterranean sea área", *Environmental Liability*, 1999, p. 8.
9. Documento UNEP(OCA)/MED WG.117/3, de 1.7.1997, neste citado como "Documento".
10. Ao contrário da responsabilidade subjetiva, a responsabilidade objetiva não exige prova de culpa (o que pode ser muito difícil e até mesmo impossível ser obtida), de que a conduta do empreendedor foi intencional ou negligente quando da violação da lei. Responsabilidade objetiva só exige que o dano causado como resultado da conduta do empreendedor não seja permitido sob o regime de responsabilidade da Convenção de Barcelona. Ao mesmo tempo, responsabilidade objetiva é mais flexível do que responsabilidade absoluta, por permitir uma série de ações estreitamente definidas.
11. Isto é, atos de guerra ou terrorismo, fenômenos naturais de caráter irreversível, atos de terceiros com o intuito de causar danos, nível de poluição toleráveis em

do de Compensação Interestadual do Mediterrâneo (Fundo CIEM), que teria papel suplementar caso o empreendedor não fosse capaz de assumir o custo total da compensação[12] exigida, ou quando houvesse necessidade de adoção de medidas preventivas em situação emergencial; 3) responsabilidade subsidiária do Estado que esteja com o controle e jurisdição da atividade, caso o regime civil de responsabilidade e o Fundo CIEM estejam inadequados.[13]

Outros aspectos do Documento, que confirma seus ambiciosos objetivos, são os seguintes:

• a não-fixação de limite financeiro para qualquer dos três níveis de responsabilidade propostos;[14]

• as partes contratantes devem assegurar em suas leis internas que os empreendedores tenham um planejamento de seguro financeiro ou garantia financeira para cobrir a responsabilidade pelos danos;

• atividades perigosas incluem "todas as ações profissionais que lidem com substâncias e materiais perigosos, resíduos, espécies nati-

circunstâncias locais, estrito cumprimento do dever legal, atividades perigosas lícitas praticada pelo agente que sofre o dano.

12. Isto acontece quando a compensação do regime civil de responsabilidade é inadequada para cobrir todo o dano ou em caso de poluentes desconhecidos.

13. No Documento (p. 14), "a possibilidade de estabelecer uma base que seja responsabilidade por danos só até o ponto em que está relacionado à falha do Estado em cumprir seu dever sob o regime da Convenção de Barcelona pode claramente parecer inadequada. Com a responsabilidade subjetiva, ao invés de objetiva, a responsabilidade do Estado não poderia funcionar efetivamente, tendo em vista a vulnerabilidade do meio ambiente marinho e costeiro do Mediterrâneo e a natureza do regime de proteção exigido por ele".

14. De fato, um limite de compensação pagável pode, na verdade, minar insidiosamente o regime de responsabilidade proposto. Por outro lado, responsabilidade ilimitada tem um impacto de aprendizagem inválido para todos que estejam envolvidos. Estaria enviando um recado aos empreendedores no sentido de que, em vista da responsabilidade ilimitada, a conduta deve ser cuidadosamente desenhada e movida, o que deve constituir um grande incentivo para as autoridades públicas dos Estados signatários a escrutinar as atividades dos empreendedores, aplicando efetivamente e eficientemente todas as prevenções de proteção asseguradas, controle e submissão ao regime da Convenção de Barcelona; e, finalmente, não deve ter qualquer impacto sobre a conduta das companhias seguradoras, pois o limite financeiro de responsabilidade é determinado independentemente da aceitação de compensação limitada ou ilimitada do regime de responsabilidade.

vas ou geneticamente modificadas ou que tenham efeito nocivo na diversidade biológica ou nas áreas de preservação do Mediterrâneo";[15]

• o conceito de "incidente" foi definido de maneira ampla, cobrindo não só casos fortuitos e de força maior (*e.g.*, fogo, vazamento) ou uma série de ocorrências com a mesma origem (*e.g.*, explosões que afetem sucessivamente diferentes instalações, assim chamadas "efeito dominó"), mas também ocorrências graduais e contínuas (*e.g.*, lançamento ao mar de substâncias prejudiciais, oriundas de recursos terrestres);

• às ONGs foi garantido o direito de submeter requerimentos aos tribunais em situações de urgência, para proibir atividades perigosas ou potencialmente perigosas e exigir que o empreendedor tome as medidas preventivas ou recupere o meio ambiente.

Ainda no Documento em comento pode-se destacar que o conceito de "dano" foi definido de forma bastante prudente, a saber:

• dano a pessoas (incluindo o Estado ou as subdivisões que o constituem) e à propriedade;

• o custo de medidas preventivas e reparadoras dos danos causados pelos empreendedores;

• dano causado pela degradação do ambiente marinho e costeiro do Mediterrâneo.

Contudo, danos causados pela degradação do ambiente marinho e costeiro deveriam ser compensados somente na forma de medidas reparadoras, objetivando recomposição ambiental, ou, se tal recomposição for impossível, na forma de reintrodução de componentes equivalentes no meio ambiente atingido. Isto implica que qualquer avaliação de compensação financeira com base em quantificação abstrata de danos, calculados de acordo com modelos teóricos, é excluída (assim como é igualmente excluída a avaliação sob o método seguido pelo Fundo de Compensação de Poluição de Petróleo). De fato, diferentes métodos que consideram a questão complexa do assim chamado "prejuízo ecológico" (que é dano à qualidade do ambiente *per se*) são seguidos na legislação de vários países do Mediterrâneo.[16]

---

15. Documento, p. 5.
16. Por exemplo, a legislação da Itália prevê compensação por dano ecológico. Qualquer um que, ao agir em fraude ou falha, violar as determinações de lei ou regu-

4. O Encontro de Brijuni de 1997

Ficou claro para os técnicos governamentais, pelas discussões travadas no Encontro de 1997, que as propostas submetidas no Documento, enquanto consideradas uma boa base para discussão, eram muito ambiciosas para serem totalmente aceitas pela maioria dos países do Mediterrâneo. O fato de que o documento é, em vários de seus aspectos, baseado na Convenção de Responsabilidade Civil por Danos Causados por Atividades Prejudiciais ao Meio Ambiente (Lugano, 1993), que ainda não se encontra em vigor e que possivelmente não será aprovada num futuro próximo por certo número de Estados, pode também explicar algumas atitudes bastante indiferentes.

Em algumas questões a discussão sustentada em Brijuni mostrou que houve um entendimento geral entre a maioria ou quase-totalidade dos técnicos governamentais. Os exemplos relevantes são os seguintes:

• O Encontro baseou a discussão no art. 16 da emenda da Convenção de Barcelona, ao invés do art. 12 do texto de 1976. Regras e procedimentos específicos deveriam ser esboçados "para a determinação da responsabilidade e compensação pelos danos causados pela poluição do meio ambiente marinho na região do Mar Mediterrâneo" (novo art. 16), e não "por danos causados pela poluição do ambiente marinho causada por violações das determinações desta Convenção e seus protocolos aplicáveis" (antigo art. 12). A ênfase parece, conseqüentemente, uniformizar as determinações na lei privada, que possam assegurar compensação adequada às vítimas da poluição, sejam elas entidades públicas, a coletividade ou pessoas físicas. Isto pode excluir do âmbito do futuro instrumento o campo de responsabilidade do Estado

lamentações e causar dano ao meio ambiente terá que pagar compensação ao Estado. Caso uma quantificação do dano seja impossível, o valor da compensação a ser pago será calculado tendo como base um critério equivalente. Para este fim, o juiz deve considerar a gravidade do dano, o custo da recomposição e o lucro obtido pelo transgressor (art. 18 da Lei 349, de 8.7.1986). Diferente solução é adotada na Eslovênia, onde a parte responsabilizada por dano ambiental deverá custear as atividades para eliminar seus efeitos, que incluem os custos de ações emergenciais, recomposição do dano, reabilitação, prevenção por danos futuros, compensação a pessoas diretamente afetadas. O Governo é chamado a prescrever o critério a ser usado para o cálculo do valor da compensação e o método de seu pagamento (art. 79 do Ato de Proteção Ambiental de 1993).

sob a lei pública internacional, que trata dos atos injustos praticados pelas Partes contratantes na Convenção de Barcelona (Estados ou órgãos internacionais) e que afeta outras Partes contratantes.

• "No que tange ao aspecto formal do Documento que regulamenta o regime de responsabilidade do Mediterrâneo, a visão geral entre os peritos foi a de compor um instrumento legal, e não somente um instrumento de lei em branco. Também foi de acordo geral que um protocolo à Convenção era preferível a um anexo à Convenção. Sob este enfoque, argumentou-se, em alguns exemplos, que o regime de responsabilidade e compensação necessitaria de emendas para a legislação doméstica que só poderiam ser feitas com um processo de ratificação envolvendo parlamentos nacionais."[17]

• "A necessidade de evitar duplicação de determinações legais já contidas em outras convenções foi fortemente enfatizada. Era a visão geral do Encontro que o regime de responsabilidade do Mediterrâneo não deve se sobrepor ou concorrer com regimes de responsabilidade específicos, estabelecidos por acordos em vigência ou em iminência de entrar em vigência em um futuro próximo, como, por exemplo, no transporte marítimo, se, após investigação mais detalhada, estes regimes provarem estar adequadamente adaptados aos objetivos da Convenção de Barcelona e seus Protocolos, em relação à responsabilidade e compensação por danos."[18] O objetivo de evitar complicações oriundas de regimes em duplicidade merece louvor. Contudo, a questão dos Estados do Mediterrâneo que não fazem parte dos tratados de responsabilidade em vigência deve também ser considerada.

• "O consenso geral foi no sentido de que o regime de responsabilidade do Mediterrâneo deveria também cobrir o alto-mar e que as determinações deste regime deveriam solucionar todos os problemas técnicos legais acerca de sua aplicação em alto-mar."[19] A tarefa de lidar com o alto-mar, região onde nenhuma jurisdição ou soberania do Estado está estabelecida e na qual nenhuma bandeira de Estado

---

17. Relatório, 1997, p. 4.
18. Relatório, 1997, p. 3.
19. Documento, 1997, p. 4. A maioria dos Estados do Mediterrâneo não exige uma zona econômica exclusiva como tal. Se todos os Estados decidissem estabelecer tal zona, assim como qualquer Estado costeiro está intitulado a fazer, nenhuma região de alto-mar do Mediterrâneo restaria.

está autorizada a usar (e talvez abusar) do direito de liberdade do mar, é sempre difícil do ponto de vista legal. Basta mencionar o problema da determinação da vítima autorizada a receber compensação no caso de poluição em área de alto-mar.

• "Houve acordo da maioria acerca do regime de responsabilidade, que deveria se limitar a atividades perigosas que deveriam estar especificamente listadas."[20]

• No que diz respeito ao conceito de "dano", o Encontro aponta que houve uma tendência a compensar não só danos a pessoas e à propriedade, mas também danos causados ao meio ambiente marinho e costeiro, abrangendo medidas de recomposição do dano realizadas ou realizáveis, bem como a reintegração de equivalentes, se o restabelecimento do *status quo ante* não for possível. Uma importante observação foi feita no que respeita ao papel do Estado, que é visto como "administrador dos interesses gerais para a proteção do ambiente marinho do Mediterrâneo".[21]

• Foi de acordo geral que o regime de responsabilidade do empreendedor deverá ser baseado na responsabilidade objetiva.[22]

Porém, em vários outros problemas as posições tomadas pelos técnicos governamentais divergiram:

• A responsabilidade acerca da poluição gradual do ambiente marinho, que ocorre tipicamente no caso de poluição terrestre, levantou diferentes reações. "Em relação ao conceito de 'incidentes', vários técnicos consideraram que seria mais lógico não incluir ocorrência contínua (de recursos terrestres e atividades), enquanto outros apontaram que tal interpretação era completamente de acordo com a Convenção de Barcelona."[23] De fato, a avaliação e a atribuição de responsabilidade entre grande número de poluidores é um problema muito difícil de enfrentar em termos legais.

• A idéia de responsabilidade ilimitada levantou o interesse de vários técnicos que acreditavam que responsabilidade deveria sem-

---

20. Documento, 1977, p. 5.
21. Documento, 1997, p. 4. " Foi acrescentado que em certos casos o Estado pode de fato ser tanto o que comete quanto sofre o dano ambiental. Mesmo neste caso, é dever do Estado restaurar o meio ambiente como seu depositário" (ibidem).
22. Documento, 1997, p. 5.
23. Documento, 1997, p. 5.

pre estar acompanhada de um teto de compensação predeterminado a ser pago pelo empreendedor. Para vários palestrantes, tetos de seguro financeiro deveriam ser acrescidos aos limites de responsabilidade do empreendedor. A condição atual do mercado de seguro, onde nem todas as atividades realizadas por empreendedores podem estar seguradas, foi também considerada. O Presidente do encontro sugeriu que os representantes de seguro, de indústrias e de ONGs deveriam ser convidados a participar como observadores em encontros futuros, com o objetivo de ouvir as opiniões dos principais envolvidos.

• Houve várias opiniões expostas no proposto Fundo MISC, alguns peritos opinando em favor de sua criação, enquanto outros expressando sérias reservas. Se estabelecido o Fundo, a questão do seu financiamento precisa ser dirigida a decidir se o mesmo deve ser constituído de contribuições dos Estados ou de empreendedores privados, e sob quais critérios estas contribuições devem ser avaliadas.

• Outra questão que exigiu reflexão foi a da responsabilidade subsidiária dos Estados. "Foi demonstrado que representaria uma saída do regime de responsabilidade comum de acordo com o qual a responsabilidade de empreendedores privados não poderia ser substituída pela responsabilidade do Estado. Além disso, a obrigação primária do Estado é de controle e prevenção da poluição, e sua responsabilidade só pode resultar se medidas de controle e prevenção forem falhas. Neste aspecto, foi enfatizado que o Estado é o responsável final por eventos causados por atividades sob sua própria jurisdição e que a responsabilidade subjetiva do Estado aumentaria a efetividade e credibilidade do programa da Convenção de Barcelona. Um técnico mostrou, contudo, que a responsabilidade subsidiária do Estado poderia ter efeito negativo nas atividades dos empreendedores, que poderiam ser tentados a se comportar com menos cuidado, dado o conhecimento de que os Estados também poderiam ser responsabilizados junto com os empreendedores".[24]

• Alguns peritos expressaram também reservas quanto à idéia de garantir legitimidade ativa a ONGs perante os Tribunais em casos de dano ambiental.

24. Documento, 1997, p. 6.

5. O Encontro de Atenas de 2003

Os participantes do Encontro de Brijuni de 1997, "ao examinar os principais assuntos levantados pelo estabelecimento do regime de responsabilidade e compensação do Mediterrâneo, convidaram o Secretariado a relatar às Partes contratantes os resultados deste primeiro encontro, para que pudessem decidir sobre a elaboração de um protocolo que levasse em conta as conclusões do encontro, para ser submetido a um segundo encontro de técnicos".[25] O encontro em questão foi realizado em Atenas somente em 21.4.2003, com a participação de técnicos que trouxeram a exigência das discussões anteriores sobre o tema. Eles discutiram os fundamentos e a prática de um novo documento legal relacionado à responsabilidade por danos causados ao ambiente marinho do Mediterrâneo.[26]

No encontro de Atenas foram considerados os instrumentos que estão sendo elaborados, em particular a proposta de uma diretriz de responsabilidade ambiental da União Européia.[27] Os participantes expressaram certa preferência por uma proposta pormenorizada, baseada em um conjunto de regras dirigidas a diferentes tipos de atividades potencialmente poluentes pelas quais nenhum regime de responsabilidade foi concebido sob quaisquer outras estruturas legais (tais como a operação em plataformas, lixo, descargas terrestres[28]). O assunto do dano à biodiversidade, que cai sob o escopo do Protocolo a Respeito de Áreas de Preservação e Diversidade Biológica do Mediterrâneo (Barcelona, 1995 – então chamado "Protocolo SPA"), foi também direcionado. Com respeito à questão do seguro, foi amplamente acordado, "também com base na experiência advinda das negociações de outros regimes de responsabilidade. A eficiência do esquema proposto exigia, desde o início, o envolvimento dos representantes do meio de seguro financeiro na discussão".[29]

---

25. Documento, 1997, p. 7.
26. O Documento do encontro (aqui citado como "Documento de 2003") está reproduzido em doc. UNEP(DEC)/MED WG.230/2, de 6.5.2003.
27. Proposta de uma diretriz do Parlamento Europeu e do Conselho de Responsabilidade Ambiental sobre a prevenção e reparação de danos ambientais (*Official Journal of the European Communities* C 151, de 25.6.2002).
28. Documento de 2003, § 29.
29. Documento de 2003, § 31.

Os participantes do encontro de Atenas chegaram às seguintes conclusões:

"Para levar adiante um instrumento legal que englobe todas as atividades ainda não regulamentadas em nível internacional, também levando em consideração a proposta da Diretriz da União Européia de Responsabilidade Ambiental, isto é, lixo, operação de instalações de plataforma em alto mar e atividades terrestres, foi proposta a inclusão das atividades citadas no Protocolo SPA, até o ponto que se considere Direito Comparado.

"O instrumento legal deve ser em forma de protocolo para permitir sua adoção pelo Poder Legislativo dos países contratantes.

"O protocolo pode ser dividido em duas partes: a primeira dedicada à responsabilidade geral e regras de compensação, e a segunda parte contendo anexos endereçados a atividades específicas. Foi proposto que se iniciasse com plataformas em alto-mar ou lixo."[30]

6. Algumas notas conclusivas

Sem dúvida, os problemas envolvidos na questão da responsabilidade e compensação por danos causados ao meio ambiente são ao mesmo tempo complexos para lidar e muito difíceis de solucionar. A legislação nacional e a prática judicial em Estados do Mediterrâneo (e em outros lugares do mundo) variam imensamente de país para país. Não só o critério de administrar a compensação mas o próprio conceito de *dano ambiental* estão longe de ser definidos de maneira uniforme.

Em nível internacional, o emaranhado de responsabilidade por dano ambiental, complexo como seja, parece hoje menos inextricável do que anteriormente. Os três documentos recentes, isto é, a resolução de responsabilidade e leis internacionais de responsabilidade por dano ambiental, adotados pelo Instituto de Direito Internacional em 4.9.1997,[31] os artigos esboçados sobre responsabilidade dos Estados por atos internacionais ilícitos, adotados em 2001 pela Comissão de

---

30. Documento de 2003, § 33.
31. *Annuaire de l'Institut de Droit International*, vol. 67, II, Paris, 1998, p. 486.

Direito Internacional,[32] e os artigos esboçados sobre prevenção de danos causados por atividades de risco, também adotados em 2001 pela Comissão de Direito Internacional,[33] contribuem para o esclarecimento das tormentosas questões teóricas envolvidas no assunto e podem fornecer direção útil para a elaboração de regras em contextos regionais.

Apesar de todas as dificuldades e diferenças inegáveis, espera-se que o regime de responsabilidade e compensação do Mediterrâneo prospere. O estágio atual de discussão e regulamentação do tema, especialmente pelos recentes documentos, é um promissor ponto de partida.

---

32. UN, *Report of the International Law Commission, Fifty-Third Session*, Nova York, 2001, p. 43.

33. Texto in UN, *Report of the International Law Commission, Fifty-Third Session*, cit., p. 370.

RESPONSABILIDADE CIVIL AMBIENTAL E CESSAÇÃO DA ATIVIDADE LESIVA AO MEIO AMBIENTE

ÁLVARO LUIZ VALERY MIRRA

1. Considerações introdutórias. 2. Responsabilidade civil ambiental e seus efeitos: a questão da supressão do fato danoso ao meio ambiente. 3. A supressão do fato danoso ao meio ambiente no Direito Brasileiro. 4. Condições para imposição da supressão do fato danoso ao meio ambiente. 5. A supressão do fato danoso ao meio ambiente como medida de urgência. 6. Garantias legais à supressão do fato danoso ao meio ambiente. 7. Considerações finais.

> "(...) é imperioso que se analisem oportunamente as modalidades de reparação do dano ecológico, pois muitas vezes não basta indenizar, mas fazer cessar a causa do mal, pois um carrinho de dinheiro não substitui o sono recuperador, a saúde dos brônquios, ou a boa formação do feto." (PAULO AFFONSO LEME MACHADO)

1. Considerações introdutórias

O Direito Brasileiro, tanto em nível constitucional quanto em nível infraconstitucional, adotou normas específicas a respeito da responsabilidade civil por danos causados ao meio ambiente, submetendo a responsabilidade civil nessa matéria a um regime jurídico especial e autônomo, peculiar, em muitos aspectos, em relação ao regime comum do direito civil e do direito administrativo.[1]

---

1. Sobre o tema consultar, entre outros, Paulo Affonso Leme Machado, *Direito Ambiental Brasileiro*, 12ª ed., São Paulo, Malheiros Editores, 2004; Édis Milaré, *Direito do Ambiente*, São Paulo, Ed. RT, 2000; Antônio Herman V. Benjamin, "Res-

De fato, a Lei da Política Nacional do Meio Ambiente (Lei 6.938/1981) instituiu a possibilidade de responsabilização, na esfera civil, de condutas e atividades lesivas à qualidade ambiental, reconhecida esta como bem jurídico em si mesmo meritório de proteção. Conforme disposição expressa do art. 14, § 1º: "(...) é o poluidor obrigado, independentemente de existência de culpa, a indenizar ou reparar os danos causados ao meio ambiente e a terceiros, efetuados por sua atividade (...)".

Essa norma foi posteriormente reforçada pelo disposto no art. 225, § 3º, da CF de 1988, segundo o qual: "As condutas e atividades consideradas lesivas ao meio ambiente sujeitarão os infratores, pessoas físicas ou jurídicas, a sanções penais e administrativas, independentemente da obrigação de reparar os danos causados".

Da análise desse sistema especial de responsabilidade civil pode-se verificar que, no Brasil, a responsabilidade civil, no âmbito do direito ambiental, assumiu grande amplitude. Entre outros aspectos, esse regime especial está baseado (a) na consagração da responsabilidade *objetiva* do degradador do meio ambiente, ou seja, responsabilidade decorrente do simples risco ou do simples fato da atividade degradadora, independentemente da culpa do agente; (b) no rigor com que a legislação brasileira trata os *sujeitos responsáveis*, por meio da noção de "poluidor" adotada pela Lei 6.938/1981, considerado como a *pessoa física ou jurídica*, de *direito público ou privado*, *direta ou indiretamente responsável* pela degradação ambiental (art. 3º, IV); (c) na aplicação ao dano ambiental do princípio da *reparação integral do dano*, sem qualquer exceção; (d) e na ampliação dos efeitos da res-

---

ponsabilidade civil pelo dano ambiental". *Revista de Direito Ambiental 9*; Francisco José Marques Sampaio, *Responsabilidade Civil e Reparação de Danos ao Meio Ambiente*, Rio de Janeiro, Lumen Juris, 1998; José Rubens Morato Leite, *Dano Ambiental: do Individual ao Coletivo Extrapatrimonial*, São Paulo, Ed. RT, 2000; Ricardo Kochinski Marcondes e Darlan Rodrigues Bittencourt, "Lineamentos da responsabilidade civil ambiental", *Revista de Direito Ambiental 3*; Fábio Dutra Lucarelli, "Responsabilidade civil por dano ecológico", *RT 700*; Heli Alves de Oliveira, *Da Responsabilidade do Estado por Danos Ambientais*, Rio de Janeiro, Forense, 1990; Vera Lúcia Rocha Souza Jukovsky, *Responsabilidade do Estado por Danos Ambientais: Brasil – Portugal*, São Paulo, Juarez de Oliveira, 2000; Nélson de Freitas Porfírio Jr., *Responsabilidade do Estado em Face do Dano Ambiental*, São Paulo, Malheiros Editores, 2002; Álvaro Luiz Valery Mirra, *Ação Civil Pública e a Reparação do Dano ao Meio Ambiente*, São Paulo, Juarez de Oliveira, 2002.

ponsabilidade civil nessa matéria, que abrange não apenas a *reparação propriamente dita do dano ao meio ambiente*, como também a *supressão do fato danoso à qualidade ambiental*, por meio do quê se obtém a cessação definitiva da atividade causadora de degradação ambiental.

Neste artigo pretendemos examinar, mais de perto, a cessação da atividade lesiva ao meio ambiente como um dos *efeitos* possíveis da responsabilidade civil na esfera ambiental, suscetível de ser obtida pela via da supressão do fato danoso ao meio ambiente.[2]

Trata-se de um tema extremamente importante, para o qual a doutrina nacional ainda não deu o devido destaque, mas que há muito tempo faz parte das cogitações do nosso homenageado nesta coletânea, professor Paulo Affonso Leme Machado. Realmente, desde a 1ª edição do seu *Direito Ambiental Brasileiro*, datada de 1982, o professor Paulo Affonso, com grande sensibilidade jurídica, já advertia para a necessidade de se distinguir, entre as providências reparatórias, aquelas destinadas a tornar indene e aquelas destinadas a fazer cessar a causa da degradação ambiental. E com inteira razão!

Com efeito, a realidade prática tem evidenciado que certas atividades, devido ao simples fato da sua existência ou em função da maneira pela qual são exercidas, causam periodicamente danos ao meio ambiente. Dessa forma, em virtude da continuidade da atividade degradadora, um dano mal acaba de ser reparado e outro prejuízo sobrevém ao mesmo recurso ou sistema ambiental afetado, perpetuando indefinidamente a situação conflituosa.

Nesses casos, como parece evidente, não basta a cessação do prejuízo para que se alcance a verdadeira restauração da qualidade ambiental degradada, sem que se obtenha igualmente a cessação da atividade que se encontra na origem do dano. Em verdade, torna-se necessário que a reparação do dano ambiental, estritamente considerada, venha acompanhada de medidas capazes de impedir a renovação do dano e de eliminar, em definitivo, a situação lesiva até então mantida intacta. Essas medidas, conforme se verá adiante, acarretam a *supressão do fato danoso*, ou seja, a supressão da atividade-fonte da lesão ao meio ambiente.

2. A análise aqui empreendida foi extraída, de forma resumida, de nosso livro *Ação Civil Pública* ..., em especial do Título II da Terceira Parte da obra.

A supressão do fato danoso ao meio ambiente, portanto, como se procurará demonstrar, constitui efeito autônomo da responsabilidade civil, distinto da reparação, propriamente dita, do dano. E, como tal, deve ser imposta de forma conjugada com a reparação do dano, a fim de que a responsabilidade civil nessa matéria contribua para a efetiva preservação da qualidade ambiental.

2. Responsabilidade civil ambiental e seus efeitos: a questão da supressão do fato danoso ao meio ambiente

Como tem sido ressaltado pela doutrina estrangeira mais atualizada, hoje em dia se reconhece que a responsabilidade civil, em termos gerais, pode ter diversos efeitos principais, não se limitando mais apenas à simples reparação do dano. Na realidade, tudo depende dos objetivos que em um determinado sistema jurídico são atribuídos à responsabilidade civil.[3]

Nesse sentido, se em certa matéria a responsabilidade civil for utilizada como meio de obter a *cessação* ou a *diminuição de um dano*, seu efeito vai ser a *reparação* do dano. Se, diversamente, a responsabilidade civil for utilizada como meio de *fazer cessar a atividade ou omissão que se encontra na origem do dano*, seu efeito vai ser a *supressão de uma situação ou fato danoso*. E, finalmente, se a responsabilidade civil for utilizada como meio de *sancionar uma conduta*, seu efeito vai ser o de uma *pena civil*.[4]

Tudo depende, portanto, da opção que se fizer, em um determinado ordenamento jurídico, a respeito dos efeitos da responsabilidade civil no tocante a determinada matéria.

Assim – para ficar com o que aqui nos interessa mais de perto –, a supressão da atividade ou da omissão danosa é um dos efeitos possíveis da responsabilidade civil, quando se pretende agir sobre a *fonte* do dano. A supressão da atividade ou omissão danosa é providência autônoma, cujo objetivo é inviabilizar a renovação do dano já reparado ou em vias de reparação ou impedir o agravamento do dano ainda não reparado. Distingue-se ela da reparação do dano porque a repara-

---

3. Geneviève Viney, *Traité de Droit Civil, les Obligations, la Responsabilité: Effets*, Paris, Librairie Générale de Droit et de Jurisprudence, 1988, pp. 3-5.
4. Idem, ibidem. Ainda: Álvaro Luiz Valery Mirra, *Ação Civil Pública* ..., p. 282.

ção age diretamente sobre o dano, e apenas sobre o dano; já, a supressão do fato danoso atua sobre a *origem* do dano, eliminando a *fonte* do prejuízo. Bem por isso, a supressão do fato danoso é providência autônoma que pode ser obtida independentemente da reparação do dano e, sobretudo, cumulativamente com a reparação.[5]

Mas a supressão do fato danoso não se confunde, tampouco, com a prevenção do dano, embora se reconheça certa similitude entre elas.

Realmente, a prevenção atua também sobre a fonte do dano, para evitar sua produção, tanto quanto a supressão do fato danoso constitui, de sua parte, a prevenção da renovação do dano já consumado e reparado ou da sua agravação antes da reparação. Contudo, a supressão da atividade ou inatividade lesiva, como efeito da responsabilidade civil, supõe a existência do dano, para eliminar sua causa originária. A prevenção propriamente dita, ao contrário, não admite a existência do dano: ela tem como objetivo impedir a aparição ou a consumação do dano.[6]

Em suma, pode-se afirmar que a *reparação* do dano tem por finalidade a cessação do dano e o bloqueio da continuação deste. A *supressão do fato danoso* visa a eliminar a fonte do prejuízo e evitar a agravação ou a renovação do dano. A *prevenção*, por fim, destina-se a inviabilizar a produção do dano.

À vista do exposto, não é difícil de perceber a importância da supressão do fato danoso no contexto da responsabilidade civil ambiental.

Efetivamente, o estudo das degradações ambientais revela que os danos ao meio ambiente em grande parte são causados por atividades que se exercem de forma ininterrupta no tempo. Exemplo típico é o das atividades industriais poluidoras. Os danos causados por essas atividades, sem dúvida, podem e devem ser reparados.

No entanto, freqüentemente, depois da reparação, a exploração das atividades que estão na origem dos danos continua normalmente, sem ser atingida de maneira direta pelas medidas reparatórias. E é evidente que outros danos ambientais sobrevirão à reparação, gerando, na melhor das hipóteses, uma sucessão indefinida de ações judiciais,

---

5. Álvaro Luiz Valery Mirra, *Ação Civil Pública* ..., pp. 342-343.
6. Idem, ibidem.

sem que se obtenha, no final das contas, uma real melhoria da qualidade de vida da população.[7]

Daí a necessidade de se obter, em acréscimo à reparação propriamente dita, igualmente a cessação definitiva da atividade ou omissão degradadora do meio ambiente, por meio da supressão do fato danoso à qualidade ambiental.

3. A supressão do fato danoso ao meio ambiente no Direito Brasileiro

No Direito Brasileiro, segundo nosso entendimento, admitiu-se expressamente como efeito da responsabilidade civil em matéria ambiental não só a reparação do dano, como também a supressão da atividade ou omissão danosa à qualidade ambiental.

Na realidade, quando o constituinte – no art. 225, § 3º, da CF – e o legislador infraconstitucional – no art. 4º, VI e VII, e no art. 14, *caput* e § 1º, da Lei 6.938/1981 – referem-se a *reparação*, a *restauração*, a *recuperação* e a *correção* de lesões ao meio ambiente, eles o fazem, sem dúvida, em sentido amplo, a fim de abranger todas as providências juridicamente válidas no contexto da responsabilidade civil nessa matéria. Isto fica ainda mais claro quando examinadas as normas dos arts. 3º e 11 da Lei 7.347/1985, as quais previram, no âmbito da tutela processual, que a ação civil pública ambiental pode ter por objeto o cumprimento de obrigações de fazer e não-fazer, tendentes, inclusive – diz expressamente a lei –, à "cessação da atividade nociva" ao meio ambiente.[8]

E mais: a legislação nacional não faz, tampouco, qualquer distinção, no caso, entre ações e omissões, públicas ou privadas. A Constituição Federal, no dispositivo referido, alude a *condutas – comissivas* ou *omissivas –* e atividades lesivas ao meio ambiente, enquanto a Lei 6.938/1981, no art. 3º, IV, inclui na noção de "poluidor" a *pessoa física ou jurídica –* e, no tocante a esta última, tanto a pessoa jurídica de *direito privado* como a de *direito público*, sem discriminação.

Portanto, é perfeitamente possível, no âmbito da responsabilidade civil ambiental fundada no simples risco ou no fato da atividade

---

7. Álvaro Luiz Valery Mirra, *Ação Civil Pública* ..., p. 342.
8. Idem, p. 344.

ou inatividade, obter a supressão não só das ações como, também, das omissões lesivas ao meio ambiente, atribuídas tanto ao Estado quanto aos particulares.

Em termos práticos, concretos, a supressão do fato danoso ao meio ambiente aperfeiçoa-se pelo cumprimento de *obrigações de fazer* e *não-fazer* tendentes a modificar o modo do exercício ou exploração da atividade até então degradadora do meio ambiente a um modelo não-degradador, a obter a cessação temporária ou definitiva da atividade lesiva e a suprimir omissões públicas e privadas causadoras de danos ao meio ambiente.[9]

Exemplos extraídos da jurisprudência dos tribunais são a determinação, ao responsável, da realização de obras para impedir o prosseguimento de emissão de fumaça na atmosfera e do lançamento de efluentes químicos em curso d'água; da implantação de equipamentos e sistema de controle de emissão de resíduos perigosos; da instalação de filtros e aparelhos antipoluição; da demolição de edificação prejudicial à visibilidade de bem de valor cultural; da implantação de sistema de tratamento de esgoto doméstico e industrial; da transferência de estabelecimento poluidor para localidade diversa. Além disso, tem-se admitido, ainda, a determinação ao degradador da cessação de emissão de efluentes líquidos e sólidos no solo e nas águas; da abstenção de prática rural causadora de emissão de poluentes na atmosfera (queimadas); da abstenção da extração de exemplares da fauna e da flora de determinado ecossistema; da cessação de extração de areia de leito de rio, causadora de assoreamento do curso d'água; da suspensão de atividades em bares e templos religiosos causadoras de emissão de sons e ruídos acima dos níveis aceitáveis; da abstenção de depósito de lixo a céu aberto.[10]

4. Condições para imposição da supressão do fato danoso ao meio ambiente

A supressão do fato danoso ao meio ambiente está sujeita, para poder ser imposta ao degradador, a duas condições básicas: a lesivi-

---

9. Álvaro Luiz Valery Mirra, *Ação Civil Pública* ..., pp. 350-351.
10. A referência integral dos acórdãos correspondentes à jurisprudência invocada está em nosso *Ação Civil Pública* ..., pp. 350-352.

dade e a continuidade da atividade ou omissão que se encontra na origem do dano.[11]

Com efeito, no contexto da responsabilidade civil ambiental, para que uma situação danosa possa ser suprimida é preciso, em primeiro lugar, que se constate a existência de um dano ambiental – atual ou futuro – dela resultante. Sem dano – uma das constantes da responsabilidade civil ao lado do nexo causal – não há que se falar em supressão do fato danoso ao meio ambiente.

Observe-se que, na hipótese em questão, basta a lesividade da atividade, sendo irrelevante sua ilicitude ou licitude.

Como tem sido analisado pela doutrina autorizada,[12] no âmbito da responsabilidade objetiva – como o é a responsabilidade por danos ao meio ambiente (art. 225, § 3º, da CF e art. 14, § 1º, da Lei 6.938/1981) –, a circunstância de a atividade degradadora ser lícita não tem qualquer influência no desencadeamento dos mecanismos e dos efeitos principais da responsabilidade civil, sobretudo a reparação de danos e a supressão do fato danoso.

De fato, o texto constitucional do referido art. 225, § 3º, é claro em dispor que "as condutas e atividades consideradas *lesivas* ao meio ambiente sujeitarão os infratores, pessoas físicas ou jurídicas, a sanções penais e administrativas, independentemente da obrigação de reparar os danos causados". Exige-se, como se pode perceber, para fins de responsabilização civil, tão-só a lesividade da atividade degradadora, sem qualquer alusão à sua ilegalidade.

Ademais, não há como ignorar que quem alega a legalidade de sua atividade, para afastar sua responsabilização civil, pretende, inescondivelmente, escudar-se na conhecida excludente de responsabilidade do *exercício regular de um direito*. Ocorre que, em verdade, tal escusa exclui, normalmente, a responsabilidade civil por afastar a culpa do agente, o qual, ao exercer regularmente seu direito, não pode

---

11. Álvaro Luiz Valery Mirra, *Ação Civil Pública* ..., pp. 346-348.
12. Nélson Nery Jr., "Responsabilidade civil por dano ecológico e ação civil pública", *RePro* 38/131; Édis Milaré, *Direito do Ambiente*, pp. 339-340; Carlos Roberto Gonçalves, *Responsabilidade Civil*, 6ª ed., São Paulo, Saraiva, 1995, p. 75; Rodolfo de Camargo Mancuso, *Ação Civil Pública*, 6ª ed., São Paulo, Ed. RT, 1999, pp. 271-272; Francisco José Marques Sampaio, *Responsabilidade Civil* ..., p. 159; José Rubens Morato Leite, *Dano Ambiental:* ..., pp. 132-133 – entre outros.

ser tido como imprudente, negligente ou imperito na sua conduta lesiva. Mas, como na responsabilidade objetiva não se discute a culpa do agente, de nada adianta invocar uma eximente que exclui a responsabilidade precisamente por afastar a culpa.[13]

Registre-se, aqui, que nem mesmo a obtenção de prévio licenciamento perante o Poder Público pode afastar a responsabilidade do degradador na esfera civil.

O licenciamento ambiental – impõe-se compreender – é um dos instrumentos da Política Nacional do Meio Ambiente, a qual tem como objetivo primordial a preservação e a conservação do meio ambiente (arts. 2º, *caput*, e 9º, IV, da Lei 6.938/1981). Este fim específico da Política Nacional do Meio Ambiente deve ser sempre observado pela Administração no licenciamento de atividades potencialmente lesivas ao meio ambiente.

Por via de conseqüência, se na sua utilização o licenciamento ambiental acabar levando a uma solução contrária à proteção do meio ambiente – permitindo, por exemplo, que a atividade licenciada cause danos ambientais –, estará ele divorciado da sua finalidade básica definida em lei. Haverá, nesse caso, desvio de finalidade na atuação administrativa, e inafastável ilegalidade da atividade.[14]

Nesses termos, uma atividade licenciada ou autorizada pela Administração Pública que, na prática, se revelar lesiva ao meio ambiente será, de qualquer modo, sempre uma atividade ilegal, por força da ilegalidade do licenciamento ou autorização que não cumpre sua finalidade como instrumento de preservação e conservação do meio ambiente – ficando aberta, com isso, ao lado da reparação de danos, a possibilidade de supressão de referida atividade.

Como se vê, pouco importa que a atividade-fonte do dano esteja sendo exercida em conformidade com normas legais ou administrativas relativas à emissão de substâncias nocivas ou poluentes, ou de acordo com autorização ou licenciamento regularmente obtido. Se, no caso concreto, verificado que seu exercício é prejudicial à quali-

---

13. Álvaro Luiz Valery Mirra, *Ação Civil Pública* ..., p. 347, com referência à doutrina de Caio Mário da Silva Pereira.
14. Álvaro Luiz Valery Mirra, *Ação Civil Pública* ..., pp. 347-348, com referência à doutrina de Celso Antônio Bandeira de Mello.

dade ambiental, estará aberta a possibilidade de se obter sua adaptação ou até sua cessação temporária ou definitiva, por intermédio da supressão do fato danoso.

Em segundo lugar, cumpre salientar que a supressão do fato danoso ao meio ambiente somente pode ter incidência se a situação que lhe dá origem ainda não se encontra irremediavelmente consumada – ou seja, se ela está ainda em curso. Um fato danoso instantâneo ou inteiramente consumado é irreversível e imodificável. Aqui, como apenas os efeitos prejudiciais se prolongam no tempo, a solução consiste em fazer cessar o dano ao meio ambiente, reparando-o.

Portanto, é a continuidade da agressão ao meio ambiente, causadora de danos sucessivos e reiterados, que permite a supressão da fonte desses prejuízos. Um dano ambiental resultante de fato único, que não se protrai no tempo, abre a via da reparação, mas não a da supressão do fato danoso, já consumado.[15]

Ressalte-se que a existência de um dano (atual ou futuro) e a permanência da atividade danosa são as duas únicas circunstâncias que condicionam a imposição da supressão do fato danoso ao meio ambiente, como efeito da responsabilidade civil. São, por assim dizer, condições necessárias e suficientes à cessação da situação que se encontra na origem do dano ambiental.

5. *A supressão do fato danoso ao meio ambiente como medida de urgência*

De acordo com o acima examinado, a supressão da situação danosa visa a impedir, de um lado, a renovação do dano e, de outro lado, a agravação do prejuízo causado que ainda não foi reparado. E não é raro, em tema de dano ambiental, que, antes de ser pronunciada uma decisão concernente à supressão do fato danoso, se assista ao aparecimento de outros danos ou à agravação do dano verificado, decorrentes da continuidade do exercício da mesma atividade degradadora.

Isso mostra que, diante da complexidade dos fatos discutidos na ação de responsabilidade civil, a demora no desenvolvimento da ins-

---

15. Álvaro Luiz Valery Mirra, *Ação Civil Pública* ..., p. 349.

trução e no julgamento da causa pode conduzir a resultados indesejáveis e muitas vezes catastróficos para a qualidade ambiental.[16]

Esse aspecto do problema foi levado em consideração pelo legislador brasileiro, por ocasião da elaboração da Lei 7.347/1985. Com efeito, o art. 12 da lei dispõe que "poderá o juiz conceder mandado liminar, com ou sem justificação prévia, em decisão sujeita a agravo", na ação civil pública tendente ao cumprimento de obrigações de fazer e não-fazer – o que autoriza, à evidência, seja determinada a supressão do fato danoso ao meio ambiente *antes* do julgamento definitivo da ação proposta, em caráter provisório, preservada sua eficácia até a decisão final. Trata-se de verdadeira antecipação dos efeitos da tutela pretendida, a ser concedida no próprio processo de conhecimento, inclusive em nível liminar e *inaudita altera parte*, se necessário.

A norma em questão foi posteriormente reafirmada e explicitada pelo disposto no art. 84, § 3º, do Código de Defesa do Consumidor (Lei 8.078/1990), aplicável à tutela jurisdicional do meio ambiente por força do disposto no art. 21 da Lei 7.347/1985. Em conformidade com esse dispositivo legal, nas ações que tiverem por objeto o cumprimento de obrigação de fazer ou não-fazer, "sendo relevante o fundamento da demanda e havendo justificado receio de ineficácia do provimento final, é lícito ao juiz conceder a tutela liminarmente ou após justificação prévia, citado o réu".

Da análise conjugada dos mencionados textos normativos extrai-se que dois requisitos básicos devem ser preenchidos para que a supressão do fato danoso ao meio ambiente seja concedida em caráter liminar.

O primeiro refere-se ao *periculum in mora*. A cessação imediata da situação que está na origem do dano deverá ser autorizada quando sua determinação ao final do processo puder mostrar-se inútil, por excessivamente tardia. Por exemplo, se a renovação ou a agravação do dano ambiental que se busca impedir acabar por se concretizar antes da prolação da sentença.

O segundo requisito é o *fumus boni iuris*, relacionado à probabilidade de superveniência da renovação ou do agravamento do dano

---

16. Idem, pp. 357 e ss.

por força da manutenção da situação danosa resultante da atividade reputada, de forma plausível, lesiva à qualidade ambiental.

Não é indispensável, aqui, como se pode notar, a *certeza* quanto à lesividade da atividade questionada ou à renovação ou agravamento do dano ambiental, se mantida intacta a situação tida como nociva, bastando a *plausibilidade* da afirmação relacionada ao caráter degradador da atividade e a *probabilidade* de que da continuidade do exercício desta resultará a repetição ou o agravamento do dano – este verificado, a esta altura, também em termos de probabilidade.[17]

Registre-se que nesta matéria tem integral aplicação o denominado *princípio da precaução*, considerado um dos princípios fundamentais do direito ambiental moderno.

Pela aplicação desse princípio, a supressão do fato danoso ao meio ambiente, como medida de urgência, poderá ser deferida ainda quando existente controvérsia científica relacionada aos efeitos nocivos da atividade discutida sobre a qualidade ambiental. Ou seja: mesmo ausente prova científica absoluta da lesividade da atividade e/ou da superveniência da renovação ou agravamento do dano apontado, verificado, no caso concreto, o perigo de repercussões graves ou irreversíveis para a vida, a segurança da população, a qualidade de vida e o meio ambiente, autorizada estará a supressão do fato ou situação danosa.[18]

Questão importante a ser analisada, neste passo, refere-se à supressão do fato danoso determinada como medida de urgência em face do Poder Público, tendo em vista as disposições das Leis 8.437/1992 e da 9.494/1997, que disciplinaram a concessão de medidas de urgência, cautelares ou antecipatórias de tutela, contra atos ou omissões de entes estatais.

A Lei 8.437/1992, no seu art. 1º, *caput*, estabeleceu o não-cabimento de medida liminar contra atos do Poder Público, no processo cautelar ou em quaisquer outras ações de natureza cautelar ou preventiva, toda vez que providência semelhante não puder ser concedida em mandados de segurança. Acrescentou, em seguida, ser igualmente incabível medida liminar que esgote, no todo ou em parte, o obje-

17. Álvaro Luiz Valery Mirra, *Ação Civil Pública* ..., p. 358.
18. Idem, ibidem.

to da ação (art. 1º, § 4º), sendo que no âmbito do mandado de segurança coletivo e da ação civil pública, quando admissível, a liminar somente será concedida após audiência do representante judicial da pessoa jurídica de direito público (art. 2º).

A Lei 9.494/97, por seu turno, dispôs ser aplicável à tutela antecipada prevista nos arts. 273 e 461 do CPC as regras dos arts. 5º, caput e parágrafo único, e 7º da Lei 4.348/1964, do art. 1º, caput e § 4º, da Lei 5.021/1966 e dos arts. 1º, 3º e 4º da Lei 8.437/1992.

Para o que importa mais de perto à supressão do fato danoso ao meio ambiente como providência de urgência, a ser deferida *in limine litis*, impõe-se examinar as normas dos arts. 1º, § 3º, e 2º da Lei 8.437/1992, que vedam na ação civil pública a concessão de liminares contra o Poder Público sem prévia audiência do representante judicial da pessoa jurídica de direito público e que esgotem, no todo ou em parte, o objeto da ação.

De início, nunca é demais lembrar que a tutela jurisdicional entre nós, no Brasil, tem *status* constitucional – no art. 5º, XXXV, da CF, segundo o qual "a lei não excluirá da apreciação do Poder Judiciário lesão ou ameaça a direito". Assim, a lei não pode inviabilizar o exercício do direito de ação, inclusive no que concerne à tutela de urgência a ser obtida por meio da antecipação liminar e *inaudita altera parte* dos efeitos do provimento final pretendido, se presentes os requisitos do *fumus boni iuris* e do *periculum in mora*, independentemente de o pólo passivo da demanda ser ou não integrado por entidade estatal.[19]

Nesse sentido, a exigência indiscriminada de prévia audiência do representante judicial da pessoa jurídica de direito público demandada, como condição para o deferimento da supressão liminar do fato danoso ao meio ambiente, contraria, sem dúvida, garantia constitucional da inafastabilidade do controle pelo Judiciário de lesão ou ameaça de lesão ao direito de todos ao meio ambiente ecologicamente equilibrado (art. 225, *caput*, da CF).

Em verdade, o que efetivamente conta, na hipótese, é a necessidade de adequada tutela ao direito em discussão e à situação lesiva

---

19. Cf. João Batista Lopes, *Tutela Antecipada*, São Paulo, Saraiva, 2001, p. 99; Nélson Nery Jr. e Rosa Maria Andrade Nery, *Código de Processo Civil Comentado e Legislação Processual Civil Extravagante em Vigor*, 5ª ed., São Paulo, Ed. RT, 2001, p. 2.396.

que se pretende fazer cessar, por intermédio da supressão do fato danoso ao meio ambiente. Por via de conseqüência, sempre que a urgência da medida não recomendar o aguardo da cientificação do representante judicial da pessoa jurídica de direito público, ou a ciência pelo demandado da providência solicitada trouxer o risco de torná-la ineficaz, em virtude da postura até então mantida pelo ente estatal, autorizada estará a imposição da cessação da atividade tida como lesiva, *inaudita altera parte*, no limiar da ação civil pública.[20]

Quanto à restrição do cabimento de medida liminar que esgote no todo ou em parte o objeto da ação civil pública em questão, tem-se como de nenhuma relevância na espécie, já que, na realidade, devido à provisoriedade característica das tutelas de urgência, nunca haverá, propriamente, na supressão liminar do fato danoso ao meio ambiente praticado pelo Poder Público, esgotamento do objeto da demanda, somente possível com o provimento definitivo.[21]

6. Garantias legais à supressão do fato danoso ao meio ambiente

A supressão da atividade-fonte de danos ao meio ambiente, como mencionado, pode ser obtida por intermédio da imposição, ao responsável, do cumprimento de obrigações de fazer e não-fazer.

Devido à natureza indisponível do meio ambiente como bem de uso comum do povo e do direito ao meio ambiente ecologicamente equilibrado como direito humano fundamental (art. 225, *caput*, da CF), torna-se indispensável que a supressão do fato danoso nessa matéria seja de fato garantida, independentemente da vontade do obrigado em cumprir o quanto determinado pela decisão judicial. Daí o cabimento de determinadas providências destinadas a garantir a efetivação das obrigações de fazer e não-fazer, em questão.[22]

Nos termos do art. 11 da Lei 7.347/1985 e do art. 84 da Lei 8.078/1990, as garantias legais ao cumprimento das obrigações de fazer e não-fazer no âmbito da ação civil pública de responsabilida-

---

20. Álvaro Luiz Valery Mirra, *Ação Civil Pública*..., pp. 363-364. Ainda: Pedro da Silva Dinamarco, *Ação Civil Pública*, São Paulo, Saraiva, 2001, pp. 318-320.
21. João Batista Lopes, *Tutela Antecipada*, pp. 101-102, com apoio na doutrina de Eduardo Talamini.
22. Álvaro Luiz Valery Mirra, *Ação Civil Pública*..., p. 364.

de por danos ao meio ambiente (e a outros direitos difusos) são a execução da obrigação por um terceiro às custas do obrigado, a fixação de multa diária cominatória para a eventualidade do não-adimplemento da obrigação imposta e as denominadas *medidas de apoio*, consistentes em busca e apreensão, remoção de pessoas e coisas, desfazimento de obra, impedimento de atividade nociva e requisição de força policial.

Conforme se tem entendido, em tema de cumprimento de obrigações de fazer e não-fazer o que efetivamente importa, afinal de contas, é o resultado prático perseguido, devendo o juiz, no processo, determinar todas as providências necessárias a tal finalidade – admitidas pela ordem jurídica vigente –, tendentes não só a levar o obrigado a cumprir, por atividade ou abstenção própria, o comando judicial, como também a permitir, por intermédio da atuação de auxiliares da Justiça ou de terceiros, a produção do resultado final a que o cumprimento espontâneo da obrigação de fazer ou de não-fazer teria conduzido.[23]

Tais garantias, por fim, na ação civil pública para supressão da atividade que se encontra na origem do dano ambiental, comportam dois momentos para sua imposição, em conformidade com os dois momentos da determinação da própria cessação do fato danoso. Primeiro, já no início do processo, para assegurar a decisão de antecipação liminar da cessação da atividade nociva, determinada em caráter de urgência, se o caso. Segundo, com o julgamento definitivo da demanda, para assegurar o comando emergente da sentença que impôs ao degradador a supressão do fato danoso, pela via do cumprimento de obrigações de fazer ou não-fazer.[24]

Em ambos os casos – registre-se – as medidas assecuratórias referidas deverão ser determinadas *ex officio* pelo magistrado, vale dizer, independentemente de requerimento do autor da ação de responsabilidade civil (art. 11 da Lei 7.347/1985 e art. 84, § 4º, da Lei 8.078/1990).

23. Cândido Rangel Dinamarco, *A Reforma do Código de Processo Civil*, 5ª ed., São Paulo, Malheiros Editores, 2001, p. 152; Kazuo Watanabe, *Código Brasileiro de Defesa do Consumidor – Comentado pelos Autores do Anteprojeto*, Rio de Janeiro, Forense Universitária, 1991, p. 528.
24. Álvaro Luiz Valery Mirra, *Ação Civil Pública ...*, p. 365.

7. Considerações finais

A análise acima empreendida evidenciou que o sistema de responsabilidade civil por danos causados ao meio ambiente, disciplinado no ordenamento jurídico brasileiro pela Constituição Federal de 1988 e pela Lei 6.938/1981, configura um sistema próprio e autônomo, baseado na responsabilidade objetiva do degradador do meio ambiente, na ampliação dos sujeitos considerados responsáveis – a pessoa física ou jurídica, de direito público ou privado, direta ou indiretamente responsável pela degradação ambiental –, na aplicação do princípio da reparação integral do dano ambiental e na ampliação dos efeitos da responsabilidade civil nessa matéria, abrangente da reparação propriamente dita do dano ao meio ambiente e da supressão do fato danoso à qualidade ambiental.

A supressão do fato danoso ao meio ambiente, por intermédio do quê se obtém a cessação da atividade lesiva à qualidade ambiental, não se confunde com a reparação do dano e comporta imposição cumulativa com ela: atua-se, de um lado, sobre o dano, reparando-o; e, de outro lado, sobre a fonte do dano – atividade ou omissão lesiva –, para o fim de evitar a agravação do prejuízo ainda não reparado ou a reiteração do dano em vias de reparação.

Tal providência, em verdade, visa, no mais das vezes, prioritariamente, à modificação do exercício de atividades produtivas, inclusive obras e serviços públicos, pela adaptação de uma exploração nociva a uma exploração não-nociva à qualidade ambiental, e, excepcionalmente, à cessação propriamente dita, temporária ou definitiva, da atividade degradadora. Esses objetivos da supressão da situação danosa ao meio ambiente podem ser alcançados pela imposição, ao responsável, do cumprimento de obrigações de fazer e não-fazer, garantidas pela execução da obrigação por um terceiro às custas do obrigado ou pela imposição de multa cominatória diária, bem como pelas denominadas *medidas de apoio* (busca e apreensão, remoção de pessoas e coisas, desfazimento de obra, impedimento de atividade nociva e requisição de força policial).

E mais: a supressão do fato danoso pode ser determinada como medida de urgência, já no limiar da ação de responsabilidade civil por danos ao meio ambiente, presentes os requisitos do *fumus boni iuris* e do *periculum in mora*.

Em suma, o que se procurou ressaltar é que a supressão do fato danoso, como mecanismo destinado à cessação da atividade ou omissão lesiva ao meio ambiente, configura, sem dúvida, medida da maior relevância no contexto da responsabilidade civil ambiental, cuja compreensão e aplicação, em toda sua amplitude e extensão, poderão dar à responsabilidade civil, nessa matéria, melhores condições de contribuir para a preservação e a conservação do meio ambiente. Nisto está, com certeza, a melhor homenagem que se poderia a fazer ao professor Paulo Affonso Leme Machado, o qual sempre sonhou em ver o direito ambiental e seus diversos institutos como verdadeiros instrumentos de defesa da qualidade ambiental.

PROTEÇÃO DO MEIO AMBIENTE E DIREITO ADQUIRIDO

ANALÚCIA DE ANDRADE HARTMANN

1. Introdução. 2. A dimensão constitucional do direito adquirido. 3. Direito de propriedade e direito adquirido: a função ecológica da propriedade. 4. O dever dos atores sociais. 5. A aplicação imediata das regras de proteção ambiental: 5.1 Das atividades licenciadas – 5.2 O direito adquirido a construir. 6. Conclusões.

1. Introdução

A importância do direito ambiental como instrumento privilegiado de proteção dos recursos naturais e da qualidade de vida se afirma cada vez mais. Os problemas ambientais com os quais se defronta atualmente a sociedade, porém, também progridem e se tornam mais complexos.

O papel dos profissionais desse ramo jurídico é, evidentemente, informado pela realidade em que estes estão inseridos. No caso brasileiro, a situação política do país, sua fragilidade em relação ao capital internacional e a outros países bem como a notória e triste realidade da enorme desigualdade social são dados que tornam ainda mais difícil uma atuação eficaz de juristas e organizações que buscam a proteção do meio ambiente. A urgência da demanda ambiental não torna mais fácil tal tarefa.

A ação civil pública é, sem dúvida alguma, o instrumento privilegiado de atuação do operador jurídico brasileiro, especialmente em razão da inconsistência da proteção do meio ambiente efetuada pela Administração Brasileira, salvo raras exceções. Existentes as regras jurídicas e a consagração constitucional, as incoerências persistem e a necessária eficácia não se concretiza.

Este artigo pretende analisar um ponto específico da prática da conciliação entre direitos econômicos e a proteção ambiental – prática que deve ser informada pelo princípio do desenvolvimento sustentável –, qual seja, a devida dimensão do *direito adquirido*, tema jurídico negligenciado pelos órgãos executivos encarregados da proteção do meio ambiente, e que não tem merecido dos Tribunais pátrios um tratamento sistematizado.

Dentro do contexto da conciliação de direitos fundamentais de "gerações" diferentes – liberdades e direitos econômicos, de um lado, e direito ambiental, de outro –, a manutenção de certas situações jurídicas e fáticas indesejáveis, pretensamente fundamentadas em direitos adquiridos, revela uma fronteira que merece reflexão jurídica adequada.

2. A dimensão constitucional do direito adquirido

A CF de 1988, em seu art. 5º, XXXVI, determina: "a lei não prejudicará o direito adquirido, o ato jurídico perfeito e a coisa julgada".

Na Lei de Introdução do primeiro Código Civil Brasileiro, de 1916, a garantia ao *direito adquirido* já estava presente, com um conceito impreciso de um direito subjetivo que pode ser exercido por seu titular.[1]

Assim, o *direito adquirido* é compreendido como aquele que não foi exercido por ocasião da entrada em vigor da lei nova.[2] Deste conceito simples é possível deduzir que o titular de um direito adquirido já preencheu todos os requisitos para o exercício desse direito, mas ainda não o exerceu – o que difere de uma expectativa de direito.

De Plácido e Silva esclarece: "(...) direito adquirido quer significar o direito que já se incorporou ao patrimônio da pessoa, já é de sua propriedade, já constitui um bem, que deve ser juridicamente protegido contra qualquer ataque exterior, que ouse ofendê-lo ou turbá-lo".[3]

Completando o conceito, ensina José Cretella Jr.: "A lei nova não atingirá o direito adquirido, não incidirá sobre o direito adquirido. A lei

---

1. Rubens Limongi França, *A Irretroatividade das Leis e o Direito Adquirido*, 6ª ed., p. 212.
2. Cláudia Toledo, *Direito Adquirido e Estado Democrático de Direito*, p. 165.
3. *Vocabulário Jurídico*, 11ª ed., vol. II, p. 77.

nova não pode retirar do 'mundo' o fato jurídico, pois o evento já ocorreu e interferiu no mundo jurídico. Fato jurídico é o próprio fato do mundo (a morte, por exemplo) com repercussões no mundo jurídico".[4]

Quanto à *expectativa de direito*, em geral, a jurisprudência nacional a entende como aquela relacionada a faculdades abstratas; possibilidades às quais falta uma condição de aquisição específica.[5] Neste diapasão decidem normalmente os tribunais em relação aos direitos sem regulamentação, salvo no que respeita aos direitos e garantias sociais.

A questão em análise não é a irretroatividade da lei, mas sim a limitação temporal da aplicação da lei (ou campo de aplicação temporal). As leis apenas têm efeitos retroativos em caso de disposição específica em seu texto, sob reserva de direitos adquiridos e de situações já existentes.[6]

No Brasil a irretroatividade da lei sempre foi a regra, e não somente em relação à legislação penal.[7] No entanto, a lógica da ordem jurídica deve ser compreendida em harmonia com outro elemento: a lei de efeito imediato.[8]

Justamente essa harmonização, que deveria ser feita normalmente e dentro de um contexto de priorização do interesse público e de regras de interpretação jurídicas, representa uma dificuldade a mais nas discussões dos casos concretos e de sua adequação aos dispositivos e propósitos da legislação ambiental.

Esta dificuldade pode ser atribuída a um certo conservadorismo em um país ainda tão apegado à defesa dos direitos individuais. Em efeito, a doutrina e a jurisprudência brasileiras ainda não criaram os paradigmas necessários para o tratamento do problema, especialmente no que diz respeito a uma utilização precária do princípio da proporcionalidade.[9]

Geralmente a jurisprudência é pacífica quando se trata de uma autorização administrativa contrária à determinação expressa da lei,

---

4. *Comentários à Constituição Brasileira de 1988*, vol. I, p. 456.
5. Limongi França, *A Irretroatividade das Leis* ..., 6ª ed., p. 296.
6. José Afonso da Silva, *Curso de Direito Constitucional Positivo*, 23ª ed., p. 433.
7. Na qual a exceção é a hipótese de a nova regra legal beneficiar ao réu.
8. Limongi França, *A Irretroatividade das Leis* ..., 6ª ed., p. 215.
9. Joaquim Carlos Salgado, cit. por Cláudia Toledo, *Direito Adquirido* ..., p. 15.

já que é sempre válida a afirmação de que de atos nulos não podem resultar direitos adquiridos.[10]

A equivocada avaliação da gravidade dos vícios atribuídos a um ato administrativo, porém, está muitas vezes na origem de decisões judiciárias contraditórias e danosas ao meio ambiente. Finalmente, raramente os juízes brasileiros declaram a nulidade de um ato administrativo em razão de erro de apreciação do órgão público em relação ao problema ou risco ambiental em discussão, não obstante a existência de regra de inversão do ônus da prova em relação a esse objeto jurídico.[11] Consagrado constitucionalmente o direito ao meio ambiente ecologicamente equilibrado, ainda são numerosas as decisões judiciais baseadas em uma noção equivocada de *direito adquirido*.[12]

Assim, faz-se imprescindível reafirmar constantemente, em relação aos direitos individuais ditos "em curso", que o direito ao meio ambiente equilibrado é constitucionalizado no país, e que não pode existir direito adquirido contra a Constituição. A correta aplicação das regras jurídicas de conflito de leis no tempo e do princípio da proporcionalidade deveria, então, ser suficiente para solucionar as situações concretas levadas a juízo. A jurisprudência, no entanto, é contraditória, especialmente em casos relacionados a planos de urbanização ou a loteamentos autorizados segundo uma legislação antiga, cuja implantação faz-se em etapas sucessivas e em épocas distintas – situação absurda e ilegal.

Ainda sobre este ponto, é preciso ressaltar que a legislação ambiental no Brasil normalmente já define as regras para as situações de direitos transitórios, estabelecendo as condições e os prazos para a conformação com o novo regime. Algumas vezes – como foi o caso dos prazos dados às empresas para regularizarem suas licenças em relação à Lei dos Crimes Ambientais – este períodos são prolongados além do necessário, mas nestes casos pelo menos há uma certeza jurídica, o que não ocorre quando a solução do problema concreto fica sob a responsabilidade de uma Administração Pública pouco rigorosa.

---

10. Orientação já antiga do STF.
11. Sem falar no próprio *princípio da precaução*, tão confundido com o da prevenção.
12. Salvo exceções, raramente é bem compreendido pela jurisprudência o conceito de *incerteza científica* em relação ao princípio da precaução em direito ambiental.

3. Direito de propriedade e direito adquirido: a função ecológica da propriedade

Inúmeros dispositivos da Constituição Federal de 1988 estabelecem expressamente que a propriedade no Brasil deve cumprir uma função social, como requisito interno de legitimidade.[13]

Tal definição está em acordo com a compreensão de que as limitações de uso de um bem não devem ser consideradas como expropriação, já que não atingem o núcleo do próprio direito de propriedade. Assim, a legislação sobre o tombamento[14] impõe aos proprietários dos bens classificados como de interesse histórico ou cultural sua proteção, bem como impede as modificações de seus atributos essenciais, sem dar origem a qualquer dircito indenizatório. Trata-se de legítima e legal imposição de um dever em benefício de um interesse socialmente importante. Neste caso, o proprietário mantém sua possibilidade de usufruto e de disponibilidade, apenas com uma obrigação de comportamento específico.

As razões são as mesmas em relação às limitações de uso oriundas da legislação geral de proteção do meio ambiente,[15] das normas de urbanismo ou ainda das servidões públicas em geral. Os limites são de interesse público, de interesse de todos os membros da sociedade: o uso da propriedade será condicionado ao bem-estar social.[16]

As restrições normais impostas pelo Código Florestal,[17] portanto, não são indenizáveis, como é o caso da obrigação de manter a reserva legal nas propriedades rurais ou as florestas e formas de vegetação de preservação permanente, onde estas se encontrarem. Apenas quando o Poder Público impõe um ônus individual e anormal, aniquilando por completo o conteúdo econômico de uma propriedade, é que ocorrerá o direito a uma indenização.[18]

---

13. Arts. 5º, XXIII, 170, II e III, 182, § 2º, 184, 185 e 186 da CF de 1988.
14. Decreto-lei 25/1937.
15. V., sobre o assunto, Paulo Affonso Leme Machado, "Brésil – Droit de propriété et environnement", in *Droit de l'Environnement et Propriété en Droit Comparé*, p. 27.
16. Edis Milaré, *Direito do Ambiente*, p. 104.
17. Lei 4.771/1965, com a redação dada pela Medida Provisória 2.166-67, de 24.8.2001, atualmente em vigor.
18. STF, RE 47.865-0-SP, *DJU* 5.9.1994, e RE 134.297-SP, j. 13.6.1995, *RTJ* 158/205.

Atualmente a proteção do meio ambiente faz parte do que a Carta de 1988 denomina de "cumprimento da função social da propriedade",[19] inclusive para fins de classificação da propriedade rural em *produtiva* ou *improdutiva*.[20]

O capítulo do meio ambiente na Constituição Federal começa justamente por uma declaração de princípios e de obrigações, estas últimas voltadas a todos os atores sociais, públicos e privados: "Art. 225. Todos têm direito ao meio ambiente ecologicamente equilibrado, bem de uso comum do povo e essencial à sadia qualidade de vida, impondo-se ao Poder Público e à coletividade o dever de defendê-lo e preservá-lo para as presentes e futuras gerações".

Como os demais direitos fundamentais, o direito ao meio ambiente ecologicamente equilibrado é um direito indisponível. Além disso, a proteção dos recursos naturais deve ser considerada também em relação às gerações futuras: a sociedade do presente deve transmitir o patrimônio ambiental nas melhores condições de equilíbrio possíveis.[21]

Adaptado aos novos tempos, o novo Código Civil Brasileiro – Lei 10.406/2002 – afirmou um direito de propriedade com nova dimensão:

"Art. 1.228. O proprietário tem a faculdade de usar, gozar e dispor da coisa, e o direito de reavê-la de quem quer que injustamente a possua ou detenha.

"§ 1º. O direito de propriedade deve ser exercido em consonância com as suas finalidades econômicas e sociais e de modo que sejam preservados, de conformidade com o estabelecido em lei especial, a flora, a fauna, as belezas naturais, o equilíbrio ecológico e o patrimônio histórico e artístico, bem como evitada a poluição do ar e das águas."[22]

No mesmo sentido, o Governo Federal editou o Decreto 4.297, de 10.7.2002, que estabelece os critérios a serem seguidos para a ela-

---

19. Este aspecto passa a integrar o conceito atual de *propriedade*, como bem entendeu o TRF-4ª Região na ApMS 61.101, em 13.2.2001.
20. Art. 186, II, da CF de 1988.
21. Edis Milaré, *Direito do Ambiente*, p. 211.
22. Cumpre destacar, do novo texto, que a poluição do solo não foi referida, ao contrário da do ar e das águas.

boração do zoneamento ecológico-econômico (ZEE) do país, o qual expressamente deverá obedecer aos princípios das funções social e ecológica da propriedade.

Ora, a função ecológica consagrada por nossa legislação impõe ao proprietário um comportamento positivo[23] para que sua propriedade possa ser considerada em acordo com a legislação ambiental. Nesta situação, nenhum direito de uso poderia ser caracterizado como "adquirido", estando em contradição com uma função intrínseca ao próprio direito de propriedade ou, como será visto adiante, ao dever constitucional de cada um em relação ao meio ambiente.

O proprietário tem direito ao uso e gozo de seu bem, mas não a qualquer tipo de uso e gozo. Por outro lado, tem deveres específicos e obrigação de cumprimento de uma função que limita internamente seu próprio direito.

Neste contexto, o Poder Judiciário tem um papel essencial na harmonização das situações concretas com a orientação da lei. As contradições infelizmente persistem; mas, se há ainda decisões conservadoras quando se discute direito de propriedade, uma análise global permite afirmar que a modificação do próprio conceito já é admitida.

4. O dever dos atores sociais

O Estado tem o dever de promover a proteção do meio ambiente, para isso fazendo uso de atos administrativos e especialmente do poder de polícia ambiental. Mas o art. 225 da CF impõe também à sociedade brasileira o dever de defender e de preservar o meio ambiente. Este dever será exercido pela sociedade através (a) da participação na criação do direito ambiental; (b) da participação na formulação e na execução das políticas ambientais; e (c) da promoção do controle do Judiciário.[24]

Assim, se, de um lado, a participação nas decisões administrativas é um dos mais importantes direitos da coletividade, por outro lado, esta forma de defesa do meio ambiente é também um dever. Para

---

23. Álvaro Mirra, cit. por Édis Milaré, *Direito do Ambiente*, p. 105.
24. Guilherme Figueiredo e Solange Teles da Silva, "Elementos da ação do Estado na defesa dos bens ambientais pelas presentes e futuras gerações", in *Temas de Direito Ambiental e Urbanístico*, pp. 138-139.

o cumprimento desse dever é preciso que a sociedade respeite os princípios constitucionais ambientais. É uma obrigação para os cidadãos em geral, e especialmente para os empresários: significa também o cumprimento da função social da propriedade e da colaboração nos esforços para garantir a saúde pública e o desenvolvimento sustentável.

Tais deveres podem mesmo ser considerados como de relevante interesse ecológico, como o fez a Lei dos Crimes Ambientais.[25] O empresário, neste domínio, deve ser responsabilizado no caso de ilegalidade na elaboração do Estudo de Impacto ou em outro documento de informação necessário à Administração Pública.

Quanto à responsabilização civil do Estado por omissão, esta é ainda dificilmente estabelecida no Brasil, salvo nas hipóteses de negligência na adoção de medidas específicas. As obrigações gerais tendem a ser consideradas dentro de um subjetivo campo de discricionariedade – o que não corresponde à inteligência do sistema legal em vigor.[26]

O que importa ressaltar, neste contexto, é a impropriedade do argumento do *direito adquirido* em defesa de ato degradador ou ambientalmente indesejável, em face da determinação constitucional do dever/obrigação de cada um e de todos de proteger o meio ambiente.

5. A aplicação imediata das regras de proteção ambiental

Para uma eficaz proteção do meio ambiente faz-se necessária uma séria e rigorosa aplicação da legislação pertinente. Para tanto, impres-

25. Lei 9.605/1998, que criou tipos penais ligados à omissão na obrigação de adoção de medidas legais no que respeita aos licenciamentos ambientais e a importantes interesses ecológicos, inclusive dificultar a atuação fiscalizatória da Administração.
26. "A autoridade administrativa não pode renunciar ao exercício das competências que lhe são outorgadas por lei; não pode deixar de punir quando constate a prática de ilícito administrativo; não pode deixar de exercer o poder de polícia para coibir o exercício dos direitos individuais em conflito com o bem-estar coletivo; não pode deixar de exercer os poderes decorrentes da hierarquia; não pode fazer liberalidade com o dinheiro público. Cada vez que ela se omite no exercício de seus poderes, é o interesse público que está sendo prejudicado" (Maria Sylvia Zanella Di Pietro, *Direito Administrativo*, 13ª ed., p. 70).

cindível reafirmar a característica da aplicação imediata quando se trata de regras legais desse domínio, especialmente regras de polícia administrativa ambiental.

Embora a Constituição Federal disponha sobre a proteção ao direito adquirido, esta determinação não pode significar ou conduzir a uma situação imutável em relação às atividades econômicas/usos da propriedade. Ao contrário, tal dispositivo apenas deve impor previsões legislativas e regulamentares específicas e uma obrigação de atenção na aplicação concreta.

A doutrina nacional é unânime em afirmar que não há direito adquirido a poluir.[27] Tal assertiva corresponde ao largo espectro do conceito de *poluição* da Lei da Política Nacional do Meio Ambiente – Lei 6.938/1981 –, ou seja: quaisquer atividades que direta ou indiretamente causem prejuízo à saúde, à segurança ou ao bem-estar da população, que criem condições desfavoráveis às atividades sociais e econômicas, que tenham efeitos desfavoráveis para a biota ou para as condições estéticas e sanitárias do meio, ou, ainda, atividades que joguem materiais ou energias no meio ambiente sem observância dos índices de tolerância fixados.

5.1 Das atividades licenciadas

Evidentemente, a afirmação da inexistência de direito adquirido a poluir é bastante simples de ser concretizada quando se cuida de atividades clandestinas ou, ainda, de empresários que não tenham preenchido as condições indicadas pelo órgão licenciador. Da mesma forma quando os procedimentos de licenciamento são grosseiramente viciados e nulos. A utilização irregular não é fonte de direito e não pode, jamais, caracterizar direito adquirido.[28]

A discussão assume um outro grau de dificuldade quando relacionada a casos de poluição ou de risco de poluição ligados a instalações ou obras legalmente licenciadas.

O ato administrativo de licenciamento ambiental não é destinado a manter imobilizadas as condições de funcionamento ou de instala-

---

27. Paulo Affonso Leme Machado, *Direito Ambiental Brasileiro*, 12ª ed., p. 185.
28. Idem, ibidem.

ção frente a novas regras. No entanto, a nova legislação ou o novo ato administrativo deverá examinar a possibilidade de existência de direitos de terceiros, a serem considerados na busca de uma solução específica. Solução que poderá ser o pagamento de uma indenização, mas nunca o prejuízo da coletividade. A revisão de uma licença ambiental é plenamente possível quando verificado que a atividade ou a obra licenciada/autorizada é nociva ao meio.[29]

Cumpre ressaltar que as regras aplicáveis ao funcionamento de atividades de produção, os tipos de equipamentos determinados e tudo o que respeita a condições de salubridade, higiene e segurança podem sofrer modificações e não se caracterizam como afronta a direito adquirido.[30]

Tais regras ambientais não são retroativas: elas são aplicáveis imediatamente. Elas, na verdade, nem precisam retroagir, pois elas têm seus efeitos no presente – o que não se confunde com efeitos no passado.[31] A aplicação imediata é, assim, uma característica reconhecida das normas jurídicas de direito público.

As exceções – quando se trata de uma nova legislação relativa a zoneamento urbano por exemplo – são aquelas da tolerância prevista pela própria lei e que devem ter efeitos apenas temporários. Isto porque não existe direito adquirido, que é de natureza individual, contra o interesse coletivo. Se a nova legislação não contempla regras de tolerância temporária, o Poder Público tem a obrigação de agir para dar-lhe eficácia imediata, paralisando as atividades ou usos não mais compatíveis. O mesmo em relação a casos de perigo iminente, mesmo existindo disposições de direito transitório. Nessas hipóteses não há afronta ao direito ou à liberdade de uso/empreendimento, mas limitação por razões de interesse público.[32]

Embora a doutrina tenha esta compreensão favorável à proteção do meio ambiente, persiste a discussão judicial sobre possíveis ou pretendidos direitos adquiridos de continuidade de atividades, especialmente industriais, licenciadas no passado mas em desacordo com novas regras legais. Tal situação tem o efeito perverso de manter a ati-

---

29. Edis Milaré, *Direito do Ambiente*, p. 323.
30. Paulo Affonso Leme Machado, *Direito Ambiental Brasileiro*, 12ª ed., p. 184.
31. Pontes de Miranda, *Comentários à Constituição de 1946*, 4ª ed., p. 407.
32. José Afonso da Silva, *Direito Urbanístico Brasileiro*, 3ª ed., pp. 283-284.

vidade/poluição durante os longos procedimentos judiciários. Pior: a análise da maioria dos feitos judiciais propostos pelo Ministério Público revela que muitas vezes a tolerância parte do órgão ambiental, que "julga" existente direito adquirido e "considera" impossível a atuação de controle.

Tratando-se de atividades industriais e zoneamento urbano/plano diretor, o Poder Executivo Municipal pode ainda lançar mão, para evitar os confrontos, da negociação possibilitada pela Lei 6.803/ 1980,[33] no sentido de assegurar a continuação da produção em outro local mais adequado, desde que sob condições atuais de prevenção/diminuição de inconvenientes. Esta é, aliás, uma idéia presente na orientação do novo *Estatuto da Cidade*.

O próprio licenciamento ambiental, como ato administrativo, possui a característica da renovação periódica, prevendo seu Regulamento três etapas sucessivas, quais sejam: da Licença Ambiental Prévia (LAP), de Instalação (LAI) e de Operação (LAO)[34] – sendo que esta última deve ser sempre renovada, ocasião em que novas exigências legítimas e legais poderão ser feitas pelo órgão responsável. Nessa oportunidade o órgão administrativo também poderá constatar a eficiência das medidas minorantes determinadas pelo licenciamento, estabelecer novas providências ou, mesmo, decidir pela impossibilidade da continuidade das atividades.

Infelizmente a legislação brasileira não contempla a necessidade de atualização dos Estudos de Impacto – o que seria relevante, especialmente em relação a atividades perigosas ou com risco de poluição importante.

Voltando às regras de licenciamento, é preciso que se esclareça que o empresário tem também uma segurança jurídica em relação ao prazo de validade de sua licença: durante este período – e salvo nos casos de acidentes ou de descumprimento de obrigação – as regras de funcionamento não podem ser modificadas. Por outro lado, o órgão ambiental não é cingido eternamente a certas condições de funcionamento de uma atividade que o tempo pode demonstrar nociva

---

33. Ela estabelece as bases para o zoneamento industrial e prevê a possibilidade de deslocamento, em seu art. 1º, § 3º.
34. Lei 6.938/1981; Resoluções CONAMA-01/1986 e 237/1997.

e intolerável para o meio ambiente ou para a qualidade de vida da população.[35]

Finalmente, quanto às atividades autorizadas anteriormente ao regime de licenciamento ambiental,[36] passados tantos anos da sua regulamentação, há ainda alguma confusão, na maior parte das vezes em razão da inércia dos órgãos ambientais em exigir o procedimento de licenciamento de operação dos estabelecimentos antigos, incluindo o Estudo de Impacto nos casos em que este se faz necessário.[37]

Um exemplo dessa inércia encontra-se na poluída região carbonífera de Santa Catarina, onde durante anos a Fundação de Meio Ambiente – FATMA deferiu e renovou licenças de operação para empresas de exploração de carvão sem exigência quanto a estudos específicos, só vindo a fazê-lo após a assinatura de termos de acordo de iniciativa dos Procuradores da República Fábio Venzon e José Osmar Pumes.

Finalmente, há que se lamentar que algumas vezes o Judiciário Brasileiro permita a continuidade de obras ou de ocupações com base em uma pretendida presunção de legalidade do ato administrativo do licenciamento, mesmo quando presentes os requisitos do *fumus boni juris* e do *periculum in mora* – o que não só pode tornar irreversível o dano ambiental que se procura prevenir, como também implica negar o benefício da inversão do ônus da prova, além de ignorar a realidade do controle ambiental no país.

5.2 O direito adquirido a construir

O proprietário particular, especialmente no meio urbano, tem na construção ou na prática do loteamento o uso mais freqüente de seu bem imóvel. Neste domínio a proteção do meio ambiente está imbricada com as regras de direito urbanístico e depende essencialmente da boa utilização do poder de polícia administrativo.

Como conseqüência evidente da afirmação de que não há direito adquirido a poluir, deve-se também fixar que o direito de construir não se confunde com direito de poluir/degradar. A verificação de que

---

35. Paulo Affonso Leme Machado, *Direito Ambiental Brasileiro*, 12ª ed., p. 264.
36. Lei 6.938/81 e Resolução CONAMA-01/1986.
37. Antônio Inagê de Assis Oliveira, *O Licenciamento Ambiental*, p. 125.

uma construção ou um projeto de urbanização é nocivo ao meio ambiente deve simplesmente conduzir à interdição de sua execução. O proprietário de um imóvel continuará a ter direito a fruir de seu bem, em compatibilidade com as exigências legais; mas não a qualquer tipo de uso, e certamente jamais um direito adquirido a destruir a Natureza.

A análise da legislação em vigor e a utilização correta das regras de hermenêutica e dos conceitos jurídicos, especialmente o de *direito adquirido*, deveriam normalmente ser suficientes para conduzir a esta conclusão. Infelizmente algumas decisões judiciárias demonstram ainda uma certa simpatia pelas razões dos proprietários particulares, notadamente quando estas são relativas a questões de loteamentos urbanos, de desmatamento para construção ou de interdição de atividades industriais.[38]

Há também casos de licenciamentos malfeitos/nulos, deferidos para trabalhos ou obras públicas, cujos julgamentos acolhem alegações de interesse social preponderante. Quanto aos interesses meramente particulares, desde que representem considerável valor econômico – como os centros comerciais ou os hotéis de turismo –, podem vir a ser tratados como prioritários por força do mito/teoria da criação de empregos. Nessas hipóteses o argumento do direito adquirido – na verdade inexistente – é utilizado em flagrante confusão jurídica.[39]

É certo que a jurisprudência brasileira adota o princípio da proporcionalidade, mas em matéria da limitação dos direitos fundamentais e de sua conciliação ainda inexiste uma sistematização.[40] Da mesma forma, não há no Brasil utilização sistemática de uma teoria do tipo custo/benefício[41] pelo Judiciário.

No entanto, a afirmação legal dos princípios do direito ambiental é uma vitória importante, e vem aportando seus frutos em uma jurisprudência que evolui constantemente. A utilização da ação civil pública proporciona ao Poder Judiciário o estabelecimento de uma ju-

---

38. Manoel Volkmer de Castilho, "Interpretação judiciária da norma ambiental", in Vladimir Passos de Freitas (org.), *Direito Ambiental em Evolução*, p. 161.
39. Este direito seria oriundo de decisão administrativa nula ou mesmo diretamente do direito de propriedade absoluto, não mais existente na legislação.
40. Suzana de Toledo Barros, *O Princípio da Proporcionalidade e o Controle de Constitucionalidade das Leis Restritivas de Direitos Fundamentais*, 3ª ed., p. 215.
41. *Théorie du bilan*, amplamente empregada na França.

risprudência que busca a harmonia com o direito positivado. Muitas são as decisões que reafirmam, por exemplo, o princípio do efeito imediato da norma ambiental.[42] Outras reafirmam a supremacia do interesse público representado pela proteção do meio ambiente, contra o qual ninguém adquire direitos.[43]

Assim, mesmo na ausência de uma pacificação da jurisprudência sobre a rígida aplicação das regras de solução do conflito das leis no tempo, a doutrina especializada entende que a legislação nova, seja ambiental propriamente dita, seja de urbanismo, atinge os proprietários/empreendedores que obtiveram seus alvarás de construção/licenciamentos mas que ainda não iniciaram suas obras.

Quanto ao alvará de construção, ensina José Afonso da Silva: "A *licença para construir* é outorgada com prazo de vigência para o início da edificação licenciada. Passado o prazo, a licença caduca, e, com ela, todas as faculdades dela decorrentes, valendo dizer que, sobrevindo nova lei sobre construção, nova licença só poderá ser liberada obedecendo às suas determinações, sem que nada caiba ao titular reclamar a propósito da lei revogada, pois com a caducidade da licença seu direito de construir voltará a ser abstrato, mero interesse legítimo, no máximo, expectativa de direito no que tange à edificação *in concreto*. Mas se a licença estiver no prazo de vigência tem o titular direito adquirido de executá-la, se ainda não iniciou a obra? Entendemos que não, se a lei nova não houver ressalvado seu direito (que não é direito adquirido, mas *direito ressalvado, situação tolerada*)".[44]

O mesmo em relação aos loteamentos cuja implantação não tenha efetivamente começado. Os projetos já em curso (de implantação) no advento da nova legislação têm no prazo de validade da licença de instalação seu termo para conclusão. Quanto à utilização dos lotes assim implantados, deverão seus proprietários obedecer fielmente aos novos ditames legais.

Aliás, o STF já decidiu que uma permissão para construção pode ser revogada se esta ainda não foi iniciada, em face de uma nova lei.

---

42. É o caso da decisão na Ap. cível 147.448-1/2, do TJSP, em 1996, que determinou a aplicação das novas regras a um projeto de loteamento aprovado em 1978 e ainda não implantado.
43. TJSC, ApMS 98.013808-6, rel. Des. Francisco Oliveira Filho, j. 12.8.2002.
44. José Afonso da Silva, *Direito Urbanístico Brasileiro*, 3ª ed., p. 289.

Além disso, a mesma decisão reafirma que, antes do início de uma construção, sua permissão pode ser revogada por razões de administração pública, sem que seja oponível qualquer argumento de direito adquirido.[45]

Em uma outra hipótese bastante freqüente, a de construção que foi iniciada mas em seguida paralisada durante um período de tempo importante, seguindo a mesma lógica, a Administração Pública pode e deve aplicar a nova legislação.[46] Esta é mais uma obrigação específica para o Poder Público para a qual ainda é ausente uma conscientização.

Sendo sempre possível, dentre do Federalismo Brasileiro, o conflito entre as legislações dos entes públicos,[47] evidentemente não há direito adquirido a partir da inobservância, pela autoridade municipal ou estadual, de regras gerais de proteção ambiental.[48]

Se a jurisprudência brasileira apresenta evolução nessa matéria, ainda não é possível afirmar que há garantia contra o abuso dos maus proprietários e empresários, contra a negligência da Administração Pública ou contra a má aplicação da lei pelos operadores jurídicos. Até mesmo como um efeito imprevisto da afirmação do caráter *erga omnes* das decisões e dos acordos em sede de ação civil pública, algumas vezes os erros cometidos nesses processos determinam, na prática, a aplicação corrompida de um falso direito adquirido, posto que sem base legal e sem tal efeito legal.[49]

6. Conclusões

Os direitos fundamentais de diferentes "gerações" possuem valores iguais: é no nível da supremacia jurídica que deve ser encontrado um modo de coexistência. Ligado diretamente ao direito à vida, o

---

45. RE 105.634-7-PR, rel. Min. Francisco Rezek, j. 20.9.1985.
46. José Afonso da Silva, *Direito Urbanístico Brasileiro*, 3ª ed., pp. 289-290.
47. Situação cuja solução é estabelecida pelo art. 24 da CF de 1988.
48. TJPR, MS 46.623-9, rel. Des. Fleury Fernandes, j. 25.11.1996.
49. As decisões, como as cláusulas de um termo de ajustamento de condutas, em sede de ação civil pública têm um caráter de segurança jurídica limitada às partes do processo e aos fatos nele analisados – situação que não impede novas discussões judiciais em torno de novas provas ou regimes legais, especialmente na hipótese de erro de apreciação ou de aplicação da legislação.

direito a um meio ambiente ecologicamente equilibrado cresce de importância em face dos direitos econômicos, embora seja ainda possível constatar no Brasil uma grande força de pressão do denominado *imperativo econômico*.[50]

A conciliação desses direitos é um desafio jurídico a ser enfrentado. Neste contexto, a compreensão e a aplicação corretas da noção de *direito adquirido* são de uma importância evidente. Além disso, urge que a jurisprudência brasileira sistematize uma apreciação dos casos concretos utilizando, além dos princípios de direito ambiental, o princípio da proporcionalidade,[51] definindo o que é o real interesse público em discussão.

Neste aspecto, deve igualmente restar claro que na análise da legalidade de uma licença/autorização administrativa o julgador utilizará a legislação da época do ato administrativo. Determinada a insuficiência deste ato ou das medidas preventivas adotadas, a solução judicial deverá ser estabelecida de acordo com as normas legais/regulamentares em vigor à data da decisão – na esteira, inclusive, da compreensão internacional para a matéria.[52]

Ainda não iniciada uma obra ou atividade, a nova lei atinge seu titular/empreendedor imediatamente. Iniciada, deverá ser concluída ou implantada nos prazos específicos e legais, sem interrupção ou prolongamento no tempo. A cada renovação de licença de operação, no caso das atividades licenciadas ou antigas, o Poder Público deverá exigir as providências previstas na legislação em vigor, inclusive o Estudo de Impacto. Em caso de risco ao meio ambiente ou à saúde pública, a autoridade competente deverá agir imediatamente, não sendo oponíveis direitos individuais contra o interesse público.

50. O que relega obrigações internacionais e constitucionais em relação ao princípio do desenvolvimento sustentável.
51. Inclusive no que respeita à discussão de legalidade/legitimidade das declarações de utilidade pública.
52. Esta orientação, dita de interpretação evolutiva, foi consagrada internacionalmente pela Corte Internacional de Justiça através de sua decisão de 25.9.1997, no caso "Gabcikovo-Nagymaros". Na França os juízes administrativos a utilizam sempre nos casos relacionados às autorizações de funcionamento dos estabelecimentos que possam causar impacto ao meio ambiente – as *installations classées*, como informa Jean-Pierre Boivin na sua obra *Les Installations Classées*, 2ª ed., p. 313.

Os atos administrativos nulos não geram quaisquer efeitos e não podem fundamentar aquisição de direitos.

Quanto aos atores sociais, além da responsabilidade ambiental dos Poderes Públicos também por omissão, importante frisar a situação de empresários e proprietários, sujeitos de deveres em relação ao meio ambiente que os obrigam a prevenir danos/poluição e a considerar as regras de proteção (obrigações positivas). A inteligência deste sistema constitucional também é um fundamento para a atualização dos procedimentos e das medidas de polícia administrativa ambiental: a correta e imediata aplicação da legislação é dever de todos.

O direito ambiental é formado por normas imperativas, que se sobrepõem à vontade dos particulares, já que o interesse público é indisponível. O direito subjetivo de propriedade – na mesma ordem de pensamento – deve cumprir sua função social/ecológica e se subordinar, em seu exercício, às exigências de interesse coletivo da ordem jurídica ambiental, sendo da natureza desta última estabelecer limites aos direitos econômicos.

A conciliação dos direitos fundamentais é possível, e passa necessariamente pela legislação e pela jurisprudência. Esta mesma conciliação é uma garantia para os direitos adquiridos legítimos, que são assim reconhecidos e reafirmados.

Referências bibliográficas

BARROS, Suzana de Toledo. *O Princípio da Proporcionalidade e o Controle da Constitucionalidade das Leis Restritivas de Direitos Fundamentais*. 3ª ed. Brasília, Brasília Jurídica, 2003.

BOIVIN, Jean-Pierre. *Les Installations Classées*. 2ª ed. Paris, Le Moniteur, 2003.

CASTILHO, Manoel Volkmer de. "Interpretação judiciária da norma ambiental". In: FREITAS, Vladimir Passos de (org.). *Direito Ambiental em Evolução*. Curitiba, Juruá, 1998.

CRETELLA JR., José. *Comentários à Constituição Brasileira de 1988*. vol. I. Rio de Janeiro, Forense, 1989.

DI PIETRO, Maria Sylvia Zanella. *Direito Administrativo*. 13ª ed. São Paulo, Atlas, 2003.

FIGUEIREDO, Guilherme, e SILVA, Solange Teles da. "Elementos da ação do Estado na defesa dos bens ambientais pelas presentes e futuras gerações". *Temas de Direito Ambiental e Urbanístico*. São Paulo, Max Limonad, 1998.

LIMONGI FRANÇA, Rubens. *A Irretroatividade das Leis e o Direito Adquirido*. 6ª ed. São Paulo, Saraiva, 2000.

MACHADO, Paulo Affonso Leme. "Brésil – Droit de propriété et environnement". *Droit de l'Environnement et Propriété en Droit Comparé*. Limoges/França, Universidade de Limoges/UniLim, 1988.

_____. *Direito Ambiental Brasileiro*. 11ª ed. São Paulo, Malheiros Editores, 2003.

MILARÉ, Édis. *Direito do Ambiente*. São Paulo, Ed. RT, 2000.

OLIVEIRA, Antônio Inagê de Assis. *O Licenciamento Ambiental*. São Paulo, Iglu, 1999.

PONTES DE MIRANDA, F. C. *Comentários à Constituição de 1946*. 4ª ed. Rio de Janeiro, Forense.

SILVA, De Plácido e. *Vocabulário Jurídico*. 11ª ed., vol. II. Rio de Janeiro, Forense, 1989.

SILVA, José Afonso da. *Curso de Direito Constitucional Positivo*. 23ª ed. São Paulo, Malheiros Editores, 2004.

_____. *Direito Urbanístico Brasileiro*. 3ª ed. São Paulo, Malheiros Editores, 2000.

SILVA, Solange Teles da, e FIGUEIREDO, Guilherme. "Elementos da ação do Estado na defesa dos bens ambientais pelas presentes e futuras gerações". *Temas de Direito Ambiental e Urbanístico*. São Paulo, Max Limonad, 1998.

TOLEDO, Cláudia. *Direito Adquirido e Estado Democrático de Direito*. São Paulo, Landy, 2003.

O MEIO AMBIENTE
NA CONSTITUIÇÃO FEDERAL DE 1988

ANTÔNIO HERMAN BENJAMIN

1. Fundamentos comuns das normas constitucionais ambientais. 2. Introdução ambiental à Constituição de 1988. 3. O meio ambiente nos regimes constitucionais anteriores: vida, saúde, função social e outros fundamentos para a intervenção estatal: 3.1 A saúde ontem – 3.2 A saúde hoje. 4. Técnicas de constitucionalização do meio ambiente no Direito Comparado. 5. Técnicas de tutela do meio ambiente na Constituição de 1988: 5.1 Técnica dos direitos fundamentais – 5.2 Técnica dos deveres fundamentais: 5.2.1 Classificação e categorias de deveres ambientais – 5.2.2 O Estado como sujeito degradador e sujeito de controle da degradação – 5.3 Técnica dos princípios – 5.4 Técnica da função ecológica da propriedade – 5.5 Técnica dos objetivos públicos vinculantes – 5.6 Técnica dos programas públicos abertos – 5.7 Técnica dos instrumentos – 5.8 Técnica dos biomas e áreas especialmente destacadas. 6. Conclusão.

"Não se separa o homem e seu ambiente como compartimentos estanques." (PAULO AFFONSO LEME MACHADO, *Direito Ambiental Brasileiro*, 1ª ed., São Paulo, Ed. RT, 1982, p. 6)

A constitucionalização da proteção do meio ambiente é uma irresistível tendência internacional, contemporânea do surgimento e do processo de consolidação do direito ambiental.[1] Mas *constitucionalizar* é uma coisa; *constitucionalizar bem*, outra totalmente diversa.

1. Consolidação, esta, que não é pacífica, pois – lembra Vladimir Passos de Freitas – alguns ainda relutam em aceitar o direito ambiental como "um ramo novo do Direito que se distingue de todos os demais" (*A Constituição Federal e a Efetividade das Normas Ambientais*, 2ª ed., São Paulo, Ed. RT, 2002, p. 26).

Ninguém deseja uma Constituição reconhecida pelo que diz e desprezada pelo que faz ou deixa de fazer.[2]

Assim, no tema da proteção constitucional do meio ambiente interessa conhecer os vários modelos éticos[3] e técnicos que vêm sendo propostos e utilizados, para – a partir daí – melhor apreciarmos suas repercussões concretas no campo legislativo ordinário e na implementação das normas jurídico-ambientais.

São múltiplos os benefícios e reduzidos os riscos da constitucionalização da tutela ambiental.[4] No presente ensaio analisaremos, genericamente, os fundamentos ético-jurídicos e técnicas de constitucionalização do meio ambiente, em especial na Constituição Federal de 1988.[5]

---

2. Sobre as conseqüências das normas constitucionais, mormente daquelas definidoras de direitos, cf. Robert Alexy, *A Theory of Constitutional Rights*, trad. de Julian Rivers, Oxford, Oxford University Press, 2002, p. 365.

3. Cf., quanto aos fundamentos éticos do direito ambiental, Antônio Herman Benjamin, "A Natureza no Direito Brasileiro: coisa, sujeito ou nada disso", *Caderno Jurídico* 2/151-171, Ano I, São Paulo, Escola Superior do Ministério Público de São Paulo, 2001.

4. Cf. Antônio Herman Benjamin, "Meio ambiente e Constituição: uma primeira abordagem", in Antônio Herman Benjamin (org.), *10 Anos da ECO-92: O Direito e o Desenvolvimento Sustentável*, São Paulo, Imprensa Oficial, 2002, pp. 89-101.

5. Sobre a *proteção constitucional do meio ambiente no Brasil*, cf., dentre outros, Antônio Herman V. Benjamin (coord.), *Dano Ambiental: Prevenção, Reparação e Repressão*, São Paulo, Ed. RT, 1993; Antônio Herman V. Benjamin, José Carlos Meloni Sícoli e Paulo Roberto Salvini, *Manual Prático da Promotoria de Justiça do Meio Ambiente*, São Paulo, Procuradoria-Geral da Justiça, 1997; Celso Antônio Pacheco Fiorillo e Marcelo Abelha Rodrigues, *Manual de Direito Ambiental e Legislação Aplicável*, São Paulo, Max Limonad, 1997; Celso Antônio Pacheco Fiorillo, *Curso de Direito Ambiental Brasileiro*, São Paulo, Saraiva, 2003; Cristiane Derani, *Direito Ambiental Econômico*, São Paulo, Max Limonad, 1997; Édis Milaré, *A Ação Civil Pública na Nova Ordem Constitucional*, São Paulo, Saraiva, 1990; José Afonso da Silva, *Direito Ambiental Constitucional*, 5ª ed., São Paulo, Malheiros Editores, 2004; José Rubens Morato Leite e Patryck de Araújo Ayala, *Direito Ambiental na Sociedade de Risco*, Rio de Janeiro, Forense Universitária, 2002; Marcelo Abelha Rodrigues, *Instituições de Direito Ambiental*, vol. 1, São Paulo, Max Limonad, 2002; Paulo Affonso Leme Machado, *Direito Ambiental Brasileiro*, 12ª ed., São Paulo, Malheiros Editores, 2004; Vladimir Passos de Freitas, *A Constituição Federal e a Efetividade das Normas Ambientais*, 2ª ed., São Paulo, Ed. RT, 2002; *Direito Administrativo e Meio Ambiente*, 2ª ed., Curitiba, Juruá, 1998; (coord.), *Direito Ambiental em Evolução*, Curitiba, Juruá, 1998.

1. Fundamentos comuns das normas constitucionais ambientais

Um estudo comparado dos regimes de proteção constitucional do meio ambiente vai identificar *cinco* bases comuns, que, de uma forma ou de outra – e com pequenas variações –, informam seus textos.[6]

Primeiro, adota-se uma compreensão sistêmica (= orgânica ou holística) e legalmente autônoma do meio ambiente, determinando um tratamento jurídico das partes a partir do todo – precisamente o contrário do paradigma anterior. Com apoio nas palavras de Pontes Miranda, empregadas em outro contexto, podemos afirmar que nos dispositivos constitucionais de salvaguarda do meio ambiente "*não se veio do múltiplo para a unidade. Vai-se da unidade para o múltiplo*".[7]

Além disso, nota-se um compromisso ético de não empobrecer a Terra e sua biodiversidade, com isso almejando-se manter as opções das futuras gerações e garantir a própria sobrevivência das espécies e de seu *habitat*. Fala-se em equilíbrio ecológico, instituem-se unidades de conservação, combate-se a poluição, protege-se a integridade dos biomas e ecossistemas, reconhece-se o dever de recuperar o meio ambiente degradado – tudo isso com o intuito de assegurar no amanhã um Planeta em que se mantenham e se ampliem, quantitativa e qualitativamente, as condições que propiciam a vida em todas suas formas.

Terceiro, convida-se o direito de propriedade a se atualizar, colimando torná-lo mais receptivo à proteção do meio ambiente, isto é, reescrevê-lo sob a orientação da sustentabilidade. Esboça-se, dessa maneira, em maior ou menor escala, uma nova dominialidade dos recursos naturais, seja pela alteração direta do domínio de certos recursos ambientais, seja pela mitigação dos exageros degradadores do direito de propriedade, com a ecologização de sua função social.

Quarto, faz-se uma clara opção por processos decisórios abertos, transparentes, bem-informados e democráticos, estruturados em torno de um devido processo ambiental (= *due process ambiental*[8]). O direito ambiental – constitucionalizado ou não – é uma disciplina profun-

---

6. Cf., no que se refere a alguns desses pontos, Joseph L. Sax, "The search for environmental rights", *Journal of Land Use & Environmental Law* 6/105, 1990.
7. Pontes de Miranda, *Comentários à Constituição de 1967*, t. I, São Paulo, Ed. RT, 1967, p. 313 (grifos no original).
8. Antônio Herman Benjamin, "Os princípios do Estudo de Impacto Ambiental como limites da discricionariedade administrativa", *RF* 317/34, 1992.

damente dependente da liberdade de participação pública e do fluxo permanente e desimpedido de informações de toda ordem. Em regimes ditatoriais ou autoritários a norma ambiental não vinga, permanecendo, na melhor das hipóteses, em processo de hibernação letárgica, à espera de tempos mais propícios à sua implementação – como se deu com a Lei da Política Nacional do Meio Ambiente, de 1981, até a plena democratização (política e do acesso à Justiça) do país.

Finalmente, observa-se uma nítida preocupação com a implementação, visando a evitar que a norma maior (mas também a infraconstitucional) assuma uma feição retórica – bonita à distância e irrelevante na prática. O direito ambiental tem aversão ao discurso vazio – é uma disciplina jurídica de resultado, que só se justifica pelo que alcança, concretamente, no quadro social das intervenções degradadoras.

2. Introdução ambiental à Constituição de 1988

A Constituição Federal de 1988 sepultou o paradigma liberal que via (e insiste em ver) no Direito apenas um instrumento de organização da vida econômica, unicamente orientado a resguardar certas liberdades básicas e a produção econômica – com isso reduzindo o Estado à acanhada tarefa de estruturar e perenizar, com asséptica eficiência social, as atividades do mercado. Abandonamos, pois, o enfoque convencional da Constituição condenada a se tornar "um simples regulamento econômico-administrativo, mutável ao sabor dos interesses e conveniências dos grupos dominantes".[9]

Ao mudar de rumo – inclusive quanto aos objetivos que visa a assegurar –, a Constituição, assim como em outros campos, transformou, de modo extraordinário, o tratamento jurídico do meio ambiente, apoiando-se nas técnicas legislativas referidas na primeira parte deste ensaio.

Uma Constituição que, na *ordem social* (o território da proteção ambiental), tem como objetivo assegurar "o *bem-estar* e a *justiça sociais*" (art. 193 – grifamos) não poderia, mesmo, deixar de acolher a

9. Fábio Konder Comparato, "O papel do juiz na efetivação dos direitos humanos", in Associação Juízes para a Democracia, *Direitos Humanos: Visões Contemporâneas*, São Paulo, 2001, p. 16.

proteção do meio ambiente, reconhecendo-o como bem jurídico autônomo e recepcionando-o na forma de *sistema*, e não como um conjunto fragmentário de elementos – sistema que, já apontamos, organiza-se como *ordem pública constitucionalizada*.

Na adoção desta concepção holística e juridicamente autônoma, o constituinte de 1988, ao se distanciar de modelos anteriores, praticamente fez meia-volta, admitindo que (a) o meio ambiente apresenta os atributos requeridos para seu reconhecimento jurídico expresso no patamar constitucional, (b) proteção, esta, que passa, tecnicamente, de tricotômica a dicotômica (pois no novo discurso constitucional vamos encontrar apenas dispositivos do tipo *ius cogens* e *ius interpretativum*, mas nunca *ius dispositivum*) o que banha de imperatividade as normas constitucionais e a ordem pública ambiental; além disso, trata-se de (c) salvaguarda orgânica dos elementos a partir do todo (a biosfera[10]) e (d) do todo e seus elementos no plano relacional ou sistêmico, e já não mais na perspectiva da sua realidade material individualizada (ar, água, solo, florestas, etc.), (e) com fundamentos éticos explícitos e implícitos, entre aqueles a solidariedade intergeracional, vazada na preocupação com as gerações futuras e, entre estes, com a atribuição de valor intrínseco à Natureza, (f) tutela viabilizada por instrumental próprio de implementação, igualmente constitucionalizado, como a ação civil pública, a ação popular, sanções administrativas e penais e a responsabilidade civil pelo dano ambiental – o que não deixa os direitos e obrigações abstratamente assegurados ao sabor do acaso e da má-vontade do legislador ordinário.

A ênfase nos instrumentos de implementação é um dos mais louváveis aspectos da Constituição de 1988. É nítido o desiderato de evitar que a norma constitucional vire refém do destino retórico – expediente pouco honroso, mas funcional, encontrado por aqueles que, espertamente, advogam um modelo de regulação protetória dos vulneráveis que dê com uma mão e tire com a outra.

Resultado de todo esse conjunto de transformações, substantivas e formais, é a edição de um nova estrutura jurídica de regência das pessoas e dos bens. Da autonomia jurídica do meio ambiente decorre

---

10. Alexandre Kiss e Dinah Shelton, *Manual of European Environmental Law*, Cambridge, Grotius Publications, 1997, p. 36.

um regime próprio de tutela, já não centrado nos componentes do meio ambiente como *coisas*; estruturado, ao revés, em um conjunto aberto de direitos e obrigações, de *caráter relacional*, que, vimos, denominamos *ordem pública ambiental*, abaixo examinada.

Não é, pois, sem razão, que José Afonso da Silva afirma que todo "o capítulo do meio ambiente é um dos mais importantes e avançados da Constituição de 1988";[11] assim é, dentre outras razões, porque o constituinte – como salienta Vladimir Passos de Freitas – "dedicou ao tema, antes não tratado a nível constitucional, todo um capítulo", bem como pelo fato de ter inovado "na forma de repartição de poderes".[12]

De toda sorte, é indisputável – como indica Eros Roberto Grau – que a Constituição, nos moldes em que está posta, "dá vigorosa resposta às correntes que propõem a exploração predatória dos recursos naturais, abroqueladas sobre o argumento, obscurantista, segundo o qual as preocupações com a defesa do meio ambiente envolvem proposta de 'retorno à barbárie'".[13]

Capítulo dos mais modernos, casado à generosa divisão de competências e a tratamento jurídico abrangente, conquanto a tutela do meio ambiente, como analisaremos, não foi aprisionada no art. 225. Na verdade, saímos do estágio da *miserabilidade ecológica constitucional*, própria das Constituições liberais anteriores, para um outro, que, de modo adequado, pode ser apelidado de *opulência ecológica constitucional*, pois o capítulo do meio ambiente nada mais é do que o ápice ou a face mais visível de um regime constitucional que, em vários pontos, dedica-se, direta ou indiretamente, à gestão dos recursos ambientais. São dispositivos esparsos que, mais do que complementar, legitimam (função sócio-ambiental da propriedade[14]), quando não viabilizam (ação civil pública e ação popular[15]), o art. 225. Procedente, pois, a observação de Luís Roberto Barroso no sentido de

---

11. *Curso de Direito Constitucional Positivo*, 23ª ed., São Paulo, Malheiros Editores, 2004, p. 825.
12. *Direito Administrativo e Meio Ambiente*, 3ª ed., Curitiba, Juruá, 2001, p. 31.
13. *A Ordem Econômica na Constituição de 1988 (Interpretação e Crítica)*, 9ª ed., São Paulo, Malheiros Editores, 2004, p. 227.
14. Cf., por exemplo, o art. 186, II, da CF.
15. Sobre *ação popular ambiental*: José Rubens Morato Leite, "Ação popular: um exercício de cidadania ambiental", *Revista de Direito Ambiental* 17/123-140, janeiro-março/2000.

que "as normas de tutela ambiental são encontradas difusamente ao longo do texto constitucional".[16]

Contudo, é bom lembrar que, assim modelada – e apesar de seus inegáveis avanços –, a Constituição de 1988 não foi inteiramente revolucionária, na perspectiva do Direito Comparado. Pelo contrário, beneficiou-se da tendência internacional à constitucionalização do meio ambiente e utilizou mapa regulatório desenvolvido pelas Constituições estrangeiras que a antecederam, com uma pitada, aqui e ali, de saudável e criativa inovação própria. Compartilhou o tratamento dado por esses outros países – em especial, Portugal[17] e Espanha[18] –, instauradores de um regime constitucional de caráter pós-industrial e pós-moderno.

---

16. "A proteção do meio ambiente na Constituição Brasileira", *RF* 317/177, 1992.
17. Estabelece o atual art. 66º ("Ambiente e Qualidade de Vida") da Constituição Portuguesa:
"1 – Todos têm direito a um ambiente de vida humano, sadio e ecologicamente equilibrado e o dever de o defender.
"2 – Incumbe ao Estado, por meio de organismos próprios e por apelo e apoio a iniciativas populares:
"a) prevenir e controlar a poluição e os seus efeitos e as formas prejudiciais de erosão;
"b) ordenar e promover o ordenamento do território, tendo em vista uma correcta localização das actividades, um equilibrado desenvolvimento sócio-econômico e paisagens biologicamente equilibradas;
"c) criar e desenvolver reservas e parques naturais e de recreio, bem como classificar e proteger paisagens e sítios, de modo a garantir a conservação da Natureza e a preservação de valores culturais de interesse histórico ou artístico;
"d) promover o aproveitamento racional dos recursos naturais, salvaguardando a sua capacidade de remoção e a estabilidade ecológica."
18. A Constituição Espanhola inspirou-se, genericamente, na Declaração de Estocolmo e, de modo mais imediato, na Constituição Portuguesa de 1976 (cf., nesse ponto, Ramón Martín Mateo, *Tratado de Derecho Ambiental*, vol. I, Madrid, Editorial Trivium, 1991, p. 107).
Assim dispõe seu art. 45:
"1) Todos tienen el derecho a disfrutar de un medio ambiente adecuado para el desarrollo de la persona, así como el deber de conservalo.
"2) Los Poderes Públicos velarán por la utilización racional de todos los recursos naturales, con el fin de proteger y mejorar la calidad de vida y defender y restaurar el medio ambiente, apoyándose en la inexcusable solidaridad colectiva.
"3) Para quienes violen lo dispuesto en el apartado anterior, en los términos que la ley fije se establecerán sanciones penales o, en su caso, administrativas, así como la obligación de reparar el daño causado."

De toda sorte, ao atento observador não passará despercebido que nossa Constituição, conquanto siga, às vezes de modo literal, os passos de outras Constituições e, visivelmente, da Declaração de Estocolmo de 1972, nem por isso perde, em muitos pontos, a originalidade de tratamento, estampando estrutura, formulações e remédios *sui generis* para os problemas ambientais brasileiros. Tudo isso faz com que nela encontremos – diz Milaré – "um dos sistemas mais abrangentes e atuais do mundo sobre a tutela do meio ambiente".[19]

3. O meio ambiente nos regimes constitucionais anteriores: vida, saúde, função social e outros fundamentos para a intervenção estatal

Tirante uma ou outra providência legislativa de regência dos recursos naturais no período colonial e Império, a tutela legal do ambiente no Brasil tem início, de modo fragmentário, na década de 30 do século passado, ganha fôlego nos anos 60 e se consolida nas décadas de 80 e 90.

Quais os fundamentos constitucionais utilizados, à época, para justificar e legitimar tal intervenção legislativa se, como sabemos, só a Constituição Federal de 1988 abrigou, expressamente, a proteção ambiental como direito e dever de todos?

Ontem, como hoje, na penumbra do silêncio constitucional, os tribunais, à falta de porto mais seguro, deduziam ou enxergavam garantias de cunho ambiental mesmo quando não aduzidas claramente. Um direito ao meio ambiente ecologicamente equilibrado pode – e historicamente tem sido – ser derivado indiretamente da Constituição, por meio da interpretação de dispositivos que asseguram outros valores tradicionais,[20] como a vida[21] (já que sem meio ambiente ade-

---

19. *Direito do Ambiente*, São Paulo, Ed. RT, 2000, p. 211.
20. Ernst Brandl and Hartwin Bungert, "Constitutional entrenchment of environmental protection: a comparative analysis of experiences abroad", *Harvard Environmental Law Review* 16/21, 1992.
21. "Embora não contemplado expressamente o bem jurídico 'ambiente' no atual texto constitucional, ele está ínsito no *direito fundamental à vida*, nos termos do art. 153 da Constituição vigente" (Armando Cabral, "Direito ao meio ambiente como direito fundamental constitucionalizado", *Revista de Direito Agrário e Meio Ambiente* 2/12, Ano II, agosto/1987 – grifos nossos).

quado inviabiliza-se a vida, nossa e dos outros seres), a saúde[22] (sob o argumento de que ela não pode ser assegurada em ambiente degradado[23]), a dignidade da pessoa humana, o *due process*, a função social da propriedade, a disciplina da produção e consumo,[24] ou, ainda, a partir das regras constitucionais que dividem as competências legislativa e de implementação da União, Estados e Municípios.

Lembra Diogo de Figueiredo Moreira Neto – um dos pioneiros do direito ambiental brasileiro – que a Constituição de 1967 se referia à Ecologia apenas uma vez, ao dispor, no art. 172, sobre a obrigatoriedade de "prévio levantamento ecológico" de terras sujeitas a intempéries e calamidades, no mesmo dispositivo também vedando ao proprietário de terras o fomento público, com incentivos e auxílio, quando inadequado o uso que delas fizesse.[25]

É fato que antes de 1988 as Constituições Brasileiras não estavam desenhadas de modo a acomodar os valores e preocupações próprios de um paradigma jurídico-ecológico[26] – padrão normativo, este,

---

22. Cf. Edésio Fernandes, "Constitutional environmental rights in Brazil", in Alan E. Boyle e Michael R. Anderson (eds.), *Human Rights Approaches to Environmental Protection*, Oxford, Clarendon Press, 1996, p. 268.
   Segundo Hélio Gomes: "É axioma popular que a saúde é o maior e o melhor bem da vida" ("Direito de cura", in *Direito*, vol. XV, 1942, p. 90). E continua: "Sendo assim um bem tão estimável, a saúde não poderia deixar de ser legalmente protegida e amparada. E o foi. Os países civilizados criaram o chamado *direito à saúde* – constitucionalmente consagrado entre nós pela Carta Magna de 1937, embora leis anteriores já cuidassem da matéria" (artigo cit., p. 92).
   Ao contrário do meio ambiente, a saúde foi formalmente tratada, sob vários enfoques, por diversas Constituições anteriores a 1988 (Paulo Eduardo Elias, "A saúde como política social no Brasil", in Associação Juízes para a Democracia, *Direitos Humanos: Visões Contemporâneas*, São Paulo, 2001, p. 136).
23. Sobre a evolução da "saúde" à "eco-saúde", cf. Dominique Jacquemin, *Écologie, Éthique et Création: de la Mode Verte à l'Étique Écologique*, Louvain-la-Neuve, Artel – Fides, 1994, pp. 157-161.
24. A Constituição de 1969 previa expressamente a competência da União para legislar sobre "defesa e proteção da saúde" (art. 8º, XVII, "c", *in fine*) e "produção e consumo" (art. 8º, XVII, "d").
25. "Política agrícola e fundiária e Ecologia", *RF* 317/74, 1992.
26. Para Fábio José Feldmann e Maria Ester Mena Barreto Camino: "Nas Constituições anteriores as normas ambientais eram incipientes, restringindo-se a dispositivos de defesa e proteção à saúde ou eventual menção à preservação do patrimônio histórico e função social da propriedade" ("O direito ambiental: da teoria à prática", *RF* 317/95, 1992).

que é invertido na Constituição Federal de 1988, seduzida pela técnica dos conceitos ("equilíbrio ecológico", "ecossistemas"), objetivos (tutela da biodiversidade *per se*), direitos (direito ao meio ambiente ecologicamente equilibrado), princípios (da prevenção, da precaução e da reparação integral, por exemplo), instrumentos (áreas protegidas e Estudo Prévio de Impacto Ambiental, por exemplo), inspirados ou profundamente influenciados pela Ecologia e pelo Gerenciamento Ambiental.

Paulo Affonso Leme Machado, na 1ª edição do seu hoje consagrado *Direito Ambiental Brasileiro*, pregava, ainda em 1982, que o meio ambiente merecia "melhor formulação na Constituição Federal. O fato, contudo, da inexistência de um ordenamento específico não pode ser entendido como inibidor das regras sobre a defesa e proteção da saúde, notadamente".[27] E acrescentava: "Se de um lado a Constituição não tratou o ambiente de forma abrangente e global, de outro lado, muitas matérias que integram o tema 'ambiente' foram contempladas no Texto Maior do país. Assim, águas, florestas, caça, pesca, energia nuclear, jazidas, proteção à saúde humana, foram objeto das disposições constitucionais".[28]

Realmente, a lacuna nas ordens constitucionais anteriores a 1988 não foi óbice sério e intransponível à regulamentação legal de controle das atividades nocivas ao ambiente ou – mais comum – aos seus elementos. Tanto assim que neste período de vazio constitucional deu-se a promulgação do Código Florestal de 1965 e da Lei 6.938/1981 (Lei da Política Nacional do Meio Ambiente), verdadeiro marco fundamental do direito ambiental brasileiro.

3.1 A saúde ontem

O Min. José Celso de Mello Filho, escrevendo sob o império da Carta de 1969, apontava que: "A tutela jurídica do meio ambiente decorre da competência legislativa sobre defesa e proteção da saúde".[29] Ao contrário do meio ambiente, a saúde, como valor próprio e sepa-

---

27. Ob. cit., 1ª ed., São Paulo, Ed. RT, 1982, p. 8.
28. Idem, ibidem.
29. *Constituição Federal Anotada*, São Paulo, Saraiva, 1984, p. 40.

rado do núcleo-mãe "vida", foi formalmente tratada, sob vários enfoques, por muitas das Constituições anteriores à de 1988.[30]

Nesses modelos constitucionais, *degradação ambiental* seria sinônimo de *degradação sanitária*, ou, pior, mero apêndice do universo maior da produção e do consumo. Sem dúvida, uma argumentação de cunho estritamente antropocêntrico, com indisfarçável conteúdo economicista e utilitarista.

Naquele período tal raciocínio, não obstante sua inegável fragilidade, até que vingou e serviu para dar sustentação à intervenção legislativa, recebendo, inclusive, respaldo judicial. Hoje, contudo, num juízo retrospectivo, bem podemos verificar o caráter limitado – embora ainda válido, como veremos, abaixo, em outro item – desse esforço, *eticamente insuficiente* e *dogmaticamente frágil*.

Eticamente insuficiente porque – cuidaremos adiante – a tutela ambiental vem, de modo gradativo, abandonando a rigidez de suas origens antropocêntricas, abraçando uma visão mais ampla, de caráter *biocêntrico* (ou mesmo *ecocêntrico*), ao propor-se a amparar a totalidade da vida e suas bases.[31] Nem sempre a degradação ou até a destruição integral de uma ecossistema ou espécie afetam, de modo visível e calculável, a saúde humana.

Dogmaticamente frágil porque o *direito à saúde* não se confunde com o *direito ao meio ambiente ecologicamente* equilibrado: dividem uma área de larga convergência (e até de sobreposição), mas os limites externos de seus círculos de configuração não são, a rigor, coincidentes. Quase sempre quando se ampara o ambiente se está beneficiando a saúde humana, e vice-versa. Realmente, há aspectos da proteção ambiental que dizem respeito, de forma direta, à proteção sanitária. Assim é com o controle de substâncias perigosas e tóxicas, como os agrotóxicos e com a garantia da potabilidade da água e da respirabilidade do ar.

---

30. Paulo Eduardo Elias, "A saúde como política social no Brasil", in Associação Juízes para a Democracia, *Direitos Humanos: Visões Contemporâneas*, São Paulo, 2001, p. 136.
31. A Constituição Federal de 1988 refere-se à preservação e restauração de "processos ecológicos essenciais" (art. 225, § 1º, I); evidentemente, "essenciais" à sobrevivência do Planeta, como o conhecemos – concepção que ultrapassa a fórmula tradicional da sobrevivência do homem.

Concepções vizinhas, sim, mas de maneira alguma idênticas. Realmente, inúmeras vezes na intervenção do legislador ambiental a saúde humana joga um papel secundário, periférico e até simbólico, como sucede com a proteção de certas espécies ameaçadas de extinção (o mico-leão dourado, por exemplo) ou de manguezais, no imaginário popular ainda vistos como ecossistemas mal-cheirosos e abrigo de mosquitos disseminadores de doenças. Em algumas situações – a proibição, por exemplo, da caça de espécies peçonhentas ou perigosas aos seres humanos, como o jacaré e a onça – a determinação legal protetória chega mesmo a reduzir a segurança imediata e até a pôr em risco a vida das populações que vivem nas imediações do *habitat* desses animais.[32]

Na leitura da Constituição, é de mister separar o direito de não ser atingido por poluentes ou pela degradação ambiental do direito à proteção da Natureza em si considerada. Naquele caso o objetivo não é o meio ambiente como tal, mas o meio ambiente como veículo de danos à pessoa ou à propriedade. Neste, diversamente, o que se visa a assegurar é a manutenção do equilíbrio ecológico, como valor intrínseco, mesmo que, indiretamente, se garanta uma vida mais segura para todos – ou, para usar a expressão da Constituição, uma *sadia qualidade de vida*.[33]

3.2 A saúde hoje

Embora vá além, ao prever a proteção do meio ambiente *per se*, o regime constitucional atual mantém a vinculação vida/ambiente, saúde/ambiente e segurança/ambiente. Trata de aproximação que, não

---

32. Citemos dois exemplos concretos. Na Bahia já não encontramos a ararinha-azul em liberdade. Sua extinção na Natureza certamente teve impacto zero na vida das pessoas, muito menos na sua saúde. Do mesmo modo, no Equador (Ilhas Galápagos), das 14 subespécies de tartarugas gigantes, com peso de até 270kg, existentes em 1535, quando os europeus chegaram ao local, 3 já estão extintas e uma quarta – a da Ilha de Pinta – tem um só indivíduo sobrevivente, "Solitário Jorge". Qual o impacto direto do desaparecimento de Jorge na saúde da população local, do Equador ou mesmo do mundo? A extinção de uma espécie é sempre lastimada, mas quase nunca por suas conseqüências sanitárias.

33. Karl-Heinz Ladeur, "Environmental constitutional law", in Gerd Winter (ed.), *European Environmental Law: a Comparative Perspective*, Aldershot, Dartmouth, 1994, p. 17.

obstante arrimada em longa tradição doutrinária e em regimes constitucionais anteriores, hoje é decorrência da letra expressa da Constituição de 1988. Por exemplo, entre as competências do Sistema Único de Saúde estão o controle, fiscalização e inspeção de "águas para consumo humano" (art. 200, VI), "produção, transporte, guarda e utilização de substâncias e produtos (...) tóxicos e radioativos" (art. 200, VII), assim como a colaboração "na proteção do meio ambiente, nele compreendido o do trabalho" (art. 200, VIII).[34]

Por conseguinte, no regime constitucional brasileiro, como em outros países, não obstante o expresso reconhecimento de um direito ao meio ambiente ecologicamente equilibrado, o direito à saúde – significando a possibilidade de desenvolvimento pessoal tranqüilo – pode (e deve) ser entendido como incluindo proteção contra riscos (e degradação) ambientais.[35]

Como se percebe da análise dos vários dispositivos citados, estamos diante de simbiose normativa estreita. Não obstante a crítica teórica que acima fizemos (seu marcante traço antropocêntrico original), trata-se, no terreno estritamente pragmático, de conjugação que pode apresentar vantagens práticas, tanto mais se soubermos mitigar seu exagerado antropocentrismo. Em outras palavras, a aceitação de uma proteção autônoma do meio ambiente em muitas situações não exclui – e até recomenda – sua conexão com a saúde e segurança humanas. Considerando-se a posição central que historicamente a saúde ocupa no ordenamento – um dos raros fundamentos, até no Código Civil, capazes de ensejar restrição ao exercício do direito de propriedade –, tal vinculação, se bem trabalhada e utilizada com inteligência, propiciará uma melhor salvaguarda do meio ambiente *in se* e *per se*.

---

34. Sobre o *meio ambiente do trabalho*, cf. Guilherme José Purvin de Figueiredo, *Direito Ambiental e a Saúde dos Trabalhadores*, São Paulo, LTr, 2000; Daniela Câmara Ferreira e Guilherme José Purvin de Figueiredo, "Direito constitucional ao meio ambiente de trabalho seguro e saudável", in Guilherme José Purvin de Figueiredo (org.), *Temas de Direito Ambiental e Urbanístico*, São Paulo, Max Limonad, 1998, pp. 103-115; Júlio César de Sá da Rocha, "Direito ambiental, meio ambiente do trabalho rural e agrotóxicos", *Revista de Direito Ambiental* 10/106-122, abril-junho/1998.

35. Karl-Heinz Ladeur, "Environmental constitutional law", in Gerd Winter (ed.), *European Environmental Law: a Comparative Perspective*, Aldershot, Dartmouth, 1994, p. 27.

Exatamente por contar com essa reverência tradicional por parte do legislador e implementador, com força retórica e prática inigualáveis, o argumento da proteção da saúde oferece benefícios inegáveis à tutela do meio ambiente. Entre nós, como, de resto, em todo o mundo, o direito à saúde ocupa patamar máximo no arcabouço constitucional e legal. Perante ele são afastados outros direitos constitucionais, como o direito de greve, o direito de propriedade, o direito de manifestação e expressão comercial (restrições e até vedação da publicidade de tabaco, por exemplo).[36]

Alguns países estabeleceram esta conexão no próprio coração dos novos direitos vinculados ao meio ambiente. Assim, por exemplo, a Bélgica, ao reformar, em 1994, o art. 23(l) de sua Constituição, incluiu, no campo dos direitos econômicos e sociais, o "direito à proteção de um meio ambiente *sadio*" (grifamos) – dispositivo, este, criticado pela melhor doutrina, diante do exagero antropocêntrico e por reduzir o campo de sua aplicação à tutela da saúde humana, mesmo que a entendamos, aqui, como abrangendo o bem-estar de todos os seres vivos.[37]

4. Técnicas de constitucionalização do meio ambiente no Direito Comparado

São múltiplas as vantagens da constitucionalização do meio ambiente, atrás mencionamos. Um exame da experiência estrangeira revela que a norma constitucional comumente estabelece uma obrigação geral de não-degradar, fundamentaliza direitos e obrigações ambientais, ecologiza o direito de propriedade, legitima a intervenção estatal em favor da Natureza, reduz a discricionariedade administrativa no processo decisório ambiental, amplia a participação pública, atribui preeminência e proeminência à tutela da Natureza, robustece a segurança normativa, substitui a ordem pública ambiental legalizada pela constitucionalizada, reforça a interpretação pró-ambiente e, por fim, enseja o controle da constitucionalidade da lei sob bases ambientais.

---

36. No mesmo sentido, na França, cf. Louis Favoreu *et alii, Droit Constitutionnel*, Paris, Dalloz, 1998, p. 856.

37. Jean-François Neuray, *Droit de l'Environnement*, Bruxelles, Bruylant, 2001, p. 142.

Tais benefícios, contudo, nem sempre aparecem todos conjugados, simultaneamente, no texto constitucional, pois são prisioneiros da *técnica* ou *desenho normativo* escolhido pelo constituinte, cujas opções são variadas na sua expressão formal, valor semântico e efeitos. Para bem entender o sentido da norma constitucional, apreender seus limites e fragilidades e aplicá-la com efetividade, crucial, pois, examinar a formulação levada a cabo pelo legislador.

Sejam direitos, obrigações ou princípios, sejam objetivos, programas públicos ou instrumentos de implementação, o certo é que a norma constitucional busca regular ora o uso dos *bens ambientais* (água, fauna, solo, ar, florestas), ora as *atividades humanas* propriamente ditas, que afetam ou podem afetar o meio ambiente (biotecnologia, mineração, energia nuclear, caça, agricultura, turismo). Mas, ao fazê-lo, nem sempre alcança, como seria desejável, tal desiderato.

5. Técnicas de tutela do meio ambiente na Constituição de 1988

É no art. 225 que se encontra o núcleo principal da proteção do meio ambiente na Constituição de 1988. Cuida-se de dispositivo que, pela sua complexidade e feição original (na ótica da tradição constitucional brasileira), certamente merece estudo muito mais aprofundado do que aquele que aqui nos propomos a desenvolver.

Não podemos esquecer, como já referido, que o art. 225 é apenas o porto de chegada ou ponto mais saliente de uma série de outros dispositivos que, direta ou indiretamente, instituem uma verdadeira malha regulatória, que compõe a ordem pública ambiental, baseada nos *princípios da primariedade do meio ambiente* e da *explorabilidade limitada* da propriedade, ambos de caráter geral e implícito.

Em termos formais, a proteção do meio ambiente na nossa Constituição Federal não segue – nem seria recomendável que seguisse – um único padrão normativo, dentre os vários acima analisados.[38]

---

38. Na prática constitucional comparada a previsão de direitos fundamentais e de objetivos públicos (*statements of public policy*) são as duas técnicas mais utilizadas de tutela ambiental (Ernst Brandl and Hartwin Bungert, "Constitutional entrenchment of environmental protection: a comparative analysis of experiences abroad", *Harvard Environmental Law Review* 16/8, 1992).

Ora o legislador utiliza-se da técnica da caracterização de *direito* e *dever* genéricos (por exemplo, a primeira parte do art. 225, *caput*), ora faz uso da instituição de *deveres* especiais (por exemplo, todo o art. 225, § 1º). Em alguns casos tais enunciados normativos podem ser apreciados como *princípios* específicos e explícitos (por exemplo, os princípios da função sócio-ambiental da propriedade rural e do poluidor-pagador – previstos, respectivamente, nos arts. 186, II, e 225, §§ 2º e 3º);[39] noutros, como *instrumentos de execução* (por exemplo, a previsão de Estudo Prévio de Impacto Ambiental, no art. 225, § 1º, IV; ou da ação civil pública, no art. 129, III, e § 1º). O constituinte também protegeu certos biomas hiperfrágeis ou de grande valor ecológico (por exemplo, a Mata Atlântica, o Pantanal, a Floresta Amazônica, a Serra do Mar e a Zona Costeira, no art. 225, § 4º).

Na Constituição há direitos, deveres e princípios ambientais (a) *explícitos* ou *implícitos*, (b) *substantivos* ou *procedimentais* e (c) *genéricos* e *específicos*.

São *explícitos* aqueles incorporados, com nome e sobrenome, na regulação constitucional do meio ambiente (a título de exemplo, cite-se, novamente, o direito ao meio ambiente ecologicamente equilibrado e o princípio poluidor-pagador, ambos previstos no art. 225). Por *implícitos* temos os direitos, deveres e princípios que defluem, via esforço interpretativo, da norma e do sistema constitucional de proteção do meio ambiente. É o caso do dever genérico de não degradar e dos princípios da primariedade do meio ambiente e da explorabilidade limitada.

Por outro enfoque, na Constituição vamos localizar direitos, deveres e princípios ambientais *substantivos* (= *materiais* ou *primários*) e outros que têm índole total ou preponderantemente *procedimental* (ou *instrumental*). Pertencem àquela categoria os que definem posições jurídicas, qualificam o domínio ou restringem a exploração dos recursos naturais. Entre eles podemos citar o próprio direito ao meio ambiente ecologicamente equilibrado e o dever de "preservar e restaurar os processos ecológicos essenciais"[40] – para nos limitarmos a dois exemplos. *Instrumentais* são os que se prestam à execução ou imple-

---

39. Cf. Antônio Herman V. Benjamin, "O princípio poluidor-pagador e a reparação do dano ambiental", in Antônio Herman V. Benjamin (coord.), *Dano Ambiental: Prevenção, Reparação e Repressão*, São Paulo, Ed. RT, 1993, pp. 226-236.

40. CF, art. 225, § 1º, I.

mentação dos direitos e obrigações materiais, alguns com feição estritamente ambiental, outros de aplicação mais ampla, não restritos ao campo da tutela do ambiente (por exemplo, o direito à informação ou o direito a audiências públicas).

Finalmente, uma terceira perspectiva vislumbra direitos, deveres e princípios *gerais* e *especiais* (ou *setoriais*) Aqueles se caracterizam por sua aplicação fungível a todos os sujeitos ou campos ambientais. Estes, diversamente, vêm com destinação material ou subjetiva mais definida e reduzida, ora dirigindo-se só ao Poder Público, ora só a alguns sujeitos da relação obrigacional (o minerador, por exemplo), ora, ainda, recobrindo certas partes do vastíssimo universo da proteção do meio ambiente.

O caráter *ambiental* de certos direitos, deveres e princípios por vezes é *original* ou *direto* (direito ao meio ambiente ecologicamente equilibrado ou o princípio poluidor-pagador, por exemplo); por outras, *derivado*, *reflexo* ou *indireto*. São derivados, reflexos ou indiretos na medida em que, embora não cuidem de maneira exclusiva ou original do ambiente, tangencialmente ou por interpretação terminam por assegurar valores ambientais (direito à vida,[41] direito à saúde,[42] direito de propriedade com função social,[43] direito à informação,[44] direitos dos povos indígenas,[45] direito ao exercício da ação popular[46] e ação civil pública,[47] para citar uns poucos).

Porta-voz de direitos, obrigações, princípios, objetivos ou programas públicos, o certo é que a norma constitucional, em todas as suas fór-

41. CF, art. 5º, *caput*.
42. Estabelece a Constituição que ao Sistema Único de Saúde, dentre outras atribuições, compete "participar do controle e fiscalização da produção, transporte, guarda e utilização de substâncias e produtos psicoativos, *tóxicos* e *radioativos*" (art. 200, VII – grifamos), bem como "colaborar na *proteção do meio ambiente*, nele compreendido o do trabalho" (art. 200, VIII – grifamos).
43. CF, arts. 5º, XXIII, e 186, II.
44. CF, art. 5º, XIV e XXXIII.
45. "São terras tradicionalmente ocupadas pelos índios as por eles habitadas em caráter permanente, as utilizadas para suas atividades produtivas, as imprescindíveis à *preservação dos recursos ambientais* necessários a seu bem-estar e as necessárias à sua reprodução física e cultural, segundo seus usos, costumes e tradições" (CF, art. 231, § 1º – grifamos).
46. CF, art. 5º, LXXIII.
47. CF, art. 129, III, e § 1º.

mulas e técnicas, conduz sempre ao mesmo objetivo: a regulação do *uso dos bens ambientais* (água, fauna, solo, ar, florestas) ou das *atividades humanas*, propriamente ditas, capazes de afetar o meio ambiente (biotecnologia, mineração, energia nuclear, caça, agricultura, turismo).

Analisaremos, agora, no âmbito da Constituição Federal de 1988, as seguintes técnicas[48] mais comuns de constitucionalização da proteção do meio ambiente: (a) direitos fundamentais; (b) deveres fundamentais; (c) princípios ambientais; (d) função ecológica da propriedade; (e) objetivos públicos vinculantes; (f) programas públicos abertos; (g) instrumentos de implementação; e (h) proteção de biomas ou ecossistemas particulares.

5.1 Técnica dos direitos fundamentais

Formalmente, *direitos fundamentais* são aqueles protegidos pela Constituição ou por tratados internacionais,[49] assegurando ao indivíduo ou a grupos de indivíduos uma garantia subjetiva ou pessoal. São variegadas as teorias jurídicas que buscam justificá-los e explicá-los, não cabendo, no espaço limitado do presente ensaio, examiná-las.[50]

A doutrina, de uma forma geral, reconhece a existência de um direito fundamental ao meio ambiente ecologicamente equilibrado, mormente nos países que modificaram suas Constituições após a Conferência de Estocolmo de 1972. Nessa linha, para J. J. Canotilho e Vital Moreira, o *direito ao ambiente* é um dos "novos direitos fundamentais";[51]

---

48. No tema, cf. Richard O. Brooks, "A constitutional right to a healthful environment", *Vermont Law Review* 16/1.104, 1992; Ernst Brandl and Hartwin Bungert, "Constitutional entrenchment of environmental protection: a comparative analysis of experiences abroad", *Harvard Environmental Law Review* 16, 1992.
49. Louis Favoreu *et alli, Droit Constitutionnel*, Paris, Dalloz, 1998, p. 780.
50. Para uma concisa análise dessas várias teorias, cf. Ernst Brandl and Hartwin Bungert, "Constitutional entrenchment of environmental protection: a comparative analysis of experiences abroad", *Harvard Environmental Law Review* 16/9 e ss., 1992.
51. *Fundamentos da Constituição*, Coimbra, Coimbra Editora, 1991, p. 37.
No mesmo sentido, Milaré enxerga o direito ao ambiente sadio como "um direito fundamental do indivíduo", isto é, "direito público subjetivo, vale dizer, exigível e exercitável em face do próprio Estado, que tem, também, a missão de protegê-lo" (*Direito do Ambiente*, São Paulo, Ed. RT, 2000, pp. 212-213). Cf., na

ou, ainda, nas palavras de Álvaro Luiz Valery Mirra, trata-se "direito humano fundamental".[52]

Como direito fundamental – lembra Cristiane Derani –, o meio ambiente ecologicamente equilibrado é "resultado de fatores sociais que permitiram e até mesmo impuseram a sua cristalização sob forma jurídica, explicitando a sua relevância para o desenvolvimento das relações sociais".[53]

A configuração deste direito no ordenamento varia. Para uns o direito ao ambiente aparece como "direito da personalidade e, simultaneamente, como um direito e uma garantia constitucional".[54] Direito fundamental, sim, na visão da Constituição Federal, e direito da personalidade, na perspectiva do direito privado. Para outros estamos diante, a um só tempo, de direito e princípio, ou, ainda, de direito humano[55] ou de direito subjetivo[56] ao meio ambiente.

Não são poucas, nem insignificantes, as conseqüências da concessão de *status* de direito fundamental ao meio ambiente ecologicamente equilibrado. Antes de mais nada, o direito fundamental leva à

---

mesma linha: Carlos Roberto de Siqueira Castro, "O direito ambiental e o novo humanismo ecológico", *RF* 317/34, 1992 ("estamos diante da novíssima terceira geração dos direitos humanos"); Nicolao Dino de Castro e Costa Neto, *Proteção Jurídica do Meio Ambiente (I – Florestas)*, Belo Horizonte, Del Rey, 2003, pp. 103 e 121; Paulo de Bessa Antunes, *Direito Ambiental*, Rio de Janeiro, Lumen Juris, 1996, p. 37. No *Direito italiano*, cf. Luca Mezzetti, "La 'Costituzione dell'Ambiente'", in *Manuale di Diritto Ambientale, a Cura di Luca Mezzetti*, Padova, CEDAM, 2001, pp. 85-142.

52. *Ação Civil Pública e a Reparação do Dano ao Meio Ambiente*, São Paulo, Juarez de Oliveira, 2002, pp. 53-58.

53. "Meio ambiente ecologicamente equilibrado: direito fundamental e princípio da atividade econômica", in Guilherme José Purvin de Figueiredo (org.), *Temas de Direito Ambiental e Urbanístico*, São Paulo, Max Limonad, 1998, p. 92.

54. Mário Raposo, "O direito ao ambiente como direito fundamental", in Centro de Estudos Judiciários, *Textos – Ambiente*, Lisboa, 1994, p. 115.

55. Concepção, esta, que corre o risco de aprisionar a tutela do meio ambiente em camisa-de-força antropocêntrica, exceto se, ao revisitá-la, estruturalmente expandirmos a noção de *direito humano* para além de sua compreensão tradicional, transformando-o num direito de salvaguarda, a um só tempo, do ser humano e do meio em que vive (cf., neste ponto, Michel Prieur, *Droit de l'Environnement*, 4ª ed., Paris, Dalloz, 2001, pp. 61-62).

56. Sobre os direitos constitucionais como direitos subjetivos, cf. Robert Alexy, *A Theory of Constitutional Rights*, trad. de Julian Rivers, Oxford, Oxford University Press, 2002, pp. 111-162.

formulação de um *princípio da primariedade do ambiente*,[57] no sentido de que a nenhum agente, público ou privado, é lícito tratá-lo como valor subsidiário, acessório, menor ou desprezível.[58]

Além disso, como direito fundamental, estamos diante de "direito de aplicação directa", em "sentido preceptivo e não apenas programático; vale por si mesmo, sem dependência da lei. A ulterior regulamentação ou desenvolvimento pelo legislador ordinário ajudará somente a densificar a sua exeqüibilidade. E vincula, desde logo, todas as entidades públicas e privadas".[59]

Há mais. Como direito fundamental, ao *equilíbrio ecológico* atribui-se *irrenunciabilidade, inalienabilidade* e *imprescritibilidade*[60] – características que, depois, vão informar a ordem pública ambiental e o próprio marco legal do direito ambiental brasileiro.

Irrenunciabilidade, conquanto não aceita renúncia apriorística, embora tal direito conviva amiúde com a omissão de exercício (a passividade corriqueira da vítima ambiental). Ou, melhor, não admite que o infrator alegue direito de degradar por omissão ou até mesmo aceitação, expressa ou implícita, da vítima.

57. Primariedade, esta, que para alguns tem sentido absoluto, conquanto o direito ao meio ambiente ecologicamente equilibrado "se encontra acima de qualquer outro direito, posto que diz respeito à garantia da vida" (Helli Alves de Oliveira, "Intervenção estatal na propriedade privada motivada pela defesa do meio ambiente", *RF* 317/141, 1992).
58. No *Direito Italiano*, sobre o *princípio da primariedade do ambiente*, cf. Marcello Cecchetti, *Principi Costituzionali per la Tutela dell'Ambiente*, Milano, Giuffrè Editore, 2000, pp. 85-116.
59. Mário Raposo, "O direito ao ambiente como direito fundamental", in Centro de Estudos Judiciários, *Textos – Ambiente*, Lisboa, 1994, p. 115.
A Constituição Federal, no seu art. 5º, § 1º, não deixa dúvida a esse respeito: "As normas definidoras de direitos e garantias fundamentais têm aplicação imediata". Apreciando o sentido de tal dispositivo, lembra Eros Roberto Grau, com o exemplar discernimento de sempre: "Isso significa que tais normas devem ser imediatamente cumpridas pelos particulares, independentemente da produção de qualquer ato legislativo ou administrativo. Significa, ainda, que o Estado também deve prontamente aplicá-las, decidindo pela imposição do seu cumprimento, independentemente da produção de qualquer ato legislativo ou administrativo, e as tornando jurídica ou formalmente efetivas" (*A Ordem Econômica na Constituição de 1988 (Interpretação e Crítica)*, 9ª ed., São Paulo, Malheiros Editores, 2004, p. 287).
60. José Afonso da Silva, *Curso de Direito Constitucional Positivo*, 23ª ed., São Paulo, Malheiros Editores, 2004, p. 181.

Inalienabilidade, na medida em que, por ser de exercício próprio, é intransferível, inegociável, pois ostenta titularidade pulverizada e personalíssima, incapaz de apropriação individual (= *res extra commercium*).

Por último, é direito *imprescritível*, necessária derivação do seu perfil intertemporal, pois consagra entre seus beneficiários até os incapazes de exercitarem seus direitos diretamente, e mesmo as gerações futuras.

Composto de atributos normativos impositivos, indisponíveis e imprescritíveis – tijolos estruturais do edifício da proteção do meio ambiente e da vida –, o direito fundamental ao meio ambiente toma para si feição ora *primária* (ou *substantiva*), ora *procedimental* (ou *formal*).[61]

No que se refere às estruturas normativas formais, a Constituição, ao reconhecer que a simples edição de direitos e obrigações fundamentais não assegura o quadro de tutela que se almeja, elenca direitos (e obrigações, também, como veremos) fundamentais de estirpe procedimental ou de implementação.

São preceitos que se agregam, inevitavelmente, aos direitos (e deveres) substantivos (como a prevenção e reparação do dano ambiental), pois estes amiúde não têm vida própria, à mercê que estão de facilidades técnico-jurídicas que os realizem, seja no que se refere ao conhecimento da própria infração ou possível prejuízo (direito à informação), seja no que tange ao exercício da prestação jurisdicional (direito de acesso à Justiça). Inexiste coincidência necessária entre o titular do ônus nas duas categorias de direitos e deveres: assim, por exemplo, o direito de informação pode atribuir, em uma determinada situação, ônus ao Poder Público e não ao poluidor potencial.

Noutra perspectiva, os direitos (e obrigações) fundamentais podem ser classificados em *positivos* e *negativos*.[62] Aqueles determinam

---

61. Adverte Pontes de Miranda que nas Constituições há *regras de forma* e *regras de fundo* (*Comentários à Constituição de 1967*, t. I, São Paulo, Ed. RT, 1967, p. 287). Poderíamos acrescentar, na perspectiva da proteção do meio ambiente, que há regras que estabelecem o conteúdo de direitos e obrigações ambientais e regras que determinam a forma de exercício e tutela desses mesmos direitos e obrigações.

62. Eric T. Freyfogle, "Should we green the bill?", *University of Illinois Law Review*, 1992, p. 161.

um atuar afirmativo; estes, diversamente, exigem um *non facere*, uma abstenção.[63]

Não é incomum que no texto constitucional apareçam, conjuntamente, ambas as modalidades, como quando do empreendedor exige-se que não degrade o meio ambiente (obrigação negativa) e que, na hipótese de fazê-lo ilegalmente, mitigue o dano e o repare (obrigações positivas).

Evidentemente, as formulações do tipo substantivo/procedimental e positivo/negativo, embora diversas em sua expressão formal, dividem o mesmo objetivo maior: assegurar a sustentabilidade das intervenções humanas no meio ambiente.

Na Constituição de 1988 o *discurso de direito(s)* aparece no *caput* do art. 225: "Todos têm *direito ao meio ambiente ecologicamente equilibrado*, bem de uso comum do povo e essencial à qualidade de vida, impondo-se ao Poder Público e à coletividade o dever de defendê-lo e preservá-lo para as presentes e futuras gerações" (grifamos).[64]

Inserida no Título "Da Ordem Social" (ao lado da Segurança Social, saúde, educação, cultura e desporto, ciência e tecnologia, comunicação social, família, criança, adolescente e idoso, e índios), a proteção do meio ambiente ecologicamente equilibrado é um direito fundamental.[65] Lembra corretamente Ney de Barros Bello Filho que estamos dian-

---

63. Referindo-se às obrigações negativas, Jellinek, no início do século XX, já afirmava que os direitos fundamentais traduzem-se em situações ou funções que vão do *status negativus* ao *status positivus* e ao *status activus*. Na primeira categoria temos direitos de caráter defensivo contra o Estado, visando a resguardar uma certa esfera de liberdade do cidadão (direitos de primeira geração); bem mais tarde, na evolução constitucional, aparecem os direitos a uma prestação positiva (segunda geração); e, finalmente, existem os direitos que asseguram ao indivíduo a participação ativa na formação da vontade do Estado (*apud* Louis Favoreu *et alii*, *Droit Constitutionnel*, Paris, Dalloz, 1998, p. 789; cf., também, Robert Alexy, *A Theory of Constitutional Rights*, trad. de Julian Rivers, Oxford, Oxford University Press, 2002, pp. 163-177).

64. Sobre o *meio ambiente como bem de uso comum do povo*, cf. o excelente Álvaro Luiz Valery Mirra, *Ação Civil Pública e a Reparação do Dano ao Meio Ambiente*, São Paulo, Juarez de Oliveira, 2002, pp. 37-39.

65. Cf., no mesmo sentido: Carlos Roberto de Siqueira Castro, "O direito ambiental e o novo humanismo ecológico", *RF* 317/34, 1992 ("estamos diante da novíssima terceira geração dos direitos humanos"); Nicolao Dino de Castro e Costa Neto, *Proteção Jurídica do Meio Ambiente (I – Florestas)*, Belo Horizonte, Del Rey, 2003, pp. 103 e 121. No *Direito Italiano*, cf. Luca Mezzetti, "La 'Costituzione dell'Ambiente'", in *Manuale di Diritto Ambientale, a Cura di Luca Mezzetti*, Padova, CEDAM, 2001, pp. 85-142.

te de "direito fundamental, quer na dimensão real ou teórica, quer na dimensão positiva",[66] tanto mais após 1988. A um, já que a estrutura normativa do tipo constitucional a isso leva ("Todos têm *direito* ...")[67]; a dois, na medida em que o rol do art. 5º, por força do disposto no seu § 2º,[68] não é exaustivo. Direitos fundamentais há – e muitos – que não estão contidos no art. 5º. A três, posto que, sendo uma extensão material (pois salvaguarda suas bases ecológicas vitais) do direito à vida,[69] garantido no art. 5º, *caput*, reflexamente recebe deste as bênçãos e o aconchego.[70] Na boa lição de Nicolao Dinode Castro e Costa Neto: "O direito ao meio ambiente caracteriza-se como um corolário do direito à vida".[71]

66. "Teoria do Direito e Ecologia: apontamentos para um direito ambiental no século XXI", in Heline Sivini Ferreira e José Rubens Morato Leite, *Estado de Direito Ambiental: Tendências*, Rio de Janeiro, Forense Universitária, 2004, p. 103. No mesmo sentido, cf. Cristiane Derani, "Meio ambiente ecologicamente equilibrado: direito fundamental e princípio da atividade econômica", in Guilherme José Purvin de Figueiredo (org.), *Temas de Direito Ambiental e Urbanístico*, São Paulo, Max Limonad, 1998, p. 91.

67. CF, art. 225, *caput* (grifamos).

68. "Os direitos e garantias expressos nesta Constituição não excluem outros decorrentes do regime e dos princípios por ela adotados, ou dos tratados internacionais em que a República Federativa do Brasil seja parte" (art. 5º, § 2º).

69. Na mesma linha, Demetrio Loperena Rota assevera que a proteção do meio ambiente ecologicamente equilibrado é "um direito vinculado à própria vida humana (...). O meio ambiente adequado precede logicamente ao próprio Direito: sem meio ambiente adequado não há vida humana, nem sociedade, nem Direito" (*Los Principios del Derecho Ambiental*, Madrid, Civitas, 1998, pp. 51-52). Cf., também, Cristiane Derani, para quem: "O direito ao meio ambiente ecologicamente equilibrado é um direito à vida e à manutenção das bases que a sustentam"; ou, por outras palavras: "O direito fundamental do meio ambiente protegido é um desdobramento do direito fundamental à vida" (Cristiane Derani, "Meio ambiente ecologicamente equilibrado: direito fundamental e princípio da atividade econômica", in Guilherme José Purvin de Figueiredo (org.), *Temas de Direito Ambiental e Urbanístico*, São Paulo, Max Limonad, 1998, p. 97).

70. Retirar a tutela ambiental da salvaguarda da vida não deixa de apresentar desafios, como já notamos, pois há que se evitar que uma vinculação tão estreita a interesses humanos imediatos acabe, por força de um apelo utilitarista, desfigurando a própria valorização e reposicionamento que se pretende o ordenamento atribua ao meio ambiente (cf. Ryan K. Gravelle, "Enforcing the elusive: environmental rights in East European Constitutions", *Virginia Environmental Law Journal* 16/638, 1997).

71. *Proteção Jurídica do Meio Ambiente (I – Florestas)*, Belo Horizonte, Del Rey, 2003, p. 17. Na mesma linha, Milaré defende que "(...) a proteção ao meio ambiente é pressuposto para o atendimento de outro valor fundamental – o direito à vida" (*Direito do Ambiente*, São Paulo, Ed. RT, 2000, p. 213).

Como abordaremos mais abaixo, trata-se de direito explícito e primário, neste último caso porque enseja o aparecimento de outros direitos, de caráter instrumental (mas nem por isso menos fundamentais), como o direito de participação nos processos decisórios e o direito de acesso à Justiça. Sua índole ambiental é original.

5.2 Técnica dos deveres fundamentais

Quando falamos em *proteção constitucional*, a primeira expressão que nos vêm à mente é o *direito* ao meio ambiente ecologicamente equilibrado. Ora, tão importante – mas desprezada em comentários – é a previsão de *deveres* constitucionais direcionados à tutela ambiental, em favor dos próprios cidadãos e futuras gerações, ou ainda da própria Natureza.

Embora direitos e deveres sejam concepções (normalmente) correlatas, o discurso dos direitos, paradoxalmente, por vezes sensibiliza menos o implementador (e, portanto, é menos efetivo) do que o discurso dos deveres; vale dizer, a implementação concreta e direta destes termina por ser menos espinhosa. No universo da implementação real, a linguagem dos direitos parece carregar cogência ou vinculação mais frágil do que as fórmulas que se utilizam de deveres.

Aqui – é bom ressaltar –, não estamos no campo de deveres correlatos a direitos previamente estatuídos pelo legislador, isto é, obrigações dedutíveis ou derivadas de direitos outorgados. Ao contrário, o legislador exprime-se por meio da decretação de obrigações diretas, que ocupam, por assim dizer, o centro do palco, e a partir das quais se reconhecem poderes aos implementadores e beneficiários para fazê-las valer. Tais deveres ora encontram nos indivíduos ou coletividade seus destinatários, ora direcionam-se ao Poder Público,[72] isto é, ao Estado, em todas as suas formas de manifestação.[73]

---

72. "'Poder Público' é expressão genérica que se refere a todas as entidades territoriais públicas" (José Afonso da Silva, *Direito Ambiental Constitucional*, 5ª ed., São Paulo, Malheiros Editores, 2004, p. 75), verticalmente nos três níveis da Federação (União, Estados e Municípios) e horizontalmente nos três Poderes (Legislativo, Executivo e Judiciário). Cf., ainda, Rudolf von Ihering, *El Fin en el Derecho*, Buenos Aires, Editorial Heliasta, 1978, pp. 154-158.

73. Especificamente sobre os deveres das "Unidades da Federação", cf. Helita Barreira Custódio, "A questão constitucional: propriedade, ordem econômica e dano

A Constituição de 1988 impõe ao Poder Público e particulares um "caderno de encargos" – para usar a expressão de Canotilho e Moreira.[74] Nela vamos identificar um dever geral de não degradar (= núcleo obrigacional) e deveres derivados e secundários, de caráter específico, listados no § 1º do art. 225.

Nem sempre os deveres ambientais do art. 225 e de outros dispositivos da CF ostentam a mesma titularidade obrigacional. Por exemplo, o dever de informar pode ser, em uma determinada situação, ônus do Poder Público e não do futuro poluidor, enquanto noutras hipóteses pode haver coincidência de posições jurídicas.

De toda sorte, impende realçar que a construção de um mundo sustentável é tarefa que não cabe inteiramente ao Estado, só dele exigível.[75] Ao contrário, os deveres associados a essa mudança de paradigma devem ser cobrados de qualquer pessoa, em especial dos agentes econômicos. Daí que não basta dirigir a norma constitucional apenas contra o Estado, pois a defesa do meio ambiente há de ser dever de todos – aliás, como bem disposto no art. 225. Acertou a Constituição, pois, ao afastar-se do modelo político do Liberalismo, fundado na cisão Estado/sociedade civil.[76] Em especial no art. 225 fica clara esta opção legislativa do constituinte, que, ao tratar da questão ambiental, reconhece a "indissolubilidade entre Estado e sociedade civil".[77] A tutela ambiental não é um daqueles valores sociais onde basta assegurar uma *liberdade negativa*, orientada a rejeitar a intervenção ilegítima ou o abuso do Estado. Além de ditar o que o Estado não deve fazer (= dever negativo) ou o que lhe cabe empreender (= de-

---

ambiental. Competência legislativa concorrente", in Antônio Herman V. Benjamin (coord.), *Dano Ambiental: Prevenção, Reparação e Repressão*, São Paulo, Ed. RT, 1993, pp. 133-136.
74. *Fundamentos da Constituição*, Coimbra, Coimbra Editora, 1991, p. 39.
75. Eric T. Freyfogle, "Should we green the bill?", *University of Illinois Law Review*, 1992, p. 163.
76. Sobre o relacionamento Estado/sociedade civil, cf. Nancy L. Rosenblum e Robert C. Post (eds.), *Civil Society and Government*, Princeton, Princeton University Press, 2002; Adam B. Seligman, *The Idea of Civil Society*, New York, The Free Press, 1992.
77. Cristiane Derani, "Meio ambiente ecologicamente equilibrado: direito fundamental e princípio da atividade econômica", in Guilherme José Purvin de Figueiredo (org.), *Temas de Direito Ambiental e Urbanístico*, São Paulo, Max Limonad, 1998, p. 95.

ver positivo), a norma constitucional estende seus tentáculos a todos os cidadãos, parceiros do pacto democrático, convencida de que só assim chegará à sustentabilidade.

5.2.1 *Classificação e categorias de deveres ambientais*

O texto constitucional brasileiro estatui, a um só tempo, deveres substantivos e instrumentais, genéricos e específicos, expressos e implícitos, todos igualmente relevantes, vinculantes e herdeiros das qualidades da atemporalidade de sua exigibilidade e da transindividualidade de seus beneficiários.

Noutra perspectiva, as obrigações fundamentais podem ser classificadas em negativas e positivas. Vivemos uma era que cada vez mais demanda governabilidade afirmativa[78] – o que impõe desenhar deveres tanto negativos (= *non facere*, isto é, uma abstenção) como positivos (= *facere*). Não é incomum que na vida prática apareçam ambas as modalidades de forma conjunta, como quando do empreendedor se exige que não degrade o meio ambiente (obrigação negativa) e que, na hipótese de fazê-lo – contrariando as normas de conduta existentes –, mitigue e repare a degradação eventualmente causada (obrigações positivas).

Em *quatro* categorias podemos agrupar os deveres ambientais encontrados na Constituição Federal.

Primeiro, no *caput* do art. 225, uma obrigação explícita, genérica, substantiva e positiva de defesa e preservação do meio ambiente ("impondo-se ao Poder Público e à coletividade o dever de defendê-lo e preservá-lo").

Além disso, o texto constitucional forjou uma obrigação genérica, substantiva e negativa, mas implícita, de não degradar o meio ambiente, também abrigada no *caput* do art. 225. Em ambos os casos estamos diante de deveres *erga omnes*, em que temos como coobrigados, indistintamente, o Poder Público, os indivíduos e a coletividade.

Terceiro, um conjunto amplo de deveres explícitos e especiais do Poder Público, independentemente de ser ele degradador ou não, dis-

---

78. Lawrence H. Tribe, *American Constitutional Law*, 3ª ed., vol. 1, New York, Foundation Press, 2000, p. 16.

postos no art. 225, *caput* e § 1º – injunções que são bastante detalhadas, em oposição a dispositivos semelhantes encontrados em Constituições estrangeiras, caracterizados pela sua vagueza.[79] O intuito do constituinte, aqui, foi afastar qualquer dúvida sobre a índole cogente das determinações dirigidas a todo o Estado, na sua posição bifronte de legislador e de implementador administrativo e judicial do ordenamento. Do legislador espera-se que aprove novas leis e aperfeiçoe as existentes, vedada a redução das garantias ambientais; do Judiciário, uma enérgica e rápida aplicação da lei e interpretação conforme a melhor solução de proteção do meio ambiente.

Por último, temos um leque de deveres explícitos e especiais, exigíveis de particulares ou do Estado (art. 225, §§ 2º e 3º) – este, agora, na posição de degradador potencial ou real (como minerador, por exemplo).

5.2.2 *O Estado como sujeito degradador e sujeito de controle da degradação*

A estrutura do art. 225 demonstra uma profunda desconfiança do constituinte com a capacidade e vontade política do Poder Público no resguardo do nosso meio ambiente. Não sem razão. Sendo certo – como alerta Odete Medauar – que "a atuação rotineira da Administração é um dos elementos reveladores da efetividade das normas constitucionais na vida da sociedade",[80] a história administrativa brasileira recente, caracterizada por um Estado metamorfoseado em ator assíduo no processo de degradação ambiental, há de inspirar desconfiança nos administrados e naqueles que se importam com a sorte do meio ambiente.

Pelo menos *três* formas de participação estatal na destruição ambiental podem ser identificadas.[81] De um lado, o Poder Público causa degradação *direta* do meio ambiente – é o Estado-empreendedor, ele próprio envolvido, sozinho ou em associação, na construção

---

79. Ernst Brandl and Hartwin Bungert, "Constitutional entrenchment of environmental protection: a comparative analysis of experiences abroad", *Harvard Environmental Law Review* 16/78, 1992.
80. *Direito Administrativo Moderno*, 2ª ed., São Paulo, Ed. RT, 1998, p. 49.
81. Richard O. Brooks, "A constitutional right to a healthful environment", *Vermont Law Review* 16/1.065, 1992.

de empreendimentos degradadores, como hidrelétricas, hidrovias, rodovias, aeroportos, portos e assentamentos rurais (= degradador-agente). Mas na maioria dos casos o papel do Estado é de degradador *indireto*, ao, comissivamente, apoiar ou legitimar projetos privados, seja com incentivos tributários e crédito, seja com a expedição de autorizações e licenças para poluir (= degradador-conivente). Uma terceira modalidade de degradação ambiental estatal, também enviesada e dissimulada, só que por omissão, aparece quando o Estado despreza ou cumpre insatisfatoriamente suas obrigações de fiscalização e aplicação da legislação ambiental (= degradador-omisso), sejam os instrumentos preventivos (exigência de EPIA-RIMA, por exemplo), sejam os mecanismos sancionatórios e reparatórios. As razões para tanto são as mais variadas, da cooptação ao estrangulamento por falta de recursos financeiros, técnicos e humanos, da incompetência técnica à debilidade de vontade política.

O detalhamento das missões vinculantes do Estado tem, pois, sua razão de ser. Como obrigações afirmativas, colima-se impossibilitar o retorno do Poder Público à situação de hibernação ambiental, própria do modelo liberal. Para tanto, é insuficiente estabelecer o que se veda ao Estado ou estatuir obrigações positivas e genéricas, mas impõe-se apontar, minuciosamente, ações e atividades que deve empreender. O não-fazer só parcialmente atende aos objetivos da ordem pública ambiental e do Estado de Direito Sócio-Ambiental.

O objetivo, portanto, do art. 225, § 1º, é um só: por meio de "cláusulas vinculativas da ação do Poder Público"[82] – e sem prejuízo dos deveres genéricos explicitados no *caput* do dispositivo e incidentes sobre a conduta de qualquer degradador, ou dos demais deveres formulados nos parágrafos subseqüentes e segmentos outros da Constituição Federal –, retirar o Estado, pela força do destaque e da clareza das obrigações afirmativas estatuídas, da atmosfera de *laissez-faire* ambiental a que estava acostumado, exigindo, além disso, uma atuação positiva pró-meio ambiente, de sorte a expurgá-lo da conhecida dormência, que parece ser sua vocação natural, quando confrontado com fenômenos massificados, complexos e conflitivos.

---

82. Nicolao Dino de Castro e Costa Neto, *Proteção Jurídica do Meio Ambiente (I – Florestas)*, Belo Horizonte, Del Rey, 2003, p. 124.

São deveres que se agregam às missões primárias e próprias dos vários órgãos da Administração Pública; mais do que obrigações incidentes ou acessórias, são verdadeiros deveres-pressupostos, cujo descumprimento é capaz de contaminar o *iter* administrativo de outra forma impecável e de invalidar seu resultado, acarretando responsabilidades pessoais (disciplinar, penal e civil) para os administradores – sem falar na prática de *improbidade administrativa*,[83] como co-autor da degradação do meio ambiente. Não é só a dicção da norma que indica sua imperatividade ("incumbe ao Poder Público"), mas também o fato de que a própria Constituição se encarrega de esclarecer – como lembra Alexandre de Moraes – que "as condutas e atividades consideradas lesivas ao meio ambiente sujeitarão os infratores, pessoas físicas ou jurídicas, a sanções penais e administrativas, independentemente da obrigação de reparar os danos causados".[84]

Na efetivação das normas constitucionais ambientais que têm como destinatário o administrador público não se pode desprezar o poder preventivo (= *deterrence*) das sanções administrativas, civis e penais. Impecável a lembrança de Ney de Barros Bello Filho quando diz que, "ainda que não trazendo a recomposição do dano ambiental causado no caso em que se aplica a lei, a imposição de sanções ao ímprobo acarretará, certamente, a prevenção de outros tantos atentados ao meio, pois os atos administrativos danosos ao meio ambiente deixaram de ser praticados à vista de uma sanção certa e inafastável".[85]

Os deveres atribuídos aos particulares e ao Poder Público – inclusive os derivados do poder regulamentar e de polícia – nada têm de retóricos, podendo, não há dúvida, ser exigidos "judicialmente na hipótese de omissão em agir".[86]

---

83. No tema, cf. Marino Pazzaglini Filho, "Princípios constitucionais e improbidade administrativa ambiental", *Revista de Direito Ambiental* 17/112-122, janeiro-março/2000.
84. *Direito Constitucional*, 11ª ed., São Paulo, Atlas, 2002, p. 680.
85. "Aplicabilidade da Lei de Improbidade Administrativa à atuação da Administração Ambiental Brasileira", *Revista de Direito Ambiental* 18/78, abril-junho/2000.
86. Luís Roberto Barroso, "A proteção do meio ambiente na Constituição Brasileira", *RF* 317/177, 1992.

5.3 Técnica dos princípios

A técnica dos princípios é amplamente utilizada pelas Constituições modernas, em todos os campos.[87] Não nos cabe, aqui, discorrer sobre a importância dos princípios na ordem jurídica. Basta dizer que a doutrina, na sua unanimidade, os vê como blocos estruturais dorsais na composição do ordenamento. No direito ambiental e outras disciplinas de elaboração recente, "os princípios auxiliam a compreensão e consolidação de seus institutos".[88]

Não é incomum que os princípios ambientais sejam acolhidos e batizados expressamente nos textos constitucionais – princípios da precaução e poluidor-pagador, por exemplo, no Tratado (ou, melhor, Constituição) da União Européia;[89] em outros casos, são deduzidos ou dedutíveis da norma constitucional. Assim, temos na Constituição Brasileira, dentre outros, o princípio da primariedade do meio ambiente, o princípio da explorabilidade limitada da propriedade e o princípio do uso sustentável dos recursos naturais.

Direitos fundamentais e princípios de mesma estirpe convivem na atmosfera constitucional. Como lembra acertadamente Cristiane Derani, "é possível verificar que os direitos fundamentais revelam-se simultaneamente no texto normativo como princípios".[90]

A Constituição de 1988 congrega um leque de princípios ambientais, que ora são expressos ou implícitos, ora gerais ou especiais, ora substantivos ou procedimentais.

Entre os princípios implícitos – já adiantamos, atrás – estão o da primariedade do meio ambiente, o da explorabilidade limitada, o da precaução, o da integração e o do uso sustentável dos recursos naturais.

---

87. Sobre os *princípios na Constituição de 1988*, cf. Celso Antônio Pacheco Fiorillo, *Curso de Direito Ambiental Brasileiro*, São Paulo, Saraiva, 2003, pp. 23-43.
88. Odete Medauar, *Direito Administrativo Moderno*, 2ª ed., São Paulo, Ed. RT, 1998, p. 132.
89. Cf. art. 174.
90. Cristiane Derani, "Meio ambiente ecologicamente equilibrado: direito fundamental e princípio da atividade econômica", in Guilherme José Purvin de Figueiredo (org.), *Temas de Direito Ambiental e Urbanístico*, São Paulo, Max Limonad, 1998, p. 99. No mesmo sentido Alexy, para quem, "independentemente da precisão de sua formulação, os direitos constitucionais são princípios" (*A Theory of Constitucional Rights*, trad. de Julian Rivers, Oxford, Oxford University Press, 2002, p. 388, "Posfácio").

Entre os princípios expressos (e genéricos) cabe mencionar o princípio poluidor-pagador e os princípios da função ecológica da propriedade e da defesa do meio ambiente, referidos no art. 170, VI – verdadeiros realizadores do direito ao meio ambiente ecologicamente equilibrado nas atividades econômicas.[91]

5.4 Técnica da função ecológica da propriedade

Algumas Constituições (Colômbia[92] e Brasil,[93] por exemplo), não satisfeitas em estabelecer direitos e obrigações fundamentais afeitos à tutela do meio ambiente, modificam, de forma direta, a função social da propriedade, que, tradicionalmente, já era usada como fonte legitimadora dos esforços legislativos, administrativos e judiciais de salvaguarda da Natureza.[94]

No caso brasileiro, o texto de 1988 reconheceu – a exemplo dos anteriores – o direito de propriedade, mas impôs limites constitucionais (intrínsecos e extrínsecos[95]) de duas ordens.

Primeiro, agregando ao direito a exigibilidade do cumprimento de uma função social.[96] Aqui, nenhuma inovação quanto à Carta de

---

91. Cristiane Derani, "Meio ambiente ecologicamente equilibrado: direito fundamental e princípio da atividade econômica", in Guilherme José Purvin de Figueiredo (org.), *Temas de Direito Ambiental e Urbanístico*, São Paulo, Max Limonad, 1998, p. 100.
92. "A propriedade é uma função social que implica obrigações. Como tal, lhe é inerente uma função ecológica" (Constituição da Colômbia de 1991, art. 58).
93. CF, art. 186, II.
94. Sobre a *ecologização da propriedade*, cf. Antônio Herman Benjamin, "Reflexões sobre a hipertrofia do direito de propriedade na tutela da reserva legal e das áreas de preservação permanente", in Instituto "O Direito por um Planeta Verde", *5 Anos Após a ECO-92*, São Paulo, Imprensa Oficial do Estado de São Paulo, 1997, pp. 11-36.
95. Sobre os *limites internos e externos do direito de propriedade*, cf. Antônio Herman V. Benjamin, "Desapropriação, reserva florestal legal e áreas de preservação permanente", in Guilherme José Purvin de Figueiredo (org.), *Temas de Direito Ambiental e Urbanístico*, São Paulo, Max Limonad, 1998, pp. 67-69.
96. Sobre *função social da propriedade e meio ambiente*, cf. Antônio Herman Benjamin, "Reflexões sobre a hipertrofia do direito de propriedade na tutela da reserva legal e das áreas de preservação permanente", in Instituto "O Direito por um Planeta Verde", *5 Anos Após a ECO-92*, São Paulo, Imprensa Oficial do Estado de São Paulo, 1997; Luís Roberto Gomes, "O princípio da função social da propriedade e a exigência constitucional de proteção ambiental", *Revista de Direito*

1969. Na doutrina a função social é vista como *princípio* de controle da propriedade, que, conforme salienta magistralmente Eros Roberto Grau, "impõe ao proprietário – ou a quem detém o poder de controle, na empresa – o dever de *exercê-lo* em benefício de outrem e não, apenas, de *não o exercer* em prejuízo de outrem. Isso significa que a *função social da propriedade* atua como fonte da imposição de comportamentos positivos – prestação de *fazer*, portanto, e não, meramente, de *não-fazer* – ao detentor do poder que deflui da propriedade. Vinculação inteiramente distinta, pois, daquela que lhe é imposta mercê de concreção do *poder de polícia*".[97]

Segundo – e, agora, de modo original –, o constituinte de 1988, a partir das bases da função social básica, introduziu uma *função ecológica autônoma*, que deve ser cumprida necessariamente pela propriedade, sob pena de perversão de seus fins, legitimidade e atributos.[98]

É exatamente assim que se expressa o art. 186: "A função social é cumprida quando a propriedade rural atende, simultaneamente, segundo critérios e graus de exigência estabelecidos em lei, aos seguintes requisitos: (...) II – utilização adequada dos recursos naturais disponíveis e preservação do meio ambiente; (...)".

5.5 Técnica dos objetivos públicos vinculantes

Por vezes, a voz do constituinte surge por intermédio de objetivos públicos vinculantes, a serem seguidos pelo Estado, na formulação e aplicação de suas políticas públicas, de qualquer tipo. Assim,

---

Ambiental 17/160-178, janeiro-março/2000; Maria Luísa Faro Magalhães, "Função social da propriedade e meio ambiente – Princípios reciclados", in Antônio Herman V. Benjamin (coord.), *Dano Ambiental: Prevenção, Reparação e Repressão*, São Paulo, Ed. RT, 1993, pp. 146-151; Roxana Cardoso Brasileiro Borges, "Função ambiental da propriedade", *Revista de Direito Ambiental* 9/67-85, janeiro-março/1998.

97. Eros Roberto Grau, *A Ordem Econômica na Constituição de 1988 (Interpretação e Crítica)*, 9ª ed., São Paulo, Malheiros Editores, 2004, p. 222 (grifos no original). Sobre o poder de polícia, cf., dentre outros autores nacionais, Odete Medauar, *Direito Administrativo Moderno*, 2ª ed., São Paulo, Ed. RT, 1998, pp. 346-357.

98. Cf. Antônio Herman Benjamin, "Reflexões sobre a hipertrofia do direito de propriedade na tutela da reserva legal e das áreas de preservação permanente", in Instituto "O Direito por um Planeta Verde", *5 Anos Após a ECO-92*, São Paulo, Imprensa Oficial do Estado de São Paulo, 1997, pp. 11-36.

por exemplo, a "construção de uma sociedade livre, justa e solidária" (art. 3º, I).

5.6 Técnica dos programas públicos abertos

No caso brasileiro a vocação do constituinte não foi exatamente por programas públicos abertos, vistosos na roupagem e pobres na implementação, por serem orientações não-vinculantes.

Típica manifestação de programa público aberto há no art. 225, § 1º, VI, quando o legislador diz esperar que o Poder Público promova "a conscientização pública para a preservação do meio ambiente".[99]

5.7 Técnica dos instrumentos

A Constituição prevê vários instrumentos ambientais, como áreas protegidas (art. 225, § 1º, III), licenciamento ambiental (art. 225, § 1º, V), Estudo Prévio de Impacto Ambiental (art. 225, § 1º, IV), sanções penais e administrativas (art. 225, § 3º) e responsabilidade civil pelo dano ambiental (art. 225, §§ 2º e 3º).[100]

5.8 Técnica dos biomas e áreas especialmente destacados

Finalmente, a Constituição, sem prejuízo da tutela que confere a todos os biomas brasileiros, ressaltou alguns que, ao ver do constituinte, reclamam maior atenção do legislador, do administrador e do Judiciário.

São nomeados, como *patrimônio nacional*,[101] o Pantanal, a Floresta Amazônica, a Mata Atlântica, a Serra do Mar e a Zona Costeira.

---

99. Cf., sobre a *conscientização ambiental*, Helita Barreira Custódio, "Direito à educação ambiental e à conscientização pública", *Revista de Direito Ambiental* 18/38-56, abril-junho/2000.
100. Cf., dentre outros, Antônio Herman V. Benjamin, "Responsabilidade civil pelo dano ambiental", *Revista de Direito Ambiental* 9/5-52, janeiro-março/1998.
101. CF, art. 225, § 4º. O propósito introdutório do presente ensaio não nos permite tratar, aqui, dos efeitos desse dispositivo.

6. Conclusão

Não são singelos os frutos que esperamos da Constituição, pois com ela pretendemos, por meio de fórmula técnico-jurídica, controlar – ou, talvez, menos ambiciosamente, apenas organizar – os conflitos humanos. Se é certo – como afirma Bruce A. Ackerman – que, "enquanto vivermos, não haverá escapatória para a luta pelo poder",[102] o papel da norma constitucional é deveras gigantesco. Se o legislador não regula, os conflitos se acirram; se regula, os preceitos correm o risco de não serem aplicados ou de perecerem, passivos e estupefatos, diante da reação de poderosos interesses econômicos e políticos.

Felizmente, sempre haverá a possibilidade (ou seria sonho?) de que, superados os estágios mais bárbaros da evolução humana, os cidadãos enxerguem na Constituição, mais do que um documento de intenções e retórica inocente, um verdadeiro guia implementável, capaz de nos conduzir – mesmo que seja em processo lento e gradual – a uma sociedade livre, justa e solidária, organizada na forma de um Estado Democrático de Direito, no modelo advogado pelo art. 1º da CF de 1988.

Historicamente, a Natureza, valorizada como recurso natural ou vista como óbice à geração de riqueza e emprego, vem sendo uma das principais vítimas colaterais dessa disputa por poder. Nem é de surpreender que assim seja, pois não seria de se esperar comportamento mais atencioso com ela do que aquele que os seres humanos reservam aos próprios seres humanos. Realmente, quem não é capaz de valorizar e preservar a vida de seus semelhantes certamente estará surdo à voz da razão que conclama à proteção dos outros seres vivos não-humanos e das bases ecológicas de tudo o que somos.

Nada disso parece desestimular ou assustar o constituinte moderno. Não é por outra razão que as Constituições trazem muito de otimismo, de esperança de mudança e de renovação de conceitos e padrões de convivência. Antes de mais nada, a Constituição é um testemunho de fé na capacidade humana de progresso.

É nesse quadro que se deve aquilatar a constitucionalização da proteção do meio ambiente, nela enxergando um avanço ético-jurídi-

---

102. *Social Justice in the Liberal State*, Yale University Press, New Haven, 1980, p. 3.

co, que deve ser mensurável não só pela análise formal das normas, mas também pela prática constitucional.

Que se acuse a Constituição de 1988 de tudo, menos de que – para usar as palavras de Pontes de Miranda – "muito se legislou e legisla para se retocar; pouco para se resolverem problemas".[103] Os avanços ético-jurídicos nela estatuídos, ao proteger a Natureza, são numerosos e inegáveis. Sem pretender sumariá-los, chama a atenção a autonomização jurídica do meio ambiente, o tratamento jurídico-holístico da Natureza, o reconhecimento, ao lado da dimensão intergeracional, de valor intrínseco aos outros seres vivos e ao equilíbrio ecológico, a ecologização do direito de propriedade e a instituição dos princípios da primariedade do meio ambiente e da exporabilidade limitada – para citar alguns pontos mais expressivos.

Ultrapassada a fase da formulação dogmática constitucional, o desafio, agora, é um de boa compreensão e de implementação da norma. Não será fácil. Nós, brasileiros – e, infelizmente, nesse ponto, não estamos sozinhos –, somos reféns de uma interpretação excessivamente retórica da norma constitucional. Para piorar, prisioneiros da tradição civilística, ainda usamos como referência diária o Código Civil, aplicando a Constituição apenas no preenchimento de lacunas ou omissões do direito privado.

Elaborar a Constituição de 1988 foi uma festa de cidadania, um momento de celebração nacional, após anos de Ditadura. Agora, com seu texto na mão, é hora de aplicá-la. Razão assiste a Bonavides quando adverte: "A tarefa medular do Estado social contemporâneo nos sistemas políticos instáveis não é unicamente fazer a Constituição, mas cumpri-la, (...)".[104]

Entre nós a tradição do fatos consumados é suficiente para afastar a norma constitucional, por mais clara e inequívoca que se mostre. No campo bancário (juros) ou no ambiental (liberação de OGMs sem licenciamento ambiental) é injustificável a troca da força normativa da Constituição pela força normativa dos fatos, sejam eles econômicos ou técnicos, úteis ou inúteis, geradores de emprego ou não.

---

103. *Comentários à Constituição de 1967*, t. I, São Paulo, Ed. RT, 1967, p. 222.
104. *Curso de Direito Constitucional*, 15ª ed., São Paulo, Malheiros Editores, 2004, p. 186.

"Os factos inconstitucionais continuarão a ser *realidade inconstitucional*, por mais reiterados que sejam."[105]

Em 1982 – 10 anos depois da Conferência de Estocolmo e outros 10 antes da ECO-92 –, PAULO AFFONSO LEME MACHADO, num incontido lamento estampado na 1ª edição do seu *Direito Ambiental Brasileiro*, escreveu que quando da promulgação da Emenda Constitucional 1/1969 o tema do meio ambiente "ainda estava tomando corpo nas preocupações cívicas".[106]

Hoje, passados mais de 20 anos desse desabafo acadêmico, temos uma Constituição plenamente sintonizada com a "preocupação cívica" da degradação ambiental. Mas, infelizmente, tal mensagem ainda não transbordou o núcleo constitucional e inundou a prática empresarial, legislativa e administrativa do nosso país. Tempos melhores virão, não duvidemos.

Só resta esperar que a (boa) contaminação de todos pelo civismo ambiental pregado por PAULO AFFONSO LEME MACHADO não se enfraqueça ou chegue tarde demais. Para nós, seus discípulos, mas também para a Natureza exuberante desse nosso Brasil.

---

105. J. J. Gomes Canotilho e Vital Moreira, *Fundamentos da Constituição*, Coimbra, Coimbra Editora, 1991, p. 47 (grifos no original).
106. Ob. cit., 1ª ed., São Paulo, Ed. RT, 1982, p. 6.

A NATUREZA JURÍDICA DO PARECER CONCLUSIVO DA COMISSÃO TÉCNICA NACIONAL DE BIOSSEGURANÇA (CTNBio)

AURÉLIO VIRGÍLIO VEIGA RIOS

1. Introdução. 2. Origem da CTNBio e suas atribuições. 3. As divergências conceituais quanto à natureza jurídica dos pareceres da CTNBio. 4. A dispensa do EIA/RIMA pela CTNBio. 5. O encontro da jurisprudência com a doutrina. 6. Conclusão.

1. Introdução

Este estudo sobre a natureza jurídica do parecer da Comissão Técnica Nacional de Biossegurança (CTNBio)[1] é, na verdade, um diálogo que tento fazer com meu estimado amigo e colega Paulo Affonso Leme Machado, relacionando textos e artigos que ele escreveu sobre o assunto com as intervenções que fiz, na qualidade de membro do

---

1. A Comissão Técnica Nacional de Biossegurança é um órgão composto por especialistas de notório saber científico, criada como instância colegiada multidisciplinar, "com a finalidade de prestar apoio técnico consultivo e de assessoramento ao Governo Federal na formulação, atualização e implementação da Política Nacional de Biossegurança relativa a OGM, bem como no estabelecimento de normas técnicas de segurança e pareceres técnicos conclusivos referentes à proteção da saúde humana, dos organismos vivos e do meio ambiente, para atividades que envolvam a construção, experimentação, cultivo, manipulação, transporte, comercialização, consumo, armazenamento, liberação e descarte de OGM e derivados", à qual compete "emitir parecer técnico prévio conclusivo, caso a caso, sobre atividades, consumo ou qualquer liberação no meio ambiente de OGM, incluindo sua classificação quanto ao grau de risco e nível de biossegurança exigido, bem como medidas de segurança exigidas e restrições a seu uso, encaminhando ao órgão competente para as providências a seu cargo" (art. 1º-A e art. 1º-D, XIV, da Lei 8.974/1995, com redação dada pela Medida Provisória 2.191-9/2001).

Ministério Público Federal, nos autos da ação civil pública onde se discutia a legalidade de um "parecer conclusivo" da CTNBio que resultou na aprovação do primeiro organismo geneticamente modificado (OGM) para liberação no meio ambiente. No caso, a soja *round up ready*, geneticamente alterada para resistir ao glifosato, princípio ativo do herbicida *round up*, fabricada pela empresa Monsanto.

Este diálogo permanente, às vezes direto, outras vezes sutil, entre doutrina e prática forense marcou o perfil e a qualidade do que foi produzido em favor das teses sobre a natureza jurídica e, mais especificamente, a respeito dos efeitos jurídicos dos pareceres produzidos pela CTNBio e a aplicação do princípio da precaução na biotecnologia.

Neste sentido, o presente estudo serve a dois propósitos: o primeiro, o de registrar o momento histórico de uma discussão que foi evoluindo, com o passar dos anos, apesar da divergência aguda que se instalou na comunidade científica, na sociedade civil e no Governo Federal, e que agora se dissemina entre os Governos Estaduais, com relação aos efeitos produzidos pela suspensão judicial do Comunicado 54 da CTNBio, que aprovou o primeiro OGM a ser plantado, em escala comercial, no país.

O segundo propósito deste texto é o de fazer justiça à melhor doutrina escrita no país sobre biossegurança e a influência da obra de Paulo Affonso em precedentes judiciais que vêm sendo adotados em alguns Tribunais, em especial pelo TRF da 1ª Região, com ênfase na aplicação do princípio da precaução e na natureza jurídica do parecer da CTNBio.

2. Origem da CTNBio e suas atribuições

Desde a impugnação judicial[2] do Comunicado 54 da CTNBio, de 1998, tem sido freqüente a discussão sobre a natureza jurídica dos pareceres daquele órgão. Pode-se dizer, sem medo de errar, que a con-

---

2. Ação civil pública ajuizada pelo IDEC perante a 6ª Vara da Seção Judiciária de Brasília (processo 1998-34-000027681-8), julgada procedente pelo Juiz Federal da 6ª Vara da Seção Judiciária do Distrito Federal, Dr. Antônio de Souza Prudente, e confirmada, por unanimidade, pela 2ª Turma do egrégio TRF-1ª Região (Ap. cível 2000-01-0014661-1-DF).

trovérsia a respeito da criação de uma Comissão, constituída de cientistas e membros do Governo, para elaborar e executar uma política de biossegurança remonta à discussão do projeto de lei que originou a Lei 8.974, de 5.1.1995, que "estabeleceu normas de segurança e mecanismos de fiscalização no uso das técnicas de Engenharia Genética na construção, cultivo, manipulação, transporte, comercialização, consumo, liberação e descarte de organismo geneticamente modificado (OGM), visando a proteger a vida e a saúde do homem, dos animais e das plantas, bem como o meio ambiente".

Desde o início o projeto de lei chegou a prever a criação da CTNBio, como instância consultiva (de assessoramento), para a aprovação de eventos relacionados com a Engenharia Genética, sobretudo o plantio experimental e comercial de plantas transgênicas.

No entanto, o artigo que criava a CTNBio e lhe dava atribuição foi vetado pelo então Presidente da República, Fernando Henrique Cardoso, sob o fundamento de que somente lei, de iniciativa do Poder Executivo, poderia criar cargos públicos, e o projeto de lei tinha origem no Congresso Nacional.

Não há dúvida de que os referidos vetos provocaram uma situação inusitada no nosso ordenamento jurídico. Apesar das várias referências à CTNBio no texto da Lei 8.974/1995, o dispositivo que a instituía como órgão de assessoramento técnico deixou de existir, através do veto exercido pelo Presidente da República.

Posteriormente, através do Decreto 1.754, de dezembro/1995, o Poder Executivo regulamentou a Lei de Biossegurança, ressuscitando, para a surpresa de muitos, os artigos vetados pelo Presidente da República e promovendo, assim, o retorno da figura do *decreto autônomo*, uma vez que o mesmo visava a regulamentar, diretamente, o art. 225, § 1º, V, da CF, criando cargo sem autorização legislativa.

Não deixa de ser curioso que o autor dos vetos, impedindo a existência formal da CTNBio, foi o mesmo Presidente da República que assinou o Decreto 1.754 e, posteriormente, editou a Medida Provisória 2.137/2000, com suas reedições e alterações (atual Medida Provisória 2.191-9, de 23.8.2001), para corrigir o estrago provocado pelo seu ato anterior.

Se a intenção do Governo Federal, à época, foi tentar resolver o impasse legal sobre a existência da CTNBio, ressaltada no julgamento da apelação da Monsanto pelo Juiz Jirair Megueriam, do TRF da 1ª Região,[3] no famoso caso da proibição judicial de comercialização da soja *round up ready*, a edição da Medida Provisória 2.137/2000 não logrou alcançar os efeitos desejados, como se constata na incessante polêmica sobre a natureza jurídica dos pareceres da CTNBio.

O art. 1º-A da medida excepcional dizia que "fica criada, no âmbito do Ministério da Ciência e Tecnologia, a *CTNBio, instância colegiada multidisciplinar, com a finalidade de prestar apoio técnico consultivo e de assessoramento ao Governo Federal na formulação, atualização e implementação da Política Nacional de Biossegurança* (...)". Ou seja: seu parecer conclusivo seria opinativo, pois origina-se de um órgão técnico consultivo sem competência para expedir o registro.

Entretanto, a medida provisória, em uma de suas reedições, modificou a redação do § 1º do art. 7º da Lei 8.974/1995, para expressar que "o *parecer técnico prévio conclusivo [sic]* da CTNBio vincula os demais órgãos da Administração, quanto aos aspectos de biossegurança do OGM por ela analisados, preservadas as competências dos órgãos de fiscalização de estabelecer exigências e procedimentos adicionais específicos às suas respectivas áreas de competência legal" (grifamos).

E exatamente sobre o alcance do parecer da CTNBio e seu efeito vinculante encontra-se o cerne da controvérsia entre juristas, membros da CTNBio, indústria e sociedade civil. Há duas posições antagônicas que estão postas no debate político sobre a natureza jurídica do "parecer técnico prévio conclusivo" da CTNBio.

3. As divergências conceituais quanto à natureza jurídica dos pareceres da CTNBio

A primeira tese defendida, com vigor, pelas empresas de biotecnologia, e com amplo apoio do Ministério da Agricultura (não importa de qual governo), pretende estabelecer um único órgão de deliberação sobre OGMs no país, para que seus "pareceres conclusivos" e decisões tenham efeito vinculante sobre todos os órgãos da Adminis-

---

3. TRF-1ª Região, 2ª T., ACP 1998-34-000027681-8, rela. Juíza Assusete Magalhães.

tração Federal ou Estadual, inclusive quanto a eventual dispensa de Estudo Prévio de Impacto Ambiental (EPIA).

Alguns juristas – dentre os quais Miguel Reale e Toshio Mukai[4] – sustentaram que o § 1º do art. 7º da Lei 8.974/1995, por ser específica e posterior à Lei 6.938/1981, teria regulamentado por inteiro o uso e a manipulação genética, estando facultado ao livre arbítrio da CTNBio decidir, no modo e no tempo que entendesse oportuno, sobre as hipóteses em que o órgão colegiado poderia autorizar *a construção, o cultivo, manipulação, transporte, comercialização, consumo, liberação e descarte de OGM.*

Em outras palavras, a CTNBio teria plenos poderes para decidir como quiser, e em última instância, sobre os aspectos de biossegurança (aí incluídos aspectos sanitários e ambientais). E, a partir de sua soberana deliberação sobre a matéria de sua competência original e exclusiva, todos os demais órgãos da Administração estariam *vinculados* a esse parecer, obrigando os Ministérios da Agricultura, Saúde e Meio Ambiente a adotá-lo sem críticas ou reservas.

Para resumir, os que defendem o efeito vinculante desses pareceres insistem que o conteúdo do parecer da CTNBio a respeito da biossegurança de um OGM seria inteiramente discricionário, mas este ato, depois de publicado no *Diário Oficial*, passaria a vincular todos os órgãos da Administração.

Embora esta posição não nos pareça a mais convincente, em um ponto estamos de acordo com a tese. O parecer da CTNBio vincula os Ministérios e demais órgãos públicos quando negativo, no que concerne à segurança do OGM, e deve, de fato, ser estabelecido pela CTNBio, em primeiro e último plano.

E sobre este aspecto da biossegurança em sentido estrito, o posicionamento dessa Comissão, no que visar à preservação da segurança na manipulação dos OGMs, não pode ser ignorado ou posto de lado por qualquer órgão da Administração.

Em sentido contrário, quando o parecer técnico da CTNBio for favorável à aprovação de um determinado OGM, não há como evitar

---

4. Os pareceres dos referidos professores, em resposta à consulta feita pela empresa Monsanto, foram juntados aos autos do processo 1998-34-000027681-8, julgado procedente pelo Juiz Federal da 6ª Vara da Seção Judiciária do Distrito Federal.

que outros órgãos possam manifestar-se, com igual discricionariedade, sobre outros aspectos não analisados no parecer ou que foram superficiais e até negligenciados numa primeira análise por parte da CTNBio.

Nesta direção, há os que defendem a tese de que as atividades relacionadas com a biossegurança – como a liberação ou descarte de OGM no meio ambiente – estão submetidas a um processo de autorização e registro, composto de vários atos complexos, depois de aprovado o parecer conclusivo pela CTNBio.[5]

Observa-se que até mesmo a Consultoria Jurídica do Ministério da Ciência e Tecnologia (MCT), ao responder, à época, a consulta formulada pela Secretaria Executiva da CTNBio, afirmou que "o parecer técnico emitido pelo mencionado órgão tem caráter meramente opinativo, não servindo como autorização para plantio ou comercialização de produtos geneticamente modificados".

A leitura atenta dos dispositivos legais que cuidam da biossegurança levou a Coordenadoria de Estudos Normativo e pareceres do MCT a afirmar, acertadamente, que "a autorização para liberar no meio ambiente organismos geneticamente modificados deve ser expedida pelos órgãos de fiscalização dos Ministérios da Saúde, da Agricultura e do Abastecimento e do meio Ambiente, observado o parecer técnico conclusivo da CTNBio. Portanto, o parecer da CTNBio *não tem o caráter autorizativo*, mas de um prévio aconselhamento aos órgãos competentes para conceder a autorização".

A base de exigência, no que for concernente à segurança da Engenharia Genética, deve ser estabelecida pela CTNBio, em primeiro plano. O posicionamento dessa Comissão, no que visar à preservação da segurança na manipulação dos OGMs, não pode ser ignorado ou posto de lado por qualquer órgão da Administração.

Como bem disse o professor Paulo Affonso: "*Não é qualquer posicionamento ou todos os posicionamentos da CTNBio que vincularão os órgãos da Administração*, mas, somente, os pareceres que tiverem estrita relação com a biossegurança, isto é, estiverem centrados em possibilitar segurança ou em 'livrar do perigo', em relação ao caso examinado".

---

5. Neste sentido, v. Paulo Affonso Leme Machado, *Direito Ambiental Brasileiro*, 12ª ed., São Paulo, Malheiros Editores, 2004, pp. 946 e ss.

De forma enfática, Paulo Affonso esclarece que "a força vinculante do parecer da CTNBio *não coloca esse órgão em posição de superioridade* ou de comando dos outros três Ministérios, apontados no art. 7º da Lei 8.974/1995. Não se quis criar um 'primeiro-ministro transgênico'. Se houvesse essa vontade política, o Poder Executivo, em sua medida provisória, teria dado força de autorização ao parecer da CTNBio ou teria até acabado com as competências dos três Ministérios".

Para concluir, disse o ilustre advogado do IDEC: "O legislador não quis, e a prática administrativa também não aconselha, unificar a liberação dos transgênicos no Ministério da Ciência e Tecnologia, na qual está a CTNBio. Por isso, com isenção e equilíbrio, é razoável afirmar-se que a CTNBio não decide com exclusividade se o Estudo de Impacto Ambiental deve ou não ser realizado para que um produto, contendo OGM, seja para plantar ou para comercializar".[6]

Se ao interpretar os dois dispositivos acima referidos, introduzidos pela Medida Provisória 2.137/2000, alguém considerar que o órgão consultivo pode opinar neste ou naquele sentido em relação à segurança de um dado OGM, haverá de reconhecer, por igual, uma discricionariedade nesta deliberação, imanente a todos órgãos de assessoramento similares à CTNBio.

Evidentemente, não há discricionariedade absoluta em qualquer ato administrativo que seja praticado por qualquer autoridade em um Estado Democrático de Direito, já que a legitimidade e a validade formal do ato dependem da sua motivação e finalidade. E estas terão de ser verificadas caso a caso, especialmente em relação à biossegurança, onde a precaução é regra fundamental e o interesse público deve prevalecer sobre os interesses privados, como se depreende de mais uma inspirada passagem do professor Paulo Affonso:

"*A emissão de autorização jamais poderá ser arbitrária. Necessita de motivação*, isto é, a exteriorização dos fundamentos da concordância da Administração Pública. Esta age em nome dos interesses públicos e, no caso, interesses públicos indisponíveis, a 'proteção

---

6. Trechos recolhidos dos memoriais apresentados pelo Dr. Paulo Affonso Leme Machado, em nome do Instituto de Defesa do Consumidor – IDEC, junto ao TRF-1ª Região, por ocasião do julgamento da ACP 1998-34-000027681-8.

da saúde do homem, dos animais e das plantas, bem como do meio ambiente', como expressamente assinala o art. 1º da Lei de Engenharia Genética – a Lei 8.974/1995. Portanto, os critérios utilizados pela Administração Pública, isto é, pelos órgãos dos Ministérios mencionados, para emitir quaisquer das autorizações podem e devem ser revistos pelo Poder Judiciário, através das ações judiciais apropriadas. *Não constitui invasão das competências do Poder Executivo o reexame das autorizações não só para constatar-se desvio de poder, mas para averiguar se as finalidades de proteção constantes da lei foram efetivamente atendidas*"[7] (grifamos).

Em manifestação juntada aos autos da ação civil pública proposta pelo IDEC afirmei, no mesmo sentido, que "não fosse a letra da lei bastante para inibir a vã tentativa dos apelantes de dar ao parecer técnico a natureza de ato discricionário que, depois de editado, se transformaria em ato vinculado, é preciso que se diga, clara e definitivamente, que não há autorização ou registro de qualquer OGM emitido pelos órgãos indicados no art. 7º da Lei 8.974/1995 e tampouco houve autorização judicial para tanto".

Como reforço ao argumento fiz menção ao fato de que "a defesa do caráter discricionário do ato de autorização questionado faz lembrar da época em que a Procuradoria da República exercia as funções da Advocacia-Geral da União e, nas ações judiciais movidas contra a União Federal, quando não tínhamos mais argumentos para defendê-la, tirávamos da cartola a tese de que o o impugnado era *discricionário*, procurando convencer os juízes de que os responsáveis pelo ato tinham poderes amplos e irrestritos para a prática do ato questionado pelo cidadão".

No caso da impugnação ao Comunicado CTNBio-54/1998, referente à liberação da soja *round up ready* no meio ambiente, fiz o seguinte raciocínio, na ordem inversa: "Será possível imaginar que a CTNBio aprovará todos os pleitos da empresa com a mesma facilidade de agora? E se a Monsanto apresentar um novo enredo com um novo cenário e a CTNBio, por um capricho do destino, não aprovar o seu requerimento? E se esse ato, tido como ilegal, significar o não-registro do novo produto? Pedirá ela a reconsideração do pleito com

---

7. Paulo Affonso Leme Machado, *Direito Ambiental Brasileiro*, 12ª ed., São Paulo, Malheiros Editores, 2004, p. 953.

base no fato de que a decisão deveria estar vinculada às condições da lei ou se resignará à decisão, tomando-a por pronta e acabada, sustentando, como agora, que a CTNBio teria total poder discricionário para decidir sobre o assunto como bem entendesse?".[8]

Além desse aspecto, há um outro problema não resolvido pela Medida Provisória 2.137/2000 ou pelas outras Medidas Provisórias 113 e 131 (editadas sob a égide do novo Governo), relativo ao parecer vinculante e à representatividade dos membros da Comissão oriundos dos Ministérios e órgãos governamentais, que também colocam em cheque a tese do caráter vinculante dos pareceres técnicos da CTNBio.

Na hipótese de um representante de um dado Ministério votar contra determinado parecer e este vir a ser voto vencido, como poderá ser entendida a vinculação do órgão ao parecer conclusivo da CTNBio, considerando que a manifestação dos representantes "deverá expressar a posição dos respectivos órgãos" (art. 1º-B, § 5º, da Medida Provisória 2.137, que promoveu alterações na Lei 8.974/1995)?

Logo, a posição do Ministério seria, em princípio, contrária ao parecer emanado da CTNBio, que não pode, evidentemente, transferir para a alçada de sua estrita competência funcional atos e decisões que foram delegados expressamente por lei a outros órgãos da Administração.

Nota-se, mais uma vez: a confusão feita entre *representação em órgão colegiado* e *delegação de competência* revela um erro conceitual de direito administrativo. Assim, ainda que um membro da CTNBio, nomeado por determinado órgão, represente a posição do Ministério sobre aquele caso, ele não traz consigo a competência legal atribuída ao seu Ministério, de fazer ou não-fazer alguma coisa.

Da mesma forma que um Ministro de Estado não pode abrir mão do exercício de sua competência legal, a possível usurpação da atribuição funcional por parte do seu representante na CTNBio ou a omissão do Ministério em exercer suas competências, por si, podem, inclusive, caracterizar *improbidade administrativa*.

---

8. Parecer juntado nos autos da ACP 1998-34-000027681-8, em curso na 6ª Vara Federal de Brasília.

Por outro ângulo, observa-se que as medidas provisórias em questão não alteraram as competências legais da Agência Nacional de Vigilância Sanitária (ANVISA), do IBAMA ou da Secretaria de Defesa Agropecuária. Portanto, a preservação das competências rotineiras dos referidos órgãos faz com que a "última palavra" da CTNBio seja apenas a porta de entrada de procedimentos administrativos que poderão resultar, ou não, no licenciamento ou autorização desejada para a introdução de um determinado OGM.

4. A dispensa do EIA/RIMA pela CTNBio

O art. 225, § 1º, IV, da CF obriga a realização do Estudo de Impacto Ambiental (EIA) em qualquer atividade potencialmente causadora de significativa degradação do meio ambiente, e não excepciona qualquer atividade ou produto em especial.

De acordo com a Constituição, as entidades voltadas à pesquisa e manipulação do material genético devem ser fiscalizadas, tendo em vista os riscos ambientais relacionados com tal atividade (art. 225, § 1º, II).

Do mesmo modo, o inciso V do mencionado § 1º do art. 225 estabelece que incumbe ao Poder Público "controlar a produção e a comercialização de técnicas, métodos e substâncias que comportem risco para a vida, a qualidade de vida e o meio ambiente".

Verifica-se da leitura da Lei 8.974/1995 e do Decreto 1.752/1995 que os eventuais riscos inerentes às inovações científicas, a partir de modificações genéticas, ao homem, animais, vegetais e ao equilíbrio do ecossistema estão entre as principais preocupações do legislador.

É incontestável que a manipulação de material genético, especialmente para plantio e posterior comercialização, como aquele pretendido pelas empresas de biotecnologia, exige o EPIA, pelos riscos que pode implicar ao meio ambiente e à saúde do homem.

Uma planta transgênica, por exemplo, resistente a determinado tipo de patógeno e, a princípio, vantajosa do ponto de vista econômico, pode combinar-se com indivíduos da mesma espécie, porém sem as mesmas alterações no genoma, determinando o desenvolvimento de uma nova geração cujas características genéticas são imprevisíveis e que podem transformá-la em praga em um determinado ambiente, devido às possíveis vantagens competitivas em relação às demais populações que habitam a mesma área.[9]

Não se trata, aqui, de impedir a pesquisa científica ou o avanço do conhecimento humano, mas de exigir que a Engenharia Genética se desenvolva nos limites da ética, da legalidade e da precaução, sendo que a segurança ambiental somente pode ser alcançada mediante elaboração de EPIA, nos moldes preconizados pela Constituição Federal.

Na observação precisa de Cristiane Derani, apenas com a desmistificação do conhecimento científico como um conhecimento em si, despido de ideologia ou valores outros que não a verdade científica, podem-se valorar o desenvolvimento tecnológico e os resultados alcançados e inseri-los num processo de legitimação social. Não dispõe de modo diverso o § 2º do art. 218 da CF ao afirmar que "a pesquisa tecnológica voltar-se-á preponderantemente para a solução dos problemas brasileiros e para o desenvolvimento do sistema produtivo nacional e regional".[10]

Se incumbe ao Estado promover e incentivar o desenvolvimento científico, a pesquisa e a capacitação tecnológicas, tendo em vista o *bem público* e o progresso das Ciências, bem como o desenvolvimento do sistema produtivo nacional (§§ 1º e 2º do art. 218 da CF de 1988), tal desenvolvimento deve-se dar de forma harmônica com o disposto no art. 225 da CF, que impõe ao Poder Público e à coletividade o dever de defender o meio ambiente ecologicamente equilibrado para as presentes e futuras gerações.

Neste sentido, a aplicação do princípio da precaução nos auxilia a antever os riscos apuráveis e, portanto, evitáveis. Desse modo, assegura-se que os riscos sejam enfrentados com bases científicas, e, se não houver certeza, melhor esperar prudentemente que ela venha, ainda que contrariando interesses econômicos imediatos, do que correr riscos ecológicos desnecessários.

---

9. Marcelo Varella, Eliana Fontes e Fernando Rocha, *Biossegurança e Biodiversidade: Contexto Científico e Regulamentar*, Belo Horizonte, Del Rey, 1999, pp. 96-97.

10. Cristiane Derani, *Direito Ambiental Econômico*, São Paulo, Max Limonad, 1997, p. 186.

Paulo Affonso Machado ensina que "o princípio da precaução, para ser aplicado efetivamente, tem que suplantar a pressa, a precipitação, a rapidez insensata e a vontade de resultado imediato (...). O princípio da precaução não significa a prostração diante do medo, não elimina a audácia saudável, mas equivale à busca da segurança do meio ambiente, indispensável para a continuidade da vida".[11]

Observa-se que o princípio da precaução é indissociável de qualquer boa prática de biossegurança. Sua importância para as medidas de prevenção de potenciais riscos decorrentes da introdução ou da liberação de OGM no meio ambiente foi expressamente reconhecida e reafirmada no Protocolo de Cartagena sobre Biossegurança, servindo o documento internacional como referência legislativa básica para a proteção da diversidade biológica e da saúde humana em relação a eventuais danos que possam advir da liberação no meio de OGM ou da ingestão de produtos ou alimentos transgênicos.

Por outro lado, há uma seqüência lógica entre as normas jurídicas que obrigam a realização de EIA. Ela inicia-se com o dispositivo constitucional apontando para a necessidade de EIA/RIMA nas hipóteses de atividade ou obra com potencialidade de causar impacto negativo ao meio ambiente, passa pela Lei de Política de Meio Ambiente (Lei 6.938/1981) e encerra com normas do Conselho Nacional do Meio Ambiente (CONAMA)[12] dispondo no mesmo sentido.

Posteriormente, a Lei 9.960, de 28.1.2000, veio colocar uma pá-de-cal sobre a matéria relativa à competência do órgão ambiental para licenciamento de sementes transgênicas, quando acrescentou à Lei 6.938/1981 o art. 17-L, que estabelece: "Art. 17-L. As ações de licenciamento, registro, autorizações, concessões e permissões relacionadas à fauna, à flora e ao controle ambiental são de competência exclusiva dos órgãos integrantes do Sistema Nacional do Meio Ambiente".

Ressalte-se que o EPIA é de suma importância para a aplicação do princípio da precaução, de modo a tornar possível no mundo real a previsão e a prevenção de eventuais riscos ambientais ocasionados pelo descarte de OGM no meio ambiente.

---

11. "Princípio da precaução e o direito ambiental", parecer juntado aos autos da ACP 1998-00027682-0, proposta pelo IDEC contra União Federal perante a 6ª Vara Federal da Seção Judiciária de Brasília.

12. Resoluções CONAMA-01/1986, 237/1997 e 305/2002.

Convém lembrar que o parecer técnico da CTNBio aprovando a liberação da soja *round up ready* revelou a inconstitucionalidade do art. 2º, XIV, do Decreto 1.752/1995, que, ao regulamentar as atribuições e competência da CTNBio, dispensou o empreendedor da obrigação legal de exigir das empresas de biotecnologia o EIA e o Relatório de Impacto Ambiental (RIMA) de projetos que envolvam a liberação de OGM no meio ambiente, desobrigando, no caso em destaque, a empresa Monsanto de apresentar o EIA referente ao cultivo da soja *round up ready* em território brasileiro.

Se a lei não pode limitar o alcance do referido dispositivo constitucional, muito menos poderia o decreto dispensar a obrigatoriedade do EIA, sabendo que a Comissão, vinculada ao MCT, não faz parte do Sistema Nacional do Meio Ambiente (SISNAMA) e não tem poderes para proceder ao licenciamento ambiental de eventos transgênicos.

Afinal, o EIA não é uma formalidade *de menos*; uma faculdade, arbítrio ou capricho, que possa ser dispensada no exame tão delicado das conseqüências do descarte de OGM no meio ambiente; e a exigência constitucional, frise-se, não poderia, tampouco, ser limitada por um decreto regulamentar.[13]

A mesma opinião é compartilhada pelo professor Paulo Affonso Leme Machado,[14] que elaborou substancioso parecer nos autos do "caso da soja transgênica", afirmando que a CTNBio *equivocou-se ao dispensar o EIA previamente à emissão de parecer técnico conclusivo*, pois "o EIA não é discricionário diante da potencialidade de dano significativo ao meio ambiente." Ao contrário, somente a prova da inexistência de risco na introdução da soja *round up ready* poderia isentar a exigência do EIA.

Mais recentemente, em junho/2002, foi finalmente editada pelo CONAMA a Resolução 305/2002, que cuida especificamente do processo de licenciamento de OGM, tanto em caráter experimental como em escala comercial, exigindo o EIA como condição de validade do

---

13. Aurélio Rios, palestra sobre "Questões de biossegurança" proferida no *Seminário Internacional sobre Direito da Biodiversidade*, 11-14.5.1999, no Auditório do STJ em Brasília/DF, in *Revista do Centro de Estudos Judiciários* 8/136, Brasília, ed. do Conselho da Justiça Federal, agosto/1999.

14. Parecer juntado nas ACP 98-34-000027681-8 (Medida Cautelar) e 98-00027682-0, ambas propostas pelo IDEC contra a União Federal.

processo administrativo de liberação de sementes transgênicas no meio ambiente.

Essa resolução significou um grande passo do Governo Federal, notadamente do Ministério do Meio Ambiente, em favor da efetivação das medidas de controle de OGMs, de modo a dar eficácia e conteúdo substantivo ao princípio da precaução. É imperioso ressaltar que tanto a sentença judicial de primeira instância, no caso da soja transgênica, como o acórdão do TRF da 1ª Região, que a confirmou, foram elementos fundamentais no processo de decisão política que resultou na edição da Resolução 305 do CONAMA.

Ainda que a polêmica a respeito da soja transgênica esteja longe de acabar e que o atual Governo continue a tratar o tema com uma notável ambigüidade, como se constata da leitura dos textos das Medidas Provisórias 113/2003 e 131/2003,[15] o certo é que cada vez menos vozes discordantes se levantam contra a aplicação do princípio da precaução na biossegurança, embora não esteja claro o que cada um dos atores envolvidos nesta controvérsia entende como *medidas necessárias* para a aplicação efetiva do princípio.

5. O encontro da jurisprudência com a doutrina

O primeiro caso judicial sobre liberação, em escala comercial, de um OGM no país ocorreu quando foi prolatada a sentença, pelo Exmo. Sr. Juiz Federal da 6ª Vara de Brasília/DF, Dr. Antônio de Souza Prudente, em agosto/1999, que julgou procedente medida cautelar ajuizada pelo IDEC, determinando que as empresas Monsanto do Brasil Ltda. e Monsoy Ltda. apresentassem *EPIA*, como condição indispensável para o plantio, em escala comercial, da soja *round up ready*, ficando impedidas de comercializar as sementes de soja transgênica até que sejam regulamentadas e definidas, pelo Poder Público competente, as normas de biossegurança e de rotulagem de OGMs.

Verifica-se da leitura da sentença proferida na ação civil pública que o Juiz Souza Prudente[16] visualizou no princípio da precaução a

---

15. As Medidas Provisórias 113/2003 e 131/2003 foram convertidas nas Leis 10.688, de 2.7.2003 e 10.814, de 15.12.2003, respectivamente.
16. Atualmente exercendo o cargo de Desembargador Federal junto à 6ª Turma do TRF-1ª Região.

base teórica para exigir estudos complementares da CTNBio, além do EIA/RIMA, como condição essencial à liberação, em escala comercial, de toda e qualquer semente geneticamente modificada no país, por entender que havia perguntas sem respostas apropriadas quanto ao risco de uma liberação ampla, geral e irrestrita de OGMs no país, sem o processo regular de licenciamento ambiental e sem as audiências públicas que atestassem a legitimidade do processo decisório que aprovou a desregulamentação da soja *round up ready*.

Como argumentou a sentença, em face das disposições da Lei 6.938/1981 e da Resolução CONAMA-237/1997, a definição de "obra ou atividade potencialmente causadora de significativa degradação no meio ambiente", a que se refere o art. 225, § 1º, IV, da CF de 1988, compreende a introdução de espécies geneticamente modificadas, para a qual, por via de conseqüência, é necessário o EPIA (Anexo I da Resolução CONAMA-237/1997).

Além disso, é importante notar que todos os pressupostos jurídicos apontados pelo Ministério Público Federal – e expressamente afirmados na sentença de lavra do eminente Juiz Dr. Antônio de Souza Prudente – foram posteriormente incorporados ao Protocolo de Cartagena sobre Biossegurança, a saber: (a) obrigatoriedade de Estudos de Avaliação de Riscos como condição à liberação de OGM no meio ambiente; (b) identificação e rotulagem de organismos transgênicos; e (c) respeito ao direito dos Estados soberanos (como é o caso do Brasil) de fixarem normas ambientais de prevenção de riscos mais rígidas do que aquelas admitidas no Protocolo.

Ao julgar as apelações da Monsanto e da União Federal contra a sentença da 6ª Vara de Brasília, a 2ª Turma do TRF da 1ª Região negou provimento aos recursos, como se verifica da leitura do acórdão,[17] onde se destaca o seguinte trecho da ementa:

"(...) V – A existência do *fumus boni iuris* ou da probabilidade de tutela, no processo principal, do direito material invocado encontra-se demonstrada especialmente: a) pelas disposições dos arts. 8º, 9º e 10, § 4º, da Lei n. 6.938, de 31.8.1981 – recepcionada pela Constituição Federal de 1988 – e dos arts. 1º, 2º, *caput* e § 1º, 3º, 4º e Anexo n. I da Resolução CONAMA n. 237/1997, à luz das quais se infere

17. TRF-1ª Região, 2ª T., ACP 1998-34-000027681-8.

que *a definição de 'obra ou atividade potencialmente causadora de significativa degradação do meio ambiente'*, a que se refere o art. 225, § 1º, IV, da CF de 1988, compreende *'a introdução de espécies exóticas e ou geneticamente modificadas'*, tal como consta do Anexo I da aludida Resolução CONAMA n. 237/1997, *para a qual, por via de conseqüência, é necessário o EPIA*; b) pela relevância da tese de que *o parecer conclusivo da CTNBio não tem o condão de dispensar o prévio EIA para o plantio, em escala comercial, e a comercialização de sementes de soja geneticamente modificadas*. Precedente do STF (ADin n. 1.086-7-SC, rel. Min. Ilmar Galvão, in *DJU* 16.9.1994, p. 24.279); c) pela vedação contida no art. 8º, n. VI, da Lei n. 8.974/1995, diante da qual se conclui que a CTNBio deve expedir previamente a regulamentação relativa à liberação e descarte, no meio ambiente, de OGMs, pelo quê, até o momento presente, juridicamente relevante é a tese de impossibilidade de autorização de qualquer atividade relativa à introdução de OGM no meio ambiente (...).

"VI – *A existência de uma situação de perigo recomenda a tutela cautelar, no intuito de se evitar – em homenagem aos princípios da precaução e da instrumentalidade do processo cautelar –, até o deslinde da ação principal, o risco de dano irreversível e irreparável ao meio ambiente e à saúde pública, pela utilização de Engenharia Genética no meio ambiente e em produtos alimentícios, sem a adoção de rigorosos critérios de segurança* (...)" (grifamos).

Da leitura atenta do referido acórdão constata-se que, no dia 8.8.2000, a 2ª Turma do TRF da 1ª Região, em inspirado voto da Juíza Relatora, Assusete Magalhães, criou um precedente extraordinário para a invocação do princípio da precaução junto aos Tribunais Brasileiros.

Sobre a imprescindibilidade do EIA como condição para a liberação de OGM no meio ambiente, consta do v. acórdão: "Se o art. 225, § 1º, n. IV, da CF de 1988 exige, 'na forma da lei, para instalação de obra ou atividade potencialmente causadora de significativa degradação no meio ambiente, EPIA, a que se dará publicidade', e se a própria Resolução CONAMA n. 237/1997 estatui que está sujeita a *licenciamento ambiental* 'a localização, instalação, ampliação e a operação de empreendimentos e atividades utilizadoras de recursos naturais, *consideradas efetiva ou potencialmente poluidoras ou daquelas que, sob qualquer forma, possam causar degradação ambiental*', incluindo, no seu Anexo n. I, como sujeita a tal licenciamento, 'a introdução de espécies exóticas e/ou geneticamente modificadas', parece-me juridicamente relevante, em princípio, a tese de que, no particular, nada sobra à discricionariedade da Administração, seja da CTNBio, seja do próprio IBAMA".

Em matéria de tal relevância, explica a Relatora, "melhor é adotar a exegese mais restritiva que o Plenário do STF vem dando ao art. 225, § 1º, n. IV, da CF de 1988, inadmitindo que até uma Constituição Estadual possa, em situação até bem mais simples, de florestamento e reflorestamento para fins empresariais, dispensar o prévio EIA, entendendo o Plenário daquela Corte que a expressão 'na forma da lei', constante do dispositivo constitucional, diz respeito à forma como se fará o prévio EIA, e não aos casos em que a exigência será possível, de vez que a exigência é fixada, na Constituição Federal de 1988, sem qualquer exceção".

Esclarecedor, a propósito, o voto condutor do acórdão na ADI 1.086-7-SC,[18] relatada pelo Min. Ilmar Galvão:

"A argüição do eminente Procurador-Geral da República sustenta que o § 3º do art. 182 da Constituição do Estado de Santa Catarina encontra-se eivado de inconstitucionalidade, uma vez que fixa uma exceção à aplicação do inciso IV do § 1º do art. 225 da Carta Federal, que prevê a exigência, na forma da lei, de prévio EIA para atividades que sejam potencialmente causadoras de degradação do meio ambiente.

"O dispositivo impugnado, com efeito, estabelece que, para as áreas florestadas ou objeto de reflorestamento para fins empresariais, a serem disciplinadas por normas que mantenham a qualidade do meio ambiente, fica dispensada a exigibilidade de EPIA.

"A atividade de florestamento ou reflorestamento, ao contrário do que se poderia supor, não pode deixar de ser tida como eventualmente lesiva ao meio ambiente quando, por exemplo, implique substituir determinada espécie de flora nativa, com as suas próprias especificidades, por outra, as mais das vezes sem qualquer identidade com o ecossistema local e escolhida apenas em função de sua utilidade

---

18. O voto do Relator, Min. Ilmar Galvão, foi acompanhado, à unanimidade, pelo Plenário do STF (*DJU* 16.9.1994, p. 24.279).

econômica, com ruptura, portanto, do equilíbrio e da diversidade da flora local.

"Por isso, em tese, a norma impõe restrição prejudicial à tutela do meio ambiente, razão pela qual contraria o sentido da norma constitucional federal, que, sem qualquer exceção, fixa a exigência de EPIA, a que se dará publicidade, para a instalação de obra ou atividade que seja potencialmente causadora de significativa degradação do meio ambiente.

"Mesmo que se argumente que a exigência, nesses casos, de obra ou atividade potencialmente causadora de significativa degradação ambiental comporta exclusões ao alvitre do legislador – o que sugere certa controvérsia, uma vez que a menção do constituinte à lei diz respeito apenas à forma com que se fará a mencionada exigência de prévio EIA, e não aos casos em que a mesma será possível –, o certo é que, pela lógica sistemática da distribuição de competência legislativa, apenas a lei federal seria apta a excluir hipóteses à incidência do aludido preceito geral, já que se trata de matéria nitidamente inserida no campo de abrangência das normas gerais sobre conservação da Natureza e proteção do meio ambiente, e não de normas complementares, que são da atribuição constitucional dos Estados-membros (art. 24, n. VI, da CF).

"Por outro lado, a competência legislativa plena dos Estados-membros (art. 24, § 3º, da CF) não é de ser invocada, quando menos porque não se compreende qual seja a peculiaridade local que se estaria atendendo com a edição de uma norma constitucional com tal conteúdo normativo.

"Entendo, portanto, que, num exame de caráter liminar, a argüição de inconstitucionalidade revela a presença de relevância jurídica que, somada à conveniência em não se permitir uma restrição aparentemente ilegítima e prejudicial a bem constitucionalmente tutelado, autoriza a concessão da medida cautelar a fim de suspender, até o julgamento final da ação, a vigência do § 3º do art. 182 da Constituição do Estado de Santa Catarina.

"Por isso, Sr. Presidente, meu voto é no sentido de deferir a medida cautelar, tal como requerida pelo eminente Procurador-Geral da República."

Como se vê, a jurisprudência do STF sinaliza pela relevância da tese da inconstitucionalidade de norma constitucional estadual – e, no caso, de lei em sentido apenas material – dispensar o prévio EIA para os fins previstos no art. 225, § 1º, IV, da CF de 1988.

A eminente magistrada, Assusete Magalhães, observa, com propriedade: "Até a um leigo causa perplexidade a tese de que poderia ser dispensado o prévio EIA, por não ser potencialmente lesiva ou causadora de significativa degradação do meio ambiente uma atividade cujo descarte ou liberação de OGM, no meio ambiente, sem observância das devidas cautelas regulamentares possa causar desde incapacidade para as ocupações habituais por mais de 30 dias e lesão corporal grave até a morte, lesão ao meio ambiente e lesão grave ao meio ambiente, tal como previsto no art. 13, §§ 1º a 3º, da Lei n. 8.974/1995, tipificando-se tais condutas como crimes e impondo-lhes severas penas".

A ilustre Relatora conclui que "o plantio da soja *round up ready*, no Brasil, insere-se no conceito de 'atividade' e a rigor estaria submetido às regras da legislação ambiental, que exige a obtenção do competente licenciamento ambiental junto aos órgãos federais de meio ambiente, mediante apresentação de prévio EIA, apto a permitir o deferimento ou não do pedido, nos termos da Lei n. 6.938/1981 e da Resolução CONAMA n. 237/1997, sem prejuízo das demais atribuições previstas no art. 7º da Lei n. 8.974/1995 e de competência dos Ministérios da Saúde, da Agricultura e do Abastecimento, do Meio Ambiente e da Amazônia Legal".

Paralelamente, foi julgada procedente pela 6ª Vara Federal da Seção Judiciária de Brasília a ação civil pública ajuizada pelo IDEC, cuja parte dispositiva está assim lavrada:

"Com estas considerações, *julgo procedente a presente ação para condenar a União Federal a exigir a realização de prévio EIA da Monsanto do Brasil Ltda.*, nos moldes preconizados nesta sentença, para liberação de espécies geneticamente modificadas e de todos os outros pedidos formulados à CTNBio, nesse sentido; declaro, em conseqüência, a inconstitucionalidade do inciso XIV do art. 2º do Decreto n. 1.752/1995, bem assim a das Instruções Normativas ns. 03 e 10-CTNBio, no que possibilitam a dispensa do EIA/RIMA, na espécie dos autos.

"Condeno, ainda, a *União Federal* a exigir da CTNBio, no prazo de 90 dias, *a elaboração de normas relativas à segurança alimentar, comercialização e consumo dos alimentos transgênicos*, em conformidade com as disposições vinculantes da Constituição Federal, do Código de Defesa do Consumidor (Lei n. 8.078/1990) e da legislação ambiental, na espécie, ficando obrigada a CTNBio a não emitir qualquer parecer técnico conclusivo a nenhum pedido que lhe for formulado, antes do cumprimento das exigências legais aqui expostas. (...)."

Desta decisão a Monsanto e a União apelaram ao TRF da 1ª Região, tendo a União interposto a suspensão de segurança, que foi indeferida pelo Presidente do Tribunal em 6.7.2000.

Posteriormente, em fevereiro/2003, a desembargadora federal Dra. Selene Maria de Almeida proferiu extenso voto dando provimento aos apelos da União e da Monsanto. Atualmente, em razão de pedido de vista, encontram-se os autos aguardando os votos dos demais Juízes que compõem a 5ª Turma do TRF da 1ª Região.

A polêmica sobre a natureza jurídica do "parecer técnico prévio conclusivo" emitido pela CTNBio chegou ao TRF da 1ª Região quando da apreciação do agravo de instrumento que a União Federal interpôs contra o despacho que concedeu a liminar solicitada pelo Ministério Público Federal em ação civil pública onde se discutia a exigência do Registro Especial Temporário – RET como condição para o plantio experimental de plantas geneticamente modificadas que funcionam como bio-inseticidas.

A Procuradoria da República no Distrito Federal[19] questionou à Justiça Federal se as plantas que metabolizam, por meio da Engenharia Genética, bacilo, bactéria ou fungo e, com isso, adquirem características novas, que possam exterminar insetos considerados nocivos à lavoura, como o *bacilus thurigiensis* (BT), poderiam ou não ser consideradas como agrotóxicos e afins, nos termos da Lei 7.802/1989.[20]

19. ACP 2001-34-00010329-1-DF, proposta perante a 14ª Vara Federal da Seção Judiciária de Brasília/DF pelos Procuradores da República Aurélio Virgílio Veiga Rios e Alexandre Camanho de Assis.
20. A lei define, em seu art. 2º, I, "a", como *agrotóxicos e afins* "os produtos e os agentes de processos físicos, químicos ou *biológicos*, destinados ao uso nos setores de produção, no armazenamento e beneficiamento de produtos agrícolas, nas pastagens, na proteção de florestas, nativas ou implantadas, e de outros ecossistemas e também de ambientes urbanos, hídricos e industriais, *cuja finalidade seja alterar a composição da flora ou da fauna*, a fim de preservá-las da ação danosa de seres vivos considerados nocivos" (grifamos).

O Tribunal Regional de Brasília teve, então, a oportunidade de enfrentar a nova Medida Provisória 2.137/2000 e suas reedições, por meio de decisão monocrática do Dr. João Batista Moreira,[21] que ratificou a posição do Ministério Público Federal, endossada pelo magistério de Paulo Affonso, no sentido de que a CTNBio seria um órgão consultivo que não integra o SISNAMA, sendo apenas porta-de-entrada dos pedidos de autorização de cultivo de sementes transgênicas: "(...). Não se vê como o parecer técnico da CTNBio (indispensável, aliás, para a emissão, pelo órgão competente, do *Registro Especial Temporário*) possa em si mesmo constituir ilegalidade. *O parecer técnico ainda não é o ato de liberação do cultivo, a menos que seja distorcida sua finalidade*. Nas palavras de *Paulo Affonso Leme Machado*, 'o parecer não subordina imperativamente os demais Ministérios, tanto que conservam eles a competência para conceder ou negar autorizações, e o parecer da CTNBio não se transforma juridicamente em *autorização*' (*Direito Ambiental Brasileiro*, 9ª ed., São Paulo, Malheiros, 2001, p. 916). (...). 'As autorizações mencionadas só poderão ser expedidas após ter sido ouvida a CTNBio, a qual deverá emitir *parecer prévio conclusivo*. Os Ministérios deverão levar em conta na motivação das autorizações o referido parecer, mas não estão vinculados ao mesmo. Para não seguir o parecer da CTNBio, a Administração Federal deve apresentar razões fundamentadas no interesse da vida e da saúde do homem, dos animais, das plantas, bem como do meio ambiente (art. 1º da Lei n. 8.974/1995)' (ibidem, p. 920).

"Acrescenta o renomado autor: '*Os atos administrativos – registro e autorizações –, a serem realizados pelos Ministérios, são atos complexos, pois exigem a juntada do parecer da CTNBio. Os Ministérios* – desde que fundamentem de forma satisfatória suas decisões – podem decidir contra os pareceres da Comissão, mas não podem decidir sem que os *pareceres conclusivos* estejam anexados ao procedimento administrativo' (ibidem, p. 928).

"É verdade que o art. 7º, § 1º, da Lei n. 8.974/1995, com redação dada pela Medida Provisória n. 2.137-3/2001, estabelece que 'o parecer técnico prévio conclusivo da CTNBio vincula os demais órgãos da Administração quanto aos aspectos de biossegurança do OGM por

---

21. Despacho proferido no AI 2001-01-023273-6-DF (5ª T.).

ela analisado, *preservadas as competências dos órgãos de fiscalização de estabelecer exigências a procedimentos adicionais específicos às suas respectivas áreas de competência legal'*. Todavia, não se pode olvidar que o objetivo do parecer é a *proteção da saúde humana, dos organismos vivos e do meio ambiente* (art. 1º) *Logo, mesmo se admitida a vinculação dos demais órgãos da Administração, interpretação teleológica leva a concluir que se limita aos aspectos destinados àquela proteção, ou seja, aos pontos em que o parecer impede ou restringe o exercício de atividade relacionada com OGM, não na parte em que libera o mesmo exercício"* (grifamos).

Esse importante precedente marca uma posição precautória da Justiça em relação às plantas geneticamente modificadas, resistentes a insetos, e ainda serve como um marco na definição dos poderes da CTNBio, que, lamentavelmente, tem procedido com pouca cautela no exame dos pedidos de autorização para plantio experimental de sementes transgênicas.[22]

Recentemente, a 5ª Turma do TRF da 1ª Região teve a oportunidade de julgar agravo regimental interposto pelo IDEC, *Greenpeace* e Ministério Público Federal contra a decisão monocrática da Desa. Selene Almeida que conferiu efeito suspensivo à apelação da Monsanto e da União Federal no caso da soja transgênica, ficando consignado no voto do desembargador federal Dr. João Batista Moreira que "a CTNBio *ressente-se de suficiente legitimidade democrática e não possui independência* para decidir a matéria *em caráter conclusivo e vinculante*, uma vez que *composta de membros designados discricionariamente pelo Ministro de Estado da Ciência e Tecnologia*, sem controle do Poder Legislativo".[23]

---

22. Em alentada monografia para conclusão do Curso de Direito da Universidade de Brasília (UnB), sobre A Incorporação do Princípio da Precaução no Ordenamento Jurídico Brasileiro e sua Aplicabilidade ao Caso de Liberação de Organismos Geneticamente Modificados no Ambiente, Flávia Cristina Rodrigues Barbosa, após analisar quatro pareceres da CTNBio sobre pedidos de liberação de OGMs no ambiente, afirma que as regras de precaução não foram observadas em qualquer deles e "as decisões foram tomadas sem um estudo adequado, colecionando-se apenas informações disponibilizados pelo próprio interessado (...) baseadas nos argumentos de equivalência substancial e no fato de alguns países consumirem transgênicos sem conseqüências negativas" (2002).

23. Decisão proferida no AgRg na ACP 1998-34-00027682-0-DF (caso da soja transgênica), em 8.9.2003, em que ficou vencida a relatora, Desa. Selene Almeida.

O eminente magistrado Dr. João Batista Moreira afirma, enfaticamente, que "é evidente a vulnerabilidade dessa entidade decisória (CTNBio) às pressões políticas e econômicas. Seus membros estão humanamente sujeitos, mais que nas agências reguladoras, à cooptação por grupos de interesses, justamente num setor econômico que envolve vultosos investimentos e lucros transnacionais. Não é preciso ir longe para constatar essa vulnerabilidade. Basta ver que no Governo anterior era ostensivo o interesse da União, por meio do Poder Executivo – que designa os membros da entidade –, na liberação do cultivo da soja geneticamente modificada. Lembre-se de que até houve veemente sustentação oral em favor da manutenção do ato da CTNBio, ao início do julgamento, pelo ilustre Procurador-Geral da União".

Por fim, o Dr. João Batista Moreira revela qual o verdadeiro conteúdo dos pareceres técnicos da CTNBio:

"Noutra oportunidade (decisão liminar no AI n. 2001.01.00.023273-6-DF) *sustentei, com suporte, inclusive, na doutrina de Paulo Afonso Leme Machado, que a CTNBio não tem, pela própria lei que a instituiu teleologicamente interpretada, competência* **vinculante** *para dispensar exigências destinadas 'a proteger a vida e a saúde do homem, dos animais e das plantas, bem como o meio ambiente'*, que é sua finalidade ali declarada. Seu parecer só é conclusivo e vinculante na parte em que crie restrições, ou seja, as cautelas que estabeleça não poderão ser afastadas ou reduzidas, mas só mantidas ou ampliadas pelo órgão competente para a liberação do OGM. A dispensa do EIA/RIMA, no caso em apreciação, está na linha de proteção de interesses econômicos, não de interesses pertinentes à vida, à saúde ou ao meio ambiente. Assim, só haveria vinculação se a referida Comissão tivesse decidido que a alteração no meio ambiente, decorrente do cultivo da soja transgênica, é significativa, de modo a impor a realização do EIA/RIMA. Tendo concluído que não o é, a questão fica aberta à reapreciação por outros órgãos administrativos competentes (exemplo: o CONAMA) e, na mesma direção, pelo Poder Judiciário.

"A Lei n. 8.974/1995 – seja repetido – não estabeleceu critérios para a identificação de 'atividades decorrentes do uso de OGM e derivados potencialmente causadoras de significativa degradação do meio ambiente e da saúde humana', delegando, sim, essa tarefa à CTNBio. A solução para conciliá-la, nesse aspecto, com a Constituição é dar-lhe interpretação teleológica, de modo a considerar-se que o parecer da CTNBio só é conclusivo e vinculante quanto às cautelas recomendadas para proteger a vida e a saúde da pessoa, dos animais e das plantas, bem como o meio ambiente, uma vez que sua finalidade, conforme declarado pela própria lei, é tal proteção. As cautelas que estabeleça não poderão ser reduzidas, mas poderão ser ampliadas e reforçadas por outros órgãos competentes.

"Não tendo, assim, o parecer da CTNBio caráter vinculante, na parte em que dispensa o EIA/RIMA para efeito do cultivo da soja geneticamente modificada, é necessário enfrentar a questão, diretamente, à luz do disposto no art. 225, § 1º, n. IV, da Constituição. A possibilidade de afirmar, nesta sede de julgamento, se o cultivo da soja geneticamente modificada é ou não suscetível de causar *significativa* (conceito indeterminado) degradação ambiental, de modo a exigir ou não EIA/RIMA, é o que será examinado em seguida.

"(...)."

O culto Magistrado não fugiu da discussão conceitual que permeia o debate sobre a dispensa do EIA/RIMA pela CTNBio quando se tratar de liberação de OGM no meio ambiente. Ao invocar a teoria dos conceitos indeterminados, S. Exa. explica que "a *significativa degradação* é um conceito que se opõe ao de *degradação insignificante* ou *irrelevante*. Não é a degradação anormal, grave, extraordinária ou incomum, mas a *significativa*, que exige EPIA".

Para usar suas palavras, "'a interpretação dos conceitos fluidos, também chamados de 'indeterminados', se faz contextualmente, ou seja, em função, entre outros fatores, do plexo total de normas jurídicas'.[24] A própria CTNBio, ao estabelecer medidas alternativas de acompanhamento do cultivo da soja transgênica, reconheceu, implicitamente, que há potencialidade de degradação ambiental. Não teriam sentido tais medidas diante de uma atividade insignificante ou irrelevante; e, se não é insignificante, é de algum significado, logo, significativa".

Em consonância com a opinião do Ministério Público Federal no caso, o Juiz João Batista Moreira ressalta que "*o caráter significati-*

---

24. Aqui, remetendo a Celso Antônio Bandeira de Mello, *Discricionariedade e Controle Jurisdicional*, 2ª ed., 6ª tir., São Paulo, Malheiros Editores, 2003 (1993), p. 30.

vo da referida atividade para o meio ambiente foi oficialmente reconhecido, também, pela Resolução n. 237/1997 e pela atual Resolução n. 305, de 2.6.2002, do CONAMA, ao sujeitarem a licenciamento ambiental a introdução de espécies exóticas e/ou geneticamente modificadas".

Por último – mas não menos importante –, o voto divergente considera que, "na ausência de solução legislativa válida ou na interpretação da lei, o juiz pode e deve aplicar diretamente a Constituição, *concretizando o conceito (indeterminado) de 'significativa degradação ambiental', e, realizando essa tarefa, concluirá que a atividade de cultivo de produtos transgênicos é potencialmente causadora de significativa degradação do meio ambiente, de modo a exigir a realização de EIA/RIMA*".

Portanto, o TRF da 1ª Região acolheu o parecer do Ministério Público, endossado pela doutrina de Paulo Affonso, para estabelecer o alcance da expressão "significativa degradação ambiental", prevista no inciso IV do § 1º do art. 225 da CF, do mesmo modo que prescreveu as limitações constitucionais ao poder da CTNBio de dispensar o EIA/RIMA em casos de liberação de OGM no meio ambiente.

Neste sentido, não há como sustentar o caráter vinculante de pareceres da CTNBio que venham a dispensar o EIA de atividades causadoras de significativo impacto ambiental, como é o caso da Engenharia Genética.

Por fim, é preciso lembrar que a tese que apregoa o caráter vinculante dos pareceres da CTNBio não foi incorporada no projeto de lei do Poder Executivo,[25] como se constata da leitura do seu art. 12, § 1º: "§ 1º. O parecer técnico prévio conclusivo da CTNBio vincula, se negativo, os demais órgãos e entidades da Administração, quanto aos aspectos de biossegurança do OGM e seus derivados por ela analisados".

Deste modo, o Poder Executivo prestigiou a novel jurisprudência do TRF da 1ª Região e a doutrina de Paulo Affonso sobre a natureza jurídica dos pareceres técnicos da CTNBio, que também coinci-

---

25. Projeto de Lei sobre Biossegurança, de que trata a Mensagem Presidencial 579, de 30.10.2003.

de com a posição sustentada pelo Ministério Público, desde a sua primeira intervenção nos autos da mencionada ação civil pública proposta pelo IDEC.

6. Conclusão

Este estudo demonstra que a CTNBio não tem poder para autorizar a liberação de plantas transgênicas no meio ambiente, e muito menos de dispensar o EIA/RIMA. Aliás, não é ela quem pede, e sim o IBAMA – que ó órgão federal de licenciamento ambiental – é quem deve exigir dos empreendedores e das empresas de biotecnologia a sujeição às regras estabelecidas pela Lei 6.938/81 e Resoluções CONAMA – 237 e 305.

O poder discricionário da Comissão não chega ao ponto de afastar a incidência de leis ambientais e sanitárias, além de procedimentos que tratam do licenciamento ambiental, sendo que seus pareceres técnicos somente vinculam a Administração quando restringem as atividades com OGM ou as proíbem de forma definitiva, como bem disseram o professor Paulo Affonso Leme Machado e o Des. federal João Batista Moreira, do TRF da 1ª Região.

Ainda que não tenha havido pronunciamento de mérito por parte do SYF ou do STJ sobre a questão referente à natureza jurídica dos pareceres da CTNBio ou da possibilidade de dispensa do EIA/RIMA de eventos ou atividades relacionadas a liberação de grãos transgênicos no meio ambiente, antevejo nas decisões já tomadas pela Justiça – em especial pelo TRF da 1ª Região – uma tendência forte e dirigida no sentido de incorporar o princípio da precaução, mediante a obrigatoriedade do EIA e do licenciamento ambiental como condição para o cultivo de sementes transgênicas.

Essa convicção baseia-se em dois fatos. O primeiro, a existência de uma sociedade de risco que demanda medidas de precaução contra ameaças incertas e ainda não mensuradas de danos ao meio ambiente e à saúde humana, aliada à crescente preocupação planetária com os efeitos diretos e colaterais da poluição química e biológica.

O segundo fato é que um número cada vez maior de operadores do Direito – em especial advogados públicos, promotores, procuradores e juízes de todas as instâncias –, se interessa pelas questões ambientais e pelo estudo dos princípios gerais do direito ambiental, dos quais o princípio da precaução, por estar em permanente processo de construção e consolidação, é um dos mais fascinantes e, por isso, tem sido objeto de constantes pesquisas e de debates instigantes na comunidade acadêmica, sobretudo das lições do professor PAULO AFFONSO LEME MACHADO.

A EFETIVIDADE DA PROTEÇÃO DO MEIO AMBIENTE E A PARTICIPAÇÃO DO JUDICIÁRIO[1]

CONSUELO YATSUDA MOROMIZATO YOSHIDA

1. Considerações introdutórias. 2. O novo papel do Judiciário na sociedade contemporânea: uma reformulação. 3. O magistrado não é um mero autômato da aplicação da lei. 4. A intuição do justo e o

"A boa juíza não pode refletir somente sua formação intelectual e seu estamento familiar, social e econômico. Ela tem que libertar-se e ganhar uma nova dimensão para julgar não só alicerçada na lei e no contexto das partes, mas no bem individual, social e ambiental. (...).

"A boa juíza usa o caráter e o intelecto. Aperfeiçoar-se diante das inovações é uma necessidade para ser justa. Olhar cada página do processo com desvelo, sabendo que está transformando o Universo pelo seu trabalho." (PAULO AFFONSO LEME MACHADO)[2]

1. Texto desenvolvido e inspirado na palestra proferida no Painel "Proteção do meio ambiente urbano e cultural – Estatuto da Cidade", no *Curso de Direito Ambiental para Magistrados* (São Paulo/SP, maio/2003).
2. Íntegra de Oração lida pelo professor Paulo Affonso Leme Machado por ocasião da posse da Autora como Juíza do TRF da 3ª Região:
"*Ser Juíza.*
"Dra. Consuelo Moromizato Yoshida:
"*Ser juíza é ser independente.*
"A independência é irmã da liberdade. A juíza tem possibilidade de ser independente pelos direitos que o cargo lhe assegura. É preciso mais: exercitar a independência a cada dia, pois o desafio é constante.
"A boa juíza não pode refletir somente sua formação intelectual e seu estamento familiar, social e econômico. Ela tem que libertar-se e ganhar uma nova dimensão para julgar não só alicerçada na lei e no contexto das partes, mas no bem individual, social e ambiental.
"A independência é irmã da imparcialidade. Amar a todos, cultivar amizades e afetos, a ninguém se acorrentar ou se submeter. É doar-se imparcialmente.
"*Ser juíza é ser estudiosa.*

papel da ideologia na formação da convicção do magistrado. 5. A complexidade crescente das lides judiciais e os desafios para o magistrado: 5.1 A proliferação de direitos e interesses difusos, coletivos e individuais: conflituosidade – 5.2 Ampliação dos poderes do magistrado para uma adequada e efetiva tutela jurisdicional – 5.3 A politização do Judiciário em decorrência da judicialização das políticas. Tentativas de limitação à atuação jurisdicional. 6. A contribuição dos magistrados para a efetividade da proteção ambiental: 6.1 Ideologia, ética e justiça ambientais. Visão ético-jurídica da questão ambiental, adaptada à realidade brasileira. Os conceitos jurídicos indeterminados ou cláusulas gerais – 6.2 Da função sócio-ambiental da propriedade à percepção do bem ambiental como bem difuso e "adéspota".[3] Implicações – 6.3 Desafios à implementação do desenvolvimento sustentável – 6.4 A presteza e a celeridade na prestação das tutelas preventivas e de urgência para a efetividade dos princípios da prevenção e da precaução. Cautela na adoção de medidas compensatórias – 6.5 Os princípios do usuário e do poluidor-pagador: restauração, recuperação, compensação e indenização pecuniária. Ordem de prioridade e possibilidade de cumulação – 6.6 A repressão: sanções civis, administrativas e penais. Possibilidade de cumulação das sanções entre si e com a reparação civil. Distinções e interdependência. Finalidades preventiva e pedagógica da reparação e das sanções. 7. Conclusões.

1. Considerações introdutórias

As preciosas lições a mim transmitidas pelo estimado professor Paulo Affonso Leme Machado na oração *Ser Juíza*, lida no discurso de minha posse, marcaram profundamente, desde o início, minha atuação como Magistrada, bem como suas ponderações no sentido de interpretar minha ida para o Tribunal como uma missão a ser ainda cumprida.

Reitero o que destaquei na ocasião: *essas palavras sábias são essenciais e contundentes, e servirão não apenas para mim, aprendiz*

"A boa juíza usa o caráter e o intelecto. Aperfeiçoar-se diante das inovações é uma necessidade para ser justa. Olhar cada página do processo com desvelo, sabendo que está transformando o Universo pelo seu trabalho."
"Ser juíza é ser simples."
"A simplicidade é irmã da honestidade. Para ser reta é preciso ter só o necessário e não desejar o supérfluo. O despojamento adiciona uma força imensurável a quem julga. Em tudo, impregnada de Deus, ter a coragem da ternura e da firmeza."
3. Do italiano *adespoto* (por sua vez, do grego *adespotos*), "sem proprietário", "sem dono".

de magistrada, mas para todos os magistrados que querem dignificar a toga e a grande instituição, que é a Justiça.

Como aprendiz do nobre ofício de julgar, procurei alinhavar essas e outras lições fundamentais em minha participação no pioneiro *Curso de Direito Ambiental para Magistrados*,[4] que teve o objetivo de conscientizar e sensibilizar os juízes para a questão ambiental e lhes revelar a complexidade e os desafios das decisões nesta seara.

Na abertura do evento o professor Paulo Affonso Leme Machado discorreu sobre os princípios ambientais; e, ciente de que não basta apreender teoricamente os doutos ensinamentos, e sim colocá-los em prática, no que estiver ao alcance e dentro da área de atuação de cada um, abordei, entre outros aspectos, a contribuição dos magistrados para a efetividade desses princípios – e, conseqüentemente, da proteção ambiental.

Na linha das colocações então feitas, esboçarei, de forma panorâmica, a visão que venho construindo em torno do novo papel do Judiciário e do magistrado na sociedade hodierna, coincidente com as modernas concepções sociológicas, o que requer uma mudança e revisão de valores, conceitos e atitudes – experiência pela qual venho passando –, para a adequada e eficaz utilização dos institutos e instrumentos de direito material e processual em matéria ambiental, objeto desta abordagem, colocados à disposição dos magistrados e demais operadores do Direito pelo sistema jurídico brasileiro.

2. O novo papel do Judiciário na sociedade contemporânea: uma reformulação

As profundas transformações nas áreas econômica, política e sóciocultural, tanto no plano científico como tecnológico e operacional, ocorridas – em ritmo cada vez mais acelerado – nos últimos tempos requerem uma mudança de atitude do Judiciário e dos magistrados, para que possam corresponder aos atuais anseios da sociedade.

A elogiável dicção do princípio do acesso à Justiça estampada na Constituição Federal (art. 5º, XXXV) reafirma o compromisso de que o Judiciário, apesar das dificuldades estruturais e conjunturais, deve

---

4. V. nota de rodapé 1.

continuar a ser depositário das expectativas alvissareiras dos jurisdicionados, como última instância de composição dos conflitos individuais e coletivos.

Sintetizam muito bem os desafios impostos pela nova sociedade ao Judiciário e seus integrantes as seguintes questões cruciais:[5]

(a) Em que medida estarão os Tribunais Brasileiros aptos, do ponto de vista técnico e organizacional, para lidar com os conflitos de natureza coletiva envolvendo grupos, classes e coletividade?

(b) Em face da explosão de litigiosidade registrada ao longo destes últimos anos, o que o Judiciário faz para desempenhar com um mínimo de eficácia suas funções de absorver as tensões e dirimir conflitos?

(c) Ao exercerem essas funções, especialmente no que se refere aos direitos humanos e aos direitos sociais, os juízes continuam agindo como simples intérpretes da legislação em vigor? Ou têm conseguido ampliá-la por via jurisprudencial, tornando-a mais flexível e adaptável às diferentes circunstâncias sócio-econômicas do momento de sua aplicação?

(d) Em que medida continuam os magistrados sendo ainda formados na tradição formalista da Dogmática Jurídica, valorizando apenas os aspectos lógico-formais do direito positivo, ou, pelo contrário, já estarão recebendo uma formação capaz de levá-los a preencher, na aplicação de normas abstratas aos casos concretos, o hiato existente entre a igualdade jurídico-formal e as desigualdades sócioeconômicas?

3. O magistrado não é um mero autômato da aplicação da lei

A tradição formalista da Dogmática Jurídica é, realmente, um ponto a ser revisto nas formações acadêmica e profissional do magistrado, na medida em que leva a uma visão reducionista da complexa função de julgar – como bem demonstrava o saudoso professor André Franco Montoro, em suas aulas de Lógica Jurídica na Pós-Graduação,

---

5. José Eduardo Faria, "Introdução: o Judiciário e o desenvolvimento sócioeconômico", in José Eduardo Faria (org.), *Direitos Humanos, Direitos Sociais e Justiça*, 1ª ed., 3ª tir., p. 11.

com o propósito, continuamente ressaltado, de combater a visão positivista tradicional nos cursos de Direito.[6]

Com o crescente volume e complexidade das lides trazidas ao conhecimento e apreciação do Poder Judiciário, ganha cada vez maior relevância o ensinamento, sempre atual, de que *o operador do Direito, notadamente o magistrado, não é um mero autômato da aplicação da lei.*

Semestre por semestre, Montoro reiterava o exemplo do aviso numa estação de trens que dizia que ali cães eram proibidos. Se adotarmos uma interpretação literal da vedação, como explicar que o guarda permitiu a um cego entrar na estação ferroviária e embarcar no trem com seu cão-guia, e impediu a entrada, na mesma estação, do passageiro que chegou com um urso? Realmente, *se formos um mero autômato, cometeremos injustiças diante de cada caso concreto.*

Orienta-se no mesmo sentido a lição de Paulo Affonso Leme Machado quando diz que o bom juiz deve "olhar cada página do processo com desvelo, sabendo que está transformando o Universo pelo seu trabalho".

Destaca Montoro que toda decisão, no fundo, é estruturalmente um silogismo, e que o aspecto mais importante e complexo é a *construção da premissa maior* desse silogismo, que pode demandar o concurso de diversas operações mentais (lógicas e extralógicas) e de interpretações (teleológica, sistemática). Corresponde à construção da *regra jurídica adequada e justa*, válida no sistema jurídico, a ser aplicada, na conclusão do silogismo, ao fato concreto descrito na premissa menor.[7]

---

6. Montoro dava especial ênfase à visão preconizada pela Lógica do Concreto, que tem como vertentes e expoentes: Récasens Siches e a "Lógica do razoável", contra a Lógica do racional dedutivo; Perelman e a Lógica do provável, da persuasão, da controvérsia, preconizando uma "nova Retórica"; Viehweg e o tratamento "tópico" para a Ciência do Direito, que lida com "problemas" concretos, e não com "sistemas" abstratos.

7. Nas palavras de Montoro: "Como último ato do seu trabalho de pesquisa e reflexões, o juiz formula na sentença o esquema de um raciocínio dedutivo, um silogismo em que a premissa maior é a regra jurídica aplicável; a premissa menor é o fato com sua caracterização e respectivas provas; e a conclusão é norma individual correspondente à decisão do julgador. Esse é o ato final. Mas o trabalho efetivo do juiz é mais complexo. Não se limita à aplicação mecânica de uma norma. Consiste em procurar a solução de direito para o caso concreto, por meio de um processo de pesqui-

4. A intuição do justo e o papel da ideologia na formação da convicção do magistrado

Montoro também alertava para o interessante processo de formação da convicção do juiz, que começa com um conhecimento *intuitivo*, direto e imediato, baseado na *intuição de valor*, na *intuição acerca do justo*.

É a percepção intuitiva inicial que todos nós, magistrados, temos acerca de qual deve ser a decisão mais justa, a favor ou contra o autor, no caso examinado.[8] "A importância da intuição situa-se principalmente no "plano da descoberta", cabendo, posteriormente, aos raciocínios dedutivos e indutivos a tarefa de demonstrar a validade, ou não, das hipóteses e descobertas realizadas pela intuição."[9]

De fato, a formação do convencimento começa, em geral, com a intuição. Posteriormente é que o juiz busca a necessária fundamentação no sistema jurídico vigente, conduz o processo probatório e valora as provas segundo o critério do ônus da prova e sua eventual inversão. Não se trata, portanto, de direito alternativo.

Como observa o professor Foriers, da Universidade de Bruxelas, citado por Montoro: "Quando um caso é submetido ao julgador, este decide quase inconscientemente e de forma intuitiva tendo em vista o que ele considera desejável, social e moralmente. A motivação vem em

sa. Cabe ao julgador escolher, no conjunto de regras legais, a regra adequada. Interpretá-la de acordo com seus fins sociais. E, se for necessário, elaborar uma nova regra para tornar a sentença ajustada ao caso ('ajustar' significa 'tornar justo'). No trabalho de elaboração da sentença ou qualquer decisão, o julgador realiza fundamentalmente duas pesquisas: uma sobre o *Direito*, outra sobre o *fato*. A premissa maior é o resultado da pesquisa para descobrir a regra adequada e justa. A premissa menor corresponde ao resultado da pesquisa para a descoberta da *verdade* dos fatos. Ao pesquisar a regra jurídica ajustada ao caso concreto, e ao investigar a verdade dos fatos e das provas, o julgador aplica processos indutivos, analógicos, dedutivos e, sobretudo, a intuição" (cf. *Dados Preliminares de Lógica Jurídica* – apostila do Curso).

8. Constituem exemplos decisões em processos penais que, em razão das peculiaridades da situação concreta, deixam de considerar crime, por exemplo, o furto famélico. Em matéria de crime ambiental, antes do advento da Lei 9.605/1998, e para afastar o rigor e a inflexibilidade da legislação penal pretérita relativa a crimes contra a fauna, a jurisprudência, em determinados casos, entendia como justa a aplicação do *princípio da insignificância* para absolver o infrator, em geral pessoa física de pouca condição econômica, social e cultural.

9. André Franco Montoro, *Dados Preliminares* ... .

seguida". "Na pesquisa da regra aplicável e na investigação da verdade dos fatos a intuição tem papel importante e, muitas vezes, decisivo."[10]

Se assim é, inegável é o papel da *ideologia*[11] no processo de convencimento judicial, notadamente quando se trata de implementar a justiça social – de que é exemplo a justiça ambiental, voltada para a proteção da parte vulnerável da relação jurídica litigiosa. Ideologia e justiça social andam lado a lado. O juiz deve ser imparcial, mas *em sua atividade decisória influenciam os valores que estão agregados à sua formação educacional, sócio-cultural*, entre outras. A visão de mundo que ele tem o influencia na hora do julgamento.

Daí a importância do conhecimento e do desenvolvimento da consciência ambiental do magistrado, para que possa aquilatar adequadamente, diante de cada caso concreto, os interesses e os valores em conflito, buscando a decisão mais justa e equânime do ponto de vista do meio ambiente holisticamente considerado e da sadia qualidade de vida da coletividade atingida ou ameaçada direta ou indiretamente pela degradação ambiental.

Aliás, a natureza das demandas atuais exige do magistrado um conhecimento cada vez mais amplo e multidisciplinar, como salienta Boaventura de Sousa Santos: "As novas gerações de juízes e magistrados deverão ser equipados com conhecimentos vastos e diversificados (econômicos, sociológicos, políticos) sobre a sociedade em geral e sobre a administração da Justiça em particular".[12]

5. A complexidade crescente das lides judiciais e os desafios para o magistrado

5.1 A proliferação de direitos e interesses difusos, coletivos e individuais: conflituosidade

O arcabouço constitucional que temos é elogiável. Todavia, a Constituição prevê, ao mesmo tempo, uma gama variada e diversifi-

---

10. Idem, ibidem.
11. A ideologia, de maneira mais genérica, pode ser definida como todo conjunto organizado e coerente de idéias que servem de parâmetros para a conduta individual ou coletiva. Toda ideologia implica, portanto, uma interpretação da realidade a partir de uma posição social específica, com o intuito de justificar as decisões que são tomadas a partir de lá.
12. "Introdução à sociologia da administração da Justiça", in José Eduardo Faria (org.), *Direito e Justiça – A Função Social do Judiciário*, 3ª ed.

cada de direitos fundamentais difusos, coletivos e individuais, que tutelam bens e valores conflitantes entre si. Há conflitos de interesses entre os diversos valores tutelados, a serem equacionados somente em face do caso concreto, mediante sopesamento dos critérios ditados pelo princípio da proporcionalidade.

Os desafios à tentativa de conciliação de interesses contrapostos, de natureza difusa, coletiva e individual, são bem retratados por Paulo Affonso Leme Machado quando diz que a boa juíza deve libertar-se, "ganhar uma nova dimensão para julgar não só alicerçada na lei e no contexto das partes, mas no bem individual, social e ambiental".

Por outro lado, legislação e reformas legislativas recentes nos instrumentalizam com os mais avançados institutos e instrumentos de direito material e de direito processual. Não podemos dizer que são retrógrados os instrumentos materiais e processuais de que dispomos. Estão aí, entre outros diplomas, a Lei da Ação Civil Pública e o Código de Defesa do Consumidor, constituindo ambos, de forma integrada, o inovador e elogiado sistema processual de tutela coletiva, a despeito dos retrocessos das alterações posteriores.

5.2 Ampliação dos poderes do magistrado
para uma adequada e efetiva tutela jurisdicional

A legislação mais recente vem propiciando, entre outros aspectos, a *ampliação dos poderes do magistrado*, para que preste uma *adequada e efetiva tutela jurisdicional*, exigindo-lhe prudência, perícia e discernimento no manejo adequado, em toda a sua potencialidade, principalmente da tutela cautelar, da tutela antecipada e da tutela específica das obrigações de fazer e não-fazer. Importa utilizar essas tutelas em toda a sua potencialidade, mas com prudência e discernimento. E aí residem outros tantos desafios.

As *barreiras ideológicas*[13] que são criadas em torno da ação civil pública fazem com que a maior parte dessas ações tenha o respectivo processo extinto sem julgamento do mérito, por questões processuais (ausência de pressupostos processuais e condições da ação).

---

13. Expressão utilizada por Nélson Nery Jr. no Seminário *15 Anos da Ação Civil Pública – Polêmicas e Controvérsias; Evolução Legislativa e Tendências Jurisprudenciais*. São Paulo, junho/2000.

A propósito, vale lembrar a jurisprudência que corrobora a tese da impossibilidade jurídica do pedido de condenação do Poder Público em obrigações de fazer e não-fazer (providências em relação a lixões a céu aberto, a tratamento do esgoto antes de sua disposição final), mesmo estando caracterizada sua omissão quanto ao dever constitucionalmente imposto de proteger o meio ambiente.

Com a ampliação dos poderes outorgados ao magistrado, é possível, mesmo de ofício, com fulcro no art. 461, § 5º, do CPC, adequar-se o pedido liminar ou de mérito, a fim de se tornar exeqüível a obrigação de fazer ou de não-fazer pelo Poder Público, sem violar o espaço de discricionariedade administrativa e sem deixar se perpetuar a omissão danosa ao meio ambiente.

Serve de exemplo a sugestão de se impor ao Poder Público tãosomente a obrigação de não poluir e de incluir previsão orçamentária no exercício seguinte para a adoção das providências necessárias à cessação da poluição – cabendo a definição de alternativas ao próprio Poder Público, dentro do exercício de seu poder discricionário.

5.3 A politização do Judiciário em decorrência da judicialização das políticas. Tentativas de limitação à atuação jurisdicional

É uma realidade a crescente *judicialização das políticas*, e das políticas públicas, principalmente na área *social*, e, reversamente, como outro lado da moeda, a *politização do Judiciário*,[14] no bom sentido.

Com efeito. As decisões judiciais não são mais decisões estritamente técnico-jurídicas, mas também decisões políticas, interferindo na esfera de outros Poderes e com ampla repercussão social. Explicam-se, com isso, as crescentes restrições ao cabimento e utilização das ações civis públicas e ao âmbito da eficácia da coisa julgada nes-

---

14. José Reinaldo de Lima Lopes destaca como primeira função política de qualquer sistema judicial contemporâneo a de ser mecanismo de legitimação, via controle, dos outros órgãos do Estado; e, a seguir, a função de alargamento e garantia dos direitos sociais e econômicos. Os tribunais, ao decidirem sobre estas últimas questões, decidem sobre os fundamentos da organização social. A decisão é dada sobre um conflito coletivo (exemplo: caso dos mutuários do SFH) e tem a ver com os princípios programáticos do próprio Estado ("A função política do Poder Judiciário", in José Eduardo Faria (org.), *Direito e Justiça* –..., 3ª ed., pp. 135-141).

sas mesmas ações; sem falar na inutilidade em que se tornou o mandado de injunção, com a interpretação jurisprudencial que ceifou seu grande potencial como instrumento de efetivação dos direitos fundamentais que ensejam norma regulamentadora.

Se atentarmos para a doutrina à época em que a Constituição foi promulgada, verificamos quanta esperança se depositava no mandado de injunção. E hoje pouco se fala nesse relevante instrumento, e muito pouco se o utiliza.

Situação semelhante está ocorrendo com a ação civil pública. Assistimos à sua gradual e progressiva vulnerabilidade, principalmente no que se refere à proteção coletiva dos direitos individuais homogêneos e à limitação da eficácia *erga omnes* da coisa julgada.

São idas e vindas, e nesse contexto se coloca o magistrado, buscando interpretar e aplicar o Direito da forma mais adequada, diante de cada caso concreto, com a finalidade de realizar a justiça, a justiça social, a justiça equânime que a sociedade espera.

6. *A contribuição dos magistrados para a efetividade da proteção ambiental*

6.1 *Ideologia, ética e justiça ambientais. Visão ético-jurídica da questão ambiental, adaptada à realidade brasileira. Os conceitos jurídicos indeterminados ou cláusulas gerais*

À medida que o *ambientalismo* se afirma como *fenômeno jurídico, social, econômico e político global*, surgem diferenciadas visões jurídico-ideológicas da proteção ambiental, que, a rigor, não são antagônicas, mas complementares entre si; e o magistrado, em face das lides ambientais, deve ter o discernimento suficiente para definir a visão que deve preponderar, de forma integrada, ou não, diante das peculiaridades do caso trazido à apreciação judicial.

Não se trata, pura e simplesmente, de adotar, aprioristicamente, uma visão pró-biocentrismo ou antropocentrismo,[15] pró-preservacio-

---

15. A ética ambiental faz um apelo à responsabilidade coletiva mundial, no sentido de se evitar ameaças ao meio ambiente, pondo em perigo não apenas a vida pre-

nismo ou conservacionismo,[16] pró-nacionalismo ou internacionalismo,[17] em relação aos temas ambientais. Exigem-se do magistrado a

sente, mas também a das gerações futuras. Na ética ambiental existem duas tendências: uma visão antropológica, para qual a Natureza só tem sentido em função do homem; o valor ético pertence somente aos humanos, e não ao mundo das coisas; e uma visão que enfatiza a Natureza como valor em si, independente das avaliações humanas (Olinto A. Pegoraro, *Ética e Bioética – Da Subsistência à Existência*, p. 20).
16. Na virada do século XIX para o século XX o ambientalismo americano divide-se em dois campos: os preservacionistas e os conservacionistas. Os preservacionistas buscavam preservar as áreas virgens de qualquer uso que não fosse recreativo ou educacional; visão filosófica mais próxima do ponto de vista do protecionismo britânico. Os conservacionistas buscavam explorar os recursos naturais do Continente, mas de modo racional e sustentável; baseados na tradição de uma ciência florestal racional, da variedade alemã. Do embate entre preservacionistas (Muir) e conservacionistas (Pinchot, Sargent e outros) resultou o trabalho da Comissão (com patrocínio da Academia Nacional de Ciências) que confirmou que as florestas americanas estavam numa situação de risco, mas que não deveriam ser completamente fechadas à ocupação e uso futuros: deveriam ser gerenciadas de modo a contribuir para a economia do país.
Para José Afonso da Silva (*Direito Ambiental Constitucional*, 5ª ed., p. 89): "A conservação não é uma situação estática, mas um processo dinâmico, que envolve aproveitamento atual, continuidade e manutenção futura. Tem ela, pois, três finalidades específicas: *manter os processos ecológicos e os sistemas vitais essenciais, permitir o aproveitamento perene das espécies e dos ecossistemas* e *preservar a diversidade genética*".
A Lei 9.985/2000, por sua vez, define:
Conservação da Natureza: *o manejo do uso humano da Natureza, compreendendo a preservação, a manutenção, a utilização sustentável, a restauração e a recuperação do ambiente natural, para que possa produzir o maior benefício, em bases sustentáveis, às atuais gerações, mantendo seu potencial de satisfazer as necessidades e aspirações das gerações futuras, e garantindo a sobrevivência dos seres vivos em geral* (art. 3º, II).
Preservação: *conjunto de métodos, procedimentos e políticas que visem à proteção a longo prazo das espécies, habitats e ecossistemas, além da manutenção dos processos ecológicos, prevenindo a simplificação dos sistemas naturais* (art. 3º, V).
Uso sustentável: *exploração do ambiente de maneira a garantir a perenidade dos recursos ambientais renováveis e dos processos ecológicos, mantendo a biodiversidade e os demais atributos ecológicos, de forma socialmente justa e economicamente viável* (art. 3º XI).
17. O direito internacional ambiental, através de vários instrumentos, objetiva a fixação de regras comuns aos Estados soberanos para a defesa do meio ambiente, em todas as suas acepções. O Brasil tem tido posição destacada quanto às iniciativas em defesa dos interesses dos países em desenvolvimento, buscando conciliá-los, tanto quanto possível, com os interesses da comunidade internacional no enfrentamento das questões ambientais globais, de que são exemplos bem ilustrativos a Convenção da Biodiversidade e o Protocolo de Kyoto.

prudência e a cautela necessárias para decidir, diante do caso específico apreciado, informado por critérios técnicos repassados pelas perícias e estudos ambientais, qual dessas visões deve ser prestigiada, ou se comportam análise de forma integrada.

E essas diversificadas visões devem ser adaptadas, ademais, à realidade brasileira, aos fundamentos e objetivos da República Federativa do Brasil estampados nos arts. 1º e 3º da CF, que tem como um de seus pilares básicos a dignidade da pessoa humana; que reconhece que somos um país em desenvolvimento, federativo, com contrastes regionais, gritantes diferenças culturais e sociais – características que muitas vezes nos distanciam das potências mundiais e de seus interesses e posicionamentos em matéria de proteção ambiental.

Não se pode olvidar que a Lei 9.795/1999, que instituiu a Política Nacional de Educação Ambiental, prestigia expressamente a visão humanista, holística e integrada de todos os aspectos do meio ambiente, atentando, ademais, para as diversidades regionais, culturais e sociais da realidade brasileira.

Com efeito, ela enuncia como princípio básico da educação ambiental, logo de início, "o enfoque humanista, holístico, democrático e participativo" (art. 4º, I).

Uma vez que a proteção ambiental é voltada, em última análise, para propiciar o *desenvolvimento humano*,[18] a *dignidade da pessoa humana*, é lógico que deve haver *participação democrática*. A gestão democrática, as audiências públicas nos procedimentos de licenciamento ambiental, são, neste sentido, fundamentais.

A *concepção holística do meio ambiente* vem detalhada no princípio enunciado logo a seguir: "a concepção do meio ambiente em

---

18. É o conceito de *desenvolvimento humano*, ou, de forma mais completa, *desenvolvimento humano sustentável*, que apresenta quatro dimensões complementares e integrais: (a) pressupõe que o crescimento econômico, por ampliar a oferta de bens e serviços à disposição da população, é uma condição necessária mas não suficiente para o desenvolvimento humano; (b) que este não ocorre num contexto de exclusão social, pois tem de se processar em benefício das pessoas; (c) que estas têm que ter acesso a informações, conhecimento e bens culturais para sua própria promoção; (d) que a forma de crescimento econômico atual não venha a comprometer a gama das oportunidades das gerações futuras – ou seja, o desenvolvimento humano pressupõe sua sustentabilidade.

sua totalidade, considerando a interdependência entre o meio natural, o sócio-econômico e o cultural, sob o enfoque da sustentabilidade" (art. 4º, II).

O meio ambiente, enquanto "conjunto de condições, leis, influências e interações de ordem física, química e biológica, que permite, abriga e rege a vida em todas as suas formas",[19] não se confunde com os elementos que o integram, os recursos ambientais (naturais, culturais e/ou artificiais). Evoluiu-se para uma visão holística e unitária do meio ambiente, considerando-o globalmente, e não como uma simples soma dos seus componentes.

O meio ambiente constitui, pois, um sistema complexo, unitário, indivisível, imaterial, como se depreende da definição da Lei 6.938/1981, composto dos recursos ambientais, que, por sua vez, compõem ecossistemas menores (naturais, culturais e/ou artificiais).

Dentro desta visão, a cidade, holisticamente considerada, é também um sistema, um ecossistema complexo, unitário, indivisível, imaterial. A cidade não se confunde com o meio ambiente artificial, que são os espaços, abertos ou fechados, construídos pelo homem. O meio ambiente artificial é parte da cidade; assim como nela existem elementos do meio ambiente natural, cultural, do trabalho, também existem as edificações, praças, viadutos e outros aspectos urbanísticos importantes do meio ambiente artificial. A cidade é, segundo a denominamos, um *bem ambiental-síntese*,[20] pois reúne todos os aspectos do meio ambiente.

A Lei 9.795/1999, ademais, não ignora as peculiaridades da realidade brasileira ao preconizar como outro princípio "a abordagem articulada das questões ambientais locais, regionais, nacionais e globais, o reconhecimento e o respeito à prioridade e à diversidade individual e cultural" (art. 4º, VII).

E, coerentemente, propugna, entre os "objetivos fundamentais da educação ambiental, o estímulo à cooperação entre as diversas regiões do país, em níveis micro e macrorregionais, com vistas à cons-

---

19. Cf. art. 3º, I, da Lei 6.938/1981.
20. Cf. nossa tese de Doutorado, *Poluição em Face das Cidades no Direito Ambiental Brasileiro: a Relação entre a Degradação Social e a Degradação Ambiental*, 2002.

trução de uma *sociedade ambientalmente equilibrada*, fundada nos princípios da liberdade, igualdade, solidariedade, democracia, justiça social, responsabilidade e sustentabilidade" (art. 5º, V).

Muito apropriadamente, a lei utiliza a expressão "sociedade ambientalmente equilibrada". Enquanto "equilíbrio *ecológico*", adotada pela Constituição Federal (art. 225), é expressão mais voltada ao meio ambiente natural, "equilíbrio *ambiental*" expressa uma concepção mais ampla, que engloba o meio ambiente em seus diferentes aspectos (natural, cultural, artificial e do trabalho). A expressão é também mais adequada para descrever as *cidades* como *sociedades urbanas ambientalmente equilibradas*, no sentido de *sociedades urbanas sustentáveis*.

Com o objetivo de integrar todas essas idéias e conceitos, entendemos que para se aferir, adequadamente, e caso a caso, o que deve ser corrigido ou implementado para se ter uma *sociedade (urbana) ambientalmente equilibrada* – seja no âmbito nacional, regional, estadual ou local –, os magistrados, demais operadores do Direito, peritos e outros *experts* devem levar em consideração, em cada situação examinada, o contexto das desigualdades sociais e regionais, bem como das diversidades dos meios físico, biótico e antrópico, buscando contemplar e conciliar os múltiplos e conflitantes objetivos constitucionalmente assegurados a todos, a saber: o desenvolvimento nacional, a erradicação da pobreza e da marginalização, redução das desigualdades sociais e regionais, promoção do bem de todos, afora os objetivos da Política Nacional do Meio Ambiente e das políticas setoriais, como a política urbana.

Todavia, o que é *dignidade humana*? O que é uma *sociedade ambientalmente equilibrada*? O que é a *garantia de desenvolvimento nacional sustentável*?

Todos são *conceitos legais indeterminados* ou *cláusulas gerais*,[21] que têm que ser trabalhados caso a caso pelos peritos e demais *experts*, considerando-se todas as variáveis apontadas, sendo relevante o papel da ideologia e da conscientização do magistrado no preenchimento dos respectivos conteúdos.

21. V., a respeito, Nélson Nery Jr. e Rosa Maria de Andrade Nery, *Novo Código Civil e Legislação Extravagante Anotados*, notas 12 e ss. ao art. 1º.

6.2 Da função sócio-ambiental da propriedade à percepção do bem ambiental como bem difuso e "adéspota". Implicações

Com uma formação jurídica desenvolvida, em grande parte, dentro da perspectiva do direito individual, privatístico, ao iniciar os estudos de direito ambiental pensei que entender e admitir a função sócio-ambiental da propriedade já era suficiente para entender as restrições que são impostas em nome e em prol da proteção do meio ambiente.

Qual não foi minha surpresa quando averigüei que tinha que avançar mais ainda, para admitir que existe o *bem ambiental*[22] que é *bem de uso comum do povo* – portanto, *bem difuso*, e que *não é suscetível de apropriação*. É bem *adéspota*, como diz a doutrina italiana,[23] e *essencial à sadia qualidade de vida* (CF, art. 225).

Acostumada, desde sempre, com a dicotomia *bem público/bem privado*, enfrentei, de início, grande dificuldade para admitir o *bem difuso*, o *bem ambiental*, fora dessa classificação. Mauro Cappelletti[24] deixou bem evidenciado que não é possível reduzir os bens, direitos e interesses a essas duas categorias. Há um terceiro gênero, distinto dos demais, constituído pelos bens, direitos e interesses difusos.

Comecei, dessa forma, a entender, na atuação como Ministério Público, que *patrimônio público não é só bem público*. Não é só bem de interesse estatal, do próprio Governo, tanto que, *se for lesado ou ameaçado de lesão, surge o interesse da coletividade, o interesse difuso, bem mais amplo, de intervir*. E desenvolvi a tese[25] de que o Ministério Público devia ingressar em ações de desapropriação onde havia o risco de pagamento de indenizações absurdas, através de precatório; a posição clássica é no sentido de que a intervenção ministerial não se justifica nessas ações, uma vez que já existe a Advocacia da União, a

---

22. Cf. Celso Antônio Pacheco Fiorillo, *O Direito de Antena em Face do Direito Ambiental no Brasil*, p. 117; *Curso de Direito Ambiental Brasileiro*, 4ª ed., p. 54.
23. Idéias sistematizadas por Carlo Malinconico em sua clássica obra *Trattato di Diritto Amministrativo*, "I Beni Ambientali", vol. 5, 1991.
24. "Formações sociais e interesses coletivos diante da Justiça Civil", *RePro* 5/7 e ss.
25. "O Ministério Público e sua função institucional de defesa do patrimônio público lesado ou ameaçado de lesão", tese apresentada e aprovada no *XVI Encontro Nacional dos Procuradores da República*, Rio de Janeiro/RJ, 28.10-2.11.1999, publicada no *Boletim dos Procuradores da República* 18.

Procuradoria do Estado, que defendem o patrimônio público. A atuação do Ministério Público seria dispensável e desnecessária.

Ora, existia um interesse maior da coletividade, porque o patrimônio público estava sendo lesado ou ameaçado de lesão. Aí coloca-se o *bem difuso, que não se confunde com o bem público, entendido como bem estatal, bem de interesse da entidade estatal respectiva.*

Incorporei essas colocações propedêuticas à tese de Doutorado, ciente das dificuldades a serem enfrentadas em face da doutrina, legislação e jurisprudência clássicas; e, nessa ordem de idéias, considerei a cidade como *bem ambiental (síntese), bem difuso, bem adéspota, não sujeito a apropriação*. O termo correto, a ser interpretado literalmente, é mesmo "bem de *uso comum* do povo". Não há direito de propriedade em relação ao bem difuso.

E isto implica uma série de conseqüências. Quando a Constituição Federal inclui recursos ambientais entre os *bens da União* (art. 20), não é apropriada a interpretação de que são bens de *propriedade* da União. Ela tem, quando muito, o domínio resolúvel sobre referidos bens; ela exerce a administração desses bens. Não importa a terminologia – e, sim, estarmos ciente de que a União, no caso, não tendo a propriedade, não pode administrar e muito menos dispor desses bens contrariando o interesse da coletividade. Daí a importância de o Ministério Público e os demais legitimados ativos das ações coletivas levarem ao conhecimento do Judiciário as lesões e as ameaças de lesões a esses bens considerados integrantes do patrimônio público.

Em matéria ambiental o Judiciário deve ter a percepção de que não é pelo fato de se estar diante de uma atividade lícita, de uma atividade licenciada – que tem, portanto, o aval governamental –, que ela está imune a questionamentos. Dentro de uma abordagem mais ampla, no interesse da sociedade, aquela atividade pode ter sido licenciada irregular e indevidamente, e pode estar causando danos ambientais, cabendo, inclusive, responsabilização por crime contra a administração ambiental. Mudou muito minha compreensão acerca dessas questões quando passei a entender o que é o *interesse difuso, bem acima do interesse público e do interesse particular.*

A propósito da natureza difusa dos bens ambientais, deve ser ressaltada a importante contribuição do STF ao interpretar o sentido da proteção da Mata Atlântica enquanto *patrimônio nacional*, no julgamento do RE 300.244-9.

6.3 Desafios à implementação do desenvolvimento sustentável

Dentro do complexo contexto acima delineado, coloca-se como grande desafio aos magistrados o de contribuir para a efetividade dos princípios ambientais. Como o magistrado pode tornar viável a conciliação de interesses nitidamente conflitantes, como são, de um lado, o desenvolvimento econômico e, de outro lado, a proteção do meio ambiente? Desde Estocolmo, em 1976, até a última grande conferência da ONU sobre meio ambiente, em Joanesburgo, em setembro/ 2002, se está defendendo e discutindo acerca do *desenvolvimento sustentável*.

A questão da sustentabilidade é abordada sob diversos aspectos. Não basta admitirmos a *sustentabilidade do ponto de vista ecológico*,[26] segundo a qual não se pode ultrapassar a capacidade de carga dos ecossistemas naturais, a fim de que as presentes e futuras gerações possam dele usufruir.[27] Temos que aceitar e discutir também a *sustentabilidade social*, quer na sua concepção mais atenuada,[28] quer na mais extremada,[29] abrangendo a análise da *pobreza* como causa social que, direta ou indiretamente, enseja a degradação ambiental.

26. Do ponto de vista da sustentabilidade ecológica exclusiva os problemas ambientais reduzem-se à depredação e contaminação do meio abiótico e do resto dos seres vivos (depredação de recursos, aumento da contaminação e perda de valores "ecológicos" como a biodiversidade, as paisagens e o meio ambiente de vida em geral).
27. Desenvolvimento sustentável, sob esta ótica, significa *melhorar a qualidade de vida sem ultrapassar a capacidade de carga dos ecossistemas de suporte* (União Mundial da Conservação, do Programa das Nações Unidas para o Ambiente e do Fundo Mundial para a Natureza, 1991).
28. A sustentabilidade social limitada utiliza a sustentabilidade social como ponte para se chegar à sustentabilidade ecológica e adota soluções técnicas, basicamente, para os problemas ambientais. A pobreza é considerada, neste caso, na medida em que causa insustentabilidade ecológica, na medida em que se constitui em elemento que afeta a sustentabilidade ecológica. A pobreza, por si mesma, não é um problema ambiental, mas o são as conseqüências que ela gera no meio ambiente. Exemplo: camponeses pobres que adotam a prática agrícola da queimada – o problema da insustentabilidade não é que sejam pobres, mas que sua atividade, através da queima, aumenta o aquecimento global e conduz à degradação dos solos quando não há o descanso exigido pelo ecossistema.
29. A chamada "co-evolução sociedade/Natureza" considera que os problemas sociais são também parte do desenvolvimento insustentável, e as soluções devem ser consideradas tanto do ponto de vista técnico como social. Para a concepção chamada "co-evolução sociedade/Natureza", fazem parte do meio ambiente não só o entor-

Desenvolvi na tese de Doutorado esta linha conceitual, e figurei a pobreza entre o que denominei *fatores estruturais poluentes*, ao mesmo tempo em que procurei mostrar que a população respectiva é a mais diretamente atingida pela poluição ambiental. A relação entre pobreza e poluição ambiental foi feita, historicamente, pela primeira vez por Indira Gandhi, por ocasião da Conferência de Estocolmo, em 1976.

Há pessoas morando à beira e nas proximidades da represa Guarapiranga e de outros mananciais, e esta realidade está causando degradação dos recursos hídricos. O problema social existe e deve ser enfrentado, sob pena de resultarem infrutíferas as providências para o controle e combate à degradação dos mananciais. As políticas sociais, portanto, têm que se integrar às políticas ambientais. Toda política pública deve considerar a dimensão ambiental. Como diz a lei que instituiu a Política Nacional de Educação Ambiental, a Lei 9.795/ 1999, ao Poder Público incumbe *definir políticas públicas que incorporem a dimensão ambiental* (art. 3º, I).

Quando estamos diante de uma decisão que envolve interesses conflitantes, como conciliar os impactos positivos no meio sócio-econômico (geração de emprego e de trabalho – tão relevante, atualmente –, desenvolvimento e crescimento econômicos) com os impactos negativos no meio ambiente natural e cultural (proteção dos recursos naturais, dos valores culturais, da população indígena, das comunidades tradicionais)? Diante do caso específico, qual valor deve preponderar? A dificuldade é evidente, pois como conciliar a não ser priorizando um valor em detrimento do outro?

São interesses antagônicos, e não há uma hierarquia apriorística, sem o exame do caso concreto. Em face da realidade brasileira, não podemos estabelecer, para toda e qualquer situação, a idéia de que o meio ambiente natural é uma prioridade absoluta. Basta atentarmos

no abiótico e outras espécies vivas, mas também os congêneres. Deste modo, os problemas sociais podem gerar insustentabilidade por si mesmos, além de afetar a sustentabilidade ecológica. Significa que a problemática ambiental pode ser analisada de uma perspectiva técnica e da perspectiva das relações sociais. A sustentabilidade social é considerada como questão central não só quanto aos seus resultados técnicos, mas quanto às causas profundas que geram a pobreza, o desemprego, *hambre*, a exploração etc. Mas não é simples avaliar se determinado autor está considerando a pobreza, por si mesma, como o principal problema da sustentabilidade ou por suas implicações na degradação ambiental.

para os objetivos do Estado Brasileiro. Somos um país reconhecidamente pobre, buscamos a erradicação da pobreza e da marginalização, e, para tanto, são fundamentais o desenvolvimento econômico-social nacional e a redução das desigualdades regionais e sociais, também objetivos da Federação Brasileira (CF, art. 3º).

Temos que tentar conciliar todas estas questões num país em desenvolvimento, que busca alcançar a condição de país desenvolvido, numa época em que é cada vez maior a preocupação com a proteção ambiental, principalmente com o agravamento de fenômenos globais e complexos como o chamado "efeito-estufa". Muitos países já se desenvolveram às custas e causando enormes prejuízos ao meio ambiente. Nas últimas décadas o mundo todo está alerta, porque, como bem se diz, a Natureza está contra-atacando, reagindo diante da oruestração perpetrada contra ela, por séculos. Numa sociedade capitalista e num mundo globalizado, a situação dos países em desenvolvimento piora, e muito.

As próprias relações sociais capitalistas causam a insustentabilidade do meio ambiente – de que é exemplo bem marcante o problema do desperdício pela superprodução. A base da sociedade capitalista é a privatização dos lucros e a socialização dos prejuízos, sendo dominada pela lei de mercado (lei da oferta e da procura). O empreendedor procura produzir e investir no setor e no produto que tenha demanda. O afluxo de interessados acarreta o excesso de produção, levando à queda de preço. Isso ocorrendo, o empreendedor, entre outras alternativas, vai procurar direcionar sua produção para outro setor ou produto que tenha demanda e preço. E, se produziu a mais e a tecnologia ficou obsoleta, ele, com freqüência, simplesmente descarta o estoque do produto, porque não compensa mais sua comercialização do ponto de vista econômico. A relação capitalista e o desperdício estão diretamente relacionados. A sociedade capitalista propicia, desse modo, situações de grande impacto ambiental, como exemplificado com o problema da superprodução.

O que se propugna com base numa perspectiva reformuladora, dentre outras possibilidades, é a *substituição do modelo de insustentabilidade urbana baseada na produtividade individual*, típica da lógica do Capitalismo, pelo *modelo de sustentabilidade urbana baseada na produtividade social*.

Enquanto na produtividade individual a lucratividade é avaliada do ponto de vista do empreendedor, na produtividade social ela é avaliada do ponto de vista da sociedade – o que é mais lucrativo sob o aspecto social. Uma linha de transporte, por exemplo: pelo ângulo da *produtividade individual*, o empreendedor vai analisar o custo da manutenção da linha em relação à quantidade de passageiros transportada – se não é rentável, ele a desativa. Na ótica da chamada *produtividade social*, diferentemente, são consideradas outras variáveis: o que iria acontecer no caso de ser desativada esta linha, se haveria necessidade de maior investimento em infra-estrutura viária para o trânsito de veículos particulares, como seriam os custos com estacionamento, combustível. Em termos de produtividade social pode ser mais rentável manter a linha de transporte, ainda que sua produtividade individual seja deficitária.

São percepções desta natureza que precisam ser consideradas, e que influenciam a nós, magistrados, quando somos chamados a julgar. É patente que as decisões judiciais causam impacto na sociedade. É patente que o magistrado tem, atualmente, uma missão política – por isso se falar, no bom sentido, na politização do Judiciário, como salientado.

Não vamos pretender que a sociedade capitalista seja desbaratada. Não se cogita de tal hipótese. O problema é que somente podem ser sustentáveis as cidades do mundo em desenvolvimento na medida em que revisem o que significa a sustentabilidade dentro de seu próprio esquema de desenvolvimento e crescimento – o que pode incluir uma proposta radicalmente diferente da exposta pelos países desenvolvidos, por terem características totalmente distintas. Isto não significa que se pretenda desarticular o sistema capitalista mundial, mas inseri-lo no global, mantendo as particularidades locais.[30]

6.4 A presteza e celeridade na prestação das tutelas preventivas e de urgência para a efetividade dos princípios da prevenção e da precaução. Cautela na adoção de medidas compensatórias

Com relação aos importantes princípios da prevenção e da precaução, nós, magistrados, podemos contribuir para torná-los efetivos concedendo presteza e celeridade na prestação das tutelas preventivas

---

30. Cf. nossa palestra "Sustentabilidade urbano-ambiental", proferida no painel "Meio Ambiente Urbano" no *3º Congresso Brasileiro do Ministério Público de Meio Ambiente*, promovido pela Associação Brasileira do Ministério Público de Meio Ambiente e Instituto "O Direito por um Planeta Verde", Gramado/RS, 2-4.4.2003.

que requerem urgência e evitando a adoção, desde logo, de medidas mitigadoras e compensatórias.

O intuito é *evitar o dano* – lição sempre ressaltada pelo professor Paulo Affonso Leme Machado. É muito importante que o magistrado impeça, se for o caso, o início da obra ou da atividade diante da ameaça de dano ambiental irreparável ou de difícil reparação; e não, simplesmente, que se contente em estabelecer medidas mitigadoras, e muito menos medidas compensatórias, cada vez mais utilizadas.

Devemos prestigiar os Estudos de Impacto Ambiental e os Estudos de Impacto de Vizinhança que tenham sido elaborados de forma adequada, com discussão através de audiências públicas, e conceder tutela antecipada ou tutela cautelar para suspender audiências públicas, por exemplo, na hipótese da falta de ampla divulgação da data de sua realização, prejudicando a participação pública efetiva.

Há questões complexas, como é o caso da decisão sobre o traçado do trecho norte do Rodoanel, que passa em regiões de mananciais, na Cantareira. Há três alternativas. Primeira, ao nível, com grandes impactos, como o risco da concentração urbana nas proximidades da rodovia. A segunda alternativa seriam os túneis, muito extensos, que encarecem em demasia, além do problema da segurança em situações de emergência (incêndio, congestionamento e acidentes dentro dos túneis). A terceira hipótese seria a via elevada. À nossa mente vem logo a imagem do "Minhocão". Seria muito aprazível a vista para quem vai trafegar pela pista elevada olhando a paisagem. Mas e o impacto do elevado na própria paisagem? Será possível construir estruturas delgadas, leves, e não de concreto pesado, como é a do Elevado Costa e Silva? Felizmente a decisão foi suspensa, para melhor estudo e análise.

Se a questão é complexa, o melhor é retardar a solução, para melhor estudo das alternativas e sua viabilidade técnica e econômica. Isto é prevenção, e não só adotar medidas mitigadoras, e muito menos medidas compensatórias.

6.5 Os princípios do usuário e do poluidor-pagador: *restauração, recuperação, compensação e indenização pecuniária. Ordem de prioridade e possibilidade de cumulação*

Quanto aos *princípios do usuário e do poluidor-pagador*, devemos ter em mente, antes de mais nada, a distinção entre *preservação* e *conservação*. É importante para o magistrado discernir, diante do caso examinado, quando é necessário manter intacto o ecossistema, conferindo-lhe proteção integral, e não admitindo o uso indireto, que é a hipótese de *preservação*; e quando pode ser admitido o manejo adequado, o manejo sustentável, que é a hipótese de *conservação ecológica*. Neste caso temos que buscar a compatibilização da proteção do meio ambiente com o desenvolvimento econômico, na exploração madeireira, dos recursos hídricos.

O *princípio do usuário-pagador*, que serve de fundamento para a cobrança do uso da água entre nós, não quer significar que, mediante outorga e pagamento do valor respectivo, o outorgado pode explorar as fontes hídricas, por exemplo, até seu esgotamento, como aconteceu na região das estâncias hidrominerais de Minas Gerais. O objetivo não é inviabilizar a exploração do potencial das águas subterrâneas, mas é não permitir a exploração predatória, que leva ao esgotamento dessas fontes.

Por fim, é relevante atentarmos para a distinção entre *restauração*, *recuperação*, *compensação* e *indenização pecuniária*. É nesta ordem que devemos decidir acerca dos diferentes pedidos. Nem o Ministério Público nem outros legitimados devem formulá-los de forma alternativa. Somente se não for atendido um é que será acolhido o outro pedido, formulado na ordem sucessiva anunciada; os pedidos podem também ser deduzidos de forma cumulativa, dependendo do caso; mas jamais alternativamente.

Restaurar[31] é voltar, tanto quanto possível, ao *status quo ante*, à biota existente antes da degradação (por exemplo, fazer o repeixamento, o reflorestamento com as espécies nativas, endógenas, e não exóticas). *Recuperar*[32] é diferente. Não há a obrigatoriedade de haver a reposição, tanto quanto possível, ao *status quo ante*. No caso da mineração, por exemplo, não vamos pretender a restauração, que é inviável, em face da extração do minério. É possível recuperar a degradação com aterro sanitário e outros planos de recuperação, como prevê

---

31. **Restauração**: *restituição de um ecossistema ou de uma população silvestre degradada o mais próximo possível da sua condição original* (Lei 9.985/2000, art. 2º, XIV).

32. **Recuperação**: *restituição de um ecossistema ou de uma população silvestre degradada a uma condição não-degradada, que pode ser diferente de sua condição original* (Lei 9.985/2000, art. 2º, XIII).

a Constituição (art. 225, § 2º). De modo semelhante, não é admissível a restauração de um ecossistema florestal nativo através da plantação de uma floresta homogênea de eucaliptos, por exemplo. Isto é recuperação, e não restauração.

Há decisões muito interessantes determinando que sejam acompanhados por peritos o repeixamento, o reflorestamento com espécies nativas, na execução de sentença. Por isso é importante o levantamento, o inventário prévio, para que, antes da degradação, haja registro da biota da região.

Há restrições ainda mais severas à admissibilidade indiscriminada das *medidas compensatórias*.

A compensação somente deve ser admitida quando não forem possíveis a restauração e a recuperação na forma acima exposta, e deve ser adequada do ponto de vista ecológico. Observadas tais condições, a *compensação ecológica*[33] é preferível à mera condenação em indenização pecuniária. A compensação é uma das alternativas que se abre para o proprietário ou possuidor que suprimiu indevidamente a reserva legal anteriormente à vigência da Medida Provisória 1.736-31/1998 (art. 44-C).[34]

O que não podemos admitir é aquela visão selvagem do princípio poluidor-pagador: "poluo, pago, posso continuar poluindo". O degradador não pode pensar: "pago a multa, não importa, e continuo poluindo". A visão de mercantilização dos bens ambientais deve ser ceifada.

É muito difundida entre os americanos a visão de mercado. Aquele que não atingiu sua cota de emissão de poluentes, por exemplo, pode comercializar com outro, que tem uma produção maior, para que ele continue a poluir. Eles comercializam cotas cujo limite não foi atingido. O chamado "Mecanismo de Desenvolvimento Limpo" (MDL), previsto no Protocolo de Kyoto, relativamente ao combate ao efeito-estufa, é estruturado também dentro da perspectiva compensatória.[35]

---

33. Expressão utilizada por Marcos Destefeni em trabalho sobre o tema apresentado no *Curso de Mestrado em Direito Ambiental* na PUC/SP, 2002.
34. V. art. 44 da Lei 4.771/1965, na redação da Medida Provisória 2.166-67/2001.
35. V. a respeito, entre outros, Flávia W. Frangetto e Flávio R. Gazani, *Viabilização Jurídica do Mecanismo de Desenvolvimento Limpo (MDL) no Brasil – O Protocolo de Kyoto e a Cooperação Internacional*, 2002.

6.6 A repressão: sanções civis, administrativas e penais. Possibilidade de cumulação das sanções entre si e com a reparação civil. Distinções e interdependência. Finalidades preventiva e pedagógica da reparação e das sanções

Afora a reparação dos danos ambientais, que abrange a recuperação e/ou a indenização pecuniária, na forma acima descrita, podem ser impostas ao poluidor ou ao predador sanções civis, administrativas e penais, como se depreende do art. 225, § 3º, da CF.

É importante o magistrado atentar para o fato de que cada vez mais as sanções deixam de ter um cunho eminentemente repressivo, punitivo, ganhando outras conotações. Punem-se severamente determinadas condutas socialmente indesejáveis não apenas com a finalidade de se impor um castigo em relação à infração já cometida, mas também para que essa punição tenha efeito pedagógico, servindo para inibir ou desestimular eventuais reincidências e novas práticas futuras.

Outra evolução observada: a reparação civil é diversa e independente das sanções, podendo ser cumulativas. Mas é cada vez mais acentuada a interdependência entre as responsabilidades civil e penal, diluindo-se a separação entre elas, como fica bem evidenciado na Lei 9.605/1998.

Com efeito, a *reparação do dano* é exigida por essa lei em diversas situações, sendo-lhe atribuídas conseqüências relevantes na esfera processual-penal.

Assim, autoriza a Lei 9.605/1998, no caso de *prestação pecuniária* – uma das modalidades de pena restritiva de direitos –, que o valor pago seja *deduzido do montante de eventual reparação civil* a que for condenado o infrator (art. 12).

Prevê também esta mesma lei a *fixação na sentença penal condenatória, sempre que possível, do valor mínimo da reparação dos danos* causados pela infração, esclarecendo que aquela abrange "os prejuízos sofridos pelo ofendido ou pelo meio ambiente". A execução (no juízo cível) pode ser feita por esse valor, sem prejuízo de prévia liquidação para apuração do dano efetivamente sofrido (art. 20).

A interação das responsabilidades civil e penal é ainda maior quando se trata de infrações penais de menor potencial ofensivo,[36] da

---

36. Infrações cuja pena privativa de liberdade, isolada, cumulativa ou alternativamente cominada, não exceder a um ano (art. 61 da Lei 9.099/1995).

competência dos Juizados Especiais, em que é dado especial relevo à reparação civil do dano ao meio ambiente e à vítima.

Por se tratar de ação penal pública incondicionada, a composição do dano ambiental na audiência preliminar não extingue a punibilidade – o que se dá com a homologação do acordo nos casos de ação penal privada ou condicionada à representação (art. 74, parágrafo único, da mesma lei). Mas a *prévia composição do dano ambiental* é erigida pela Lei 9.605/1998 como condição para a formulação da proposta de transação penal[37] pelo Ministério Público, *salvo comprovada impossibilidade* (art. 27).

Na hipótese de suspensão do processo (art. 27 da Lei 9.605/1998 e art. 89 da Lei 9.099/1995),[38] a declaração de extinção de punibilidade quando expirado o prazo sem revogação (§ 5º do art. 89) dependerá de *laudo de constatação da reparação do dano ambiental*. Não tendo sido ela completa, poderá ocorrer, por duas vezes, a prorrogação da suspensão até o máximo previsto no art. 89, acrescido de um ano (incisos I, II e IV do art. 27), mediante novo laudo. Esgotado o prazo máximo de prorrogação, a declaração de extinção de punibilidade dependerá de laudo de constatação que comprove "ter o acusado tomado as providências necessárias à reparação integral do dano" (inciso V).

Afora a possibilidade de cumulação da reparação com as sanções (civis, administrativas e penais), estas podem ser cumuladas entre si, pois as responsabilidades nessas três esferas são independentes entre si.

O valor da multa, por exemplo, há de ser expressivo e graduado de acordo com a situação econômica do infrator. Ambas as exigências foram atendidas pela Lei 9.605/1998, como se vê de seu art. 6º, III, e do art. 75, que estabeleceu para as multas administrativas o valor mínimo de R$ 50,00 e o máximo de R$ 50.000.000,00.

O valor módico ou mesmo insignificante da indenização ou da multa, em si mesmo ou em relação à situação econômica do infrator,

---

37. Aplicação de pena restritiva de direito ou multa (art. 76 da Lei 9.099/1995).
38. Discute-se se o art. 28 se aplica somente às infrações penais ambientais de menor potencial ofensivo ou se deve ser interpretado extensivamente, aplicando-se aos crimes ambientais com observância dos requisitos do art. 89 da Lei 9.099/1995, inclusive no que se refere ao requisito objetivo da *pena mínima* cominada igual ou inferior a um ano.

leva a que este prefira continuar a prática lesiva ao meio ambiente, mesmo sob o risco de ser autuado e multado, por ser compensador, do ponto de vista econômico.

A reparação integral do dano, na forma abrangente analisada, tem também o mesmo propósito preventivo das sanções exemplares, sob pena de deturpação do princípio do *poluidor-pagador*.

Em outras situações a aplicação de penas restritivas de direito soa como mais apropriada ou suficiente e atende a finalidades outras, como é o caso da prestação de serviços à comunidade utilizada com finalidade pedagógica ou de ressocialização do infrator.

7. Conclusões

7.1 As profundas transformações nas áreas econômica, política e sócio-cultural, tanto no plano científico como tecnológico e operacional, ocorridas, em ritmo cada vez mais acelerado, nos últimos tempos requerem uma mudança de atitude do Judiciário e dos magistrados, para que possam corresponder aos atuais anseios da sociedade.

7.2 A tradição formalista da Dogmática Jurídica é um ponto a ser revisto nas formações acadêmica e profissional do magistrado, na medida em que leva a uma visão reducionista da complexa função de julgar.

7.3 Com o crescente volume e complexidade das lides trazidas ao conhecimento e apreciação do Poder Judiciário, ganha cada vez maior relevância o ensinamento, sempre atual, de que *o operador do Direito, notadamente o magistrado, não é um mero autômato da aplicação da lei*.

7.4 A formação do convencimento do juiz começa, em geral, com a intuição; posteriormente ele busca a necessária fundamentação no sistema jurídico vigente, conduz o processo probatório e valora as provas segundo o critério do ônus da prova e sua eventual inversão.

7.5 É inegável o papel da *ideologia* no processo de convencimento judicial, notadamente quando se trata de implementar a justiça social, de que é exemplo a justiça ambiental, voltada para a proteção da parte vulnerável da relação jurídica litigiosa. O juiz deve ser imparcial, mas *em sua atividade decisória influenciam os valores que estão agregados à sua formação educacional, sócio-cultural*, entre outras.

7.6 O desenvolvimento da consciência ambiental do magistrado é relevante para que possa aquilatar adequadamente, diante de cada caso concreto, os interesses e os valores em conflito, buscando a decisão mais justa e equânime do ponto de vista do meio ambiente holisticamente considerado e da sadia qualidade de vida da coletividade atingida ou ameaçada direta ou indiretamente pela degradação ambiental.

7.7 Não se trata de adotar, aprioristicamente, uma visão pró-biocentrismo ou antropocentrismo, pró-preservacionismo ou conservacionismo, pró-nacionalismo ou internacionalismo em relação aos temas ambientais. Exigem-se do magistrado a prudência e a cautela necessárias para decidir – diante das especificidades de cada caso, informado por critérios técnicos repassados pelas perícias e estudos ambientais – qual dessas visões deve ser prestigiada, ou se comportam análise de forma integrada.

7.8 Essas diversificadas visões devem ser adaptadas, ademais, à realidade brasileira, aos fundamentos e objetivos da República Federativa do Brasil estampados nos arts. 1º e 3º da CF, que tem como um de seus pilares básicos a dignidade da pessoa humana e reconhece que somos um país em desenvolvimento, federativo, com contrastes regionais, gritantes diferenças culturais e sociais.

7.9 Não é suficiente admitir a função sócio-ambiental da propriedade para entender as restrições que são impostas em nome e em prol da proteção do meio ambiente. É fundamental reconhecer que existe o *bem ambiental*, que é *bem de uso comum do povo* – portanto, *bem difuso*, e que *não é suscetível de apropriação*. É *bem adéspota*, como diz a doutrina italiana, e *essencial à sadia qualidade de vida* (CF, art. 225).

7.10 A questão da sustentabilidade é abordada sob diversos aspectos. Não basta admitirmos a *sustentabilidade do ponto de vista ecológico*, segundo a qual não se pode ultrapassar a capacidade de carga dos ecossistemas naturais, a fim de que as presentes e futuras gerações possam dele usufruir. Temos que aceitar e discutir também a *sustentabilidade social*, quer na sua concepção mais atenuada, quer na mais extremada, abrangendo a análise da *pobreza* como causa social que, direta ou indiretamente, enseja a degradação ambiental.

7.11 Com relação aos princípios da prevenção e da precaução, os magistrados podem contribuir para torná-los efetivos concedendo presteza e celeridade na prestação das tutelas preventivas que requerem urgência, evitando a adoção, desde logo, de medidas mitigadoras e compensatórias. O intuito da prevenção é *evitar o dano*. É importante que se impeça, se for o caso, o início da obra ou da atividade, diante da ameaça de dano ambiental irreparável ou de difícil reparação; e não simplesmente que se contente em estabelecer medidas mitigadoras, e muito menos medidas compensatórias, cada vez mais utilizadas.

7.12 O magistrado deve ter em mente as distinções entre *preservação* e *conservação*, entre *restauração*, *recuperação*, *compensação* e *indenização pecuniária*. É nesta ordem que devem ser decididos os diferentes pedidos. Nem o Ministério Público nem outros legitimados devem formulá-los de forma alternativa. Somente se não for atendido um é que será acolhido o outro pedido, formulado na ordem sucessiva anunciada; os pedidos podem também ser deduzidos de forma cumulativa, dependendo do caso; mas jamais alternativamente.

7.13 Cada vez mais as sanções deixam de ter um cunho eminentemente repressivo, ganhando outras conotações. Punem-se severamente determinadas condutas socialmente indesejáveis não apenas com a finalidade de se impor um castigo em relação à infração já cometida, mas também para que a punição tenha efeito pedagógico, servindo para inibir ou desestimular eventuais reincidências e novas práticas futuras.

7.14 A reparação civil é diversa e independente das sanções, podendo ser cumulativas. Mas é cada vez mais acentuada a interdependência entre as responsabilidades civil e penal, diluindo-se a separação entre elas, como fica bem evidenciado na Lei 9.605/1998.

Referências bibliográficas

CAPPELLETTI, Mauro. "Formações sociais e interesses coletivos diante da Justiça Civil". *RePro* 5/7 e ss. São Paulo, Ed. RT, 1977.

FARIA, José Eduardo (org.). *Direito e Justiça – A Função Social do Judiciário*. 3ª ed. São Paulo, Ática, 1997.

_____. *Direitos Humanos, Direitos Sociais e Justiça*. 1ª ed., 3ª tir. São Paulo, Malheiros Editores, 2002.

FIORILLO, Celso Antônio Pacheco. *Curso de Direito Ambiental Brasileiro*. 4ª ed. São Paulo, Saraiva, 2003.

_____. *O Direito de Antena em Face do Direito Ambiental no Brasil.* São Paulo, Saraiva, 2000.

FRANGETTO, Flávia W., e GAZANI, Flávio R. *Viabilização Jurídica do Mecanismo de Desenvolvimento Limpo (MDL) no Brasil – O Protocolo de Kyoto e a Cooperação Internacional.* Petrópolis(SP)/Brasília (DF), IEB, 2002.

LOPES, José Reinaldo L. "A função política do Poder Judiciário". In: FARIA, José Eduardo (org). *Direito e Justiça – A Função Social do Judiciário.* 3ª ed. São Paulo, Ática, 1997.

MALINCONICO, Carlo. *Trattato di Diritto Amministrativo.* vol. 5. Padova, CEDAM, 1991.

MONTORO, André Franco. *Dados Preliminares de Lógica Jurídica* (apostila) (disponível no *site*: *www.lafayette.pro.br*).

NERY JR., Nélson, e NERY, Rosa Maria Andrade. *Novo Código Civil e Legislação Extravagante Anotados.* São Paulo, Ed. RT, 2002.

PEGORARO, Olinto A. *Ética e Bioética – Da Subsistência à Existência.* Petrópolis, Vozes, 2002.

SILVA, José Afonso da. *Direito Ambiental Constitucional.* 5ª ed. São Paulo, Malheiros Editores, 2004.

YOSHIDA, Consuelo Yatsuda Moromizato. "O Ministério Público e sua função institucional de defesa do patrimônio público lesado ou ameaçado de lesão" (tese apresentada e aprovada no *XVI Encontro Nacional dos Procuradores da República*, Rio de Janeiro/RJ, 28.10-2.11.1999). *Boletim dos Procuradores da República* 18. Ano 2. Outubro/1999.

_____. *Poluição em Face das Cidades no Direito Ambiental Brasileiro – A Relação entre a Degradação Social e a Degradação Ambiental.* São Paulo, PUC/SP, 2002.

_____. "Sustentabilidade urbano-ambiental". *3º Congresso Brasileiro do Ministério Público de Meio Ambiente* (painel "Meio Ambiente Urbano"). Associação Brasileira do Ministério Público de Meio Ambiente e Instituto "O Direito por um Planeta Verde". Gramado/RS, 2-4.4.2003.

*O CONFRONTO DA CONSERVAÇÃO
DO MEIO AMBIENTE COM O USO PRIVATIZADO
DOS RECURSOS NATURAIS – A QUESTÃO
DO TRATAMENTO CONSTITUCIONAL:
POTENCIAIS DE ENERGIA HIDRÁULICA*

CRISTIANE DERANI

1. Água: bem de domínio público. 2. Água: recurso natural dotado de valor econômico. 3. Água e aproveitamento dos potenciais de energia hidráulica.

1. Água: bem de domínio público

A Política Nacional dos Recursos Hídricos causa uma revolução em termos de domínio da água ao prescrever que "a água é um bem de domínio público" (art. 1º, I, da Lei 9.433/1997). Com este dispositivo ficam revogadas as disposições relativas ao domínio privado da água, presentes no Decreto 24.643/1934 (Código de Águas).

A modificação ocorrida é condizente com a preocupação de gestão integrada dos recursos hídricos e da necessidade de proporcionar o uso múltiplo das águas (art. 1º, IV, da Lei 9.433/1997). Assim, elimina-se o domínio privado do bem *água*, centralizando-o nas mãos do Poder Público, que deverá geri-lo, distribuindo as possibilidades de uso de maneira sustentável entre os agentes privados, para as mais diversas atividades.

Assim também se manifesta a voz internacional. Ricardo Petrella afirma que "a água é um bem global comum, um princípio básico para a disciplina do uso e conservação da água".[1]

---

1. *O Manifesto da Água – Argumentos para um Contrato Mundial*, Petrópolis, Vozes, 2002, p. 128.

"O então diretor do Departamento de Meio Ambiente do Banco Mundial, Mohamed El-Ashry, declarou numa reunião de especialistas em gerenciamento de recursos hídricos em 1993: 'Nos níveis mais altos de governo, deve-se reconhecer que a água e as bacias hidrográficas precisam ser gerenciadas como recursos naturais valiosos para atender a múltiplos usos, ao invés de apenas insumos para atividades setoriais específicas' (Banco Mundial, 1993-1994)."[2]

Pacificada a questão sobre o domínio público da água, resta a discussão sobre as competências e os deveres das diversas esferas da Federação. O Brasil, tendo adotado o sistema federativo de governo, distribui os poderes e deveres relacionados à esfera pública entre os três níveis da federação (União, Estados, Distrito Federal e Municípios), explicitando-os no texto constitucional.

Assim, a Constituição da República realiza a seguinte repartição de competências em matéria de água:

– Compete privativamente à União legislar sobre águas (art. 22, IV).

– Há competência concorrente entre a União, os Estados e o Distrito Federal para legislar sobre defesa dos recursos naturais e proteção do meio ambiente (art. 24, VI).

Considerando que a água é um recurso natural, qual seria, afinal, a competência legislativa sobre este recurso *água* prevista na Constituição? Haveria um conflito de normas no interior do texto constitucional?

De fato, sendo a água um recurso natural, o art. 22 deve ser interpretado restritivamente. Isto é, só seria possível invocar a competência privativa da União no caso de se tratar da substância *água*, sem que haja uma repercussão no ambiente. A água enquanto elemento isolado – por exemplo, a disposição sobre os aspectos em hipóteses relativas à concessão de uso das águas de domínio da União.

Ainda, se chamamos o art. 225 da CF, a competência concorrente fica reforçada, posto que dispõe o artigo que compete ao Poder Público e à coletividade o dever de defender e preservar o meio ambiente para as presentes e futuras gerações. Este dever comum não pode ser cerceado pela aplicação do art. 22.

2. E. Salati e outros, "Água e o desenvolvimento sustentável", in Aldo Rebouças (org.), *Águas Doces no Brasil*, São Paulo, Escrituras, 1999, p. 49.

Distinta da competência para legislar sobre a água como um recurso natural que deve ser defendido e preservado para as presentes e futuras gerações, tem-se a competência para determinar a pluralidade de ações administrativas sobre a defesa e gerenciamento do uso da água. Neste caso, a competência se distribui diferentemente.

No que tange à atividade administrativa, a competência será exclusiva da União – art 21, XIX e XX – para: instituir o sistema nacional de gerenciamento de recursos hídricos, definir critérios de outorga de direitos de seu uso e instituir diretrizes para o saneamento básico. A competência reguladora exclusiva da União é diferente da legislativa.

A competência para o exercício do poder de polícia fiscalizador é em parte comum quando, segundo o art. 23, XI, cabe tanto à União quanto aos Estados e aos Municípios o dever de registrar, acompanhar e fiscalizar a exploração de recursos hídricos em seus territórios.

Em conclusão, na *distribuição* do poder administrativo, para definição dos órgãos competentes, e na definição dos instrumentos para a conservação do recurso natural *água* aplicam-se os arts. 21 e 23. Estes artigos da Constituição não tratam do exercício do poder legislativo nas esferas da Federação, mas falam da atividade administrativa, onde se encontra também a atividade regulamentar. Por isto, é necessário que se distinga o *poder legislativo* do *poder regulamentar*. Aquele deve ser concorrente no tratamento do recurso natural *água*, observando-se as normas dos §§ 1º a 4º do art. 24. Enquanto o poder regulamentar é comum e, dentro da mais moderna doutrina da regulação, deve se ater às conjunturas e peculiaridades temporais e espaciais. Necessita, portanto, presteza e atenção presente do Poder Público, vinculando-se, portanto, à esfera administrativa que participa do cotidiano das ações de apropriação diversa do recurso hídrico.

2. Água: recurso natural dotado de valor econômico

Na dinâmica de ordenação dominial da água para seu melhor aproveitamento, a Lei 9.433/1997 afirma que *a água é um recurso natural limitado dotado de valor econômico* (art. 1º, II). Com esta afirmação, a água é vista como matéria-prima que possibilita a concretização dos propósitos humanos num extremado utilitarismo.[3]

Enquanto o recurso aparece razoavelmente abundante e os usos limitados, não é necessário intervir no processo. Todavia, logo que as tensões começam a se exercer sobre o recurso, um regime de propriedade da água ou os usos da água segundo critérios provenientes de regras aplicáveis à propriedade privada podem se mostrar inadaptados e insuficientes.

Os conceitos de *abundância* e *escassez* na Economia não provêm da situação da Natureza, mas da sua inserção no mercado. A definição da água como um recurso escasso advém de um problema de gestão social de seu uso, muito mais do que das condições naturais de escassez.

O aumento da demanda, adicionado à deterioração da qualidade da água, poderá trazer graves conseqüências para as condições de saúde do homem, para o desenvolvimento sócio-econômico dos países afetados, para a biodiversidade e para o equilíbrio dos ecossistemas, inclusive nas áreas costeiras.

A água passa a ser considerada um bem econômico por uma lógica de regulação da extração, e não pela inserção "natural" de um mecanismo de mercado. A falsa percepção deste bem dado pela Natureza como um bem inesgotável conduz geralmente à idéia que a água não tem valor. Esta idéia não é nova, posto que o pai da Economia Política ilustrava sua teoria do valor pela célebre parábola da água e dos diamantes. A água era compreendida por Adam Smith como um bem útil e de valor nulo, ao contrário dos diamantes.

Sérgio Sayeg, em sua dissertação de Mestrado apresentada ao Programa de Pós-Graduação em Ciências Ambientais da USP afirma que: "Embora a eventual cobrança pelo uso da água decorra da existência de um valor econômico para o recurso, o preço a ser estabelecido não deve ser encarado como expressão do valor econômico. Preço e valor são categorias conceitualmente distintas".[4]

---

3. Cf. Sérgio Sayeg, *Valor Econômico da Água – Revisão Crítica da Abordagem Neoclássica*, dissertação apresentada ao Programa de Pós-Graduação em Ciência Ambiental, fevereiro/1998, p. 1.

4. Idem, p. 25.

Adotamos ainda a afirmação deste autor quanto ao valor da água: "A água teria valor independentemente de sua capacidade de satisfazer desejos humanos. Seu valor seria determinado por sua contribuição em preservar a vida, manter a ordem natural como fator de integridade, estabilidade e beleza da biosfera. A água é a própria essência da vida e, nessa condição, seu valor não derivaria de qualquer avaliação. Fato é que as dependências da vida em relação à água não provêm de uma relação causal particular, mas das relações que constituem a ordem interativa em que está inserida".[5]

A água tem valor pela sua utilidade, por seus efeitos dentro da cadeia da vida na Terra. A água não tem preço, porque não é fruto da produção, não é um bem instituído no interior das relações de troca numa sociedade. Não obstante, na ação humana de gerenciamento deste uso, para evitar sua concentração em parcelas da população ou seu esgotamento puro e simples, o preço da água é instituído – isto é, criado socialmente. A água passa a ser um ativo econômico, uma *commodity*, considerada tanto *in situ* como *ex situ*.

As definições de um preço para a água e a criação de mecanismos coercitivos para seu pagamento permitem a cobrança pelo seu uso, sendo um instrumento econômico de gestão. Com este mecanismo de preços espera-se gerenciar a demanda, aumentando a eficiência no uso da água. O sistema de preços procurará redistribuir de maneira mais eqüitativa os custos e benefícios das opções sobre o uso da água. Por outro lado, o valor monetário amealhado pela Administração Pública, decorrente do pagamento pelo uso da água, garantirá recursos para administração, conservação e implantação do planejamento para o uso dos recursos hídricos.

A qualificação jurídica da água como bem público autoriza a intervenção de uma autoridade gestora que definirá as metas prioritárias de uso e manutenção do recurso. Toda apropriação privada, a partir desta definição, será uma concessão do Poder Público; portanto, não gerará necessariamente direitos de propriedade. A apropriação privada gerará direitos na exata dimensão do consentido pelo Poder Público.

5. Idem, p. 78.

3. Água e aproveitamento dos potenciais de energia hidráulica

Ricardo Petrella alerta que "o equilíbrio dos ecossistemas está bastante ameaçado, sobretudo pela massiva construção de grandes barragens (acima de 15m de altura), cujo número cresceu de 5.000 em 1950 para 38.000 hoje. O volume total de água mantido em reservatórios já é 5 vezes superior ao volume encontrado no leito dos rios. Em conseqüência, os deltas dos rios estão secando, destruindo *habitats* de peixes e levando à extinção de espécies. A barragem de Assuan no rio Nilo, por exemplo, liquidou com 30 das 47 espécies de peixes comerciais existentes (Worldconsumer, 1997: German, 1997)".[6]

Os impactos ambientais trazidos pela construção de grandes barragens são há muito denunciados. O Brasil, concentrando grandes bacias hidrográficas em seu território, fez a opção energética por geração hidrelétrica. Esta opção traz algumas imperfeições na definição do seu custo, porque o elemento gerador da energia é tomado como um bem livre, sem valor de mercado – portanto, sem custo. O custo de uma usina hidrelétrica não comporta o que lhe é essencial – a água, seu uso – e nem contabiliza os custos sociais de perda de peixes e de outras opções de uso energético (madeira, retirada para formação do lago), viário, turístico etc. Deste modo, há um falseamento no preço da energia, posto que, dos elementos que entram na sua produção, a água não é contabilizada, é um bem livre, ou bem de ninguém.

Com a busca de um ajustamento desta falha de mercado, em que um fator da produção não é contabilizado como custo de investimento, a Lei 9.433/1997 define que o aproveitamento de potenciais de energia hidráulica deve se submeter a outorga. Portanto, a utilização do recurso hídrico para gerar um valor (energia) será onerosa, posto que se trata do uso privado de um bem público para gerar valor de mercado.

Esta disposição legal está em sintonia com o prescrito no art. 225 da CF Brasileira. Embora as expressões sejam distintas, seu sentido para o direito ambiental não deve ser confundido com o do direito administrativo. Querem a Constituição assim como a Lei 9.433/1997 que o uso da água seja compatível com o interesse da coletividade. Compreendida como parte indispensável do meio ambiente, é a água

6. *O Manifesto da Água* – ..., p. 19.

– segundo o art. 225 da CF – bem de uso comum do povo. Desta disposição constitucional decorre o ônus do Poder Público de gerir este bem ambiental segundo o imperativo de construir o "meio ambiente ecologicamente equilibrado indispensável à sadia qualidade de vida" (art. 225 da CF).

Assim também se pronuncia Paulo Affonso Leme Machado: "Salientemos as conseqüências da conceituação da água como 'bem de uso comum do povo': o uso da água não pode ser apropriado por uma só pessoa física ou jurídica, com exclusão absoluta dos outros usuários em potencial; o uso da água não pode significar a poluição ou a agressão desse bem; o uso da água não pode esgotar o próprio bem utilizado e a concessão ou a autorização (ou qualquer tipo de outorga) do uso da água deve ser motivada ou fundamentada pelo gestor público".[7]

Neste diapasão deve ser conduzida a exegese do disposto no art. 176, § 4º, da CF:

"Art. 176. As jazidas, em lavra ou não, e demais recursos minerais e os potenciais de energia hidráulica constituem propriedade distinta da do solo, para efeito de exploração ou aproveitamento, e pertencem à União, garantida ao concessionário a propriedade do produto da lavra.

"(...).

"§ 4º. Não dependerá de autorização ou concessão o aproveitamento do potencial de energia renovável de capacidade reduzida."

A Constituição define que são bens da União os potenciais de energia hidráulica (art. 20, VIII). A norma constitucional também estabelece que compete à União explorá-los, diretamente ou mediante autorização, concessão ou permissão (art. 21, XII, "b").

A disposição do art. 176, § 4º, foi inspirada no Código de Águas – especificamente, no art. 139, §§ 2º e 3º:

"Art. 139. O aproveitamento industrial das quedas de águas e outras fontes de energia hidráulica, quer do domínio público, quer do domínio particular, far-se-á pelo regime de autorizações e concessões instituído neste Código.

---

7. *Direito Ambiental Brasileiro*, 12ª ed., São Paulo, Malheiros Editores, 2004, p. 422.

"(...).

"§ 2º. Também ficam excetuados [de concessão ou autorização] os aproveitamentos de quedas d'água de potência inferior a 50KW para uso exclusivo do respectivo proprietário.

"§ 3º. Dos aproveitamentos de energia hidráulica que, nos termos do parágrafo anterior, não dependem de autorização deve ser todavia notificado o serviço de águas do Departamento Nacional de Produção Mineral do Ministério da Agricultura, para efeitos estatísticos."

É possível afirmar, portanto, que o texto do art. 176, § 4º, da CF seria compatível com a permanência de um domínio privado sobre a água – o que ocorria com o Código de Águas de 1934, que foi negado pela Constituição. Compreendendo as águas de *domínio público*, como se deve interpretar o art. 176, § 4º, da CF?

Inicialmente, confrontando-se o art. 20, VIII, com o 176 § 4º, pode-se apontar uma certa antinomia. O art. 20, VIII, define um direito de propriedade da União sobre o potencial de energia hidráulica, enquanto o art. 176, § 4º, outorga constitucionalmente ao sujeito privado a liberdade de dispor deste potencial, descaracterizando o direito de propriedade definido anteriormente.

Segundo Otto Bachof, "a permanência de uma Constituição depende em primeira linha da medida em que ela for adequada à missão integradora que lhe cabe face à comunidade que ela mesma constitui".[8]

A norma deve se ajustar aos aspectos fáticos a que ela se refere. Daí o constitucionalista alemão continuar: "É necessário haver compatibilidade entre as normas da Constituição simplesmente formais com o direito constitucional material e até em parte com o direito supralegal".[9]

Procurando manter uma coerência interna ao sistema do texto constitucional, poder-se-ia falar que do confronto entre os artigos anteriores adviria uma limitação do direito de propriedade da União, que se restringiria aos potenciais de grande porte. Contudo, esta exegese não pode prevalecer, porque se afirmaria um direito privado de apropriação inerente aos potenciais de energia previstos no art. 176, § 4º, da CF, negando, neste caso, o domínio público da água, o qual

---

8. *Normas Constitucionais Inconstitucionais?*, Coimbra, Almedina, 1994, p. 11.
9. Idem, p. 25.

requer alguma manifestação do Poder Público sobre a privatização do uso de um bem sob sua administração ou domínio patrimonial.

Segundo Maria Luíza Machado Granziera, "o aproveitamento de recursos hídricos para a geração de energia elétrica é a principal forma de utilização não-consuntiva da água. No que se refere ao represamento das águas, além da existência do conflito natural em relação aos outros usos, há o risco de extinção de espécies nativas, que muitas vezes têm por *habitat* apenas aquele espaço geográfico; de desestabilização do equilíbrio natural dos sistemas, principalmente no que se refere à fauna aquática; e também de prejuízos sociais e culturais, relativos ao reassentamento das populações".[10]

Uma usina hidrelétrica pode ser a fio de água ou pode estar associada a um reservatório de regularização. *Usina a fio de água* é aquela que utiliza a água sem alterar o regime fluvial. Isto é, a mesma água que em condições naturais "despencaria" em alguma queda ou corredeira é forçada a passar por uma tubulação que a conduz até a turbina – o que permite o aproveitamento da energia, que de outra forma seria desperdiçada em atrito. O proprietário da usina a fio de água não é um usuário dos trechos de rio à jusante, já que não retira água do rio, nem altera sua qualidade.[11]

Jean Poiret[12] esclarece que há três formas de aproveitamento de potencial hidráulico, independentemente de sua capacidade:

Central sem derivação ou retenção – quando a usina-barragem recebe diretamente o fluxo de água vindo de montante, a turbina não o retém e o restitui ao rio imediatamente. O impacto sobre o curso d'água é mínimo: o construtor da usina de geração contenta-se em captar, pela passagem de uma quantidade de água, sua força motriz oriunda da altura da queda ao nível da barragem.

Neste caso a água não é hidraulicamente alterada, desviada de seu leito, tornada inapta aos peixes, consumida (ela é integralmente

---

10. *Direito de Águas*, 2ª ed, São Paulo, Atlas, 2003, p. 93.
11. Jérson Kelman e outros, "Hidreletricidade", in Aldo da C. Rebouças (org.), *Águas Doces no Brasil – Capital Ecológico – Uso e Conservação*, São Paulo, Escrituras, 1999, pp. 390-391.
12. "Production d'energie – Droit de propriété ou d'usage de l'eau?", in Max Falque e Michel Massenet, *Droits de Propriété, Économie et Environnement – Les Ressources en Eau*, Paris, Dalloz, 2000, pp. 76-77.

restituída), nem definitivamente domada (salvo se estiver próximo do mar, o rio recuperará no despejo uma certa força motriz).

Central sem derivação com retenção – quando a usina-barragem é instalada no leito, recebe diretamente o fluxo de água vinda de montante (...). O impacto sobre o curso d'água é idêntico ao precedente com uma perturbação hidrológica devido à substituição de uma água corrente livre por uma água cativa mas não estagnada (lago de retenção).

Central com derivação e retenção – quando a usina desconectada da barragem recebe o fluxo de água vinda do montante. É o tipo de queda mais eficaz.

Evidentemente que se deve pensar em conseqüências jurídicas distintas para cada forma de apropriação de potencial hidráulico. Há formas em que a geração demanda uma apropriação da água que exclui outras formas de apropriação e priva desta massa de água uma certa porção do leito natural, para conferir à água uma maior altura de queda. É necessário que a regulamentação preveja condicionantes para isto e, inclusive, um custo superior, para esta apropriação, àquele que seria cobrado de uma apropriação sem alteração do curso e do fluxo da corrente de água.[13]

Quando pensamos no aproveitamento de potencial de energia hidráulica como aproveitamento da queda natural do rio, eliminando a necessidade de represamento – que é um ato modificador da vazão do rio, interferindo na dinâmica própria de um bem de domínio público –, o problema de apropriação privada de um recurso público é menor. Afinal, pode-se afirmar que não há modificação do recurso hídrico, apropriando-se o sujeito privado tão-somente de uma qualidade da água, e não do recurso em si. Porém, esta demarcação não é feita pela Constituição. Ela apenas fala de *aproveitamento de capacidade reduzida*, sem dizer da forma de aproveitamento. Além disto, a apropriação de uma qualidade do recurso, mesmo que não cause sua transformação, é também a apropriação de um valor deste recurso que é público. Cabe, portanto, ao Poder Público determinar o procedimento de transferência deste valor ínsito ao recurso hídrico. Pode o Poder Público optar por ser oneroso ou gratuito; contudo, não pode

---

13. Idem, pp. 78-79.

abrir mão do seu dever de definir as condições da apropriação privada desta característica de um bem público.

O sujeito utiliza-se de uma das qualidades da água, e não de sua substância. Mesmo considerando o represamento, o utilizador não se apropria da substância líquida, mas se contenta em tirar proveito de uma das qualidades da molécula de água, sem fazer desaparecer para outros utilizadores. Esta disponibilidade não é sistematicamente permanente, total e absoluta, mas se torna largamente predominante. Assim, a utilização de uma corrente para o *rafting* é incômoda para o pescador e indiferente aos outros utilizadores; a utilização de um plano de água para seu efeito-espelho não elimina qualquer outra utilização; a utilização de um rio canalizado para a navegação comercial exclui o banhista; a utilização de uma represa para pesca não impede o banhista e a navegação, e esta apenas em certos períodos.[14]

Granziera nos lembra que mesmo no contexto de domínio privado de recursos hídricos no Código de Águas de 1934 havia o instituto da autorização administrativa, aplicável no caso de derivação da água para finalidades que não de utilidade pública.[15]

Dentro da ordem constitucional, não se mostra compatível à interpretação do art. 176, § 4º, que se permita o aproveitamento do potencial de energia hídrica sem qualquer presença do detentor do seu domínio: o Poder Público. O aproveitamento livre deve ser interpretado como um aproveitamento que é facultado ao particular, porém não pode manter-se completamente sob o exercício de sua liberalidade – o que caracterizaria privatização do bem de domínio público: a *água*. A apropriação privada deve decorrer da outorga de um direito de propriedade pelo Poder Público. Por isto, adotamos a opinião de que para qualquer uso da água que gere valor deve haver uma outorga de direito de uso prévia, mesmo que não haja alteração na qualidade ou na quantidade desse recurso.

O que vale para o art. 176, § 4º, da CF deve ser considerado com maior severidade ainda para a privatização do setor elétrico: *o processo de privatização visa também à competição no segmento de geração de energia, já que este não constitui um monopólio natural,*

---

14. Jean Poiret, idem, p. 73.
15. *Direito de Águas*, 2ª ed., p. 186.

ao contrário do que ocorre nos segmentos de transmissão e de distribuição.

O monopólio natural ocorre sempre que for mais econômico prestar o serviço através de uma única empresa que por diversas empresas competidoras.[16]

De fato, "num sistema predominantemente hidrelétrico, como o brasileiro, a localização e dimensionamento das novas usinas hidrelétricas a serem construídas, bem como a operação das existentes devem continuar a ser feitas após a privatização, de forma coordenada. Qualquer orientação em contrário conduziria a uma situação de uso perdulário do recurso natural. Isto porque as usinas hidrelétricas não podem ser construídas em qualquer lugar como ocorre com as termoelétricas, e sim nos trechos dos rios que apresentem satisfatórias condições hidrológicas, topográficas e geotécnicas. Nos locais apropriados, elas não podem ser subdimensionadas, sob pena de subutilizar definitivamente um recurso que pertence à Nação, nem podem ser superdimensionadas, sob pena de se tornarem antieconômicas. Como diversas usinas são localizadas seqüencialmente ao longo dos rios, que vão se juntando para formar a bacia hidrográfica, a operação dos reservatórios, isto é, a variação da quantidade de água estocada, modifica as disponibilidades de água para as usinas situadas rio abaixo. A operação dos reservatórios afeta também o abastecimento de água e a diluição de efluentes de cidades e/ou indústrias, a irrigação, a navegação, o controle de enchentes e a recreação. Por estas razões, o planejamento da construção de novas usinas hidrelétricas e a operação das já existentes devem ser feitos de modo coordenado, em nível de bacia hidrográfica, contemplando os usos competitivos da água".[17]

A outorga de uso de recurso hídrico é um dos mais poderosos instrumentos para sua gestão, dentre os previstos na Lei 9.433/1997. Qualquer proposta de empreendimento hidráulico numa bacia deve ser examinada pelo poder concedente comparando, para cada trecho de rio, a diferença entre volume outorgável e volume outorgado. Portanto, no caso da usina-reservatório do setor elétrico pode-se falar de duas outorgas para utilização de recursos naturais: uma referente ao uso da água e outra referente à exploração de potencial hidráulico.

16. Maria Luiza Machado Granziera, idem, p. 378.
17. Idem, p. 379.

O proprietário de uma usina hidrelétrica necessita de água para gerar energia, ou para estocar em reservatório para uso futuro. Trata-se de um usuário que deverá pagar pela correspondente outorga, já que esta lhe dá a garantia de que o Poder Público não irá permitir que outros usuários venham a se instalar à montante, de forma não-sustentável. Isto é, a outorga de direito de uso da água é a garantia que tem o usuário de que, se necessário for, poderá acionar os canais competentes da repressão caso alguém não autorizado decida "secar o rio".[18]

O instrumento da outorga para as apropriações privadas do recurso hídrico que gere valor é indispensável para a consecução da integração da gestão de recursos hídricos com a gestão ambiental (Lei 9.433/19, art. 3º, III), pois constitui poderoso instrumento de conhecimento e controle dos diversos usos dados a este recurso natural.

Afirma Paulo Affonso Leme Machado: "A presença do Poder público no setor hídrico tem que traduzir um eficiente resultado na política de conservar e recuperar as águas. Nesse sentido o art. 11 da Lei 9.433/1977, que diz: 'O regime de outorga de direito de uso de recursos hídricos tem como objetivos assegurar o controle quantitativo e qualitativo dos usos da água e o efetivo exercício dos direitos de acesso à água'. O Poder Público não pode agir como um 'testa-de-ferro' de interesses de grupos para excluir a maioria dos usuários do acesso qualitativo e quantitativo às águas. Seria um aberrante contra-senso a dominialidade pública 'aparente' das águas, para privatizá-las, através de concessões e autorizações injustificadas do Governo Federal e dos Governos Estaduais, servindo ao lucro de minorias".[19]

Com a disposição da Lei 9.433/1997, unificou-se o domínio das águas para o Poder Público, mantendo-se diversificado o direito de acesso condicionado segundo reza a lei: O uso múltiplo das águas deve ser procurado através do Plano de Recursos Hídricos, quando for abordar as "prioridades para outorga de direitos de uso de recursos hídricos" (art. 7º, VIII, da Lei 9.433/1997)

Concluindo, o dispositivo do art. 176, § 4º, da CF não exclui a obrigação do agente privado de obter a outorga direito de uso do recurso hídrico, assim como respectiva licença ambiental, ambos con-

---

18. Jérson Kelman e outros, "Hidreletricidade", in Aldo da C. Rebouças (org.), *Águas Doces no Brasil – Capital Ecológico – Uso e Conservação*, p. 390.
19. *Direito Ambiental Brasileiro*, 12ª ed., p. 422.

cedidos por tempo determinado. De fato, a obtenção de outorga de direito de uso tem sido sistematicamente condicionada ao licenciamento ambiental, como nos remarca Maria Luíza Granziera.[20]

A Lei 9.984/2000 estabelece em seu art. 5º que: "Nas outorgas de direito de uso de recursos hídricos de domínio da União serão respeitados os seguintes limites de prazos, contados da data da publicação dos respectivos atos administrativos de autorização: I – até dois anos, para início da implantação do empreendimento objeto da outorga; II – em até seis anos, para conclusão da implantação do empreendimento projetado; III – em até trinta e cinco anos, para vigência da outorga do direito de uso".

"A Instrução Normativa 4, de 21.6.2000, do Ministério do Meio Ambiente (*DOU* 3.7.2000, pp. 25-30) definiu 'outorga de direito de uso de recursos hídricos' como 'ato administrativo, de autorização, mediante o qual o Poder Público outorgante faculta ao outorgado o direito de uso do recurso hídrico, por prazo determinado, nos termos e condições expressas no respectivo ato'."[21]

A Política Nacional de Recursos Hídricos define a necessidade de outorga de direito de uso para o aproveitamento do potencial de energia hidráulica e não discrimina o porte do potencial (art. 12 da Lei 9.433/1997):

"Art. 12. Estão sujeitos a outorga pelo Poder Público os direitos dos seguintes usos de recursos hídricos: (...);

"IV – aproveitamento dos potenciais hidrelétricos; (...).

"§ 2º. A outorga e a utilização de recursos hídricos para fins de geração de energia elétrica estará subordinada ao Plano Nacional de Recursos Hídricos, aprovado na forma do disposto no inciso VIII do art. 35 desta Lei, obedecida a disciplina da legislação setorial específica."

Há a necessidade também de "declaração de reserva de disponibilidade hídrica para uso do potencial de energia hidráulica" para aqueles potenciais que necessitam passar pelo processo licitatório. É o que dispõe a Lei 9.984/2000, art. 7º (§§ 1º a 3º), que dispõe sobre a criação da Agência Nacional de Águas: "Art. 7º. Para licitar a conces-

---

20. *Direito de Águas*, 2ª ed., p. 177.
21. Paulo Affonso Leme Machado, *Direito Ambiental Brasileiro*, 12ª ed., p. 446.

são ou autorizar o uso de potencial de energia hidráulica em corpo de água de domínio da União, a Agência Nacional de Energia Elétrica – ANEEL deverá promover, junto à ANA, a prévia obtenção de declaração de reserva de disponibilidade hídrica".

Essa providencia é obrigatória por parte da ANEEL, e a inexistência da mencionada declaração impede a realização da licitação.

Neste caso excluem-se os potenciais de pequeno porte atendidos no art. 176, § 4º, da Constituição. Para se saber, entretanto, qual a dimensão desse potencial, deve-se recorrer à Lei 9.074, de 7.7.1995, que estabelece normas para outorga e prorrogações das concessões e permissões de serviços públicos. Dispõe seu art. 7º: "São objeto de autorização: I – a implantação de usinas termelétricas, de potência superior a 5.000KW, destinada a uso exclusivo do autoprodutor; II – o aproveitamento de potenciais hidráulicos, de potência superior a 1.000KW e igual ou inferior a 10.000KW, destinados a uso exclusivo do autoprodutor".

Note-se que já em 1995 – portanto, antes da Política Nacional de Recursos Hídricos de 1997 – a lei alertava que a liberdade de uso para o aproveitamento privado de potenciais hidráulicos de pequeno porte consistia na dispensa de licitação e de autorização administrativa de uso; contudo, permanecia o dever de comunicar o uso ao poder concedente, o qual se consubstancia no pedido de outorga de direito de uso, a partir da Lei 9.433/1997.

Dispõe o art. 8º da Lei 9.074/1995: "Art. 8º. O aproveitamento de potenciais hidráulicos, iguais ou inferiores a 1.000KW, e a implantação de usinas termelétricas de potência igual ou inferior a 5.000KW, estão dispensados de concessão, permissão ou autorização, devendo apenas ser comunicados ao poder concedente."

A ANA deverá motivar tanto o deferimento como o indeferimento da declaração da reserva hídrica, atendendo à razoabilidade e proporcionalidade (art. 2º da Lei 9.784/1999).[22]

Não é possível a reserva hídrica exclusiva para aproveitamento hidráulico, pois o uso múltiplo dos recursos hídricos está garantido pelo mencionado art. 13 da Lei 9.433/1997, e é um dos objetivos da Política Nacional de Recursos Hídricos, conforme o art. 2º da lei referida:

22. Idem, pp. 450-451.

"Art. 2º. São objetivos da Política Nacional de Recursos Hídricos: (...) II – a utilização racional e integrada dos recursos hídricos, incluindo o transporte aquaviário, com vistas ao desenvolvimento sustentável".

Há alguma sobreposição entre os deveres da ANEEL e da ANA, especialmente na competência de regular e fiscalizar a conservação e o aproveitamento dos potenciais de energia hidráulica – muito embora o texto do Decreto 2.335/1997, art. 15, diga que a ANEEL regulará o uso dos potenciais de energia hidráulica e dos reservatórios de usinas hidrelétricas em harmonia com a Política Nacional de Recursos Hídricos. No que tange ao aproveitamento do potencial hidráulico, a atividade da ANEEL deve ser antecedida das medidas impostas à ANA para outorga de uso da água, submetendo-se às diretrizes de uso múltiplo e de conservação dos recursos hídricos. A não-observância dessas diretrizes resulta na prática ilegal dessa Agência – e, deve trazer por consequencia; o controle judicial eficiente para obstar a qualquer ato da ANEEL que ignore as condicionantes necessárias para que a apropriação privada da água, um bem público de fruição coletiva, gere benefícios coletivos.

As agências são autoridades administrativas independentes. Porém mantêm-se ligadas ao Estado na definição orçamentária e nos objetivos públicos que as devem nortear. Estão vinculadas ao preenchimento dos deveres do Estado definidos constitucionalmente.

O Estado deve promover o bem-estar da coletividade; e, para isto, entre outras coisas, deve promover a conservação dos recursos naturais, que são da coletividade.

Para isto deve-se cuidar do momento de utilização privada de recursos públicos. O aproveitamento de potencial hidráulico é um valor coletivo e privado, e deve ser regulado, para que esta característica complexa não seja desfeita dentro de um maniqueísmo privatista de geração de vantagens privadas por uma atividade privada. Neste caso, a base da produção é um recurso da coletividade, porque é um bem ambiental (art. 225 da CF), porque é um bem de domínio público (Lei 9.433/1997, art. 1º, I). Sua apropriação deve responder a um interesse da coletividade. Por menor que seja seu impacto, será sempre uma atividade de interesse coletivo.

Numa tentativa de harmonizar a atuação da Administração Pública e a aplicação do ordenamento jurídico, dentro de uma exegese harmoniosa dos textos normativos constitucionais e legais, podemos traçar a seguinte síntese do até aqui exposto.

1. A água é um bem ambiental – e, como tal, é protegido pelo art. 225 da CF.

2. A água é um recurso natural, cabendo, portanto a aplicação do art. 24, VI, da CF, que define a competência concorrente para legislar sobre sua defesa e proteção.

3. A água é um bem de domínio público (da União – art. 20, III – e dos Estados – art. 26, I) e compete privativamente à União legislar sobre águas no seu aspecto administrativo c dominial.

4. O texto constitucional é um sistema que ganha coerência na sua interpretação.

5. Por ser de domínio público, persiste a necessidade de declaração de reserva hídrica pelo agente privado, conforme prevê o art. 2º da Lei 9.784/1999.

6. Água é recurso dotado de valor econômico, e sua apropriação privada para geração de valor dependerá sempre da outorga de direito de uso (onerosa ou gratuita).

7. A Lei 9.074/1995 define o potencial hidráulico a que se refere o art. 176, § 4º, da CF.

8. A obtenção de licença ambiental é pressuposto para a requisição de outorga de direito de uso.

9. As disposições da ANEEL devem ser compatíveis com a conservação do recurso hídrico e ajustar-se às outorgas que devem ser concedidas pela ANA.

10. As agências reguladoras fazem parte do corpo administrativo do Estado e se ajustam aos princípios constitucionais e aos valores do Estado Brasileiro na realização de suas atividades.

A QUESTÃO AMBIENTAL NO DIREITO BRASILEIRO

GUILHERME JOSÉ PURVIN DE FIGUEIREDO

1. Questões preliminares. 2. A relação homem-meio ambiente na pré-história do Brasil. 3. A escravização do índio. 4. Colonização portuguesa do Brasil. 5. Independência do Brasil. 6. Acirramento das desigualdades regionais no século XX.

No estudo da história de nosso país, três problemas culturais são recorrentes: o *descontrole fundiário*, a *degradação ecológica desses espaços* e a *desigualdade social*. O primeiro revela-se na formação de gigantescos latifúndios, muitos deles improdutivos. O segundo é facilmente demonstrado a partir dos mapas demonstrativos da devastação da Mata Atlântica e de outros biomas igualmente relevantes. Finalmente, o terceiro, assentando raízes na tradição escravocrata, faz-se presente no acirramento das tensões no ambiente urbano neste início do Terceiro Milênio.

Não há como compreender a importância da aplicação da legislação ambiental em vigor sem uma noção das causas remotas da crise ambiental contemporânea.

1. Questões preliminares

Questão preliminar a ser ultrapassada diz respeito à pertinência do estudo da pré-história do Brasil em texto que pretende enfocar a evolução histórica da legislação brasileira sobre meio ambiente.

Se, sob a ótica kelseniana, o dualismo do Direito e Estado nada mais é do que "uma duplicação supérflua do objeto de nossa cognição, um resultado de nossa tendência a personificar e então hipostatizar nossas personificações",[1] e se outro era o Direito vigente em território brasileiro antes da chegada do colonizador português, inevitavelmente chegaríamos à conclusão de que as relações jurídicas estabelecidas entre os indígenas não poderiam jamais constituir parte da história do Direito Brasileiro.

Com efeito, não seria adequado falar em *Estado Brasileiro* ou em *Direito Brasileiro* antes do dia 7 de setembro de 1822 – e, assim, não só teríamos que desprezar a questão indígena como também todo o período que vai de 1500 a 1822, justamente o período de formação da atual estrutura fundiária brasileira.

Desde logo se pressente que a adoção de uma noção estreita do objeto de estudo do Direito – e tratamos, aqui, particularmente, do Direito no Brasil – reduziria de tal forma o alcance de nossa visão a ponto de impedir a compreensão das razões históricas da valorização dos fatores *trabalho* e *meio ambiente* na definição do *princípio da função social da propriedade*.

O direito ambiental hoje vigente é resultado de um longo processo histórico no qual a herança cultural dos povos indígenas de convívio (até certo ponto) pacífico com a Natureza conjuga-se com a visão colonialista do explorador português que aqui aportou há meio milênio.

Em outras palavras, a evolução histórica sócio-cultural dos povos que ocupavam o atual território brasileiro (e que, a despeito do continuado processo de etnocídio, ainda resistem em algumas regiões mais ou menos preservadas) tem enorme importância para o estudo da dimensão ambiental da função social da propriedade – razão pela qual não será, de forma alguma, desprezada.

A história da colonização brasileira inicia-se em 22 de abril de 1500, e seu primeiro documento é a *Carta a El Rey*, de Pero Vaz de Caminha.

Não chegou ao nosso conhecimento, lamentavelmente, quase nenhuma informação acerca dos costumes dos povos indígenas, já que o colonizador português não teve a menor intenção de trazer consigo pesquisadores para estudarem a cultura dos povos que aqui viviam. Por esse mesmo motivo, os parcos elementos disponíveis são extre-

---

1. Hans Kelsen, *Teoria Geral do Direito e do Estado*, São Paulo, Martins Fontes, 1992, p. 192.

mamente valiosos. Ignorá-los constituiria algo mais grave do que uma injustiça para com a história do único legítimo habitante de nosso território. Seria, na verdade, uma infeliz mutilação de dados que podem auxiliar na compreensão de determinados aspectos da legislação ambiental e fundiária contemporânea. Não nos esqueçamos da lição de Darcy Ribeiro no sentido de que a matriz indígena é extremamente significativa no plano cultural, já que "os contingentes nativos encontrados pelos europeus proporcionaram os elementos básicos da adaptação ecológica dos primeiros núcleos neo-americanos. Contribuíram, assim, decisivamente para a configuração das protoculturas de implantação dos empreendimentos colonizadores em terras indígenas".[2]

Desconsiderar tal contribuição implicaria também perder de vista dados altamente significativos para a compreensão de instigantes questões jurídicas que, em pleno século XXI, se colocam no direito ambiental brasileiro, tais como a ocupação indígena de unidades de conservação, seu papel na proteção das florestas, a análise de técnicas ecologicamente sustentáveis de exploração das florestas e o direito de propriedade intelectual ao conhecimento tradicional.

Alertamos, porém, desde logo, que não temos a pretensão de tratar da questão indígena em face da proteção do meio ambiente na atualidade – tema, este, que exigiria um alentado estudo multidisciplinar envolvendo, além de um aporte de direito ambiental e direito indigenista, também conhecimentos nas áreas da Ecologia e da Antropologia, principalmente. Assim, o fato de aqui se realizar uma breve digressão sobre o direito de propriedade em face dos costumes indígenas destina-se essencialmente à compreensão do quadro encontrado pelo colonizador português no momento em que ele inicia a implantação de um sistema de exploração colonial com características feudais[3] num vasto território da América do Sul.

Isto posto, denominaremos de *Brasil* o território correspondente ao Estado Brasileiro contemporâneo, habitado há milênios por povos que

---

2. *Configurações Histórico-Culturais dos Povos Americanos*, Rio de Janeiro, Civilização Brasileira, 1975, p. 175.
3. Adotamos, aqui, a perspectiva oferecida por Caio Prado Jr., que neste aspecto contrasta sensivelmente com a de Sérgio Buarque de Hollanda, para quem não há falar em características feudais na história do Brasil.

hoje representam não mais que 500 mil habitantes;[4] ao falar de *pré-história do Brasil* estaremos nos referindo a todo o período que antecede o advento da escrita, sendo apenas casual – conquanto violenta e extremamente significativa – a coincidência da passagem da pré-história para a história com a chegada em nosso território do povo português.

2. A relação "homem-meio ambiente" na pré-história do Brasil

De acordo com Warren Dean, não tiveram nossos primeiros cronistas qualquer interesse em investigar as concepções indígenas sobre a propriedade da Natureza. As florestas, de acordo com as crenças dos índios tupis, pertenciam aos espíritos e animais que as habitavam, ou ao menos tanto a tais seres como a si mesmos, "ainda que em algum nível suas guerras fossem certamente um esforço pela posse exclusiva dos recursos naturais".

De qualquer forma, as concepções que os índios adotavam acerca da propriedade das florestas e dos recursos naturais teriam sido consideradas irrelevantes para o colonizador europeu: "A Coroa negou que os nativos detivessem quaisquer direitos legítimos ao espaço que ocupavam, embora o Governador e os donatários de vez em quando concedessem, como uma graça, faixas limitadas a serem ocupadas pelas aldeias e supervisionadas pelos missionários. Comentaristas da política fundiária colonial, imersos como necessariamente estavam em uma visão eurocêntrica que subordina a realidade a categorias de 'descoberta', 'conquista', 'pacificação', 'civilização' e 'salvação', não viam nada de extraordinário nesse gesto singular e espantosamente arrogante de expropriação, embora seja evidentemente um dos mais clamorosos de toda a história".[5]

Na feliz dicção de Mílton Santos e Maria Laura Silveira, este primeiro período a ser estudado é marcado pelo lento ritmo da Natureza

---

4. De acordo com o Instituto Sócio-Ambiental, os 216 povos indígenas contemporâneos somam uma população estimada em 350 mil (Carlos Alberto Ricardo (ed.), *Povos Indígenas no Brasil, 1996-2000*, São Paulo, Instituto Sócio-Ambiental, 2000, p. 15).
5. Warren Dean, *A Ferro e Fogo: a História e a Devastação da Mata Atlântica Brasileira*, trad. de Cid Knipel Moreira, São Paulo, Cia. das Letras, 1996 (1ª reimpr., 1997), p. 80.

"comandando as ações humanas de diversos grupos indígenas e pela instalação dos europeus, empenhados, todos, cada qual do seu modo, em amansar esses ritmos. A unidade, então, era dada pela Natureza, e a presença humana buscava adaptar-se aos sistemas naturais".[6]

Os primeiros anos de colonização significaram a devastação, pelos portugueses e franceses, de "florestas na apanha de milhares de toros de pau de tinta, sem que precisassem empregar, nas suas relações com o gentio, outros elementos mais persuasivos que a oferta, em troca de riqueza extraída, de uma reduzida variedade de bugigangas".[7] Esta devastação da Costa Brasileira cruzaria o Cabo Frio até o Cabo de São Roque.

Não é consensual a idílica imagem do índio brasileiro como o grande defensor da Natureza, que se opõe ao degradador europeu. O homem, índio ou europeu, é – na dicção de Euclides da Cunha – um "agente geológico notável" ou um "terrível fazedor de desertos". O sertão nordestino seria um "desastroso legado" da agricultura primitiva dos silvícolas da região, que se utilizariam essencialmente do fogo como seu instrumento fundamental, e o europeu simplesmente reproduziria em escala amplificada uma técnica degradante que aprendera do índio:

"Entalhadas as árvores pelos cortantes *dgis* de diorito; encoivarados, depois de secos, os ramos, alastravam-lhes por cima, crepitando as *caiçaras*, em bulcões de fumo, tangidas pelos ventos. Inscreviam, depois, nas cercas de troncos combustos das *caiçaras*, a área em cinzas onde fôra a mata exuberante. Cultivavam-na. Renovavam o mesmo processo na estação seguinte, até que, de todo exaurida, aquela mancha de terra fosse, imprestável, abandonada em *caapuera* – mato extinto – como o denuncia a etimologia tupi, jazendo dali por diante irremediavelmente estéril porque, por uma circunstância digna de nota, as famílias vegetais que surgiam subsecutivamente no terreno calcinado eram sempre de tipos arbustivos enfezados, de todo distintos dos da selva primitiva. O aborígine prosseguia abrindo novas roças, novas derrubadas, novas queimas, alargando o círculo dos es-

---

6. *O Brasil: Território e Sociedade no Início do Século XXI*, 3ª ed., Rio de Janeiro, Record, 2001, p. 27.
7. Alberto Passos Guimarães, *Quatro Séculos de Latifúndio*, 6ª ed., Rio de Janeiro, Paz e Terra, 1989, p. 6.

tragos em novas *caapueras*, que ainda uma vez deixava para formar outras noutros pontos, aparecendo marrinhas, num evolver enfezado, inaptas para reagir com os elementos exteriores, agravando, à medida que se ampliavam, os rigores do próprio clima que as flagelava, e entretecidas de carrascais, afogadas em macegas, espalhando aqui o aspecto adoentado da catanduva sinistra, além a braveza convulsiva da caatinga brancacenta.

"Veio depois o colonizador e copiou o mesmo proceder. Engravesceu-o ainda com o adotar, exclusivo, no centro do país, fora da estreita faixa dos canaviais da costa, o regime francamente pastoril."[8]

Warren Dean, por seu turno, descreve com minúcias as diversas técnicas de queimada das florestas por índios, e ressalta que "a agricultura de derrubada e queimadas era extraordinariamente redutiva. Quase tudo que estivesse vivo no interior das faixas queimadas era reduzido a cinzas e apenas as cinzas eram aproveitadas". Conclui, daí, que essa espécie de agricultura pode "ter reduzido a complexidade e a biomassa em áreas consideráveis da Mata Atlântica durante os mais de mil anos em que foi praticada antes da chegada dos europeus".[9]

Adotando-se a classificação de Lewis Morgan,[10] os habitantes nativos do território brasileiro, nessa época, haviam já ultrapassado a fase superior do estado selvagem e adentrado a fase inferior da barbárie: "Conheciam a cerâmica e teciam suas redes. Praticavam uma agricultura rudimentar nos períodos de sedentariedade que se alternavam com os de nomadismo, cultivando a mandioca e o milho. Desses dois gêneros obtinham uma série de produtos, particularmente a farinha, cuja preparação exigia certa experiência de trabalho de tipo mais elevado".[11]

A inexistência de leis escritas não significa que os habitantes nativos do Brasil não tivessem um direito consuetudinário, ainda que rudimentar sob a perspectiva européia, e não generalizado para todas as tribos.

---

8. Euclides da Cunha, *Os Sertões*, Rio de Janeiro, Livraria Francisco Alves, 1968, p. 43.
9. Warren Dean, *A Ferro e Fogo:* ..., p. 46.
10. Refiro-me à obra *Ancient Society, or Researches in the Lines of Human Progress from Savagery through Barbarism to Civilization*, na qual se baseou Friedrich Engels para estruturar seus estudos acerca da origem da propriedade.
11. Alberto Passos Guimarães, *Quatro Séculos de Latifúndio*, 6ª ed., p. 7.

Reportando-se ao estudo *O Direito entre os Indígenas no Brasil*, de Karl Friedrich von Martius, Mílton Duarte Segurado afirma, com relação ao direito indígena, que, "embora, em geral, comunistas, não lhes é desconhecida a idéia de propriedade. Os imóveis são comuns a todos. Toda a extensão de terra, ocupada pela tribo, é considerada propriedade comum. A cabana é propriedade da família que nela mora. Quando várias famílias habitam a mesma oca, pertence a cada um o lugar onde arma a rede e acende o fogo. Bens de raiz são adquiridos em comum e, assim, com mais direito ainda, considerados propriedade coletiva. A aquisição de propriedade para usufruto se faz por ocupação, depois de abandonada por outrem. De penhora e fiança, nenhum vestígio".[12]

Cabem, aqui, porém, duas observações.

A primeira diz respeito à utilização do termo "propriedade" na fase inferior da barbárie. Esta fase do processo civilizatório não se caracteriza pelo advento da propriedade privada, tal como hoje a conhecemos. Trata-se de período identificado com a produção exclusivamente voltada às suas necessidades diretas: "As trocas reduziam-se a casos isolados e tinham por objeto os excedentes obtidos por acaso".[13] Natural, portanto, que existisse apenas a propriedade individual de instrumentos pessoais, como as armas, os petrechos de caça e pesca ou os utensílios de cozinha. Todo o mais – a casa, as canoas, as hortas – era feito e utilizado em comum. Tratava-se, efetivamente, de uma forma de propriedade; porém uma propriedade comum.[14] Na realidade, a propriedade livre e plena, em especial a territorial, só surgiria com o advento da civilização.

A segunda observação que nos parece pertinente nesta passagem pode ser sintetizada pelas palavras de Paulo Bessa Antunes, para quem o *direito indígena*, como tal entendido "aquele que é produzido pelos índios para regular as suas relações internas, é de tal maneira diversificado que seria impossível o seu estudo. Os próprios estudos antropológicos acerca dos diferentes mecanismos de controle social vigentes entre os povos indígenas são feitos caso a caso, e não

---

12. *O Direito no Brasil*, São Paulo, José Bushatsky/EDUSP, 1973, p. 21.
13. Friedrich Engels, *A Origem da Família, da Propriedade Privada e do Estado*, 5ª ed., Rio de Janeiro, Civilização Brasileira, 1979, pp. 185-186.
14. Friedrich Engels, idem, p. 179.

poderia ser diferente. Um estudo de conjunto de todos esses sistemas, evidentemente, seria impossível. Em primeiro lugar, como é óbvio, não existe um único grupo de índios no Brasil. Os povos nativos, em nosso país, ultrapassam a centena e estão próximos de duas centenas. Ora, o estudo do direito destes povos, por óbvio, teria que estabelecer os pontos concordantes e discordantes entre a cultura de cada uma dessas comunidades, para estabelecer-lhes pontos comuns capazes de afirmar instituições básicas etc.".[15]

É natural, portanto, que não exista a possibilidade de generalização dos institutos jurídicos no direito indígena brasileiro, já que não estamos falando de um, mas de centenas de direitos, todos eles consuetudinários.

Desta forma, infelizmente, é praticamente impossível traçar um lineamento jurídico de institutos como o da propriedade dos bens da Natureza no direito das diferentes nações indígenas do Brasil, restando apenas a perspectiva do estudo de seus direitos à luz da legislação imposta pelo colonizador.

3. A escravização do índio

No Brasil, a reconstituição da escravidão, um instituto provavelmente desconhecido nas culturas indígenas,[16] e que parecia próximo do desaparecimento no fim da Idade Média na Europa, se deu de forma bastante rápida.

O período do escambo como ato jurídico característico das relações comerciais encetadas entre os portugueses e os indígenas foi relativamente curto. Dos textos das cartas de doação, de Martin Afonso, Duarte Coelho e outras, "constava autorização expressa para conduzir ao Reino um número limitado de índios escravos, o qual varia-

---

15. *Ação Civil Pública, Meio Ambiente e Terras Indígenas*, Rio de Janeiro, Lumen Juris, 1998, p. 136.
16. "Que a escravidão penetrou na história da Humanidade com a civilização, depois que o homem passou a viver sedentariamente, a abandonar o canibalismo e a aproveitar os prisioneiros de guerra como trabalhadores escravos, não padece dúvida. Seria, porém, duvidoso que isso tivesse acontecido na pré-história brasileira, antes que as comunidades indígenas houvessem atingido toda a plenitude de uma vida sedentária, antes que praticassem a domesticação de animais e conhecessem o uso dos metais" (Alberto Guimarães Passos, *Quatro Séculos de Latifúndio*, 6ª ed., p. 8).

va de 24 a 48, afora outros que figurassem na tripulação das naus".[17]
O predomínio da força viria a firmar-se a partir de 1549, com Tomé de Souza.

Em apenas 30 anos de colonização, a escravidão de índios já era algo corriqueiro, conquanto de forma alguma pacífico. As revoltas dos índios eram constantes, e em algumas regiões, como o sul da Bahia e o Espírito Santo, a resistência indígena chegou, mesmo, a impedir a formação de núcleos.

Para fazer face a este estado de beligerância, Portugal edita em 1570 a primeira *carta régia* a respeito, estabelecendo:

"(...) o direito da escravidão dos índios, mas limitadas aos aprisionados em 'guerra justa'.

"Era entendida como tal aquela que resultasse da agressão dos indígenas, ou que fosse promovida contra tribos que recusavam submeter-se aos colonos, a entrarem em entendimentos com eles. A esta lei sucederam-se, a jato contínuo, outras sucessivas que seria muito longo analisar aqui. Mas todas mantiveram em princípio a escravidão dos índios, que somente será abolida inteiramente em meados do século XVIII. Manter-se-á, aliás, mesmo depois, embora mais ou menos disfarçada."[18]

A substituição do trabalho escravo índio pelo do negro africano iniciar-se-ia em meados do século XVI, perdurando por quase todo o período colonial. No entanto, a caça ao índio ou simplesmente sua incorporação por métodos fisicamente menos violentos prosseguiriam por muito tempo, constituindo parte importante do processo de exploração econômica da Região Amazônica, notadamente sob o aspecto do extrativismo, como nos ensina Celso Furtado: "A luta pela mão-de-obra indígena que realizaram os colonos do Norte e a tenaz reação, contra estes, dos jesuítas, que desenvolveram técnicas bem mais racionais de incorporação das populações indígenas à economia da Colônia, constituem um fator decisivo na penetração econômica da Bacia Amazônica. Em sua caça ao indígena, os colonos foram conhecendo melhor a floresta e descobrindo suas potencialidades. Na pri-

17. Alberto Guimarães Passos, *Quatro Séculos de Latifúndio*, 6ª ed., p. 12.
18. Caio Prado Jr., *História Econômica do Brasil*, 22ª ed., São Paulo, Brasiliense, 1979, pp. 35-36.

meira metade do século XVIII a região paraense progressivamente se transforma em centro exportador de produtos florestais: cacau, baunilha, canela, cravo, resinas aromáticas. A colheita desses produtos, entretanto, dependia de uma utilização intensiva da mão-de-obra indígena, a qual, trabalhando dispersa na floresta, dificilmente poderia submeter-se às formas correntes de organização do trabalho escravo. Coube aos jesuítas encontrar a solução adequada para esse problema. Conservando os índios em suas próprias estruturas comunitárias, tratavam eles de conseguir a cooperação voluntária dos mesmos. Dado o reduzido valor dos objetos que recebiam os índios, tornava-se rentável organizar a exploração florestal em forma extensiva, ligando pequenas comunidades disseminadas na imensa zona. Essa penetração em superfície apresentava a vantagem de que podia estender-se indefinidamente. Não se dependia de nenhum sistema coercitivo. Uma vez suscitado o interesse do silvícola, a penetração se realizava sutilmente, pois, criada a necessidade de uma nova mercadoria, estava estabelecido um vínculo de dependência do qual já não podiam desligar-se os indígenas. Explica-se assim que, com meios tão limitados, os jesuítas hajam podido penetrar a fundo na Bacia Amazônica. Dessa forma, a pobreza mesma do Estado do Maranhão, ao obrigar seus colonos a lutar tão tenazmente pela mão-de-obra indígena, e a correspondente reação jesuítica – de início simples defesa do indígena, em seguida busca de formas racionais de convivência, e finalmente exploração servil dessa mão-de-obra – constituíram fator decisivo da enorme expansão territorial que se efetua na primeira metade do século XVIII".[19]

A perspectiva de ocupação de um vasto território pelos portugueses exigia respostas juridicamente condizentes com a tradição do sistema jurídico romano-germânico, do qual o Direito Português era herdeiro. Convém, portanto, reportarmo-nos aos aspectos essenciais do direito de propriedade no Direito Romano, pois se D. João, em Carta de Poder de 20.11.1530, concedia a Martim Afonso de Souza poderes para "dar às pessoas que consigo levar, e às que na dita quiserem viver e povoar aquela parte das ditas terras que bem lhe parecer, e segundo lhe o merecer por seus serviços e qualida-

19. *Formação Econômica do Brasil*, 30ª ed., São Paulo, Cia. Editora Nacional, 2001, pp. 67-68.

des",[20] outorgando-se poderes absolutos de imperador, isto não significa que séculos de herança da cultura jurídica romanística fossem inteiramente ignorados. Pelo contrário, nesta fase de colonização adotava-se modelo similar ao da propriedade provincial do Direito Romano.

Não é despropositado, portanto, relacionar o que o Direito Romano tinha a dizer acerca da propriedade e das formas de sua aquisição à situação da época analisada, com vistas a uma melhor compreensão do significado, por exemplo, do importantíssimo *Alvará de 1.4.1680*, que, como veremos, superou a concepção romanística da propriedade provincial e se alicerçou em bases mais sólidas do que a *occupatio*, ao reconhecer ao indigenato o título imediato de domínio de suas terras.

O legislador colonial português sabia identificar claramente a diferença entre a legitimação do direito de propriedade do indígena e aquele do colonizador adventício, ou entre um aldeamento e uma colônia.

O Alvará de 1.4.1680 viria a suplantar os limites da propriedade provincial – pela qual era facultada a concessão do uso a particulares – e da modalidade de aquisição denominada *ocupação*. Através desse ato normativo, o Rei de Portugal reconheceria os direitos originários dos índios sobre suas terras – regra que hoje se encontra presente no *caput* do art. 231 da CF:

"Art. 231. São reconhecidos aos índios sua organização social, costumes, línguas, crenças e tradições, e os direitos originários sobre as terras que tradicionalmente ocupam, competindo à União demarcá-las, proteger e fazer respeitar todos os seus bens.

"§ 1º. São terras tradicionalmente ocupadas pelos índios as por eles habitadas em caráter permanente, as utilizadas para suas atividades produtivas, as imprescindíveis à preservação dos recursos ambientais necessários a seu bem-estar e as necessárias à sua reprodução física e cultural, segundo seus usos, costumes e tradições.

20. Pedro Taques Paes Leme, *História da Capitania de São Vicente*, reprodução com um escorço biográfico do autor, por Afonso de E. Taunay, São Paulo, Melhoramentos, pp. 64-65, *apud* Messias Junqueira, *O Instituto Brasileiro das Terras Devolutas*, São Paulo, LAEL, 1976, p. 43.

"§ 2º. As terras tradicionalmente ocupadas pelos índios destinam-se à sua posse permanente, cabendo-lhes o usufruto exclusivo das riquezas do solo, dos rios e dos lagos nelas existentes.

"§ 3º. O aproveitamento dos recursos hídricos, incluídos os potenciais energéticos, a pesquisa e a lavra das riquezas minerais em terras indígenas só podem ser efetivados com autorização do Congresso Nacional, ouvidas as comunidades afetadas, ficando-lhes assegurada participação nos resultados da lavra, na forma da lei.

"§ 4º. As terras de que trata este artigo são inalienáveis e indisponíveis, e os direitos sobre elas, imprescritíveis.

"§ 5º. É vedada a remoção dos grupos indígenas de suas terras, salvo, *ad referendum* do Congresso Nacional, em caso de catástrofe ou epidemia que ponha em risco sua população, ou no interesse da soberania do país, após deliberação do Congresso Nacional, garantido, em qualquer hipótese, o retorno imediato logo que cesse o risco.

"§ 6º. São nulos e extintos, não produzindo efeitos jurídicos, os atos que tenham por objeto a ocupação, o domínio e a posse das terras a que se refere este artigo, ou a exploração das riquezas naturais do solo, dos rios e dos lagos nelas existentes, ressalvado relevante interesse público da União, segundo o que dispuser lei complementar, não gerando a nulidade e a extinção direito a indenização ou a ações contra a União, salvo, na forma da lei, quanto às benfeitorias derivadas da ocupação de boa-fé."

Note-se que a nossa Constituição vigente refere-se a *ocupação* – e, nesse sentido, o mencionado Alvará de 1.4.1680 era tecnicamente mais apurado que o texto contemporâneo.

Os índios, organizados em hordas, formavam aldeamentos, ou seja, núcleos próprios de aborígines do local onde se estabeleciam. Não seria correto falar em *colônia* de índios, salvo se fosse caso de emigração destes de uma região e subseqüente imigração em outra. João Mendes Jr., em primoroso estudo sobre os direitos dos indígenas, afirma que não chega a ponto de endossar as palavras de P. J. Proudhon, "nos *Essais d'une Philosophi Populaire*, que 'o indigenato é a única verdadeira fonte jurídica da posse territorial'; mas, sem desconhecer as outras fontes, já os philosophos gregos afirmavam que o indigenato é um titulo congenito, ao passo que a occupação é um titulo adquirido. Conquanto o indigenato não seja a unica verdadeira fonte juridica da posse territorial, todos reconhecem que é na phrase do Alvará de 1.4.1680, 'a primaria, naturalmente e virtualmente reservada', ou na phrase de Aristoteles (*Polit.*, I, n.8) – 'um estado em que se acha cada ser a partir do momento do seu nascimento'. Por conseguinte, o indigenato não é um facto dependente de legitimação, ao passo que a occupação, como facto posterior, depende de requisitos que a legitimem".[21]

Por estar primariamente estabelecido no território, o indígena dispunha da *sedum positio*, que – sempre na dicção de João Mendes Jr. – "constitue o fundamento da posse, segundo o conhecido texto do jurisconsulto Paulo (*Dig.*, titul. de acq. vel. amitt. possess., L.1), a que se referem Savigny, Molitor, Mainz e outros romanistas, mas o indigena, além desses *jus possessionis*, tem o *jus possidendi*, que já lhe é reconhecido e preliminarmente legitimado, desde o Alvará de 1.4.1680, como direito congenito. Ao indigenato é que melhor se applica o texto do jurisconsulto Paulo: *qui naturaliter tenetur ab io qui insistit*".

Este Alvará reveste-se de extraordinária importância para a história dos direitos dos indígenas no Brasil. Pela primeira vez o colonizador português reconhecia ao indígena o direito de propriedade de suas terras, de acordo com as regras jurídicas vigentes no Reino. Este direito sobrepunha-se àqueles decorrentes da outorga de terras em sesmarias a particulares, e o Alvará ressalvava expressamente que, na concessão dessas sesmarias, reservava-se o prejuízo de terceiros – nomeadamente, o dos índios, que pelo Rei eram reconhecidos ali como primários e naturais senhores das terras.

A tal respeito, assevera João Mendes Jr.: "Só estão sujeitas à legitimação as posses que se acham em poder de occupante (art. 3º da Lei de 18.9.1850); ora a occupação, como titulo de aquisição, só pode ter por objecto as cousas que nunca tiveram dono, ou que foram abandonadas por seu antigo dono. A occupação é uma *apprehensio rei nullis* ou *rei derelictae* (confiram-se os civilistas, com referencia ao *Dig.*, tit. de acq. rerum domin., L. 3, e tit. de acq. vel. amitt. poss., L.1); ora,as terras de indios, congenitamente apropriadas, não podem ser consideradas nem como *res nullius*, nem como *res derelicta*; por outra, não se concebe que os indios tivessem adquirido, por simples occupação, aquilo que lhes é congenito e primario, de sorte que, relativamente aos

---

21. *Os Indígenas do Brasil, seus Direitos Individuais e Políticos*, São Paulo. Typ. Hennies Irmãos, 1912, pp. 58-59.

indios estabelecidos, não há uma simples posse, há um titulo immediato de dominio; não há, portanto, posse a legitimar, há domínio a reconhecer e direito originario e preliminarmente reservado".[22]

Quando da publicação do Alvará de 1.4.1680 a propriedade privada dos colonizadores não havia ainda sido instituída de forma completa e permanente. A distribuição de terras por sesmarias ressalvava condições e reservas que exigiam comprovação futura para que viessem a ser confirmadas. Somente com a Real Ordem de 27.12.1695 é que a propriedade privada das terras concedidas em usufruto aos sesmeiros foi reconhecida. Isto é, 15 anos após o "reconhecimento explícito e irrestrito da propriedade ao indígena".[23]

É certo que, na prática, pouco ou nenhum foi o efeito de referido Alvará, prosseguindo (como ocorre até hoje) o processo de desalojamento do índio de suas terras. No entanto, sob a perspectiva jurídica, este episódio da História, que vai da chegada do primeiro português à Costa Brasileira até a assinatura do documento de 1680, oferecerá farto material para reflexão acerca do significado do instituto da propriedade e da legitimidade desse direito. Por um lado, o povoamento de terras em grande extensão quase desabitadas sob o ponto de vista do europeu, mas essenciais para o ciclo de caça, pesca e coleta pelo indígena, nos remetia a uma época em que o espraiamento horizontal da população era algo comum no bloco continental eurasiano, a ponto de não ensejar conflitos fundiários, em face da grande extensão de terras férteis. Por outro lado, o testemunho vivo de povos que se encontravam na fase inferior da barbárie confirmava a tese de que a propriedade privada não seria um direito natural, mas sim um direito positivo. Este debate foi longamente desenvolvido nos mais fecundos ensaios levados a cabo por pensadores e pesquisadores como Montesquieu, John Locke, Jean Jacques Rousseau, Lewis Morgan, Karl Marx e Friedrich Engels, dentre outros.

4. *Colonização portuguesa do Brasil*

Do descobrimento do Brasil à solene declaração do art. 186 da CF de 1988 no sentido de que a propriedade rural cumpre sua função

---

22. Idem, ibidem.
23. Alberto Passos Guimarães, *Quatro Séculos de Latifúndio*, 6ª ed., p. 17.

social quando atende a requisitos de aproveitamento racional e adequado, utilização adequada dos recursos naturais disponíveis, preservação do meio ambiente, observância da legislação trabalhista e exploração que favoreça o bem-estar dos proprietários e trabalhadores, temos uma história feudal de colonização que se caracterizou exatamente por um mau aproveitamento das terras, que levou à formação de latifúndios improdutivos, à exploração predatória dos recursos naturais, ao escravismo e ao desrespeito completo aos direitos dos trabalhadores. A exploração econômica dos bens ambientais no Brasil tradicionalmente e com exclusividade contemplava os interesses imediatos dos proprietários. À luz do ordenamento constitucional de 1988, pode-se dizer que a história econômica do Brasil caminhou sempre em direção oposta ao princípio da função social da propriedade. Ou, dentro de uma perspectiva histórica evolutiva, o princípio da função social da propriedade, tal como se encontra hoje na Constituição da República, apresenta um norte inteiramente diverso daquele adotado até recentemente na história econômica do Brasil. Assim, o ano de 1500 marca, a um só tempo, o início do genocídio dos índios, de uma tradição escravocrata, da má utilização do solo, do desperdício dos recursos naturais e da devastação das florestas e outras formações vegetais próprias do Continente; o princípio da função social da propriedade, por sua vez, visa ao rompimento dessa tradição.

A colonização portuguesa inicia-se nas regiões mais facilmente exploráveis, onde as condições climáticas favorecem sua ocupação. Essa região é constituída por uma faixa de não mais do que algumas dezenas de quilômetros ao longo da costa litorânea do país. Desde o extremo-norte até o paralelo de 26°, a característica predominante dessa região é de calores fortes e chuva abundante. De acordo com Caio Prado Jr., "seus solos são férteis, e prestam-se admiravelmente, por tudo isso, à agricultura tropical que efetivamente servirá de base econômica não somente de sua ocupação pelos colonos europeus, mas de ponto de partida e irradiação da colonização de todo o país".[24] A partir do século XVIII, uma outra região, formada pelo Planalto Brasileiro, constituirá um novo cenário para a colonização, especialmente em razão da abundância de recursos minerais. No século XIX iniciar-se-á a colonização da parte ocidental do Planalto, correspon-

---

24. *História Econômica do Brasil*, 22ª ed., p. 9.

dente ao Pantanal, local onde prosperará a pecuária mato-grossense. Finalmente, no século XX será iniciada a ocupação da Região Amazônica, que, conquanto facilmente acessível, em razão das grandes extensões de rios navegáveis, jamais favoreceu o estabelecimento humano, seja em razão do clima hostil para os padrões europeus, seja pelas enchentes que alagam grandes extensões das margens dos rios.

Os descobrimentos a partir do século XV constituem um episódio da história do comércio europeu, e é essa a perspectiva da colonização portuguesa: "É sempre como traficantes que os vários povos da Europa abordarão cada uma daquelas empresas que lhes proporcionarão sua iniciativa, seus esforços, o acaso e as circunstâncias do momento em que se achavam".[25] Buscava-se, antes de mais nada, a passagem para as Índias. Ao europeu não ocorreu de imediato a idéia de povoar as Américas, pois o objetivo era o comércio – mesmo porque, até então, o velho Continente não se recuperara da grande perda populacional decorrente da peste dos dois séculos anteriores. A idéia de povoar surge somente no momento em que se constata que é necessário organizar a produção de gêneros. Essa produção adotará, num estágio inicial, o antigo sistema de feitorias comerciais e estará centrada no *extrativismo*: "Na Nova Inglaterra, nos primeiros anos de colonização, viam-se até com maus olhos quaisquer tentativas de agricultura que desviavam das feitorias de peles e pesca as atividades dos poucos colonos presentes".[26]

Em decorrência da expansão da pecuária na Inglaterra, os camponeses começam a colonizar as zonas temperadas da América, em busca do que haviam deixado em sua terra natal. Diferentemente da colonização norte-americana, porém, os portugueses que vêm ao Brasil em sua empresa econômica, se aceitam as temperaturas dos Trópicos, só o fazem mediante a condição de que virão na condição de dirigentes, de empresários, contando com outras pessoas que trabalhem para eles. Esta tendência se reforça em razão do fato de que a exploração agrária na América Tropical será realizada por meio de unidades produtoras de grande escala. Sejam as fazendas, os engenhos ou as *plantations* (das colônias inglesas), estas grandes unidades de produção reunirão, em regra, um elevado número de subordinados – o

---

25. Caio Prado Jr., *História Econômica do Brasil*, 22ª ed., pp. 14-15.
26. Caio Prado Jr., idem, p. 17.

que significa muitos trabalhadores sem propriedade laborando para alguns poucos grandes proprietários.[27]

São completamente diversos, portanto, os processos de colonização inglesa das regiões temperadas e o processo português das regiões tropicais. No Brasil não há intenção de povoamento, mas apenas de exploração dos recursos naturais em proveito do comércio europeu.[28] A estrutura social e econômica do Brasil organizou-se com a finalidade de fornecer o pau-brasil, o açúcar, o tabaco; mais tarde, o ouro e os diamantes; em seguida, o algodão e o café; e, mais recentemente, a laranja e a soja, para o comércio da Europa. A história econômica do Brasil jamais foi a de construção de um novo país, mas, apenas, de produção mercantil destinada à Metrópole.

Do descobrimento do Brasil até meados do século XVI a atividade econômica básica era a exploração da *caesalpinia echinata*, o pau-brasil, árvore que deu o nome ao nosso país e de cujo tronco se extrai um material corante que era utilizado na tinturaria. Essa exploração foi realizada por portugueses e franceses ao longo de toda a Costa Brasileira. Servindo-se do trabalho dos índios, relativamente numerosos na região litorânea, os exploradores europeus derrubaram árvores de 10 a 15m de altura para vendê-las na Europa a grandes preços. O dinheiro não foi aplicado no Brasil, e essa exploração rudimentar "não deixou traços apreciáveis, a não ser na destruição impiedosa e em larga escala das florestas nativas donde se extraía a preciosa madeira".[29] A exploração do pau-brasil não motivou a fixação de núcleos de povoamento no Brasil, mas, apenas, a construção de pequenos fortins, em razão das disputas entre portugueses e franceses.

A extração do pau-brasil era considerada monopólio real, e se exigia uma concessão do Rei. A primeira delas foi outorgada em 1501 ao português Fernando de Noronha, e durou até 1504.[30] Os dois instrumentos legais que ligavam a Metrópole e a Colônia poucos anos mais tarde – as cartas de doação aos capitães-donatários e os forais – estabeleciam regras especiais a respeito da comercialização do pau-brasil.

27. Idem, pp. 19-20.
28. Caio Prado Jr., idem, p. 23.
29. Idem, p. 25.
30. Caio Prado Jr., idem, p. 26.

Vigiam desde 1521 as Ordenações Manuelinas, que continham algumas disposições de caráter protecionista. Todavia, a decadência da exploração do pau-brasil se deu rapidamente: "Em alguns decênios esgotara-se o melhor das matas costeiras que continham a preciosa árvore, e o negócio perdeu seu interesse".[31]

Em 1530 uma expedição comandada por Martim Afonso de Souza vem ao Brasil com a finalidade de promover a distribuição de terras de acordo como a legislação portuguesa das sesmarias. O período das sesmarias durará quase três séculos, encerrando-se somente com a Resolução de 17.6.1822, confirmada pela Provisão de 22.10.1823.[32]

É certo que antes de 1532 algumas poucas cartas de sesmaria[33] chegaram a ser distribuídas, mas apenas de modo esporádico. Foi na Capitania de São Vicente, nesse ano de 1532, que o donatário Martim Afonso de Souza deu início a esse sistema de modo formal e generalizado, visando à conquista do território ao Reino de Portugal.

A Lei das Sesmarias, publicada pelo rei D. Fernando em 1375, sucessivamente incorporada às Ordenações Afonsinas (Livro IV, Título LXXXI), Manuelinas (Livro IV, Título LXVII) e Filipinas (Livro IV, Título LXIII), não tinha em Portugal as finalidades objetivadas pela Coroa em sua política de conquista do território brasileiro. Na verdade, o sistema das sesmarias em Portugal buscava solucionar o problema da decadência da agricultura em minifúndios, consistente no abandono de terras. Era uma legislação que obrigava os proprietários a voltarem a cultivar suas terras ou, ao menos, transmiti-las por enfiteuse ou arrendamento a lavradores, mediante pagamento. A situação brasileira era inteiramente diversa: não estava em jogo a desídia de minifundiários, mas a ocupação de uma enorme extensão de terras, um bem que chegava, mesmo, a parecer inexaurível.[34] Esta é, talvez, a principal razão pela qual os juristas portugueses de então sustentavam que o título das Ordenações relativo às sesmarias não era aplicável ao caso brasileiro, já que havia nelas um foro derrogatório

---

31. Idem. p. 27.
32. Fernando Pereira Sodero, *Curso de Direito Agrário – 2. O Estatuto da Terra*, Brasília/DF, Fundação Petrônio Portella/MJ, 1982, p. 12.
33. A palavra "sesma" significa "a sexta parte dos frutos que o enfiteuta, titular do domínio útil, está obrigado a entregar ao senhorio, titular do domínio direto das terras aforadas" (Messias Junqueira, *O Instituto Brasileiro das Terras Devolutas*, p. 12).
34. Messias Junqueira, *O Instituto Brasileiro das Terras Devolutas*, p. 13.

da lei comum. Na verdade, o instituto jurídico da enfiteuse parecia muito mais interessante para a consolidação da conquista territorial do que a aplicação de uma lei que visava ao semeio de mantimentos em casais (pequenas propriedades rústicas, granjas) e pardieiros danificados, destruídos e abandonados (Ordenações Filipinas, Livro IV, Título XLIII).

Desta maneira, conquanto se tenha consagrado o termo "sesmaria", certo é que não se tratava de doação de terras não mais aproveitadas pelos senhorios, como previam as Ordenações Manuelinas, no Livro IV, Título LXVII. Cuidava-se, sim, de terras que deveriam ser distribuídas pelos donatários a colonos e peões que as solicitassem, com a condição de que fossem cristãos. Constituem as sesmarias o instituto jurídico que deu origem à tradição do latifúndio brasileiro.

A concessão de terras feita por D. João III a Martim Afonso de Souza em 20.11.1530 tinha caráter perpétuo e era uma doação plena, condicionada, porém, ao cultivo – "condição esta que jamais desertará das leis de terras do Brasil".[35] Por outro lado, é uma demonstração explícita da completa ignorância da Coroa Portuguesa acerca da extensão do território brasileiro, na medida em que confere a um único intermediário as terras que haveriam de passar a *todos* os futuros proprietários.[36]

As capitanias hereditárias caracterizavam-se pela obrigação do donatário de cultivar as terras doadas no prazo de cinco anos, sob pena de perder a doação, com a "aplicação da matéria pertinente às sesmarias, contida no Título LXVII do Livro IV das Ordenações Manuelinas, com a especial diferença de que a finalidade precípua do ordenamento aplicado em Portugal era a de distribuir as terras para lavrar e delas tirar o maior proveito. No Brasil, o objetivo principal era o de povoar as terras virgens".[37] O donatário tinha o direito de receber 5% do valor da exploração do pau-brasil. O plano consistia na divisão da costa em 12 setores lineares com extensões que variavam entre 180 e 600km. Estes setores (capitanias) foram doados a

---

35. Messias Junqueira, *O Instituto Brasileiro das Terras Devolutas*, p. 19.

36. As outras duas cartas régias, de 6.10.1531 e de 20.1.1535, passariam a tratar tão-somente da Capitania de São Vicente.

37. Ann Helen Wainer, *Legislação Ambiental Brasileira: Subsídios para a História do Direito Ambiental*, 2ª ed., Rio de Janeiro, Revista Forense, 1999, p. 11.

titulares aos quais foram concedidos poderes soberanos: "Caber-lhes-á nomear autoridades administrativas e juízes em seus respectivos territórios, receber taxas e impostos, distribuir terras etc. O Rei conservará apenas direitos de suserania semelhantes aos que vigoravam na Europa feudal. Em compensação, os donatários das capitanias arcariam com todas as despesas de transporte e estabelecimento de povoadores".[38] Assim, em pleno período de adensamento do poder imperial na Europa sobre os antigos senhorios e de restrição aos privilégios das corporações, o Governo Português caminhava no sentido oposto da História, distribuindo autoridade e poder majestático a senhores de terras.[39]

O regime de posse da terra – ensina Caio Prado Jr. –, de propriedade alodial (livre de foros, vínculos, pensões e ônus) e plena, previa poderes dos donatários para disporem das terras, que se distribuíram entre os colonos.[40] Essa distribuição era feita de forma pródiga, pois os pioneiros recrutados não se contentariam em ser pequenos proprietários, queriam tornar-se latifundiários. Aliás, o cultivo da cana-de-açúcar prestava-se mesmo a extensas áreas. Não existia chance de sobrevivência de um pequeno produtor, pois a produção de açúcar só era rendosa quando realizada em grandes volumes: "São sobretudo estas circunstâncias que determinarão o tipo de exploração agrária adotada no Brasil: a grande propriedade".[41]

Ademais, a característica tropical do clima era favorável à cultura de poucas espécies. Resulta daí a grande propriedade monocultural, que logo dará sinais da necessidade de mão-de-obra. A atividade gregária da agricultura deixará de atrair os índios, que, ademais, se tornavam mais exigentes, já não se contentando com quinquilharias. Ressurge, então, a escravidão, instituição que desde o final do Império Romano encontrava-se em franco declínio, e no século XVI praticamente extinta.[42] Pode-se, portanto, dizer que a colonização portuguesa do Brasil constituiu uma regressão histórica com relação ao feudalismo clássico, visto que o feudalismo superara o regime econômico

---

38. Caio Prado Jr., *História Econômica do Brasil*, 22ª ed., p. 32.
39. Messias Junqueira, *O Instituto Brasileiro das Terras Devolutas*, pp. 19-20.
40. *História Econômica do Brasil*, 22ª ed., p. 32.
41. Caio Prado Jr., idem, p. 33.
42. Idem, p. 34.

anterior, ao transformar o escravo em servo da gleba, com a finalidade de obter deste, "à custa do estímulo proporcionado por sua condição mais livre, uma produtividade no trabalho bastante superior".[43]

Durante um século e meio a economia brasileira girará em torno do engenho de açúcar (e apenas marginalmente do cultivo do tabaco). A exploração será feita normalmente pelo proprietário, havendo, porém, casos chamados de "fazendas obrigadas", em que o lavrador "recebe metade do açúcar extraído de sua cana, e ainda paga pelo aluguel das terras que utiliza uma certa percentagem",[44] além dos lavradores livres, que faziam moer sua cana no engenho que preferissem, recebendo a meação integral: "Os lavradores, embora estejam socialmente abaixo dos senhores do engenho, não são pequenos produtores, da categoria de camponeses. Trata-se de senhores de escravos, e suas lavouras, sejam em terras próprias ou arrendadas, formam como os engenhos grandes unidades".[45]

A cultura da cana-de-açúcar baseou-se no binômio desmatamento/escravidão.[46] De 1550 a 1700 calcula-se que os canaviais teriam derrubado pelo menos 1.000km^2 de Mata Atlântica.[47] É interessante observar que a ganância do colonizador na exploração da cana-de-açúcar praticamente não dava margem à cultura de espécies necessárias à sua sobrevivência. Assim, propriedades pequenas, contando com 10 ou 12 trabalhadores, na maior parte das vezes proprietários, seus familiares e índios arregimentados, um ou outro escravo, eram responsáveis pela produção de gêneros de subsistência, dos quais se destacavam o milho, a mandioca, arroz e feijão. Raramente eram cultivadas verduras, mas era comum também o cultivo de frutas, inclusive exóticas (como a laranja e a banana). Todas as tentativas de regulamentação dos latifúndios, no sentido da produção de gêneros de subsistência, fracassaram. Os lucros obtidos com a venda de açúcar eram muito altos e, assim, mesmo caros, os gêneros de subsistência podiam ser comprados. Caio Prado Jr. pinta o seguinte quadro: "De um lado abastança, prosperidade e grande atividade econômica; dou-

---

43. Alberto Passos Guimarães, *Quatro Séculos de Latifúndio*, 6ª ed., p. 29.
44. Caio Prado Jr., *História Econômica do Brasil*, 22ª ed., pp. 37-38.
45. Idem, p. 38.
46. Mílton Santos e Maria Laura Silveira, *O Brasil: ...*, 3ª ed., p. 32.
47. Warren Dean, *A Ferro e Fogo: ...*, p. 96.

tro, a falta de satisfação da mais elementar necessidade da grande massa da população: a fome".[48] Dessa forma, o reduzido consumo de carne fresca, de leite e vegetais levou Gilberto Freyre a concluir que o Brasil foi colonizado por uma "nação de homens mal-nutridos".[49]

Outra espécie de produção que se torna comum no século XVI é a de gado, que proliferará ao longo das margens de rios da Bahia, Pernambuco e até do Maranhão. Tais fazendas tinham em média 3 léguas de extensão ao longo de rios, com 1 légua de largura, sendo meia a cada margem. Terras devolutas serviam de divisas entre as fazendas, com uma média de 1 légua de distância, evitando-se a fuga de gado de uma propriedade para outra.[50] As fazendas eram administradas por um vaqueiro; e o proprietário, quase sempre senhor de muitas fazendas, vivia no litoral.

Em 1580, Filipe II, da Espanha, é coroado Rei de Portugal (e do Brasil), com o título de Filipe I. Visando a eliminar a forte influência do direito canônico no direito civil português, manda rever, reformar e compilar toda a legislação portuguesa – missão que será dirigida pelo Des. Jorge de Cabedo. Em 1603 entram em vigor, já sob o governo de seu filho, Filipe II, as Ordenações Filipinas, cujo Livro IV vigoraria no Brasil até 1916, ocasião em que foi revogado pelo Código Civil.[51]

Depois do período de dominação espanhola (1580-1640), Portugal vê-se depauperado. Suas colônias são em grande parte perdidas para a Inglaterra e a Holanda. Empobrecida, a população vê no Brasil uma opção para uma nova vida. Começa, então, o afluxo de um grande número de colonos – o que provocará, de um lado, uma série de conflitos entre os naturais da Colônia e os novos colonos e, de outro, a expansão da ocupação territorial. Os direitos feudais dos senhores das capitanias vão lentamente sendo relativizados, e no final do século XVII seus poderes e jurisdição são absorvidos pelos governadores reais: "Em meados do século XVIII todas as capitanias terão voltado ao domínio direto da Coroa, e serão governadas por funcio-

---

48. *História Econômica do Brasil*, 22ª ed., p. 44.
49. *Casa Grande & Senzala*, Rio de Janeiro, Livraria José Olympio Editora, 1978, p. 234.
50. Caio Prado Jr., *História Econômica do Brasil*, 22ª ed., p. 45.
51. Mílton Duarte Segurado, *O Direito no Brasil*, p. 61.

nários de nomeação real".⁵² Para alcançar essa meta, Portugal substitui sua política liberal na Colônia por um sistema fortemente centralizador, fechando os portos para o comércio com nações estrangeiras e impondo restrições não só para os estrangeiros residentes no Brasil, mas para os próprios nascidos aqui, em favor dos naturais de Portugal. A exploração de sal é proibida, toda a administração passa ao controle real e "abafa-se a maior parte das possibilidades do país".⁵³

Em 12.12.1605 é aprovado o Regimento do Pau-Brasil, considerado a nossa primeira lei de proteção florestal. Esclarece Juraci P. Magalhães que esse Regimento "estabelecia diversas regras para a utilização do pau-brasil, tais como: a concessão de licença especial para o seu corte, o registro dessas licenças em livro próprio, a quantidade máxima permitida para exploração e as penalidades para os infratores".⁵⁴ É interessante, pois, observar que a primeira norma atinente à conservação das riquezas naturais brasileiras tenha sido editada sob o domínio espanhol. Este Regimento, publicado sob a égide do rei D. Felipe II, condicionava o corte do pau-brasil à expressa licença do Rei ou do Provedor-Mor da fazenda da capitania em cujo distrito se localizasse a mata em que se houvesse de cortá-lo. A pena para a infringência dessa regra era a de morte. Também eram aplicadas penalidades para aquele que ateasse fogo em terra de matas de pau-brasil.⁵⁵

A segunda metade do século XVIII traz consigo as sementes de uma transformação completa do Planeta, seja sob a perspectiva jurídica, econômica ou tecnológica. Em 1769, na Europa, Arkwright construía o fuso e Watt patenteava a máquina a vapor. Em 1787 Cartwright inventava o tear mecânico. Estavam dadas as condições técnicas para o desencadeamento da Revolução Industrial. A Revolução Industrial tem início na época de declínio da mineração no Brasil e será responsável pelo florescimento de uma nova fase na agricultura brasileira – a do algodão, produto que será muito requisitado pela Inglaterra, grande centro da indústria têxtil moderna.⁵⁶ A exportação

---

52. Caio Prado Jr., *História Econômica do Brasil*, 22ª ed., p. 51.
53. Idem, p. 55.
54. *Comentários ao Código Florestal: Doutrina e Jurisprudência*, 2ª ed., São Paulo, Juarez de Oliveira, 2001, p. 7.
55. Ann Helen Wainer, *Legislação Ambiental Brasileira: ...*, 2ª ed., p. 20.
56. Caio Prado Jr., *História Econômica do Brasil*, 22ª ed., p. 81.

de algodão torna-se significativa a partir do terceiro quartel do século XVIII. Todavia, a ausência de aperfeiçoamento tecnológico na produção, a concorrência norte-americana e a queda do preço do produto levarão, já no começo do século XIX, ao declínio da produção algodoeira. Concomitantemente, porém, restabelecia-se a produção canavieira e, numa escala mais modesta, a produção de arroz e tabaco, além da pecuária.

O desenvolvimento brasileiro da agricultura será por séculos extremamente precário. A utilização da terra é predatória e os efeitos devastadores das queimadas começarão no século XIX a se fazer sentir: "Para a instalação de novas culturas nada de novo se realizara que o processo brutal e primitivo da 'queimada'; para o problema do esgotamento do solo, outra solução não se descobrira ainda que o abandono puro e simples do local por anos e anos consecutivos, com prazos cada vez mais espaçados que o empobrecimento gradual do solo ia alargando. Para se tornar afinal definitivo. A mata, sempre escolhida pelas propriedades naturais do seu solo, e pela colonização, desaparecia rapidamente devorada pelo fogo. Assim, no litoral do Nordeste, entre outros exemplos, da densa e ininterrupta floresta que se estendia da Paraíba até Alagoas, sobravam apenas uns restos nos dois extremos da área. Tentar-se-á defendê-los do assalto final nos últimos anos do século XVII; não aliás em consideração à agricultura ou à necessidade de reservas para o futuro desenvolvimento do país, mas para o fornecimento de madeiras aos arsenais da Marinha Real. Critério estreito, como sempre, de uma administração incapaz, e que será um dos responsáveis pela ineficiência e inutilidade das medidas de defesa adotadas. A destruição continuará como dantes até a consumação final"[57] – sendo certa a contribuição particular de tal destruição do consumo insustentável e irracional da lenha. A responsabilidade maior por esse consumo será dos engenhos de açúcar, que absorvem enormes quantidades do combustível vegetal. A utilização do bagaço da cana como combustível não era cogitada pelo colonizador português, apesar de já ser um processo rotineiro em colônias inglesas, francesas e holandesas. É de se observar que a utilização da biomassa gerada pela cana como combustível contribui para a redução de impactos ambientais maiores, vez que reduz o desperdício do

---

57. Caio Prado Jr., *História Econômica do Brasil*, 22ª ed., pp. 87-88.

grande volume de subprodutos da indústria açucareira; não é, porém, um processo tecnológico limpo, pois sua aplicação gera a liberação de grande volume de dióxido de carbono na atmosfera.[58] De qualquer forma, houvesse tal aplicação nos engenhos de açúcar, talvez a devastação das florestas tivesse sido menor e o declínio desse ciclo menos traumático. Hoje, já se começa a cogitar da utilização do bagaço da cana-de-açúcar até mesmo como fonte geradora de energia elétrica.

Todavia, ensina Caio Prado Jr. que a devastação da mata em larga escala "ia semeando desertos estéreis atrás do colonizador, sempre em busca de solos frescos que não exigissem maior esforço da sua parte. Graças somente à excepcional fertilidade natural dos terrenos baianos ou pernambucanos é que foi possível manter ali, durante tanto tempo, a cultura da cana. Mas o vácuo de matas que se ia formando em torno dos engenhos criava outros problemas igualmente sérios. Tinha-se que ir buscar lenha a distâncias consideráveis; freqüentemente ela se tornava inacessível, e a atividade do engenho cessa. A falta de lenha é uma das causas mais comuns do abandono do engenho, e ocorre amiúde".[59]

É de se ponderar, contudo, que a progressiva esterilização do solo não se deveu apenas à ignorância do colonizador português. Mesmo que ele adotasse técnicas mais adequadas de conservação do solo, o modelo agrário, inteiramente voltado à exportação, impedia a construção de um país e a preservação da Natureza. Daí por que, com profunda percepção, afirma Caio Prado Jr: "(...) o baixo nível técnico das nossas atividades agrárias e as conseqüências que teria não se devem atribuir unicamente à incapacidade do colono. Em muitos casos, nos mais importantes mesmo, ele não poderia fazer melhor. Poderia, é certo, acompanhar os seus concorrentes de outras colônias, atingir o seu padrão bastante superior. Mas seria pouco ainda. O mal era mais profundo. Estava no próprio sistema, um sistema de agricultura que desbaratava com mãos pródigas uma riqueza que não podia repor".[60]

A partir do século XVIII a administração florestal do Brasil passa a ser mais atuante na aplicação da legislação madeireira. Seria inade-

---

58. Evanildo Queiroz Faria e Vágner Antônio Cosenza, "Resíduos sólidos: bagaço de cana", *Revista de Direitos Difusos* 14/1.871-1.882, agosto/2002.
59. *História Econômica do Brasil*, 22ª ed., p. 88.
60. Idem, p. 92.

quado usar o termo "ambiental" para tratar dessa legislação, pois, efetivamente, a finalidade da lei era evitar o desperdício de madeira destinada, sobretudo, à construção naval, e não à proteção do meio ambiente. Todavia, a falta de técnica florestal e a ineficiência administrativa contribuirão para a devastação inútil da Mata Atlântica. Somente nas áreas de exploração inacessível é que restarão intactas as formações florestais.[61] E depois de 1810 a Coroa Portuguesa autorizará a exploração das matas pelos ingleses.

Em 1786 é publicado o *Discurso Histórico, Político e Econômico dos Progressos e Estado Atual da Filosofia Natural Portuguesa, Acompanhado de Algumas Considerações sobre o Estado do Brasil*, do brasileiro Baltasar da Silva Lisboa, considerado o primeiro ensaio com reflexões políticas sobre temas ambientais em nosso país.

Em 1798, Manuel Ferreira da Câmara Bittencourt e Sá (1762-1835), um dos primeiros críticos ambientais da história do Brasil, recebe a encomenda da Corte para elaborar uma nova legislação prevendo um controle estrito no uso das águas e matas das regiões mineiras. Essa legislação entra em vigor em 13.5.1803, na forma de um Alvará, contando com a colaboração de Alexandre Rodrigues Ferreira (1756-1815) e de José Bonifácio de Andrada e Silva (1763-1838).[62] Referido Alvará estabeleceu que, nas regiões mineiras, as matas existentes fora das propriedades passariam a estar reservadas integralmente para as atividades de extração e fusão de metais, vedando-se sua doação em sesmaria. Em 1807 o mesmo Ferreira da Câmara abrandaria essa regra, estabelecendo a obrigatoriedade de conservação de apenas 1/3 das matas existentes nas novas sesmarias e 1/5 nas sesmarias já concedidas.[63]

61. Caio Prado Jr., idem, pp. 103-104.
62. José Augusto Pádua, *Um Sopro de Destruição: Pensamento Político e Crítica Ambiental no Brasil Escravista, 1786-1888*, Rio de Janeiro, Jorge Zahar Editores, 2002, p. 16.
63. José Augusto Pádua justifica a legitimidade das opiniões de Ferreira da Câmara ao esclarecer que ele era um dos fazendeiros mais respeitados de seu tempo na região da Bahia, "tanto pelo seu saber quanto por suas práticas econômicas. As técnicas inovadoras utilizadas em seu Engenho da Ponta não passaram despercebidas. Foi o caso da reforma das suas fornalhas, que economizou 2/3 da lenha normalmente utilizada. As modificações nos tubos da roda d'água, por outro lado, conseguiram poupar o trabalho de 70 cavalos. Com essas e outras medidas logrou duplicar a renda do engenho em menos de três anos, tornando-se um modelo para os outros proprietários" (*Um Sopro de Destruição:* ..., p. 97).

Tanto Ferreira da Câmara como o ministro português Rodrigo de Souza Coutinho consideravam da maior importância a legislação destinada à regulação das plantações e à conservação das matas, pelo último considerada uma notável exceção aos princípios da Economia Política liberal de Adam Smith. Isso não significava que Ferreira da Câmara visse com otimismo o sucesso da legislação conservacionista. Desde 1609 as leis que restringiam as liberdades de alguns proprietários em benefício de toda a coletividade não vinham tendo cumprimento. Se, ao menos em seu engenho, Ferreira da Câmara primava pelo cumprimento à legislação que ele mesmo colaborara na redação, isso não o impedia de considerar que as leis que "'restringem a liberdade dos proprietários', mesmo quando faziam 'uma das mais justas e direi ainda necessárias exceções ao direito de cada um fazer o que lhe parecer', eram sempre 'iludidas e de nenhum efeito'".[64] É, realmente, espantoso que há mais de dois séculos já houvesse no Brasil um prenúncio das idéias que configurariam a base do moderno conceito de *função social da propriedade rural*: a defesa de um sistema de exploração racional e adequado, a defesa do meio ambiente e das relações de trabalho.

No Sul do país uma colonização diferenciada de famílias açorianas não chegou a representar significativa alteração da estrutura fundiária brasileira. No Rio Grande do Sul a pecuária começava a florescer, com sua concomitante decadência no Nordeste. E lá, como aqui, reproduzem-se as mesmas características. As "estâncias", onde era explorado o gado, chegavam a ter até 360km^2. As limitações legais para a distribuição de concessões de sesmarias eram facilmente contornadas. Assim, conquanto uma sesmaria não pudesse ter mais que 108km^2 (3 léguas), a vedação legal era ultrapassada com doações ao pai e a cada um de seus filhos, pelo Governo. Uma mesma casa chegava a ter quatro ou mais sesmarias: "Repetia-se a mesma coisa que no século anterior se praticara com tanto dano no Sertão do Nordeste e enquistava-se nas mãos de uns poucos toda a riqueza fundiária da capitania".[65]

A lavoura do tipo predatório persistiu e persiste até hoje. A colonização alemã não superou a prática da queimada – o que levaria Sér-

---
64. José Augusto Pádua, *Um Sopro de Destruição*: ..., p. 97.
65. Caio Prado Jr., *História Econômica do Brasil*, 22ª ed., p. 97.

gio Buarque de Hollanda a indagar das razões que teriam levado os colonizadores europeus a retrocederem da lavoura de arado para a de enxada, quando não simplesmente se conformarem aos processos primitivos dos indígenas. Com base em estudo de Herbert Wilhelmy (*Probleme der Urwaldkolonisation in Südamerika*, Berlim, outubro/ 1940, pp. 303-314), o ilustrado sociólogo brasileiro destaca que o recurso às queimadas pareceria "aos colonos estabelecidos em mata virgem de uma tão patente necessidade que não lhes ocorre, sequer, a lembrança de outros métodos de desbravamento. Parece-lhes que a produtividade do solo desbravado e destocado sem auxílio do fogo não é tão grande que compense o trabalho gasto em seu arroteio, tanto mais quando são quase sempre mínimas as perspectivas de mercado próximo para a madeira cortada".[66]

Houvesse, porém, uma preocupação de confrontar o rendimento médio de um hectare preparado pelo método das queimadas e outro por métodos não predatórios, verificar-se-ia que "a colheita do milho plantado em terra onde não houve queimada é duas vezes maior do que roçados feitos com auxílio de fogo".[67]

É importante ressaltar que os primeiros críticos ambientais brasileiros não se limitaram a um elogio laudatório da Natureza. Foram muito além, assumindo uma postura crítica e de não-aceitação da destruição ambiental. A Natureza, para José Bonifácio de Andrada e Silva e muitos outros teóricos brasileiros, tinha um significado econômico bastante evidente, e a degradação do meio ambiente era demonstração de ignorância cultural e negligência do proprietário da terra – algo bastante assemelhado ao que hoje denominamos de *desenvolvimento agrário não-sustentável*. Assim, mais de um século antes do surgimento do famoso *Relatório Brundtland*, o Brasil já era berço de uma doutrina que defendia a conservação das florestas e a utilização racional e adequada dos recursos naturais como condição indispensável para seu desenvolvimento. Assim, é na produção doutrinária de Baltasar da Silva Lisboa, Manuel Ferreira da Câmara Bittencourt e Sá, José Bonifácio de Andrada e Silva (todos nascidos no século XVIII), Joaquim Nabuco, André Rebouças, Guilherme Capanema, José Saldanha

---

66. Sérgio Buarque de Hollanda, *Raízes do Brasil*, 26ª ed., São Paulo, Cia. das Letras, 1998, p. 68.
67. Sérgio Buarque de Hollanda, idem, p. 68.

da Gama e Frederico Burlamaque (todos nascidos na primeira metade do século XIX), dentre outros, que encontraremos sólidas bases teóricas que justificarão a inserção da dimensão ambiental no conceito de função social da propriedade no Brasil.

A formação de um pensamento ambientalista num território periférico – uma Colônia portuguesa da América do Sul – não teria, certamente, maiores repercussões na construção do pensamento ambiental europeu, mas não há dúvida de que deixará marcas no Direito Brasileiro. É, além disso, um elemento histórico que demonstra que a consciência ambientalista brasileira é herdeira de uma tradição secular de pensamento crítico que somente poderia ter nascido num território onde o meio ambiente foi continuamente vilipendiado pelo sistema da monocultura e do escravismo.

Por outro lado, com raríssimas (conquanto significativas) exceções – como foi o caso da recuperação da Floresta da Tijuca, entre 1861 e 1874 –, o pensamento de nossos primeiros ambientalistas resultou em muito pequena efetividade.[68] Este impotência, porém, derivava sobretudo das características do próprio Governo Imperial, incapaz de resistir à pressão dos setores econômicos, aliada a uma ausência de consenso entre a elite política a respeito da conveniência na adoção de uma agricultura não-predatória e na proteção do meio ambiente natural. A irresignação que hoje verificamos junto às ONGs ambientalistas, pela contínua destruição da Mata Atlântica, constitui um sentimento que já conta com dois séculos de existência.

5. Independência do Brasil

No Brasil, do período das sesmarias, que vai de 1530 a 1822, restariam, dentre outras conseqüências, a formação de latifúndios destinados à monocultura ou, muito pior, ao recebimento, pelos titulares das sesmarias, do foro pago pelos ocupantes, descumprimento das obrigações constantes nas cartas de concessão (sem que este inadimplemento implicasse qualquer punição ao latifundiário por parte da metrópole) e – no que diz respeito ao objeto central de nosso sistema – um "sistema predatório de derrubada de matas e de uso do solo sem

---

68. José Augusto Pádua. *Um Sopro de Destruição:* ..., pp. 30-31.

qualquer interesse do sesmeiro, senhor de engenhos ou criador de gado na conservação dos recursos materiais renováveis, em especial a terra, a flora e a fauna".[69]

A persistência do domínio de Portugal sobre o Brasil no século XVIII constitui um anacronismo, visto que já ia distante a época do apogeu do Império Lusitano. A essa época, amparava-se Portugal na Inglaterra e a Espanha na França. A decadência do sistema colonial está ligada à passagem do Capitalismo comercial para o industrial.

Assim, com a vinda da Corte, em 1808, para o Rio de Janeiro inicia-se um processo irreversível rumo à independência. Contribuirá, é certo, a Inglaterra, parceira de Portugal na luta contra Napoleão Bonaparte, que durante a primeira metade do século XIX se torna aguerrida defensora do fim do tráfico de escravos africanos e, concomitantemente, a primeira grande Nação européia que reconhecerá a independência do Brasil – independência, esta, assinada, é certo, pelo herdeiro do Trono Português e, portanto, sem traumas para a família real.

A Independência do Brasil desempenhou um papel muito importante para a modernização das relações jurídicas no Brasil. Foi, a um só tempo, o marco histórico do fim da era colonial e da formação de uma sociedade nacional. A influência social do Liberalismo foi construtiva: o Brasil já se encontrava integrado no sistema mercantil do Capitalismo comercial em expansão no mundo, e – como nos ensina Florestan Fernandes – era momento de os proprietários rurais de aprenderem "a pensar e a agir sobre si próprios, os negócios da coletividade e os assuntos políticos de interesse geral sem a mediação dos nexos coloniais, mas com a mesma eficácia ou sob as mesmas garantias de continuidade" que as nações encontravam nos nexos coloniais formais; desta forma, "as categorias de pensamento inerentes ao Liberalismo preenchiam uma função clara: cabia-lhes suscitar e ordenar, a partir de dentro e espontaneamente, através do estatuto nacional, mecanismos econômicos, sociais e políticos que produzissem efeitos equivalentes aos que eram atingidos antes, a partir de fora e compulsoriamente, através do estatuto colonial".[70] Ao superar o esta-

69. Fernando Pereira Sodero, *Curso de Direito Agrário – 2. ...*, p. 13.
70. Florestan Fernandes, *A Revolução Burguesa no Brasil: Ensaio de Interpretação Sociológica*, 2ª ed., São Paulo, Zahar Editores, 1976, p. 35.

tuto jurídico colonial, a independência do Brasil quebrou as bases da perpetuação da grande lavoura e da mineração nas condições em que era possível sua exploração produtiva – isto é, pelo trabalho escravo, pelo modelo do latifúndio e pelo monopólio do poder nas mãos de uma pequena elite. Todavia, se ocorre uma ruptura das bases jurídicas ao longo do período que vai de 1822 a 1889, o mesmo não se pode dizer de seu substrato material, moral e social da estrutura colonial feudalista do Brasil de 1500 a 1822, o qual terá continuidade e servirá de suporte à sociedade que se desenvolverá ao longo dos quase dois séculos subseqüentes.[71]

Segundo Vladimir Passos de Freitas, "a primeira lei de intervenção na propriedade privada foi editada em 9.9.1826, estabelecendo duas hipóteses de desapropriação: necessidade pública (a ser examinada pelo juiz) e utilidade pública (a ser verificada pelo corpo legislativo)".[72]

Com a promulgação, no ano de 1830, do Código Criminal, foram estabelecidas, em seus arts. 178 e 257, as penas para aquele que efetuasse o corte ilegal de madeiras. O crime de incêndio, porém, somente viria a ser previsto com a Lei 3.311, de 14.10.1886.[73]

A relação existente entre o trabalho escravo e a devastação ambiental de nosso país não passou inteiramente despercebida no meio intelectual brasileiro do século XIX. O pensamento de José Bonifácio de Andrada e Silva é considerado pioneiro no tratamento dessa questão, merecendo especial referência esta passagem, recolhida por José Augusto Pádua: "Se os senhores de terras não tivessem uma multidão demasiada de escravos, eles mesmos aproveitariam terras já abertas e livres de matos, que hoje jazem abandonadas como daninhas. Nossas matas preciosas em madeiras de construção civil e náutica não seriam destruídas pelo machado assassino do negro e pelas chamas devastadoras da ignorância. Os cumes de nossas serras, fonte perene de umidade e fertilidade para as terras baixas, e de circulação elétrica, não estariam escalvados e tostados pelos ardentes estios de

---

71. Cf. Florestan Fernandes, idem, pp. 33 e ss.
72. *A Constituição Federal e a Efetividade das Normas Ambientais*, São Paulo, Ed. RT, 2000, p. 132.
73. Osny Duarte Pereira, *Direito Florestal Brasileiro*, Rio de Janeiro, Borsoi, 1950, p. 96.

nosso clima. É pois evidente quese a agricultura se fizer com os braços livres de pequenos proprietários, ou por jornaleiros, por necessidade e interesse serão aproveitadas estas terras, mormente na vizinhança das grandes povoações, onde se acha sempre um mercado certo, pronto e proveitoso, e deste modo se conservarão, como herança sagrada para a nossa posteridade, as antigas matas virgens que pela sua vastidão e frondosidade caracterizam o nosso belo país".[74]

Analisando esta passagem, observa José Augusto Pádua que o elevado número de população escrava não seria conseqüência de mero descuido, mas uma "derivação lógica de um modelo de produção". Assim, a conjunção do escravismo com o latifúndio "fazia com que a terra fosse tratada com descaso e agressividade. As áreas já abertas eram exploradas de forma descuidada e imprevidente para, alguns anos depois, serem abandonadas em favor de novas queimadas e novos desmatamentos. A esperança de Bonifácio era que os 'braços livres dos pequenos proprietários e jornaleiros', obrigados a se fixar nos limites permanentes de propriedades menores, produziriam, por sua própria 'necessidade e interesse', um aproveitamento cuidadoso e renovado da terra cultivada, poupando as grandes florestas que constituíam uma 'herança sagrada' da Natureza brasileira".[75]

Um dos maiores méritos do pensamento de José Bonifácio de Andrada e Silva está na conexão que faz entre os três elementos mais importantes que caracterizam a retrógrada política agrária de nosso país no período pré-republicano: a monocultura em latifúndios, a degradação ambiental perdulária e a escravidão. Mesmo não sendo necessariamente um pensamento libertário, em defesa dos escravos africanos, mas sim um ideário permeado por valores da filosofia fisiocrata, acaba ele convergindo com os ideais abolicionistas e com o que hoje podemos chamar de uma política agrária sustentável, que, nos termos do art. 186 da CF, deve obedecer aos seguintes requisitos: "I – aproveitamento racional e adequado; II – utilização adequada dos recursos naturais disponíveis e preservação do meio ambiente; III – observância das disposições que regulam as relações de trabalho; IV – exploração que favoreça o bem-estar dos proprietários e dos trabalhadores".

74. *Um Sopro de Destruição:* ..., p. 150.
75. Idem, ibidem.

Considerando que, no decorrer da evolução histórica do país, a escravidão foi abolida em 1888 e que as disposições hoje voltadas às relações de trabalho são frontalmente contrárias à existência de trabalhos forçados, pode-se dizer que o referido dispositivo da Constituição Federal reproduz, em linguagem atual, o pensamento já esboçado por José Bonifácio de Andrada e Silva há aproximadamente dois séculos.

Em 18.9.1850 é sancionada a Lei 601/1850, que seria regulamentada em 30.1.1854 pelo Decreto 1.318, visando a regularizar o grave quadro dos latifúndios inexplorados e a reverter ao domínio público as sesmarias e posses não cultivadas. Nessa lei viriam a ser consagrados dois princípios, considerados pela doutrina de direito agrário verdadeiros "pilares para o reconhecimento de direitos em terras devolutas":[76] a prova da *cultura efetiva* da área pelo posseiro e sua utilização como *residência*. Os dois requisitos deviam ser atendidos simultaneamente, não sendo aceitas como prova de exploração a derrubada de matas ou a realização de queimadas. Ensina Francisco Pereira Sodero que a Lei 601/1850 não investia contra quem quer que fosse, buscava tão-somente "disciplinar a propriedade firmada na atividade agrária, realizando tudo o que estivesse irregular, com a expedição de títulos de domínio pelo reconhecimento da cultura efetiva e morada habitual, além de revalidar as sesmarias em comisso, não exploradas".[77] Esta lei, todavia, não chegaria a ter a aplicação desejável.

Por essa nova lei, aquele que se apossasse de terras devolutas ou de terceiros e nelas derrubasse as matas ou realizasse queimadas estaria sujeito a despejo, além da perda de benfeitorias e de pena de prisão que variava de dois a seis meses – isto tudo sem prejuízo do dever de indenizar pelos danos causados. Aos delegados e subdelegados de polícia era reservada a incumbência de, nos termos do mencionado Decreto 1.318, de 30.1.1854, exercer as funções de conservadores das matas nacionais, no âmbito de seus distritos, cabendo-lhes proceder contra os autores dos delitos florestais, encaminhando o inquérito ao Juiz Municipal do Termo, para o julgamento final. Esclarece Osny Duarte Pereira que o procedimento criminal era realizado *ex officio* e que "o mesmo cabia aos particulares que tivessem suas terras invadi-

---

76. Fernando Pereira Sodero, *Curso de Direito Agrário – 2*. ..., p. 16.
77. Idem, ibidem.

das, a menos que se tratasse de proprietário confinante, caso em que caberia apenas ação civil, para reparação do dano".[78]

A segunda metade do século XIX, em que já se encontra abolido o tráfico de escravos, caracterizar-se-á pela mudança do pólo econômico do Norte-Nordeste para o Sul-Sudeste, sobretudo o Rio de Janeiro, Minas Gerais e São Paulo. O açúcar de cana era substituído na Europa e nos Estados Unidos pelo açúcar da beterraba e, ademais, a degradação ambiental no Nordeste contribuíra de forma significativa para o empobrecimento de uma região outrora próspera: "As velhas regiões setentrionais, exploradas havia séculos, já começam a sentir os efeitos de uma longa utilização imprevidente e depredadora que devastava os recursos da Natureza sem nada lhes restituir".[79] E no Sul do país a qualidade do solo e do clima torna-se excepcional para o plantio do café, que será exportado principalmente para os Estados Unidos. Todavia, aqui também o esgotamento do solo resultará no declínio desse novo ciclo de produção cafeeira. Afirma Caio Prado Jr.: "A causa é sempre semelhante: o acelerado esgotamento das reservas naturais por um sistema de exploração descuidado e extensivo. Isto será particularmente sensível no caso que temos agora presente. Esses terrenos de fortes declives onde se plantaram os cafezais não suportarão por muito tempo o efeito do desnudamento de florestas derrubadas e da exposição do solo desprotegido à ação de intempéries. O trabalho da erosão foi rápido. Agira-se sem o menor cuidado e resguardo: a mata foi arrasada sem discernimento, mesmo nos altos; plantou-se o café sem atenção a outra idéia que um rendimento imediato. O desleixo se observa na própria distribuição das plantas, em que se adotou o plano simplista e mais cômodo e expedito de fileiras em linha reta, perpendiculares à encosta: não havia disposição mais favorável à erosão. O resultado de tudo isto foi desastroso: bastaram uns poucos decênios para se revelarem rendimentos aceleradamente decrescentes, enfraquecimento das plantas, aparecimento de pragas destruidoras. Inicia-se então a decadência, com todo seu cortejo sinistro: empobrecimento, abandono sucessivo das culturas, rarefação demográfica".[80]

78. Ob. cit., p. 99.
79. Caio Prado Jr., *História Econômica do Brasil*, 22ª ed., p. 158.
80. Idem, pp. 163-164.

A necessidade de repressão dos abusos de derrubada de matas nacionais era, na segunda metade do século XIX, um tema cada vez mais recorrente. Essa preocupação por parte da Administração pode ser mensurada pelas circulares do Ministro da Agricultura, Pádua Fleury, a todos os Presidentes de Províncias, nas quais destacava a urgência na adoção de providências tendentes a conter referidos abusos, com a aplicação das disposições criminais constantes na Lei 601/1850 e em seu Regulamento (Decreto 1.318/1854) contra os infratores.[81]

A preocupação com questões de natureza ambiental não era mais um tema desconhecido no debate político. Basta lembrar que em 1876 André Rebouças lançava, pela primeira vez no país, a proposta de criação de parques nacionais, especialmente nas Sete Quedas de Guaíra e na Ilha do Bananal. É de se ressalvar, porém, que "o eixo de sua argumentação tenha sido o progresso que o turismo poderia trazer para aquelas regiões, e não a necessidade de colocar áreas selvagens fora do ímpeto destruidor da civilização".[82]

Todavia, a formação de um ideário ambiental não surgiu efeitos tais que permitissem a reversão do quadro de destruição da Natureza. Não se pode olvidar que a devastação florestal decorria da prática da lavoura escravista, que era a principal fonte de renda da elite social e da máquina estatal. O caso do Vale do Paraíba é paradigmático, pois, apesar de próximo da Capital, não conseguiu ser protegido a partir das advertências dos críticos ambientais da época. As vozes que começavam a se fazer ouvir não foram suficientes para impedir que "a marcha da lavoura cafeeira produzisse um verdadeiro desastre ecológico. A vontade de combater a destruição ambiental, que efetivamente existia na mente de alguns, chocava-se com o interesse imediato da elite sócio-econômica do país".[83]

A região do Vale do Paraíba, que parecia ter um futuro promissor no campo da cafeicultura, é deixada de lado, começando a partir daí o florescimento da cafeicultura na região de Campinas até Ribeirão Preto. Com a abertura da Rodovia Dutra, ligando Rio de Janeiro a São Paulo, o último elo de união de cidades como Silveiras, Areias e Bananal ao processo econômico viria a ser rompido, posto que a

---

81. Osny Duarte Pereira, ob. cit., p. 99.
82. José Augusto Pádua, *Um Sopro de Destruição:* ..., p. 18.
83. Idem, p. 32.

estrada velha São Paulo-Rio ficaria, a partir de então, relegada a um plano absolutamente secundário. Monteiro Lobato retrata com grande maestria este episódio da história econômica do Brasil em sua obra *Cidades Mortas*.

As características topográficas do Oeste Paulista serão as responsáveis por essa mudança, visto que eram bastante diversas dos cordões montanhosos da Serra do Mar e da Mantiqueira. A qualidade do solo basáltico ("terra roxa") de Ribeirão Preto, na confluência dos rios Moji Guaçu e Pardo, aliada ao relevo apenas levemente ondulado resistirão melhor aos descuidos ambientais de sempre. A característica continuará sendo a monocultura em latifúndios, mesmo porque a necessidade de investimentos (um pé de café só começa a produzir após quatro a cinco anos de plantio) tornava difícil a produção por pequenos proprietários: "O café deu origem, cronologicamente, à última das três grandes aristocracias do país, depois dos senhores do engenho e dos grandes mineradores, os fazendeiros do café se tornaram a elite social brasileira".[84]

O período do Brasil Imperial caracterizou-se pela transformação do sistema escravocrata, incompatível com o Capitalismo, para o sistema do trabalho livre. O fluxo migratório estrangeiro – colonização e imigração subvencionada – provocou alterações significativas na estrutura fundiária do país. Ao despovoamento do Norte somou-se a vinda de imigrantes (especialmente italianos) para o Oeste Paulista, onde cresceu uma nova cafeicultura nas grandes fazendas. Em caráter excepcional, operou-se a colonização (alemã, açoriana e italiana) nos Estados do Sul, onde preponderou a pequena propriedade voltada para o abastecimento interno do país (e não para a simples exportação). É de se destacar que, mesmo nos primeiros anos da República, a insignificante produção agrícola de gêneros para consumo interno provocava a necessidade de importação de alimentos – um quadro paradoxal, tratando-se de um país de caráter eminentemente agrário.[85]

O fim da escravidão trouxe consigo o gérmen da inviabilidade das estruturas latifundiárias. Isto porque o trabalhador livre tinha agora a possibilidade de escolher as melhores condições de trabalho no

---

84. Caio Prado Jr., *História Econômica do Brasil*, 22ª ed., p. 167.
85. Idem, p. 210.

mercado; podia, portanto, abandonar o empregador ante as primeiras dificuldades enfrentadas pelo latifundiário.

No entanto, quatro séculos de mentalidade feudal não desapareceriam de um momento para o outro, e a solução encontrada para perpetuar a condição feudal dessa estrutura foi a prática do *truck system*: "O processo para chegar a esse fim e que mais se difundiu no Brasil será o de reter o trabalhador por dívidas. Pagando salários reduzidos, e vendendo-lhe ao mesmo tempo, por preços elevados, os gêneros necessários ao seu sustento, o empregador conseguirá com relativa facilidade manter seus trabalhadores sempre endividados, e portanto impossibilitados de o deixarem. Este sistema tornar-se-á geral em muitas regiões do país; em particular na indústria da extração da borracha".[86] É importante ter esse dado fático sempre em mente quando estudamos a evolução histórica do conceito de *função social da propriedade*, que no Brasil, ao menos no que diz respeito à propriedade rural, sempre tratou vinculadamente da adoção de técnicas racionais na agricultura, da proteção ambiental e do respeito às relações de trabalho. A defesa das relações de trabalho é muito anterior à proteção jurídica do meio ambiente, bastando lembrar que o Código de Hamurabi (1955 a.C.) assim dispunha, num de seus 282 artigos: "Se alguém aluga um lavrador, deverá pagar-lhe anualmente *oito gur de trigo*. Se alguém aluga um agricultor mercenário, deverá dar-lhe *seis se por dia*".[87] Todavia, em pleno século XXI ainda são muitas as denúncias de trabalho escravo. O Brasil, particularmente, vem sendo acusado internacionalmente pela existência de trabalho em condições análogas à escravidão, sobretudo em Estados do Norte e Nordeste.

A exploração da borracha retrata um quadro de latifúndios – as propriedades são imensas, recortadas por picadas de 4 a 6km que ligam os rios à região onde se concentram as seringueiras; o trabalhador é submetido a condição análoga à de escravo; e a extração da goma se dá pelo método mais grosseiro, sem uma única preocupação com a proteção e conservação das plantas: "E as árvores produtoras,

---

86. Idem, p. 212.
87. A respeito do *direito à percepção salarial*, cf. Guilherme José Purvin de Figueiredo, *O Estado no Direito do Trabalho: as Pessoas Jurídicas de Direito Público no Direito Individual, Coletivo e Processual do Trabalho*, São Paulo, LTr, 1996, pp. 105-108.

submetidas a um regime de extração intensiva e mal-cuidada, irão sendo rapidamente destruídas. Não havia que preocupar-se: as reservas da Floresta Amazônica eram abundantes e outras virão sucessivamente substituindo as esgotadas. Mas elas serão cada vez mais de difícil acesso, mais dispersas. Era evidentemente a ruína que se preparava para curto prazo. Porém os preços altos da borracha e o trabalho miseravelmente pago disfarçavam a triste realidade".[88] A exploração irracional da *hevea brasiliensis* não resistirá à concorrência do Ceilão e da Malásia, e em 1919 a produção oriental superará em mais de 10 vezes a cada vez mais minguada exportação brasileira, conseqüência direta de seu regime ecologicamente insustentável.

6. Acirramento das desigualdades regionais no século XX

Como já foi dito, a colonização européia dos Estados sulinos trouxe, excepcionalmente, a experiência da pequena propriedade. No Estado de São Paulo, em razão da divisão hereditária de grandes propriedades bem como da venda de partes das fazendas para pagamento de dívidas, também iniciou-se um processo de divisão fundiária em bases menos concentradoras. Todavia, a maior parte das pequenas propriedades situa-se em áreas onde o solo foi depauperado por uma cultura de café predatória dos recursos naturais ou onde ele já não era adequado para o cultivo.

A modificação do sistema dos latifúndios não se dá apenas com seu retalhamento e entrega a camponeses desprovidos de conhecimento sobre o uso racional e adequado do solo e sobre métodos que não provoquem impactos ambientais. Afirma Caio Prado Jr. que é necessário "forçar, através de medidas de ordem política e jurídica, inclusive a modificação do direito de propriedade que ainda domina em nosso sistema jurídico, e sem o quê muito pouco será conseguido. Trata-se ainda, e sobretudo, de apoiar decididamente com medidas de amparo efetivo, técnico e financeiro, ao nosso campesinato em formação. É somente assim que se assegurará o seu pleno desenvolvimento, e o encaminhamento da reestruturação de nossa economia agrária em novas bases, superando-se com isso, definitivamente, o estágio

---

88. Caio Prado Jr., *História Econômica do Brasil*, 22ª ed., pp. 238-239.

ultrapassado no plano atual de nossa evolução, e já anacrônico, da grande propriedade do tipo colonial".[89]

A industrialização que se iniciara na Inglaterra no final do século XVIII chega ao Brasil somente no século XX, sobretudo nas regiões dotadas de ferrovias e rodovias necessárias para a interligação dos centros de produção e consumo e dos portos marítimos. Destaca-se acima de tudo o eixo Rio-São Paulo. O século XX também se caracteriza pelo agravamento das desigualdades regionais, que têm origem em diversos fatores, tais como a existência de zonas demograficamente densas ou rarefeitas ou, ainda, um melhor ou pior sistema de comunicação viária. Estes fatores gerariam pólos de diferentes níveis de poder político.

Mílton Santos e Maria Laura Silveira sugerem o reconhecimento de quatro diferentes regiões no país – o que denominam de "quatro Brasis" –, a saber: uma Região Concentrada (formada pelo Sudeste e pelo Sul), o Brasil do Nordeste, o Centro-Oeste e a Amazônia.

A Região Concentrada, formada pelos Estados do Espírito Santo, Rio de Janeiro, Minas Gerais, São Paulo, Paraná, Santa Catarina e Rio Grande do Sul, "caracteriza-se pela implantação mais consolidada dos dados da ciência, da técnica e da informação".[90] No final do século XX, notadamente na região do ABCD Paulista, verifica-se o fenômeno da desindustrialização, que ensejará a descoberta de alguns grandes acidentes ambientais, de que são exemplos os vazamentos de produtos químicos na cidade de Paulínia/SP (Condomínio Recanto dos Pássaros) e no bairro de Vila Carioca, em São Paulo/SP, o aterro Mantovani, na região de Santo Antônio de Posse/SP, responsável pelo envenenamento dos lençóis freáticos e a falência do próprio desenvolvimento urbano de referida cidade, ou, ainda, a construção do condomínio Residencial Barão de Mauá, na cidade de Mauá/SP, sobre um aterro industrial clandestino. O Estado de São Paulo, aliás, já era palco de um dos mais trágicos episódios de degradação ambiental, na cidade de Cubatão onde, nas décadas de 70 e 80, foram registrados casos de anencefalia. Além do envenenamento do solo com produtos altamente cancerígenos lançados clandestinamente por importantes indústrias químicas, Cubatão foi ainda palco da degradação de gran-

---

89. Idem, pp. 255-256.
90. Mílton Santos e Maria Laura Silveira, *O Brasil:* ..., 3ª ed., p. 269.

de parcela da biodiversidade da Mata Atlântica situada nas encostas da Serra do Mar, isto sem falar do trágico incêndio de Vila Socó.

A região Centro-Oeste, considerada uma área onde o meio técnico-científico-informacional se estabelece sobre um território "pré-técnico", sofre no século XX os efeitos de uma agricultura globalizada, cujos produtos "são cultivados numa área que abriga as maiores densidades de mecanização agrícola (um trator para cada 8,8 habitantes agrícolas, uma máquina de colheita para cada 54,7 habitantes agrícolas), o maior consumo de fertilizantes e defensivos agrícolas e a utilização de tecnologia de ponta, como a agricultura de precisão".[91] O impacto que essa nova tecnologia traz para o meio ambiente já pode hoje ser sentido em áreas que rapidamente perdem a condição de "paraísos ecológicos" em razão da crescente produção de soja, milho, algodão e arroz, destinada principalmente à exportação, e da pecuária extensiva. Na região do Pantanal Mato-Grossense, o impacto que a implantação de uma hidrovia ao longo do rio Paraguai traz para a sobrevivência daquele frágil ecossistema vem sendo alertado por especialistas há mais de uma década.

A região Nordeste é uma das que mais sofrem os efeitos de seu passado colonial. Sua agricultura, alicerçada predominantemente no trabalho, apresenta "baixos índices de mecanização (um trator para cada 148 habitantes agrícolas e uma máquina de colheita para cada 1.373 habitantes agrícolas)",[92] e, conquanto conte com um grande número de núcleos urbanos, estes apresentam uma baixa taxa regional de urbanização. A região teve praticamente todas as suas matas destruídas. Restam alguns poucos ecossistemas ainda relativamente bem preservados, em razão sobretudo da dificuldade de acesso, como é o caso da região do Parque Nacional da Chapada Diamantina – região considerada um verdadeiro caos fundiário, onde a implantação de referida unidade de conservação arrasta-se há anos, sem sinalizar uma solução a curto ou médio prazo para as populações locais. No Sul da Bahia, alguns remanescentes da Mata Atlântica, na região do Parque Nacional do Monte Pascoal, enfrentam ainda a pressão de populações indígenas que se socorrem do corte ilegal de madeiras como fonte de subsistência. Nos vastos territórios do Sertão Nordestino o

---

91. Mílton Santos e Maria Laura Silveira, idem, p. 271.
92. Idem, p. 272.

modelo feudal ainda subsiste na forma do coronelismo, hoje enquistado em famílias de políticos com poderes praticamente ilimitados sobre o destino econômico e social de seus Estados – isso para não falar no poder sobre a própria vida das faixas mais carentes da população local. É de se destacar que a expansão do direito ambiental nos Estados da região Nordeste ainda é bastante tímida, se comparada com as demais regiões do país.

Finalmente, a região da Amazônia, a última a desenvolver seu processo de mecanização, depende essencialmente da navegação aérea e fluvial: "Num arranjo diferente em relação ao resto do país, sua ocupação decorre de um conhecimento fundado em modernos satélites e radares, ao passo que o inventário dos reinos vegetal e animal ainda não foi concluído".[93] E – arriscamo-nos a dizer – jamais o será. Não é demais observar que a Região Amazônica enfrenta um processo de degradação não apenas em suas bordas (os exemplos dos Estados do Pará e de Rondônia são emblemáticos), que testemunham uma ocupação extremamente predatória de suas florestas, mas também em focos interiores, boa parte conseqüência do corte ilegal de madeiras, como o mogno. A Região é extremamente sensível a uma série de vicissitudes que extrapolam o aspecto ambiental, adentrando também a seara dos direitos humanos (escravização de trabalhadores, prostituição infantil, homicídios de lideranças populares) e de segurança nacional (narcotráfico, invasão de fronteiras, construção de aeroportos clandestinos).

No final do século XX a política neoliberal foi responsável pela introdução de significativas modificações na utilização desses diferentes espaços territoriais. Em tal contexto, as maiores vítimas, sob a perspectiva sócio-econômica, foram as regiões mais distantes dos núcleos de produção e consumo – ou seja, as regiões mais pobres. E isso porque tal modelo político, orientando-se sempre pela meta da competitividade, buscou sempre "uma seletividade maior na distribuição geográfica dos provedores de bens e de serviços",[94] gerando, como conseqüência direta desse processo de exclusão dos menos aptos, um maior êxodo rural e o crescimento anômalo das grandes cidades. A formação de megalópoles, como a Grande São Paulo, a Grande Rio e

---

93. Mílton Santos e Maria Laura Silveira, *O Brasil: ...*, 3ª ed., p. 273.
94. Idem, p. 302.

a Grande Recife, torna extremamente árdua a adoção de estratégias de planejamento urbano e ordenamento da ocupação do solo.

A partir da edição de seis Constituições (1891, 1934, 1937, 1946, 1967 e sua Emenda Constitucional 1/1969 e 1988), tivemos a edição dos principais documentos legais direta ou indiretamente relacionados à normatização do acesso aos bens ambientais.

Na década de 30 do século passado tivemos uma primeira grande corrente legislativa, responsável por substanciais modificações no regime jurídico da propriedade, sobretudo sob a perspectiva da proteção das florestas (primeiro Código Florestal), da exploração mineral (Código de Mineração) e das águas (Código de Águas, ainda hoje vigente) e da defesa do patrimônio histórico e artístico (Lei de Tombamento, também em vigor). Segue-se um período de relativa pasmaceira na área ambiental, merecendo referência o advento da Consolidação das Leis do Trabalho (com importantes disposições relativas ao meio ambiente do trabalho) e do Código Penal, com dispositivos relativos à proteção das águas. A década de 60, porém, revelar-se-á de igual sorte pródiga na produção normativa ambiental. Entre 1964 e 1967 teremos a edição, dentre outros documentos da maior relevância, do Estatuto da Terra, do novo Código Florestal (Lei 4.771/1965), do Código de Caça (ou Lei de Proteção à Fauna), de um novo Código de Mineração e do Código de Pesca.

No final da década de 60 do século passado o desbravamento de áreas florestadas, decorrente do deslocamento de atividades agrícolas, processava-se em nada menos do que 253 Municípios dos Estados do Rio de Janeiro, Espírito Santo e Bahia. É este deslocamento que permitirá a manutenção dos níveis de produção de café e algodão; na década de 90 o setor sucro-alcooleiro paulista exigirá a reforma do Código Florestal de 1965, pleiteando a redução dos percentuais de área de reserva legal nas fazendas e o cômputo de áreas de preservação permanente no total de reserva legal. O raciocínio é sempre o mesmo: desmatar, aproveitar um solo temporariamente rico e depois abandoná-lo desertificado e envenenado por agrotóxicos. Ante a inexistência de novas áreas virgens, a solução será tornar a legislação ambiental letra morta. "Isto mostra bem claramente como são precários – afirmava Caio Prado Jr., já em 1970 – os fundamentos atuais da economia brasileira, por mais complexa e vistosa que exteriormente ela se apresente em alguns lugares. Estes seus fundamentos se constituem de uma reserva, aliás largamente desfalcada e prestes a se esgotar, de solos virgens e férteis. Nesse sentido, muito pouco progredimos em nossa evolução econômica, e qualquer apreciação da economia brasileira há de tomar esse fato em primeira e principal linha de conta".[95]

No plano internacional, o ano de 1972 teria um significado profundo para o direito ambiental brasileiro e mundial, com a realização, em Estocolmo, da Conferência das Nações Unidas sobre Meio Ambiente Humano. Na dicção de Alexandre Kiss e Dinah Shelton, essa Conferência significou o despertar de uma consciência global e marcou o início de uma era verdadeiramente ecológica.[96] Significativas são as palavras de Guido Fernando Silva Soares no sentido de que a Declaração sobre Meio Ambiente Humano, adotada em referida Conferência, "pode ser considerada como um documento com a mesma relevância para o Direito Internacional e para a Diplomacia dos Estados que teve a Declaração Universal dos Direitos do Homem (adotada pela Assembléia-Geral da ONU em 10.12.1945). Na verdade, ambas as Declarações têm exercido o papel de verdadeiros guias e parâmetros na definição dos princípios mínimos que devem figurar tanto nas legislações domésticas dos Estados quanto na adoção dos grandes textos do Direito Internacional da atualidade".[97]

Com a criação do IBAMA, resultado da fusão do IBDF, da SEMA, da SUDEPE e da SUDHEVEA, o Brasil passa a ter uma Administração Ambiental Federal. Na década de 80 do século passado temos o verdadeiro nascimento do direito ambiental brasileiro, com a edição da Lei 6.938/1981 – a Lei da Política Nacional do Meio Ambiente, um verdadeiro marco legislativo, que consagrará o princípio da responsabilidade civil objetiva pelo dano ao meio ambiente, além de criar o

95. *História Econômica do Brasil*, 22ª ed., p. 336.
96. "(...) the watershed event in international environmental law was the Stockholm Conference on the Human Environment in 1972 which summed up the awakened global conscience and marked the beginning of a truly ecological era. Since that time, international organizations and the European Community have developed environmental programs and normative enactments" (Alexandre Kiss e Dinah Shelton, *Manual of European Environmental Law*, 2ª ed., Cambridge/UK, Cambridge University Press, 1997, p. 12).
97. *Direito Internacional do Meio Ambiente: Emergência, Obrigações e Responsabilidades*, São Paulo, Atlas, 2001, p. 55.

Sistema Nacional do Meio Ambiente (SISNAMA) e de apresentar conceitos basilares sobre poluição e poluidor. Não há que se olvidar, porém, que esse texto legislativo, viga-mestra do direito ambiental brasileiro, é resultado de um quadro sócio-ambiental dos mais graves: nessa mesma época o mundo inteiro tomava conhecimento da gravíssima situação na região de Cubatão/SP, considerada a região com mais elevado nível de poluição industrial do Planeta. O avanço de nossa legislação ambiental é, assim, inversamente proporcional à qualidade ambiental do desenvolvimento econômico de nosso país.

No ano de 1982 é publicada a 1ª edição do hoje clássico *Direito Ambiental Brasileiro*, de Paulo Affonso Leme Machado. Seu autor, que em 1978 obtivera o grau de Mestre em Direito Ambiental e Ordenamento Territorial pela Universidade de Estrasburgo (França), com a dissertação *Forêts de Protection*, e em 1979 fundara a *Sociedade Brasileira de Direito do Meio Ambiente*, foi, na verdade, um dos principais mentores da Lei 6.938/1981. Considerado o grande pioneiro do direito ambiental brasileiro, Paulo Affonso Leme Machado recebeu o título de Doutor *Honoris Causa* da Universidade Estadual Paulista/UNESP em 1996. Em meados de 2003 conduziu o processo de criação da Associação dos Professores de Direito Ambiental do Brasil – APRODAB, a primeira entidade do gênero no Planeta, optando por ocupar o cargo de seu Coordenador Internacional.

Em 1985, a Lei 7.347 nos oferece o mais importante instrumento processual para a defesa do meio ambiente: a *ação civil pública*. Com ela nasce a jurisprudência ambiental brasileira, até então restrita à apreciação de ações de conteúdo apenas reflexamente difuso.

Em 1988 o direito ambiental brasileiro atinge sua plenitude normativa, sendo consagrado pela Constituição Federal de 5 de outubro, que dedica diversos dispositivos à proteção do meio ambiente – como, por exemplo, o art. 5º, LXXIII, que garante a qualquer cidadão a propositura de ação popular para a defesa do meio ambiente (natural e cultural); o art. 200, VIII, que vincula a proteção da saúde à do meio ambiente, nele compreendido o do trabalho; o art. 216, V, que guinda os conjuntos urbanos e sítios de valor ecológico à condição de patrimônio cultural brasileiro; e o art. 225, que nos fornece a estrutura constitucional do direito ambiental brasileiro.

Diante dessa nova realidade normativa ambiental, o Brasil recepciona a Conferência das Nações Unidas sobre Meio Ambiente e

Desenvolvimento – a Rio-92 –, que, com a edição da Declaração do Rio de Janeiro e da Agenda 21 e a elaboração da Convenção sobre Diversidade Biológica e da Convenção sobre Mudanças Climáticas, eleva o nosso país à condição de vanguarda do Direito Ambiental Internacional.

Desde então, tivemos a edição de diversos textos normativos da maior importância para a proteção do meio ambiente, tais como a Lei da Política Agrícola, a Lei de Reforma Agrária, a Lei da Biotecnologia, a Lei dos Cultivares, a Lei dos Recursos Hídricos, a Lei dos Crimes e das Infrações Administrativas Ambientais, a Lei do Sistema Nacional de Unidades de Conservação da Natureza, o Estatuto da Cidade e, em 2002, o novo Código Civil.

A história econômica do Brasil é a história da busca de solos férteis e ricos em húmus, solos que só existem sob a sombra de nossas florestas e que, uma vez esgotados pela desertificação e por monoculturas anticientíficas, predatórias e pré-medievais, tornam-se terra depauperada, imprópria para a agricultura e já sem função ecológica. É uma história de uma estrutura agrária colonial, voltada ainda para a Metrópole – hoje, já não apenas a Europa, mas também os Estados Unidos da América e o Japão – e caracterizada por uma enorme concentração da propriedade fundiária. Daí por que, até há pouco mais de 30 anos, quase nenhuma era a consciência de que continuávamos, como nos séculos XVI a XIX, a conquistar territórios e a desperdiçar recursos naturais, às custas do empobrecimento de regiões de exploração agrária mais antiga. Persistimos na adoção de métodos de agricultura itinerante, "verdadeira extração e 'bombeamento' de recursos naturais em benefício de uma fugaz atividade econômica que não cria raízes".[98]

A passagem do milênio no país é caracterizada pelas lutas do Movimento dos Sem Terra (MST) pela justiça agrária e social, pelo fortalecimento dos movimentos ecológicos internos e internacionais, pela denúncia da chamada "indústria das desapropriações ambientais milionárias". É, também, época caracterizada pelo advento de uma nova monocultura – a da soja –, voltada quase que inteiramente à exportação e agora agravada por um dado científico antes imponderável: a Engenharia Genética. Todavia, o direito ambiental brasileiro

---

98. Caio Prado Jr., *História Econômica do Brasil*, 22ª ed., p. 335.

deste novo milênio deverá enfrentar problemas novos, que não se enquadram com tanta facilidade na equação que até então vínhamos tratando (latifúndios, degradação das matas e escravidão, esta seguida pela exploração do trabalhador).

Vivemos hoje uma época chamada de *pós-industrial*, caracterizada por lesões ambientais de massa, provocadas preponderantemente pelas indústrias químicas e petroquímicas. Já não existe uma divisão nítida entre meio ambiente rural e urbano e, a rigor, nem mesmo entre zonas residenciais e zonas industriais. O grande desafio do direito ambiental brasileiro no século XXI será enfrentar o poderio econômico das grandes multinacionais dos setores da Engenharia Genética, da Química e da Petroquímica, responsáveis pela contaminação da diversidade biológica no meio rural, dos solos e dos mananciais de água – e, por conseqüência, pela contaminação da população residente nessas áreas. A isto alia-se a condição de país pobre, periférico, com uma crescente desigualdade social que acaba acarretando um outro tipo de lesão ambiental: a ocupação humana de espaços protegidos, via de regra acompanhada de uma ausência completa de condições sanitárias ambientalmente adequadas. Paradoxalmente, pode-se dizer que o desrespeito à legislação sobre meio ambiente conduz a uma cada vez mais intensa certeza da importância vital do direito ambiental para a sobrevivência planetária.

PRINCÍPIOS CONSTITUCIONAIS DA PROTEÇÃO DAS ÁGUAS[1]

HELITA BARREIRA CUSTÓDIO

1. Introdução: 1.1 Noções de águas – 1.2 Classificação das águas: 1.2.1 Conforme o lugar em que se encontram – 1.2.2 Quanto ao seu uso – 1.2.3 No tocante à sua composição – 1.3 Importância das águas como meio vital e patrimônio de interesse comum de todos – 1.4 Desafiantes questões jurídicas da poluição das águas. 2. Princípios constitucionais da proteção das águas: 2.1 Proteção das águas no âmbito internacional mediante tratados aprovados pelo Brasil – 2.2 Proteção das águas no âmbito nacional: 2.2.1 Princípios e normas constitucionais da proteção das águas – 2.2.2 Princípios e normas constitucionais da atividade econômica a serem observados de forma compatível com a proteção das águas – 2.2.3 Normas legais e regulamentares sobre a proteção e o uso racional das águas – 2.3 Vinculação de projetos e de sua execução sobre atividades efetiva ou potencialmente degradadoras dos recursos hídricos aos princípios e às normas constitucionais e legais vigentes. – 3. Deveres e responsabilidades da Administração Pública competente e da coletividade para conhecer, interpretar cientificamente, cumprir, aplicar adequadamente, valorizar e fortalecer os princípios e as normas constitucionais e legais, integrantes do sistema jurídico brasileiro, sobre a

1. Exposição perante o Seminário *Meio Ambiente e a Tutela Jurídica das Águas* (organização, promoção e realização da Escola Superior do Instituto Brasileiro de Advocacia Pública/IBAP, em 22.8.2002, no auditório da citada Escola, à rua Cristóvão Colombo 43, 9º andar, São Paulo/SP). Texto publicado in *BDA* 12/961 São Paulo, NDJ, dezembro/2002; *Revista de Direitos Difusos* 16/2.127, Rio de Janeiro/São Paulo, Adcoas/IBAP, novembro/2002; com o título "Princípios constitucionais da proteção das águas e da saúde pública", in *Revista de Direito Sanitário* 3/94, São Paulo, CEPEDISA-Núcleo de Pesquisa em Direito Sanitário da USP/LTr, março/2002; *Revista Fórum de Direito Urbano e Ambiental* 7/634, Belo Horizonte/MG, Ed. Fórum, janeiro-fevereiro/2003 (revisão em maio/2003).

proteção do meio ambiente e de seus recursos ambientais como as águas em geral: 3.1 Contaminação de córrego abastecedor da região: ação civil pública – 3.2 Poluição de água por esgotos domésticos: ação civil pública. 4. Deveres e responsabilidades da Administração Pública (direta e indireta) e da coletividade – 5. Considerações finais. Apelo. Recomendações.

1. Introdução

Em breves considerações introdutórias, para melhor compreensão do abrangente, relevante e atual tema sobre *princípios constitucionais da proteção das águas* (fundamental recurso natural integrante do meio ambiente), direta e indiretamente relacionado com a *Política Ambiental*, a *Política Econômica* (abrangente da Política Urbana e da Política Agrícola) e a *Política da Ordem Social* (abrangente da Política Sanitária, da Política Educacional, da Política da Cultura e do Desporto, da Política da Ciência e da Tecnologia), de forma compatível com a preservação de todos os valores ambientais (naturais, sanitários, sócio-econômicos, educacionais, espirituais, profissionais, culturais, recreativos) do país, tornam-se oportunas breves noções sobre as *águas*, a *classificação das águas*, a *importância das águas como meio vital e patrimônio de interesse comum de todos* e as *desafiantes questões jurídicas da poluição das águas.*

1.1 Noções de águas

Em princípio, a água constitui componente líquido essencial para a sustentação da vida, em todos os seus aspectos, e o desenvolvimento. É um bem valioso, indispensável tanto à vida (não há vida sem água) como a todas as atividades humanas, em todas as épocas.[2] De acordo com a doutrina científica, "a maior parte da água planetária (cerca de 97%)" está "contida nos oceanos – que fazem jus ao nome de *hidrosfera*. Os 3% restantes participam, de maneira desigual, dos

---

2. Reportamo-nos à nossa tese de livre-docência *Responsabilidade Civil por Danos ao Meio Ambiente*, elaborada em 1983, defendida e aprovada em 1984 perante a USP, agora inteiramente revista e atualizada para fins de publicação, no prelo, com reiterada revisão, notadamente ajustável ao Código Civil de 2002, em janeiro/2003, pp. 453 e ss.

ciclos biológicos. Mais de 2/3 da água não-oceânica encontram-se, efetivamente, em forma de gelo polar",[3] e o restante em rios, lagos, poços, fontes. A água, considerada "fonte" ou "meio de sustentação da vida", é "alimento indispensável à Humanidade".[4] Acrescenta a doutrina científica que, no mundo dos seres vivos, "a presença da água é imprescindível. O corpo humano contém de 60-70% de água; alguns frutos e legumes, mais de 90%. Os adultos necessitam diariamente, por quilo de peso corporal, cerca de 35g de água. Na Química Inorgânica, a água é o dissolvente mais importante e serve, por isso, também em todo ser vivo, ao transporte de substâncias (por exemplo: na corrente sangüínea)". Nesta ordem de condução essencial: "As relações bioquímicas e, com isso, todos os processos vitais desenvolvem-se na célula em fase aquosa", necessariamente com a força vital da água. "De acordo com sua importância como meio de dissolução e de transporte de produtos metabólicos, a água representa, ordinariamente, entre 60 e 80% do protoplasma" (ou citoplasma – parte de suma importância da célula dos organismos vivos). Neste sentido: "A falta de água repercute de forma imediata nas atividades vitais; nos vertebrados, uma perda de água de 10 a 15% significa a morte",[5] de forma fatal. As águas, em razão de sua indispensabilidade à vida em geral e às atividades humanas em todas as épocas, e mais do que nunca nos dias de hoje – ao contrário das noções passadas e superadas de *res nullius* –, constituem bens de domínio público de valor incalculável, juridicamente assegurados e protegidos, no legítimo interesse da vida presente e futura.

1.2 Classificação das águas

Dentre outras classificações ajustáveis, de acordo com as orientações da doutrina científica, destacam-se:

---

3. H. Friedel, "As grandes leis da biosfera", in *Enciclopédia de Ecologia*, trad. do original francês *L'Encyclopédie de l'Écologie*, São Paulo, EPU/EDUSP, 1979, p. 25; *Glossário de Ecologia*, 1ª ed., São Paulo, Academia de Ciências do Estado de São Paulo (ACIESP) n. 57, 1987, p. 4.
4. M. L. Debesse-Arviset, *A Escola e a Agressão do Meio Ambiente – Uma Revolução Pedagógica*, trad. do original francês *L'Environnement à l'École* por Gisela Stock de Souza e Hélio de Souza, São Paulo, DIFEL, 1974, pp. 79 e 82.
5. *Dicionário de Ecologia*, trad. do original alemão *Herder Lexikon* por Maria Luíza Alvarenga Correa, revisão de Mário Guimarães Ferri, São Paulo, Melhoramentos, 1979, pp. 5, 6 e ss.

1.2.1 Conforme o lugar em que se encontram

Conforme o lugar em que se encontram, as águas podem ser: (a) *superficiais* ou *de superfície* – são aquelas constituídas por correntes de águas superficiais, sejam naturais ou artificiais (fluviais ou de rios, lacustres ou de lagos ou pântanos, marinhas, oceânicas); (b) *subterrâneas* ou *águas profundas* – são as armazenadas no subsolo, as do lençol freático, consideradas particularmente vulneráveis à poluição, por causa de sua fraca capacidade de autodepuração; (c) *águas de fontes* ou de *mananciais de águas* – são que brotam da terra, geralmente procedentes de águas subterrâneas alimentadas por precipitações, e aparecem, com freqüência, em um ponto de intersecção da água subterrânea com a superfície terrestre; (d) *águas de poços* – são aquelas que se extraem por meio de perfuração do solo, até que se atinjam os lençóis freáticos ou de águas subterrâneas, de uso geralmente do proprietário do prédio em que foi o poço construído;[6] (e) *águas pluviais* ou *águas meteóricas* – são aquelas provenientes das precipitações atmosféricas (chuva, neve, granizo etc.).[7]

1.2.2 Quanto ao seu uso

Quanto ao seu uso, as águas podem ser: (a) *potáveis* – são as águas destinadas ao consumo humano, e não devem conter germes infecciosos, nem tipo algum de substância que prejudique a saúde. Trata-se de águas destinadas ao consumo humano ou utilizadas em uma empresa alimentar para a fabricação, o tratamento, a conservação, a introdução no mercado de produtos ou substâncias destinadas ao consumo humano e que podem ter conseqüências sobre a salubridade do produto alimentar final. Tais águas devem ser isentas de substâncias químicas e de microorganismos nocivos à saúde, bem como ter um conteúdo salino capaz de poder desenvolver eficazmente a função equilibradora do sistema osmótico do organismo. A água potá-

---

6. *Dicionário de Ecologia*, pp. 5, 6 e ss. e 68.
7. Conseil International de la Lanque Française (avec le concours du Ministère de la Qualité de la Vie), *Vocabulaire de l'Environnement*, Paris, Hachette, 1976, p. 44; De Plácido e Silva, *Vocabulário Jurídico*, 9ª ed., vol. I, Rio de Janeiro, Forense, 1986, p. 122.

vel deve ser fresca, límpida, incolor, agradável e inodora.[8] A água potável "não deve conter nenhum tipo de substâncias que prejudiquem a saúde";[9] (b) *industriais* – são as águas impróprias ao consumo humano, reservadas a usos em indústrias, muitas destas de altíssimo perigo, como as indústrias nucleares, com exceção das indústrias alimentares. Dependendo da periculosidade bacteriológica e fisioquímica, as exigências sanitárias são distintas, segundo o uso concreto a que a água se destine;[10] (c) *residuais* – são as águas negras procedentes de usos domésticos, comerciais, também industriais, hospitalares, de variados graus de impureza e periculosidade. A progressiva quantidade de águas residuais, notadamente nas grandes cidades, preocupa os cientistas, advertindo-se que os custos de estações purificadoras são consideráveis, "uma vez que devem manter o equilíbrio biológico de rios e lagos para, desta forma, conservar os meios de seu próprio abastecimento".[11] Trata-se de águas usadas, oriundas de fontes poluidoras, com potencialidade de causar poluição hídrica em diversos níveis de periculosidade contra a saúde pública.

1.2.3 *No tocante à sua composição*

No tocante à sua composição, as águas podem ser: (a) *doces* – são as águas que contenham "resíduo mineral menor do que 0,1%, com proporções variáveis de carbonatos, bicarbonatos e sulfatos".[12] Como a "água potável" de "absoluta importância", de acordo com a doutrina científica, "a água doce é o mais importante recurso da Humanidade, individualmente considerado";[13] (b) *salgadas* – são as águas de "composição variável e geralmente de alta condutividade determinada pelo equilíbrio entre taxa de adição e perda de solução, evaporação e adi-

---

8. Massimo Floccia e outros, *Dizionario dell'Inquinamento*, Roma, Nis, 1986, p. 14.
9. *Dicionário de Ecologia*, p. 5; Conseil International de la Langue Française, *Vocabulaire de l'Environnement*, p. 43.
10. *Dicionário de Ecologia*, p. 6; Conseil International de la Langue Française, *Vocabulaire de l'Environnement*, p. 43.
11. *Dicionário de Ecologia*, pp. 6-7.
12. *Glossário de Ecologia*, 1ª ed., p. 5.
13. David Drew, *Processos Interativos Homem-Meio Ambiente*, trad. do original inglês *Man – Environment Processes* por João Alves dos Santos, São Paulo, DIFEL, 1986, p. 86.

ção de água doce". São encontradas nos oceanos, mares, lagos ditos salgados (lagos tectônicos em climas áridos ou semi-áridos, lagos de *playa*, depressões semi-áridas endorréicas, com grandes lagos salinos); (c) *salobras* – são as águas de salinidade intermediária resultante da mistura de água salgada e de água doce (estuários, lagunas);[14] (d) *minerais* – são as águas naturais de fontes ou nascentes que possuem qualidades terapêuticas, indicadas, por sua natureza medicamentosa, como "águas de cura". Em razão das utilidades medicinais, as *águas minerais* estão subordinadas a legislação especial, dependendo sua exploração de consentimento do Governo. Tais águas, além de naturais, podem ser também artificiais, ou fabricadas industrialmente. Neste caso sua exploração industrial está sujeita às exigências jurídicas impostas pelas normas de saúde pública.[15]

1.3 Importância das águas como meio vital e patrimônio de interesse comum de todos

Como alimento indispensável à vida, a *água*, quer se trate da *água doce*, quer se trate daquela *salgada* ou do mar, do oceano ou de lagos salinos, quer se trate da *água salobra*, quer se trate da *água mineral*, constitui, indubitavelmente, *meio vital* de básica importância, sendo imprescindível sua presença no mundo dos vivos em geral – portanto, indispensável. Com o progresso científico e tecnológico dos dias de hoje, o problema da água se agrava cada vez mais, diante do empobrecimento progressivo da qualidade notadamente das águas superficiais, com reflexos prejudiciais às águas subterrâneas, em decorrência de contaminações contínuas. Neste sentido observa Pierre George que são enormes as necessidades das indústrias: a siderurgia consome 150m^3 por tonelada de aço produzido; as indústrias de pastas de papel e de fabricação de papel, as indústrias químicas em geral bem como as indústrias alimentícias são as maiores consumidoras de água. A presença da água tanto no início como no final do ciclo industrial constitui importante fator quando se trata de localização das usinas e dos centros industriais, em face das iminentes conse-

---

14. *Glossário de Ecologia*, 1ª ed., p. 5.
15. De Plácido e Silva, *Vocabulário Jurídico*, 9ª ed., vol. I, pp. 121-122; Conseil International de la Langue Française, *Vocabulaire de l'Environnement*, p. 44.

qüências poluentes com o lançamento de seus resíduos sólidos, líquidos ou gasosos nas águas, notadamente dos rios e do mar.

Evidentemente, o uso irracional das águas em geral está ocasionando o esgotamento dos recursos hídricos, sendo uma das causas fundamentais da deterioração do meio ambiente. Como bem ou recurso natural, também, exaurível da Natureza, a água se apresenta como "um elemento frágil do meio humano, sempre indispensável e que, segundo a ação voluntária ou involuntária das coletividades humanas, poderá ser ora extremamente valiosa, ora igualmente perigosa".[16] Após séculos de utilização descuidada e sem planejamento, percebeu-se – quase tarde demais – "o frágil equilíbrio que assegura a continuidade deste recurso, hoje tão ameaçado". Não resta dúvida de que "a água é um recurso natural vital" para a pessoa humana, que a utiliza em seu benefício para vários fins: bebida, alimento, abastecimento doméstico, uso industrial, produção de energia elétrica, irrigação, pecuária, pesca, transporte flutuante de madeira, agricultura, navegação, atividades recreativas e culturais, recepção de resíduos. Como recursos hídricos "finitos", essenciais à subsistência e às atividades humanas, salienta a doutrina científica que "a disponibilidade da água" constitui aspecto fundamental do "desenvolvimento econômico-social de uma nação", sendo "imperioso que os usos das águas sejam criteriosamente planejados".[17] A água não é apenas a fonte dos recursos hídricos de valor econômico, mas também um dos componentes principais do meio natural que rodeia o ser humano. Diante de sua contaminação progressiva, eviden-

---

16. Pierre George, *O Meio Ambiente* (Coleção "Que Sais-Je?"), n. 1.450, São Paulo, DIFEL, 1973, pp. 44 e 48. Neste sentido, séria é a preocupação da melhor doutrina sobre relevantes questões jurídicas relacionadas com a *proteção das águas* como *recurso vital* e indispensável à *saúde pública*: Paolo Dell'Anno, *La Tutela delle Acque dall'Inquinamento*, Rimini, Maggioli, 2000 – com a manifesta importância das "competências" dos Poderes Públicos –, pp. 24 e ss.; Marcello Cecchetti, *Principi Costituzionali per la Tutela dell'Ambiente*, Milano, Giuffrè, 2000 – com a evidência do "princípio da tutela mais rigorosa do nível territorial inferior" –, pp. 280 e ss.; Beniamino Caravita, *Diritto dell'Ambiente*, Bologna, Il Mulino, 2001 – sobre o regime das águas e a defesa do solo –, pp. 261 e ss.; Giulio M. Salerno, *L'Efficienza dei Poteri Pubblici nei Principi dell'Ordinamento Costituzionale*, Torino, Giappichelli, 1999 – evidencia a importância da "eficiência pública" em setores "críticos" como, dentre outros, do "direito à saúde" –, pp. 255 e ss.

17. Maria Luíza Machado Granzieira, *Direitos de Águas e Meio Ambiente*, São Paulo, Ícone, 1993, pp. 13-14.

ciam os autores, de forma unânime, independentemente de correntes ideológicas, a necessidade de reais esforços contra o mal do "esgotamento qualitativo dos recursos hídricos".[18] A água constitui, logicamente, "outro bem insuscetível de apropriação privada, por ser indispensável à vida (humana, animal e vegetal)".[19]

Evidentemente, incontestável é a importância das águas como meio vital e patrimônio de interesse comum de todos, tratando-se de bens de domínio público de *valor incalculável, constitucional e legalmente assegurado e protegido em prol da vida presente e futura.*

1.4 Desafiantes questões jurídicas da poluição das águas

A progressiva poluição das águas, em geral, e a contínua redução das águas doces, em particular, constituem preocupantes e desafiantes questões jurídicas da época contemporânea. Considerando os *abrangentes efeitos danosos da poluição das águas*, que ultrapassam os limites nacionais e as fronteiras internacionais, além das prejudiciais conseqüências da "chuva ácida" decorrente da poluição do ar, torna-se cada vez mais patente que *a degradação das águas em geral e a redução das águas doces em particular* constituem um dos mais graves e desafiantes temas de relevância não só nacional e regional (de dois ou mais países), mas também internacional. Diante da manifesta poluição das águas em geral, observam-se medidas de cooperação científico-tecnológico-financeira propostas e ações para a proteção e manejo de *oceanos, mares* e *zonas costeiras*, bem como a proteção da qualidade e suprimento da *água doce*, com programas de pesquisa e monitoramento no sentido de reduzir ou eliminar a poluição dos rios e demais recursos aquáticos em bacias nacionais e internacionais.[20]

---

18. Academía de Ciencias de la URSS, *El Hombre, la Sociedad y el Medio Ambiente*, trad. do idioma russo para o espanhol por Editorial Progreso, Moscou, 1976, p. 205.
19. José Afonso da Silva, *Direito Urbanístico Brasileiro*, São Paulo, Ed. RT, 1981, p. 457 (v. também 3ª ed., São Paulo, Malheiros Editores, 2000).
20. Governo do Brasil, *O Desafio do Desenvolvimento Sustentável – Relatório do Brasil para a Conferência das Nações Unidas sobre Meio Ambiente e Desenvolvimento*, Brasília, Imprensa Nacional, 1991, pp. 185 e 187, dando ênfase às recomendações da Plataforma Regional de Tlatelolco, reunião preparatória da América Latina e do Caribe, realizada no México, em março/1991, dos países da Região, perante a Conferência do Rio-92. No âmbito da Comunidade Européia observam-se crescen-

2. Princípios constitucionais da proteção das águas

Dentre as normas jurídicas internacionais (aprovadas pelo Brasil) e nacionais (constitucionais, legais e regulamentares, integrantes da Constituição Federal e do direito ambiental brasileiro) direta e indiretamente relacionadas com os *princípios constitucionais da proteção das águas*, em resumo, destacam-se:

2.1 Proteção das águas no âmbito internacional mediante tratados aprovados pelo Brasil

Dentre os textos notáveis, resumem-se: a *Convenção das Nações Unidas sobre o Direito do Mar*, concluída em Genebra, em 29.4.1958 (aprovada pelo Decreto Legislativo 45, de 15.10.1968; promulgada pelo Decreto 99.165, de 12.3.1990); a *Convenção Relativa à Organização Hidrográfica Internacional*, assinada em Mônaco, em 3.5.1967 (aprovada pelo Decreto Legislativo 45, de 28.11.1967; promulgada pelo Decreto 68.106, de 25.1.1971); a *Convenção sobre Prevenção de Poluição Marinha por Alijamento de Resíduos e Outras Matérias*, 1972 (aprovada pelo Decreto Legislativo 10, de 31.3.1982; promulgada pelo Decreto 87.566, de 16.9.1982); a *Convenção das Nações Unidas sobre o Direito do Mar*, concluída em Montego Bay, Jamaica,

tes medidas protegedoras das águas em geral, salientando-se, além das normas nacionais, aquelas integrantes de convenções, tratados, acordos, protocolos internacionais, as Declarações do Conselho de Europa, como as da *Carta Européia da Água*, da *Carta Européia do Litoral*, in *Docter, Annuario Europeo dell'Ambiente/1986*, Milano, Giuffrè, 1986, pp. 17, 201, 595, 1.007 e 1.014. Neste sentido, reporta-se aos graves fatos da poluição das águas no Brasil, considerados em nossa tese sobre *Responsabilidade Civil por Danos ao Meio Ambiente*, pp. 740 e ss. Reporta-se, ainda, às oportunas produções jurídicas de: Rodrigo Andreotti Musetti, *Da Proteção Jurídico-Ambiental dos Recursos Hídricos*, Leme/SP, Ed. de Direito, 2001, pp. 67 e ss.; Beatriz de Araújo P. Figueiredo e Guilherme José Purvin de Figueiredo, "Água e o direito à vida", *Revista de Direitos Difusos* 16/2.087, Rio de Janeiro/São Paulo, Adcoas/IBAP, 2002; Rodrigo Andreotti Musetti, "A canalização de córregos e o direito à paisagem hídrica", *Revista de Direitos Difusos* 16/2.155; Solange Teles da Silva, "Aspectos jurídicos das águas subterrâneas", *Revista de Direitos Difusos* 16/2.165; Paulo Affonso Leme Machado, *Direito Ambiental Brasileiro*, 12ª ed., São Paulo, Malheiros Editores, 2004, pp. 420 e ss.; deste mesmo Autor: *Recursos Hídricos – Direito Brasileiro e Internacional*, São Paulo, Malheiros Editores, 2002 – tratando-se de relevante produção jurídica indispensável à solução dos graves problemas referentes aos recursos hídricos nacionais e internacionais.

em 10.12.1982 (aprovada pelo Decreto Legislativo 5, de 9.11.1987; e promulgada pelo Decreto 1.530, de 22.6.1995); a *Agenda 21*, sobre relevantes diretrizes para a proteção tanto dos oceanos, de todos os tipos de mares e das zonas costeiras, com o uso racional dos respectivos *recursos vivos*, como das águas doces em geral, com a aplicação de critérios integrados no desenvolvimento, manejo e uso racional dos respectivos recursos hídricos (Capítulos 17 e 18, c/c o Capítulo 2); a *Convenção Internacional para a Prevenção da Poluição por Navios*, 1973 (aprovada pelo Decreto Legislativo 60, de 19.4.1995; promulgada pelo Decreto 2.058, de 4.3.1998) a *Convenção Internacional sobre Preparo, Resposta e Cooperação em Caso de Poluição por Óleo* (poluição Marinha), assinada em Londres em 30.11.1990 (aprovada pelo Decreto Legislativo 43, de 29.5.1998, e promulgada pelo Decreto 2.870, de 10.12.1998), dentre outros atos internacionais, como os Tratados Internacionais de Recursos Hídricos aprovados pelo Brasil no âmbito da América Latina (Senador Bernardo Cabral, *Caderno Legislativo* 3/98, Brasília, 1998).

Além dos atos internacionais citados sobre a proteção das águas marinhas, oceânicas e respectivos recursos naturais e culturais, tratando-se da *água doce*, relevantes são as considerações perante a *Conferência Internacional sobre a Água e o Meio Ambiente – ICWE*, realizada em Dublin, Irlanda (26-31.1.1992), apresentadas à Conferência do Rio-92. Em genérico panorama, observam-se sérias considerações, segundo as quais a questão da água é, sem dúvida, "a que demonstra de maneira mais concludente o caráter integrado do meio ambiente e do desenvolvimento", e garantir "a todos a necessidade humana fundamental de um abastecimento seguro de água doce de boa qualidade e em quantidade suficiente" é "a mais fundamental das questões do desenvolvimento".

Investigações recentes demonstram que "uma das fontes principais da contaminação da água doce se encontra nos agentes contaminantes procedentes do ar". Tanto "a água de superfície como a água subterrânea estão cada dia mais contaminadas por produtos tóxicos e por resíduos perigosos", constituindo "grave ameaça para a saúde", diretamente relacionada "com os problemas do abastecimento de água".[21]

---

21. Maurice F. Strong, *Mensagem sobre a Conferência Internacional sobre a Água e o Meio Ambiente*, em Dublin, Irlanda, 26-31.1.1992 (documento da Secreta-

Evidentemente, a "água é indispensável para a vida na terra", é "essencial para a vida", "o lubrificante para o meio natural", além de "vital para o bem-estar humano e para o desenvolvimento econômico". Indubitavelmente, "nos próximos decênios os problemas de disponibilidade da água limpa alcançarão proporções de crise na maior parte das regiões do mundo" – tudo demonstrando que a Conferência Internacional sobre a Água e o Meio Ambiente, em Dublin (26-31.1.1992) foi essencial para recomendar estratégias orientadas à ação em matéria de gestão dos recursos hídricos.[22]

Com estas oportunas considerações, evidentemente, as *águas*, consideradas como alimentos essenciais indispensáveis à manutenção da vida humana e da vida em geral (animal, vegetal, microorgânica), constituem fundamentais *bens naturais* integrantes dos *recursos ambientais* juridicamente protegidos, tanto pelas normas internacionais aprovadas, ratificadas e promulgadas pelo Brasil como pelas normas integrantes do direito positivo brasileiro (CF, art. 225, e princípios correlatos; Lei 6.938, de 31.8.1981, e normas correlatas). Diante da esgotabilidade *qualitativa*, de forma agravantemente progressiva, tanto do *ar* como das *águas*, decorrente de efetivos e potenciais *danos* por abrangentes fontes poluentes nos âmbitos locais, nacionais, regionais (dois ou mais países) e internacionais, ultrapassando limites e fronteiras, não resta dúvida de que legítimas são as preocupações, providências, recomendações e normas nacionais, comparadas, regionais e internacionais dos respectivos governos e comunidades sobre o inadiável e real emprego de todos os meios científico-tecnológico-financeiros para sua defesa e preservação, como relevantes *bens vitais* não somente *de uso comum do povo no âmbito nacional*, mas também *de interesse comum de todos os povos nos âmbitos comparado, regional e internacional*, uma vez que da exis-

---

ria-Geral da Organização Meteorológica Mundial, quando da realização da Conferência do Rio-92).
    22. Organização Meteorológica Mundial, *El Agua, el Medio Ambiente y el Desarrollo: Panorama General*, referente à Conferência Internacional sobre a Água e o Meio Ambiente, em Dublin, Irlanda, 26-31.1.1992. Neste sentido: Georgette Nacarato Nazo, "Os órgãos principais criados pela Convenção das Nações Unidas sobre Direito do Mar", in *As Águas no Limiar do Século XXI*, 1ª ed., São Paulo, Soamar/Imp. Lilivros, 1999, pp. 13 e ss.; Paulo Affonso Leme Machado, *Recursos Hídricos* – ..., – com atuais considerações sobre o relevante assunto e a transcrição da "Convenção ONU 1997/Águas", sobre o direito dos usos dos cursos de água internacionais para fins distintos da navegação –, pp. 13 e ss. e 189 e ss.

tência de tais *recursos naturais saudáveis* depende a *continuidade da subsistência da vida na esfera terrestre.*

2.2 Proteção das águas no âmbito nacional

No âmbito nacional, dentre os princípios e as normas constitucionais, legais e regulamentares integrantes do direito ambiental brasileiro aplicáveis à *proteção das águas*, direta e indiretamente relacionados com a *Política Ambiental*, a *Política Sócio-Econômica*, a *Política Sanitária*, a *Política Educacional*, a *Política Cultural* e a *Política Científico-Tecnológica*, destacam-se os seguintes:

2.2.1 Princípios e normas constitucionais da proteção das águas

Partindo da *propriedade das águas*, a Constituição define que são bens da União, dentre outros: *os lagos, rios e quaisquer correntes de água* em terrenos de seu domínio, ou que banhem mais de um Estado, sirvam de limites com outros países, ou se estendam a território estrangeiro ou dele provenham, bem como os terrenos marginais e as praias fluviais (CF, art. 20, III); o mar territorial (art. 20, VI); os potenciais de energia hidráulica (art. 20, VIII). Pertencem, ainda, à União as jazidas, em lavra ou não, e demais recursos minerais e os potenciais de energia hidráulica, considerados de propriedade distinta da do solo, para efeito de exploração e aproveitamento, assegurada participação ao proprietário do solo nos resultados da lavra, na forma e no valor que a lei dispuser (CF, art. 176, §§ 1º e 2º). No tocante aos bens dos Estados, incluem-se as águas superficiais ou subterrâneas, fluentes, emergentes e em depósito, ressalvadas, neste caso, na forma da lei, as águas decorrentes de obras da União (CF, art. 26, I). No tocante à *competência específica ou exclusiva da União*, de acordo com a norma constitucional, *compete à União: explorar*, diretamente ou mediante autorização, concessão ou permissão, os serviços e instalações de energia elétrica e o aproveitamento energético dos *cursos de água*, em articulação com os Estados onde se situam os potenciais hidroenergéticos (CF, art. 21, XII, "b"); *planejar e promover* a defesa permanente contra as calamidades públicas, especialmente as *secas* e as *inundações* (art. 21, XVIII); *instituir diretrizes* para o desenvolvimento urbano, inclusive habitação, *saneamento básico* e transportes urbanos (art. 21, XX). *Quanto à com-*

petência privativa da União, estabelece que *compete a esta legislar*, dentre outras matérias, sobre: *águas*, energia (art. 22, IV). Tratando da *competência de todas as Unidades da Federação*, a Magna Carta define, dentre outras atribuições de *competência comum da União, dos Estados, do Distrito Federal e dos Municípios: promover* programas de construção de moradias e a melhoria das condições habitacionais e de *saneamento básico* (CF, art. 23, IX); *registrar, acompanhar e fiscalizar* as concessões de direitos de pesquisa e *exploração de recursos hídricos e minerais* em seus territórios (art. 23, XI); *proteger* o meio ambiente e *combater* a poluição em qualquer de suas formas (art. 23, VI). Visando à *redução das desigualdades regionais*, a norma constitucional institui *incentivos regionais*, na forma da lei, para o aproveitamento econômico e social dos rios e das massas de água represadas ou represáveis nas regiões de baixa renda sujeitas a secas periódicas, bem como para a recuperação de terras áridas e para o estabelecimento, nas glebas de pequenos e médios proprietários rurais, de fontes de água e de pequena irrigação (CF, art. 43, §§ 2º, IV, e 3º). Tratando da *saúde pública*, dispõe a norma constitucional que compete ao Poder Público, com a obrigatória participação da comunidade: *fiscalizar e inspecionar* os alimentos, compreendido o controle de seu teor nutricional, bem como as *bebidas* e as *águas* para consumo humano (CF, art. 200, VI); *executar* as ações de *vigilância sanitária* e epidemiológica, bem como as de saúde do trabalhador (CF, art. 200, II); *participar* da formulação da política e da execução das ações de *saneamento básico* (CF, art. 200, IV); *colaborar* com a proteção do meio ambiente, nele compreendido o do trabalho (art. 200, VIII). No caso do aproveitamento dos *recursos hídricos*, incluídos os potenciais energéticos, a pesquisa e a lavra das riquezas minerais em *terras indígenas*, os trabalhos correlatos só podem ser efetivados com a autorização do Congresso Nacional, ouvidas as comunidades afetadas (CF, art. 231, § 3º).

Com estas breves demonstrações sobre as normas constitucionais referentes às águas, definidas como recursos ambientais naturais indispensáveis à vida, por força dos expressos princípios e normas fundamentais vigentes, torna-se patente que quaisquer atividades ou condutas direta ou indiretamente relacionadas com as águas devem observar os princípios constitucionais e legais de defesa e preservação do meio ambiente em geral e de seus recursos ambientais em particular (CF, art. 225, §§ 1º, I-VII, 2º, 3º, 4º, 5º e 6º, c/c os arts. 23, II, III, VI, VII, IX e XI; 24, VI,

VII, VIII e XII; 30, I, II e VIII; 170, VI; 174; 182; 186; 187; e 200, II, IV e VI a VIII).

2.2.2 Princípios e normas constitucionais da atividade econômica a serem observados de forma compatível com a proteção das águas

Trata-se de expressos *princípios gerais da atividade econômica*, vinculados ao *princípio da prevenção de danos ambientais*, a serem obrigatoriamente atendidos de forma conciliatória com os princípios constitucionais, dentre outros, da *função social da propriedade* (pública e privada), da *defesa do consumidor* (incluída a defesa da saúde pública), da *defesa do meio ambiente* (incluída a defesa da sadia qualidade de vida), com todos os seus bens ou recursos ambientais de valores naturais (como as águas), sócio-econômicos, sanitários, estéticos, paisagísticos, turísticos, artísticos, históricos, culturais em geral, em todas as zonas, tanto urbana e de expansão urbana como rural (CF, art. 170, III, V e VI, c/c os arts. 174; 180; 182; 184-190; 196-200; 215, § 1º; 216; 218; 220, §§ 3º, II, e 4º; e 225).

Pela relevância do assunto inerente ao *desenvolvimento sustentável*, torna-se patente que a *atividade econômica*, em seus abrangentes aspectos, é um direito fundamental, atribuído a todas as pessoas, físicas ou jurídicas, de direito público ou de direito privado (CF, art. 5º, II e XIII, c/c o parágrafo único do art. 170). Todavia, o exercício de tal direito sujeita seu titular às limitações ou proibições constitucionais e legais, por força da imperiosidade dos princípios fundamentais da *conciliação do desenvolvimento sócio-econômico* com a *preservação do meio ambiente saudável e de seus elementos componentes* introduzidos e consolidados pela vigente Constituição (CF, art. 170, III e VI, c/c o art. 225). Trata-se de princípios gerais a serem observados de forma vinculada aos *princípios da previsão de riscos* (*prever* antecipadamente os riscos de atividades perigosas) e *da prevenção ou precaução de danos ambientais* (*prevenir* mediante ações ou medidas preventivas ou acautelatórias no sentido de *combater* as causas da degradação ambiental e *evitar, eliminar* ou *reduzir* os efeitos dos danos ambientais previstos e acautelados).

Por expressa determinação constitucional e legal, toda atividade potencial ou efetivamente causadora de significativa degradação do meio ambiente, transformadora e degradadora de recursos ambientais ou naturais (como as águas) ou destruidora e descaracterizadora de recursos culturais (como a paisagem) sujeita-se às exigências de *adequado planejamento*, de *prévio e necessário Estudo de Impacto Ambiental e com os respectivos Relatório de Impacto Ambiental e Avaliação de Impacto Ambiental* e avaliação de impacto ambiental, para as corretas alternativas avaliatórias e indispensáveis ao *licenciamento* (CF, art. 225, § 1º, IV). O EPIA/RIMA/AIA ou EIA/RIMA/AIA constitui *obrigatório instrumento constitucional e legal de prevenção de danos ambientais*, vinculado aos princípios jurídicos da prevenção ou da precaução do dano ambiental e da conciliação do desenvolvimento sócio-econômico com a preservação das águas e da sadia qualidade ambiental propícia à vida em todas as suas formas, no legítimo interesse sócio-econômico, cultural, sanitário e ambiental ao pleno bem-estar de todos.

2.2.3 Normas legais e regulamentares sobre a proteção e o uso racional das águas

Dentre as normas legais e regulamentares integrantes do direito ambiental ou com este direta e indiretamente relacionadas, do *período anterior* e do *período posterior* à *Lei Geral Ambiental n. 6.938, de 31.8.1981*, em ordem cronológica e evolutiva dos preceitos básicos *aplicáveis à proteção e ao uso racional das águas*, destacam-se os seguintes textos correlatos, com as respectivas adequações, alterações ou complementações supervenientes ajustáveis aos princípios e às normas da vigente Constituição Brasileira: *Decreto 24.643, de 10.7.1934*; *Decreto-lei 3.438, de 17.7.1941* (sobre terrenos de marinha e mangais ou manguezais, esclarecendo e ampliando o Decreto-lei 2.490, de 16.8.1940); *Decreto-lei 7.841, de 8.8.1945* (sobre Código de Águas Minerais); *Lei 3.824, de 23.11.1960* (torna obrigatória a destoca, e conseqüente limpeza, das bacias hidráulicas dos açudes, represas ou lagos artificiais); *Lei 4.466, de 12.11.1964* (determina a construção de aterros/barragem para represamento de águas); *Decreto-lei 221, de 28.2.1967* (proteção da flora e da fauna aquáticas); *Lei 5.318, de 29.9.1967* (sobre a instituição da Política Nacional de Saneamento e a criação do Conselho Nacional de Saneamento, compreendendo: abastecimento de água, sua fluoretação e destinação de dejetos; esgotos pluviais e drenagem; controle da poluição ambiental, inclusive do lixo; controle das modificações artificiais das massas de águas; controle de inundações e de erosões, com a *revogação dos Decretos-leis 248 e 303*, ambos *de 28.2.1967); Lei 6.050, de 24.5.1974* (sobre a fluoretação da água em sistemas de abastecimento quando existir estação de tratamento); *Lei 6.662, de 25.6.1979* (sobre a Política Nacional de Irrigação, com as alterações da Lei 8.657, de 21.5.1993, bem como regulamentação do Decreto 89.496, de 29.3.1984, com as alterações do Decreto 2.178, de 17.3.1997); *Lei 7.203, de 3.7.1984* (sobre assistência e salvamento de embarcações, coisa ou bem em perigo no mar, nos portos e nas vias navegáveis interiores); *Lei 7.542, de 26.9.1986* (sobre pesquisa, exploração, remoção de coisas ou bens afundados em águas sob jurisdição nacional); *Lei 7.661, de 16.5.1988* (sobre o Plano Nacional de Gerenciamento Costeiro); *Lei 7.990, de 28.12.1989* (sobre a instituição de *compensação financeira pelo resultado da exploração*, dentre outros recursos ambientais, *de recursos hídricos*, para os Estados, o Distrito Federal e os Municípios, em seus respectivos territórios), com as alterações da *Lei 8.001, de 13.3.1990*; *Lei 8.617, de 4.1.1993* (sobre o mar territorial, a zona contígua, a zona econômica exclusiva e a plataforma continental brasileira); *Decreto 4.895, de 25.11.2003* (sobre a autorização de uso de espaços físicos de corpos d'água de domínio da União para fins de aqüicultura, com a revogação dos decretos anteriores; *Decreto 5.069, de 5.5.2004*, sobre a composição do Conselho Nacional de Aqüicultura e Pesca, criado pela *Lei 10.683, de 28.5.2003*, art. 30, IX); *Lei 9.433, de 8.1.1997* (sobre a instituição da Política Nacional de Recursos Hídricos, com as alterações da *Lei 10.881, de 9.6.2004*; *Decreto Regulamentar 4.613, de 11.3.2003*); *Lei 9.966, de 28.4.2000* (sobre a prevenção, o controle e a fiscalização da poluição causada por lançamento de óleo e outras substâncias nocivas ou perigosas em água sob jurisdição nacional, com a expressa *revogação da Lei 5.357, de 17.11.1967*); *Decreto 4.136, de 20.2.2002* (especifica as sanções aplicáveis às infrações às regras de prevenção, controle e fiscalização da poluição causada por lançamento de óleo e outras substâncias nocivas ou perigosas em águas nacionais, previstas na citada Lei 9.966, de 28.4.2000); *Lei 9.984, de 17.7.2000* (sobre a criação da *Agência Nacional de Águas/ANA*, como entidade federal de execução do Plano Nacional de Recursos Hídricos e de coordenação do Sistema Nacional de Gerenciamento dos Recursos Hídricos) com as alterações da *Lei 10.881, de 9.6.2004*, sobre os contratos de gestão entre a ANA e entidades delegatárias das funções de Agências de Águas; *Decreto 4.613, de 11.3.2003* (sobre a regulamentação de normas das Leis 9.433, de 8.1.1997, e 9.984, de 17.7.2000); *Lei 10.670, de 14.5.2003* (sobre a instituição do *Dia Nacional da Água*); *Lei 10.683, de 28.5.2003* (sobre a organização da Presidência da República e dos Ministérios, com a definição das áreas de competência notadamente do Ministério do Meio Ambiente sobre a política nacional dos recursos hídricos, art. 27, XV, "a", do Ministério da Saúde sobre saúde ambiental, art. 27, XX, "c", dentre outras atribuições correlatas).

Em razão das flagrantes incompatibilidades de normas do *Código de Águas* e de *regulamentos correlatos*, é oportuno advertir que as *normas dos arts. 111, 112* e outras similares do *Decreto 24.643, de 10.7.1934* (Código de Águas), que permitem a poluição das águas por atividades agrícolas e industriais, bem como as *normas dos Decretos 23.777, de 23.1.1934* (sobre o lançamento de resíduo industrial das usinas açucareiras nas águas fluviais), e *50.877, de 29.6.1961* (sobre lançamento de resíduos tóxicos ou oleosos nas águas interiores ou litorâneas do país), *são flagrantemente incompatíveis com as vigentes normas constitucionais* (CF, arts. 225, §§ 1º e 3º, c/c os arts. 23, II e VI; 24, VI, VIII e XII; 170, V e VI; 186; 196; 197; e 200) *e legais* (Lei 6.938, de 31.8.1981, arts. 2º, 4º, 5º e 9º; Lei 9.433, de 8.1.1997).

Diante dos avanços da Ciência e da Tecnologia, consagrados nas expressas normas constitucionais e legais (CF, arts. 218 e 219; Lei 6.938, de 31.8.1981, art. 9º), relacionados com a adoção de instrumentos e equipamentos próprios à preservação, à recuperação e à melhoria da qualidade ambiental propícia à vida presente e futura, as *citadas normas*, além da irracional permissão inajustável à realidade atual e *comprometedora da qualidade das águas* como básico alimento indispensável à vida, *foram patentemente revogadas, em face de sua total incompatibilidade* tanto com a *Política Nacional de Proteção ao Meio Ambiente*, em geral, como com a *Política Nacional de Proteção aos Recursos Hídricos*, em particular (LICC, art. 2º, § 1º). Além do mais, por força das normas constitucionais, compete ao *Poder Público* (União, Estados, Distrito Federal e Municípios) *proteger o meio ambiente* e *combater a poluição em qualquer de suas formas* (CF, art. 225, c/c o art. 23, VI). Em face da *importância das águas, como básico recurso ambiental e bem de interesse comum de todos, juridicamente protegido pela sua manifesta e permanente indispensabilidade à vida em geral à saúde ambiental, à saúde pública e à sobrevivência humana em particular*, determina a norma constitucional que qualquer conduta ou atividade lesiva ao meio ambiente, como um todo, compreendido qualquer bem ali integrante, como as águas, sujeita o infrator, pessoa física ou jurídica, de direito público ou de dircito privado, às sanções administrativas, penais e civis (CF, art. 225, § 3º, c/c arts 5º, XXXV e 21, XXIII, "c").

Conseqüentemente, em razão da total incompatibilidade com os princípios e as normas constitucionais e legais supervenientes, não mais se ajusta à realidade atual a orientação jurisprudencial segundo a qual: "Incluindo a Constituição, entre os bens do patrimônio do Estado, os rios e lagos em terrenos do seu domínio, legítimo será considerar a descarga de resíduos industriais, realizada neles ou através deles, como serviço tributário da rede de esgoto estadual".[23] Trata-se de orientação jurisprudencial totalmente superada pela CF, diante da eliminação das incompatíveis normas dos arts. 111 e 112 do Código de Águas de 1934, e de outros dispositivos de atos correlatos, por força das supervenientes e vigentes normas constitucionais e legais citadas (CF, art. 225, c/c arts. 23, VI, 170, VI, 200, VI, VII; Lei 6.938, de 31.8.1981, art. 2º, II, III, V, VII, VIII, IX; LICC, art. 2º, § 1º), integrantes do direito ambiental brasileiro.

2.3 Vinculação de projetos e de sua execução sobre atividades efetiva ou potencialmente degradadoras dos recursos hídricos aos princípios e às normas constitucionais e legais vigentes

Por força das expressas disposições constitucionais e legais citadas, torna-se patente que quaisquer projetos sobre quaisquer atividaᅳ

---

23. STF, 2ª T., AI 41.073-GB, j. 5.3.1968, v.u., *RDP* 9/187, São Paulo, Ed. RT.

des econômicas ou não-econômicas arriscadas, degradadoras e transformadoras do meio ambiente e dos respectivos recursos ambientais – como as águas em geral – se encontram *vinculados* tanto aos princípios e às normas constitucionais sobre o EPIA/RIMA/AIA (CF, art. 225, § 1º, IV) como aos princípios, regras e instrumentos legais e regulamentares (Lei 6.938, de 31.8.1981, arts. 8º, II, e 9º, III; Resolução CONAMA-1/1986) aplicáveis e obrigatoriamente indispensáveis, integrantes do direito ambiental vigente. Nos dias atuais, notadamente a *política urbana*, com seus diversos aspectos transformadores do meio ambiente urbano ou rural, a *política agrícola* e a *política sócio-econômica*, com seus diversos aspectos modificadores e degradadores do meio ambiente rural, do meio ambiente externo ou interno em qualquer zona interior ou costeira, diante do progressivo desenvolvimento sócio-econômico e da necessidade de infra-estruturas adequadas à crescente demanda dos espaços ambientais, com impactos ambientais, hídricos, sanitários e culturais de abrangentes e preocupantes dimensões prejudiciais, vêm impondo às pessoas físicas ou jurídicas, de direito público ou de direito privado, competentes a necessidade de reflexões, estudos, pesquisas científico-jurídicas, debates e elaborações legais ajustáveis às soluções científico-tecnológicas racionais e juridicamente razoáveis, de forma permanente, em defesa e preservação do meio ambiente e dos respectivos bens ou recursos ambientais, como as águas em geral.

Assim é que em nosso direito positivo, de forma geral, dentre outros *princípios constitucionais obrigatórios* – portanto, vinculados à execução de qualquer projeto de atividade, econômica ou não, degradadora do meio ambiente –, relacionados com a preservação ambiental, em resumo, destacam-se, prioritariamente, aqueles da *legalidade, impessoalidade, moralidade, probidade, publicidade* e *eficiência*, dentre outros, a serem obedecidos pela Administração Pública direta e indireta de qualquer dos Poderes Públicos da União, dos Estados, do Distrito Federal e dos Municípios (CF, art. 37). No caso específico dos *princípios gerais da atividade econômica*, vinculados ao *princípio da prevenção de danos ambientais* relacionados com a *educação ambiental*, a *conscientização pública*, o *EPIA*, os respectivos *RIMAs* e a adequada *AIA*, a serem obrigatoriamente atendidos por todas as pessoas físicas ou jurídicas, de direito público ou de direito privado, competentes e responsáveis, dentre outros, demonstram-se aqueles do *desenvolvimento sustentável* ou da *conciliação do desen-*

volvimento sócio-econômico com a preservação do meio ambiente saudável e do equilíbrio ecológico, da *função social da propriedade* (pública e privada), da *livre concorrência*, da *defesa do consumidor*, da *defesa do meio ambiente* (incluída a defesa das águas e da qualidade de vida), com todos os seus bens ou recursos ambientais de valores naturais, sócio-econômicos, sanitários, culturais, paisagístico-ambientais, turísticos, em todas as zonas, tanto urbana ou de expansão urbana como rural, quer no interior do país, quer em sua imensa, rica e útil – mas frágil – zona costeira (CF, art. 170, III, IV, V e VI, c/c os arts. 23, I, III, IV, VI e VII; 24, I, VI, VII e VIII; 174; 180; 182; 186; 200; 216, I-V, e §§ 1º, 2º e 4º; e 225, §§ 1º, I-VII, 2º, 3º, 4º e 6º).

De forma compatível com os princípios constitucionais vigentes, evidenciam-se os expressos princípios, regras ou diretrizes com manifestos objetivos e instrumentos da Política Nacional do Meio Ambiente, previstos notadamente na *Lei 6.938, de 31.8.1981* (arts. 2º, I-X; 4º, I-VII; 5º e parágrafo único; e 9º, I-XII), no *Decreto Regulamentar 99.274, de 6.6.1990*, na *Resolução CONAMA-1, de 23.1.1986*, sobre atividades perigosas ou arriscadas dependentes de *Estudo de Impacto Ambiental (EIA)* e *respectivo Relatório de Impacto Ambiental*, além da *Avaliação de Impacto Ambiental (RIMA/AIA)* (art. 2º, I), com as alterações e complementações posteriores ajustáveis aos princípios e às normas constitucionais, legais e regulamentares aplicáveis às novas exigências sócio-econômicas, de forma harmônica com a preservação do patrimônio ambiental saudável (natural, sanitário, cultural, paisagístico, turístico), no legítimo interesse de todos, além do equilibrado e seguro desenvolvimento do próprio País.

3. Deveres e responsabilidades da Administração Pública competente e da coletividade para conhecer, interpretar cientificamente, cumprir, aplicar adequadamente, valorizar e fortalecer os princípios e as normas constitucionais e legais, integrantes do sistema jurídico brasileiro, sobre a proteção do meio ambiente e de seus recursos ambientais como as águas em geral

Por força dos princípios e normas constitucionais vigentes, expressas são a *autonomia* e as *competências* de todas as Unidades da Federação, de forma harmônica e integrada, para *legislar* sobre matérias de interesse dos respectivos territórios, *executar* ou *cumprir, adequar, atualizar* e *aplicar* as normas correlatas, ou *fiscalizar* sua observância, de forma ajustável às exigências sociais concretas ao bem-estar de todos. Conseqüentemente, por força de tais princípios e normas constitucionais e legais correspondentes, além dos direitos, competências ou poderes juridicamente atribuídos às pessoas jurídicas de direito público (ou Unidades Federadas), expressos são os *deveres* e as *responsabilidades* impostos à Administração Pública direta e indireta de qualquer dos Poderes da União, dos Estados, do Distrito Federal e dos Municípios, ou de qualquer pessoa física ou jurídica de direito privado prestadora de *serviços públicos*, para o desempenho, de forma permanente, preventiva e eficaz, de suas atribuições, *sempre sujeita à obrigatória obediência aos princípios da legalidade, impessoalidade, moralidade, publicidade, probidade e eficiência*, dentre outros, no interesse público (CF, art. 37).

Neste sentido, é oportuno advertir, *data venia*, a contraditória orientação de parte da jurisprudência em ações de responsabilidade da Administração Pública sobre básicas *questões sanitárias*, diretamente relacionadas com a *poluição das águas para consumo humano, de forma lesiva à saúde pública*, como, dentre outras decisões, as seguintes:

3.1 Contaminação de córrego abastecedor da região: ação civil pública

"Dano ao meio ambiente – Depósito de lixo industrial e urbano (doméstico e hospitalar) sobre aterro sanitário situado às margens de córrego abastecedor da região – Ação para evitar dano ao meio ambiente e à saúde pública – Liminar concedida visando à imediata paralisação da coleta – Indeferimento, por se tratar de situação que persiste há vários anos – Impossibilidade de a Municipalidade dar pronto destino à descarga, negando-se provimento ao recurso do Ministério Público" (TJSP, 7ª C., AI 112.890-1, Piracicaba, rel. Des. Benini Cabral, j. 22.2.1989).[24]

Datissima venia, pelas manifestas circunstâncias do caso concreto, evidencia-se a necessidade de imediata reflexão da comunidade

---

24. *RT* 640/106, São Paulo, Ed. RT.

científico-jurídica sobre a citada decisão, que, ao invés de *aplicar os princípios da repressão dos danos atuais e da prevenção de riscos e iminentes danos*, determinando à Municipalidade no sentido de *cumprir seu dever constitucional vinculado à realização de obras essenciais de saneamento básico e vigilância sanitária* para *combater* os graves danos ambientais já notoriamente existentes e prejudiciais ao meio ambiente e à saúde pública, bem como *evitar* o agravamento das lesões atuais, *estimula a omissão, a negligência, a imprudência, a imperícia, a crônica ineficiência da Administração Pública local, em flagrante violação às normas constitucionais* (CF, art. 225, c/c os arts. 23, VI e IX; 30, I; 37; e 200, II, IV, VI e VIII) *e legais vigentes* (Lei 6.938, de 31.8.1981, arts. 2º, VIII; 4º, VI e VII; e 9º, IX). Por expressa determinação constitucional e legal, todas as condutas lesivas ao meio ambiente, às águas para consumo humano e à saúde pública sujeitarão os infratores, pessoas físicas ou jurídicas, de direito público (no caso, o Município) ou de direito privado, às sanções administrativas, penais ou civis, mormente diante do reconhecimento de situação poluidora "que persiste há vários anos", tornando "mais grave a situação de perigo existente" contra a população de toda a região, como ficou claro no presente caso concreto. *Com toda a vênia*, a r. decisão em exame, de forma flagrante, negou vigência tanto às normas do *dever constitucional* vinculadas aos princípios e às normas constitucionais e legais já demonstrados *como* aos princípios e às normas constitucionais e legais sobre *responsabilidades por lesões ao meio ambiente, às águas para consumo humano e à saúde ambiental e à saúde pública* (CF, art. 225, § 3º, c/c o art. 37, § 6º; Lei 6.938, de 31.8.1981, arts. 14 e § 1º, e 15 e §§ 1º e 2º; Lei 9.605, de 12.2.1998, art. 54, III).

3.2 Poluição de água por esgotos domésticos: ação civil pública

"Lançamento de esgoto doméstico sem tratamento em córrego – Ação visando a que a Prefeitura construísse sistema de tratamento – Impossibilidade jurídica – Ato administrativo condicionado à conveniência e oportunidade – Impossibilidade de substituição pelo Poder Judiciário de tais atos. Julgada procedente a ação, de forma juridicamente correta, reformou-se a decisão correlata, dando-se provimento ao recurso do Município, por votação unânime"

(TJSP, 5ª C. Cível, Ap. 166.981-1/1, Marília, rel. Des. Marco César, j. 7.5.1992).[25]

Diante das manifestas contradições, adverte-se, *data venia*, de forma reiterada, a necessidade de inadiável reflexão da comunidade científico-jurídica sobre a decisão em apreço, uma vez que, pela evidência dos fatos, *não se trata de mero ato discricionário* condicionado a conveniência ou oportunidade, nem de pedido contrário à independência e harmonia entre os Poderes Públicos, mas, *sim*, trata-se de *ato vinculado* da Administração local, diretamente relacionado com a observância do *dever constitucional* de providenciar, prioritariamente, *obras de saneamento básico e vigilância sanitária* indispensáveis ao meio ambiente saudável, à qualidade da água para consumo humano e à saúde pública – dever, este, diretamente vinculado aos expressos princípios constitucionais da legalidade, da probidade e da eficiência no zeloso desempenho de suas atribuições, protegendo o meio ambiente e combatendo a poluição em qualquer de suas formas, no interesse de todos. Evidentemente, *datissima venia*, a r. decisão em análise, em razão da manifesta contradição interpretativa, negou vigência – portanto, violou – aos expressos princípios e normas constitucionais e legais vigentes (CF, arts. 37 e § 6º, e 225 e § 3º, c/c os arts. 23, I, VI e IX, e 200, II, IV e VI; Lei 6.938, de 31.8.1981, arts. 2º, VIII; 4º, VI e VII; 9º, IX; 14 e § 1º; e 15 e §§ 1º e 2º; Lei 9.605, de 12.2.1998, art. 54, III).

Considerando a gravidade das duas decisões citadas, que estimulam os *atos ilícitos* da omissão, da negligência, da imprudência ou da imperícia da Administração Pública responsável pela *execução de atos vinculados* – portanto, obrigatórios – em prol do meio ambiente saudável, da saúde pública e do bem-estar de todos (CF, art. 225, §§ 1º, I, IV e V, e 3º, c/c os arts. 23, I, II, VI e IX; 30, I; 37 e § 6º; e 200, II, IV, VI e VII; Lei 6.938, de 31.8.1981, arts. 2º, VIII; 4º, VI e VII; 9º, IX; 14, I-IV, e §§ 1º e 2º; e 15, §§ 1º e 2º; Lei 9.605, de 12.2.1998, art. 54, III), constitucional e legalmente, *impõe-se* a imediata reflexão da comunidade científico-jurídica, junto a órgãos competentes do Poder Judiciário, no sentido de evidenciar a *relevância de suas atribuições* e *seu dever constitucional de decidir*, cumprindo, adequada e plenamente, as normas constitucionais e legais aplicáveis ao caso con-

---

25. *RT* 685/84, São Paulo, Ed. RT.

creto, *jamais decidindo com paternalismo ou motivos contrários* aos deveres da Administração Pública direta ou indireta de qualquer dos Poderes da União, dos Estados, do Distrito Federal ou dos Municípios – e, conseqüentemente, contrários aos princípios e às normas constitucionais e legais vigentes, de forma prejudicial ao meio ambiente saudável, à saúde pública, ao interesse público, ao Direito, à Justiça e à Paz Social.

Ora, é sempre oportuno salientar que a *eficiência* dos Poderes Públicos (Legislativo, Executivo e Judiciário), imposta para o bom funcionamento da Administração Pública, constitui relevante princípio constitucional, vinculado aos demais princípios fundamentais de obediência obrigatória por parte de todos, no exercício das respectivas competências – princípio, este, inerente ao *dever constitucional da eficiência pública*, hoje, expressamente consagrado e consolidado pela vigente Constituição Federal (CF, art. 37, com o acréscimo introduzido pela Emenda Constitucional 19/1998).

Além do mais, é necessário advertir que qualquer órgão do Poder Judiciário, no exercício de sua competência constitucional da eficiente prestação jurisdicional diante do caso concreto, decidindo pela condenação do Poder Executivo no sentido de fazer cumprir o seu dever constitucional de promover a melhoria das condições de saneamento básico, como evitar a poluição das águas ou providenciar o tratamento das águas poluídas em defesa e preservação da vida, da saúde ambiental e da saúde pública, de forma obrigatória e irrenunciável (CF, art. 23, I, II, VI, IX, c/c arts. 30, I, V, VII, 200, II, IV, VI, VII, 225, § 1º, V, VI), não interfere ou não intervém, absolutamente não, no Poder Executivo de qualquer das Unidades da Federação, como no presente caso no tocante ao Poder Executivo municipal, nem substitui qualquer ato de tal Poder, mas apenas cumpre o seu dever constitucional de zelar pela vigilância e pelo fiel cumprimento da Constituição Federal, no legítimo interesse de todos e da paz social. Indubitavelmente, gravíssimo e preocupante é o equívoco das respeitáveis decisões judiciais citadas, em razão da flagrante negativa de vigência e conseqüente violação às expressas normas constitucionais citadas de competência e de dever tanto do órgão competente do Poder Judiciário como do Poder Executivo local, tudo impondo a reabertura de debates da Comunidade Jurídica do País, junto ao Poder Judiciário, para as inadiáveis reflexões e interpretações jurídico-científicas indispensáveis à correta aplicação das normas constitucionais e legais em prol do meio ambiente saudável, da saúde ambiental, da saúde pública e da vida presente e futura.

Data venia, não resta dúvida de que as r. decisões em exame, concluindo que se trata de "situação que persiste há vários anos" e que se trata de "ato administrativo condicionado à conveniência e oportunidade", ou de "ato meramente discricionário", com a impossibilidade de substituição de tais atos pelo Poder Judiciário", contrariam as expressas disposições constitucionais vigentes sobre os *deveres irrenunciáveis* da Administração Pública e os *atos administrativos obrigatoriamente vinculados* à obediência aos princípios, notadamente os da *constitucionalidade*, da *legalidade*, da *probidade* e da *eficiência* dos Poderes Públicos em todos os âmbitos, de forma especial diante de sérias questões jurídicas diretamente relacionadas com a *recuperação do meio ambiente degradado*, a *proteção* e a *preservação do meio ambiente saudável, da saúde ambiental e da saúde pública* (CF, art. 37, c/c os arts. 23, VI; 196-198; 200, II, IV e VI; e 225, § 1º, I, IV-VI). Incontestavelmente, nos casos concretos em exame crítico, trata-se de *deveres irrenunciáveis* e de *atos administrativos obrigatórios* – portanto, *vinculados* aos vigentes princípios constitucionais e legais, sujeitando os infratores, pessoas físicas ou jurídicas, de direito público ou de direito privado, prestadoras de serviços públicos, às sanções administrativas, penais e civis aplicáveis aos casos concretos (CF, art. 37, §§ 4º-6º, c/c os arts. 5º, XXXV, e 225, § 3º; Lei 7.347, de 24.7.1985; Lei 9.605, de 12.2.1998, art. 54, III).

4. Deveres e responsabilidades da Administração Pública (direta e indireta) e da coletividade

Além dos deveres e das responsabilidades das Unidades da Federação em matéria de *atividade econômica* transformadora do meio ambiente ou de recursos ambientais como as águas, *tais deveres e responsabilidades*, além de inerentes aos Poderes Públicos e respectivos agentes ou às pessoas jurídicas de direito privado prestadoras de serviços públicos, *estendem-se à coletividade* (pessoas físicas ou jurídicas de direito privado, com ou sem fins lucrativos) (CF, art. 225, c/c os arts. 23, I-IV, VI-VII, 170, III e V, 198-200 e 216, I-V, e §§ 1º, 3º-4º). O *descumprimento* das vigentes imposições constitucionais e legais *sujeita-*

rá a autoridade, o servidor ou qualquer agente competente, ou qualquer pessoa física ou jurídica de direito privado infratora, às *responsabilidades e respectivas sanções políticas, administrativas, civis, penais ou criminais aplicáveis ao caso concreto* (CF, arts. 37, §§ 4º-6º; 216, § 4º; e 225, § 3º, c/c os arts. 5º, XXXV e LXXIII, e 21, XXIII, "c"; Lei 6.938, de 31.8.1981, arts. 14, §§ 1º-3º, e 15 e §§ 1º-2º; Lei 7.347, de 24.7.1985; Lei 7.802, de 11.7.1989, arts. 14-17; Lei 8.429, de 2.6.1992; Lei 8.974, de 5.1.1995, arts. 11-14; Lei 9.279, de 14.5.1996, arts. 183 e ss.; Lei 9.456, de 25.4.1997, art. 37; Lei 9.605, de 12.2.1998, arts. 29 e 76).

Evidentemente, por força dos expressos princípios e normas constitucionais e legais vigentes, todas as condutas ou atividades econômicas ou não-econômicas lesivas ao meio ambiente, ou aos recursos ambientais individualmente ou em conjunto, sujeitam os infratores, pessoas físicas ou jurídicas, de direito público ou de direito privado (com ou sem fins lucrativos), às responsabilidades e respectivas sanções administrativas, civis, penais ou criminais aplicáveis ao caso concreto. Trata-se de princípios e normas obrigatórios, de ordem cogente, em permanente defesa preventiva e repressiva dos valores, da recuperação, da melhoria e da preservação da qualidade do meio ambiente saudável e dos respectivos recursos ambientais, sempre de forma propícia tanto à vida e ao bem-estar das presentes e futuras gerações como ao equilibrado e seguro desenvolvimento do próprio País.

5. Considerações finais. Apelo. Recomendações

Em breves considerações finais, não obstante a consagração constitucional da *Política Ambiental* e da *Política dos Recursos Hídricos* (CF, art. 225, c/c o art. 23, VI, VII e XI), de forma harmônica com a *Política Econômica* (CF, art. 170, III e VI), a *Política Urbana* (CF, arts. 182 e 183), a *Política Agrícola* (CF, arts. 186 e 187), a *Política Sanitária* (CF, arts. 196-200), a *Política Educacional, Cultural e Desportiva* (CF, arts. 205-217) e a *Política Científico-Tecnológica* (CF, arts. 218-219), e a existência de grande número de normas jurídicas protegedoras do patrimônio ambiental e dos respectivos recursos ambientais (como as *águas*), adverte-se que, *na prática*, pela notoriedade dos fatos, *patente é a inaplicação ou a aplicação inadequada* e *flagrante é a violação de tais normas*, em face do inquietante agravamento da degradação dos recursos ambientais de forma geral, bem como da destruição ou descaracterização dos bens de valor cultural, em decorrência da progressiva ampliação de fontes poluentes, tanto no âmbito nacional como nas esferas estaduais, distritais e municipais, com prejudiciais efeitos diretos e indiretos contra a vida, a saúde pública e o bem-estar social.

Sem qualquer pretensão de esgotar a relevante matéria sobre os *princípios constitucionais da proteção das águas* – notória e reconhecidamente vasta, complexa, inerente a bem ambiental de interesse vital, mas de consistência frágil e suscetível de contínua poluição de repercussões crescentes e prejudiciais à vida –, conclui-se que enorme é o desafio da problemática ambiental, em face do preocupante agravamento da degradação dos recursos ambientais em geral e das águas em particular, tanto no âmbito nacional como nas esferas estaduais, distritais e municipais, com reflexos internacionais. Não resta dúvida de que inadiável é a efetiva ação das autoridades públicas e das pessoas jurídicas de direito privado, prestadoras de serviços públicos ou não, das organizações governamentais e não-governamentais, dos técnicos, dos juristas ou especialistas de todos os ramos da Ciência, da imprensa e da comunidade em geral, em todas as Unidades da Federação, para as urgentes medidas informativas, orientadoras, educacionais e essenciais à formação de sólida conscientização pública sobre a permanente necessidade de reflexões, de pesquisas científico-tecnológico-jurídicas, de participação, de cooperação solidária e de co-responsabilidade sobre o cumprimento dos vigentes princípios e normas constitucionais e legais, como medidas indispensáveis à conciliação do desenvolvimento sócio-econômico com a preservação do *Patrimônio Ambiental Brasileiro* e dos respectivos *recursos ambientais* (naturais como os recursos hídricos em geral, sanitários, sócio-econômicos, culturais), no legítimo interesse da vida saudável, da saúde pública, do bem-estar de todos e do equilibrado desenvolvimento do país.

Neste sentido é o nosso real *apelo* a todos os profissionais do campo do Direito e das Ciências Ambientais, Econômicas, Médicas, a todos os representantes das pessoas jurídicas de direito público e de direito privado prestadoras de serviços públicos, a todas as pessoas que exercem atividades econômicas ou atividades não-econômicas, para as inadiáveis e permanentes providências em prol da educação jurídico-ambiental, da educação econômico-ambiental, da educação urbanístico-ambiental, da educação agrícola-ambiental, da educação médico-ambiental, da educação científico-tecnológica, à plena conscientização pública indispensável às eficientes medidas preventivas e conciliatórias de interesses privados, sociais e públicos em defesa e preservação das águas e da sadia qualidade ambiental propícia à vida em geral e ao bem-estar das presentes e futuras gerações.

Como adequado complemento ao nosso *apelo*, visando a facilitar a reflexão, a pesquisa científico-tecnológica, a interpretação científica, a aplicação, a adequação e a atualização dos princípios e das normas constitucionais e legais de proteção das águas integrantes de nosso sistema jurídico, considerando os sólidos e atuais princípios científico-jurídicos previstos na *Carta Européia da Água*, de autoria do *Conselho da Europa*,[26] perfeitamente compatíveis com os princípios e as normas constitucionais e legais vigentes no Brasil, bem como as diretrizes da *Agenda 21* (Capítulos 17 e 18) protegedoras das águas nacionais e internacionais, com base em tais princípios, normas e diretrizes, tornam-se oportunas as seguintes *recomendações*:[27]

1. Necessidade, mais do que nunca nos dias de hoje, de permanente proteção das águas. Não há vida sem água. A água é um bem precioso, indispensável à vida em geral e a todas as atividades humanas. A água é para o ser humano, para os animais, as plantas e os microorganismos um bem de primeira necessidade. Para o ser humano a água é indispensável como bebida e como alimento, para sua higiene e como fonte de energia, matéria-prima de produção, como via de transportes e base das atividades recreativas, cada vez mais requi-

---

26. *Carta Européia da Água* (Conselho da Europa), aprovada em maio/1968, texto em Italiano (*Carta Europea dell'Acqua*), in *Docter, Annuario Europeo dell'Ambiente/1986*, pp. 1.007-1.008. Neste sentido, reporta-se ao nosso trabalho "Educação urbanístico-ambiental", *RDC* 50/83, São Paulo, Ed. RT, 1989, p. 100 (*Carta Européia da Água*).

27. Em razão da explosão de danos ambientais decorrentes do mau uso dos recursos ambientais, notadamente das águas em geral, com reflexos prejudiciais à vida em geral e à saúde individual, social ou coletiva, e pública em particular, justifica-se nossa reiterada insistência em recomendações ajustáveis à solução de problemas ambientais, no sentido de contribuir, modestamente, tanto para o aperfeiçoamento e a atualização da legislação ambiental, sempre de forma harmônica com a legislação agrícola, urbanístico-construtiva, sanitária e econômica, como para a adequada interpretação e aplicação de suas normas diante do caso concreto, no legítimo interesse da ordem jurídica, da ordem política, da ordem social, da ordem pública e da paz social, ao bem-estar de todos.

sitadas na época contemporânea (CF, art. 225, §§ 1º, I, III, IV, V, VI e VII, 2º, 3º e 4º, c/c os arts. 23, I, II, VI, VII, IX e XI; 24, VI, VII, VIII e XII; e 200, II, IV, VI, VII e VIII; Agenda 21, Capítulos 17, 18; CEA, Princ. 1).

2. Necessidade de contínua utilização racional da água doce, visando à sua disponibilidade permanente, uma vez que as disponibilidades de tal água *não são inesgotáveis*. É indispensável preservar as águas, controlá-las e, se possível, aumentá-las. Em conseqüência da explosão demográfica e do rápido aumento das necessidades da agricultura e da indústria contemporâneas, os recursos hídricos constituem bem de procura crescente. Não se pode satisfazer esta demanda, nem elevar o nível de vida, se cada pessoa, física ou jurídica, de direito público ou de direito privado, não aprender a considerar a água como bem precioso, que é necessário preservar e utilizar racionalmente (CF, art. 225, §§ 1º, I, III, IV, V, VI e VII, 2º, 3º e 4º, c/c os arts. 23, I, II, VI, VII, IX e XI; 24, VI, VII, VIII e XII; 170, VI; e 200, II, IV, VI, VII e VIII; Agenda 21, Capítulos 17, 18; CEA, Princ. 2).

3. Necessidade de permanente proteção, recuperação, conservação ou melhoria da qualidade da água para consumo humano, uma vez que *alterar* a qualidade da água significa *causar lesão à vida* da pessoa humana e dos outros seres vivos que dela dependem. A água na Natureza é um meio vital que acolhe organismos benéficos, os quais contribuem para manter sua qualidade. Contaminando-a, corre-se o risco da destruição destes organismos, alterando, assim, o processo de autodepuração e modificando, de maneira desfavorável e irreversível, o meio vital. Todas as águas, tanto de superfície como subterrâneas, devem ser preservadas da contaminação. Cada degradação importante da quantidade ou da qualidade de uma água corrente ou estagnada apresenta iminente risco de nocividade para a pessoa humana e para os outros seres vivos animais, vegetais e microorganismos (CF, art. 225, §§ 1º, I, III, IV, V, VI e VII, 2º, 3º e 4º, c/c os arts. 23, I, II, VI, VII, IX e XI; 24, VI, VII, VIII e XII; 170, VI; e 200, II, IV, VI, VII e VIII; Agenda 21, Capítulos 17, 18; CEA, Princ. 3).

4. Necessidade de manter a qualidade da água de forma saudável, de modo a satisfazer as exigências das utilizações previstas, especialmente para as necessidades da saúde pública. As normas de qualidade podem variar de acordo com as diversas destinações da água – isto é, para alimentação, para as necessidades domésticas, agrícolas e

industriais, para a pesca e para as atividades recreativas. Todavia, considerando que a vida em seus diversos e infinitos aspectos é condicionada às múltiplas qualidades das águas, todas as medidas devem ser tomadas para assegurar a conservação das propriedades naturais da água (CF, art. 225, §§ 1º, I, III, IV, V, VI e VII, 2º, 3º e 4º, c/c os arts. 23, I, VI, VII, IX e XI; 24, VI, VII, VIII e XII; 170, VI; e 200, II, IV, VI, VII e VIII; Agenda 21, Capítulos 17, 18; CEA, Princ. 4).

5. Obrigação de *não-contaminar* o meio ambiente com *águas residuais*. Quando a água, após sua utilização, é restituída ao meio ambiente, deve estar em condições de não comprometer os possíveis usos, quer públicos, quer privados. A contaminação é uma modificação da qualidade da água, provocada, geralmente, por atividade humana, tornando-a inadequada ou danosa ao consumo por parte da pessoa humana, à indústria, à agricultura, à pesca, à atividade recreativa, aos animais domésticos, silvestres, nativos ou exóticos em geral, terrestres ou aquáticos. A *descarga* de resíduos de produção ou de águas usadas, que provoca contaminação de ordem física, química, orgânica, térmica ou radioativa, *não deve pôr em perigo* a saúde pública. Os aspectos sociais e econômicos dos métodos de tratamento das águas assumem, neste sentido, grande importância (CF, art. 225, §§ 1º, I, III, IV, V, VI e VII, 2º, 3º, 4º e 6º, c/c os arts. 23, I, II, VI, VII, IX e XI; 24, VI, VII, VIII e XII; 170, VI; e 200, II, IV, VI, VII e VIII; Agenda 21, Capítulos 17 e 18; CEA, Princ. 5).

6. Necessidade da manutenção de *cobertura vegetal* apropriada para o equilíbrio do regime das águas. A conservação de uma cobertura vegetal apropriada, de preferência florestal, é essencial para a conservação dos recursos hídricos. Considerando as científicas funções da vegetação, é necessário manter a cobertura vegetal, de preferência florestal, ou reconstituí-la o mais rapidamente possível, cada vez que tal cobertura é destruída. Salvaguardar as florestas e demais formas de vegetação constitui fator de grande importância para a estabilização das águas superficiais e subterrâneas em geral, das bacias de coleção e para seu regime hidrológico. Tornam-se cada vez mais manifestos os direitos, os deveres e as responsabilidades das Unidades da Federação, notadamente da União, dos Estados e dos Municípios da *zona costeira*, no âmbito dos respectivos territórios, pela defesa e preservação dos recursos ambientais (naturais e culturais) ali existentes, de forma particular dos ricos e úteis – mas frágeis – *man-*

guezais. As florestas e demais formas de vegetação são, ainda, úteis tanto pelo seu valor sócio-econômico como pelo seu valor regional ou local de ordem educacional, medicinal, recreativa ou de lazer, paisagística, turística ou cultural em geral (CF, art. 225, §§ 1º, I, III, IV, V, VI e VII, 2º, 3º e 4º, c/c os arts. 23, I, II, III, VI, VII, IX e XI; 24, VI, VII, VIII e XII; 170, VI; 200, II, IV, VI, VII e VIII; e 216 e § 1º; Lei 4.771, de 15.9.1965, art. 2º, "a", "b", "c" e "f"; Lei 7.661, de 16.5.1998; Agenda 21, Capítulos 17 e 18; CEA, Princ. 6).

7. Necessidade de *inventário dos recursos hídricos do Brasil*, por parte de todas as Unidades da Federação, no âmbito dos respectivos territórios, para registro, acompanhamento e fiscalização tanto dos usos em geral como das explorações diversas, notadamente para as ali concedidas. Para a adequada utilização racional, os recursos hídricos devem ser diligentemente inventariados. A *água doce* utilizável representa menos de 1% da quantidade de água do nosso Planeta, e é muito desigualmente distribuída. É indispensável conhecer as disponibilidades de água de superfície e subterrânea, tomando em consideração o ciclo da água, a sua qualidade e a sua utilização. Por "inventário" se entendem o levantamento e a avaliação quantitativa dos recursos hídricos existentes nos respectivos territórios, de forma harmônica e cooperativa, em defesa e preservação do meio ambiente e dos respectivos recursos ambientais, como as águas em geral, no legítimo interesse de todos e do país (CF, art. 225, §§ 1º, I, III, V, VI e VII, 2º, 3º e 4º, c/c os arts. 23, I, VI, VII, IX e XI, e parágrafo único; 24, VI, VII, VIII e XII; 170, VI; 200, II, IV, VI, VII e VIII; e 216 e § 1º; Agenda 21, Capítulos 17 e 18; CEA, Princ. 7).

8. Necessidade de *planejamento* de toda atividade que prejudique a quantidade e a qualidade da água. A boa gestão da água, sempre de forma racional, deve ser matéria de planejamento por parte das autoridades competentes. A água é um recurso precioso que tem necessidade de uma racional gestão, de acordo com um plano que concilie, ao mesmo tempo, as necessidades a breve e a longo prazos. Uma verdadeira e própria política impõe-se no setor dos recursos hídricos, mediante numerosas intervenções tendo em vista sua conservação, sua regulamentação e sua distribuição. A conservação da quantidade e da qualidade da água requer, além do mais, o desenvolvimento e o aperfeiçoamento das técnicas de utilização, de recuperação e de depuração (CF, art. 225, §§ 1º, I, III, IV, V, VI e VII, 2º, 3º, 4º e 6º, c/c os

arts. 23, I, VI, VII, IX e XI; 24, VI, VII, VIII e XII; 174; 176; 200, II, IV, VI, VII e VIII; e 216 e § 1º; Agenda 21, Capítulos 17 e 18; CEA, Princ. 8).

9. Necessidade de pesquisa científico-tecnológica para a proteção das águas. A proteção das águas exige um esforço permanente de *pesquisa científico-tecnológica,* de capacitação científico-tecnológica, de formação de especialistas, de informação pública, de educação ambiental e de conscientização pública. A pesquisa científico-tecnológica sobre as águas, especialmente sobre as águas após seu uso, deve ser incentivada ao máximo. Os meios de informação deverão ser ampliados e as trocas de notícias estendidas aos níveis nacionais e internacionais e facilitadas a partir do momento em que se impõe uma formação técnica e biológica de pessoal qualificado nas diversas disciplinas interessadas (CF, art. 225, §§ 1º, I, III, IV e VI, 2º, 3º e 4º, c/c os arts. 23, V e VI; 170, VI; 218; e 219; Agenda 21, Capítulos 17, 18 e 31; CEA, Princ. 9).

10. Indispensabilidade de *conscientização pública* sobre a relevância das águas como patrimônio comum de todos. A água é um patrimônio comum, cujo valor deve ser reconhecido por todos. *Cada pessoa tem o dever de economizá-la e de utilizá-la com zelo ou atenção.* Cada pessoa é uma consumidora e uma utilizadora de água, tendo, desta forma, responsabilidade perante os outros consumidores. Usar a água de maneira desconsiderada ou imprudente significa abusar do patrimônio natural (CF, art. 225, §§ 1º, VI, e 3º, c/c os arts. 23, I, VI e VII; 24, VI, VIII e XII; 170, V e VI; 200, II, IV, VI e VIII; e 216 e § 1º; Agenda 21, Capítulos 17 e 18, c/c o Capítulo 12; CEA, Princ. 10).

11. A *administração dos recursos hídricos* deve ser melhor enquadrada na bacia natural do que entre fronteiras administrativas e políticas, sempre com a cooperação integrada e harmônica das entidades da Federação competentes e a colaboração da comunidade, no interesse de todos (CF, art. 225, § 1º, VI, c/c os arts. 23, I, VI, VII, IX e XI, e parágrafo único; 24, VI, VII, VIII e XII; 170, VI; 174; e 200, II, IV, VI, VII e VIII; Agenda 21, Capítulos 17 e 18; CEA, Princ. 11).

12. Necessidade de permanente *cooperação nacional e internacional* em defesa e preservação das águas, pois as águas não têm fronteiras. Trata-se de recurso comum, cuja tutela requer cooperação de todos, tanto no âmbito nacional como no âmbito internacional. Os problemas internacionais que podem nascer da utilização das águas devem ser resolvidos de comum acordo entre os países competentes, a fim de salvaguardar a água tanto na sua qualidade como na sua quantidade, no legítimo interesse de todos (CF, art. 225, § 1º, VI, c/c os arts. 4º, II, V, VII e IX; 23, I, VI, IX e XI, e parágrafo único; 24, VI, e §§ 1º e 2º; 25; 30, I; 32; 170, VI; e 200, II, IV e VI; Agenda 21, Capítulos 17 e 18; CEA, Princ. 12).

13. Exigência do Estudo Prévio de Impacto Ambiental com o respectivo *Relatório de Impacto Ambiental* e a adequada *Avaliação de Impacto Ambiental (EPIA/RIMA/AIA)* diante de projetos de atividades potencialmente causadoras de significativa degradação ambiental e poluição das águas em geral, em vias de licenciamento inicial, com a observância de ampla publicidade, de audiências públicas e de todas as formalidades constitucionais e legais; *exigência*, ainda, do oportuno *Estudo de Impacto Ambiental* com o respectivo *Relatório de Impacto Ambiental* e a adequada *Avaliação de Impacto Ambiental (EPIA/RIMA/AIA)* diante de *todas as atividades* que, apesar de legal e regularmente concedidas, licenciadas, autorizadas ou permitidas, ocasionem comprovados perigos e danos ao meio ambiente, às águas em geral e à saúde pública (CF, art. 225, §§ 1º, IV e VI, e 3º, c/c os arts. 23, VI, e 170, VI; Agenda 21, Capítulos 15, 17, 18 e 35).

14. Obrigatoriedade de expressa *autorização legal* do Congresso Nacional diante de projetos para o *aproveitamento dos recursos hídricos*, incluídos os potenciais energéticos, a pesquisa e a lavra das riquezas minerais, com a abrangência dos minerais nucleares, *em terras indígenas*, ouvidas as comunidades afetadas, ficando-lhes assegurada a participação nos resultados da lavra, tudo na forma da lei e sem prejuízo do *Estudo Prévio de Impacto Ambiental* com o respectivo *Relatório de Impacto Ambiental* e a adequada *Avaliação de Impacto Ambiental (EPIA/RIMA/AIA)*, antes de qualquer licenciamento por parte da autoridade federal competente (CF, art. 231 e § 3º, c/c os arts. 21, XXIII, "a", "b" e "c"; 49, XIV; 177, V; 200, VII; e 225, §§ 1º, IV, VI e VII, 2º, 4º e 6º).

15. Indispensabilidade de *oportuna apuração*, pelos meios próprios, *da responsabilidade da Administração Pública competente*, de forma solidária com os agentes públicos ou privados e com servidores coniventes, pelos danos causados ao meio ambiente e à saúde pública, quer em decorrência da negligência, imprudência, imperícia, ou da aprovação de projetos em defesa ambiental tendenciosamente aparente ou simulada, quer em decorrência de aceitação do *EPIA/RIMA/AIA* ou *EIA/RIMA/AIA* com base em Estudo de Impacto Ambiental insuficiente ou demasiadamente sumário e sem as básicas recomendações sobre as medidas necessárias à preservação ambiental em geral e das águas em particular (CF, art. 225, §§ 1º, IV e VI, 2º e 3º, c/c os arts. 23, I e VI, e 37, § 6º; Agenda 21, Capítulos 18 e 40).

16. Dever, mais do que nunca nos dias de hoje, de forma irrenunciável, *de desempenhar o efetivo exercício do direito de representação, de denúncia, de petição, de ação ou de defesa*, por parte de qualquer pessoa física ou jurídica interessada, provocando o controle judicial, diante de qualquer atividade ou conduta lesiva ao meio ambiente, ou da falta ou insuficiência de Estudo Prévio ou oportuno de Impacto Ambiental de atividades efetiva ou potencialmente poluidoras, iminentemente prejudiciais ao patrimônio ambiental, tanto o natural (ar, águas, solo, subsolo, espécies animais e vegetais, alimentos e bebidas em geral) como o cultural (bens de valor histórico, artístico, turístico, paisagístico), à saúde pública, ao consumidor e aos interesses sócio-econômicos tanto da coletividade como do país, com base nas normas constitucionais e legais vigentes (CF, art. 225, §§ 1º, IV, e 3º, c/c os arts. 5º, XXXII, XXXIII, XXXIV, "a" e "b", XXXV, LXIX e LXXIII; 21, XXIII, "c"; e 216, § 4º; Lei 6.938, de 31.8.1981, arts. 14, §§ 1º e 2º, e 15, §§ 1º e 2º; Lei 7.347, de 24.7.1985; Lei 9.605, de 12.2.1998, art. 54, III; Agenda 21, Capítulo 40).

17. Obrigatoriedade da promoção de *efetiva política de educação ambiental e de conscientização pública*. A experiência de todos os povos tem demonstrado e vem demonstrando que somente por um permanente processo de orientações, de instruções e de informações contínuas se atinge grau satisfatório de sensibilidade ou de cultura, capaz de conciliar os interesses privados, sociais e públicos, capaz de respeitar e proteger tanto os recursos naturais como os bens culturais em geral, no interesse da saúde e do bem-estar da pessoa humana, individual, coletiva ou publicamente considerada. Evidentemente, a *educação ambiental*, mediante processo contínuo de *instrução, informação, formação, publicidade* (de caráter educativo, informativo ou de orientação social e pública), *pesquisa científica e tecnológica*, espe-

cialização e *ação*, perante a Administração Pública direta e indireta, os servidores públicos civis e militares, a administração privada, a sociedade civil em todos os níveis escolares, profissionais e sociais, *constitui* o pressuposto básico – portanto, indispensável – à *sensibilização de todos* ou à *conscientização pública* necessária à conciliação do desenvolvimento sócio-econômico com a preservação da sadia qualidade ambiental propícia à vida, para o justo e necessário *equilíbrio ecológico-ambiental*, no *legítimo interesse* tanto do *bem-estar das gerações presentes e futuras* como do *equilibrado e seguro desenvolvimento de nosso país* (CF, art. 225, § 1º, IV e VI, c/c os arts. 5º, XIV, XXXIII e XXXIV, "a"; 23, III, IV e VI, e parágrafo único; 37 e § 1º; 170, V e VI; 200, IV, V, VII e VIII; 205; 215 e § 1º; 216, I-V, e §§ 1º e 3º; 218; 219; e 220; Lei 6.938, de 31.8.1981, art. 2º, X; Lei 9.795, de 27.4.1999, sobre *educação ambiental*; Lei 10.650, de 16.4.2003, sobre o acesso às *informações ambientais* junto ao CONAMA; Agenda 21, Capítulos 2, 4, 5, 6, 8, 15, 23-27, 28-31, 34, 35, 37, 39 e 40).

MEIO AMBIENTE E ORÇAMENTO PÚBLICO

INÊS VIRGÍNIA PRADO SOARES

1. Política ambiental e orçamento público. 2. Dos recursos financeiros destinados à política ambiental: 2.1 Os gastos em matéria ambiental podem ser prioritários nas leis orçamentárias? – 2.2 É possível ordem judicial para inclusão de verba para meio ambiente no orçamento do próximo ano? – 2.3 E quando o crédito orçamentário destinado ao meio ambiente não se realiza?. 3. Dos recursos financeiros que interferem na política ambiental: as agências de fomento, os fundos e as subvenções. 4. Subvenções em matéria ambiental: da necessidade de adequação das despesas públicas ao direito ao meio ambiente. 5. Conclusão.

1. Política ambiental e orçamento público

A realização das políticas ambientais depende prioritariamente dos recursos financeiros, tanto nas tarefas típicas do Estado de fiscalização quanto nas tarefas que podem ser realizadas em conjunto pelo Estado e sociedade: educação ambiental, informação, preservação, conservação etc. Pela própria natureza do bem resguardado, cabe ao Estado estabelecer as diretrizes e as metas para o meio ambiente, materializando-as na lei orçamentária, com a sistematização dos recursos que serão alocados na defesa e preservação do meio ambiente, independentemente de sua origem ser pública ou ter procedência de ONGs nacionais e internacionais que financiam os projetos ambientais do Ministério do Meio Ambiente.[1]

---

1. Dessa forma, segundo dados do INESC, 50% do orçamento autorizado em 1999 para as políticas ambientais eram oriundos de empréstimos ou doações externas (Instituto de Estudos Sócio-Econômicos, *Políticas Públicas Sociais, a Execução Orçamentária da União de 1999*, 2000).

O direito ambiental no Estado Democrático Brasileiro, insculpido no art. 225 da Lei Maior e por valores permeados em todo o texto constitucional, busca a promoção de justa harmonia nas relações dos seres humanos entre si e a plena integração destes com a Natureza, transcendendo-se a questão dos recursos naturais e sua exploração,[2] com o objetivo de se chegar ao tema crucial das condições de vida, do bem-estar da população.[3]

Portanto, o direito ambiental protegido no Estado Democrático de Direito é o normatizado, o que organiza de forma mandamental os comportamentos sociais que devem ser estabelecidos para garantia e implementação da manutenção das formas de vida, já que é esta a essência da sociedade.[4] No mesmo sentido, diz Cristiane Derani, "o direito fundamental ao meio ambiente ecologicamente equilibrado é uma construção social, partindo de dados da nossa realidade social – inclusive os de natureza inserida nas relações sociais".[5]

A noção de *direito fundamental ao meio ambiente* está, portanto, centralizada no desenvolvimento social, econômico e cultural do homem, e é bem resumida por Antônio Sousa Franco, quando diz que "o direito fundamental a um ambiente são e equilibrado não pode ser entendido fora das suas coordenadas culturais, nomeadamente da sua articulação com o conceito de desenvolvimento econômico-social, porque, na verdade, é nesse âmbito que diversas questões, que são jurídicas, assumem o seu sentido essencial".[6]

2. Segundo Cristiane Derani, "o meio ambiente deixa-se conceituar como um espaço onde se encontram os recursos naturais"; mas ressalta que este conceito "não se reduz a ar, água, terra, mas deve ser definido como conjunto das condições de existência humana, que integra e influencia o relacionamento entre os homens, sua saúde e seu desenvolvimento" (*Direito Ambiental Econômico*, Max Limonad, 1997, pp. 70-71).

3. Antônio Augusto Cançado Trindade, *Direitos Humanos no Meio Ambiente: Paralelo do Sistema de Proteção Internacional*, Porto Alegre, Sérgio Antônio Fabris Editor, pp. 24-25.

4. Conforme desenvolvido por Cristiane Derani, no artigo "Meio ambiente ecologicamente equilibrado: direito fundamental e princípio da atividade econômica", in Guilherme José Purvin de Figueiredo (org.), *Temas de Direito Ambiental e Urbanístico*, São Paulo, Max Limonad, 1998, pp. 97-99.

5. Idem, p. 98.

6. "Ambiente e desenvolvimento, textos – Ambiente e consumo", *Revista do Centro de Estudos Ambientais e de defesa do Consumidor do Ministério da Justiça*, Portugal, CEJ, 1996, p. 9.

A concepção constitucional de que todos têm direito ao meio ambiente ecologicamente equilibrado – já que esse meio ambiente é essencial à sadia qualidade de vida – revela que somente a vida pautada no valor da dignidade é aceita em nosso Estado Democrático de Direito e confere ao direito ambiental a posição consolidada[7] de direito fundamental do homem em nosso sistema jurídico.[8]

O art. 225 da CF dispõe que a proteção e a preservação do meio ambiente são deveres da coletividade e do Poder Público. Desse preceito constitucional "retira-se uma atuação conjunta entre organizações ambientalistas, sindicatos, indústrias, comércio, agricultura e tantos outros organismos sociais comprometidos nessa defesa e preservação".[9] A atuação pode-se dar, portanto, de acordo com a atividade desenvolvida, sob diversos aspectos, seja com o desenvolvimento de uma atividade econômica – por exemplo, uma atividade industrial –, seja por meio da promoção da informação ambiental, seja por meio da educação ambiental, seja na propositura de ações judiciais etc.

A Lei 6.938/1981, em consonância com a Constituição Federal, afirma ser objetivo de sua política "a preservação, melhoria e recuperação da qualidade ambiental propícia à vida, visando assegurar no país condições à (...) proteção da dignidade da vida humana" (art. 2º). Segundo Cristiane Derani, "o meio ambiente no direito positivo de nosso país não se reduz a ar, água, terra, mas deve ser definido como conjunto das condições de existência humana, que integra e influencia o relacionamento entre os homens, sua saúde e seu desenvolvimento".[10] No mesmo sentido, Vladimir Passos de Freitas acentua que, na visão moderna, o meio ambiente "vem sendo entendido não apenas como a Natureza, mas também como as modificações que o homem nela vem introduzindo".[11]

---

7. Utilizo a expressão "posição consolidada" pois, mesmo que não existisse a previsão constitucional do art. 225, o direito fundamental ao meio ambiente é reconhecido pelo nosso sistema normativo e pelos valores constitucionais.
8. Canotilho destaca que "os direitos fundamentais são-no, enquanto tais, na medida em que encontram reconhecimento nas Constituições e deste reconhecimento se derivem conseqüências jurídicas" (*Direito Constitucional e Teoria da Constituição*, 3ª ed., Coimbra, Almedina, p. 353).
9. Celso Fiorillo, *Curso de Direito Ambiental Brasileiro*, São Paulo, Saraiva, p. 37.
10. *Direito Ambiental Econômico*, pp. 70-71.
11. *A Constituição Federal e a Efetividade das Normas Ambientais*, São Paulo, Ed. RT, p. 93.

A busca do desenvolvimento sustentável e a constante necessidade de acomodação entre o desenvolvimento dos setores produtivos e o direito ao meio ambiente sadio exigem do Estado tanto uma ação positiva – no sentido de investimento financeiro e, ao mesmo tempo, fiscalização da atividade, para que esta não prejudique o meio ambiente – quanto uma ação negativa, de não financiar (ou, mesmo, renunciar receitas fiscais) as atividades produtivas que não guardem pertinência com o desenvolvimento sustentável e degradem o meio ambiente.

A antinomia existente no princípio ambiental do desenvolvimento sustentável pode ser apontada como fator decisivo na necessidade de interferência estatal, que deve formular as políticas ambientais, estabelecendo os planos e as metas a serem cumpridos, bem como os programas que concretamente possibilitem o cumprimento destes.

É válido ressaltar que, quando se fala em recursos públicos destinados aos que atuam no setor privado para implementação do direito ambiental assegurado pela Constituição, não se está a falar somente em despesas públicas, em recursos financeiros destinados às políticas ambientais propostas (subvenções,[12] subsídios), mas também em recursos despendidos e em recursos não-arrecadados, seja pela renúncia fiscal, seja pela isenção etc.

No que tange à esfera de ação negativa do Estado, a alocação dos recursos financeiros para as empresas poluidoras deve obedecer a dispositivo constitucional que determina que o projeto de lei orçamentária seja acompanhado de demonstrativo regionalizado do efeito, sobre as receitas e despesas, decorrente de isenções, anistias, remissões, subsídios e benefícios de natureza financeira, tributária e creditícia (art. 165, § 6º).

Também importa destacar a ausência de vinculação da liberação das verbas públicas à atuação dos beneficiados por tais recursos. Ou seja, não existe obrigatoriedade de que o beneficiário não polua o ambiente. Dessa forma, em muitos casos as verbas públicas servem para implementação de obra ou atividade que será nociva ambientalmente.

---

12. As subvenções estão previstas no art. 12 da Lei 4.320/1965, como despesas correntes. Eduardo Maciel Ferreira Jardim afirma que, enquanto despesas correntes, as subvenções "são verdadeiras despesas operacionais, e, por isso mesmo, economicamente improdutivas" (*Manual de Direito Financeiro e Tributário*, São Paulo, Saraiva, 1996, p. 38).

Essa última argumentação decorre da ausência de compatibilização da política nacional de proteção ambiental com as atividades ambientais operacionais, financiadas ou incentivadas pelo Poder Público.

2. Dos recursos financeiros destinados à política ambiental

Os recursos orçamentários destinados às políticas públicas ambientais realizam-se pelo planejamento dos investimentos públicos no Plano Plurianual, na Lei de Diretrizes Orçamentárias e nas leis orçamentárias anuais (no orçamento fiscal e no orçamento de investimento – art. 165, § 5º, I e II).

Dessa forma, a fase de escolha ou priorização dos gastos está estritamente ligada à concepção dos Poderes Legislativo e Executivo em relação às políticas sociais que devem ser concretizadas no exercício financeiro próximo. Trata-se de uma decisão social, na qual a previsão legal dos gastos é tão importante quanto a decisão administrativa de efetivá-los.[13]

A diretriz para a atuação da sociedade e do Estado é fornecida pela política pública ambiental traçada. Em sua formulação, para que se atinjam as finalidades estabelecidas, a lei diferencia as atuações da sociedade e da Administração Pública.

Carlos Alberto Salles diz: "As políticas definidas em lei, quando dirigidas a particulares, atuam através de interferência na esfera de autonomia privada dos sujeitos, fixando proibições, estabelecendo obrigações ou induzimento e, mesmo, definindo a titularidade de determinados bens. Relativamente à Administração Pública, as políticas definidas atuam para limitar ou excluir a discricionariedade administrativa, através da imposição de procedimentos ou da fixação de obri-

---

13. A priorização de gastos em determinado setor é sempre uma decisão social e está conjugada à conjuntura sócio-econômica. Nesse sentido, Carlos Alberto Salles (*Execução Judicial em Matéria Ambiental*, São Paulo, Ed. RT, 1999, p. 63) observa que "qualquer decisão social, produzida ou não através dos vários mecanismos estatais, incorpora opções por um entre vários interesses relevantes, traduzindo uma dada avaliação sobre qual deles, em uma determinada alocação de recursos públicos (bens ou serviços), melhor atende ao objetivo social que se quer alcançar por meio de uma determinada ação. A essência de qualquer política pública, levada adiante pelo Executivo, Legislativo ou Judiciário, é distinguir e diferenciar, realizando a distribuição dos recursos disponíveis na sociedade".

gações legais de fazer ou não-fazer. As normas programáticas ou de incentivos entre os vários graus da Administração (por exemplo, condicionando o repasse de verbas públicas ou concessão de financiamento a requisitos mínimos) também são uma forma de implementar uma política pública em níveis diversos da Administração".[14]

O orçamento no Estado Democrático de Direito Brasileiro continua a ter como principal função ser instrumento realizador da administração estatal e das políticas públicas definidas. O plano de ação estatal, com o objetivo de concretizar os direitos sociais assegurados, especialmente o direito ao meio ambiente equilibrado, deve estar demonstrado nas peças orçamentárias previstas na Constituição.

José Reinaldo de Lima Lopes destaca que "para a compreensão das políticas públicas é essencial compreender-se o regime das finanças públicas (...). Elas precisam estar inseridas no direito que o Estado recebeu de planejar não apenas suas contas, mas de planejar o desenvolvimento nacional, que inclui e exige a efetivação de condições dos exercícios sociais pelos cidadãos brasileiros. Assim, o Estado não só deve planejar seu orçamento anual, mas também suas despesas de capital e programas de duração continuada (art. 165, § 1º)".[15]

A Carta Magna prevê o Plano Plurianual, a Lei de Diretrizes Orçamentárias e a lei orçamentária anual como os planejamentos orçamentários que devem se integrar entre si e guardar compatibilidade com o planejamento global socio-econômico.[16] Cada uma dessas peças possui finalidades diversas: o Plano Plurianual define o cenário, a Lei de Diretrizes Orçamentárias orienta o processo orçamentário e fixa a política de gasto do governo, e a lei orçamentária anual realiza as alocações específicas.[17]

O planejamento comporta objetivos amplos e abriga várias possibilidades de concretização dos direitos assegurados na Constitui-

14. *Execução Judicial* ..., p. 54.
15. "Direito subjetivo e direitos sociais: o dilema do Judiciário no Estado Social de Direito", in José Eduardo Faria (org.), *Direitos Humanos, Direitos Sociais e Justiça*, 1ª ed., 3ª tir., São Paulo, Malheiros Editores, 2002, pp. 132-133.
16. Cf. Ricardo Lobo Torres, *Tratado de Direito Constitucional Financeiro e Tributário*, 2ª ed., Rio de Janeiro, Renovar, 2000, p. 60.
17. Cf. Oswaldo Maldonado Sanches, "O ciclo orçamentário: uma revelação à luz da Constituição de 1988", *Revista de Administração Pública*, outubro-dezembro/1993, Rio de Janeiro, p. 67.

ção. A determinação legal de quais serão as prestações positivas priorizadas no período financeiro determinado está contida no Plano Plurianual e na Lei de Diretrizes Orçamentárias. Porém, tais leis orçamentárias não possuem um teor operacional, não existe uma dotação orçamentária ou valores autorizados para os gastos, assim, não são o que a doutrina classifica como lei operativa. Somente por meio da lei orçamentária anual, que é operativa, na qual é fixada a dotação orçamentária – isto é, o valor total de gasto autorizado para cada projeto ou atividade constante do orçamento –, pode-se perceber quais foram as prestações positivas que o Estado decidiu realizar no exercício seguinte.

Canotilho, ao analisar as decisões judiciais do Tribunal Constitucional sobre a realização dos direitos sociais, observa que a jurisprudência portuguesa considerou que "os direitos sociais ficam dependentes na sua exacta configuração e dimensão de uma intervenção legislativa, conformadora e concretizadora, só então adquirindo plena eficácia e exeqüibilidade".[18]

Essas prestações positivas do Estado passam pelo reconhecimento da escassez dos recursos públicos e pelas "escolhas"[19] na realização das tarefas públicas que efetivarão os direitos sociais. A decisão materializa-se na lei orçamentária anual, "pela reserva do possível", ou seja, pela disponibilidade de recursos existentes no exercício financeiro para a realização dos direitos sociais.

Canotilho critica o entendimento de que o direito assegurado na Constituição exige uma opção legislativa. Ao comentar as decisões jurisprudenciais portuguesas, conforme argumentação das notas de rodapé anteriores, diz que essas decisões dos tribunais partem de um pressuposto "não inteiramente aceitável: o de que as concretizações legislativas de direitos derivados a prestações indissociáveis da realização efectiva dos direitos sociais assentam, na prática, em critérios de oportunidade técnico-financeira e política".[20] Em palestra proferida em São Paulo no primeiro semestre de 2001, Canotilho afirmou

---

18. *Direito Constitucional* ..., 3ª ed., p. 484.
19. A doutrina refere-se a essas escolhas como "escolhas trágicas", já que se está diante de direitos sociais que necessitam de implementação, com a opção por um desses direitos e o adiamento de outro, tão importante quanto o escolhido.
20. *Direito Constitucional* ..., 3ª ed., p. 484.

que para ele não interessava se existia lei que viabilizasse o direito social assegurado na Constituição; o que interessava era seu gozo.

Ultrapassados os critérios de oportunidade técnico-financeira e política e ocorrendo concretização legislativa para efetivação dos direitos sociais, com a previsão de verba destinada àquela finalidade na lei orçamentária anual, não se deve admitir que o caráter meramente autorizativo de realização de despesas nas leis orçamentárias dê ao administrador liberdade para não efetivar os direitos sociais.

Vale ressaltar, aqui, que não se está falando de exaustão da capacidade orçamentária (inexistência material dos recursos financeiros), nem de contenção orçamentária (contingenciamento), que é o ato do Poder Executivo que limita a execução do gasto público a valores inferiores àqueles autorizados na lei orçamentária; mas da suposta discricionariedade do administrador em não efetivar o gasto.

Dessa forma, as prestações positivas do Estado para que sejam asseguradas as ações que protejam o meio ambiente necessitam de recursos públicos. A aplicação destes recursos opera-se na fase da execução orçamentária. A fiscalização e o controle desta fase do procedimento orçamentário devem ter por objetivo compatibilizar o gasto público com os princípios e os valores constitucionais.

As leis orçamentárias anuais veiculam direitos materiais e, por tal razão, podem e devem ser fiscalizadas pela sociedade. Mais que fiscalizar, a sociedade pode exigir a execução das despesas alocadas para determinadas finalidades.

Nesse esteio, é importante delimitar os órgãos da Administração Federal nos quais a matéria ambiental está abrangida, já que estes serão os responsáveis pela execução orçamentária.

Primeiro vale citar o Ministério do Meio Ambiente, que atualmente tem como assuntos de sua área de competência: a política nacional do meio ambiente e dos recursos hídricos e a política de preservação, conservação e utilização sustentável de ecossistemas, biodiversidade e florestas.[21] A autarquia federal que executa as políticas traçadas por esse Ministério é o IBAMA.

Mas, como nota Paulo Affonso Leme Machado:

---

21. Cf. Lei 9.649/1998.

"A matéria ambiental não está abrangida total e exclusivamente no ministério do Meio Ambiente.

"Os recursos do mar são gerenciados pela CIRM – Comissão Interministerial dos Recursos do Mar, cuja Secretaria Executiva é a SECIRM, integrando esses organismos o Ministério da Marinha. A exploração mineral está sujeita ao Departamento Nacional da Produção Mineral, que está vinculado ao Ministério de Minas e Energia. Os agrotóxicos são registrados no Ministério da Agricultura. O patrimônio cultural e natural, objeto de tombamento, faz parte das atribuições do Ministério da Cultura. O Ministério da Saúde é competente para fiscalizar alimentos, bebidas e água para consumo humano.

"Um superministério do meio ambiente não foi criado no Brasil e isso não é desejável para a eficaz administração ambiental."[22]

Atualmente a estrutura da Lei 10.683/2003, que dispõe sobre a organização da Presidência da República e dos Ministérios, prevê como integrante da Presidência da República a Secretaria Especial de Aqüicultura e Pesca (art. 1º, § 3º, IV).

A execução orçamentária em matéria ambiental é, portanto, de responsabilidade de vários Ministérios. As leis orçamentárias, com suas prioridades e metas e seu direcionamento de gastos, bem como a execução das mesmas, com a realização das despesas autorizadas, devem-se orientar pelos princípios e valores ambientais.

As tarefas ambientais prioritárias estabelecidas para um período determinado têm característica de ações positivas do Poder Público – e, como tais, exigem recursos financeiros para sua efetivação, como se verá a seguir.

2.1 Os gastos em matéria ambiental podem ser prioritários nas leis orçamentárias?

Para responder a este questionamento é necessário frisar que a priorização de gastos não pode, em hipótese alguma, ser confundida com a vinculação de receitas. Esta (vinculação de receitas) afronta o

---

22. *Direito Ambiental Brasileiro*, 9ª ed., São Paulo, Malheiros Editores, 2001, pp. 143-144 (v. também 12ª ed., São Paulo, Malheiros Editores, pp. 155-156).

princípio orçamentário da não-afetação e só é admissível nos termos estabelecidos em nossa Constituição.

O princípio orçamentário da não-afetação de receitas prescreve que nenhuma receita pode ser vinculada – ou seja, a receita não pode ser afeta a um fim específico. Esse princípio, todavia, encontra restrições na própria Constituição Federal, vez que seu art. 167, IV, ao tempo em que veda a vinculação de receitas de impostos a órgãos, fundo ou despesa, excetua em algumas hipóteses essa vedação, nos seguintes termos: "Art. 167. São vedados: (...) IV – a vinculação de receita de impostos a órgão, fundo ou despesa, ressalvadas a repartição do produto da arrecadação dos impostos a que se referem os arts. 158 e 159, a destinação de recursos para manutenção e desenvolvimento do ensino, como determinado pelo art. 212, e a prestação de garantias às operações de crédito por antecipação de receita, previstas no art. 165, § 8º, bem assim o disposto no § 4º deste artigo".

Para Sant'Anna e Silva, de acordo com esse princípio, "nenhuma parcela da receita geral poderá ser reservada ou comprometida para atender a certos e determinados gastos".[23] Porém, como observa José Afonso da Silva, "a destinação de receita a programas de despesa de capital sem especificação não chega a constituir ofensa ou exceção ao princípio da não-afetação".[24] Logo a seguir, destaca que a técnica do orçamento-programa "é refratária a qualquer vinculação *a priori* de receita. Ela quer que os recursos sejam livres e à disposição para a realização de obras e serviços, em conformidade com as necessidades existentes e em obediência à escala de prioridade estabelecida a partir da análise rigorosa da situação existente".[25]

A realização de obras e serviços que sejam considerados prioritários por favorecerem o meio ambiente ou qualquer outro direito social exige recursos livres. Certamente, a vinculação das receitas feita pela Constituição dificulta a implementação de diversas políticas públicas – daí a razão da crítica de José Afonso da Silva, acima transcrita. No mesmo sentido do constitucionalista, diz José Serra: "A motivação dos que propõem as vinculações é, por certo, generosa e suas preocupações têm fundamento. (...). Creio que tais vinculações não

---

23. *Apud* James Giacomoni, *Orçamento Público*, 6ª ed., São Paulo, Atlas, p. 75.
24. *Orçamento-Programa no Brasil*, São Paulo, Ed. RT, p. 158.
25. Idem, ibidem.

cabem na Constituição: castram o poder que o Legislativo deve exercer num regime democrático em relação à utilização dos recursos públicos, são tecnicamente inadequadas, induzem a distorções e são impróprias a um texto constitucional".[26]

O sistema normativo pátrio admite a previsão legal de gastos prioritários na matéria ambiental, pela natureza do bem protegido. Portanto, caso não sejam previstos como prioritários pelo Executivo, a participação do Poder Legislativo na determinação da utilização dos recursos públicos é essencial.

Nossa Constituição atribui ao Poder Legislativo uma participação efetiva por meio da votação da Lei de Diretrizes Orçamentárias – que fixa as prioridades e as quantidades destinadas a cada setor –, da possibilidade de aprovar emendas à proposta orçamentária, da votação do Plano Plurianual de investimentos e da capacidade de fiscalização da execução orçamentária.[27] Daí, pode-se dizer que a inclusão de um programa como prioritário vincula o gasto em um período determinado e pode ocorrer também por lei infraconstitucional, e não somente por força constitucional (como é o caso da educação e da saúde).

A hipótese de existência de um parâmetro de gasto definido nos Planos Plurianuais para o meio ambiente é sugerida por José Serra: "Além da definição de recursos no orçamento anual, nada impedirá que nos Planos Plurianuais, aprovados em leis, sejam definidas prioridades percentuais na alocação de recursos, de forma realista, flexível e por determinados períodos, segundo critérios de governantes e parlamentares democraticamente eleitos, que respondam a anseios e reivindicações da comunidade".[28]

Os Planos Plurianuais fornecem elementos de controle (judicial ou administrativo) da aplicação dos recursos destinados à Política

26. *Orçamento no Brasil*, 2ª ed., São Paulo, Atual, p. 125.
27. José Serra, *Orçamento no Brasil*, 2ª ed., p. 125. Misabel de Abreu Machado Derzi destaca que, "em relação aos orçamentos, a legalidade foi reafirmada e expandida, por meio do restabelecimento da faculdade de emendar do Poder Legislativo. Com isso, o órgão parlamentar não se limitará a aprovar *in totum* (ou rejeitar) o projeto de lei orçamentária elaborado pelo Executivo, mas efetivamente poderá codecidir e colaborar em matéria orçamentária" ("Repartição das receitas tributárias – Finanças públicas – Normas gerais orçamentárias", *Revista da Faculdade de Direito da UFMG* 33/354, n. 33).
28. *Orçamento no Brasil*, 2ª ed., p. 127.

Nacional do Meio Ambiente. Embora sejam normas de planejamento, podem estabelecer prioridades percentuais na alocação de recursos, que devem ser cumpridas nos orçamentos anuais.[29]

A priorização do gasto em matéria ambiental na Lei de Diretrizes Orçamentárias também é fundamental para o posterior controle da execução orçamentária,[30] já "que permitirá, durante um prazo adequado, um debate mais detido sobre as prioridades orçamentárias e os financiamentos concedidos por agências públicas, cujo papel é estratégico para o desenvolvimento brasileiro".[31]

Pode-se concluir que, embora não se possa falar em vinculação de verbas para o meio ambiente, por vedação constitucional, já que a vinculação constitucional dos recursos é apenas para a educação e a saúde (art. 167, IV), os gastos nas outras áreas, como o meio ambiente, podem ser priorizados por um período certo. Tais gastos têm como pressuposto a definição estabelecida nas leis orçamentárias, posto que não se pode realizar um gasto sem a receita correspondente. Destacados os programas ambientais prioritários para o cumprimento da Política Nacional do Meio Ambiente, eles poderão receber tratamento privilegiado em sua execução.[32]

2.2 É possível ordem judicial para inclusão de verba para o meio ambiente no orçamento do próximo ano?

A eficácia das leis orçamentárias anuais difere no que tange às receitas e às despesas: enquanto a ausência de previsão na lei orçamentária anual não impede a arrecadação de tributos, já que não existe mais o princípio da anualidade tributária (apenas o da anterioridade[33]), a ine-

---

29. Pode-se considerar a teoria da discricionariedade mínima, na qual a liberdade do administrador restringe-se às opções constitucionais.
30. Vale ressaltar que os objetivos fundamentais declarados nas LDOs dos anos de 1999 e de 2000, que fixam os parâmetros para a elaboração das leis orçamentárias anuais dos exercícios de 2000 e 2001, nada de específico mencionam acerca de proteção ambiental.
31. José Serra, *Orçamento no Brasil*, 2ª ed., p. 10.
32. Idem, p. 127.
33. Esse princípio direciona que o orçamento deve ser elaborado por um período certo de tempo. Por ser o orçamento um instrumento de realização efetiva do programa de governo, as atividades ali ordenadas devem ser cumpridas num período

xistência de crédito orçamentário impossibilita que o gasto seja efetuado enquanto não aprovado o crédito adicional (art. 167, II, da CF).[34]

O art. 167, II, da CF estabelece uma vedação orçamentária. Essa vedação tem importância para a condução do processo de elaboração orçamentária, bem como para sua execução, na medida em que impõe obediência do administrador da coisa pública aos limites dados pelo Poder Legislativo e a este, por outro lado, traça a diretriz a ser seguida quando da aprovação das leis orçamentárias.

No mesmo sentido, diz Carlos Valder do Nascimento acerca da medida de enumeração exaustiva das vedações orçamentárias:

"Com essa medida, busca tornar mais eficiente a aplicação do dinheiro público, permitindo, ainda, um controle mais rápido dos gastos a serem efetivados pelo Poder Executivo na satisfação das necessidades coletivas.

"Dirige-se o comando constitucional a uma série de situações que dão consistência ao conteúdo das restrições materiais de natureza financeiro-orçamentária que, voltadas em sua maioria para o campo poético, procuram preservar o princípio da moralidade administrativa consagrado em sede constitucional."[35]

Daí surge questão extremamente importante para a concretização do direito ambiental assegurado no sistema positivo: como obter uma proteção efetiva de um bem ou valor ambiental se o Poder Público afirma não possuir recursos financeiros para desenvolver tal atividade, ou se aquela proteção entendida fundamental pela sociedade não está entre suas prioridades ou, ainda, mesmo que considerada prioritária, na ponderação das várias necessidades, se a escolha estatal entendeu mais urgente a destinação de recursos para outras atividades?

A possibilidade de exigir o cumprimento de políticas ambientais sem previsão orçamentária encontra respaldo na própria Constituição. Vejamos.

---

certo. O Estado deverá, após este período, ajustar suas ações às necessidades sociais atuais.
  34. Cf. Misabel Derzi, "Repartição das receitas tributárias – ...", *Revista da Faculdade de Direito da UFMG* 33/355.
  35. *Finanças Públicas e o Sistema Constitucional Orçamentário*, Rio de Janeiro, Forense, p. 76.

A Constituição Federal estabelece a competência concorrente para União, Estados e Distrito Federal legislarem sobre matéria ambiental (art. 24). O art. 23 reza ser competência comum da União, dos Estados, do Distrito Federal e dos Municípios a proteção do meio ambiente e o combate à poluição em quaisquer de suas formas.[36]

A fixação de diretrizes em programas e planos nacionais, regionais e setoriais em matéria ambiental deve ser compatível com a destinação dos recursos financeiros para suas execuções, segundo o § 2º do art. 165 da Lei Maior. Dessa forma, a alegação do Poder Público de que, embora tenha estabelecido certa política pública, não dispõe de recursos para realizá-la, por não existir previsão de tal despesa na lei orçamentária anual, não encontra amparo constitucional em nosso sistema normativo.

Não é possível que uma política pública elaborada em consonância com o Plano Plurianual seja inviabilizada em razão da sua não-previsão na lei orçamentária anual. Por outro lado, a previsão na lei orçamentária anual já é um importante passo para a efetividade do gasto em matéria ambiental . Mesmo assim, a previsão de um determinado gasto no orçamento não obriga à sua feitura. A omissão do Poder Público com a não efetivação do gasto, apesar de não ser expressamente proibida por lei, é inaceitável juridicamente.

A concepção de que a escolha dos gastos na lei orçamentária anual pode postergar a proteção do meio ambiente afronta diversos princípios ambientais. Por isso, é cabível seja exigido o cumprimento da política proposta, mesmo que não tenha sido prevista no orçamento anual.

Lúcia Valle Figueiredo, ao tratar da defesa dos interesses difusos e coletivos – como são os interesses ambientais –, sugere que em sede de ação civil pública na qual se pleiteia a realização de obras, prestação de serviços ou implementação de políticas públicas, quando a omissão administrativa esteja causando ou possa causar dano à saúde dos cidadãos e ao meio ambiente, é cabível a acumulação deste pedi-

36. Como observa Paulo Affonso Leme Machado: "A Constituição Federal de 1988 inovou na técnica legislativa, tratando em artigos diferentes a competência para legislar e a competência para administrar" (*Direito Ambiental Brasileiro*, 12ª ed., p. 99).

do com a "inclusão da respectiva despesa no orçamento do ano seguinte".[37]

Atenta a citada professora a que essa acumulação de pedidos com a determinação de inclusão da despesa é "uma sofisticação do conceito de controle dos atos administrativos: se a Administração tem um dever negativo e o descumpre, é razoável requerer que, junto com a determinação judicial do não-fazer, sejam viabilizados os recursos que permitam a realização do objetivo pretendido".[38]

Porém, a argumentação da possibilidade de ordem judicial que determine a inclusão da verba na lei orçamentária do ano seguinte merece ponderação, como a feita por Pontes de Miranda em comentários à Constituição de 1967: "Se lei complementar diz que nenhuma despesa será ordenada ou satisfeita sem que exista 'saldo de verba' ou 'crédito votado' pela Câmara, o Poder Executivo não pode ordenar que se pague sem que exista saldo de verba ou crédito votado. Quem vota a verba ou o crédito é o Poder Legislativo. O Poder Executivo, diante da falta de saldo, não pode ordenar que se pague, nem pode pagar: tem que pedir que se vote a verba ou o crédito".[39]

A norma comentada não sofreu alteração com a Constituição de 1988. A determinação judicial de inclusão de dotação orçamentária no orçamento do próximo ano respeita a competência privativa do Executivo de enviar ao Poder Legislativo o projeto de lei orçamentária anual (art. 84, XXIII, da CF).

A alegação de liberdade do Poder Executivo na elaboração do projeto de lei orçamentária, com a eleição das áreas prioritárias na alocação de recursos sem respeitar a determinação judicial de inclusão da verba no orçamento, é refutada pelo disposto no inciso VII do art. 85 da CF, que estabelece como *crime de responsabilidade* atos que atentem contra decisões judiciais.

Eros Roberto Grau, em parecer exarado em consulta da União Federal acerca de "Despesa pública – Princípio da legalidade – Deci-

---

37. "Ação civil pública – Ação popular – A defesa dos interesses difusos e coletivos – Posição do Ministério Público", *RDP* 16/27, São Paulo, Ed. RT.
38. Lúcia Valle Figueiredo, idem.
39. *Comentários à Constituição de 1967 com a Emenda n. 1 de 1969*, 2ª ed., São Paulo, Ed. RT, 1970, p. 213.

são judicial",[40] traz farta e ponderada argumentação acerca do problema em debate neste tópico.

Primeiro, analisa a hipótese de "ausência de *capacidade orçamentária*"[41] da Administração que recebe ordem judicial para efetuar gastos não previstos na lei orçamentária. Nesse caso, a Administração não dispõe de "capacidade orçamentária" para efetuá-los; apesar de ter pretendido ampliá-la mediante a obtenção de autorização legislativa para tanto, considere-se a possibilidade, real e efetiva, de o Poder Legislativo ter recusado essa autorização. Aí, neste caso, há disponibilidade de *caixa* para os pagamentos, ausente, porém, a "capacidade orçamentária".[42]

Dessa forma, destaca que, "embora pudesse a Administração adquirir recursos suficientes para efetuar os pagamentos a que foi judicialmente condenada, não obtém do Poder Legislativo autorização para isso".[43] Em confronto dois princípios: o da despesa pública e o da sujeição da Administração às decisões do Poder Judiciário. O citado professor entende que a este princípio deve ser atribuído peso mais elevado que ao da despesa pública. Afirma que, "nesse caso, deverá a Administração prover-se de créditos orçamentários sem observar as regras acima indicadas, cuja eficácia é afastada".

Mas, em seguida, coloca Eros Roberto Grau a situação de exaustão orçamentária, definida como "situação que se manifesta quando

40. *RDA* 191/315-331, janeiro-março/1993.
41. Ausência de *capacidade orçamentária* é – segundo Eros Roberto Grau – a ausência de recursos suficientes nos termos da normatividade constitucional ("Despesa pública – ...", *RDA* 191/318). O mesmo autor relaciona os artigos constitucionais que amparam a capacidade orçamentária da seguinte forma: "a) art. 167, II – nada pode ser pago sem autorização orçamentária, nem além dos valores orçamentariamente limitados; b) art. 85, VI – a desobediência de qualquer dessas duas limitações (despender *sem* autorização ou *além* da autorização) constitui crime de responsabilidade; c) art. 166 – a abertura de créditos adicionais depende de autorização legislativa; d) art. 167, V – é vedada a abertura de crédito suplementar ou especial sem prévia autorização legislativa e sem indicação dos recursos correspondentes; e) art. 167, VI – é vedada a transposição, o remanejamento ou a transferência de recursos de uma categoria de programação para outra ou de um órgão para outro, sem prévia autorização legislativa".
42. Eros Grau, "Despesa pública – ...", *RDA* 191/317-318.
43. Idem, *RDA* 191/324. O professor faz, de p. 318 a p. 325, uma rica análise acerca da ponderação dos princípios constitucionais, para chegar à conclusão de qual princípio prevalece.

inexistirem recursos suficientes para que a Administração possa cumprir determinada ou determinadas decisões judiciais. Não há, no caso, disponibilidade de caixa que permita cumpri-las".[44] Existe, nessa hipótese, "a frustração material da finalidade do princípio da sujeição da Administração às decisões judiciais",[45] que deve ser comprovada perante o STF.[46]

Essas colocações coadunam-se com a idéia de controle administrativo pela sociedade a partir da inclusão de verba orçamentária na lei orçamentária do próximo exercício, sugerida com brilhantismo por Lúcia Valle Figueiredo, possibilitando uma resposta positiva ao questionamento desse item.

Desse modo, é possível que ordem judicial determine a inclusão de verba no orçamento do próximo exercício financeiro. Tal argumentação guarda pertinência com nosso sistema constitucional, principalmente no que tange à obrigatoriedade de efetivação de políticas sociais estabelecidas em planos de governo e que integram as políticas públicas do Estado.

2.3 E quando o crédito orçamentário destinado ao meio ambiente não se realiza?

A escolha das prestações que serão atendidas está disposta no orçamento anual que será executado pelo órgão responsável. Porém, estabelecidas as prioridades em matéria ambiental, na fase de execução, pela natureza meramente autorizativa do orçamento, pode ocorrer a não-realização das tarefas prescritas (ou a não-realização integral das mesmas).

Portanto, a eleição pelo Poder Público das prestações positivas que efetivarão o direito ao meio ambiente por meio de sua inclusão no orçamento anual não garante a realização da despesa prevista. Por isso é tão importante a fiscalização, pela sociedade, da execução orçamentária, seja pelo seu interesse direto na realização do gasto, seja pela possibilidade de interferir e modificar o curso dos gastos públicos no próprio exercício orçamentário, seja, ainda, como modo de ma-

44. Eros Grau, "Despesa Pública – ...", RDA 191/325.
45. Idem, RDA 191/327.
46. Idem, RDA 191/328.

nifestação de seu descontentamento com a não-implementação da política prevista.

No mais, ao fiscalizar e provocar o controle da execução orçamentária em matéria ambiental, o indivíduo está defendendo um interesse geral da coletividade (de que a despesa em matéria ambiental ocorra como prevista), que pode divergir do interesse da Administração responsável pela execução.

Pode ocorrer que a política pública ambiental esteja prevista nos moldes constitucionais, incluída na lei orçamentária anual, e mesmo assim o gestor da execução orçamentária opte por não realizá-la. Tal opção é admitida em tese, já que a flexibilidade é própria da natureza de toda programação de trabalho ou plano administrativo.[47] A adaptação da atuação estatal às políticas traçadas com a utilização dos recursos financeiros, porém, deve-se pautar no sistema normativo e em especial nas regras, valores e princípios que estão a informar o gasto naquela determinada área.

Nosso sistema constitucional define tarefas para o Estado e determina ao mesmo o dever de proteção dos direitos fundamentais, como o é o direito ambiental. Se a omissão estatal é refutada no Direito pátrio, a inércia em face do direito ambiental (que tem por princípios fundamentais a precaução e a prevenção) tem sempre reflexos extremamente danosos e, às vezes, conseqüências irreversíveis.

A vinculação do administrador à realização do direito ambiental deve observar primeiramente o princípio da prevenção. Dessa maneira, a escolha alocativa dos recursos estampada na lei orçamentária anual, com a destinação de certos recursos orçamentários para determinado projeto que protege ou recupera o meio ambiente, não pode deixar de ser executada por vontade do gestor público. Admitir discricionariedade na execução orçamentária para a não-implementação da política ambiental estabelecida é transferir ao executor do orçamento a fixação das diretrizes do país, que se realiza por meio de seus Poderes estatais.

Portanto, a proteção do meio ambiente com atuação do Poder Público nas diversas tarefas que lhe são conferidas pelo sistema nor-

47. Cf. James Giacomoni, *Orçamento Público*, 6ª ed., pp. 216-219.

mativo brasileiro para concretização e atendimento de tal finalidade pode e deve ser exigida, mesmo que não exista previsão orçamentária específica.

3. Dos recursos financeiros que interferem na política ambiental: as agências de fomento, os fundos e as subvenções

A Constituição Federal reconhece a pobreza e a marginalização, bem como as desigualdades sociais e regionais e a necessidade de desenvolvimento de nosso país, quando estabelece como objetivos fundamentais da República Federativa do Brasil "garantir o desenvolvimento nacional" e "erradicar a pobreza e a marginalização e reduzir as desigualdades sociais e regionais" (art. 3º, II e III).

As políticas públicas estabelecidas devem pautar-se nesses objetivos e nos fundamentos do nosso Estado Democrático de Direito declarados no art. 1º, I a V, especialmente nos fundamentos da soberania, da cidadania, da dignidade da pessoa humana e dos valores sociais do trabalho e da livre iniciativa.

Diogo de Figueiredo Moreira Neto conceitua o *fomento público* como "a atividade administrativa através da qual o Estado ou seus delegados estimulam ou incentivam a iniciativa dos administrados ou de outras entidades, públicas e privadas, para que desempenhem ou estimulem, por seu turno, atividades que a lei haja considerado de interesse público para o desenvolvimento integral e harmonioso da sociedade".[48]

O citado professor considera que a principal diferença entre a atividade de fomento e as demais exercidas pelo Estado é a ausência de compulsoriedade na ação estatal. Ao mesmo tempo, destaca a importância dessa atividade administrativa, por entender que a mesma é o instrumento mais ativo "para que a indicatividade do planejamento estatal receba as respostas desejadas da sociedade".[49]

Dessa forma, por tal atividade fundamentar o planejamento democrático, a facultatividade na formação da relação jurídico-administrativa não admite outro direcionamento que não seja o interesse so-

---

48. *Curso de Direito Administrativo*, 11ª ed., Rio de Janeiro, Forense, p. 408.
49. Diogo de Figueiredo Moreira Neto, *Curso ...*, 11ª ed., p. 409.

cial. Esse interesse social, porém, advém, nesse caso, da conciliação das vantagens do planejamento com as liberdades democráticas.[50]

O administrativista Diogo de Figueiredo Moreira Neto acredita na possibilidade de obtenção de resultados melhores por meio da utilização da atividade de fomento pelo Estado. Em suas palavras: "Na verdade, será no conceito do planejamento que os instrumentos e mecanismos administrativos do fomento público poderão produzir os melhores resultados, exatamente pela imbricação, solidariedade, parceria e integração, que se logra alcançar, entre as atividades governamentais e as atividades privadas".[51]

A busca do desenvolvimento nacional e da redução das desigualdades regionais e sociais para a conseqüente erradicação da pobreza e da marginalização encontra nas agências de fomento financeiras oficiais um instrumento hábil e teoricamente eficiente.

A Carta Magna faz referência específica às agências de fomento exatamente na Seção II ("Dos Orçamentos") do Capítulo II ("Das Finanças Públicas") do Título VI ("Da Tributação e do Orçamento"), no art. 165, § 2º, que estabelece: "§ 2º. A Lei de Diretrizes Orçamentárias compreenderá as metas e prioridades da Administração Pública Federal, incluindo as despesas de capital para o exercício financeiro subseqüente, orientará a elaboração da lei orçamentária anual, disporá sobre as alterações na legislação tributária e estabelecerá a política de aplicação das agências financeiras oficiais de fomento".

Essa política de aplicação de recursos financeiros das agências oficiais de fomento destina-se a implementar planos e programas nacionais, regionais e setoriais, que, nos termos do § 4º do art. 165 da Lei Maior, "devem ser elaborados em consonância com o Plano Plurianual e apreciados pelo Congresso Nacional".

Mas serão os orçamentos anuais – em especial o orçamento fiscal e o orçamento de investimento – que, "compatibilizados com o Plano Plurianual, terão entre suas funções a de reduzir desigualdades inter-regionais" (§ 7º do art. 165 da CF). Portanto, essa função, típica das agências oficiais financeiras de fomento, estará prevista anualmente na lei orçamentária.

50. Idem, ibidem.
51. Idem, ibidem.

A Lei de Diretrizes Orçamentárias para o ano de 2001[52] relacionava, em seu art. 62, as agências oficiais de fomento – tais como a Caixa Econômica Federal, o Banco do Brasil, o BNDES –, bem como as prioridades a serem seguidas pelas mesmas, respeitadas suas especificidades.

Ainda, no § 2º do referido artigo a lei estabeleceu a vedação de concessão ou renovação de quaisquer empréstimos ou financiamentos pelas agências oficiais de fomento a empresas e entidades do setor privado ou público: "§ 2º. É vedada a concessão ou renovação de quaisquer empréstimos ou financiamentos pelas agências financeiras oficiais de fomento a: I – empresas e entidades do setor privado ou público, inclusive aos Estados, ao Distrito Federal e aos Municípios, bem como às suas entidades da Administração indireta, fundações, empresas públicas e sociedades de economia mista e demais empresas em que a União, direta ou indiretamente, detenha a maioria do capital com direito a voto, que estejam inadimplentes com a União, seus órgãos e entidades das Administrações direta e indireta e com o Fundo de Garantia do Tempo de Serviço; II – empresas, com a finalidade de financiar a aquisição de ativos públicos incluídos no Plano Nacional de Desestatização".

Da mesma forma, a Constituição deseja que a interferência do Estado para atingir os objetivos fundamentais insculpidos no seu art. 3º, II e III, por meio das agências de fomento, se realize de forma transparente na lei orçamentária anual, que terá seu projeto "acompanhado de demonstrativo regionalizado do efeito, sobre as receitas e despesas, decorrente de isenções, anistias, remissões, subsídios e benefícios de natureza financeira, tributária e creditícia" (§ 6º do art. 165).

O direcionamento constitucional é no sentido de que a atuação dessas agências de fomento junto ao empreendedor (privado ou público) que desenvolva obras ou explore atividades que potencial ou efetivamente causem danos ambientais (tais como: construção de rodovias, hidrelétricas, atividade de extração de petróleo, usinas nucleares etc.) deve-se pautar por exigências de compatibilização das normas orçamentárias e dos princípios e valores ambientais.

52. Lei 10.266, de 24.7.2001.

A necessidade de demonstrativo regionalizado do efeito, sobre as despesas e as receitas, decorrente dos subsídios e benefícios de natureza financeira, no projeto da lei orçamentária anual, direciona a fiscalização e o controle da execução orçamentária das agências de fomento para a observação da aplicação dos recursos financeiros em projetos e/ou atividades que se enquadrem às normas ambientais. E, desse modo, o financiamento, por tais agências, de obras ou atividades que afrontem o sistema normativo ambiental conduz à responsabilização dos gestores das agências de fomento de forma solidária com os empreendedores.

A fiscalização e o controle da execução orçamentária assumem importância fundamental, já que, além de se conseguir a não-aplicação dos recursos financeiros em empreendimentos que não se enquadram nas normas de proteção ambiental, deixam, em contrapartida, tais recursos livres para a efetivação do direito ambiental, com investimentos em setores e empreendimentos adequados às normas ambientais.

Por isso, a atuação das agências de fomento em nosso país, para ser compatível com nosso sistema constitucional – principalmente no que tange à obrigatoriedade de efetivação de políticas sociais estabelecidas em planos de governo e que integram as políticas públicas do Estado –, deve valorizar e resguardar os interesses ambientais, com a obrigação de não financiar determinadas obras.[53]

4. Subvenções em matéria ambiental: da necessidade de adequação das despesas públicas ao direito ao meio ambiente

O papel intervencionista do Estado na sociedade moderna exigiu gastos públicos antes dispensáveis ou, mesmo, inexistentes. A despesa pública, atualmente, está ligada às políticas públicas eleitas pelo Estado.

Em nosso país, pela existência de um Estado Democrático de Direito, o investimento em atividades/empreendimentos que proporcionem uma melhoria da qualidade de vida da população é imperativo que embasa as opções por determinadas despesas públicas.

---

53. Esta é uma sofisticação do controle das execuções das agências de fomento e reflete o entendimento de que, além da obrigação estatal de atuação positiva para satisfação do direito social, o Estado também tem uma obrigação negativa de abstenção no incentivo de condutas que atentem contra tais direitos.

As despesas públicas em matéria ambiental encontram seu fundamento não apenas nesse artigo, mas também nos arts. 1º, II e III, e 6º da CF. Dentre estas, na classificação legal das despesas correntes/transferências correntes, estão previstas as subvenções sociais e econômicas (art. 12 da Lei 4.320/1964).

Essas despesas correntes "são verdadeiras despesas operacionais e, por isso mesmo, economicamente improdutivas".[54] São, portanto, opções políticas dos governantes, que devem atender ao bem-estar social.

A realização de subvenções está condicionada à sua inclusão na lei orçamentária. A efetivação dessa despesa pública desenvolve-se sob a égide da função legislativa, daí seu caráter infralegal. E, ainda: a realização do gasto é ato administrativo. Assim, o controle da despesa pública subordina-se ao princípio da legalidade, ao qual está adstrito todo administrador.

Em matéria ambiental a legalidade na previsão de gastos deve ser compatível com os valores ambientais constitucionais. Daí por que a previsão de despesa pública, por subvenções, não pode contrariar o sistema normativo ambiental. Dessa forma, as subvenções só serão constitucionalmente válidas se guardarem essa compatibilidade.

O controle prévio, pela rejeição da previsão da despesa pelo Legislativo ou pelo veto do Executivo, bem como o controle posterior ao gasto (art. 70, *caput*) assumem importância jurídica fundamental em matéria ambiental. A fiscalização desse tipo de despesa tem estreita ligação com a ética no desenvolvimento das políticas públicas. Nas palavras de Ricardo Lobo Torres: "Concederam-se incentivos e subvenções a mancheias a empresários incompetentes e a instituições assistenciais ineficientes; pouco se gastou comparativamente com a educação primária e a saúde pública. O resultado só poderia ser o que presenciamos: a mais injusta concentração de rendas do Ocidente e uma das mais perversas migrações internas ocorridas no século. Faltou ética no orçamento".[55]

Os princípios de direito ambiental orientarão o estabelecimento da compatibilidade das subvenções previstas nas normas orçamentárias com o sistema normativo ambiental, já que tais despesas somen-

---

54. Eduardo Marcial Fereira Jardim, *Manual* ..., p. 38.
55. *Tratado* ..., 2ª ed., p. 45.

te podem ser consideradas legítimas se vierem a atender aos preceitos do direito ao meio ambiente.

A destinação de recursos financeiros como subvenções deve sempre ter por objetivo a busca da valorização da dignidade da pessoa humana e da sadia qualidade de vida em um meio ambiente ecologicamente equilibrado, tanto pelo Estado – que investirá em projetos/empresas que observem tais preceitos –, como pela sociedade beneficiária dos gastos públicos.

O controle e a fiscalização da execução orçamentária nesse ponto devem pautar-se na legitimidade e na economicidade, com a observação se os recursos destinados não possibilitaram de alguma forma o desenvolvimento de uma atividade que, de modo irregular, degradou ou poluiu o meio ambiente.

O controle da execução orçamentária sob a ótica ambiental pauta-se nos princípios que informam o meio ambiente, em especial nos princípios da precaução/prevenção, do desenvolvimento sustentável, da participação e do poluidor-pagador. Esse preenchimento da finalidade orçamentária com os valores e princípios da área na qual os recursos financeiros serão alocados, ou de acordo com a política estatal de proteção estabelecida para aquela seara, dá-se em razão da natureza meramente instrumental do orçamento. Nesse sentido, diz Ricardo Lobo Torres:

"O direito orçamentário é meramente instrumental ou processual. Não tem objeto em si próprio, eis que autorizar gastos e prever receita não constitui finalidade autônoma. O orçamento vai buscar fora de si o seu objetivo, eis que visa a permitir a implementação de políticas públicas e a atualização dos programas e do planejamento governamental.

"O direito orçamentário, embora instrumental, não é insensível aos valores nem cego para com os princípios jurídicos. Apesar de não ser fundante de valores, o orçamento se move no ambiente axiológico, eis que profundamente marcado pelos valores éticos e jurídicos que impregnam as políticas públicas."[56]

Dessa maneira, os princípios de direito ambiental orientarão os gestores dos recursos públicos tanto quando desempenharem funções

---

56. *Tratado ...*, 2ª ed., p. 109.

estritamente ligadas à implementação do direito ao meio ambiente, como quando realizarem empreendimentos ou atividades que causem ou possam a vir causar impactos no meio ambiente.

5. Conclusão

A realização das políticas ambientais depende prioritariamente dos recursos financeiros, tanto nas tarefas típicas do Estado de fiscalização quanto nas tarefas que podem ser realizadas em conjunto Estado/sociedade: educação ambiental, informação, preservação, conservação etc.

Pela própria natureza do bem ambiental, cabe ao Estado estabelecer as diretrizes e as metas para a proteção do meio ambiente, materializando-as na lei orçamentária, com a sistematização dos recursos que serão alocados na defesa e preservação do meio ambiente, independentemente de sua origem ser pública ou ter procedência de organizações não-governamentais nacionais e internacionais que financiem os projetos ambientais.

A busca do desenvolvimento sustentável e a constante necessidade de acomodação entre o desenvolvimento dos setores produtivos e o direito ao meio ambiente sadio exigem do Estado tanto uma ação positiva – no sentido de investimento financeiro, e, ao mesmo tempo, fiscalização da atividade, para que esta não prejudique o meio ambiente – quanto uma ação negativa, de não financiar (ou, mesmo, renunciar receitas fiscais) as atividades produtivas que não guardem pertinência com o desenvolvimento sustentável e degradem o meio ambiente.

A alocação dos recursos em determinado projeto de meio ambiente não garante o gasto efetivo. Dessa forma, o administrador tem, em tese, liberdade para ponderar os interesses envolvidos e decidir concretamente a aplicação dos recursos financeiros. Ou, ainda, pode o administrador manter-se inerte, sem se decidir acerca dos recursos alocados para uma determinada área, possibilitando a exaustão orçamentária ou a realocação das verbas, desde que autorizadas legalmente. Por isto, a esfera decisória de aplicação da dotação orçamentária deve ser fiscalizada pela sociedade e controlada pelo Judiciário, em que pese a todas as dificuldades e especificidades técnicas.

O orçamento público é um instrumento para afirmação do direito ambiental, e o controle de sua execução pela sociedade e pelos órgãos instituídos, com o objetivo de que esse direito fundamental social seja implementado, é exigência espalhada por todo o texto constitucional.

FORMAÇÃO E TRANSFORMAÇÃO DO CONHECIMENTO JURÍDICO AMBIENTAL

João Carlos de Carvalho Rocha

1. Introdução. 2. A crise do Direito. 3. Ciência e legitimidade. 4. Entre dois paradigmas. 5. Direito novo para um mundo novo. 6. Desenvolvimento do direito ambiental. 7. Transversalidade e direito sócio-ambiental. 8. O ensino jurídico à luz da transversalidade. 9. Conclusão.

1. Introdução

O conteúdo da Dogmática Jurídica posta e sua transmissão como *conhecimento científico* às gerações de novos estudiosos do Direito não mais atendem às necessidades da sociedade contemporânea, caracterizando uma crise de paradigma na formação, transmissão e aplicação do conhecimento jurídico. Evidenciado que toda crise traz a possibilidade de elaboração de um novo paradigma, sustenta-se que o Direito deve ampliar seus horizontes, estabelecendo um diálogo interdisciplinar entre as diversas ramificações da Ciência Jurídica e multidisciplinar com as demais Ciências. Essa mudança no modo de pensar e fazer o Direito tem no direito ambiental sua ilustração exemplar. Ao final, pesquisa, ensino e aplicação prática do direito ambiental devem ser relacionadas em uma perspectiva que esperamos possa evidenciar-se integradora dessas diversas atividades, em um modelo jurídico consistente.

2. A crise do Direito

De acordo com António Menezes Cordeiro,[1] em termos científicos, o século XX, recém-findo, representou para o Direito um mo-

---

1. "Introdução à edição portuguesa", in Claus-Wilhelm Canaris, *Pensamento Sistemático e Conceito de Sistema na Ciência do Direito*, 2ª ed., p. IX.

mento de relativa letargia, mercê dos paradigmas positivistas consolidados; fase interrompida no seu último quartel, com a agitação prenunciadora da mudança. Na verdade, a assim denominada "crise do Direito" tornou-se tema recorrente da literatura jurídica desde o término da II Guerra Mundial, e seu debate vem ganhando em complexidade teórica nas últimas décadas.[2] Ensina José Ferrater Mora[3] que toda crise constitui-se em uma transição perigosa entre a situação anterior, conhecida mas que não atende mais aos problemas que se apresentam, e uma situação nova, que, a princípio, deverá responder às questões já formuladas e ensejará a elaboração de novos e ainda imprevistos questionamentos.

O principal sintoma da crise do Direito é o descompasso entre o sistema jurídico manejado pelos operadores (advogados, juízes, membros do Ministério Público) e as expectativas ou concepções do *justo* correntes na população. O formalismo jurídico, superficialmente renovado pelo uso retórico de termos tais como "função social", "direitos de todos e dever do Estado", "bem comum" etc., sem a respectiva base material e instrumental que possibilite concretizar a prestação dos bens da vida prometidos no discurso jurídico, finda por ver-se encurralado na armadilha por ele mesmo montada.[4]

2. Em aula inaugural dos cursos da Faculdade Nacional de Direito, no ano de 1955 (texto posteriormente publicado sob o título "A educação jurídica e a crise brasileira"), assim se pronunciava o jurista San Thiago Dantas: "Ora, quem examina a cultura moderna, nos últimos decênios, não só entre nós, mas também entre outros povos, não pode deixar de reconhecer que o Direito, como técnica de controle da sociedade, vem perdendo terreno e prestígio para outras técnicas, menos dominadas pelo princípio ético, e dotadas de grau mais elevado de eficiência. A ciência da administração, a ciência econômica, as ciências que procuram sistematizar as diferentes formas de controle social, fazem progressos que algumas vezes colocam os seus métodos e normas em conflito com as normas jurídicas. E o Direito assume, nesse conflito entre um critério ético e um critério puramente pragmático, o papel de força reacionária, de elemento resistente, que os órgãos de governo estimariam contornar para poderem promover por meios mais imediatos e diretos o que lhes parece ser o bem comum" (in Guiomar Feitosa de Albuquerque Lima Ramos (org.), *Encontros da UnB - Ensino Jurídico*, p. 53).

3. *Diccionario de Filosofía*, 1ª ed., vol. A-D, p. 728.

4. Nesse sentido: José Eduardo Faria, "A noção de paradigma na Ciência do Direito: notas para uma crítica ao idealismo jurídico", *A Crise do Direito em uma Sociedade em Mudança*, p. 15.

Mas perceber o sintoma nem indica as causas nem a natureza da crise do Direito. Como bem advertido por Jürgen Habermas, "nos déficits empíricos espelham-se os problemas metodológicos não esclarecidos".[5] O estudo das causas nos levaria muito além dos limites desse texto, exigindo um esforço investigativo amplo. Aqui nos interessa saber qual a natureza dessa crise, quais seus reflexos na formação e transmissão do conhecimento jurídico ambiental, e tentar indicar, se possível, como pode ser superada.

3. Ciência e legitimidade

O Direito padece de grave contestação quanto à sua legitimidade científica. Para o professor Fernando Herren Aguillar[6] a discussão sobre o caráter científico do Direito insere-se em debate mais amplo, que é o do caráter científico das Ciências Sociais. Sem descurar as peculiaridades do Direito como Ciência, o autor ressalta pontos de alinhamento da discussão com as Ciências Sociais no que diz respeito aos métodos aplicáveis. Assim, tanto para a Ciência Jurídica quanto para as Ciências Sociais em geral, as linhas metodológicas oscilaram ao longo do século XX entre teorias que põem ênfase na ação individual – e aqui se incluem pensadores tão diversos quanto Max Weber e Karl Popper – e teorias que enfatizam os aspectos estruturais, dentro de um enfoque macro-sociológico.

O operador do Direito está sempre envolvido, ética e socialmente, com o objeto da sua atuação. Possui uma determinada concepção, consciente ou não, sobre o que seria uma sociedade bem-ordenada, qual o bem comum a ser buscado ou quais os valores morais que devem ser preponderantes para o indivíduo e o grupo.

Essa característica não afasta a necessidade de uma abordagem científica do Direito, mas determina parâmetros para toda a produção do conhecimento jurídico científico que possa ser considerada consistente e refletida.

Antônio Carlos Gil,[7] ao discutir a natureza da Ciência Social, na qual também ocorre o envolvimento do cientista com o fenômeno in-

---

5. *O Discurso Filosófico da Modernidade*, p. 411.
6. *Metodologia da Ciência do Direito*, 2ª ed., p. 19.
7. *Métodos e Técnicas de Pesquisa Social*, 5ª ed., pp. 23-24.

vestigado, apóia-se em Hegenberg (1969) e Passmore (1949), para classificar os problemas científicos em três grandes categorias: teóricos, técnicos e de ação. Enquanto os problemas teóricos são tratados mediante hipóteses e observações, os problemas de ação envolvem considerações valorativas. Ressalta o autor que um mesmo fenômeno pode ser abordado em termos teóricos – quando, então, são analisadas suas conseqüências – e em termos de ação – quando se procede ao exame de conveniência. O problema técnico, em geral, atende à indagação: "Como construir algo segundo determinadas especificações?".

Para o Direito um problema técnico jamais deverá estar dissociado de considerações valorativas. A dissociação entre norma e valor, complementada pela apologia da norma *regra*, em detrimento da norma *princípio*, compõe justamente as linhas gerais do paradigma positivista em crise. Por outro lado, isto não significa a diluição da Dogmática Jurídica[8] na Filosofia do Direito, mas, antes, a elaboração de um modelo mais complexo de interação entre norma e valor, entre uma abordagem interna ao próprio direito positivo (portanto, dogmática) e uma abordagem que permita visualizar e ter em consideração todo o sistema. O já citado Fernando Herren Aguillar[9] aborda com muita propriedade as relações entre Dogmática e Teoria Jurídica, comparando-as, respectivamente, com o estudo da árvore como objeto singular da investigação e com o estudo da floresta como sistema espacial e temporal de árvores que convivem entre si (e, aqui, temos questões como fixação do solo, disponibilidade de recursos hídricos, maior ou menor exposição solar etc.) e se sucedem no tempo.

O Direito, nos limites da Dogmática Jurídica, formula problemas técnicos. Mas esses problemas técnicos devem estar de acordo com pressupostos teóricos e valorativos que só podem ser alcançados por uma prévia abordagem sistêmica do Direito. Adotamos, aqui, o conceito de *sistema jurídico* desenvolvido por Juarez Freitas: "uma rede

---

8. Tércio Sampaio Ferraz sustenta que as disciplinas dogmáticas (*v.g.*, direito constitucional, processual, penal etc.) "são regidas pelo que chamaremos de princípio da proibição da negação, isto é, princípio da não-negação dos pontos de partida de séries argumentativas, ou ainda princípio da inegabilidade dos pontos de partida (Luhmann, 1974)" (*Introdução ao Estudo do Direito – Técnica, Decisão, Dominação*, pp. 48-49).

9. *Metodologia ...*, 2ª ed., pp. 138-139.

axiológica e hierarquizada topicamente de princípios fundamentais, de normas estritas (ou regras) e de valores jurídicos cuja função é a de, evitando ou superando antinomias em sentido lato, dar cumprimento aos objetivos justificadores do Estado Democrático, assim como se encontram consubstanciados, expressa ou implicitamente, na Constituição".[10]

Do que foi dito até agora se extrai que o sistema jurídico deve ter legitimidade. A crise de paradigma do Direito é também uma crise deslegitimadora da Dogmática posta. Uma dificuldade que desde logo se coloca é que "legitimidade" é termo que admite diversos conceitos, os quais partem de concepções díspares do paradigma jurídico e muitas vezes estão em aberta contradição.[11] Uma concepção positivista, centrada na manutenção da ordem jurídica vigente, definiria *legitimidade* como "o grau em que as instituições são avaliadas por si próprias e consideradas certas e adequadas".[12] Entretanto, não basta ao Direito constituir sistemas normativos de eficácia coercitiva. A estabilidade do sistema jurídico depende cada vez mais da racionalidade procedimental na criação do Direito vigente.[13] Sem uma uniformidade dialogicamente consensuada nos procedimentos adotados na definição das normas jurídicas não se pode falar em legitimidade do sistema jurídico.

4. Entre dois paradigmas

As concepções de *sistema jurídico* e de *legitimidade* aqui apresentadas são requisitos teóricos necessários para a superação do antigo paradigma jurídico, mas não constituem, por si sós, a superação daquele paradigma. Por isso a prolongada convivência com a *crise do Direito*. Cumpre adequar os aspectos técnicos, mediante minuciosa revisão conceitual em cada área da Dogmática com os pressupostos teóricos gerais. Portanto, o processo de mudança de paradigma

---

10. *A Interpretação Sistemática do Direito*, 4ª ed., p. 54.
11. João Maria Leitão Adeodato, *O Problema da Legitimidade – No Rastro do Pensamento de Hanna Arendt*, p. 19.
12. S. M. Lipset, *Political Man*, New York, Doubleday, 1960, p. 46, *apud* Robert Bierstedt, verbete "Legitimidade", *Dicionário de Ciências Sociais*, 2ª ed., p. 675.
13. Jürgen Habermas, *Facticidad y Validez*, 2ª ed., p. 311.

no Direito é necessariamente obras de gerações. A convivência de modelos distintos, em disputa pelo *status* científico dominante – o que se evidencia na tão propalada *crise do Direito* –, é o momento presente do conhecimento jurídico, mas certamente não é seu futuro inevitável.[14]

Evidenciado que existe um corte entre o paradigma clássico do Direito, tal como foi desenvolvido ao longo do século XIX e até meados do século XX (e do qual são marco as grandes codificações), e as exigências da sociedade contemporânea, e sendo certo que os fatos não se amoldam simploriamente ao Direito, a questão que surge é: *Como produzir um conhecimento jurídico novo, correspondente às novas demandas da sociedade humana e que seja sistemicamente consistente?*.

O conhecimento científico só pode ser produzido mediante a estrita observância do método científico, com a adoção de processo formal e sistemático.[15] Vale dizer: através da pesquisa. Segundo Sérgio Vasconcelos de Luna, "pesquisa visa à produção de conhecimento novo, relevante teórica e socialmente e fidedigno".[16] A produção de conhecimento novo em Direito se dá através da sistematização de um novo ramo do Direito ou de uma análise de um instituto já existente,[17] mas cujo conteúdo é renovado por uma nova abordagem hermenêuti-

---

14. Na verdade, a disputa entre paradigmas diversos e a impossibilidade do *paradigma instantâneo* verifica-se nas Ciências em geral. A respeito, divertido texto de John Watkins, no qual sustenta: "(...) leva tempo – mais uma questão de anos que de horas – para que um novo paradigma potencial se desenvolva até o ponto de poder desafiar um paradigma estabelecido, de sorte que o pensamento herético começa a funcionar muito antes que possa ocorrer a mudança de paradigma. Isso quer dizer que não é verdade que um paradigma reinante exerça uma influência tão monopolizadora sobre o espírito dos cientistas que os incapacite para considerá-lo com espírito crítico, ou para brincar com alternativas (sem necessariamente adotá-las). Isso quer dizer que a comunidade científica não é, afinal de contas, uma sociedade fechada que tem por característica principal 'o abandono do discurso crítico'" ("Contra a 'Ciência normal'", in Imre Lakatos e Alan Musgrave, *A Crítica e o Desenvolvimento do Conhecimento*, vol. IV das *Atas do Colóquio Internacional sobre Filosofia da Ciência*, realizado em Londres em 1965, p. 48).
15. Antônio Carlos Gil, *Métodos* ..., 5ª ed., p. 42.
16. *Planejamento de Pesquisa: uma Introdução*, texto apresentado em aula, p. 3.
17. Luís Gustavo Grandinetti Castanho Carvalho, *Pesquisa Científica em Direito* (disponível *on line* in http://www.estacio.br/direito/artigos/dir_artpes.htm, acesso em 27.5.2002).

ca, que lhe confere novo sentido ou estabelece novas e imprevistas correlações.

Se as grandes codificações foram um dos marcos do paradigma anterior, o Direito hoje tende cada vez mais ao desenvolvimento de subsistemas, de grande dinâmica e plasticidade. Ao sustentar o esgotamento do processo histórico-cultural da codificação, particularmente quanto ao direito civil, Orlando Gomes,[18] em ensaio de 1986, afirmava que o Código Civil foi substituído por *códigos desagregantes*[19] e leis setoriais (dentre elas a urbanística e a ambiental), mais funcionais, porque provenientes da "trama de reciprocidade que se instaura entre o sistema jurídico e os outros sistemas de caráter pluralístico que concorrem para a sua formação". Conclui apontando 11 causas para o declínio da idade da codificação, dentre elas a proliferação dos *pequenos universos legislativos*, dotados de lógica própria.

Mas esse modelo fragmentado nada mais é do que uma formulação falha, que não alcança o objetivo de superar satisfatoriamente o paradigma anterior das grandes codificações. Falha justamente ao não perceber a dimensão integradora do Direito no plano sistemático, sem o quê não é possível a superação das antinomias. Neste sentido o magistério de Gustavo Tepedino: "Não obstante a extraordinária análise histórica oferecida por Natalino Irti, o fato é que tal doutrina, levada às últimas conseqüências, representa uma grave fragmentação do sistema, permitindo a convivência de universos legislativos isolados, responsáveis pela disciplina completa dos diversos setores da economia, sob a égide de princípios e valores díspares, não raro antagônicos e conflitantes, ao sabor dos grupos políticos de pressão".[20]

5. Direito novo para um mundo novo

A análise do surgimento e rápida evolução do direito ambiental constitui-se em interessante ilustração sobre a mudança de paradigma no Direito e a importância da pesquisa no desenvolvimento não ape-

---

18. "O problema da codificação", *Ensaios de Direito Civil e de Direito do Trabalho*, pp. 121-135.
19. Orlando Gomes, idem, p. 126. Dentre os Códigos desagregantes teríamos, para o autor, os de Águas, Minas e Florestal.
20. *Temas de Direito Civil*, 2ª ed., p. 12.

nas de novos conceitos jurídicos, mas, verdadeiramente, de novos subsistemas. Também são ramos representativos da renovação teórica e dogmática do Direito, v.g., o direito urbanístico, o direito econômico e o direito do consumidor. Destacamos aqui, nessa breve análise, o direito ambiental, por ser aquele que mais claramente exige novas formulações teóricas ao operador do Direito.

O direito ambiental, em particular, não é novo apenas por dispor juridicamente sobre fatos que até período recente eram invisíveis para o Direito, mas por exigir uma postura metodológica diferenciada. Neste sentido ganham relevância o caráter interdisciplinar desse novo ramo do Direito e a contribuição direta de diversas Ciências para sua conformação. Como conceber o Protocolo de Montreal sobre substâncias que destroem a camada de ozônio, celebrado em 1987, sem um nível de produção científica capaz não apenas de observar e medir os fenômenos atmosféricos, mas de simular, com o auxílio da Informática, cenários cientificamente consistentes?

De fato, o meio ambiente leva-nos a novas formas de pensar as relações entre indivíduo, sociedade e Estado, como destaca Carlos Frederico Marés de Souza Filho, para quem "este direito quiçá seja o mais relevante, porque vem assumindo um papel de destaque no mundo atual. O meio ambiente já interfere em vários institutos e subsistemas jurídicos tradicionais, alterando velhos dogmas do Direito e alterando até mesmo a relação dos cidadãos com o Estado e com as empresas comerciais".[21]

A partir de um núcleo comum – a proteção ecológica –, o direito ambiental atrai ao seu centro e renova institutos de diversos ramos clássicos do Direito, como o direito constitucional, o direito administrativo, o direito civil e o direito penal. Observamos, ilustrativamente, que no Brasil a responsabilidade penal da pessoa jurídica é reconhecida, até o momento, apenas para crimes ambientais (Lei 9.605/1998), consagrando tese de muito defendida pelos especialistas em direito ambiental e recebida com certa relutância pelos penalistas.[22]

---

21. "Os direitos invisíveis", in Francisco de Oliveira e Maria Célia Paoli (orgs.), *Os Sentidos da Democracia: Políticas do Dissenso e a Hegemonia Global*, 2ª ed., p. 325.

22. O criminalista René Ariel Dotti, no *Fórum Internacional de Criminologia Crítica* realizado no Pará em 1990, após registrar algumas iniciativas no Direito

6. Desenvolvimento do direito ambiental

Em breve escorço histórico, até a Convenção das Nações Unidas sobre Meio Ambiente Humano, convocada em 1968 pela Resolução 2.398 da Assembléia-Geral da ONU e realizada em Estocolmo em junho/1972, os recursos naturais[23] eram objeto de legislações e acordos internacionais setoriais e esparsos.[24] Citamos, entre exemplos escolhidos no âmbito do direito internacional público, a Convenção Européia para a Proteção dos Pássaros Úteis à Agricultura (10.3.1902), a Convenção sobre a Foca Peluda do Pacífico Norte, entre os Estados Unidos e o Canadá (7.7.1911), e a Convenção Internacional para a Conservação do Atum no Atlântico (14.5.1966).

A partir de Estocolmo os países se conscientizam cada vez mais de que a questão ambiental não se limita à gestão econômica de recursos extrativistas, mas, antes, que o meio ambiente é indispensável para o desenvolvimento humano intelectual, moral, social e espiritual, conforme reza a Declaração de Estocolmo.

No âmbito internacional o estudo jurídico das questões trazidas pela agenda ambiental é concomitante ao início da década de 70 do século passado.[25] Em 1971 o professor Frank Grad, da Universidade de Colúmbia, publica nos Estados Unidos o livro *Environmental Law*. Em 1972 o francês Jean Lamarque publica a monografia *Droit de la Protection de la Nature et de l'Environnement*.

Comparado de responsabilização da pessoa jurídica, desenvolve interpretação do art. 225, § 3º, da CF de 1988 de molde a excluir a responsabilidade penal da pessoa jurídica por crimes ambientais ("Meio ambiente e proteção penal", *Criminologia Crítica – Fórum Internacional de Criminologia Crítica*, pp. 289-313). Entrementes, o atual Código Penal da França admite a responsabilidade penal da pessoa jurídica de forma genérica, para qualquer conduta tipificada.

23. Conforme definido por Maria da Graça Krieger (org.) *et alli*, recursos naturais são "fontes de riqueza naturais utilizáveis pelo ser humano, tais como a água, o solo, as florestas, os campos, a vida animal, os minerais e a paisagem" (*Dicionário de Direito Ambiental – Terminologia das Leis do Meio Ambiente*, p. 303).

24. Para uma história abrangente da internacionalização do debate ambiental, reportamo-nos a Philippe Le Pestre, *Ecopolítica Internacional*, em especial o Capítulo V.

25. Ann Helen Wainer, *Legislação Ambiental Brasileira – Subsídios para a História do Direito Ambiental*, pp. 89-90.

A Conferência do Rio de Janeiro sobre Meio Ambiente e Desenvolvimento, realizada em 1992, também teve o mesmo impacto na produção científica em outros países e regiões do Planeta. Disso dá exemplo a professora Koh Kheng-Lian,[26] da Universidade de Singapura, em palestra desenvolvida em torno da obra *Capacity Building for Environmental Law in the Asian-Pacific Region: Approaches and Resources*, publicada em abril/2002 pelo *Asian Development Bank* (Donna G. Craig, Nicolas A Robinson e Koh Kheng-Lian, orgs.).

Em retrospecto da evolução do direito ambiental no Brasil, ainda em 1972 é publicado o artigo "Direito ecológico, perspectivas e sugestões", de Sérgio Ferraz.[27] Finalmente, em 1975 o professor Diogo de Figueiredo Moreira Neto publica o primeiro livro sobre direito ambiental no Brasil, ainda empregando a expressão "direito ecológico".[28] O livro bem reflete o estágio embrionário do direito ambiental no Brasil em meados de 1970. É dividido em 12 capítulos, 4 deles dedicados ao meio ambiente ("Capítulo I – Ecologia"; "Capítulo II – O Estado e a Ecologia"; "Capítulo III – Direito Ecológico"; "Capítulo IV – Perspectivas"; traz também o texto traduzido da Declaração de Estocolmo.

De se registrar que a bibliografia elenca exclusivamente obras de direito urbanístico – o que é indicado pelo próprio autor. Mas aqui não vai qualquer crítica aos pioneiros. Pelo contrário, Sérgio Ferraz, em outubro/1972, propõe um elenco de teses sobre o futuro do direito ecológico no Brasil, depois ratificadas por Diogo de Figueiredo Moreira Neto[29] em 1975, que merecem ser aqui repetidas, ainda que resumidamente, por anteciparem cenários que são o cotidiano atual do direito ambiental:

"A) A permissão deverá ser consagrada como o ato administrativo ensejador da instalação e do funcionamento de qualquer complexo de atividades, suscetível de alterar o equilíbrio ecológico. (...).

"B) Deverá ser legalmente assegurado, a qualquer pessoa, direito público subjetivo à tutela ambiental, em limites amplos, habilitan-

---

26. Koh Kheng-Lian, "Capacity building in environmental law in the Asian-Pacific Region: a vital pillar in sustainable development", in Antônio Herman Benjamin, *10 Anos da ECO-92: o Direito e o Desenvolvimento Sustentável*, pp. 27-40.
27. *Revista da Consultoria-Geral do Estado do Rio Grande do Sul* 1, Porto Alegre, 1972, n. 4.
28. *Introdução ao Direito Ecológico e ao Direito Urbanístico*, 2ª ed.
29. Idem, pp. 40-41.

do-a a fundadamente postular desde a adoção de mecanismos preventivos e atenuadores até a cessação de atividade agressiva ao meio.

"C) A estruturação sistemática e a autonomia didática do direito ecológico (em nível de especialização) deverão constituir objeto de estudos e recomendações, por parte dos juristas, aos órgãos encarregados do ensino jurídico e da elaboração legislativa.

"D) A nova lei (ou novas leis) sobre proteção ecológica não deverá ater-se, apenas, ao setorial problema da poluição, mas abarcar todo o contexto de questões de proteção ambiental. (...).

"E) A ser criado algum órgão nacional dedicado ao problema, sua atuação deverá exercer-se ao nível de coordenação, normatividade e assistência. Aos Estados-membros e Municípios caberá, prioritariamente, a adoção de medidas executórias.

"F) Deverá ser acrescentado ao art. 161 da CF um parágrafo admitindo a extensão da modalidade expropriatória ali prevista às hipóteses motivadas pela necessidade ou pelo interesse de preservação ou prevenção (...)."

As teses de 1972, hoje, podem parecer um rol de truísmos. Mas como assegurar a *tutela ambiental* (tese "B") sem uma profunda revisão conceitual do processo civil? Sem o amplo e intrincado debate sobre os interesses difusos e suas distinções em relação a outros interesses? A responsabilidade ambiental consagrada na Constituição Federal de 1988 (arts. 24, VIII, e 225, § 3º) ainda não tinha existência distinta do modelo privatístico consagrado no Código Civil de 1916. As próprias noções de "meio ambiente" e de "poluição" careciam, ainda, de conceituação jurídica.

Enfim, tudo estava para ser feito, não apenas em termos de Dogmática Jurídica, mas de uma elaboração teórica que permitisse ao Direito operar com uma categoria – o direito ambiental – que não se identifica nem com o Estado, nem com o interesse privado, mas que, antes, tutela um bem social difuso. Sendo que na década de 70 do século passado "difuso"[30] não era, definitivamente, uma categoria de direito, sequer de interesse.

---

30. Em artigo de nossa autoria, destacamos as seguintes características dos interesses difusos: (a) inexistência de *vinculum societatis* entre os interessados; (b) indeterminação dos seus titulares; (c) indivisibilidade do objeto; e (d) máxima conflituo-

Em 1982 é publicado o livro *Direito Ambiental Brasileiro*, do então promotor de justiça Paulo Affonso Leme Machado, do Ministério Público do Estado de São Paulo. Um ano antes José Afonso da Silva publicara o *Direito Urbanístico Brasileiro*.

A 1ª edição do *Direito Ambiental Brasileiro* esgotou-se rapidamente. Hoje o livro está na sua 12ª edição (2004), todas as edições revistas e ampliadas. A última edição tem mais de 1.000 páginas, ou o triplo da edição original. A evolução das sucessivas edições bem reflete o desenvolvimento teórico e dogmático do direito ambiental no Brasil – razão pela qual nos deteremos mais amiudamente na análise do livro.[31] Desde sua primeira publicação, a obra de Leme Machado tem-se caracterizado por investigar e maximizar, em suas possibilidades hermenêuticas, o conteúdo ambiental do direito posto e, por outro lado, em refletir as mais relevantes contribuições do Direito Comparado, especialmente pelo contínuo diálogo com juristas das Américas e da Europa.

A 2ª edição foi publicada apenas em 1989, após a promulgação da Constituição de 1988. Trata-se, a partir de então, de obra totalmente renovada, com cinco novos capítulos reunidos sob o título "Constituição Federal e Meio Ambiente". Aquela edição não trazia ainda uma bibliografia. A 3ª, de 1991, indicava na bibliografia dezenas de títulos franceses, italianos, norte-americanos, espanhóis, argentinos, além de oito obras publicadas no Brasil e uma em Portugal. Quando paramos para refletir que faz apenas 13 anos desde aquela 3ª edição, constatamos o exponencial desenvolvimento do direito ambiental no Brasil.

Em 1990 o Procurador da República Paulo de Bessa Antunes publica seu *Curso de Direito Ambiental*, primeiro texto a expor de forma sistemática as relações entre o conteúdo material do direito ambiental e os interesses difusos. Em 1994 Paulo Affonso Leme Machado contribui com outra iniciativa pioneira no âmbito da produção teórica nacional, ao desenvolver uma principiologia[32] do direito

---

sidade ("Composição do dano ambiental no Brasil e nos Estados Unidos da América", *Revista da Procuradoria-Geral da República* 1/174-175).

31. Consultamos, além da 12ª (2004), as seguintes edições: 1ª (1982), 2ª (1989), 3ª (1991), 4ª (1992), 6ª (1996), 7ª (1998), 10ª (2002) e 11ª (2003), todas, após a 1ª, revistas e ampliadas.

32. *Estudos de Direito Ambiental*.

ambiental, posteriormente consolidada em nova edição do *Direito Ambiental Brasileiro*.

Antônio Herman de Vasconcellos e Benjamin funda, na década de 90 do século passado, o Instituto "O Direito Por Um Planeta Verde", fomentando, através de congressos internacionais realizados anualmente em São Paulo e da *Revista de Direito Ambiental*, a difusão e o diálogo entre as diversas linhas de desenvolvimento do direito ambiental no Brasil.

Hoje a produção acadêmica no âmbito do direito ambiental cresce incessantemente. Diversas Universidades possuem em seus programas de pós-graduação linhas de pesquisa em direito ambiental. Dezenas de dissertações de Mestrado e teses de Doutorado são defendidas todos os anos. Muitos dessem trabalhos são posteriormente publicados, e chegam ao conhecimento de um público mais amplo.

A produção jusambientalista segmenta-se, e já temos no âmbito do direito ambiental sub-ramos específicos, tais como direito penal ambiental, direito constitucional ambiental, direito ambiental econômico, biotecnologia, agrotóxicos, águas etc.

No Rio Grande do Sul – Estado que sempre se manteve em posto avançado na formulação do ambientalismo brasileiro – vale registrar que o Instituto de Letras da Universidade Federal do Rio Grande do Sul, no âmbito do Projeto Terminológico do Cone Sul (Termisul), e em convênio técnico com o Ministério Público Federal, desenvolveu entre os anos de 1994 a 1997 um *Dicionário* que buscou não apenas mapear e registrar a terminologia do direito ambiental brasileiro e português, como, também, indicar os termos equivalentes em Línguas espanhola e inglesa. O resultado da pesquisa foi publicado em 1998, perfazendo 2.000 verbetes.[33]

7. *Transversalidade e direito sócio-ambiental*

O direito sócio-ambiental é uma construção eminentemente brasileira. Nasceu da convergência entre as práticas e os saberes de ope-

---

33. O projeto foi coordenado pela professora Dra. Maria da Graça Krieger, tendo contado com outros 4 co-autores, além de 26 colaboradores de diversas áreas e instituições.

radores que atuavam em organizações distintas, na defesa de direitos coletivos. O ponto de convergência era justamente o reconhecimento do direito ao meio ambiente como direito coletivo dos povos, em uma perspectiva pluralista, fundada na jusdiversidade. Assim, o termo "sócio-ambiental" vem a lume em abril/1994, com a fundação do "Instituto Sócioambiental" (ISA).[34]

Quatro vetores presentes na Constituição Federal de 1988 são essenciais para a definição dessa nova categoria de direitos sócio-ambientais: a proteção ao meio ambiente, ao patrimônio cultural, aos valores da diversidade étnica, e as restrições à propriedade fundadas naqueles direitos, caracterizando a função sócio-ambiental da propriedade.[35] O direito sócio-ambiental não pretende confrontar o meio ambiente ao desenvolvimento, nem fixar o meio ambiente como um marco externo ao desenvolvimento. Antes, integra uma reformulação conceitual mais profunda, com o escopo de formular um desenvolvimento intrinsecamente ambiental, em um meio ambiente desde sempre humanizado.

O conceito de "transversalidade" só pode ser compreendido no âmbito do direito sócio-ambiental. A transversalidade é o conceito que sustenta que as políticas sócio-ambientais "devem perpassar o conjunto das políticas públicas capazes de influenciar o campo sócio-ambiental".[36] A transversalidade indica, portanto, um dever a ser atendido pela Administração Pública: o de ter uma política ambiental coerente, integrada. Trata-se de explicitar o dever de coibir políticas públicas contraditórias entre si, não raro mutuamente excludentes, como seria, *v.g.*, nos casos em que a reforma agrária não contemplasse a função sócio-ambiental, considerando a produtividade de um ponto de vista meramente econômico. Ou se, por absurdo, a política científica do Estado fomentasse impactos ambientais e ainda pretendesse mantê-los distantes dos instrumentos gerais de proteção ambiental.

34. Cf. Carlos Frederico Marés de Souza Filho, "Introdução ao direito sócio-ambiental", in André Lima (org.), *O Direito para o Brasil Sócio-Ambiental*, p. 25.
35. Idem, p. 23.
36. Márcio Santilli, "Transversalidade na corda bamba", in *Balanço Sócio-Ambiental do Governo Lula* (disponível *on line* na Internet em *http://www.socioambiental.org/website/especiais/novogov2/index.shtm*).

Desnecessário evidenciar o vasto campo que se descortina quanto à exigibilidade, inclusive perante o Judiciário, da efetivação de políticas públicas transversais por parte do Poder Público.

8. *O ensino jurídico à luz da transversalidade*

Ao tratarmos sobre o ensino do direito ambiental nos cursos de Direito, três aspectos são merecedores de especial atenção: (a) a questão da equivalência de significado dos termos empregados pelo direito ambiental, e não raras vezes tomados de empréstimo de outras Ciências, como a Biologia e a Química;[37] (b) a vocação internacional desse ramo jurídico, para o qual têm singular relevância os tratados e convenções internacionais; (c) o reconhecimento do direito ambiental como um direito social – e, portanto, relacionado com o direito ao desenvolvimento, o direito à diversidade cultural, com o direito agrário, com o direito à cidade, e outros direitos sociais da mesma magnitude.

Sem dúvida, o direito ambiental não pretende ser um direito de iniciados, uma sociedade de sutis hermeneutas fechada em torno do seu próprio círculo. Por outro lado, o estudante de Direito ou, mesmo, o profissional que não tenha tido contato com a matéria durante o curso apresentam dificuldades para desenvolver um raciocínio jurídico científico no âmbito do direito ambiental. Isso se dá, como já destacado, pela natureza multidisciplinar desse novo ramo do Direito.

O mesmo ocorre com o direito econômico, cujo estudo é inseparável da compreensão geral de teoria econômica e de macroeconomia. No campo do direito urbanístico – desnecessário lembrar –, a disciplina jurídica da cidade não pode prescindir do conhecimento de aspectos técnicos do Urbanismo.

Um campo de saber multidisciplinar exige um ensino multidisciplinar desde a graduação. Pesquisa e ensino não podem, aqui, permanecer em compartimentos estanques. Vale repetir a lição de Pedro Demo: "A pesquisa afastada do compromisso educativo é a expressão típica da mera qualidade formal, por vezes eminente e convincente,

---

37. Sobre a influência da Ciência no direito ambiental e do direito ambiental nos parâmetros do desenvolvimento científico, o princípio da precaução, adotado na Conferência da ONU sobre Meio Ambiente e Desenvolvimento (Rio de Janeiro, 1992), é o exemplo mais evidente.

na condição de capacidade inovativa e de domínio metodológico".[38] O pesquisador na área jurídica não pode voltar-se apenas para as questões teóricas e metodológicas próprias da sua linha de pesquisa, sem ter em mente a transmissão desse conhecimento.

É pelo ensino – desde que dialógico e crítico – que se torna possível renovar o conhecimento compartilhado pela comunidade de operadores do Direito e emancipá-lo do antigo paradigma oitocentista ainda encontrado nas salas-de-aula. Avulta o compromisso social do pesquisador na formação de uma Ciência Jurídica desenvolvida e aplicada para os tempos correntes da pós-modernidade.[39]

9. Conclusão

A superação da crise no paradigma científico do Direito – é o que se conclui desta análise – não é completada com a elaboração das bases teóricas de um novo paradigma, senão apenas quando criadas as condições de sua transmissão pelos canais de qualificação acadêmica e de sua efetiva aplicação jurídica, transformadora e emancipadora da realidade social.

Reformar o ensino jurídico em plena afirmação de um novo paradigma é reformular as formas de pensar a ordem jurídica e a vida social,[40] porque o Direito é, antes de tudo, uma práxis incessante em busca da realização do justo nas situações concretas e singulares postas pela existência humana. Ensinar os "novos direitos" – *rectius*, ensinar construindo-os – implica, portanto, assumir o operador do Direito uma postura profissional e pessoal coerente com os saberes os quais ajuda a formar, desse modo transformando a si e ao mundo que o envolve. A emergência e o posterior desenvolvimento do direito ambiental no Brasil, a partir da análise da atuação profissional, opções éticas e produção teórica dos seus pioneiros, evidenciam o quão imprescindível é esse compromisso e sua necessária continuidade geracional.

38. *Educar pela Pesquisa*, 5ª ed., p. 60.
39. Luiz Édson Fachin, "Limites e possibilidade do ensino e da pesquisa jurídica: repensando paradigmas", *Revista do Direito* 13/9.
40. José Geraldo Sousa Jr., "Ensino jurídico: pesquisa e interdisciplinaridade", in *Ensino Jurídico: Novas Diretrizes Curriculares*, p. 91.

Referências bibliográficas

ADEODATO, João Maria Leitão. *O Problema da Legitimidade – No rastro do Pensamento de Hanna Arendt*. Rio de Janeiro, Forense Universitária, 1989.

AGUILLAR, Fernando Herren. *Metodologia da Ciência do Direito*. 2ª ed. São Paulo, Max Limonad, 1999.

ANTUNES, Paulo de Bessa. *Curso de Direito Ambiental: Doutrina, Legislação e Jurisprudência*. 1ª ed. Rio de Janeiro, Renovar, 1990.

BIERSTEDT, Robert. "Legitimidade". *Dicionário de Ciências Sociais*. 2ª ed. Rio de Janeiro, FGV, 1987 (pp. 674-675).

CANARIS, Claus-Wilhelm. *Pensamento Sistemático e Conceito de Sistema na Ciência do Direito*. 2ª ed. Lisboa, Fundação Calouste Gulbenkian, 1996.

CARVALHO, Luís Gustavo Grandinetti Castanho. *Pesquisa Científica em Direito*. Rio de Janeiro, s/d. (disponível *on line* na Internet in *http://www.estacio.br/direito/artigos/dir_artpes.htm*. Acesso em 27.5.2002).

CORDEIRO, António Menezes. "Introdução à edição portuguesa". In: CANARIS, Claus-Wilhelm. *Pensamento Sistemático e Conceito de Sistema na Ciência do Direito*. 2ª ed. Lisboa, Fundação Calouste Gulbenkian, 1996 (pp. VII-CXIV).

DANTAS, San Thiago. "A educação jurídica e a crise brasileira". In: RAMOS, Guiomar Feitosa de Albuquerque Lima (org.). *Encontros da UnB – Ensino Jurídico*. Brasília, Ed. UnB, 1979 (pp. 47-54).

DEMO, Pedro. *Educar pela Pesquisa*. 5ª ed. Campinas, Autores Associados, 2002.

DOTTI, René Ariel. "Meio ambiente e proteção penal". *Criminologia Crítica – Fórum Internacional de Criminologia Crítica*. Belém, CEJUP, 1990 (pp. 289-313).

FACHIN, Luiz Édson. "Limites e possibilidade do ensino e da pesquisa jurídica: repensando paradigmas". *Revista do Direito* 13/7-17. Santa Cruz do Sul, EDUNISC, janeiro-junho/2000.

FARIA, José Eduardo. "A noção de paradigma na Ciência do Direito: notas para uma crítica ao idealismo jurídico". *A Crise do Direito em uma Sociedade em Mudança*. Brasília, Ed. UnB, 1988 (pp. 13-30).

FERRAZ, Sérgio. "Direito ecológico, perspectiva e sugestões". *Revista da Consultoria-Geral do Estado do Rio Grande do Sul* 1. Porto Alegre, 1972, n. 4.

FERRAZ, Tércio Sampaio. *Introdução ao Estudo do Direito – Técnica, Decisão, Dominação*. São Paulo, Atlas, 1989.

FREITAS, Juarez. *A Interpretação Sistemática do Direito*. 4ª ed. São Paulo, Malheiros Editores, 2004.

GIL, Antônio Carlos. *Métodos e Técnicas de Pesquisa Social*. 5ª ed. São Paulo, Atlas, 1999.
GOMES, Orlando. *Ensaios de Direito Civil e de Direito do Trabalho*. Rio de Janeiro, AIDE, 1986.
HABERMAS, Jürgen. *Facticidad y Validez*. 2ª ed. Valladolid, Editorial Trotta, 2000.
_____. *O Discurso Filosófico da Modernidade*. São Paulo, Martins Fontes, 2002.
KHENG-LIAN, Koh. "Capacity building in environmental law in the Asian-Pacific Region: a vital pillar in sustainable development". In: BENJAMIN, Antônio Herman (org.). *10 Anos da ECO-92: o Direito e o Desenvolvimento Sustentável*. Anais do 6º Congresso Internacional de Direito Ambiental (junho/2002). São Paulo, Imprensa Oficial (pp. 27-40).
KRIEGER, Maria da Graça (coord.) *Dicionário de Direito Ambiental – Terminologia das Leis do Meio Ambiente*. Porto Alegre/Brasília, Ed. UFRS/Procuradoria-Geral da República, 1998.
LAKATOS, Imre, e MUSGRAVE, Alan. *A Crítica e o Desenvolvimento do Conhecimento* (vol. IV das *Atas do Colóquio Internacional sobre Filosofia da Ciência*, realizado em Londres em 1965). São Paulo, Cultrix/EDUSP, 1979.
LE PESTRE, Philippe. *Ecopolítica Internacional*. São Paulo, Ed. SENAC, 2000.
LIMA, André (org.). *O Direito para o Brasil Sócio-Ambiental*. Porto Alegre, Sérgio Antônio Fabris Editor, 2002.
LUNA, Sérgio Vasconcelos de. *Planejamento de Pesquisa: uma Introdução*. São Paulo, EDUC, 1996 (texto apresentado em aula).
MACHADO, Paulo Affonso Leme. *Direito Ambiental Brasileiro*. 12ª ed. São Paulo, Malheiros Editores, 2004; 1ª ed. São Paulo, Ed. RT, 1982; 2ª ed. São Paulo, Ed. RT, 1989; 3ª ed. São Paulo, Ed. RT, 1991; 4ª ed. São Paulo, Malheiros Editores, 1992; 6ª ed. São Paulo, Malheiros Editores, 1996; 7ª ed. São Paulo, Malheiros Editores, 1998; 10ª ed. São Paulo, Malheiros Editores, 2002; 11ª ed. São Paulo, Malheiros Editores, 2003.
_____. *Estudos de Direito Ambiental*. São Paulo, Malheiros Editores, 1994.
MORA, José Ferrater. *Diccionario de Filosofía*. 1ª ed., revisada, ampliada e atualizada por Josep-María Terricabra, vol. A-D. Barcelona, Editorial Ariel, 1994.
MOREIRA NETO, Diogo de Figueiredo. *Introdução ao Direito Ecológico e ao Direito Urbanístico*. 2ª ed. Rio de Janeiro, Forense, 1977.
MUSGRAVE, Alan, e LAKATOS, Imre. *A Crítica e o Desenvolvimento do Conhecimento* (vol. IV das *Atas do Colóquio Internacional sobre Filosofia da Ciência*, realizado em Londres em 1965). São Paulo, Cultrix/EDUSP, 1979.

OLIVEIRA, Francisco de, e PAOLI, Maria Célia (orgs.). *Os Sentidos da Democracia: Políticas do Dissenso e a Hegemonia Global*. 2ª ed. Petrópolis, Vozes, 2000.

PAOLI, Maria Célia, e OLIVEIRA, Francisco de (orgs.). *Os Sentidos da Democracia: Políticas do Dissenso e a Hegemonia Global*. 2ª ed. Petrópolis, Vozes, 2000.

RAMOS, Guiomar Feitosa de Albuquerque Lima (org.). *Encontros da UnB – Ensino Jurídico*. Brasília. Ed. UnB, 1979.

ROCHA, João Carlos de Carvalho. "Composição do dano ambiental no Brasil e nos Estados Unidos da América". *Revista da Procuradoria-Geral da República* 1/171-184. São Paulo, Ed. RT, outubro-novembro-dezembro/1992.

SANTILLI, Márcio (org.). *Balanço Sócio-Ambiental do Governo Lula*. Brasília, Instituto Sócioambiental-ISA (disponível *on line* na Internet in *http://www.socioambientalorg/website/especiais/novogov2/index.shtm*).

SILVA, José Afonso da. *Direito Urbanístico Brasileiro*. 3ª ed. São Paulo, Malheiros Editores, 2000.

SOUZA FILHO, Carlos Frederico Marés de. "Os direitos invisíveis". In: OLIVEIRA, Francisco de, e PAOLI, Maria Célia (orgs.). *Os Sentidos da Democracia: Políticas do Dissenso e a Hegemonia Global*. 2ª ed. Petrópolis, Vozes, 2000.

SOUSA JR., José Geraldo. "Ensino jurídico: pesquisa e interdisciplinaridade". *Ensino Jurídico: Novas Diretrizes Curriculares*. Brasília, Conselho Federal da OAB, 1996 (pp. 89-99).

TEPEDINO, Gustavo. *Temas de Direito Civil*. 2ª ed. Rio de Janeiro, Renovar, 2001.

WAINER, Ann Helen. *Legislação Ambiental Brasileira – Subsídios para a História do Direito Ambiental*. Rio de Janeiro, Forense, 1991.

WATKINS, John. "Contra a 'Ciência normal'". In: LAKATOS, Imre, e MUSGRAVE, Alan. *A Crítica e o Desenvolvimento do Conhecimento* (vol. IV das *Atas do Colóquio Internacional sobre Filosofia da Ciência*, realizado em Londres em 1965). São Paulo, Cultrix/EDUSP, 1979 (pp. 33-48).

ASPECTOS HISTÓRICOS E PROSPECÇÃO EM DIREITO AMBIENTAL

José Antônio Tietzmann e Silva

1. Introdução. 2. De um direito utilitarista a um direito de catástrofes: os eventos do passado na evolução do direito ambiental: 2.1 O direito ambiental: um direito utilitarista – 2.2 O direito ambiental: um direito de catástrofes. 3. A prevenção e a precaução: o passado e o presente como elementos de uma visão prospectiva do direito ambiental: 3.1 A irreversibilidade e o papel do Direito – 3.2 A abordagem histórica: uma ferramenta para o futuro.

1. Introdução

Como em todos os demais domínios do conhecimento científico, na Ciência do Direito é de grande importância e, mesmo, necessário conhecer o passado, para que se obtenha uma compreensão mais precisa do presente, assim como para que se encontrem as melhores soluções para os problemas colocados pelo futuro.

No que concerne ao direito ambiental, sua importância para o futuro da Humanidade assim que sua condição de Ciência nova, nascida verdadeiramente há 30 anos, com a Conferência das Nações Unidas sobre o Meio Humano,[1] fazem com que o estudo de seus aspectos históricos seja indispensável.

Com efeito, de um lado, uma visão incompleta do processo evolutivo da matéria – ou seja, vislumbrar apenas sua evolução recente – pode esconder uma evolução intrínseca preciosa, seja em nível nor-

---

1. Dita "Conferência de Estocolmo", realizada na cidade de mesmo nome, na Suécia, em junho/1972.

mativo, jurisprudencial ou doutrinário, ou extrínseca, que ocorreu tanto em nível de Direito Internacional como de Direito Interno.

De outro lado, a rápida evolução do direito ambiental nas três últimas décadas foi o elemento fundamental para sua afirmação como uma verdadeira Ciência, conferindo-lhe princípios próprios, os quais evoluíram segundo o objetivo maior da disciplina – a saber, a conservação da Natureza, assim como a garantia de uma qualidade de vida aceitável ao ser humano.[2] A doutrina jusambientalista é uníssona nessa afirmação.

Nesse sentido, claras são as palavras de Machado (2004:48), citando também López Ramon, quando aduz:

"Não basta viver ou conservar a vida. É justo buscar e conseguir a 'qualidade de vida'. A Organização das Nações Unidas-ONU anualmente faz uma classificação dos países em que a qualidade de vida é medida, pelo menos, em três fatores: saúde, educação e produto interno bruto. 'A qualidade de vida é um elemento finalista do Poder Público, onde se unem a felicidade do indivíduo e o bem comum, com o fim de superar a estreita visão quantitativa, antes expressa no conceito de nível de vida.'

"A saúde dos seres humanos não existe somente numa contraposição a não ter doenças diagnosticadas no presente. Leva-se em conta o estado dos elementos da Natureza – águas, solo, ar, flora, fauna e paisagem – para se aquilatar se esses elementos estão em estado de sanidade e de seu uso advenham saúde ou doenças e incômodos para os seres humanos.

"Essa ótica influenciou a maioria dos países, e em suas Constituições passou a existir a afirmação do direito a um ambiente sadio. (...)."

De forma a completar o quadro exposto, Prieur (2001:12) demonstra, com sabedoria, a importância de um estudo histórico do Direito em geral, assim que sua contribuição específica ao direito ambiental: "A história do Direito pode também contribuir à modernização dos instrumentos jurídicos do antigo regime, como os direitos de uso ou

---

2. Ressalta-se que as noções de *conservação da Natureza* assim que de *qualidade de vida* são aqui utilizadas segundo uma concepção ampla da expressão "meio ambiente" – ou seja, tomando-se em consideração não apenas o meio natural, mas também o meio construído ou humano.

o estatuto de certos bens, e permitir a instituição de novas servidões, tomando em consideração, para a proteção da Natureza, a complementaridade dos fundos e a interdependência das formas de utilização dos recursos naturais".

Indo na mesma direção, Cornu e Fromageau (2001:12) asseveram que: "O procedimento diacrônico parece, então, incontornável para melhor apreender o senso da mutação realizada nesse fim do século XX, mas também as causas das disfunções institucionais, as dificuldades encontradas na posta em prática do Direito. Ele permite enriquecer a reflexão sobre o futuro do direito ambiental e tem uma parte não-negligenciável na necessária renovação da reflexão sobre essa matéria".

Assim, nota-se que o estudo da história do direito ambiental tem um papel de grande importância na consagração e na evolução dessa matéria, que se afirma de forma cada vez mais ampla, reforçando sua característica de matéria horizontal, que penetra nos demais campos do conhecimento científico.

Demais disso, a visão do direito ambiental como um *direito de reversibilidade do caos* ou *direito das catástrofes* está, de certa forma, ultrapassada; sua evolução permite que, ao contrário, essa matéria possa ser atualmente considerada como um *direito de prevenção dos danos ecológicos*.

Um *estudo do meio natural e de sua evolução* deve, igualmente, ser enfatizado: ora, se o direito ambiental é uma matéria que propõe a criação e a aplicação de instrumentos para oferecer ao ser humano a oportunidade de gozar de um ambiente sano, deve-se pensar em conhecer, de forma aprofundada, o estado atual, o funcionamento e a evolução desse mesmo ambiente.

De fato, o ponto de partida do legislador para elaborar as regras ambientais deve ser, justamente, o conhecimento do estado do meio ambiente a ser protegido, como dos ciclos naturais, e as influências neles exercidas pelas atividades humanas.

Assim, segundo essas perspectivas, abordaremos, aqui, dois aspectos do tema proposto, a saber: os fatos pretéritos e sua influência na evolução do direito ambiental (item 2) e, em seguida, a contribuição desses eventos para uma visão prospectiva desse ramo da Ciência do Direito (item 3).

2. De um direito utilitarista a um direito de catástrofes: os eventos do passado na evolução do direito ambiental

A origem mais conhecida do direito ambiental data dos anos 70 do século passado, momento em que o ser humano teve consciência planetária da nocividade de seus atos para o meio natural e, em conseqüência, para si mesmo.

Foi nesse momento que se constatou a existência de uma sociedade excessivamente consumista de recursos naturais, contribuindo significativamente para a degradação da qualidade de vida: o *habitat* humano como um meio penalizado pela ocupação desmesurada, constantemente agredido pela contaminação atmosférica, hídrica e dos solos, essa poluição provocada por toda uma gama de atividades realizadas sem qualquer preocupação com a capacidade de assimilação do meio natural.

É aí que se encontra a origem de uma autocrítica em torno da relação entre homem e meio ambiente: verificou-se a existência de um antagonismo entre as atividades humanas e o meio natural, entre essas atividades e a qualidade de vida.

Assim, segundo essa perspectiva, dever-se-ia encontrar uma solução – tarefa para a qual o direito ambiental, então recém-nascido, mostrou-se uma excelente ferramenta.

2.1 O direito ambiental: um direito utilitarista

Apesar do marco histórico representado por Estocolmo, deve-se ressaltar que o atual direito ambiental tem suas origens já na Roma antiga. Com efeito, várias de suas regras ou das de direito urbanístico hoje existentes se beneficiam de mecanismos já utilizados no seio do Império Romano.

Tal é o caso das regras relativas ao zoneamento ambiental em meio urbano, com a conseqüente limitação ou interdição de certas atividades em benefício da tranqüilidade e da salubridade públicas, ou a consideração de certos elementos – como o ar, as águas internas, o mar e as costas – como bens do domínio comum do povo romano.

Esses tipos de normas, apesar de sua evidente característica de proteção da saúde e da salubridade públicas, portavam sobretudo o objetivo de assegurar uma qualidade de vida ao homem urbano. Elas dispunham de características ambientais, especialmente devido à proteção indireta, *par ricochet*, dos elementos da Natureza.

Essa proteção, mesmo com suas características de indireta e de essencialmente utilitarista, podia trazer igualmente características preventivas, como bem demonstram Cornu e Fromageau (2001:13):

"De um lado, quando se trata de reprimir a ameaça a um recurso consumível, disponível, utilizável, para que sua utilização seja regulamentada, o Direito pode sancionar somente o dano direto, material e certo, enquanto que a consideração do meio ambiente implica, ao contrário, relações mais indiretas que diretas. No entanto, normas implícitas de responsabilidade serão impostas. Elas são 'feitas de condutas comuns e de tradições religiosas ou representam, mesmo, a sensibilidade das categorias sociais, grupos profissionais e instituições específicas (...)'. Já, nas culturas antigas, os investimentos em infra-estrutura, feitos a longo prazo (o sistema de irrigação na Mesopotâmia, por exemplo), são garantidos pelas instituições políticas; legisla-se com base na previsão, como se fará mais tarde na Europa, organizando-se as zonas úmidas ou protegendo os recursos madeireiros graças à legislação das águas e florestas.

"De outro lado, a sociedade se organiza para evitar o risco 'natural', é dizer, o risco de doenças ou de acidentes. Estrutura-se, assim, desde as grandes epidemias medievais, o sistema de saúde pública, a partir de uma concepção bastante antiga do 'mal biológico', da qual se encontram ainda hoje os traços. Estabelece-se, com efeito, em um momento muito antigo na Medicina, desde a época de Hipócrates, uma visão que, 'desligando-se de uma concepção da doença de origem exclusivamente divina, a integra, ao contrário, ao sistema dos fenômenos naturais. A teoria 'aerista', onde o ar e o clima são os primeiros fatores explicativos das doenças, atravessa as eras'. Lentamente, a resignação dá lugar à ação: a prevenção se desenvolve. Ela comporta a organização do espaço urbano, justifica as medidas de distanciamento, de zoneamento das atividades mais nocivas, e a gestão precoce dos fluxos e das redes de evacuação (águas usadas, resíduos ...)."

Tais características, presentes até uma época recente, serão reforçadas no fim do século XIX e no começo do século XX, quando importantes Convenções mundiais dispondo, de forma *indireta* e *limitada* – é verdade –, sobre a proteção da Natureza foram assinadas.

A título de exemplo, pode-se mencionar a Convenção para a Proteção dos Pássaros Úteis à Agricultura, assinada em Paris em 1902, documento que se fundamentava exclusivamente na utilidade dos pássaros aos propósitos humanos para sua conservação, ignorando critérios como os de sua rareza ou importância ecológica para tal mister.

Toda uma série de convenções e tratados, em nível internacional, assim como várias regras jurídicas de diferentes países dispunham de textos que contribuíam de forma igualmente indireta para a proteção ambiental, tendo como objetivo a mesma função utilitarista: é o caso, por exemplo, dos tratados comunitários CECA[3] e Euratom,[4] que não tinham como objetivos senão a proteção e a segurança dos trabalhadores – ou das pessoas submetidas às radiações ionizantes, para este último.

A proteção do meio ambiente, portanto, não era seu objetivo principal,[5] como bem demonstram Kiss e Beurier (2000:83): "Ao tempo que essas disposições podiam ser invocadas para responder a certos problemas ambientais, limitados, o Tratado que instituiu a Comunidade Econômica Européia, igualmente adotado em Roma, no dia 25.3.1957, não continha qualquer disposição que pudesse ser diretamente aplicada para intervir nesse novo domínio [*de proteção ambiental*] (...)".

2.2 O direito ambiental: um direito de catástrofes

A esta visão utilitarista do direito ambiental, os anos 60 e 70 do século passado trouxeram uma outra característica das regras de pro-

---

3. Comunidade Européia do Carvão e do Aço, instituída pelo Tratado de Paris, de 18.4.1951, assinado por Alemanha, Bélgica, França, Itália, Luxemburgo e Holanda. Este Tratado, ademais, dava competências à Comunidade no que concerne à segurança dos trabalhadores nessas indústrias.
4. O Tratado que institui o Euratom data de 25.3.1957 e contém todo um capítulo dedicado à proteção dos trabalhadores e da população contra as radiações ionizantes, assim como à fixação e controle de normas referentes à radioatividade no meio ambiente.
5. Certamente, pode-se notar que a adoção de regras comunitárias para a proteção do meio ambiente teve uma base jurídica precisa somente a partir do Ato Único, em 1986, com a inserção dos arts. 130-R, S e T no Tratado da CEE.

teção do meio ambiente, que reside no seu aspecto de *remédio às catástrofes*.

Com efeito, esta época testemunhará a formação de instrumentos de Direito ligados à proteção do meio ambiente, encontrando sua base de elaboração em sinistros de grande importância, responsáveis por efeitos ambientais nefastos.

Assim, convenções para regulamentar o transporte de hidrocarburantes pela via marítima feitas nessas duas décadas – como é o caso da *Convenção sobre a Responsabilidade Civil pelos Danos Devidos à Poluição por Hidrocarburantes*, elaborada em Bruxelas em 1969 – tiveram como base para sua elaboração acidentes ou contaminações importantes: o naufrágio do *Torrey-Canyon*, em 1967, responsável pela primeira maré negra do Reino Unido; ou o do petroleiro *Amoco-Cádiz*, em 1978.

Essa característica não foi verdadeiramente apagada até o acidente nuclear de Chernobyl, em 1986, o qual determinou a elaboração e a colocação em prática de uma convenção[6] em apenas alguns meses. Kiss e Beurier (2000:125) demonstram o aspecto impressionante da entrada em vigor dessa Convenção: "Um lugar de destaque pode ser dado à *Convenção sobre a Notificação Rápida de Acidente Nuclear*, elaborada em seguida ao acidente de Chernobyl e da omissão do Governo Soviético de informar aos outros Estados da nuvem radioativa que poderia alcançar seu território. Essa Convenção foi firmada em 26.9.1986 por 58 Estados e entrou em vigor, com uma rapidez pouco habitual nas relações internacionais, no seguinte 27 de outubro".

Vários documentos de Direito Internacional demonstram essa natureza do direito ambiental – a saber: a *Convenção Relativa às Zonas Úmidas de Importância Internacional*, aprovada em Ramsar em 1971; a *Convenção sobre a Proteção das Focas da Antártida*, aprovada em Londres em 1972; a *Convenção sobre a Poluição Atmosférica Transfronteiriça a Longa Distância*, aprovada em Genebra em 1979; a *Convenção sobre a Proteção da Camada de Ozônio*, aprovada em Viena em 1985; a *Convenção-Quadro sobre as Mudanças*

---

6. A Convenção sobre a Notificação Rápida de um Acidente Nuclear, feita em Viena, em 1986, em conjunto com a Convenção sobre a Assistência em Caso de Acidente Nuclear ou de Situação de Urgência Radiológica.

Climáticas, adotada no Rio de Janeiro em 1992; a *Convenção das Nações Unidas sobre a Luta Contra a Desertificação nos Países Gravemente Afetados pela Seca e/ou pela Desertificação*, adotada em Paris em 1994.

Deste modo, nota-se que o curso dos eventos assim como o estudo da evolução da Natureza tiveram sempre uma grande importância para a evolução do direito ambiental, justamente em virtude de que foi a partir daí que seus instrumentos normativos, ligados à *luta contra um dano já existente*, puderam se formar.

No entanto, no quadro de sua evolução recente, o direito ambiental passou de uma condição de *direito de catástrofes* à de um *direito de prevenção* dos danos ao ambiente.

Muitos são os documentos de direito internacional unânimes em afirmar esta característica preventiva, como se pode notar da *Declaração de Estocolmo*, de 1972, da *Declaração de Rio*, de 1992, além de outros documentos de direito internacional do meio ambiente. Tal é o caso da *Convenção sobre a Diversidade Biológica*,[7] de 1992, da *Convenção de Espoo sobre a Avaliação de Impacto sobre o Meio Ambiente num Contexto Transfronteiriço*, de 1991, ou da *Convenção de Aarhus, sobre o Acesso à Informação, a Participação do Público no Processo Decisional e o Acesso à Justiça em Matéria de Meio Ambiente*, de 1998.

Ora, segundo esta perspectiva, a *prevenção* e a *precaução*, já consagradas como princípios da matéria, transformaram-se em eixos fundamentais de ação para o direito ambiental.

3. A prevenção e a precaução: o passado e o presente como elementos de uma visão prospectiva do direito ambiental

Se a origem do direito ambiental se fundamenta nas catástrofes, as tendências para seu futuro se apóiam sobre uma análise precisa tanto do direito como do meio ambiente, sempre sob a perspectiva dos impactos da ação humana sobre este último e do papel do primeiro na busca de uma normatização efetiva e eficaz.

---

7. Este último documento já em seu "Preâmbulo" proclama a importância vital de prever, prevenir e combater, na sua fonte, as causas da redução ou da perda da diversidade biológica.

A partir de então, são os elementos que compõem a história e a atualidade os responsáveis pelo futuro das regras de proteção do meio ambiente, de modo que o moderno direito ambiental é essencialmente um *direito de ação preventiva*, mas que repousa sobre uma sólida base histórica.

O papel de estabelecer as regras preventivas é justificado pelas características particulares dos danos ao meio ambiente, essas que são precisamente demonstradas por Prieur (2001:870): "Os fenômenos que afetam o meio natural caracterizam-se na maior parte das vezes por sua grande complexidade. No entanto, devem-se ressaltar sobretudo os seguintes elementos, que raramente se encontram nos danos não-ecológicos: as conseqüências nefastas de um dano ambiental são irreversíveis (não se reconstitui um biótopo ou uma espécie em vias de extinção), elas são quase sempre ligadas ao progresso tecnológico; a poluição tem efeitos cumulativos e sinérgicos, que fazem com que os diferentes tipos de poluição se completem e se acumulem entre eles; a acumulação de poluentes ao longo de uma cadeia pode ter conseqüências catastróficas (doença de Minamata, no Japão); os efeitos dos danos ambientais podem se manifestar bem além da vizinhança (efeitos à jusante da poluição das águas de um rio, chuvas ácidas devidas ao transporte do SO_2 pela atmosfera); são danos coletivos devido às suas causas (pluralidade de atores, desenvolvimento industrial, concentração urbana) e seus efeitos (custo social); são danos que se manifestam de forma difusa (ar, radioatividade, poluição das águas) e no estabelecimento do nexo de causalidade; eles têm repercussão à medida que ameaçam, primeiramente, um elemento natural e, em seguida, de forma indireta, os direitos individuais".

Deste fato, colocar em prática regras que permitem o exercício de uma atitude preventiva significa evitar as conseqüências nefastas da irreversibilidade de um dano ecológico ou um procedimento excessivamente oneroso para a recuperação do meio ambiente degradado.

3.1 A irreversibilidade e o papel do Direito

É certo que a ação humana sobre o meio ambiente causa efeitos de natureza quase sempre irreversível, o que acarreta toda uma série de prejuízos econômicos, sociais e, mesmo, culturais a uma sociedade ou à Humanidade. Cornu e Fromageau (2001:18) ressaltam as conseqüências *biológicas* e *éticas* desses danos: "As primeiras grandes catástrofes ecológicas (efeitos perversos da utilização sistemática do DDT, poluição do ar em Los Angeles ou em Londres, eutrofização de grandes lagos, destruição da floresta tropical, lama vermelha da sociedade Montedison lançada no Mar Mediterrâneo, naufrágio do *Torrey-Canyon* ...) tiveram conseqüências biológicas mas também éticas, segundo sua larga divulgação pública. Elas explicam, em grande parte, as preocupações em relação a uma segurança que deve alcançar um nível sempre mais eficaz, devido sobretudo a que o gigantismo dos danos causados ao meio ambiente é cada vez mais sem precedentes (mudanças climáticas radicais, destruição de forma cada vez mais irreversível da biosfera, perda dramática dos recursos pesqueiros, urbanismo devastador, desflorestamento de grande monta, aumento das zonas de secas, poluição difusa das águas, destruição e evolução anárquica da paisagem ...) (...)."

Ora, para superar essa possível irreversibilidade ou o custo excessivo da recuperação do meio ambiente poluído, medidas de precaução ou de prevenção devem ser adotadas, tomando por base as regras de Direito.

Sob este ângulo, é impossível negar a importância de uma abordagem histórica seja do Direito, seja da Natureza e de seus ciclos, para a construção das futuras regras de proteção ambiental.

O quadro dos princípios jusambientalistas, *v.g.*, demonstra com clareza essa importância, sobretudo diante do dinamismo de sua evolução, numa tentativa incessante de impedir que novas ações humanas venham a causar danos ao meio ambiente. Tecendo um histórico da Lei de Política Nacional do Meio Ambiente Brasileira, Machado (2004:55-56) demonstra os aspectos preventivos do direito ambiental:

"Prevenir a degradação do meio ambiente no plano nacional e internacional é concepção que passou a ser aceita no mundo jurídico especialmente nas últimas três décadas. Não se inventaram todas as regras de proteção ao ambiente humano e natural nesse período. A preocupação com a higiene urbana, um certo controle sobre as florestas e a caça já datam de séculos. Inovou-se no tratamento jurídico dessas questões, procurando interligá-las e sistematizá-las, evitando-se a fragmentação e até o antagonismos de leis, decretos e portarias.

"A Lei de Política Nacional de Meio Ambiente no Brasil (Lei 6.938, de 31.8.1981) inseriu como objetivos dessa política pública a compatibilização do desenvolvimento econômico-social com a preservação da qualidade do meio ambiente e do equilíbrio ecológico e a preservação dos recursos ambientais, com vistas à sua utilização racional e disponibilidade permanente (art. 4º, I e VI). Entre os instrumentos da Política Nacional do Meio Ambiente colocou-se a 'avaliação dos impactos ambientais' (art. 9º, III). A prevenção passa a ter fundamento no direito positivo nessa lei pioneira na América Latina. Incontestável tornou-se a obrigação de prevenir ou evitar o dano ambiental quando o mesmo pudesse ser detectado antecipadamente. Contudo, no Brasil, em 1981, ainda não havíamos chegado expressamente a introduzir o princípio da precaução."

No que tange à precaução, o mesmo Machado (2004:54), demonstra com clareza meridiana que não se trata de um princípio que visa a tudo impedir em nome de uma *deep ecology*, mas de um instrumento necessário à conservação ou à preservação do meio ambiente diante do risco e da incerteza científica: "A implementação do princípio da precaução não tem por finalidade imobilizar as atividades humanas. Não se trata da precaução que tudo impede ou que em tudo vê catástrofes ou males. O princípio da precaução visa à durabilidade da sadia qualidade de vida das gerações humanas e à continuidade da Natureza existente no Planeta".

3.2 A abordagem histórica: uma ferramenta para o futuro

Efetivamente, de uma parte, o conhecimento da evolução do clima atmosférico ou marinho, dos movimentos das camadas subterrâneas do solo, do regime das chuvas ou das geleiras, do aparecimento, da evolução e da extinção de espécies no Planeta – enfim, um conhecimento profundo da história dos ciclos naturais do Planeta que se pretende conservar – revela elementos preciosos para a compreensão da influência das atividades humanas sobre a Natureza e, de conseqüência, permite uma elaboração mais adaptada, mais precisa, de regras de direito ambiental voltadas a essa proteção.

De outro lado – tampouco menos importante –, nota-se que conhecer a própria evolução do Direito representa um aprendizado para o futuro: ora, se mesmo na Roma antiga havia regras de Direito que protegiam, *par ricochet*, o meio ambiente – como se mencionou linhas atrás –, é interessante notar qual era a contribuição dessas normas para a proteção do meio ambiente, assim como fazer uma análise histórica de sua evolução, para que possam, caso seja necessário, ser reutilizadas, numa conjuntura adaptada, as normas que tiveram verdadeira utilidade, rejeitando toda proposição que tenha sido falha no curso da história.

Kiss e Beurier (2000:180) mencionam, no caso específico do transporte de hidrocarburantes pela via marítima, a evolução das regras de direito internacional:

"As convenções para a proteção dos mares regionais tiveram como objetivos principais a redução ou a supressão das fontes de poluentes e a proteção dos meios ainda não degradados. Essas intervenções se situam num contexto global de prevenção e de restauração. No entanto, pouco importando as precauções tomadas pelos Estados, um acidente grave pode ter lugar. Num caso como este, as regras de luta, analisadas até o presente momento, são inoperantes; seria conveniente, assim, dotar-se de meios de intervenção rápida e massiva para que se possa limitar o impacto de uma catástrofe já ocorrida. Essas técnicas são muito diferentes das destinadas a lutar contra os poluentes insidiosos, recorrentes ou difusos. Em face de um naufrágio, é necessária a concentração maciça de homens, material e um *know-how* adaptado, a fim de limitarem-se os efeitos de uma catástrofe marítima. O naufrágio do *Torrey-Canyon*, em 10.3.1967, e a maré negra que se originou como resultado imediato, mostrou que os Estados costeiros não estavam preparados para esse tipo de catástrofe. O aumento considerável do transporte marítimo de substâncias perigosas para o meio ambiente obrigou os Estados ameaçados a intervir rapidamente para limitar o perigo.

"Os Estados costeiros do Mar do Norte foram os primeiros a reagir diante da presença, nessa zona, do maior tráfego marítimo do mundo. Em 9.6.1969 os Estados costeiros firmaram em Bonn um acordo de cooperação em matéria de luta contra a poluição das águas do Mar do Norte por hidrocarburantes. (...). O Acordo de Bonn foi revisado em 13.9.1983. A Organização Marítima Consultiva Intergovernamental (OMCI, transformada em OMI em 1975) incitava os Governos a cooperar de forma 'ativa' para combater o perigo de poluição por hidrocarburantes. (...). Este princípio de uma cooperação ativa será retomado em seguida aos protocolos das convenções que seguem o modelo da de Barcelona. Constata-se que o Direito considera, aqui, uma civilização do risco até então desconhecida. A Declaração de Rio, em seu Princípio 13, declara que os Estados devem elaborar as legislações nacionais prevendo o risco maior. Este sistema original tem por base a solidariedade inter-estatal."

Assim, a observação da prática do Direito tem uma grande importância para sua evolução, e sobretudo no caso do direito ambiental, que está sempre sob os olhares atentos da opinião pública, no que tange à obtenção de resultados, e sob a pressão dos interesses antagônicos do jogo do mercado, no que concerne a suas obrigações.

Para superar esses dois aspectos antagônicos da proteção do meio ambiente, os juristas, que almejam uma evolução cuidadosa, precisa e rápida da matéria, devem apoiar-se também nas fontes do passado, devem ali buscar as perspectivas do futuro, este último que se torna cada vez mais verde, apesar de todos os aspectos funestos de um mundo industrial.

Referências bibliográficas

CORNU, Marie, e FROMAGEAU, Jérôme. *Genèse du Droit de l'Environnement. Fondements et Enjeux Internationaux.* vol. I. Paris, L'Harmattan, 2001.

KISS, Alexandre, e BEURIER, Jean-Pierre. *Droit International de l'Environnement.* 2ª ed. Paris, Pedone, 2000.

MACHADO, Paulo Affonso Leme. *Direito Ambiental Brasileiro.* 12ª ed. São Paulo, Malheiros Editores, 2004.

PRIEUR, Michel. *Droit de l'Environnement.* 4ª ed. Paris, Dalloz, 2001.

ESTADO DE DIREITO AMBIENTAL NO BRASIL[1]

José Rubens Morato Leite
Luciana Cardoso Pilati
Woldemar Jamundá

1. Introdução. 2. Regulamentação da proteção do ambiente no Estado Constitucional de Direito. 3. Estado de Direito Ambiental na Constituição Brasileira de 1988: 3.1 Meio ambiente: tarefa do Estado ou direito subjetivo? – 3.2 Dilemas: o antropocentrismo alargado, o economicocentrismo e a ecologia profunda – 3.3 Estado de Direito do Ambiente: ficção?. 4. Direito integrativo e transdisciplinaridade. 5. Considerações finais.

1. Introdução

O surgimento da sociedade de risco[2] designa um estágio da Modernidade no qual começam a tomar corpo as ameaças produzidas até então pelo modelo econômico da sociedade industrial. A sociedade de risco, característica da fase seguinte ao período industrial clássico, representa a tomada de consciência do esgotamento do modelo de produção, sendo marcada pelo risco permanente de desastres e catástrofes.

A sociedade de risco é aquela que, em função de seu crescimento econômico, pode sofrer a qualquer tempo as conseqüências de uma catástrofe ambiental, por exemplo, em função do crescimento econômico contínuo. Notáveis, portanto, a evolução e o agravamento dos problemas, seguidos de uma evolução da sociedade (da sociedade in-

---

1. Artigo elaborado por José Rubens Morato Leite e Luciana Cardoso Pilati, sob orientação de Woldemar Jamundá.
2. Ulrich Beck, Anthony Giddens e Scott Lash, *Modernização Reflexiva: Política, Tradição e Estética na Ordem Social Moderna*, pp. 6-135.

dustrial para a sociedade de risco), sem, contudo, uma adequação dos mecanismos jurídicos de solução dos problemas dessa nova sociedade. Há consciência da existência dos riscos, desacompanhada, contudo, de políticas de gestão – fenômeno denominado de "irresponsabilidade organizada". O que se discute, nesse novo contexto, é a maneira pela qual podem ser distribuídos os malefícios que acompanham a produção de bens – ou seja, verifica-se a autolimitação desse tipo de desenvolvimento e a necessidade de redeterminar os padrões de responsabilidade, segurança, controle, limitação e conseqüências do dano. A isso tudo, porém, somam-se os limites científicos de previsibilidade, quantificação e determinação dos danos. Pode-se afirmar que a sociedade moderna criou um modelo de desenvolvimento tão complexo e avançado, que faltam meios capazes de controlar e disciplinar esse desenvolvimento.

Segundo Beck,[3] "as sociedades modernas são confrontadas com as bases e com os limites do seu próprio modelo".

Essa complexidade da atual sociedade está diretamente vinculada à conformação do Estado à ficção do Estado de Direito Ambiental, que visa a criar e disponibilizar meios eficazes à proteção do meio ambiente.

O objetivo deste trabalho é justamente discutir a formulação e as funções do Estado Constitucional do Ambiente em face do sistema normativo brasileiro, debatendo os principais aspectos legislativos identificadores dessa criação filosófico-doutrinária – o Estado de Direito Ambiental – no ordenamento pátrio.

Para tanto, a presente pesquisa alude, inicialmente, à regulamentação da proteção do ambiente em diversas Constituições, discutindo, ainda, as causas do fenômeno de "esverdeamento" dos textos constitucionais e a forma peculiar com que essa incorporação foi feita em cada Estado-Nação. Verificar-se-á, contudo, que não há um tratamento uniforme do direito ao ambiente nas Constituições – fato que revela as dificuldades de implantação de um sistema global de proteção jurídica ambiental.

Em seguida far-se-á uma análise acerca da aproximação da Carta Magna Brasileira à ficção do Estado Constitucional do Ambiente.

---

3. Ulrich Beck, Anthony Giddens e Scott Lash, idem, p. 17.

Ainda no tocante à legislação brasileira, examinar-se-á o *status* jurídico conferido ao ambiente (direito subjetivo ou tarefa-fim do Estado) e a questão da proteção das futuras gerações. Discutir-se-á, ademais, na perspectiva canotilhana, o enquadramento do ordenamento ambiental pátrio nos postulados global, publicista, associativista e privatista.

Por fim, abordar-se-á a problemática da transdisciplinaridade e da integratividade do direito ao ambiente, advindas da complexidade de seu objeto – o meio ambiente; o que torna insuficiente o estudo exclusivamente jurídico.

2. Regulamentação da proteção do ambiente no Estado Constitucional de Direito

Com a superação do Estado Liberal de Direito[4] em sua forma clássica e o advento do Estado do Bem-Estar Social,[5] houve o redimensionamento da importância dos direitos fundamentais, enfatizando sua concepção multifuncional.[6] Superou-se, assim, a noção restritiva de que os direitos fundamentais serviriam unicamente à defesa do indivíduo contra o Estado; reconhecendo-se que os direitos fundamentais, além disso, servem à proteção e materialização de bens considerados importantes para a comunidade.

De outra banda, mais recentemente, em especial a partir da década de 70 do século passado, a conscientização do esgotamento dos recursos naturais e de possíveis catástrofes ambientais – causados pela incongruência entre o modelo econômico capitalista e a manutenção da qualidade de vida e intensificados pelos efeitos da Revolu-

---

4. "Estado de Bem-Estar é o produto da reforma do modelo clássico de Estado Liberal que pretende superar as crises de legitimidade que este possa sofrer, sem abandonar sua estrutura jurídico-política. Caracteriza-se pela união da tradicional garantia das liberdades individuais com o reconhecimento, como direitos coletivos, de certos serviços sociais que o Estado providencia aos cidadãos, de modo a proporcionar iguais oportunidades a todos" (Paulo Márcio Cruz, *Política, Poder, Ideologia e Estado Contemporâneo*, p. 207).
5. O Estado Liberal de Direito consolidou-se a partir das revoluções burguesas do século XVIII, caracterizadas por defender as maiores cotas possíveis de liberdade do indivíduo frente ao Estado – modelo social, este, que substituiu o Antigo Regime (Paulo Márcio Cruz, *Política, Poder*, ..., p. 89).
6. Ingo Wolfgang Sarlet, *A Eficácia dos Direitos Fundamentais*, 3ª ed., p. 160.

ção Industrial e do pós-Revolução Industrial, marcados pelo desenvolvimento do conhecimento científico e tecnológico – trouxe à tona a necessidade de inserir o meio ambiente no rol dos direitos merecedores de proteção jurídica.

Diante disso, passou-se a verificar o fenômeno do "esverdeamento" das Constituições dos Estados[7] – ou seja, a incorporação do direito ao ambiente equilibrado como um direito fundamental.

Analisando-se o reconhecimento do direito ao ambiente e sua inserção nos textos constitucionais, pode-se vislumbrar a existência de, precipuamente, três posicionamentos.[8] O direito ao ambiente aparece ora positivado numa dimensão objetiva, ora numa dimensão subjetiva, ora reunindo ambas as dimensões.

Pela dimensão objetiva, o direito ao ambiente equilibrado é protegido como instituição. Embora a proteção do ambiente ainda esteja vinculada ao interesse humano, ela se dá de forma autônoma – ou seja, sem que confira ao indivíduo um direito subjetivo ao ambiente. É visível a proteção exclusivamente objetiva do direito ao ambiente no arts. 75 e 70 da Constituição da República Federal da Alemanha,[9] em que a concretização do direito ao ambiente é tarefa estatal:[10] "A

7. Todos os textos constitucionais referidos neste artigo podem ser encontrados em *http://www.georgetown.edu/pdba/Constitutions*, disponível em 21.8.2003.

8. José Adércio Leite Sampaio, Chris Wold e Afrânio José Fonseca Nardy, *Princípios de Direito Ambiental*, pp. 99-101.

9. Alemanha, Constituição (1949), *Lei Fundamental da República Federal da Alemanha*, 1983, 143 pp.

10. Neste sentido destaca-se o pensamento de Eckard Rehbinder, para quem: "A proteção constitucional do ambiente na Alemanha é relativamente incipiente. (...). Não obstante, o Tribunal Constitucional Federal analisou mais recentemente certos direitos fundamentais, (...) na medida em que o Estado tem uma obrigação objectiva de protecção que até certo ponto inclui os interesses ambientais. Ao abrigo dos precedentes recentes, o Estado é obrigado a proteger o ambiente através de uma política activa do ambiente de acordo com a qual a inacção poderia pôr em perigo a vida, a saúde ou a propriedade do cidadão. Este dever afirmativo de protecção não se limita a danos provocados e perigos iminentes reais; o Tribunal Constitucional Federal proclamou igualmente que o mero risco de danos tem de ser evitado ou pelo menos reduzido proporcionalmente à probabilidade, tipo e extensão do risco. Contudo, a obrigação constitucional de protecção é bastante vaga e sujeita à concretização por lei ou regulamento" ("O direito ambiental na Alemanha", in *Direito do Ambiente*, pp. 253-254).

Federação tem o direito de determinar normas gerais (...) sobre: (...) (3) a caça, a proteção da Natureza e a estética da paisagem" (art. 75). Segue estabelecendo que "a legislação concorrente abrange as seguintes matérias: (...) (20) a proteção do comércio de produtos alimentares e estimulantes assim como de artigos de consumo, forragens, sementes e plantas agrícolas e florestais, a proteção de plantas contra enfermidades e pragas, assim como a proteção de animais; (...) (24) eliminação de lixo, combate à poluição e luta contra o ruído". Da mesma forma, as Constituições do Panamá,[11] de Cuba[12] e do Uruguai[13] definem a proteção objetiva do meio ambiente, imputando, no entanto, a responsabilidade não apenas ao Estado, mas a toda a população. O texto constitucional panamenho, em seu art. 114, reza: "É dever fundamental do Estado garantir que a população viva em um ambiente saudável e livre de contaminação, em que o ar, a água e os alimentos satisfaçam as exigências do desenvolvimento apropriado da vida humana". A Carta Magna Cubana, por seu turno, destaca: "O Estado protege o ambiente e os recursos naturais do país (...). É dever dos cidadãos contribuir para a proteção da água, da atmosfera, da conservação do solo, da flora, da fauna e do potencial natural" (art. 27). Finalmente, como exemplo de Constituição definidora da proteção objetiva do ambiente, compartilhando a responsabilidade entre o Estado e os cidadãos, pode-se fazer referência à Constituição Uruguaia, segundo a qual: "A proteção do ambiente é de interesse geral. As pessoas se privarão de qualquer ato que causa depredação, destruição ou contaminação graves ao ambiente. A lei

---

11. Na Internet: *http://www.georgetown.edu/pdba/Constitutions*, disponível em 21.8.2003. Tradução livre dos autores. "Es deber fundamental del Estado garantizar que la población viva en un ambiente sano y libre de contaminación, en donde el aire, el agua y los alimentos satisfagan los requerimientos del desarrollo adecuado de la vida humana".

12. Na Internet: *http://www.georgetown.edu/pdba/Constitutions*, disponível em 21.8.2003. Tradução livre dos autores. "El Estado protege el medio ambiente y los recursos naturales del país (...). Es deber de los ciudadanos contribuir a la protección del agua, la atmósfera, la conservación del suelo, la flora, la fauna y todo el rico potencial de la Naturaleza".

13. Na Internet: *http://www.georgetown.edu/pdba/Constitutions*, disponível em 21.8.2003. Tradução livre dos autores. "La protección del medio ambiente es de interés general. Las personas deberán abstenerse de cualquier acto que cause depredación, destrucción o contaminación graves al medio ambiente. La ley reglamentará esta disposición y podrá prever sanciones para los transgesores".

regulará esta disposição e poderá prever sanções para os transgressores" (art. 47).

Com relação à segunda dimensão de proteção do direito ao ambiente equilibrado – apenas subjetiva –, vislumbra-se um caráter tãosomente antropocêntrico, em que o ambiente é protegido não como bem autônomo, mas a serviço do bem-estar do homem. Para tanto, atribui-se um direito – o de viver em um ambiente saudável – ao indivíduo (seja individual, seja coletivamente), a que corresponde uma obrigação estatal de concretização. Neste contexto inserem-se as Cartas Constitucionais do Chile[14] (art. 19: "A Constituição assegura a todas as pessoas: (...) VIII – o direito a viver em um ambiente livre de contaminação. É dever do Estado trabalhar para que este direito não seja afetado e defender a preservação da Natureza") e do Paraguai[15] (art. 7º: "Toda pessoa é titular do direito de habitar um ambiente saudável e ecologicamente equilibrado. Constituem objetivos prioritários de interesse social a preservação, a conservação, a alteração e a melhoria do ambiente, assim como sua harmonização com o desenvolvimento humano. Estes propósitos guiarão a legislação e as políticas de governo pertinentes").

A dimensão objetivo-subjetiva do ambiente é a mais avançada e moderna, porquanto repele a proteção ambiental em função do interesse exclusivo do homem, para dar lugar à proteção em função da ética antropocêntrica alargada.[16] Pugna essa concepção pelo reconhecimento concomitante de um direito subjetivo do indivíduo e da proteção autônoma do ambiente, independentemente do interesse huma-

14. Na Internet: *http://www.georgetown.edu/pdba/Constitutions*, disponível em 21.8.2003. Tradução livre dos autores. "La Constitución asegura a todas las personas: (...) VIII – el derecho a vivir en un medio ambiente libre de contaminación. Es deber del Estado velar para que este derecho no sea afectado y tutelar la preservación de la Naturaleza".

15. Na Internet: *http://www.georgetown.edu/pdba/Constitutions*, disponível em 21.8.2003. Tradução livre dos autores: "Toda persona tiene derecho a habitar en un ambiente saludable y ecológicamente equilibrado. Constituyen objetivos prioritarios de interés social la preservación, la conservación, la recomposición y el mejoramiento del ambiente, así como su conciliación con el desarrollo humano integral. Estos propósitos orientarán la legislación y la política gubernamental pertinente".

16. José Rubens Morato Leite, *Dano Ambiental: do Individual ao Coletivo Extrapatrimonial*, p. 80.

no. Trata-se da configuração mais completa. São exemplos dessa conformação as Constituições da Colômbia,[17] da Espanha[18] e do Brasil.[19] A Constituição Colombiana dispõe, em seu art. 79, o seguinte: "Todas as pessoas têm o direito de desfrutar um ambiente saudável. A lei garantirá a participação da comunidade nas decisões que podem afetar isto. É dever do Estado proteger a diversidade e integridade do ambiente, conservar as áreas de importância ecológica especial e fomentar a educação para a realização destes fins". A seguir, compartilha tal responsabilidade com a sociedade (art. 95): "São deveres da pessoa e do cidadão: (...) VIII – proteger os recursos culturais e naturais do país e cuidar da conservação de um ambiente saudável". O art. 45 da Carta Constitucional Espanhola, por seu turno, prescreve que: "(1) Todos têm o direito de desfrutar de um ambiente satisfatório para o desenvolvimento da pessoa como também o dever de preservá-lo. (2) As autoridades públicas fiscalizarão o uso racional de todos os recursos naturais com a finalidade de proteger e melhorar a qualidade de vida e proteger e restabelecer o ambiente, apoiando-se numa solidariedade coletiva". Destaca-se, ainda, o art. 225 do texto constitucional brasileiro, segundo o qual: "Todos têm direito ao meio ambiente ecologicamente equilibrado, bem de uso comum do povo e essencial à sadia qualidade de vida, impondo-se ao Poder Público e à coletividade o dever de defendê-lo e preservá-lo para as presentes e futuras gerações".

17. Na Internet: *http://www.georgetown.edu/pdba/Constitutions*, disponível em 21.8.2003. Tradução livre dos autores. "Todas las personas tienen derecho a gozar de un ambiente sano. La ley garantizará la participación de la comunidad en las decisiones que puedan afectarlo. Es deber del Estado proteger la diversidad e integridad del ambiente, conservar las áreas de especial importancia ecológica y fomentar la educación para el logro de estos fines" (art. 79); "Son deberes de la persona y del ciudadano: (...) VIII – proteger los recursos culturales y naturales del país y velar por la conservación de un ambiente sano" (art. 95).
18. Na Internet: *http://www.georgetown.edu/pdba/Constitutions*, disponível em 21.8.2003. Tradução livre dos autores. "Everyone has the right to enjoy an environment suitable for the development of the person as well as the duty to preserve it. The public authorities shall concern themselves with the rational use of all natural resources for the purpose of protecting and improving the quality of life and protecting and restoring the environment, supporting themselves on an indispensable collective solidarity" (art. 45).
19. Brasil, Constituição (1988), *Constituição da República Federativa do Brasil*, 2000, 512 pp.

Nota-se, até aqui, que o reconhecimento do direito constitucional ao ambiente e de sua tutela jurídica é resultado de uma grande evolução do reconhecimento dos direitos fundamentais e da organização jurídico-estatal. Verifica-se que, inicialmente, foi ampliada a significação dos direitos fundamentais, atribuindo-lhes o caráter prestacional,[20] em que ao Estado é imputada a responsabilidade de efetivar determinados direitos dos cidadãos. Posteriormente, com a tomada de consciência da crise ecológica, vislumbrou-se a necessidade de inclusão do bem ambiental nesse âmbito de proteção constitucional, como direito fundamental. Recentemente, a proteção do ambiente, outrora de cunho antropocêntrico, cedeu lugar à ética antropocêntrica alargada, destacando a dupla dimensão da proteção do ambiente: como bem autônomo e como pressuposto da vida humana. Atualmente almeja-se melhor efetividade na conservação das condições ambientais e a implementação do postulado global na defesa do bem ambiental. Pode-se adiantar que a possibilidade de concretização de uma defesa global do ambiente, dependente de instrumentos internacionais,[21] torna-se mais difícil à medida que se verificam divergências entre os textos constitucionais, como se pôde depreender da análise já feita.

20. Ingo Wolfgang Sarlet, *A Eficácia...*, 3ª ed., p. 195.
21. Gerd Winter escreveu sobre a possibilidade de a futura Constituição da União Européia disciplinar – e em que termos seria – a proteção ao meio ambiente: "O pensamento ecológico foi realmente consignado na proclamação de objetivos da União, em dois Tratados: o de Maastricht e o de Amsterdã. Na versão de Maastricht, o 'Preâmbulo' do Tratado da União Européia (TEU) menciona a proteção ambiental. O art. B, por sua vez, estabelece que 'o progresso econômico e social é (...) sustentável'. O art. 2º (EC) atenta para 'o crescimento sustentável com respeito ao meio ambiente'. O 'Preâmbulo' do Tratado da União Européia, na versão de Amsterdã, menciona uma vez a proteção do ambiente e avança citando 'o princípio do ambiente sustentável'. O art. 2º (TEU) repete a necessidade para o 'desenvolvimento' equilibrado e sustentável, e o art. 2º (EC) combina o 'desenvolvimento equilibrado e sustentável' com 'um alto nível de proteção com vistas à melhoria da qualidade do meio ambiente'. Em síntese, os objetivos aparentemente consignam uma dupla abordagem: proteção do meio ambiente e sustentabilidade. Assim, nota-se que o conceito tradicional de proteção foi ladeado pelo mais recente conceito de sustentabilidade. Isto não significa que o conceito anterior se tornou obsoleto, pois ambos devem ser compreendidos como complementares" (tradução livre dos autores: Gerd Winter, "Constitutionalizing environment protection in the European Union", in H. Somsen, H. Sevenster, J. Scott e L. Krämer, *Yearbook of European Environmental Law*, vol. 2, pp. 70-72).

3. Estado de Direito Ambiental na Constituição Brasileira de 1988

3.1 Meio ambiente: tarefa do Estado ou direito subjetivo?

O Estado de Direito Ambiental é um conceito de cunho teórico-abstrato que abarca elementos jurídicos, sociais e políticos na busca de uma situação ambiental favorável à plena satisfação da dignidade humana e harmonia dos ecossistemas. Assim, é preciso que desde já fique claro que as normas jurídicas são apenas uma faceta do complexo de realidades que se relacionam com a idéia de Estado de Direito do Ambiente.[22] Não obstante, a construção de um Estado de Direito Ambiental passa, necessariamente, pelas disposições constitucionais, pois são estas que exprimem os valores e postulados básicos da comunidade nas sociedades de estrutura complexa na qual a legalidade representa racionalidade e objetividade.

O *status* que uma Constituição confere ao ambiente pode denotar, ou não, maior proximidade de dado Estado da realidade propugnada pelo conceito de Estado de Direito Ambiental, haja vista que o aspecto jurídico é muito importante para a configuração e solidificação de estruturas efetivas, no âmbito do Estado e da sociedade, que visem à proteção do ambiente. Diante dos subsídios já fornecidos pela análise da concepção ambiental expressa em várias Constituições, proceder-se-á, neste item, a uma análise da visão de ambiente contemplada na Constituição da República Federativa do Brasil de 1988. Começa-se pela questão de verificar a forma de positivação jurídico-constitucional do ambiente na Constituição Brasileira.

Canotilho[23] vislumbra quatro postulados básicos no que concerne à compreensão dos problemas jurídico-ambientais: o globalista, o publicista, o individualista e o associativista. O *postulado globalista* cen-

---

22. Os elementos jurídicos, políticos e sociais não fazem parte de realidades estanques, apesar de diversas. Há, na verdade, uma imbricação de tais elementos, de forma que as manifestações jurídicas implicam direcionamentos na ordem social e política, ao passo que estas influenciam diretamente a produção e a eficácia das próprias manifestações jurídicas.

23. "Estado Constitucional Ecológico e Democracia Sustentada", *Revista do Centro de Estudos de Direito do Ordenamento, do Urbanismo e do Ambiente* (CEDOUA), Ano IV-2.01, p. 9.

tra a questão ambiental em termos de "Planeta", atentando para o fato de que a proteção ambiental não pode ser restrita a Estados isolados, devendo ser realizada em termos supranacionais. O *postulado publicista* centra a questão ambiental no "Estado", tanto em termos de dimensão espacial da proteção ambiental quanto em termos de institucionalização dos instrumentos jurídicos de proteção ambiental. O *postulado individualista* restringe a proteção ambiental à invocação de posições individuais. Assim, sendo o ambiente saudável contemplado na perspectiva subjetiva, os instrumentos jurídicos de proteção ambiental utilizados seriam praticamente os mesmos referidos na proteção de direitos subjetivos, possuindo a proteção ambiental acentuado caráter privatístico. O *postulado associativista* procura formular uma democracia de vivência da virtude ambiental, substituindo a visão tecnocrática, com proeminência do Estado em assuntos ambientais (postulado publicista), por uma visão de fortes conotações de participação democrática.

A análise do *caput* do art. 225 da CF Brasileira de 1988, já referido, demonstra, de maneira clara, a concepção jurídica conferida ao bem ambiental pelo Estado Brasileiro. Diferentemente do que fizeram outras Constituições, não se restringiu a conferir o meio ambiente saudável como direito subjetivo. Em que pese ao fato de também ter adotado tal aspecto ("Todos têm direito ao meio ambiente ecologicamente equilibrado"), a Constituição Brasileira contemplou o meio ambiente como bem que perpassa a concepção individualista dos direitos subjetivos, pois o reputou como *bem de uso comum do povo e essencial à sadia qualidade de vida.*

Independentemente de qualquer posição jurídica pessoal firmada com relação ao ambiente, o bem ambiental apresenta, na ordem constitucional brasileira, proteção jurídica. O texto constitucional impôs ao Estado e à coletividade o dever de preservar o ambiente para as presentes e as futuras gerações. Como se pode pensar que quem inexiste (futuras gerações) pode vir a ter qualquer direito subjetivo? O direito intergeracional relacionado ao meio ambiente não pode ser concretizado sem que se pense no meio ambiente como valor autônomo juridicamente considerado, servindo, inclusive, como limite ao exercício de direitos subjetivos.[24] Está, assim, a garantia de preserva-

---

24. No próximo item são tecidos mais comentários a respeito da autonomia do ambiente na Constituição Brasileira de 1988.

ção do meio ambiente dissociada da idéia de posição jurídica individual, tanto no que se refere a um pretenso direito subjetivo ao meio ambiente como a qualquer outro direito subjetivo.

Questão interessante a se observar no *caput* do art. 225 da CF Brasileira diz respeito à titularidade do dever de preservação ambiental. A Constituição, a par da essencialidade do meio ambiente saudável, confere o que se pode denominar de "deveres fundamentais de proteção ao meio ambiente". Tais deveres são acometidos tanto ao Estado quanto à coletividade. Assim, o meio ambiente ecologicamente equilibrado não é finalidade do Estado apenas, mas sim de toda a coletividade, podendo-se observar a adoção de uma responsabilidade compartilhada. Foi erigido, em termos de proteção ambiental, um sistema de responsabilidade solidária e ética com vistas às futuras gerações. Os deveres da coletividade provenientes da responsabilidade compartilhada e solidária também se relacionam com a limitação de direitos subjetivos dos sujeitos da coletividade, pois tendem a incidir reduzindo a manifestação de determinadas liberdades – como, por exemplo, o direito de propriedade.

Pelo fato de o ambiente ser, conforme a Constituição Federal Brasileira, finalidade do Estado e, conjuntamente, da coletividade, não se vislumbra uma preponderância estatal nos temas ambientais. O Estado, então, pelas suas possibilidades materiais, deve assumir um papel de gestor no direcionamento das medidas de efetividade de um ambiente sadio, em detrimento de uma visão que o reputa como único centro de poder das decisões concernentes ao ambiente. Não se admite, assim, o postulado publicista, aproximando-se do postulado associativista.

3.2 Dilemas: o antropocentrismo alargado, o economicocentrismo e a ecologia profunda

A razão humana situa o ser humano em uma irrefragável posição de proeminência sobre a Natureza. O fato de o ser humano não agir tão instintivamente como os demais seres, podendo decidir a maioria de suas ações, faz com que possa subjugar a Natureza, transformando-a de acordo com suas necessidades. Não é à-toa que o destino de todo o Planeta está dependendo de decisões humanas.

A proeminência humana (fruto de sua razão) possibilita ao ser humano a escolha de seu *modus vivendi*. É aí que reside toda a problemática ambiental, que passou a ser fruto de maiores considerações principalmente a partir da década de 70 do século XX, como já ressaltado anteriormente. O modo de vida humano, baseado preponderantemente em valores econômicos, causou impactos no ambiente nunca vivenciados em toda a História.

Existem dois principais discursos relacionados à temática ambiental: o antropocentrismo e a ecologia profunda.[25] O antropocentrismo pode ser desmembrado em economicocentrismo e em antropocentrismo alargado. O economicocentrismo reduz o bem ambiental a valores de ordem econômica, fazendo com que qualquer consideração ambiental tenha como "pano de fundo" o proveito econômico pelo ser humano. Já, o antropocentrismo alargado, mesmo centrando as discussões a respeito de ambiente na figura do ser humano, propugna por novas visões do bem ambiental. Assim, centra a preservação ambiental na garantia da dignidade do próprio ser humano, renegando uma estrita visão econômica do ambiente. O "alargamento" desta visão antropocêntrica reside justamente em considerações que imprimem idéias de autonomia do ambiente como requisito para a garantia de sobrevivência da própria espécie humana. Aqui, o ambiente não é visto como passaporte à acumulação de riquezas, sendo compreendido como elementar à vida humana digna.

A ecologia profunda, por sua vez, visa a fundamentar a idéia de que o ser humano precisa se integrar ao ambiente. Tal concepção busca romper com a idéia de que a razão humana pode fazer escolhas no sentido de subjugar a Natureza. Na realidade, vai mais além: visa a desconsiderar a proeminência humana anteriormente afirmada.[26] Segundo Capra, "a ecologia profunda não separa os seres humanos – ou qualquer outra coisa – do meio ambiente natural. Ela vê o mundo não como uma coleção de objetos isolados, mas como uma rede de fenômenos que estão fundamentalmente interconectados e são interdependentes. A ecologia profunda reconhece o valor intrínseco de

---

25. A ecologia profunda também é chamada de *deep ecology*, pelo fato de seus primeiros defensores se encontrarem nos Estados Unidos da América.
26. Primeiro parágrafo deste subitem.

todos os seres vivos e concebe os seres humanos apenas como um fio particular na teia da vida".[27]

A ecologia profunda atenta para um novo paradigma de compreensão do mundo, relegando uma concepção mecanicista baseada em Ciências que têm como objetos cognoscíveis realidades estanques, e buscando uma compreensão holística espiritualizada, na qual o "eu" e a Natureza não são distintos. No campo do Direito a ecologia profunda traz novas categorias, como a de direito subjetivo de animais e plantas!

O fato é que o ser humano ainda não se concebe na forma propugnada pela ecologia profunda. O modo de vida humano não consegue – ao menos no momento – abandonar a idéia de que o ambiente é, de alguma forma, servil. Neste contexto, cabe a constatação de que o próprio Direito só passou a tratar de concepções ambientais nas últimas décadas, havendo Estados que ainda consideram o ambiente a partir de concepções notadamente economicocêntricas.[28]

O Direito (no caso, a Constituição) é produzido por humanos e voltado para seus valores. Assim, sendo o aspecto econômico um dos mais valorizados e presentes em boa parte do mundo (chegando a ser, inclusive, indicado por muitos como razão de ser do Estado e do próprio Direito), é visível que o ambiente ainda fica, na esfera jurídica, refém das necessidades de ordem econômica. Não seria diferente na Constituição de 1988, que, mesmo consagrando um Estado Social de Direito, não deixa de contemplar amplamente pressupostos de um Estado Liberal.

Diante de tal situação, não se poderia esperar que a Constituição Federal Brasileira, em que pese à sua avançada concepção de ambiente e busca pela formação de um Estado de Direito do Ambiente, não propugnasse também por uma visão antropocêntrica do ambiente. É interessante observar, contudo, que a mesma não se ateve a uma visão antropocêntrica de matiz economicocêntrica de meio ambiente. Assim, não contemplou o ambiente como mero instrumento para o proveito econômico e geração de riquezas. Os for-

---

27. *A Teia da Vida: uma Compreensão Científica dos Sistemas Vivos*, 1996.
28. A Constituição da Romênia, por exemplo, dispõe que: "O Estado deve assegurar a exploração dos recursos naturais em conformidade com os interesses nacionais".

tes delineamentos econômicos de ordem constitucional são conformados com a proteção ambiental. Assim, o art. 170,[29] ao assegurar a livre iniciativa, coloca a defesa do meio ambiente como princípio geral da atividade econômica. Na mesma diretriz o art. 186,[30] ao dispor sobre a função social da propriedade.[31] Tal artigo, ao valorizar o aproveitamento econômico do ambiente (aspecto econômico), estatui que o mesmo deve ser realizado observando-se o aproveitamento racional e adequado dos recursos naturais e a preservação do meio ambiente.

Cabe ainda que se atente à questão do valor autônomo do meio ambiente. O aspecto de proteção ambiental delineado nos arts. 170 e 186 (Título VII – "Da Ordem Econômica e Financeira") da CF Brasileira não pode ser analisado sem atenção ao já referido art. 225. É este que demonstra que a concepção de ambiente na ordem jurídica brasileira transcende uma visão antropocêntrica economicista, em que a preservação ambiental (apontada nos arts. 170 e 186) seria tão-somente meio de se garantir o estoque de capital natural como condição de sustentabilidade (entendida a *sustentabilidade* como situação na qual o desenvolvimento cresce monotonicamente ao longo do tempo).[32]

A Carta Brasileira de 1988 adotou o "antropocentrismo alargado", porque considerou o ambiente como bem de uso comum do povo, fornecendo-lhe o inevitável caráter de *macrobem*. O art. 225 propugna por uma visão ampla de ambiente, não se restringido a encarar a realidade ambiental como um mero conjunto de bens materiais (flo-

---

29. "Art. 170. A ordem econômica, fundada na valorização do trabalho humano e na livre iniciativa, tem por fim assegurar a todos existência digna, conforme os ditames da justiça social, observados os seguintes princípios: (...) VI – defesa do meio ambiente, inclusive mediante tratamento diferenciado conforme o impacto ambiental dos produtos e serviços e de seus processos de elaboração e prestação; (...)."
30. "Art. 186. A função social é cumprida quando a propriedade rural atende, simultaneamente, segundo critérios e graus de exigência estabelecidos em lei, aos seguintes requisitos: I – aproveitamento racional e adequado; II – utilização adequada dos recursos naturais disponíveis e preservação do meio ambiente; (...)."
31. A função social da propriedade é dever fundamental contemplado no inciso XXIII do art 5º da CF, logo após a garantia do direito de propriedade como direito fundamental expresso no inciso XXII do mesmo artigo.
32. Vítor Bellia, *Introdução à Economia do Ambiente*, p. 52.

restas, lagos, rios) sujeitos ao regime jurídico privado ou mesmo público *stricto sensu*, mas sim denotando um caráter de unicidade e titularidade difusa. Nessa perspectiva difusa de *macrobem*, o ambiente passa a possuir um valor intrínseco. Se todos são titulares e necessitam do bem ambiental para sua dignidade,[33] o ambiente deixa de ser visto como entidades singulares concretas (árvores, animais, lagos) que dependem para sua preservação de sujeitos determinados, passando a ser encarado como bem abstrato de valor intrínseco, pois seu valor não está diretamente ligado a ninguém, sendo necessário, contudo, para que se possa atingir a própria qualidade de vida humana.

Nota-se, assim, que a Constituição Brasileira não deixa de adotar o antropocentrismo no que concerne ao ambiente. Entretanto, o antropocentrismo é alargado, não se restringindo o ambiente a uma mera concepção econômica ou de subalternidade direta a interesses humanos. Observa-se plenamente, contudo, que a autonomia do ambiente, alçada no texto constitucional, é bastante diversa daquela propugnada pela ecologia profunda.

Para finalizar este item, sintetizam-se as principais disposições atinentes ao regime jurídico-constitucional delineado ao meio ambiente. Fica claro que o ambiente é tratado como bem de interesse comum da coletividade, sendo sua proteção dependente de responsabilidade compartilhada entre o Estado e a coletividade. Tal estatuição não se resume a um jargão de ordem ética, e nem a uma norma de cunho programático que tenha efeitos dependentes de efetivações infraconstitucionais. Na realidade, o ambiente, considerado como bem de interesse comum da coletividade, gera necessária ponderação hermenêutica em decisões judiciais que envolvam o exercício de direitos de ordem individual e o ambiente saudável como necessidade da coletividade. Neste contexto, merece especial atenção o direito individual de propriedade, pois seu exercício suscita grandes conflitos com a necessidade de proteção do ambiente. Tal conflito pode ser verificado diretamente do próprio texto constitucional, pois este reclama a função sócio-ambiental da propriedade em seu art. 170.[34] A

---

33. Ressalta a CF Brasileira, no art. 225, que o meio ambiente é necessário à sadia qualidade de vida.
34. "Art. 170. A ordem econômica, fundada na valorização do trabalho humano e na livre iniciativa, tem por fim assegurar a todos a existência digna, conforme

questão da responsabilidade compartilhada traz a noção da obrigação dos sujeitos da coletividade de terem o exercício do direito de propriedade limitado pela obrigação de abstenções (evitando os excessos, pela necessidade de enquadrar seu direito aos limites impostos), por serem partícipes da coletividade responsável pela proteção ambiental. Tal situação espelha um novo regime do direito de propriedade, a ser considerado pelo Poder Judiciário.

O direito intergeracional propugnado no art. 225 da CF Brasileira de 1988 corrobora um efetivo entendimento do antropocentrismo alargado. O pacto de preservação do ambiente que se deve dar entre toda a coletividade e o Estado (responsabilidade compartilhada) não se restringe a benefícios atuais, mas sim a benefícios para imemoriáveis futuras gerações, não proporcionando uma concepção de preservação utilitarista – haja vista que passa a haver um arrefecimento da idéia de preservação pelo benefício (pois os sujeitos beneficiados são abstratos), reafirmando-se uma perspectiva autônoma do meio ambiente.

Outro ponto de extrema importância que precisa ser lembrado é referente aos elementos preventivos e precaucionais adotados pela Constituição. Ficam consignadas no art. 225 a necessidade de o Poder Público exigir Estudo Prévio de Impacto Ambiental para instalação de obra ou atividade potencialmente causadora de significativa degradação ambiental, além da determinação do controle da produção, comercialização e emprego de técnicas, métodos e substâncias que comportem risco para a vida, a qualidade de vida e o meio ambiente.[35] Voltaremos, posteriormente, a comentar a respeito do princípio da precaução como forma de controle de riscos.

---

os ditames da justiça social, observados os seguintes princípios: III – função social da propriedade; (...) VI – defesa do meio ambiente, inclusive mediante tratamento diferenciado conforme o impacto ambiental dos produtos e serviços e de seus processos de elaboração e prestação; (...)."

35. "§ 1º. Para assegurar a efetividade desse direito, incumbe ao Poder Público: (...) IV – exigir, na forma da lei, para a instalação de obra ou atividade potencialmente causadora de significativa degradação do meio ambiente, Estudo Prévio de Impacto Ambiental, a que se dará publicidade; V – controlar a produção, a comercialização e o emprego de técnicas, métodos e substâncias que comportem riscos para a vida, a qualidade de vida e o meio ambiente."

3.3 Estado de Direito do Ambiente: ficção?

O Estado de Direito do Ambiente é fictício, marcado por grande abstratividade. É, por si só, um conceito abrangente, pois tem incidência necessária na análise da Sociedade e da Política, não se restringindo ao Direito. A peculiaridade da questão ambiental exige que a reflexão a respeito da preservação do ambiente não possa se restringir a Estados isolados, apenas. Assim, aumenta a complexidade da questão ambiental quando se constata que o ambiente é uno, não se restringindo a realidades estanques diversas conforme fronteiras geográficas.

O postulado globalista faz atentar para duas situações no que concerne a uma efetiva proteção ambiental em termos globais. Em primeiro lugar, nota-se discrepância entre as Constituições no tocante à configuração jurídica do ambiente, como já ressaltado alhures. O problema, assim, já começa no próprio plano teórico, pois a caracterização do ambiente por uma Constituição denota a existência ou inexistência de postulados de um Estado Constitucional do Ambiente, bem como o grau de otimização para que se atinja, no plano teórico-jurídico, tal Estado. Havendo divergências notáveis entre o enquadramento do ambiente nas Constituições, vislumbra-se a dificuldade em se tratar o ambiente de maneira uniforme desde o plano teórico. Isto, incontestavelmente, traz prejuízos para a efetivação prática das medidas de proteção ambiental. É importante frisar que esta dificuldade não encontra como anteparo somente a questão da discrepância entre os tratamentos constitucionais dispensados ao ambiente pelos Estados (originando, entre os diversos Estados, imensa heterogeneidade e gradação na otimização dos postulados de um Estado de Direito do Ambiente), encontrando também como anteparo fatores constitucionais que preexistem à própria concepção de Estado Constitucional do Ambiente, mas que são elementos classicamente consagrados como indissociáveis da própria idéia de Estado Constitucional – como, por exemplo, a soberania. Em segundo lugar, tem-se que atentar para a extrema dificuldade que existe entre os diversos países para a necessária tomada conjunta de medidas de cunho técnico que visem à qualidade do ambiente.

A bem da verdade, a construção do conceito de Estado de Direito Ambiental tem que questionar elementos nos quais o próprio Estado se sustenta. É o caso, por exemplo, das dúvidas acerca das perspectivas do bem ambiental nos Estados chamados de "periféricos", que não podem abraçar disposições jurídicas do Estado de Direito Ambiental, pela necessidade de desenvolvimento.

A abstratividade do Estado de Direito do Ambiente não pode induzir a pensar que não existe importância em sua discussão. A definição dos pressupostos de um Estado de Direito do Ambiente serve como "meta" a ser atingida, trazendo à tona uma série de discussões que otimizam processos de realização de aproximação do Estado ficto.

Podem-se apontar cinco funções da discussão do Estado de Direito do Ambiente:

1. *Moldar formas mais adequadas para a gestão dos riscos e evitar a irresponsabilidade organizada* – Na sociedade de risco o Estado não pode ser "herói", garantindo a eliminação do risco, pois este subjaz ao próprio modelo que serve de base à sociedade. O Estado, então, busca a gestão dos riscos, tentando evitar a irresponsabilidade organizada.

2. *Juridicizar instrumentos contemporâneos, preventivos e precaucionais, típicos do Estado Pós-Social* – É aqui que se fornece especial atenção aos princípios da prevenção e precaução, inscritos no art. 225 da CF Brasileira de 1988. Faz-se necessário, numa sociedade de risco, abandonar a concepção de que ao Direito só cabe se ocupar com os danos evidentes. A complexidade do bem ambiental na sociedade de risco exige que haja a introdução de aparatos jurídicos e institucionais que garantam a preservação ambiental diante de danos abstratos.

3. *Trazer ao campo do direito ambiental a noção de "direito integrado"* – Tem-se que entender que o ambiente não é uma realidade naturalística segregada. Portanto, sua defesa depende de considerações multitemáticas, em que se leva em consideração a característica de *macrobem*, propugnando-se por formas de controle ambiental, tanto no plano normativo como fático, que atentem para a amplitude do bem ambiental.

4. *Buscar a formação da consciência ambiental* – É impossível o exercício da responsabilidade compartilhada e da participação popular como forma de gestão de riscos sem que haja profunda consciência ambiental.

5. *Propiciar maior compreensão do objeto estudado* – É vital a definição do conceito de "ambiente", pois possibilita a compreen-

são da posição ecológica do ser humano e das implicações decorrentes de uma visão integrativa de ambiente. Verifica-se que o objeto "bem ambiental" é dinâmico, envolvendo sempre novas conformações – como exemplo as novas tecnologias, tais como os OGMs. Assim, é importante um conceito aberto, procurando trazer uma flexibilidade.

A otimização dos postulados do Estado de Direito do Ambiente não resolve os problemas ambientais surgidos com a crise ecológica por que se passa. Serve, entretanto, como transição da irresponsabilidade organizada generalizada para uma situação em que o Estado e a sociedade passam a influenciar nas situações de risco, tomando conhecimento da verdadeira situação ambiental e se municiando de aparatos jurídicos e institucionais capazes de fornecer a mínima segurança necessária para que se garanta qualidade de vida sob o aspecto ambiental.

4. Direito integrativo e trandisciplinaridade

A interdisciplinaridade é um método de integração de disciplinas científicas para explicação e resolução de problemas complexos, resultantes do desenvolvimento tecnológico e econômico, que visa a tornar mais eficaz a aplicação do saber científico. Ela pode ser definida como um processo de intercâmbio entre diversos campos e ramos do conhecimento científico, em que métodos, conceitos e termos são incorporados e assimilados por outras disciplinas, induzindo um processo contraditório de avanço/retrocesso do conhecimento, característico do desenvolvimento das Ciências.[36]

A transdisciplinaridade do direito ambiental advém da complexidade de seu objeto – o meio ambiente[37] –, cujos elementos estão em relação de interdependência, o que torna insuficiente o estudo exclusivamente jurídico.[38] Para que tenha eficácia, portanto, o direito ambiental deve, fundamentalmente, ser matéria interdisciplinar.

36. Henrique Leff, *Epistemologia Ambiental*, pp. 69-83.
37. O meio ambiente é conceituado no art. 3º, I, da Lei 6.938/1981 como "o conjunto de condições, leis, influências e interações de ordem física, química e biológica, que permite, abriga e rege a vida em todas as suas formas".
38. José Rubens Morato Leite e Patrick de Araújo Ayala, *Direito Ambiental na Sociedade de Risco*, p. 40.

Sob esse prima, muito embora seja uma disciplina jurídica autônoma, o direito ambiental é considerado um direito integrativo justamente pela capacidade (e necessidade) de congregar vários ramos do Direito (como o direito urbanístico, o constitucional, o civil, o processual, o administrativo, o penal) e várias áreas não-jurídicas (como a Biologia, a Geografia, a Física, a Química, a Sociologia).

Acerca dessa questão merece referência Afrânio Nardy,[39] que, analisando a relação entre a Geografia e o Direito, com muita propriedade, destaca a interdependência entre ambas. A Ciência Jurídica serve à proteção dos elementos importantes para a Geografia (como a paisagem, por exemplo); já, a reflexão geográfica é uma forma de averiguar se o efeito esperado do Direito realmente se manifestou sobre determinado espaço; além disso, a partir da avaliação geográfica é possível programar novas intervenções jurídicas, aperfeiçoando seu poder regulatório e, conseqüentemente, sua eficácia.

Por fim, cumpre destacar que o direito ambiental brasileiro cada vez mais se aproxima da idéia da transdisciplinaridade, como se depreende do Sistema de Unidades de Conservação, do Estudo Prévio de Impacto Ambiental (EPIA) e do licenciamento ambiental. Para a obtenção da licença ambiental, por exemplo, é necessária a aprovação em sentido amplo, isto é, após a elaboração de um estudo completo, pois seu resultado interfere diretamente nos direitos da coletividade. Um outro exemplo dessa comunhão de conhecimentos científicos diversos é visível na Lei 10.257/2001 – o Estatuto da Cidade.

Dentro desse contexto de interdisciplinaridade do direito ao ambiente, ainda se destaca o aspecto cultural existente entre o ambiente e o grupo social que nele habita. Para Afrânio Nardy, "o conjunto de práticas normativas ou direitos costumeiros são capazes de forjar uma relação de identificação entre um grupo social e determinado lugar".[40] Com isso, ressalta-se a importância de, no estudo do ambiente e na formulação de intervenções jurídicas protetivas, considerar a dimensão cultural do meio ambiente, pois há uma permanente evolução da

---

39. José Adércio Sampaio, Chris Wold e Afrânio José Fonseca Nardy, *Princípios ...*, pp. 159-164.
40. José Adércio Sampaio, Chris Wold e Afrânio José Fonseca Nardy, *Princípios ...*, p. 168.

significação cultural do espaço, em que os atores promovem sua construção e modificação.

5. Considerações finais

5.1 A complexidade da atual sociedade de risco, somada às problemáticas da irresponsabilidade organizada e da incalculabilidade dos danos ambientais, está diretamente vinculada à conformação do Estado de Direito ao Estado de Direito Ambiental.

5.2 A conscientização do esgotamento dos recursos naturais e de possíveis catástrofes ambientais, causados pela incongruência entre o modelo econômico capitalista e a manutenção da qualidade de vida, trouxe à tona a necessidade de inserir o meio ambiente no rol dos direitos merecedores de proteção jurídica.

5.3 O reconhecimento do direito constitucional ao ambiente e de sua tutela jurídica é resultado de uma grande evolução do reconhecimento dos direitos fundamentais e da organização jurídico-estatal. Diante disso, passou-se a verificar o fenômeno do "esverdeamento" das Constituições dos Estados – ou seja, da incorporação do direito ao ambiente equilibrado como um direito fundamental, que pode seguir três dimensões: objetiva, subjetiva e jurídico-objetiva.

5.4 A divergência de tratamento e de mecanismos de proteção do meio ambiente nas diversas Constituições dificulta a possibilidade de concretização de uma defesa global do ambiente.

5.5 A ordem constitucional brasileira contempla o ambiente como bem autônomo, estatuindo responsabilidade compartilhada entre o Estado e a coletividade na preservação ambiental.

5.6 O direito intergeracional bem como o dever da coletividade na preservação ambiental, ambos contemplados no art. 225 da CF Brasileira de 1988, servem como fatores de autonomia do bem ambiental.

5.7 O antropocentrismo alargado, que é decorrente da concepção do ambiente como bem autônomo, é adotado pela Constituição Brasileira. Tem-se, então, que os delineamentos econômicos propugnados na Constituição são conformados com este antropocentrismo adotado pela mesma, afastando o Brasil de uma perspectiva economicocêntrica de ambiente.

5.8 A autonomia do bem ambiental no antropocentrismo alargado não se confunde com a perspectiva de ambiente ensaiada pela ecologia profunda.

5.9 O Estado de Direito do Ambiente é um conceito fictício composto por pressupostos de ordem política, social e jurídica. Constitui-se em parâmetro de Estado que visa a atentar para a crise ecológica existente, apontando mecanismos para um controle ambiental favorável à garantia de dignidade humana e equilíbrio dos ecossistemas, bem como a gestão de riscos.

5.10 O postulado globalista traz à tona a noção de que, além da dificuldade de um alinhamento dos Estados na seara técnica para a defesa ambiental, há também divergências acerca do regime jurídico ambiental contemplado nos diversos ordenamentos. Ainda no que se refere à proteção ambiental em termos de "Planeta Terra", constata-se que há um entrave que precede as questões ambientais, pois diz respeito à soberania dos Estados.

5.11 A transdisciplinaridade do direito ambiental advém da complexidade de seu objeto – o meio ambiente –, cujos elementos estão em relação de interdependência, o que torna insuficiente o estudo exclusivamente jurídico. Para que tenha eficácia, portanto, o direito ambiental deve, fundamentalmente, ser integrativo.

Referências bibliográficas

ALEMANHA. Constituição (1949). *Lei Fundamental da República Federal da Alemanha*. 1983 (143 pp.)

ALIER, Joan Martínez. *Da Economia Ecológica ao Ecologismo Popular*. Blumenau, FURB, 1998.

ANDRADE, Filippe Augusto Vieira de, BENJAMIN, Antônio Herman V., e SÍCOLI, José Carlos Meloni. *Manual Prático da Promotoria de Justiça do Meio Ambiente*. 2ª ed. São Paulo, INESP, 1999.

AYALA, Patrick de Araújo, e LEITE, José Rubens Morato. *Direito Ambiental na Sociedade de Risco*. Rio de Janeiro, Forense Universitária, 2002.

BECK, Ulrich, GIDDENS, Anthony, e LASH, Scott. *Modernização Reflexiva: Política, Tradição e Estética na Ordem Social Moderna*. São Paulo, UNESP, 1997 (pp. 6-135).

BELLIA, Vítor. *Introdução à Economia do Ambiente*. Brasília, IBAMA, 1996.

BENJAMIN, Antônio Herman V. "Função ambiental". In: BENJAMIN, Antônio Herman V. (org.). *Dano Ambiental: Prevenção, Reparação e Prevenção*. vol. 2. Ed. RT, 1993 (pp. 9-82).
_____, ANDRADE, Filippe Augusto Vieira de, e SÍCOLI, José Carlos Meloni. *Manual Prático da Promotoria de Justiça do Meio Ambiente*. 2ª ed. São Paulo, INESP, 1999.
BRASIL. Constituição (1988). *Constituição da República Federativa do Brasil*. Brasília, Senado Federal, 2000 (512 pp.).

CANOTILHO, José Joaquim Gomes. "Estado Constitucional Ecológico e Democracia Sustentada". *Revista do Centro de Estudos de Direito do Ordenamento, do Urbanismo e do Ambiente* (CEDOUA), Ano IV-2.01, p. 9.
CAPRA, Fritjof. *A Teia da Vida: uma Compreensão Científica dos Sistemas Vivos*. São Paulo, Cultrix, 1996.
Constitución de la República de Paraguay. 1992. Disponível na Internet: http://www.georgetown.edu/pdba/Constitutions. 21.8.2003.
Constitución de la República Oriental del Uruguay. 1967. Disponível na Internet: http://www.georgetown.edu/pdba/Constitutions. 21.8.2003.
Constitución Política de Colombia. 1991. Disponível na Internet: http://www.georgetown.edu/pdba/Constitutions. 21.8.2003.
Constitución Política de la República de Chile. Disponível na Internet: http://www.georgetown.edu/pdba/Constitutions. 21.8.2003.
Constitución Política de la República de Panamá. 1972. Disponível na Internet: http://www.georgetown.edu/pdba/Constitutions. 21.8.2003.
CRUZ, Paulo Márcio. *Política, Poder, Ideologia e Estado Contemporâneo*. Florianópolis, Diploma Legal, 2001 (284 pp.).

FERRY, Luc. *A Nova Ordem Ecológica: a Árvore, o Animal, o Homem*. São Paulo, Ensaio, 1994.

GIDDENS, Anthony, BECK, Ulrich, e LASH, Scott. *Modernização Reflexiva: Política, Tradição e Estética na Ordem Social Moderna*. São Paulo, UNESP, 1997 (pp. 6-135).
GOLDBLATT, David. *Teoria Social e Ambiente*. Lisboa, Piaget, 1996.
GOLDSMITH, Edouard. *O Desafio Ecológico*. Lisboa, Piaget.

LASH, Scott, BECK, Ulrich, e GIDDENS, Anthony. *Modernização Reflexiva: Política, Tradição e Estética na Ordem Social Moderna*. São Paulo, UNESP, 1997 (pp. 6-135).
LEFF, Henrique. *Epistemologia Ambiental*. São Paulo, Cortez, 2001 (pp. 69-83).
LEITE, José Rubens Morato. *Dano Ambiental: do Individual ao Coletivo Extrapatrimonial*. São Paulo, Ed. RT, 2000.

_____, e AYALA, Patrick de Araújo. *Direito Ambiental na Sociedade de Risco*. Rio de Janeiro, Forense Universitária, 2002.

MILARÉ, Edis. *Direito do Ambiente*. São Paulo, Ed. RT, 2000.

NARDY, Afrânio José Fonseca, SAMPAIO, José Adércio Leite, e WOLD, Chris. *Princípios de Direito Ambiental*. Belo Horizonte, Del Rey, 2003.

REHBINDER, Eckard. "O direito do ambiente na Alemanha". *Direito do Ambiente*. Maia, Instituto Nacional de Administração, 1994.

SAMPAIO, José Adércio Leite, WOLD, Chris, e NARDY, Afrânio José Fonseca. *Princípios de Direito Ambiental*. Belo Horizonte, Del Rey, 2003.

SARLET, Ingo Wolfgang. *A Eficácia dos Direitos Fundamentais*. 3ª ed. Porto Alegre, Livraria do Advogado, 2003.

SÍCOLI, José Carlos Meloni, ANDRADE, Filippe Augusto Vieira de, e BENJAMIN, Antônio Herman V. *Manual Prático da Promotoria de Justiça do Meio Ambiente*. 2ª ed. São Paulo, INESP, 1999.

SILVA-SÁNCHEZ, Solange S. *Cidadania Ambiental: Novos Direitos no Brasil*. São Paulo, Humanitas, 2000.

Spain Constitution. Disponível na Internet: *http://www.uni-wuerzburg.de/law/indexa.html*. 21.8.2003.

WINTER, Gerd. "Constitutionalizing environment protection in the European Union". In: SOMSEN, H., SEVENSTER, H., SCOTT, J., e KRÄMER, L. *Yearbook of European Environmental Law*. vol. 2. Oxford, Oxford University Press (pp. 70-72).

WOLD, Chris, NARDY, Afrânio José Fonseca, e SAMPAIO, José Adércio Leite. *Princípios de Direito Ambiental*. Belo Horizonte, Del Rey, 2003.

O ACÚMULO DE LÓGICAS DISTINTAS NO DIREITO INTERNACIONAL: CONFLITOS ENTRE COMÉRCIO INTERNACIONAL E MEIO AMBIENTE

MARCELO DIAS VARELLA

1. A expansão do Direito Internacional. 2. Direito internacional econômico. 3. Direito internacional ambiental e possíveis conflitos entre os dois ramos do Direito: 3.1 Medidas unilaterais de sanção – 3.2 A extraterritorialidade das medidas ou sua aplicação a Estados não-contratantes – 3.3 A designação de certos produtos não-comerciais – 3.4 A proibição ou discriminação de certos métodos de produção – 3.5 A diferenciação de produtos quimicamente equivalentes – 3.6 A determinação do foro competente. 4. Soluções possíveis e desejadas.

O art. 31, 3, "c", da Convenção de Viena sobre a interpretação de tratados parece mostrar uma forma lógica de solução de conflito de normas no Direito Internacional. De certa forma, segue a lógica kelseniana, utilizando critérios para a definição da norma válida, subentendendo-se a existência de um sistema jurídico internacional. No entanto, na prática, com as mudanças estruturais sofridas pelo Direito Internacional, especialmente nos últimos 15 anos, este sistema jurídico de normas vem se desintegrando rapidamente. Em vez de um sistema – por definição, um conjunto de elementos harmônicos –, cede-se lugar a conjuntos autônomos de normas, com lógicas distintas, muitas vezes contraditórias.

Essa evolução vem da descentralização de fontes do Direito Internacional, da multiplicação dos atores e da globalização no campo do Direito em inúmeros aspectos, em um contexto de fragmentação do Direito Internacional como um todo, acompanhada pela expansão de cada um destes fragmentos.

Neste artigo pretendemos analisar uma parte desta fragmentação, especialmente no tocante ao direito internacional ambiental e ao direito internacional econômico, ramos do Direito que estão entre aqueles que mais se desenvolveram nos últimos 15 anos.

1. A expansão do Direito Internacional

Esta evolução atinge diversos temas e é estimulada sobretudo pelos avanços tecnológicos, pela expansão do comércio internacional, pela maior facilidade de transporte, pela constituição de empresas globais, pela rapidez com a qual a sociedade civil local e internacional se organiza, pela constituição de valores mundiais e pelo crescente processo da globalização financeira. Todas estas transformações precisam de um quadro jurídico mais homogêneo, ou seja, do desaparecimento de regulamentações nacionais muito heterogêneas ou cogentes. A incerteza jurídica, a instabilidade política e econômica, devem desaparecer ou, ao menos, ser reduzidas, para que os valores emergentes possam se consolidar. O sistema jurídico precisa, em um mundo globalizado, de um tratamento internacional para se desenvolver. Mas estas necessidades não são fundadas em uma lógica homogênea. Lógicas distintas conduzem à expansão do Direito Internacional. Podemos dizer que existe uma acumulação de lógicas diferentes, que comprometem a coerência do todo.

Este fenômeno de expansão é caracterizado por diversos fatores, como a expansão de normas obrigatórias e de *soft norms*, a descentralização de fontes, a expansão dos mecanismos de controle do Direito e a multiplicação de tribunais.

Os mecanismos que permitem assegurar a implementação de um acordo internacional e o respeito – *compliance* em Inglês – de uma norma se diversificaram, sobretudo nos ramos mais flexíveis do Direito Internacional, como os direitos humanos ou o direito internacional do meio ambiente.[1] Quando um Estado não respeita as obrigações

---

1. A terceira conferência sobre sua execução (J. Geradu and C. Wasseman (eds.) 1994, 15-16) deu a definição seguinte a *complianc*): "Compliance is the full implementation of environmental requirements. Compliance occurs when requirements are met and desired changes are achieved, *e.g.*, processes of raw material are changed; work practices are sites, tests are performed on new products or chemicals befo-

contratadas, deve-se dispor de mecanismos para garantir a implementação destas obrigações ou, se isso não for possível, aplicar-lhe uma sanção. Este conjunto de instrumentos obrigatórios, os mecanismos utilizados para forçá-lo a implementar a norma e as possibilidades de sanção que conferem maior eficácia ao Direito Internacional, tanto podem ser de cooperação como de coerção.[2]

Os principais mecanismos de controle dos acordos internacionais por cooperação são a criação de controle por meio de relatórios, as inspeções, as instituições criadas com um fim específico, assim como o controle público garantido pelas organizações não-governamentais (ONGs). Os principais mecanismos de sanção em caso do não-cumprimento dos compromissos assumidos são a perda de direito a um recurso financeiro,[3] as sanções comerciais[4] e a responsabilização pelos danos causados.[5] A multiplicação de normas obrigatórias é um fenômeno evidente. A criação de normas comerciais ou em relação ao comércio no âmbito da Organização Mundial do Comércio (que chamaremos de OMC) é o exemplo mais marcante. Outras poderiam ser citadas, como a expansão do direito de ingerência nos assuntos humanitários ou a criação de uma Corte Penal Internacional. A questão central a estudar é a das formas de controle criadas neste contexto.

Todos esses mecanismos de controle têm sofrido alterações substanciais nos últimos anos. Se nos anos 70 do século passado os relatórios eram imprecisos, seguidos por metodologias que não podiam ser verificadas – como podemos ver na Convenção de Estocolmo de 1972 ou na Convenção de Paris de 1974, sobre poluição marinha –,

---

re they are marketed, etc. The design of requirements affects the success of an environmental management program. If requirements are well-designed, then compliance will achieve the desired environmental results. If the requirements are poorly designed, then the achieving compliance and/or the desired results will likely be difficult" (*apud* R. Wolfrum, "Means of ensuring compliance with and enforcement of international environmental law", *Recueil des Cours de l'Académie de Droit International*, 1998, 272, p. 29).

2. A Língua Inglesa possui duas expressões mais adequadas: *compliance* e *enforcement*.

3. Como o não-acesso aos fundos internacionais – v. a Convenção sobre o Patrimônio Mundial da UNESCO.

4. V. o sistema de sanção da Organização Mundial do Comércio.

5. Como a Corte Internacional de Justiça.

atualmente os relatórios prevêem um formato único, e podem ser conferidos por satélite e comparados com outros Estados, a exemplo do Protocolo de Kioto, no quadro da Convenção sobre as Mudanças Climáticas. O Tratado da Antártida de 1991 prevê inspeções-surpresa às bases ali instaladas, além das diversas organizações internacionais criadas especificamente para fazer o controle de convenções internacionais, a exemplo da Convenção Internacional sobre o Comércio de Espécies Ameaçadas de Extinção (CITES). Ressalta-se, ainda, a participação das ONGs implicadas no controle ambiental, como a IUCN, o *Greenpeace*, em diversas áreas, ou as ONGs com fins específicos, como a TRAFFIC, no tocante ao controle do comércio de animais ameaçados de extinção. Há, ainda, mecanismos coercitivos previstos tanto no direito internacional econômico quanto no direito internacional ambiental. O mesmo acontece com todas as outras formas de controle, que se tornam cada vez mais cogentes.

Outro elemento característico dessa fase de expansão do Direito Internacional é a multiplicação dos tribunais. Após a II Guerra Mundial, Cortes importantes foram criadas em número significativo, como a Corte de Justiça das Comunidades Européias, a Corte Européia de Direitos do Homem, a Corte Interamericana de Direitos do Homem e o Tribunal sobre os Direitos do Mar. Mecanismos de solução de controvérsias foram criados no seio do Acordo-Geral de Tarifas e Comércio (que chamaremos de GATT) e da OMC, com instrumentos similares no Acordo de Livre Comércio da América do Norte (NAFTA) e no Acordo de Livre Comércio (FTA).

O Direito Internacional cuida, enfim, de detalhes da vida cotidiana, que antes eram de competência quase exclusiva dos Direitos internos. As normas consumeiristas são limitadas pelo Direito Internacional, na medida em que este regula os rótulos que podem ou não existir, as discriminações do processo de produção e, mesmo, o direito de informação ao público – ramo em que as antigas exceções se tornam regras, e hoje grande parte dos produtos atravessa fronteiras, sendo, portanto, regulados pelo Direito Internacional. As normas sanitárias e fitossanitárias seguem o mesmo exemplo. As normas ambientais não fogem à regra, visto o grande número de tratados cuidando dos mais diversos temas, desde a poluição provocada pelas indústrias até a poluição doméstica. Os direitos humanos são também cada vez mais regulados pelo Direito Internacional; basta ver o grande número de ingerências humanitárias da ONU nos anos 90 do século passado, muitas vezes superior a todos os 40 anos anteriores à queda do muro de Berlim.

Os dois ramos que mais se destacam nesta evolução jurídica rápida são o direito internacional ambiental e o direito internacional econômico. Interessante notar que ambos os ramos do Direito Internacional buscam o mesmo fim – o desenvolvimento sustentável. No entanto, as formas para se promover o desenvolvimento sustentável são muito distintas, devido às diferentes lógicas que marcam cada um dos ramos jurídicos. Dizemos acúmulo de lógicas distintas pela evolução independente destes dois ramos, sem coordenação e muitas vezes de formas antagônicas. A seguir vamos estudar um pouco de cada um destes ramos do Direito, para saber como eles operam.

2. Direito internacional econômico

O direito internacional econômico sofreu importantes transformações nos anos 80 do século passado. A criação da OMC deu legitimidade aos foros internacionais, principalmente no tocante aos organismos de solução de litígios, que estavam desgastados na época do GATT. A criação de uma organização internacional mostrou-se um instrumento eficaz para a consolidação de regras uniformes internacionais, ainda mais com o ganho de legitimidade e força que a OMC tem demonstrado nos últimos anos.

O direito internacional econômico é construído a partir de dois princípios básicos: o da Nação mais favorecida e o do tratamento nacional. O primeiro implica que qualquer tratamento mais benéfico dado a um país deve ser estendido a todos os outros países. O segundo indica que, a partir do momento em que um produto entrou no país, ele deve ser tratado como qualquer outro produto nacional, sendo proibidas as discriminações negativas contra aquele produto.

O meio ambiente começa a ser inserido nas discussões comerciais a partir dos anos 80, com a Sexta Rodada de negociações do GATT, que deu origem à OMC. Nesta época estávamos em plena ascensão das preocupações ambientais, e não se poderia admitir o crescimento do comércio sem a preservação da Natureza, pois neste caso o desenvolvimento não teria a sustentabilidade desejada. Assim, logo no "Preâmbulo" do Acordo que institui a OMC vemos: "Reconhecendo que as suas relações no domínio comercial e econômico deveriam ser orientadas tendo em vista a melhoria dos níveis de vida, a realização do pleno emprego e um aumento acentuado e constante dos rendimentos reais e da procura efetiva, bem como o desenvolvimento da produção e do comércio de mercadorias e serviços, permitindo simultaneamente otimizar a utilização dos recursos mundiais em consonância com o objetivo de um desenvolvimento sustentável que procure proteger e preservar o ambiente e aperfeiçoar os meios para atingir esses objetivos de um modo compatível com as respectivas necessidades e preocupações a diferentes níveis de desenvolvimento econômico, (...)".

O meio ambiente aparece em vários acordos econômicos. O ponto central da regulação jurídica ambiental encontra-se no texto do próprio GATT, que prevê restrições comerciais em função de critérios ambientais. O art. XX dispõe que qualquer Estado pode criar restrições comerciais em favor da proteção da saúde e da vida das pessoas e dos animais ou à preservação da vida dos vegetais, assim como em temas relacionados à conservação dos recursos naturais esgotáveis. Estas medidas, contudo, são sempre alvo de uma análise intensa, com alto rigor jurídico, que procura identificar se a razão da medida restritiva é um disfarce para uma medida comercial que não precisaria ser aplicada. No texto do GATT, temos: "Art. XX. **Exceções gerais.** Sob reserva de que estas medidas não sejam aplicadas de modo a constituírem um meio de discriminação arbitrário ou injustificável entre os países onde as mesmas condições existem, ou ainda uma restrição disfarçada ao comércio internacional, nenhum ponto do presente Acordo será interpretado para impedir a adoção ou aplicação por qualquer parte contratante das medidas: (...) b) necessárias à proteção da saúde e da vida das pessoas e dos animais ou à preservação dos vegetais (...); g) relacionando-se à conservação dos recursos naturais esgotáveis, se tais medidas são aplicadas conjuntamente com as restrições à produção ou ao consumo nacional; (...)".

A imprecisão das expressões utilizadas deixa uma margem de manobra considerável aos intérpretes do Acordo-Geral, a exemplo do Órgão de Solução de Controvérsias (OSC). Embora a análise das expressões tenha sido aplicada somente a dois casos concretos, o OSC da OMC muito contribuiu à consolidação de uma interpretação coerente sobre o tema. Essa interpretação tornou-se mais clara a partir dos casos "Normas sobre Novos Combustíveis e Antigos Combustíveis" (*gasolina*[6]), opondo, de um lado, os Estados Unidos e, de outro, o Brasil e a Venezuela, e "Proibição da Importação de Certos Camarões e Certos Produtos à Base de Camarão" (*camarões*[7]), onde os Estados Unidos enfrentavam a Índia, o Paquistão, a Tailândia e a Malásia.

O art. XX(b) exige uma dupla demonstração.[8] Em primeiro lugar, o Estado que deseja praticar uma política de proteção deve provar que a política que ele instaura visa à proteção da saúde, da vida humana ou dos animais, assim como à preservação dos vegetais. É preciso existir um nexo de causalidade entre a medida e o nível de proteção desejado. A existência de outras medidas tendo impactos menos importantes sobre o comércio não impede o exame da legitimidade da medida na análise preliminar. A escolha de medidas a tomar faz parte do poder discricionário do Estado, limitado na análise do texto liminar do art. XX. Os Estados são livres de instituir o nível de proteção interna desejado, e este nível de proteção não pode ser questionado pela OMC.[9]

Em seguida, é preciso demonstrar que as medidas tomadas são necessárias para atingir estes objetivos. A expressão "necessárias" obriga a uma interpretação mais restritiva da medida. É, portanto, fundamental descobrir se a medida é de fato necessária para a proteção da saúde, demonstrando o elo de causalidade entre a medida e o efeito desejável. A defesa de outras medidas possíveis menos ofensivas ou não-ofensivas ao GATT pode também ser discutida, para se

---

6. *WT/DS2/AB/R*.
7. *WT/DS58/AB/R*.
8. Eric Robert, "L'Affaire des normes américaines relatives a l'essence: le premier différend commercial environmental à l'épreuve de la nouvelle procédure de règlement des différends de l'OMC", *RGDIP* 101 (1997), pp. 109-110.
9. O § 8.171 do processo *WT/DS135/R* é ilustrativo: "Considerando isso, nós notamos que o grupo especial no processo *Estados Unidos – Combustíveis* precisou também que não teria que apreciar a necessidade do objetivo geral perseguido. Em outras palavras, nós não temos que apreciar nem a escolha da França de proteger a sua população contra certos riscos, nem o nível de proteção da saúde pública que a França deseja atingir. Nós devemos sobre este ponto simplesmente determinar se a política da França com o objetivo de proibir a utilização de amianto crisólito entra na categoria de políticas destinadas a proteger a saúde e a vida das pessoas".

chegar à conclusão do que é necessário, ou não, a partir do momento em que diferentes alternativas chegam aos mesmos resultados. A medida deve ser possível e disponível.

Ainda que uma medida restritiva mais limitada seja teoricamente possível, os Estados podem contradizê-la, alegando que ela seria nefasta, em função das condições concretas para sua implementação em um contexto determinado. É o que tiramos do caso "Comunidade Européia – Medidas sobre o Amianto e os Produtos Contendo Amianto" (*amianto*), onde se discutia o controle público sobre a utilização de equipamentos de segurança pelos utilizadores de um tipo de amianto. O Órgão Especial analisou, por exemplo, a capacidade francesa de gerir os riscos, em função do nível de estruturação sindical e de organização social do país, em resposta aos argumentos do Canadá, que argüia que a França podia controlar os utilizadores finais dos produtos nocivos à saúde. Neste caso, o Órgão de Apelações concluiu pela impossibilidade de controlar todos os utilizadores finais, ainda que o mercado consumidor fosse um país desenvolvido, em função da especificidade do produto e de seus consumidores domésticos. A etapa de desenvolvimento e de controle social na qual se encontra o país exerce, portanto, um papel importante na definição das medidas alternativas possíveis.

A determinação da periculosidade dos produtos é feita necessariamente na análise do art. XX(b) e não pode ser examinada em outra parte do Acordo. No caso do amianto,[10] citado acima, o Grupo Especial se perguntou se a análise da similaridade entre diferentes produtos, fundada no critério de periculosidade, deveria ser feita no âmbito do art. III ou no quadro do art. XX. O OSC concluiu em favor de uma dupla análise: primeiro geral, pelo art. III, em seguida sob a ótica da exceção, conforme o art. XX(b), para não esvaziar o artigo do seu conteúdo.

O art. XX(b) não permite inversão do ônus da prova para demonstrar a necessidade da medida. O Estado pode pedir o direito de provar que a medida não é necessária, devendo a outra parte provar em seguida sua necessidade e oportunidade, mas apenas depois da primeira demonstração. Depois da apresentação de provas sobre a ne-

10. *WT/DS135/R*.

cessidade da medida, o OSC deve julgar quais são os argumentos e os dados científicos mais satisfatórios.[11]

O art. XX(g) ("relacionando-se a conservação dos recursos naturais esgotáveis, se tais medidas são aplicadas conjuntamente com as restrições à produção ou ao consumo nacional") também contém diversos elementos interessantes. "Relacionando" é uma expressão ampla. Sua interpretação, no entanto, não deve ser tão ampla, mas limitada em função do objeto e dos objetivos do Acordo-Geral; em particular os arts. I, III e XI devem estar de acordo com o previsto pela Convenção de Viena para a Interpretação dos Tratados.[12] Segundo o Órgão de Apelações: "Ao mesmo tempo, o art. XX(g) e a parte da frase 'relacionando a conservação dos recursos naturais esgotáveis' devem ser lidos no seu contexto e de modo a dar efeito aos objetos e objetivos do Acordo-Geral".[13]

A medida deve ter uma relação com a conservação dos recursos naturais esgotáveis. Isso não significa que esta medida tem menos impactos sobre o meio ambiente, mas que ela deve ser útil à conservação destes recursos. Deve também estar inserida na margem discricionária do Poder Público nacional. É preciso demonstrar o nexo de causalidade entre a medida em questão e o objetivo "conservação". A demonstração do nexo de causalidade dá legitimidade à medida.

A definição de "esgotáveis" também foi objeto de discussões. No caso dos camarões, a Índia, o Paquistão e a Tailândia defenderam que os únicos recursos realmente esgotáveis eram os "não-vivos", como os minerais, por exemplo. Estes países utilizavam como argumento o fato de os organismos vivos poderem se reproduzir – e, portanto, não serem esgotáveis. Além disso, também evocavam as discussões anteriores à formação do art. XX(g), para praticar a hermenêutica histórica. Nas discussões para a formação do Acordo-Geral, o art. XX(g) se

11. *WT/DS135/R*, § 8.39.
12. A propósito da rejeição de não-isolamento do Órgão de Solução de Controvérsias em relação a outras normas de Direito Internacional, v. H. Ruiz Fabri, "Le règlement des différends au sein de l'OMC: naissance d'une juridiction, consolidation d'un droit", in *Souveraineté Étatique et Marchés Internationaux à la Fin du 20ème Siècle. À Propos de 30 Ans de Recherche du CREDIMI. Mélanges en l'Honneur de Philippe Kahn*, Paris, Litec, 2000, p. 328.
13. *WT/DS2/AB/R*.

referia aos recursos minerais, sobretudo o manganês. O Órgão de Apelações não aceitou a argumentação, e a posição ambiental prevaleceu. Assim, o Órgão de Apelações evocou a Agenda 21, a Convenção da Diversidade Biológica e outros documentos de direito internacional do meio ambiente para afirmar que os recursos biológicos são esgotáveis e que a expressão poderia ser utilizada no seu sentido ambiental.[14] A posição do Órgão de Apelações merece citação: "128. Nós não estamos convencidos com estes argumentos. Se considerarmos seu texto, o art. XX(g) não se limita à conservação dos recursos naturais 'minerais' ou 'não-vivos'. O principal argumento das partes autoras se fundamenta na idéia que os recursos naturais 'biológicos' são 'renováveis' e não podem portanto ser recursos naturais 'esgotáveis'. Nós não acreditamos que os recursos naturais 'esgotáveis' e 'renováveis' se excluem mutuamente. A Biologia moderna nos ensina que as espécies vivas, ainda que elas sejam em princípio capazes de se reproduzir, e sejam portam 'renováveis', podem em certas circunstâncias se tornar raras, se esgotar ou desaparecer, ainda que freqüentemente isso aconteça em decorrência das atividades humanas. Os recursos biológicos são assim tão 'limitados' quanto o petróleo, o minério de ferro e todos os outros recursos não-biológicos".

A questão foi também levantada nas discussões sobre a classificação do ar como um recurso esgotável, no caso dos combustíveis. Uma vez que os Estados Unidos alegaram que o ar era um recurso esgotável e não houve qualquer argumentação contrária do Brasil e da Venezuela – partes adversas –, o OSC o considerou como tal. Assim, a interpretação de "esgotável" é a mesma utilizada no Direito Ambiental, que compreende tanto os bens minerais, os seres vivos ou os outros recursos indispensáveis à manutenção da vida no Planeta, como o ar ou a água.

A expressão "se tais medidas são aplicadas conjuntamente com restrições à produção ou ao consumo nacional" também é primordial. Não apenas uma medida equivalente deve ser aplicada aos produtores nacionais, mas os produtores estrangeiros devem dispor do mesmo leque de opções que são oferecidas aos nacionais. O que torna a medida ilícita não é apenas a ausência de uma regra equivalente no cenário nacional, mas é a não-disponibilização da mesma quantidade

14. *WT/DS58/AB/R*, §§ 126-134.

de escolhas. Esta expressão impõe "uma obrigação de imparcialidade na imposição de restrições".[15]

Após verificar a conformidade das alíneas do art. XX, é preciso verificar seu *caput*. O art. XX do Acordo-Geral anuncia que: "Art. XX. **Exceções gerais.** Sob reserva de que estas medidas não sejam aplicadas de modo a constituírem um meio de discriminação arbitrário ou injustificável entre os países onde as mesmas condições existem, ou ainda uma restrição disfarçada ao comércio internacional, nenhum ponto do presente Acordo será interpretado para impedir a adoção ou aplicação por qualquer parte contratante das medidas (...)".

O texto é ambíguo. De fato, três condições devem se reunir, e estas três análises são realizadas de modo paralelo o que quer dizer que as três têm uma relação estreita entre elas.[16] Elas estão também inseridas na análise sistêmica do Acordo-Geral, considerando os princípios da "Nação mais favorecida" e, sobretudo, o "tratamento nacional". Esta análise sistêmica deve observar sobretudo o caráter abusivo, que é determinado em relação às exceções previstas no art. XX, e não se referir ao conjunto de acordos propriamente dito. Se o abuso fosse analisado em função do conjunto de acordos, seria difícil concluir favoravelmente a qualquer das exceções previstas. Em outras

---

15. *WT/DS2/AB/R*, p. 23. V. também Canal-Forgues, *La Procédure d'Examen en Appel de l'Organisation Mondiale du Commerce*; C. Tiozzo e B. Morey, "La résolution du conflit de la banane opposant les États-Unis à la Communauté Européenne par l'OMC. Les guerres des bananes: suite et fin?", *Revue du Marché Commun et de l'Union Européenne* 1999 (429).

16. "As expressões 'discriminação arbitrária', 'discriminação injustificável' e 'restrição maquiada' ao comércio internacional podem, então, ser lidas paralelamente; cada uma influencia o sentido das outras. É claro para nós que a 'restrição' compreende a 'discriminação maquiada' no comércio internacional. É igualmente claro que uma restrição ou uma discriminação *escondida* ou *não-anunciada* no comércio internacional não esgota o sentido da expressão 'restrição maquiada'. Nós estimamos que a 'restrição maquiada', sejam quais forem os outros elementos que ela compreenda, pode ser interpretada corretamente como englobando as restrições que equivalem a uma discriminação arbitrária ou injustificável ao comércio internacional e têm a aparência de uma medida que responde por sua forma às condições prescritas em uma das exceções enumeradas no art. XX. Em outras palavras, os tipos de considerações pertinentes para se pronunciar sobre a questão de saber se a aplicação de uma medida particular equivale a uma 'discriminação arbitrária ou injustificável' podem também ser levados em consideração para determinar a presença de uma 'restrição maquiada' ao comércio internacional" (*WT/DS2/AB/R*, p. 28).

palavras, autorizam-se exceções às regras do comércio internacional e se verifica se o Estado utiliza estas exceções para chegar aos objetivos previstos pelas mesmas ou para maquiar uma barreira ao comércio internacional. A análise fundamenta-se, então, sobre: a) uma "discriminação arbitrária" (entre os países onde as mesmas condições existem); b) uma "discriminação injustificável" (entre dois países onde as mesmas condições existem); c) uma "restrição disfarçada ao comércio internacional".

1) Estava "a) uma "discriminação arbitrária" (entre os países onde as mesmas condições existem);

b) uma "discriminação injustificável" (entre dois países onde as mesmas condições existem);

c) uma "restrição disfarçada ao comércio internacional".

A comparação entre os países considera tanto os países exportadores quanto os países importadores. É importante saber se as mesmas condições existem, se quisermos evitar anular as vantagens naturais de certos países. Por exemplo: se um Estado exige dos seus nacionais a utilização de um filtro para evitar a poluição por calcário – em função do excesso de calcário na água do seu país –, não seria justo que este mesmo Estado exigisse de outros países, que não têm o mesmo problema de excesso de calcário na água, adotar os mesmos equipamentos. A ausência de calcário na água é uma vantagem natural que não pode ser suprimida pelas normas comerciais. O caso dos combustíveis, que opunha os Estados Unidos ao Brasil e à Venezuela, sobre a proteção do ar, é um exemplo. Os Estados Unidos tinham promulgado uma legislação pela qual as indústrias nacionais estavam obrigadas a reduzir o nível de poluição causado pela gasolina, de modo a reduzir estes níveis aos índices de 1990. As indústrias estrangeiras eram submetidas às mesmas regras. Não havia especificidades, como os diferentes índices atribuídos às grandes cidades ou regiões, ou os instrumentos de base utilizados para o controle da indústria nacional, enquanto que estes instrumentos não estavam disponíveis na indústria estrangeira; mas, *grosso modo*, a questão-chave, evidenciada pelo Órgão de Apelações, era que as indústrias norte-americanas dispunham de três opções para estarem de acordo com a legislação, enquanto as indústrias estrangeiras tinham apenas uma opção.

O ar foi classificado como um recurso esgotável. A primeira análise foi, portanto, positiva. Esta medida era também necessária, pois o nexo causal entre a produção da gasolina menos poluente e uma melhor qualidade do ar estava bem demonstrado. Mas, mesmo assim, a medida foi considerada discriminatória, porque as indústrias estrangeiras não dispunham das mesmas opções ou, ao menos, de alternativas equivalentes àquelas acordadas às indústrias nacionais. Os Estados Unidos argumentavam que não era possível conceder as mesmas opções aos estrangeiros, em função da inexistência de instrumentos de controle no caso concreto – o que não foi considerado como suficiente pelo OSC. Segundo o OSC, os Estados Unidos tinham a obrigação de encontrar com os outros países exportadores uma solução negociada para dar escolhas equivalentes às indústrias estrangeiras.

A análise da ilegalidade da medida não está na hierarquização comércio/meio ambiente, ou na recusa em considerar o meio ambiente como um bem juridicamente protegido. Ela se apóia, de fato, na ausência de iniciativas para permitir às indústrias do país em desenvolvimento se adaptarem às novas regras ambientais. Esta ausência de negociações e da disponibilização de escolhas pelos Estados Unidos foi considerada como uma restrição unilateral, com o objetivo de favorecer suas próprias indústrias, utilizando o meio ambiente como desculpa.

Além da justificativa de uma verdadeira proteção ambiental, a OMC exige, ainda, que exista negociação entre as partes antes de se aplicar uma sanção. Em outras palavras, ainda que se queira defender o meio ambiente, percebemos o respeito às Convenções-Quadro dos anos 90, todas afirmando o dever de negociar, especialmente se há a presença de países em desenvolvimento, antes de aplicar sanções pelo não-respeito à proteção ambiental.

O caso "Estados Unidos – Proibição da Importação de Certos Camarões e Certos Produtos à Base de Camarão",[17] que opunha os Estados Unidos à Índia, ao Paquistão, à Tailândia e à Malásia, é um exemplo representativo da posição do OSC. *Grosso modo*, os Estados Unidos impuseram tanto aos pescadores americanos quanto aos pescadores estrangeiros a utilização de mecanismos de pesca para diminuir a captura de tartarugas marinhas durante a pesca aos cama-

17. *WT/DS58/AB/R.*

rões. A indústria americana foi submetida dois anos antes às mesmas regras das indústrias estrangeiras. O navios pesqueiros eram obrigados a utilizar um dispositivo que permitia que as tartarugas marinhas escapassem, aprovado pelo Governo Americano, ou a reduzir o tempo de espera nas zonas onde a mortandade de tartarugas era elevada.[18]

As tartarugas foram consideradas como recurso esgotável. A decisão é rica em citações de textos ambientais, como a Convenção da Diversidade Biológica, a Agenda 21, a Convenção Internacional sobre o Comércio de Espécies Ameaçadas de Extinção (CITES) – entre outras referências importantes. O nexo de causalidade entre as medidas e a redução da mortalidade de espécies também foi bem demonstrado. As mesmas medidas foram impostas aos nacionais e aos estrangeiros. Desta vez a situação fática enquadrava-se perfeitamente na análise da alínea "g". Portanto, o Órgão de Apelações considerou a medida inserida na alínea "g" do art. XX.

Havia dois problemas. Em primeiro lugar, a certificação era feita por país, e não por barco ou por empresa de pesca. Mesmo se alguns pescadores utilizavam os instrumentos de pesca exigidos pelas autoridades norte-americanas, nas águas de um país não-certificado, a importação do seus produtos era proibida nos Estados Unidos. O ideal teria sido a criação de uma certificação por pescador, mas isso não era uma medida considerada possível pelas autoridades americanas. Além do mais, os Estados Unidos tentaram erigir uma legislação visando a impor a particulares de um outro país a adoção de suas próprias normas para atingir um objetivo dos Estados Unidos, sem considerar as condições locais dos territórios dos outros membros – como, por exemplo, a própria existência de tartarugas marinhas nas águas do país em questão, ou as possibilidades financeiras dos pescadores dos países em desenvolvimento para adquirirem os equipamentos exigidos. A medida apresentava-se, então, como discriminatória e ilegal, por sua extraterritorialidade.

18. *WT/DS58/AB/R*, § 2, e a nota "52 Fed. Reg.24244, 29 juin 1987" (os "regulamentos de 1987"). Cinco espécies de tartarugas marinhas eram tratadas por estes regulamentos: a *caouanne (Caretta caretta)*, a tartaruga *bastarda (Lepidochelys kempi)*, a tartaruga *verde (Chelonia mydas)*, a tartaruga *luth (Dermochelys coriacea)* e a *caret (Eretmochelys imbricata)*.

Sem considerar a extraterritorialidade, o principal fundamento para a consideração da ilegalidade da medida norte-americana foi o fato da ausência de negociação anterior com os países exportadores de camarões. Em virtude das suas condições sociais, os pescadores destes países não teriam recursos para adquirir os equipamentos exigidos, sem qualquer ajuda pública, preferencialmente norte-americana. Justamente pela falta de apoio, a medida foi considerada ilegal. Foi apenas alguns anos após, com a intensificação das negociações, que a medida foi aceita, em novo julgamento pela OMC.

Assim, podemos perceber que a OMC não ignora a proteção ambiental. Pelo contrário, ela é um dos elementos principais dos seus acordos, e existem regras precisas para o tratamento de questões que envolvem matérias ambientais. As principais críticas, no entanto, referem-se aos possíveis conflitos entre as normas ambientais e as normas econômicas.

3. Direito internacional ambiental e possíveis conflitos entre os dois ramos do Direito

O direito internacional ambiental, ao contrário do econômico, é caracterizado por uma miríade de normas não-uniformes em proteção do meio ambiente. Trata-se de um ramo do Direito que se fundiu com o direito do desenvolvimento após a Conferência de Estocolmo, em 1972, e desde então sempre está acompanhado por regras ligadas à transferência de tecnologia, de recursos financeiros, e serve para a redução das desigualdades Norte-Sul.

Ao contrário do direito econômico, o direito ambiental é marcado por regras de cunho social, sem considerar a igualdade econômica dos atores. Esta lógica meio ambiente/desenvolvimento, dando subsídio para o desenvolvimento sustentável, foi particularmente aprimorada com a série de Convenções-Quadro que surgiram após os anos 90, resultantes das Conferências do Rio, de Istambul, do Cairo, de Beijing e de Copenhagen.

Também não é centralizado em um única organização internacional, como vemos com a OMC. No caso ambiental, todos tratam da proteção da Natureza, como a UNESCO (a exemplo do Programa Homem e Biosfera), a FAO, o Programa das Nações Unidas para o Meio

Ambiente, o Banco Mundial, a OCDE, além dos Secretariados das Convenções, que também são organizações internacionais em muitos casos, a exemplo da CITES, da RAMSAR, da HABITAT, da Diversidade Biológica, da UNCLOS, entre tantas outras, e a própria OMC.

O número de tratados internacionais firmados em proteção do meio ambiente é impressionante: de 1960 até hoje foram criados mais de 30.000 dispositivos jurídicos sobre o meio ambiente, entre os quais 300 tratados multilaterais, 900 acordos bilaterais, tratando da conservação, e, ainda, mais de 200 textos oriundos das organizações internacionais.[19]

Os principais conflitos existentes entre o direito internacional econômico e o ambiental referem-se a tratados ambientais específicos contra a própria lógica de sustentação do direito econômico. A aplicação de medidas unilaterais, a extraterritorialidade da aplicação das medidas ou o fato de atingir Estados não-membros de um tratado, a designação de certos produtos como não-comercializáveis, a proibição ou discriminação de certos métodos de produção, a diferenciação de certos produtos quimicamente equivalentes, a obrigação de cooperar e a determinação de qual o foro competente para a solução de controvérsias estão entre os pontos onde os conflitos são mais marcantes.

3.1 Medidas unilaterais de sanção

Certos tratados ambientais induzem a aplicação de medidas unilaterais de sanção, sem negociação prévia com as outras partes. A Convenção sobre o Comércio Internacional de Espécies da Fauna e da Flora Selvagens Ameaçadas de Extinção, a Convenção de 1940 sobre a Proteção da Natureza e a Preservação da Vida Selvagem no Hemisfério Ocidental, a Convenção de 1950 sobre a Proteção dos Pássaros, o Acordo sobre os Ursos Polares de 1973, a Convenção de 1989 sobre a Proibição da Pesca com Redes no Pacífico Sul, o Protocolo de Montreal e a Convenção da Basiléia sobre o Controle dos Movimentos Transfronteiriços de Dejetos Perigosos e sua Eliminação são alguns exemplos de convenções que exigem medidas de sanção unilaterais.

19. A. Kiss (ed.), *Le Droit International de l'Environnement*, Paris, 1992, pp. 28 e 46.

No entanto, como vimos acima, um dos princípios basilares do direito internacional econômico é a não-aplicação de sanções unilaterais. É preciso tentar negociar com o Estado infrator antes de sancioná-lo. Se possível, quando se tratar de conflito entre um país desenvolvido e um país em desenvolvimento, o país desenvolvido deve ajudar aquele que está ferindo o Tratado a encontrar soluções possíveis com base nas suas condições econômicas reais.

3.2 A extraterritorialidade das medidas ou sua aplicação a Estados não-contratantes

Certos tratados ambientais – como o de Proteçao das Baleias, Golfinhos e Tartarugas – permitem atingir Estados que não os ratificaram. Durante os anos 90 do século passado, principalmente no tocante ao Tratado sobre a Proibição da Pesca de Baleias, os Estados Unidos realizaram uma série de operações de vigilância contra os navios baleeiros de outros países – que não havia ratificado o Tratado – em águas internacionais. Com as pressões, as ONGs norte-americanas chegaram a obter na Justiça o dever de o Presidente dos Estados Unidos aplicar sanções comerciais ao Japão pela pesca irregular.[20]

A OMC também não aceita atingir Estados que não ratificaram um tratado, em respeito à soberania nacional. Medidas de extraterritorialidade, mesmo em defesa do ambiente, já foram consideradas ilegais pela OMC.

Tomemos um exemplo hipotético, para ajudar na compreensão. No caso da Convenção da Basiléia,[21] imaginemos que os Estados Unidos queiram exportar rejeitos regulamentados no âmbito desta Con-

---

20. Cf. Japan Whaling Assn. *vs.* American Cetacean Soc., Corte de Apelação do Distrito de Colúmbia, Circuito 85-954, j. 30.6.1986.
21. P. Sands, "Sustainable development: treaty, custom and the cross-fertilization of international law", in Alan Boyle, *International Law and Sustainable Development. Past Achievements and Future Challenges*, Oxford/New York/New Delhi, Oxford University, 1999, pp. 58-59; Lang, *Les Mesures Commerciales au Service de la Protection de l'Environnement*, pp. 555 e ss.; G. P. Sampson e W. B. Chambers (eds.), *Trade, Environment, and the Millennium*, Hong Kong, United Nations University, 1999; A. H. Ansari, "Free trade law and environmental law: congruit or conflict?", *Indian Journal of International Law* 2001, 41(1).

venção para o território de uma das 148 partes da Convenção[22] – por exemplo, a França. Os Estados Unidos não ratificaram a Convenção – e, portanto, ela não poderia ser alegada em um caso contra este país. Todavia, o art. 4(5) da Convenção da Basiléia proíbe a exportação ou importação de rejeitos quando o Estado interessado não ratificou a Convenção. Assim, para atender à Convenção da Basiléia, a França deve proibir toda e qualquer importação de rejeitos originários dos Estados Unidos. Os Estados Unidos poderiam, então, pedir ao OSC para se pronunciar sobre a proibição francesa. A Convenção da Basiléia é uma norma mais antiga que as normas comerciais da OMC, mas também é mais específica. Uma interpretação conjunta exigiria a harmonização do art. XX do GATT com o texto da Convenção da Basiléia.

Em primeiro lugar, seria necessário saber se a medida tinha sido adotada no âmbito de uma das exceções comerciais previstas pelas alíneas do art. XX. A preservação da Natureza e da Saúde (alínea "b"[23]) poderia ser, então, evocada, considerando os objetivos da Convenção da Basiléia e seu caráter de reconhecida utilidade, de acordo com os fins da alínea "b". Em seguida seria preciso passar para a análise do *caput* do art. XX, e, então, demonstrar que a medida não constitui um meio de discriminação arbitrário ou injustificável entre países onde existem as mesmas condições, ou uma restrição maquiada ao comércio internacional.

A França não disporia de instrumentos para justificar que a medida fosse aplicada aos Estados Unidos sem que o fosse igualmente aos outros 147 países, apenas porque os Estados Unidos não fazem parte de uma convenção ambiental. A medida seria, então, considerada como uma discriminação arbitrária, e o art. 4(5) da Convenção da Basiléia perderia sua razão de ser.

A única solução seria que o OSC considerasse a Convenção da Basiléia como instrumento aplicável em um caso comercial e o integrasse ao Direito da OMC. Neste caso, ele poderia considerar que o fato de não ter ratificado a Convenção da Basiléia é situação que diferencia os Estados Unidos dos outros países e que, portanto, as condi-

22. Dados de novembro/2001.
23. "b) Necessários à proteção da saúde e da vida das pessoas e dos animais ou da preservação dos vegetais."

ções existentes no dois grupos são diferentes e justificam a medida ambiental. A outra solução consistiria em reconhecer o acordo ambiental como um acordo mais específico aplicável ao caso concreto, em detrimento das normas comerciais.

3.3 A designação de certos produtos não-comerciais

Permitida por certos acordos ambientais, mas proibida pela OMC, o impedimento de comercializar certos produtos é comum em direito internacional ambiental. A CITES prevê condições estritas regulamentando a exportação ou importação das espécies ameaçadas de extinção, subordinando seu comércio a uma série de exigências que normalmente são contrárias à liberdade comercial. O comércio destas espécies exige Estudos de Impacto, condições especiais de transporte, parecer de técnicos e a utilização do princípio da precaução. As partes são incitadas a tomar medidas de retorsão contra os Estados que não estão de acordo com as normas da Convenção – como, por exemplo, o confisco das espécies comercializadas. Nos últimos 15 anos o Comitê da CITES recomendou, de forma não-obrigatória, a suspensão do comércio com El Salvador, Itália, Grécia, Granada, Guiana, Senegal e Tailândia. Ele também determinou que controles rigorosos fossem feitos para as exportações da Bolívia.

O Protocolo de Montreal exige também que as partes contratantes tentem impedir todo comércio de substâncias controladas por seus Anexos, ainda que estes produtos venham de um Estado que não é parte do tratado.[24] Os Estados são, assim, encorajados a tomar medidas para impedir o comércio destas substâncias e para fornecer a tecnologia necessária à sua fabricação a Estados que não são signatários. Certos Estados já foram alvo destas sanções comerciais, como a Rússia e a Ucrânia.[25] Outras convenções também prevêem sanções comerciais, como a Convenção sobre a Proteção da Natureza e a Preservação da Vida Selvagem no Hemisfério Ocidental, de 1940; a Conven-

---

24. W. Lang, "Les mesures commerciales au service de la protection de l'environnement", *Revue Générale de Droit International Public*, 1995, 99(3), p. 555.
25. CTE, *Dispositions des Accords de l'OMC et des Accords Environnementaux Multilatéraux Relatives au Respect des Obligations et au Règlement des Différends*, p. 12.

ção sobre a Proteção dos Pássaros, de 1950;[26] o Acordo sobre os Ursos Polares, de 1973; a Convenção sobre a Conservação do Pacífico Norte e das Peles de Focas, de 1976.

A Convenção sobre a Proteção dos Ursos Polares, de 1973, proíbe qualquer comercialização de ursos polares, ou de suas partes, ou, ainda, de um produto obtido com a violação das disposições da Convenção,[27] não importando se o país faz, ou não, parte da Convenção. A captura dos ursos somente pode ocorrer quando houver uma causa legítima, como a pesquisa científica, a conservação, a prevenção contra a destruição do meio ambiente ou a captura tradicional, realizada por populações autóctones.

O direito internacional econômico não proíbe o comércio de produtos específicos. Uma proibição desta natureza poderia ser justificada pelo art. XX, estudado acima, mas não necessariamente seria aceita.

3.4 A proibição ou discriminação de certos métodos de produção

A Convenção sobre a Proibição da Pesca pelos Métodos de Pesca de Grande Imersão no Pacífico Sul, de 1989,[28] autoriza aos Estados-partes proibir a importação de pescados com a utilização destes "filés obtidos com rede". Ela impõe, então, um método de pesca a todos os países, e não somente aos contratantes da Convenção, sem prever um prazo de negociação mínimo ou diferenças entre países em desenvolvimento e países desenvolvidos.[29]

A Convenção da Basiléia[30] sobre o Controle do Transporte de Resíduos Perigosos e sua Eliminação proíbe a exportação destes resíduos a outros Estados que não são partes da Convenção. Ela define as condições de transporte, com a colocação de etiquetas e imposição de restrições comerciais aos Estados que não dispõem de recursos técnicos ou de instalações que permitam garantir uma margem de segurança necessária para a implementação da Convenção Internacional.

26. Atualmente, os objetos destas duas últimas Convenções são tratados pela CITES, que prevê também sanções comerciais.
27. V. art. V.
28. Entrou em vigor em 17.5.1991.
29. V. art. 3(2).
30. Art. 4(5).

A fixação de critérios sobre os processos de produção nos tratados ambientais é também um elemento corriqueiro.[31] A Convenção Internacional para a Prevenção da Poluição por Petróleo[32] estabelece critérios para a fabricação de compartimentos de estocagem de petróleo, com outros dispositivos específicos para o transporte, a fim de evitar acidentes. Todas as partes são obrigadas a seguir estes parâmetros de estocagem; e, para que isso seja cumprido, prevê-se um controle público dos transportadores.

3.5 A diferenciação de produtos quimicamente equivalentes

Certos tratados internacionais – como o Protocolo de Cartagena sobre Organismos Geneticamente Modificados – prevêem que os produtos, ainda que quimicamente equivalentes, tenham rótulos que os discriminem em face de outros produtos que foram fabricados por processo de produção distinto. O conceito de "equivalência" na OMC é muito flexível e é determinado em função da utilização final do produto. Seguindo a lógica dos julgamentos anteriores, como o caso "Japão – Bebidas Alcoólicas", dificilmente os produtos não-geneticamente modificados seriam considerados distintos dos produtos geneticamente modificados. Assim, a OMC não admitiria tais rótulos ou qualquer outra discriminação proposta pelo Protocolo de Cartagena.

3.6 A determinação do foro competente

Existem diversos tribunais internacionais e mecanismos de solução de controvérsias criados no âmbito de tratados ambientais. A OMC possui um Órgão de Solução de Controvérsias que opera como verdadeira Corte internacional, em função do alto grau de jurisdicionalidade. Em 7 anos, mais de 250 processos foram impetrados – mais do que a Corte Internacional de Justiça, nos seus quase 50 anos de existência.

A Convenção da Basiléia sobre o Controle de Movimentos Transfronteiriços de Resíduos Perigosos e sua Eliminação, a Convenção

---

31. S. Maljean-Dubois, "Biodiversité, biotechnologies, biosécurité: le Droit International désarticulé", *Journal du Droit International*, 2000, 127(4), p. 976.
32. V. Anexo 1.

sobre as Mudanças Climáticas, a Convenção de Roterdã sobre o Procedimento de Consentimento Prévio em Conhecimento de Causa, aplicável a certos produtos químicos e pesticidas perigosos que são alvo de um comércio internacional, e a Convenção de Montego Bay sobre o Direito do Mar têm mecanismos próprios de solução de conflitos ou remetem a competência para a Corte Internacional de Justiça.

Houve um caso concreto entre o Chile e a União Européia sobre a pesca do peixe-espada. O processo foi iniciado tanto na OMC como no Tribunal Internacional de Direito do Mar. Não houve julgamento em qualquer dos Tribunais, havendo acordo entre as partes. Em todo caso, se houvesse sentenças antagônicas, não seria possível identificar qual aplicar, em função da existência de fóruns autônomos e não interligados de solução de litígios.

Neste caso, não há critério jurídico para estabelecer qual o foro competente. Enfim, como em todos os casos acima, a questão é resolvida por critérios menos jurídicos do que se esperava.

4. Soluções possíveis e desejadas

Infelizmente, nestes casos, a solução não é feita pelo ramo de Direito mais forte. O direito internacional ambiental não tem instrumentos de cogência que o façam competir com o direito internacional econômico. A OMC é mais forte, e, assim, dá mais força ao direito internacional econômico, praticamente anulando toda e qualquer disposição em contrário.

Isso não significa que o direito internacional econômico simplesmente ignore o direito ambiental. A análise dos casos julgados demonstra que se tenta integrar as normas ambientais às decisões do OSC da OMC, e mesmo as decisões aparentemente contrárias aos tratados internacionais ambientais são fundamentadas em outros tratados ambientais. No entanto, esta flexibilidade cessa em face do ataque dos princípios basilares do direito internacional econômico.

Para se chegar a uma solução mais adequada, seria importante maior sensibilização da OMC para as questões ambientais. Certos temas – como a biossegurança – não podem ser julgados exclusivamente sob a ótica comercial internacional, e critérios de sensibilidade pública devem ser adicionados, para que a legitimidade adquirida pela

OMC possa se manter. Importa ressaltar que os mesmos países que negociaram a maioria dos acordos ambientais estão presentes na OMC. Logo, não haveria razão para a fixação de quadros jurídicos tão distintos. A conciliação é, portanto, possível e desejável.

Outra saída seria a criação de uma verdadeira organização mundial ambiental, uma organização internacional forte, com exclusividade para julgar matérias que atingissem questões ambientais. Mas esta saída é distante, e sua articulação, ao menos em face da realidade atual, é quase impossível.

REFLEXÕES SOBRE A PROTEÇÃO JURÍDICA DA FLORESTA AMAZÔNICA[1]

Nicolao Dino C. Costa Neto

1. Um retrato da Amazônia. 2. Fatores de desflorestamento. 3. Soluções para um cenário sombrio: "internacionalização" da Amazônia?. 4. Os caminhos trilhados pelo Brasil na luta por uma eficaz proteção do patrimônio florestal: 4.1 A Floresta Amazônica no contexto dos espaços territoriais especialmente protegidos – 4.2 Regime especial de fruição e de alterabilidade – 4.3 As unidades de conservação: 4.3.1 Tipologia – 4.4 Florestas de preservação permanente – 4.5 Reservas florestais legais. 5. Conclusão.

1. Um retrato da Amazônia

Uma abordagem sobre a Floresta Amazônica exige, por certo, uma variação de escalas por parte do observador, tão vasto, rico, diverso e complexo é aquele bioma. Trata-se da mais exuberante floresta tropical úmida do Planeta, com uma área de aproximadamente 5,5 milhões de km^2. Destes, cerca de 60% correspondem à Amazônia Brasileira. A outra parte está distribuída entre a Bolívia, a Colômbia, o Equador, a Guiana, a Guiana Francesa, o Peru, o Suriname e a Venezuela.

A bacia do rio Amazonas possui aproximadamente 7 milhões de km^2, incluindo-se aí a bacia dos rios Tocantins e Araguaia. A Amazônia Legal Brasileira abrange os seguintes Estados Federados: Amazonas, Amapá, Acre, Mato Grosso, Maranhão (parte Oeste), Pará,

---

1. O presente texto corresponde a palestra proferida durante as *I Jornadas Luso-Brasileiras de Direito do Ambiente*, realizadas na cidade do Porto, Portugal, em 23.11.2001.

Rondônia, Roraima e Tocantins. Isso equivale a cerca de 5 milhões de km², ou seja, 60% do território nacional. De sua área, no Brasil, 1,9 milhões de km² correspondem a florestas densas, 1,8 milhões de km² são florestas não-densas e 700.000km² são compostos de vegetação aberta (cerrados e campos naturais). A área restante – 600.000km² – é formada por áreas antropizadas, onde se desenvolvem atividades agropecuárias, nelas havendo vegetação secundária.[2]

Apesar dessa vastidão aparentemente inexaurível, a Floresta Amazônica Brasileira padece de inúmeros problemas sócio-ambientais, desafiando o Poder Público e a sociedade a dar efetividade aos comandos constitucionais asseguradores do equilíbrio ecológico. Através de desflorestamentos, queimadas, atividades madeireiras e agropecuárias, o homem avança sobre a Amazônia, comprometendo sua invejável biodiversidade e sua importância fundamental como "banco genético".[3]

A constatação de tal problemática vem-se convertendo em preocupação de contornos internacionais. Alguns dados já registrados são reveladores da agudeza do quadro de devastação. Durante a década de 80 do século passado os índices de desflorestamento da Amazônia alcançaram marca superior a 21.000km²/ano. Nos anos de 1994/1995 o desmatamento apresentou um índice médio de 29.059km²/ano. Em 1996 esse índice caiu para 18.161km²/ano, e em 1997 foi registrado um índice de 13.037km²/ano.[4] A cada ano o fogo queima na Amazô-

---

2. Brasil, Presidência da República, *O Desafio do Desenvolvimento Sustentável – Relatório do Brasil para a Conferência das Nações Unidas sobre Meio Ambiente e Desenvolvimento*, Comissão Interministerial para Preparação da Conferência das Nações Unidas sobre Meio Ambiente e Desenvolvimento, Brasília, Cima, 1991, p. 97.

3. Apenas para exemplificar, são conhecidas na Amazônia mais de 2.500 espécies de árvores, enquanto que nas florestas temperadas da França existem apenas cerca de 50 espécies. A Amazônia abriga a maior bacia hidrográfica do mundo, abrangendo 40% das florestas tropicais remanescentes de todo o Planeta (3.900.000km² – INPE, 1992). Possui 20% das reservas mundiais de água doce, mais de 20.000km de vias fluviais permanentemente navegáveis e um potencial hidrelétrico estimado em 100 milhões de KW (cf.: Brasil, Presidência da República, *O Desafio do Desenvolvimento Sustentável – ...*, p. 97; Brasil, Ministério do Meio Ambiente, *Programa de Prevenção e Controle às Queimadas e aos Incêndios Florestais no Arco do Desflorestamento – PROARCO*, Brasília, 1998, pp. 15-16).

4. Brasil, Ministério do Meio Ambiente, *Programa de Prevenção e Controle às Queimadas ...*, p. 16.

nia Brasileira área duas vezes superior à Costa Rica.[5] Em 30 anos, a área já desmatada equivale ao território da França.[6]

2. Fatores de desflorestamento

Numa abordagem sintética, o desflorestamento na *Hiléia* Brasileira está relacionado com os seguintes fatores: incremento da atividade de pecuária em latifúndios; colonização agrícola de pequenos produtores; implantação de projetos agrícolas; desenvolvimento de projetos de evolução urbana e de mineração; instalação de usinas hidrelétricas, com a construção de grandes barragens.[7]

No tocante às atividades agropastoris, o emprego aleatório do fogo como método de "limpeza" do solo e de manejo de pastagens (queimadas)[8] contribui significativamente para o processo de desflorestamento, com impactos ecológicos variados, além do empobrecimento orgânico do solo. Consoante dados ofertados pelo Programa-Piloto para a Proteção das Florestas Tropicais do Brasil, os incêndios florestais na Amazônia Brasileira acarretam as seguintes conseqüências: substituição da vegetação florestal por ecossistemas antropogênicos;

---

5. A Costa Rica é uma República da América Central, localizada entre o Panamá e a Nicarágua. Possui 51.000km² de área.

6. A França possui 551.500km² de área.

7. Gerd Kohlhepp, "Destruição ambiental na Amazônia Brasileira: conflitos de interesse por um política regional com orientação ecológica e social", in Wolf Paul e Roberto O. Santos (orgs.), *Amazônia Perante o Direito: Problemas Ambientais e Trabalhistas*, Belém, UFPA, 1995, pp. 38-39.

8. As "queimadas" acham-se intrinsecamente ligadas aos incêndios florestais, mas não possuem a mesma identidade. O agente causal é o mesmo: o fogo. Entretanto, sob o prisma técnico, nas "queimadas" o fogo deve ser controlado, possuindo objetivo específico relacionado com um processo de ocupação e limpeza de uma área para supressão de restos de cultura, pragas e manejo de pastagens. À sua vez, no incêndio o fogo se propaga livremente, sem controle. O *Programa de Prevenção e Controle às Queimadas e aos Incêndios Florestais no Arco do Desflorestamento – PROARCO*, lançado em 1998 pelo Governo Federal, destaca que "o uso do fogo como prática agrícola é feito geralmente de forma aleatória, sem qualquer mecanismo de controle, o que resulta em áreas de queimadas significativamente maiores do que o necessário e muitas vezes provocando incêndios de grandes proporções" (Brasil, Ministério do Meio Ambiente, *Programa de Prevenção e Controle às Queimadas ...*, p. 19). O PROARCO tem por objetivo fundamental combater e prevenir incêndios florestais em larga escala na Amazônia Legal, notadamente no Arco do Desflorestamento.

contribuição com o fenômeno do aquecimento global, através da liberação de carbono (4% a 5% do fluxo global anual de carbono para a atmosfera); as pastagens e lavouras implantadas após a queimada da floresta liberam menos quantidade de água para a atmosfera que a vegetação original, absorvendo, também, menos energia solar – o que pode contribuir para a redução dos índices pluviométricos e a elevação da temperatura; "inflamabilidade" da floresta, ante a substituição da vegetação florestal por outra, dominada por gramíneas, propícias a incêndios; destruição de *habitats* de espécimes faunísticos.[9]

Além do fogo, a exploração econômica da madeira sem adequado e efetivo controle constitui importante fator de devastação florestal, contribuindo para o agravamento do quadro de insustentabilidade da política de desenvolvimento da Amazônia Brasileira.

Segundo o Instituto de Pesquisa Ambiental da Amazônia – IPAM, aproximadamente 90% das atividades madeireiras na Amazônia são ilegais.[10] Dados coligidos pela Comissão Externa da Câmara dos Deputados destinada a averiguar a aquisição de madeireiras, serrarias e extensas porções de terras brasileiras por grupos asiáticos revelam que Malásia, Indonésia, Brasil e Índia ocupam as quatro primeiras colocações entre os países produtores de madeira dura tropical (*hardwood*), produzindo 79,07% do total mundial, em 1989, e 82,30%, no ano de 1995. De acordo com tal Relatório, o Instituto Brasileiro do Meio Ambiente e dos Recursos Naturais Renováveis (IBAMA) estima "a produção de madeira do Brasil em 60 milhões de m²/ano, dos quais 80% procedentes da Amazônia, ou seja, cerca de 50 milhões de m²/ano de madeira são extraídos da Floresta Amazônica". Assinala, ainda, o Relatório que, dos 50 milhões de m²/ano, "estima-se que mais de 90% é do desflorestamento legal e ilegal, e do corte seletivo autorizado ou não, mas quase todo insustentável".[11]

9. Daniel Nepstad, Adriana G. Moreira e Ane A. Alencar, *A Floresta em Chamas: Origem, Impactos e Prevenção de Fogo na Amazônia*, Brasília, *Programa-Piloto para a Proteção das Florestas Tropicais do Brasil*, 1999, pp. 11-47.
10. Na Internet: *http://www.ipam.org.br/avança/ciclo2.htm*.
11. Brasil, Congresso Nacional/Câmara dos Deputados, *Relatório da Comissão Externa Destinada a Averiguar a Aquisição de Madeireiras, Serrarias e Extensas Porções de Terras Brasileiras por Grupos Asiáticos*, relator deputado Gilney Viana, Brasília, Câmara dos Deputados/Coordenação de Publicações, 1998, pp. 45 e 125. É interessante confrontar as duas fontes citadas e constatar a convergência dos dados,

O padrão predatório da atividade madeireira na Amazônia é mantido não apenas pelas empresas nacionais, mas também pelas madeireiras transnacionais que ali atuam.[12] O Relatório da Comissão Externa da Câmara dos Deputados sublinha bem esse aspecto: "O balanço é negativo: 92,3% das empresas avaliadas praticaram ou estão praticando irregularidades com impacto ambiental, o que leva à conclusão de que as empresas madeireiras transnacionais na Amazônia reproduzem o mesmo padrão predatório de atuação das empresas nacionais, inclusive aquelas que foram adquiridas pelas madeireiras asiáticas".[13]

Outro importante fator de agravamento do quadro de desflorestamento na Amazônia diz respeito aos novos investimentos em infra-estrutura, consubstanciados no Programa "Avança Brasil", do Governo Federal. O processo de integração da Amazônia ao restante do Brasil foi iniciado há cerca de 40 anos, época em que tal Região era considerada um "vazio demográfico" e um "inferno verde". Entre as estratégias do projeto integracionista destacavam-se a construção de rodovias e a implantação de projetos de colonização agrícola. Em decorrência das ações governamentais, entre 1970 e 1991 a população humana cresceu de 4 milhões para 10 milhões.

Agora, o Programa "Avança Brasil" preconiza, entre outras metas para o desenvolvimento da Amazônia, a ampliação da malha rodoviária na Região, de 6.300km para 11.000km, com vistas a estimular o crescimento do setor agroindustrial, facilitar o escoamento da pro-

---

eis que ambas apontam um percentual de 90% de exploração madeireira à margem da lei. Nesse ponto, cabe sublinhar a inclusão na ilegalidade de boa parte da atividade madeireira "autorizada" pelo IBAMA. Com efeito, o mesmo Relatório da Comissão Externa da Câmara dos Deputados denuncia, com base em dados oficiais do IBAMA, que o desflorestamento autorizado pela autarquia em 1996, nos Estados do Mato Grosso, Amazonas e Acre, corresponde a 47,82% do total da área desmatada, "o que é algo verdadeiramente assustador, pois dá suporte à assertiva de que cerca da metade do desflorestamento da Amazônia é autorizado pelo Governo" (ob. cit., p. 126).

12. "A lógica do empresário ainda é garimpeira. Ele não está se importando com daqui a 30, 60 anos. Ele se importa com o atual, tirar o melhor da floresta, depois abandona e migra" (transcrição das notas taquigráficas das declarações prestadas pelo Sr. Paulo Amaral, Diretor do Instituto do Homem e Meio Ambiente da Amazônia – IMAZON, em audiência do dia 8.5.1997 realizada pela Comissão Externa da Câmara dos Deputados, in Brasil, Congresso Nacional/Câmara dos Deputados, *Relatório da Comissão Externa Destinada a Averiguar a Aquisição de Madeireiras*, ..., p. 51).

13. Idem, p. 73.

dução de soja e, ainda, estabelecer vias de acesso com o mercado sulamericano.

O Instituto de Pesquisa Ambiental da Amazônia (IPAM) juntamente com o Instituto Sócio-Ambiental (ISA) e *The Woods Hole Research Center* (*WHRC*, Estados Unidos da América) analisaram os projetos de infra-estrutura para a Amazônia, propostos pelo Governo Federal, produzindo, em 1.6.2000, o "Relatório do Projeto 'Cenários Futuros para a Amazônia'".[14] Em síntese, a avaliação constante desse documento é que as metas vislumbradas pelo Governo Brasileiro para o futuro da Amazônia correm o risco de perpetuar o atual modelo de desenvolvimento predatório. O Relatório afirma, com efeito, que 3/4 dos desmatamentos verificados na Amazônia, entre os anos de 1978 e 1994, se deram numa faixa de 100km de largura, ao longo das rodovias (50km para cada lado) pavimentadas. A partir desse dado, faz a projeção, consoante a extensão total das rodovias a serem implantadas (4.600km), deduzindo que, "se for considerada (...) apenas a área de floresta dentro da faixa de 50km ao longo das margens de 4 trechos destas rodovias, o que soma 3.600km, a previsão é que o desmatamento deverá atingir uma área de 80.000 a 180.000km^2 nos próximos 25 a 35 anos".[15]

Outra preocupação esposada no citado Relatório refere-se ao fato de que a facilitação do acesso às áreas isoladas de floresta poderá acarretar o aumento de oferta de terras baratas, ampliando a fronteira de devastação, seja em decorrência da implantação de novas atividades agropastoris, seja em razão da atividade madeireira, que melhor poderá escoar o produto extraído da floresta. Além disso, considerando-se apenas as faixas de 50km de lado a lado das vias a serem pavimentadas, diagnostica o Relatório que serão afetadas diretamente 31 terras indígenas e 26 unidades de conservação (o

---

14. Na Internet: *www.ipam.org.br/avanca*.
15. Na Internet: *www.ipam.org.br/avanca*. O Relatório, todavia, adverte: "É importante ressaltar que estas previsões podem estar superestimadas, caso as taxas de imigração e expansão agropecuária provocadas por estas rodovias se mostrarem menores do que no passado, ou se o Governo tiver uma capacidade maior de gerenciar o processo de ocupação ao longo destas vias. Por outro lado, estas previsões podem estar subestimadas pelo fato de considerarem apenas o desmatamento dentro das faixas marginais de 50km e, ainda, caso as taxas de imigração e expansão agropecuária sejam maiores do que no passado".

que equivale a um total de 25,2% da Amazônia Legal), intensificando a compressão predatória em tais áreas, com reflexos em sua biodiversidade e na integridade física, social e cultural das populações indígenas.[16]

O quadro é, sem dúvida, preocupante, revelando os males decorrentes da ausência de uma política florestal eficaz e bem definida para a Amazônia Brasileira.

3. Soluções para um cenário sombrio: "internacionalização" da Amazônia?

Tal cenário tem sido propício à proliferação do discurso da "relativização" da soberania brasileira sobre a Floresta Amazônica ou da "internacionalização" da Amazônia.[17]

O reconhecimento de deficiências nas estratégias de fiscalização e controle implementadas pelo Poder Público em relação à Floresta Amazônica não pode autorizar, contudo, a quebra da soberania brasileira em relação a essa rica e vasta porção do território nacional (patrimônio nacional, nos termos do art. 225, § 4º, da CF), ao sabor do envolvente argumento do "patrimônio comum da Humanidade". Por outro lado, também não cabe fazer coro a discursos nacionalistas inflamados, calcados no dogma de uma concepção tradicional de *sobe-*

---

16. "A proteção destas áreas de grande interesse sócio-ambiental na Amazônia se deve principalmente às dificuldades de acesso. Os Governos Federal e Estaduais têm pouca capacidade de proteger estas áreas da atuação ilegal de madeireiros, fazendeiros e posseiros, e da invasão por fogo. As UCs, além de insuficientes em quantidade para garantir a proteção efetiva da diversidade ambiental da Região, apresentam inúmeros problemas. Poucas estão implantadas, o que significa que, embora criadas formalmente, na prática não estão sendo fiscalizadas e, em muitos casos, já estão invadidas e sofrendo exploração predatória de seus recursos naturais" (na Internet: www.ipam.org.br/avanca).

17. V. as seguintes declarações que bem exemplificam a tese, em seu ponto extremo: "Se os países subdesenvolvidos não conseguem pagar as suas dívidas externas, que vendam suas riquezas, seus territórios, suas fábricas" (Margareth Tatcher, Inglaterra, 1983); "Ao contrário do que os brasileiros pensam, a Amazônia não é deles, mas de todos nós" (senador Al Gore, Estados Unidos da América, 1989); "O Brasil precisa aceitar uma soberania relativa sobre a Amazônia" (François Mitterand, França, 1989); "O Brasil deve delegar parte dos seus direitos sobre a Amazônia" (Gorbatchev, Rússia) (in Rui Nogueira, Roberto Gama e Silva e J. W. Bautista Vidal, *Amazônia – Império das Águas*, Brasília, Lid, 2000, pp. 27-28).

rania, que escamoteiam a defesa de um suposto "direito" (invocável apenas por elites detentoras do poder econômico) ao esgotamento dos recursos naturais amazônicos.

Não se pode negar que o crescente reconhecimento de valores comuns superiores, aglutinadores de *standards materiais mínimos*[18] de proteção de direitos básicos da Humanidade, tem ensejado uma revisão do conceito tradicional de *soberania absoluta* do Estado. Referido conceito tem sofrido sensível processo de relativização, admitindo-se determinadas intervenções no plano interno das Nações, em favor da proteção de núcleos mínimos de direitos humanos.[19]

Tal fenômeno tem estreita correlação com a evolução da idéia de globalização da questão ambiental e a proclamação do meio ambiente como bem comum da Humanidade (Declaração de Estocolmo sobre o Meio Ambiente, Princípio 18, 1972). Ora, a consolidação da concepção do meio ambiente como um valor comum superior de caráter transfronteiriço, ao mesmo tempo em que propicia a formação de redes de solidariedade e cooperação internacionais, pode ter o condão de submeter os Estados a organismos de jurisdição internacional com o objetivo de obrigá-los a adotar medidas positivas de respeito e garantia do meio ambiente, bem como de compatibilização da ordem normativa interna a normas internacionais previamente pactuadas.

É admissível, destarte, que o direito de autonomia na gestão e exploração da Amazônia possa e deva ser exercido em consonância com padrões internacionais de proteção do meio ambiente, *sem que isso signifique, todavia, abrir mão do núcleo mínimo do conceito de soberania nacional*, fixado como fundamento da República Federativa do Brasil (CF, art. 1º, I). Nesse sentido é a opinião de Roberto A. O. Santos, para quem "o Estado Brasileiro está sujeito ao julgamento do seu próprio povo quanto ao cumprimento dos deveres de solidariedade para com outros povos no âmbito da proteção ecológica; e,

---

18. Cf. J. J. Gomes Canotilho, *Direito Constitucional e Teoria da Constituição*, 3ª ed., Coimbra, Almedina, 1999, p. 1.277.
19. Maurício Antônio Ribeiro Lopes, "Bases para uma construção do conceito de bem jurídico no direito penal internacional", in Fauzi Hassan Choukr e Kai Ambos (orgs.), *Tribunal Penal Internacional*, São Paulo, Ed. RT, 2000, p. 344.

reciprocamente, os outros povos podem, e quando necessário devem, fazer uma avaliação moral da conduta do Estado Brasileiro com relação a este problema".[20]

A Convenção sobre Diversidade Biológica, a propósito, ao mesmo tempo em que preconiza a necessidade de serem estreitados os mecanismos de cooperação internacional com vistas à conservação e utilização sustentável dos recursos naturais, reafirma, logo no "Preâmbulo", que os Estados têm direitos soberanos sobre seus próprios recursos biológicos.

Cresce em importância, nesse quadro, a efetivação dos ideais preconizados pelo princípio da integração e da cooperação entre os povos. De fato, contrariando a idéia de "indiferentismo social" e de quebra dos laços de solidariedade, subjacente ao famigerado fenômeno do neoliberalismo, o direito ambiental empunha o princípio da cooperação, o qual possui caráter constitutivo de uma "nova ordem internacional ambiental".

O princípio da cooperação e integração constitui uma baliza norteadora da atuação da República Federativa do Brasil em suas relações internacionais (CF, art. 4º, IX), nas diversas áreas de atuação.

A integração e a cooperação, no campo da proteção do meio ambiente, determinam a conjugação de esforços entre sociedade e Estado, no sentido da realização de uma política ambiental consentânea com o valor a ser protegido.

Nessa mesma linha, o caráter transfronteiriço do processo de degradação do meio ambiente aponta para a necessidade de implementação de mecanismos de cooperação internacional, mediante a inspiração do princípio em tela.

É sabido, com efeito, que a problemática ambiental não pode ser encerrada nas fronteiras de um só Estado. As práticas deletérias ao ambiente no território de um país podem repercutir facilmente em outros. A poluição de rios que banham mais de um Estado, a emissão de poluentes na atmosfera, a destruição da camada de ozônio, o desflorestamento descontrolado, entre outros tristes exem-

20. "A questão amazônica e o Direito: meio ambiente, soberania, dívida externa e desenvolvimento", in Wolf Paul e Roberto A. O. Santos (orgs.), *Amazônia perante o Direito:* ..., pp. 14-15.

plos, revelam que os problemas ambientais encontram-se também "globalizados".[21]

A interdependência dos problemas ambientais induz a necessidade de articulação de estratégias globais, sob pena de as iniciativas positivas de um Estado serem "neutralizadas" pela inércia de outros.

A cooperação internacional ora preconizada encontra-se plasmada nos Princípios 7, 9, 12, 18, 19 e 27 da Declaração do Rio sobre Meio Ambiente e Desenvolvimento (ECO-92).

A formação de uma "rede de solidariedade" (internacional) que se dedique à ingente tarefa de redução das desigualdades sociais e econômicas em todo o Planeta consta da Agenda 21, resultante da Conferência das Nações Unidas sobre Meio Ambiente e Desenvolvimento (ECO-92). Esta consagrou, com efeito, na Seção 2, Capítulo 2, a idéia da cooperação internacional "para complementar e apoiar – e não para diminuir ou subordinar – políticas econômicas internas saudáveis, tanto nos países desenvolvidos como nos países em desenvolvimento, para que possa haver um avanço mundial no sentido do desenvolvimento sustentável".

Vale registrar, ainda, a existência de inúmeros instrumentos internacionais contemplando o princípio da cooperação, numa demonstração de sua relevância para a consecução de objetivos comuns no que concerne à temática ambiental. Nesse sentido, a Convenção sobre Diversidade Biológica, assinada por ocasião da Conferência das Nações Unidas sobre Meio Ambiente e Desenvolvimento (1992) e aprovada pelo Decreto Legislativo 2, de 3.2.1994, estabelecendo que cada Parte Contratante deve, "na medida do possível e conforme o caso, cooperar com outras Partes Contratantes, diretamente ou, quando apropriado, mediante organizações internacionais competentes, no que respeita às áreas além da jurisdição nacional e em outros assuntos de mútuo interesse, para a conservação e a utilização sustentável da diversidade biológica." (art. 5º). Na mesma linha, a Convenção-Quadro das Nações Unidas sobre Mudança do Clima, aprovada pelo Decreto Legislativo 1, de 3.2.1994, dispondo, no art. 3º, n. 5, que as

21. Álvaro Luiz Valery Mirra refere-se a esse fenômeno como a "dimensão transfronteiriça e global das atividades degradadoras exercidas no âmbito das jurisdições nacionais" ("Fundamentos do direito ambiental no Brasil", *RTDP* 7/176, São Paulo, Malheiros Editores, 1994, p. 176).

Partes Contratantes "devem cooperar para promover um sistema económico internacional favorável e aberto conducente ao crescimento e ao desenvolvimento económico sustentável de todas as Partes, em especial das Partes países em desenvolvimento, possibilitando-lhes, assim, melhor enfrentar os problemas da mudança do clima".

A busca de soluções para o adequado enfrentamento da problemática ambiental da Amazônia não legitima, portanto, a proliferação do discurso da "internacionalização". Para muito além de propostas enganosas desse naipe – que escamoteiam interesses económicos inconfessáveis, ligados à exploração da biodiversidade amazônica –, o sistema jurídico internacional propõe-se a um *pensar coletivo*, em prol da realização de ideais comuns da Humanidade.

4. Os caminhos trilhados pelo Brasil na luta por uma eficaz proteção do património florestal

Colho, nesse passo, a afirmação da professora Branca Martins da Cruz, ao honrar a apresentação da obra brasileira *Crimes e Infrações Administrativas Ambientais*,[22] segundo a qual o Brasil tem confirmado "a sua posição (...) de país pioneiro na construção de um edifício jus-ambiental sólido". Essa assertiva decorre da constatação de que em nosso país existe, de fato, vasto instrumental normativo apto à realização de adequada proteção do património florestal brasileiro, nomeadamente a Floresta Amazônica.

Para exemplificar, a Lei 9.605/1998 dispõe sobre as sanções penais e administrativas derivadas de condutas e atividades lesivas ao meio ambiente, instituindo, inclusive, a possibilidade de responsabilização penal da pessoa jurídica, de molde a ampliar sua aplicabilidade e reprimir com maior grau de eficácia as agressões ao património ambiental. E, bem antes desse diploma legal, indispensável se faz sublinhar a existência da Lei 7.347/1985 no sistema normativo brasileiro, a qual, versando sobre a ação civil pública, legitimou o Ministério Público, as pessoas jurídicas de direito público e as associações de classe à defesa judicial do meio ambiente (entre outros bens jurídicos nela mencionados), com a possibilidade de formulação em juízo de pleitos condenatórios, constitutivos, declaratórios e inibitórios.

22. Brasil/Brasília, Brasília Jurídica, 2000.

Ainda existe, contudo – não há como negar –, sensível descompasso entre os mecanismos de proteção jurídico-positiva e os resultados efetivos no campo da proteção ambiental. Conforme os dados acima apresentados, a Amazônia Brasileira vem sofrendo, particularmente, os reflexos desse fenômeno, que só não são mais graves diante da crescente conscientização em torno da necessidade de serem implementadas, o quanto antes, as estratégias de proteção ambiental previstas no Direito Brasileiro.

Vejamos, pois, o arcabouço desenhado pelo legislador em relação à proteção dos biomas florestais.

4.1 A Floresta Amazônica no contexto dos espaços territoriais especialmente protegidos

A Constituição Federal empenhou-se em estabelecer os lineamentos básicos de proteção do patrimônio ambiental, sujeitando espaços territoriais a regramentos específicos, em direção à consolidação da idéia de aproveitamento racional dos recursos naturais.

Isso justifica e legitima a adoção de instrumentos de conservação e de preservação das florestas, através da delimitação de espaços merecedores de especial proteção, alcançando-se tanto áreas sujeitas ao domínio público como terras submetidas ao domínio particular.

A utilização desses instrumentos pode acarretar, ainda, limitações ao uso da propriedade privada, com vistas a assegurar a realização de sua intrínseca função sócio-ambiental. Tais limitações são inerentes ao direito de propriedade, condicionando-a internamente ao cumprimento de sua função social, traduzida esta na compatibilização entre a faculdade de utilização econômica e as aspirações coletivas de garantia de um ambiente saudável e ecologicamente equilibrado. Em razão disso, pode-se afirmar que a função sócio-ambiental da propriedade materializa-se também mediante a imposição de limitações administrativas.[23]

---

23. *Limitações administrativas*, no dizer de Maria Sylvia Zanella Di Pietro, são "medidas de caráter geral, impostas com fundamento no poder de polícia do Estado, gerando para os proprietários obrigações positivas ou negativas, com o fim de condicionar o exercício do direito de propriedade ao bem-estar social" (*Direito Administrativo*, 12ª ed., São Paulo, Atlas, 2000, p. 126).

Na identificação do fundamento para a adoção dos mecanismos de preservação e conservação, sobressai a regra do art. 225, § 1º, III, da CF, segundo a qual incumbe ao Poder Público "definir, em todas as unidades da Federação, espaços territoriais e seus componentes a serem especialmente protegidos, sendo a alteração e a supressão permitidas somente através de lei, vedada qualquer utilização que comprometa a integridade dos atributos que justifiquem sua proteção".

O binômio preservação/conservação das florestas insere-se no contexto maior do estabelecimento de um complexo de áreas especialmente protegidas. Tal estratégia atende, a propósito, à diretriz estabelecida pela Convenção sobre Diversidade Biológica (Decreto Legislativo 2/1994), no art. 8º, segundo a qual cada Parte Contratante deverá, na medida do possível, "estabelecer um sistema de áreas protegidas ou áreas onde medidas especiais precisem ser tomadas para conservar a diversidade biológica".

A implementação de espaços naturais protegidos constitui um dos instrumentos da Política Nacional do Meio Ambiente. Nesse sentido, a Lei 6.938/1981 dispõe que a Política Nacional do Meio Ambiente rege-se por princípios, dentre os quais a proteção dos ecossistemas, com a preservação de áreas representativas (art. 1º, IV). Com a alteração ditada pela Lei 7.804/1989, passou a ser prevista naquele diploma legal, entre os instrumentos da Política Nacional do Meio Ambiente, a criação de espaços territoriais especialmente protegidos pelo Poder Público.

Qual o sentido e o alcance da expressão "espaços territoriais especialmente protegidos"? Tal expressão traduz, sem dúvida, como já sugerido, o cumprimento de um papel determinante na implementação de instrumentos de salvaguarda ambiental – e, pois, de proteção das florestas. Evidencia-se, com efeito, que o Poder Público, nos três níveis, tem o compromisso constitucional de instituir diferentes categorias de espaços, bem como variados patamares de proteção, de acordo com especificidades ambientais indicativas de singular importância.

Destaca, a propósito, Ramón Martín Mateo que a UICN qualifica *espacio protegido* como "una zona de la tierra y/o mar especialmente dedicada a la protección de la diversidad biológica y de los recursos naturales y culturales asociados gestionada con arreglo a pautas legalmente establecidas e introducidas por otras vías con resultados eficaces".[24]

José Afonso da Silva, por sua vez, associa a expressão "espaços territoriais especialmente protegidos" à definição de ecossistemas com marcantes atributos ambientais, destacando que "a norma constitucional quer é que sejam delimitadas, em cada Estado e Distrito Federal, áreas de relevância ecológica", conferindo-lhes "regime jurídico especial *quanto à modificabilidade* e *quanto à fruição*".[25]

A regra do art. 225, § 1º, III, da CF Brasileira, a nosso ver, não quis referir-se apenas à definição de *unidades de conservação, stricto sensu*. Ao reportar-se a *espaços territoriais especialmente protegidos*, a Constituição instituiu um *gênero*, remetendo ao legislador infraconstitucional a tarefa de estabelecer diferentes espécies, consoante as especificidades de cada ecossistema e o grau de proteção necessário. Aliás, o próprio texto constitucional já faz alusão a determinados espaços territoriais dignos de proteção especial, elencando-os no § 4º do art. 225 CF, quais sejam: a *Floresta Amazônica Brasileira*, a Mata Atlântica, a Serra do Mar, o Pantanal Mato-Grossense e a Zona Costeira.[26]

Considerando-se a expressão "espaços territoriais especialmente protegidos" como *gênero*, podem ser elencadas, destarte, como *espécies*, além dos biomas mencionados no § 4º do art. 225 da CF, as unidades de conservação típicas, instituídas pela Lei 9.985/2000, e, ainda, as áreas de preservação permanente, as reservas legais florestais, as terras indígenas e os monumentos naturais tombados, sem prejuízo da eventual instituição de outras áreas merecedoras de especial atenção.

Independentemente de quaisquer classificações, deve-se sublinhar que a concepção de *espaços territoriais especialmente protegidos* atende à necessidade de proteção dos espaços naturais de singular relevância, atraindo a especial atenção do Poder Público como *garan-*

---

24. *Tratado de Derecho Ambiental*, 1ª ed., vol. III, Madrid, Editorial Trivium, 1991, p. 312.
25. *Direito Ambiental Constitucional*, 5ª ed., São Paulo, Malheiros Editores, 2004, p. 228.
26. Nesse sentido, cf.: José Afonso da Silva, *Direito Ambiental Constitucional*, 5ª ed., p. 230; Antônio Herman Benjamin, "O regime brasileiro de unidades de conservação", *Revista de Direito Ambiental* 21/38, São Paulo, Ed. RT, janeiro-março/2001.

te qualificado de seus componentes.[27] Em linhas gerais, sua finalidade precípua é a promoção da biodiversidade e a manutenção de ecossistemas de peculiar significado ambiental, em prol, inclusive, das gerações vindouras.

No tocante às florestas, a definição de espaços territoriais merecedores de especial atenção desenvolve relevante papel no campo da implementação de políticas públicas de proteção ambiental efetiva, vez que estabelecem balizas nítidas para a atuação do Poder Público, bem como para o comportamento social em tais áreas.

4.2 Regime especial de fruição e de alterabilidade

Por serem áreas representativas de ecossistemas relevantes, a Constituição Federal incumbiu-se de ditar um regime singular de fruição e de modificabilidade[28] em relação aos espaços territoriais e seus componentes singularmente protegidos. De fato, a regra do art. 225, § 1º, III, da CF estabelece que sua alteração e supressão somente serão permitidas através de lei, vedada qualquer utilização que comprometa a integridade dos atributos que justifiquem sua proteção. Tal regime alcança, como já destacado, tanto as áreas sujeitas ao domínio público como aquelas pertencentes a particulares. A depender, porém, do grau de proteção exigível, poderá haver desapropriação, a fim de assegurar integral preservação necessária a determinado tipo de ecossistema.

Ponto merecedor de detida atenção é o que toca a esse regime singular de alterabilidade. Conforme consta do preceito constitucional acima mencionado, a alteração e/ou supressão de espaços territoriais especialmente protegidos somente pode dar-se através de lei. Vale dizer, se para a criação existe certa flexibilidade, exigindo-se apenas ato

---

27. Ramón Martín Mateo acentua: "En los espacios con un nivel elevado de protección no se permitirán evidentemente actividades incompatibles con los objetivos que deban ser predominantes, lo que afecta a la industria, instalaciones energéticas, minería, silvicultura etc. Pero en las zonas de influencia y preparques es aconsejable autorizar o incluso promover actividades rentables, incluidas pequeñas industrias artesanales que reporten beneficios económicos a las comunidades rurales" (*Tratado de Derecho Ambiental*, 1ª ed., vol. III, p. 315).

28. Tal expressão deve-se a José Afonso da Silva (*Direito Ambiental Constitucional*, 5ª ed., p. 228).

do Poder Público (lei, decreto, resolução), a modificação dos espaços territoriais especialmente protegidos pressupõe lei em sentido formal. O sentido da norma constitucional é, indubitavelmente, assegurar certa rigidez ao regime especial de alterabilidade, propiciando, destarte, maior perenidade aos ecossistemas especialmente tutelados.[29]

Note-se, neste passo, que a lei instituidora do Sistema Nacional de Unidades de Conservação (SNUC – Lei 9.985/2000) estabelece, em consonância com o regime próprio de todos os espaços territoriais especialmente protegidos, que a desafetação ou redução dos limites de uma unidade de conservação só podem ser feitas mediante lei específica (art. 22, § 7º).

Há que se ter cautela, todavia, na interpretação/aplicação dos preceitos normativos em tela, a fim de que não se ultrapasse o sentido possível do texto, tampouco se desborde da lógica do razoável.[30] Com efeito, o preceito constitucional em foco não poderá conduzir à conclusão de que qualquer atividade humana em espaços territoriais especialmente protegidos dependa diretamente de autorização legislativa. A interpretação do enunciado em tais termos esvaziaria a ação administrativa, concentrando-a no Parlamento.

A seguir esse raciocínio extremo, seria, por exemplo, inconstitucional a previsão da Lei 9.985/2000 atinente à exploração comercial de recursos madeireiros em reservas extrativistas *consoante o disposto em regulamento e em plano de manejo* (art. 18, § 7º). Ou – mais estranho ainda – seria o caso de se exigir, então, lei em sentido formal para a aprovação do regulamento e do plano de manejo de tal unidade de conservação.

29. Paulo Affonso Leme Machado é incisivo ao frisar: "Poderão essas áreas ser criadas por lei, decreto, portaria ou resolução. (...). A norma constitucional não abriu qualquer exceção à modificação dos espaços territoriais; e, assim, mesmo uma pequena alteração só pode ser feita por lei" (*Direito Ambiental Brasileiro*, 12ª ed., pp. 127-128).
30. O sentido lingüisticamente possível de um enunciado normativo funciona como limite objetivo de interpretação. Mas, além disso, o resultado da atividade interpretativa deve corresponder a uma finalidade razoável do preceito normativo. O *logos* do razoável, preconizado por Recaséns Siches, busca, a partir de operações de significação e valoração, a formulação de propósitos e finalidades do texto normativo. Para tanto, assevera Alípio Silveira, "o aplicador da lei há de proceder 'razoavelmente', investigando a realidade e o sentido dos fatos, indagando dos juízos de valor em que se inspira a ordem jurídica em vigor, para que se encontre a solução satisfa-

É necessário, pois, compatibilizar o sentido protetivo da regra constitucional com a "lógica do razoável". De fato, somente lei em sentido estrito poderá prever a alteração, supressão e desafetação de espaços territoriais especialmente protegidos ou, ainda, a redução dos seus limites, eis que tais ações implicam modificação visceral no regime e nos objetivos da área protegida. Sem expressa autorização legislativa é vedado à Administração praticar quaisquer atos tendentes a alterar e/ou suprimir, ainda que parcialmente, os espaços territoriais especialmente protegidos.

Por outro lado, tratando-se de intervenção humana que possa ser compatibilizada com as finalidades, as características e o regime de fruição do espaço territorial especialmente protegido, torna-se desnecessária autorização legal específica, devendo ser exigido, porém, Estudo Prévio de Impacto Ambiental (EPIA – CF, art. 225, § 1º, IV). É indispensável, porém, que o ato administrativo emanado do órgão competente esteja em consonância com a lei destinada a disciplinar o modo de utilização do espaço territorial.

Vale assinalar, por oportuno, que a própria Constituição incumbiu-se de impor limites à utilização dos espaços territoriais especialmente protegidos, ao estabelecer, na parte final do inciso III do § 1º do art. 225, expressa e incondicional vedação para qualquer atividade capaz de comprometer a integridade dos atributos justificadores da especial proteção. Noutras palavras, não será concebível o desenvolvimento de atividades que impliquem desnaturar a essência dos elementos legitimadores do espaço territorial especialmente protegido. Se tal fosse permitido, pouco significado prático teria a definição de espaços protegidos, permitindo-se sua gradual eliminação mediante o comprometimento dos seus atributos fundamentais.

Assim, a Administração, por exemplo, não poderá autorizar extração de madeira no interior de uma reserva biológica, seja porque tal atividade não está prevista na Lei do SNUC (n. 9.985/2000) em relação a essa espécie de espaço territorial especialmente protegido, seja porque se trata de uma ação incompatível com os atributos justificadores da criação de tal unidade e com o objetivo de integral

tória, entendendo-se esta em função do que a ordem jurídica considera como sentido de justiça" (Alípio Silveira, *Hermenêutica Jurídica: seus Princípios Fundamentais no Direito Brasileiro*, 2ª ed., vol. I, São Paulo, Brasiliense, 1985, p. 178).

preservação da biota, assinalado no art. 10 do diploma legal em referência.

Em relação à Floresta Amazônica Brasileira – bioma definido constitucionalmente como "patrimônio nacional" –, além da incidência da regra do art. 225, § 1º, III, da CF, merece destaque especial, ainda no tocante ao regime de fruição, a previsão constante do § 4º do mesmo dispositivo constitucional, segundo a qual a utilização daqueles biomas "far-se-á, na forma da lei, dentro de condições que assegurem a preservação do meio ambiente, inclusive quanto ao uso dos recursos naturais". É dizer, *a conjugação dos dois preceitos sinaliza no sentido de que o desenvolvimento de qualquer atividade em tal bioma deverá observância estrita ao princípio da legalidade, mantendo-se sintonia com a perenidade de seus atributos naturais*.

Note-se que o § 4º do art. 225 da CF faz alusão à *utilização* dos biomas, enquanto o inciso III do § 1º do mesmo dispositivo refere-se a *alteração* e *supressão*. Parece não haver dúvida de que o primeiro termo (*utilização*) é mais abrangente, alcançando qualquer tipo de intervenção humana a ser realizada nas áreas mencionadas no § 4º. Essa é a "vontade" da norma constitucional, impondo-se urgente e prioritária tarefa ao legislador ordinário, de regulamentar esse dispositivo da Carta. Sem tal regulamentação – decorrente de lei federal, por se tratar de patrimônio nacional – todas as atividades autorizadas pelo Poder Público nos espaços mencionados no § 4º do art. 225 da CF padecem de ilegalidade, por irremediável vício de invalidade jurídica dos atos administrativos respectivos.[31]

4.3 As unidades de conservação

Unidade de conservação, nos termos da Lei 9.985, de 18.7.2000, é "o espaço territorial e seus recursos ambientais, incluindo as águas jurisdicionais, com características naturais relevantes, legalmente ins-

---

31. Nesse sentido, o TRF da 4ª Região, no julgamento da Ap. cível 96.04.43429-2, decidiu: "(...). 3. A competência para supressão de Mata Atlântica decorre de lei específica para tal ato, nos termos do art.225, inciso III, da CF. 4. O Poder Público não tem competência para suprir essa competência por ato administrativo – licenças – ou por decreto ou regulamento, resoluções e atos normativos do mesmo gênero, sob pena de violação ao princípio da legalidade e separação dos

tituído pelo Poder Público, com objetivos de conservação e limites definidos, sob regime especial de administração, ao qual se aplicam garantias adequadas de proteção" (art. 2º, I).

Conforme a rubrica da Lei 9.985/2000, tal diploma legal propõe-se a regulamentar o art. 225, § 1º, I, II, III e VII, da CF, instituindo o Sistema Nacional de Unidades de Conservação da Natureza (SNUC).

Nesse ponto jaz uma sensível impropriedade terminológica, pois, a ser observada estritamente a ementa, referida lei estaria esgotando o conteúdo normativo do inciso III do § 1º art. 225 da CF, considerando como espaços territoriais especialmente protegidos apenas aqueles enumerados no diploma legislativo em tela, os quais são rotulados de "unidades de conservação".

Sem embargo de opiniões nessa direção, consideramos – como já salientado no item antecedente – que *unidade de conservação* é espécie do gênero *espaço territorial especialmente protegido*.[32] Assim, é de se entender que o diploma legal instituidor do SNUC não esgota o rol dos espaços territoriais dignos de especial proteção.

As unidades de conservação descritas na Lei do SNUC estão, por evidente, sujeitas a regime especial de alterabilidade e de fruição, nos moldes do que foi acima exposto.

Integrantes de um *sistema*, as unidades de conservação expressam uma idéia de "unidade de sentido".[33] Com efeito, as unidades de

Poderes. (...). 7. Confirma-se o provimento liminar para proibir qualquer processo que vise à supressão da Mata Atlântica, sob o fundamento jurídico de que falta previsão em lei para essa atividade, caso a caso (...)".

32. Corroborando também esse entendimento, cf. Ubiracy Araújo, *Informação Jurídica n. 007/99*, 4ª Câmara de Coordenação e Revisão do Ministério Público Federal, p. 11.

33. "Um sistema possui duas características básicas: ordem e unidade. Entende-se por *ordem* um conteúdo racional desenvolvido num processo de conseqüência lógica. A *unidade* de um sistema é a sua formação coesa, onde seus elementos são suficientes para formatar um todo. É uma ordem e unidade de sentido. Com a identificação de sentido no interior do sistema, pode-se extrair, de maneira mais eficiente, o conteúdo dos elementos que compõem o sistema. O operador do sistema torna-se, assim, capacitado para uma orientação seletiva, intencionada dos elementos que compõem o todo sistêmico, trabalhando a diversidade de construção do possível" (Cristiane Derani, "A estrutura do Sistema Nacional de Unidades de Conservação – Lei n. 9.985/2000". *Revista de Direitos Difusos* 5/608, São Paulo, Editora Esplanada-ADCOAS e IBAP, fevereiro/2001, p. 608).

conservação possuem fundamentos e caracteres próprios, vinculados a um núcleo densificador comum de promoção da biodiversidade e de delineamento de responsabilidades básicas do Poder Público em relação à sua preservação e conservação, bem como de seus componentes, assegurada a participação da sociedade na consecução de seus objetivos primaciais.

Além do especial regime de alterabilidade e de fruição, já destacado, a estrutura jurídica que dá suporte às unidades de conservação apresenta os seguintes elementos comuns: individualização, normatividade, afetação, relevância natural e declaração formal. Tais componentes – é importante sublinhar – acham-se presentes noutras espécies de espaços territoriais especialmente protegidos, como, por exemplo, nas áreas de preservação permanente e nas reservas legais florestais, ainda que sob o signo da generalidade.

A *individualização* expressa a determinação territorial da unidade, especificando-se os lindes do espaço sob regime especial. Tal elemento ressalta evidente do próprio conceito expresso no art. 2º, I, da Lei 9.985/2000, segundo o qual a unidade de conservação terá objetivos de conservação e *limites definidos*.

Quanto à *normatividade*, pretende-se externar a existência de regramentos próprios dispondo sobre o regime especial de administração de cada unidade, seus objetivos específicos e as hipóteses de utilização permitidas.

O componente da *afetação* relaciona-se com o elemento anterior, na medida em que daquele deriva a idéia de que cada unidade de conservação "modelada" na Lei 9.985/2000 está afetada a uma função ecológica previamente estabelecida, não podendo o Poder Público, através de atos inferiores, desnaturar as finalidades e as características das "áreas-tipo", tampouco permitir sua utilização de maneira diversa daquela estabelecida para cada qual. Nesse sentido, o art. 28 da Lei 9.985/2000 estabelece que são proibidas nas unidades de conservação "quaisquer alterações, atividades ou modalidades de utilização em desacordo com os seus objetivos, o seu plano de manejo e seus regulamentos".

A *relevância natural* encontra-se na essência da tipificação da unidade de conservação. A criação de uma unidade de conservação pressupõe a presença de significativo valor ecológico de repercussão local, regional ou nacional, devidamente constatado em estudos técnicos. Essa relevância é informada e condicionada pelos objetivos perseguidos pelo SNUC, insertos no art. 4º da Lei 9.985/2000,[34] não sendo imprescindível a presença de um atributo de excepcional transcendência ecológica.

Por *declaração formal* – nas palavras de Ramón Mateo – busca-se, no mínimo, "un acto administrativo que identifique especialmente el espacio afectado y le adjudique directa o indirectamente el estatuto jurídico que le corresponda".[35]

As unidades de conservação são criadas através de ato do Poder Público (art. 22 da Lei 9.985/2000), observadas as áreas-tipo desenhadas no diploma legal. Trata-se de um pressuposto de validade formal da unidade. A lei não especifica a natureza do ato – o que permite a conclusão de que o ato de criação pode emanar de qualquer uma das três dimensões do Poder Público – a executiva, a legislativa e a judiciária. Noutras palavras, o ato formal de criação da unidade de conservação pode corporificar-se em lei, decreto, resolução ou decisão judicial. Pode ser fruto, também, de termo de ajustamento de conduta, do qual resulte a obrigação de criar uma unidade de conservação.

No tocante à origem judicial, cabe questionar, por oportuno, se a criação de uma unidade de conservação por essa via será possível ou, ao revés, implicaria intromissão indevida do Judiciário na seara pró-

---

34. "Art. 4º. O SNUC tem os seguintes objetivos: I – contribuir para a manutenção da diversidade biológica e dos recursos genéticos no território nacional e nas águas jurisdicionais; II – proteger as espécies ameaçadas de extinção no âmbito regional e nacional; III – contribuir para a preservação e a restauração da diversidade de ecossistemas naturais; IV – promover o desenvolvimento sustentável a partir dos recursos naturais; V – promover a utilização dos princípios e práticas de conservação da Natureza no processo de desenvolvimento; VI – proteger paisagens naturais e pouco alteradas de notável beleza cênica; VII – proteger as características relevantes de natureza geológica, geomorfológica, espeleológica, arqueológica, paleontológica e cultural; VIII – proteger e recuperar recursos hídricos e edáficos; IX – recuperar ou restaurar ecossistemas degradados; X – proporcionar meios e incentivos para atividades de pesquisa científica, estudos e monitoramento ambiental; XI – valorizar econômica e socialmente a diversidade biológica; XII – favorecer condições e promover a educação e interpretação ambiental, a recreação em contato com a Natureza e o turismo ecológico; XIII – proteger os recursos naturais necessários à subsistência de populações tradicionais, respeitando e valorizando seu conhecimento e sua cultura e promovendo-as social e economicamente."

35. *Tratado de Derecho Ambiental*, 1ª ed., vol. III, p. 323.

pria do Executivo. Tal questionamento sugere um rápido exame do caso "Quinta do Taipal".

Apenas para situar a questão, remarque-se que o Ministério Público Português, na comarca de Montemor-o-Velho, promoveu ação ordinária contra os proprietários de uma área de terras úmidas que seria destinada ao cultivo de arroz. Acontece que parte daquela área (cerca de 50ha) constituía refúgio de garças do Baixo Mondego e de inúmeras outras espécies de aves aquáticas raras migratórias, oriundas do Norte da Europa, no inverno, e da África, no verão. A Região também apresentava indícios de existência de lontras – animal em fase de extinção no Continente Europeu. Propugnou-se, então, a abstenção de execução de quaisquer trabalhos de cultivo naqueles terrenos, ante a ameaça de destruição do *habitat* natural da fauna. O Tribunal de Relação de Coimbra, em acórdão de 17.5.1994, confirmou a sentença que julgou procedente a ação, aduzindo – acertadamente, ao nosso ver – que, *"estando em confronto, em conflito, a protecção do ambiente (interesse público) e a propriedade (interesse ou direito meramente privado), deverá prevalecer o primeiro daqueles interesses* (n. 2 do art. 335º do CC), *que é superior, implicando um **non facere** aos réus, que assim vêem na sua Quinta do Taipal limitado o seu direito de propriedade"*.[36]

O Supremo Tribunal de Justiça de Portugal, em decisão de 17.1.1995, reformou, contudo, o acórdão retromencionado, sob o fundamento de que somente a Administração poderia criar reservas naturais ou restrições de utilidade pública, mediante o pagamento de compensação indenizatória. Frisou o acórdão que "não podem nem devem ser os tribunais a suprir as deficiências ou incúrias do Poder Executivo na criação de áreas protegidas em todas as zonas do país em que isso se mostre necessário".[37]

Para nós, todavia, a resposta poderia ser conduzida em sentido diverso. Com efeito, sob o influxo do Estado Social, verifica-se considerável alargamento dos temas juridificáveis, transformando inúmeras expectativas sociais em autênticas pretensões jurídicas.[38] Ora,

---

36. J. J. Gomes Canotilho, *Protecção do Ambiente e Direito de Propriedade (Crítica de Jurisprudência Ambiental)*, Coimbra, Coimbra Editora, 1995, p. 56.
37. Idem, p. 77.
38. Sobre o problema da juridificação nos quadros do Estado Social e Democrático de Direito, cf. Marcelo Neves, "Crise do Estado: da modernidade central à

a não-implementação de políticas públicas capazes de dar efetividade a esses direitos típicos de uma ordem social em construção (direitos sociais, direitos difusos e coletivos) tem desafiado o próprio Estado, agora na figura do Poder Judiciário, a suprir tais omissões, configuradoras de abuso de poder, na medida em que frustram a satisfação de metas constitucionalmente estabelecidas.

O aparato jurídico-processual brasileiro, neste ponto, está apto a atender a esse tipo de demanda, assegurando mecanismos idôneos a dar vazão ao fenômeno de juridificação. Tal pode ocorrer, por exemplo, através, de ação civil pública, com pedido de obrigação de fazer – nos termos da Lei 7.345/1985, arts. 3º e 11 –, ou mesmo com pedidos de natureza declaratória ou constitutiva, a teor do art. 83 da Lei 8.078/1990, plenamente aplicável à Lei da Ação Civil Pública.

Tais pretensões têm sido freqüentemente veiculadas em face do Poder Público, corporificando importante instrumento de controle dos atos/omissões da Administração.[39] Exemplos merecedores de registro podem ser colhidos nas ACP 96.1082-0 e 94.0001799-5, propostas pelo Ministério Público Federal, que tramitaram nas 2ª e 5ª Varas da Justiça Federal da Seção Judiciária do Maranhão, respectivamente. Na primeira, acolhendo pedido formulado pelo autor, a Justiça Federal determinou que a União e a FUNAI promovessem a demarcação da Área Indígena Krikati, localizada no Estado do Maranhão, implantando-a em caráter definitivo. A decisão, devidamente transitada em julgado, encontra-se em fase de execução perante o Juízo Federal da 5ª Vara. Na outra ação civil pública acima citada, o Juiz Federal condenou a União na obrigação de assegurar ao IBAMA os atos administrativos e os recursos financeiros necessários à expropriação das áreas destinadas às reservas extrativistas "Mata Grande" e "Ciriaco", condenando, ainda, a autarquia federal a promover a im-

---

modernidade periférica – Anotações a partir do pensamento filosófico e sociológico alemão", *RTDP* 5/50-51, São Paulo, Malheiros Editores, 1994.

39. Com acerto, Luíza Cristina Fonseca Frischeisen observa que "o não-agir (a omissão) ou a ação de forma não-razoável para atingir a finalidade constitucional (desvio de finalidade), que contraria o devido processo legal que rege as obrigações da Administração em contrapartida aos direitos dos cidadãos às prestações positivas do Estado, são passíveis de responsabilização e controle judicial através da ação civil pública" (*Políticas Públicas: a Responsabilidade do Administrador e o Ministério Público*, São Paulo, Max Limonad, 2000, pp. 125-126).

plantação das aludidas unidades de conservação, sob pena de multa diária.[40]

Assim, à luz do ordenamento jurídico brasileiro, não há dúvida de que espaços territoriais merecedores de especial proteção também podem ser instituídos por meio de decisão judicial, quando caracterizada a omissão da Administração no tocante à realização do comando constitucional direcionado à proteção de áreas evidenciadoras de interesse ecológico relevante.

4.3.1 *Tipologia*

Tratando-se especificamente das unidades de conservação tipificadas na Lei 9.985/2000, pode-se apontar a seguinte tipologia, à luz do mencionado diploma legal: unidades de conservação de proteção integral e unidade de conservação de uso sustentável.

Nos termos do art. 7º, § 1º, da Lei 9.985/2000, as unidades de conservação de proteção integral têm por objetivo primacial preservar a Natureza, sendo vedados o aproveitamento e a exploração dos recursos naturais, admitindo-se apenas o uso indireto dos mesmos, com exceção dos casos previstos na lei. As unidades de uso sustentável, por sua vez, visam a compatibilizar a conservação da Natureza com o uso sustentável de parcela dos seus recursos naturais (art. 7º, § 2º). Estas últimas unidades de conservação admitem a exploração e o aproveitamento diretos, de maneira planejada e regulamentada. Em sentido contrário, as unidades de proteção integral são mais restritivas, devendo ser mínimo o grau de intervenção antrópica.

O diploma legal em tela, ao cogitar de unidades de conservação de proteção integral, parece incidir numa *contradictio in terminis*. É que "conservacionismo" e "preservacionismo" encerram, em verdade, concepções distintas: o primeiro pressupõe um valor instrumental da Natureza, tornando-a passível de aproveitamento racional; o segundo justifica e impõe um regime de proteção mais rigoroso, tendo em vista o equilíbrio do ecossistema, não admitindo a exploração

---

40. Referidos processos foram sentenciados em 28.4.1998 (processo 96.1082-0) e em 17.9.2000 (processo 94.0001799-5).Aunque *conservacionismo* es um término general (sinónimo entonces de proteccionismo en el sentido más amplio de movimiento de protección de la Naturaleza), en el mundo anglosajón adquirió histó-

econômica direta.⁴¹ Dessa forma, as unidades de proteção integral, não sendo suscetíveis de aproveitamento econômico direto, não poderiam ser, a rigor, chamadas de "unidades *de conservação*", já que o termo "conservação" sugere a possibilidade de uso econômico direto.

Nada obstante, a lei que instituiu o SNUC adotou tal terminologia, estabelecendo categorias de unidades de conservação de proteção integral e unidades de conservação de uso sustentável, as quais são componentes de um Sistema.

Faz-se oportuno referir cada uma das categorias de unidades de conservação, ainda que de forma perfunctória.

O agrupamento das *unidades de conservação de proteção integral* tem as seguintes categorias: estação ecológica, reserva biológica, parque nacional, monumento natural e refúgio de vida silvestre (art. 8º da Lei 9.985/2000). A seu turno, as *unidades de conservação de uso sustentável* estão assim elencadas: área de proteção ambiental, área de relevante interesse ecológico, floresta nacional, reserva extrativista, reserva de fauna e reserva de desenvolvimento sustentável (Lei 9.985/2000, art. 14).⁴²

---

ricamente un sentido algo más estrecho, dentro de la oposición conservacionista/preservacionista. Aquí el preservacionismo es la concepción ética que justifica la protección de la Naturaleza por el valor intrínseco que ésta posee en sí misma y no, como en el caso del conservacionismo, por el valor instrumental que posee para el ser humano" (Jorge Riechmann, "Introducción: Aldo Leopold, los orígenes del ecologismo estadounidense y la Ética de la Tierra", in Aldo Leopold, *Una Ética de la Tierra*, Madrid, Los Libros de la Catarata, 2000, p. 17).

41. "Aunque *conservacionismo* es um término general (sinónimo entonces de proteccionismo en el sentido más amplio de movimiento de protección de la Naturaleza), en el mundo anglosajón adquirió históricamente un sentido algo más estrecho, dentro de la oposición conservacionista/preservacionista. Aquí el preservacionismo es la concepción ética que justifica la protección de la Naturaleza por el valor intrínseco que ésta posee en sí misma y no, como en el caso del conservacionismo, por el valor instrumental que posee para el ser humano" (Jorge Riechmann, "Introducción: Aldo Leopold, los orígenes del ecologismo estadounidense y la Ética de la Tierra", in Aldo Leopold, *Una Ética de la Tierra*, Madrid, Los Libros de la Catarata, 2000, p. 17).

42. Embora listada como unidade de conservação de uso sustentável, a reserva particular do patrimônio natural (RPPN), em verdade, constitui categoria de unidade de proteção integral. De fato, nela se admitem apenas a pesquisa científica e a visitação pública com fins turísticos, educacionais e recreativos (art. 21, § 2º, da Lei 9.985/2000). Essa restrição evidencia forte contradição no ato de enquadramento da RPPN como unidade de conservação de uso sustentável, pois é a própria lei que

Tal é a vastidão de Região Amazônica, que dentro de seus limites geográficos verifica-se a existência de 10 estações ecológicas, 8 reservas biológicas, 11 parques nacionais, 1 área de proteção ambiental, 3 áreas de relevante interesse ecológico, 35 florestas nacionais e 13 reservas extrativistas. Há, pois, algo em torno de 81 unidades de conservação.

Além desses espaços territoriais, coexiste a proteção decorrente dos institutos da *floresta de preservação permanente* e da *reserva legal florestal*.

A Constituição Federal de 1988 recepcionou a Lei 4.771/1965, a qual, revogando o Decreto 23.793/1934, instituiu o novo Código Florestal. Neste diploma legal de 1965 consta a referência a dois importantes instrumentos de salvaguarda das florestas: a *área de preservação permanente* e a *reserva florestal legal*.

4.4 Florestas de preservação permanente

O regime de preservação permanente incidente sobre determinadas formações florestais e a reserva legal florestal subsistem independentemente da previsão das unidades de conservação.

Partindo-se, então, da concepção de que "espaços territoriais e seus componentes protegidos" têm a significação de porções de território detentoras de interesse ecológico, revela-se adequada a inserção

---

prevê apenas, como visto acima, o *uso indireto* dessas áreas-tipo. O veto presidencial aposto ao inciso III do § 2º do art.21 explica a distorção. É que referido inciso previa, entre as atividades permitidas nas RPPNs, "a extração de recursos naturais, exceto madeira, que não coloque em risco as espécies ou os ecossistemas que justificaram a criação da unidade". Tal dispositivo foi, porém, vetado, sob o fundamento de que "o comando inserto na disposição, ao permitir a extração de recursos naturais em reservas particulares do patrimônio natural, com a única exceção aos recursos madeireiros, desvirtua completamente os objetivos dessa unidade de conservação, como, também, dos propósitos do seu instituidor". Além disso, o Presidente da República fundamentou o veto no fato de que "tal permissão alcançaria a extração de minérios em área isenta de ITR e, certamente, o titular da extração, em tese, estaria amparado pelo benefício". Percebe-se facilmente que o inciso vetado autorizaria a inclusão da RPPN entre as unidades de conservação de uso sustentável. Com o veto, as disposições remanescentes do § 2º art. 21 desnaturam por completo o caráter de uso sustentável, convolando-se, pois, tal espaço-tipo em unidade de proteção integral. Assim, com as alterações decorrentes do pré-falado veto presidencial, a categoria RPPN melhor se encarta, agora, no rol das unidades de proteção integral.

das *florestas de preservação permanente* e das *reservas florestais legais* na previsão constitucional do art. 225, § 1º, III.

O Código Florestal, ao dispor sobre florestas de preservação permanente e reservas florestais legais,[43] cumpre exatamente o mister de definir (sem, contudo, determinar rigidamente) espaços territoriais e respectivos componentes merecedores de especial proteção.

Todavia, deve-se observar que tal proteção possui graus diferentes: a primeira possui um caráter *preservacionista*; a segunda constitui um instrumento de *conservação*. Na acepção comum os termos "conservação" e "preservação" se equivalem. No campo do direito ambiental tem-se buscado estabelecer uma distinção, reservando-se para a segunda expressão um sentido mais rígido de proteção. Assim, enquanto o regime de preservação permanente pressupõe a "manutenção da integridade e perenidade dos recursos ambientais",[44] sem a possibilidade de exploração econômica direta, o regime de conservação pressupõe utilização racional, manejo.[45]

A expressão "preservação permanente" impõe um caráter de rigorosa proteção, acentuando a maior relevância dessas florestas para o equilíbrio ecológico do sistema. Tal função ambiental projeta-se no campo da higidez dos recursos hídricos, da preservação das paisagens naturais, da proteção da biodiversidade, da preservação da estabilidade geológica, da garantia do fluxo gênico da fauna e da flora, da proteção do solo e da promoção do bem-estar da coletividade.

É oportuno enfatizar que o regime de preservação permanente referido na Lei 4.771/1965 (Código Florestal) alcança não apenas formações florestais, mas também outras formas de vegetação natural, consoante os critérios ali apontados.

Vale observar, também, que esse regime pode gravar florestas localizadas tanto em áreas públicas como particulares, funcionando, em relação a estas, como uma limitação interna ao direito de propriedade.

---

43. Paulo Affonso Leme Machado assinala, a propósito: "Não se pode negar que a Reserva Legal Florestal constitua um espaço territorialmente protegido" (*Direito Ambiental Brasileiro*, 12ª ed., p. 719).
44. Cf. Maria da Graça Krieger *et alii*, *Dicionário de Direito Ambiental: Terminologia das Leis do Meio Ambiente*, Porto Alegre/Brasília, Ed. UFRGS/Procuradoria-Geral da República, 1998, p. 285.
45. Convém não olvidar que as unidades de conservação de proteção integral, nos termos da Lei do SNUC, admitem apenas o *uso indireto* dos recursos naturais.

A Lei 4.771/1965 reporta-se a dois tipos de florestas de preservação permanente: as florestas de preservação permanente *ex vi legis* e as florestas de preservação permanente *administrativas*. As primeiras decorrem diretamente da previsão legal (art. 2º e § 2º do art. 3º), enquanto que as áreas de preservação permanente administrativas não dispensam declaração formal por ato do Poder Público (art. 3º).

De acordo com o art. 2º do Código Florestal, são de preservação permanente as florestas e demais formas de vegetação natural localizadas: "a) ao longo dos rios ou de qualquer curso d'água desde o seu nível mais alto em faixa marginal cuja largura mínima seja: 1) de 30m para os cursos d'água de menos de 10m de largura; 2) de 50m para os cursos d'água que tenham de 10 a 50m de largura; 3) de 100m para os cursos d'água que tenham de 50 a 200m de largura; 4) de 200m para os cursos d'água que tenham de 200 a 600m de largura; 5) de 500m para os cursos d'água que tenham largura superior a 600m; b) ao redor das lagoas, lagos ou reservatórios d'água naturais ou artificiais; c) nas nascentes, ainda que intermitentes, e nos chamados 'olhos d'água', qualquer que seja a sua situação topográfica, num raio mínimo de 50m de largura; d) no topo de morros, montes, montanhas e serras; e) nas encostas ou partes destas, com declividade superior a 45°, equivalente a 100% na linha de maior declive; f) nas restingas, como fixadoras de dunas ou estabilizadoras de mangues; g) nas bordas dos tabuleiros ou chapadas, a partir da linha de ruptura do relevo, em faixa nunca inferior a 100m em projeções horizontais; h) em altitude superior a 1.800m, qualquer que seja a vegetação; i) nas áreas metropolitanas definidas em lei".

Verificam-se, nesse rol, as florestas de preservação permanente, assim consideradas pela só disposição da lei – ou seja, pela direta e expressa manifestação do legislador, sendo desnecessária a edição de qualquer ato administrativo. Trata-se, nesse ponto, de lei de "efeitos concretos".[46] Acresçam-se a esse rol as florestas existentes em terras

---

46. Assim também se dava em relação às florestas protetoras de que cuidava o Decreto 23.793, de 23.1.1934. Reportando-se a elas, Osny Duarte Pereira deixou consignado: "Independentemente, porém, de ato governamental, são desde logo matas protetoras e insuscetíveis de destruição, em virtude de sua função hidrogeológica, as matas existentes às margens dos cursos d'água, lagos e estradas de qualquer natureza entregues à serventia pública, nas encostas dos morros, etc." (*Direito Florestal Brasileiro*, Rio de Janeiro, Borsói, 1950, p. 190).

indígenas, igualmente sujeitas ao regime de preservação permanente pelo só efeito do Código Florestal (art. 3º, § 2º).

Nos termos do art. 3º da Lei 4.771/1965, serão também consideradas "de preservação permanente, quando assim declaradas por ato do Poder Público, as florestas e demais formas de vegetação natural destinadas: a) a atenuar a erosão das terras; b) a fixar as dunas; c) a formar faixas de proteção ao longo de rodovias e ferrovias; d) a auxiliar a defesa do território nacional a critério das autoridades militares; e) a proteger sítios de excepcional beleza ou de valor científico ou histórico; f) a asilar exemplares da fauna ou flora ameaçados de extinção; g) a manter o ambiente necessário à vida das populações silvícolas; h) a assegurar condições de bem-estar público".

Nessas hipóteses tratadas no art. 3º faz-se necessária a declaração do Poder Público Federal, Estadual ou Municipal. Por isso são denominadas de "áreas de preservação permanente administrativas", pois "sua concreção final depende da expedição de ato administrativo da autoridade ambiental competente".[47]

Tais disposições possuem profundos reflexos no regime de alterabilidade das florestas de preservação permanente. A modificabilidade (supressão total ou parcial) das florestas de preservação permanente, por motivos de utilidade pública ou interesse social, estava prevista no § 1º do art. 3º Lei 4.771/1965, reportando-se, pois, apenas às hipóteses mencionadas nesse dispositivo, ou seja, às áreas de preservação permanente administrativas, sem qualquer repercussão nas áreas de preservação permanente *ex vi legis* (art. 2º). Isso porque, por uma questão de boa técnica legislativa, a ressalva prevista no parágrafo de um artigo não poderia estender-se à situação contemplada noutro artigo. Ademais, não faria qualquer sentido a lei admitir, de um lado, a existência de florestas de preservação permanente, só por efeito dela, e, de outro, reconhecer a possibilidade de sua supressão total ou parcial.

Assim, seguindo essa ordem de raciocínio, as florestas de preservação permanente decorrentes da previsão normativa do art. 3º do

---

47. Antônio Herman Benjamin, "Reflexões sobre a hipertrofia do direito de propriedade na tutela da reserva legal e das áreas de preservação permanente", *5 Anos após a ECO-92 – Anais do Congresso Internacional de Direito Ambiental*, São Paulo, Imprensa Oficial, p. 26.

Código Florestal estariam sujeitas a supressão, total ou parcial, mediante ato administrativo, nas condições fixadas no § 1º do art. 3º. Quanto às florestas de preservação permanente constituídas pelo art. 2º, só poderiam ser alteradas ou suprimidas por lei em sentido formal.[48]

A Medida Provisória 1.605-30, de 19.11.1998, alterou o art. 3º do Código Florestal, dando ao § 1º a seguinte redação:[49] "§ 1º. A supressão total ou parcial de florestas e demais formas de vegetação permanente de que trata esta Lei, devidamente caracterizada em procedimento administrativo próprio e com prévia autorização do órgão federal de meio ambiente, somente será admitida quando necessária à execução de obras, planos, atividades ou projetos de utilidade pública ou interesse social, sem prejuízo do licenciamento a ser procedido pelo órgão ambiental competente".

Conforme salientado alhures, essa modificação, por si só, já implicava retrocesso à sistemática de tratamento às áreas de preservação permanente, rompendo o binômio acima assinalado (APPs *ope legis* e APPs administrativas), o qual conferia maior segurança e estabilidade à proteção das áreas de preservação permanente constantes do rol do art. 2º.[50]

A Medida Provisória 1.956-49, de 27.4.2000, manteve a alteração da redação do art. 3º, § 1º, nos termos acima transcritos. Por essa novel redação, ao órgão federal do meio ambiente cabia a atribuição de autorizar a supressão total ou parcial das florestas e demais formas de vegetação permanente de que trata a Lei 4.771/1965, inclusive,

---

48. No mesmo sentido a observação de Paulo de Bessa Antunes: "A lei autorizativa para uma eventual alteração ou supressão das florestas de preservação permanente estabelecidas pelo art. 3º é o próprio Código Florestal. (...). Diferente é a situação das áreas de preservação permanente estabelecidas pelo art. 2º do Código Florestal, que somente poderão ser alteradas por lei formal, em razão da hierarquia legislativa" (*Direito Ambiental*, 2ª ed., Rio de Janeiro, Lumen Juris, 1998, p. 252). V., também: Paulo Affonso Leme Machado, *Direito Ambiental Brasileiro*, 9ª ed., São Paulo, Malheiros Editores, 2001, pp. 702-703.

49. Originariamente editada sob o n. 1.511, a Medida Provisória em tela, até a reedição de n. 1.605-29, em outubro/1998, não contemplava tal dispositivo. A partir da edição da Medida Provisória 1.605-30 verificou-se essa possibilidade de o Poder Público autorizar a supressão das duas espécies de áreas de preservação permanente.

50. Nicolao Dino de Castro e Costa Neto, Ney de Barros Bello e Flávio Dino de Castro e Costa, *Crimes e Infrações Administrativas Ambientais: Comentários à Lei n. 9.605/1998*, 2ª ed., Brasília, Brasília Jurídica, 2001, p. 235.

pois, aquelas relacionadas no art. 2º, quando necessária à execução de obras, planos, atividades ou projetos de utilidade pública ou interesse social.

Em 26.5.2000 o Poder Executivo editou a Medida Provisória 1.956-50, incorporando proposta de alteração do Código Florestal alinhavada pelo Conselho Nacional do Meio Ambiente (CONAMA). Em 26.6.2000 deu-se sua reedição, sob o n. 1.956-51 (*DOU* 27.6.2000), sem quaisquer alterações de monta – o que se vem repetindo desde então.[51]

A última reedição da longa série consistiu na Medida Provisória 2.166-67, de 24.8.2001. Esta medida vigorará indefinidamente, até que outra medida provisória a revogue ou até deliberação definitiva do Congresso Nacional. É o que estabelece o art. 2º da EC 32, de 11.9.2001.

No que concerne às áreas de preservação permanente, referida medida provisória alterou o art. 4º da Lei 4.771/1965. Nos termos dessa nova redação, estabelece-se a possibilidade de supressão de vegetação em área de preservação permanente, tratando-se de utilidade pública ou interesse social, por ato do órgão ambiental estadual, com anuência prévia do órgão federal ou municipal do meio ambiente. Prevê-se, inclusive, a supressão de vegetação nativa protetora de nascentes, dunas e mangues, em caso de utilidade pública.

No tocante às nascentes, a medida provisória, prevendo a possibilidade de supressão da vegetação nativa protetora, desprezou por completo a função hidrogeológica da mesma, contrariando expressamente as recomendações constantes da Agenda 21 e da Conferência Internacional sobre Água e Desenvolvimento,[52] realizada na Irlanda em 1992. Destoou, ainda, da própria diretriz firmada pelo legislador pátrio no art. 1º, II, da Lei 9.433/1997, inserindo entre os fundamentos da Política Nacional dos Recursos Hídricos aquele que declara ser a água um recurso natural limitado.

---

51. V., por exemplo, as Medidas Provisórias: 1.956-52, de 26.7.2000; 1.956-53, de 23.8.2000; 1.956-54, de 21.9.2000; 2.080-58, de 27.12.2000; 2.080-59, de 25.1.2001; 2.080-60, de 22.2.2001; 2.080-64, de 13.6.2001; 2.166-65, de 28.6.2001; 2.166-66, de 26.7.2001; e 2.166-67, de 24.8.2001.

52. Entre os princípios ali estatuídos consta o de que a água é um bem finito e vulnerável, essencial para a manutenção da vida, do desenvolvimento e do meio ambiente.

De outra banda, a modificabilidade das áreas de preservação permanente – supressão de vegetação –, prevista no art. 4º, *caput*, do Código Florestal, com a redação dada pela Medida Provisória 2.166-67, de 24.8.2001, em casos de utilidade pública ou interesse social, merece especial atenção. Nos termos do dispositivo apontado, tal supressão é admissível, mediante procedimento administrativo próprio, quando inexistir alternativa técnica e locacional ao empreendimento proposto. Em qualquer caso, a supressão decorrerá de ato administrativo do órgão ambiental estadual, "com anuência prévia, quando couber, do órgão federal ou municipal de meio ambiente (...)" (§ 1º do art. 4º).

As alterações introduzidas pelo "legislador provisório" descaracterizam o regime de preservação permanente previsto na Lei 4.771/1965. Dá-se um elastério a importante instrumento de proteção das formações florestais, possibilitando a modificação desses espaços protegidos mediante a manifestação de vontade do administrador.

Todavia, a "flexibilização" desse instrumento de proteção do patrimônio florestal contraria a diretiva constitucional, verificando-se profundo descompasso entre a reforma empreendida no Código Florestal e as disposições da Constituição Federal relativas às florestas. Ora, não há dúvida de que as áreas de preservação permanente se inserem no âmbito dos "espaços especialmente protegidos" a que se refere o art. 225, § 1º, III, da CF. E nesse dispositivo ficou claramente estabelecido que a alteração e a supressão dos espaços territoriais e seus componentes especialmente protegidos somente serão permitidas *através de lei*. Lei em sentido formal.

Na linha do que já foi mencionado, constata-se, pois, que até mesmo a regra do art. 3º, § 1º, da Lei 4.771/1965 ("A supressão total ou parcial de florestas de preservação permanente só será admitida com prévia autorização do Poder Executivo Federal, quando for necessária à execução de obras, planos, atividades ou projetos de utilidade pública ou interesse social") já havia sido revogada pela superveniência do preceito constitucional acima mencionado. Daí também se infere que a redação do art. 4º, *caput* e § 1º, da Lei 4.771/65 dada pela Medida Provisória 2.166-67, fruto de sucessivas reedições, possui o vício da inconstitucionalidade, por chocar-se com o disposto no art. 225, § 1º, III, da CF, na medida em que desconsidera a exigência de lei para a realização de supressões ou alterações nas florestas de preservação permanente.

Tal aspecto não escapou à observação de Paulo Affonso Leme Machado, ao assinalar: "O Código Florestal de 1965 instituiu dois tipos de florestas de preservação permanente: criadas pelo 'só efeito da lei' (art. 2º) e as florestas de preservação permanente instituídas por ato do Poder Executivo (art. 3º). Ambas as florestas estão inseridas em um espaço, que passou a ser modificável somente por uma lei".[53]

Refutando eventuais objeções quanto ao excesso na proteção do ecossistema, ante a rigidez decorrente da autorização legislativa, Paulo Affonso Leme Machado igualmente argumenta – e com ele concordamos – que a norma constitucional não contém exagero algum: "No caso, o Poder Legislativo discutirá sobre um bem que está caracterizado como 'permanente'. Uma floresta de preservação permanente não é para ser suprimida ou alterada precipitadamente ou ao sabor do interesse somente do partido político que administre o meio ambiente. (...). A elaboração de uma lei dará ensejo a debate previamente designado e iluminado pela publicidade".[54]

A propósito, não é essa a única oportunidade em que a Constituição Federal condiciona alterações em ecossistemas à prévia manifestação do Poder Legislativo. Veja-se, nesse sentido, o disposto no art. 231, § 3º. Segundo tal preceito, o aproveitamento dos recursos hídricos, in-

---

53. Paulo Affonso Leme Machado, "O direito ambiental e a proteção das florestas no século XXI", in *A Proteção Jurídica das Florestas Tropicais*, vol. I, "Anais do 3º Congresso Internacional de Direito Ambiental, 30.5-2.6.1999: a Proteção Jurídica das Florestas Tropicais", São Paulo, IMESP, 1999, p. 9. Na mesma direção segue a opinião de Guilherme José Purvin de Figueiredo e Márcia Dieguez Leuzinger, ao se referirem à possibilidade de supressão de vegetação em área de preservação permanente através de autorização do órgão ambiental, nos moldes previstos na medida provisória editada consoante o texto do chamado "Projeto CONAMA": "Quanto a esse último aspecto, é imperioso observar que a Constituição Federal de 1988, em seu art. 225, § 1º, III, determina expressamente que a supressão ou alteração de espaços territoriais (dentre os quais encontra-se a APP) somente é possível através de lei específica, em sentido formal. Desse modo, não tendo sido recepcionado o § 1º do art. 3º da Lei 4.771/1965, não poderia constar do texto da medida provisória em questão a possibilidade de supressão de vegetação em APPs por qualquer espécie de ato administrativo" ("Anotações acerca do processo legislativo de reforma do Código Florestal", *Revista de Direito Ambiental* 21/90, São Paulo, Ed. RT, janeiro-março/2001).

54. "O direito ambiental ...", in *A Proteção Jurídica das Florestas Tropicais*, vol. I, "Anais do 3º Congresso Internacional de Direito Ambiental, 30.5-2.6.1999: a Proteção Jurídica das Florestas Tropicais", p. 9.

cluídos os potenciais energéticos, a pesquisa e a lavra das riquezas minerais em terras indígenas, só pode ser efetivado com autorização do Congresso Nacional, ouvidas as comunidades afetadas, ficando-lhes assegurada participação nos resultados da lavra, na forma da lei.

Considera-se, pois, inteiramente compatível com o grau de proteção necessária às florestas de preservação permanente a estipulação de prévia autorização legislativa para a supressão ou alteração de florestas de preservação permanente.

4.5 Reservas florestais legais

A reserva florestal legal constitui outro importante instrumento de proteção das florestas estatuído na Lei 4.771/1965. Tal instrumento de salvaguarda legitima-se pela sua relevância na proteção da biodiversidade, assegurando-se a formação de um "banco genético" para as futuras gerações.

Nesse sentido, a Medida Provisória 2.166-65, de 24.8.2001, alterando disposições do Código Florestal, estabelece a seguinte definição para *reserva florestal legal*: "área localizada no interior de uma propriedade ou posse rural, excetuada a de preservação permanente, necessária ao uso sustentável dos recursos naturais, à conservação e reabilitação dos processos ecológicos, à conservação da biodiversidade e ao abrigo e proteção de fauna e flora nativas" (art. 1º, § 2º, III).

Pela definição acima, constata-se que as reservas florestais legais são suscetíveis de exploração econômica, diferentemente do que sucede com as florestas de preservação permanente. Proíbe-se na reserva florestal legal o *corte raso*, admitindo-se, entretanto, a utilização da cobertura arbórea mediante a adoção de técnicas de manejo florestal sustentável.[55]

---

55. "Manejo", nos termos do art. 2º, VIII, da Lei 9.985, de 18.7.2000, é "todo e qualquer procedimento que vise a assegurar a conservação da diversidade biológica e dos ecossistemas". Vale referir, também, a definição legal de "uso sustentável" – expressão inteiramente relacionada com a utilização das reservas florestais legais: "exploração do ambiente de maneira a garantir a perenidade dos recursos ambientais renováveis e dos processos ecológicos, mantendo a biodiversidade e os demais atributos ecológicos, de forma socialmente justa e economicamente viável" (art. 2º, XI, da Lei 9.985/2000).

A reserva florestal legal alcança apenas áreas sujeitas ao domínio privado. Esse é, aliás, outro traço que a distingue da floresta de preservação permanente, pois esta pode atingir áreas públicas ou particulares.

Tem-se, também por esse instrumento, a materialização de um "espaço territorial especialmente protegido", nos moldes cogitados no art. 225, § 1º, III, da CF. A determinação territorial está balizada pelo Código Florestal, com as modificações introduzidas pela Medida Provisória 2.166-67, de 24.8.2001 (última versão da série iniciada pela Medida Provisória 1.956-50).

Não se há de confundir a reserva florestal legal com outras modalidades de "espaços protegidos". Trata-se, como dito, de uma limitação administrativa de caráter compulsório em relação a todas florestas de domínio privado existentes nas regiões apontadas pelo Código Florestal.

A reserva florestal legal reúne as seguintes características: compulsoriedade, generalidade, gratuidade, perpetuidade, inalterabilidade de destinação e averbação.

Diz-se que a reserva legal é *compulsória* porquanto incide obrigatoriamente sobre todos imóveis rurais localizados nas regiões mencionadas no art. 16 do Código Florestal (com a redação da MP 2.080-60/2001), nos percentuais mínimos ali estipulados.

A *generalidade* é característica decorrente da disposição inserta no art. 16 e incisos da Lei 4.771/1965 (com a redação da medida provisória). É dizer: a proteção especial resulta da localização geográfica do imóvel, não sendo restrição imposta caso a caso, mas genericamente a todos os imóveis rurais situados nas regiões especificadas.

A reserva legal é, também, *gratuita*, ou seja, de sua imposição não resulta qualquer indenização ao proprietário da área.[56]

A *perpetuidade* e a *inalterabilidade da destinação* evidenciam, a seu turno, que, em face do interesse público na proteção das florestas, a restrição é perene e imutável, não podendo ser modificadas a reser-

---

56. Afirma, nesse sentido, Paulo Affonso Leme Machado que, "considerada a generalidade da obrigação de instituir a reserva legal florestal, não cabe indenização ao proprietário por parte do Poder Público" (*Direito Ambiental Brasileiro*, 12ª ed., p. 723).

va e sua destinação, inclusive nas hipóteses de transmissão do imóvel, seja a que título for, bem como de desmembramentos. A limitação administrativa acompanha o imóvel, para que o interesse na conservação do ecossistema florestal sobressaia e seja resguardado, a despeito dos interesses particulares mais imediatos. Registra Narciso Orlandi Neto que a imutabilidade atende à finalidade da reserva, pois, se houvesse possibilidade de deslocamento, o objetivo da conservação restaria frustrado.[57] Por isso – afirma –, "a reserva legal grava um imóvel perpetuamente, haja ou não desmembramentos, haja ou não alienações",[58] não podendo ser diminuída ou aumentada. Destarte, poderá haver alteração quanto à titularidade do domínio, sem que isso, contudo, interfira na destinação da área da reserva florestal.

Somente em 1989, com a edição da Lei 7.803, é que, modificando-se a redação dos arts. 16, § 2º, e 44, parágrafo único, da Lei 4.771/1965, passou a ser vedada a alteração da destinação da reserva legal nos casos de alienação ou desmembramento do imóvel.

A Medida Provisória 1.956-50, de maio/2000, cuja última versão tomou o n. 2.166-67 (24.8.2001), manteve, em princípio, as características de imutabilidade e perpetuidade na redação conferida ao art. 16, § 8o, do Código Florestal, estabelecendo a vedação de alteração de sua destinação, nos casos de transmissão, a qualquer título, de desmembramento ou de retificação da área, com as exceções previstas no Código.

No que concerne às exceções aí mencionadas, a Medida Provisória 2.166-67, dando nova redação ao art. 16, § 5º, estabeleceu, no inciso I, a possibilidade de redução da reserva legal, na Amazônia Legal, para fins de recomposição, para até 50% do imóvel, "excluídas, em qualquer caso as áreas de preservação permanente, os ecótonos, os sítios e ecossistemas especialmente protegidos, os locais de expressiva biodiversidade e os corredores ecológicos". O "legislador provisório" previu, também, a possibilidade de compensação de reserva legal por outra área equivalente (nova redação do art. 44, III, do Código Florestal) – o que arrefece o traço característico da imutabilidade.

57. "As reservas particulares e legais do Código Florestal e sua averbação no Registro de Imóveis", in Vladimir Passos de Freitas (org.), *Direito Ambiental em Evolução*, Curitiba, Juruá, 1998, pp. 207-208.
58. Idem, p. 209.

Finalmente, a *averbação*. Tal característica representa a obrigatoriedade de se proceder à averbação do percentual da reserva legal florestal à margem da inscrição de matrícula do imóvel, no Registro Imobiliário. Cuida-se de determinar a área da reserva legal, publicizando a existência da limitação administrativa, a fim de assegurar sua imutabilidade e sua observância em relação a futuras transações envolvendo o imóvel.

Convém acentuar que a exigência de averbação não constitui condição de existência da reserva legal florestal. Conforme alerta Narciso Orlandi Neto, não é constitutiva, pois a reserva "existe independentemente da averbação, tanto que grava também os imóveis em poder de posseiros, de pessoas que os exploram legitimamente, mas sem título de propriedade".[59]

O Código Florestal nada estabelecia quanto à participação do Poder Público na tarefa de determinar a localização da reserva legal florestal. Inexistia, também, regulamentação adequada a esse ponto – o que gerava dúvidas em relação a esse aspecto. É de se considerar, contudo, a despeito dessa omissão, que o interesse público na instituição da reserva legal florestal não se compadece com a absoluta autonomia do proprietário ou posseiro na delimitação da reserva legal. A determinação da área reservada ao livre alvedrio do titular do imóvel pode gerar, com efeito, embaraçosas interseções na área da floresta, com a falta de continuidade da cobertura arbórea entre uma e outra propriedade, criando-se "retalhos de mata". Essa situação de falta de continuidade desatende à própria finalidade da reserva legal florestal, na medida em que esfacela os espaços necessários ao abrigo e proteção da fauna e dificulta a conservação da biodiversidade.

Sendo assim, não há dúvida de que o Poder Público deva intervir na tarefa de especialização da área da reserva. Em decorrência desses aspectos, a Medida Provisória 2.166-67 conferiu nova redação ao art. 16, § 4º, da Lei 4.771/1965, estabelecendo que "a localização da reserva legal deve ser aprovada pelo órgão ambiental estadual competente ou, mediante convênio, pelo órgão ambiental municipal ou outra instituição devidamente habilitada (...)". Segundo, ainda, esse mesmo dispositivo, devem ser considerados, no processo de aprova-

---

59. "As reservas particulares e legais ...", in Vladimir Passos de Freitas (org.), *Direito Ambiental em Evolução*, p. 214.

ção da localização da reserva, a função social da propriedade bem como, se houver, o plano de bacia hidrográfica, o plano diretor municipal, o zoneamento ecológico-econômico, a existência de outras categorias de zoneamento ambiental e, finalmente, a proximidade com outra reserva legal, área de preservação permanente, unidade de conservação ou outra área legalmente protegida.

Sem embargo da inteira pertinência de se submeter a determinação da reserva legal florestal à aprovação do órgão ambiental, a opção pela competência do ente estadual ou do ente municipal, mediante convênio, não se apresenta como a medida mais adequada. Isto porque o interesse na salvaguarda do patrimônio florestal transcende a esfera dos Estados e dos Municípios.

A desejável uniformização de procedimentos nos diversos níveis dos entes federativos bem como a necessidade de se assegurar, ao máximo, a homogeneidade e a continuidade dos ecossistemas florestais, independentemente dos territórios estaduais e/ou municipais abrangidos, apontam para a imperativa coordenação dessa atividade pelo órgão federal do meio ambiente.

No caso da determinação das reservas legais florestais ressalta evidente o aspecto interterritorial da questão, ante a possibilidade de uma formação florestal estender-se por mais de um território de um Município ou de um Estado. Esse caráter transfronteiriço recomenda a necessidade de se prevenir o localismo de interesses setoriais. Ante o risco decorrente da fragmentação da atividade administrativa, considera-se, pois, que a aprovação da localização das reservas legais florestais deve submeter-se à coordenação e aprovação do órgão ambiental federal.

Por derradeiro, saliente-se, neste tópico, que a reserva florestal legal também pode ser localizada em regime de condomínio, respeitado o percentual legal em relação a cada imóvel, nos termos art. 16, § 11, da Lei 4.771/1965, com a redação dada pela Medida Provisória 2.166-67.

5. Conclusão

É irrecusável a necessidade de serem proporcionados meios conducentes ao regular desenvolvimento das atividades econômicas nas áreas rurais, como importante mecanismo de geração e distribuição de riqueza no país.[60]

A agricultura, a propósito, é o "setor econômico que (...) mais ocupa mão-de-obra, ao redor de 17 milhões de pessoas, que, somadas aos 10 milhões dos demais componentes do agronegócio, representa 27 milhões de pessoas, no total". Na Balança Comercial Brasileira a agricultura apresentou saldo setorial positivo em 1997 (US$ 11,7 bilhões) e em 1998 (US$ 10,6 bilhões).[61]

Esses dados, sinteticamente apontados, revelam a importância do agronegócio no contexto da economia nacional. Mas seu salutar desenvolvimento não pode prescindir da observância das balizas fincadas pela Constituição Federal como princípios norteadores da atividade econômica, nomeadamente a *defesa do meio ambiente* (art. 170, VI).

A proteção do meio ambiente condiciona e delimita a atividade econômica, como decorrência de um valor universal que pode ser traduzido no multicitado conceito de *desenvolvimento sustentável*. Não pode haver crescimento econômico desconectado da conservação ambiental. São conceitos que se interpenetram, na perspectiva de assegurar o interesse comum de toda a Humanidade.

Na Amazônia – Região em que se verifica vital interdependência entre floresta, água, solo e clima – o desenvolvimento de atividades econômicas assume especial objeto de preocupação, seja na perspectiva de se desacelerar o processo de desflorestamento, seja sob a ótica de se proteger sua rica diversidade biológica, combatendo as ações de "biopirataria".

Nesse sentido, vale advertir que qualquer alteração que se pretenda empreender na legislação ambiental brasileira nunca poderá implicar enfraquecimento dos instrumentos de proteção ambiental. Tal assertiva decorre não apenas da previsão inserta no art. 225, § 1º, da CF – cujos incisos ressaltam inúmeras obrigações "ambientais" do

---

60. O *agronegócio*, segundo dados apresentados por Elisio Contini (pesquisador científico da EMBRAPA), mantém uma elevada participação no PIB, em torno de 35% e 40%, o que representa uma cifra aproximada de US$ 300 bilhões, num universo de US$ 800 bilhões (dados de 1997/1998) ("Dinamismo do agronegócio brasileiro", *Jornal Correio Rio-Grandense*, ed. de 16.6.1999).
61. Idem, ibidem.

Poder Público –, mas também do princípio geral da atividade econômica, insculpido no art. 170, consistente na defesa do meio ambiente. Há, portanto, na Constituição Federal normas e princípios que, condicionando a atividade legislativa, impedem normatização prejudicial ao patrimônio florestal brasileiro, emblematicamente representado pela Floresta Amazônica.[62]

O desafio da busca de um modelo eficiente para a proteção jurídica da Amazônia é permanente e incisivo, envolvendo atores jurídicos e políticos num concerto de ideais e de atitudes concretas.

Enfim, remarque-se que, para muito além da cogitação de propostas de "internacionalização" da Amazônia, devem ser assegurados, na realidade, meios para o estabelecimento de políticas de cooperação destinadas a contribuir com o Estado Brasileiro na tarefa de proteger adequada e eficazmente seu patrimônio natural, de interesse relevante para toda a Humanidade.

De nosso lado, temos a consciência de que a hipótese de "erosão" dos valores ambientais expressos na Amazônia representa ao mesmo tempo uma "erosão" de dignidade. É nosso dever e nosso desejo impedir que tal aconteça. Mas é nosso direito, também, implementar as condições necessárias à concretização dessa meta.

---

62. Refere-se Canotilho ao *princípio do não-retrocesso social* ou *princípio da proibição da evolução reaccionária*, que, apesar de não ser expresso, "contribui para a densificação das normas e princípios constitucionais referentes aos direitos econômicos, sociais e culturais". Esse processo de densificação de normas e princípios constitucionais, no dizer do jurista português, acarreta o alargamento do "bloco de constitucionalidade", permitindo nele inserir "princípios não-escritos, desde que reconduzíveis ao programa normativo-constitucional como formas de densificação ou revelação específicas de princípios ou regras constitucionais positivamente plasmadas" (*Direito Constitucional* ..., 3ª ed., p. 855).

O ORDENAMENTO AMBIENTAL BRASILEIRO[1]

ODETE MEDAUAR

1. Introdução. 2. Forte base constitucional. 3. A pioneira Lei da Política Nacional do Meio Ambiente. 4. Leis-âncora. 5. Leis específicas. 6. Medida provisória. 7. Decretos-leis. 8. Decretos. 9. Resoluções do CONAMA. 10. Operacionalidade do ordenamento ambiental brasileiro.

1. Introdução

O presente trabalho visa a apresentar uma visão do conjunto legislativo ambiental do Brasil para favorecer a avaliação não apenas do espectro normativo em si, como do seu potencial de operacionalidade. Iniciando-se com a Constituição Federal, segue com as chamadas leis-âncora e demais leis, ressaltando-se alguns decretos-leis, decretos e, ainda, resoluções do CONAMA. E por último serão mencionadas questões atinentes à efetividade.

2. Forte base constitucional

Sem dúvida, a Constituição Brasileira de 1988 figura entre as mais avançadas em matéria ambiental, mostrando-se como sólido alicerce para a construção normativa e a prática ambiental. No título destinado à "Ordem Social" reserva o Capítulo VI – art. 225, com seis parágrafos – ao meio ambiente.

O *caput* do art. 225 prevê o direito de todos ao meio ambiente ecologicamente equilibrado. Embora não inserido geograficamente no art.

1. Em homenagem a PAULO AFFONSO LEME MACHADO, nome ímpar do direito ambiental, e à sua luta doutrinária e prática em prol do meio ambiente.

5º, esse direito há de ser considerado um direito fundamental, por várias razões. Em primeiro lugar, o § 2º do art. 5º da CF de 1988 afirma não se esgotarem no art. 5º e seus incisos outros direitos e garantias decorrentes do regime e dos princípios por ela adotados ou dos tratados em que o Brasil seja parte. Em segundo lugar, a Declaração de Estocolmo de 1972 já afirmara, no seu Princípio 1, o direito fundamental do homem a um meio ambiente de qualidade – preceito, este, repetido no Princípio 1 da Declaração do Rio de Janeiro de 1992. Além do mais, hoje os estudos dedicados aos direitos fundamentais incluem o direito ao meio ambiente saudável entre os direitos de terceira geração – ou seja, aqueles direitos cujo cerne é a solidariedade, revestindo-se de matiz coletivo, por afetarem a população, dependendo sua concretização do empenho comum de todos os segmentos sociais.

O mesmo *caput* do art. 225 qualifica esse direito como bem de uso comum do povo e essencial à sadia qualidade de vida. Invocando denominação que o direito administrativo pátrio utiliza na classificação dos bens públicos, o dispositivo pretende acentuá-lo como direito a ser usufruído por todos igualmente, sendo indisponível, quer por particulares, quer pelo Poder Público.

Ainda no *caput* do art. 225 se impõe ao Poder Público e à coletividade o dever de defender e preservar esse direito para as presentes e futuras gerações, pois o meio ambiente é bem jurídico que se projeta no futuro.

O § 1º do art. 225 arrola, em seus sete incisos, as incumbências do Poder Público para assegurar a efetividade do direito ao meio ambiente ecologicamente equilibrado, dentre as quais se salientam: preservar e restaurar processos ecológicos essenciais; preservar a diversidade e a integridade do patrimônio genético do país; definir, em todas as unidades da Federação, espaços territoriais a serem especialmente protegidos; exigir Estudo Prévio de Impacto Ambiental para instalação de obra ou atividade potencialmente degradadora do meio ambiente; controlar a produção, a comercialização e o emprego de técnicas, métodos e substâncias que comportem risco para a vida e o meio ambiente; promover a educação ambiental; proteger a fauna e a flora. Evidente que tais competências do Poder Público não afastam os deveres e a participação da coletividade.

O § 2º do art. 225 ordena, àqueles que exploram recursos minerais, o dever de recuperar o meio ambiente degradado.

Por sua vez, o § 3º consagra constitucionalmente a responsabilidade penal, civil e administrativa das pessoas físicas e jurídicas cujas condutas e atividades lesem o meio ambiente. De modo pioneiro, a Lei 6.938/1981, no seu art. 14, já previra essa responsabilização.

De seu lado, o §4º cria proteção especial para a Floresta Amazônia, a Serra do Mar, o Pantanal Mato-Grossense e a Zona Costeira, ao qualificá-las como patrimônio nacional e determinar sua utilização na conformidade da lei. E o § 5º institui a indisponibilidade das terras devolutas necessárias à preservação dos ecossistemas naturais.

Não se exaurem no art. 225 e seus parágrafos os dispositivos constitucionais ambientais, podendo-se ressaltar, dentre outros, os seguintes: (a) *art. 5º, LXXIII* – prevê a ação popular, que pode ser movida por cidadão, figurando o meio ambiente como um de seus objetos; (b) *arts. 23 e 24, VI, VII e VIII* – competências em matéria ambiental; (c) *art. 129, III* – o meio ambiente se inclui entre as matérias referentes ao inquérito civil e a ação civil pública nas funções institucionais do Ministério Público em defesa do patrimônio público e social; (d) *art. 170, VI* – a defesa do meio ambiente vem arrolada como um dos princípios da ordem econômica; (e) *art. 186, II* – a utilização adequada dos recursos naturais disponíveis e a preservação do meio ambiente aparecem como um dos requisitos do cumprimento da função social da propriedade rural, cujo descumprimento enseja a desapropriação para fins de reforma agrária.

Vê-se que o ordenamento brasileiro é dotado de uma base constitucional significativa para o tratamento das questões ambientais; e a Constituição quer o meio ambiente preservado e defendido.

Antes da Constituição de 1988 o Brasil já editara texto normativo relevante.

3. A pioneira Lei da Política Nacional do Meio Ambiente

3.1 Em 31.8.1981 foi editada a Lei 6.938, que dispõe sobre a Política Nacional do Meio Ambiente, seus fins, mecanismos de formulação e aplicação, e institui o Sistema Nacional do Meio Ambiente. Seu teor foi alterado, em alguns pontos, por leis posteriores.

Em agosto/1981, embora já se registrasse interesse pelas questões ambientais – sobretudo em virtude da realização da Conferência de Estocolmo de 1972 –, ainda não se atingira o estágio advindo após o início dos anos 90 do século XX, em que estas e o direito ambiental passaram a ocupar um espaço amplo na vida da sociedade e do Direito. Por isso, a Lei-âncora 6.938 foi pioneira para o próprio Brasil e em relação a outros países. Ainda que se apontem falhas no seu teor, representou grande avanço e se mostra atual.

O que é uma Política Nacional do Meio Ambiente? Significa a orientação geral ou a postura de um país ante as questões relativas ao meio ambiente. Em outras palavras: o que o país pretende estabelecer em matéria ambiental.

De que modo se conhece a política ambiental de um país? O primeiro indicador situa-se na Constituição. Se a Constituição nada apontar (há Constituições antigas ainda vigorando, e nada dispõem sobre meio ambiente porque foram promulgadas em época em que os problemas ambientais praticamente inexistiam ou não apresentavam a gravidade de hoje), uma lei ambiental geral ou um código ambiental permite conhecer o delineamento dessa política. Na ausência de lei geral ou código, o conjunto das leis na matéria há de ser considerado.

Outros itens complementam a informação sobre a política ambiental de um país, entre os quais: estruturas administrativas destinadas a cuidar especificamente das questões ambientais, empenho governamental na solução desses problemas.

3.2 Nota-se nos primeiros dispositivos da referida lei uma certa indistinção ou mescla entre objetivos, metas, princípios.

O *art. 2º, caput,* fixa o *objetivo geral* da Política Nacional do Meio Ambiente, plenamente atual: preservação, melhoria e recuperação da qualidade ambiental propícia à vida.

Ao final do *caput* do art. 2º se diz que essa Política atenderá aos princípios indicados na seqüência. No entanto, o conteúdo dos 10 incisos arrolados não diz respeito a princípios do ponto de vista técnico-jurídico, significando, sobretudo, orientações, metas e, mesmo, objetivos. Vejam-se os seguintes incisos, por exemplo: (a) o inciso IV – proteção dos ecossistemas, com a preservação de áreas representativas, que se revela um desdobramento do objetivo geral de preservação da qualidade ambiental; (b) o inciso VIII – recuperação de áreas degradadas, que é uma especificação do objetivo geral de recuperação da qualidade ambiental.

Assim, os 10 incisos do art. 2º contêm orientações da Política Nacional do Meio Ambiente.

Por sua vez, o *art. 4º* aponta os *objetivos* dessa Política, podendo-se salientar os seguintes: *inciso I* – compatibilização do desenvolvimento econômico-social com a preservação da qualidade do meio ambiente e do equilíbrio ecológico; *inciso VI* – preservação e restauração dos recursos ambientais com vistas à sua utilização racional e disponibilidade permanente, concorrendo para a manutenção do equilíbrio ecológico propício à vida; *inciso VII* – imposição, ao poluidor e ao predador, da obrigação de recuperar e/ou indenizar os danos causados; e, ao usuário, da contribuição pela utilização de recursos ambientais com fins econômicos. Vê-se que a combinação dos incisos I e VI representa o desenvolvimento sustentável, muito bem formulado, de modo pioneiro, anos antes da publicação do Relatório Brundtland (1987). E o inciso VII traduz o princípio do poluidor-pagador/usuário-pagador.

3.3 O *art. 3º* fixa, para os fins da lei, os conceitos de "meio ambiente", "degradação da qualidade ambiental", "poluição", "poluidor", "recursos ambientais".

3.4 Os *instrumentos* da Política Nacional do Meio Ambiente vêm arrolados nos incisos do *art. 9º*: *inciso I* – fixação de padrões de qualidade ambiental; *inciso II* – zoneamento ambiental; *inciso III* – avaliação de impacto ambiental; *inciso IV* – licenciamento e revisão de atividades potencialmente poluidoras; *inciso V* – incentivos à produção e instalação de equipamentos e à criação de tecnologia, voltados para a qualidade ambiental; *inciso VI* – criação de espaços territoriais especialmente protegidos pelo Poder Público; *inciso VII* – *Sistema Nacional de Informação* sobre o meio ambiente; *inciso VIII* – Cadastro Federal de Atividades e Instrumentos de Defesa Ambiental; *inciso IX* – penalidades por infração à legislação ambiental; *inciso X* – Relatório de Qualidade do Meio Ambiente, a ser divulgado anualmente pelo IBAMA; *inciso XI* – garantia da prestação de informações relativas ao meio ambiente; *inciso XII* – Cadastro Técnico Federal de atividades potencialmente poluidoras e/ou utilizadoras dos recursos ambientais.

Alguns instrumentos foram objeto de especificações nos arts. 10 a 17. Merece ser lembrado o § 1º do art. 14, que fixa a responsabilidade, independentemente de culpa, do poluidor, obrigado a indenizar ou reparar os danos causados ao meio ambiente e a terceiros afetados por sua atividade. O mesmo dispositivo fixou a legitimidade do Ministério Público da União e dos Estados para propor ação de responsabilidade civil e criminal por danos causados ao meio ambiente; note-se que esta competência foi prevista vários anos antes da edição da Lei 7.347/1985 – Lei da Ação Civil Pública, também denominada "Lei dos Interesses Difusos".

3.5 A Lei 6.938/1981 também instituiu o *Sistema Nacional do Meio Ambiente* (SISNAMA), que é a estrutura administrativa pública essencial das questões do meio ambiente, integrado por órgãos e entidades da União, dos Estados, do Distrito Federal e dos Municípios. Tal modo de organização em torno de um tema, que iria repetir-se em leis posteriores – como, por exemplo, no Código de Defesa do Consumidor –, sugere certa flexibilidade na divisão estanque entre as Administrações dos entes federativos, para possibilitar articulação no atendimento dos problemas ambientais.

O SISNAMA compõe-se dos seguintes órgãos ou entes: (a) *órgão superior* – Conselho de Governo, com a função de assessorar o Presidente da República na formulação da política nacional e nas diretrizes para o meio ambiente; nunca atuou; na prática, tais atribuições vêm sendo realizadas pelo CONAMA; (b) *órgão consultivo e deliberativo* – Conselho Nacional do Meio Ambiente (CONAMA), emite resoluções a serem cumpridas em todo o país; suas atribuições vêm arroladas no art. 8º da Lei 6.938/1981; presidido pelo Ministro do Meio Ambiente, tem representantes de cada Ministério, de cada Estado-membro, representantes municipais, representantes de entidades empresariais e de trabalhadores, representantes de associações ambientalistas etc.; (c) *órgão executor* – Instituto Brasileiro do Meio Ambiente e dos Recursos Naturais Renováveis (IBAMA), autarquia de regime especial, vinculada ao Ministério do Meio Ambiente; executa a política ambiental, cabendo-lhe também outras atribuições, inclusive o licenciamento de obras e atividades com significativo impacto ambiental de nível nacional e regional; o IBAMA pode firmar convênios com Estados, Municípios e Distrito Federal para atividades de fiscalização ambiental (art. 17-Q da Lei 6.938/1981); (d) *órgãos seccionais* – órgãos ou entidades da Administração direta ou indireta dos Estados incumbidos do meio ambiente; (e) *órgãos locais*

– órgãos ou entidades da Administração dos Municípios responsáveis pelas questões ambientais no âmbito da competência local.

4. Leis-âncora

Afora a Lei 6.938/1981, o ordenamento brasileiro contém outras leis-âncora ou leis-tronco, por serem textos de amplo alcance nas questões ambientais do país, irradiando seus preceitos em grande espectro. Podem ser qualificados desse modo os seguintes textos: (a) *Código Florestal* – Lei 4.771, de 15.9.1965, com alterações posteriores; (b) *recursos hídricos* – Lei 9.433, de 8.1.1997, institui a Política Nacional de Recursos Hídricos, cria o Sistema Nacional de Gerenciamento de Recursos Hídricos e dá outras providências; (c) *crimes ambientais* – Lei 9.605, de 12.2.1998, que, embora conhecida como "Lei dos Crimes Ambientais", trata também das sanções administrativas derivadas de condutas e atividades lesivas ao meio ambiente; (d) *Sistema Nacional de Unidades de Conservação* (SNUC) – Lei 9.985, de 18.7.2000, regulamenta o art. 225, § 1º, I, II, III e IV, da CF e institui o SNUC; cuida dos espaços territoriais especialmente protegidos, seus objetivos, sua natureza de bem do domínio público ou privado, as regras básicas de sua utilização, inclusive para fins científicos, e da sua gestão.

5. Leis específicas

Leis de cunho mais específico também compõem o conjunto normativo-ambiental. Podem ser apontadas, dentre outras: (a) *proteção da fauna* – Lei 5.197, de 3.1.1967; (b) *responsabilidade civil e criminal por danos e atividades nucleares* – Lei 6.433, de 17.10.1977; (c) *criação de estações ecológicas e áreas de proteção ambiental* – Lei 6.902, de 27.4.1981; esta lei não foi revogada pelo texto que instituiu o SNUC (Lei 9.985/2000), devendo ser interpretada e aplicada de modo combinado aos preceitos desta última; (d) *Plano Nacional de Gerenciamento Costeiro* – Lei 7.661, de 16.5.1988; (e) *pesquisa, experimentação, produção e embalagem, transporte, armazenamento etc. de agrotóxicos* – Lei 7.802, de 11.7.1989; (f) *redução de poluentes por veículos automotores* – Lei 8.723, de 28.10.1993; (g) *engenharia genética, liberação no meio ambiente de organismos geneticamen-*

te modificados, criação da Comissão Técnica Nacional de Biossegurança – Lei 8.974, de 5.1.1995; (h) *educação ambiental e Política Nacional de Educação Ambiental* – Lei 9.795, de 27.4.1999; (i) *prevenção, controle e fiscalização da poluição causada por lançamento de óleo e outras substâncias nocivas em águas sob jurisdição nacional* – Lei 9.966, de 28.4.2000; (j) *seleção de locais, construção, licenciamento, operação, fiscalização, responsabilidade civil etc. referentes ao depósito de rejeitos radioativos* – Lei 10.308, de 20.11.2001.

6. Medida provisória

Dentre poucas medidas provisórias na matéria, mencione-se a de n. 2.186, de 23.8.2001, sobre o acesso ao patrimônio genético, a proteção e o acesso ao conhecimento tradicional associado etc.

7. Decretos-leis

Os mais significativos para o direito ambiental são os seguintes: (a) *proteção e estímulos à pesca* – Decreto-lei 221, de 28.2.1967; (b) *Código de Minas* – Decreto-lei 227, de 28.2.1967; (c) *controle da poluição do meio ambiente causada por atividades industriais* – Decreto-lei 1.413, de 14.8.1975.

8. Decretos

Decretos também integram a legislação ambiental, salientando-se os seguintes: (a) *regulamenta as leis sobre criação de estações ecológicas e áreas de proteção ambiental e a Lei de Política Nacional do Meio Ambiente* – Decreto 99.274, de 6.7.1990; contém preceitos importantes sobre o SISNAMA, inclusive a composição e competência do CONAMA, e sobre o licenciamento ambiental; (b) *regulamenta o art. 9º, II, da Lei 6.938/1981, estabelecendo critérios para o Zoneamento Ecológico-Econômico do Brasil (ZEE)* – Decreto 4.297, de 10.7.2002; merece atenção o art. 5º, pois menciona os mais relevantes princípios do direito ambiental a reger o ZEE: princípios da função sócio-ambiental da propriedade, da prevenção, da precaução, do poluidor-pagador, do usuário-pagador, da participação informada, do acesso eqüitativo e da integração; (c) *princípios e diretrizes para a implementação da Política Nacional da Biodiversidade* – Decreto 4.339, de 22.8.2002; (d) *direito à informação quanto aos alimentos destinados ao consumo humano ou animal que contenham organismos geneticamente modificados* – Decreto 4.680, de 24.4.2003; (e) *Programa Nacional da Diversidade Biológica (PRONABIO) e Comissão Nacional da Biodiversidade* – Decreto 4.703, de 21.5.2003.

9. Resoluções do CONAMA

De grande relevo no direito ambiental brasileiro se apresentam as resoluções do CONAMA, órgão deliberativo e consultivo do Sistema Nacional do Meio Ambiente, cuja composição expressa, no tocante ao setor privado, amplo espectro dos segmentos da sociedade civil, inclusive quanto aos representantes de associações ambientalistas, representantes de povos indígenas e tradicionais.

Dotadas de caráter normativo, impõem-se a todo o país. Dentre as inúmeras resoluções, a seguir se arrolam aquelas de maior ressonância: (a) *Estudo e Relatório de Impacto Ambiental* – Resolução 1, de 23.1.1986; (b) *audiências públicas* – Resolução 9, de 3.12.1987; (c) *licenciamento ambiental* – Resolução 237, de 19.12.1997; (d) *pilhas e baterias* – Resolução 257, de 30.6.1999; (e) *pneumáticos* – Resolução 258, de 26.8.1999; (f) *proibição de substâncias que destroem a camada de ozônio* – Resolução 267, de 14.9.2000; (g) *auditorias ambientais* – Resolução 306, de 5.7.2002.

10. Operacionalidade do ordenamento ambiental brasileiro

Se for efetuada avaliação do conjunto da legislação ambiental brasileira, será possível concluir – mesmo apontando falhas – no sentido da boa qualidade dos textos. Seus preceitos oferecem relevante potencial de preservação e defesa do meio ambiente ecologicamente equilibrado. No entanto, falta grau mais intenso de efetividade a essa legislação. O inadequado nível de efetividade não deve levar a percepções negativistas, pois, havendo boa legislação, é possível acioná-la e invocá-la.

Várias explicações podem ser dadas para este *déficit* de efetividade. Entretanto, ao invés de apontá-las, parece melhor indicar, de modo breve, as principais *alavancas da efetividade*.

10.1 Mais empenho governamental na preservação e defesa do meio ambiente: já se viu que existe uma estrutura administrativa específica para as questões ambientais – o SISNAMA. A existência do SISNAMA não impede que a preocupação ambiental permeie a tomada de decisões de outros órgãos ou entes públicos, como é o caso de Ministério e Secretarias da Agricultura, Ministério e Secretarias de Ciência e Tecnologia, por exemplo. O maior empenho governamental significa, além disso, o adequado aparelhamento dos órgãos ambientais, em recursos humanos e financeiros, para que possam cumprir suas funções. A propósito, cite-se a lúcida lição de Paulo Affonso Leme Machado, no seu clássico *Direito Ambiental Brasileiro* (12ª ed., São Paulo, Malheiros Editores, 2004, p. 93): "As gerações presentes querem ver os Estados também como protetores do meio ambiente para as gerações que não podem falar ou protestar. Os Estados precisam ser os curadores dos interesses das gerações futuras. Então, não será utopia um Estado de Bem-Estar Ecológico, fundado na equidade".

10.2 Mais empenho governamental na efetivação da Educação Ambiental (Lei 9.795, de 27.4.1999): após cerca de 11 anos de vazio legal na matéria, foi promulgada a Lei 9.795/1999, dotada de bom conteúdo, que necessita ser colocada em prática. A Educação Ambiental, formal e informal, a ser imposta ou incentivada pelo Poder Público, propicia a consciência e informação de crianças, adolescentes e adultos. E a informação ambiental, como é óbvio, facilita aos cidadãos o cumprimento do seu dever de defender e preservar o meio ambiente para as presentes e futuras gerações, como vem previsto no *caput* do art. 225 da CF de 1988.

10.3 Maior empenho na difusão da informação ambiental, tanto por parte dos órgãos públicos como do setor privado: inclusive associações ambientalistas, visando a conscientizar os cidadãos a respeito do meio ambiente – o que propicia sua participação nessas questões, os protestos por medidas inadequadas e a "cobrança" de decisões a serem tomadas pelo Executivo e pelo Legislativo.

10.4 Inserção do direito ambiental na grade curricular dos cursos de Direito: em Faculdades públicas e privadas, para que se divulgue mais amplamente a matéria e para que se formem profissionais do Direito dotados de conhecimento das questões do meio ambiente (inclusive futuros juízes, integrantes do Ministério Público e advogados públicos).

PROTEÇÃO DA BIODIVERSIDADE: UM DIREITO HUMANO FUNDAMENTAL

SANDRA AKEMI SHIMADA KISHI

1. Meio ambiente e direitos humanos. 2. A preservação da diversidade biológica: um direito humano. 3. Norma constitucional de proteção da biodiversidade: um direito humano fundamental. 4. Conseqüências das normas de proteção ao meio ambiente equilibrado e à sadia qualidade de vida como direitos humanos fundamentais. 5. A prevalência da norma de direito humano fundamental como critério de solução de colidências. 6. Conclusão.

1. Meio ambiente e direitos humanos

Uma nova dimensão na temática dos direitos humanos não escapou da arguta observação de Antônio Augusto Cançado Trindade, eminente Juiz da Corte Interamericana de Direitos Humanos, o qual observa que: "Nos últimos anos, o *corpus juris* normativo do direito internacional dos direitos humanos se enriqueceu com a incorporação de 'novos' direitos, como, por exemplo, o direito ao desenvolvimento como um direito humano e o direito a um meio ambiente sadio. O reconhecimento desses direitos reflete a conscientização da urgente necessidade de satisfação de necessidades humanas básicas; tais direitos revelam a um tempo uma dimensão 'individual' e 'coletiva', porquanto dizem respeito à pessoa humana assim como a coletividades humanas".[1]

Norberto Bobbio reconhece o direito ao meio ambiente sadio e as novas exigências decorrentes do progresso biotecnológico como novos direitos.[2]

---

1. *A Proteção Internacional dos Direitos Humanos e o Brasil*, 2ª ed., p. 97.
2. Segundo Norberto Bobbio: "(...). O mais importante deles é o reivindicado pelos movimentos ecológicos: o direito de viver num ambiente não-poluído. Mas já

Na preleção de A. A. Cançado Trindade, há uma interação na evolução histórica dos sistemas internacionais de proteção dos direitos humanos e do meio ambiente, concluindo que ambos convergem para o objetivo maior de assegurar uma vida digna a todos os povos. Essa inter-relação traduz-se na preocupação com a proteção ambiental no direito internacional dos direitos humanos e na recíproca preocupação, da mesma forma e dimensão, com a proteção dos direitos humanos no domínio do direito ambiental internacional.[3]

Com efeito, o direito internacional ambiental fornece – consoante esse eminente Juiz da Corte Interamericana de Direitos Humanos – inúmeras referências voltadas à proteção dos direitos humanos fundamentais, dentre as quais destacam-se: o "Preâmbulo" e seus §§ 1 e 2 e o Princípio 1 da Declaração de Estocolmo de 1972; o "Preâmbulo" e seus §§ 2 a 5 e o Princípio 6 da Carta Mundial da Natureza de 1982; o Relatório da "Comissão Brundtland", da Comissão Mundial sobre Meio Ambiente e Desenvolvimento, que se reportou à Assembléia-Geral das Nações Unidas em 1987; o Relatório da Comissão sobre Desenvolvimento e Meio Ambiente da América Latina e do Caribe de 1990, intitulado "Nossa Própria Agenda"; a Declaração do Rio de Janeiro-92 (Princípios 1, 3, 5, 10, 14, 20, 21, 22, 24 e 25) ; e a Agenda 21 (Capítulos 24, 25, 26, 27, 29-32, 36, 38 e 39).[4]

Conforme anotado por Paulo Affonso Leme Machado quanto ao princípio do direito à sadia qualidade de vida, "o Instituto de Direito Internacional, na sessão de Estrasburgo, em 4.9.1997, afirmou que 'todo ser humano tem o direito de viver em um ambiente sadio'". A preocupação com o tema difundiu-se também em sede jurisprudencial, quando "o Tribunal Europeu de Direitos Humanos, com sede em Estrasburgo, decidiu, em 9.12.1994, no caso López Ostra, que 'atentados graves contra o meio ambiente podem afetar o bem-estar de

---

se apresentam novas exigências que só poderiam chamar-se de direitos de quarta geração, referentes aos efeitos cada vez mais traumáticos da pesquisa biológica, que permitirá manipulações do patrimônio genético de cada indivíduo. Quais são os limites dessa possível (e cada vez mais certa no futuro) manipulação? Mais uma prova, se isso ainda fosse necessário, de que os direitos não nascem todos de uma vez. Nascem quando devem ou podem nascer. (...)" (*A Era dos Direitos*, p. 6).

3. Antônio Augusto Cançado Trindade, *Direitos Humanos e Meio Ambiente – Paralelo dos Sistemas de Proteção Internacional*, pp. 23 e 117.

4. Idem, pp. 117-122.

uma pessoa e privá-la do gozo de seu domicílio, prejudicando sua vida privada e familiar'".[5]

Nessa perspectiva das inter-relações entre a proteção dos direitos humanos e a proteção ambiental, dificilmente a visão antropocêntrica pode ser descartada, pois ao se tutelar o valor intrínseco da Natureza estão sendo tutelados os humanos, que dela dependem para viver. A Humanidade, atual e futura, é o sujeito ativo da proteção ao meio ambiente equilibrado.

Ressalta Paulo Affonso Leme Machado que a Declaração dos Direitos Humanos de Viena/1993 frisa que os direitos humanos são "universais, indivisíveis, interdependentes e estão inter-relacionados". Nesse sentido – salienta o Mestre – "é que merece ser interpretado o Princípio 11 da Declaração do Rio de Janeiro-92, ao estabelecer uma responsabilidade ambiental comum, mas diferenciada, para os países".[6]

A constatação de que os direitos ao meio ambiente equilibrado e à sadia qualidade de vida integram o sistema de direitos humanos, com todas as implicações na ordem jurídica nacional e internacional, é inevitável e inarredável, principalmente tomando-se por base, para ilustrar, a temática da preservação da diversidade biológica como proteção da própria vida. Na nossa ordem jurídica constitucional o direito ao meio ambiente equilibrado e o direito à sadia qualidade de vida são, indubitavelmente, direitos humanos fundamentais, visto que consistem em requisito inafastável do direito à vida, com dignidade.

A respeito, Paulo Affonso Leme Machado acentua que "o direito à vida foi sempre assegurado como direito fundamental nas Constituições Brasileiras. Na Constituição de 1988 há um avanço. Resguarda-se a 'dignidade da pessoa humana' (art. 1º, III) e é feita a introdução do direito à sadia qualidade de vida. (...). Essa ótica influenciou a maioria dos países e em suas Constituições passou a existir a afirmação do direito a um ambiente sadio. O Protocolo Adicional à Convenção Americana de Direitos Humanos[7] prevê, em seu art. 11, que: '1. Toda

---

5. Paulo Affonso Leme Machado, *Direito Ambiental Brasileiro*, 12ª ed., pp. 48-49.
6. *Estudos de Direito Ambiental*, p. 25.
7. Protocolo Adicional à Convenção Americana sobre Direitos Humanos em Matéria de Direitos Econômicos, Sociais e Culturais – "Protocolo de São Salvador" –, concluído em 17.11.1988, em São Salvador, El Salvador. Promulgado pelo Decreto 3.321, de 30.12.1999 (*DOU* 21.12.1999, pp. 12-15).

pessoa tem direito de viver em meio ambiente sadio e a dispor dos serviços públicos básicos. 2. Os Estados-Partes promoverão a proteção, preservação e melhoramento do meio ambiente'".[8]

"O direito ao meio ambiente é um dos maiores direitos humanos do século XXI, na medida em que a Humanidade se vê ameaçada no mais fundamental de seus direitos – o da própria existência", consoante afirmação de Maguelonne Déjeant-Pons.[9]

2. A preservação da diversidade biológica: um direito humano

Na temática do acesso aos recursos genéticos e ao conhecimento tradicional a inter-relação da proteção dos direitos humanos e da proteção do meio ambiente é ainda mais evidente, na medida em que invoca, espontaneamente, a estruturação de uma verdadeira cooperação interciências (Direito, Biologia, Antropologia, Etnologia, Medicina, Agronomia etc.), com o freqüente diálogo das Ciências Humanas, para a definição da referência metodológica de planos de desenvolvimento sustentado e da durabilidade, tendo em mira também as futuras gerações. O processo de interação entre biodiversidade e sóciodiversidade emerge à linha de discussões em matéria de acesso à diversidade biológica. Em sede de acesso aos recursos biológicos é impossível abstrair da preservação do ambiente sadio a presença humana nele existente e que com ela interage.

Restringindo-se, aqui, à análise apenas do "Preâmbulo" da Convenção da Diversidade Biológica,[10] observam-se vários conceitos importantes atinentes à preocupação com o direito humano fundamental. No enunciado preambular dessa Convenção foi dada uma valoração intrínseca à biodiversidade, tomada não mais como matéria-prima ape-

---

8. Paulo Affonso Leme Machado, "Constituição e meio ambiente", *Revista de Interesse Público, Revista de Doutrina, Jurisprudência, Legislação e Crítica Judiciária* 21/19.
9. *Apud* Paulo Affonso Leme Machado, *Estudos de Direito Ambiental*, p. 25.
10. A Convenção da Diversidade Biológica, assinada no Rio de Janeiro, na Conferência das Nações Unidas para o Meio Ambiente e o Desenvolvimento, em 5.6.1992, está incorporada ao ordenamento jurídico pátrio, visto que ratificada pelo Congresso Nacional pelo Decreto Legislativo 2, de 3.2.1994, e promulgada pelo Decreto 2.519, de 16.3.1998 (*DOU* 17.3.1998).

nas, mas pelo seu valor essencial para a manutenção dos sistemas necessários à vida da biosfera. Em vários outros enunciados constantes do "Preâmbulo" da Convenção da Biodiversidade pode ser verificada a preocupação com os direitos humanos fundamentais, valendo citar as seguintes expressões ali prescritas: "valores ecológico, genético, social, econômico, científico, educacional, cultural, recreativo, estético da diversidade biológica". Nem mesmo o valor econômico da biodiversidade escapa do valor humano protegido, na medida em que a valoração econômica da biodiversidade permite que durante todo o processo, desde o acesso até a efetiva utilização dos recursos biológicos, sejam efetiva e eqüitativamente compensados os valores humanos, afastando-se a retórica de cumprimento de dever ético para com a Humanidade, num primeiro momento, e, de cumprimento de dever monetário às empresas, num segundo posterior.[11]

Há mais expressões que se reportam ao meio ambiente como um direito humano fundamental. Vejam-se quantas referências apenas no "Preâmbulo" da Convenção: "conscientes, também, da importância da diversidade biológica para a evolução e para a manutenção dos sistemas necessários à vida da biosfera"; "a conservação da diversidade biológica é uma preocupação comum à Humanidade"; "plena participação da mulher"; "erradicação da pobreza"; "necessidades de alimentação, de saúde e de outra natureza da crescente população mundial"; "paz da Humanidade"; "benefício das gerações presentes e futuras".

A preocupação da inter-relação do homem com a biodiversidade justifica-se não só pelo valor intrínseco e essencial que a diversidade biológica representa para a vida na Terra, bem assim pela perda dos recursos naturais e dos serviços ambientais vitais ao homem. Além desses elementos no indissociável vínculo de dependência entre a biodiversidade e a sócio-biodiversidade, Myriam Fritz-Legendre enfatiza outros relevantes valores em jogo nesta inter-relação: "La valeur des ressources pour l'homme dépasse d'ailleurs le cadre utilitaire pour s'ouvrir à des dimensions culturelles et spirituelles. Les ressources naturelles ont d'autres fonctions qui contribuent à la cohésion sociale ou au mieux-être de l'homme. (...). La disparition d'une res-

---

11. Gisela S. de Alencar, "Biopolítica, Biodiplomacia e a Convenção sobre Diversidade Biológica/1992: evolução e desafio para implementação", *Revista de Direito Ambiental* 3/93.

source a donc un impact important sur les êtres humains car ses fonctions peuvent être diverses et complémentaires. L'irréversibilité de la disparition d'espèces animales et végétales touche directement les hommes. Mais au-delà des différents produits qu'elle procure, la diversité biologique fournit un certain nombre de services Qui sont fondamentaux pour l'homme dans la mesure où ils assurent les fonctions de maintien de la vie sur terre".[12]

Nélson Nery Jr. assim traduz essa interdependência homem/biodiversidade: "A biodiversidade tem relação com outras formas de proteção do ser humano. Nós, seres humanos, somos os destinatários dessa proteção da biodiversidade. O meio ambiente existe para a satisfação do ser humano, para deixá-lo em condições de exercer o seu papel aqui no planeta Terra da forma mais tranqüila possível. Não existe meio ambiente sem o homem; ele é o centro dessa problemática de proteção de meio ambiente".[13]

Consoante essa linha de raciocínio, conclui-se que a proteção da biodiversidade é um direito humano fundamental e que a Convenção da Diversidade Biológica veicula normas de direitos humanos. Bem por isso, uma vez ratificada pelo nosso Congresso Nacional, foi incorporada a Convenção ao ordenamento jurídico brasileiro como norma constitucional do art. 5º, jungida àquele rol de direitos constitucionalmente protegidos por via da norma de extensão de seu § 2º – e, dotada, por conseguinte, de intangibilidade (art. 60, § 4º, IV, da CF de 1988) e de aplicabilidade imediata (§ 1º do art. 5º da CF de 1988), com fundamento em interpretação teleológica do sistema jurídico constitucional e por força do primado da dignidade da pessoa humana, pilar do Estado de Direito Ambiental.

A paridade entre norma constitucional e tratado internacional de direitos humanos – como a Convenção da Diversidade Biológica, por exemplo – decorre também do princípio da prevalência da norma mais favorável, porquanto está constitucionalmente consagrado o princípio da prevalência dos direitos humanos (art. 4º, II). Tal interpretação resguarda sintonia com os valores prestigiados pelo sistema jurí-

---

12. "Biodiversité et irréversibilité", *L'Irréversibilité – Revue Juridique de l'Environnement*, número especial, p. 91.
13. "Proteção jurídica da biodiversidade", *Revista Centro de Estudos Judiciários* 8/169.

dico constitucional, mormente no que diz respeito ao valor da dignidade da pessoa humana, princípio fundamental prescrito no art. 1º, III, do nosso Texto Magno.[14]

3. Norma constitucional de proteção da biodiversidade: um direito humano fundamental

A preservação da biodiversidade e da integridade do patrimônio e do conhecimento tradicional é direito fundamental implícito do art. 5º do Texto Magno.

Tal conclusão também resulta do processo de globalização, que estimula a abertura da Constituição à normatização internacional, incorporando preceitos asseguradores de direitos fundamentais. Demais disso, as Constituições latino-americanas recentes têm conferido aos tratados de direitos humanos um *status* jurídico especial e diferenciado, destacando-se, neste sentido, a Constituição da Argentina, que, em seu art. 75, § 22, eleva os principais tratados de direitos humanos à hierarquia de norma constitucional.[15]

Essa preocupação não apareceu de forma isolada em um ou outro Estado, mas foi historicamente percebida em escala mundial. Isto ficou bem evidenciado na Declaração do Meio Ambiente, adotada pela Conferência das Nações Unidas, em Estocolmo, em ju-

14. A tese da incorporação de tratado internacional no ordenamento jurídico interno no mesmo plano hierárquico das leis infraconstitucionais foi firmada pelo egrégio STF em 1977, no RE 80.004-SE que se referia à temática de direito comercial (Lei Uniforme de Genebra). Tal entendimento foi mantido no julgamento do HC 72.131-RJ, de 22.11.1995, relativamente à incorporação no nosso sistema jurídico do Pacto de São José da Costa Rica. Não foi sempre assim. Há precedente da Excelsa Corte entendendo que as normas de tratados internacionais de direitos humanos ratificados pelo Brasil passam a integrar o elenco dos direitos constitucionalmente consagrados. Nesse sentido: Repr. 803-DF, que submete à apreciação do egrégio STF a argüição de inconstitucionalidade parcial do Decreto Legislativo 33/1964 e do Decreto 58.826, de 14.7.1966, que versam, respectivamente, sobre a ratificação e a promulgação da Convenção 110, adotada pela Conferência Internacional do Trabalho, com destaque para os votos dos Mins. Rodrigues de Alckmin, Djaci Falcão e Eloy da Rocha, conforme publicado no *DJU* 17.3.1978 e na *RTJ* 84/724.
15. Flávia Piovesan e Luiz Flávio Gomes (coords.), *O Sistema Interamericano de Proteção dos Direitos Humanos e o Direito Brasileiro*, pp. 160-161.

nho/1972, ao ser elevado o meio ambiente sadio à qualidade de direito fundamental do ser humano no seu Princípio 1, *verbis:* "O homem tem o direito fundamental à liberdade, à igualdade e ao desfrute de condições de vida adequada em um meio, cuja qualidade lhe permita levar uma vida digna e gozar de bem-estar, e tem a solene obrigação de proteger e melhorar esse meio para as gerações presentes e futuras".[16]

A Convenção Relativa à Proteção do Patrimônio Mundial, Cultural e Natural, de 1972,[17] foi o primeiro documento normativo internacional a reconhecer e proclamar a existência de um "direito da Humanidade", que protege bens que pertencem a todo o gênero humano e insuscetíveis de apropriação por alguém em particular.[18]

Na doutrina pátria[19] não pairam dúvidas quanto à consagração do *meio ambiente* como um direito fundamental do ser humano, imprescindível à vida digna, que deve ser preservado à geração presente e às futuras, e em dimensão planetária.

Para aqueles que aceitam a concepção de gerações de direito, a tônica da proteção da biodiversidade, correspondente a direitos de quarta geração, está na eticidade, assim como predominaram os ideais de liberdade, de igualdade e de solidariedade, respectivamente, nos direitos de primeira, segunda e terceira gerações. Particularmente, vislumbramos inter-relações das gerações e das várias ênfases em cada momento histórico, sendo inegável que a eticidade invocada na atualidade está atrelada a direitos humanos fundamentais.

Além do direito fundamental da solidariedade em nível intergeracional e entre todas as nações e povos, o reflexo do progresso tecnológico na sadia qualidade de vida exige ética nas relações jurídicas. A incorporação da Convenção da Diversidade Biológica ao

---

16. Nações Unidas, Declaração de Estocolmo sobre Meio Ambiente (1972), in Geraldo Eulálio do Nascimento e Silva, *Direito Ambiental Internacional*, p. 322.
17. Promulgada no Brasil pelo Decreto 80.978, de 12.12.1977.
18. Cf. Fábio Konder Comparato, *A Afirmação Histórica dos Direitos Humanos*, 3ª ed., p. 379.
19. José Afonso da Silva, *Direito Ambiental Constitucional*, 5ª ed., p. 58; Dalmo Dallari, *Direitos Humanos e Cidadania*, p. 56; Manoel Gonçalves Ferreira Filho, *Direitos Humanos Fundamentais*, 3ª ed., p. 62; Antônio Augusto Cançado Trindade, *A Proteção Internacional* ..., 2ª ed., pp. 97-98; Fábio Konder Comparato, *A Afirmação Histórica* ..., 3ª ed., p. 425.

ordenamento jurídico constitucional – mais precisamente, ao rol não-exaustivo dos direitos e garantias fundamentais individuais e coletivos – reforça o direito fundamental à eqüidade no acesso aos recursos biológicos e na repartição dos benefícios alcançados pela Biotecnologia.

Ou, ainda, segundo o viés evolutivo observado por Fábio Konder Comparato: "Atinge-se, assim, o quarto estágio na ampliação da titularidade subjetiva dos direitos humanos, tendo-se passado, historicamente, da proteção dos indivíduos (os direitos civis e políticos) à dos grupos sociais carentes no interior de cada Estado (os direitos econômicos, sociais e culturais), avançando-se em seguida para a proteção dos povos e, finalmente, para a afirmação de direitos fundamentais de toda a Humanidade".[20]

Nesse passo garantista foi a Constituição da República de 1988 ao prescrever que a titularidade do meio ambiente seja dada como bem de uso comum do povo. O comando constitucional orienta para a utilização correta do meio ambiente, dotada de função sócio-ambiental e voltada ao primado da durabilidade da sadia qualidade de vida. Como bem observado por Paulo Affonso Leme Machado, "a universalização dos direitos individuais, sociais e difusos é uma das características da Constituição de 1988".

Na 32ª sessão da Conferência-Geral da UNESCO[21] foi adotada a Convenção sobre a Diversidade Cultural, considerada como patrimônio da Humanidade, no sentido de preocupação comum da Humanidade, assim como prescrito no "Preâmbulo" da Convenção da Diversidade Biológica. Estabelece ainda como "cultura hereditária intangível" expressões, conhecimentos, transmitidos de geração em geração, que garantem identidade própria e a própria continuidade das comunidades.[22]

Vale destacar que a Corte Interamericana de Direitos Humanos no caso da comunidade *Mayagna Awas Tingni*, reconheceu a necessi-

---

20. *A Afirmação Histórica* ..., 3ª ed., p. 403.
21. *United Nations Education Scientific and Cultural Organization* (Organização das Nações Unidas para a Educação, Ciência e Cultura), com sede na França/Paris, conferência realizada entre os dias 29.7 e 17.10.2003.
22. Disponível em *http://www.terra.com.br/istoe/1780/internacional/1780_franca.htm* (acesso em 20.11.2003).

dade do desenvolvimento livre e permanente da relação povos e suas terras, bem como que a própria sobrevivência física e a integridade cultural dos povos indígenas dependem da indivisibilidade de natureza espiritual. Tal concepção foi enfatizada em Kimberley (Declaração de Kimberley) e em Joanesburgo, no Plano de Aplicação dos Povos Indígenas sobre Desenvolvimento Sustentável, como preleciona Patryck de Araújo Ayala.[23]

Com efeito, esses "novos direitos" são instrumentos de garantia e implementação de direitos humanos fundamentais. Assim entendeu a Comissão Interamericana de Direitos Humanos, no caso 11.140, conhecido como "Mary and Carrie Dann" (ou "Dann Sisters"), de 27.12.2002, pelo fato de o Governo dos Estados Unidos ter injustamente permitido a prospecção de ouro dentro de território de comunidades tradicionais sem o mútuo consenso, instrumento que garante as condições de igualdade e a justa compensação. O direito originário dos povos indígenas foi reconhecido pela Comissão Interamericana de Direitos Humanos como um princípio geral internacional aplicável no contexto dos direitos humanos.[24]

Tratando desses novos reconhecimentos e proteção dos novos direitos, assevera Helita Barreira Custódio que "torna-se patente que, por força dos novos ramos do Direito (*norma agendi*) em apreciação, tanto o direito à saúde como o direito ao meio ambiente saudável constituem novos e relevantes direitos a todas as pessoas, individual, coletiva ou publicamente consideradas, como direitos fundamentais relacionados com a incolumidade da vida (CF, arts. 5º, 196, 225)".[25]

Prosseguimos nessa linha de raciocínio, com apoio na doutrina de José Rubens Morato Leite, que elucida: "Se o meio ambiente ecologicamente equilibrado é um direito fundamental, o que significa

23. "O regime constitucional da exploração dos recursos hídricos e dos potenciais energéticos em terras indígenas...", Congresso Internacional de Direito Ambiental (São Paulo, julho/2003), in Antônio Herman Benjamin (org.), *Direito, Água e Vida*, vol. I, p. 755 (*Anais*).
24. *Inter-American Comission on Human Rights*, caso 11.140, "Mary and Carrie Dann *vs.* United States", decisão 75/02, depositado nos arquivos da Secretaria do IACHR, pp. 33-34 (trad. livre da autora).
25. "Direito à saúde e problemática dos agrotóxicos", *Revista de Direito Sanitário* 2/22, n. 3.

para todos essa qualificação? Significa que, para a efetividade deste direito, há necessidade da participação do Estado e da coletividade, em consonância com o preceito constitucional. O Estado, desta forma, deve fornecer os meios instrumentais necessários à implementação deste direito".[26]

Bem por isso, não só o preceito constitucional do *caput* do art. 225 é alçado à categoria de direito fundamental do art. 5º, por conta de seu § 2º, que abre um campo fértil para englobar avanços nessa área, mas todos os incisos do § 1º do art. 225, que estabelecem as obrigações constitucionais para a efetivação da preservação do meio ambiente sadio.

O significado prático dos direitos humanos fundamentais coincide com as obrigações gerais de tratado internacional de direitos humanos, assim entendida a Convenção da Biodiversidade, pois, a par da obrigação de assegurar o respeito dos direitos nela protegidos, com medidas positivas por parte dos Estados, exige a adequação do ordenamento jurídico interno à normativa internacional de proteção, com o concurso de todos os Poderes do Estado.[27]

Para efetiva implementação desses direitos, o "associativismo ambiental é, atualmente, um fator indispensável na estrutura política dos Estados para a adequada participação dos cidadãos na implementação da adequada política ambiental".[28] A legitimidade material da Constituição não se basta com um "dar forma" ou "constituir" de órgãos, exigindo-se uma fundamentação material que é hoje essencialmente fornecida pelo rol de direitos fundamentais.[29]

Conforme preleciona Antônio Augusto Cançado Trindade, "as obrigações convencionais de proteção vinculam os Estados-Partes, e não só seus governos. Ao Poder Executivo incumbe tomar todas as medidas – administrativas e outras – a seu alcance para dar fiel cumprimento àquelas obrigações. (...). Ao Poder Legislativo incumbe tomar todas as medidas dentro de seu âmbito de competência, seja para

26. *Dano Ambiental: do Individual ao Coletivo Extrapatrimonial*, 2ª ed., p. 88.
27. Antônio Augusto Cançado Trindade, *A Proteção Internacional* ..., 2ª ed., p. 138.
28. Paulo Affonso Leme Machado, *Estudos de Direito Ambiental*, p. 27.
29. J. J. Gomes Canotilho, *apud* Flávia Piovesan e Luiz Flávio Gomes, *O Sistema Interamericano de Proteção* ..., p. 160.

regulamentar os tratados de direitos humanos de modo a dar-lhes eficácia no plano do Direito interno, seja para harmonizar este último com o disposto naqueles tratados. E ao Poder Judiciário incumbe aplicar efetivamente as normas de tais tratados no plano do Direito interno, e assegurar que sejam respeitadas".[30]

4. Conseqüências das normas de proteção ao meio ambiente equilibrado e à sadia qualidade de vida como direitos humanos fundamentais

O reconhecimento do direito ao meio ambiente sadio e do direito à integridade do patrimônio genético e cultural como direitos humanos fundamentais traz conseqüências relevantes. Tais corolários têm pertinência às características próprias de que se revestem os direitos humanos.

Em primeiro plano, cita-se a importante característica da irrevogabilidade desse direito humano fundamental ao meio ambiente sadio, por constituir cláusula pétrea e núcleo imutável da Constituição Federal de 1988 (art. 60, § 4º, IV), imprimindo segurança às relações sociais, em razão da prevalência dos valores éticos universais. A irrevogabilidade do direito ao meio ambiente sadio implica que tal direito fundamental não pode ser alterado, suprimido ou enfraquecido, sob pena de esvaziar o conteúdo essencial da ética coletiva que inspira e justifica esse direito.

Mas, a par dessa importante conseqüência da irrevogabilidade em nível interno, acrescenta Fábio Konder Comparato a difusão desse direito na esfera internacional: "A exigência de condições sociais aptas a propiciar a realização de todas as virtualidades do ser humano é, assim, intensificada no tempo e traduz-se, necessariamente, pela formulação de novos direitos humanos. É esse movimento histórico de ampliação e aprofundamento que justifica o princípio da irreversibilidade dos direitos já declarados oficialmente, isto é, do conjunto dos direitos fundamentais em vigor. Dado que eles se impõem, pela sua própria natureza, não só aos Poderes Públicos constituídos em cada Estado, como a todos os Estados no plano internacional, e até

---

30. *A Proteção Internacional* ..., 2ª ed., pp. 138-139.

mesmo ao próprio poder constituinte, à Organização das Nações Unidas e a todas as organizações regionais de Estados, é juridicamente inválido suprimir direitos fundamentais, por via de novas regras constitucionais ou convenções internacionais".[31]

E, ainda, conforme lição de Antônio Augusto Cançado Trindade: "A máxima *lex posteriori derrogat priori* em nada afeta ou prejudica os tratados de direitos humanos vigentes; as leis nacionais hão de ser interpretadas de modo a que não entrem em conflito com a normativa internacional de proteção que vincula o país, sob pena da configuração de sua responsabilidade internacional. Pode-se presumir o cumprimento das obrigações convencionais de proteção por parte do Poder Legislativo, da mesma forma que dos Poderes Executivo e Judiciário".[32]

Outra conseqüência do reconhecimento do meio ambiente como um direito humano fundamental é a incorporação imediata dos tratados e convenções internacionais que versem sobre a matéria no nosso ordenamento jurídico constitucional, por força do que prescrevem os §§ 1º e 2º do art. 5º da CF de 1988.

Como corolário da incorporação do direito ao meio ambiente sadio no rol dos direitos fundamentais do art. 5º da CF de 1988 também se destaca a imprescritibilidade.

No tocante a tal conseqüência, Édis Milaré preleciona que "não estamos diante de direito patrimonial quando se trata de matéria de tutela do meio ambiente difusamente considerado. Trata-se de um direito fundamental, indisponível, do ser humano; logo, intangível pela prescrição".[33]

Em estudo no sentido do direito ao meio ambiente sadio e equilibrado como componente do sistema de direitos humanos, observa Jorge Alberto de Oliveira Marum como outra conseqüência dessa afirmação que "os pactos, convenções e tratados internacionais relativos ao *meio ambiente*, dos quais o Brasil seja parte, integram imediatamente o rol de direitos fundamentais albergados na Constituição Federal. Dessa qualidade se revestem, por exemplo a 'Convenção Re-

---

31. *A Afirmação Histórica* ..., 3ª ed., pp. 65-66.
32. *A Proteção Internacional* ..., 2ª ed., p. 142.
33. *Direito do Ambiente*, p. 441.

lativa à Proteção do Patrimônio Mundial, Cultural e Natural', a 'Convenção sobre o Direito do Mar', a 'Convenção sobre a Diversidade Biológica' e a 'Convenção sobre a Mudança Climática'".[34]

5. *A prevalência da norma de direito humano fundamental como critério de solução de colidências*

Demais disso, o reconhecimento do caráter humanitário fundamental do direito à sadia qualidade de vida leva à prevalência da norma que mais favoreça o direito fundamental ao meio ambiente em caso de eventual colisão entre regras e princípios de tratados ou convenções internacionais relativos ao meio ambiente e normas de direito interno relativas ao tema, como corolário da própria natureza jurídica dos direitos humanos. Nesse domínio de proteção – segundo Antônio Augusto Cançado Trindade –, "a primazia é da norma mais favorável às vítimas, seja ela norma de Direito Internacional ou de Direito interno. Este e aquele aqui interagem em benefício dos seres protegidos. É a solução expressamente consagrada em diversos tratados de direitos humanos, de maior relevância por suas implicações práticas".[35]

Essa linha de raciocínio prioriza a interpretação axiológica e teleológica, dirigida, sempre, à prevalência da norma que mais eficientemente proteja a dignidade da pessoa humana. Na observação de Maria Helena Diniz, "a pessoa humana e sua dignidade constituem fundamento e fim da sociedade e do Estado, sendo o valor que prevalecerá sobre qualquer tipo de avanço científico e tecnológico".[36] Há prevalência dos direitos humanos sobre o direito da liberdade de iniciativa, também fundamental, na exata dicção do comando constitucional do art. 4º, II.

Destarte, outro corolário da afirmação do meio ambiente equilibrado como um direito humano deve repercutir em nível internacional, no âmbito de normatização de critérios formais de hierarquização *ratione materiae* dos tratados e convenções internacionais multilate-

---

34. "Meio ambiente e direitos humanos", *Revista de Direito Ambiental* 28/135.
35. *Apud* Jorge Alberto de Oliveira Marum, idem, ibidem. No mesmo sentido é a doutrina de Fábio Konder Comparato (*A Afirmação Histórica* ..., 3ª ed., p. 61).
36. *O Estado Atual do Biodireito*, 2ª ed., p. 17.

rais que tutelam o meio ambiente sadio e equilibrado, conforme o escólio de Jorge Luís Mialhe.[37] Ora, tratados internacionais de direitos humanos deveriam prevalecer, em caso de eventual colidência, sobre os demais, inclusive os atinentes aos acordos comerciais multilaterais, em reconhecimento ao valor "vida" como bem maior a ser preservado. Soa lógica e natural a tese de que o tratado internacional de livre comércio não pode passar por cima de tratado de direitos humanos fundamentais. Destaque-se que o próprio art. XX, "b", do Tratado Internacional de Marrakesh, da OMC,[38] prevê exceções gerais que podem deixar de ser aplicadas, com medidas de proteção à biodiversidade, resgatando valores de princípios fundamentais de Direito.[39]

Essa inter-relação entre duas Convenções Internacionais com distintas obrigações não escapou da observação precisa de Michel Prieur, o qual observa que, neste caso, à luz do concurso de duas Convenções com distintas características de tutela – como, por exemplo, a Convenção sobre a Paisagem Européia e a Convenção da UNESCO Relativa à Proteção do Patrimônio Mundial, Cultural e Natural, de 1972 –, pode haver uma coordenação de ações para efetivar a proteção, o gerenciamento e regras de planejamento para toda a paisagem, com base em um grupo de princípios.[40]

Havendo colidência de normas em dois ou mais tratados internacionais, no entanto, ressente-se da falta de critérios normativos que bem solucionem as eventuais colisões com segurança, embora indiscutível que o princípio da proporcionalidade ou da razoabilidade funcione como norma de resolução desses aparentes conflitos.

Em matéria de biodiversidade é importante sublinhar que o art. 22 da Convenção da Diversidade Biológica prevê expressamente a prevalência das normas protetivas à biodiversidade frente àquelas que as afrontem. O princípio da razoabilidade legitima esta regra.

---

37. "Comunicação" apresentada no *Encontro Jurídico Continental sobre a ALCA*, realizado na Universidade Metodista de Piracicaba (UNIMEP) no dia 31.8.2003. Também apresentada por ocasião do 2º Curso de Direito Ambiental Internacional – Professor Gerd Winter, realizado na UNIMEP nos dias 8-10.9.2003, na qualidade de debatedor do painel *Comércio Internacional, Meio Ambiente e OMC*.
38. Texto disponível no *site www.wto.org*.
39. Jorge Luís Mialhe, "Comunicação", cit.
40. "The relationship between the convention and other international instruments", *Naturopa, Council of Europe* 98/11.

Importante o registro de que a Corte Internacional de Justiça – o Tribunal da ONU (Organização das Nações Unidas) sediado em Haia – acentuou, em 1996, "não ser o meio ambiente uma abstração, mas sim a representação do espaço vivo, da qualidade de vida e da saúde real dos seres humanos, incluindo as gerações não-nascidas" – conforme ressaltado por Paulo Affonso Leme Machado.[41] Por ter advindo do Tribunal de Haia, tal decisão opera sobre todos os Estados nacionais e sobrepaira, logicamente, aos diversos organismos internacionais.

Neste estágio de idéias – consoante Jorge Luís Mialhe –, a Comissão de Direito Internacional da ONU deveria propor uma emenda à Convenção de Viena sobre Direito dos Tratados de 1969, incluindo a hierarquização de tratados internacionais, de forma que prevalecesse tratado de direitos humanos de primeira, segunda e terceira gerações sobre os demais, aí incluídos os acordos multilaterais comerciais, no âmbito das várias organizações de comércio. "Tal hierarquização representaria a valorização da vida como bem maior, superior aos bens de mercado."[42]

A prevalência dos direitos humanos, como manda a CF de 1988 em seu art. 4º, II, constitui relevante critério de solução de conflitos entre normas internacionais – que, em matéria de biodiversidade e biotecnologia, freqüentemente têm surgido. De fato, na temática do acesso ao patrimônio genético e ao conhecimento tradicional a ele associado conflitam as regras no âmbito da Organização Mundial do Comércio (OMC) com as normas da Convenção da Biodiversidade. Também em matéria de biossegurança, há relação de conflituosidade entre o Protocolo de Cartagena e os acordos multilaterais de comércio da OMC.

6. Conclusão

Hodiernamente, é crescente a incorporação de "novos" direitos ao sistema jurídico-normativo, dentre os quais destaca-se o direito a um meio ambiente equilibrado e à sadia qualidade de vida, como um direito humano, fruto da conscientização da urgente e pujante necessidade

---

41. "Rio + 10/Estocolmo + 30", *III Seminário Internacional de Direito Ambiental, Série Cadernos do Centro de Estudos Judiciários* 21/32.
42. Jorge Luís Mialhe, "Comentário", cit.

de satisfação de necessidades humanas básicas. Esses novos direitos pluridimensionais detêm, a um só tempo, dimensões individual, coletiva e difusa, porquanto dizem respeito à pessoa humana assim como a coletividades humanas indeterminadas, que se relacionam com um complexo de bens e usos. Isso nos faz refletir em uma tutela jurídica não restrita a uma determinada relação ou categoria de bens. E a concepção de *universalidade de direitos* tem inspirado as modernas Constituições, invocando ações negativas – como, por exemplo, não poluir – e ações positivas – como o dever de preservar, dos Poderes Públicos.

Novos direitos surgem das novas exigências advindas dos avanços tecnológicos.

Aliada à eficiente normatização infraconstitucional desses novos direitos há a necessidade de se garantir a efetividade do que já está consagrado constitucionalmente, especialmente em nível de seus aspectos principiológicos, muitas vezes renegados à mera contemplação ou a espectros de direcionamento de condutas, quando, em verdade, são normas, com força cogente.

O direito à sadia qualidade de vida e o direito à preservação da integridade do patrimônio genético e do patrimônio cultural associado à biodiversidade são direitos fundamentais da pessoa humana, voltados que são ao primado da dignidade da pessoa humana, visando à preservação de seus valores mais intrínsecos.

Acentuamos neste estudo a efetividade da implementação dessas normas de direito humano fundamental para evidenciar sua prevalência, justificada ainda pela razoabilidade no exercício de ponderação dos pesos de bens jurídicos constitucionais, que faz preponderar o bem *biodiversidade*, como origem da própria vida na Terra. Não olvidemos que o reconhecimento do acesso a medicamentos para pacientes aidéticos como um direito humano fundamental foi o mote para a quebra de patentes para portadores do vírus da AIDS, preponderando a proteção da saúde pública frente a outros direitos transindividuais da ordem econômica no âmbito da OMC.[43]

Conscientização ambiental, paz e *desenvolvimento sustentável* é a tríade basilar do meio ambiente sadio e equilibrado que as socieda-

---

43. Conforme aprovação pelos delegados de 142 países na 4ª Conferência Ministerial da OMC em Doha (Qatar), em novembro/2001.

des presentes e futuras almejam e buscam. Resta ao Poder Público assimilar tal demanda e atuar preventivamente, voltado à sustentabilidade do ambiente no Planeta.

O presente estudo é dedicado a PAULO AFFONSO LEME MACHADO, meu estimado Mestre, não só pelo incansável e pujante trabalho em defesa do meio ambiente sadio e pelas visionárias concepções jurídicas, que o consagram como o arauto do direito ambiental no país, mas principalmente pelas lições de humildade e de vida livre que inspiram, em todos, os melhores valores intrínsecos e os ideais de justiça social.

Referências bibliográficas

ALENCAR, Gisela S. de. "Biopolítica, Biodiplomacia e a Convenção sobre Diversidade Biológica/1992: evolução e desafio para implementação". *Revista de Direito Ambiental* 3 (coord. de Antônio Herman Benjamin e Edis Milaré). Ano 1. São Paulo, Ed. RT, 1996.

AYALA, Patryck de Araújo. "O regime constitucional da exploração dos recursos hídricos e dos potenciais energéticos em terras indígenas...". In: BENJAMIN, Antônio Herman (org.). Congresso Internacional de Direito Ambiental (São Paulo, julho/2003). *Direito, Água e Vida.* vol. I. São Paulo, Imprensa Oficial (p. 755 – Anais).

BOBBIO, Norberto. *A Era dos Direitos.* Rio de Janeiro, Editora Campos, 1992.

COMPARATO, Fábio Konder. *A Afirmação Histórica dos Direitos Humanos.* 3ª ed. São Paulo, Saraiva, 2003.

CUSTÓDIO, Helita Barreira. "Direito à saúde e problemática dos agrotóxicos". *Revista de Direito Sanitário* 2/22. N. 3. São Paulo, LTr, novembro/2001.

DALLARI, Dalmo de Abreu. *Direitos Humanos e Cidadania.* São Paulo, Moderna, 1998.

DINIZ, Maria Helena. *O Estado atual do Biodireito.* 2ª ed. São Paulo, Saraiva, 2002.

FERREIRA FILHO, Manoel Gonçalves. *Direitos Humanos Fundamentais.* 3ª ed. São Paulo, Saraiva, 1999.

FRITZ-LEGENDRE, Myriam. "Biodiversité et irréversibilité". *L'Irréversibilité – Revue Juridique de l'Environnement.* Número Especial. Limoges/Société Française pour le Droit de l'Environnement, Strasbourg/Centre de Droit de l'Environnement, Université Robert-Schuman/Centre National de la Recherche Scientifique, 1998.

GOMES, Luís Roberto. "Princípios constitucionais de proteção ao meio ambiente". *Revista de Direito Ambiental* 16/164-191. São Paulo, Ed. RT, 1999.

LEITE, José Rubens Morato. *Dano Ambiental: do Individual ao Coletivo Extrapatrimonial*. 2ª ed. São Paulo, Ed. RT, 2003.

MACHADO, Paulo Affonso Leme. *Direito Ambiental Brasileiro*. 12ª ed. São Paulo, Malheiros Editores, 2004.

_____. "Constituição e meio ambiente". *Revista de Interesse Público, Revista de Doutrina, Jurisprudência, Legislação e Crítica Judiciária* 21. Ano 5. Porto Alegre, Nota Dez, 2003.

_____. *Estudos de Direito Ambiental*. São Paulo, Malheiros Editores, 1994.

_____. "Rio + 10/Estocolmo + 30". *III Seminário Internacional de Direito Ambiental, Série Cadernos do Centro de Estudos Judiciários* 21/32. Brasília, CEJ, 2002.

MARUM, Jorge Alberto de Oliveira. "Meio ambiente e direitos humanos". *Revista de Direito Ambiental* 28. São Paulo, Ed. RT, outubro-dezembro/2002.

MIALHE, Jorge Luís. "Comunicação" apresentada no *Encontro Jurídico Continental sobre a ALCA*. Piracicaba/SP, Universidade Metodista de Piracicaba (UNIMEP), 31.8.2003.

MILARÉ, Edis. *Direito do Ambiente*. São Paulo, Ed. RT, 2000.

NERY JR., Nélson. "Proteção jurídica da biodiversidade". *Revista Centro de Estudos Judiciários* 8. Brasília, agosto/1999.

PIOVESAN, Flávia, e GOMES, Luiz Flávio (coords.). *O Sistema Interamericano de Proteção dos Direitos Humanos e o Direito Brasileiro*. São Paulo, Ed. RT, 2000.

PRIEUR, Michel. "The relationship between the convention and other international instruments". *Naturopa, Council of Europe* 98/11. Office Fédéral de l'Environnement des Forêts et du Paysage (OFEFP), 2002.

SILVA, Geraldo Eulálio do Nascimento e. *Direito Ambiental Internacional*. Rio de Janeiro, Thex Editora, 2002.

SILVA, José Afonso da. *Direito Ambiental Constitucional*. 5ª ed. São Paulo, Malheiros Editores, 2004.

TRINDADE, Antônio Augusto Cançado. *A Proteção Internacional dos Direitos Humanos e o Brasil*. 2ª ed. Brasília, UnB, 2000.

_____. *Direitos Humanos e Meio Ambiente – Paralelo dos Sistemas de Proteção Internacional*. Porto Alegre, Sérgio Antônio Fabris Editor, 1993.

PATRIMÔNIO, UMA NOÇÃO COMPLEXA, IDENTITÁRIA E CULTURAL

Sandra Cureau

1. Uma noção de "patrimônio cultural". 2. Instrumentos internacionais de proteção – Patrimônio mundial cultural e natural. 3. Patrimônio cultural e patrimônio natural: 3.1 Patrimônio cultural: 3.1.1 Um exemplo brasileiro – O caso da Igreja de São Pedro – 3.2 Patrimônio natural. 4. Princípios contidos na Convenção da UNESCO de 1972: 4.1 A solidariedade planetária em relação à preservação e à transmissão às gerações futuras de nosso patrimônio cultural comum – 4.2 Responsabilidade dos Estados em relação aos bens que integram seu patrimônio cultural e proteção além dos limites da jurisdição nacional – 4.3 Cooperação internacional – 4.4 Informação e participação na formação das decisões administrativas. 5. Significado da inclusão de bens na Lista do Patrimônio Mundial. 6. A constitucionalização dos princípios de proteção do patrimônio cultural. 7. Meio ambiente cultural. 8. Natureza dos interesses protegidos e instrumentos de defesa. 9. Conclusão.

1. Uma noção de "patrimônio cultural"

Nossos antepassados tinham uma história viva, que é testemunhada pela herança deixada através de documentos, objetos, sítios, conjuntos urbanos e referências imateriais às suas formas de viver, criar e fazer.

Dessa forma, o patrimônio cultural tem uma carga identitária como testemunho da formação de um povo ou de um país, ou seja, de sua existência coletiva, pois, como lembra Fernando Ainsa, "cada época histórica tende a criar sua própria singularidade, seu modo de viver e pensar, seu sistema fechado de referências, sua cláusula protetora diante das mudanças".[1]

---

1. "El destino de la utopía latinoamericana como interculturalidad y mestizaje", in *Hacia una Mundialización Humanista*, p. 184.

As declarações, convenções e pactos internacionais sobre direitos humanos consagram a diversidade cultural como uma questão fundamental, vinculada à pessoa humana, na medida em que reconhecem os direitos culturais como universalmente válidos. Isso ocorre, por exemplo, na Declaração Universal dos Direitos Humanos (1948); na Declaração Americana de Direitos e Deveres do Homem (1948); na Convenção Americana de Direitos Humanos (1969); no Protocolo de San Salvador sobre Direitos Econômicos, Sociais e Culturais (1988), entre outros.

Assim, falar de *patrimônio cultural* é falar de *valores*. "A conservação ou a degradação do patrimônio, sua sacralização ou sua destruição são significativas da atitude das sociedades em relação à sua própria história e aos seus próprios valores culturais" – como observa Jean-Jacques Aillagon.[2] A fragilidade da memória está intimamente ligada à problemática da identidade.

A proteção dos bens culturais – aponta Edwin R. Harvey – "remonta a tratados e convenções, destinados a preservar, em tempo de paz e de guerra, os bens que testemunham a identidade cultural das Nações, dentro do marco de diversidade cultural próprio da internacionalização da vida moderna".[3]

O que hoje conhecemos como "patrimônio" não é o mesmo que era há 20 ou 50 anos atrás, e provavelmente não será o mesmo daqui a 20 anos. Conforme Bachoud, Jacob e Toulier,[4] a noção de *patrimônio cultural* sofreu uma grande expansão em menos de um século. Não só as obras monumentais, mas também os sítios e centros históricos e, finalmente, a própria Natureza passaram a integrá-lo.

Como acumulação contínua de bens diversificados, que pertencem ao passado de uma comunidade, o patrimônio cultural engloba desde obras de arte até bens de natureza imaterial, que sejam portadores de referência à identidade, à ação e à memória de um povo, incluindo os sítios urbanos e de valor histórico, os bens integrantes do patrimônio paisagístico, arqueológico, paleontológico, ecológico e

---

2. *Patrimoine et Passions Identitaires*, p. 299.
3. "Hacia un instrumento jurídico normativo internacional de la diversidad cultural", in *Hacia una Mundialización Humanista*, p. 122.
4. *Patrimoine Culturel Bâti et Paysager – Classement, Conservation, Valorisation*, 1ª ed., p. 11.

científico.⁵ Ou seja, são trabalhos e produtos de todos os conhecimentos e modos de vida dos homens – como diz Françoise Choay⁶ –, como expressão de sua memória viva.

Bens que não são, propriamente, culturais – como por exemplo, uma paisagem – podem ser considerados importantes para a representação e para a memória de uma sociedade e, assim, passar a integrar a grande família do patrimônio cultural. Isto é, um patrimônio não propriamente cultural pode vir a sê-lo, através da intervenção voluntária de uma pessoa ou de uma comunidade.

2. Instrumentos internacionais de proteção – Patrimônio mundial cultural e natural

A Conferência das Nações Unidas para a Educação, Ciência e Cultura (UNESCO), reunida em Paris, de 17.10 a 21.11.1972, adotou a Convenção para a Proteção do Patrimônio Mundial, Cultural e Natural, à qual o Brasil aderiu em 1977, através do Decreto 80.978. Tal convenção simboliza essa expansão ecumênica da noção de patrimônio, de que falamos acima. Trata-se do mais geral e do mais importante instrumento internacional sobre a matéria, primeiro porque reúne, num mesmo instrumento, as noções de cultura (art. 1º) e Natureza (art. 2º) e segundo porque introduz o conceito de "patrimônio mundial".

Outras convenções da UNESCO também cuidam da preservação de bens culturais, como a Convenção sobre a Proteção de Bens Culturais em Caso de Conflitos Armados – a chamada "Convenção de Haia" –, de 1954; a Convenção que Visa a Reprimir o Tráfico Ilícito de Bens Culturais, estabelecida em 1970, em Paris; a Convenção sobre o Patrimônio Cultural Subaquático, de 2001; e a recente Convenção para Proteção do Patrimônio Imaterial, de 2003. Vale lembrar, ainda, a existência de outros instrumentos, como a Recomendação sobre a Salvaguarda da Cultura Tradicional e Popular, de 1989, a Convenção UNIDROIT, de 1995, sobre Bens Culturais Furtados ou Ilicitamente Exportados, etc.

5. CF. art. 216.
6. *L'Allégorie du Patrimoine*, p. 9.

Diz o "Preâmbulo" da Convenção de 1972 que os bens integrantes do patrimônio mundial são "únicos e insubstituíveis", dotados de "interesse excepcional" – o que determina sua preservação como patrimônio de toda a Humanidade.

Conforme Manuela Galhardo,[7] trata-se do reconhecimento de que o patrimônio mundial, cultural e natural, "é constituído por bens de interesse excepcional, de valor universal, por vezes testemunhos únicos, respeitando critérios de autenticidade e de integridade, e que devem ser considerados pertença não apenas do Estado em que se encontram, mas de toda a Humanidade, pretendendo-se que toda a Humanidade se envolva na sua defesa e salvaguarda, de modo a assegurar sua transmissão às gerações futuras". As responsabilidades são comuns, embora diferenciadas, a exemplo daquelas que estão também consagradas em todas as convenções internacionais sobre meio ambiente firmadas após 1980.

3. Patrimônio cultural e patrimônio natural

A Convenção da UNESCO, de 1972, distingue, para fins de proteção, cultura e Natureza.

3.1 Patrimônio cultural

Segundo o art. 1º da Convenção, são considerados patrimônio cultural: (a) os *monumentos* – obras de arquitetura, de escultura ou de pintura monumentais; elementos ou estruturas de caráter arqueológico; inscrições, grutas e grupos de elementos, que *têm um valor universal excepcional do ponto de vista da História, da Arte ou da Ciência*; (b) os *conjuntos* – grupos de construções isoladas ou reunidas, que, em razão de sua arquitetura, de sua unidade ou de sua integração na paisagem, *têm um valor universal excepcional do ponto de vista da História, da Arte ou da Ciência*; (c) os *sítios* – obras do ser humano, ou obras conjugadas do homem e da Natureza, bem como zonas, incluindo os sítios arqueológicos, que *têm um valor universal excepcional do ponto de vista estético, etnográfico ou antropológico*.

---

7. "As convenções da UNESCO no domínio do patrimônio cultural", in *Direito do Patrimônio Cultural*, p. 97.

As *paisagens culturais* são a forma mais visível de interação entre o meio ambiente e o patrimônio cultural. Trata-se de conceito que inclui uma grande variante de bens culturais, dividida, essencialmente, em três subgrupos: (a) a *paisagem claramente definida*, que foi concebida intencionalmente pelo ser humano, tal como os jardins e os parques de grande valor estético, muitas vezes associados a construções ou conjuntos religiosos; (b) a *paisagem essencialmente evolutiva*, viva ou evidenciando características fósseis, que apresente provas de sua evolução através dos tempos e continue a ter um papel socialmente ativo; (c) a *paisagem associativa*, justificada pela associação de fenômenos religiosos, muitas vezes simbólicos, aos bens naturais.

As paisagens culturais são, portanto, obras que revelam uma combinação da ação do homem com a Natureza, "cobrindo uma grande variedade de manifestações de influência recíproca do ser humano e do seu meio natural. Ilustram a evolução da sociedade e dos povoamentos humanos ao longo dos tempos, sob a influência de condicionamentos e características do meio natural, das forças sociais, econômicas e culturais".[8] São, entretanto, variantes dos bens culturais, como demonstra a inscrição do Parque Nacional da Serra da Capivara como bem cultural, e não natural ou misto, em virtude da existência, em sua área, de pinturas rupestres, "testemunhas excepcionais de uma das mais antigas comunidades humanas da América do Sul".

3.1.1 *Um exemplo brasileiro – O caso da Igreja de São Pedro*

Por solicitação do Procurador da República Paulo Vasconcellos Jacobina e visando a instruir inquérito civil em andamento, analistas periciais da 4ª CCR (Meio Ambiente e Patrimônio Cultural) e da 6ª CCR (Índios e Minorias) do Ministério Público Federal elaboraram estudo visando à recuperação da Igreja de São Pedro, localizada na Ilha do mesmo nome, no Estado de Sergipe, sendo o seguinte o conteúdo da *Nota Técnica Conjunta*:[9]

---

8. Manuela Galhardo, "As convenções da UNESCO ...", in *Direito do Patrimônio Cultural*, p. 101.
9. *Nota Técnica Conjunta 1*, de abril/2003, firmada por Ângela Maria Baptista – Antropóloga/6ª CCR/MPF; Cláudia Márcia Freire Lage – Arquiteta/PR/MG/MPF; e Luciana Sampaio – Arquiteta/4ª CCR/MPF.

"A Igreja de São Pedro situa-se na parte mais central e elevada da Ilha de São Pedro, à margem direita do rio São Francisco na Terra Indígena Caiçara, no Estado de Sergipe.

"A vegetação do entorno é típica de caatinga, arbustiva, rala, composta de plantas adaptadas às estiagens prolongadas. Há ocorrência importante de cactáceas, com predominância de palmas e mandacarus.

"O clima é semi-árido, característico do sertão, prolongando-se o período de seca por sete a oito meses.

"Segundo documentos históricos, a Igreja foi erguida, no século XVII, pelos missionários Capuchinhos da Missão Francesa, nas terras que receberam do morgado da região de Porto da Folha, como recompensa por expulsarem os holandeses que ocupavam a área do baixo São Francisco. Essa recompensa foi oficializada em 1700, quando o Rei ordenou fosse doada a cada aldeia uma légua de terra em quadro para os índios Aramurus e os missionários. Paralelamente, a ação missionária dos Capuchinhos fazia-se presente na aldeia de Pacatuba, em Sergipe, onde habitavam os índios isolados Ceocoses ou Xocós. Essas aldeias eram catequizadas e administradas pelos missionários Capuchinhos ali residentes.

"No século XIIII, os índios Aramurus foram expulsos da légua de terra a eles doada e incorporados à aldeia Pacatuba. Na primeira década do século XIX, a missão dos Capuchinhos ficou submetida à transferência de índios de outras aldeias para São Pedro e vice-versa, de acordo com as ordens e interesses dos senhores brancos. Por essa ocasião deu-se a saída dos missionários da área e os índios ficaram submetidos às ordens dos morgados.

"Em 1845-1878, verificou-se o retorno da missão à área. Entretanto, por volta de 1897, através de aforamentos, João Porfírio de Britto, conhecido como *Coronel*, assenhoreou-se das terras dos índios e, com o uso da violência, expulsou os Xocó da área, que foram obrigados a ir para Alagoas, onde foram acolhidos pelos Kariri. Consta que algumas famílias persistiram e permaneceram na Ilha, trabalhando como escravos de João de Britto. Durante um período de cerca de 100 anos, os índios foram impedidos de freqüentar a Igreja e fazer suas orações, de receber padres e bispos para celebrar missas ou recebê-los em suas casas. As famílias indígenas foram aumentando e, com a ajuda de todos os que foram para Alagoas, se organizaram e, em 1978, resolveram reconquistar a terra da Ilha de São Pedro, na antiga missão de Porto da Folha. Sofreram perseguições e ameaças dos jagunços de fazendeiros. Consta, ainda, que, quando retomaram à Ilha, os índios não tinham casa e viviam debaixo dos *pés-de-pau*. Enquanto alguns dormiam, outros vigiavam para não serem mortos pelos fazendeiros. Os fatos e a situação vivenciada pelos Xocó foram ganhando espaço nos meios de comunicação e sensibilizando o Governo de Sergipe. Assim, em dezembro de 1979 a Ilha foi desapropriada e doada, em 1980, pelo Governo de Sergipe à União, para uso da FUNAI. O Decreto de n. 401/1991 homologou a demarcação e uniu a Terra Indígena Caiçara à Ilha de São Pedro, com uma área de 4.17ha. Atualmente, lá estão aproximadamente 300 índios, que já não falam a Língua original, mas o Português regional.

"O núcleo de habitações principal forma-se em função do conjunto setecentista constituído pela Igreja de São Pedro e ruínas do antigo hospício[10] e remete ao partido clássico do "quadrado" das missões jesuíticas. É composto por edificações dispostas ordenadamente em forma de quadra, delimitando a grande praça central. A Igreja situa-se em um dos vértices, em posição de destaque, ao lado das ruínas do antigo hospício, e as residências perfazem a disposição ortogonal. Há, ainda, o cemitério, que, ao que tudo indica, faz parte do conjunto original da Igreja, estando localizado aos fundos e guardando uma certa distância do monumento.

"Os Xocó edificaram suas casas, recuperando suas terras, légua por légua, em quadro em torno da Igreja, fazendo, ao que parece, proveito dos alicerces e ruínas das construções erguidas no século XVII, para uso dos índios e dos missionários Capuchinhos. Assim, a disposição espacial das habitações possui formação semelhante à existente àquele tempo: uma ao lado da outra, em formato de ferradura, com a parte fechada voltada em direção à Igreja, de forma a incluí-la no cerco das moradias. Na abertura da 'ferradura', em frente à Igreja, encontrava-se a Casa do Império, que, dizem, teria hospedado D. Pedro II.

"As residências assemelham-se em volume, apresentam o mesmo nível de cota de soleira e há uniformidade na altura. As edificações estão dispostas linearmente, sem recuo frontal, desprovidas de

---

10. Ruínas da edificação que abrigava a hospedaria e residência dos jesuítas.

marquises ou varandas, não havendo espaço intermediário entre o ambiente interno, privado, e o externo, público. O espaço íntimo abre-se diretamente para a praça central.

"A praça central consiste em grande área coberta, cujo solo arenoso não favorece o cultivo de forrações vegetais. Ainda assim, notam-se gramíneas esparsas em determinadas áreas do solo. Algumas árvores, como as tamarineiras, plantadas pelos antepassados, estão dispostas, pontualmente, na praça, distanciadas alguns metros das edificações. No centro da praça, eqüidistante das edificações, situa-se a caixa d'água, cilíndrica, estruturada em concreto.

"Em 1982, os Xocó colocaram, em frente ao cruzeiro da Igreja, a estátua de um índio primitivo, pintado de marrom, usando tanga e cocar de penas, em posição corporal de lançar flecha. Entre os seus pés existe uma cobra de boca aberta. A cobra pode ter vários significados: a resistência dos Xocó, firmando sua presença na Ilha de São Pedro e seu direito à terra; a relação que mantêm com a Igreja de São Pedro, após a proibição, imposta pelos brancos que permaneceram na Ilha, de rezar e mostrar a sua devoção pelo Santo padroeiro. Esse simbolismo é constatado no trecho de uma carta do vice-cacique Xocó da Ilha de São Pedro, João Apolônio:[11] '(...) no ano de 1979, a 8 de setembro, quando chegamos na ilha só encontramos a Igreja, o cemitério e as ruínas do Convento que foi deteriorado pela família Britto. Não tinha nenhuma casa, ficamos nos pés-de-pau. Tomando sol e chuva, isso foi quase um ano. (...). Apesar desse sofrimento todos nós não desanimamos, só tinha um sentido, era de conquistar a 'Ilha'. Aí foi quando os Britto colocaram pistoleiros e não foi tomada nenhuma providência por parte da Justiça. Ficamos firmes na luta. Veio 7 de setembro de 1979 quando o Governo do Estado de Sergipe desapropriou a 'Ilha', pagando aos Britto a quantia de 2 milhões e 400 mil Cruzeiros. Ficamos sendo intimados pelo Juiz de Porto da Folha. Essas intimações eram porque o gado dos Britto entrou na nossa área e estragou nossa lavoura. Nós demos parte e não foi tomada nenhuma providência. Ai resolvemos tomar as providências. *Tínhamos uma cobrinha que estamos criando com muito carinho e resolvemos soltá-la para matar o gado dos brancos que estava entrando nas nossas roças, e não deu*

---

11. Carta datada de 9.12.1984, publicada no *ACONTECEU – Povos Indígenas no Brasil*, 1984, p. 179.

outra coisa a não ser gado morto. [grifos nossos] Aí a pressão aumentou. Nós sentimos que a Justiça estava pendendo para o lado dos Britto, nós tomamos uma outra decisão, de deixar a terra caiçara'.

"A Igreja não tem significado apenas físico para os Xocó. Seu espaço é utilizado, à noite, para os ofícios religiosos, quando a presença feminina é mais marcante. Uma vez por mês, a missa é celebrada por um padre. Celebram as festas do padroeiro, no dia 29 de junho, a Semana Santa e o dia 9 de setembro, data da retomada das terras."

Ou seja, constata-se que os povos latino-americanos em sua grande maioria estão enraizados em culturas ligadas a uma área geográfica particular, a uma história, a valores e a crenças próprias. Por isso, "cada cultura é um valioso tesouro para a Humanidade", e "o direito de cada grupo humano de eleger e assumir sua própria cultura é um compromisso que deve ser respeitado em escala planetária" – conforme as palavras de Edgard Montiel.[12]

A cultura está em permanente construção. Ela é também criatividade, e os membros do corpo social participam dessa criação coletiva. Por isso, o patrimônio cultural é um elemento de aproximação nas sociedades heterogêneas. E as sociedades ocidentais atuais se tornam, cada vez mais, pluriculturais e pluriétnicas.

3.2 Patrimônio natural

Os chamados "bens naturais", segundo o art. 2º da Convenção de Paris de 1972, abrangem as seguintes categorias de classificação: (a) os monumentos naturais; (b) as formações geológicas e fisiográficas; e (c) os sítios naturais. Para justificar o *valor universal excepcional*, devem ser bens que representem o estado evolutivo da terra; correspondam a exemplos significativos de processos ecológicos e biológicos em curso, com interesse para o desenvolvimento de ecossistemas; contenham *habitats* naturais, importantes para a conservação da diversidade biológica, ou, apenas, representem fenômenos naturais ou áreas de grande beleza natural e importância estética. Para a inscrição dos bens naturais não se cogita da influência do ser humano sobre o meio.

12. "La diversidad cultural en la era de la globalización", in *Hacia una Mundalización Humanista*, pp. 18-19.

É possível que determinados bens sejam simultaneamente passíveis de inscrição como bens culturais e bens naturais, por se inserirem nos dois critérios – como é o caso das ruínas de Machu Pichu, no Peru. São os chamados "bens mistos". Existem, hoje, pouco mais de 20 bens inscritos como tais, dentre os bens integrantes do patrimônio mundial material, que já somam mais de 500.

4. Princípios contidos na Convenção da UNESCO de 1972

4.1 A solidariedade planetária em relação à preservação e à transmissão às gerações futuras de nosso patrimônio cultural comum

Ainda que seja difícil, em muitos casos, identificar o que seja "valor excepcional", já que se trata de um critério fluido,[13] o importante é que a Convenção da UNESCO de 1972 introduziu a noção de *solidariedade planetária* em relação à preservação e à transmissão às gerações futuras de nosso patrimônio cultural comum, afirmando que Natureza e cultura são complementárias e que a identidade cultural está profundamente ligada ao meio ambiente natural no qual ela se desenvolve.

O "Preâmbulo" da Convenção alerta para o fato de que o patrimônio cultural e o patrimônio natural estão cada vez mais ameaçados de destruição, não só pelas causas tradicionais de degradação, mas principalmente pela evolução da vida social e econômica, que agrava essas causas através de fenômenos de alteração ou de destruição.

Também a Declaração de Estocolmo, que decorreu da Conferência das Nações Unidas sobre Meio Ambiente, realizada no mesmo ano de 1972, consagrou o dever solene do ser humano de proteger e preservar o meio ambiente para as gerações futuras, afirmando seu direito a um ambiente cuja qualidade lhe permita viver com dignidade e bem-estar.

O "Preâmbulo" da Declaração de Estocolmo parte da constatação de que o homem é, ao mesmo tempo, criatura e criador de seu meio ambiente, e de que tanto os elementos naturais quanto aqueles que

---

13. Françoise Choay, *L'Allégorie du Patrimoine*, p. 160.

envolvem a participação humana são indispensáveis ao bem-estar e ao pleno exercício dos seus direitos fundamentais. Citando as palavras de Michel Prieur, "no plano dos grandes princípios jurídicos internacionais, se a Declaração de Estocolmo permanece como um ato de orientação e um programa de ação (e não um texto obrigatório), ela enuncia, entretanto, princípios em matéria de cooperação internacional que, se não são verdadeiramente novos, merecem, todavia, ser valorizados".[14]

O reconhecimento do direito das gerações futuras está presente, também, na Declaração da Conferência das Nações Unidas do Rio de Janeiro, de 1992. Alexandre Kiss e Jean-Pierre Beurier entendem que esse conceito coloca algumas dificuldades, que precisam ser enfrentadas. Dizem eles: "Em primeiro lugar, os termos 'gerações futuras' não são definidos: inexistem gerações distintas, a Humanidade deve ser comparada não a uma escada, cujos degraus serão necessariamente separados, mas a um rio que corre permanentemente, sem que se possa distinguir as diferentes gotas que o compõem. Para a Ciência Jurídica, melhor seria falar de 'direitos da Humanidade presente e futura', o que implica o reconhecimento de direitos à Humanidade, sujeito de direito".[15]

Para Kiss e Beurier o conceito de "direitos da Humanidade futura" necessita de sua transposição para a ordem jurídica, levando à criação de procedimentos e instituições próprias, que garantam seu respeito. As necessidades das gerações futuras não serão obrigatoriamente as nossas, e não é possível saber se elas aceitarão que uma parte do mundo "seja transformada em um imenso museu, cheio de um número sempre crescente de monumentos, sítios históricos ou mesmo de zonas naturais protegidas",[16] a menos que lhes seja assegurada a mesma possibilidade de escolha, que presume a existência de recursos naturais suficientes, como hoje nós possuímos.

Merece destaque a reflexão feita sobre o tema por Antônio Augusto Cançado Trindade[17] quando diz que "parece estar ocorrendo ul-

---

14. *Droit de l'Environnement*, 4ª ed., pp. 40-41.
15. Alexandre Kiss e Jean-Pierre Beurier, *Droit International de l'Environnement*, 2ª ed., p. 134.
16. Idem, ibidem.
17. *Direitos Humanos e Meio Ambiente – Paralelo dos Sistemas de Proteção Internacional*, pp. 47-48.

timamente uma evolução da noção de patrimônio comum da Humanidade (...) à de interesse comum da Humanidade". Isso muda "a ênfase da partilha de benefícios resultantes da exploração de riquezas ambientais a uma partilha justa ou eqüitativa das responsabilidades na proteção ambiental, e a necessárias ações concertadas neste propósito com uma dimensão social e temporal. (...). Assim como o Direito, ou a própria norma jurídica, não opera em um vácuo, a Humanidade (*mankind, human kind*) não é uma abstração social nem jurídica: compõe-se de coletividades humanas, de todos os seres humanos de carne e osso, vivendo em sociedades humanas".

No mesmo sentido, Lyndel Prott observa que, "quando se busca proteger a relação entre os povos tradicionais e seu patrimônio biológico, botânico ou mitológico, através de um discurso de *direitos*, não se faz justiça a essas sociedades, porque não teríamos como regrar, realmente, a questão, isolando este ou aquele aspecto dos demais".[18] Os imperativos ambientais nos permitem compreender que uma ética impõe o dever de sermos guardiães da terra para deixarmos às gerações futuras um Planeta viável, e há muitas maneiras de proteger os aspectos ameaçados de uma cultura que a Humanidade deseja preservar.

*4.2 Responsabilidade dos Estados
em relação aos bens que integram seu patrimônio cultural
e proteção além dos limites da jurisdição nacional*

O art. 4º da Convenção da UNESCO, de 1972, estabelece que, na tutela do patrimônio cultural, cabe aos Estados a responsabilidade sobre os bens que integram seu próprio patrimônio. Os Estados têm o dever de identificar, proteger e valorizar o patrimônio cultural e natural situado em seu território.

Também a Convenção de Haia, sobre Proteção de Bens Culturais em Caso de Conflitos Armados, no seu art. 3º, diz que as partes contratantes se comprometem a preparar, desde os tempos de paz, a salvaguarda dos bens culturais situados em seu território contra os efeitos previsíveis de um conflito armado, adotando as medidas que julgarem convenientes para tanto.

---

18. "S'entendre sur les droits culturels", in *Pour ou Contre les Droits Culturels?*, p. 280.

Por outro lado, o Estado-Parte é a única entidade que está legitimada a apresentar o *dossier* de candidatura dos bens que julga passíveis de integrar a Lista do Patrimônio Mundial. De igual forma, cabe a ele preservar as características que motivaram a inscrição do bem, uma vez que a inscrição não é eterna, e, se, em virtude de excessiva deterioração, houver a perda dessas características, é possível que venha a ocorrer sua exclusão da Lista.

Lembra Paulo Affonso Leme Machado que, "como não se internacionaliza o bem classificado na 'Lista do Patrimônio Mundial' ou 'Lista do Patrimônio Mundial em Perigo', também não pode o país onde esteja situado esse bem transferir suas responsabilidades administrativas e financeiras de conservação para a UNESCO".[19] Classificar como *patrimônio mundial* é diferente de classificar como *patrimônio internacional*.

A Convenção de Haia, sobre a Proteção da Propriedade Cultural em Caso de Conflito Armado, estabelecida em 1954, e a Convenção de Paris, sobre Medidas Destinadas a Proibir e Impedir a Importação, Exportação e Transferência Ilícitas da Propriedade Cultural, estabelecida em 1970, também criaram instrumentos normativos internacionais de proteção do patrimônio cultural, além dos limites da jurisdição nacional.

Segundo o art. 4º da Convenção de Haia, os Estados se comprometem a respeitar os bens culturais situados no território dos outros convenentes, proibindo a utilização de tais bens, seus dispositivos de proteção e seus entornos em atividades que possam expô-los a destruição ou a deterioração, em caso de conflito armado.

Por sua vez, pelo art. 2º da Convenção de Paris, de 1970, os Estados-Partes reconhecem que a importação, a exportação e a transferência de propriedade ilícitas dos bens culturais são uma das causas principais do empobrecimento cultural do país de origem destes bens, e que a colaboração internacional constitui um dos meios mais eficazes de proteger os bens culturais contra todos os perigos que daí derivam.

Entretanto, as obrigações dos Estados são objeto de interpretações divergentes, especialmente em face do teor dos arts. 3º e 7º da Convenção. Além disso, Patrick J. O'Keefe[20] chama a atenção para

---

19. *Direito Ambiental Brasileiro*, 12ª ed., p. 928.
20. *Le Commerce des Antiquités – Combattre les Destructions et le Vol*, p. 34.

o fato de que, até o final do ano de 1996, dentre os países que a firmaram, apenas três – Austrália, Canadá e Estados Unidos da América – podiam ser considerados como possuidores de um mercado forte de colecionadores de objetos de arte antigos, e, portanto, não era possível afirmar que a Convenção havia produzido plenamente seus efeitos.

4.3 Cooperação internacional

Diz o art. 6.1 da Convenção da UNESCO de 1972 que os Estados-Partes reconhecem a existência de um patrimônio universal, para cuja proteção toda a comunidade internacional tem o dever de cooperar.

O art. 7 fala de um sistema de cooperação e de assistência internacional, visando a secundar os Estados-Partes nos esforços para preservação e identificação do patrimônio cultural e natural.

Um fundo, alimentado pelos Estados-Partes e por doadores – o chamado "Fundo do Patrimônio Mundial" –, contribui para a política de salvaguarda e de conservação dos bens culturais. Seus recursos são oriundos de contribuições obrigatórias e voluntárias dos Estados-Partes e de doações de outras entidades, públicas ou particulares. São aplicados, basicamente, em cinco formas de assistência, sendo a mais conhecida a Lista do Patrimônio Mundial em Perigo. O Fundo pode servir para: (a) elaboração de *dossiers* preparatórios; (b) cooperação técnica, visando à conservação e à gestão dos bens inscritos; (c) formação de pessoal especializado em todos os níveis, para identificar, proteger, conservar, valorizar e reabilitar o patrimônio cultural e natural; (d) prestação de assistência de urgência em caso de catástrofes naturais ou outras causas, visando a salvaguardar um bem já inscrito; (e) assistência a atividades de educação, informação e promoção relativamente ao patrimônio cultural e natural.

Como exemplo de caso onde a assistência de urgência, em caso de calamidade natural, se tornou necessária pode-se citar o caso da cidade de Goiás, que, logo após ter sido inscrita na Lista dos bens integrantes do Patrimônio Mundial, foi, em 2002, atingida por uma forte enchente, que danificou cerca de 80 casas, 2 pontes, parte das margens do rio Vermelho, a Cruz de Anhangüera e o Largo do Mercado.[21] Nessa ocasião foram alocados não apenas recursos internos, mas também internacionais, para a realização das obras emergenciais e para a elaboração de projetos de recuperação integral do sítio histórico.

A Convenção para a Proteção do Patrimônio Imaterial, estabelecida em Paris, em outubro/2003, em seu art. 19, igualmente prevê a cooperação e a assistência internacionais, através da troca de informações, de experiências e de iniciativas comuns.

A cooperação – como anota José Rubens Morato Leite – não é um monopólio do Estado, pois "trata-se (...) de um princípio que tem como fundamento um consenso com os diversos grupos sociais, impondo-se uma adequação dos diversos interesses relevantes".[22] Deve ser entendida como política solidária, que pressupõe ajuda, acordo, troca de informações e transigência quanto a um objetivo macro de toda a coletividade.

4.4 Informação e participação na formação das decisões administrativas

A informação ao público e a participação da sociedade nas decisões administrativas que envolvem o patrimônio cultural estão contempladas no art. 27 da Convenção de Paris de 1972, que atribui aos Estados-Partes o dever de informar claramente o público sobre as ameaças que pesam sobre seu patrimônio e sobre as atividades empreendidas na aplicação dos dispositivos por ela previstos.

Também estabelece o compromisso dos Estados no sentido de empreender todos os esforços, através de todos os meios apropriados, notadamente por programas de educação e de informação, para reforçar o respeito e a sensibilização de seus povos para o patrimônio cultural e natural. A informação, portanto, não tem apenas o objetivo de formar a opinião pública, mas também de sensibilizá-la para a preservação e a valorização dos bens integrantes do seu patrimônio cultural, estimulando sua participação nesse processo.

---

21. Instituto do Patrimônio Histórico e Artístico Nacional, *Relatório de Atividades 2001-2002*. A cidade de Goiás havia sido inscrita na Lista do Patrimônio Mundial em julho/2001.
22. *Dano Ambiental: do Individual ao Coletivo Extrapatrimonial*, pp. 54-55.

5. Significado da inclusão de bens na Lista do Patrimônio Mundial

Conforme aponta, com propriedade, Sandrine Maljean-Dubois, "o Direito Internacional enfrenta um dilema. A necessidade de uma hierarquia e de uma imposição – para negociar, cooperar, definir os instrumentos de regulação e aplicá-los – nunca foi tão clara. Mas a sociedade internacional atual continua uma sociedade de justaposição de entidades soberanas não-hierarquizadas, ainda marcada pelo primado do consentimento. Uma das características da ordem jurídica internacional, onde os Estados são os principais atores, é que estes últimos estão na origem na formação do Direito – ao menos quanto às fontes clássicas – e estão encarregados da sua execução. Os Estados são livres para aderir ou não: aceitando as normas externas, eles se autolimitam. Salvo raríssimas exceções, *numa lógica intersubjetiva*, a concordância do Estado permanece apenas na origem das obrigações que assume. O voluntarismo impede o desenvolvimento de um Direito comum".[23]

Não restam dúvidas de que a inclusão de bens, integrantes do patrimônio cultural ou natural, na Lista do Patrimônio Mundial não configura o tombamento desses bens, pois não há transferência de competências internas para a UNESCO, que é um organismo internacional. Os Estados continuam soberanos para decidir quais os bens que desejam preservar e valorizar. O próprio *dossier* de candidatura para inscrição de um bem na Lista do Patrimônio Mundial é de responsabilidade do país onde está localizado este bem.

As vantagens da inclusão na Lista são enumeradas por Paulo Affonso Leme Machado[24] como sendo, basicamente, a obtenção de recursos financeiros, na promoção do bem como interesse turístico, e a proteção do bem frente às pressões para sua deterioração.

Os países interessados, cujos bens tenham sido incluídos na Lista, podem solicitar assistência do Comitê Intergovernamental de Proteção do Patrimônio Cultural e Natural, através do Fundo do Patrimônio Mundial.

Além disso, a inclusão de um bem na Lista do Patrimônio Mundial Cultural ou Natural representa uma promoção para o desenvolvimento do turismo na região onde se situa.

---

23. *La Mise en Oeuvre du Droit International de l'Environnement*, p. 24.
24. *Direito Ambiental Brasileiro*, 12ª ed., pp. 928-929.

Bachoud, Jacob e Toulier consideram determinante da expansão do patrimônio cultural a atração turística, que se desenvolveu a partir dos anos 30 do século passado, quando mais e mais pessoas passaram a viajar através do mundo e, dessa forma, a conhecer outras paisagens e outras culturas. Ele é uma fonte de recursos, pela atração que exerce. Hoje em dia, hotéis, restaurantes e o comércio de produtos culturais dependem do interesse suscitado pelos monumentos, naturais ou construídos, situados nas suas proximidades.

O turismo cultural vem assumindo o aspecto de uma peregrinação: "milhões de pessoas saem à descoberta de monumentos, construídos ou naturais, para ali encontrar ou reencontrar pontos de referência coletivos, que representam, ao mesmo tempo, vínculos sociais" – concluem os mesmos autores.[25]

Por fim – como acentua Paulo Affonso Leme Machado –, "não é desprezível a força da opinião pública mundial, reforçada após a Convenção de 1972, que pode agir em favor da conservação ou da valorização dos bens classificados",[26] impedindo, assim, que concessões prejudiciais aos bens integrantes da Lista sejam feitas pelos países nos quais se localizam.

No Brasil, nos anos de 2001 e 2002, os espaços culturais – segundo dados do IPHAN[27] – receberam uma média de 1 milhão e 500 mil visitantes, sem contar os visitantes das áreas externas, assim considerados os jardins e parques. É uma cifra bastante modesta. O *Museu do Louvre*, segundo seu diretor, apenas entre os visitantes gratuitos (menores de 18 anos, deficientes físicos e desempregados) receberá neste ano 1 milhão e 800 mil pessoas.

6. *A constitucionalização dos princípios de proteção do patrimônio cultural*

Observa Jorge Miranda que "é apenas o Estado Social que introduz de pleno os direitos culturais no contexto constitucional; é ele

---

25. Bachoud, Jacob e Toulier, *Patrimoine Culturel Bâti et Paysager* – ..., 1ª ed., p. 223.
26. *Direito Ambiental Brasileiro*, 12ª ed., p. 929.
27. Instituto do Patrimônio Histórico e Artístico Nacional (IPHAN), *Relatório de Atividades 2001/2002*, pp. 11-12.

que, a par dos direitos econômicos como pretensões de realização pessoal e de bem-estar através do trabalho e de direitos sociais como pretensões de segurança na necessidade, introduz direitos culturais como exigências de acesso à educação e à cultura (...)".[28]

Na cultura, em sentido estrito, insere-se o patrimônio cultural. Isto porque ela envolve "tudo quanto tem significado espiritual e, simultaneamente, adquire relevância coletiva; tudo que se reporta a bens não-econômicos; tudo que tem que ver com obras de criação humana, em contraposição à Natureza".[29]

O art. 215 da CF de 1988 dispõe que "o Estado garantirá a todos o pleno exercício dos direitos culturais e acesso às fontes da cultura nacional, e apoiará e incentivará a valorização e a difusão das manifestações culturais".

Seu § 1º assegura a proteção das "manifestações das culturas populares, indígenas e afro-brasileiras, e das de outros grupos participantes do processo civilizatório nacional".

Por sua vez, o § 1º do art. 216 atribui ao Poder Público, com a colaboração da comunidade, a tarefa de promover e proteger o patrimônio cultural brasileiro.

Portanto, a Constituição Brasileira atual atribui ao Estado a tarefa fundamental de garantir a todos o pleno exercício dos direitos culturais e o acesso às fontes da cultura; prescreve o dever fundamental de proteger as manifestações das culturas populares e o patrimônio cultural brasileiro; assegura a colaboração da comunidade na atividade de promoção e proteção dos bens culturais e dispõe sobre o estabelecimento, por lei, de incentivos para a produção e o conhecimento de bens e valores culturais.

Estabelece, ainda, de forma expressa, no *caput* do art. 216, a conexão entre patrimônio cultural e identidade cultural.

É importante observar que a Constituição Federal, a princípio, não faz qualquer tipo de restrição a este ou àquele bem quando se trata de incluí-los na vasta família dos bens culturais.

---

28. "O patrimônio cultural e a Constituição – Tópicos", in *Direito do Patrimônio Cultural*, p. 255.
29. Jorge Miranda, idem, p. 253.

No *caput* do art. 216 a Carta de 1988 elenca, como integrantes do patrimônio cultural brasileiro: as formas de expressão; os modos de criar, fazer e viver; as criações científicas, artísticas e tecnológicas; as obras, objetos, documentos, edificações e demais espaços destinados às manifestações artístico-culturais; os conjuntos urbanos e sítios de valor histórico, paisagístico, artístico, arqueológico, paleontológico, ecológico e científico.

É preciso, entretanto, que tais bens tenham relação com a identidade, a ação e a memória dos diferentes grupos formadores da sociedade brasileira – e me parece que, para tanto, não seja possível prescindir da intervenção humana.[30] Paisagens, parques, espaços verdes, que não revelem, de alguma forma, a combinação da ação do ser humano com a Natureza são bens naturais, que, como tais, podem ser protegidos; mas não são bens culturais.

7. Meio ambiente cultural

Meio ambiente – como leciona Celso Antônio Pacheco Fiorillo – "relaciona-se a tudo aquilo que nos circunda".[31] Meio ambiente é o conjunto de condições naturais e de influências que atuam sobre os organismos vivos e os seres humanos.[32] Portanto, segundo os aspectos que o compõem, podemos falar em meio ambiente natural, meio ambiente cultural, meio ambiente artificial, meio ambiente do trabalho.

Édis Milaré também considera que, "numa concepção ampla, que vai além dos limites estreitos fixados pela Ecologia, o meio ambiente abrange toda a Natureza original (natural) e artificial, bem como os bens culturais correlatos".[33]

Esse é, igualmente, o entendimento de Hugo Nigro Mazzilli, segundo o qual "a expressão 'patrimônio cultural' tem sido utilizada em doutrina para referir-se ao conjunto de bens e interesses que exprimem a integração do homem com o meio ambiente (tanto o natural

---

30. Em contrário a essa tese, Celso Antônio Pacheco Fiorillo, *Curso de Direito Ambiental Brasileiro*, 5ª ed., p. 222.
31. Idem, p. 19.
32. *Novo Dicionário Aurélio da Língua Portuguesa*.
33. "Ação civil pública em defesa do ambiente", in *Ação Civil Pública: Lei 7.347/1985 – Reminiscências e Reflexões Após Dez Anos de sua Aplicação*, p. 202.

como o artificial)"[34] – razão pela qual é correto falar-se em *meio ambiente cultural*.

Lembre-se, ainda, que a Natureza integra o patrimônio cultural, como é o caso dos jardins e dos sítios de valor arqueológico e paisagístico – somente para exemplificar.

Do ponto de vista das atividades de preservação dos bens culturais, a responsabilidade é tanto do Instituto do Patrimônio Histórico e Artístico Nacional (IPHAN) quanto do Instituto Brasileiro do Meio Ambiente e dos Recursos Naturais Renováveis (IBAMA), segundo suas áreas de atribuições. Monumentos, edificações, museus, bens móveis, acervos bibliográficos e arquivísticos estão afetos ao IPHAN; enquanto parques nacionais estão ligados à ação do IBAMA. Muitas vezes o trabalho de preservação pode ser desenvolvido conjuntamente.

8. Natureza dos interesses protegidos e instrumentos de defesa

Conforme acentua Jorge Miranda,[35] não se pode dizer que quem quer que seja possua um único, genérico e indeterminado direito à proteção do patrimônio cultural. São interesses dispersos por toda a comunidade – e, portanto, não são meros interesses públicos ou puros interesses individuais, ainda que se possa identificar a existência de direitos fundamentais conexos, no campo econômico, social e cultural.

Poderíamos dizer – com Mauro Cappelletti – que "são interesses que excedem o âmbito estritamente individual, mas não chegam a constituir interesse público".[36]

São os chamados "interesses transindividuais" ou "meta-individuais". Estes se dividem em interesses difusos, coletivos e individuais homogêneos. São os primeiros que nos interessam.

O objeto dos interesses difusos é indivisível. Por vezes, são tão abrangentes, que chegam a coincidir com o interesse público: "são

---

34. *A Defesa dos Interesses Difusos em Juízo*, 15ª ed., p. 150.
35. "O patrimônio cultural ...", in *Direito do Patrimônio Cultural*, pp. 270-271.
36. "Formazioni sociali e interessi di gruppo davanti alla Giustizia Civile", *Rivista di Diritto Processuale* 30/367. Cf. Hugo Nigro Mazzilli, *A Defesa ...*, 15ª ed., p. 43.

como *um feixe ou conjunto de interesses individuais, de pessoas indetermináveis, unidas por pontos conexos*".[37]

Por isso, é pertinente lembrar – com Fiorillo – que, "procurando conferir efetividade à tutela de direitos transindividuais, permitiu-se o uso de todas as ações e providências necessárias que sejam capazes de propiciar a efetiva tutela dos direitos protegidos".[38] Dessa forma, a ação popular (art. 5º, LXXIII, da CF de 1988), a ação civil pública, o mandado de segurança coletivo (art. 5º, LXX, da CF de 1988), são algumas das ações judiciais hábeis à defesa do patrimônio cultural.

Do dever fundamental de preservar, defender e valorizar o patrimônio cultural – como aponta Jorge Miranda – "decorrem ou podem decorrer conseqüências várias, desde o dever de conservação de bens culturais de que se seja proprietário até sanções adequadas no âmbito da responsabilidade civil, (...) ou mesmo da responsabilidade criminal".[39]

O Ministério Público, através do art. 129, III, da CF, tem consagradas entre suas funções institucionais a de promover o inquérito civil e a ação civil pública para a proteção do patrimônio público e social, do meio ambiente e de outros interesses difusos e coletivos – entre os quais se incluem, por expressa disposição do art. 1º da Lei 7.347/1985, os bens culturais. Na defesa desses interesses, pode, ainda, expedir recomendações, firmar compromissos de ajustamento de conduta, expedir notificações, requisitar informações, perícias e documentos, promover inspeções e diligências investigatórias.

Legitimados para propor a ação civil pública são, também, a União, os Estados e os Municípios, suas autarquias, empresas públicas, fundações e sociedades de economia mista, assim como as associações, desde que estejam constituídas há pelo menos um ano, nos termos da legislação civil, e incluam entre suas finalidades a proteção do meio ambiente, do consumidor e do patrimônio artístico, estético, histórico, turístico e paisagístico – conforme dispõe o art. 5º da Lei 7.347, de 24.7.1985 (Lei da Ação Civil Pública).

---

37. Hugo Nigro Mazzilli, *A Defesa* ..., 15ª ed., p. 46.
38. *Curso* ..., 5ª ed., p. 314.
39. "O patrimônio cultural ...", in *Direito do Patrimônio Cultural*, p. 275.

Importante ressaltar que, ao contrário do que ocorre com o meio ambiente – que é passível de recuperação e, às vezes, se regenera naturalmente –, o dano causado a um bem integrante do patrimônio cultural é quase sempre irreversível. Um caso, dentre muitos, ilustra esta afirmação: em inquérito civil,[40] instaurado pelo Ministério Público, para apurar extração irregular de areia em Município do Interior do Estado de Santa Catarina, restou apurado que a empresa infratora destruiu um sítio arqueológico, conhecido como "Sambaqui do Salto", que originalmente possuía 3.000m², e após a intervenção ficou reduzido a 300m². Evidentemente, inexiste qualquer tipo de restauração possível. Entretanto, isso não impede que seja ajuizada ação civil pública, visando à adoção de medidas compensatórias, que poderão reverter para a preservação do patrimônio cultural brasileiro.

No que tange à legitimação para figurar no pólo passivo, esta abrange tanto os entes públicos, federais, estaduais e municipais, suas autarquias, fundações, empresas de economia mista, como os particulares, desde que sejam responsáveis pelo dano ou pela ameaça de dano ao patrimônio cultural.

9. Conclusão

Procurou-se demonstrar que o patrimônio cultural envolve uma forte carga identitária, como testemunho da formação de um povo – e, portanto, de sua existência coletiva.

A noção de "patrimônio" está intimamente ligada à identidade cultural, e engloba trabalhos e produtos de todos os conhecimentos e modos de vida dos seres humanos.

Embora seja dinâmica e vasta, envolvendo desde obras de arte até bens de natureza imaterial, incluindo sítios urbanos e de valor histórico, bens integrantes do patrimônio paisagístico, arqueológico, paleontológico, ecológico e científico, é necessário que tais bens tenham relação com a identidade, a ação e a memória dos diferentes grupos formadores da sociedade brasileira – e, para tanto, não é possível prescindir da intervenção humana.

---

40. Procedimento administrativo 08122.000332/95-63.

O meio ambiente, como o conjunto de condições naturais e de influências que atuam sobre os organismos vivos e os seres humanos, ou como conceito que deriva do homem e com ele está relacionado, inclui o meio ambiente cultural.

Os interesses protegidos estão dispersos por toda a sociedade – e, portanto, não são meros interesses públicos ou puros interesses individuais. São interesses meta-individuais ou transindividuais – e, como tais, beneficiam-se de todas as ações e providências que sejam capazes de propiciar sua efetiva tutela. O Ministério Público tem entre suas funções institucionais, constitucionalmente consagradas, a de promover o inquérito civil e a ação civil pública em defesa do patrimônio cultural.

Do ponto de vista das convenções internacionais, que estabelecem normas e princípios em defesa do patrimônio cultural, sua efetivação vem encontrando dificuldades, porque a sociedade internacional continua sendo uma sociedade de justaposição de entes soberanos não-hierarquizados, marcada pelo primado do consentimento, onde o voluntarismo impede o desenvolvimento de um Direito comum.

Referências bibliográficas

ACONTECEU – *Povos Indígenas no Brasil*. CEDI, 1984.

AILLAGON, Jean-Jacques. *Patrimoine et Passions Identitaires*. Paris, Librairie Arthème Fayard, 1998.

AINSA, Fernando. "El destino de la utopía latinoamericana como interculturalidad y mestizaje". *Hacia una Mundialización Humanista*. Paris, Ed. UNESCO, 2003.

BACHOUD, Louis, JACOB, Philippe, e TOULIER, Bernard. *Patrimoine Culturel Bâti et Paysager – Classement, Conservation, Valorisation*. 1ª ed. Paris, Delmas, 2002.

BEURIER, Jean-Pierre, e KISS, Alexandre. *Droit International de l'Environnement*. 2ª ed. Paris, Pedone, 2000.

CAPPELLETTI, Mauro. "Formazioni sociali e interessi di gruppo davanti alla Giustizia Civile". *Rivista di Diritto Processuale* 30/367. 1975.

CHOAY, Françoise. *L'Allégorie du Patrimoine*. Paris, Seuil, 1992.

FIORILLO, Celso Antônio Pacheco. *Curso de Direito Ambiental Brasileiro*. 5ª ed. São Paulo, Saraiva, 2004.

GALHARDO, Manuela. "As convenções da UNESCO no domínio do patrimônio cultural". *Direito do Patrimônio Cultural*. Lisboa, Instituto Nacional de Administração (INA), 1996.

HARVEY, Edwin R. "Hacia un instrumento jurídico normativo internacional de la diversidad cultural". *Hacia una Mundialización Humanista*. Paris, Ed. UNESCO, 2003.

INSTITUTO DO PATRIMÔNIO HISTÓRICO E ARTÍSTICO NACIONAL (IPHAN). *Relatório de Atividades 2001-2002*.

JACOB, Philippe, BACHOUD, Louis, e TOULIER, Bernard. *Patrimoine Culturel Bâti et Paysager – Classement, Conservation, Valorisation*. 1ª ed. Paris, Delmas, 2002.

KISS, Alexandre, e BEURIER, Jean-Pierre. *Droit International de l'Environnement*. 2ª ed. Paris, Pedone, 2000.

LEITE, José Rubens Morato. *Dano Ambiental: do Individual ao Coletivo Extrapatrimonial*. São Paulo, Ed. RT, 2000.

MACHADO, Paulo Affonso Leme. *Direito Ambiental Brasileiro*. 12ª ed. São Paulo, Malheiros Editores, 2004.

MALJEAN-DUBOIS, Sandrine. *La Mise en Oeuvre du Droit International de l'Environnement*. Paris, Les Notes de l'Iddri n. 4, 2003.

MAZZILLI, Hugo Nigro. *A Defesa dos Interesses Difusos em Juízo*. 15ª ed. São Paulo, Saraiva, 2002.

MILARÉ, Edis. "Ação civil pública em defesa do ambiente". *Ação Civil Pública: Lei 7.347/1985 – Reminiscências e Reflexões Após Dez Anos de sua Aplicação*. São Paulo, Ed. RT, 1995.

MINISTÉRIO PÚBLICO FEDERAL. 1. *Nota Técnica Conjunta n. 1*. Firmada por Ângela Maria Baptista (Antropóloga/6ª CCR/MPF), Cláudia Márcia Freire Lage (Arquiteta/PR/MG/MPF) e Luciana Sampaio (Arquiteta/4ª CCR/MPF). Abril/2003. 2. *Procedimento Administrativo n. 08122.000332/95-63*.

MIRANDA, Jorge. "O patrimônio cultural e a Constituição – Tópicos". *Direito do Patrimônio Cultural*. Lisboa, Instituto Nacional de Administração (INA), 1996.

MONTIEL, Edgard. "La diversidad cultural en la era de la globalización". *Hacia una Mundialización Humanista*. Paris, Ed. UNESCO, 2003.

Novo Dicionário Aurélio da Língua Portuguesa. 2ª ed. Rio de Janeiro, Nova Fronteira, 1986.

O'KEEFE, Patrick J. *Le Commerce des Antiquités – Combattre les Destructions et le Vol*. Paris, Ed. UNESCO, 1997.

PRIEUR, Michel. *Droit de l'Environnement*. 4ª ed. Paris, Dalloz, 2001.
PROTT, Lyndell. "S'entendre sur les droits culturels". *Pour ou Contre les Droits Culturels?*. Paris, Ed. UNESCO, 2000.

TOULIER, Bernard, BACHOUD, Louis, e JACOB, Philippe. *Patrimoine Culturel Bâti et Paysager – Classement, Conservation, Valorisation*. 1ª ed. Paris, Delmas, 2002.
TRINDADE, Antônio Augusto Cançado. *Direitos Humanos e Meio Ambiente – Paralelo dos Sistemas de Proteção Internacional*. Porto Alegre, Sérgio Antônio Fabris Editor, 1993.

REFLEXÕES SOBRE O "ICMS ECOLÓGICO"

SOLANGE TELES DA SILVA

1. Análise do "ICMS Ecológico": bases constitucionais e definição. 2. Legislações estaduais sobre "ICMS Ecológico": 2.1 Critérios sócio-ambientais – 2.2 Percentuais – 2.3 Índice ecológico. 3. A contribuição do "ICMS Ecológico". 4. Conclusão.

O processo de desenvolvimento de um país está relacionado com seu potencial produtivo – ou seja, o potencial produtivo de seus recursos naturais e culturais associado a tecnologias apropriadas e destinadas ao aproveitamento racional e sustentável de tais recursos.[1] O desenvolvimento econômico implica, portanto, entre outros fatores, a gestão sustentável dos recursos naturais[2] e do meio ambiente em sua globalidade. Nesse sentido, o texto constitucional brasileiro estabelece que o conjunto das prescrições normativas das relações econômicas tem como um de seus princípios o *princípio da defesa do meio ambiente*, inclusive mediante tratamento diferenciado conforme o impacto ambiental dos produtos e serviços e de seus processos de elaboração e prestação.[3] Para alcançar esse objetivo, o Poder Público pode e deve adotar e implementar instrumentos – como, por exemplo,

---

1. Enrique Leff afirma, com propriedade, que: "O subdesenvolvimento é o efeito da perda do potencial produtivo de uma Nação, devido a um processo de exploração e espoliação que rompe os mecanismos ecológicos e culturais, dos quais depende a produtividade sustentável das suas forças produtivas e a regeneração dos seus recursos naturais" (*Ecologia, Capital e Cultura: Racionalidade Ambiental, Democracia Participativa e Desenvolvimento Sustentável*, Blumenau, Edifurb, 2000, p. 21).
2. Cristiane Derani, *Direito Ambiental Econômico*, 2ª ed., São Paulo, Max Limonad, 2001, pp. 241 e ss.
3. Inciso VI do art. 170 da CF de 1988, com redação determinada pela Emenda Constitucional 42/2003.

a tributação ambiental[4] e a repartição dos tributos a partir de critérios ambientais. Nesse segundo sentido, o "ICMS Ecológico" é um mecanismo essencial, que pode ser utilizado para compensar os Municípios que sofrem restrições ao uso da terra e para incentivá-los a proteger o meio ambiente. Trata-se da adoção da variável ambiental na distribuição de um tributo, para que os Municípios que tenham em seu território unidades de conservação, por exemplo, recebam um incentivo financeiro para a gestão local desses espaços territoriais especialmente protegidos.

Todavia, a atual Reforma Tributária[5] em votação no Congresso Nacional não incorpora a variável ambiental, e ainda há riscos em matéria da alocação do ICMS – o que pode comprometer a existência do "ICMS Ecológico".[6] Por enquanto, a Proposta de Emenda Constitucional 228/2004,[7] que altera o Sistema Tributário Nacional, mantém a possibilidade de os Estados-membros legislarem para definir os critérios para distribuição de uma parcela do ICMS. É imprescindível, neste momento, uma reflexão sobre esse instrumento – e parece-nos que o momento e o lugar são adequados, pois, como afirma o nosso querido professor Paulo Affonso, "levantar questões, ainda que complexas, é uma tentativa de torná-las acessíveis a todos, para que a Constituição não seja monopólio de uma minoria,

---

4. Como salienta Antonio Lopes Diaz, a tributação ambiental se encontra ainda em uma fase embrionária, pois as ações neste campo têm sido puramente pontuais, com a criação de alguns tributos desta natureza ou o estabelecimento de certos benefícios fiscais ("Las modalidades de la fiscalidad ambiental", in Celso Antônio Bandeira de Mello (org.), *Estudos em Homenagem a Geraldo Ataliba – 1*, São Paulo, Malheiros Editores, 1997, pp. 15-43. Cf. também José Marcos Domingues de Oliveira, *Direito Tributário e Meio Ambiente: Proporcionalidade, Tipicidade Aberta, Afetação da Receita*, Rio de Janeiro, Renovar, 1995).

5. Ronaldo Seroa da Motta, José Marcos Domingos de Oliveira e Sérgio Margulis, *Proposta de Tributação Ambiental na Atual Reforma Tributária Brasileira – Texto para Discussão n. 738*, Rio de Janeiro, IPEA, junho/2000.

6. Suely Mara Vaz Guimarães Araújo e Ilidia da A. G. Martins Juras, *Considerações sobre Reforma Tributária e Meio Ambiente – Relatório Especial*, Consultoria Legislativa da Câmara dos Deputados, maio/2003; Suely Mara Vaz Guimarães Araújo, *Tributação Ambiental e Reforma Tributária – Relatório Especial*, Consultoria Legislativa da Câmara dos Deputados, agosto/2003 (*site* da Câmara dos Deputados, "Documentos – Consultoria Legislativa/Relatórios Especiais", *http://www.camara.gov.br/internet/diretoria/conleg/estudos.asp*, página consultada em 15.9.2003).

7. Proposta de Emenda Constitucional Original 74-A/2003 no Senado Federal.

mas seja utilizada em favor de todos desse imenso país",⁸ das gerações presentes e futuras.

Assim, este artigo tem o objetivo de (re)afirmar o alcance e todas as potencialidades do "ICMS Ecológico", analisando-se a experiência dos Estados Brasileiros que adotaram legislação análoga. Para tanto, serão analisados, em um primeiro momento, os dispositivos constitucionais e as legislações estaduais sobre o tema, verificando a abrangência deste mecanismo. Serão destacados os princípios jurídicos comuns e as diferenças desses textos legislativos em face de realidades regionais diversas. A análise comparativa dessas legislações estaduais não é apenas um trabalho teórico, mas realiza-se à luz das peculiaridades dos Estados-membros e constitui um caminho para o conhecimento crítico do próprio Direito, de seus desafios e de suas potencialidades. Ademais, é imperativo que se tenha em mente que a Constituição Federal de 1988 previu um federalismo cooperativo, no qual o elemento fundamental é a garantia do desenvolvimento equilibrado da União e dos entes federados.⁹

Em seguida, avaliar-se-á a contribuição do "ICMS Ecológico" como instrumento para a preservação dos recursos naturais e da biodiversidade, como um mecanismo de gestão no enfrentamento dos desafios da proteção ambiental no século XXI, permitindo a distribuição de receita fiscal com o intuito de fomentar comportamentos adequados à realização de uma gestão local sustentável e contribuindo com a realização de um modelo de desenvolvimento pautado no respeito à diversidade natural e cultural brasileira.

1. Análise do "ICMS Ecológico":
bases constitucionais e definição

Antes de estudar detalhadamente os fundamentos constitucionais em matéria de repartição do ICMS, é necessário realizar uma breve

---

8. Paulo Affonso Leme Machado, "Amianto, saúde e federalismo", *Agência Estado* 11.10.2001.

9. Ricardo Lobo Torres, *Sistemas Constitucionais Tributários*, Rio de Janeiro, Forense, 1986, pp. 482-483; e Heinz Laufer, "O ordenamento financeiro no Estado Federativo Alemão", in *O Federalismo na Alemanha*, Série Traduções n. 7, Konrad Adenauer Stifung, 1995, pp. 151-155, *apud* Gilberto Bercovici, *Desigualdades Regionais, Estado e Constituição*, São Paulo, Max Limonad, 2003, pp. 161-162.

introdução sobre os dispositivos constitucionais em matéria tributária no Brasil. Os tributos constituem "toda prestação pecuniária compulsória instituída em lei e cobrada mediante atividade administrativa vinculada, que não constitua sanção de ato ilícito".[10] De acordo com a Constituição Federal de 1988, as três principais espécies de tributos são os impostos, as taxas e as contribuições de melhoria (art. 145), que podem ser instituídos pelos entes federativos (União, Estados e Distrito Federal e Municípios).

Tributos e Fato Gerador	
Imposto	Tributo cuja obrigação tem como fato gerador uma situação independente de qualquer atividade estatal específica em favor do contribuinte
Taxa	Tributo cuja obrigação tem por fato gerador: – o exercício do poder de polícia ou – a utilização efetiva ou potencial de serviços públicos específicos e divisíveis, prestados ao contribuinte ou postos à sua disposição
Contribuição de Melhoria	Tributo cuja obrigação tem como fato gerador a valorização de imóveis do contribuinte em decorrência de execução de obras públicas

Em matéria de repartição de rendas, é necessário distinguir o ente federativo competente para instituir e regular os tributos daquele que é também beneficiário na participação desta renda tributária. Para os impostos o texto constitucional de 1988 determina expressamente a competência dos entes federativos para sua instituição e regulamentação, e também estabelece a repartição de receitas tributárias entre eles. Em matéria de repartição do ICMS, o inciso IV do art. 158 da CF de 1988 estabelece que pertencem aos Municípios 25% do produto da arrecadação do ICMS. O Município é, portanto, beneficiário de parcela do produto arrecadado pelos Estados. Para efetuar a redistribuição desta parcela dos 25% do produto do ICMS aos Municípios, a Constituição Federal de 1988 também fixa critérios quantitativos e qualitativos a serem observados pelos Estados: a) 3/4 desta parcela, no mínimo, deverão ser redistribuídos, na proporção do valor adicional nas

10. Art. 3º do CTN.

operações relativas à circulação de mercadorias e nas prestações de serviços, realizadas nos territórios dos Municípios; b) até 1/4 será redistribuído de acordo com o que dispuser a lei estadual.[11]

Diante da atual Reforma Tributária, a manutenção da possibilidade de os Estados-membros legislarem sobre a redistribuição do ICMS[12] – e, portanto, manterem a repartição de rendas de acordo com critérios sócio-ambientais ("ICMS Ecológico") – é extremamente importante, pois alguns Estados possuem uma situação peculiar, como é o caso do Estado do Amapá, que concentra em seus 143.453,71km^2 – 2,18% do território brasileiro – uma das maiores diversidades em ambientes naturais em dois domínios geográficos, o amazônico e o oceânico, na qual foram criadas 11 unidades de conservação federais e estaduais, cobrindo aproximadamente 55% do território do Amapá. Se, por um lado, a criação dessas unidades de conservação é o primeiro passo para assegurar a proteção dos ecossistemas e da biodiversidade, por outro lado, ela deve ser acompanhada da implementação de mecanismos que assegurem essa proteção, como é o caso do "ICMS Ecológico".[13]

Aliás, alguns textos constitucionais estaduais explicitaram os critérios a serem observados na redistribuição do ICMS aos Municípios, respeitados os critérios constitucionais mencionados. A Constituição do Estado de Mato Grosso, por exemplo, estabeleceu que tal redistribuição deve estar pautada em critérios econômicos, sociais e ambien-

---

11. Art. 158, parágrafo único, I e II, da CF de 1988.
12. De acordo com a Proposta de Emenda Constitucional 228/2004, em tramitação, 3/4 desta parcela do ICMS serão distribuídos de acordo com definição a ser estabelecida por lei complementar. Portanto, o Congresso Nacional estabelecerá critérios gerais para a parcela de 3/4, a ser repassada aos Municípios, da renda que os Estados tenham obtido com o ICMS. O restante – ou seja, 1/4 – da parcela do ICMS será distribuída de acordo com o que dispuser a lei estadual – ou, no caso dos Territórios, lei federal. De acordo com o texto da Proposta de Emenda Constitucional 228/2004, fica mantida, portanto, a possibilidade de os Estados-membros legislarem, de acordo com suas peculiaridades, estabelecendo critérios sócio-ambientais para a redistribuição deste tributo.
13. A própria Constituição do Estado do Amapá estabelece que lei estadual deve determinar os critérios para a redistribuição da parcela do ICMS aos Municípios (art. 172, parágraffo único, II). Cf., ainda, por exemplo, Constituição do Estado do Mato Grosso do Sul (art. 153, parágrafo único, II); Constituição do Estado de Minas Gerais (art. 150, § 1º, II); Constituição do Estado de São Paulo (art. 167, § 1º, 2); Constituição do Estado de Tocantins (art. 75, § 2º, II).

tais, definidos em lei complementar.[14] Pode-se citar também a Constituição do Estado do Paraná, que previu tratamento especial a ser dado quanto ao crédito da receita do ICMS aos Municípios que tivessem parte de seu território integrando unidades de conservação ambiental, ou que estivessem diretamente influenciados por ela, ou aqueles com mananciais de abastecimento público.[15]

Os Estados poderão, portanto – respeitados os dispositivos constitucionais nesta matéria[16] –, estabelecer, em sua legislação complementar ou ordinária, critérios ambientais para redistribuição de parcela referente a 1/4 dos 25% do ICMS a ser repassado aos Municípios. Isso possibilita o incentivo a atividades que preservem o meio ambiente, desestimulando-se práticas que não sejam harmônicas com a proteção ambiental.[17] Pode-se definir, portanto, a expressão "ICMS Ecológico" como um mecanismo de estímulo aos Municípios, que, ao adotarem princípios e práticas compatíveis com a proteção e preservação ambiental, passam a receber um determinado percentual de parcela do ICMS. O legislador estadual não criará uma nova espécie de ICMS ou um novo tributo,[18] mas introduzirá um novo conceito na redistribuição do ICMS.[19] Em outros termos, "ICMS Ecológico" refere-se à sistemática inserida nas legislações estaduais que possibilita aos Municípios, que adotem iniciativas de conservação ambiental e de desenvolvimento sustentável, obter maior parcela na redistribui-

14. Art. 157, II, da Constituição do Estado do Mato Grosso, de acordo com a redação dada pela Emenda Constitucional 15, de 30.11.1999.
15. Art. 132, parágrafo único, da Constituição do Estado do Paraná.
16. E se não houver modificação no curso da Reforma Tributária.
17. É importante ressaltar que "(...) estima-se que a partir dos anos 60 desmataram-se mais de 2 milhões de km² de florestas na América Latina e no Caribe (superfície equivalente à República Mexicana), tendo a taxa de desmatamento na Região, no seu conjunto, chegado a alcançar ritmos anuais próximos a 50.000km². A causa principal do desmatamento nas regiões tropicais foi a expansão da fronteira agropecuária, (...)" (Enrique Leff, *Ecologia, Capital e Cultura:* ..., p. 37).
18. Na verdade, o tributo constitui um meio eficiente de implementação do princípio poluidor-pagador, proporcionando recursos ao Estado para que ele possa agir (tributação fiscal) e também estimulando condutas não-poluidoras e desestimulando aquelas que sejam poluidoras (tributação extrafiscal) (cf. José Marcos Domingues de Oliveira, *Direito Tributário e Meio Ambiente:* ..., p. 26).
19. Mesmo que juridicamente a expressão perca em sua exatidão, ela tem sido correntemente utilizada e reflete uma preocupação de melhor redistribuição de impostos que fomente o desenvolvimento sustentável dos Municípios Brasileiros.

ção do ICMS, observados os limites constitucionais.[20] A redistribuição do ICMS passa, assim, a ser fundada não apenas em critérios econômicos, mas também sócio-ambientais, almejando conciliar o desenvolvimento econômico e a preservação dos recursos naturais, na busca de um desenvolvimento sustentável.

Os principais objetivos do "ICMS Ecológico", enquanto um mecanismo de política pública estadual que se incorpora à legislação na busca da preservação dos recursos naturais, são o de proporcionar aos Municípios uma compensação pelas restrições impostas ao uso da terra e o de incentivar financeiramente os Municípios a proteger o meio ambiente. A compensação é importante para os Municípios, visto que eles têm uma pequena margem de influência na implementação e na manutenção da maior parte das unidades de conservação, que é estadual ou federal.[21] No Amapá, o Parque Nacional Montanhas do Tumucumaque, criado pelo Decreto Federal de 22.8.2002, estende-se por aproximadamente 26% da área total do Estado. O "ICMS Ecológico" representa, assim, uma compensação dada aos Municípios em razão das restrições ao uso da terra, e figura como um instrumento econômico indispensável para garantir a preservação da biodiversidade, incentivando financeiramente os Municípios a proteger os recursos naturais que se encontram em seus respectivos territórios.

2. *Legislações estaduais sobre "ICMS Ecológico"*

No início da década de 90 do século passado os Estados-membros Brasileiros começaram a inserir em suas legislações critérios ambientais ou sócio-ambientais para a redistribuição do "ICMS Ecológico". Foi possível, através de levantamento, constatar que 10 Estados Brasileiros têm legislação sobre "ICMS Ecológico":[22] Paraná (1990), São Paulo (1993), Mato Grosso do Sul (1994), Minas Gerais

---

20. Cf. Tabela I – Legislação Estadual sobre "ICMS Ecológico".
21. Maryanne Grieg-Gran, *Fiscal Incentives for Biodiversity Conservation: the "ICMS Ecológico" in Brazil, Discussion Paper 00-01*, London, IIED/WWF, dezembro/2000, pp. 7-8.
22. Para a obtenção dos dados sobre as legislações estaduais de "ICMS Ecológico" efetuou-se um levantamento via Internet e foram enviados *e-mails* às Secretarias Estaduais de Meio Ambiente e da Fazenda dos 26 Estados-membros, bem como às respectivas Assembléias Legislativas. Ressalte-se, ainda, que há projetos de leis

(1995), Rondônia (1996), Amapá (1996), Rio Grande do Sul (1997), Mato Grosso (2000), Tocantins (2002) e Pernambuco (2002). Todavia, apesar da previsão legal, o "ICMS Ecológico" ainda não foi implementado em todos esses Estados, seja em razão da falta de regulamentação,[23] em virtude de um arcabouço legal ainda recente ou, mesmo, pela inadequação do texto legal à realidade do Estado.[24]

2.1 Critérios sócio-ambientais

Vários critérios sócio-ambientais foram adotados pelas legislações estaduais sobre "ICMS Ecológico" definindo linhas de estímulo, prevendo percentuais fixos ou progressivos, para embasar a redistribuição de 1/4 dos 25% do ICMS aos Municípios. De acordo com a Tabela II – Critérios Sócio-Ambientais de Redistribuição do ICMS nas Legislações Estaduais (infra), é possível destacar 21 critérios sócio-ambientais: (a) área geográfica; (b) população; (c) educação; (d) área cultivada/produção de alimentos ou produtividade; (e) saúde; (f) receita própria; (g) cota mínima; (h) Municípios mineradores; (i) patrimônio cultural; (j) áreas indígenas; (k) meio ambiente; (l) política municipal de meio ambiente; (m) unidades de conservação; (n) saneamento básico; (o) conservação da água; (p) mananciais de abastecimento público; (q) reservatórios destinados à geração de energia elétrica e a respectiva área desses reservatórios; (r) áreas inundadas por barragens;[25] (s) sistemas de tratamento ou disposição final de resíduos sólidos ou esgoto sanitário; (t) conservação e manejo do solo; (u) controle e combate a queimadas.

estaduais sobre "ICMS Ecológico" nos seguintes Estados: Santa Catarina, Rio de Janeiro e Pará. Cf. Tabela I – Legislação Estadual sobre "ICMS Ecológico".

23. No Estado do Mato Grosso do Sul, apesar de a possibilidade de implementação do "ICMS Ecológico" ter sido criada em 1994 com a Lei Complementar 77, apenas em 2000 foi promulgada a Lei Estadual 2.193, regulamentada pelo Decreto 10.478, de 31.8.2001.

24. No Estado do Amapá, por exemplo, a Lei Estadual 322, de 23.12.1996, ao fixar critério para repasse do ICMS, não contempla as seguintes categorias de unidades de conservação: reserva extrativista, reserva de desenvolvimento sustentável, monumento natural, refúgio de vida silvestre, área de relevante interesse ecológico e reserva da fauna.

25. Exceto aquelas áreas localizadas nos Municípios-sedes das usinas hidrelétricas.

Entre os critérios supramencionados, a existência de unidades de conservação constitui o fator eleito unanimemente pelas legislações estaduais,[26] com o objetivo de gerenciamento dos espaços territorialmente protegidos e de preservação da biodiversidade. As unidades de conservação correspondem ao "espaço territorial e seus recursos ambientais, incluindo as águas jurisdicionais, com características naturais relevantes, legalmente instituído pelo Poder Público, com objetivos de conservação e limites definidos, sob regime especial de administração, ao qual se aplicam garantias adequadas de proteção".[27] Dois grupos de unidades de conservação integram o Sistema Nacional de Unidades de Conservação (SNUC): unidades de proteção integral e unidades de uso sustentável.[28] As unidades de proteção integral são aquelas nas quais se admite apenas o uso indireto dos recursos naturais – ou seja, aquele que não envolve consumo, coleta, dano ou destruição dos recursos naturais. Neste grupo encontram-se: as estações ecológicas, as reservas biológicas, os parques nacionais, os monumentos naturais e os refúgios de vida silvestre. As unidades de uso sustentável são espaços territorialmente protegidos nos quais se busca "compatibilizar a conservação da Natureza com o uso sustentável de parcela dos seus recursos naturais".[29] Este segundo grupo é composto pelas áreas de proteção ambiental, áreas de relevante interesse ecológico, florestas nacionais, reservas extrativistas, reservas de fauna,

---

26. Há legislações que adotam as expressões "áreas de preservação ambiental" ou ainda "espaços territoriais especialmente protegidos". A Lei Federal 9.985, de 18.7.2000, unifica a terminologia, ao adotar a expressão "unidades de conservação".
27. Art. 2º, I, da Lei Federal 9.985, de 18.7.2000, que institui o Sistema Nacional de Unidades de Conservação (SNUC).
28. O art. 55 desta lei determina que "as unidades de conservação e as áreas protegidas criadas com base nas legislações anteriores e que não pertençam às categorias previstas nesta Lei serão reavaliadas, no todo ou em parte, no prazo de até dois anos, com o objetivo de definir sua destinação com base na categoria e função para as quais foram criadas, conforme o disposto no Regulamento desta Lei".
29. É o que dispõe o § 2º do art. 7º da Lei 9.985, de 18.7.2000. A conservação da Natureza é definida pela própria lei em seu art. 2º, II, como o manejo do uso humano da Natureza, compreendendo a preservação, a manutenção, a utilização sustentável, a recuperação do ambiente natural, para que possa produzir o maior benefício, em bases sustentáveis, às atuais gerações, mantendo seu potencial de satisfazer as necessidades e aspirações das gerações futuras, e garantindo a sobrevivência dos seres vivos em geral. Esta definição, por si só, deve estar ajustada, compatibilizada, com o uso sustentável dos recursos naturais. Mas poder-se-ia indagar: qual a parcela dos recursos naturais que poderia ser utilizada?

reservas de desenvolvimento sustentável e reservas particulares do patrimônio natural. As unidades de conservação federais no Brasil ocupam 6,3% do território nacional, e na Amazônia Legal este percentual atinge 8,69%.[30]

Unidades de Conservação (UCs) Federais no Brasil (28.8.2003)				
CATEGORIA	TIPO DE USO	ÁREA DAS UCS*	ÁREA CONTINENTAL DO BRASIL**	%
Estação Ecológica	proteção integral	3.798.120,49	854.546.635,68	0,44
Parque Nacional	proteção integral	16.437.902,14	854.546.635,68	1,92
Refúgio de Vida Silvestre	proteção integral	128.521,30	854.546.635,68	0,02
Reserva Biológica	proteção integral	3.396.911,10	854.546.635,68	0,40
Reserva Ecológica	proteção integral	127,19	854.546.635,68	0,00
Área de Proteção Ambiental	uso sustentável	6.516.177,82	854.546.635,68	0,76
Área de Relevante Interesse Ecológico	uso sustentável	43.165,16	854.546.635,68	0,01
Floresta Nacional	uso sustentável	18.498.202,53	854.546.635,68	2,16
Reserva Extrativista	uso sustentável	4.987.322,59	854.546.635,68	0,58
Totais		53.806.450,31		6,30

* As sobreposições entre as unidades de conservação foram processadas incluindo-as na categoria de maior restrição.

** Baseia-se na malha municipal digital do Brasil de 1996, fornecida pelo IBGE; não inclui as ilhas oceânicas Classificação por categoria de uso, abrangência: continente (não inclui as ilhas oceânicas), área expressa em hectares, cálculos efetuados através do *software* ARCVIEW, projeção sinusoidal, dados sujeitos a alterações em função do aprimoramento dos mapas digitais utilizados.
(Site do IBAMA, *Unidades de Conservação* (em linha), http://www2.ibama.gov.br/unidades/geralucs/estat/brasil/uccat.pdf, página consultada em 15.10.2003)

A busca de estratégias de proteção da biodiversidade levou, assim, os Estados do Paraná, São Paulo, Mato Grosso do Sul, Minas Gerais, Rondônia, Amapá, Rio Grande do Sul, Mato Grosso, Tocantins e Pernambuco a adotarem o critério *unidade de conservação* incidindo

30. Site do IBAMA, "Unidades de Conservação", http://www2.ibama.gov.br/unidades/geralucs/estat/amazonia/uccat.pdf (página consultada em 15.10.2003).

sobre a repartição do ICMS entre os Municípios nesses respectivos Estados. O "ICMS Ecológico" apresentou e apresenta potencialidades como instrumento de indução de gestão ambiental integrada e descentralizada, e não apenas como incentivos pontuais.[31] Esse instrumento proporcionou uma compensação aos Municípios pelas restrições ao uso da terra e incentivou-os financeiramente a proteger o meio ambiente de forma planejada e contínua. Destaque-se a peculiaridade da legislação sobre "ICMS Ecológico" de Rondônia, que previu a possibilidade de redução dos cálculos dos percentuais dos Municípios na repartição do ICMS caso fossem comprovadas invasões ou explorações ilegais das unidades de conservação.

Além do critério *unidade de conservação*, alguns critérios adotados pelas legislações estaduais sobre "ICMS Ecológico" também merecem destaque, pois propugnam pela gestão da sócio e biodiversidade. Essa legislação no Estado do Mato Grosso, por exemplo, adotou o conceito mais amplo de *saneamento ambiental*, que inclui os sistemas de captação, tratamento e distribuição de água, os sistemas de coleta, tratamento e disposição final de resíduos sólidos e os sistemas de esgotamento sanitário nos Municípios. Este dispositivo é adequado à realidade brasileira, pois a baixa cobertura de água, saneamento e tratamento e disposição de resíduos sólidos no país exige uma tomada de decisão política para reverter essa situação. Uma análise da situação brasileira na área de saneamento conduz à constatação de que os recursos necessários para regularizar até o ano 2010, incluindo apenas o setor urbano, são estimados em 40 bilhões de Dólares, e não poderão ser alocados sem que a estratégia do planejamento nacional priorize a adequada provisão de serviços de água e saneamento à sociedade brasileira.[32]

Em relação ao critério *saneamento ambiental*, algumas legislações estabeleceram condições para que possa ser aplicado. A legislação sobre "ICMS Ecológico" de Minas Gerais, por exemplo, fixou duas condições que para que o Município pudesse receber parcela do

---

31. Cf., infra, item 3, "A contribuição do 'ICMS ecológico'".

32. Ivanildo Hespanhol, "Água e saneamento básico – Uma visão realista", in Benedito Braga, Aldo da C. Rebouças, e José Galizia Tundisi (orgs. e coords.), *Águas Doces no Brasil: Capital Ecológico, Uso e Conservação*, São Paulo, Escrituras Editora, 1999, p. 301.

ICMS com base nesse critério: em primeiro lugar, os sistemas de tratamento ou disposição final de lixo ou de esgoto sanitário deveriam atender, no mínimo, a – respectivamente – 70% e a 50% da população; e, em segundo lugar, o valor máximo a ser atribuído a cada Município não poderia exceder o respectivo investimento estimado com base na população e no custo médio *per capita*.[33]

Destaque-se, ainda, a legislação do Estado do Tocantins, que incluiu entre os critérios para a redistribuição do ICMS não apenas unidades de conservação e terra indígena, saneamento básico, conservação da água e coleta e destinação de lixo, mas também política municipal do meio ambiente, controle e combate a queimadas, conservação e manejo do solo. O critério *política municipal do meio ambiente* buscou refletir os objetivos a curto, médio e longo prazos que o Governo Estadual desejava alcançar, incentivando o desenvolvimento de estruturas municipais, a capacitação dos recursos humanos e o desenvolvimento de políticas públicas compatíveis com a descentralização administrativa e a proteção ambiental. Os dois outros critérios elencados nesta legislação – o controle e combate a queimadas e a conservação e manejo do solo – refletiam a preocupação do legislador estadual com dois dos principais problemas ambientais do Estado do Tocantins: as queimadas e o uso inadequado do solo.[34] Em realidade, as queimadas autorizadas pelos órgãos ambientais, para a renovação e a abertura de pastos e áreas agrícolas, têm sido "a forma mais usada para a conversão de florestas na Amazônia e dos cerrados do Brasil Central em áreas agropastoris".[35] Ao lado das queimadas autorizadas, ocorre a prática das queimadas não-autorizadas, bem como incêndios florestais, que constituem situações de fogo descontrolado. As análises dos "focos de calor" levam em conta tanto as queimadas como os incêndios florestais.[36]

---

33. Art. 1º, VIII, "a", da Lei 12.040, de 28.12.1995, do Estado de Minas Gerais.
34. *Diagnóstico da Gestão Ambiental nas Unidades da Federação – Relatório Final: Estado de Tocantins*, Brasília, MMA, fevereiro/2001 (*site* do Ministério do Meio Ambiente, "PNMA II – Diagnóstico da Gestão Ambiental no Brasil", *http://www.mma.gov.br*, página consultada em 15.8.2002, pp. 9-10).
35. IBGE – Diretoria de Geociências, p. 84.
36. "A expressão 'focos de calor' é utilizada para interpretar o registro de calor captado na superfície do solo pelo sensor AVHRR, que viaja a bordo dos satélites da série NOAA. Esse sensor capta e registra qualquer temperatura acima de 47°C e a interpreta como sendo um 'foco de calor'. Não há, neste caso, possibilidade de se

A partir dessa análise dos critérios eleitos para a repartição dos tributos, constata-se que o "ICMS Ecológico" pode contemplar, sem serem excludentes, os seguintes aspectos: (a) o de instrumento de proteção da biodiversidade, ao proporcionar a preservação e ampliação das unidades de conservação; (b) o de mecanismo de saneamento ambiental, ou seja, proporcionando um "conjunto de ações e medidas da saúde e conforto humanos, assim como a proteção dos sistemas ecológicos e recursos naturais";[37] (c) o de fomento ao desenvolvimento da infra-estrutura municipal de proteção ambiental e à ampliação de programas de educação ambiental.

2.2 Percentuais

Nas legislações estaduais sobre o "ICMS Ecológico" os percentuais da cota-parte do ICMS em razão de critérios ambientais variam de 0,5% a 13%, podendo ser fixos ou progressivos, conforme dados na Tabela III – Linhas de Estímulo Ambiental e dos Percentuais nas Legislações Estaduais sobre "ICMS Ecológico" (cf. infra). Os Estados de Rondônia e do Amapá adotaram a linha de estímulo do ICMS abrangendo a existência de unidades de conservação no território do Município, estabelecendo em Rondônia, um percentual fixo de 5% e no Amapá um percentual progressivo de 1,375% a 1,4%.

Outros Estados, além de disporem sobre unidades de conservação no território do Município como critério de redistribuição do ICMS, adotaram também outros critérios que podem interferir na qualidade ambiental. A legislação do Estado do Paraná, por exemplo, fixou a redistribuição de 2,5% para os Municípios que tenham mananciais de abastecimento público e 2,5% para aqueles que tenham unidades de conservação em seus territórios. No mesmo sentido, a legislação do Estado de Minas Gerais também adotou um duplo critério de repasse, ao estabelecer um percentual progressivo que alcan-

---

discriminar se o 'foco de calor' é um incêndio ou uma queimada, mas é possível identificar onde e quando ocorreu, ou seja, sua posição geográfica referenciada pela latitude e longitude" (*site* do IBAMA, "Publicação do PROARCO", http://www2. ibama.gov.br/proarco/apresentacao.htm, página consultada em 15.5.2002).
37. Pedro Paulo de Lima e Silva, Antônio J. T. Guerra, Patrícia Mousinho (orgs.), Cecília Bueno *et alii* (auts.), *Dicionário Brasileiro de Ciências Ambientais*, Rio de Janeiro, Thex Editora, 1999, pp. 209-210.

çará 0,5% aos Municípios com unidades de conservação e 0,5% para Municípios com sistemas de tratamento ou disposição final de lixo ou de esgoto sanitário atendendo às necessidades de determinada proporção da população.

Em São Paulo a legislação sobre o "ICMS Ecológico" adotou o percentual de 0,5% a ser repassado para os Municípios com reservatórios de água destinados à geração de energia elétrica e área desses reservatórios e 0,5% para os Municípios nos quais se encontrem espaços territoriais especialmente protegidos. A legislação do Estado do Mato Grosso definiu também dois critérios, fixando para os Municípios com unidades de conservação/terras indígenas um percentual de 5%, e para aqueles com saneamento ambiental um percentual progressivo de 0% a 2%, de acordo com o ano de exercício fiscal.

A opção por um ou outro parâmetro que propicie a preservação dos recursos ambientais no Estado refletiu as prioridades governamentais em cada caso, bem como as peculiaridades de cada Estado. No Rio Grande do Sul, por exemplo, a legislação sobre o "ICMS Ecológico" adotou um percentual de 7% para os Municípios com áreas de preservação ambiental e aquelas inundadas por barragens. A legislação do Estado do Mato Grosso do Sul fixou o percentual de 5% para os Municípios com unidades de conservação/terras indígenas/mananciais de abastecimento público.

As duas legislações sobre "ICMS Ecológico" mais recentes, dos Estados de Pernambuco e Tocantins, ambas de 2002, adotaram percentuais fixos e progressivos. A referida legislação do Estado de Pernambuco estipula o percentual fixo de 1% a ser redistribuído aos Municípios que abriguem unidades de conservação, e a partir do terceiro ano de exercício fiscal se adotará o percentual de 2,5%, repassado aos Municípios que tenham sistemas de tratamento ou de destinação final de resíduos sólidos. A legislação sobre "ICMS Ecológico" do Estado de Tocantins é mais ambiciosa, e estabelece percentuais progressivos que alcançarão em 2007 um total de 13%, a ser redistribuído aos Municípios de acordo com os seguintes critérios ambientais: 2,0% – política municipal do meio ambiente; 3,5% – unidades de conservação e terras indígenas; 2,0% – controle e combate a queimadas; 3,5% – saneamento básico, conservação da água e coleta e destinação do lixo; 2,0% – conservação e manejo do solo.

2.3 Índice ecológico

O índice ecológico referente às unidades de conservação é calculado com base na área total de proteção em relação à área total de proteção do Estado. Este cálculo é realizado anualmente, de acordo com as legislações dos Estados do Paraná e de Rondônia, ou, a cada três meses, como no caso de Minas Gerais. O cálculo deste índice pode levar em conta apenas a proporção entre a área total das unidades de conservação no Município (AUCM) e a área do município (AM), que é calculada para cada Município, constituindo o fator de conservação municipal (FCM).

$$FCM = \frac{AUCM}{AM}$$

A soma dos fatores de conservação municipais (SFCM) resultará no fator de conservação estadual (FCE).

$$SFCM = FCE$$

O índice ecológico (IE) é, então, obtido através da divisão do fator de conservação municipal – um Município "x" (FCM "x") – pelo fator de conservação estadual (FCE).

$$IE = \frac{FCM\ "x"}{FCE}$$

Este sistema é utilizado em Rondônia. Aplica-se, então, o percentual para a proteção das unidades de conservação, que é de 5%. Há a possibilidade de redução deste percentual, caso venham a ser comprovadas invasões ou explorações ilegais nas áreas das unidades de conservação.

Em Minas Gerais acrescenta-se a este método a categoria de unidade de conservação e o grau de restrição do uso da terra. Previu-se também a incorporação no cálculo de um fator de qualidade. Em São Paulo o índice ecológico é calculado considerando a relação entre a área protegida no Município e a soma de todas as áreas protegidas no Estado, ponderando-se ou aplicando-se o fator de restrição referente a cada categoria de área. No Paraná aplicou-se inicialmente um coeficiente de restrição territorial. Este método evoluiu a partir do Decreto 2.791/1996 para coeficientes de conservação da biodiversidade – quer dizer, além das variáveis quantitativas (área das unidades de conservação), considera-se também o fator de qualidade calculada para cada área protegida, ou seja, a qualidade da proteção ambiental (qualidade física e biológica; qualidade dos recursos hídricos tanto da unidade de conservação quanto de seu entorno; qualidade do planejamento, implementação e manutenção; bem como a articulação com a comunidade e as ações do Município).

3. A contribuição do "ICMS Ecológico"

Pode-se analisar a experiência de alguns Estados Brasileiros em matéria de "ICMS Ecológico", como Paraná, Minas Gerais e São Paulo, ressaltando os resultados de sua implementação.

No Estado do Paraná – como ressalta Wilson Loureiro –, com a implementação do "ICMS Ecológico", ocorreu: (a) a inclusão do tema *áreas protegidas* tanto na agenda comum quanto na agenda dos administradores públicos; (b) a ampliação da superfície de áreas protegidas; (c) o aumento do número de Municípios beneficiados pelo "ICMS Ecológico"; (d) o aprimoramento institucional; (e) também outros avanços, como, por exemplo, a melhoria da qualidade das unidades de conservação.[38]

No Estado de São Paulo o número de Municípios beneficiados elevou-se de 104 em 1994 para 152 em 1999, de acordo com dados da Secretaria Estadual do Meio Ambiente. É importante ressaltar que nesse Estado, além do "ICMS Ecológico", há uma legislação específica de compensação financeira aos Municípios: a Lei Paulista 9.416, de 9.3.1995.

Em Minas Gerais, entre os anos de 1995 e 1999, a superfície de áreas protegidas foi ampliada em 1 milhão de hectares – o que corres-

---

38. *Incentivos Econômicos para a Conservação da Biodiversidade no Brasil – ICMS Ecológico*, Curitiba, s.n., 1998.

ponde a cerca de 90% de acréscimo –, de acordo com os dados do Cadastro de Unidades de Conservação.[39] O potencial de indução do "ICMS Ecológico" na experiência de Minas Gerais é nítido também em matéria de saneamento ambiental. Houve uma progressão dos Municípios que passaram a se beneficiar dos recursos redistribuídos com base neste critério: se em 1996 nenhum Município foi contemplado, e em 1997 apenas o Município de Betim se habilitou, em razão de seu sistema de saneamento, em março/2001 este número se elevou a 28 Municípios habilitados. Entre os sistemas licenciados encontram-se 6 aterros sanitários, 20 usinas de compostagem e 7 estações de tratamento de esgotos.[40]

O "ICMS Ecológico" tem contribuído para ampliar as iniciativas municipais na preservação de espaços territoriais especialmente protegidos, como também tem propiciado o desenvolvimento e a articulação da gestão ambiental municipal e estadual. Há um efeito indutor que pode ser constatado no caso de unidades de conservação de âmbito municipal nos Estados do Paraná e de Minas Gerais. Entretanto, a ampliação de unidades de conservação deve-se particularmente à criação de áreas de proteção ambiental (APAs) – o que pode estar associado ao fato de se tratar de unidades de conservação de uso sustentável, e, portanto, com a possibilidade de uso indireto, mais flexível. Há a necessidade de que esta expansão não venha a reduzir a participação dos Municípios que abriguem unidades de proteção integral.[41]

A implementação do "ICMS Ecológico" também contribuiu para a constituição de cadastros, possibilitando controle na gestão ambiental e no planejamento, em geral. Ademais, os novos critérios como saneamento ambiental, controle de queimadas e de uso dos solos, bem como políticas municipais de meio ambiente, demonstram que o "ICMS Ecológico" poderá ser utilizado como instrumen-

---

39. Resoluções 3, de 27.12.1995, e 29, de 30.12.1999, da Secretaria de Meio Ambiente e Desenvolvimento Sustentável (SEMAD).
40. Resoluções 72 e 73, de 30.3.2001, da SEMAD.
41. Léo Pompeu de Rezende Campos, "ICMS ecológico: experiências nos Estados do Paraná, São Paulo, Minas Gerais e alternativas na Amazônia", *Terceira Reunião Temática – Outros Instrumentos de Gestão Ambiental*, Programa-Piloto para Proteção de Florestas Tropicais/Subprograma de Políticas de Recursos Naturais-SPRN/*Department for International Development*, Cuiabá/MT, março/2000.

to para a efetivação da gestão ambiental descentralizada e a proteção da biodiversidade.

4. Conclusão

As experiências dos Estados-membros em matéria de "ICMS Ecológico" demonstram a necessidade da manutenção de bases constitucionais para que as legislações estaduais possam estabelecer critérios sócio-ambientais para repartição do ICMS, de acordo com as peculiaridades de cada Estado-membro. O "ICMS Ecológico" representa, assim, uma medida estratégica, de alcance sócio-ambiental, estimulando a solução de problemas sócio-ambientais, como resíduos e esgotamento sanitário, além de ampliar as áreas protegidas. Trata-se de um instrumento de proteção da sócio e biodiversidade e um mecanismo de compensação para os Municípios que têm em seus territórios espaços territorialmente protegidos. Em outras palavras, proteger o meio ambiente passa a representar uma vantagem para o ente federativo e ocorre uma justa repartição dos tributos embasada em critérios sócio-ambientais.

Se, por um lado, o "ICMS Ecológico" figura como um instrumento de promoção e preservação da sócio e biodiversidade; por outro lado, esse mecanismo não pode ser pensado isoladamente. Há necessidade de reflexões não apenas a respeito dos critérios de repartição do ICMS, mas também sobre a inclusão de critério ambiental para repartição de receita tributária em outros mecanismos – como, por exemplo, o Fundo de Participação dos Municípios e dos Estados[42] –, e, acima de tudo, é imprescindível propugnar pela adoção de critérios ambientais na tributação, neste momento de Reforma Tributária, como mecanismo de promoção, de preservação e de conservação do meio ambiente, contribuindo para o desenvolvimento econômico do país e, em particular, para o desenvolvimento e utilização de novas tecnologias, bem como para a criação de novos empregos.

---

42. Tramita no Congresso Nacional o Projeto de Lei Complementar 53/2000, de autoria da senadora Marina Silva, que cria reserva do Fundo de Participação dos Estados e do Distrito Federal para as Unidades da Federação que abrigarem, em seus territórios, unidades de conservação da Natureza e terras indígenas demarcadas (FPE "Verde").

ANEXOS

Tabela I – Legislação Estadual sobre "ICMS Ecológico"[43]

REGIÃO	ESTADO	LEI	EMENTA
Norte	Amapá	Lei 322, de 23.12.1996	Dispõe sobre a distribuição de parcela da receita do produto da arrecadação dos impostos estaduais conforme disposições contidas no art. 158 da Constituição Federal e Lei Complementar Federal n. 63/1990 e outras providências.
	Rondônia	Lei Complementar 147, de 15.1.1996	Altera e acrescenta dispositivos à Lei Complementar n. 115, de 14 de junho de 1994, e dá outras providências.
	Tocantins	Lei 1.323, de 4.4.2002	Dispõe sobre os índices que compõem o cálculo da parcela do produto da arrecadação do ICMS pertencente aos Municípios, e adota outras providências.
Nordeste	Pernambuco	Lei 12.206, de 20.5.2002	Ajusta os critérios de distribuição de parte do ICMS que cabe aos Municípios, nos termos do art. 2º da Lei n. 10.489, de 2 de outubro de 1990, com a redação da Lei n. 11.899, de 21 de dezembro de 2000, relativamente aos aspectos sócio-ambientais.
	Mato Grosso	EC 15	Dá nova redação aos incisos I e II do parágrafo único do art. 157 da Constituição Estadual, alterados pela Emenda Constitucional n. 4, de 18 de junho de 1993.
		Lei Complementar 73, de 7.12.2000	Dispõe sobre os critérios de distribuição da parcela de receita do ICMS pertencente aos Municí-

(continua)

43. Há ainda projetos de leis estaduais sobre "ICMS Ecológico" nos seguintes Estados: Santa Catarina, Rio de Janeiro, Pará.

Tabela I – Legislação Estadual sobre "ICMS Ecológico" (continuação)

Região	Estado	Lei	Ementa
Centro-Oeste			pios, de que tratam os incisos I e II do parágrafo único do art. 157 da Constituição Estadual, e dá outras providências.
		Decreto 2.758, de 16.7.2001	Regulamenta o art. 8º da Lei Complementar n. 73, de 7 de dezembro de 2000, seus anexos e dá outras providências.
	Mato Grosso do Sul	Lei Complementar Estadual 77, de 7.12.1994	Altera a redação de dispositivo da Lei Complementar n. 57, de 4 de janeiro de 1991, e dá outras providências.
		Lei Estadual 2.193, de 18.12.2000	Dispõe sobre o ICMS Ecológico, na forma do art. 1º, III, "f", da Lei Complementar n. 57, de 4 de janeiro de 1991, com redação dada pela Lei Complementar n. 77, de 7 de dezembro de 1994, e dá outras providências
		Decreto 10.478, de 31.8.2001	Estabelece métodos para o rateio da parcela de receita de ICMS pertencente aos Municípios, prevista no art. 1º, III, "f", da Lei Complementar n. 57, de 4 de janeiro de 1991, com redação dada pela Lei Complementar n. 77, de 7 de dezembro de 1994, e dá outras providências.
	Minas Gerais	Lei 12.040, de 28.12.1995	Dispõe sobre a distribuição da parcela de receita do produto da arrecadação do ICMS pertencente aos Municípios, de que trata o inciso II do parágrafo único do art. 158 da Constituição Federal, e dá outras providências.

(*continua*)

Tabela I – Legislação Estadual sobre "ICMS Ecológico" (continuação)

REGIÃO	ESTADO	LEI	EMENTA
Sudeste		*Lei 12.428, de 27.12.1996*	Altera a Lei n. 12.040, de 28 de dezembro de 1995, que dispõe sobre a distribuição da parcela de receita do produto da arrecadação do Imposto sobre Operação Relativas à Circulação de Mercadorias e sobre Prestações de Serviços de Transporte Interestadual e Intermunicipal e de Comunicação – ICMS pertencente aos Municípios, de que trata o inciso II do parágrafo único do art. 158 da Constituição Federal, e dá outras providências.
		Decreto 38.714, de 24.3.1997	Dispõe sobre a apuração e distribuição da parcela de receita proveniente da arrecadação do ICMS pertencente aos Municípios.
	São Paulo	*Lei 8.510, de 29.12.1993*	Altera a Lei n. 3201, de 23 de dezembro de 1981, que dispõe sobre a parcela, pertencente aos Municípios, do produto da arrecadação do Imposto sobre Operações Relativas à Circulação de Mercadorias e sobre Prestações de Serviços de Transporte Interestadual e Intermunicipal e de Comunicação – ICMS.
		Lei 9.332, de 27.12.1995	Altera disposições da Lei n. 3.201, de 23 de dezembro de 1981, com a redação da Lei n. 8.510, de 29 de dezembro de 1993, que trata da parcela, pertencente aos Municípios, do produto da arrecadação do Imposto sobre Operações Relativas

(*continua*)

Tabela I – Legislação Estadual sobre "ICMS Ecológico" (continuação)

Região	Estado	Lei	Ementa
Sul			à Circulação de Mercadorias e sobre Prestações de Serviços de Transporte Interestadual e Intermunicipal e de Comunicação – ICMS.
	Paraná	Lei Complementar 59, de 1.10.1991	Dispõe sobre a repartição de 5% do ICMS, a que alude o art. 2º da Lei n. 9.491/1990, aos Municípios com mananciais de abastecimento e unidades de conservação ambiental, assim como adota outras providências.
		Lei 9.491, de 21.12.1990	Estabelece critérios para fixação dos índices de participação dos Municípios no produto da arrecadação do ICMS.
		Lei 12.690, de 18.10.1999 (regulamentada pelo Decreto 974, de 9.12.1991)	Dispõe que os Municípios aplicarão 50% do ICMS recebido nos termos do art. 2º da Lei Complementar n. 59/1991 e 67/1993, diretamente nas respectivas áreas indígenas.
	Rio Grande do Sul	Lei 11.038, de 14.11.1997	Dispõe sobre a parcela do produto da arrecadação do Imposto sobre Operações Relativas à Circulação de Mercadorias e sobre Prestações de Serviços de Transporte Interestadual e Intermunicipal e de Comunicação (ICMS) pertencente aos Municípios.

Tabela II – Critérios Sócio-Ambientais de Redistribuição do ICMS nas Legislações Estaduais[44]

Critério sócio-ambiental	Legislações Estaduais sobre "ICMS Ecológico"									
	AP	MT	MS	MG	PR	PE	RS	RO	SP	TO
Área geográfica	S	S	S	S	S					S
População	S	S	S	S	S	S	S		S	S
Educação	S		S		S	S				
Área cultivada/produção de alimentos ou agropecuária/produtividade	S			S	S		S		S	
Propriedades rurais						S		S		
Saúde	S			S			S	S		
Receita própria	S	S	S	S		S			S	
Cota mínima ou cota igual	S	S		S	S			S	S	S
Municípios mineradores				S						
Patrimônio cultural	S			S						
Áreas indígenas	S	S	S	S				S		S
Política municipal de meio ambiente										S
unidades de conservação/ áreas de preservação ambiental	S	S	S	S	S	S	S	S	S	S
Saneamento básico			S							S
Sistemas de tratamento ou disposição final de resíduos sólidos ou esgoto sanitário	S		S		S					S
Mananciais de abastecimento público				S		S				
Reservatórios destinados à geração de energia elétrica									S	
Áreas inundadas por barragens									S	
Conservação da água e conservação e manejo do solo										S
Controle e combate a queimadas										S

44. Nas legislações estaduais as parcelas destinadas à redistribuição do ICMS, de acordo com o critério *meio ambiente*, observam a existência, nos Municípios, de (a) unidades de conservação e às vezes, também, de acordo com a legislação em espécie, de (b) sistemas de tratamento ou disposição final de resíduos ou esgoto sanitário. A legislação do Estado do Paraná prevê a possibilidade de serem repassados recursos financeiros aos Municípios que possuam em seus territórios reservas indígenas consideradas unidades de conservação ambiental – e, portanto, na tabela em questão não se considerou que o critério *áreas indígenas* tenha sido eleito pela legislação paranaense, mas tão-somente o critério *unidades de conservação*.

Tabela III – Linhas de Estímulo Ambiental e dos Percentuais nas Legislações Estaduais sobre "ICMS Ecológico"

"ICMS Ecológico"	Total %	Percentual referente a 1/4 dos 25% do ICMS					Critério ambiental: Municípios com
AP	1,4%	1998/1999		2000/2001/2002			
	(PP)	1,375%		1,4%			– unidades de conservação
MT	7%	5%					
	(PP)	1º ano	2º ano	3º ano			– unidades de conservação/terras indígenas
		0%	0%	2%			– saneamento ambiental
MS	5%	5%					– unidades de conservação/terras indígenas/mananciais de abastecimento público
MG	1%	1997	1998/1999/2000	0,5%			
	(PP)	0,6660%	1%				– sistemas de tratamento ou disposição final de lixo ou de esgoto sanitário atendendo às necessidades de determinada proporção da população (50%)
				0,5%			– unidades de conservação (50%)
PR	5%	2,5%					– mananciais de abastecimento público
		2,5%					– unidades de conservação
PE	3,5%	2002	2003	2004			
	(PP)	1%	1%	1%			– unidades de conservação
		–	–	2,5%			– sistemas de tratamento ou de destinação final de resíduos sólidos
RS	7%	7%					– áreas de preservação ambiental e aquelas inundadas por barragens
RO	5%	5%					– unidades de conservação
SP	1%	0,5%					– reservatórios de água destinados à geração de energia elétrica e área desses reservatórios
		0,5%					– espaços territoriais especialmente protegidos
TO	13%	2003	2004	2005	2006	2007	
	(PP)	0,5	1,0	1,5	2,0	2,0	– política municipal do meio ambiente
		1,0	1,5	2,0	2,5	3,5	– unidades de conservação e terras indígenas
		0,5	1,5	1,5	2,0	2,0	– controle e combate a queimadas
		1,0	1,5	2,0	3,5	3,5	– saneamento básico, conservação da água e coleta e destinação do lixo
		0,5	1,0	1,5	2,0	2,0	– conservação e manejo do solo

PP: Percentual progressivo.

NOTAS SOBRE A POLÍTICA NACIONAL DO MEIO AMBIENTE

UBIRACY ARAÚJO

1. Retrospectiva histórica. 2. A política nacional. 3. Conceitos. 4. Princípios da Política Nacional do Meio Ambiente. 5. Objetivos da Política Nacional do Meio Ambiente (art. 4º da Lei 6.938/1981). 6. Instrumentos da Política Nacional do Meio Ambiente (art. 9o). 7. Sistema Nacional do Meio Ambiente (SISNAMA). 8. Conselho Nacional do Meio Ambiente (CONAMA). 9. Competência para licenciar. 10. Das penalidades. 11. O período pós-ECO-92.

1. Retrospectiva histórica

Pouco antes do fim da II Grande Guerra, e em face da comprovação de que a Liga das Nações, criada em 1919, após a I Guerra Mundial, efetivamente não cumpriu seu papel de promover a paz mundial, os Estados Unidos – que haviam se recusado a participar da Liga das Nações – começaram a esboçar, junto com a Inglaterra, o que posteriormente viria a ser denominado "A Nova Ordem Mundial", com enfoque para as áreas da Economia e da Política.

Como nos lembra Eric Hobsbawm, "a supremacia americana era, claro, um fato. A pressão política por ação vinha de Washington, mesmo quando muitas idéias e iniciativas partiam da Grã-Bretanha, e onde as opiniões divergiram (...) os Estados Unidos prevaleceram".[1]

Esta experiência resultou na criação da Organização das Nações Unidas (ONU), referendada de início por 50 países – entre eles o Bra-

---

1. *Era dos Extremos. O Breve Século XX – 1914-1991*, São Paulo, Cia. das Letras, 1995.

sil –, que começou a funcionar oficialmente em 24.10.1945, incorporando o Banco Mundial e o Fundo Monetário Internacional, os quais haviam sido estabelecidos pelo *Acordo de Bretton Woods*, de 1944.

Tais órgãos visavam, respectivamente, a manter a paz e a segurança mundiais, promover o investimento internacional e manter a estabilidade do câmbio – em outras palavras, à reconstrução da economia internacional do pós-Guerra.

Na sua esteira vieram os acordos de livre comércio, a exemplo do *Acordo-Geral de Tarifas e Comércio* (GATT), sucedido, em 1995, pela *Organização Mundial do Comércio* (OMC), cujo Diretor-Geral foi, há algum tempo atrás. o ex-chanceler Celso Lafer.

Evidentemente que tais organismos eram, na sua maioria, subordinados à supremacia americana, que, aproveitando-se do novo desenho geográfico da Europa, e já às voltas com a Guerra Fria com a União Soviética, evitava, a qualquer custo, cair em outra *Grande Depressão* ou outro *Crack*.

De outra parte, os Estados Unidos, para manter os aliados sob custódia, passaram a financiar a reconstrução da Europa, e logo depois do Japão, sob os auspícios do *Plano Marshall*, iniciado em junho/1947. No período de 1948 a 1952 o investimento foi da ordem de 13 bilhões de Dólares.[2]

Aqui no Brasil o fim da II Grande Guerra coincidiu com o fim do primeiro governo de Getúlio, que, tendo funcionado ao lado dos países aliados, recebera alguns dividendos, como a Cia. Siderúrgica Nacional, cujo primeiro alto-forno começou a funcionar em 1946.

O fato é que, a partir deste período, passamos a conviver com as siglas e índices impostos pelos organismos internacionais antes mencionados: produto interno bruto, produto nacional bruto, densidade demográfica, crescimento populacional, balança comercial, déficit, superávit, dívida pública e as inesquecíveis renda *per capita*, dívida externa e inflação.

Porém, o financiador e destinatário de todos estes aparatos econômicos e comerciais era o tão almejado e exercitado *crescimento*.

E este realmente passou a ser o axioma que melhor identificava a tônica desta época.

2. *Almanaque Abril 1996*, São Paulo, Abril Multimídia, 1995.

Já no segundo governo de Getúlio, em 1953, é criado um dos ícones da economia nacional: a *Petrobrás*.

O governo Juscelino Kubitschek, entretanto, afastando-se do nacionalismo do governo Vargas, passa a dar maior ênfase ao desenvolvimento industrial, atraindo capital estrangeiro e iniciando vultosas obras de infra-estrutura, telecomunicações, estradas etc.

No ano de 1965 surge o atual Código Florestal, e em 1967 a Lei de Proteção à Fauna – mal-conhecida como o Código de Caça, o Código de Pesca e o Código de Mineração.

E vamos num crescendo, até atingirmos a época do denominado *milagre econômico*, período compreendido, basicamente, entre os anos de 1968 e 1974 – iniciado, portanto, na época da Ditadura Militar. A expansão mais uma vez privilegiava as indústrias de base (metalurgia e siderurgia), além de grandes obras de infra-estrutura.

Era, enfim, a época do Médici, da Ponte Rio Niterói, da Transamazônica, do Tricampeonato – enfim do "Brasil Grande".

Já no governo Geisel surgem dois outros símbolos do desenvolvimento: a Itaipu Binacional e as Usinas Nucleares de Angra dos Reis.

No mundo, dois grandes marcos haviam sido fixados na história do direito ambiental.

• Os Estados Unidos haviam editado em 1969 o *National Environmental Policy Act* (NEPA), a Lei de Política Ambiental Americana, que previa, entre outras novidades, a *Avaliação de Impacto Ambiental* (AIA) para projetos, planos e programas e para propostas legislativas de intervenção no meio ambiente, de forma interdisciplinar, sendo que o documento resultante da AIA passou a denominar-se "Declaração de Impacto Ambiental" (*Environmental Impact Statement* - EIS). E

• A ONU havia realizado em Estocolmo, em 1972, a 1ª Conferência das Nações Unidas para o Meio Ambiente.[3]

De qualquer modo, é justamente neste período que a preocupação não só com o *meio ambiente* mas, principalmente, com sua *qua-*

---

3. Atribui-se a Costa Cavalcanti – representante do Brasil nessa Conferência – a afirmativa de que o Brasil, àquela altura, queria o desenvolvimento a qualquer custo. O Itamaraty, entretanto, nega veementemente tal afirmação, e coloca os *Anais* da mesma à disposição de quem desejar realizar tal prospecção/pesquisa.

lidade passou a fazer parte da rotina de um grade contingente de cidadãos comuns e, mais especificamente, de alguns dirigentes.

Começava-se a desviar o foco do axioma *crescimento* para a expressão "desenvolvimento sustentado", "conceito originado em 1968 na *Biosphere Conférence* de Paris. Modelo de desenvolvimento que leva em consideração, além dos fatores econômicos, aqueles de caráter social e ecológico, assim como as disponibilidades dos recursos vivos e inanimados e as vantagens e os inconvenientes, a curto e longo prazos, de outros tipos de ação. É um conceito difícil de implementar, dadas as complexidades econômicas e ecológicas das situações atuais. Nem as considerações econômicas nem as ecológicas são unitárias, nenhuma leva a uma conclusão possível. Há fatores sociais, legais, religiosos e demográficos que também interferem na aplicação de considerações e diretrizes ecológicas às finalidades e processos de desenvolvimento".[4]

Em outras palavras: constatava-se, clara e insofismavelmente, que todo aquele arsenal de índices destinados a medir o *crescimento*, na melhor das hipóteses, encobria, de forma conivente – se não criminosa –, a destruição ou o aproveitamento desordenado dos recursos naturais dos países.

Neste sentido, são bem presentes as palavras de Negret quando afirma que, "sendo coerentes com os princípios da economia ortodoxa, os indicadores econômicos são o reflexo cristalino do pensamento redutível de todos os valores humanos à visão mesquinha da produção e do consumo, da compra e da venda; tudo dentro de um marco conceitual do paradigma econômico, caracterizado por miragens, ilusões (...) que, na medida em que avançam, cegas, sem tato, sem sentidos, ampliam ainda mais a brecha entre as diferentes classes sociais. As razões são simples e fáceis de entender, afinal a economia não tem princípios morais, éticos religiosos, nem sociais (...), a preocupação fundamental é manter o mercado aquecido sem considerar as conseqüências nas classes menos favorecidas e muito menos no futuro da vida na Terra".[5]

É, entretanto, na Conferência das Nações Unidas para o Meio Ambiente, de 1972, que acontecem grandes debates formais sobre o tema

---

4. *Glossário de Ecologia*, 1ª ed. (definitiva), São Paulo, Academia de Ciência do Estado de São Paulo, 1987, p. 54.
5. *Na Trilha do Desenvolvimento Sustentável*, Brasília, ITDS, 1994.

"desenvolvimento sustentável" e é solicitada a realização de estudos sobre preservação da qualidade de vida.

Foi também em tal Conferência que se passou a pensar a Terra como um todo, e na qual "pela primeira vez concebeu-se a problemática do meio ambiente, com suas implicações planetárias, afetando a qualidade de vida de todos os habitantes, pobres e ricos".[6]

Não imaginemos, porém, que tal Conferência foi ansiada pela grande maioria dos países, como ocorreu na UNCED-92.

O embaixador Geraldo Eulálio do Nascimento e Silva nos lembra que, à época, "a idéia da realização de uma Conferência das Nações Unidas sobre Meio Ambiente não teve uma repercussão positiva entre os países em desenvolvimento; ao contrário, no caso de alguns, a reação foi francamente antagônica, como ocorreu com o Brasil. (...) o fator mais importante era que as questões ambientalistas tinham importância secundária para os países em desenvolvimento, onde os grandes desafios eram a pobreza e suas seqüelas, ou seja, a fome, a falta de moradia, de roupa, educação, escolas etc. Para eles, os direitos políticos e civis pouco importavam em relação aos direitos econômicos e sociais".[7]

Desta forma, em 1987 é apresentado ao mundo o relatório *Nosso Futuro Comum*, originário da Comissão Mundial sobre Meio Ambiente e Desenvolvimento, formada pela ONU em 1983, e que foi presidida pela Primeira-Ministra da Noruega, Gro Harlen Brundtland.

Entre os seus 20 membros, vale recordar a presença marcante de um brasileiro, o Dr. Paulo Nogueira Netto – à época, Secretário da Secretaria Especial de Meio Ambiente da Presidência da República, órgão que contou em seus quadros com o eminente professor Paulo Affonso Leme Machado, na qualidade de Consultor Jurídico.

Ali se fixava o entendimento de que a definição de *desenvolvimento sustentável* "prevê a satisfação das necessidades presentes, sem prejuízo da capacidade de futuras gerações exercerem os mesmos direitos".[8]

6. Rafael Negret, idem, ibidem.
7. *Direito Ambiental Internacional. Meio Ambiente, Desenvolvimento Sustentável e os Desafios da Nova Ordem Mundial*, Rio de Janeiro, Thex Editora, 1995.
8. Henrique Brandão Cavalcanti, *Mineração e Meio Ambiente*, Brasília, IBRAM, 1992 ("Introdução").

Assim é que a ONU, através de seus organismos financiadores, passa a incorporar e solicitar novos mecanismos de aferição para o financiamento de projetos – entre eles, a Avaliação dos Impactos Ambientais.

Em razão dessas exigências internacionais, alguns projetos desenvolvidos em fins da década de 70 e início dos anos 80 do século passado e financiados pelo BIRD e pelo BID foram submetidos a estudos ambientais – dentre eles, as usinas hidrelétricas de Sobradinho/BA e Tucuruí/PA e o terminal porto-ferroviário Ponta da Madeira, no Maranhão, ponto de exportação do minério extraído pela Cia. Vale do Rio Doce, na Serra dos Carajás. No entanto, os estudos foram realizados segundo as normas das agências internacionais, já que o Brasil ainda não dispunha de normas ambientais próprias.[9]

2. A política nacional

É justamente neste contexto – e conscientes de que o Brasil não poderia submeter-se indefinidamente a normas estritamente internacionais na avaliação dos impactos ambientais gerados no país, em face das peculiaridades e atributos incomparáveis da nossa biodiversidade – que passamos a buscar nossa própria lei de política ambiental.

Afinal, o Princípio 21 da Declaração de Estocolmo, resultante da Conferência de 1972, dispunha que "os Estados têm o direito soberano de explorar seus próprios recursos, de acordo com a sua política ambiental".[10]

O fato é que em 31.8.1981 foi editada a Lei 6.938, criando a *Política Nacional do Meio Ambiente*, estabelecendo conceitos, princípios, objetivos, instrumentos, penalidades, seus fins, mecanismos de formulação e aplicação, e instituindo o Sistema Nacional do Meio Ambiente (SISNAMA) e o Conselho Nacional do Meio Ambiente (CONAMA).

9. *Avaliação de Impacto Ambiental: Agentes Sociais, Procedimentos e Ferramentas*, coordenação e adaptação de Miriam Laila Absy, Francisca Neta A. Assunção, Sueli Correia de Faria *et alii*, IBAMA, 1995.
10. Este Princípio foi mantido, de forma quase idêntica, no Princípio 2 da Declaração do Rio de Janeiro, assinada durante a realização da UNCED-92.

3. Conceitos

Vejamos como o art. 3º da mencionada lei conceitua vários temas.

• **Meio ambiente:** *é o conjunto de condições, leis, influências e interações de ordem física, química e biológica, que permite, abriga e rege a vida em todas as suas formas.* Como se vê, pela amplitude do conceito, pode-se afirmar que qualquer manifestação ocorrida nos reinos animal, vegetal e mineral está incluída no meio ambiente.

• **Degradação da qualidade ambiental:** *alteração adversa das características do meio ambiente.* Ora, como vimos, o conceito de *meio ambiente* é vastíssimo, e qualquer modificação não-favorável ao mesmo passa a ser considerada degradação.

• **Poluição:** *a degradação da qualidade ambiental, resultante de atividades que direta ou indiretamente: a) prejudiquem a saúde, a segurança e o bem-estar da população; b) criem condições adversas às atividades sociais e econômicas; c) afetem desfavoravelmente a biota; d) afetem as condições estéticas ou sanitárias do meio ambiente; e e) lancem matérias ou energia em desacordo com os padrões ambientais estabelecidos.*

Aqui, vemos que o legislador foi entrelaçando os temas a partir do principal – meio ambiente –, a fim de que os conceitos, embora autônomos, possam conviver de forma indissociada, para melhor facilitar sua aplicação, notadamente nos enquadramentos das sanções administrativas e penais, previstas no próprio diploma legal – arts. 14 e 15.

• **Poluidor:** *a pessoa física ou jurídica, de direito público ou privado, responsável direta ou indiretamente por atividade causadora de degradação ambiental.*

• **Recursos ambientais:** *a atmosfera, as águas interiores, superficiais ou subterrâneas, os estuários, o mar territorial, o solo, o subsolo, os elementos da biosfera, a fauna e a flora.*

4. Princípios da Política Nacional do Meio Ambiente

O art. 2º da Lei 6.938/1981 enuncia que *a Política Nacional do Meio Ambiente tem por objetivo a preservação, melhoria e recuperação da qualidade ambiental propícia à vida, visando a assegurar, no país, condições ao desenvolvimento sócio-econômico, aos interesses da segurança nacional e à proteção da dignidade da vida humana, atendidos os seguintes princípios: equilíbrio ecológico; racionalização do uso do solo, do subsolo, da água e do ar; planejamento e fiscalização do uso dos recursos ambientais; proteção dos ecossistemas; controle e zoneamento das atividades potencial ou efetivamente poluidoras; acompanhamento do estado da qualidade ambiental; recuperação de áreas degradadas; proteção de áreas ameaçadas de degradação; e educação ambiental em todos os níveis de ensino.*

5. Objetivos da Política Nacional do Meio Ambiente (art. 4º da Lei 6.938/1981)

A Política Nacional do Meio Ambiente visará:

• **À compatibilização do desenvolvimento econômico-social, com a preservação da qualidade do meio ambiente e do equilíbrio ecológico:** atento a tal dispositivo, em novembro/1995, por iniciativa do atual deputado federal por Pernambuco Raul Jungmann, à época Presidente do IBAMA, foram iniciados estudos visando à criação do *Protocolo Verde*, que foi oficialmente instituído por decreto em 29.5.1996, sendo integrado pelos Ministérios do Meio Ambiente, dos Recursos Hídricos e da Amazônia Legal, da Fazenda, do Planejamento e Orçamento, além das seguintes instituições: Banco Central, Banco do Brasil, Banco do Nordeste, Banco da Amazônia, Caixa Econômica Federal e Banco Meridional, com a finalidade de incorporar a variável ambiental no processo de gestão e concessão de crédito oficial e benefícios fiscais às atividades produtivas, atuando nas seguintes linhas:

– dar subsídios à atuação institucional para o cumprimento das prescrições constitucionais relativas ao princípio de que a defesa e preservação do meio ambiente cabem ao Poder Público e à sociedade civil;

– assessorar as ações governamentais para a priorização de programas e projetos que apresentem maiores garantias de sustentabilidade sócio-econômico-ambiental e que não contenham componentes que venham a causar danos ambientais, no futuro;

– promover a captação de recursos internos e externos que viabilizem a criação de linhas de crédito, no sistema financeiro, orientadas especificamente para o desenvolvimento de projetos com alto teor ambiental a ser atendido;

– atender a condicionamentos de doadores para obter isenção de imposto de renda;

– financiar atividades pioneiras no desenvolvimento de estudos, pesquisas e instrumentos ligados ao desenvolvimento sustentável.

• **À definição de áreas prioritárias de ação governamental, relativa à qualidade e ao equilíbrio ecológico, atendendo aos interesses da União, dos Estados, do Distrito Federal, dos Territórios e dos Municípios.**

• **Ao estabelecimento de critérios e padrões de qualidade ambiental e de normas relativas ao uso e manejo dos recursos ambientais** (v. item 6, "Instrumentos da Política Nacional do Meio Ambiente").

• **Ao desenvolvimento de pesquisas e de tecnologias nacionais, orientadas para o uso racional dos recursos ambientais.**

• **À difusão de tecnologia de manejo do meio ambiente, à divulgação de dados e informações ambientais e à formação de uma consciência pública sobre a necessidade de preservação da qualidade ambiental e do equilíbrio ecológico:** neste sentido, foi criado, no âmbito do IBAMA, o *Centro de Estudos de Desenvolvimento Sustentável*, através da Portaria 93, de 14.11.1995, que visa à organização de um *forum* que permita ao Instituto colocar à disposição dos órgãos do Governo e da sociedade instrumentos adequados à consecução do desenvolvimento sustentado efetivo e eficaz.

• **À preservação e restauração dos recursos ambientais, com vistas à sua utilização racional e disponibilidade permanente, concorrendo para a manutenção do equilíbrio ecológico propício à vida:** neste ponto, a Lei de Política Nacional do Meio Ambiente antecipou o conceito de *desenvolvimento sustentável*, que veio a consolidar-se – em 1987 – no relatório *Nosso Futuro Comum*.

• **À imposição, ao poluidor e ao predador, da obrigação de recuperar e/ou indenizar os danos causados, e, ao usuário, da contribuição pela utilização de recursos ambientais com fins econômicos:** aqui temos, desde 1981, época da Lei de Política Nacional do Meio Ambiente, os princípios do poluidor-pagador e do usuário-pagador, que posteriormente passaram a constar da Declaração do Rio.

6. Instrumentos da Política Nacional do Meio Ambiente (art. 9º)

• **Estabelecimento de padrões de qualidade ambiental:** dentre os quais citamos a Resolução CONAMA-3/1990, que estabelece conceitos, padrões de qualidade, métodos de amostragem e análise de *poluentes atmosféricos*; a Resolução CONAMA-5/1989, que instituiu o *Programa Nacional de Controle da Qualidade do Ar* (PRONAR); a Resolução CONAMA-18/1986, que instituiu o *Programa de Controle da Poluição do Ar por Veículos Automotores* (PROCONVE); entre outras.

• **Zoneamento ambiental:** agora guindado à Constituição Federal, que no art. 21, IX, dispõe que é competência da União elaborar e executar planos nacionais e regionais de ordenação do território e de desenvolvimento econômico e social. A Lei 8.171/1991, por sua vez, dispõe, no art. 102, que o solo agrícola é considerado *patrimônio natural*; também é previsto, no art. 19, III, desta lei, o *zoneamento agroecológico*, para disciplinar e ordenar a ocupação espacial pelas diversas atividades produtivas, bem como para a instalação de hidrelétricas. Existe ainda o Decreto 99.540, de 21.9.1990, que instituiu a Comissão Coordenadora do Zoneamento Ecológico-Econômico do Território Nacional, em âmbito macrorregional e regional, para acompanhar e avaliar a execução de trabalhos desse zoneamento, inclusive em nível estadual. Atualmente a matéria é regulamentada pelo Decreto 4.297/2002.

• **Avaliação de Impactos Ambientais:** também elevada ao *status* constitucional, nos termos do art. 225, § 1º, IV. A Lei 6.938, no seu art. 8º, I, inclui entre as competências do CONAMA a de *estabelecer, mediante proposta do IBAMA, normas e critérios para o licenciamento de atividades efetiva ou potencialmente poluidoras, a ser concedido pelos Estados e supervisionado pelo IBAMA*. Desta forma, o CONAMA, através da Resolução 1/1986 (alterada pelas Resoluções 11/1986 e 5/1987), tornou obrigatória, para diversas atividades, a elaboração de *Estudo de Impacto Ambiental* (EIA) – que deve contemplar todas as alternativas tecnológicas e de localização do projeto, confrontando-se, inclusive, com a hipótese de não-execução – e do *Relatório de Impacto Ambiental* (RIMA) – que deverá ser apresentado de forma objetiva e adequada à sua compreensão, e que será acessível ao público. Tal resolução conceitua, no art. 1º, o que se considera *impacto ambiental*. Não é demais lembrar que "a institucionalização da AIA, no Brasil e em diversos países, guiou-se pela experiência americana, face à grande efetividade que os Estudos de Impacto Ambiental demonstraram no sistema legal da *Common Law* dos Estados Unidos",[11] além das exigências internacionais, anteriormente citadas.

• **Licenciamento e revisão de atividades efetiva ou potencialmente poluidoras:** também previsto no art. 10, como já mencionado, e no art. 17 do Decreto 99.274/1990. Alguns exemplos:

– A Resolução CONAMA-1/1986 dispõe sobre critérios básicos e diretrizes gerais para o Relatório de Impacto Ambiental (RIMA).

– A Resolução CONAMA-6/1987 dispõe sobre o licenciamento ambiental de obras de grande porte, especialmente aquelas nas quais a União tenha interesse relevante, como a geração de energia elétrica. Tal resolução dispõe que a *Licença Prévia* (LP) deverá ser requerida no início do estudo de viabilidade da usina; a *Licença de Instalação* (LI) deverá ser obtida antes da realização da licitação para construção do empreendimento; e a *Licença de Operação* (LO), antes do fechamento da barragem.

– A Resolução CONAMA-5/1988 dispõe sobre o licenciamento de obras de saneamento.

– A Resolução CONAMA-8/1988 dispõe sobre o licenciamento de atividade mineral, uso de mercúrio metálico e do cianeto.

– A Resolução CONAMA-9/1990 dispõe sobre o licenciamento de atividade mineral das classes I, III e VII.

– A Resolução CONAMA-10/1990 dispõe sobre o licenciamento de atividade mineral da classe II.

– A Resolução CONAMA-2/1996 dispõe sobre o licenciamento de obras de grande porte, bem como a implantação ou fortalecimento de unidade de conservação já existente, tendo revogado a Resolução CONAMA-10/1987.

– A Resolução CONAMA-237/1997 regulamenta os aspectos de licenciamento ambiental estabelecidos na Política Nacional do Meio Ambiente.

11. *Avaliação de Impacto Ambiental* ..., cit.

– A Resolução CONAMA-279/2001 estabelece procedimentos para o licenciamento ambiental simplificado de empreendimentos elétricos com pequeno potencial de impacto ambiental.

– A Resolução CONAMA-284/2001 dispõe sobre o licenciamento de empreendimentos de irrigação.

– A Resolução CONAMA-289/2001 estabelece diretrizes para o licenciamento ambiental de projetos de assentamentos de reforma agrária.

• **Incentivos à produção e instalação de equipamentos e a criação ou absorção de tecnologia, voltados para a melhoria da qualidade ambiental:** tal previsão tem encontrado grande eco atualmente, por força dos processos de certificação ISO-9.000 e ISO-14.000.

• **Criação de espaços territoriais especialmente protegidos pelo Poder Público Federal, Estadual ou Municipal, tais como APA, ARIE e RESEX:** a matéria foi alçada à esfera constitucional, vez que o art. 225, III, da CF dispõe que *incumbe ao Poder Público definir, em todas as unidades da Federação, espaços territoriais e seus componentes a serem especialmente protegidos, sendo a alteração e a supressão permitidas somente através de lei, vedada qualquer utilização que comprometa a integridade dos atributos que justifiquem sua proteção*; tendo sido regulamentada através da Lei 9.985/2000, que instituiu o Sistema Nacional de Unidades de Conservação da Natureza (SNUC).

• **Sistema Nacional de Informação sobre Meio Ambiente:** já totalmente formalizado e fazendo parte da estrutura do IBAMA, no âmbito do Centro Nacional de Informação Ambiental (CNIA). Constitui-se de três grandes grupos de dados:

– Rede Nacional de Computadores do IBAMA (RNCI), interligando todas as suas 506 unidades descentralizadas.

– Conjunto de Base de Dados, composto de cinco grupos: (a) Base de Dados de Informação Documentária (DOMA), utilizando o *software* MICROISIS e a metodologia REPIDISCA, dispondo atualmente de 60.000 registros, sendo livros, monografias, teses, relatórios etc.; (b) Base de Dados e Legislação Ambiental (LEMA), com aproximadamente 9.890 livros; (c) Base de Dados de Informação Referencial (REMA), desenvolvida de acordo com o Formato de Intercâmbio de Informação Referencial (FIIR), da UNESCO; (d) Base de Dados de Filmes e Vídeos (REMATEC), com mais de 400 vídeos disponíveis para empréstimo; e (e) Base de Dados de Controle de Publicação Seriada (COPUSE), com aproximadamente 2.237 periódicos. E:

– Rede Nacional de Informação sobre Meio Ambiente (RENIMA), onde se possibilitou aos órgãos de meio ambiente dos Estados criarem um banco de dados informatizado e interligado ao CNIA e aos demais Centros de Documentação e Informação de outros órgãos, ambientais ou não, do país e do exterior.

– Demais disto, em abril/2003 foi editada a Lei 10.650, que dispõe sobre o acesso público aos dados e informações existentes nos órgãos e entidades integrantes do SISNAMA.

• **Cadastro Técnico Federal de Atividades e Instrumentos de Defesa Ambiental:** nos termos da Resolução CONAMA-1/1988, este Cadastro tem como objetivo proceder ao registro, com caráter obrigatório, de pessoas físicas ou jurídicas que se dedicam à consultoria técnica sobre problemas ecológicos e ambientais e à indústria e comércio de equipamentos, aparelhos e instrumentos destinados ao controle de atividades efetiva ou potencialmente poluidoras. É administrado pelo IBAMA, nos termos do art. 17, I, da Lei 6.938/1981. Existe ainda o *Cadastro Nacional de Entidades Ambientalistas* (CNEA), criado pela Resolução CONAMA-6/1989.

• **Penalidades disciplinares ou compensatórias ao não-cumprimento das medidas necessárias à preservação ou correção da degradação ambiental:** matéria também erigida a sítio constitucional, nos termos do art. 225, § 3º, da CF, tendo sido regulamentada pela Lei 9.605/1998 e pelo Decreto 3.179/1999. No entanto, sabe-se que a coleção de leis e outros atos normativos dispondo sobre as sanções administrativas, civis ou criminais é extensa. O que precisa é ser eficazmente implementada, através do fortalecimento institucional dos órgãos responsáveis pela execução da política ambiental.

• **Instituição do Relatório de Qualidade do Meio Ambiente (RQMA), a ser divulgado anualmente pelo IBAMA:** pode-se dizer que este item não tem sido cumprido sistematicamente por parte do IBAMA; mas vale ressaltar a importância e o relevo do Relatório lançado pelo mesmo, denominado *Geobrasil 2002 – Perspectivas do Meio Ambiente no Brasil* (disponível no *site http://www.ibama.gov.br*).

• **Garantia de prestação de informações relativas ao meio ambiente:** além da edição da Lei 10.650/2003, acima mencionada, vale destacar os serviços postos à disposição do cidadão através da *Linha Verde*, uma Central de Atendimentos integrante da Ouvidoria do IBAMA, que, além de receber denúncias, presta informações ou encaminha as solicitações às unidades internas que possam prestá-las. Funciona através do telefone 0800-61-80-80. Demais disto, nos licenciamentos de projetos de significativos impactos ambientais é assegurada a realização de audiências públicas, nos termos das Resoluções CONAMA-1/1986, 9/1987 e 237/1997.

• **Cadastro Técnico Federal de Atividades Potencialmente Poluidoras e/ou Utilizadoras dos Recursos Ambientais:** também em pleno funcionamento por parte do IBAMA, que o administra, nos termos do art. 17, II, da Lei de Política Nacional do Meio Ambiente; inclusive, cobra uma taxa anual para tal fim, nos termos da Lei 10.165/2000.

7. Sistema Nacional do Meio Ambiente (SISNAMA)

Constituído pelos órgãos e entidades da União, Estados, Distrito Federal, Municípios e fundações responsáveis pela proteção e melhoria da qualidade ambiental, estruturado da seguinte maneira:

• **Órgão superior:** o Conselho de Governo.

• **Órgão consultivo e deliberativo:** CONAMA.

• **Órgão central:** Ministério do Meio Ambiente.

• **Órgão executor:** o IBAMA.

• **Órgãos seccionais:** os dos Estados responsáveis pela execução de programas, projetos e controle/fiscalização de atividades degradadoras do meio ambiente.

• **Órgãos locais:** os órgãos ou entidades municipais responsáveis pelo controle e fiscalização destas atividades, nas suas respectivas jurisdições (art. 6º).

8. Conselho Nacional do Meio Ambiente (CONAMA)

Este Conselho é de fundamental importância para a fixação e o acompanhamento de toda a execução da Política Nacional do Meio

Ambiente. Se nos lembrarmos que foi criado em 1981, enquanto ainda perdurava o Regime Militar, como órgão consultivo e deliberativo do SISNAMA, temos uma noção ainda maior da importância de sua criação e da clarividência das pessoas que para isto lutaram, notadamente o Dr. Paulo Nogueira Netto – à época, Secretário da Secretaria Especial de Meio Ambiente, como anteriormente mencionado.

São competências do CONAMA:

• Estabelecer, mediante proposta do IBAMA, normas e critérios para o licenciamento de atividades efetiva ou potencialmente poluidoras, a ser concedido pelos Estados e supervisionado pelo IBAMA (art. 8º, I).

• Determinar a realização de estudos (conseqüências ambientais) de projetos públicos ou privados (art. 8º, II).

• Decidir, como última instância administrativa em grau de recurso, mediante depósito prévio, sobre as multas e outras penalidades impostas pelo IBAMA (art. 8º, III).

• Homologar acordos visando à transformação de penalidades pecuniárias na obrigação de executar medidas de interesse para a proteção ambiental (art. 8º, IV).

• Determinar, mediante representação do IBAMA, a perda ou restrição de benefícios fiscais concedidos pelo Poder Público e a perda ou suspensão de participação em linhas de financiamento em estabelecimentos oficiais de crédito (art. 8º, V).

• Estabelecer, privativamente, normas e padrões nacionais de controle da poluição por veículos automotores, aeronaves e embarcações, mediante audiência dos Ministérios competentes (art. 8º, VI).

• Estabelecer normas, critérios e padrões relativos ao controle e à manutenção da qualidade do meio ambiente, com vistas ao uso racional dos recursos ambientais, principalmente os hídricos (art. 8º, VII).

9. *Competência para licenciar*

Nos termos dos arts. 10 da Lei 6.938/1981 e 17 do Decreto 99.274/1990, a competência é dos órgãos de meio ambiente dos Estados; entretanto, no caso de atividades e obras com significativo impacto ambiental, de âmbito regional ou nacional, a competência é do

IBAMA, nos termos do § 4º do art. 10 da Lei 6.938/1981, que foi resultado da alteração procedida em 1989, pela Lei 7.804.

O caráter de *supletividade* do IBAMA, trazido no *caput* desse artigo 10, para o licenciamento que estiver sob o âmbito do Estado há de ser entendido levando-se em consideração três pontos importantes.

• A República Federativa do Brasil é resultado da união indissolúvel dos Estados, e tem como um dos fundamentos a *soberania*, prevista no art. 1º, I, da CF; logo não há República sem Estados.

• Os Estados são detentores de *autonomia*, prevista no art. 18 da CF.

• Os Estados, juntamente com a União, os Municípios e o Distrito Federal, são detentores das competências materiais comuns descritas no art. 23 da CF e das competências legislativas concorrentes descritas no art. 24 – aqui, excluindo-se os Municípios. E a Constituição foi ainda mais longe, ao lhes garantir, no § 1º do art. 25, as competências *que não lhes sejam negadas pela Constituição*. É, até, em certa maneira, uma inversão da regra geral do *princípio da legalidade* aos entes públicos, vez que tal liberalidade – fazer o que a lei não proíbe – está, historicamente, atribuída às pessoas de direito privado.

Desta forma, não é exagero afirmar que os mesmos possuem soberania, com relação aos outros Estados, autonomia e competência para atuarem quase que de forma plena, notadamente no tocante à matéria ambiental.

Note-se que o art. 24 da CF, ao tratar do tema, fixa, no seu § 1º, que, *no âmbito da legislação concorrente, a competência da União limitar-se-á a estabelecer normas gerais*; para concluir, no parágrafo seguinte, que esta (competência) *não exclui a competência suplementar dos Estados*.

Ressalta da redação desse § 1º a intenção dos constituintes no sentido de reduzir a competência legislativa da União com relação aos aspectos relacionados nos diversos incisos do art. 24, quer pelo fato de circunscrevê-la às *normas gerais*, quer pelo verbo utilizado: "limitar-se-á". E ainda assim estipulou que tal competência não exclui a *suplementar* dos Estados, como acima visto.

No entanto, é bastante razoável tal distribuição de competências, privilegiando os Estados; afinal, no art. 22 fixam-se as competências privativas da União, e no inciso II do art. 30 assegura-se aos Municípios – que não estão incluídos no art. 24 – *suplementar a legislação federal e estadual no que couber.*

De outra parte, o art. 225 da CF dispõe, no inciso IV do § 1º, que *incumbe ao Poder Público* [União, Estados, Municípios e Distrito Federal] *exigir, na forma da lei, para instalação de obra ou atividade potencialmente causadora de significativa degradação do meio ambiente, Estudo Prévio de Impacto Ambiental, (...).*

Note-se que a Constituição inovou ao exigir que o Estudo seja *prévio*, ao contrário do inciso III do art. 9º da Lei 6.938/1981, que prevê como um dos instrumentos da Política Nacional do Meio Ambiente a *Avaliação de Impacto Ambiental*, que poderia levar ao entendimento de que tanto poderia ser "prévia" quanto *a posteriori* – ou, para ser mais claro, "póstuma".

Portanto, não se pode confundir *atuação supletiva* com intromissão nas competências do Estado; esta função deve ter, antes, um caráter de co-participação ou co-gestão.

10. Das penalidades

A Lei 6.938/1981 fixa, no seu art. 14, multas, suspensão de atividades e perda de participação em linhas de financiamento em estabelecimentos oficiais de crédito a infratores que não cumprirem medidas necessárias à preservação e correção de inconvenientes e danos causados ao meio ambiente.

Acrescenta, no § 1º desse artigo, que, inobstante tais penalidades, é o poluidor obrigado, *independentemente da existência de culpa*, a indenizar ou reparar os danos causados ao meio ambiente e a terceiros, afetados por sua atividade. O que representa a mais perfeita aplicação da responsabilidade objetiva do agente infrator.

Tais disposições também foram alçadas à esfera constitucional, nos termos do § 3º do art. 225, que assim dispõe: "As condutas e atividades consideradas lesivas ao meio ambiente sujeitarão os infratores, pessoas físicas ou jurídicas, a sanções penais e administrativas, independentemente da obrigação de reparar os danos causados".

Já, o art. 15 da lei 6.938 prevê multa administrativa e pena de reclusão de um a três anos ao *poluidor que expuser a perigo a inco-*

lumidade humana, animal ou vegetal, ou estiver tornando mais grave a situação de perigo existente.

Convém apontar que o *caput* do art. 14 e o *caput* do art. 15 foram derrogados com a edição da Lei 9.605/1998, que dispõe sobre as sanções penais e administrativas aos infratores da legislação ambiental.

As sanções administrativas aos degradadores e/ou poluidores do meio ambiente, além da previsão na Lei 9.605/1998, estão disciplinadas na forma do Decreto 3.179/1999.

Permanecem vigendo, no entanto, as disposições constantes do § 1º do art. 14, no que se refere à *responsabilidade civil objetiva*, vez que o poluidor, independentemente de culpa, é obrigado a indenizar ou reparar os danos causados. Em tal hipótese, basta provar o nexo de causalidade entre a conduta do agente e o dano causado, para que seja exigida sua reparação ou indenização, além das demais medidas nas esferas administrativa[12] e penal.

O art. 18, por sua vez, transformava em *reservas* ou *estações ecológicas*, sob a responsabilidade do IBAMA, as florestas e demais formas de vegetação natural de preservação permanente, relacionadas no art. 2º da Lei 4.771/1965 – Código Florestal –, mandando aplicar às pessoas físicas ou jurídicas que de qualquer modo degradarem reservas ou estações ecológicas, bem como outras áreas declaradas de relevante interesse ecológico, as penalidades previstas no art. 14.

Tal artigo, no entanto, foi revogado expressamente pela Lei 9.985/2000, que instituiu o SNUC, no qual, embora tenha permanecido a categoria de estação ecológica, não se prevê mais a de reserva ecológica.

A Lei 7.804/1989 alterou a Lei 6.938/1981 para, entre outras providências, dar uniformidade no trato da questão ambiental, posto que, no mesmo ano, quatro órgãos responsáveis, em nível federal, pela execução da política ambiental foram fundidos, dando origem ao IBAMA.[13]

---

12. As sanções administrativas previstas na Lei 9.605/1998 foram regulamentadas na forma do Decreto 3.179/1999.

13. Em 22.2.1989 foi editada a Lei 7.735, criando o IBAMA, resultante da fusão do Instituto Brasileiro de Desenvolvimento Florestal (IBDF), Secretaria Especial de Meio Ambiente (SEMA), Superintendência do Desenvolvimento da Pesca (SUDEPE) e Superintendência da Borracha (SUDHEVEA). Tal lei foi resultado da aprovação da Medida Provisória 34, de 24.1.1989, editada pelo Presidente da República, José Sarney.

De outra parte, possibilitou a criação das *reservas extrativistas*, nos termos do inciso VI do art. 9º – o que representou uma conquista histórica para as populações que, historicamente, retiravam seu sustento dos recursos naturais de forma sustentável e não-geradora de degradação ambiental, a exemplos dos seringueiros da Amazônia, dos catadores do coco de babaçu do Maranhão, dos pescadores de Santa Catarina e do Rio de Janeiro, entre outros.

11. O período pós-ECO-92

Esta Conferência já encontrou a grande maioria dos cidadãos brasileiros participando proativamente do movimento ambiental, e não mais a reboque dos países estrangeiros ou dos organismos internacionais.

Tivemos nosso próprio discurso, tanto no nível de políticas públicas quanto de projetos e iniciativas do setor privado, além das propostas oriundas das ONGs Brasileiras.

No entanto, com relação aos documentos oficiais que foram assinados, vemos que as medidas sugeridas não foram muito além dos seus propósitos.

Apenas para citar um exemplo, no caso da Agenda 21, que foi assinada por todos os países participantes da Conferência, a previsão da criação do *Fundo Mundial para Investimentos em Meio Ambiente*, a ser custeado pelos países ricos, que doariam o equivalente a 0,7% do seu PIB, não se efetivou na prática, uma vez que só os países escandinavos – Suécia, Noruega, Holanda e Dinamarca – além da França, estão cumprindo sua parte.

E isto se reflete em nível mundial, não só no Brasil.

Segundo Ignacy Sachs, "o principal documento da ECO-92, a Agenda 21, redigida no complexo dialeto Onusiano, até hoje não foi implantada".[14]

Isto tem dificultado, sobremaneira, a implementação da *nossa própria Agenda*, aliado, evidentemente, às dimensões continentais do nosso país.

---

14. Palestra proferida durante o Curso de Pós-Graduação em Ciêncais Ambientais da Universidade de São Paulo, transcrito pelo *Parabólicas* 22, Ano 3, São Paulo, Instituto Sócio-Ambiental, setembro/1996.

Outro documento importante apresentado durante a 2ª Conferência Mundial para o Meio Ambiente e Desenvolvimento foi o denominado *Estratégia Global para a Biodiversidade*, elaborado pelo *World Ressource Institute*, dos Estados Unidos da América, e pela União Mundial para a Natureza, da Suíça. O documento contém 85 propostas para a preservação da diversidade biológica no Planeta e um plano para o uso sustentado de recursos biológicos, e foi aprovado pelo Programa de Meio Ambiente da ONU e pelas ONGs que participam do Fórum Global.

No entanto, é preciso haver uma fiscalização *homem a homem* por parte da sociedade civil organizada, para que cobre – não só do setor público, mas, principalmente, do setor privado – o fiel cumprimento de tais documentos, sob pena de cairmos, mais uma vez, na *ordem unida* ditada pelos Estados Unidos da América, que, atentos – e indutores – aos movimentos mundiais, criaram, há algum tempo, a *Subsecretaria de Assuntos Globais*.

Afinal, "globalização" é a palavra-de-ordem. Ou será de desordem, em face dos acontecimentos do dia 11.9.2001 e da recente guerra contra o Iraque – só para citar dois exemplos recentes?

O DANO AMBIENTAL COLETIVO E A LESÃO INDIVIDUAL

VLADIMIR PASSOS DE FREITAS

1. Histórico. 2. Dano ambiental coletivo e lesão individual. 3. A reparação do dano individual. 4. Prova do dano e fixação da indenização. 5. Foro competente. 6. Legitimidade. 7. Rito processual. 8. Efeitos da sentença na ação civil pública. 9. Conclusões.

1. Histórico

A história do direito ambiental brasileiro é recente, ainda que desde os tempos do Brasil-Colônia já houvesse legislação a respeito. Ann Helen Weiner, em estudo primoroso sobre o assunto, observa que "podemos afirmar que a legislação ambiental portuguesa era extremamente evoluída. O corte deliberado de árvores frutíferas foi proibido através da Ordenação determinada pelo rei D. Afonso IV, aos 12.3.1393, tendo sido posteriormente compilada no Livro V, Título LVIII, das Ordenações Filipinas".[1]

Contudo, após lenta evolução legislativa através dos séculos, impulsionada na década de 30 do século passado pela edição do primeiro Código Florestal (Decreto 23.793, de 23.1.1934), do Código de Águas (Decreto 24.643, de 10.7.1934) e da proteção ao patrimônio histórico e artístico nacional (Decreto-lei 25, de 30.11.1937), sobreveio um aprimoramento nos anos 60. Com efeito, a edição do Código Florestal (Lei 4.771, de 15.9.1965), a Lei de Proteção à Fauna (Lei 5.197, de 3.1.1967) e o Código de Pesca (Decreto-lei 221, de 28.2.1967) foram passos decisivos.

---

1. *Legislação Ambiental no Brasil: Subsídios para a História do Direito Ambiental*, p. 5.

A legislação foi sendo aprimorada passo a passo. Afinal, o direito do meio ambiente nem mesmo existia há 40 anos atrás. Vejamos um bom exemplo disto. Examinando o índice da *Revista dos Tribunais* de 1960 a 1962,[2] verificar-se-á que inexiste qualquer referência a direito ambiental e que, ao contrário, nele estavam nada menos que 10 páginas com referência a precedentes sobre direito de vizinhança. Pois bem, nestes acórdãos muitas vezes se analisa matéria típica de direito ambiental, só que sem dar-se este nome – à época, totalmente desconhecido.

Como observa Édis Milaré, "não obstante essa imensa gama de diplomas versando sobre itens ambientais, podemos afirmar, sem medo de errar, que somente a partir da década de 1980 é que a legislação sobre a matéria passou a desenvolver-se com maior consistência e celeridade. É que o conjunto das leis até então não se preocupava em proteger o meio ambiente de forma específica e global, dele cuidando de maneira diluída, e mesmo casual, e na exata medida de atender sua exploração pelo homem".[3] Com razão, pois, na verdade, somente com a Lei de Política Nacional do Meio Ambiente (Lei 6.938, de 31.8.1981) é que se deu tratamento amplo e sistematizado ao tema.

No que toca à efetividade, em estudo sobre as normas constitucionais ambientais tive oportunidade de sustentar que atualmente a lei é mais e melhor aplicada e que a jurisprudência no passado era conservadora e indiferente às questões ambientais, porque: "a) os magistrados foram formados sob a ótica do Código Civil, que dava à propriedade um caráter individual e absoluto; b) como cidadãos comuns, não haviam sentido pessoalmente os problemas da poluição em suas vidas. Agora as coisas se passam de outra maneira. As decisões voltam-se para a época que vivemos e para as futuras gerações".[4]

No entanto, agora, no século XXI, é possível afirmar que o modo de o Judiciário enfocar as causas ambientais mudou completamente. Atualmente o Brasil é um dos países em que a proteção ambiental é

---

2. *Revista dos Tribunais – Índice Geral*, vols. 291-362, janeiro/1960-dezembro/1962.
3. *Direito do Ambiente*, 2ª ed., p. 97.
4. Vladimir Passos de Freitas, *A Constituição e a Efetividade das Normas Ambientais*, 2ª ed., p. 198.

praticada com maior efetividade. Apesar de estarmos ainda distantes do ideal, a verdade é que aqui se registram julgamentos que influíram decisivamente na proteção do meio ambiente. Nossas dificuldades atuais estão mais nas deficiências de estrutura dos órgãos de fiscalização ambiental, por vezes envolvidos com problemas de carência de funcionários ou de política salarial inadequada. Porém, com relação ao direito ambiental, é preciso que se diga que ele, agora, é reconhecido, encontra-se nos currículos de várias Faculdades de Direito, é objeto de inúmeros e sempre prestigiados cursos de extensão e faz parte do programa de alguns concursos de ingresso na Magistratura.[5]

2. Dano ambiental coletivo e lesão individual

No Brasil a reparação do dano ambiental enveredou pela trilha da reparação à sociedade, e não ao indivíduo. Com efeito, tirando um reduzido número de ações relacionadas com o direito de vizinhança – em que o meio ambiente nada mais era que um aspecto incidental –, a quase-totalidade das medidas judiciais versava sobre interesses coletivos. E o motivo é muito simples. Com a adoção da responsabilidade objetiva do infrator e a legitimidade ao Ministério Público para ingressar em juízo (Lei 6.938, de 31.8.1981) – medidas, estas, complementadas por uma específica ação civil pública (Lei 7.437, de 24.7.1985) –, estava aberta a via para a defesa do interesse público.

Na Argentina enveredou o direito ambiental por caminho diverso. Inexistente à época ação coletiva visando à reparação do dano, introduzida posteriormente pelo instituto do *amparo*, direcionaram os advogados argentinos os pedidos na esfera da indenização individual. Criou-se, assim, forte jurisprudência no sentido de deferir indenizações a tal título. Um precedente importante neste sentido é do Tribunal da Província de La Plata,[6] em julgado de 9.2.1995. Uma fábrica, localizada no bairro industrial chamado Campamento, expelia substâncias que causavam poluição atmosférica, além do barulho do forno. Com isso, a vida local passou a mudar, e os moradores começa-

---

5. Exemplificando: TJRO e TRF-4ª Região (RS).
6. Argentina, Tribunal da Província de La Plata, 1ª C. Cível, Sala III, Hugo N. Almada e outros contra Copetro S/A e outro, rel. Juiz Camarista Francisco Roncoroni, j. 9.2.1995.

ram a ter graves problemas de saúde. A decisão judicial concluiu que, além da possibilidade de se apurar o dano ambiental coletivo, impunha-se a necessidade de indenizar as pessoas que sofreram o dano direto, com base no art. 2.618 do CC. Assim, determinou que se pagasse ao autor M. Almada 14.600 Pesos e aos sucessores de M. Hirazú 8.900 Pesos. Note-se que, à época, um peso equivalia a um Dólar. A ementa possui 18 itens, e deles citamos apenas o que mais interessa como precedente: "Los vecinos de la empresa contaminante están legitimados para reclamar individualmente el cese de la contaminación ambiental por virtud del art. 2618 del CC, alén de también poder hacerlo como modo de evitar los daños o concluir con ellos volviendo las cosas a su estado anterior de la mano del art. 1.113, § 2º, parte 2ª, del CC, cuando el daño a la salud o la vida y la polución ambiental que los causa o haya de causarlos proviene del hecho de las cosas que el empresario tiene bajo sua dominio o guarda".

O sucesso da opção brasileira pelas ações coletivas é inegável. Milhares de pedidos foram e são propostos em todo o território nacional. Não há estatísticas seguras a respeito, mas, inegavelmente, o Brasil é um dos países em que a efetividade das normas ambientais é uma realidade. Saímos há muito tempo da fase dos emocionados discursos para a da imposição de sanções aos infratores. Contamos com precedentes judiciais em todas as áreas do direito ambiental e conquistamos o respeito de outros países em razão de nossa conduta.

As ações civis públicas, via de regra, perseguem duas finalidades: a recuperação do meio ambiente degradado e a indenização decorrente do dano causado. A primeira nem sempre é possível (*v.g.*, a morte de espécimes da fauna) ou simples (*v.g.*, a demolição de obra construída em área de preservação ambiental). Todavia, ainda assim, vem ela sendo imposta, seja por medidas diretas (*v.g.*, restauração de um imóvel tombado), seja por medidas alternativas (*v.g.*, zelar por uma área de proteção ambiental, na impossibilidade de recuperar a atingida). Como anota Carlos Alberto de Salles, existe a "possibilidade de conversão da obrigação de fazer em perdas e danos, dentro da atual sistemática processual. Essa possibilidade permite perverter inteiramente o significado inicial da tutela jurisdicional, de forma a transformar aquela específica em prestação meramente compensatória".[7]

---

7. *Execução Judicial em Matéria Ambiental*, p. 324.

Todavia, ainda que nem sempre da forma ideal, o certo é que na absoluta maioria dos casos se vem encontrando forma de executar as decisões judiciais.

Já, a indenização devida pelo dano causado, no âmbito federal, é direcionada ao Fundo de Reparação dos Interesses Difusos (Lei 7.437, de 24.7.1985, art. 13), regulamentado pelo Decreto 1.306, de 9.10.1994), sendo que, na área estadual, legislação própria de cada ente da Federação regula a matéria. A construção legal, em tese, é perfeita. O valor da indenização será utilizado na restauração do ambiente degradado, no próprio bem ou, se impossível, na região em que houve a ofensa. Perfeito. Só que, na prática, estes Fundos não estão atuando com a necessária transparência e reclamada efetividade. Não se sabe bem o destino dado aos valores depositados, temendo-se que estejam sendo aplicados em outras áreas de interesse dos Estados, que não a ambiental.

De resto, não se aplica a Lei da Ação Civil Pública às reparações de danos individuais. Com efeito, paralelamente ao dano coletivo existente, superpõe-se outro, de natureza particular. Há inúmeras hipóteses em que isto pode ocorrer. Algumas de evidência indiscutível (*v.g.*, o pescador que se vê privado do meio de subsistência em razão da poluição de um rio), outras menos perceptíveis (*v.g.*, o morador de um centro urbano que todos os dias se vê impedido de dormir, em razão do barulho de uma discoteca). Evidentemente, há, em tais hipóteses, um direito privado ao lado do público, ambos a merecer proteção.

3. A reparação do dano individual

A vítima direta do dano ambiental poderá reivindicar indenização, independentemente de qualquer iniciativa no âmbito da ação civil pública. A propósito, o art. 14, § 1º, da Lei 6.938, de 31.8.1981, é explícito ao mencionar "danos ao meio ambiente e a terceiros, afetados por sua atividade". E, mais: o mesmo dispositivo claramente dispõe que a responsabilidade é objetiva – ou seja, aquele que sofre o prejuízo individual não terá que demonstrar culpa do causador do dano.

Antes da Lei de Política Nacional do Meio Ambiente, o Código Civil de 1916 já previa, no art. 159, que aquele que, por ação ou omissão voluntária, negligência, ou imprudência, violasse direito ou causasse prejuízo a alguém ficava obrigado a reparar o dano. A responsabilidade estava atrelada ao aspecto subjetivo. Era nesta regra geral que entrava o dano individual sofrido por alguém em razão de uma ação ou omissão que viesse a atingir o meio ambiente. Evidentemente, as ações só eram propostas excepcionalmente, e fundamentadas no Código Civil, e não na legislação ambiental.

Vejamos um exemplo. Um proprietário de terras situadas em um morro promovia o desmatamento, apesar da proibição do art. 2º, 5, "b", Código Florestal. O fato, em época de chuvas intensas, ocasionava desbarrancamento do solo, vindo a atingir residência localizada abaixo. Pois bem, a infração à lei florestal, com conduta reveladora de culpa, na modalidade da imprudência, levava ao dever de indenizar, nos termos do art. 159, combinado com os arts. 1.518 a 1.537, do CC de 1916.

Não é esta a situação atual. Não se indaga mais do elemento subjetivo – ou seja, a culpa do poluidor. Como ensina Paulo Affonso Leme Machado, "a responsabilidade objetiva ambiental significa que quem danifica o ambiente tem o dever jurídico de repará-lo. Presente, pois, o binômio dano/reparação. Não se pergunta a razão da degradação para que haja o dever de indenizar e/ou reparar. A responsabilidade sem culpa tem incidência na indenização ou na reparação dos 'danos causados ao meio ambiente e aos terceiros afetados por sua atividade'".[8]

Imaginemos, agora, uma situação mais atual. O Código Florestal no art. 3º, "c", declarou como área de preservação permanente – quando assim declarado por ato do Poder Público –, sítios de excepcional beleza. Suponha-se que determinada pessoa derrube mata às margens de um lago, área declarada de interesse turístico pela Administração, por sua rara beleza. Evidentemente, poderá o Ministério Público propor ação civil pública buscando a reparação em nome da sociedade. No entanto, um morador da região, ou mesmo quem a visite para desfrutar da área, poderá, investido do privilégio de não ter que provar a culpa do infrator, ingressar com ação individual pelos danos materiais sofridos, com base nos arts. 14, § 1º, da Lei 6.938, de 31.8.1991, e 186 do CC de 2002.

8. *Direito Ambiental Brasileiro*, 12ª ed., pp. 326-327.

Não se olvide, outrossim, que o direito positivo, após relevante construção da doutrina pátria, admite também que se invoque reparação por dano moral. Conforme previsto expressamente no art. 5º, X, da CF e no já mencionado art. 186 do CC de 2002.

Imaginemos um caso em que a vítima direta invoque dano moral, consistente em sofrimento, perda, diminuição de fruição da vida, em razão de um dano ambiental. Suponha-se um pescador amador que, por anos, desfruta de um rio limpo para o exercício da pesca desportiva. Se a água for contaminada por uma empresa, evidentemente, haverá um dano moral a ser reparado. Na verdade, acostumados com o progresso a qualquer preço, absorvemos nos últimos 30 anos todos os danos ambientais possíveis. No entanto, ainda é tempo de reagir, exigindo reparação daqueles que, em nome do progresso, poluem o ar, o solo, as águas, a paisagem – enfim, tudo de que necessitamos para uma vida digna e com equilíbrio emocional.

4. Prova do dano e fixação da indenização

Passando das hipóteses à realidade de um caso concreto, vejamos como deve ser feita a prova e fixada a indenização. No dia 18.1.2000 ocorreu desastre ecológico com o despejo de 1 milhão e 300 mil litros de óleo cru provenientes da Refinaria Duque de Caxias nas águas da Baía da Guanabara, Rio de Janeiro/RJ. O fato causou a contaminação da água, com prejuízo à fauna e manguezais. Além da ofensa genérica ao meio ambiente, foram afetados a pesca e o turismo, com manifesto prejuízo às pessoas que viviam destas atividades. Todavia – é preciso salientar –, muitos casos foram solucionados através de acordos, evitando o ingresso de ações na Justiça. Este foi o marco do ingresso de ações individuais pleiteando indenizações contra a Petrobrás, pessoa jurídica de direito privado, sociedade de economia mista, apontada nos pedidos como a responsável pelos danos causados.

Propostas as ações, pela primeira vez teve o Poder Judiciário oportunidade de manifestar-se sobre tal espécie de pedido. Armadores dizendo-se prejudicados pela redução de suas atividades pesqueiras, pessoas que se dedicavam ao turismo, pequenos comerciantes, simples catadores de caranguejos – enfim, as mais variadas vítimas –, foram reivindicar ressarcimento junto à Justiça do Estado do Rio de Janeiro. Por vezes cumulando danos materiais e morais.

A jurisprudência do TJRJ orientou-se no seguinte sentido:

(a) A responsabilidade é objetiva – Com efeito, neste sentido dispõe o art. 14, § 1º, da Lei 6.938, de 31.8.1981. A lei não distingue os casos em que o dano é coletivo ou individual. Conseqüentemente, ao autor cabe provar o dano e o prejuízo, sendo desnecessária a prova de culpa do réu. Neste sentido: "Meio ambiente – Responsabilidade civil – Vazamento de óleo da Petrobrás na Baía da Guanabara – Ação de indenização de lucro cessante e dano moral, ajuizada por pescador, julgada procedente – Em tema de dano ecológico, sobre ser objetiva a responsabilidade do poluidor (§ 1º do art. 14 da Lei n. 6.938/1981), dada sua especial natureza admitem-se presunções, seja quanto à causalidade, quer com respeito à duração do dano, que, de ordinário, não se comporta em rigores de limites temporais – Prova de que o autor era pescador, matriculado na Capitania dos Portos em colônia de pesca no Caju, e de que auferia ganhos mensais de R$ 800,00 – Depoimentos de que a paralisação da atividade transcorreu durante três meses – Lucro cessante neste período – Dano moral, todavia, que não decorre necessariamente do material".[9]

(b) Há direito à indenização, porém o autor tem que provar o prejuízo – Esta premissa é importante, porque o autor não necessita demonstrar culpa do réu, porém precisa deixar explícito e demonstrado qual foi seu efetivo prejuízo: "Responsabilidade civil – Dano ambiental – Danos materiais e morais – Derramamento de óleo na Baía de Guanabara – Pescador – Interesse individual – Necessidade da prova do dano efetivo. Incomprovado o dano alegado pela autora, fato constitutivo de seu direito, já que os prejuízos materiais lhe foram ressarcidos, conforme termo de transação que firmou, bem assim a configuração do dano moral, mantém-se a decisão que julgou improcedente o pedido de indenização. Não basta, para fazer jus à indenização pretendida, a prova de que a autora exercia a pesca, profissionalmente, e de que a área de sua atuação foi afetada pelo desastre ambiental, impondo-se demonstrar o efetivo prejuízo, não reparado. Ausente esta prova, ou sendo ela insuficiente para demonstrar, irrefutavelmente, tais circunstâncias, improcede a pretensão".[10]

---

9. Brasil, TJRJ, Ap. cível 2002.001.16035, rel. Des. Luiz Roldão de Freitas Gomes, j. 1.10.2002.

10. Brasil, TJRJ, 15ª C., Ap. cível 2002.001.25165, rel. Des. Fernando M. Campos Cabral, j. 26.2.2003.

Na mesma linha, decidiu a Corte Estadual que não são devidos lucros cessantes a comerciante que alegou ter perdido a freguesia em razão do acidente ecológico: "Ação indenizatória por danos morais e materiais ajuizada por afirmada comerciante de frangos e bebidas em praia que, por força de notório vazamento de óleo na Baía da Guanabara, se tornara imprópria ao uso, afastando-lhe a freguesia. Embora o ordenamento constitucional tenha adotado a teoria do risco administrativo (e não a do risco integral), faz-se mister, para o acolhimento das postulações condenatórias, a prova do nexo de causalidade e a da existência do dano. Os lucros cessantes, para merecerem acolhida, deverão ser previsíveis na data da obrigação e derivar direta e imediatamente da inexecução do dever jurídico (CC, arts. 1.059, parágrafo único, e 1.060). O interesse protegido de modo reflexo não se consubstancia em direito subjetivo, afastando-se, por isso, a indenização por danos materiais e morais".[11]

Em sentido inverso posicionou-se o Tribunal, reconhecendo o direito à reparação de dano patrimonial sofrido por um cidadão que vivia de catar caranguejos: "Ação de rito ordinário – Indenizatória – Acidente ecológico – Vazamento de óleo na Baía da Guanabara – Catador de caranguejo – Meio de subsistência – Suspensão das atividades – Danos materiais – Dever reparatório configurado, manutenção da sentença. Tratando-se de ação almejando reparação por danos patrimoniais decorrentes de vazamento de óleo na Baía da Guanabara, causando danos ao ecossistema, consubstanciados na contaminação das suas águas, prejudicando sobremaneira a atividade do autor, que tira seu sustento e o da sua família catando caranguejos, impõe-se à ré o ressarcimento do prejuízo patrimonial sofrido, e efetivamente demonstrado, decorrente da suspensão daquele trabalho desenvolvido, enquanto esta permanecer".[12]

(c) Cabe ao autor provar não só o prejuízo, mas o seu exato valor – Com efeito, como se trata de dano individual, ele necessita ficar demonstrado, de modo a possibilitar o ressarcimento. Aplica-se, aqui, a regra do art. 282, IV, combinado com o art. 331, I, ambos do CPC.

11. Brasil, TJRJ, 5ª C., Ap. cível 2002.001.22549, rel. Des. H. Mendonça Manes, j. 29.10.2002.
12. Brasil, TJRJ, 3ª C., Ap. cível 2002.001.23682, rel. Des. Antônio E. F. Duarte, j. 25.2.2003.

É nítida a diferença entre a indenização coletiva, reclamada via ação civil pública, e a individual. Naquela bastam a demonstração do dano ambiental e a fixação do valor. Nesta é indispensável que o autor demonstre ter sido atingido diretamente pela ação ou omissão do poluidor. Neste sentido: "Responsabilidade civil – Baía da Guanabara – Acidente ecológico – Vazamento de óleo. Não há nos autos um balancete contábil, uma nota de compra e venda ou qualquer documento que comprove a atividade comercial do apelante à época dos fatos e os prejuízos decorrentes do vazamento de óleo. O pedido de reparação de danos morais também não merece prosperar. Sim, porque o acidente ecológico, em si, não se afigura lesão de sentimento, nem ofensivo à honra do autor, subsumindo-se tal acontecimento na moldura dos aborrecimentos, situação não indenizável, embora lamentável, sob todos os aspectos. Em tais circunstâncias o indeferimento do pedido da inicial transcende, a toda evidência, o âmbito do alvedrio do Juízo *a quo*, para fazer-se imperativo legal. Assim, sem prova do alegado dano, ainda que indireto ou reflexo, nada há a indenizar".[13]

(d) O dano moral ambiental ainda é pouco discutido – O tema é polêmico e pouco tratado. José Rubens Morato Leite enfrenta a discussão e, posicionando-se favoravelmente, observa que "não é qualquer dano que pode ser caracterizado como extrapatrimonial ambiental; é o dano significativo, isto é, aquele que ultrapassa o limite de tolerabilidade, e cada caso deverá ser examinado em concreto".[14] Em um precedente da 8ª Câmara Cível, o TJRJ excluiu pessoa jurídica desta modalidade de indenização. Confira-se: "Dano ao meio ambiente – Derramamento de óleo na Baía da Guanabara – Ressarcimento de danos materiais e morais – Dano emergente – Lucro cessante – Dano moral de pessoa jurídica – Poluição nas praias – Prejuízo do comércio local – Desvalorização do ponto comercial. 1. Comprovado o dano ao meio ambiente, decorrente do vazamento de óleo na Baía da Guanabara, proveniente das instalações da empresa, cabe o pedido de reparação dos prejuízos individualmente causados. 2. É da Petrobrás o dever de cuidar para que não ocorra qualquer dano ao meio ambiente. 3. Dano é o gênero, do qual são espécies o dano mate-

13. Brasil, TJRJ, 3ª C., Ap. cível 2002.001.26619, rel. Des. R. Abreu e Silva, j. 13.2.2003.
14. *Dano Ambiental: do Individual ao Coletivo Extrapatrimonial*, p. 298.

rial e o dano moral. 4. O dano material, por seu turno, se subdivide em danos emergentes e lucros cessantes. 5. Dano emergente é o que importa em efetiva diminuição no patrimônio da vítima, em razão do ato ilícito. 6. Lucro cessante é o reflexo futuro no patrimônio da vítima. 7. A honra subjetiva é exclusivamente do ser humano e se caracteriza pelo decoro e auto-estima. 8. A honra subjetiva é comum à pessoa natural e à pessoa jurídica e se reflete na reputação, no bom nome e na imagem perante a sociedade".[15]

Em outro precedente, a mesma Corte Estadual, através da sua 12ª Câmara Cível, reconheceu o dever de indenizar da empresa causadora da poluição a um armador de pesca, porém sem fazer referência ao dano moral:

"Apelação cível – Poluição ambiental provocada pela Petrobrás – Danos provocados ao ecossistema e aos que vivem da pesca – Indenização postulada por armador de pesca – Cabimento – Responsabilidade objetiva – Art. 14, § 1º, da Lei n. 6.938/1981.

"O lamentável desastre ecológico verificado na madrugada do dia 18.1.2000, que teria lançado aproximadamente 1 milhão e 300 mil litros de óleo cru nas águas da Baía da Guanabara, teve origem em uma das tubulações da Refinaria Duque de Caxias (REDUC), provocando graves prejuízos de ordem social e econômica à população local, devido à contaminação do espelho d'água, fauna e manguezais, afetando a pesca, o turismo e o lazer. A responsabilidade do poluidor é objetiva, à luz do art. 14, § 1º, da Lei n. 6.938/1981. Diante da existência do dano ambiental, com reflexo no aspecto econômico e social, e da indiscutível responsabilidade do réu no desastre ecológico, impõem-se a condenação pelos prejuízos causados ao autor e a existência do nexo de causalidade entre estes e o acidente ecológico em tela."[16]

Vale, aqui, citar precedente sobre dano moral coletivo oriundo do Poder Judiciário da Argentina. Trata-se de julgamento de recurso junto ao Tribunal de Azul.[17] O fato se resume em um ônibus de uma

---

15. Brasil, TJRJ, 8ª C., Ap. cível 2002.001.09351, rela. Desa. Letícia de Faria Sardas, j. 17.12.2002.
16. Brasil, TJRJ, 12ª C., Ap. cível 2002.001.15693, rel. Des. Francisco de Assis Pessanha, j. 10.12.2002.
17. Argentina, Câmara de Apelações Civis e Comerciais, Sala II, de Azul, Municipalidade de Tandil contra T. A. La Estrella S/A e outro, rel. Juiz Camarista Jorge Mário Galdós, j. 22.10.1996.

empresa que, desgovernado, veio a atingir uma fonte envolvida em um conjunto de esculturas denominado *Las Nereidas*, na rua Avvellaneda, município de Tandil, provocando danos diversos. O local, pelas características, pertence ao meio ambiente cultural. A Municipalidade ingressou com ação reivindicando ressarcimento por danos patrimoniais e também morais, estes devidos à coletividade. O Tribunal da Província deu pela procedência total do pedido e condenou a empresa a pagar 30.000 Pesos pelos danos patrimoniais e 1.500 Pesos pelo dano moral. A ementa é longa, mas no aspecto que enfrentou a questão do dano moral merece ser reproduzida:

"23. El daño moral tiene por objeto indemnizar el quebranto que supone la privación o disminución de aquellos bienes que tienen un valor fundamental en la vida del hombre y que son la paz, la tranquilidad de espíritu, la libertad individual, la integridad física, el honor y los más caros afectos.

"24. El daño moral no requiere prueba específica alguna en cuanto ha de tenérselo por demostrado por el solo hecho de la acción antijurídica y la titularidad del accionante.

"25. El daño moral constituye toda alteración disvaliosa del bienestar psicofísico de una persona por una acción atribuible a otra."

5. Foro competente

As ações de responsabilidade por danos morais e patrimoniais causados ao meio ambiente devem ser propostas no foro do local em que se deu o fato, conforme dispõem os arts. 1º, I, e 2º da Lei 7.347, de 24.7.1985. É dizer, na comarca onde se deu o fato. A lei não distingue se a ação é popular, civil pública ou individual – daí por que todas se incluem nesta regra que excepciona a geral do art. 94 do CPC, que fixa a competência do foro pelo domicílio do réu.

Todavia, se houver interesse da União, de suas autarquias ou empresas públicas, na qualidade de autoras, rés, assistentes ou oponentes, a competência será da Justiça Federal (CF, art. 109, I). Da mesma forma, será competente a Justiça Federal na hipótese de a causa ser fundada em tratado ou contrato firmado pela União com Estado estrangeiro ou organismo internacional (CF, art. 109, III). Em tais hipóteses a ação será proposta no juízo federal que tenha jurisdição sobre a área territorial em que se deu o dano. Saliente-se que foi cancelada a Súmula 183 do STJ, que delegava à Justiça Estadual o conhecimento de ação envolvendo interesse federal se no local não houvesse Vara Federal.

Poderá, contudo, ocorrer que o dano extrapole o território de uma comarca ou, mesmo, de um Estado, e a ação civil pública seja proposta em um local e as ações individuais em outro. Por exemplo, um acidente ecológico polui as águas de um rio, e o resultado atinge não apenas o local do dano, mas também as pessoas que residem em lugares distantes. A ação civil pública certamente será proposta no local da ocorrência. Mas nada impede que as vítimas diretas ingressem com ações individuais no juízo de seus domicílios, desde que neste local também se tenha configurado dano ambiental. Esta hipótese encontra amparo no art. 104 do CDC (Código de Defesa do Consumidor), cuja aplicação é subsidiária à ação civil pública (Lei 7.347, de 24.7.1985, art. 21). A única desvantagem para o autor individual será a de não poder beneficiar-se dos efeitos *erga omnes* ou *ultra partes* de eventual sentença de procedência na ação coletiva.

6. *Legitimidade*

Parte legítima para reivindicar o dano individual por ofensa ao meio ambiente será o que foi direta ou indiretamente lesado. É a regra comum do CPC. Todavia, deve ser reconhecida, da mesma forma, a legitimidade da ONG (organização não-governamental) que representa os interesses comuns de vários ofendidos, ou seja, direitos individuais homogêneos, como prevê o art. 81, III, do CDC. Por exemplo, moradores que constituem uma associação, pessoa jurídica, para reivindicar em juízo contra empresa que contaminou o solo com produtos químicos, ressarcimento pelos prejuízos comuns sofridos por seus filiados.

Mais complexa é a legitimidade do Ministério Público. A Constituição, no art. 127, faz referência à defesa de "interesses sociais e individuais indisponíveis". O art. 25, IV, "a", da Lei 8.625/1993 – Lei Orgânica Nacional do Ministério Público – é no mesmo sentido. No caso, a toda evidência, os interesses individuais são disponíveis – ou seja, a vítima direta deles pode dispor. Assim, em linha de princípio, não se vê como reconhecer ao *Parquet* legitimidade para tal tipo de ação.

7. Rito processual

A ação individual por danos ambientais será a prevista no Código de Processo Civil, ou seja, através do rito sumário, se o valor da causa não superar 20 salários mínimos (CPC, art. 275), ou pelo rito ordinário, se superior àquele montante (CPC, art. 292). Não se olvide que, se o valor não superar 40 salários mínimos, a ação poderá ser proposta perante o Juizado Especial da comarca do local do dano (Lei 9.009, de 26.9.1995, art. 3º, I), ou, se a competência for da Justiça Federal, perante o respectivo Juizado Especial Federal, desde que o valor não passe de 60 salários mínimos (Lei 10.259, de 12.7.2001, art. 3º).

O autor não necessita fazer prova da existência de culpa do autor do fato, já que é objetiva a responsabilidade; porém deve fazer prova, se possível com a inicial, do montante do prejuízo material e, se for o caso, da estimativa do dano moral.

8. Efeitos da sentença na ação civil pública

O art. 16 da Lei 7.347, de 24.7.1985, dispõe que: "a sentença civil fará coisa julgada *erga omnes*, nos limites da competência territorial do prolator, exceto se o pedido for julgado improcedente por insuficiência de provas, hipótese em que qualquer legitimado poderá intentar outra ação com idêntico fundamento, valendo-se de nova prova".

O objetivo do dispositivo em tela é bem apontado por Rodolfo de Camargo Mancuso ao afirmar que "não é difícil perceber que a ação civil pública, propiciando o aporte à Justiça de um tal espectro de conflitos meta-individuais, não pode ter mitigada a eficácia *erga omnes* da coisa julgada que aí se produza, porque, do contrário, ao invés de pacificar o conflito, se acabará por prolongá-lo ou acirrá-lo, ante a previsível prolação de comandos judiciais diversos, se não já contraditórios".[18]

No entanto, a verdade é que a ação civil pública, na prática, não dá solução ao problema daquele que sofre dano individual. Tudo indica ser mais eficiente a *class action* do sistema norte-americano, regulado pelo art. 23 das *Federal Rules of Civil Procedure*. Nesta ação de

---

18. *Ação Civil Pública*, 6ª ed., p. 245

classe – que no Brasil encontra bom estudo na obra de Isabella Franco Guerra[19] –, proposta a ação por uma ou mais pessoas, todas de um grupo, que tenham sofrido dano, receberão comunicado da existência do processo e de que, se não quiserem dele participar, poderão requerer sua exclusão. A ação será uma só, com facilidade na produção da prova e maior possibilidade de acordo entre o réu e os autores. O espírito prático anglo-saxão parece ter encontrado solução mais adequada aos tempos modernos.

Finalmente, no que toca aos limites da sentença à jurisdição de seu prolator – ou seja, se ela pode ou não extrapolar o território da comarca ou Vara Federal –, a jurisprudência ainda não pacificou a matéria. É certo que há respeitável doutrina que ataca a inovação trazida pela Medida Provisória 1.570/1997, que se converteu na Lei 9.494, de 10.9.1997, aduzindo que o legislador confundiu limites subjetivos da coisa julgada com jurisdição e competência.[20] No entanto, ação direta de inconstitucionalidade contra ela proposta no STF teve a liminar negada.[21] O principal problema é de ordem prática, que consiste na propositura de diversas ações em locais diferentes, sob elas pendendo, por vezes, liminares conflitantes entre si. Tal fato tem levado o STJ a unificar as ações em um só juízo, sob o critério da prevenção.

9. Conclusões

A título de conclusões, é possível afirmar que:

9.1 Ao lado do direito coletivo à reparação e indenização pelo dano ambiental, remanesce o direito individual daquele que foi diretamente lesado.

9.2 A responsabilidade por dano ambiental individual, material ou moral, é objetiva.

9.3 Ao autor da ação indenizatória por dano ambiental individual cumpre explicitar, na inicial, qual foi seu exato prejuízo e, sempre que possível, fazer prova de sua existência.

---

19. *Ação Civil Pública e Meio Ambiente*, 1999.
20. Nélson Nery e Rosa Nery, *Código de Processo Civil*, 7ª ed., nota 13 ao art. 16 da Lei 7.347/1985, p. 1.349.
21. Brasil, STF, ADI 1.576-1, rel. Min. Marco Aurélio, j. 16.4.1997, *DJU* 24.4.1997, p. 14.914.

9.4 Não é vantajoso para a vítima de dano individual, em face do longo tempo de espera, aguardar o trânsito em julgado da ação civil pública.

9.5 É recomendável que as vítimas diretas de dano ambiental reivindiquem indenizações em juízo, tornando efetiva a proteção legal existente.

Referências bibliográficas

FREITAS, Vladimir Passos de. *A Constituição e a Efetividade das Normas Ambientais*. 2ª ed. São Paulo, Ed. RT.

GUERRA, Isabella Franco. *Ação Civil Pública e Meio Ambiente*. Rio de Janeiro, Forense, 1999.

LEITE, José Rubens Morato. *Dano Ambiental: do Individual ao Coletivo Extrapatrimonial*. São Paulo, Ed. RT, 2003.

MACHADO, Paulo Affonso Leme. *Direito Ambiental Brasileiro*. 12ª ed. São Paulo, Malheiros Editores, 2004.

MANCUSO, Rodolfo de Camargo. *Ação Civil Pública*. 6ª ed. São Paulo, Ed. RT, 1999.

MILARÉ, Édis. *Direito do Ambiente*. 2ª ed. São Paulo, Ed. RT, 2001.

NERY, Nélson, e NERY, Rosa. *Código de Processo Civil*. 7ª ed. São Paulo, Ed. RT, 2003.

SALLES, Carlos Alberto de. *Execução Judicial em Matéria Ambiental*. São Paulo, Ed. RT, 1999.

WEINER, Ann Helen. *Legislação Ambiental no Brasil: Subsídios para a História do Direito Ambiental*. Rio de Janeiro, Forense, 1991.

A CONSTITUIÇÃO ECOLÓGICA

WALTER CLAUDIUS ROTHENBURG

1. O ambiente como assunto constitucional: 1.1 "Constituição ambiental" em sentido estrito – 1.2 "Constituição ambiental" em sentido amplo e o "contrato ambiental" – 1.3 O valor simbólico do texto. 2. O ambiente ecologicamente equilibrado como direito fundamental. 3. O ambiente ecologicamente equilibrado como dever fundamental. 4. Conseqüências do caráter de fundamentalidade do bem jurídico ambiental e reflexos na jurisprudência. 5. Conclusão. 6. Paulo Affonso Leme Machado.

1. O ambiente como assunto constitucional

Embora estabelecida com foros de permanência e estabilidade, a Constituição – como as concepções humanas – é fruto de seu tempo. "O que parece fundamental numa época histórica e numa determinada civilização – assevera Norberto Bobbio – não é fundamental em outras épocas e em outras culturas".[1] Constituições modernas acolhem em seu conteúdo o ambiente (natural e artificial) em que vivemos.

Pode-se, assim, falar em "Constituição ambiental" ou "Constituição ecológica", num duplo sentido.

Um, mais abrangente, e que prefiro, para significar que faz parte do conteúdo e da ideologia das Constituições modernas – além de assuntos classicamente reconhecidos como constitucionais em sentido material (direitos fundamentais, limitação e separação de "Poderes" ou funções estatais, forma e sistema de governo, forma de Estado e distribuição de competências – assuntos que, dentre outros, têm

---

1. *A Era dos Direitos*, p. 19.

implicações recíprocas) – o ambiente, como um dos principais valores que orientam (formam e informam) a Constituição.

Outro sentido, mais restrito e decorrente, indica as normas constitucionais concernentes ao ambiente e sua proteção, e que poderiam formar um subsistema constitucional tal como a "Constituição política", a "Constituição econômica" ou a "Constituição social".

1.1 "Constituição ambiental" em sentido estrito

Comecemos pelo sentido mais estrito.[2] Diversas Constituições atuais consagram dispositivos ao ambiente. Não se trata de mera contingência – normas apenas formalmente constitucionais, que fariam parte da Constituição por razões estratégicas, como sedimentação de determinados interesses, que encontram na fórmula constitucional evidência, simbolismo e garantia de estabilidade,[3] mas que talvez não desfrutem de reconhecimento consensual e certamente não possuem a maior importância; trata-se de um autêntico valor fundamental: *o ambiente como bem jurídico constitucional*. No dizer de Antônio Herman Benjamin, "o bem jurídico tutelado integra a categoria daqueles valores fundamentais da nossa sociedade. Com a proteção do meio ambiente salvaguardamos não só a vida nas suas várias dimensões (in-

---

2. Canotilho sintetiza com maestria as conseqüências dessa "constitucionalização" ao tratar da "Constituição econômica", e que adaptaremos à "Constituição ecológica": "(...) o âmbito de liberdade de conformação política e legislativa aparece restringido directamente pela Constituição: a política econômica e social (ecológica) a concretizar pelo legislador é uma *política de concretização dos princípios constitucionais* e não uma política totalmente livre, a coberto de uma hipotética 'neutralidade econômica (ecológica)' da Constituição ou de um pretenso mandato democrático da maioria parlamentar. Por outras palavras: o princípio da democracia social e econômica (ecológica), quer na sua configuração geral, quer nas concretizações concretas, disseminadas ao longo da Constituição, constitui um *limite* e um *impulso* para o legislador. Como *limite*, o legislador não pode executar uma política econômica e social (ecológica) de sinal contrário ao imposto pelas normas constitucionais; como *impulso*, o princípio da democracia econômica e social (ecológica) exige positivamente ao legislador (e aos outros órgãos concretizadores) a prossecução de uma política em conformidade com as normas concretamente impositivas da Constituição" (*Direito Constitucional*, 6ª ed., p. 475).

3. Sobre as implicações recíprocas dos conceitos material e formal de "normas constitucionais" – as "incidências da formalização sobre o direito constitucional material" –, v. Louis Favoreu *et alii*, *Droit Constitutionnel*, 4ª ed., p. 84.

dividual, coletiva e até das gerações futuras), mas as próprias *bases* da vida, o suporte planetário que viabiliza a existência da integralidade dos seres vivos".[4]

A depender da formulação e da topografia, as normas que tratam do ambiente podem aparecer como fundamentos ou objetivos (fins) do Estado (e da sociedade), como direitos (e deveres) fundamentais, como princípios setoriais (da ordem econômica, por exemplo) ou como tópicos específicos.

Para ilustrar, referem-se explicitamente ao ambiente as Constituições:

• de Portugal, de 1976, no art. 66º.1: "Todos têm direito a um ambiente de vida humano, sadio e ecologicamente equilibrado e o dever de o defender";

• da Espanha, de 1978, no art. 45.1: "Todos têm o direito de desfrutar de um meio ambiente adequado ao desenvolvimento da pessoa, assim como o dever de conservá-lo";[5]

• do Brasil, de 1988, no art. 225, *caput*: "Todos têm direito ao meio ambiente ecologicamente equilibrado, bem de uso comum do povo e essencial à sadia qualidade de vida, impondo-se ao Poder Público e à coletividade o dever de defendê-lo e preservá-lo para as presentes e futuras gerações";

• da Grécia, de 1975 (revista), no art. 24: "A proteção do ambiente natural e cultural constitui uma obrigação do Estado. Ao Estado cabe tomar medidas especiais preventivas ou repressivas com o fim de conservá-lo";[6]

• da Alemanha, de 1949 (revista em 1994), no art. 20."a": "Na responsabilidade pelas futuras gerações, o Estado protege também os fundamentos naturais da vida e os animais, de acordo com os preceitos da ordem constitucional, através de legislação e de acordo com a lei e o Direito, através de seu pleno poder e jurisdição";[7]

• da Venezuela, de 1999, no art. 127:

---

4. "Responsabilidade civil pelo dano ambiental", *Revista de Direito Ambiental* 9/12.
5. Manuel Pulido Quecedo, *La Constitución Española. Con la Jurisprudencia del Tribunal Constitucional*, pp. 903 e ss.
6. V. em Michel Prieur, *Droit de l'Environnement*, 4ª ed., p. 58.
7. V. em Konrad Hesse, *Elementos de Direito Constitucional da República Federal da Alemanha*, p. 172.

"É um direito e um dever de cada geração proteger e manter o ambiente em benefício de si mesmo e do mundo futuro. Toda pessoa tem direito individual e coletivamente a desfrutar de uma vida e de um ambiente seguro, sadio e ecologicamente equilibrado. O Estado protegerá o ambiente, a diversidade biológica, os recursos genéticos, os processos ecológicos, os parques nacionais e monumentos naturais e demais áreas de especial importância ecológica. O genoma dos seres vivos não poderá ser patenteado, e a lei que se refira aos princípios bioéticos regulará a matéria.

"É uma obrigação fundamental do Estado, com a participação ativa da sociedade, garantir que a população se desenvolva em um ambiente livre de contaminação, onde o ar, a água, os solos, as costas, o clima, a camada de ozônio, as espécies vivas, sejam especialmente protegidos, em conformidade com a lei."[8]

O "Projeto de Tratado que Estabelece uma Constituição para a Europa", de 13.6.2003 – a mais avançada empreitada constituinte da atualidade –, trata especificamente do ambiente na Parte III ("Políticas e Funcionamento da União"), cujo art. III-129-1 dispõe: "A política da União no domínio do ambiente contribui para a prossecução dos seguintes objetivos: a) apreservação, a proteção e a melhoria da qualidade do ambiente; b) a proteção da saúde das pessoas; c) a utilização prudente e racional dos recursos naturais; d) a promoção, no plano internacional, de medidas destinadas a enfrentar os problemas regionais ou mundiais do ambiente".

Na atual Constituição da República Federativa do Brasil há todo um capítulo (do título sobre a "Ordem Social") dedicado ao meio

---

8. "Es un derecho y un deber de cada generación proteger y mantener el ambiente en beneficio de sí misma y del mundo futuro. Toda persona tiene derecho individual y colectivamente a disfrutar de una vida y de un ambiente seguro, sano y ecológicamente equilibrado. El Estado protegerá el ambiente, la diversidad biológica, los recursos genéticos, los procesos ecológicos, los parques nacionales y monumentos naturales y demás áreas de especial importancia ecológica. El genoma de los seres vivos no podrá ser patentado, y la ley que se refiera a los principios bioéticos regulará la materia.

"Es una obligación fundamental del Estado, con la activa participación de la sociedad, garantizar que la población se desenvuelva en un ambiente libre de contaminación, en donde el aire, el agua, los suelos, las costas, el clima, la capa de ozono, las especies vivas, sean especialmente protegidos, de conformidad con la ley."

ambiente: o longo art. 225. Trata-se de tópico específico. Há menção expressa à defesa do meio ambiente como princípio da ordem econômica (art. 170, VI) – ou seja, princípio setorial. Do mesmo modo, e ainda no título reservado à "Ordem Econômica", a "utilização adequada dos recursos naturais disponíveis e preservação do meio ambiente" é requisito para o cumprimento da função social da propriedade rural (art. 186, II). Se considerarmos a promoção e a proteção ao ambiente como integrantes da função social da propriedade em geral – no sentido amplo de "Constituição ambiental" referido, e mais adiante desenvolvido –, teremos a referência implícita no art. 5º, XXIII, do capítulo sobre direitos e deveres individuais e coletivos, do título sobre os direitos e garantias fundamentais: "a propriedade atenderá a sua função social".

Por ora, é onde queríamos chegar: que o ambiente ecologicamente equilibrado é tratado em (diversas) normas constitucionais e aparece como direito fundamental na Constituição Brasileira. Resta apontar que o ambiente – inclusive o ambiente artificial – também se encontra expresso ou implícito topicamente, em normas que falam dos direitos dos trabalhadores (por exemplo, a referência a "normas de saúde, higiene e segurança" do art. 7º, XXII), do patrimônio cultural (art. 216, por exemplo), dos índios (art. 231).

*1.2 "Constituição ambiental" em sentido amplo
e o "contrato ambiental"*

O valor "ambiente", quando considerado alicerce da Constituição, impregna-a amplamente. Para compreendê-la e aplicá-la, é preciso levar em consideração a perspectiva ambiental. O "todo constitucional", tomado holisticamente, possui um componente ambiental fundamental. Assim, a Constituição da democracia, dos direitos fundamentais, da Federação, é também uma Constituição ecológica em sentido (material) largo. E não somente num sentido parcial – de um grupo de normas específicas (que, no entanto, contribuem decisivamente para traçar o perfil global da Constituição).

Uma vez que aceitemos que uma biosfera equilibrada é pré-condição física da vida, à sua preservação tem de ser conferido um *status* constitucional essencial e privilegiado. Essa reorientação afetará todos os elementos centrais da Constituição: os objetivos globais da política, os direitos fundamentais e as instituições. O objetivo do governo tem que ser estendido do bem-estar econômico e social para o ecológico – direitos fundamentais têm que ser complementados por deveres fundamentais e direitos ecológicos –, e as instituições têm que se tornar acessíveis para admitir a representação de interesses ecológicos.[9]

No instigante "Prefácio" que acompanha a 2ª edição de seu clássico *Constituição Dirigente e Vinculação do Legislador. Contributo para a Compreensão das Normas Constitucionais Programáticas*, José Joaquim Gomes Canotilho alude à mudança de rumos do "projecto emancipatório das Constituições", que transita de uma perspectiva dirigente para uma perspectiva cooperativa (instrumentos que "recuperem as dimensões justas do *princípio da responsabilidade*, apoiando e encorajando a dinâmica da sociedade civil"). Essa mudança assenta em "contratos globais", dentre os quais o *"contrato do Planeta Terra –* desenvolvimento sustentado".[10]

Canotilho oferece mais dados que esclarecem a concepção de "Constituição ecológica": "1) o Estado Constitucional, além de ser e dever-ser também um Estado de Direito Democrático e Social, deve ser também um Estado regido por princípios ecológicos; 2) o Estado Ecológico aponta para formas novas de participação política sugestivamente condensadas na expressão 'Democracia Sustentada'", sendo "ideias rectrizes – Estado ecologicamente informado e conformado e democracia adequada às exigências de desenvolvimento ambientalmente justo e duradouro".[11] Paulo Affonso Leme Machado emprega a

---

9. Gerd Winter, "Constitutionalizing environmental protection in the European Union", *Yearbook of European Environmental Law*, vol. 2, p. 72: "Once we accept that a balanced biosphere is a physical precondition of life, its preservation must be afforded essential and privileged constitutional *status*. This reorientation will affect all the core elements of the Constitution: the overall objectives of the polity, fundamental rights, and the institutions. The objective of government must be extended from economic and social, to ecological welfare, fundamental rights must be complemented by fundamental duties and ecological rights, and the institutions must be made accessible to allow for the representation of ecological interests".

10. J. J. Gomes Canotilho, *Constituição Dirigente* ..., cit., 2ª ed., pp. XXII-XXIII.

11. "Estado Constitucional Ecológico e democracia sustentada", in Eros Roberto Grau e Sérgio Sérvulo da Cunha (coords.), *Estudos de Direito Constitucional em Homenagem a José Afonso da Silva*, p. 102.

significativa expressão "sociedade política ecologicamente democrática e de direito".[12]

O "contrato ambiental" formulado no contexto da "democracia sustentada" reedita em termos modernos e ainda mais enfáticos (Peter Häberle fala em "regeneração" dos textos produzidos pela Revolução Francesa de 1.789[13]) a questão do pacto entre e para gerações, em que compromissos são assumidos hoje para amanhã, e precisam estar constantemente legitimados. O direito ao ambiente ecologicamente equilibrado transcende, assim, não apenas a dimensão subjetiva, da titularidade (pois configura um direito "difuso"), mas também a dimensão temporal, do presente.

Para Fábio Konder Comparato, por meio do "direito da Humanidade à preservação do equilíbrio ecológico do Planeta (...). Trata-se de aplicar, na esfera planetária, o princípio fundamental da solidariedade, tanto na dimensão presente quanto futura; isto é, solidariedade entre todas as nações, povos e grupos humanos da mesma geração, e solidariedade entre a geração atual e as futuras".[14] Também nosso homenageado — Paulo Affonso Leme Machado — entende que "a ética da solidariedade entre as gerações" está consagrada no art. 225 da CF Brasileira, e que esse princípio "cria um novo tipo de responsabilidade jurídica: *a responsabilidade ambiental entre gerações*", visto que "as gerações presentes não podem usar o meio ambiente fabricando a escassez e a debilidade para as gerações vindouras".[15] Häberle refere-se ao "princípio-responsabilidade" — a releitura do ideal de solidariedade da Revolução Francesa —, dizendo que envolve radicalmente a "proteção do meio ambiente" e mencionando a máxima proposta por H. Jonas nos seguintes termos: "Age de tal modo que as conseqüências de tua ação resultem compatíveis com uma existência futura humanamente digna, isto é, com o direito da Humanidade a sobreviver sem limite no tempo".[16]

"A consagração jurídica da consideração do longo prazo — afirma Michel Prieur — é o reconhecimento dos direitos das gerações

---

12. "Meio ambiente e Constituição Federal", *Interesse Público* 21/17.
13. *Libertad, Igualdad, Fraternidad. 1789 como Historia, Actualidad y Futuro del Estado Constitucional*, p. 72.
14. *A Afirmação Histórica dos Direitos Humanos*, p. 385.
15. "Meio ambiente e Constituição Federal", *Interesse Público* 21/19.
16. Häberle, *Libertad, Igualdad, Fraternidad. ...*, pp. 89-91.

futuras, que pode traduzir-se como um dever para as gerações presentes de proteger o ambiente a longo prazo, preservando os bens do patrimônio comum".[17]

É preciso, assim, rever a cláusula limitativa da segunda parte do art. 28 da Declaração dos Direitos do Homem e do Cidadão da Constituição Francesa de 1793, segundo a qual "Uma geração não pode sujeitar às suas leis as gerações futuras".[18] Para empregar de novo as expressões de Canotilho: "Nos tempos mais recentes a conformação do Estado Constitucional Ecológico aparece ligada às ideias de justiça intergeracional e de direitos de futuras gerações".[19]

1.3 O valor simbólico do texto

Ambas as concepções de "Constituição ecológica" nutrem-se de disposições expressas acerca do ambiente. A mera menção em textos normativos tem uma importância destacada, pois evidencia o valor do ambiente e amarra um compromisso de concretização. Uma visão exageradamente crítica das formulações normativas textuais, que minimize sua importância enquanto não correspondam à realidade, conquanto sirva de denúncia contra supostas manobras diversionistas, que pretenderiam encobrir com enunciados retóricos uma realidade de desprezo e agressão ao ambiente, uma visão assim crítica não dá conta do valor simbólico (positivo) que o texto normativo encerra, seja como condensado de evoluções e perspectivas, seja como índice para avaliação de mudanças sociais desejadas.

"A força de sugestão dos textos escritos tem sua própria natureza, cumpre sua tarefa específica" – afirma Peter Häberle.[20] Antonio López Pina, comentando o pensamento desse autor, aduz que "Os textos formam, nesse sentido, materiais confiáveis com possibilidade testemunhal da evolução cultural (...) condensando os textos jurídico-

17. *Droit de l'Environnement*, 4ª ed., p. 63.
18. Idem, p. 144. Cf. Walter Claudius Rothenburg, *Incompetência Constitucional (a Mudança de Titularidade como Sanção)*, 1997.
19. "Estado Constitucional Ecológico ...", in Eros Roberto Grau e Sérgio Sérvulo da Cunha (coords.), *Estudos de Direito Constitucional em Homenagem a José Afonso da Silva*, p. 102.
20. *Libertad, Igualdad, Fraternidad. ...*, p. 59.

positivos o que de outra maneira resulta dificilmente acessível na aluvião da bibliografia, os textos cobram um peso próprio".[21] Nesse diapasão, Fábio K. Comparato, referindo-se à Carta Africana dos Direitos Humanos e dos Direitos dos Povos (Nairóbi, 1981) – "a primeira Convenção Internacional a afirmar o direito dos povos à preservação do equilíbrio ecológico" (curioso que o art. 24 dessa Carta estabelece uma perigosa funcionalização do direito ao ambiente em relação ao desenvolvimento: "Todos os povos têm direito a um meio ambiente satisfatório, que favoreça seu desenvolvimento") –, também destaca a relevância do texto: "a simples afirmação solene de um direito dessa espécie, em Convenção Internacional, é importante para suscitar, entre os povos, o 'sentimento jurídico' (o *Rechtsgefühl* dos alemães) dessa exigência, independentemente da constituição de garantias adequadas no ordenamento positivo dos diferentes Estados".[22]

Portanto, a dicção do art. 225 da CF Brasileira de 1988 tem um valor próprio na sua mera condição de texto (normativo) e representa por si uma importante conquista jurídica.

2. O ambiente ecologicamente equilibrado como direito fundamental

A importância do ambiente é traduzida, em termos jurídicos, não apenas pela consagração normativa, e no altiplano das normas constitucionais, mas como verdadeiro direito fundamental, e por isso beneficiário de um regime jurídico qualificadíssimo.

O reconhecimento mais recente do ambiente ecologicamente equilibrado como direito fundamental – dito, então, de terceira "geração", ou, melhor, "dimensão" – tem sido pacífico.[23] Na Constituição Brasi-

21. Idem, p. 22.
22. Comparato, *A Afirmação Histórica* ..., pp. 366-367.
23. Norberto Bobbio, *A Era dos Direitos*, p. 6; Paulo Bonavides, *Curso de Direito Constitucional*, 15ª ed. pp. 569-570; Vladimir Brega Filho, *Direitos Fundamentais na Constituição de 1988. Conteúdo Jurídico das Expressões*, pp. 23-24.
O Projeto de Constituição da União Européia, na Parte II ("Carta dos Direitos Fundamentais da União"), art. II-37 ("Proteção do Ambiente"), estabelece: "Todas as políticas da União devem integrar um elevado nível de proteção do ambiente e a melhoria da sua qualidade, e assegurá-los de acordo com o princípio do desenvolvimento sustentável".

leira de 1988 poderia ser tido como um direito fundamental fora de catálogo,[24] não fosse mais simples e direto reconhecer que o catálogo dos direitos fundamentais não se esgota no art. 5º ou que este, ao consagrar expressamente a função social da propriedade (ou, em primeiríssima derivação, a dignidade), já contém implícita referência ao ambiente.

Os diversos âmbitos em que se projeta um direito fundamental (caráter objetivo-institucional,[25] direito difuso etc.) não elidem o caráter de direito subjetivo que assume, podendo ser articulado individualmente e reivindicado judicialmente. Esse parece ser o ponto de vista de Paulo Affonso Leme Machado quando assinala que a locução "todos têm direito" (ao meio ambiente ecologicamente equilibrado), utilizada no *caput* do art. 225 da CF Brasileira, "cria um direito subjetivo, oponível *erga omnes*".[26]

3. O ambiente ecologicamente equilibrado como dever fundamental

Os deveres fundamentais relacionam-se à perspectiva objetiva dos direitos fundamentais,[27] conquanto não se resumam ao importante aspecto de proteção, por parte do Estado, em face de agressões públicas ou particulares. Os deveres fundamentais cabem aos particulares (inclusive como deveres fundamentais individuais), que podem fazer as vezes tanto de "mocinhos" (sujeitos de deveres e, portanto, capazes de participar da realização dos direitos fundamentais, por meio do adimplemento desses deveres) quanto de "bandidos" (violadores diretos de direitos fundamentais ou violadores indiretos, por inadimplemento de seus deveres fundamentais).

24. Ingo Wolfgang Sarlet, *A Eficácia dos Direitos Fundamentais*, 2ª ed., pp. 122-126.
25. Häberle, *Libertad, Igualdad, Fraternidad.* ..., p. 30.
26. "Meio ambiente e Constituição Federal", *Interesse Público* 21/14. Gerd Winter anota que a tanto parece ainda não ter chegado o Direito da União Européia: "The Charter confines itself to laying down an objective principle of environmental protection, not a subjective right of the individual or collectives" (Constitutionalizing environmental protection ...", *Yearbook of European Environmental Law*, vol. 2, p. 79).
27. José Carlos Vieira de Andrade, *Os Direitos Fundamentais na Constituição Portuguesa de 1976*, pp. 145 e 150; Canotilho, *Direito Constitucional*, 6ª ed., p. 533; Daniel Sarmento, *Direitos Fundamentais e Relações Privadas*, pp. 168-169.

A admissão de deveres fundamentais é aceitável sob uma perspectiva solidarística, "numa época em que o processo de socialização se pode considerar estabelecido nos factos e nas consciências", e "os indivíduos não se podem considerar desligados dos valores comunitários que preenchem o espaço normativo em que se movem e têm o *dever* de os respeitar".[28]

Estamos a falar de deveres fundamentais autônomos, que não se reduzem a reflexos de direitos fundamentais. Significa isso que "não se estabelece a correspectividade estrita entre direitos fundamentais e deveres fundamentais" e que, "mesmo quando alguns deveres fundamentais estão conexos com direitos (como o dever de defesa do ambiente) (...) não se pode dizer que estes deveres constituem 'restrições' ou 'limites imanentes' dos direitos com eles conexos. O dever de defesa do ambiente não é uma 'restrição do direito ao ambiente' (...)".[29]

A Constituição da República Portuguesa (1976) consagra, expressamente: "Todos têm direito a um ambiente de vida humano, sadio e ecologicamente equilibrado e *o dever de o defender*" (art. 66º.1). De modo geral, não é nova na história a previsão de deveres fundamentais em textos normativos, como o demonstram a Declaração dos Direitos e Deveres do Homem e do Cidadão, da Constituição Francesa de 1795 (Ano III),[30] e a Declaração Americana dos Direitos e Deveres do Homem (1948).[31]

Mas falamos, sempre, primeiro dos direitos fundamentais, pois só a partir do reconhecimento e da concretização destes é que se pode

---

28. José Carlos Vieira de Andrade, *Os Direitos Fundamentais* ..., pp. 150 e 156.

29. Canotilho, *Direito Constitucional*, 6ª ed., pp. 548 e 550. Michel Prieur alude genericamente a "uma obrigação para todos de preservar os recursos naturais", que acompanha o direito ao ambiente (*Droit de l'Environnement*, 4ª ed., p. 62).

30. O art. 1º tem a seguinte redação: "A declaração dos direitos contém as obrigações dos legisladores: a manutenção da sociedade exige que os seus componentes conheçam e cumpram, por igual, os seus deveres" (Comparato, *A Afirmação Histórica* ..., p. 146).

31. O primeiro artigo (art. XXIX) do capítulo relativo aos deveres reza: "O indivíduo tem o dever de conviver com os demais, de maneira que todos e cada um possam formar e desenvolver integralmente a sua personalidade" (Procuradoria-Geral do Estado de São Paulo, *Instrumentos Internacionais de Proteção dos Direitos Humanos*, p. 112).

aceitar deveres,[32] de modo a que o ser humano livre e emancipado (ou em vias de sê-lo) possa assumir as respectivas responsabilidades. Devemo-nos precaver de uma funcionalização dos direitos fundamentais, conforme adverte lucidamente José Carlos Vieira de Andrade: "As liberdades não estão funcionalizadas, ou seja, não são reconhecidas aos indivíduos para a prossecução de determinados fins sociais, que forneceriam os critérios de concretização do seu conteúdo e de controle do seu bom exercício. O conteúdo das liberdades de actuação é, em princípio, determinado pelos seus titulares e, na dúvida, abrange todas as situações ou formas de exercício".[33]

O dever ambiental, extraído diretamente da Constituição,[34] pode ser imediatamente invocado para, por exemplo, evitar uma degradação ambiental específica ou exigir compensação; nesses termos, trata-se de norma constitucional de eficácia plena e aplicabilidade imediata.[35] Derivações há, contudo – como uma imposição tributária em função da repercussão ambiental da atividade –, que podem depender de intermediação legislativa.

4. Conseqüências do caráter de fundamentalidade do bem jurídico ambiental e reflexos na jurisprudência

O regime jurídico especial que é conferido aos preceitos fundamentais de uma Constituição rígida, dotada de um sofisticado controle de constitucionalidade – como é o caso da atual Constituição da República Federativa do Brasil –, leva a importantes conseqüên-

32. Norberto Bobbio sustenta que, na origem, os comandos normativos têm cunho moral, "com a formulação, a imposição e a aplicação de mandamentos ou de proibições, e, portanto, do ponto de vista daqueles a quem são dirigidos os mandamentos e as proibições, de obrigações. Isso quer dizer que a figura deôntica originária é o dever, não o direito" (*A Era dos Direitos*, p. 56).
33. José Carlos Vieira de Andrade, *Os Direitos Fundamentais* ..., pp. 154-155; Canotilho, *Direito Constitucional*, 6ª ed., p. 548.
34. "À 'coletividade' cabe também o dever de defender e preservar o meio ambiente" (Paulo Affonso Leme Machado, "Meio ambiente e Constituição Federal", *Interesse Público* 21/18).
35. Note-se que os autores costumam acentuar que os deveres fundamentais não são, em princípio, diretamente aplicáveis, salvo exceções (José Carlos Vieira de Andrade, *Os Direitos Fundamentais* ..., p. 159; Canotilho, *Direito Constitucional*, 6ª ed., p. 550).

cias. O reconhecimento de que o bem jurídico ambiental integra a Constituição material (em sentido amplo) como valor fundamental reclama tal regime jurídico qualificado para as normas que o contemplam.

Sobre beneficiarem-se da rigidez própria das normas constitucionais em geral, as normas referentes ao ambiente que consagram direitos fundamentais como direitos subjetivos (por exemplo, o direito ao ambiente ecologicamente equilibrado e a seu uso comum, estabelecido no *caput* do art. 225) não podem ser tendencialmente suprimidas por reforma da Constituição, visto que se caracterizam como cláusulas pétreas (art. 60, § 4º, IV). Diga-se o mesmo a propósito da função social da propriedade (art. 5º, XXIII): o proprietário de uma área ambientalmente protegida (ou qualquer outra pessoa) poderia contestar a desapropriação para construção de obra pública agressora; há direito subjetivo, fundamental, daí a garantia em face do amesquinhamento da norma que assegura a função social – inclusive ecológica – da propriedade.

O mesmo caráter de direito subjetivo fundamental impõe respeito federativo ao bem jurídico ambiental, sujeitando Estados, Distrito Federal e Municípios a intervenção em caso de inobservância desse "direito da pessoa humana", previsto como princípio constitucional sensível (arts. 34, VII, "b", e 35, IV).

O controle de constitucionalidade, em suas diversas modalidades (inclusive a fiscalização da omissão inconstitucional em abstrato – ação direta de inconstitucionalidade por omissão: art. 103, § 2º – e em concreto – mandado de injunção: art. 5º LXXI[36]), pode ter como parâmetro as normas constitucionais que contemplam o bem jurídico ambiental. Não está fora dessa perspectiva a argüição de descumprimento de preceito fundamental (art. 102, § 1º; Lei 9.882/1999), podendo os dispositivos constitucionais referentes ao ambiente ser considerados preceitos fundamentais (é o caso, por exemplo, dos princípios da ordem econômica, dentre os quais a defesa do meio ambiente: art. 170, VI),[37] haja vista que a revelação desses preceitos fundamentais é

---

36. J. J. Gomes Canotilho alude expressamente ao "mandado de injunção ecológico" ("Estado Constitucional Ecológico ...", in Eros Roberto Grau e Sérgio Sérvulo da Cunha (coords.), *Estudos de Direito Constitucional* ..., pp. 108-109).

37. Walter Claudius Rothenburg, *Incompetência Constitucional* ..., p. 252; André Ramos Tavares, *Tratado da Argüição de Preceito Fundamental. Lei n. 9.868/1999*

dada pelo "estudo da ordem constitucional em seu contexto normativo e em suas relações de dependência que permite identificar as disposições essenciais para a preservação dos princípios basilares dos preceitos fundamentais em determinado sistema".[38]

A fundamentalidade constitucionalmente atribuída ao bem jurídico ambiental revela-se ainda, na prolixa Constituição Brasileira, por meio de mandamentos de criminalização. Tratando-se de valor dos mais estimados, o ambiente merece tutela do "braço armado" do Direito (o direito criminal), sob a mais enérgica modalidade sancionatória (a pena). Nesse ponto, a Constituição Brasileira chega ao requinte de determinar a sujeição criminal ativa – e conseqüente responsabilidade penal – das empresas (pessoas jurídicas), no § 3º do art. 225: "As condutas e atividades consideradas lesivas ao meio ambiente sujeitarão os infratores, pessoas físicas ou jurídicas, a sanções penais e administrativas, independentemente da obrigação de reparar os danos causados".[39]

A desapropriação para fins de reforma agrária (com uma modalidade de indenização desvantajosa) não deixa de ser uma resposta sancionatória – mas não penal – ao descumprimento da função social da propriedade rural que não atenda ao requisito da "utilização adequada dos recursos naturais disponíveis e preservação do meio ambiente" (art. 186, II). Adverte Carlos Frederico Marés, contudo, que a desapropriação não deve ser vista como a única conseqüência do descumprimento da função social (que, na perspicaz formulação do autor, atinge a terra, o objeto do direito, e não apenas a propriedade, o próprio direito): "o proprietário tem a obrigação de cumprir o determinado, é um dever do direito, e quem não cumpre seu dever, perde seu direito (...). Quer dizer, o proprietário que não obra no sentido de fazer cumprir a função social de sua terra perde-a, ou não tem direito a ela. Ou, dito de forma mais concorde com a Constituição,

---

e Lei n. 9.882/1999, pp. 130-136; Roberto Mendes Mandelli Jr., *Argüição de Descumprimento de Preceito Fundamental. Instrumento de Proteção dos Direitos Fundamentais e da Constituição*, pp. 112-121.

38. Gilmar Ferreira Mendes, "Argüição de descumprimento de preceito fundamental: parâmetro de controle e objeto", in André Ramos Tavares e Walter Claudius Rothenburg (orgs.), *Argüição de Descumprimento de Preceito Fundamental: Análise à Luz da Lei n. 9.882/1999*, p. 131.

39. A propósito, v. meu *A Pessoa Jurídica Criminosa*, 1997.

não tem direito à proteção, enquanto não faz cumprir sua social função (...). O proprietário da terra cujo uso não cumpre a função social não está protegido pelo Direito, não pode utilizar-se dos institutos jurídicos de proteção, com as ações judiciais possessórias e reivindicatórias para reaver a terra de quem a use, mais ainda se quem as usa está fazendo cumprir a função social, isto é, está agindo conforme a lei".[40]

Duas decisões de Tribunais Superiores ilustram a importância contemporânea do bem jurídico ambiental. Ronald Dworkin menciona uma decisão da Corte Suprema dos Estados Unidos da América, de 1973 ("Tennessee Valley Authority *vs.* Hill"), em que, com base em uma "Lei das Espécies Ameaçadas", determinou-se a interrupção da construção de uma barragem quase concluída, que já havia consumido mais de 100 milhões de Dólares, mas que "ameaçava destruir o único hábitat do *snail darter*, um peixe de 7,5cm", que havia sido incluído no elenco das espécies ameaçadas de extinção.[41] O STF Brasileiro, em decisão muito comentada (RE 153.531-SC, rel. para o acórdão Min. Marco Aurélio, *DJU* 13.3.1998), concordou com a proibição da "farra-do-boi", tradicional festa da população de origem açoriana no Estado de Santa Catarina, entendendo que os animais eram submetidos a crueldade; no conflito entre a proteção das manifestações culturais populares (expressamente prevista no art. 215, § 1º, da CF) e a vedação das práticas que submetam os animais a crueldade (expressamente prevista no art. 225, § 1º, VII), a Corte fez a balança pender para este lado.[42]

Ambos os exercícios de ponderação de valores, realizados pelos mais altos Tribunais, revelam a preferência conferida ao ambiente, atualmente.

5. Conclusão

O ambiente – tanto natural quanto artificial – é sentido pela comunidade como um dos mais caros valores da sociedade contempo-

---

40. *A Função Social da Terra*, p. 117.
41. *O Império do Direito*, pp. 25-29.
42. José Adércio Leite Sampaio, *A Constituição Reinventada pela Jurisdição Constitucional*, pp. 701-702.

rânea, sendo natural (o trocadilho foi involuntário) que as modernas Constituições traduzam-no em normas jurídicas do mais elevado escalão. Com isso, o ambiente recebe um regime jurídico qualificado; sua promoção e proteção passam a ser considerados direito e dever fundamental.

Essa importância do ambiente permeia toda a Constituição, cuja compreensão integral somente se dá sob o influxo desse valor. Daí falar-se em "Constituição ecológica" e reconhecer que também a Constituição da República Federativa do Brasil, de 5.10.1988, é uma "Constituição ambiental".

6. Paulo Affonso Leme Machado

Diversos motivos tenho – como os demais associados nesta coletânea – para homenagear o professor PAULO AFFONSO LEME MACHADO. Academicamente, recebi a influência de suas lições ainda em minha Curitiba natal, onde o Mestre tem valorosos discípulos e admiradores, alguns dos quais me são amigos próximos; seu *Direito Ambiental Brasileiro* – onde recebi uma das mais destacadas considerações que (nem) poderia imaginar, tendo sido citado – é a grande referência na área para toda a minha geração, e talvez não só ela. Nas ocasiões públicas em que o professor PAULO AFFONSO me vê, nunca deixa de, generosamente, mencionar minha presença.

É no plano afetivo, entretanto, que eu – se pudesse escolher – situaria esta homenagem. Para lembrar ocasiões triviais, como a vez em que, num encontro de Ministério Público e meio ambiente, após o jantar, o professor PAULO AFFONSO me convidou para uma caminhada digestiva e – não bastasse a companhia – brindou-me com aquela conversa tranqüila de quem tem lições de vida para ensinar. Ou aquela em que foi ele o homenageado da Câmara de Vereadores, que o presenteou com uma pintura de artista local, quadro que me dispus a carregar (um pouco a contragosto do Mestre), como se o troféu do herói transferisse algo de seu heroísmo. O destino tem seus caprichos geográficos: hoje moro em Piracicaba, como o Mestre, freqüento alguns lugares que o Mestre freqüenta. Tenho, imerecidamente, o que muitos muito dariam para ter: PAULO AFFONSO LEME MACHADO está mais perto.

Referências bibliográficas

ANDRADE, José Carlos Vieira de. *Os Direitos Fundamentais na Constituição Portuguesa de 1976*. Reimpr. Coimbra, Almedina, 1998.

BENJAMIN, Antônio Herman. "Responsabilidade civil pelo dano ambiental". *Revista de Direito Ambiental* 9/5-52. São Paulo, Ed. RT, janeiro-março/1998.
BOBBIO, Norberto. *A Era dos Direitos*. 15ª tir. Rio de Janeiro, Campus, 1992.
BONAVIDES, Paulo. *Curso de Direito Constitucional*. 15ª ed. São Paulo, Malheiros Editores, 2004.
BREGA FILHO, Vladimir. *Direitos fundamentais na Constituição de 1988. Conteúdo jurídico das expressões*. São Paulo, Juarez de Oliveira, 2002.

CANOTILHO, José Joaquim Gomes. *Constituição Dirigente e Vinculação do Legislador. Contributo para a Compreensão das Normas Constitucionais Programáticas*. 2ª ed. Coimbra, Ed. Coimbra, 2001.
_____. *Direito Constitucional*. 6ª ed. Coimbra, Almedina, 1993.
_____. "Estado Constitucional Ecológico e democracia sustentada". In: GRAU, Eros Roberto, e CUNHA, Sérgio Sérvulo da (coords.). *Estudos de Direito Constitucional em Homenagem a José Afonso da Silva*. São Paulo, Malheiros Editores, 2003 (pp. 101-110).
COMPARATO, Fábio Konder. *A Afirmação Histórica dos Direitos Humanos*. São Paulo, Saraiva, 1999.
CUNHA, Sérgio Sérvulo da, e GRAU, Eros Roberto (coords.). *Estudos de Direito Constitucional em Homenagem a José Afonso da Silva*. São Paulo, Malheiros Editores, 2003.

DWORKIN, Ronald. *O Império do Direito*. São Paulo, Martins Fontes, 1999.

FAVOREU, Louis, *et alii*. *Droit Constitutionnel*. 4ª ed. Paris, Dalloz, 2001.

GRAU, Eros Roberto, e CUNHA, Sérgio Sérvulo da (coords.). *Estudos de Direito Constitucional em Homenagem a José Afonso da Silva*. São Paulo, Malheiros Editores, 2003.

HÄBERLE, Peter. *Libertad, Igualdad, Fraternidad. 1789 como Historia, Actualidad y Futuro del Estado Constitucional*. Madrid, Trotta, 1998.
HESSE, Konrad. *Elementos de Direito Constitucional da República Federal da Alemanha*. Porto Alegre, Sérgio Antônio Fabris Editor, 1998.

MACHADO, Paulo Affonso Leme. "Meio ambiente e Constituição Federal". *Interesse Público* 21/13-34. Porto Alegre, 2003.

MANDELLI JR., Roberto Mendes. *Argüição de Descumprimento de Preceito Fundamental. Instrumento de Proteção dos Direitos Fundamentais e da Constituição.* São Paulo, Ed. RT, 2003.
MARÉS, Carlos Frederico. *A Função Social da Terra.* Porto Alegre, Sérgio Antônio Fabris Editor, 2003.
MENDES, Gilmar Ferreira. "Argüição de descumprimento de preceito fundamental: parâmetro de controle e objeto". In: TAVARES, André Ramos, e ROTHENBURG, Walter Claudius (orgs.). *Argüição de Descumprimento de Preceito Fundamental: Análise à Luz da Lei n. 9.882/1999.* São Paulo, Atlas, 2001 (pp. 128-149).

PRIEUR, Michel. *Droit de l'Environnement.* 4ª ed. Paris, Dalloz, 2001.
PULIDO QUECEDO, Manuel. *La Constitución Española. Con la Jurisprudencia del Tribunal Constitucional.* Pamplona, Aranzadi, 1993.

ROTHENBURG, Walter Claudius. *A Pessoa Jurídica Criminosa.* Curitiba, Juruá, 1997.
_____. *Incompetência Constitucional (a Mudança de Titularidade como Sanção).* Tese (Doutorado em Direito do Estado). Curitiba, UFPR/Setor de Ciências Jurídicas, 1997.
_____. "Um resumo sobre a argüição de descumprimento de preceito fundamental". In: TAVARES, André Ramos, e ROTHENBURG, Walter Claudius (orgs.). *Aspectos Atuais do Controle de Constitucionalidade no Brasil. Recurso Extraordinário e Argüição de Descumprimento de Preceito Fundamental.* Rio de Janeiro, Forense, 2003 (pp. 245-258).

SAMPAIO, José Adércio Leite. *A Constituição Reinventada pela Jurisdição Constitucional.* Belo Horizonte, Del Rey, 2002.
SÃO PAULO (Estado de). *Instrumentos Internacionais de Proteção dos Direitos Humanos.* Centro de Estudos da Procuradoria-Geral do Estado, 1996.
SARLET, Ingo Wolfgang. *A Eficácia dos Direitos Fundamentais.* 2ª ed. Porto Alegre, Livraria do Advogado, 2001.
SARMENTO, Daniel. *Direitos Fundamentais e Relações Privadas.* Rio de Janeiro, Lumen Juris, 2004.

TAVARES, André Ramos. *Tratado da Argüição de Preceito Constitucional Fundamental. Lei n. 9.868/1999 e Lei n. 9.882/1999.* São Paulo, Saraiva, 2001.
TAVARES, André Ramos, e ROTHENBURG, Walter Claudius (orgs.). *Argüição de Descumprimento de Preceito Fundamental: Análise à Luz da Lei n. 9.882/1999.* São Paulo, Atlas, 2001.
_____. *Aspectos Atuais do Controle de Constitucionalidade no Brasil. Re-*

curso Extraordinário e Argüição de Descumprimento de Preceito Fundamental. Rio de Janeiro, Forense, 2003.

WINTER, Gerd. "Constitutionalizing environmental protection in the European Union". *Yearbook of European Environmental Law*. vol. 2. Oxford, março/2002 (pp. 67-88).

Impressão e Acabamento
Prol Editora Gráfica Ltda - Unidade Tamboré
Al. Araguaia, 1.901 - Barueri - SP
Tel.: 4195 - 1805   Fax: 4195 - 1384